Strafverfolgung in der Bundesrepublik Deutschland und in Berlin (West)

Rechtshistorische Reihe

Band 494

Zur Qualitätssicherung und Peer Review der vorliegenden Publikation

Die Qualität der in dieser Reihe erscheinenden Arbeiten wird vor der Publikation durch einen der Herausgeber der Reihe geprüft.

Notes on the quality assurance and peer review of this publication

Prior to publication, the quality of the work published in this series is reviewed by one of the editors of the series.

Werner Schubert

Strafverfolgung in der Bundesrepublik Deutschland und in Berlin (West)

Teil 1: Die Niederschriften der Tagungen der Generalstaatsanwälte von 1948-1963

PETER LANG

Bibliografische Information der Deutschen Nationalbibliothek
Die Deutsche Nationalbibliothek verzeichnet diese Publikation in der Deutschen Nationalbibliografie; detaillierte bibliografische Daten sind im Internet über http://dnb.d-nb.de abrufbar.

Umschlagabbildung:
Justitia. Allegorie der Gerechtigkeit. Druck aus dem 17. Jahrhundert.

ISSN 0344-290X
ISBN 978-3-631-84648-3 (Print)
E-ISBN 978-3-631-84783-1 (E-PDF)
E-ISBN 978-3-631-84784-8 (EPUB)
E-ISBN 978-3-631-84785-5 (MOBI)
DOI 10.3726/b18062

Peter Lang – Berlin · Bern · Bruxelles · New York ·
Oxford · Warszawa · Wien

Diese Publikation wurde begutachtet.

www.peterlang.com

Inhaltsverzeichnis

* Detaillierte Nachweise der Beratungsgegenstände finden sich im Sachverzeichnis.

Einleitung

I. Bereits in der Weimarer Zeit hatten Zusammenkünfte der preußischen Generalstaatsanwälte und Oberlandesgerichtspräsidenten (z.T. zusammen, z.T. getrennt; hierzu in Teil 2 der Edition) stattgefunden. In der NS-Zeit nahm der Reichsjustizminister nach der Vereinheitlichung der Justiz die Tradition der Beratungen der höheren Justizbehörden auf, berief jedoch selbst die Tagungen der OLG-Präsidenten und Generalstaatsanwälte und bestimmte selbst die Tagungsordnung (Protokolle bei *W. Schubert* [Hrsg.]: Das Reichsjustizministerium und die höheren Justizbehörden in der NS-Zeit [1935–1944]. Protokolle und Mitschriften der Arbeitstagungen der Reichsjustizminister mit den Präsidenten der Oberlandesgerichte, des Volksgerichtshofs, des Reichsgerichts sowie mit den Generalstaatsanwälten, Frankfurt/M. 2015). Nach Kriegsende fanden bereits ab Ende 1945 Zusammenkünfte der Generalstaatsanwälte der Britischen Zone statt (Nachweise bei *Joachim Reinhold Wenzlau,* Der Wiederaufbau der Justiz in Nordwestdeutschland 1945 bis 1949, Königstein/Ts. 1979; *Edith Raisch*, Justiz zwischen Diktatur und Demokratie. Wiederaufbau und Ahndung von NS-Verbrechen in Westdeutschland 1945–1949, 2013). Seit Mitte 1948 fanden gemeinsame Tagungen der Generalstaatsanwälte der Westzonen (zunächst noch ohne die Gerichte der Französischen Zone), seit Herbst 1949 der Generalstaatsanwälte der Bundesrepublik Deutschland und Westberlins) statt, und zwar grundsätzlich ohne Beteiligung der Justizminister und von Ministerialbeamten.

Auf Beschluss der Arbeitstagung vom 15.5.1952 sollte die nächste Tagung im Herbst 1953 stattfinden, die jedoch im Hinblick auf die zu erwartende Entscheidung des Bundesverfassungsgerichts hinsichtlich eines KPD-Verbots auf den Mai 1953 verschoben wurde. Unter dem 11.3.1953 teilte der Justizminister von Nordrhein-Westfalen den Landesjustizverwaltungen mit, die Justizministerkonferenz habe am 15.5.1952 in Wiesbaden beschlossen: „Die Justizministerkonferenz hält die Abhaltung besonderer Konferenzen der Oberlandesgerichtspräsidenten und der Generalstaatsanwälte für unzweckmäßig“. Im Mai 1952 fasste die JMK den Beschluss, die OLG-Präsidenten und GStA sollten „nur auf Einladung durch die Landesjustizverwaltungen und unter dem Vorsitz eines Justizministers oder –senators stattfinden“. Unter dem 22.3.1953 schrieb der Bundesjustizminister an den Oberbundesanwalt: „Ich neige der Auffassung zu, dass es bedauerlich wäre, wenn die Arbeitstagungen der Generalstaatsanwälte eingestellt würden. Der durch die Tagungen hergestellte unmittelbare und persönliche Kontakt war m.E. sowohl für die Bundesjustiz als auch für die

Landesjustiz wertvoll. Ich glaube nicht, dass die Justizministerkonferenzen oder ihre Vorkonferenzen die Arbeitstagungen der Generalstaatsanwälte entbehrlich machen können." (BA Koblenz, B 141/1891 Bl. 59 ff.)

Am 31.3.1953 schrieb der Stuttgarter GStA Richard Schmid an seine Kollegen: „Der Herr Justizminister von Baden-Württemberg hat mir mitgeteilt, dass in einer Besprechung der Justizminister am 26. März 1953 eine Reihe weiterer Justizminister (Niedersachsen, Rheinland-Pfalz, Bayern) sich dem Standpunkt des Herrn Justizministers von Nordrhein-Westfalen angeschlossen haben, der die in Aussicht genommene Arbeitstagung der Generalstaatsanwälte nicht zu genehmigen für richtig gehalten hat. Dadurch ist die Abhaltung der Tagung leider unmöglich geworden. Die auf Juni anstehende Konferenz der Justizminister wird sich mit der Frage unserer Tagung noch einmal beschäftigen. Die Vertretung meines Landes wird sich dabei voraussichtlich auf den Standpunkt stellen, dass die Tagung der Generalstaatsanwälte eine sachgemäße Einrichtung ist, insbesondere für reine Strafverfolgungsfragen, die einer Koordinierung oder eines Erfahrungsaustausches innerhalb des Bundesgebietes bedürfen. Dazu gehört nach hiesiger Auffassung insbesondere der Gegenstand, der die leider abzusagende Konferenz in erster Linie zu beschäftigen gehabt hätte, nämlich der strafrechtliche Staatsschutz. Es lässt sich die Auffassung vertreten, dass die Konferenz der Justizminister für Fragen, die sich bei der Anwendung des ersten Strafrechtsänderungsgesetzes laufend ergeben, nicht das Gremium ist, das sich für die Behandlung der praktischen Einzelfragen der Verfolgung eignet. Das gilt auch für andere Rechtsgebiete." Auf die Intervention von Schmid wurde auf der Tagung der Justizminister am 6./7.7.1953 die Frage der Tagungen der GStA „schnell erledigt": „Auf Vortrag des Vertreters von Baden-Württemberg, Generalstaatsanwalt (jetzt Staatssekretär) Schmid, wurde die dienstliche Bedeutung und Notwendigkeit dieser Konferenzen anerkannt. Sie sollen in der bisherigen Form fortgeführt werden."

Seitdem fanden die Tagungen der GStA und des Generalbundesanwalts jährlich (erstmals wieder 1954) jeweils in der ersten Jahreshälfte statt. Über die Tagungen wurden „Niederschriften" (z.T. auch „Protokoll" genannt) angefertigt, die den Verlauf der Tagungen zusammen mit den Redebeiträgen der einzelnen GStA und des Generalbundesanwalts zusammenfassend wiedergeben. Wortprotokolle sind in den vom Hg. eingesehenen Akten nicht überliefert. Zu den einzelnen Tagesordnungspunkten hielt zumeist, jedoch nicht immer, ein GStA vorbereitete Referate, die seit 1958 den Tagungsniederschriften als Anlagen beigefügt sind (mit Ausnahme der Tagung von 1960, in deren Niederschrift die Referate zusammenfassend festgehalten sind).

II. Die Stellung der Staatsanwaltschaft richtet sich nach den §§ 141 ff. GVG und der von der Justizministerkonferenz im Oktober 1959 verabschiedeten „Anordnung über die Organisation und Dienstbetrieb der Staatsanwaltschaft“ (OrgStA) vom 1.6.1960 (wiedergegeben bei W. Schubert, Staatsanwaltschaftsrecht [1934–1982], Frankfurt/M. 2013, S. 70 ff.). Nach Ziff. 1 der OrgStA bestehen Staatsanwaltschaften „am Sitz der Oberlandesgerichte und der Landgerichte. Sie führen die Bezeichnung: der Generalstaatsanwalt bei dem Oberlandesgericht... (Ortsbezeichnung)...“ Leiter der Staatsanwaltschaft bei dem Oberlandesgericht ist der Generalstaatsanwalt. Nach § 114 GVG übt der Behördenleiter die Dienstaufsicht über alle Angehörigen seiner Behörde aus. Die Aufnahme einer Bestimmung über das Weisungsrecht und die Weisungsgebundenheit in die OrgStA erfolgte nicht.

Über Entstehung und Geschichte der Staatsanwaltschaft, deren Aufgaben und Funktion sowie über ihre rechtliche Stellung im Strafprozess unterrichtet u.a. *Wolfgang Wohlers* im SK-StPO, Bd. IX, 5. Aufl., Köln 2016, S. 512 ff. (Vorbem. zu den §§ 141 ff. GVG); S. 522 ff. zur Öffentlichkeitsarbeit der StA). Nach § 144 GVG ist die Staatsanwaltschaft eine monokratisch-hierarchische Behörde: „In ihrer Eigenschaft als Behördenleiter haben die Ersten Beamten die Dienstaufsicht über alle Angehörigen ihrer Behörde auszuüben, sie wirken auf die Einhaltung der Gesetze, Vorschriften und Anordnungen hin, sorgen für die sachgemäße und rasche Erledigung und, soweit erforderlich, die einheitliche Behandlung der Geschäfte. Sie haben sicherzustellen, über alle bedeutenden Angelegenheiten unterrichtet zu werden, führen Geschäftsprüfungen durch, stellen den Geschäftsverteilungsplan auf und bearbeiten die Justizverwaltungssachen, wobei sie jeweils auch Angehörige der Behörde heranziehen dürfen.... Zu den Aufgaben des Behördenleiters gehört es auch, den Sitzungsdienst der Staatsanwaltschaft zu organisieren“ (*Wohlers,* aaO., S. 563).

Nach § 145 GVG sind die Ersten Beamten der Staatsanwaltschaft bei den OLG und den LG befugt, „bei allen Gerichten ihres Bezirks die Amtsverrichtungen der Staatsanwaltschaft selbst zu übernehmen oder mit ihrer Wahrnehmung einen anderen als den zunächst zuständigen Beamten zu beauftragen“. Während der Generalbundesanwalt als politischer Beamter jederzeit ohne Angabe von Gründen in den einstweiligen Ruhestand versetzt werden kann und dies auch für die GStA in den Ländern bis Ende des 20. Jahrhunderts galt, sind diese nunmehr keine politischen Beamten mehr (vgl. *Wohlers,* Rdn. 4 zu § 149 GVG, S. 595). Das externe Weisungsrecht war in den 50er und 60er Jahren des 20. Jahrhunderts kaum bestritten; dessen vollständige Abschaffung wurde auch lange Zeit nicht gefordert (zu evtl. Beschränkungen vgl. den Entwurf eines Gesetzes zur Änderung des Rechts der Staatsanwaltschaft von 1976, § 147 Abs. 2; S. 245 f.

bei *Schubert,* aaO.). Über das Arbeitsgebiet der Staatsanwaltschaft unterrichten u.a. *Michael Heghmanns,* Das Arbeitsgebiet des Staatsanwalts, 4. Aufl. Köln 2010 und *H. Vordermaier/B. v. Heintschell-Heinegg,* Handbuch für den Staatsanwalt, 5. Aufl., Köln 2016.

Über Geschichte der Praxis der Strafverfolgung durch die Generalstaatsanwaltschaften liegen bisher keine detaillierten Untersuchungen vor. Lediglich zur Verfolgungspraxis der Reichsanwaltschaft und der Bundesanwaltschaft (für die frühe Bundesrepublik) liegt die Untersuchung von *Malte Wilke,* Staatsanwälte als Anwälte des Staates? Die Strafverfolgungspraxis von Reichsanwaltschaft und Bundesanwaltschaft vom Kaiserreich bis in die frühe Bundesrepublik, Göttingen 2016, vor mit einem Schwerpunkt bei den Staatsschutzdelikten. Diese spielen auch in den Tagungen der GStA eine wichtige Rolle. Insgesamt verschaffen die Niederschriften über die Tagungen der GStA einen differenzierten Überblick über die Probleme und die Praxis der Strafverfolgung, die in der Frühzeit der Bundesrepublik Deutschland die Staatsanwaltschaften beschäftigt haben. In diesem Zusammenhang sind auch die Biografien der GStA und deren Referate und Diskussionsbeiträge in den jeweiligen Beratungen von Interesse. Zu fragen ist insbesondere, inwieweit sich nach der NS-Zeit eine liberale Strafverfolgungspraxis durchgesetzt hat. Wichtig sind insoweit die Referate und Diskussionsbeiträge von *Fritz Bauer* (GStA von 1950–1968) und von *Hanns Dünnebier* (GStA in Bremen von 1956–1972).

III. *Themen der Tagungen:* Wiederholt beschäftigten sich die GStA mit der Stellung der Staatsanwaltschaft und mit der Staatsanwaltschaft im künftigen Richtergesetz, das 1961 in Kraft trat (hierzu *W. Schubert,* Quellen zum Deutschen Richtergesetz vom 8.9.1961, u.a. 600 ff., 622 ff., 734 ff., 740 ff.) sowie mit dem Nachwuchsmangel und dem Verhältnis der Staatsanwaltschaft zur Presse.

Aus dem strafrechtlichen Bereich wurden angesprochen 1948/49 die Euthanasie, die Denunziationsdelikte, die Schwangerschaftsunterbrechung sowie die lebenslängliche Haft von Mördern. Weitere Themen waren: Straßenverkehrsrecht (Verkehrsunfälle, Blutproben, Entzug des Führerscheins, Verkehrssünderkartei bzw. Verkehrszentralregister, evtl. Unwirksamkeit verkehrsrechtlicher Strafbestimmungen), „unzüchtige" Schriften, Verletzung der Unterhaltspflicht (Gerichtsstand) sowie Anfechtung der Ehelichkeit durch die Staatsanwaltschaft nach § 1695 BGB: „Hat der Mann die Ehelichkeit eines Kindes nicht innerhalb eines Jahres seit der Geburt des Kindes angefochten oder ist er gestorben oder ist sein Aufenthalt unbekannt, so kann der Staatsanwalt die Ehelichkeit anfechten, wenn er dies im öffentlichen Interesse oder im Interesse des Kindes oder seiner Nachkommenschaft für geboten erachtet". (Fassung von 1938/1943; zum 1.1.1962 aufgehoben.)

Ein Dauerthema waren seit 1951 die Staatsschutzdelikte, über die von 1956 an wiederholt der Bundesanwalt Wagner berichtete, und die Flut der „ostzonalen Propagandaschriften", aber auch das nationalsozialistische Schrifttum.

1962 brachte der Hamburger GStA Buchholz zur Sprache, dass Dreher in der 23. Aufl. (1961) des von Schwarz begründeten StGB-Kommentars die – „nachdrücklich" abzulehnende – Auffassung vertrete (Anm. 9 A zu § 193), dass das Vorhandensein der Beleidigung in § 193 StGB nicht bedeute, dass der Ehrverletzer auch die „Absicht der Beleidigung" haben müsse. In der Diskussion stimmten die GStA Mützelburg, Bauer und Ahmann Buchholz zu, während weitere GStA darauf hinwiesen, dass im Gesetzeswortlaut sich kein Anhalt dafür finde, dass für das Vorhandensein einer Beleidigung die Absicht verlangt werden müsse.

Ohne dass es erneut zu einer Diskussion kam, referierte Buchholz im folgenden Jahr nochmals über § 193 StGB: „Berücksichtigt man zusammenfassend, dass schon das geltende Recht den Begriff der Absicht im unterschiedlichen Sinne verwendet, die Systematik der Beleidigungstatbestände im Falle der Wahrnehmung berechtigter Interessen zwangsläufig ein Mehr zur subjektiven Tatseite erfordert, und die Meinungs- und Pressefreiheit ein integrierender Bestandteil demokratischer Grundordnung ist, und weiter, dass die Problematik der hier auftauchenden Fragen namentlich im politischen oder sonst öffentlichem Meinungsstreit akut wird, so meine ich, kann auf das Erfordernis einer selbständig festzustellenden Beleidigungsabsicht im Rahmen des § 193 StGB nach wie vor nicht verzichtet werden. Gegenteilige Bestrebungen gefährden nach meiner Überzeugung die freie Meinungsäußerung, die wir trotz aller Auswüchse im politischen Kampfe und in der Polemik der Presse in unserer Demokratie brauchen." (unten S. 640).

Vielfältig waren auch Fragen der Strafverfolgung und des Strafvollzugs: Bearbeitung von Revisionssachen, Wiedereinsetzung in den vorigen Stand, (geheime) Anklage- und Urteilsabschriften, bedingte Entlassung, Benachrichtigung von Angehörigen eines inhaftierten Angeschuldigten (Art. 104 GG, § 114 StPO), Einsicht in die Strafakten durch außenstehende Dritte, Probleme der Untersuchungshaft, Strafvollzug bei (politischen) Überzeugungstätern und bei Landesverratssachen, Dienstaufsicht der Staatsanwaltschaft über den Strafvollzug, Einstellung von Verfahren nach § 153 StPO.

1952 befassten sich die GStA mit der Wiederaufnahme bei Strafsachen wegen Verbrechens gegen die Menschlichkeit (vgl. VO Nr. 47 der brit. Militärregierung) und 1958 und 1959 mit der Frage der Rechtskraftwirkung besatzungsrechtlicher Urteile für die Zeit ab 5.5.1955 (Inkrafttreten des sog. Überleitungsvertrags, BGBl. II, S. 213, 405). Für Urteile, die nach dem KG Nr. 10 wegen Verbrechens gegen die Menschlichkeit oder wegen sonstiger Kriegsverbrechen ergangen waren, galt Art. 3 (3 b) des Überleitungsvertrags: „Vorbehaltlich der Bestimmungen des Abs. (1) dürfen deutsche Gerichte die ihnen nach deutschen Recht zustehende Gerichtsbarkeit ausüben b) in Strafsachen gegen natürliche Personen, es sei denn, dass die Untersuchung wegen der angeblichen Straftat von den Strafverfolgungsbehörden der betreffenden Macht oder Mächte endgültig abgeschlossen war oder diese Straftat in Erfüllung von Pflichten oder Leistung von Diensten für die Besatzungsbehörden begangen wurde". (vgl. unten S. 428f. den Beschluss des LG Flensburg in Sachen Dr. Schlegelberger). Bei sonstigen Urteilen der drei Mächte oder einer dieser Mächte war die Strafklage verbraucht: Art. 7 (1) des Überleitungsvertrags: „Alle Urteile und Entscheidungen in Strafsachen, die von einem Gericht oder einer gerichtlichen Behörde der Drei Mächte oder einer derselben bisher in Deutschland gefällt worden sind oder später gefällt werden, bleiben in jeder Hinsicht nach deutschem Recht rechtskräftig und rechtswirksam und sind von den deutschen Gerichten und Behörden demgemäß zu behandeln." (vgl. *Schwarz/Kleinknecht*, StPO, 25. Aufl. Einl. 8 i).

Über die Arbeiten der Zentralen Stelle der Landesjustizverwaltungen zur Aufklärung nationalsozialistischer Verbrechen in Ludwigsburg (1958 von den Landesjustizministern begründet) unterrichtete deren Leiter, OStA Schüle, die GStA in den Tagungen von 1959, 1961 und 1962. Die Zuständigkeit der Zentralen Stelle erstreckte sich zunächst auf solche Verbrechen, für die im Bundesgebiet ein Gerichtsstand des Tatorts nicht gegeben war, und zwar auf die Verbrechen, die im Zusammenhang mit den Kriegsereignissen gegenüber Personen außerhalb der eigentlichen Kriegshandlung, „a) insbesondere bei der Tätigkeit der sog. Einsatzkommandos, b) außerhalb des Bundesgebiets in Konzentrationslagern und ähnlichen Lagern begangen worden sind". 1964 wurde die Zuständigkeit der ZSt. erweitert auch auf „Vorermittlungen wegen solcher Verbrechen, die im Bundesgebiet während der nationalsozialistischen Herrschaft von den Gewalthabern des Dritten Reiches oder in deren Auftrag außerhalb der eigentlichen Kriegshandlungen begangen worden sind". Über die Ermittlungen des Tatkomplexes „Reichssicherheitshauptamt" war weiterhin die GStA beim KG/LG Berlin zuständig. Weitere ausführliche Berichte folgen in Bd. 2 der Edition für die Zeit ab 1964.

Der Braunschweiger GStA Mützelburg berichtete 1962 und 1963 über die Arbeiten der Zentralen Erfassungsstelle der Landesjustizverwaltungen in Salzgitter, die die Aufgabe hatte, „die im Zusammenhang mit den politischen Ereignissen der letzten Monate, insbesondere seit dem 13.8.1961 in Ost-Berlin und in der SBZ begangenen Gewaltakte, für deren Verfolgung keine örtliche Zuständigkeit in der Bundesrepublik und in West-Berlin besteht, zu erfassen, das darüber vorhandene Material zu sammeln und die zugänglichen Beweise – soweit erforderlich – zu sichern". Über diese Zentrale Erfassungsstelle gibt es bislang keine auf dem umfangreichen Quellenmaterial beruhende Monografie. Es existiert lediglich die Überblicksdarstellung von *Heiner Sauer/Hans-Otto Plumeyer,* Der Salzgitterreport. Die Zentrale Erfassungsstelle berichtet über Verbrechen im SED-Staat, Esslingen, München 1991.

Gegenstand der Beratungen von 1959–1961 waren auch die im Ergebnis erfolglosen Ermittlungen gegen Richter und Staatsanwälte aus der Zeit zwischen 1939 und 1945, die an exzessiven Todesurteilen beteiligt und nach 1945 wieder in der Justiz tätig waren. Diese Justizangehörigen konnten sich nach § 116 des Deutschen Richtergesetzes bis zum 30.6.1962 vorzeitig pensionieren lassen (zur Entstehung und Praxis des § 116 und zur Entwicklung bis 1965 die Quellen bei *W. Schubert,* Quellen zum Deutschen Richtergesetz, II. Teil, Berlin 2020; hier auch bereits die Auszüge aus den Niederschriften der Tagungen der Generalstaatsanwälte).

Hingewiesen sei noch auf die wiederholte Behandlung des Rechtsverkehrs mit der DDR, der damals sog. SBZ (u.a. Vollstreckung von Strafen der DDR-Gerichte). Immer wieder kamen auch Probleme der Rechtshilfe entsprechend dem Gesetz über die innerdeutsche Rechts- und Amtshilfe vom 2.5.1953 (BGBl. I 1953, S. 161 ff.) zur Sprache, insbesondere die Nichtigkeit des § 15 dieses sog. Rechtshilfegesetzes entsprechend einem Urteil des BVerfG vom 24.1.1961. Hingewiesen sei auf § 8 des Gesetzes: *Entscheidung des Gerichts.* (1) Das Gericht entscheidet über die Zulässigkeit der Rechts- oder Amtshilfe durch Beschluss. Der Beschluss ist nicht anfechtbar. Eine schriftliche Begründung erfolgt nicht; jedoch sind die Gründe der Entscheidung aktenkundig zu machen.... und § 15: „Ist außerhalb des Geltungsbereichs dieses Gesetzes durch ein deutsches Gericht auf eine Strafe erkannt worden, deren Vollstreckung nach § 2 ganz oder teilweise unzulässig wäre, so kann der Verurteilte ohne Rücksicht darauf, ob die Strafe bereits vollstreckt ist oder ein Vollstreckungsersuchen gestellt wird, beantragen, die Zulässigkeit der Vollstreckung festzustellen..." (1960 für verfassungswidrig erklärt, wenn Entscheidungen nach § 15 die Vollstreckung einer Strafe für zulässig erklären, die ein sowjetzonales Gericht ausgesprochen hat aufgrund bestimmter ostdeutscher Gesetze). Die Bibliothek des BGH hat 1987 „Materialien zum Rechts- und Amtshilfegesetz in Strafsachen" zusammengestellt; vgl. auch *Karin Stötter,* Die Rechts- und Amtshilfe in Strafsachen im Verhältnis zur sowjetisch besetzten Zone Deutschlands, Bonn 1960.

V. *Hinweise auf Literatur und Materialien zu einzelnen Themen der Beratungen.*

1. Zur jeweiligen Fassung der einzelnen Bestimmungen des StGB sei hingewiesen auf *Thomas Vormbaum/Jürgen Welp* (Hrsg.), Das Strafgesetzbuch.

Sammlung der Änderungsgesetze und Neubekanntmachungen Bd. 1 und 2, Baden-Baden 1999, und auf *Thomas Fuchs,* Strafgesetzbuch für das Deutsche Reich. Historisch-synoptische Edition 1871–2009, 1. verb. Aufl., Mannheim 2010. Hilfreich sind auch die zahlreichen Auflagen des StGB-Kommentars von *Otto Schwarz* zum StGB (u.a. 17. Aufl. von 1954 [Mitwirkung von *Günther Schwarz*], 24. Aufl. fortgeführt von *Eduard Dreher* 1962) und zur StPO (3. Aufl. 1950, 18. Aufl. [unter Mitwirkung von *Günther Schwarz*], 1955, und 23. Aufl. fortgeführt von *Theodor Kleinknecht,* 1965).

Der Kommentar zum StGB von *Schwarz* enthält auch die jeweilige Fassung der Strafbestimmungen des Handels- und Gewerbe-, des Wettbewerbs-, des Gesundheits-, des Wehrstraf-, des Steuer- sowie des Verkehrsrechts (StVG, StVO und StVZO), ferner die Strafbestimmungen des Truppenvertrags von 1955 (BGBl. II, S. 301, 373). Die Sonderteile des Kommentars bis 1955 bringen auch Bestimmungen des Besatzungsrechts der Militärregierungen, das Kontrollratsgesetz Nr. 10 und der Gesetze der Alliierten Hohen Kommission. Das Werk zur StPO enthält u.a. die Texte zum JGG (1943; 1953) und die Richtlinien für das Strafverfahren vom 1.8.1953 (davor Richtlinien vom 13.4.1935; Neufassung 1949 für die brit. Zone [bei *Schwarz,* StPO, 13. Aufl. 1950, S. 703]). Ferner wurden von den GStA die Kommentare zur StPO von *Löwe/Rosenberg,* 19., 20. Aufl. 1956/58 und 21. Aufl. ab 1963 sowie der StPO-Kommentar von *Kleinknecht/Müller/Reitberger,* 1.–4. Aufl., 1950/1958), herangezogen.

2. *BGH-Entscheidungen in Strafsachen.* Eine vollständige Datenbank der Entscheidungen des BGH in Strafsachen, welche die Entscheidungen ab 1950 enthält, ist bisher nicht vorhanden (am ausführlichsten die Datenbank „Jurion"). Die NJW-Fundhefte weisen, geordnet nach den jeweiligen Strafbestimmungen, die veröffentlichten BGH-Entscheidungen nach (vgl. auch die Inhaltsverzeichnisse in der NJW, in dem die BGH-Entscheidungen nach Datum und Aktenzeichen angegeben sind); hingewiesen sei auch auf die in den späteren StGB- und StPO-Kommentaren von *Schwarz* enthaltene „Gegenüberstellung der Fundstellen der in den Erläuterungen zitierten Entscheidungen des BGH in der amtlichen Sammlung und in der NJW. Da die Niederschriften (einschl. der Referate) auch auf unveröffentlichte Entscheidungen Bezug nehmen, ist insoweit auf die Urteilssammlung in der Bibliothek des BGH zurückzugreifen.
3. *Staatsschutzrecht* (Strafrechtsänderungsgesetz vom 30.8. 1951, BGBl. I, S. 739; §§ 80–106 b, 129 StGB; StRÄndG vom 11.6.1957, BGBl. I, S. 597, §§ 109–109 i; § 91 Abs. 1; grundlegend geändert durch das 8. StRÄndG vom

25.6.1968, BGBl. I, S. 741). Zum Staatsschutzrecht vgl. *Ulf Gutfleisch,* Staatsschutzrecht in der Bundesrepublik Deutschland 1951–1968, Berlin 2014; *Josef Foschepoth,* Überwachtes Deutschland, Post- und Telefonüberwachung in der alten Bundesrepublik, Göttingen 2012; *ders.,* Verfassungswidrig! Das KPD-Verbot im Kalten Bürgerkrieg, Göttingen 2017; *Malte Wilke,* Staatsanwälte als Anwälte des Staates? Die Verfolgungspraxis von Reichsanwaltschaft und Bundesanwaltschaft vom Kaiserreich bis in die frühe Bundesrepublik, Göttingen 2015, bes. 211 ff., 272 ff.; *Walter Wagner,* Die Rechtsprechung des BGH in Staatsschutzsachen in den Jahren 1959 und 1960, DRiZ 1961, S. 168 ff. (weitere Abhandlungen von *Wagner* sind nachgewiesen bei *Wilke,* S. 160 ff.). *Wagner* gab ferner heraus: Hochverrat und Staatsgefährdung. Bd. I u. II, Karlsruhe 1957, 1958.

4. *Strafvollzugsrecht:* Strafvollzugsordnung vom 15.2.1956 (bei *Schwarz,* StPO-Kommentar und die Kommentierung der §§ 459 ff. StPO); vgl. ferner *Hans Pohlmann/Karl G. Hansen,* Strafvollzugsordnung, 2. Aufl. 1956. Für die Zeit ab 1935 galt die Strafvollstreckungsordnung vom 7.12.1935 (DJ 1800; separate Ausgabe) und vom 20.2.1942 (DJ, S. 151). Vgl. ferner die Textausgabe: Strafvollstreckung, Strafregister, Gnadenwesen unter Berücksichtigung der Ländergesetzgebung, 2. Aufl. München 1954. Zur Geschichte der Strafvollstreckung *Thomas Krause:* Geschichte der Strafvollstreckung. Von den Kerkern des Altertums bis zur Gegenwart, Darmstadt 1999, bes. S. 85 ff.; 91 ff. Quellen bei *W. Schubert* (Hrsg.), Quellen zur Reform des Straf- und Strafprozessrechts, I. Abt. Weimarer Republik (1918–1932), Bd. 5: Entwürfe zu einem Strafvollzugsgesetz (1927–1932), zu einem Einführungsgesetz zum Allgemeinen Strafgesetzbuch und zum Strafvollzugsgesetz (1929–1930), Berlin 1999, und *ders.,* Akademie für Deutsches Recht, Protokolle der Ausschüsse, Bd. VIII: Ausschüsse für Strafrecht, Strafvollstreckungsrecht…, Frankfurt a.M. 1999. – Die Untersuchungshaftvollzugsordnung vom 12.2.1953 ist in jeweils separaten Länderausgaben erschienen.

„Unzüchtige“ Schriften: Hinweis in den Niederschriften mehrmals auf „Polunbi“: Zentralpolizeistelle zur Bekämpfung Unzüchtiger Bilder, Schriften und Inserate bei dem preuß. Polizeipräsidium in Berlin, die den sog. Polunbikatalog herausgab: „Verzeichnis der auf Grund der §§ 184 Ziff. 1, 41 des Reichsstrafgesetzbuches rechtskräftig unbrauchbar zu machenden unzüchtigen Schriften“, als Ms. gedruckt, ab 1920, später 1926, Nachträge 1936. – Lit.: *Gotthold Leistner:* Polunbi: „Zentralstelle zur Bekämpfung unzüchtiger Bilder und Schriften in Berlin“ – eine polizeihistorische Studie, Chemnitz 2006.

Zentrale Stelle Ludwigsburg: Hierzu die Monografien von *Annette Weinke,* Eine Gesellschaft ermittelt gegen sich selbst. Die Geschichte der Zentralen Stelle Ludwigsburg 1958–2008, Darmstadt 2008; *Kerstin Hofmann,* „Ein Versuch nur, immerhin ein Versuch". Die Zentrale Stelle in Ludwigsburg unter der Leitung von Erwin Schüle und Adalbert Rückerl (1958–1984), Berlin 2018; ferner *Hans H. Pöschko* (Hrsg.), Die Ermittler von Ludwigsburg. Deutschland und die Aufklärung nationalsozialistischer Verbrechen, hrsg. im Auftrage des Fördervereins Zentrale Stelle e.V., Berlin 2008. Trotz mehrerer Aufsätze und der Monografien von *Weinke* und *Hofmann* fehlt weiterhin eine detailliertere Geschichte der Tätigkeit der Zentralen Stelle, welche die umfangreiche Aktenüberlieferung noch detaillierter auswerten müsste, als dies bisher geschehen ist. Hinzu kommen auch noch die umfangreichen Beiträge auf den Tagungen der Zentralen Stelle von 1964, 1965, 1966, 1968 und 1970.

V. *Zur Edition:* Wiedergegeben werden die Niederschriften der Tagungen der Generalstaatsanwälte in vollem Wortlaut mit Anmerkungen des Herausgebers. Ab 1958 (Ausnahme für 1960) sind die vorbereiteten Referate nicht unmittelbarer Teil der Niederschriften. Sie wurden in der Edition in diese integriert (evtl. Fußnoten in Klammern). Nur wenige Referate wurden aus Platzgründen weggelassen oder gekürzt. Das Inhaltsverzeichnis führt der Übersicht halber nur die wichtigsten Beratungsgegenstände auf; im Sachregister werden sie vollständig erschlossen.

Der folgende Teil geht nur auf die Biografie der Generalbundesanwälte und der Generalstaatsanwälte sowie auf den Bundesanwalt Wagner und den OStA Schüle ein, nicht auf sonstige Sitzungsteilnehmer (u.a. nicht auf Vertreter von nicht erschienenen Generalstaatsanwälten). Eine detailliertere Erschließung der Biografien der Generalstaatsanwälte für die ersten Jahrzehnte der Bundesrepublik unter Heranziehung der Personalakten nach dem Muster der Untersuchungen von *Moritz v. Köckritz,* Die deutschen Oberlandesgerichtspräsidenten im Nationalsozialismus (1933–1945), Frankfurt/M. 2011, wäre erwünscht.

Biografische Hinweise[1]

Adams, Leopold, Dr. iur. (1902–1997). 1929 Staatsanwalt, 1934 AG-Rat in Sulzbach, 1936 LG-Rat in Saarbrücken, 1939 in Landau (Pfalz). Nach 1945 Leitung der Staatsanwaltschaft am LG Saarbrücken, anschließend Generalstaatsanwalt am saarländischen OLG.

Ahmann, Richard (geb. 1899). 1930 Staatsanwalt in Stendal, 1934 in Dortmund. 1958–1964 Generalstaatsanwalt in Hamm.

Bader, Bernhard, Dr. iur. (geb. 1909). 1937 Gerichtsassessor bei der Staatsanwaltschaft Augsburg, 1939 Staatsanwalt am LG München II, 1953 Erster Staatsanwalt bei der Generalstaatsanwaltschaft München II, 1966 Generalstaatsanwalt (OLG München).

Bader, Karl Siegfried (1905–1998). 1946–51 Generalstaatsanwalt in Freiburg; 1953 Prof. in Mainz, anschließend in Zürich. Lit: *Klaus-Dieter Schott,* ZSGA, 2002, 1 ff.

Bauer, Fritz (1903–1968). 1930 Amtsrichter in Stuttgart, 1933 entlassen, acht Monate Haft im KZ Heuberg. 1936 Emigration nach Dänemark, 1943 nach Schweden. 1949 Rückkehr nach Deutschland, 1950 Generalstaatsanwalt in Braunschweig, 1956 in Frankfurt/M. – Lit: *Irmtrud Wojak,* Fritz Bauer 1903–1968, Eine Biografie, München 2009; *Ronen Steinke,* Fritz Bauer oder Auschwitz vor Gericht, München 2013.

Biermann, Rudolf (geb. 1905). 1938 Staatsanwalt in Verden. 1950 Generalstaatsanwalt in Celle.

Bollinger, Heino (1893–1977). Mitglied der DDP. Ab April 1933 als Syndikus der Gewerbekammer Bremen beurlaubt. 1936 Scheidung der Ehe mit Zerline Bollinger (jüd. Abstammung) 1937. Juni 1947 Oberstaatsanwalt, seit Juni 1948–1950 gleichzeitig Generalstaatsanwalt in Bremen. – Lit.: *Ursula Büttner,*

---

1 Die Biografien beruhen u.a. auf: Personalverzeichnis des höheren Justizdienstes, bearbeitet im Büro des Reichsjustizministeriums, Berlin 1938; Handbuch der Justiz, hrsg. vom Deutschen Richterbund 1953, 1956 und 1964, Hamburg, Berlin, Bonn; *Klaus-Detlev Godau-Schüttke,* Ich habe nur dem Recht gedient. Die „Renazifizierung" der Schleswig-Holsteinischen Justiz nach 1945, Baden-Baden, 1993; *Klaus Pflieger* (Hrsg.), Die Geschichte(n) der württembergischen Staatsanwaltschaft, Vaihingen 2009; *Friedrich Scholz,* Berlin und seine Justiz. Geschichte des Kammergerichts 1945–1980, Berlin 1982; *Malte Wilke,* Staatsanwälte als Anwälte des Staates? Die Strafverfolgungspraxis von Reichsanwaltschaft und Bundesanwaltschaft vom Kaiserreich bis in die frühe Bundesrepublik, Göttingen 2016.

Neuanfang in Trümmern, Die Tagebücher des Bremer Bürgermeisters Thomas Spitta 1945–1947, München 1992, S. 133.

Brühl, Georg (geb. 1889). 1921 Assessor, 1926 Untersuchungsrichter am LG Berlin (u.a. in den Ermittlungen gegen Stinnes jun. und gegen Ali Hohler; auch befasst mit der „rätselhaften" Auslieferung Leo Schlageters). 1935 aufgrund der Nürnberger Gesetze entlassen. Nach 1945 bei der Staatsanwaltschaft Berlin, 1952–1954 Generalstaatsanwalt am LG Berlin, 1954–1960 am Kammergericht. – Lit.: *Scholz,* S. 274.

Buchholz, Ernst (1905–1967). 1933 2. Staatsprüfung. Mitglied der NSDAP. 1937 Staatsanwalt, später Oberstaatsanwalt. 1958 Generalstaatsanwalt in Hamburg. – Lit.: Hamburgische Biografien, Bd. 6, Göttingen 2012, S. 50 f.

Burchardi, Karl (geb. 1887). Dr. iur. 1920 Staatsanwalt in Berlin, 1928 LG-Dir. in Magdeburg, 1930 OStA in Berlin. 1948–1954 GStA in Köln. Verfasser des Werkes: Der Staatsanwalt und sein Arbeitsgebiet, München 1956.

Doller, Ernst (1891–1968), Dr. iur. 1933 AG-Rat in Oberglogau. Nach 1945 GStA in Neustadt a.d.W., 1949 LG-Präs. in Mainz.

Dünnebier, Hanns (geb. 1907 in Freiberg/Sachsen; gest. 1985). 1935 bei der Verwaltung der Amtsmannschaft Döbeln. 1929 Abitur, anschließend Studium der Rechtswissenschaft (1934 erste, 1938 zweite Staatsprüfung). 1939 Rat am AG Stuhm (Westpreußen); ab 1942 Kriegsdienst; amerikanische Gefangenschaft. 1947 bei der Staatsanwaltschaft Bremen, 1948 bei der GenStA, 1951 OStA, 1956–1972 GStA. Mitglied der Großen Strafrechtskommission und der Länderstrafrechtskommission. – Publikationen: Festschrift für H. Dünnebier, Berlin 1982, Veröffentl. S. 748 ff.; u.a.: Die Verkehrsunfallflucht (GA 1957, S. 487 ff.); Grenzen der Dienstaufsicht gegenüber der Staatsanwaltschaft, JZ 1958, S. 417 ff.; Die Bindung des Staatsanwalts ans Gesetz, JZ 1961, S. 312 ff. – Über Dünnebier *E. Dreher,* in der Festschrift, S. 7 ff.

Feyen, Otto (1890–1980). 1925 Staatsanwalt in Hamburg. Mitglied der SPD. Als „Vierteljude" in der NS-Zeit nicht befördert. 1945 OStA, 1947–1955 GStA in Hamburg. – Lit.: *Heiko Morisse,* Ausgrenzung und Verfolgung der Hamburger jüdischen Juristen im Nationalsozialismus, Bd. 2, Göttingen 2013, S. 111.

Fick, Georg (geb. 1897). Dr. iur. 1925 II. StA in Bayreuth, 1926 in Landshut. 1928 AG-Rat in Nürnberg, 1932 I. StA in München. 1934 LG-Rat in Bayreuth. 1955–1962 GStA in Bamberg.

Fränkel, Wolfgang (1905–2010). 1932 zweites Staatsexamen. 1.5.1933 Eintritt in die NSDAP. 1934 Staatsanwalt in Kassel. 1936 „Hilfsarbeiter" bei der Reichsanwaltschaft (Bearbeitung von Nichtigkeitsbeschwerden) bis 1943 (1941 Ernennung zum LG-Dir.), 1943 Militärdienst, 1947 AG-Rat in Rendsburg. 1951

Bundesanwalt, 1962 Generalbundesanwalt (im selben Jahr in den einstweiligen Ruhestand versetzt). – Lit.: *Wilke,* S. 235 ff.

Geropp, Philipp (geb. 1898). 1927 II. Staatsanwalt in Landau, 1930 AG-Rat ebd., 1933 I. StA in Frankenthal, 1934 Oberamtsrichter in Winnweiler, 1937 OStA in Zweibrücken. 1951 GStA in Neustadt a.d.H.

Görcke, Hans-Helmuth (geb. 1902). 1929 StA am LG Berlin II, 1936 Erster StA am KG. Kriegsgerichtsrat in Frankreich. 1956–1960 GStA am LG Berlin. – Lit.: *Scholz,* S. 164 ff., 279.

Güde, Max (1902–1984). 1929 StA in Mosbach, 1932 Amtsrichter in Bruchsal, 1933 in Wolfach. 1940 Eintritt in die NSDAP. 1943–45 Kriegsdienst. 1947 Ltd. StA in Konstanz. 1950 Bundesanwalt (ab 1953 Leitung der Abt. für politisches Strafrecht). 1955 Senatspräsident am BGH (4. Strafsenat, zuständig für Verkehrsrecht), 1956 Oberbundesanwalt, 1957–1961 Generalbundesanwalt. 1961–1969 MdB (CDU). Güde trat ein für eine Einschränkung der politischen Strafjustiz und die Aufarbeitung des NS-Justizunrechts. – Lit.: Justiz im Schatten von gestern, Hamburg 1959; Nachweis von weiteren Publikationen bei *Wilke,* S. 328; über Güde *Volker Tausch,* Max Güde, 1902–1984. Generalbundesanwalt und Rechtspolitiker, Baden-Baden 2002; *Wilke,* S. 323 ff.

Günther, Hans (1910–1978). 1933 aus dem jur. Vorbereitungsdienst wegen „politischer Unzuverlässigkeit" entlassen. 1955 Stadtgerichtsrat in Berlin, 1952 zweite Staatsprüfung, anschließend Richter in Moabit sowie „Hilfsrichtertätigkeit" am KG; 1956 KG-Rat. 1961–1975 GStA am KG. – Lit.: *Scholz,* S. 275 f.

Haas, Walter (geb. 1903). 1937 StA in Dortmund. 1947 OStA in Bielefeld. 1955–1966 GStA in Köln.

Hechtel, Hans (geb. 1897), Dr. iur. 1926 StA in München, 1928 AG-Rat ebd., anschließend I. StA in München, 1934 LG-Rat ebd. Nach 1945 SenPr. am OLG München, anschließend GStA am OLG München.

Heitzer, Arnold (geb. 1889). 1919–1929 Mitglied der SPD. Ab 1920 RA in Aachen. 1933 „für wenige Wochen Schutzhaft". Juli 1945 OStA in Aachen. August 1948-Juli 1950 GStA in Schleswig, 1953 GStA in Bremen. – Lit.: *Godau-Schüttke,* S. 56 ff.

Heymann, Georg Jakob (1885–1964). 1926 LG- und AG-Rat in Frankfurt/M. 1933 nach § 3 BBG wegen „seiner jüdischen Wurzeln" abgesetzt. Nach *Quabbe* GStA in Frankfurt/M.

Hühnerschulte, Ludger (geb. 1909). Nach 1945: LG-Dir. Dortmund (1952). 1963–1974 GStA in Düsseldorf. 1966 Vortrag auf dem Anwaltstag des Deutschen Anwaltsvereins e.V.: „Die Staatsanwaltschaft als Symbol des Gerechtigkeitswillens des Staates" (Deutscher Anwaltsverein, 1966).

Jansen, Wilhelm, Dr.; GStA in Düsseldorf 1958–1961 (vorher StA in Bochum / Köln);

Junker, Max (1885–1959). 1911 Gerichtsassessor bei der Staatsanwaltschaft der Landgerichte Berlin, 1914 StA in Altona (1930 Erster StA). 1931 LG-Dir. in Münster, 1932 OStA ebd. 1933 Zurückstufung zum LG-Dir. 1945–1952 GStA in Düsseldorf.

Kesseböhmer, Wilhelm (geb. 1892). 1923 StA in Essen, 1934 Erster StA in Hamm. 1945–1957 GStA ebd.

Kleinknecht, Theodor (1910–1995), Dr. iur. 1937 Eintritt in den bayr. Justizdienst. 1939–1945 Kriegsdienst. 1947 bei der Staatsanwaltschaft Nürnberg-Fürth. 1948–1954 bei der StA beim OLG Nürnberg (1949 Erster StA). 1954–1963 im BMJ (1955 MinRat; zuständig für das Strafrecht). 1963–1975 GStA in Nürnberg. Ab 1968 Honorarprof. a.d. Univ. Erlangen. – 1962 von der 23. Aufl. an Fortführung des StPO-Kommentars von Schwarz bis 1981: Festschrift für Kleinknecht (hrsg. von K. H. Gössel u. H. Kauffmann), Strafverfahren im Rechtsstreit, München 1985, hier Biografie im Geleitwort und Schriftenverzeichnis; *Dreher,* in: Juristen im Porträt, München 1988, S. 477–487; Nachruf von *L. Meyer-Goßner,* NJW 1995, 2402 f.

Krapp, Otto (1903–1996); Dr. iur. 1931 nach der zweiten Staatsprüfung Rechtsanwalt (ab 1945 auch Notar). 1947–1953 MdL; 1950–1953 Nds. Justizminister. 1953–1968 GStA in Oldenburg. – Lit.: *Barbara Simon,* Abgeordnete in Niedersachsen. Biografisches Handbuch, Hannover 1996, S. 214.

Loerbroks, Hermann (1883–1954). 1915 StA in Posen. 1919 im Landespolizeidienst; 1921 im preuß. Innenministerium. 1922 EStA in Berlin, 1925 EStA am KG; 1926 LG-Dir. in Wiesbaden, 1928–1933 OStA in Hannover. 1933–1945 LG-Rat in Berlin (OStA). 1952–1953 GStA beim KG. – Lit.: *Scholz,* Berlin und seine Justiz.

Mannzen, Karl (1903–1980), Dr. iur. 1926–1933 Mitglied der SPD. 1933 als Assessorexamen. 1933 Eintritt in die SA; NSDAP-Mitglied 1940. 1935 „Hilfsrichter" beim Amtsgericht in Kiel; auf Fürsprache Freislers 1937 AG-Rat in Ludwigshafen, anschließend in Bruck a.d. Mur (Österreich). 1947 Amtsrichter in Bredstedt, 1949 OLG-Rat (tätig im Justizministerium in Kiel), 1950–1954 GStA in Schleswig. 1954–1961 Bundesrichter (Staatsschutzsenat). 1961–1969 Staatssekretär im nds. Justizministerium. – Lit.: *Godau/Schüttke,* S. 59 ff.; *Ulf Gutfleisch,* Das Staatsschutzrecht, Berlin 2014, S. 341 f.

Martin, Ludwig (1909–2010). 1937 Große Staatsprüfung. Kein Mitglied der NSDAP. 1937 Eintritt in den bayr. Justizdienst. April-Okt. 1939 Abordnung an die Reichsanwaltschaft. 1939/40 Staatsanwalt in Nürnberg-Fürth, anschließend in Leipzig; kein Antritt dieser Stellen, da im Kriegsdienst. 1946 Amtsrichter in Sonthofen. 1950 im BMJ, 1951 Bundesanwalt, 1953 Bundesrichter (1., 4. Strafsenat), 1963–1974 Generalbundesanwalt. – Lit: *Wilke,* S. 240 ff.

Meyer-Abich, Friedrich Karl Andreas (1895–1972), Dr. iur. 1924 Rechtsanwalt und Notar in Emden. 1933 Verlust der Zulassung zur Rechtsanwaltschaft. 1945 GStA in Oldenburg. 1953–1960 Staatssekretär des niedersächs. Justizministeriums.

Morbach, Leopold (geb. 1899). 1930 StA in Wuppertal, 1950–1963 GStA in Koblenz.

Mork, Heinrich (geb. 1898). 1930 Amtsanwalt in Ebersberg; 1931 AG-Rat in Regenstauf; 1936 LG-Rat in Landshut. 1948 GStA in Nürnberg.

Müller, Wilhelm (1902–1993). Sohn eines LG-Rats. 1929 StA in Lörrach, anschließend in Karlsruhe und 1930 in Freiburg. 1932 AG-Rat in Emmendingen; 1934 LG-Rat in Karlsruhe. Nach 1945 Ltd. OStA in Stuttgart, anschließend GStA in Karlsruhe; 1963–1965 Präs. des OLG Karlsruhe.

Münn, Lothar (geb. 1912), Dr. iur. 1938 Eintritt in den Justizdienst. Nach 1945 LG-Dir. in Berlin. 1961–1965 GStA am LG Berlin.

Mützelburg, Gerhard (geb. 1911), Dr. iur. 1956–1974 GStA in Braunschweig; 1974–1976 Präsident des OLG Celle.

Nehm, Eduard (1908–1974). 1933 Eintritt in die NSDAP. 1939–1945 in der Wehrmacht. 1943 Erster StA in Hamm (Amt nicht angetreten). 1947 StA in Flensburg (1949 Erster StA). 1954 OStA, 1961–1973 GStA in Schleswig. – Lit: *Godau/Schüttke*, S. 116 ff.

Nellmann, Erich (1885–1968). 1914–1918 Kriegsdienst. 1918–1920 Einsatz in der freiwilligen Formation von Paul Hahn. 1919–1922 Studium der Rechtswissenschaft in Tübingen u. München. 1922 erste, 1925 zweite Staatsprüfung, anschließend Gerichtsassessor. 1927–1934 StA in Tübingen, 1934–1945 AG-Rat ebd. 1939–1945 Kriegsdienst. 1945–1951 im Justizministerium Württemberg-Hohenzollern; zugleich Wahrnehmung der Geschäfte des GStA. 1949–1951 Präsident des LG Hechingen. 1951–1953 OStA in Stuttgart. 1953–1961 GStA in Stuttgart. – Lit.: *K. Pflieger:* Die Geschichte(n) der württembergischen Staatsanwaltschaften, Vaihingen 2009.

Neumann, Richard (1878–1955). 1905 Gerichtsassessor, 1908 StA in Aachen, 1911 in Köln. 1919 bei der Reichsanwaltschaft (1921 Reichsanwalt; beteiligt an den sog. Kommunistenprozessen). 1933 als „Schutzjude" im Amt geblieben, lehnte Neumann eine weitere Beschäftigung ab (1935 vorl. Ruhestand). Er überlebte die NS-Zeit in Theresienstadt (als „prominenter Häftling"). Okt. 1945 OStA und Stellvertreter des GStA beim Kammergericht, Juni 1948 GStA. Im März 1949 ging er „mit seiner Behörde vom Alexanderplatz in den britischen Sektor". Nov. 1950 Senatspräs. beim BGH (V. Berliner) Strafsenat. Mit dem 31.12.1952 Eintritt in den Ruhestand. Verfasser des Werkes: Geschichte der Reichsanwaltschaft, 1929. – Lit.: *Scholz,* Berlin und seine Justiz, S. 272 f.

Preuss, Richard, Dr. iur. 1954–1955 GStA am LG Berlin.

Quabbe, Georg (1887–1950). Dr. iur. Nach 1946 GStA in Frankfurt/M. – Lit.: Hinweise in Wikipedia.

Quambusch, Hans (1886–1965). 1919 StA in Essen. 1930 AG-Rat in Wiesbaden, 1934 OStA in Münster, 1937 in Wiesbaden. Leiter der Spruchkammergerichte in der brit. Zone. 1948 GStA beim Obergericht der brit. Zone.

Roll, Albert (geb. 1885), Dr. phil. 1919 II. StA in Landshut; 1920 AG-Rat am LG München I, 1925 1. StA am LG München I, 1930 LG-Rat am LG München I, 1935 OLG-Rat. 1948 GStA in München (OLG).

Rosenthal-Pelldram, Erich (1905–1989). Gerichtsassessor 1932, 1935 StA in Berlin. 1942 beim Reichskommissar für Preisbildung. 1945–1948 MinDir. bei der Deutschen Zentralverwaltung für Justiz in der SBZ. 1949 beim Planungsamt des Vereinigten Wirtschaftsgebiets. 1951–1955 GStA in Frankfurt/M. 1955/56 MinDir., anschließend Staatssekretär im hess. Justizministerium.

Schabel, Robert (geb. 1903 als Sohn eines Brauereibesitzers). 1935 im württembergischen Justizdienst (StA), Mitglied der NSDAP. Ab Juni 1945 beim Polizeipräsidenten, später beim Justizmin. in Stuttgart. Ab 1946 im Justizm. von Württemberg-Hohenzollern. Okt. 1946 im Justizministerium in Stuttgart. 1951 OStA, Vertreter des GStA Nellmann, 1958 Leiter der StA Stuttgart. 1962–1968 GStA in Stuttgart. – Lit.: *Pflieger*, S. 253 ff.

Schafheutle, Josef (1904–1973). 1932 Eintritt in den badischen Justizdienst, 1933 Regierungsrat im RJM; 1936–1941 LG-Dir. in Karlsruhe (verblieb weiterhin in Berlin), 1941 Oberregierungsrat. 1944 Oberfeldrichter. Kein Mitglied der NSDAP. 1951–1953 GStA in Freiburg, 1953–1967 im BMJ (Min-Dir.). – Lit.: *M. Görtemaker/Chr. Safferling*, Die Akte Rosenberg, Göttingen 2016, S. 702 ff.

Schmid, Richard (1899–1986). 1924 Eintritt in den württ. Justizdienst. 1925–1938 Rechtsanwalt in Stuttgart. Nov. 1938 verhaftet; 1940 Verurteilung zu drei Jahren Zuchthaus durch den VGH. Bis Kriegsende „landwirtschaftlicher Hilfsarbeiter". Juni 1945–1953 GStA in Stuttgart, anschl. Staatssekretär im Justizministerium von Baden-Württemberg. Nov. 1953–1964 OLG-Präsident in Stuttgart. – Lit.: *Klaus Pflieger*, S. 250 f.

Schneidewin, Karl (1887–1964), Dr. iur. 1920 StA Berlin III, 1923 EStA/OStA am RG, 1930 Reichsanwalt. Kein Mitglied der NSDAP. 1946 bei der GStA Celle. 1948 GStA beim Obersten Gerichtshof der Brit. Zone. – Lit.: *Carl Kirchner*, JZ 1964, S. 191 f.

Schrübbers, Hubert (1907–1979). 1938–1941 bei den Staatsanwaltschaften in Bochum, Arnsberg und Dortmund, anschl. OStA beim OLG Hamm. 1948 OStA beim Obersten Gerichtshof für die brit. Zone in Köln. 1950–1952 Bundesanwalt.

1953–1955 GStA in Düsseldorf. 1955–1972 Präsident des Bundesamts für Verfassungsschutz.

Schüle, Erwin (1913–1993). Jan. 1941 2. Staatsexamen. Kriegsdienst zunächst an der West-, seit Ende 1941 an der Ostfront, 1943 erneut in Frankreich. 1944 Ernennung zum AG-Rat. 1945–1950 in sowj. Kriegsgefangenschaft. 1950 AG-Rat in Ulm, dort ab Dez. 1950 bei der dortigen StA; Nov. 1951 StA in Stuttgart, 1955 Erster StA in Ulm. 1958 Plädoyer im Ulmer Prozess gegen das Einsatzkommando Tilsit am 1.8.1958 (bei *K. Hofmann,* S. 449 ff. abgedruckt). Vom 1.12.1958 bis Sommer 1966 Leiter der Zentralen Stelle in Ludwigsburg. Im Febr. 1965 gab die Ost-Berliner Nachrichtenagentur ADN die NSDAP- und SS-Mitgliedschaft Schüles bekannt (zumindest ersteres war 1958 allen Justizministern und dem BMJ vom Stuttgarter Justizministerium mitgeteilt worden). Im Sept. 1965 unterrichtete das Moskauer Außenministerium die deutsche Botschaft in Warschau mit einer Note, in der schwere Beschuldigungen gegen Schüle erhoben wurden (Teilnahme an der Ermordung „friedlicher Sowjetbürger" sowie an Plünderungen; *Hofmann,* S. 270 ff.). Sept. 1966 Leiter der Stuttgarter Staatsanwaltschaft. Sept. 1967 Einstellung des Ermittlungsverfahrens gegen Schüle. April 1970 Verleihung des „Ehrentitels" Generalstaatsanwalt bei der Staatsanwaltschaft beim LG Stuttgart. – Lit.: *A. Weinke,* 2008, S 13 ff., 86 ff.; *K. Hofmann,* 2018, bes. S. 270 ff.

Steffen, Ernst (geb. 1900), Dr. iur. 1928 II. StA beim LG Nürnberg-Fürth; 1930 AG-Rat in München, Nov. 1933 EStA beim LG München I; 1937 Erster StA ebd.; GStA in Bamberg 1947–1955, anschl. beim bayr. OberstLG.

Wagner, Walter (1901–1991), Dr. iur. Gerichtsassessor 1927, 1928 StA in Berlin I, 1934 „Hilfsarbeiter" beim Kammergericht, 1935 für drei Monate beim VGH. 1935 Erster StA in Breslau. 1937 Eintritt in die NSDAP. 1938/39 OStA in Schweidnitz, 1939 in Posen. 1940–1945 in der Wehrmacht. Nov. 1945 im hessischen Justizdienst (Sonderbeauftragter für die Strafverfolgung der „Euthanasie-Morde"). 1950 OStA am BGH, 1954 Bundesanwalt (zuletzt Stellvertreter des Generalbundesanwalts; hauptsächlich mit politischen Strafsachen gegen kommunistische Angeklagte betraut). – Werke: Hochverrat und Staatsgefährdung, Urteile des BGH, Bd. 1 u. 2, Karlsruhe 1957, 1958; Der Volksgerichtshof im nationalsozialistischen Staat, 1974, 3. Aufl. München 2011; weitere Schriften von Wagner sind nachgewiesen bei *Wilke,* S. 360 f. – Lit.: *Gutfleisch,* S. 355 f.; *Wilke,* S. 250 f.

Weiß, Franz (geb. 1905), Dr. iur. 1934 Assessorexamen. 1935 II. StA in Regensburg (1936 StA ebd.). Nach 1945 1. StA beim OLG München. 1962–1965 GStA in Bamberg.

Wiechmann, Karl (1886–1959). 1912 Assessor. Keine Teilnahme am Ersten Weltkrieg. 1918 bei der StA Köln, 1921–1930 im preuß. Justizministerium (1924 Oberjustizrat, 1926 MinRat). 1931–1933 GStA am KG (anschl. von Mai-Okt. 1933 im einstw. Ruhestand), danach Senatspräsident am KG. 1945 GStA am LG Berlin, anschl. Senatspräsident in Celle. 1950–1956 Oberbundesanwalt. Lit: *Wilke,* S. 227 ff.

Woll, Albert (geb. 1906). 1932 Gerichtsassessor, 1934 StA in Pforzheim, 1935 in Freiburg. 1937 AG-Rat in Mannheim (auch beim Sondergericht tätig). Nach 1945 Senpräs. am OLG Karlsruhe, anschl. GStA in Karlsruhe.

Voss, Adolf (1899–1972). Bis 1924 bei der Marine. 1933 Assessorexamen. 1937 Eintritt in die NSDAP. 1934 StA in Flensburg, 1936 in Altona, 1937 in Lübeck. 1939 für sieben Monate im RJM. 1939–1945 bei der Marine. 1942 Ernennung zum OStA beim OLG Kiel. 1948 StA in Flensburg (Dez. 1948 OStA). 1950–1960 GStA in Schleswig (in den Ruhestand versetzt). – Lit.: *Godau-Schüttke,* S. 77 ff.

Niederschriften (Protokolle) der Tagungen der Generalstaatsanwälte von 1948 bis 1963

I. Besprechungen auf der Tagung der Generalstaatsanwälte der Westzonen vom 27.–28.7.1948

Um 9.45 Uhr eröffnet *GStA Dr. Quabbe (Ffm)* die Tagung, begrüßt die Erschienenen und gibt seinem Bedauern Ausdruck, dass die GStA der französisch besetzten Zone nicht haben erscheinen können.

Anwesend sind *aus der amerikanischen Zone* die Herren *MinRat Richter,* Hess. Justizministerium, die *GStA Dr. Quabbe* (Ffm) mit *OStA Heymann* und *StA Rittau, Dr. Roll* (München), *Steffen* (Bamberg), *Dr. Bollinger* (Bremen), ferner für den GStA von Nürnberg *LG-Rat Dr. Grüb* und für den GStA von Stuttgart *EStA Otto.*

Anwesend sind *aus der britischen Zone* die Herren *GStA Dr. Kesseböhmer* (Hamm), *Dr. Junker* (Düsseldorf), *Dr. Burchardi* (Köln), *Dr. Heitzer* (Schleswig); *Dr. Feyen* (Hamburg), ferner *OStA Biermann* für die GStA von Celle und Braunschweig, *LG-Dir. Ries* für den GStA von Oldenburg.

Zur Tagesordnung:

1. *Organisationsfragen. GStA Dr. Quabbe* schildert den Aufbau der Staatsanwaltschaft im OLG-Bezirk Frankfurt am Main, der nunmehr als einziger OLG-Bezirk des Landes Hessen auch die früheren OLG Kassel und Darmstadt, ohne das jetzt in der französischen Zone gelegene LG Mainz umfasst und anstelle der früheren 1,5 Millionen jetzt 4,5 Millionen Gerichtseingesessene zählt und acht Oberstaatsanwaltschaften umfasst. Er weist darauf hin, dass sein Einblick in die Tätigkeit der ihm unterstellten Behörden beschränkt ist durch den unmittelbaren Verkehr der OStA mit dem Justizministerium, seine zeitbedingte Ausschaltung in Personalfragen des höheren Dienstes und die Umstellung des Strafvollzuges unter einem Direktor des Gefängniswesens, der MinRat im Justizministeriums ist.

Er erwähnt, dass es im ganzen Bezirk nur drei EStA gebe und dass die erforderliche Einteilung in Abteilungen bei den meisten Staatsanwaltschaften der Landgerichte mangels geeigneter Kräfte nicht stattfinden könne. Bei den Amtsanwaltschaften, die gerade jetzt als selbständige Amtsanwaltschaften eingerichtet wurden, bestehe ebenfalls ein Mangel an geeigneten Kräften. Hier werde übrigens gerade erwogen, ob als Leiter von einzelnen Amtsanwaltschaften Staatsanwälte einzusetzen sind.

Die *GStA Dr. Roll (München), Steffen (Bamberg)* sowie *LG-Rat Dr. Grüb (für den GStA von Nürnberg)* führen aus, dass in Bayern alle Berichte an das Ministerium durch die GStA zu erstatten sind, dass aber im Strafvollzug – nach amerikanischer Vorschrift – die GStA ebenfalls ausgeschaltet seien; dass in Bayern die Amtsanwaltschaft von jeher mit Volljuristen (Dreierjuristen) besetzt gewesen sei, dass erst durch die Verreichlichung der Justiz Amtsanwälte aus der gehobenen mittleren Laufbahn genommen worden seien. Diese Übung werde wahrscheinlich nicht fortgesetzt werden und die Amtsanwaltsstellen würden wieder mit Volljuristen besetzt. Die Amtsanwaltschaft ist dezentralisiert. – (Das Bayr. ObstLG ist seit dem 1.7.1948 wieder in Tätigkeit, hat aber einstweilen keine Zuständigkeit in Strafsachen. Vom 1.1.1949 ab wird es wieder Schwurgerichte geben, und zwar in der alten Besetzung von zwölf Geschworenen und drei Richtern.)

Nach dem Bericht des *EStA Otto (für den GStA von Stuttgart)* ist in Württemberg-Nordbaden der GStA gleichzeitig Mitglied des Justizministeriums und ist in dieser Doppelstellung Leiter der Strafvollzugsabteilung. Die Amtsanwaltschaften in Württemberg sind vorwiegend mit Volljuristen aus den Ostgebieten besetzt, die gut arbeiten.

GStA Dr. Bollinger (Bremen) schildert die Entstehung und Gliederung des Stadtstaates Bremen. Auf Anordnung der Amerikaner ist ein eigenes OLG Bremen eingerichtet worden und Ende Mai 1947 mit einem Zivil- und einem Strafsenat in Tätigkeit getreten.

Für die Gebiete Nordrhein-Westfalen an der britischen Zone berichten die *GStA Kesseböhmer (Hamm)* und *Dr. Junker (Düsseldorf)*. Danach untersteht der Strafvollzug in der britischen Zone den GStA (außer in Hamburg, wo ein selbständiger Direktor des Gefängniswesens vorhanden ist). Schöffen- und Schwurgerichte konnten bisher nicht zusammentreten, weil die Verwaltungsbeamten, die bei der Wahl der Schöffen und Geschworenen mitzuwirken haben, bisher von den Landtagen nicht gewählt worden sind. Es findet kein unmittelbarer Verkehr der OStA mit den Justizministerien statt. (Das Zentraljustizamt ist hauptsächlich Gesetzgebungsbehörde, hat keine Dienstaufsicht, spricht aber die Ernennungen der höchsten Beamten, vom OStA und vom Senatspräsidenten an aufwärts.) – Bei den Staatsanwaltschaften der Landgerichte sind Abteilungen gebildet, die meist unter Leitung von EStA stehen. Die Amtsanwaltschaften sind, außer in Braunschweig, in die Staatsanwaltschaften eingebaut. Es sind wieder Amtsanwalt-Anwärter eingestellt, jedoch besteht nicht die Absicht, wieder selbständig Amtsanwaltschaften einzurichten. – Es bestehen Personalschwierigkeiten, die sich aus der Zugehörigkeit eines großen Prozentsatzes aller Beamten zur NSDAP (in Westfalen 93%) ergeben. Auch beim OLG sind frühere PG beschäftigt. Es werden große Schwierigkeiten bereitet, wenn Mitläufer zu Beförderungen vorgeschlagen werden.

GStA Dr. Junker (Düsseldorf) äußert sich über die Einsetzung der örtlichen Sitzungsvertreter der Amtsanwaltschaften und über deren Tätigkeit. Er ist bereit, die von ihm am 13.1.1947 herausgegebene eingehende Anweisung auf Wunsch zu übersenden.

GStA Dr. Heitzer (Schleswig) berichtet, dass in Schleswig-Holstein die Entnazifizierung nicht durchgeführt ist, und dass infolgedessen von den vier OStA-Stellen drei unbesetzt sind.

GStA Dr. Feyen (Hamburg) gibt einen Überblick über die Justizorganisation in Hamburg. Die Gesamtzahl der Staatsanwälte beträgt rund 80 und es gibt acht Abteilungen.

OStA Biermann (für Celle und Braunschweig) berichtet, dass seit dem 15.1.1948 die Schwurgerichte wieder in Tätigkeit sind (sechs Geschworene und drei Richter) und hauptsächlich Verbrechen gegen die Menschlichkeit abzuurteilen haben, dass meist Freisprüche erfolgt sind. Er spricht sich gegen die Mitwirkung von Amtsanwälten im beschleunigten Verfahren aus, da die Amtsanwälte bei der Anklageerhebung durchweg versagt haben.

GStA Dr. Burchardi (Köln) gibt folgenden Bericht über den Aufbau der Justiz in Berlin: Hier zuerst herrschte Ordnung. Laienrichter wirkten schon seit Herbst 1945 mit. Im KG-Bezirk gibt es zehn bis 12 Amtsgerichte und bei jedem von ihnen eine Staatsanwaltschaft unter Leitung eines OStA. Es sind bereits zehn bis zwölf Todesurteile vollstreckt worden. – In Berlin darf niemand als Richter oder Staatsanwalt tätig sein, der PG war. Infolgedessen herrschen starker Personalmangel und Überalterung.

2. *Maßnahmen zur Abkürzung der Dauer der Untersuchungshaft*

GStA Dr. Quabbe führt die lange Dauer der Untersuchungshaft – rund ein Viertel aller U-Häftlinge Hessens sitzen als solche länger als 90 Tage – in der Hauptsache darauf zurück, dass durch die Überlastung der Gerichte die Termine zu weit hinausgesetzt werden. Strafkammern in Kassel z.B. sind bis Ende November und die 5. (Wirtschaftsstrafkammer) in Frankfurt (Main) ist bis Dezember besetzt. Er berichtet weiter über seine Rundverfügung, nach der in Haftsachen, die in der Sitzung rechtskräftig werden, aufgrund einer sofort angeforderten Vollstreckbarkeitsbescheinigung die Strafe aus der Sitzung heraus vollstreckt wird, woraus man sich eine mindestens 14tägige Verkürzung der Untersuchungshaftdauer errechnet.

LG-Dir. Ries (Oldenburg) berichtet, dass aufgrund der bisherigen Zusammenkünfte der GStA der britischen Zone folgende Maßnahmen getroffen sind, die die Bearbeitung von Haftsachen beschleunigen sollen:

a) Weiterbearbeitung durch den bisherigen Sachbearbeiter im Falle eines Dezernatswechsels;
b) Nichtversendung von Haftakten (nur Abschriften);
c) Anlegung einer persönlichen Haftliste für jeden Sachbearbeiter und Kontrolle der Liste durch den OStA;
d) Einrichtung von Sonderdezernaten für jede Sache von außergewöhnlichem Umfang;
e) Anklageerhebung hinsichtlich der abschlussreifen Teile eines größeren Strafverfahrens vor Abschluss der weiter noch erfolgenden Ermittlungen.

Die Vollstreckung aus der Sitzung heraus findet auch in der britischen Zone statt und *GStA Dr. Junker (Düsseldorf)* verweist auf die RV des Reichsministers der Justiz vom 19.8.1940 (4104/1-III a 4-662/40) über die sofortige Einleitung der Strafvollstreckung.

GStA Dr. Kesseböhmer (Hamm) weist zahlenmäßig nach, dass in seinem Bezirk von der U-Haft sparsamer Gebrauch gemacht wird als in Vorkriegsjahren.

3. *Beziehungen der Staatsanwaltschaft zur Presse*

GStA Dr. Quabbe berichtet, dass bei der Dienstbesprechung mit den OStA am 9. und 10.7.1948 einer unmittelbaren Zusammenarbeit der OStA mit der Presse das Wort geredet und die frühere Einrichtung der Justizpressestellen als zu schwerfällig bezeichnet worden sei. Es werden folgende Ausführungen zu dem Thema gemacht:

LG-Dir. Ries (Oldenburg): Justizpressestellen sind wieder eingerichtet worden mit der Wirkung, dass Angriffe gegen die Gerichte ganz aufgehört haben. Dagegen wurde die Staatsanwaltschaft wiederholt angegriffen wegen angeblicher Verschleppung, vor allem in politischen Verfahren.

GStA Steffen (Bamberg): Das Verhältnis zwischen Justiz und Presse ist sehr schlecht; meist erscheinen die Vertreter der Presse gar nicht zu den Pressebesprechungen.

GStA Dr. Roll (München): Die Beziehungen sind zufriedenstellend. Auf seine Anweisung haben die Sitzungsvertreter in bedeutenden Strafsachen mehrere Anklagedurchschläge mitzunehmen, die sie nach Verlesung der Anklage den Pressevertretern aushändigen. Die Unterrichtung des Rundfunks hat er den OStA überlassen, außer in München, wo er sie selbst vornimmt.

EStA Otto (Stuttgart): Der OStA beim Landgericht ist Pressedezernent für alle Justizbehörden, unterhält gute Beziehungen zur Presse und schreibt auch selbst für die Presse.

GStA Dr. Feyen (Hamburg): In Hamburg erhalten alle sechs Zeitungen ein Verzeichnis der Strafsachen, in denen in der nächsten Woche Hauptverhandlung ansteht, soweit an ihnen ein öffentliches Interesse bestehen kann. Wenn die Presse noch weitere Auskunft wünscht, erscheinen ihre Vertreter meist bei dem Pressereferenten des GStA, obwohl auch der LG-Präsident einen solchen hat. Presseangriffe gegen die Staatsanwaltschaft sind seit 1945 kaum noch vorgekommen.

GStA Dr. Burchardi (Köln) glaubt, dass die Justizpressestelle einen guten Einfluss ausüben könnte, wenn sie von einer geeigneten Persönlichkeit geleitet werde. Er bemängelte (ebenso wie GStA Dr. Junker, Düsseldorf) die mangelhafte Vorbildung der Berichterstatter.

GStA Dr. Junker (Düsseldorf) nennt als Hauptquelle für die Presseberichterstatter die Justizwachtmeister im Sitzungssaal. Er glaubt, dass der Presse gar nicht so sehr an amtlichen Informationen gelegen sei, sondern dass sie oft nur Angriffsstoff suche, beispielsweise um auf die Gnadeninstanz einzuwirken.

GStA Dr. Heitzer (Schleswig) hält eine Vorbildung der Gerichtsberichterstatter, beispielsweise auf Journalistenschulen, für notwendig.

OStA Biermann (Celle-Braunschweig) weist darauf hin, dass die Angriffe gegen die Justiz meist nicht von den Gerichtsberichterstattern ausgehen, sondern von den politischen Schriftleitern, auf die die Justiz keinen Einfluss habe. Er gibt dazu ein Beispiel im Falle des sog. Bückeburger Urteils [gegen E. Chr. Schmitz, Lagerarzt in Flossenbürg; 1948 zum Tode verurteilt.

GStA Dr. Bollinger (Bremen) empfiehlt zu den leitenden Persönlichkeiten der Presse Beziehungen anzuknüpfen, weil eben nur diese maßgebenden Einfluss auf den Inhalt der Zeitungen hätten.

4. *Unterbrechung der Schwangerschaft bei vorausgegangener Notzucht*

GStA Dr. Quabbe berichtet über die „Marburger Richtlinien" und über den Erlass des Hessischen Justizministers vom 27.7.1946 betr. Unterbrechung der Schwangerschaft bei Notzucht [Aufhebung des Erbgesundheitsgesetzes durch VO vom 16.4.1946, GVBl. 1946, 117]; ferner über die Erörterung dieser Angelegenheit bei der Dienstbesprechung mit den OStA am 9. und 10.7.1948 und über den Standpunkt der Frankfurter medizinischen Fakultät, die nur eine medizinische Indikation anerkennt ohne Rücksicht auf den Grund der Schwangerschaft.

Bezüglich des von ihm erwähnten bayer. Gesetzes vom November 1947, nach dem eine Unterbrechung der Schwangerschaft bei Zuziehung eines weiteren Arztes erfolgen kann, bestreiten die GStA von München und Bamberg das Bestehen einer derartigen Regelung. [Anm.: Das Gesetz ist tatsächlich am 14.11.1947 erlassen worden (GVBl. S. 214), ist aber durch Gesetz vom 18.6.1948 in der einschlägigen Bestimmung wieder aufgehoben worden (verkündet am 1.6.1948); Mitteilung des GStA Roll, München vom 4.8.1948.]

GStA Dr. Junker (Düsseldorf) verbreitet sich über die Vorschriften der interzonalen Strafrechtskommission Wiesbaden.

MinRat Richter [Hessen] gibt eine Erklärung, dass der Erlass des Herrn Ministers der Justiz vom 27.7.1946 durch die Zeitverhältnisse zu erklären und in der Formulierung durch die Entwicklung überholt sei.

Notzucht sei als Grund der Schwangerschaftsunterbrechung nur anzuerkennen, wenn durch sie die psychische Konstitution der Geschwängerten so beeinflusst worden ist, dass Sorge für ihr Leben besteht, d.h. es wird die medizinische Indikation verlangt.

Mittagspause

Bei Fortsetzung der Besprechung war außer den bisher anwesenden Teilnehmern der Direktor des Gefängniswesens, Herr MinRat Krebs vom Hess. Justizministerium anwesend.

5. *Einzelfragen betr. sogenannte Euthanasie-Verfahren*

Es wurde der Fall besprochen, dass Ärzte, die in den sogenannten Euthanasie-Verfahren Geisteskranke getötet haben, sich darauf berufen, dass, wenn sie selbst die Tötungen abgelehnt hätten, SS-Ärzte noch viel mehr Kranke getötet haben würden.

GStA Dr. Junker legte dar – unter Zugrundelegung der Rechtsprechung des RG über den übergesetzlichen Notstand -, dass das angelsächsische Recht im Falle des Notstandes keinen Angriff auf das menschliche Leben kenne und das kanonische Recht auf dem gleichen Standpunkt stehe. Die Angeklagten könnten sich auf übergesetzlichen Notstand nur berufen, wenn für sie eine Pflicht zur Tötung bestanden hätte, was nicht der Fall war.

OStA Biermann (Celle) weist darauf hin, dass für die Kranken, die nicht für die Tötung ausgewählt waren, keine *gegenwärtige* Lebensgefahr bestand und daher schon aus diesem Grunde eine Abwägung nicht zulässig gewesen sei.

OStA Heymann weist auf das Ungewisse einer Annahme hin, dass ein SS-Arzt gegebenenfalls mehr Kranke getötet haben würde.

GStA Dr. Burchardi (Köln) stellt abschließend fest, dass in der Aussprache keine Stimme das Vorliegen eines übergesetzlichen Notstandes bejaht hat.

6. *Strafvollzug*

GStA Dr. Feyen (Hamburg) teilt mit, dass die engl. MilReg. den Strafvollzug von der StA hat trennen wollen, das sich aber die GStA mit Erfolg dagegen ausgesprochen hätten.

MinRat Krebs führt demgegenüber aus, dass an die Personen, die an der Erziehung von Gefangenen mitzuwirken haben, andere Anforderungen zu stellen seien als an Juristen.

GStA Dr. Junker (Düsseldorf) und *OStA Biermann (Celle u. Braunschweig)* machen Gegengründe geltend und treten für eine Angliederung des Strafvollzuges an die Staatsanwaltschaft ein.

MinRat Krebs betont, dass die Beamtenfrage der Kern des ganzen Problems sei. Die Schulung des Beamtenpersonals erfordere Fachkräfte, die dieser vielgestalten Aufgabe entsprechen können.

GStA Dr. Kesseböhmer (Hamm) weist darauf hin, dass es in der englischen Besatzungszone eine Strafvollzugsschule in Hamburg gebe, mit der gute Erfahrungen gemacht worden seien. Er bezeichnet sich als glühenden Verfechter der Anschauung, dass der Strafvollzug dem GStA zu unterstellen sei. Er hält es für richtig, dass der Rechtsbrecher von Beginn der Verfolgung bis zur Beendigung des Strafvollzugs in einer Hand bleibt. Praktisch könnten Staatsanwaltschaft und Gericht aus dem Strafvollzug gar nicht ausgeschaltet werden; nur da, wo Strafvollstreckung- und Vollzug in einer Hand liege, könne besonders fruchtbare Arbeit geleistet werden.

GStA Dr. Burchardi (Köln) erinnert daran, dass viele Maßnahmen der Gestapo und der inneren Verwaltung gegen Gefangene durch die GStA abgewehrt werden konnten.

MinRat Krebs berichtet, dass in Frankfurt-Höchst eine Anstalt mit 110 Plätzen als Untersuchungshaftanstalt für Jugendliche eingerichtet worden ist, die sich so bewährt habe, dass die Einrichtung einer weiteren Anstalt in der Nähe von Kassel geplant sei.

LG-Dir. Ries (Oldenburg) bemängelt die Vorbildung des Aufsichtspersonals im Jugendstrafvollzug, und er stellt zur Erwägung, das Personal anderen Kreisen zu entnehmen als den bisher üblichen, auch kirchlichen Organisationen.

GStA Dr. Burchardi (Köln) teilt mit, dass sich viele Studenten während der Ferien als Aufsichtspersonen für Jugendanstalten gemeldet hätten, aber nicht hätten angenommen werden können, weil sie das Mindestalter von 23 Jahren nicht hatten.

MinRat Krebs gibt bekannt, dass der hessische Landtag 23 Fürsorgerstellen für Strafanstalten bewilligt hätte und dass auch Studenten während der Semesterferien als Hilfsfürsorger eingestellt worden seien.

GStA Dr. Junker (Düsseldorf) berichtet über ein Straflager für Jugendliche zwischen 18 und 21 Jahren, in dem sie auf dem Industriegelände in Baracken untergebracht sind mit Schwimmbad, Radio usw. und als Former, Gießer, Hochofenbeobachter usw. angelernt werden. Vollstreckt werden hier nur Strafen von sechs Monaten an aufwärts.

LG-Dir. Ries (Oldenburg) bittet darum, den Strafanstalten Emsland, die mit Moorkulturen beschäftigt sind, arbeitsfähige Gefangene aus anderen Bezirken zuzuweisen, da die Anstalten unterbelegt seien. Holland macht angeblich bei seinen Forderungen auf Grenzberichtigungen geltend, dass das Moor auf der deutschen Seite im Gegensatz zu der holländischen Seite nicht kultiviert sei. Dies trifft nach Mitteilung von LG-Dir. Ries zu, der die Möglichkeit einer Abhilfe nur in Vermehrung der Arbeitskräfte erblickt.

7. *Organisation und Finanzierung der Hilfe für entlassene Strafgefangene*

Da Herr MinRat Krebs nur an dem heutigen Nachmittag anwesend ist, wird diese Frage (Ziff. IV der Tagesordnung des nächsten Tages) jetzt behandelt.

GStA Dr. Quabbe (Ffm) teilt mit, dass in Frankfurt (Main) der Gefangenenfürsorgeverein im Wesentlichen durch Geldbußen, die bei Einstellungen nach § 153 StPO auferlegt wurden, finanziert worden sei, dass hiergegen aber rechtliche Bedenken bestehen. Während auch anderwärts die örtlichen Fürsorgevereine für entlassene Strafgefangene wieder ins Leben gerufen und im Wesentlichen die caritativen Verbände finanziert sind, wird in der britischen Zone angestrebt (*GStA Dr. Kesseböhmer, Hamm*), auch die rheinisch-westfälische Gefängnisgesellschaft, die seit 1926 bestand und eine Art Dachgesellschaft war, neu zu gründen. *MinRat Krebs* führt aus, dass man bei der Fürsorge für entlassene Strafgefangene zwischen staatlicher und privater Initiative unterscheiden müsse, und dass es ohne staatliche Lenkung unter den gegenwärtigen Verhältnissen nicht gehen werde. In Hessen werde eine Zusammenarbeit zwischen der Anstaltsfürsorge und privaten Interessenten erstrebt.

Demgegenüber macht *GStA Dr. Heitzer (Schleswig)* geltend, dass diese Zusammenarbeit in den alten Gefängnisvereinen am besten gewährleistet sei, wie er denn auch bis zur Währungsreform gute Erfolge damit erzielt habe.

MinRat Krebs gibt bekannt, dass die amerikanische Militärregierung von den Gefängnisdirektoren ihrer Zone die Ausarbeitung einer neuen Vollzugsordnung verlangt hat. Er hält eine einheitliche Ordnung für das ganze deutsche Gebiet für notwendig und schlägt eine baldige Zusammenkunft der zuständigen Referenten aus beiden Zonen vor, möglichst unter Beteiligung eines Vertreters der französischen Zone. Dieser Vorschlag, für den sich besonders *OStA Biermann (Celle und Braunschweig)* einsetzt, findet allgemeine Zustimmung.

8. *Vereinheitlichung des Gnadenrechts*

GStA Steffen (Bamberg) berichtet über den Inhalt der neuen bayerischen Gnadenordnung, die im Wesentlichen der von 1927 entspricht. Das Gnadenrecht wird in Bayern bisher von dem Ministerpräsidenten ausgeübt, der gleichzeitig Justizminister ist.

GStA Dr. Kesseböhmer (Hamm): In Nordrhein-Westfalen ist das Gnadenrecht vom Ministerpräsidenten weitgehend auf den Justizminister delegiert. Seit dem Zusammenbruch sind bisher 40 Todesurteile vollstreckt worden.

OStA Biermann (Celle und Braunschweig): In Niedersachsen ist der Ministerpräsident Träger des Gnadensrechts und hat es in weitestem Umfang auf den Justizminister übertragen.

GStA Dr. Bollinger (Bremen): Das Gnadenrecht steht dem Senat zu und ist bisher nicht delegiert worden.

GStA Dr. Heitzer (Schleswig): In Schleswig-Holstein ist das Gnadenrecht auf den Justizminister delegiert worden.

GStA Dr. Junker (Düsseldorf) spricht sich für eine möglichst einheitliche Gnadenordnung in allen deutschen Ländern aus. Von einer weiteren Erörterung dieser Frage soll jedoch wegen ihres Umfanges z.Zt. abgesehen werden.

Mittwoch, den 28.7.1948

Die Besprechungen werden um 9.50 Uhr fortgesetzt. Anwesend sind – außer den Teilnehmern von gestern, jedoch ohne Herrn MinRat Krebs: Herr *GStA Dr. Schneidewin* vom Obersten Gerichtshof der britischen Zone (Köln).

9. *Denunziation nach Kontrollratsgesetz Nr. 10*

GStA Dr. Schneidewin hält einen Vortrag über die Rechtsprechung des Obersten Gerichtshofes bei Verbrechen nach KG Nr. 10 und führt aus: Der Oberste Gerichtshof hatte sich bisher vorwiegend mit diesem Gesetz zu befassen. Es ist ein Strafgesetz, gerichtet gegen die Auswüchse des Nationalsozialismus. Niemand kann sich darauf berufen, dass er sich aus Überzeugung oder Verhetzung zu weit hat hinreißen lassen. Nach der Auslegung des Gesetzes durch den Obersten Gerichtshof braucht sich kein deutscher Richter Gewissensbedenken zu machen, das Gesetz, dem rückwirkende Geltung beigelegt ist, anzuwenden. Der Grundsatz nulla poena sine lege kann nur dem zugutekommen, der zur der zur Zeit der Tat ihren Unrechtsgehalt nicht kannte. Die Rechtsprechung des Obersten Gerichtshofes bedeutet alles in allem ein deutliches Abrücken von den Unmenschlichkeiten der Nazizeit. – Der Oberste Gerichtshof hat, wenn gleichzeitig ein deutsches Gesetz verletzt ist, dem KG 10 den Vorrang zuerkannt. – Die Kernfrage war: Inwiefern ist der Angriff auf die Menschlichkeit ein Erfolgsdelikt? – Wenn jemand durch die Denunziation bis an den Abgrund geführt wird, in den er durch das Zupacken der Gestapo sofort hineingerissen werden kann, so genügt das zur Anwendung des Gesetzes. Das Opfer muss in einen Zustand völliger Rechts-, Hilfs- und Wehrlosigkeit versetzt worden sein, der von der ganzen Menschheit als Schande für sie empfunden wird. Eine Strafbarkeit des Versuchs gibt es nach dem KG 10 nicht, da das deutsche Strafrecht nicht in Rechnung gezogen werden kann. Der Oberste Gerichtshof verlegt die Vollendung des Delikts in ein so frühes Stadium der Entwicklung, dass die Strafbarkeit des Versuchs entbehrt werden kann. Es gibt keine Tatmehrheit; das verletzte Rechtsgut ist die Menschenwürde. Täter eines Verbrechens gegen die Menschlichkeit ist jeder daran irgendwie Beteiligte; die deutsche Unterscheidung von Teilnahmehandlungen findet keine Anwendung. Den inneren Tatbestand grenzt der Oberste Gerichtshof scharf von dem äußeren ab. Den Vorsatz verlegt der Oberste Gerichtshof nur auf die Angriffshandlung; auf deren Folgen braucht er sich nicht zu erstrecken. Insoweit genügt auch Fahrlässigkeit. Für die Folgen muss der Täter verantwortlich gemacht werden, sie müssen ihm zum Vorwurf gemacht werden können. Zum inneren Tatbestand gehört nicht eine unmenschliche Gesinnung. Der Täter muss sich lediglich bewusst sein, dass seine Tat einen Angriff auf das Opfer bedeutet. Mit der Frage, wie es mit dem Notstand, insbesondere mit der Frage des Notstandes nach deutschem Recht steht, hat sich der Oberste Gerichtshof noch nicht beschäftigt, auch noch nicht mit den verfahrensrechtlichen Folgen der Denunziation insbesondere noch nicht mit der Verantwortlichkeit der Richter, die aufgrund der Denunziation Strafen, womöglich Todesstrafen verhängt haben.

10. *Voraussetzungen für ein Einschreiten gegen Richter und Staatsanwälte der früheren Sondergerichte nach dem Strafgesetzbuch oder dem Kontrollratsgesetz Nr. 10*

GStA Dr. Junker (Düsseldorf) weist darauf hin, dass die Gerichte häufig freisprechen, weil der Kausalzusammenhang nicht nachweisbar ist. Er hält den Standpunkt der Rechtsprechung für unbedenklich, dass der Versuch nach deutschem Recht vollendetes Delikt nach Kontrollratsgesetz Nr. 10 ist, z.B. bei Einwirkung eines Vorgesetzten auf Richter zwecks Erzielung einer hohen Strafe. Er stimmt der Auffassung des *GStA Dr. Heitzer* (Schleswig) zu, dass die laufenden Freisprüche bei Anklagen nach KG 10 darauf zurückzuführen seien, dass die beteiligten Richter fürchten, später als Kollaborateure zur Verantwortung gezogen zu werden. Auch die Frage des schuldhaften Ermessensmissbrauchs seitens der Richter wurde erörtert.

11. *Interzonale Auslieferungsersuchen*

Wegen Fehlens der GStA aus der französischen Zone wird auf Anregung von *GStA Dr. Kesseböhmer (Hamm)* auf Erörterung dieses Punktes verzichtet.

12. *Fragen, die dem Großen Senat in Frankfurt (Main) zur Entscheidung vorliegen: GStA Dr. Quabbe* führt zu diesem Punkt Folgendes aus: Die Tatsache, dass die OLG eine Zeitlang der kontrollierenden höheren Instanz entbehrten, hat nicht nur Nachteile gebracht; in einzelnen Fällen hat man sich von einer als überstanden empfundenen Rechtsprechung des Reichsgerichts gelöst, meist zugunsten der in der Rechtslehre herrschenden

Meinung. (Beispiel: Das Bewusstsein der Rechtswidrigkeit als regelmäßig zum Vorsatz gehörig; – bei Zeugnisverweigerung in der Hauptverhandlung kein Ersatz durch mittelbare Beweise; – Adäquität des Kausalzusammenhangs auch bei den durch den Erfolg qualifizierten Delikten.) Andererseits regt sich naturgemäß dem Verlangen nach gleichmäßiger Rechtsprechung überall da, wo nicht, wie in der englischen Zone oder dem Gebiet des Bayr. ObstLG, natürliche Vorsorge für die Befriedigung getroffen ist. In den drei hessischen OLG darf ein Senat nach dem Gesetz vom 23.5.1946 nur dann von der Entscheidung eines anderen Senats (oder des Großen Senats) abweichen, wenn er den Großen Senat anruft. Der Große Senat setzt sich tatsächlich zusammen aus zwei Richtern des Strafsenats des OLG Kassel, einem aus Darmstadt, einem aus Frankfurt (Main) und des Präsidenten des OLG Frankfurt (Main). Wenn – wie bisher der Fall – bei einer Rechtsfrage das OLG Kassel zuerst zum Zuge kommt, bedarf es also der Einigkeit sämtlicher anderer Mitglieder des Großen Senats, um die Rechtsfrage gegen Kassel zu entscheiden. Unter diesem Gesichtspunkt ist die Tatsache zu werten, dass in den drei bisher zur Entscheidung gestellten Fragen das OLG Ffm gegen die Entscheidung des OLG Kassel angeht.

1. Das OLG Ffm möchte bei mutueller Onanie gemäß § 175 a Ziff. 3 StGB auf Zuchthaus erkennen, sieht sich aber durch eine vorhergehende Entscheidung Kassels gehindert, dass eine Strafverschärfung gemäß § 8 b der Allgemeinen Anweisungen [teilweise bei *H. Rüping,* Studien- und Quellenbuch zur Geschichte der deutschen Strafrechtspflege, Bd. 2, 1994, S. 334] für Richter vorläge. Der GStA hat sich in Übereinstimmung mit der überwiegenden Mehrheit der anderen OLG dem Antrage Frankfurts angeschlossen; denn da die konkrete Tat vor dem 30.1.1933 straflos war (insofern nämlich nach der Rechtsprechung das Merkmal der Widernatürlichkeit nicht erfüllt war), fehle es *nach* dem 30.1.1933 an einem vergleichbaren Strafmaß.
2. Das OLG Kassel will das KG Nr. 50 auf geringfügige Fälle nicht anwenden. Da die Möglichkeit der alternativen Strafbarkeit wie im Bereich der englischen Zone hier fehlt, sieht das OLG Ffm keine rechtliche Möglichkeit dazu. – Der GStA hat sich im Ergebnis für Kassel ausgesprochen, obwohl der das Urteil tragende Gesichtspunkt – das einem solchen Urteil entgegenstehende Verbot grausamer oder übermäßig hoher Strafen gelte auch für den Gesetzgeber – recht problematisch ist.
3. Das OLG Kassel hat die Frage, ob die Revision der Staatsanwaltschaft gegen das Strafmaß mit der Begründung zulässig ist, dass die erkannte Strafe übermäßig gering sei, bejaht, da, wenn die Verhängung einer übermäßig hohen Strafe eine Rechtsverletzung darstelle (Ziff. 8 der AA für Richter), dasselbe auch für das *Untermaß* der Strafe gelten müsse. Der GStA hat gebeten, die Kasseler Ansicht zu akzeptieren; dass ein Tatrichter nicht frei in seinem Ermessen über das Strafmaß ist, ergebe sich aus § 50 Abs. 1 StGB, insofern dort „der das gesamte Strafrecht beherrschende Grundsatz zum Ausdruck gebracht sei, dass jeder an einer strafbaren Handlung Beteiligte nach dem Maß seiner

Schuld zu bestrafen sei" (also nicht bloß, wie der Wortlaut es nahe bringt, das Maß der Strafbarkeit des *Einzelnen* bei der Beteiligung *Mehrerer* bestimmt werde).
Ohne Ansehen der Richtigkeit der von Arndt und E. Schmidt unter Zitierung von Schönke verfochtenen These, dass § 50 StGB stets verletzt sei, wenn Schuldmaß und Schuldausspruch sich nicht decken, ist für die Praxis nicht zu verkennen, dass bei Akzeptierung der Kasseler Rechtsmeinung jedes Urteil im Strafmaß angefochten werden kann und wird. Die aus dieser Besorgnis offenbar erwachsenen Kompromissvorschläge Wimmers werden das nicht verhindern können.

Zu 12. (2) bemerkt *GStA Roll (München):* Die geringfügigen Fälle werden durch den Wortlaut des Vorspruchs des [KG Nr. 50] Gesetzes „zur Sicherung des Bedarfs usw." ausgeschaltet.
GStA Kesseböhmer (Hamm) folgert aus dem Wort „Vergeudung", dass es sich um größere Mengen handeln müsse.
Zu 3. Den anwesenden GStA ist kein Urteil zu der Frage des Strafuntermaßes bekannt und sie bitten um Mitteilung des ergehenden Urteils des Großen Senats.

13. Strafrechtliche Fragen in Verbindung mit der Währungsreform – Mindestgeldstrafe nach KG 50 Mark 5.000
An der Erörterung beteiligen sich die *GStA Dr. Schneidewin, Dr. Quabbe* und *Dr. Burchardi.* Es kommt zum Ausdruck, dass im Falle der Verurteilung nach Steuer- oder Zollgesetzen die hohen Geldstrafen nicht zu umgehen seien und dass nur im Gnadenwege geholfen werden könne.

14. *Fragen aus der Abschnürung der Ostzone.* In der britischen Zone besteht ein Zentralstrafregister und die Strafnachrichten werden nach der russisch besetzten Zone und nach dem Zentralstrafregister bei dem Kammergericht geleitet, wie früher. – Straftilgungen bei Geburtsort des Verurteilten in dem polnisch besetzten Gebiet sind nicht durchführbar.

15. *Berufsorganisation für Richter und Staatsanwälte*
GStA Dr. Kesseböhmer (Hamm) berichtet, dass in Nordrhein-Westfalen die Rahmenorganisation für einen beruflichen Zusammenschluss von Richtern und Staatsanwälten bereits geschaffen ist. Er hält infolge der sich daraus ergebenden größeren Schlagkraft eine gemeinsame Organisation für angebracht. *GStA Dr. Quabbe* hält dem entgegen, dass ein späterer Austritt der Staatsanwälte aus einer gemeinsamen Organisation, wenn diese den Belangen der Staatsanwälte nicht gerecht werden sollte, als ein Affront empfunden werden könne. Aus diesem Grunde empfehle sich von vornherein eine eigene Organisation. *GStA Dr. Junker (Düsseldorf)* teilt dazu mit, dass der in Nordrhein-Westfalen als Vorsitzender des Verbandes der Richter und Staatsanwälte in Aussicht genommene Jurist aus der Staatsanwaltschaft hervorgegangen sei und zugesichert habe, deren Belange voll zu wahren.

Er bringt dann die mangelhafte besoldungsmäßige Einstufung der GStA zur Sprache. *GStA Kesseböhmer (Hamm)* macht das Gleiche für die EStA bei den OLG gelten und tritt dafür ein, dass sie den OLG-Räten gleichgestellt werden.

GStA Kesseböhmer (Hamm) gibt bekannt, dass die GStA der britischen Zone schon elf Zusammenkünfte gehabt haben in Abständen von drei Monaten, beginnend im Jahre 1945, und dass wertvolle Arbeit auf diesen Zusammenkünften geleistet worden sei. Er regt an, in Zukunft diese Zusammenkünfte gemeinschaftlich mit den GStA der amerikanisch und der französisch besetzten Zone abzuhalten. *GStA Dr. Junker (Düsseldorf)* macht den Vorschlag, die nächste Tagung der GStA im November stattfinden zu lassen. Als *LG-Dir. Dr. Ries (Oldenburg)* als Tagungsort Godesberg vorschlägt, macht Dr. Junker dagegen geltend, dass dort die Unterbringung schlecht und teuer und die Verpflegung mangelhaft sei.

Der von mehreren Seiten gemachte Vorschlag, die nächste Tagung wieder in Schönberg stattfinden zu lassen, findet lebhafte Unterstützung. Schließlich wird aber beschlossen, mit Rücksicht auf die GStA der französisch besetzten Zone Verhandlungen über deren Teilnahme durch den GStA in Stuttgart einleiten zu lassen (EStA Otto wird ihm dies übermitteln), und den Tagungsort für nächsten November später festzusetzen.

gez. Dr. Quabbe

II. Protokoll über die Besprechungen der Generalstaatsanwälte der Westzonen am 1. und 2.2.1949

Um 10 Uhr eröffnete *OStA Heymann* in Vertretung der erkrankten GStA Dr. Quabbe (Ffm) die Tagung und begrüßte die Anwesenden.

Anwesend sind aus der *amerikanischen Zone: MinRäte Richter* und *Dr. Krebs* vom hessischen Justizministerium, *OStA Heymann* für GStA Dr. Quabbe mit den *StA Rittau* und *Dr. Rahn, OStA Dr. Schönberger* für GStA Dr. Roll (München), *GStA Steffen (Bamberg), GStA Richard Schmidt (Stuttgart), GStA Dr. Hollinger (Bremen),* und für den GStA in Nürnberg *OLGRat Dr. Grueb.*

Anwesend sind aus der *britischen Zone:* Präsident des Zentraljustizamtes für die britische Zone *Dr. Klaas (Hamburg), GStA* des Obersten Gerichtshofes für die britische Zone in Köln, *Dr. Schneidewin, GStA Dr. Burchardi (Köln), GStA Dr. Junker (Düsseldorf), GStA Dr. Kesseböhmer (Hamm), GStA Biermann (Celle und Braunschweig); GStA Dr. Feyen (Hamburg, GStA Dr. Heitzer (Schleswig)* und *LG-Dir. Ries (Oldenburg)*

Anwesend sind aus der *französischen Zone: OStA Dr. Augustin* vom Justizministerium Koblenz, *GStA Nellmann (Tübingen), EStA Müller-Hill* für GStA Prof. Dr. Bader (Freiburg), *GStA Doller (Neustadt a.d.H.), OStA Morbach* für den GStA in Koblenz.

Auf Vorschlag von *OStA Heymann* übernimmt *GStA Dr. Junker (Düsseldorf)* die Leitung der Tagung.

Mit Rücksicht auf die zeitbeschränkte Anwesenheit des Direktors für das Gefängniswesen, *MinRat Dr. Krebs,* wird Punkt V der Tagesordnung (Strafvollzug) vorweggenommen.

OStA Dr. Augustin (Koblenz) spricht zur Frage: Empfiehlt sich die Aufhebung kleinerer Gerichtsgefängnisse und die Zusammenlegung in große Anstalten?

Er erörtert die Gründe, die für und gegen die Beibehaltung der kleinen Gefängnisse sprechen und bittet um Mitteilung der Erfahrungen aus anderen Zonen. Die Verhältniszahl der Aufsichtsbeamten zu den Gefangenen ist 1:10.

GStA Dr. Junker (Düsseldorf) berichtet, dass in seinem Bezirk an den Wiederaufbau der zerstörten kleinen Gefängnisse nicht gedacht wird.

GStA Dr Heitzer (Schleswig) hält die Beibehaltung kleinerer Gefängnisse am Sitze von Schöffengerichten für unbedingt notwendig. Der vorhandene Haftraum ist in Anbetracht der Verdoppelung der Bevölkerung seit 1939 um 100% überbelegt, Ersparnisse würden durch Schließung kleinerer Gefängnisse nicht erzielt werden. Das Verhältnis der Gefangenen zu den Aufsichtskräften ist 8:1.

GStA Biermann (Celle) berichtet, dass die Schlüsselzahl in Niedersachsen 7:1 beträgt, und dass die Aufsichtskräfte bewaffnet sind. Man strebt danach, die kleinen Gefängnisse wieder zu eröffnen, da jeder Haftraum benötigt wird; sie kommen allerdings nur für U-Gefangene in Betracht.

LG-Dir. Ries (Oldenburg) berichtet, dass in Oldenburg die Frage der Schließung von kleinen Gefängnissen von Fall zu Fall verschieden behandelt wird.

GStA Dr. Kesseböhmer (Hamm) schließt sich dem an und berichtet, dass in seinem Bezirk auf 117 Gerichte 70 Vollzugsanstalten entfallen. Die Aufsichtskräfte sind seit 1946 ausreichend bewaffnet.

GStA Dr. Burchardi (Köln): In seinem Bezirk wehrt man sich gegen die Auflösung jedes Gefängnisses, besonders in der verkehrsarmen Eifel sind die kleineren Gefängnisse nicht zu entbehren.

GStA Steffen (Bamberg): Die bayerische Justizverwaltung hat aus Ersparnisgründen die Auflösung einer großen Anzahl von kleinen Gefängnissen angeordnet. Hierbei ist sie aber auf heftigen Widerspruch der Bevölkerung gestoßen. Die Aufsichtsbeamten sind durchweg bewaffnet. Die Ausbrüche aus Gefängnissen, die zeitweise katastrophal waren, sind stark zurückgegangen. Das in Bayern bestehende Gesetz, das die Entweichung bestraft, wird nur zögernd angewandt.

OLGRat Dr. Grueb (Nürnberg) und *OStA Schönberger (München)* schließen sich diesen Ausführungen an.

GStA Schmidt (Stuttgart) berichtet, dass das Gesetz, das die Entweichung unter Strafe stellt, auch in Württemberg-Baden gilt und dort zu einem Rückgang der Entweichungen geführt hat.

GStA Nellmann (Tübingen) berichtet, dass die Gefangenenentweichungen ganz aufgehört haben, seitdem die Militärregierung die Bestrafungen wegen fahrlässiger Gefangenenbefreiung an sich gezogen hat.

EStA Müller-Hill (Freiburg) berichtet, dass die Zuteilung von Gefangenen zu Holzfäller- und anderen Arbeitskommandos sich bewährt hat, und dass in kleinen Gefängnissen häufig „Spitzweg'sche Verhältnisse" herrschen und von einem richtigen Strafvollzug keine Rede sein kann. Die Bewaffnung des Aufsichtspersonals ist durchgeführt, gegen Besatzungsangehörige darf aber von der Waffe unter keinen Umständen Gebrauch gemacht werden.

MinRat Dr. Krebs (Wiesbaden): Eine Verminderung der Entweichungen ist durch bessere Auswahl des Aufsichtspersonals, vor allem der Hilfsaufseher, und durch strengere Auslese der zu Außenkommandos eingeteilten Gefangenen erreicht worden. Weibliche U-Gefangene müssen immer von weiblichem Personal betreut werden. Das spricht schon gegen die Beibehaltung der kleinen Gefängnisse, ebenso das Fehlen von Bade- und ähnlichen Einrichtungen. Für die Beibehaltung spricht die Entlastung der großen Anstalten und die Kostenersparnis bei Transporten. Das Aufsichtspersonal ist durchweg bewaffnet und darf die Waffe gegen jedermann anwenden, der sich den Gefangenen in unerlaubter Weise nähert. Zur Außenarbeit werden einem Aufseher acht bis zehn Gefangene mitgegeben. Im Jugendgefängnis sind die Beamten der Außenkommandos unbewaffnet.

GStA Dr. Junker (Düsseldorf) berichtet über das Jugendstraflager in Mühlheim (Ruhr), in dem anfänglich viele Ausbrüche vorkamen, weil die Arbeit im Eisenwerk nicht geschätzt war.

MinRat Dr. Krebs (Wiesbaden) wandte sich vom Vollstreckungsstandpunkt gegen Freiheitsstrafen unter sechs Monaten, da innerhalb dieser Zeit eine Einwirkung auf den Gefangenen unmöglich sei.

Präs. Dr. Klaas (Hamburg) führt aus, dass die in England eingeführte bedingte Verurteilung der Nutzlosigkeit solcher kurzen Freiheitsstrafen entgegenwirken könnte. Dazu gehörte ein Ausbau der Gerichtshilfe.

Die Aussprache ergab im Ganzen Folgendes:

1. Der Zustand ist überall verschieden.
2. Die Einstellung zu der gestellten Frage hängt ab von dem Bestehen von Bezirksschöffengerichten und von den geografischen Verhältnissen (Bevölkerungsdichte usw.).
3. Es kommt weiter darauf an, ob der vorhandene Haftraum möglichst ausgenutzt werden muss.
4. Auch der Grad der Zerstörung der Haftanstalten ist von Bedeutung.
5. Die Auffassung der leitenden Stellen ist so verschieden, dass sich einheitliche Richtlinien nicht aufstellen lassen.

Es kommt nun noch zu einer Aussprache darüber, ob im Falle des Entweichens stets ein Verfahren wegen Gefangenenbefreiung oder Bestechung durchgeführt werden muss oder soll. Die Auffassung, dass in den Fällen, in denen eine Aufsichtskraft sich des Vergehens gegen § 347 Abs. 1 StGB [Entweichungen von Gefangenen] schuldig gemacht hat, stets ein staatsanwaltliches Ermittlungsverfahren einzuleiten ist, wurde allgemein vertreten. Auch die Meinung, dass in Fällen, in denen eine Bestrafung nach § 347 Abs. 2 StGB nicht in Frage kommt, disziplinarische Maßnahmen zu erwägen sind, kam allgemein zum Ausdruck.

GStA Dr. Junker (Düsseldorf) geht nunmehr zur Frage über (V 13), ob ein Zentralbeschaffungsamt für die Vollzugsanstalten, wie es in Nordrhein-Westfalen besteht, auch in anderen Ländern eingerichtet ist. Er schildert die Vorzüge einer solchen Einrichtung.

GStA Dr. Heitzer (Schleswig) berichtet, dass in seinem Bezirk etwas Ähnliches besteht.

MinRat Dr. Krebs (Wiesbaden) berichtet, dass in Hessen eine Zentralbeschaffungsstelle für Strafanstalten seit 1947 besteht. Die Verteilung geht durch einen LKW vor sich, der bestimmte Routen regelmäßig befährt. Die Zentralbeschaffungsstelle ermittelt auch Gelegenheiten für Gefangenenarbeiten.

EStA Müller-Hill (Freiburg) fragt, ob das Zentralbeschaffungsamt in Düsseldorf auch für andere Bezirke, z.B. Süd-Baden, tätig werden könnte.

GStA Dr. Junker (Düsseldorf) empfiehlt die Firma Streubner und Lohmann in Herford, die Leibstuhlgefäße für 6,50 DM je Stück liefern.

LG-Dir. Ries (Oldenburg) bittet darum, dass überzählige Gefangene aus anderen Ländern für die Emsland-Gefangenenlager zur Verfügung gestellt werden.

Präs. Dr. Klaas (Hamburg) berichtet: In der Nähe von Hamburg ist eine Strafvollzugsschule eingerichtet worden, in der das Personal für den Strafvollzug in Kursen ausgebildet wird. Diese Einrichtung hat sich sehr bewährt. Die Personalfrage in der Justiz der britischen Zone ist im Wesentlichen als gelöst anzusehen. Nach einer Verordnung des Zentraljustizamtes besteht für entnazifizierte Beamte kein Anspruch auf die alte Planstelle.

Der Vergleich zwischen der Kriminalität in den Monaten Mai 1948 und Oktober 1948 zeigt eine Abnahme der Straftaten. Indessen sind schwere Delikte allgemein wieder stark im Ansteigen.

Nachdem *Präs. Dr. Klaas* über die Organisation und die Arbeitsweise des Zentraljustizamtes für die britische Zone berichtet hat, erörtert er das Verhältnis der Justiz zur Presse. Die britische Militärregierung hat ein Gesetz betr. die Bestrafung ungebührlicher Angriffe auf die Gerichte gewünscht. Hiergegen hat die Presse scharf Stellung genommen. Durch eine gemeinsame Tagung ist es gelungen, auch ohne ein solches Gesetz zu einem erträglichen Einvernehmen mit der Presse zu gelangen.

Es wird nunmehr *Punkt I der Tagesordnung (Interzonale Rechtshilfe) erörtert:*

Präs. Dr. Klaas erklärt hierzu, dass in der britischen Zone die Anordnung Nr. 171 maßgebend ist. Die Verordnung Nr. 83 regelt das Verhältnis der britischen zur amerikanischen Zone. Es erhebt sich die Frage, wie in den Fällen zu verfahren ist, in denen in der Ostzone erlassene Haftbefehle den Gerichten der britischen Zone zur Vollstreckung übersandt werden. Haftbefehle, die ordnungsmäßig erlassen sind, werden ausgeführt. Es kann aber häufig beobachtet werden, dass der OStA in der Ostzone auf weitere Anfragen dann keine Antwort mehr gibt. In diesen Fällen wird dem OStA eine Frist und auch eine Nachfrist gesetzt, nach deren Ablauf die Inhaftierten wieder frei gelassen werden.

GStA Schmid (Stuttgart): Haftbefehle aus der französischen und der russischen Zone dürfen in Württemberg-Baden nicht vollstreckt werden.

GStA Nellmann (Tübingen): Die französische Militärregierung würde es begrüßen, wenn die Tagung eine Entschließung dahin brächte, dass diese Schranken fallen.

MinRat Richter (Wiesbaden): Die Militärregierung in Hessen stellt es frei, Haftbefehle aus anderen Zonen zu vollstrecken. Es ist lediglich für die Überführung in andere Zonen eine Genehmigung erforderlich. Hierbei ist für die Überführung in die Westzonen das Genehmigungsverfahren gelockert.

Es wurde beschlossen, in einer noch zu formulierenden Resolution an die Besatzungsbehörden anzuregen, dass die von der britischen Militärregierung für das Verhältnis der britischen zur amerikanischen Zone getroffene Regelung auch für das Verhältnis zwischen der französischen Zone und der Bizone in Kraft treten soll.

Punkt I 3. der Tagesordnung (Anerkennung von Amnestien in anderen Ländern, wenn der Bestrafte zum anderen Land gehört, dort wohnt und von der Amnestie seines Landes erfasst worden wäre, wenn die Tat in seinem Land begangen wäre)

OStA Dr. Augustin (Justizministerium Koblenz): Das Saarland hat sich in einem Falle geweigert, eine Strafe zu vollstrecken, da die dort ergangene Amnestie, die sehr weitreichend ist, der Vollstreckung entgegenstehe.

GStA Dr. Burchardi (Köln): Die britische Militärregierung hat uns angewiesen, derartige Strafen nicht zu vollstrecken. Die Frage bleibt offen.

Punkt I 4. (Eintragung von Strafen, die durch die Gerichte der Besatzungsmacht erkannt worden sind, in das Strafregister. Können Strafen wegen Diebstahls, Betrugs und Hehlerei, die durch die Besatzungsbehörden verhängt sind, zur Begründung eines Rückfalls herangezogen werden?)

GStA Dr. Junker (Düsseldorf): Das Zentraljustizamt hat eine Verordnung erlassen, nach der Strafen der Militärgerichte in deutsche Strafregister aufzunehmen sind. Für die US-Zone gilt das Gleiche. Die Strafen sind aber in einer gesonderten Liste aufzuführen. Die Strafen der Militärgerichte können auch nicht zur Bildung von Gesamtstrafen herangezogen werden. Über die Frage, inwieweit die Verurteilung durch ein Militärgericht nach dem Grundsatz „ne bis in idem" einer Verurteilung durch ein deutsches Gericht entgegensteht, hat das LG in Bonn kürzlich zu entscheiden gehabt. Dieses Urteil sieht als ausschlaggebend an, ob das Urteil des Militärgerichts nur die Interessen der Besatzungsmacht im Auge gehabt hat. Wenn das der Fall gewesen ist, so kann das deutsche Gericht den Sachverhalt noch zum Gegenstand einer Aburteilung machen.

OStA Heymann (Frankfurt): Bei der Frage, ob Strafen der Militärgerichte rückfallbegründend sein können, ist zu berücksichtigen, dass in der Mehrzahl der Fälle keine Akten von diesen Gerichten vorliegen und die Angaben des Angeklagten allein keine ausreichende Grundlage für die Feststellung der Rückfallvoraussetzungen bilden.

GStA Dr. Junker (Düsseldorf) stellt fest, dass die Mehrzahl der Tagungsteilnehmer den Urteilen der Militärgerichte keine rückfallbegründende Wirkung zuerkennt.

GStA Schmidt (Stuttgart): Diese Frage muss von Fall zu Fall entschieden werden, je nachdem die Grundlagen für die Rückfallvoraussetzungen nachprüfbar sind.

GStA Dr. Junker (Düsseldorf): Wir entfernen uns von der Gerechtigkeit, wenn wir die Entscheidung über diese Frage dem einzelnen Fall überlassen. Ich bin der Meinung, dass bei einem Urteil eines Militärgerichts keine Verurteilung „im Inlande" vorliegt.

Punkt I 5. (Erfahrungen mit dem Auslandsstrafregister in Berlin [KG; ab 1954 durch die Bundesanwaltschaft], evtl. Vorschläge zur Beschleunigung des Geschäftsverkehrs)

GStA Dr. Burchardi (Köln): Von den Gerichten der sowjetischen Zone werden keine Strafnachrichten an das Auslandsregister gesandt, wohl aber von den Gerichten der britischen und amerikanischen Zone. Diese Strafnachrichten werden aber nicht in die Strafliste eingetragen, sondern nur in sie hineingelegt.

Zu Punkt 6 der Tagesordnung weist *OStA Augustin (Koblenz)* auf die Schwierigkeiten bei Straftilgungsgesuchen hin, die von solchen Personen eingereicht werden, die im Ausland oder in den jetzt von Polen verwalteten Gebieten wohnen. Der GStA in Berlin hat in derartigen Fällen abgelehnt, eine Tilgung vorzunehmen. Es erscheint erforderlich, das Gesetz dahin zu ändern, dass auch die Behörden desjenigen Ortes für eine Straftilgung zuständig sind, an dem der Gesuchsteller z. Zt. der Einreichung seines Antrags seinen Wohnsitz hat.

Präs. Dr. Klaas (Hamburg: Auch wenn eine Straftilgung angeordnet wird, so wird doch vom GStA in Berlin die Änderung im Strafregister abgelehnt.

GStA Biermann (Celle) vertritt die Auffassung, dass grundsätzlich keine vorzeitige Straftilgung eintreten soll. Es ist vielmehr darauf zu achten, dass der Kreis der zu Auskünften aus dem Strafregister Berechtigten möglichst eng gehalten wird. Nur Gerichte und Staatsanwaltschaften sollten Auskunft erhalten. Durch diese Regelung wird den Interessen der Bestraften am ehesten Rechnung getragen.

Zu Punkt III 8. (Koordinierung der Strafverfolgung in Preistreibereisachen usw.)

GStA Dr. Junker (Düsseldorf): In meinem Bezirk entscheidet bei Straftaten, die sich gegen das Bewirtschaftungsnotgesetz [Wirtschaftsstrafgesetz v. 5.8.1948, WiGBl. 82] richten über die Frage des öffentlichen Interesses an der Strafverfolgung der Staatsanwalt am Ort des Sitzes der zuständigen Verwaltungsbehörde. Es entscheidet also z.B. bei allen Strafsachen, die von dem Ernährungsamt in Bonn bearbeitet werden, der *OStA* in Bonn.

Sodann hält der *Verbindungsstaatsanwalt Grimsinski (Frankfurt)* ein *Referat über die Bekämpfung des Schwarzen Marktes.*

Frankfurt/Main ist von jeher der Mittelpunkt des Schwarzen Marktes gewesen. Es hat sich als besonders wirkungsvoll erwiesen, dass die Aburteilung von Wirtschaftsstrafsachen besonderen Wirtschaftsstrafkammern übertragen wurde. Die Zusammenarbeit mit den Wirtschaftsbehörden, die sich zwangsweise aus den Bestimmungen des BNG ergab, hat sich auf breiter Basis entwickelt. Im Bezirk des GStA Frankfurt/Main entscheidet bei Strafsachen, die beim LEA [Landesernährungsamt] in Hessen bearbeitet werden, über die Frage des öffentlichen Interesses der Verbindungsstaatsanwalt. Bei den örtlichen Ernährungsämtern fällt diese Aufgabe den Staatsanwälten am Sitz dieser Ämter zu. Mit dem LEA Ffm ist eine generelle Vereinbarung dahin getroffen worden, dass gewisse Verstöße von vornherein in das Ordnungsstrafverfahren zu übernehmen sind, soweit sie sich innerhalb eines gewissen Umfanges halten. Es ist festgestellt worden, dass Ordnungsstrafbescheide auf dem Sektor der gewerblichen Wirtschaft in 80–90% der Fälle angefochten werden. Die Ordnungsstrafbescheide auf dem Sektor der Ernährungswirtschaft bleiben im Gegensatz hierzu meistens unangefochten.

OStA Schönberger (München) berichtet über die in seinem Bezirk bestehende Zentralstelle zur Bekämpfung der Korruption. Der GStA in München hat einen Staatsanwalt zu der Preisstelle beim Regierungspräsidenten abgeordnet, um eine sachgemäße und schnelle Erledigung von Verstößen auf dem Gebiete des Preisstrafrechtes zu erreichen. Der GStA in München zieht geeignete Sachen aus anderen Bezirken an sich und führt Ermittlungen sofort selbst durch.

GStA Schmid (Stuttgart): Das württemberg-badische Justizministerium hatte die Absicht, die Rechtsprechung auf dem Gebiete der Preistreiberei zu koordinieren. Diesem Plan stand jedoch die Überlegung entgegen, dass den Verfahren, die an einen anderen Ort als dem Tatort verlegt werden, die Wirkung auf die Öffentlichkeit genommen wird. Das Publikum muss Kenntnis davon erhalten, in welcher Weise eine derartige Straftat geahndet wird. Es bestehen in Württemberg-Baden sogenannte Verbindungsstaatsanwälte zu den Wirtschaftsbehörden. Diese Staatsanwälte sind zu den jeweiligen Behörden abgeordnet.

OStA Dr. Augustin (Koblenz): In Rheinland-Pfalz ist die Polizei verstaatlicht. Es gibt eine besondere Wirtschaftspolizei, die zur Verfolgung von Wirtschaftsstrafsachen Verwendung findet. Verbindungsstaatsanwälte existieren in unserem Bezirk nicht.

EStA Müller-Hill (Freiburg): In Südbaden bestehen keine Verbindungsstaatsanwälte. Die Zusammenarbeit zwischen der StA und den örtlichen Verwaltungsbehörden vollzieht sich reibungslos und es besteht kein Anlass, in der bisherigen Arbeitsweise eine Änderung eintreten zu lassen.

GStA Dr. Feyen (Hamburg): Die Zusammenarbeit zwischen der StA und den Wirtschaftsbehörden wird in Hamburg dadurch bestimmt, dass alle Behörden eng beieinander liegen. Es besteht bei der StA eine große Abteilung für Wirtschaftsstrafsachen. Der Verbindungsdezernent hält gemeinsam mit den Beamten der Wirtschaftsbehörden dreimal wöchentlich Sitzungen ab. Auf diese Weise vollzieht sich die Zusammenarbeit reibungslos.

GStA Nellmann (Tübingen): In Württemberg gibt es keinen örtlich zusammengefassten Schwarzen Markt. Die Bekämpfung des Schwarzen Marktes geschieht bei uns durch einzelne Aktionen, bei denen wir zeitweise ganze Ortschaften abriegeln und durchkämmen. Diese Razzien haben jedoch dazu geführt, dass alle Waren des Schwarzen Marktes auf der Eisenbahn transportiert wurden.

GStA Dr. Heitzer (Schleswig): In Schleswig-Holstein werden zur Bekämpfung des Schwarzen Marktes ebenfalls Razzien durchgeführt, die schlagartig einsetzen, und an denen Prüfer der verschiedensten Behörden teilnehmen. Die Leitung dieser Razzien übernimmt ein Staatsanwalt, der die Bekämpfung des Schwarzen Marktes im ganzen Lande unter sich hat. Die Aburteilung derartiger Straftaten liegt ebenfalls in der Hand eines bestimmten Richters.

GStA Dr. Junker (Düsseldorf): In Nordrhein-Westfalen besteht zur zentralen Bekämpfung des Schwarzen Marktes ein Staatskommissar. Ebenso ist hierfür ein Zentral-Staatsanwalt geschaffen worden. Sein Vertreter ist der GStA. Bei dem Staatskommissar besteht ein Fahndungsapparat aus 52 Köpfen. Dieser hat aber nur verwaltungsmäßige Befugnisse.

OStA Heymann (Ffm): Die Staatsanwaltschaften des hiesigen Bezirks sind angewiesen worden, bei Wirtschaftsstraftaten in allen geeigneten Fällen Berufsverbot zu beantragen und auf eine Betriebsschließung hinzuwirken. Die Handelskammern in Hessen sind dazu übergegangen, Betriebe, die gegen die Wirtschaftsbestimmungen verstoßen haben, von der Mitgliedschaft auszuschließen.

Auf die Frage des *GStA Dr. Kesseböhmer (Hamm),* welche Erfahrungen mit Preistreibereisachen gemacht worden sind, teilt *Präs. Dr. Klaas (Hamburg)* mit, dass bisher nur wenig Strafsachen dieser Art anhängig wurden.

Punkt III 9. wird nicht erörtert, weil er von *OStA Dr. Augustin (Koblenz),* der ihn angeregt hat, für erledigt erklärt wird.

Punkt IV 10. (Gerichtsorganisation)

OLG-Rat Dr. Grueb (München) berichtet über *Zusammensetzung und Zuständigkeit der Schwur- und sonstigen Gerichte* in Bayern.

Präs. Dr. Klaas (Hamburg) erstattet einen Bericht gleichen Inhalts für die britische Besatzungszone.

Die Strafkammern sind in erster und zweiter Instanz mit drei Berufsrichtern – ohne Schöffen – besetzt. Nach Meinung des Berichterstatters würde eine Hinzuziehung von Laienrichtern zu den Strafkammern die Verfahren verlangsamen und der schon anderweit stark in Anspruch genommenen Bevölkerung neue Verpflichtungen auferlegen.

GStA Dr. Junker (Düsseldorf) spricht sich für die Beibehaltung der Strafkammern ohne Laienrichter aus.

OLG-Rat Dr. Grueb (Nürnberg) hält es für unmöglich, Strafkammern ohne Laienrichter bestehen zu lassen, wenn man Schöffengerichte tätig sein lässt.

Es wird von verschiedenen Seiten darauf hingewiesen, dass das früher allgemein so war.

GStA Dr. Bollinger (Bremen) berichtet über die Gerichtsorganisation in Bremen, wo die Strafkammern mit Laienbeisitzern urteilen. Er bittet, es dabei auch im Falle einer einheitlichen Regelung zu belassen.

Eine Abstimmung ergibt, dass nur die Vertreter von Köln, Düsseldorf und Oldenburg für Strafkammern ohne Laienbeteiligung eintreten.

OStA Heymann (Ffm) berichtet über die Gerichtsorganisation in Hessen, insbesondere über die Besetzung der Schwurgerichte mit zwei Berufsrichtern und sieben Geschworenen und die Ernennung der Schwurgerichtsvorsitzenden für die Dauer von zwei Jahren, Einschränkung der Voruntersuchung auf unbedingt notwendige Fälle, Bewährung des Laienelements in der Rechtsprechung.

GStA Schmidt (Stuttgart) berichtet über die Gerichtsorganisation in Württemberg-Baden, wo bisher keine Schwurgerichte bestehen, jedoch ihre Einführung nach Emmingerschen Muster in Aussicht steht.

OStA Dr. Augustin (Koblenz) berichtet, dass im Lande Rheinland-Pfalz nur Einzelrichter und Strafkammern in der Besetzung mit drei Berufsrichtern urteilen. Ein Gesetz, das die Schwur- und sonstigen Gerichte mit Laienbesetzung einführen wollte, ist vom Staatsgerichtshof für verfassungswidrig erklärt worden.

GStA Nellmann (Tübingen) und *EStA Müller-Hill (Freiburg)* berichten über die Gerichtsorganisation in der übrigen französischen Besatzungszone, die im Wesentlichen auf der Emmingerschen Verfahrensreform von 1924 beruht.

GStA Dr. Schneidewin (Köln) stellt die Frage, ob in Strafverfahren wegen Verbrechens gegen die Menschlichkeit in der südfranzösischen Besatzungszone einigermaßen zufriedenstellende Urteile herauskämen.

EStA Müller-Hill (Freiburg) bejaht diese Frage.

GStA Dr. Schneidewin (Köln) wendet sich gegen die in der britischen Besatzungszone bestehende Beschränkung der Staatsanwaltschaft in der Auswahl unter mehreren gesetzlich zuständigen Gerichten, die nach Mitteilung von *OStA Dr. Augustin* auch in der französischen Besatzungszone in Aussicht genommen ist.

GStA Dr. Junker (Düsseldorf) teilt mit, dass nach einer von ihm erlassenen Verfügung in seinem Bezirk Amtsanwälte auch Sachbearbeiter in schöffengerichtlichen Sachen sein und die Anklage vor dem Schöffengericht vertreten können. In der britischen Zone sind die Amtsanwaltschaften angegliedert.

OStA Heymann (Ffm) bemerkt, dass in Hessen die Amtsanwaltschaften von den Staatsanwaltschaften getrennt und die PLs-Register wieder eingeführt sind.

GStA Dr. Biermann (Celle) vertritt den Standpunkt, dass vor dem Schöffengerichten nur Volljuristen als Anklagevertreter auftreten sollen, da solche jetzt in genügender Zahl zur Verfügung stehen.

GStA Dr. Kesseböhmer (Hamm) weist auf die AV des Reichsjustizministers vom 18.12.1934 (DJ S. 1608) hin, in der die Geschäftsverteilung zwischen Staats- und Amtsanwaltschaft geregelt ist.

OStA Heymann (Ffm) bemerkt, dass in Hessen frühere öffentliche Kläger der Spruchkammer bei den Amtsanwaltschaften untergebracht werden müssen, und wirft die Frage auf, wie es mit dem Zeichnungsrecht früherer Rechtsanwälte gehandhabt wird, die als Staats- oder Amtsanwälte beschäftigt werden.

GStA Dr. Junker (Düsseldorf) antwortet, dass eine gesetzliche oder verordnungsmäßige Regelung nicht besteht und es den einzelnen OStA überlassen werden muss, das Zeichnungsrecht auf ihre Verantwortung von Fall zu Fall zu beantragen. Er führt weiter aus, dass aus dem Osten vertriebene und aus der Kriegsgefangenschaft zurückgekehrte Juristen, die gute Zeugnisse haben und gute Leistungen aufweisen, übernommen und zu ihren Gunsten beauftragte Staatsanwälte, die weniger leisten, entlassen werden müssen.

LG-Dir. Ries (Oldenburg) teilt mit, dass in Oldenburg beauftragte Staatsanwälte, z.B. frühere Heeresjuristen, zunächst kein Zeichnungsrecht erhalten.

Punkt VI 14. (Vorführung von vorläufig Festgenommenen vor den Richter binnen 24 Stunden)

GStA Dr. Junker (Düsseldorf) teilt mit, dass in Nordrhein-Westfalen, wo keine entsprechende Verfassungsvorschrift besteht, auf Weisung der Militärregierung die Vorführung binnen 24 Stunden erfolgen muss. Infolgedessen hat der OLG-Präsident angeordnet, dass auch bei den kleinen Amtsgerichten jeweils ein Richter an Samstagnachmittagen und an den Sonntagen erreichbar sein muss.

GStA Dr. Biermann (Celle) spricht darüber, dass die Polizei immer wieder erklärt, sie könne das nötige Material binnen 24 Stunden häufig nicht zusammenbringen. Die Polizei muss eben dazu gezwungen werden, das Material möglichst schon zusammenzubringen, bevor sie zur Festnahme schreitet.

OStA Heymann (Ffm) weist darauf hin, dass die Polizei, wenn sie die Zeugen binnen 24 Stunden nicht vollständig vernehmen kann, deren Vernehmung dem Richter überlassen muss. Er erörtert ferner die Schwierigkeiten, die sich ergeben, wenn bei Personen, die aufgrund von Fahndungsersuchen festgenommen sind, der Haftbefehl nicht binnen 24 Stunden am Ort der Festnahme eingetroffen ist.

GStA Dr. Junker (Düsseldorf) weist auf das Bedenken hin, dass die im Fahndungsblatt verzeichneten Steckbriefe oftmals bereits erledigt sind. In seinem Bezirk führen die Staatsanwälte ein Steckbriefregister, anhand dessen laufend nachgeprüft wird, ob ein Steckbrief bereits erledigt ist.

GStA Schmidt (Stuttgart): Mit der rechtzeitigen Vorführung des Festgenommenen bei dem Richter ist der verfassungsrechtlichen Vorschrift Genüge getan. Seine Entschließung über den Haftbefehl kann der Richter später treffen.

Zu Punkt 15 der Tagesordnung berichtet *GStA Heymann (Ffm)* über die *Rechtsprechung der hessischen Gerichte bei Strafverfahren wegen der Tötung von Geisteskranken.*

EStA Müller-Hill (Freiburg) berichtet über das gleiche Thema, soweit es die Gerichte der französischen Zone angeht. Dort sind zwei Ärzte, die als Gutachter bei der Auswahl der zu tötenden Geisteskranken tätig waren, zu lebenslangem Zuchthaus verurteilt worden. Die Euthanasieprozesse sind in der französischen Zone abgeschlossen; eine

Strafverfolgung des Pflegepersonals ist nicht erfolgt, da kein Fall der Tötung durch das Personal bekannt geworden ist.

GStA Nellmann (Tübingen): Das Verfahren wegen der Tötung in der Anstalt Grafeneck schwebt noch. In diesem Verfahren ist auch der in Grafeneck tätige Standesbeamte angeklagt worden.

GStA Dr. Junker (Düsseldorf) berichtet über das Verfahren wegen der Tötung von Geisteskranken vor dem LG Düsseldorf.

GStA Dr. Kesseböhmer (Hamm) teilt mit, dass das Schwurgericht in Münster die Ärzte und den Vorstand einer Anstalt aus dem Gesichtspunkt des übergesetzlichen Notstandes freigesprochen hat. Hiergegen ist jedoch Revision eingelegt worden.

GStA Dr. Feyen (Hamburg): In Hamburg laufen ebenfalls z.Zt. Verfahren wegen der Tötung von missgebildeten Kindern. Hier wurden Ärzte, Krankenschwestern, Amtsärzte und Obergutachter angeklagt. Das Verfahren zur Auswahl der zu tötenden Kinder war immerhin mit allen Kautelen ausgestattet. Deshalb bestand bei uns die Auffassung, dass das Verhalten der Beschuldigten nicht gegen Grundsätze der Menschlichkeit verstoße. Ein Gesetz, das die Tötung solcher missgebildeten Kinder unter Beachtung aller möglichen Sicherungen gestattet, ist auch in einem Kulturstaat immerhin denkbar.

Es wurde nunmehr über die zu *Punkt 2* der Tagesordnung entworfene Resolution abgestimmt.

Präs. Dr. Klaas stellt fest, dass die anliegende Resolution einstimmig gefasst worden ist: Zur wirksamen Verbrechensbekämpfung in den Westzonen bitten die Generalstaatsanwälte der amerikanischen, britischen und französischen Zone einstimmig, in die für das Verhältnis zwischen dem amerikanischen und dem britischen Besatzungsgebiet niedergelegten Grundsätze über die Festnahmebefugnisse der deutschen Strafverfolgungsbehörden – wie sie für die britische Zone in der abschriftlich beigefügten Verordnung Nr. 83 festgelegt sind – auch die französische Zone einzubeziehen. – Diese Entschließung soll durch das Zentraljustizamt der britischen, durch die Landesjustizverwaltung der amerikanischen und französischen Zone der zuständigen Militärregierung zugeleitet werden.

Bei der Erörterung von *Punkt 17* (Ort und Zeit der nächsten Sitzung) erklärt sich *GStA Dr. Kesseböhmer (Hamm)* bereit, die fachliche Vorbereitung der Tagung zu übernehmen. Tagungsort soll Neustadt a.d. Haardt sein.

GStA Doller (Neustadt) wird die organisatorische Vorbereitung durchführen.

Anschließend wird *Punkt 7* der Tagesordnung erörtert.

MinRat Richter (Wiesbaden) berichtet über die *Entstehung des neuen Wirtschaftsstrafgesetzes* [v. 1952, BGBl. I 190; vorher VO v. 1939, RGBl. I 999] und seine Bedeutung. Der Entwurf sieht eine Dreiteilung der Zuwiderhandlungen gegen die Wirtschaftsstrafbestimmungen vor. Der erste Teil behandelt ausschließlich solche Verstöße, die als kriminelle Taten gewertet werden. Der zweite Teil enthält diejenigen Zuwiderhandlungen, die je nach Art und Umfang entweder als kriminelle Taten oder Ordnungswidrigkeiten betrachtet werden können. Der dritte Teil bringt diejenigen Zuwiderhandlungen, die lediglich als Ordnungswidrigkeiten von den Verwaltungsbehörden mit einer Geldbuße geahndet werden.

GStA Biermann (Celle) macht geltend, dass rechtsstaatliche Grundsätze jedem Ordnungsstrafverfahren widersprechen. Hiergegen wendet sich *GStA Heitzer (Schleswig),* der darauf hinweist, dass die Strafen, die von den Verwaltungsbehörden verhängt werden, durchweg höher ausfallen als diejenigen, auf die die Gerichte erkennen. Aus diesem Grunde möchte er auf das Ordnungsstrafverfahren nicht verzichten.

MinRat Richter (Wiesbaden) berichtet dann weiter, dass in dem Gesetzentwurf gegen einen Ordnungsstrafbescheid einer Verwaltungsbehörde die Anrufung des Gerichts vorgesehen ist.

Präs. Dr. Klaas (Hamburg) erklärt abschließend, dass der Entwurf des neuen Wirtschaftsstrafgesetzes sowohl den Interessen der Justiz wie auch denen der Verwaltung ausreichend Rechnung trage.

Zum Schluss der Tagung gibt *GStA Dr. Schneidewin (Köln)* einen ausführlichen Bericht über das Verfahren wegen der *Tötung von Geisteskranken beim Obersten Gerichtshof in Köln*, das vorher beim Schwurgericht in Münster geschwebt hat. In diesem Verfahren waren zwei Ärzte angeklagt, die an der endgültigen Festlegung der Listen der für die Tötung bestimmten Personen beteiligt waren und zum Teil sogar den Transport der zu Tötenden begleitet haben.

Punkt 16 der Tagesordnung *(Einstufung der Ersten Staatsanwälte und Oberstaatsanwälte beim LG und OLG)* wurde wegen vorgerückter Zeit nicht mehr erörtert und soll auf die Tagesordnung der nächsten Tagung übernommen werden.

gez. Heymann (Oberstaatsanwalt)

III. Protokoll über die Besprechungen auf der Tagung der Generalstaatsanwälte der Westzonen von 19.–20.9.1949

Nach Begrüßungsworten des MinRat Dr. Schönrich als Vertreter des Justizministeriums Rheinland-Pfalz eröffnet *OStA Dr. Augustin*, Neustadt a.d.Hdt. um 9.30 Uhr die Tagung.

Anwesend sind:
Generalanwalt Dr. Quambusch, Generalanwalt beim Deutschen Obergericht für das Vereinigte Wirtschaftsgebiet, Köln
Präsident Dr. Klaas, Zentraljustizamt für die Britische Zone in Hamburg
Generalinspekteur Dr. Meyer-Abich, Zentraljustizamt für die Britische Zone in Hamburg
GStA Dr. Schneidewin, GStA beim Obersten Gerichtshof für die Britische Zone, Köln
LG-Rat Kirchner, Justizministerium Koblenz
GStA Steffen, Bamberg
GStA Dr. Neumann, KG Berlin
GStA Dr. Bollinger, Bremen
GStA Biermann, Celle und Braunschweig
GStA Dr. Junker, Düsseldorf
GStA Heymann, Frankfurt
GStA Prof. Dr. Bader, Freiburg
LG-Rat Dr. Kammerer, Justizministerium Freiburg
GStA Feyen, Hamburg
GStA Dr. Kesseböhmer, Hamm
VizeGStA OStA Woll, Karlsruhe
StA Baldow, Koblenz
GStA Dr. Burchardi, Köln
GStA Dr. Roll, München
OStA Dr. Augustin, Neustadt
GStA Mork, Nürnberg
OStA Dr. Wolffsohn, Oldenburg
GStA Dr. Heitzer, Schleswig
AG-Rat Schabel, Stuttgart
StA Wien, Neustadt/Hdt.

Präsident Dr. Klaas erscheint nach Beginn der Besprechungen. Auf Vorschlag von GStA Dr. Kesseböhmer übernimmt GStA Prof. Dr. Bader (Freiburg) die Leitung der Tagung.

Auf der Tagesordnung stehen folgende Punkte:

I. 1. Entgegennahme von Berichten über den Stand der Gerichtsorganisation und der Rechtspflege über den weiteren Verlauf der Euthanasieverfahren

II. *Materielles Recht*

3. Bedeutung des Art. 102 GG (Abschaffung der Todesstrafe) für vorher rechtskräftig erkannte, aber noch nicht vollstreckte Todesurteile
4. Anordnungen über die Verfolgung von Unterbrechungen der Schwangerschaft
5. Behandlung der Beamtenbeleidigung
6. Behandlung von Schwarzschlachtungen
7. Verstöße gegen die Ablieferungspflicht
8. Preisverstöße
9. Amnestie für das gesamte Bundesgebiet, insbesondere bezüglich der Wirtschaftsstrafsachen

III. *Formelles Recht*

10. Art. 104 (Art. 2 Abs. 2, Art. 1 Abs. 3) GG und polizeiliche Beugehaft, Schutzhaft und Sicherheitsverwahrung, insbesondere Unterbringung von Geisteskranken in geschlossenen Anstalten
11. Zulässigkeit der richterlichen Entscheidung über den Haftbefehl nach Rechtskraft des Urteils
12. Wiedereinsetzung in den vorigen Stand – im Sinne des § 44 StPO – bei Fristversäumung infolge Verschuldens eines Beamten der StA
13. Frage der Annahme eines öffentlichen Interesses bei der Verfolgung von Wirtschaftsdelikten
14. Zeichnung der Revisionseinlegungs- und Begründungsschriften der StA
15. Aufhebung von Urteilen durch Urteile eines anderen Landes
16. Überstellung von Verbrechern von Zone zu Zone

IV. *Strafvollstreckung, Strafvollzug, Gnadenrecht*

17. Gegenwärtiger Stand der Bestrebungen zur Neuordnung des Gnadenwesens
18. Strafvollstreckungsbehörden (§ 162 GVG, § 13 StrVollstrO)
19. Vollstreckung von Urteilen der Ostzonengerichte
20. Überführung von Gefangenen durch interzonalen Gefangenentransport kurz vor der Entlassung
21. Akteneinsicht durch Verteidiger in Gnaden- und Straftilgungssachen
22. Vollzug der lebenslänglichen Zuchthausstrafen an Mördern
23. Gefangenenzeitung

V. *Strafregister*

24. Beschränkung der Auskunft aus dem Strafregister

25. Führung des Auslandsstrafregisters – Zuständigkeit für Tilgung usw.
26. Zentralstrafregister des Landes Hessen

VI. *Verschiedenes*

27. Einheitliche Fassung der für das gesamte Gebiet der Bundesrepublik geltenden Strafgesetze
28. Einstufung der Ersten Staatsanwälte und Oberstaatsanwälte beim Landgericht und Oberlandesgericht
29. Platz des Staatsanwalts in der Hauptverhandlung
30. Benutzung des Dienstkraftwagens
31. Ort und Zeit der nächsten Tagung

Es werden nunmehr die einzelnen Punkte der Tagesordnung erörtert:

Zu Punkt I 1. vertritt *GStA Junker (Düsseldorf)* nach einem Bericht über den Umfang der Justizkontrolle durch die britischen Besatzungsbehörden die Auffassung, dass nach Inkrafttreten des Besatzungsstatutes nur ein allmählicher Abbau der Kontrolle eintreten wird.

GStA Prof. Dr. Bader ist ebenfalls der Auffassung, dass der Abbau der Militärregierung sehr langsam vor sich gehen wird.

GStA Heymann (Frankfurt) berichtet, dass die Kontrolle der amerikanischen Besatzungsbehörden kaum spürbar sei.

GStA Roll (München) stellt fest, dass die Kontrolle durch die Besatzungsbehörden sehr eingehend durchgeführt werde, insbesondere bei Haftsachen. Nachteilig wirke sich das Verbot der Militärregierung aus, dass deutsche Polizei die DP-Lager betrete.

OStA Woll (Karlsruhe) berichtet, dass Eingriffe in die Rechtspflege vorgekommen seien. Wiederholt seien Urteile aufgehoben und neue Entscheidungen gefällt oder solche gefordert worden.

GStA Roll (München) stellt fest, dass nach seinen Erfahrungen deutsche Urteile durch die Militärregierung nur bei offensichtlichen Missgriffen deutscher Gerichte aufgehoben worden seien.

GStA Dr. Bollinger (Bremen): Die DP machen keine Sorgen. Dagegen sei angesichts der Hetze der Angehörigen der Deutschen Partei angezeigt, sich in zunehmendem Maße mit Fragen über die Bekämpfung politischer Kriminalität durch die Strafgesetze zu beschäftigen.

GStA Biermann (Celle) stellt fest, dass die Militärregierung sich ganz wenig in die Justiz einmische. Es sei üblich, dass bei auftauchenden Schwierigkeiten in der Behandlung der einzelnen Sachen an das Justizministerium berichtet werde. Urteile seien bisher von der Militärregierung nicht aufgehoben worden. Die DP-Lager könnten durch die deutsche Polizei nach Genehmigung im Einzelfall betreten werden. Künftig solle jedoch die deutsche Polizei die allgemeine Ermächtigung zum Betreten dieser Lager erhalten. Sehr groß sei das Interesse der Besatzungsbehörde am Strafvollzug. Nach dem Inkrafttreten des Besatzungsstatuts sei es zweckmäßig, die Gefangenen der Militärregierung, über welche diese dann nur noch die Kontrolle auszuüben befugt seien, in besonderen Anstalten zusammenzulegen.

GStA Prof. Dr. Bader (Freiburg): Die französischen Besatzungsbehörden bereiten im Strafvollzug keine wesentlichen Schwierigkeiten, weil ähnliche Grundsätze auch in Frankreich bestünden. Große Meinungsverschiedenheiten seien bisher nicht entstanden.

GStA Dr. Heitzer (Schleswig): Bei der englischen Militärregierung bestünde kein Interesse am deutschen Strafprozessverfahren. Deutsche Urteile seien bisher nicht aufgehoben worden. Die Engländer bewiesen Ehrfurcht vor der richterlichen Autorität. Dem Vorschlag des GStA Biermann, die Gefangenen der Militärregierung von den deutschen Gefangenen getrennt unterzubringen, trete er bei. Die praktische Durchführung dieses Planes sei indes bei der großen Verteilung der Militärgerichte über das ganze Land schwierig.

LG-Rat Dr. Kammerer (JM Freiburg) berichtet, dass die Kontrolle der Militärregierung im Strafvollzug sich nur noch auf die eigenen Häftlinge beschränke. Die Gefängniskontrolloffiziere seien nicht mehr tätig mit Ausnahme von Rastatt und Freiburg. In Rastatt ist durch die Tätigkeit des Obersten französischen Militärgerichts, das sich insbesondere mit der Aburteilung von Kriegsverbrechen befasst, eine besondere Lage gegeben. In der Landesstrafanstalt Freiburg sitzen immer noch etwa zur Hälfte Häftlinge der Militärregierung und auch Häftlinge französischer Nationalität ein.

OStA Dr. Augustin (Neustadt/Hdt.): Die französische Militärregierung habe durch Einführung des sog. Evokationssystems eine im Ganzen gesehen klare Abgrenzung ihrer Zuständigkeit geschaffen. Alle nach den Evokationsbestimmungen einschlägigen Ermittlungsverfahren seien mit Formblattbericht der Justizkontrolle vorzulegen, welche dann im Einzelfall entscheide, ob sie die Sache selbst übernehmen oder in der Zuständigkeit der deutschen Gerichte belassen wolle. Seit etwa 1/2 Jahr sei ein spürbarer Abbau der Evokationssachen festzustellen.

Im Strafvollzug bestünden Überwachungskreise zur Überwachung der Gefängnisse. Im Allgemeinen würden auftauchende Beanstandungen durch persönliche Aussprache mit den Überwachungsoffizieren behoben.

Eine starke Belastung der Staatsanwaltschaften stelle die Befassung mit den Restitutionssachen dar.

MinRat Dr. Schönrich (Koblenz) bestätigt die Ausführungen des OStA Dr. Augustin über starke Belastung der Staatsanwaltschaft durch die Restitutionssachen, wodurch die Einstellung vieler Hilfsarbeiter erforderlich geworden sei.

GStA Dr. Neumann (Berlin) berichtet über die Gerichtsorganisation der drei westlichen Zonen Berlins. Berlin habe mit keiner Zone etwas zu tun, sondern sei ein selbständiger

Kommandanturbezirk, in welchem der Vorsitz monatlich wechsle u.z. auch im Rechtskomitee. Die Verbindung zu den Militärregierungen erfolge ausschließlich über den GStA, ebenso würden Auskünfte nur an die Rechtskomitees der einzelnen Militärregierungen gegeben. Wesentliche Eingriffe in die Strafrechtspflege seien bisher nicht erfolgt. Seit 1945 seien lediglich drei Strafkammerurteile wegen zu milder Strafe aufgehoben worden. DP-Lager seien in Berlin nicht mehr vorhanden. Am Strafvollzug zeigten besonders die Engländer reges Interesse.

Das KG sei während der Spaltung Berlins in den englischen Sektor verlegt worden. Im russischen Sektor sei ein Ost-KG gebildet worden. Die „Deutsche Justizverwaltung für die Sowjetzone“ sei lediglich zuständig für die Sowjet*zone,* nicht für den russischen Sektor Berlins. Strafverfolgungs- und vollstreckungsverfahren aus irgendeiner Zone seien an den Generalstaatsanwalt beim LG Berlin-Moabit zu richten. Dieser prüfe die Ersuchen und leite sie mit entsprechendem Vorschlag an die zuständige Militärregierung. Der Verkehr mit dem Ost-KG, welches von der Ost-Kommandantur eingerichtet worden sei, sei von den westlichen Militärregierungen untersagt worden. Ein Verkehr sei lediglich mit den Amtsgerichten im Ostsektor Berlins möglich.

Punkt 2: GStA Dr. Schneidewin (Köln) berichtet alsdann ausführlich über den weiteren Verlauf der *Euthanasieverfahren* und nimmt eingehend kritisch Stellung zu den beiden großen Entscheidungen des Obersten Gerichtshofes (Punkt I 2 der Tagesordnung).

GStA Junker (Düsseldorf) berichtet, dass im OLG-Bezirk Düsseldorf 2400 Verfahren wegen Verbrechens gegen die Menschlichkeit anhängig seien. Davon seien 400 angeklagt. Zuständig zur Aburteilung seien die Schwurgerichte, welche monatelang tagten. Im Übrigen würden täglich neue Ermittlungsverfahren eingeleitet.

OStA Woll (Karlsruhe): In der amerikanischen Zone gelte das KG 10 zwar; die Militärregierung habe jedoch abgelehnt, die deutschen Gerichte zur Aburteilung der Verbrechen nach diesem Gesetz zu ermächtigen. Die Ermächtigung werde nur erteilt, wenn Tateinheit mit einem deutschen Strafgesetz bestehe.

GStA Prof. Dr. Bader (Freiburg): In der französischen Zone sei KG Nr. 10 von Anfang an von den deutschen Gerichten anzuwenden gewesen. Es sei zu erstreben, dass die Gerichte die Erledigung dieser Verfahren beschleunigten.

GStA Dr. Neumann (Berlin): Von den westlichen Militärregierungen habe die englische eine Blankovollmacht zur Anwendung des KG Nr. 10 an die deutschen Gerichte gegeben. Die anderen Militärregierungen verlangten Vorlage des Anklageentwurfes.

Zu Punkt 3 TO berichtet *GStA Dr. Schneidewin (Köln),* dass nach der Rechtsprechung des Obersten Gerichtshofes für die britische Zone die *Todesstrafe* nicht mehr vollstreckt werden könne. An die Stelle der ausgesprochenen Todesstrafe müsse die gesetzlich höchst zulässige Freiheitsstrafe treten.

OStA Dr. Augustin (Neustadt/Hdt.): In Rheinland-Pfalz werde die Todesstrafe im Gnadenwege umgewandelt.

GStA Biermann (Celle) vertritt die Auffassung, dass in diesen Fällen eine Entscheidung des Gerichts nach § 458 StPO herbeigeführt werden müsse.

GStA Dr. Neumann (Berlin): In Berlin gelte das Grundgesetz nicht. Bei Anwendung des § 458 StPO könne nur festgestellt werden, dass die Vollstreckung der Todesstrafen unzulässig sei. Die Beseitigung der Todesstrafe könne jedoch nur im Gnadenwege erfolgen. Dies müsse auch für Berlin gelten.

GStA Dr. Kesseböhmer (Hamm) berichtet, dass die Militärgerichte grundsätzlich auch heute noch Todesstrafen verhängen können. In der britischen Zone würden deutsche Strafanstalten mit der Vollstreckung solcher Todesurteile beauftragt. Der Gefängnisvorstand habe die Vollstreckung zu leiten. Dieser Zustand bringe die deutschen Beamten angesichts der Abschaffung der Todesstrafe durch den Art. 102 GG in große Gewissensnot.

GStA Prof. Dr. Bader (Freiburg) berichtet, dass in der französischen Zone die Todesurteile von der Militärregierung vollstreckt würden. Man sollte an die Militärregierungen mit der Bitte herantreten, auch ihrerseits von der Vollstreckung von Todesurteilen künftig abzusehen. Er schlägt die Abfassung einer gemeinsamen Resolution der versammelten GStA vor, welche diese jeweils ihren zuständigen Landesregierungen übermitteln sollen. Diesem Vorschlag wird von den Tagungsteilnehmern allgemein zugestimmt. GStA Dr. Kesseböhmer wird mit der Formulierung dieser Resolution beauftragt, welche alsdann nach Beratung und Abstimmung in folgender Fassung mit Mehrheit angenommen wird: „Nachdem die Todesstrafe durch Art. 102 des Grundgesetzes abgeschafft ist, halten die Generalstaatsanwälte es für nicht zulässig, zur Mitwirkung bei der Vollstreckung von Todesstrafen, die von nichtdeutschen Gerichten in Deutschland verhängt worden sind, deutsche Justizangehörige heranzuziehen."

Zu Punkt 4 TO berichtet *GStA Dr. Junker (Düsseldorf)* über die *Regelung der Schwangerschaftsunterbrechung* in der britischen Zone. Dort sei die medizinische Indikation als Rechtfertigungsgrund anerkannt. Es gelte nach § 14 des Gesetzes zur Verhütung erbkranken Nachwuchses vom 14.7.1933 i.d.F. des G. v. 26.6.1935, Art. 2–5, 14 der AusführungsVO vom 18.7.1935 noch weiter. Voraussetzung sei, dass ein *Arzt* die Schwangerschaftsunterbrechung zur Abwendung einer ernsten Gefahr für das Leben oder die Gesundheit der Schwangeren vollziehe. Erforderlich sei weiter die *Einwilligung* der Mutter. Ohne Einwilligung sei der Eingriff nur statthaft, wenn er wegen unmittelbarer Gefahr für Leben oder Gesundheit nicht aufgeschoben werden könne. Vorausgesetzt werde schließlich, dass eine *Gutachterstelle* den Eingriff für erforderlich erklärt habe. Der Rechtfertigungsgrund der sog. *eugenischen Indikation* (§ 10 a des Ges. zur Verhütung erbkranken Nachwuchses vom

14.7.1933), welcher die Tätigkeit der Erbgesundheitsgerichte voraussetzt, komme als solcher nicht mehr in Frage.

Die ethische Indikation sei zwar als Rechtfertigungsgrund nicht anerkannt. Auf der letzten Interzonentagung der Juristen in Wiesbaden sei jedoch die Schaffung eines § 218 a StGB (ethische Indikation als Rechtfertigungsgrund) gefordert worden.

GStA Dr. Heitzer (Schleswig) stellte ein starkes Anschwellen der Strafverfahren wegen Abtreibung in seinem Bezirke fest. Abtreibungen würden vor allem von den Flüchtlingen, welche stark vertreten seien, vorgenommen werden. Die Meinungen seien teils für, teils gegen die Beibehaltung des § 218 StGB.

OStA Woll (Karlsruhe): Nach einer Rechtsverordnung in Baden sei die Schwangerschaftsunterbrechung bei Vorliegen von Notzucht zugelassen. Die Prüfung erfolge durch eine aus einem Richter und zwei Sachverständigen zusammengesetzte Stelle.

GStA Prof. Dr. Bader (Freiburg) empfiehlt außerordentliche Zurückhaltung in der Frage der Schwangerschaftsunterbrechung.

Man dürfe das Legalitätsprinzip in der Strafverfolgung solcher Fälle nicht übertreiben, müsse jedoch gegen gewerbsmäßige Abtreibung energisch einschreiten. Die Schwangerschaftsunterbrechung sei ein soziales Problem. Betroffen seien nur bestimmte Schichten des Volkes.

GenAnwalt Dr. Quambusch (Köln) hält das Problem der Schwangerschaftsunterbrechung für ein vornehmlich medizinisches Problem. Es könne von den Juristen nicht gelöst werden. Die Häufung der Abteibungen hänge mit der Entartung unserer Zeit zusammen.

GStA Biermann (Celle) hält die Frage der Schwangerschaftsunterbrechung für ein Problem der Weltanschauung. Die christliche Weltanschauung lasse jedenfalls die Indikation nicht zu.

Zu Punkt 5 berichtet *AG-Rat Schabel, Stuttgart* über einen vereinzelten Fall einer Beleidigung eines Beamten, der zu einem Eingreifen der Militärregierung geführt habe. – Übereinstimmend wird ausgeführt, dass hierzu keine besonderen Vorkommnisse zu berichten wären.

Punkte 6, 7 und 8 werden von der TO abgesetzt.

Zu Punkt 9 berichtet *Präs. Klaas,* dass dem Bundesrat ein Antrag einer Fraktion vorliege, der den Entwurf eines allgemeinen Bundesamnestiegesetzes bezwecke. Es bestünden Zweifel, ob der Bund zur Amnestie zuständig sei, doch hätten die Landesjustizminister für diesen Fall ihre Bedenken zurückgezogen. Es könne mit einer baldigen Amnestie wohl gerechnet werden.

Zu Punkt 10 führt *GStA Junker* aus, dass die Bestimmungen des Art. 104 Abs. 2 mit dem Art. 2 Abs. 2 GG nicht in rechten Einklang gebracht werden könne. Nach seiner Auffassung ginge Art. 2 Abs. 2 vor, so dass die Einbringung von Schutzhäftlingen bei

Präventivhaft und von Geisteskranken in eine Anstalt weiterhin den Verwaltungsbehörden nach Maßgabe der bestehenden Polizeigesetze – in ehemals preußischen Teilen nach dem Polizeiverwaltungsgesetz – zustehe.

GStA Feyen führt aus, dass der Stadtstaat Hamburg bereits ein Gesetz zur Ausführung des Art. 104 GG erlassen habe, wonach zur richterlichen Entscheidung der Vormundschaftsrichter für zuständig erklärt worden sei.

OStA Dr. Augustin berichtet, dass im Lande Rheinland-Pfalz die aufgrund von Beschlüssen der Landräte ins Arbeitshaus eingeschafften streunenden Dirnen nach Inkrafttreten des GG entlassen worden seien.

GStA Roll teilt mit, dass auf Anordnung der Militärregierung alle geistig Erkrankten, die nicht aufgrund richterlicher Anordnung in Heil- und Pflegeanstalten eingewiesen worden seien, entlassen werden mussten. Die allgemeine Meinung geht dahin, dass dem Beispiel Hamburg folgend die Landesjustizverwaltungen möglichst bald Ausführungsbestimmungen schaffen sollten, um die aufgetretenen Zweifel zu beseitigen.

Zu Punkt 11 trägt *GStA Heitzer, Kiel,* vor, dass auch nach Rechtskraft eines Strafurteils über den Vollzug und die evtl. Aufhebung eines Haftbefehls der Richter zu entscheiden habe.

OStA Dr. Wolfsohn tritt dem entgegen und führt aus, dass nur der Staatsanwalt nach Rechtskraft des Urteils über den Haftbefehl entscheiden könne. Es müsse eine sofort zu erteilende Ausfertigung des Urteilstenors mit Rechtskraftbescheinigung genügen.

Diese Auffassung wird in der Mehrzahl gebilligt.

Zu Punkt 12 wird empfohlen, eine genaue Überwachung der Rechtsmittelfristen durch die Behördenleiter Platz greifen zu lassen.

Punkt 13 wird von der TO gestrichen.

Zu Punkt 14 der TO wird festgestellt, dass die Rechtsprechung unverändert sei und die Revisionseinlegungs- und Begründungsschriften der StA handschriftlich gezeichnet werden müssten.

Zu Punkt 15 TO empfiehlt *GStA Prof. Dr. Bader (Freiburg)* bei Aufhebung von Urteilen eines anderen Landes im Zuge der Wiedergutmachung nationalsozialistischen Unrechts Verbindung mit der zuständigen Stelle des betreffenden Landes aufzunehmen.

GStA Biermann (Celle) vertritt die Auffassung, dass es sich bei diesen Urteilen nicht um solche des mit neuer Hoheit versehenen Landes, sondern um Urteile des alten, aufgelösten Deutschen Reiches handle, welche von jedem Land aufgehoben werden könnten.

GStA Dr. Neumann (Berlin) begründet die große Zahl der bisher gestellten Aufhebungsanträge mit der Tatsache, dass Berlin Sitz des Volksgerichtshofs und des Zentralgerichts des Heeres gewesen sei.

Zu Punkt 16 TO berichtet *OStA Dr. Augustin (Neustadt/Hdt.)* über die derzeitige Regelung des Verfahrens bei Überstellung von Gefangenen von Zone zu Zone. Schwierigkeiten bereite die amerikanische Zone. Die *Polizei* könne ohne Schwierigkeiten überstellen.

GStA Prof. Dr. Bader (Freiburg) vertritt die Auffassung, dass das Überstellungsverfahren rein zwischen deutschen Behörden durchgeführt werden sollte.

OStA Woll (Karlsruhe) erwidert, dass bisher alle Versuche, eine Regelung der von Prof. Dr. Bader vorgeschlagenen Art zu erreichen, bei der Militärregierung auf Ablehnung gestoßen seien.

AG-Rat Schabel (Stuttgart): Nach Auffassung des Justizministeriums in Stuttgart seien mit Inkrafttreten des Besatzungsstatuts die ganzen Vorschriften der Militärregierung über die Überstellung von Zone zu Zone gegenstandslos geworden.

GStA Dr. Neumann (Berlin): Die Ersuchen um Überstellung werden in Berlin an das Polizeipräsidium gerichtet, welches sich dann an das zuständige deutsche Polizeipräsidium oder an die betreffende Militärpolizei wende. Ersuchen aus den Westzonen seien an den GStA beim LG Berlin-Moabit zu richten.

Zu Punkt 17 TO berichtet *GStA Dr. Junker (Düsseldorf)* über den gegenwärtigen Stand des Gnadenwesens in den einzelnen Besatzungszonen. Die Zuständigkeit sei sehr verschieden geregelt. Das Gnadenwesen sei zum Teil z.B. in der nordfranzösischen Zone neu geregelt (Gnadenordnung 1948), zum Teil seien neue Gnadenordnungen in Vorbereitung. Es werde eine Vereinheitlichung des Gnadenwesens durch die Bundesregierung erwartet.

GStA Dr. Neumann (Berlin) berichtet über das Gnadenwesen in Berlin. Gearbeitet werde nach der Gnadenordnung 1935 [bei *O. Schwarz,* StPO], welche die alliierten Kommandanturen in Kraft belassen hätten. Über Straferlass, Strafumwandlung usw. entscheide eine deutsche Begnadigungskommission, errichtet bei dem GStA beim KG. Sie bestehe aus dem GStA als Vorsitzenden sowie dem KG-Präsidenten, dem LG-Präsidenten, dem Leiter des Rechtsamtes der Stadt Berlin und dem Präsidenten der Anwaltskammer. Bei Strafen über fünf Jahren Zuchthaus oder Todesstrafen sei an das Rechtskomitee der alliierten Kommandanturen zu berichten. Die Kommandanturen entscheiden dann selbst. GStA Dr. Neumann hält es für wünschenswert, dass jedes Land sein Gnadenwesen selbst regeln und grundsätzlich die Staatsanwaltschaft Gnadenbehörde bleibe. Sie solle nicht nur die Verfolgung des Verbrechers durchführen müssen, sondern ihm auch Gnade gewähren können.

GStA Dr. Junker (Düsseldorf) berichtet weiter über die Behandlung von Gnadensachen, welche Strafen der Militärregierung betreffen. Der GStA müsse einen Gnadenvorschlag machen, ohne jedoch die Strafakten einsehen zu können. Maßgebend sei die Führung des Verurteilten während der Strafhaft. Nach der allgemeinen Übung werde ein Drittel der Strafen automatisch erlassen.

GStA Dr. Kesseböhmer (Hamm) bemängelt, dass der GStA zu Gnadengesuchen Stellung nehmen solle ohne Kenntnis der Akten.

AG-Rat Schabel (Stuttgart): die Entscheidung über Gnadenerweise bei Strafen der Militärgerichte finde im sog. Paroleverfahren (Entlassung auf Ehrenwort) statt durch einen Gnadenausschuss der amerikanischen Militärregierung, welchem ein deutscher Staatsanwalt als beratendes Mitglied angehöre. Diesem obliegen auch die Erhebungen über Führung des Verurteilten und Unterbringung nach der Entlassung.

GStA Bollinger (Bremen) stellt fest, dass auch in seinem Bezirk die Paroleausschüsse sich gut bewährt hätten.

Den folgenden, von *GStA Dr. Neumann (Berlin)* vorgetragenen Ausführungen wird allgemein zugestimmt: „Von je her war in dem größten Teil der deutschen Länder die Bearbeitung der Gnadenangelegenheiten der Staatsanwaltschaft anvertraut. Diese Regelung hat sich durch viele Jahrzehnte überall bewährt. Ihr liegt ein hoher ethischer Gedanke zugrunde. Es erschien den größten deutschen Justizverwaltungen menschlich nicht ratsam, ein und dieselbe Behörde lediglich mit der Strafverfolgung zu befassen. Eine derart ausschließliche Tätigkeit muss zur Einseitigkeit und zu einer manchmal hemmungslosen Verfolgungssucht verleiten. Daher war der Staatsanwaltschaft als Vertreter des Staates und als Hüter der Gesetze neben der Strafverfolgung zugleich das Gnadenwesen anvertraut. Es wirkte wie ein „memento". Der Staatsanwalt sollte ständig daran denken, dass er nicht nur die zur Belastung und zur Entlastung dienenden Umstände zu ermitteln, sondern bereits im Ermittlungsverfahren mit Unterstützung der Sozialen Gerichtshilfe für die Sammlung der Gründe zu sorgen habe, die im Gnadenwege zu berücksichtigen sind. Hierzu ist die Staatsanwaltschaft, der eine besondere Erfahrung in der Ermittlungstätigkeit eignet, besonders berufen und durch ihre Verbindung mit allen anderen öffentlichen Behörden vorzugsweise geeignet. Sie kennt den Beschuldigten von Beginn des Ermittlungsverfahrens, sie erhebt gegen ihn die Anklage, sie sieht ihn in der Hauptverhandlung und in den Rechtsmittelinstanzen, und sie übergibt ihn in die Strafvollstreckung, sie begleitet den Schuldigen überall. Deswegen muss ihr neben der Strafverfolgung, der Vorbereitung des Urteilsspruches als Korrektiv auch die Vorbereitung der Gnade anvertraut bleiben."

Zu Punkt 18 TO berichtet *GStA Dr. Kesseböhmer (Hamm),* dass vielfach die Bestimmungen der §§ 13 Abs. 1 und 12 Abs. 3 und 4 der StrVollstrO nicht beachtet würden. Es liefen viele Anfragen darüber ein, welche Vollzugsanstalt zuständig sei. Viele Ersuchen verlangten, Strafen in seinem Bezirk zu vollstrecken. Das System der StrVollstrO [v. 1935, DJ 1800] der unmittelbaren Einweisung in die Anstalt des fremden Bezirks sei vorteilhaft und müsse beibehalten werden. Das Land Hessen stelle sich auf den Standpunkt, dass § 13 der StrVollstrO nicht mehr anzuwenden sei. Es gelte nur noch für die Vollstreckungsbehörde innerhalb des Landes Hessen. Bei solchen Ersuchen müsse jedoch der Anstaltsvorstand dem OStA Anzeige machen. Ohne dessen Genehmigung dürfe kein Gefangener in die Strafanstalt aufgenommen werden. Der OStA prüfe das Ersuchen und erteile dann die Genehmigung. Er müsse aber an die Militärregierung berichten, wenn sich Zweifel ergäben aus politischen Gründen und bei Vollstreckungsersuchen gegen politische Flüchtlinge oder solche Personen, welche diese Eigenschaft von sich behaupteten.

LG-Rat Kammerer (Freiburg) führt aus, dass 1947 in den Ländern der französischen Zone vereinbart worden sei, dass § 13 der StrVollstrO weitergelte. Seit 1949 gelte der Grundsatz der gegenseitigen Rechtshilfe in Strafsachen in allen westlichen Zonen. Ersuchen um Strafvollstreckung aus der Ostzone sollen in Zweifelsfällen dem zuständigen Justizministerium vorgelegt werden.

Zu Punkt 19 TO: Präs. Dr. Klaas (Hamburg) empfiehlt, unter allen Umständen das Band mit der Ostzone aufrecht zu erhalten. Es sei zweckmäßig, mit den deutschen Behörden der Ostzone unmittelbar zu verhandeln anstatt mit den Dienststellen der Militärregierung.

GStA Dr. Neumann (Berlin) berichtet, dass die Militärregierung der Westsektoren Berlins Folgendes angeordnet hätten: Eingehende Strafverfolgungs- oder Strafvollstreckungsersuchen aus der sowjetischen Zone sind dem GStA beim LG Berlin-Moabit zuzuleiten. Dieser hat die Ersuchen zu prüfen, die Akten anzufordern und an die Militärregierung zu berichten mit einem Vorschlag über die Behandlung des Ersuchens.

GStA Heymann (Frankfurt) wirft die Frage auf, ob Vollstreckungsersuchen aufgrund von Urteilen der Volksrichter durchgeführt werden sollen.

GStA Prof. Dr. Bader (Freiburg) vertritt die Meinung, dass solche Urteile anzuerkennen seien. Das einzelne deutsche Land könne seine Verfahrensbestimmungen nicht auf andere Länder anwenden. Erforderlich seien in diesen Fällen die Vorlage einer vollstreckbaren Urteilsausfertigung und der betreffenden Strafakten.

GStA Dr. Kesseböhmer (Hamm) fordert für die Strafvollstreckung diejenigen Garantien, welche ein Kulturstaat verlangen kann.

Zu Punkt 20 TO: GStA Dr. Junker (Düsseldorf) berichtet, dass bayer. Vollzugsanstalten Gefangene, welche kurz vor der Entlassung standen, im *Sammeltransport* verschickt und dadurch über die Strafzeit hinaus festgehalten hätten. Dies sei unzulässig und verhindere überdies auch die Einleitung geeigneter Fürsorgemaßnahmen.

Aus Bayern kämen auch viele Ersuchen an die Strafvollstreckungsbehörden seines Bezirkes um Übernahme der Strafvollstreckung.

GStA Dr. Roll (München) erwidert, dass Bayern lediglich Ersuchen gestellt habe, welche von einem anderen Land einfach abgelehnt werden könnten.

GStA Biermann (Celle) wendet sich ebenfalls gegen zu späte Verschubung im Sammeltransport.

Auch *GStA Dr. Burchardi (Köln)* berichtet über zahlreiche Fälle der beanstandeten Art aus seinem Bezirk.

GStA Dr. Kesseböhmer (Hamm) stellt fest, dass die von GStA Dr. Junker beanstandeten Verschubungen auch in norddeutschen Bezirken vorgenommen würden.

GStA Steffen (Bamberg): Die GStA in Bayern seien für die Verschubung nicht zuständig. Sie erhielten lediglich Abdrucke der betreffenden Verfügungen. Die Gefängnisvorstände würden unmittelbar mit dem Ministerium verkehren.

Zu Punkt 21 TO: GStA Junker (Düsseldorf) vertritt die Auffassung, dass Gnadenvorgänge geheim seien. Auch die Gnadenordnung verlange vertrauliche Behandlung. Nur dann seien auch von den zu hörenden Stellen rückhaltlose Auskünfte zu erwarten. Er habe die Einsicht in Gnadenakten im Falle eines Antrages der Liga für Menschenrechte e.V. verweigert. Seine Auffassung sei auch von dem Justizministerium vertreten worden. Das Gleiche gelte auch für die Einsichtnahme in Straftilgungsakten.

GStA Prof. Dr. Bader (Freiburg): Es bestehe allgemein Klarheit darüber, dass keine Verpflichtung der Gnadenbehörde bestehe, die Einsichtnahme zu gewähren. Pflichtgemäßes Ermessen müsse von Fall zu Fall entscheiden.

Zu Punkt 22 TO: GStA Heymann (Frankfurt): Im Volke sei man unzufrieden darüber, dass begnadigte Mörder im Zuchthaus genauso behandelt würden wie Zuchthausbestrafte. Man wende sich auch gegen eine zu starke Humanisierung der Zuchthausstrafe. Er schlägt de lege ferenda vor, für die Strafvollstreckung an Mördern besondere Strafanstalten oder besondere Abteilungen dafür an den Strafanstalten zu schaffen. Außerdem müssten die begnadigten Mörder noch Nebenstrafen treffen. Sie müssten bürgerlich tot sein, d.h. erkennbar von der Gemeinschaft ausgeschlossen sein. Milderungen könnten im Gnadenwege für zulässig erklärt werden.

GStA Prof. Dr. Bader (Freiburg) vertritt die Auffassung, dass auch für die Frage des Strafvollzugs von begnadigten Mördern die Gesamtpersönlichkeit entscheidend sei. Ein Mörder könne unter Umständen als Persönlichkeit besser zu werten sein als ein Dieb. Weitere Unterscheidungen halte er für gefährlich. Man müsse auch die Persönlichkeitsänderungen beim Strafvollzug berücksichtigen.

GStA Biermann (Celle) wirft die Frage auf, wie die Sicherungsverwahrung durchzuführen sei. Seiner Auffassung nach sei die Durchführung in Zuchthäusern ungesetzlich.

GStA Prof. Dr. Bader (Freiburg) bezeichnet die VO über Sicherungsverwahrung [VO v. 1934. RGBl. I 1934, 386] als eine lex imperfecta. Es fehlten die Einrichtungen zur Vollstreckung der Sicherungsverwahrung. Es müsse auf Schaffung dieser Anstalten gedrängt werden.

GStA Dr. Kesseböhmer (Hamm) erwähnt den Fall einer vom Rundfunk aus einem Gefängnis veranstalteten Reportage, welche mit Genehmigung des Justizministeriums durchgeführt werden konnte.

OStA Dr. Wolfsohn (Oldenburg) berichtet, dass auch in seinem Lande Pressevertretern und Rundfunksprechern der Zutritt zu den Gefängnissen durch das Justizministerium gestattet werden könne. In solchen Fällen nehme ein Vertreter des Justizministeriums an den Besuchen teil. Allerdings würden sich die Anträge von Pressevertretern, die Strafanstalten besuchen zu dürfen, in bedenklichem Maße mehren.

GStA Dr. Heitzer (Schleswig) berichtet, dass in Schleswig-Holstein in gewissen Zeiträumen eine einzige große Besichtigung der Gefängnisse stattfinde. Daran nehmen der GStA, der Chef der Militärregierung, Beamte des Strafvollzugs und Pressevertreter aller vorhandenen Zeitungen teil. Der Anspruch der Presse auf Zutritt zu den Gefängnissen werde grundsätzlich anerkannt. Außer diesen gemeinsamen Besichtigungen seien Separatbesichtigungen nicht zugelassen. Fotografieren sei verboten, ebenso Rücksprache mit Gefangenen.

GStA Prof. Dr. Bader (Freiburg) bemängelt die geringen Kenntnisse der Pressevertreter in Gefängnisfragen. Deshalb sei ihre Belehrung erforderlich.

GStA Dr. Junker (Düsseldorf): In Nordrhein-Westfalen seien Gefängnisbesichtigungen durch Pressevertreter von der Militärregierung verboten worden.

Zu Punkt 23 TO: GStA Dr. Heitzer (Schleswig) erinnert daran, dass der Gedanke der Schaffung einer Gefangenenzeitung schon auf früheren Tagungen aufgekommen sei. Solche Zeitungen sollten zur Hebung der geistigen Tätigkeit der Gefangenen beitragen. Die Preise für eine solche Zeitung seien jedoch zu hoch. Er schlägt vor, vom Hausgeld jedes Gefangenen einen geringen Betrag für den Bezug einer solchen Zeitung abzuzweigen.

GStA Dr. Junker (Düsseldorf) befürchtet, dass unter den Gefangenen nicht genügend Interesse an einer solchen Zeitung bestehe.

GStA Heymann (Frankfurt) schlägt vor, eine Gefangenenzeitung auf trizonaler Basis zu schaffen.

LG-Rat Dr. Kammerer (Freiburg) berichtet, dass früher eine Gefangenenzeitung von der Justizverwaltung herausgegeben worden sei. Er vertritt die Auffassung, dass die Kosten bei Druck in einer großen Strafanstalt wesentlich verbilligt werden könnten.

Punkt 24 wird von der TO zurückgezogen.

Zu Punkt 25 berichtet *GStA Dr. Neumann (Berlin):* In Berlin bestehe bei dem LG Moabit ein Strafregister für alle in Berlin geborenen Verurteilten. Dieses Strafregister stehe unter der Aufsicht des GStA Berlin Moabit. Er ordne auch beschränkte Auskunft oder Straftilgung an. Über Beschwerden entscheide der GStA beim (West)KG. – Das Auslandsstrafregister enthalte die Vorstrafen der im Ausland geborenen Verurteilten. Es sei beim KG untergebracht. Die Dienstaufsicht führe der GStA beim KG. Bei der Übersiedlung des KG in die Westsektoren hätte nur ein Teil der Strafregister mitgenommen werden können. Die westlichen Militärregierungen in Berlin hätten die Anlegung eines neuen Auslandsstrafregisters verlangt. Auskünfte über Strafen von im Ausland Geborenen seien bis Febr. 1949 beim Ost-KG, über spätere Verurteilungen beim West-KG zu erholen. Für Tilgung sei der GStA bei dem KG zuständig. Bei Tilgung von Strafen für jenseits der Oder-Neisse Geborene habe er sich für nicht zuständig erklärt.

Zu Punkt 26 TO berichtet *GStA Heymann (Frankfurt):* Außer dem üblichen Strafregister beim LG Frankfurt bestehe ein Zentralstrafregister für sämtliche Verurteilungen an hessischen Gerichten. Ferner bestehe ein Auslandsstrafregister für alle im Ausland, östlich der Oder-Neisse-Linie und im Saargebiet Geborenen.

Punkt 27 TO wird mit allgemeiner Zustimmung abgesetzt.

Zu Punkt 28 TO berichtet *GStA Heymann (Frankfurt):* Die EStA seien das Rückgrat der Staatsanwaltschaften für die Erziehung des Nachwuchses. Sie sollten auf die gleiche Stufe wie die LG-Direktoren und die OLG-Räte gestellt werden. Es gebe zudem zu wenig gehobene Stellungen in der Staatsanwaltschaft. Man müsse mehr wirkliche Beförderungsstellen schaffen. Die Tätigkeit der Justiz werde nach der Strafrechtspflege beurteilt, nicht nach der Zivilrechtspflege. Mit dem Publikum stehe der EStA in Verbindung. Nach seiner Tätigkeit werde die Behörde bewertet.

GStA Prof. Dr. Bader (Freiburg) pflichtet den Ausführungen des GStA Heymann bei. Er tritt ebenfalls für Stärkung und Hebung der EStA ein. Eigentlicher Träger der staatsanwaltschaftlichen Tätigkeit sei der OStA. Er hält es für angebracht, dass die OStA mitunter selbst in der Sitzung auftreten.

Auch *OStA Dr. Wolfsohn (Oldenburg)* hält die Höherstufung der EStA für dringend geboten.

GenAnwalt Dr. Quambusch (Köln) spricht sich für Gleichstellung der OStA mit dem LG-Präs. und der EStA mit den LG-Dir. aus.

GStA Dr. Neumann (Berlin) hat Bedenken gegen Höherstufung der EStA und OStA aus finanziellen Gründen. EStA gebe es bei der Berliner Justiz nicht mehr. Der OStA beim LG stehe auf der gleichen Stufe wie der LG-Direktor.

GStA Prof. Dr. Bader (Freiburg) hält eine gründliche Vorbereitung dieser Fragen durch Überweisung an eine besondere Kommission der Tagungsteilnehmer für erforderlich.

GStA Heymann (Frankfurt) wünscht finanzielle Besserstellung der EStA und OStA als Ausgleich für die Arbeitslast und hält die Tagung der GStA als geeignet, die Forderung der Höherstufung zu stellen. Es solle keine Besserstellung, sondern nur eine Gleichstellung erstrebt werden.

GStA Dr. Junker (Düsseldorf) befürchtet große Schwierigkeiten bei der Durchsetzung dieser Forderungen. Er bezweifelt, ob die Regierung eine Bresche in die Besoldungsordnung zulassen werde.

Der Vorschlag des *GStA Prof. Dr. Bader (Freiburg),* die Fragen der Höherstufung durch eine Kommission von drei GStA vorbereiten zu lassen, wird von der Mehrheit der Tagungsteilnehmer angenommen. Dieser Kommission gehören an der GenAnwalt

Dr. Quambusch (Köln) sowie die GStA Dr. Burchardi (Köln), Heymann (Frankfurt) und Steffen (Bamberg). Diese Herren sollen ein schriftliches Exposé ausarbeiten und den GStA mitteilen.

Zu Punkt 29 TO berichtet *GStA Dr. Junker (Düsseldorf),* der Landtag von Nordrhein-Westfalen habe beschlossen, die Landesregierung um Maßnahmen zu ersuchen, dass der Staatsanwalt nicht mehr am Richtertisch sitzen solle, sondern in gleicher Ebene wie der Verteidiger. Zur Begründung wurde angeführt, dass der Eindruck mangelnder Unparteilichkeit entstehen könne, wenn StA und Richter am gleichen Richtertisch säßen.

GStA Dr. Schneidewin (Köln) vertritt die Auffassung, dass eine Änderung der bisherigen Einrichtung Sache der Strafrechtspflege sei und eine Änderung der StPO erfordere.

GStA Prof. Dr. Bader (Freiburg) wendet sich gegen die Forderung, den StA auf die gleiche Ebene wie den Angeklagten und seinen Vertreter zu stellen. Der StA sei kein Vertreter eines Parteiinteresses.

Die gleiche Auffassung vertritt der *GenAnwalt Dr. Quambusch (Köln);* der StA sei reiner Vertreter des Rechts. Seine Funktion sei weisungsgebunden. Der Verteidiger vertrete das Interesse einer privaten Partei.

Punkt 30 TO wird mit allgemeiner Zustimmung gestrichen.

GStA Dr. Bollinger (Bremen) berichtet über Erscheinungen bei den politischen Wahlen. Gewisse Parteien hätten Angriffe gegen die Republik unternommen. Man müsse diese politischen Ausschreitungen bekämpfen. Die vorhandenen Strafgesetze reichten nach seiner Auffassung nicht aus. Die früheren Hochverratsbestimmungen seien von der Militärregierung für unwirksam erklärt worden. Ein wirksamer Verfassungsschutz sei dringend erforderlich. Er empfehle, diese Probleme zu überlegen und entsprechende Schutzgesetze zu veranlassen. Jeder GStA solle in diesem Sinne an seine Regierung herantreten.

GStA Heymann (Frankfurt) erwähnt, dass die hessische Regierung ein Freiheitsschutzgesetz ausgearbeitet habe. Der Entwurf werde dem Bundestag vorgelegt werden.

GenInspekteur Dr. Meyer-Abich (Hamburg): Die versammelten GStA sollten in einer gemeinsamen Empfehlung den Regierungen die Schaffung entsprechender Schutzgesetze vorschlagen.

GenAnwalt Dr. Quambusch (Köln) schlägt die Vorlage eines Gesetzentwurfs durch die Tagung der GStA vor.

Präs. Dr. Klaas (Hamburg) empfiehlt eine gemeinsame Entschließung der GStA zur Schaffung eines Republik-Schutzgesetzes.

Die von ihm vorgeschlagene Entschließung: „Der gegenwärtige strafrechtliche Schutz des Staates ist nicht ausreichend. Ein besonderes Gesetz zum Schutze der Verfassung ist erforderlich." wird von den Tagungsteilnehmern mit einer Stimmenthaltung angenommen.

Zu Punkt 21 TO: Auf Vorschlag des GStA Dr. Neumann (Berlin) wird als nächster Tagungsort Berlin bestimmt. Die nächste Tagung soll dort im Frühjahr – etwa Ende März 1950 – stattfinden.

IV. Niederschrift über die Besprechung der Generalstaatsanwälte vom 8.–9.5.1950

Nach der Begrüßungsansprache durch den Herrn Minister der Justiz in Freiburg eröffnete *GStA Prof. Dr. Bader* am 8.5. um 9.30 Uhr die Tagung.

Anwesend sind:

GStA Dr. Quambusch,	Deutsches Obergericht für das Vereinigte Wirtschaftsgebiet, Köln
GStA Dr. Neumann	KG Berlin-Wilmersdorf
GStA Dr. Loerbroks	LG Berlin-Moabit
GStA Steffen	Bamberg
GStA Biermann	Celle u. Braunschweig
GStA Dr. Junker	Düsseldorf
GStA Heymann	Frankfurt
GStA Prof. Dr. Bader	Freiburg
ORR Dr. Kammerer	Min. der Justiz, Freiburg
GStA Feyen	Hamburg
GStA Kesseböhmer	Hamm
OStA Morbach	Koblenz
GStA Dr. Burchardi	Köln
GStA Dr. Roll	München
EStA Dr. Rebholz	Neustadt
GStA Mork	Nürnberg
GStA Dr. Meyer-Abich	Oldenburg
GStA Dr. Heitzer	Schleswig
GStA Schmid	Stuttgart

VizeGStA Woll, Karlsruhe, nimmt an den Verhandlungen am 8.5.1950 nachmittags teil

Nachdem unter der Leitung von Herrn GStA Dr. Neumann GStA Prof. Dr. Bader durch Zuruf einstimmig zum Vorsitzenden der Tagung gewählt worden war, wurde in die Verhandlungen gemäß der Tagesordnung eingetreten.

Punkt 1: Entgegennahme von Berichten über den Stand der Gerichtsorganisation und der Rechtspflege in den einzelnen Bezirken: Es wird einstimmig beschlossen, die notwendig erscheinenden Berichte hierzu bei der Verhandlung der weiteren Punkte der Tagesordnung entgegenzunehmen.

Punkt 2: Reform des Gerichtsverfassungsgesetzes und der Strafprozessordnung: GStA Prof. Dr. Bader berichtet über den derzeitigen Stand der Arbeiten zur Vereinheitlichung des Gerichtsverfassungs- und Strafprozessrechts [vgl. BGBl. I 1950, 455] unter Berücksichtigung der Arbeiten der Ständigen Deputation des DJT. Er wies darauf hin, dass der Schaffung eines Staatsschutzgesetzes besondere Aufmerksamkeit gewidmet werde.

Die jetzigen Arbeiten seien auf Vereinheitlichung des genannten Rechtsgebietes beschränkt, während seine Reform in kürzerer Zukunft in Angriff genommen werden soll. Hierbei sei Vorsicht geboten gegen unbesehene Übernahmen ausländischer Institutionen, die außerhalb der deutschen Rechtsentwicklung stünden.

In der *Diskussion* berichtet *GStA Kesseböhmer* als Schatzmeister des DJT über den Stand der Mitgliedschaft beim DJT. Auffallend sei die geringe Beteiligung aus Kreisen der beamteten Juristen, insbesondere auch von Staatsanwälten. Demgegenüber seien die Rechtsanwälte weitaus zahlreicher vertreten. Es wird empfohlen, die Staatsanwälte auf die Bedeutung der Institution des DJT hinzuweisen. Wenn ganze juristische Berufsstände kaum vertreten seien, müsse die Legitimation des Juristentages fragwürdig erscheinen. Eine Herabsetzung des jährlichen Mitgliedsbeitrages von 10 Mark sei bei der Kassenlage des DJT nicht möglich.

GStA Junker schlägt vor, bei den Justizverwaltungen der Länder eine Regelung in der Weise herbeizuführen, dass für eine beschränkte Anzahl von Mitgliedern des DJT jeweils einem Mitglied die dienstliche Teilnahme an den Tagungen ermöglicht werde.

Es wird einmütig die Ansicht vertreten, alles zu tun, um einem größeren Kreis von beamteten Juristen auch die Teilnahme an den Tagungen des DJT finanziell zu ermöglichen.

Punkt 3 und 4: Richterliche Unabhängigkeit und Richteranklage. Die Stellung des Staatsanwalts nach dem Entwurf eines Richtergesetzes werden auf einstimmigen Wunsch zu einem Erörterungsgegenstand verbunden. *GStA Kesseböhmer* referiert zunächst. Er führt aus, im Wesentlichen hätten ihn zwei Gründe zu dieser Stellungnahme vom Standpunkt der Staatsanwaltschaft aus veranlasst, und zwar zunächst ein mehr kollegialer Beweggrund. Sodann sei aber auch die richterliche Unabhängigkeit rein sachlich für die Staatsanwaltschaft von größter Bedeutung, weil die Tätigkeit der Staatsanwälte nur als gesichert angesehen werden könne, wenn die richterliche Unabhängigkeit garantiert sei. Der verfassungsmäßige Zustand solle durch diese Erörterungen nicht angetastet werden. Andererseits bedürfe der gegebene Rechtszustand aber noch der näheren Ausfüllung. Hierauf sollten sich die anschließenden Vorschläge beziehen. Als Grundprinzip des rechtsstaatlichen Denkens müsse die richterliche Unabhängigkeit besonders herausgehoben werden. Diese sei aber nur garantiert bei Anerkennung des Grundsatzes der Unabsetzbarkeit und Unversetzbarkeit des Richters. Eine Entfernung aus dem Dienst dürfe nur möglich sein bei schuldhaftem Verstoß des Richters gegen seine Dienstpflicht, festgestellt in einem rechtsförmigen Verfahren. Über den Zustand in den einzelnen Länderverfassungen und dem Grundgesetz wurde berichtet. Bedenken ergäben sich daraus, dass an ein tatbestandsmäßig nicht präzis erfasstes Verhalten schwerwiegende Folgen für den Richter geknüpft seien, z.B. stehe der Begriff der „verfassungsmäßigen Grundsätze" nicht eindeutig genug fest. Es müsse daher die Forderung nach einer Präzisierung dieser Begriffe erhoben werden. Bedenken ergäben sich auch deshalb, weil man mangels genauer Festlegung der Schuldform in manchen Fällen auch ohne Feststellung eines Verschuldens des Richters seine Entfernung verlangen könne. Es werde bei dieser Institution der Richteranklage zu viel mit Generalklauseln gearbeitet, die noch einer näheren Ausfüllung bedürften. Nach dem Grundgesetz habe im Falle einer Richteranklage der Verfassungsgerichtshof über die Anklage zu entscheiden. Die Mitglieder des Verfassungsgerichtshofs würden aber je zur Hälfte vom Bundestag und Bundesrat gewählt. Andererseits trete der Bundestag aber auch als Ankläger auf, so dass in diesem Verfahren der Ankläger wenigstens zum Teil auch die Richter entsende. Dadurch könnten politische Momente zu sehr in den Vordergrund treten und somit die richterliche Unabhängigkeit erschüttert werden. Es müsste aber verlangt werden alles zu vermeiden, was den Richter zum politischen Beamten machen könnte.

Nach allseitiger Zustimmung wurde auf Vorschlag des Vorsitzenden anschließend in die *Diskussion* eingetreten. *GStA Junker* wies darauf hin, dass die Erörterungen über die Zusammensetzung des Verfassungsgerichtshofs noch nicht abgeschlossen seien.

GStA Prof. Dr. Bader erklärte, diese Frage sei zurzeit auch bei den zuständigen Stellen in Bonn Gegenstand der Beratung. Auch die OLG-Präsidenten befassten sich mit dieser Frage. Das Ergebnis stehe jedoch noch nicht fest.

GStA Dr. Neumann wies auf die Gefahren hin, die aufträten, wenn in den einzelnen Ländern verschiedene Rechtsbestimmungen für die Richteranklage in Geltung seien, so dass die Richter je nach den Ländern verschiedenen Grundsätzen unterlägen.

GStA Prof. Dr. Bader berichtet alsdann in Form eines Korreferats zu dem vorhergehenden Referat über den Stand des Entwurfs zum Richtergesetz unter besonderer Berücksichtigung der Verhandlungen des Justizkollegiums auf seiner letzten Tagung in Rothenburg o.d.T. [*W. Schubert*, Quellen zum DRiG I, 2020, S. 166 ff.] Zunächst solle in Bonn die Schaffung eines Gesetzes für Bundesrichter in Angriff genommen werden. Alsdann sollen andere Gesetze folgen für die Richter der Länder, wobei starke Koordinierungstendenzen vorhanden seien. Grundfragen der Föderalisierung oder Zentralisierung seien dabei von Bedeutung. Die Gefahr einer zu starken Verschiedenheit der

Länderrichtergesetze sei jedoch nach der im Justizkollegium zutage getretenen Einstellung nicht sehr groß.

In der weiteren *Diskussion* wies *GStA Feyen* darauf hin, dass in der Literatur der Standpunkt vertreten werde, dass Art. 98 GG keine Schuld voraussetze. Diese Auslegung würde jedoch nach seiner Ansicht zu weit führen. Bei Unbedacht oder leichter Fahrlässigkeit müssten die Folgen der Richteranklage als zu weitgehend angesehen werden.

GStA Junker erklärt, die Schuld könne auch darin gefunden werden, dass ein Richter eine abweichende politische Meinung geäußert habe, wobei andererseits wieder auf die Bestimmungen des GG hingewiesen werden müsse, dass niemand wegen seiner politischen Meinung benachteiligt werden dürfe.

Generalanwalt Quambusch unterstreicht in diesem Zusammenhang die Bedeutung der Presse. Er weist ferner darauf hin, dass der Regierungsentwurf zum Richtergesetz keine Vertreter der Anklage bei Durchführung der Richteranklage vorsehe. Es scheine die Entwicklung dahin zu gehen, dass auf die Einrichtung einer Bundesanwaltschaft beim BVerfG verzichtet werde. Der Redner spricht sich persönlich für die Schaffung einer Bundesanwaltschaft beim BVerfG aus. Zu der Frage, ob der Bundesanwalt an Weisungen gebunden sein solle oder nicht, werden aus der Mitte der Versammlung abweichende Meinungen geäußert.

GStA Steffen sieht das klassische Korrektiv bei der Institution der Richteranklage in der Weisungsfreiheit des Vertreters der Anklage.

Die Versammlung trifft als Ergebnis der Erörterungen folgende Feststellung: *Die GStA halten es für nötig, dass bei einer vom Bundestag beschlossenen Richteranklage die Vertretung der Anklage in die Hand eines Bundesanwalts gelegt wird.*

GStA Prof. Dr. Bader berichtet nachstehend zu diesem Punkt der Tagesordnung. Er weist darauf hin, dass in dem im Justizkollegium beratenen Entwurf zum Richtergesetz vom 29.1.1950 Tendenzen zutage treten, eine Anzahl von Bestimmungen des Richtergesetzes auch für die Staatsanwälte anwendbar zu erklären. Diese Regelung im Wege einer beiläufigen Berücksichtigung der Staatsanwälte müsse abgelehnt werden. Es komme darauf an, die Stellung des Staatsanwalts im Gesamten zu halten und zu festigen.

EStA Dr. Robholz vertritt hierzu die Ansicht, dass im Anschluss an das Richtergesetz eine Neuregelung der Stellung der Staatsanwälte erforderlich sei.

GStA Biermann berichtet über die Entwicklung im Hannoverschen GVG zu diesen Fragen. Es seien nunmehr Stimmen laut geworden, den Zustand vor 1933 wieder herzustellen.

GStA Prof. Dr. Bader berichtet über den Zustand in Baden und unterstreiche die Möglichkeit des ständigen Austausches zwischen den verschiedenen Laufbahnen des höheren Justizdienstes in Baden.

GStA Junker weist auf die Stellung der Staatsanwälte in Preußen hin bis zum Inkrafttreten der Reichsjustizgesetze. Bis dahin seien die Staatsanwälte in Preußen höher besoldet worden als die Richter.

GStA Meyer-Abich erklärt, dass bei den Staatsanwälten seines Bezirks Beunruhigung darüber bestünde, dass in einem kommenden Richtergesetz die Stellung der Staatsanwälte keine genügende Berücksichtigung fände. Der Gesichtspunkt, der eine Herabsetzung der Richter aus der allgemeinen Beamtenschaft verlange, gelte in gleicher Weise auch für die Staatsanwälte.

GStA Prof. Dr. Bader wies auf die Bedeutung der Konferenz der Justizminister für die landesrechtliche Institution hin und regt an, dass auch die Behandlung der Frage der Stellung der Staatsanwälte in einer zukünftigen Konferenz der Justizminister veranlasst werden sollte.

Generalanwalt Dr. Quambusch unterstreicht diese Ausführungen.

GStA Steffen erklärt, in den Reihen der Staatsanwälte seines Bezirks sei ebenfalls Beunruhigung über die derzeitige Entwicklung festzustellen. Er berichtet gleichzeitig über die Entwicklung bezüglich der Laufbahn der Staatsanwälte in Bayern.

GStA Dr. Neumann schlägt ein Koordinierungsgesetz über die Stellung der Richter und Staatsanwälte vor und bittet die Versammlung, zu diesem Punkt eine Entschließung zu treffen. Er wies gleichzeitig darauf hin, dass zu Tagungen der Rechtsanwälte bis jetzt keine GStA, wohl aber OLG-Präsidenten eingeladen würden. Außerdem seien in einem Entwurf eines GVG Bestimmungen enthalten, wonach Gerichtsreferendare bei einer Staatsanwaltschaft ausgebildet werden *könnten*. Bei einer *fakultativen* Ausbildung bei einer Staatsanwaltschaft würde aber die erforderliche Ausbildung des juristischen Nachwuchses in der staatsanwaltschaftlichen Tätigkeit in Frage gestellt.

Als Ergebnis der *Diskussion* fasste die Versammlung nachstehende Entschließung: „*Die Generalstaatsanwälte der Bundesrepublik, denen die Sorge für die Erhaltung der Stellung der Staatsanwälte mit obliegt, haben es auf ihrer Tagung am 8. und 9.5.1950 einstimmig für erforderlich gehalten, dass gleichzeitig mit dem Gesetz über die Stellung des deutschen Richters, die Stellung des Staatsanwalts in der Bundesrepublik einheitlich geregelt wird.*

Die Generalstaatsanwälte hegen die feste Zuversicht, dass die Stellung des Staatsanwalts, wie sie in dem GVG und in den deutschen Prozessordnungen als dem Richter gleichgeordneten Organ der Rechtspflege grundsätzlich festgestellt ist, auch in Zukunft aufrecht erhalten bleibt.

Hierzu gehört es auch, dass die Justizverwaltung den Staatsanwälten Zugang zu Richterstellen ebenso wie den Richtern zur Staatsanwaltschaft gewährleistet und insbesondere den Staatsanwälten den aus ihrer geringeren Zahl sich ergebenden anteilsmäßigen Zugang zu den richterlichen Beförderungsstellen.“

Punkt 5: Praktische Handhabung der Immunität der Abgeordneten (Art. 46 GG):

GStA Burchardi führt aus, es häuften sich die Fälle, in denen gegen Abgeordnete Strafanträge gestellt würden. Es erhebe sich dabei die Frage, was der Staatsanwalt vor Aufhebung der Immunität zu einem derartigen Strafantrag tun dürfe. Der Staatsanwalt müsse wohl prüfen, ob eine erfolgte Anzeige vorliege und ob keine Verjährung eingetreten sei. Man müsse fragen, ob der Staatsanwalt die Einleitung eines Verfahrens mangels öffentlichen Interesses ablehnen könne, oder weil die Tat unter das Straffreiheitsgesetz falle, endlich ob der Staatsanwalt wegen Geringfügigkeit einstellen könne und ob er schließlich Ermittlungen anstellen dürfe um festzustellen, ob eine ernstzunehmende Anzeige überhaupt vorliege. Die Weimarer Reichsverfassung habe bestimmt, kein Abgeordneter dürfe zur Untersuchung herangezogen werden, jetzt laute die Bestimmung, kein Abgeordneter dürfe zur Verantwortung gezogen werden. Zu der früheren Bestimmung habe das RG entschieden, dass auch keine polizeilichen Ermittlungen angestellt werden dürfen.

Es sei nun die Frage zu beantworten, ob etwa jede Ermittlungstätigkeit untersagt sei, etwa auch die Anhörung des Anzeigenden. In diesem Falle könnte der Fall eintreten, dass in einer völlig haltlosen Sache zunächst die Immunität aufgehoben werde. Es sei zum Beispiel im Bezirk des Berichterstatters eine Anzeige gegen einen Abgeordneten unter einem fingierten Namen erstattet worden. Es müsse daher als erwünscht angesehen werden, dass vor Einleitung des Verfahrens auf Aufhebung der Immunität gewisse Vorprüfungen vorgenommen würden. Der jetzige Wortlaut des Verbots des zur „Verantwortungziehens" lasse einen größeren Spielraum. Aus den Drucksachen des Parlamentarischen Rats seien allerdings für die Auslegung keine Anhaltspunkte aufzufinden.

GStA Prof. Dr. Bader berichtet über die Behandlung dieser Frage in der letzten Sitzung des Justizkollegiums. Danach verlange der Aufhebungsbeschluss des Bundestags einen spezifizierten Antrag des Justizministeriums. Dies sei aber offensichtlich nur möglich nach Beschaffung eines Mindestmaßes von Material zu der Anzeige. In Rothenburg sei die Meinung vertreten worden, dass mit Art. 46 GG sachlich dasselbe bestimmt sei wie in der entsprechenden Bestimmung der Weimarer Verfassung. Es sei im Übrigen ein Ausschuss aus Justizministern der Länder gebildet worden zum Zwecke der Änderung der Immunitätsbestimmungen.

GStA Dr. Junker führt aus:

I. Wir unterscheiden:

1. Die Äußerungs- oder Redefreiheit. Sie bewirkt einen persönlichen Strafausschließungsgrund. Wir finden ihn in Art. 46 Abs. 1 GG, Art. 36 WeimVerf., § 11 StGB. – 2. Die Unverletzlichkeit. Sie bedeutet ein Verfahrenshindernis. Siehe Art. 46 Abs. 2–4 GG (diese Bestimmungen gelten im Gegensatz zu Abs. 1 auch für die verleumderische Beleidigung), Art. 37, 40 a WeimVerf.

II. Einzelfragen:

1. Kann ohne Genehmigung des Bundestages oder Landtages aufgrund des Gesetzes über die Gewährung von Straffreiheit vom 31.12.1949 die Staatsanwaltschaft gemäß § 3 aaO. das Verfahren „einstellen"? Ja (nach der persönlichen Ansicht des Vortragenden). Denn die Verfügung der Staatsanwaltschaft über die Einstellung des Verfahrens hat gemäß §§ 1, 2 aaO. nicht konstitutive, sondern nur deklaratorische Bedeutung. Die Staatsanwaltschaft gibt nur zu erkennen, dass sie von Maßnahmen absieht.
2. Kann ebenso nach § 153 Abs. 1 StPO von der Verfolgung einer Übertretung abgesehen werden? Diese Bestimmung lässt eine Ausnahme von dem Verfolgungszwang zu. Ja (nach der persönlichen Ansicht des Vortragenden). Denn auch eine solche Verfügung enthält nur die Erklärung, dass die Staatsanwaltschaft sich jeglicher Maßnahme enthält.
3. Kann ebenso nach § 153 Abs. 2 StPO mit der Zustimmung des Gerichtes von der Erhebung der öffentlichen Klage abgesehen werden? Ja (nach der persönlichen Auffassung des Vortragenden). Denn das Verfahren hat trotz der Mitwirkung des Gerichtes nicht eine Belästigung oder Behinderung des Abgeordneten zur Folge.

Zu 2 und 3: Es kann nicht wirksam entgegengehalten werden, dass das Vorgehen der Staatsanwaltschaft u.U. zur Feststellung einer geringen Schuld des Abgeordneten führen kann.

4. Vor einem Verfahren gemäß § 199 StGB, das zur Straffreierklärung führen soll, ist die Genehmigung des Parlaments einzuholen.

III. *Zur Geschichte:* Der Grundsatz der parlamentarischen Redefreiheit findet sich in allen neueren Verfassungen. Seine historische Wurzel ist die englische Declaration of Rights des Jahres 1689 chap 9: „That the freedom of speeches and debates or proceedings in parliament ought not be impeached or questioned in any court or place of parliament." – In die französische Charte vom Jahre 1814 ist das Recht der Redefreiheit noch nicht aufgenommen worden. Es hat aber dann über die Verfassungen der Vereinigten Staaten, Frankreichs und Belgiens den Weg in andere Verfassungen gefunden.

Das Recht der freien Meinungsäußerung und der Schutz vor Verfolgung ist schon in der Preuß. Verfassung vom 31.1.1850 und in der Reichsverfassung des deutschen Kaiserreichs vom 16.4.1871 enthalten, desgl. in § 11 StGB, ferner in der WeimVerf. vom 11.8.1919 Art 36 (Äußerungsfreiheit), 37 (Verfahrenshindernis), welche Bestimmungen gegenwärtig noch für das Land Nordrhein-Westfalen anzuwenden sind.

Der Geschäftsordnungsausschuss und die Vollversammlung des Reichstages haben in ständiger Praxis betont, dass der behandelte Schutz nicht der Person des Abgeordneten dienen soll, sondern der Aktionsfähigkeit des Parlaments und dem Interesse der Wähler.

In der anschließenden Diskussion berichtet *GStA Biermann* über die Erfahrungen in Hannover. Er führt weiterhin aus, es liege ein Rechtsgutachten der Universität Göttingen zu Art. 73 der Weimarer Reichsverfassung vor. Die wesentlichen Punkte dieses Gutachtens werden bekanntgegeben. Danach sei der Staatsanwalt nicht zur Untätigkeit gezwungen. Ermittlungen zur Vorbereitung des Ersuchens um Aufhebung der Immunität stellten keinen Verstoß gegen die Immunität dar. Im Allgemeinen begründeten die Verdachtsmomente bereits den Verfolgungsantrag. Eine Einstellung gemäß § 153 StPO sei unmöglich, weil eine solche eine Schuldfeststellung enthalte.

GStA Roll führt aus, er habe schon wiederholt Anzeigen aus seinem Bezirk keine Folge geleistet, weil eine strafbare Handlung nicht vorlag. Im Übrigen würde in allen Fällen Bericht an das Justizministerium vorgelegt.

GStA Dr. Heitzer erklärte hierzu, dass bei einem Strafantrag gegen einen Bundestagsabgeordneten über das Landesjustizministerium an das Bundesjustizministerium berichtet werden müsse. Zunächst müsse der Staatsanwalt tätig werden, bevor die parlamentarischen Institutionen in Anspruch genommen würden.

GStA Heymann berichtet über eine Fall in seinem Bezirk, in dem ein Amtsanwalt einen Strafbefehl gegen einen Abgeordneten beantragt und der Richter den Strafbefehl erlassen habe, ohne dass die Immunität aufgehoben worden sei. Aus Anlass dieses Falles seien im Justizministerium in Hessen Erörterungen grundsätzlicher Art zu der Frage entstanden, inwieweit der Staatsanwalt vor Aufhebung der Immunität tätig werden dürfe. Eine Entscheidung des Justizministeriums liege allerdings noch nicht vor.

GStA Schmid führt aus, man müsse sich fragen, ob die Immunität den Zweck habe, die Ausübung des Mandats des Abgeordneten oder die Würde des Parlaments zu schützen. Erstere Alternative sei wohl die richtig. Strafanträge gegen einen Abgeordneten müssten aufgrund des Legalitätsprinzips geprüft und gestellt werden. Aus der Praxis ergäbe sich auch die Frage, ob auf ein Anerbieten des Abgeordneten selbst seine Anhörung durch den Staatsanwalt statthaft sei. In der Praxis dürften hiergegen wohl keine Bedenken bestehen. Nach seiner Ansicht müsste auch eine Einstellung nach § 153 StPO möglich sein, weil diese Einstellung gerade darauf abziele, den Abgeordneten nicht zur Verantwortung zu ziehen.

GStA Heymann erklärt hierzu, es sei die Ansicht des Bundestages, dass ein etwaiges Einverständnis des Abgeordneten zu seiner Anhörung unerheblich sei, weil es sich bei der Immunität um ein Recht des Parlaments handle. Der Abgeordnete könne sich nicht selbst der Immunität begeben. *GStA Schmid* erwidert hierzu, dieser These stünde der Sinn der Immunitätsbestimmungen entgegen, die den Zweck hätten, die Ausübung des Mandats zu schützen.

GStA Dr. Neumann führt aus, der Oberreichsanwalt habe in der Zeit der Weimarer Reichsverfassung in Übereinstimmung mit dem Geschäftsordnungsausschuss des Reichstags den Standpunkt vertreten, dass in Anlehnung an die belgische Verfassung das

Verbot der Verfolgung eine Abgeordneten ein öffentliches Rechtsverbot sei, auf das nicht verzichtet werden könne. In der Praxis der Staatsanwaltschaft sei man so verfahren, dass eine kurze Information eingeholt worden sei. Der Antrag auf Aufhebung der Immunität sei nur gestellt worden bei Aussicht auf Erfolg. Diese Praxis habe auch der Ansicht der Parlamente entsprochen. Es komme im Übrigen darauf an, dem Parlament die Unterlagen zu liefern, ob im Falle eines Strafantrags die Erhebung der öffentlichen Klage infrage komme, oder ob es sich um eine willkürliche Anzeige handle. Gewisse Ermittlungen müssten daher vorgenommen werden um zu prüfen, ob überhaupt Veranlassung bestehe, den Antrag auf Aufhebung der Immunität zu stellen.

VizeGStA Woll stellt die Frage, wie nach diesen Grundsätzen in Fällen zu verfahren sei, in denen nur eine schriftliche Anzeige vorliege.

GStA Dr. Neumann empfiehlt hierzu, ein staatsanwaltschaftliches Ermittlungsverfahren nicht einzuleiten, die schriftliche Anzeige aber der Polizei zuzuleiten mit dem Ersuchen, Feststellungen über die Person des Anzeigers zu treffen.

Punkt 6: Rechtshilfe in Strafsachen mit deutschen Ländern außerhalb der deutschen Bundesrepublik: GStA Dr. Neumann führt aus, diese Frage sei besonders akut für die an die Ostzone angrenzenden Länder der Bundesrepublik und gibt eine Schilderung über den Zustand in Berlin. Dort würden Rechtshilfeersuchen auch aus der Ostzone ausgeführt, sofern nicht im Einzelfall ein krasser Verstoß gegen die in der westlichen Welt herrschenden Grundanschauungen vorliege. Umgekehrt würden auch Ersuchen aus Berlin im Osten im Allgemeinen entsprochen. Auf diese Weise habe sich eine tatsächliche Übung entwickelt, die den praktischen Bedürfnissen einigermaßen gerecht werde, so dass eine förmliche Regelung nicht erforderlich wäre. In Fällen von grobem Missverhältnis vom Strafmaß zur Straftat sei es immer noch möglich gewesen, im Gnadenweg einen Ausgleich zu finden.

Im Übrigen müssten sämtliche in Berlin eingehende Ersuchen auch aus den Westzonen vom GStA den Kommandanten mit einem entsprechenden Vorschlag zur Entscheidung vorgelegt werden.

GStA Heymann berichtet über Fälle von Rechtshilfeersuchen an Behörden östlicher Bezirke anhand eines Urteils des Amtsgerichts Zeitz. In diesem Falle sei die Vollstreckung des Strafurteils vom OStA abgelehnt worden. Auf direktes Ersuchen habe aber das Gefängnis vollstreckt. Dieser Vorfall sei aber nur möglich gewesen, weil die Gefängnisverwaltung in Hessen vollkommen von der Staatsanwaltschaft losgelöst sei. Nur durch Zufall habe der GStA von dem Fall Kenntnis erhalten. Nach seinen Erfahrungen sei auch nicht im Wege der Begnadigung in allen Fällen ein Ausgleich möglich gewesen. Er vertrete den Standpunkt, dass die Vollstreckung eines völlig mangelhaften Urteils, wie es das angeführte darstelle, abzulehnen sei. Zweifel bestünden auch über die Frage der Anwendung der Bundesamnestie auf Strafurteile der Ostzone.

GStA Dr. Junker weist hierzu darauf hin, dass es sich bei der Rechtshilfe darum handle, dass der ersuchte Staat den Strafanspruch des ersuchenden Staates im Einzelfall verwirkliche. Eine im Bereich des ersuchten Staates geltende Amnestie könne daher keine Anwendung finden.

GStA Schmid erinnert an das Verbot des Alliierten Kontrollrats, übermäßig hohe Strafen zu verhängen. Dieses Verbot müsse auch dahin verstanden werden, keine grausamen Strafen zu vollstrecken.

GStA Dr. Neumann erklärt hierzu, dass man in solchen Fällen in Berlin in der Weise verfahre, dass nur bis zu einem solchen Teil vollstreckt werde, der mit den westlichen Grundanschauungen vereinbar sei.

Als *Ergebnis* der Debatte wird festgestellt, dass auf eine förmliche Regelung dieser Frage verzichtet werden soll. Es entspreche auch einem überwiegend praktischen Bedürfnis der Zweckmäßigkeit, dass die Entscheidung der Frage, ob einem Rechtshilfeersuchen aus dem Osten stattgegeben werden soll oder nicht, weiterhin bei der Staatsanwaltschaft verbleiben und nicht etwa einem Gericht übertragen werden soll. Es herrschte Einmütigkeit darüber, dass ein Ersuchen auch nicht einfach deshalb abgelehnt werden soll, weil die Aburteilung gemäß Kontrollratsgesetz Nr. 10 in einzelnen Teilen des Bundesgebietes den deutschen Gerichten nicht übertragen sei.

Punkt 7: Anwachsen der Sittlichkeitsverbrechen: Bekämpfung von Schmutz und Schund unter besonderer Berücksichtigung der „Magazine“. *GStA Heymann* führt anhand von Vergleichszahlen die erschreckende Zunahme von Sittlichkeitsdelikten in Hessen vor Augen. Um im Zusammenhang hierzu einen wichtigen Anreiz zu diesen Delikten ausschalten zu können, regt er an, dass bei rechtskräftigen Einziehungen von Schmutz und Schund gegenseitig Mitteilung gemacht werden soll.

GStA Dr. Junker erklärt hierzu, dass es für das Gebiet des Landes Nordrhein-Westfalen genüge, dem LKA in Düsseldorf eine derartige Beurteilung zu übersenden.

GStA Meyer-Abich erhebt Bedenken gegen diesen unmittelbaren Austausch der Staatsanwaltschaften und regt eine Fühlungnahme über die Länderministerien der Justiz an.

Die Versammlung sieht demgegenüber in einem unmittelbaren Verkehr der GStA zu diesen Fragen keine Schwierigkeiten.

VizeGStA Woll ist der Meinung, dass eine Zentralstelle geschaffen werden sollte, die für die Einziehung eingezogener Druckschriften im ganzen Bundesgebiet Sorge trage.

GStA Dr. Loerbroks erinnert hierzu an den früher vorhandenen Registrierkalender (Polumbi-Kalender), in dem alle eingezogenen Schmutz- und Schundschriften aufgeführt waren.

GStA Schmid führt aus, dass gerade die Großverbreiter von Schmutz- und Schundschriften scharf erfasst werden sollten, weil bei ihnen auch die größere Verantwortlichkeit festzustellen sei.

GStA Dr. Bader erklärt, es erhebe sich die Frage nach der Möglichkeit eines gemeinsamen wirksamen Verfahrens.

OStA Morbach berichtet über das Gesetz in Rheinland-Pfalz zur Bekämpfung von Schmutz und Schund. Dieses Gesetz schaffe eine Landesprüfstelle, die über die Aufnahme in eine Liste von Schmutz- und Schundliteratur bestimme. Mit der Aufnahme in diese Liste würden derartige Schriften aus dem öffentlichen Handel genommen.

Als *Ergebnis der Diskussion* wird festgestellt, dass es wünschenswert sei, dass im Falle einer Einziehung in einem Lande Mitteilung gemacht werde an die GStA oder Polizeibehörden. Der zuständige OStA solle mit Hilfe der Polizei dafür Sorge tragen, dass Einziehungen den Polizeibehörden des ganzen Bundesgebiets zur Kenntnis gebracht werden.

Punkt 8: Zulässigkeit von Lock- und Scheinkäufen bei der Bekämpfung des internationalen Goldschmuggels. OStA Morbach führt aus, der Landesfinanzpräsident sei an den GStA herangetreten, um von vornherein für Lock- und Scheinkäufe die Zusicherung der Straffreiheit zu erhalten, ohne dass dem Staatsanwalt etwas über die eingesetzten Agenten bekannt sei. Diese Maßnahme würde vom Finanzpräsidenten im Hinblick auf die starke Überhandnahme des Schmuggels für notwendig erachtet. Das Justizministerium Rheinland-Pfalz habe es jedoch abgelehnt, von vornherein eine derartige Zusicherung zu geben, weil nicht bekannt sei, wie weit diese Dinge getrieben würden.

GStA Prof. Dr. Bader spricht sich gegen ein derartiges Zugeständnis für Agent-Provocateure aus. Das Grundübel sei wohl die sinnlose Besteuerung. Die Tätigkeit der Lockspitzel müsse als unerwünscht bezeichnet werden. Eine generelle Zusicherung für Straffreiheit könne nicht gegeben werden.

GStA Burchardi führt aus, es müsse wohl unterschieden werden zwischen Scheinkäufen und Lockkäufen. Der Agent Provocateur (Lockspitzel) könne nicht gedeckt werden.

GStA Dr. Heitzer meint, der Lockspitzel sei nicht von vornherein abzulehnen, weil er die Tat nur zum Versuch kommen lasse und dann die Vollendung verhindere.

GStA Schmid führt aus, beim Lockspitzel würde es wohl immer zur Vollendung des Delikts kommen, weil die Ware ja eingeführt werde. Er erklärt, es müssten Bedenken rechtlicher Art erhoben werden gegen eine allgemeine Zulassung. Im Einzelfalle sei aber bei der Tätigkeit eines Lockspitzels die Einstellung wegen geringen Verschuldens zu erwägen.

Als *Ergebnis der Diskussion* wird festgestellt, dass eine allgemeine Zusicherung der Straffreiheit von vornherein abzulehnen sei.

Punkt 9: Die Dienstaufsicht des GStA über den Strafvollzug. GStA Kesseböhmer berichtet über die Resolution der Arbeitsgemeinschaft für Reform des Strafvollzugs, die in der Zeit vom 22.-24.3.1950 in Heidelberg tagte und weist auf die in dieser Resolution zutage getretene Bestrebung hin, die GStA aus der Dienstaufsicht im Strafvollzug völlig herauszunehmen. Er erinnert daran, dass nicht die Staatsanwaltschaft als solche wesentlich in den Strafvollzug eingeschaltet sei, sondern nur in der mittleren und höheren Instanz. In seinem Bezirk seien tatsächlich weit mehr Richter als Staatsanwälte in den Strafvollzug eingeschaltet. Er gibt eine Darstellung über die Verhältnisse im Bezirk des GStA Hamm. Danach sei lediglich der GStA als höhere Vollzugsbehörde entscheidend in den Vollzug eingeschaltet. Der Referent spricht sich dafür aus, dass diese Stellung des GStA als höhere Vollzugsbehörde überall, wo nach dem Umfang des Verwaltungsgebiets eine Mittelinstanz erforderlich sei, erhalten werden sollte. Dieser Zustand sollte auch dort, wo er noch nicht wieder bestehe, wieder geschaffen worden. Im Wesentlichen gelte dies wohl für die amerikanische Zone. Auch früher sei dem GStA die Dienstaufsicht im Vollzug zumindest über die kleineren Anstalten übertragen gewesen, und zwar auch in den Zeiten des Bestehens eines Strafvollzugsamtes. Dort sei zumindest in den kleineren Bezirken der GStA gleichzeitig Präsident des Strafvollzugsamtes gewesen.

VizeGStA Woll berichtet über die Verhältnisse im Gefängniswesen in Württemberg-Baden und führt hierzu zum Wesen der Strafe aus, diese sei dem Grunde nach Sühne. Sie sei wie jede von Menschen gesetzte Wirklichkeit zweckbedingt. Der Zweck der Freiheitsstrafe habe in ihrer geschichtlichen Entwicklung so gut wie nie gewechselt. Wohl aber die Rangordnung der Zweckbestimmungen. Der Sühnecharakter der Strafe bestehe in erster Linie in der Freiheitsentziehung. Andererseits werde keinesfalls der auf Besserung des Delinquenten abzielende Zweck der Strafe verkannt. Die im deutschen Volk fest verwurzelte Vorstellung von der Freiheitsstrafe erkenne sicherlich die Besserung als einen ihrer Zwecke an. Man könne aber nicht übersehen, dass es eine Vielzahl von Taten und Tätergruppen gäbe, für die Besserungs- und Resozialisierungserwägungen nicht anzustellen seien. Hierzu zählten die Fälle, in denen die Strafe nur Sühnecharakter habe. Z.B. Gefährdungsdelikte, Überzeugungstaten oder Fälle, in denen schon die Aufrüttelung durch die Tat selbst, den Urteilsspruch oder die drohende Vollstreckung dem Gestrauchelten zeit seines Lebens genug Halt geben werden. In der Praxis des Vollzugs in Württemberg-Baden vertrete jedoch die Strafvollzugsverwaltung einseitig und ausschließlich den Erziehungsgedanken. Es würden daher Freiheitsstrafen in einer Weise vollzogen, dass von der im gerichtlichen Urteil erkannten, auf dem Gesetz beruhenden und allein aus dem Gesetz hergeleiteten Strafe ein wesentlicher Teil annulliert sei. Wenn man in dieser Weise über den Erziehungszweck der Strafe ihren wesentlichen Gehalt ganz übersehe, müsse am Ende der Entwicklung eines derartigen Utilitarismus das Recht zu strafen, an sich fragwürdig erscheinen.

GStA Dr. Heitzer berichtet zu diesem Punkt der Tagesordnung über besonderer Berücksichtigung der Belange der Untersuchungshaft. Er weist vor allem auf die Gefahr der bestehenden Zersplitterung des Vollzugs hin, die insbesondere auch eine unterschiedliche Handhabung der Untersuchungshaft mit sich bringe. Er weist auf die enge Verbindung des Strafvollzugs mit der Strafrechtspflege hin, woraus die Forderung resultiere, dass die Koordinierung am besten gewährleistet sei, wenn in der mittleren Instanz der

Strafvollzugsverwaltung der GStA eingeschaltet sei. Er weist auf die derzeitigen Arbeiten hin, die auf eine Änderung der Bestimmungen der StPO über die Gestaltung der Untersuchungshaft abzielten. Es müsse aber die Forderung erhoben werden, dass den Vorschriften der Länder über den Vollzug der Untersuchungshaft wieder eine einheitliche Fassung gegeben werde, sobald diese Arbeiten über die Gestaltung der Bestimmungen der StPO bezüglich der Untersuchungshaft zum Abschluss gekommen seien.

GStA Biermann berichtet über Bestrebungen in Niedersachsen, die darauf abzielten, den GStA aus der Strafvollzugsverwaltung auszuschalten. Dort habe sich auch der OLG-Präsident gegen diese Bestrebungen gewandt und sich für den Zustand ausgesprochen, dass dem GStA die Dienstaufsicht über den Strafvollzug als höhere Vollzugsbehörde verbleiben solle.

GStA Steffen berichtet über die Lage in Bayern. Dort sei zwar ebenfalls die Aufsicht über den Strafvollzug unter Ausschluss des GStA einem Direktor des Gefängniswesens übertragen. In der Praxis hätten sich bis jetzt aber keine wesentlichen Schwierigkeiten ergeben.

Punkt 10: Koordinierung des Vollzugs der U-Haft. GStA Dr. Heitzer weist darauf hin, dass die Untersuchungshaftvollzugsordnung von 1942 in wichtigen Bestimmungen abänderungsbedürftig sei. Bis jetzt hätten die einzelnen Länder verschiedene Abänderungen eingeführt, wodurch die Gefahr der Zersplitterung akut geworden sei. Als Beispiel wird auf die verschiedenartige Gestaltung der Besuchs- und Schreibfristen hingewiesen. Demgegenüber müsse betont werden, dass die Rechtspflege größtes Interesse an einem gleichmäßigen Vollzug in allen Ländern habe.

Zu Punkt 9 und 10 fasst die Versammlung *folgende Entschließung:* „Die GStA der Bundesrepublik stellen mit großer Sorge eine starke Zersplitterung auf dem Gebiete des Strafvollzugs und des Vollzugs der Untersuchungshaft in den einzelnen Ländern fest.

Diese Zersplitterung tritt zutage sowohl bei den materiellen wie bei den organisatorischen Bestimmungen. Damit ist die aus der Natur der Materie zu fordernde Rechtseinheit und die gleichmäßige Behandlung der dem Vollzug unterworfenen Personen aufgehoben. Es ergibt sich dabei die Notwendigkeit, einen nach möglichst gleichen und einheitlichen Grundsätzen eingerichteten Vollzug unter der Leitung des GStA zu schaffen, der als höhere Vollstreckungs- und Vollzugsbehörde am besten der richterlichen Entscheidung Rechnung zu tragen in der Lage ist."

Es besteht Einmütigkeit darüber, dass an dem Zustand in den Ländern insbesondere des südwestdeutschen Raumes mit nur einem OLG-Bezirk, in dem die Ministerialabteilung für den Strafvollzug gleichzeitig die Aufgabe der höheren Vollzugsbehörde wahrnimmt, nichts geändert werden solle.

Punkt 11: Strafvollzug an sogenannten politischen Verbrechern (Überzeugungstätern). GStA Dr. Junker führt aus:

I. *Zur Geschichte:*

1. Der Begriff des politischen Verbrechers tauchte wohl zuerst im internationalen Auslieferungsrecht auf. Er wurde nicht ausgeliefert. Siehe jetzt Ar. 16 Abs. 2 und Art. 25 GG
2. Nach dem ersten großen Krieg nahmen die politischen Verbrechen in einem früher nicht gekannten Maße zu.
3. Die politischen Parteien setzten sich für die Schaffung von Sonderbestimmungen für politische Verurteilte ein.
4. An die Stelle des Begriffs des politischen Verbrechers setzte zuerst Prof. Radbruch den Begriff des Überzeugungstäters [Gustav-Radbruch Gesamtausgabe, Bd. 8, 127 ff.]. Dieser Begriff war einerseits weiter, andererseits enger als der des politischen Verbrechers.
5. Prof. Radbruch war der Vater des Gedankens, der dann seine genaue Fassung in § 52 der Grundsätze für den Vollzug von Freiheitsstrafen vom 7.6.1923 erhielt: „Bestand bei einem Gefangenen nach der ausdrücklichen Feststellung des Urteils der ausschlaggebende Beweggrund zur Tat darin, dass er sich zu der Tat aufgrund seiner sittlichen, religiösen oder politischen Überzeugung für verpflichtet hielt, so sind ihm die für die Strafart zulässigen Vergünstigungen ohne weiteres zu gewähren...". – Diese Reichsgrundsätze enthielten nicht eine eigentliche Anweisung. Sie stellten nur eine Vereinbarung der Regierungen der einzelnen Länder des Reichs für den Vollzug von Freiheitsstrafen dar.
6. Aufgrund dieser Reichsgrundsätze erging dann in Preußen die Dienst- und Vollzugsordnung für die Gefangenenanstalten der Justizverwaltung vom 1.8.1923, in deren § 53 jeder Reichsgrundsatz verwirklicht wurde.
7. Diese Dienst- und Vollzugsordnung war aber nur eine Anweisung des JM an die Gefangenenanstalten, sie enthielt aber nicht materielles Recht. Die Gerichte passten sich jedoch willig dem Zustand an.
8. Es erging in Preußen die AV d. JM vom 19.1.1927 (Preuß. JMBl. S. 16): Der Staatsgerichtshof zum Schutze der Republik und das Reichsgericht hatten es für zulässig erklärt, dass eine dem § 52 der Reichsgrundsätze entsprechende Feststellung im Urteil getroffen wurde. Die StA wurde angewiesen, in der Sitzung die erforderlichen Anträge zu stellen. Der Gefangene sollte darauf hingewiesen werden, dass er gemäß § 458 StPO eine solche Feststellung auch nachträglich bei Gericht beantragen konnte.
9. Es folgte in Preußen die VO über den Strafvollzug in Stufen vom 7.6.1929,
10. sodann die AV d. JM vom 13.1.1931, die sich eingehend mit den dem Überzeugungstäter nach jeder VO zu gewährenden Vergünstigungen befasste.

11. Durch eine Bekanntmachung vom 25.4.1933 gab der RJM bekannt, dass die Landesregierungen die Streichung des § 52 der Reichsgrundsätze vereinbart hätten.
12. Es folgte in Preußen die Dienst- und Vollzugsordnung vom 1.8.1933. Der Begriff des Überzeugungstäters kehrt in ihr nicht wieder. – Diese Dienst- und Vollzugsordnung war bereits vor dem 31.1.1933 von MinRat Preuss ausgearbeitet worden. Sie ist nicht ein eigentliches nationalsozialistisches Erzeugnis.
13. In der Strafvollzugsordnung für das Reich vom 22.7.1940 kehrt der Begriff ebenfalls nicht wieder.
14. Ebenso nicht in der vorläufigen Strafvollzugsordnung f.d.L. NRW vom 11.8.1948, die nur ein Abdruck der letzteren ist ohne braune Flecken.

II. Es hat sich ein ausgedehntes Schrifttum mit der Behandlung der Frage befasst, ob dem Überzeugungstäter eine Sonderbehandlung zukommen soll oder nicht. Auch der DJT im Jahre 1926 hat die Frage behandelt.

1. Den Hauptgrund *für* eine Sonderbehandlung hat bereits Prof. Radbruch ausgesprochen: Der Überzeugungstäter müsse nicht eine mildere, sondern eine andersartige Behandlung im Strafvollzug erfahren. Denn der Strafzweck sei ein anderer. Der Besserungszweck scheide aus, es bliebe nur der Sicherungszweck übrig. Nach demokratischen Grundsätzen dürfe nämlich der Gefangene nicht zu einer Änderung seiner religiösen, sittlichen oder politischen Überzeugung gezwungen werden.
2. Das internationale Auslieferungsrecht begünstige den politischen Verbrecher.
3. Es wurde auf den sog. Sitzredakteur hingewiesen.
4. Schließlich wurde auf die damals noch als Strafart bestehende Festungshaft verwiesen. Sie kam im StGB vor bei Hoch- und Landesverrat und Zweikampf, ferner im Gesetz zum Schutze der Republik und im Militär-StGB. Wenn sie wahlweise angedroht war, war auf sie zu erkennen, wenn die Tat nicht aus ehrloser Gesinnung begangen war.

III. Schwerwiegende Gründe wurden auch *gegen* die Sonderbehandlung des Überzeugungstäters vorgebracht. Die Angriffe richten sich a) teils gegen die Sonderbehandlung der politischen Verbrecher überhaupt oder b) auch gegen die Fassung der Voraussetzungen für diese Sonderbehandlung oder c) dagegen, dass gewissermaßen im Verordnungswege eine neue Strafart geschaffen worden war.

1. Die politischen Verbrecher würden von dem eigenen Staat von jeher nicht besonders mild behandelt. Die Strafen für die eigentlichsten politischen Verbrechen, nämlich für Hoch- und Landesverrat, seien sehr hoch.
2. Die Auslegung gebe zu Zweifeln und verschiedenartigen Deutungen Veranlassung. Die Feststellung des Tatbestandes des Überzeugungstäters mache praktisch große Schwierigkeiten, denn es handle sich um einen inneren Tatbestand („ausschlaggebender Beweggrund", „verpflichtet gehalten hat").

3. Überzeugungstäterschaft wurde auch vereinzelt bei Mord bejaht. Dies führte a) zur Erregung in der Öffentlichkeit und b) zu Unzuträglichkeiten in den Gefangenenanstalten. Mörder aus politischen Beweggründen konnten zu der Ansicht gelangen, dass ihre Tat eine mildere Beurteilung verdiene als die der Überzeugungstäter.
4. Verbrecher aus Not genossen nicht die gleiche Vergünstigung, desgleichen nicht die übrigen politischen Verbrecher, die nicht Überzeugungstäter waren.
5. Eine starke Staatsgewalt und eine gesicherte Rechtsordnung könne auf die Dauer nicht bestehen, wenn im Voraus jedem Eigenbrötler, der sich der staatlichen Ordnung nicht beugen will, im Voraus eine milde Behandlung zugesichert und ein Anreiz zu strafbarem Tun gegeben wird. Der Rechtsbrecher werde schließlich auf seine Tat stolz werden und sich als Märtyrer fühlen.
6. Prof. Radbruch hat später selbst sein eigenes Kind verstoßen.

IV. Der Entwurf des allgemeinen deutschen Strafgesetzbuches aus dem Jahre 1925 [bei *W. Schubert/J. Regge*, Quellen I 1] suchte eine andere Grundlage zu gewinnen. Es sollte eine neue Strafart geschaffen werden, nämlich die „Einschließung". § 71 bestimmt: „Anstelle von Zuchthaus und Gefängnis tritt Einschließung von gleicher Dauer, wenn der ausschlaggebende Beweggrund des Täters darin bestand, dass er sich zu der Tat aufgrund seiner sittlichen, religiösen oder politischen Überzeugung für verpflichtet hielt."

Die *Reichstagsvorlage* vom Jahre 1927 enthielt eine Änderung. Sie bestimmte in § 72: *Einschließung:* „An die Stelle der angedrohten Zuchthaus- oder Gefängnisstrafe tritt Einschließung von gleicher Dauer, wenn der Täter ausschließlich aus achtenswerten Beweggründen gehandelt hat und die Tat nicht schon wegen der Art und Weise ihrer Ausführung oder wegen der vom Täter verschuldeten Folgen besonders verwerflich ist." – In der Begründung dieser Bestimmung war ausgeführt worden, dass hiernach für eine Vorschrift von der Art des § 52 der Reichsgrundsätze vom 7.6.1923 kaum noch Raum sei.

Nach Art. 74 GG erstreckt sich die konkurrierende Gesetzgebung des Bundes auf den Strafvollzug.

GStA Dr. Neumann weist auf die Behandlung dieses Themas auf dem DJT vom 26.2.1950, wo die Mehrheit zur Ablehnung dieses Begriffs gekommen sei.

GStA Prof. Dr. Bader behandelt die Bedeutung dieser Frage beim politischen Mörder. Aus dieser Betrachtung müsse man gerade in der demokratischen Entwicklung zur Ablehnung des Begriffs des Überzeugungstäters kommen.

GStA Heymann beleuchtet die Behandlung dieses Begriffs in der Praxis in England und insbesondere zu der Frage der Kriegsdienstverweigerer aus gewissen Gründen.

Punkt 12: Haftkostenerstattung zwischen ost- und westzonalen Behörden: GStA Kesseböhmer berichtet über Fälle von Rechts- und Amtshilfe für ostzonale Behörden. Von den Vollstreckungsbehörden sei hierbei die kostenrechtliche Seite aufgeworfen worden. Im Verhältnis zur Ostzone ergäben sich aber aufgrund der Währungsverhältnisse erhebliche

Schwierigkeiten. Angesichts der Unmöglichkeit einer Transferierung zwischen westdeutscher und ostzonaler Währung würden auch bei einem zahlungsfähigen Schuldner keine Kosten erhoben. Dies sei jedoch ein unbefriedigender Zustand.

GStA Dr. Loerbroks erklärt, dass in Berlin auf beiden Seiten keine Kosten angefordert würden. Auf diese Weise seien bis jetzt keine Schwierigkeiten entstanden, weil man annehme, dass sich die Kosten im Großen und Ganzen gegenseitig aufwiegen.

ORR Dr. Kammerer berichtet über die Handhabung in Baden, wonach von einer Kostenanforderung im Hinblick auf die Währungsverhältnisse abgesehen werde, bis eine endgültige Regelung möglich werde. Schwierigkeiten seien aus dieser Praxis noch nicht bekannt geworden.

GStA Prof. Dr. Bader weist auf eine angebliche Übung in Württemberg hin, wonach die Kosten bei einem zahlungsfähigen Schuldner eingezogen und bei der Justizbehörde des ersuchten Landes auf ein Sonderkonto gutgeschrieben würden.

Bei dieser Praxis würde das unerfreuliche Ergebnis vermieden, dass ein zahlungsunfähiger Schuldner wegen der Währungsschwierigkeiten praktisch keine Kosten zu bezahlen hätte.

Punkt 13: Voraussetzung für die Erhebung der Klage auf Anfechtung der Ehelichkeit durch den Staatsanwalt: GStA Dr. Junker führt aus: Bei der Entscheidung, ob die Anfechtungsklage erhoben werden soll, wird meistens über das Schicksal des ganzen Lebens eines Menschen entschieden, ferner auch über die Entwicklung einer Ehe und die Gestaltung der Familie. Der Vortragende selbst hat (ebenso wie andere GStA) angeordnet, dass der OStA zur Erhebung der Anfechtungsklage seiner Genehmigung bedarf.

Nicht streitig ist, dass § 1595 a BGB [von 1938/1943, vgl. *W. Schubert,* Das Familien- und Erbrecht unter dem Nationalsozialismus, Paderborn 1993, S. 103 f.] nicht einen nationalsozialistischen Grundsatz enthält und dass die Bestimmung noch in Kraft ist. Andererseits ist auch nicht streitig, dass sog. rassepolitische Gesichtspunkte bei seiner Anwendung ausscheiden.

Der StA kann die Ehelichkeit anfechten, wenn... „er dies im öffentlichen Interesse oder im Interesse des Kindes oder seiner Nachkommenschaft für geboten erachtet". Bei der Entscheidung verdienen die Umstände des einzelnen Falles nicht weniger Berücksichtigung als allgemeine Richtlinien. Die Anfechtungsklage soll nicht erhoben werden gegen den bestehenden oder vermuteten Willen des Ehemannes der Mutter.

1. Die Auslegung des Begriffs „Interesse des Kindes oder seiner Nachkommenschaft" bereitet nicht Schwierigkeiten, wozu der Vortragende nähere Ausführungen machte. 2. Umstritten ist jedoch in diesem Zusammenhang der Begriff des „öffentlichen Interesses" und sein Verhältnis zu dem Interesse des Kindes und seiner Nachkommenschaft. Das öffentliche Interesse wird regelmäßig nicht begründet werden können, z.B. mit einer Gefährdung der Sittlichkeit oder mit einer Störung der öffentlichen

Ordnung (weil der Ehemann der Mutter aus Gleichgültigkeit die Erhebung der Klage unterlässt).

Streitig ist insbesondere, ob rein fiskalische Interessen die Erhebung der Klage rechtfertigen, z.B. wenn das Kind Unterstützung aus öffentlichen Mitteln erhält, während bei der Durchführung der Klage der uneheliche Erzeuger mit Erfolg zur Unterhaltszahlung herangezogen werden könnte.

1. Der JM d.L. Nordrhein-Westfalen und früher auch der Sozialminister dieses Landes haben wiederholt den Standpunkt vertreten, dass rein fiskalische Interessen an eine Einsparung öffentlicher Leistungen das öffentliche Interesse für sich allein nicht begründen können. Hinter dem JM des Landes NRW stehen mit der gleichen Auffassung die drei OLG-Präsidenten und die drei GStA des Landes.
2. Auch das „Deutsche Institut für Jugendhilfe, Archiv deutscher Berufsvormünder e.V.", die gesamtdeutsche Vereinigung der Amtsvormundschaften, hat in einer Tagung am 14./15.10.1949 eine Entschließung gefasst, in der der gleiche Standpunkt vertreten wird: „Rein fiskalische Interessen dürfen nicht das Übergewicht erlangen".

Eine andere Ansicht vertreten:

1. Der Rechtsausschuss der Brit. Zone hat in einem Schreiben vom 18.4.1946 an die Präsidenten der OLG, worauf auf die fortdauernde Geltung, dass § 1595 a hingewiesen wird, ausgeführt: „Ein in der Ehe geborenes, aber nicht vom Ehemann abstammendes Kind dürfe nicht schlechthin den ehelichen Kindern gleichgestellt werden, es dürfe nicht Unterstützung aus öffentlichen Mitteln beziehen, obwohl der natürliche Vater zahlungsfähig sei."
2. In früheren Richtlinien des bayr. JM vom 19.10.1948 findet sich die Bemerkung: „Die Finanzlage des Landes erfordert es, von dem Anfechtungsrecht Gebrauch zu machen, wenn das Kind durch die Anfechtung einen leistungsfähigen unehelichen Vater erhält, d.h. der Staat oder öffentlich-rechtliche Körperschaften in sonstiger Weise von der Unterstützungspflicht befreit würden."
3. Eine ähnliche Auffassung ist in dem hessischen RErl. v. 9.2.1949 vertreten, allerdings mit einer bedeutsamen Einschränkung: „Der StA soll von der Anfechtung absehen, wenn ein entgegenstehender Wille des Ehemannes der Mutter feststehe oder deswegen nicht feststellbar sei, weil er sich im Kriege befinde."
4. Das Bayr. JM in einer RV vom 22.1.1949 und
5. das Württemberg-Badische JM in einer RV vom 3.6.1949 haben den Standpunkt eingenommen, dass der StA grundsätzlich oder in der Regel anfechten solle, wenn dadurch eine „nennenswerte" Ersparung an öffentlichen Mitteln eintrete. Der entgegenstehende Wille des Vaters solle aber – mit Ausnahmen – beachtet werden. In dem letzteren Falle ist die Berichterstattung an den JM angeordnet worden.

6. In letzter Zeit hat auch der Sozialminister d.L. NRW in einem Schreiben vom 24.11.1949 sich der süddeutschen Auffassung angeschlossen.
7. Auch der Finanzminister d.L. NRW im Einvernehmen mit dem Innenminister d.L. NRW hat sich dem letzteren Standpunkt neuerdings ebenfalls angeschlossen. In einem RErl. v. 21.12.1949 hat er bestimmt, dass Anträge von Ehefrauen von in Kriegsgefangenschaft befindlichen oder vermissten Beamten auf Zahlung von Kinderzuschlägen oder Waisengeldern für Kinder, die nicht leibliche Kinder des Beamten sein können, abzulehnen sind.
8. Der Oberste Gerichtshof für die brit. Zone hat in einer Entscheidung vom 11.4.1949 (Bd. 2, S. 36) ohne nähere Begründung das fiskalische Interesse als öffentliches Interesse im Sinne des § 1595 a anerkannt.

Der JM d.L. NRW ist bei seinem früheren Standpunkt verblieben und hat dies auch in einer Besprechung mit dem [den] GStA am 5.4.[1950?] zum Ausdruck gebracht. Auch die OLG-Präs. und die GStA sind bei der gleichen Auffassung verblieben.

GStA Dr. Neumann berichtet über Fälle in Berlin. Es seien dort Fälle zu behandeln gewesen, in denen der Ehemann aus der Kriegsgefangenschaft zurückgekehrt sei, dessen Frau in der Zwischenzeit ein Kind von einem anderen Manne geboren habe. Der Ehemann sei zunächst zu seiner Frau zurückgekehrt und habe mit seiner Frau über ein Jahr lang zusammengelebt. Nunmehr komme es aber vor, dass eine endgültige Trennung eintrete und die Frau in Einzelfällen nach Durchführung der Scheidung den Mann heirate, aus dessen Verbindung das Kind stamme. In diesen Fällen müsse man wohl über förmliche Bedenken hinwegsehen und die Anfechtungsklage erheben.

GStA Prof. Dr. Bader berichtet über die Praxis in Baden, wonach zurückhaltend verfahren werde, und je nach der Lagerung des Einzelfalles entschieden werde.

GStA Heymann berichtet über die Entwicklung in Hessen. Dort sei zunächst durch ministerielle Anordnung die Erhebung der Anfechtungsklage praktisch fast ausgeschlossen worden. Inzwischen sei aber eine Wandlung eingetreten. In einer neuerlichen Anordnung des Hess. Justizministeriums sei diese Frage ausführlich behandelt worden. Ein Abdruck dieses Ministerialerlasses ist angeschlossen.

GStA Biermann führt aus, dass in Niedersachsen rein fiskalische Interessen nicht berücksichtigt würden.

GStA Loerbroks erklärt, dass auch in Berlin ein finanzieller Vorteil nicht berücksichtigt würde.

Punkt 14: Inwieweit ist der Staatsanwalt verpflichtet, private Mitteilungen als Anzeige zu behandeln? Erfahrungen aus der Praxis: GStA Burchardi führt aus, der Staatsanwalt gerate in der Praxis ständig in Gewissenskonflikte hinsichtlich der Frage, inwieweit er aufgrund rein privat erhaltener Kenntnisse verpflichtet sei, staatsanwaltschaftliche Ermittlungen einzuleiten. Nach der im Dritten Reich bestandenen Auffassung habe kein Unterschied bestanden zwischen persönlicher und dienstlicher Sphäre des Staatsanwalts. Hinsichtlich der Polizei habe die vorhandene Rechtsprechung des Reichsgerichts eine weitgehende Verpflichtung festgelegt, auch private Mitteilungen dienstlich zu verwerten. Der Referent vertritt die Auffassung, man könne nicht verlangen, dass der Staatsanwalt alles private Wissen dienstlich verwerten müsse. Diese Pflicht müsse auf wichtige Angelegenheiten beschränkt bleiben.

In der *Diskussion* wird die Meinung vertreten, dass eine private Sphäre ohne Verpflichtung zur dienstlichen Verwertung auch für den Staatsanwalt anerkannt werden müsse. Eine Ausnahme sei zu machen für Taten, die die Grundsätze des Staates oder wesentliche Belange der Gesellschaft betreffen. Bei der Beurteilung des Verhaltens des Staatsanwalts seien auch die Motive zu verwerten.

Punkt 15: a) Abgrenzung der Tätigkeit der Amtsanwälte und Staatsanwälte unter Berücksichtigung der Denkschrift der Amtsanwälte; b) Zeichnungsrecht der Amtsanwälte:

GStA Heymann behandelt die Fragen anhand der Denkschrift der Amtsanwälte und vertritt die Auffassung, dass die Tätigkeit der Amtsanwälte grundsätzlich auf die Behandlung der Fälle beschränkt bleiben müsse, die der einzelrichterlichen Entscheidung unterliegen. Auch die Vertretung vor dem Schöffengericht müsse grundsätzlich abgelehnt werden.

GStA Biermann berichtet, dass in Niedersachsen seit Jahren keine Amtsanwälte mehr ernannt würden. Die noch vorhandenen Amtsanwälte würden nur in Einzelrichtersachen beschäftigt.

GStA Dr. Heitzer berichtet, dass in Schleswig-Holstein ähnlich verfahren werde wie in Niedersachsen. Dazu komme, dass man bei dem Überangebot von Flüchtlingsjuristen davon absehe, Amtsanwälte zu ernennen, um wenigstens einem Teil der Flüchtlingsjuristen eine Beschäftigungsmöglichkeit zu schaffen. Die noch vorhandenen Amtsanwälte würden nur in Einzelrichtersachen beschäftigt.

GStA Prof. Dr. Bader schildert die Verhältnisse in Baden, wo es die Institution der Amtsanwaltschaft nicht gebe.

GStA Schmid führt aus, dass in Württemberg-Baden diese Probleme eingeschränkt würden durch die Einführung der Friedensgerichte. In der Hauptsache werden aber nur Juristen auch als Amtsanwälte verwendet. Die vorhandenen Amtsanwälte würden nur in Einzelrichtersachen beschäftigt.

GStA Roll erklärt, dass in Bayern keine Amtsanwälte mehr ernannt würden. Von den noch vorhandenen Amtsanwälten hätten einzelne auch die Ermächtigung, in Schöffengerichtssachen aufzutreten.

GStA Dr. Loerbroks führt aus, dass aus Personalmangel zeitweise auch Amtsanwälte in Schöffengerichtssahen aufgetreten seien.

OStA Morbach bestätigt, dass auch in Rheinland-Pfalz die Amtsanwälte nur in Einzelrichtersachen beschäftigt würden. Die Entwicklung für die Zukunft sei jedoch noch nicht geklärt.

GStA Feyen erklärt, dass in Hamburg noch fünf Amtsanwälte vorhanden seien, weitere würden nicht ernannt, die vorhandenen Amtsanwälte würden nur in Einzelrichtersachen beschäftigt.

GStA Dr. Junker führt aus, dass in Nordrhein-Westfalen neue Anwärter nicht zugelassen würden. Neu freiwerdende Stellen würden mit Flüchtlingsjuristen besetzt. Diese Praxis sei allerdings nicht ausnahmslos festgelegt. In den Bezirken Köln und Hamm würden mit der Bearbeitung von Schöffengerichtssachen nur Staatsanwälte betraut. Im Bezirk Düsseldorf könne der OStA allerdings in Ausnahmefällen die Bearbeitung auch einem Amtsanwalt übertragen bis zur Urteilsfällung.

Als *Ergebnis der Diskussion* wird festgestellt, *„die GStA vertreten den Standpunkt, dass aus Rücksichten für die Strafrechtspflege die Amtsanwälte entsprechend der bereits weitaus überwiegenden Praxis in den Ländern der Bundesrepublik grundsätzlich nur mit der Bearbeitung von Strafsachen betraut werden, in denen der Einzelrichter zu entscheiden hat"*.

Es besteht Einmütigkeit darüber, dass die Zeichnung „Im Auftrag" mit dem Zusatz „Amtsanwalt" oder „beauftragter Amtsanwalt" zu erfolgen hat.

Punkt 16: Tätigkeitsfeld der Gefängnisvereine: GStA Heymann berichtet über die Verhältnisse im Bezirk Frankfurt. Die Tätigkeit der Gefängnisvereine habe zunächst sehr im Argen gelegen. Der Direktor des Gefängniswesens in Hessen habe beabsichtigt, die Entlassenenfürsorge für die Strafgefangenen in die Strafvollzugsverwaltung einzubauen und sie ausschließlich den Gefängnisfürsorgern zu übertragen. Inzwischen habe jedoch eine Besprechung mit Vertretern der freien Wohlfahrtsverbände unter Teilnahme des GStA stattgefunden. Die Vertreter der freien Wohlfahrtsverbände hätten dabei in Übereinstimmung mit dem GStA überwiegend den Standpunkt vertreten, dass die Betreuung der entlassenen Strafgefangenen in erster Linie eine Aufgabe der freien Wohlfahrtspflege sei. Zunächst sei ein Ausschuss gebildet worden zum Studium der einzelnen Fragen dieses Problems.

GStA Dr. Junker berichtet über eine Besprechung von Vertretern der Wohlfahrtsvereinigungen zur Gründung der Gefangenenfürsorge. Bei dieser Besprechung habe der Vertreter der Inneren Mission die Beteiligung an dieser Arbeit davon abhängig gemacht, dass der Inneren Mission die Führung in der Gefangenenfürsorge vorbehalten bleibe.

ORR Dr. Kammerer berichtet über den Stand des Wiederaufbaus der Gefangenenfürsorge in Baden. Die Gefangenenfürsorgevereine würden auf streng paritätischer Grundlage in Fortführung der über 100jährigen Tradition der Gefangenenfürsorge in Baden wieder aufgebaut unter gleichberechtigter Mitarbeit der Caritas, Inneren Mission und Arbeiterwohlfahrt. Schwierigkeiten seien hierbei nicht aufgetreten.

Als Ergebnis der Aussprache wird festgestellt, dass die Arbeit der Gefangenenfürsorge auf breitester Grundlage zu gründen sei auch unter Beteiligung de GStA.

Punkt 17: Gehaltseinstufung der OStA und EStA: GStA Dr. Burchardi verliest eine von der auf der Tagung in Neustadt a.d.H. eingesetzten Kommission ausgearbeitete Denkschrift. Die Ausführungen und Forderungen dieser Denkschrift werden in der nachstehenden Form von der Versammlung einstimmig gebilligt:

Lange Zeit ist die Strafjustiz von den anderen Zweigen der Rechtspflege und von den Justizverwaltungen selbst nicht gebührend geschätzt worden; erst in den letzten Jahrzehnten hat sie die Geltung erlangt, die ihr im Hinblick auf ihre Schwierigkeit und Bedeutung zukommen. Heute steht sie im Vordergrund und ist für die öffentliche Meinung die eigentliche Repräsentantin der gesamten Rechtspflege. Besondere Sorgfalt ist daher geboten bei der Auswahl der Männer, in deren Händen praktisch die Strafjustiz liegt. Das sind nicht nur die Strafrichter, sondern in gleichem Maße auch die Staatsanwälte.

Denn wie der Staatsanwalt die Ermittlungen führt und ihr Ergebnis verwertet, das ist für das Schicksal einer Strafsache ausschlaggebend. Gelangt er zur Einstellung des Verfahrens, so steht diese Entscheidung in ihrer praktischen Tragweite hinter einem freisprechenden Urteil nicht zurück. Erhebt er die Anklage, so gibt er der richterlichen Tätigkeit Richtung und Grenzen. Mängel, die seiner Arbeit anhaften, sind nur selten wieder gutzumachen.

Demgemäß muss der Staatsanwalt nicht nur formal die Befähigung zum Richteramt erworben haben, er muss vielmehr alle Fähigkeiten und Kenntnisse besitzen, die den guten Strafrichter auszeichnen; darüber hinaus müssen bei ihm Eigenschaften entwickelt sein, deren der Strafrichter nicht in gleichem Maße bedarf: er muss rednerisch begabt und schlagfertig sein, tatkräftig und entschlussfreudig, praktisch und befähigt zu organisieren.

Diese Wertung seines Aufgabenbereichs macht es verständlich, dass der Staatsanwalt nach § 44 DBG zu den „politischen Beamten" zählt und in dieser Hinsicht ausschließlich leitenden Beamten mit besonderer Verantwortung gleichgestellt ist; sie berechtigt aber auch zu der Forderung, dass er in seiner materiellen Lage nicht schlechter gestellt werden darf als der Richter in entsprechender Stellung.

Dementsprechend gehört der Staatsanwalt bei dem LG derselben Gehaltsklasse (A 2 c 2) an wie der LG-Rat; ebenso war der Reichsanwalt dem RG-Rat und ist der OStA beim Obersten Gerichtshof für die Britische Zone dem Richter bei diesem Gericht gleichgestellt. Dagegen ist allen übrigen Staatsanwälten diese Gleichstellung versagt:

1. Der planmäßige Staatsanwalt bei dem Oberbundesgericht befindet sich als EStA in der Gehaltsgruppe A 2 c 1, der OLG-Rat dagegen in A 2 b. Es ist kein Grund ersichtlich, der diese Schlechterstellung des EStA rechtfertigen könnte. Er wirkt in Beschwerde- und Revisionssachen des OLG in gleicher Weise und Verantwortung mit wie der Reichsanwalt beim RG und der OStA beim Obersten Gerichtshof. Er hat

darüber hinaus schwierige und verantwortliche Aufgaben wie die Bearbeitung der Zivilprozesse des Justizfiskus und die Mitwirkung im ehrengerichtlichen Verfahren gegen Rechtsanwälte.

2. In der landgerichtlichen Instanz ist der EStA als Vertreter des OStA oder – dies ist die Regel – als Abteilungsvorsteher tätig. In dieser Eigenschaft hat er – von der Dienstaufsicht über die Geschäftsstellen und Rechtspfleger abgesehen – die Arbeit von 6–10 Dezernenten zu leiten und zu überwachen sowie zahlreiche wichtige Verfügungen (z.B. in politischen Sachen, Gnaden- und Strafausstandsverfahren, Berichte usw.) zu zeichnen oder mit zu zeichnen. Er befindet sich in der Gehaltsgruppe A 2 c 1; der LG-Direktor dagegen, dessen verantwortliche Tätigkeit sich auf den Vorsitz in seiner Kammer beschränkt und dem kein Aufsichts- und Weisungsrecht zusteht, gehört der Gehaltsgruppe A 2 b an.
3. Am krassesten tritt die Zurücksetzung der Staatsanwaltschaft bei den Vorstandsbeamten der Landgerichte zutage. Der Präsident des sog. kleinen LG ist in A 1 a, der Präsident des sog. großen LG in B 8 eingruppiert; demgegenüber gehört der OStA beim kleinen LG in die Besoldungsgruppe A 2 b, beim großen LG in A 1 b (außer Hamburg, dessen OStA in A 1 a eingestuft ist). Zweifellos hat der LG-Präsident einen umfangreicheren Geschäftsbereich und eine höhere Zahl unterstellter Beamten als der OStA. Die Tätigkeit des LG-Präsidenten beschränkt sich aber im Bereich der Rechtsprechung auf den Vorsitz in einer Kammer, geht also insoweit nicht über die eines jeden LG-Direktors hinaus; seine eigentliche Aufgabe liegt ausschließlich auf dem Gebiet der Justizverwaltung. Der OStA dagegen trägt die Verantwortung für die gesamte Arbeit seiner Behörde und muss in allen politischen und sonst wie bedeutungsvollen Sachen die entscheidenden Verfügungen der Staatsanwälte persönlich durch seine Unterschrift decken. Er ist der Erzieher und Berater seiner Dezernenten, von seiner Persönlichkeit werden die Leistungen der Staatsanwaltschaft maßgebend beeinflusst.

Die GStA der Bundesrepublik halten sich für verpflichtet, auf die vorstehend berührten Missstände hinzuweisen und ihre Beseitigung zu fordern. Sie sind sich dabei der angespannten Finanzlage des Bundes und der Länder bewusst, wollen auch das komplizierte Gefüge der Reichsbesoldungsordnung nicht durchbrechen und keine Sondervorteile für einzelne Beamtengruppen fordern. Sie sehen deshalb gegenwärtig davon ab, ihre eigene Besoldung zur Diskussion zu stellen und beschränken sich darauf, für die Beförderungsstellen der Staatsanwaltschaft diejenigen Verbesserungen vorzuschlagen, die sich im Rahmen der Reichsbesoldungsordnung halten, finanziell für alle Länder tragbar, andererseits aber auch erforderlich sind, um offenkundige und durch nichts gerechtfertigte Unbilligkeiten zu beseitigen.

Die GStA schlagen demgemäß vor:

1. Die EStA bei den LG und den OLG werden in die Gehaltsstufe A 2 b eingegliedert.
2. Die OStA bei den sog. kleinen LG werden in die Gehaltsstufe A 1 b, die OStA bei den sog. großen LG und die OStA bei den OLG, welche erste Vertreter der GStA sind, werden in die Gehaltsstufe A 1 a eingegliedert.

Punkt 18: Dienstaufwandsentschädigung für Leiter der Justizbehörden: GStA Biermann berichtet über die Verhältnisse in Niedersachsen.

Die informatorischen Mitteilungen ergaben, dass die GStA im Bundesgebiet nur zum Teil Dienstaufwandsentschädigung erhalten und zwar in Hessen, Schleswig-Holstein, Nordrhein-Westfalen und Niedersachsen. Die Höhe beträgt 50 bzw. 40 DM monatlich.

Punkt 19: Ort und Zeit der nächsten Tagung

Auf Vorschlag von *GStA Dr. Neumann,* der den Neustädter Beschluss in Erinnerung ruft, wird als Ort der nächsten Tagung bei vier Stimmenthaltungen *Berlin* bestimmt. Die nächste Tagung soll dort in der Zeit zwischen dem 10. und 20. Oktober 1950 stattfinden.

V. Herbsttagung der Generalstaatsanwälte der Bonner Bundesrepublik und des Kammergerichts vom 17.–19.10.1950

Gemäß dem auf der letzten Frühjahrstagung gefassten Beschlusse fand die Herbsttagung der Generalstaatsanwälte 1950 in Berlin statt.

Die Tagung begann mit einem zwanglosen Begrüßungsabend und einfachem Abendessen im Plenarsaal des Kammergerichts am Abend des 16.10.1950.

Die Erörterung der angemeldeten Besprechungspunkte begann vormittags am 17.10.1950. […]

Erschienen waren die Generalstaatsanwälte

Bauer aus Braunschweig,
Biermann aus Celle,
Dr. Burchardi aus Köln,
Heymann aus Frankfurt a.M.,
Dr. Junker aus Düsseldorf,
Dr. Kesseböhmer aus Hamm i. Westf.,
Dr. Mannzen aus Schleswig,
Dr. Meyer-Abich aus Oldenburg,
Mork aus Nürnberg,
Morbach aus Koblenz,
Schmid aus Stuttgart,
OStA Dr. Grosser als Vertreter für den GStA des Obersten Landesgerichts in München,
OStA Buchholz als Vertreter des GStA in Hamburg,
OStA Dr. Pauli als Vertreter des GStA in Freiburg i.Br.,
EStA Dr. Rebholz als Vertreter des GStA in Neustadt a.d. Haardt,
der GStA des Landgerichts in Berlin *Loerbroks* und
der GStA des Kammergericht *Dr. Neumann.*

Die GStA von Bamberg, Bremen, München, Tübingen, der VizeGStA von Karlsruhe, der GStA beim Obersten Gerichtshof für die Britische Zone und der GStA beim Deutschen Obergericht für das Vereinigte Wirtschaftsgebiet waren aus amtlichen oder persönlichen Gründen an der Teilnahme verhindert.

Der GStA des Kammergerichts begrüßte die Erschienenen und übernahm auf Wunsch der Versammlung die Leitung der Verhandlungen.

Das Wort nahm zunächst der Chef der Berliner Justizverwaltung, Leiter der Abteilung Rechtswesen des Magistrats von Berlin, Herr *Stadtrat Dr. Kielinger.* Er führte aus, dass in West-Berlin ebenso wie in der Bundesrepublik das Recht nur nach den Gesetzen und rechtsstaatlichen Ideen ausgeübt werde, im Gegensatz zu dem Ostsektor Berlin, in welchem in zunehmendem Maße „Volksrichter" und „Volksstaatsanwälte" amtieren, in dem die Strafjustiz gelenkt wird von Organen des „Innenministeriums", des „Sicherheitsdienstes", der SED und von sonst unkontrollierbaren Organen. Im Gegensatz zum Westen würden im Osten Bestimmungen angewendet, die mit den eigentlichen Rechtsbegriffen nichts mehr zu tun haben und jeder Bestimmbarkeit entbehrten. Man müsse darauf bedacht sein, diejenigen Menschen, die von einer derart politisch gelenkten Justiz betroffen würden, nach Möglichkeit zu schützen und sie davor zu bewahren. Herr Dr. Kielinger gab der Hoffnung Ausdruck, dass die Anwesenheit der Tagungsteilnehmer gerade in Berlin für sie nicht ohne Nutzen sein würde und sie veranlassen dürfte, einmal nach Berlin zu kommen, um die hier herrschenden Verhältnisse wirklich kennenzulernen. Er schloss mit dem Wunsche für einen erfolgreichen Verlauf der Tagung.

Der GStA des Kammergerichts sprach dem Stadtrat im Namen aller Anwesenden den herzlichsten Dank aus.

Zu Punkt 1 der Tagesordnung: *Einstellung von Ermittlungsverfahren gemäß § 153 der StPO* führte der *Berichterstatter Erster StA Dr. Treibholz (Neustadt a.d. Haardt)* aus, dass vielfach die Übung bestehe, die Einstellung des Verfahrens gemäß § 153 StPO von der Zahlung einer Buße abhängig zu machen. Das erachte man im OLG-Bezirk Neustadt a.d. Haardt nicht für angängig. Diese Buße erscheine wie eine Strafe. Aber ebenso wie keine Kosten ohne Gesetz auferlegt werden dürfen, darf keine Strafe ohne Schuld verhängt werden. Dagegen bestünden keine Bedenken, dem Beschuldigten die Gutmachung des Schadens aufzugeben.

GStA Heymann (Frankfurt/M.) trat dem Berichterstatter bei und empfahl, dem Beschuldigten nur anheimzustellen, den Schaden gutzumachen. Er empfehle, § 153 StPO überhaupt nicht gegen Wilddiebe und Homosexuelle in Anwendung zu bringen.

GStA Dr. Junker (Düsseldorf) trat diesem Standpunkt ebenso bei und erklärte, dass innerhalb der britischen Zone die Mehrheit der Behörden sich gegen die Auferlegung einer Buße unter Anwendung des § 153 StPO ausgesprochen habe. Auf demselben Standpunkt stehe das Justizministerium des Landes Nordrhein-Westfalen.

GStA Dr. Meyer-Abich (Oldenburg) vertrat denselben Standpunkt, den das Zentraljustizamt für die britische Zone bereits 1948 gebilligt habe. Eine Buße dürfte es nur bei gerichtlich festgestellter Schuld geben, sonst entstehe der Anschein eines Geldgeschäfts zwischen Staat und Beschuldigtem. Er sei auch dagegen, dem Beschuldigten die Gutmachung des Schadens aufzugeben.

GStA Biermann (Celle) schließt sich dem Standpunkt an, hat aber nichts gegen eine Gutmachung. Ohne Schuld dürfe keine Buße auferlegt werden. Es sei zwar möglich, dem Beschuldigten vor der Einstellung des Verfahrens nach § 153 StPO die Auflage zu machen, den Schaden wieder gutzumachen. Man könne jedoch nicht von vornherein einen Handel treiben.

GStA Bauer (Braunschweig) teilt die vorgebrachten Bedenken nicht. Er verweist insbesondere auf die Rechtsverhältnisse in England, wo die Frage der Wiedergutmachung zwecks Einstellung des Verfahrens von dem Polizeibeamten geprüft werden könne. Die Bereitschaft zur Zahlung einer Buße lasse immer auf eine gewisse Reue schließen. Auch rechtlich sei eine Einstellung des Verfahrens gegen Bußzahlung mit der Fassung des § 153 StPO nicht unvereinbar.

GStA Dr. Kesseböhmer (Hamm) ist der Meinung, dass das angelsächsische Recht im Gegensatz zum deutschen vom Opportunitätsprinzip ausgehe, so dass ein Vergleich mit der deutschen Rechtslage nicht möglich sei. In einer allgemeinen Verfügung des Justizministers von Nordrhein-Westfalen sei bestimmt, dass es mit rechtsstaatlichem Denken nicht zu vereinbaren sei, vor Feststellung der Schuld eine Buße aufzuerlegen.

GStA Morbach (Koblenz) hat keine Bedenken und weist auf § 9 [Erziehungsmaßregeln] des Reichsjugendgerichtgesetzes vom 6.11.1943 hin.

GStA Dr. Burchardi (Köln) hält die Einstellung von Verfahren nach § 153 StPO unter Bußauflage für völlig zulässig. Er weist insbesondere darauf hin, dass bei Erteilung eines Gnadenerweises und beim Vergleich nach § 188 StGB die Auferlegung einer Buße [bei Verleumdung, übler Nachrede] zulässig sei.

OStA Buchholz (als Vertreter des GStA in Hamburg) ist der Ansicht, dass unterschieden werden müsse, ob die Auferlegung einer Buße bei Einstellung zweckmäßig oder rechtlich zulässig sei. Da in § 153 StPO Bußauflagen nicht vorgesehen seien, fehle es an einer Rechtsgrundlage. Durch die Einstellung gegen Bußzahlung wäre keine vollstreckbare Entscheidung erlangt. Die Bußzahlung beruhe vielmehr auf dem freien Willen des Täters. – Rechtspolitisch sei die Bußauflage bedenklich. Im Hamburger Bezirk bestehe die Anweisung an die Staatsanwaltschaft, einer Einstellung nach § 153 StPO unter Auferlegung einer Buße nicht zuzustimmen. Dagegen werde es für zulässig erachtet, dem Beschuldigten vor der Einstellung anheim zu geben, den angerichteten Schaden wiedergutzumachen.

OStA Dr. Grosser (als Vertreter des GStA bei dem Obersten Landesgericht in München) spricht sich dahin aus, es müsse die Möglichkeit bestehen, wenn der gute Wille gezeigt werde, die Folgen der Tat zu mildern. Es dürfe jedoch nicht der Eindruck eines Kuhhandels zwischen dem Staatsanwalt und dem Beschuldigten entstehen.

Die Frage der Zweckmäßigkeit lasse sich nicht schlechthin beantworten. Am besten wäre es, wenn der Staatsanwalt den Beschuldigten anfrage, ob er bereit sei, eine Zahlung für einen guten Zweck zu leisten. Tue er das und zeige er damit, dass er bereue und gewillt sei, den Schaden gutzumachen, dann kann der Staatsanwalt die Folgen der Tat als geringer ansehen.

GStA Dr. Neumann (Kammergericht) schließt sich in allen wesentlichen Punkten den Ausführungen Dr. Burchardis an und hat gegen die Zulässigkeit keine Bedenken.

Bei einer *Abstimmung, ob die Bußauflage für zulässig gehalten werde, ergibt sich ungefähr Stimmengleichheit für Bejahung oder Verneinung.*

Zu Punkt 2 der Tagesordnung: *Behandlung der Bundesamnestie für Steuervergehen* weist der Berichterstatter StA Dr. Rebholz auf die sich gegenüberstehenden bekannten Entscheidungen des Obersten Gerichtshofs für die britische Zone und des Obergerichts für das Vereinigte Wirtschaftsgebiet hin (Urteil vom 5.6.1950 – I S. 2/50 – in NJW 1950, S. 651 und Urteil vom 23.5.1950 in NJW 1950, S. 553). Der Berichterstatter schließt sich den Ausführungen des Deutschen Obergerichts für das Vereinigte Wirtschaftsgebiet an und erachtet es für wünschenswert, eine Entscheidung des Bundesgerichtshofs herbeizuführen.

GStA Schmid (Stuttgart) führt an, dass die Staatsanwaltschaft in Württemberg der Entscheidung des Obergerichts für das Vereinigte Wirtschaftsgebiet, das Oberlandesgericht in Stuttgart aber der des Obersten Gerichtshofs für die britische Zone beigetreten sei.

GStA Dr. Meyer-Abich (Oldenburg) gibt bekannt, dass innerhalb des Landes Niedersachsen von allen drei Oberlandesgerichten (Braunschweig, Celle, Oldenburg) Entscheidungen ergangen seien, die sich dem Obersten Gerichtshof für die britische Zone angeschlossen haben.

GStA Dr. Kesseböhmer (Hamm) hält ebenfalls eine baldige Entscheidung des Bundesgerichtshofs für wünschenswert.

GStA Dr. Junker (Düsseldorf) führt an, dass das OLG Düsseldorf zunächst den Standpunkt des Obersten Gerichtshofs für die britische Zone eingenommen, sich aber später dem Deutschen Obergericht für das Vereinigte Wirtschaftsgebiet angeschlossen habe.

GStA Bauer (Braunschweig) tritt dem Obersten Gerichtshof für die britische Zone bei.

OStA Buchholz (als Vertreter des GStA in Hamburg) teilt mit, dass Hamburg sich dem Standpunkte des Obersten Gerichtshofs für die britische Zone angeschlossen habe.

GStA Dr. Neumann (Kammergericht) gibt bekannt, dass er sich der Entscheidung des Deutschen Obergerichts für das Vereinigte Wirtschaftsgebiet aus dessen Gründen angeschlossen und die Staatsanwaltschaft Berlin mit entsprechender Weisung versehen habe.

Zu Punkt 3 der Tagesordnung: *Empfiehlt sich die Beibehaltung der gerichtlichen Voruntersuchung?* führt der Berichterstatter *EStA Dr. Rebholz (als Vertreter des GStA in Neustadt a.d. Haardt)* aus, dass von der Besprechung dieser Frage Abstand genommen werden könne, da sie durch § 178 der StPO in dem neuen Gesetze zur Wiederherstellung der Rechtseinheit nunmehr gesetzlich geregelt sei.

Zu Punkt 4 der Tagesordnung: *Haftung der Länder für Entschädigung wegen unschuldig erlittener Untersuchungshaft aus der Zeit der Reichsjustiz.* Der Berichterstatter *GStA*

Schmid (Stuttgart) erklärt, dass er unter Erweiterung des Themas auch die Entschädigung für unschuldig erlittene Strafhaft von im Wiederaufnahmeverfahren Freigesprochenen in seine Ausführungen einbeziehen wolle. Es handle sich um die Frage der Rechtsnachfolge des deutschen Reiches. Besonders in Württemberg-Baden sei eine große Zahl von Verfahren anhängig und die Frage von erheblicher Bedeutung. Im Dritten Reich seien die Beweisvoraussetzungen sehr gelockert gewesen, und die Gerichte, besonders Sondergerichte, hätten Verurteilungen ausgesprochen oder Haftbefehle erlassen, die nach den heutigen Anschauungen nicht ergangen wären, und zwar nicht nur auf politischem Gebiet, sondern auch bei Devisendelikten. In einem Falle sei unter Freisprechung des Angeklagten von der Strafkammer eine Wiedergutmachungspflicht des Staates festgestellt worden. Die auf diese Feststellung sich stützende Klage des Freigesprochenen sei vom Landgericht Stuttgart mit der Begründung abgewiesen worden, dass das die Ersatzpflicht aussprechende Urteil nur deklaratorische Bedeutung habe, eine Verpflichtung des Landesfiskus nicht begründen könne, sondern das Reich für derartige Entschädigungen hafte. Eine Rechtsnachfolge sei aber nicht eingetreten, da nach der im Schrifttum und in der Rechtsprechung herrschenden Meinung das Deutsche Reich als Rechtssubjekt nicht untergegangen sei. Es sei insbesondere auch keine Rechtsnachfolge in die Gerichtsbarkeit des Reiches eingetreten.

GStA Dr. Junker (Düsseldorf) macht darauf aufmerksam, dass das Grundgesetz keine allgemeine Rechtsnachfolge des Deutschen Reiches vorsehe. Es würden vielmehr in den Art. 89, 90, 134 und 135 nur einzelne Teile des Passivvermögens auf die Bundesrepublik übertragen. Das Justizministerium des Landes Nordrhein-Westfalen steht auch auf dem Standpunkt, dass keine allgemeine Rechtsnachfolge des Deutschen Reiches auf den Bund eingetreten sei. Aus Billigkeitsrücksichten sei aber eine Anweisung ergangen, durch die Verbindlichkeiten des Reiches von dem Land Nordrhein-Westfalen übernommen würden, und zwar bei der Unfallfürsorge für Gefangene.

GStA Dr. Meyer-Abich (Oldenburg) teilt mit, dass eine generelle Regelung bisher nicht erfolgt sei.

Die *GStA Biermann (Celle)* und *Bauer (Braunschweig)* lehnen ebenfalls die Annahme einer Rechtsnachfolge der Länder ab, teilen aber mit, dass in Einzelfällen aus Billigkeitserwägungen eine Übernahme von Reichsverbindlichkeiten erfolgt sei.

GStA Dr. Burchardi (Köln) teilt mit, dass die Gerichte nicht stets den gleichen Standpunkt eingenommen hätten. In einem Kölner Prozess sei die Ansicht vertreten worden, dass das Land für im Jahre 1944 beschlagnahmte Asservate schadensersatzpflichtig sei.

GStA Dr. Mannzen (Schleswig) tritt den Ausführungen der Vorredner entgegen. Mit der Justiz sei eine ganz selbständige Säule des Staatswesens 1934 von den Ländern auf das Reich und 1945 von dem Reich auf die Länder übertragen worden. Die Länder müssten daher für alle sich aus der Ausübung der Justizgewalt ergebenden Verbindlichkeiten einstehen.

GStA Schmid (Stuttgart) erklärt, dass eine Anerkennung dieser Verbindlichkeiten zu einer unerträglichen Belastung des öffentlichen Haushalts der Länder führen würde.

GStA Dr. Kesseböhmer (Hamm) ist der Überzeugung, dass die behandelte Frage zu einer endgültigen Stellungnahme noch nicht reif sei. Sie befinde sich noch zu sehr in der Entwicklung, die auch wesentlich durch die außenpolitische Lage beeinflusst werde.

GStA Dr. Junker (Düsseldorf) ist auch der Überzeugung, dass sich die Frage noch in der Entwicklung befinde. Er macht auf Art. 134 Abs. 4 GG [Überleitung des Reichsvermögens] aufmerksam.

GStA Dr. Neumann (Kammergericht) tritt den Herren bei, die darauf hingewiesen haben, dass die behandelte Frage sich noch im Flusse befindet. In Berlin stehe man auf dem Standpunkte, eine Entschädigungsfrist komme nur da in Frage, wo bereits entsprechende Entschädigungsgesetze erlassen seien. Eine Ausnahme werde auch hier nur in der Gefangenenunfallfürsorge gemacht.

Zu Punkt 5 der Tagesordnung: *Welche Rechtsgrundlagen bestehen außerhalb der Strafprozessordnung für die zwangsweise Unterbringung von Geisteskranken? Welche Bedeutung hat insoweit Art. 104 Abs. 1 GG?* Der Berichterstatter *GStA Schmitt (Stuttgart)* führt aus, dass ein großer Teil von Geisteskranken aufgrund richterlicher Entscheidung in Heilanstalten untergebracht sei. In vielen Fällen befänden sich aber, besonders aus der Zeit vor 1945 Geisteskranke ohne eine solche Entscheidung in Heil- oder Irrenanstalten. Es frage sich, inwieweit ein solcher Zustand mit dem Art. 104 GG vereinbar sei. In Bayern werde die Ansicht vertreten, dass Art. 104 sich nur auf Verfolgungstatbestände beziehe, nicht aber auf Geisteskranke. Das Bundesministerium der Justiz habe einen Entwurf eines Gesetzes über das gerichtliche Verfahren bei Freiheitsbeschränkungen herausgebracht, der sich jedoch nur auf die verfahrensrechtliche Regelung ohne irgendwelche materielle Tatbestände beziehe. Die Einweisung in Heilanstalten wird daher nur aufgrund besonderer materiell-rechtlicher Gesetze erfolgen dürfen. Daraus ergebe sich, dass eine große Anzahl von Personen illegal in Heil- oder Irrenanstalten untergebracht seien. Das habe dazu geführt, dass in einer großen Reihe von Fällen Polizeibeamte, Ärzte und Anstaltsvorstände wegen Freiheitsberaubung im Amte angezeigt worden seien. Die Gerichte haben sich bisher mit einer Einstellung aus subjektiven Gründen helfen können, ohne dass indes diese Möglichkeit auf lange Zeit gegeben sei, da die Vorschrift des Art. 104 GG mit der Zeit der Allgemeinheit bekannt werde. Diese Möglichkeit zur Anzeigeerstattung werde von vielen Querulanten bewusst ausgenutzt. Es entstehe daher die Frage, vor allem an die Länder, die noch nicht ein besonderes Gesetz erlassen hätten, wie die Rechtspflege sich am besten gegen solche Denunziationen zur Wehr setze.

GStA Dr. Junker (Düsseldorf) hält auch den Erlass eines besonderen Gesetzes für erforderlich. Er beziehe sich hierbei nicht nur auf Art. 104 Abs. 2 GG, sondern auch auf Art. 2 Abs. 2. Hier sei nämlich bestimmt, dass jeder das Recht auf Leben und körperliche

Unversehrtheit habe, dass die Freiheit der Person unverletzlich sei und dass ihm diese Rechte nur aufgrund eines Gesetzes eingeschränkt werden dürfen. In Preußen hätte man das Polizeiverwaltungsgesetz zur Hand gehabt, das auch ein Rechtsmittel gegen die polizeiliche Verordnung von Schutzhaft vorgesehen habe. Auch er folgere aus der systematischen Stellung des Art. 104 im Abschnitt IX des GG, dass der Art. 104 sich nur auf Akte der Strafverfolgung beziehe.

Der *OStA Buchholz (als Vertreter des GStA in Hamburg)* war der Meinung, dass die Befugnis der Polizei zur Verwahrung von Geisteskranken sich aus der allgemeinen polizeilichen Aufgabe zur Beseitigung von Gefahrenzuständen ergebe. Denn diese Voraussetzungen seien bei gemeingefährlichen Geisteskranken stets gegeben. Um dem Art. 104 GG genüge zu tun, würde es ausreichend sein, im Wege der Verordnung oder Geschäftsverteilung die entsprechende Befugnis dem Vormundschaftsrichter zu übertragen.

GStA Bauer (Braunschweig) teilte mit, dass das Land Niedersachsen im Mai 1950 ein Gesetz zur Unterbringung von Geisteskranken und Süchtigen [Nds. GVBl. 1950, 27] geschaffen habe, das Vormundschaftsgericht sei zuständig.

GStA Schmid (Stuttgart) ist der Ansicht, dass die materielle Grundlage fehle, wenn man den Vormundschaftsrichter für zuständig halte. Denn das sei nur eine Verfahrensvorschrift. Das ergebe sich schon aus Art. 104 GG. Außerdem fehle es in Süddeutschland an dem in Norddeutschland üblichen Polizeibegriff.

GStA Dr. Junker (Düsseldorf) wirft die Frage auf, ob nicht, da der Rechtsstaat auf der Trennung von Gesetzgebung, Rechtsprechung und Verwaltung beruhe, die Anordnung der Unterbringung als ein Akt der Verwaltung anzusehen sei, so dass für eine richterliche Entscheidung nicht das Vormundschaftsgericht, sondern das Verwaltungsgericht zuständig sein müsste.

GStA Morbach (Koblenz) erklärt, das Preußische Oberverwaltungsgericht habe in seiner früheren Rechtsprechung zum Art. 114 der Weimarer Reichsverfassung das Polizeiverwaltungsgesetz als ein förmliches Gesetz anerkannt. Es bestünden nach seiner Auffassung keine Bedenken, das Polizeiverwaltungsgesetz auch jetzt als materiell-rechtliche Grundlage für die Anordnung von Freiheitsbeschränkungen zu verwenden.

GStA Dr. Junker (Düsseldorf) führt für die Notwendigkeit einer verwaltungsgerichtlichen Entscheidung die Vorfälle an, die bei dem Besuch des früheren Reichsbankpräsidenten Schacht in Düsseldorf die Anordnung einer Schutzhaft notwendig gemacht haben, um Unruhen unter der Bevölkerung zu vermeiden.

GStA Dr. Meyer-Abich (Oldenburg) gibt der Überzeugung Ausdruck, dass die Idee des Rechtsstaates von der Notwendigkeit eines materiell-rechtlichen Gesetzes beherrscht werde. Gerade die Staatsanwaltschaft habe auf diese Notwendigkeit zu achten. Es müsse darauf gedrungen werden, dass entsprechende Gesetze in kürzester Zeit erlassen werden.

GStA Dr. Neumann (Kammergericht) hält ebenfalls nach den Bestimmungen des Grundgesetzes die Schaffung eines Gesetzes, das die Unterbringung regelt, für notwendig.

Zu Punkt 6 der Tagesordnung: *Allgemeinverständliche und einfachere Fassung der Anklageformel unter Abkehr von der bloßen Wiedergabe des Gesetzeswortlauts.* Der Berichterstatter *GStA Dr. Burchardi (Köln)* führte hierzu aus, dass der Eröffnungsbeschluss die Grundlage der Hauptverhandlung bilde und für ihn die Anklageschrift die Grundlage sei. Deshalb habe die Anklageformel eine erhebliche Bedeutung. Sie soll die Tat unter Hervorhebung der gesetzlichen Merkmale und des anzuwendenden Strafgesetzes bezeichnen. Wenn man in der Hauptverhandlung den Eröffnungsbeschluss hört, dann erfährt man oft einen außer den Beteiligten wohl keinem verständlichen, bandwurmähnlichen Satz. Der Angeklagte muss aber die Formel des Eröffnungsbeschlusses, die derjenigen der Anklage entspricht, verstehen können. Nach den Richtlinien für die Staatsanwälte muss die Anklageschrift klar, übersichtlich, sprachlich einwandfrei und für den Angeschuldigten verständlich sein. Es dürfen nicht nur die Worte des Gesetzes wiedergegeben werden, sondern die Tat muss so genau als möglich bezeichnet werden. Die Notwendigkeit, die gesetzlichen Merkmale hervorzuheben, würde zu ängstlich aufgefasst. Der Ausdruck „fremde bewegliche Sache" sollte nicht in die Anklageformel übernommen, sondern die im Einzelfall konkrete Sache genannt werden. Bei Mord sei es nicht angebracht, zu sagen, dass der Täter den Bäcker Schmidt, einen Menschen, vorsätzlich getötet habe, es genügt die Bezeichnung des Bäckers Schmidt; jeder wüsste, dass das ein Mensch sei. Nach seiner, des Berichterstatters, Ansicht, gehörten auch Ausdrücke, wie „Ideal-„ oder „Realkonkurrenz" nicht in die Anklage. Anklageformel und Eröffnungsbeschluss müssten für jeden verständlich sein.

Der *OStA Dr. Grosser (als Vertreter des GStA bei dem Obersten Landesgericht in München)* führt aus, dass in Bayern die Anklageformel die Worte des Gesetzes zunächst ohne Beziehung auf den konkreten Fall anzugeben habe. Daran schließe sich die Wiedergabe des Sachverhalts, bei der alles hervorgehoben werden könne, was zum Verständnis erforderlich sei.

GStA Dr. Burchardi (Köln) erwidert auf diese Ausführungen, dass bei der Übung in Bayern zu leicht der Eindruck entstehen könne, das Gericht sei schon von der Schuld des Angeklagten überzeugt. Es darf im Eröffnungsbeschluss nicht heißen: „Der Angeklagte hat das und das getan", sondern höchstens: „er sei hinreichend verdächtig, die Tat begangen zu haben."

GStA Bauer (Braunschweig) tritt im Wesentlichen den Ausführungen des GStA Dr. Burchardi bei. Es müssten nur alle tatsächlichen Angaben, die zur Subsumtion unter das Gesetz erforderlich seien, in der Anklage enthalten seien.

GStA Heymann (Frankfurt/M.) ist der Überzeugung, dass eine einheitliche Formulierung für alle Fälle sich nicht finden lasse. Die Fassung der Anklageformel sei abhängig von der jeweiligen Straftat. Besonders bei komplizierten Tatbeständen sei eine genaue Wiedergabe auch in der Anklage erforderlich.

GStA Dr. Mannzen (Schleswig) hält es für richtig, den konkreten Tatbestand mit den Lebensausdrücken wiederzugeben und dann den gesetzlichen Tatbestand folgen zu lassen. Er will erst den verständlichen und dann den manchem unverständlichen Teil.

GStA Dr. Kesseböhmer (Hamm) ist dafür, zunächst die Anklageformel nach den Bestimmungen des Gesetzes (§ 200 StPO) niederzulegen, dann aber den sogenannten „Indem-Satz" fortfallen zu lassen. Der nähere Sachverhalt sei im Ermittlungsergebnis wiederzugeben.

GStA Biermann (Celle) meint, dass man über die Fassung der Anklageschrift verschiedener Meinung sein könne. Nie dürfe aber die Anklage abgefasst werden: „Der Angeschuldigte *hat* es getan". Denn der Angeschuldigte sei nur verdächtig, die Tat begangen zu haben.

GStA Dr. Junker (Düsseldorf) weist darauf hin, dass der bekannte Kommentar von Loewe-Rosenberg die Konkretisierung der Tat unter Hervorhebung der gesetzlichen Merkmale für notwendig halte. Er, Dr. Junker, habe in seinem Bezirk die Anweisung gegeben, die Tat genau zu konkretisieren, d.h. Ort, Zeit, vollen Wortlaut des Gesetzes anzugeben und dann das Ermittlungsergebnis folgen zu lassen.

GStA Loerbroks (Landgericht Berlin) bittet, an die Tatsachen zu denken, die kompliziert sind. Z.B. bei einer Anklage wegen Verbrechens gegen die Menschlichkeit könne man den historischen Ablauf des Verbrechens nicht in die Anklageformel zusammenfassen. Es müssten die Worte des Gesetzes angeführt werden und das weitere im Ermittlungsergebnis folgen.

GStA Dr. Neumann (Kammergericht) tritt den Ausführungen des OStA Dr. Grosser bei. Es sei unverantwortlich, wenn ein Staatsanwalt bereits in der Anklageformel sage: „Der Angeschuldigte *hat* fremde bewegliche Sachen gestohlen", es dürfe nur geschildert werden, dass er dieses Delikts hinreichend verdächtig sei. Die Worte des Gesetzes müssten erfüllt werden.

Zu Punkt 7 der Tagesordnung: *Ist im Urteil ausgesprochene Anrechnung erlittener Untersuchungshaft in das Strafregister einzutragen?* Der Berichterstatter *GStA Dr. Burchardi (Köln)* ist der Überzeugung, dass mit dieser Frage sich gleichzeitig diejenige verbinde, ob die eingetragene erlittene Untersuchungshaft beim Auszug aus dem Strafregister mitzuteilen sei. Es gebe Strafvollstreckungsbehörden, die bei ihren Nachrichten an das Strafregister die erlittene Untersuchungshaft angeben, und solche, die das nicht tun. Es sei wünschenswert, dass gleichmäßig verfahren werde und die Strafnachricht an das Register auch die erlittene Untersuchungshaft mitteile; ebenfalls müsste dann die erlittene Untersuchungshaft vom Strafregister in dem Auszuge mitgeteilt werden. Das sei besonders wichtig bei Rückfalldelikten. Dann würden unnötige Rückfragen vermieden.

GStA Dr. Morbach (Koblenz) tritt den Ausführungen des Berichterstatters bei.

Auch *GStA Dr. Neumann (Kammergericht)* erklärt sein Einverständnis mit den Ausführungen des Berichterstatters. Er hält es aber für dringend notwendig, dass die Sachbearbeiter und Rechtspfleger überwachen müssten, dass die Mitteilungen an das Strafregister auch die Anrechnung der Untersuchungshaft enthalte.

Zu Punkt 8 der Tagesordnung: *Ist neben einer registerpflichtigen Strafe auch die angeordnete Abführung eines Mehrerlöses einzutragen? Ist die selbständig angeordnete Abführung eines Mehrerlöses eintragungsfähig (§ 52 WiStG)?*

GStA Dr. Burchardi (Köln) als Berichterstatter: Auch hier habe die Praxis Zweifel ergeben. Er halte es aber für zweifellos, dass, wenn neben einer Strafe, die ins Register eingetragen werden müsse, die Abführung eines Mehrerlöses angeordnet sei, auch die Anordnung der Abführung des Mehrerlöses ins Strafregister einzutragen sei. Die Abführung des Mehrerlöses sei zwar nach herrschender Ansicht keine Nebenstrafe oder Nebenfolge, sondern eine Maßnahme besonderer Art, die darauf hinziele, einen Vermögensausgleich herbeizuführen. Sie gehöre aber trotzdem in das Strafregister, weil sie ein Teil der Gesamtverurteilung sei und als solcher das Schicksal der Hauptverurteilung teile. Es sei auch für die Praxis von Bedeutung, wenn bereits das Strafregister den Umfang der durch das Wirtschaftsdelikt eingetretenen Vermögensverschiebung erkennen lassen. Anders sei es dagegen bei einer im objektiven Verfahren angeordneten Einziehung des Mehrerlöses. Diese könne nicht in das Strafregister eingetragen werden, was auch für die *selbständige* Einbeziehung von Gegenständen anderer Art gelte. Denn hier fehle es an einer Person, gegen die sich die Maßnahme richte.

GStA Heymann (Frankfurt/M.) ist der Ansicht, dass die Einziehung des Mehrerlöses mit der *Bestrafung* selbst nichts zu tun habe.

GStA Bauer (Braunschweig) wendet sich grundsätzlich gegen die Eintragung der Einziehung des Mehrerlöses in das Strafregister. Er werfe die Frage auf, ob denn auch eine Anordnung der Rückzahlung an den Geschädigten registerpflichtig sei.

GStA Dr. Meyer-Abich (Oldenburg) setzt sich für die Eintragung jeder Einziehung ins Strafregister ein.

OStA Buchholz (als Vertreter des GStA in Hamburg) wendet sich gegen die Eintragung der *selbständig* angeordneten Einziehung des Mehrerlöses in das Strafregister. Er verweist insbesondere auf § 51 des WiStG, nach welchem solchenfalls überhaupt keine Straftat vorliegen könne.

GStA Dr. Kesseböhmer (Hamm) schließt sich dem GStA in Oldenburg an.

GStA Dr. Neumann (Kammergericht) tritt den Ausführungen des Berichterstatters bei.

Zu Punkt 9 der Tagesordnung: *Ist der Untersuchungsgefangene zur Arbeit verpflichtet (Ziff. 13 UVollZO).* Der Berichterstatter *GStA Dr. Burchardi (Köln)* hält die Beantwortung der Frage für gegenstandslos, nachdem sie durch § 116 der StPO in der Fassung des Gesetzes zur Wiederherstellung der Rechtseinheit gesetzlich geregelt worden sei. Denn in § 116 StPO sei nunmehr bestimmt, dass dem Untersuchungsgefangenen nur solche Beschränkungen auferlegt werden dürften, die zur Sicherung des Zwecks der Haft oder zur Aufrechterhaltung der Ordnung im Gefängnis notwendig seien.

Dieser Ansicht wurde von allen Teilnehmern zugestimmt.

Zu Punkt 10 der Tagesordnung: *Ist in Jugendstrafsachen eine Bewährungsfrist vor dem Urteil gesetzlich zulässig oder zweckmäßig?* Der Berichterstatter *GStA Dr. Burchardi (Köln)* weist auf das Probation-System hin, das sich in England bewährt habe. Danach werde die Bewährung *nach* der Schuldfeststellung, aber *vor* dem Urteil bewilligt. Die Jugendrichter wollen dieses System auch in Deutschland eingeführt wissen. Das deutsche Recht kennt zwar eine Bewährung, aber nur eine solche *nach* dem Urteil, nicht *vor* dem Urteil. Dagegen werde von einzelnen Richtern Sturm gelaufen. Sie behelfen sich z.B. damit, dass eine Hauptverhandlung abgehalten und dann das Verfahren ohne Urteil auf längere Zeit, etwa auf zwei Jahre, ausgesetzt werde. Nach dieser Zeit werde das Verfahren eingestellt, wenn der Jugendliche nicht mehr straffällig geworden sei. Der Berichterstatter hält ein solches Verfahren gesetzlich nicht für zulässig. Die Strafprozessordnung gebe dem Richter nicht das Recht, in einer Hauptverhandlung zur Aussetzung des Verfahrens zu gelangen, ohne dass eine weitere Beweiserhebung nötig sei, oder andere, in der Strafprozessordnung vorgesehene Aussetzungsgründe vorlägen. Es sei schon richtig, dass der Zweck des Probation-Systems der sei, dass dem Jugendlichen der Makel einer Verurteilung erspart bleibe. Zu einer Verurteilung komme es nur dann, wenn eine Freiheitsstrafe von über drei Monaten für notwendig gehalten werde. Er halte es aber mit den Bestimmungen der Strafprozessordnung nicht für vereinbar, dass ein Richter eine sachlich entscheidungsreife Sache nicht entscheide, sondern die Entscheidung auf später verschiebe. Das Jugendgerichtsgesetz habe mit den vorgesehen Erziehungsmaßregeln auch die Handhabe geschaffen, den Jugendlichen auf diese Art und Weise vor dem Makel der Bestrafung zu bewahren.

GStA Bauer (Braunschweig) wendet sich gegen die Ausführungen des Berichterstatters. Nach dem Jugendgerichtsgesetz könne erkannt werden auf: Jugendgefängnis oder Schutzaufsicht plus Weisung. Er halte es für zulässig, dass in der Hauptverhandlung zunächst Schutzaufsicht und Weisung angeordnet und dann das Verfahren auf längere Zeit ausgesetzt werde. Bewähre sich der Jugendliche in der Probefrist nicht, so könne man in der gleichen Sache noch zu einer Verurteilung auf Jugendgefängnis kommen. Das Probation-System sei in England als Gewohnheitsrecht entwickelt worden. Es müsse daher auch in Deutschland möglich sein, eine solche Einrichtung gewohnheitsrechtlich zu entwickeln.

GStA Dr. Burchardi (Köln) wendet ein, dass bei der Beantwortung der aufgeworfenen Frage auch Gesichtspunkte der Zweckmäßigkeit beachtet werden müssten. An sich soll auf die Tat die Strafe folgen. Hier aber werde die Strafe auf Jahre verschoben. Nach so langer Zeit sei es schwierig, ein gerechtes Strafmaß zu finden. Je weiter die Tat zurückliege, umso kleiner und unbedeutender erscheine sie. Man sollte auch an die Opfer der Straftat denken und den Sühnegedanken nicht ganz vernachlässigen. Das Volk wolle es nicht, dass eine Reaktion des Staates ausbleibe, wenn es sich um eine ernste Tat handle. Es bestehe dann die Gefahr, dass die Betroffenen an der Justiz verzweifeln und zur Selbsthilfe greifen. Die Rechtsverhältnisse in England könnten nicht zum Vergleich herangezogen werden, da in England das Gesetzesrecht nur eine subsidiäre Bedeutung habe. Das deutsche Jugendrecht dagegen stütze sich auf ein Gesetz von 1943. Es bestehe keine Möglichkeit, nach einem so kurzen Zeitraum ein vom Gesetzesrecht abweichendes Gewohnheitsrecht zu schaffen. Es müsse dem Gesetzgeber überlassen bleiben, die von ihm gewünschte Regelung durch neue gesetzliche Vorschriften herbeizuführen.

GStA Dr. Junker (Düsseldorf) hebt hervor, dass der Staatsanwalt nach dem Gesetze verpflichtet sei, einzuschreiten (§ 153 Abs. 2 StPO). Er sei auch verpflichtet, unverzüglich einzuschreiten. Er darf daher einer willkürlichen Aussetzung des Verfahrens nicht zustimmen.

OStA Buchholz (als Vertreter des GStA in Hamburg) erklärt, wenn man sich ein Urteil vorbehalten könne, dann dürfe vorher keine Entscheidung entgehen. Es sei unmöglich, Schutzaufsicht und Weisung anzuordnen und sich dann noch ein Urteil vorzubehalten, da mit der Anordnung der Schutzaufsicht oder einer anderen Erziehungsmaßregel der staatliche Strafanspruch verbraucht sei. Es bestünden aber keine Bedenken, die Entscheidung hinauszuschieben. Denn wenn nach dem Reichsjugendgerichtsgesetz von einer Strafe abgesehen und Erziehungsmaßregeln verhängt werden könnten, dann müsse es auch möglich sein, eine Bestrafung hinauszuschieben.

GStA Dr. Meyer-Abich (Oldenburg) tritt dem Berichterstatter bei, da die Entscheidungen des Richters sofort getroffen werden müssten und er nur aus prozessualen Gründen vertagen könne.

GStA Biermann (Celle) ist ebenfalls der Ansicht, dass, wenn der Richter um eine Entscheidung angegangen werde, er diese sofort fällen müsse. Man müsse auch an die Schwierigkeiten denken, die sich aus einem zwischenzeitlichen Richterwechsel ergeben. Endlich bestehe die Gefahr, dass auf diese Art und Weise unbequeme Entscheidungen hinausgeschoben werden.

GStA Morbach (Koblenz) hält die Anwendung des Probation-Systems nach der bestehenden deutschen Gesetzeslage nicht für zulässig.

Dagegen tritt *GStA Dr. Mannzen (Schleswig)* für die Zulässigkeit ein.

GStA Dr. Neumann (Kammergericht) stellt fest, dass die Mehrheit der Tagungsteilnehmer eine Durchführung des Probation-Systems mit dem geltenden Strafprozessrecht nicht für vereinbar hält. Er stellt deshalb die Frage zur Debatte, ob die Einführung des Probation-Systems nach Änderung der gesetzlichen Bestimmung zweckmäßig sei.

GStA Biermann (Celle) hält die Einführung dieses Verfahrens nicht für zweckmäßig. Er ist der Meinung, dass die Möglichkeiten, die das Reichsjugendgerichtsgesetz bietet, vollkommen ausreichten und dem Probation-System sogar vorzuziehen sind.

GStA Dr. Junker (Düsseldorf) hält die aufgeworfene Frage für zu kompliziert, als dass ohne eine sehr sorgfältige Vorbereitung eine Antwort darauf erteilt werden könnte. Er verweist noch auf die Möglichkeit der bedingten *Verurteilung,* wie sie auch der Strafgesetzentwurf von 1929 [1927, bei *W. Schubert/J. Regge,* Quellen zur Reform des Straf- und Strafprozessrechts, I. Abt., Bd. 1, Berlin 1995] vorgesehen habe. Denn daraus ergebe sich die Möglichkeit, den Jugendlichen nur unter der Bedingung zu verurteilen, dass die Verurteilung nicht eintritt, wenn er sich freiwillig der Schutzaufsicht unterstellt.

Auch *GStA Heymann (Frankfurt/M.)* verneint die Zweckmäßigkeit der Einführung des Probation-Systems. Gegen die Zweiteilung von Schuld und Strafe spreche die Tatsache, dass nach deutschen Rechtsbegriffen die Strafe festgesetzt werden müsse. Nach einem Jahre vermöge auch der Jugendliche den Grund der Bestrafung kaum mehr einzusehen.

OStA Pauli (als Vertreter des GStA in Freiburg i. Br.) weist darauf hin, dass in England im Probation-Officer eine besonders fachlich ausgebildete Aufsichtsperson zur Verfügung stehe, an der es in Deutschland gebricht.

GStA Dr. Kesseböhmer (Hamm) ist ebenfalls der Ansicht, dass der Jugendliche, der erst nach längerer Zeit bestraft werde, keine richtige Einsicht mehr für die Beziehung der Strafe zu seiner Tat habe. Er halte das Probation-System für Deutschland nicht zweckmäßig. Auf dem Jugendgerichtstage in Godesberg habe sich ergeben, wie verschiedenartig qualifiziert die Jugendämter seien. Besonders auf dem Lande würde es zu Schwierigkeiten kommen, wenn die ländlichen Jugendämter mit derartigen Aufgaben betraut werden würden.

GStA Dr. Meyer-Abich (Oldenburg) ist der Meinung, dass die Frage der Zweckmäßigkeit erst dann beantwortet werden könne, wenn eine entsprechende Einrichtung in Deutschland hergestellt und ausprobiert worden ist. Die Jugendämter seien kein Ersatz für die fachlich qualifizierten Probation-Officers. Diese Neuerung müsste erst erprobt werden, dann lasse sich erst ein abschließendes Urteil gewinnen.

Die GStA Heymann (Frankfurt/M.) und Dr. Junker (Düsseldorf) treten den Ausführungen von Dr. Meyer-Abich bei.

GStA Dr. Kesseböhmer (Hamm) teilt mit, dass unter 8000 Verfahren gegen Jugendliche lediglich in 105 Fällen Jugendgefängnis verhängt worden sei. Die Möglichkeiten in Deutschland seien also gar nicht so schlecht, um dem jugendlichen Rechtsbrecher gerecht zu werden. Diese Möglichkeiten müssen von den Gerichten nur richtig ausgenutzt werden.

GStA Dr. Neumann (Kammergericht) teilt mit, dass auf dem Internationalen Kongress für Strafrecht und Strafvollzug, der im September 1950 im Haag getagt habe, von allen Ländern der Erde die Einführung des Probation-Systems befürwortet worden sei. In den

Ländern, in denen sich, wie bei den angelsächsischen und südamerikanischen Staaten, die gesetzliche Möglichkeit dazu geboten habe, sei bereits das Probation-System eingeführt. Alle Berichterstatter, auch diejenigen der skandinavischen Staaten, hätten erklärt, dass man mit diesem System sehr gute Erfolge erzielt habe. Es sei allgemeine Meinung gewesen, dass in den Staaten, in denen sich noch nicht die gesetzliche Möglichkeit geboten habe, die Gesetze eben geändert werden müssten, um das Probation-System einzuführen. GStA Dr. Neumann teilt weiter mit, dass der Leiter der Abteilung Rechtswesen des Magistrats von Berlin bereits im Verwaltungswege verfügt habe, in besonders geeigneten Fällen bei der Anklage die Aussetzung der Hauptverhandlung bei Gericht zu beantragen, damit nach Ablauf der gesetzten Probefrist beurteilt werden könne, ob es sich um einen Jugendlichen handle, der nur gestrauchelt sei, oder sich wirklich als Verbrecher betätigt habe.

Der Berichterstatter, *GStA Dr. Burchardi (Köln),* kommt zu folgendem Ergebnis:

1. Die überwiegende Mehrheit der Tagungsteilnehmer halte eine Bewährungsfrist vor dem Urteil mit dem geltenden Strafprozess nicht für vereinbar.
2. Ebenfalls die überwiegende Mehrheit ist der Ansicht, dass die Frage der Zweckmäßigkeit einer eingehenden Prüfung und Erprobung bedürfe, ohne die eine abschließende Stellungnahme nicht möglich sei.

Nachmittags um 15.15 Uhr erschien der *Oberbundesanwalt des Bundesgerichtshofs Dr. Wiechmann.* Ihm wurden durch den GStA des Kammergerichts die GStA der Oberlandesgerichte, der GStA des Landgerichts und die Vertreter, soweit sie Tagungsteilnehmer waren, vorgestellt.

Der *Oberbundesanwalt Dr. Wiechmann* erklärte sodann, dass, nachdem er in Celle und Hannover seine Abschiedsbesuche gemacht habe, dies der erste Antrittsbesuch sei, den er in seiner neuen Stellung abstatte. Er freue sich, dass er Gelegenheit habe, die amtierenden GStA kennenzulernen. Sein Besuch gelte aber auch dem Kammergericht, bei dem er selbst mehrere Jahre GStA gewesen sei, und der Stadt Berlin, in der er von 1921 bis 1948 mit einer geringen Unterbrechung in den verschiedensten Stellungen zugebracht habe. Er erlaube sich, darauf aufmerksam zu machen, dass in den Vordergrund gestellt worden sei die Aufgabe des Bundesgerichtshofs, politische Strafsachen in erster Instanz zu behandeln.

Hierauf richte sich das öffentliche Interesse besonders. Es sei eine schwierige Aufgabe zu bewältigen, bei der er auf die Mitarbeit der Generalstaatsanwälte angewiesen sei. Nach den zur Zeit geltenden Bestimmungen sei er als Oberbundesanwalt berechtigt, nur Sachen wegen Hochverrats, die sich gegen die verfassungsmäßige Ordnung eines Landes richten, an die Landesstaatsanwaltschaften abzugeben. Dinge, wie sie schon jetzt in sein Blickfeld getreten seien, z.B. Zersetzung der Polizei, Bildung von Partisanengruppen, könnten nur im Großen behandelt werden. Es müsse erwartet werden, dass die Innere Verwaltung den Stoff sammle und Strafsachen innerhalb der Zuständigkeit des Oberbundesanwalts nur einzuleiten seien, wenn umfangreiches Material zur Verfügung stehe, was der Bedeutung der Verhandlung durch den Bundesgerichtshof wirklich entspräche. Er würde es nicht für richtig halten, die Kräfte der Strafjustiz zu verzetteln. Er halte auch eine Besprechung dieser wichtigen Dinge mit den beteiligten Stellen für notwendig, damit diese nicht aneinander vorbeiarbeiten. Er habe dann doch noch eine Bitte, Herren namhaft zu machen, von denen anzunehmen sei, dass sie auf dem Gebiete der sogenannten politischen Strafsachen einen zutreffenden Blick und eine besondere Erfahrung besitzen. Er, der Oberbundesanwalt, werde sich bemühen, mit den Generalstaatsanwälten ein Vertrauensverhältnis herzustellen, und gerade deshalb habe er die heutige Gelegenheit ergriffen, um die Herren kennenzulernen. Denn es sei ein Unterschied, ob man sich persönlich über eine schwierige Frage unterhält, oder auf den Berichtsweg angewiesen ist. Er bitte, überzeugt zu sein, dass er, nachdem er dieses hohe Amt übernommen habe, es mit vollem Einsatz seiner Kräfte führen werde und den größten Wert darauf lege, mit den Generalstaatsanwälten vertrauensvoll zusammenzuarbeiten.

GStA Dr. Junker (Düsseldorf) erklärt hierzu, dass Persönlichkeiten des Ministeriums des Innern und der Polizei des Landes Nordrhein-Westfalen bei ihm vorgesprochen hätten mit der Mitteilung, es sei festgestellt worden, dass Adressen von Polizeibeamten hätten gesammelt werden sollen, damit an diese aus der Ostzone Briefe zersetzender Tendenz geschickt werden könnten. Im Übrigen müsste in Zukunft die Behandlung der wegen Hochverrats für schuldig Erklärten im Interesse des Staates folgerichtiger und strenger erfolgen. Er selbst habe eine ganze Reihe von Anklagen wegen Vorbereitung des Hochverrats während der Zeit der Weimarer Republik erhoben. Selbst wenn Verurteilungen zu Zuchthaus erfolgt seien, so seien für diese Verurteilten ganz besondere Vergünstigungen in Anspruch genommen worden. Sie hätten nicht einmal ihre eigenen Zellen zu säubern brauchen, seien beurlaubt worden und hätten sich zu einer Landplage für die ganze Gegend entwickelt.

Nachdem der Oberbundesanwalt etwa um 16 Uhr die Tagung verlassen hatte, wurde zum 11. Punkt der Tagesordnung übergegangen: *Die Behandlung der Straftaten gemäß § 330 a StGB bei ihrer Eintragung in das Strafregister.* Berichterstatter: *GStA Dr. Junker (Düsseldorf)* geht davon aus, dass nach § 330 a StGB [Volltrunkenheit] derjenige, der sich vorsätzlich oder fahrlässig durch den Genuss geistiger Getränke oder durch andere berauschende Mittel in einen die Zurechnungsfähigkeit ausschließenden Rausch versetze, mit Gefängnis oder Geldstrafe bestraft werde, wenn er in diesem Zustande eine mit Strafe bedrohte Handlung begehe. Die Strafe dürfe jedoch nach Art und Maß nicht schwerer sein, als die für die vorsätzliche Begehung der Handlung angedrohte Strafe. Da nach § 2 Abs. 3 der Strafregisterverordnung vom 17.2.1934 (RGBl. I S. 140) nicht alle Verurteilungen wegen einer Übertretung dem Strafregister mitzuteilen sind, so erhebe sich die Frage, ob die aus § 330 a StGB erkannte Strafe auch dann in das Strafregister einzutragen sei, wenn die im Rausch begangene Straftat eine Übertretung sei. Die Beantwortung dieser Frage hänge davon ab, ob die Tat nach § 330 a StGB als ein Vergehen oder im Falle des Abs. 2 als eine Übertretung anzusehen sei. Die Auffassungen hierüber seien geteilt. Das Reichsgericht habe in RGSt 70 S. 42 entschieden, dass die Tat auch dann Vergehen bleibe, wenn die im Rauschzustand begangene Handlung eine Übertretung sei. Er, der Berichterstatter, habe für seinen Bezirk die Anweisung erteilt, dass die Tat aus § 330 a StGB stets als Vergehen zu behandeln sei, und dass die Aufnahme in das Strafregister stattzufinden habe.

GStA Dr. Burchardi (Köln) wendet sich grundsätzlich gegen die Entscheidung des Reichsgerichts.

GStA Biermann (Celle) tritt Dr. Burchardi bei und weist darauf hin, dass § 1 Abs. 3 StGB maßgeblich sei. Sofern der Täter im Rauschzustand eine Übertretung begehe, sei nach § 330 a StGB auch nur eine Übertretungsstrafe angedroht. Die ganze Tat könne daher nur als Übertretung behandelt werden.

OStA Dr. Grosser (als Vertreter des Generalstaatsanwalts bei dem Obersten Landesgericht in München) hält die Frage dadurch für entschieden, dass nicht etwa die Tat bestraft werde, die der Täter im Rauschzustand begehe, sondern die Tat, dass er sich in den Rauschzustand versetzt habe. Auch wer einen Mord im Rauschzustand begangen habe, werde aus § 330 a StGB wegen eines Vergehens und nicht wegen eines Verbrechens bestraft.

GStA Biermann (Celle) tritt diesen Ausführungen bei.

GStA Mork (Nürnberg) ist gegenteiliger Ansicht. Nach seiner Auffassung könne der Gesetzgeber die *vorsätzliche* Form nicht mehr steigern. Er könne eine Übertretung, die vorsätzlich begangen sei, nicht heraufsteigern zu einem Vergehen. Denn eine höhere Schuldform als Vorsatz gebe es nicht.

Auch die *GStA Dr. Mannzen (Schleswig), Dr. Kesseböhmer (Hamm), Biermann (Celle)* sind der Überzeugung, dass eine Übertretung in Frage stehe.

GStA Dr. Junker (Düsseldorf) bittet, hier die Frage einschieben zu dürfen, welche Bewandtnis es jetzt mit den *Auslandsstrafregistern* habe, von denen eins beim GStA des Kammergerichts West, eins in Berlin-Ost bestehe. Er richtet an den GStA in Frankfurt/M. die Frage, ob das dritte Auslandsstrafregister in Frankfurt/M. noch bestehe. *GStA Heymann (Frankfurt/M.)* erwidert, dass die Frage schwer zu behandeln sei; das Auslandsstrafregister bestehe zwar noch, es liefen jedoch augenblicklich Verhandlungen über eine Vereinheitlichung. *GStA Dr. Junker (Düsseldorf)* richtet an den GStA des Kammergerichts die Frage, ob er mit ihm darin übereinstimme, dass die vorzeitige Anordnung der beschränkten Auskunft und die vorzeitige Tilgung der in das Auslandsstrafregister Berlin-West eingetragenen Strafe ihm, dem *GStA des Kammergerichts*, allein zustehe und nicht etwa den Länderbehörden.

GStA Dr. Neumann (Kammergericht) erwidert, dass grundsätzlich die Anordnung der beschränkten Auskunft oder der Tilgung ein Justizverwaltungsakt sei, der allein dem Justizminister gebührt hätte und von diesem auf den Generalstaatsanwalt des Kammergerichts übertragen worden sei. Es würden aber auch Gnadenentscheidungen der Zentralbehörden der Länder berücksichtigt.

GStA Schmid (Stuttgart) stellt die Frage, wie sich das Strafregister Ost verhalte. Es wurde ihm darauf erwidert, dass darüber eine erschöpfende Auskunft nicht gegeben werden könne.

GStA Dr. Junker (Düsseldorf) teilt noch mit, dass in der britischen Zone auch die von Gerichten der Besatzungsmächte verhängten Strafen ins Register eingetragen würden, ebenso diejenigen, die wegen Zugehörigkeit zu verbrecherischen Organisationen verhängt worden seien. Ebenso würden registriert die Strafnachrichten, die aus der Sowjetzone, aus Ost-Berlin kommen, und die sich auf im Ausland erkannte Bestrafung bezögen, sofern es sich um einen Deutschen handelt oder um einen Ausländer, der in Deutschland geboren sei. Er habe für seinen Bezirk auch angeordnet, dass im Strafregister alle Vermerke über Ausbürgerungen zu löschen seien.

OStA Buchholz (als Vertreter des Generalstaatsanwalts in Hamburg) teilte noch mit, dass angeregt worden sei, bei der Aktenaussonderung die Strafregisterauszüge von Personen, die jenseits der Oder-Neiße-Linie oder im Ausland geboren seien, an das Auslandsstrafregister in Berlin-West in doppelter Ausfertigung mitzuteilen. Er gab auch bekannt, dass bei einer Besprechung in Bonn der Standpunkt vertreten wurde, das Auslandsstrafregister habe in Berlin zu bleiben, um die Verbindung auch mit dem Ost-Strafregister aufrecht zu erhalten.

Die Sitzung wurde darauf am 17.10.1950 um 17 Uhr geschlossen.

Beginn der Sitzung am 18.10.1950 um 9.30 Uhr.

Zu Punkt 12 der Tagesordnung: *Grenzen der Anzeigeerstattungspflicht für Polizeibeamte.*

Berichterstatter: *EStA Dr. Rebholz (als Vertreter des GStA in Neustadt a.d. Haardt).* Der Berichterstatter erklärt statt alles weiteren, auf die Entscheidungen des RGSt Bd. 70 S. 251, Bd. 74 S. 180 und auf die wichtige Entscheidung des OLG Hamm in der „Deutschen Rechtsprechung“ Bd. III, 336 Bl. 14 c und d vom 23.4.1949 hinweisen zu müssen. Die Polizei sei verpflichtet, auch da, wo das Opportunitätsprinzip herrsche (§ 153 ff. StPO i.d.F. des Gesetzes zur Wiederherstellung der Rechtseinheit), die Akten der Staatsanwaltschaft oder dem Richter vorzulegen. Nach § 413 StPO habe der Richter die Akten der Staatsanwaltschaft mitzuteilen. Es lägen bereits verschiedene Urteile vor, nach denen sich die Polizei in dieser Richtung vergangen habe. Die Polizei sei selbst in Schwarzhandelsgeschäfte hineingezogen worden, in welchen Fällen oft eine Selbstbegünstigung vorläge und eine Anzeigeerstattung nicht zu erfolgen brauche.

OStA Buchholz (als Vertreter des GStA in Hamburg) weist auf die Schwierigkeiten hin, die sich bei der Neufassung des § 413 StPO ergeben, wenn gegen einen Strafbefehl Einspruch eingelegt würde.

GStA Heymann (Frankfurt/M.) legt dar, dass nach der Neufassung der Strafbefehl zwar ohne Mitwirkung der Staatsanwaltschaft ergehe, diese aber sofort eingeschaltet werde, wenn Einspruch eingelegt sei und dann die mündliche Hauptverhandlung vorbereitet werden müsse.

GStA Mork (Nürnberg) teilt mit, dass in der amerikanischen Zone bereits so verfahren werde.

GStA Schmid (Stuttgart) wirft die Frage auf, ob man der Polizei das Recht einer Zurechtweisung oder Warnung gegenüber dem Täter einräumen könne.

GStA Bauer (Braunschweig) spricht sich gegen die Zulässigkeit einer gebührenpflichtigen Verwarnung durch die Polizei aus.

GStA Biermann (Celle) erklärt, eine Unterdrückung von Anzeigen sei nicht zulässig, aber man sollte die Dinge so laufen lassen, wie sie sich in der Praxis abspielen.

GStA Heymann (Frankfurt/M.) vertritt die Auffassung, dass die Polizei nicht berechtigt sei, von der Verfolgung einer Übertretung abzusehen, die Entscheidung hierüber stehe allein der Staatsanwaltschaft zu.

OStA Buchholz (als Vertreter des GStA in Hamburg) teilte mit, dass in Hamburg die Polizeibeamten nicht jede Beobachtung zur Anzeige bringen. Sie müssten das Recht erhalten, über Kleinigkeiten hinwegzusehen und mündlich zu verwarnen. Es sei ganz unmöglich, die unendlich vielen kleinen Übertretungen, wie sie in der Großstadt vorkommen, in jedem Fall zur Anzeige zu bringen.

GStA Mork (Nürnberg) ist ebenfalls der Ansicht, dass der Polizei eine gewisse Macht eingeräumt werden müsse. „Minima non curat praetor"!

GStA Biermann (Celle) ist der Ansicht, dass man der Polizei keine Rechte einräumen könne, die sich nicht aus den Gesetzen herleiten ließen. Das tägliche Leben verlange jedoch, dass man darüber hinwegsehen müsse, wenn die Polizeibeamten geringfügige Übertretungen nicht zur Anzeige brächten. Das Recht zur Einstellung des Verfahrens stehe jedoch nur der Staatsanwaltschaft zu.

GStA Dr. Burchardi (Köln) ist der Auffassung, dass die Polizei einschreiten müsse, wenn bei ihr eine Anzeige erstattet werde. Bei reinen Beobachtungen müsse man das Einschreiten dem Polizeibeamten selbst überlassen.

Zu Punkt 13 der Tagesordnung: *Maßnahmen des Generalstaatsanwalts anlässlich des Inkrafttretens des Gesetzes zur Wiederherstellung der Rechtseinheit vom 12.9.1950 [BGBl. I, 455].*

Berichterstatter: GStA Dr. Junker (Düsseldorf). Der Berichterstatter begann mit dem Hinweis, dass nach dem Ersten Weltkriege nicht personelle Maßnahmen gegen Beamte der Staatsanwaltschaft ergriffen worden seien. Man habe vielmehr der Staatsanwaltschaft einen Teil ihrer Befugnisse genommen. Zunächst nahm man der Staatsanwaltschaft in Preußen die Bearbeitung der Gnadensachen. Auch die bedingte Strafaussetzung sei ihr genommen worden. Jetzt mache sich ein ähnlicher Prozess bemerkbar. Die Staatsanwaltschaft habe seit 1945 verloren: den Strafvollzug, die Entscheidung über die Fortdauer der Untersuchungshaft und schließlich greife der § 116 der StPO [Vollzug der U-Haft] in der neuen Fassung in die Rechte der Staatsanwaltschaft ein. In Preußen habe die Dienst- und Vollzugsordnung von 1923 [JMinBl. 1923, 714] gegolten, welche nur vier Paragraphen über die Untersuchungshaft enthalten habe. Von 1920 ab setzten die Bestrebungen ein, besondere Bestimmungen über den Vollzug der Untersuchungshaft zu erlassen. Am 1.8.1933 sei die neue Dienst- und Vollzugsordnung und außerdem eine Verordnung über den Vollzug der Untersuchungshaft geschaffen worden. Nach dem § 116 Abs. 4 StPO n.F. sei die ganze Untersuchungshaftvollzugsordnung hinfällig geworden. Man hätte lieber die Bestimmungen über den Geschäftsgang in den Gefängnissen und über die Aufrechterhaltung der allgemeinen Ordnung und der allgemeinen Sicherheit in den Vollzugshaftanstalten bestehen lassen sollen.

GStA Biermann (Celle) meint, dass die alten Bestimmungen zwar nicht mehr als Vorschriften gelten, aber viele Selbstverständlichkeiten enthalten, bei denen es verbleiben müsse.

GStA Dr. Junker (Düsseldorf) weist darauf hin, dass alle nach § 116 StPO erforderlichen Verfügungen nunmehr von dem Richter zu treffen seien. Der Anstaltsvorstand habe dem Untersuchungsgefangenen gegenüber keinerlei Ordnungsstrafgewalt. Es erhebe sich die Frage, in welchem Umfange der Richter bei seinen Entscheidungen an die Ordnung im Gefängnisse und an den Zweck der Haft gebunden sei. Es sei bereits vorgekommen, dass der Richter Entscheidungen getroffen habe, die mit der Ordnung des Gefängnisses im Widerspruch stünden, weil er den ganzen Betrieb im Gefängnis nicht gekannt habe. Nach § 116 StPO lägen anfechtbare Entscheidungen vor, die durch die Strafkammer abgeändert werden könnten. Das Beschwerderecht stünde aber nicht dem Anstaltsvorstand zu, sondern lediglich der Staatsanwaltschaft. Man müsse aber davon ausgehen, dass der Richter in seinen Entscheidungen an die Rücksichtnahme auf die anderen Gefangenen und auf die Gefängnisbeamten gebunden sei. Auch die in dringenden Fällen von anderen Beamten getroffenen Anordnungen unterliegen der Entscheidung des Richters. Es seien also selbst in dringenden Fällen getroffene Anordnungen des Staatsanwalts der Genehmigung des Richters unterworfen.

Der Berichterstatter macht weiter darauf aufmerksam, dass die Genehmigung des Besuches und die Anordnung betreffend die Überwachung des Besuchsverkehrs gegenüber Untersuchungsgefangenen dem Richter zustehe. Dieser könne sein Einverständnis dazu geben, dass der Staatsanwalt in einem Einzelfalle den Besuch des Untersuchungsgefangenen überwacht.

Schließlich wirft der Berichterstatter die Frage auf, ob die Briefüberwachung durch den Richter dem Staatsanwalt übertragen werden könne.

GStA Biermann (Celle) legt dar, dass die Briefe des Untersuchungsgefangenen der Richter zu überwachen habe, und diese Überwachung nicht übertragen könne, da sonst eine Verletzung des Briefgeheimnisses vorliegen würde.

GStA Heymann (Frankfurt/M.) trägt vor, dass die Briefe der Untersuchungsgefangenen offen aufgegeben, aber in ein amtliches Kuvert gelegt würden, das dann verschlossen werde. Der Staatsanwalt sei berechtigt, den Brief zu öffnen und offen dem Richter vorzulegen. Der Staatsanwalt könne den Brief lesen. Stelle er beim Lesen die Notwendigkeit einer Beschlagnahme des Briefes fest, so könne er die Entscheidung des Richters anrufen.

GStA Biermann (Celle) teilt die Auffassung, dass die *Absendung* eines Briefes vom Staatsanwalt verfügt werden könne. Nur wenn die Rechte des Untersuchungsgefangenen *beschränkt* würden, müsse der Richter die Verfügung treffen (§ 116 Abs. 2 StPO). So könne auch der Staatsanwalt eine Besuchserlaubnis erteilen, er dürfe sie nur nicht versagen.

GStA Bauer (Braunschweig) ist der gleichen Auffassung wie GStA Biermann. Wichtig erscheine ihm die Frage, wer der zu diesen Maßnahmen zuständige Richter sei. Seiner Ansicht nach derjenige Richter, der den Haftbefehl erlassen habe.

OStA Buchholz (als Vertreter des GStA in Hamburg) teilt mit, dass in Hamburg die Richter in vollem Umfange die Briefkontrolle übernommen hätten. Das Briefgeheimnis sei durch das Strafgesetz geschützt, das Grundgesetz schütze auch die offenen Mitteilungen. Die Briefkontrolle durch den Richter erschwere das Verfahren natürlich sehr, weil der Staatsanwalt einen besseren Überblick über die Fortschritte des Verfahrens habe als der Richter. Die Briefkontrolle durch den Richter sei zufolge des Gesetzes nicht zu umgehen. Sie sei aber unzweckmäßig, weil der Richter gar nicht beurteilen kann, ob eine Verdunkelungsgefahr bestehe oder nicht.

GStA Biermann (Celle) ist der Meinung, dass der Richter in dringenden Fällen die Entscheidung dem Staatsanwalt übertragen könne, z.B. bei der Sprecherlaubnis.

GStA Dr. Neumann (Kammergericht) vertritt den grundsätzlichen Standpunkt, dass Untersuchungsgefangene nur den Verfügungen des Richters unterworfen seien. Eine Übertragung der Briefkontrolle seitens des Richters auf einen anderen Beamten würde dem § 116 StPO und dem Grundgesetz widersprechen. Er hält es dagegen für zulässig, dass der Richter sein Einverständnis damit gibt, dass die Briefkontrolle in einem einzelnen, konkreten Fall von dem Staatsanwalt wahrgenommen wird.

GStA Dr. Meyer-Abich (Oldenburg) legt dar, dass die Fortschritte und Ergebnisse des Verfahrens nur von dem Staatsanwalt und nicht von dem Richter übersehen werden könnten. Er setzte sich dafür ein, dass die Briefkontrolle durch den Staatsanwalt erfolge, der die entsprechenden Entscheidungen beim Richter zu beantragen habe.

GStA Dr. Junker (Düsseldorf) stellt im Anschluss an die Ausführungen des GStA Dr. Neumann die Frage, ob die Wahrnehmung der Briefkontrolle in einem Einzelfalle auch einem Rechtspfleger übertragen werden könne.

GStA Dr. Neumann (Kammergericht) erwidert, dass er die Übertragung auf einen Rechtspfleger oder auf den Anstaltsvorsteher für unzulässig halte. Nur der Staatsanwalt könne das Verfahren überblicken. Es sei aber wesentlich, dass die Behandlung in dieser Richtung in allen Teilen Deutschlands eine gleichmäßige sei.

GStA Dr. Mork (Nürnberg) ist der Auffassung, dass so, wie das Gesetz liege, der Richter seine Befugnisse nicht übertragen dürfe.

GStA Bauer (Braunschweig) hält es mit dem Briefgeheimnis nicht für vereinbar, dass der Richter die Briefe dem Staatsanwalt vorlegt. Nur wo Bedenken auftauchen, sei er gehalten, den Brief dem Staatsanwalt vorzulegen.

GStA Dr. Burchardi (Köln) ist der Auffassung, vernünftig sei nur der Standpunkt, dass der einzige, der wirklich Interesse am Lesen der Briefe habe, nämlich der Staatsanwalt, diese auch zu lesen bekomme. Im Interesse der Rechtspflege und der Gefangenen selbst sei es notwendig, dass der Staatsanwalt bei der Briefkontrolle beteiligt werde.

OStA Buchholz (als Vertreter des GStA in Hamburg) hält die Briefkontrolle durch den Staatsanwalt für gesetzlich nicht zulässig. Derselben Ansicht ist *GStA Dr. Mannzen (Schleswig)*.

GStA Loerbroks vom Landgericht Berlin tritt dem GStA Dr. Burchardi an die Seite. Nur der Staatsanwalt könne beurteilen, ob der einzelne Brief dem Fortgang des Verfahrens Hindernis bereite. Er trägt einen Mordfall vor, in welchem sich der verdächtige, aber noch nicht überführte Mörder bestimmter, für den Eingeweihten nicht erkennbarer Floskeln bedient habe, um den Adressaten zu beeinflussen und die Untersuchung irrezuführen. Der Richter habe davon nichts wissen können. Der Staatsanwalt habe aber den Brief gelesen, die Absicht sofort erkannt und die Beschlagnahme des Briefes herbeigeführt, der dann ein wichtiges Moment zur Überführung des Täters gebildet hätte.

GStA Biermann (Celle) wendet sich gegen die Bemerkung des Berichterstatters, dass Hausstrafen nicht vom Anstaltsvorstand, sondern nur vom Richter verhängt werden könnten. Der Richter habe nicht das Recht, Untersuchungsgefangene zu *bestrafen*. Er sei nur befugt, ihnen *Beschränkungen* aufzuerlegen.

GStA Schmid (Stuttgart) hält präventive Strafmaßnahmen gegen Untersuchungshäftlinge für zulässig, solange der die Verhängung rechtfertigende Zustand anhält. Repressive Maßnahmen dürften aber nicht ergriffen werden.

GStA Dr. Neumann (Kammergericht) ist der Ansicht, dass die Aufrechterhaltung der Ordnung im Gefängnis auch die Verhängung von Disziplinarstrafen gegen Untersuchungsgefangene rechtfertige. Die Befugnis hierzu stehe nach dem Gesetz nur dem Richter zu. Er erhebe sich aber gegen die Frage, ob die Disziplinarstrafe zu den *Beschränkungen* gehöre, von denen § 116 StPO spricht.

GStA Heymann (Frankfurt/M.) ist der Überzeugung, dass zwecks Aufrechterhaltung der Ordnung im Untersuchungsgefängnis auch der Wille des Untersuchungshäftlings müsse gebrochen werden können, und zwar, wenn nicht auf andere Art und Weise möglich, durch Verhängung einer Strafe.

GStA Dr. Kesseböhmer (Hamm/Westf.) empfiehlt, über nachstehenden Vorschlag abzustimmen: *„Die Überwachung des Briefverkehrs unterliegt dem Richter unter Beteiligung des Staatsanwalts."* – Der Vorschlag wurde einstimmig angenommen.

GStA Dr. Burchardi (Köln) ist ebenfalls der Überzeugung, dass auf jeden Fall die Ordnung im Gefängnis aufrechterhalten werden müsse. Die Stellung des Untersuchungsgefangenen sei schon dadurch die bessere, dass im Gegensatz zum Strafgefangenen die Strafe nicht durch den Anstaltsvorstand, sondern nur durch den Richter verhängt werden müsse.

GStA Dr. Kesseböhmer (Hamm/Westf.) beantragt eine Abstimmung über folgenden Vorschlag: „Disziplinäre Hausstrafen fallen unter die Beschränkungen des § 116 StPO und können daher nur vom Richter verhängt werden". – Der Vorschlag wurde bis auf zwei Stimmen angenommen.

Zu Punkt 14 der Tagesordnung: *Die Ordnung des gerichtsärztlichen Dienstes in den einzelnen Bezirken.*

Der *Berichterstatter, GStA Dr. Junker (Düsseldorf)* trägt vor, dass bis zum Jahre 1934 der gerichtsärztliche Dienst in Preußen grundsätzlich dem Kreisarzt übertragen war. Im Falle des Bedarfs hätte außerdem bei großen Landgerichten ein Gerichtsarzt eingesetzt werden können, der der Justizverwaltung unterstanden habe, während der Kreisarzt zur Inneren Verwaltung gehörte. Am 3.7.1934 sei das Reichsgesetz über die Vereinheitlichung des Gesundheitswesens ergangen, das am 1.4.1935 in Kraft getreten sei. Soweit die gerichtsärztliche Tätigkeit den Kreisärzten oblegen hätte, sei sie nunmehr auf die gleichzeitig geschaffenen Gesundheitsämter übertragen werden. Die Gerichtsärzte hätten an sich nichts mit den Ärzten zu tun gehabt, die als Anstaltsärzte zur Überwachung der Gesundheit der Gefangenen eingesetzt gewesen wären. Die Ärzte bei den Gesundheitsämtern seien nicht in der Lage gewesen, ausreichende gerichtliche Gutachten zu erstatten. Die Justizverwaltung hätte darauf gedrungen, den ganzen gerichtsärztlichen Dienst in ihren Geschäftsbereich zu bekommen. Später sei das Reich in 44 gerichtsärztliche Bezirke eingeteilt worden. Über den Bezirken hätte ein Gesundheitsamt gestanden.

GStA Dr. Neumann (Kammergericht) legte dar, dass zur Zeit das Gesundheitswesen in jedem deutschen Lande besonders geregelt sei. In Berlin gebe es ein gerichtsärztliches Institut und an allen Anstalten Anstaltsärzte, die besonders geschult seien, so dass im Bezirk Berlin keine Schwierigkeiten bestünden. Er trat dafür ein, den Gefangenen oder Beschuldigten nicht die Beibringung eines privat- oder amtsärztlichen Attestes zu überlassen, sondern im Interesse der Straffreiheit und Beschleunigung der Strafvollstreckung selbst seitens der Staatsanwaltschaft die Untersuchung durch den Anstaltsarzt herbeizuführen.

Zu Punkt 15 der Tagesordnung: *Vollstreckung von Strafurteilen deutscher Gerichte und Strafverfolgungsersuchen aus der sowjetischen Besatzungszone im Bundesgebiet und in West-Berlin.*

Der *Berichterstatter, GStA Dr. Neumann (Kammergericht)* macht den Teilnehmern der Tagung Folgendes bekannt: Bis zum Jahre 1948 seien besondere Schwierigkeiten bei der Durchführung von Verhaftungen und Vollstreckung von Strafen, um die ostzonale Behörden gebeten hatten, nicht aufgetreten. Nachdem die Tätigkeit des Kontrollrates und der Alliierten Kommandantur in Berlin aufgehört habe, hätten sich die Militärregierungen der drei Westsektoren veranlasst gesehen, durch drei gleichlautende Verordnungen von Ende August bzw. Anfang September 1948 zu bestimmen, dass alle die erwähnten Ersuchen um Durchführung von Verhaftungen oder Strafvollstreckung dem Generalstaatsanwalt des Landgerichts Berlin als dem Leiter der zuständigen Strafvollstreckungsbehörde sofort vorzulegen seien. Dieser habe für alsbaldiges richterliches Verhör des Festzunehmenden zu sorgen, die Unterlagen genau zu prüfen oder ergänzen zu lassen, und die Vorgänge sodann der zuständigen Militärregierung mit einem bestimmten Vorschlage einzureichen, dass dem Ersuchen entsprochen oder ihm nicht Genüge geschehen solle. Die ersuchende Behörde sei dann von der Entscheidung der Militärregierung verständigt worden. Derartige Überführungsersuchen seien eingegangen im Jahre 1948 = 101, im Jahre 1949 = 1283, im Jahre 1950 bis Ende März = 339, zusammen seit Oktober 1948 = 1723 Ersuchen. Im Jahre 1948 seien in Strafverfolgungssachen 68 Ersuchen eingegangen, von denen 37 abgelehnt, 31 genehmigt seien. Im Jahre 1949 = 283 Ersuchen, von denen 118 abgelehnt; 165 genehmigt seien. Im Jahre 1950 bis Ende März = 56 Ersuchen, von denen 15 abgelehnt und 41 genehmigt worden seien. Also im Ganzen 407 Ersuchen, von denen 170 abgelehnt und 237 genehmigt seien.

Was die Strafvollstreckungsersuchen anlangt, so seien eingegangen: Im Jahr 1948 18, von denen 11 abgelehnt, 7 genehmigt seien, im Jahre 1949 313, von denen 288 abgelehnt und 25 genehmigt seien, im Jahre 1950 bisher 40, von denen 24 abgelehnt und 16 genehmigt seien. Es seien also bis Ende März 1950 = 371 Vollstreckungsersuchen eingegangen, von denen 323 abgelehnt und nur 48 genehmigt seien. Es seien aber noch mehr Personen dadurch geschützt worden, dass 1949 in 362 Sachen die Ersuchen ostsektoraler oder ostzonaler Behörden zurückgenommen worden seien, nachdem ihnen nahegelegt worden war, den Verurteilten bedingte Strafaussetzung zu bewilligen. Mit Rücksicht auf die Bedeutung der einschlägigen Ersuchen hätte sich der landgerichtliche GStA die Bearbeitung selbst vorbehalten. Die Berliner Staatsanwaltschaft sei bei der Prüfung der Ersuchen mit einer ganz besonderen Sorgfalt vorgegangen und hätte die erforderlichen Erkundigungen schnell eingezogen, weil sie ja mit allen Behörden der Polizei, des Sicherheitsdienstes, der

Fürsorgeorgane, der Flüchtlingsorganisationen in ständiger Fühlung stehe. Stets würde auch geprüft, ob die Übernahme in eigener Zuständigkeit zur Verfolgung vor westsektoralen Gerichten in Frage käme. Denn man stehe in Berlin auf dem Standpunkte, dass ein Bewohner der Westsektoren den Anspruch habe, von einem Berufsrichter abgeurteilt zu werden. Insbesondere bei den Dieben von Buntmetallen sei so verfahren worden, weil in diesen Fällen der Schuldige in der Ostzone oder im Ostsektor eine unverhältnismäßig hohe Strafe zu gewärtigen gehabt hätte. Rechtlich habe man den Standpunkt eingenommen, dass Personen, die aus der Ostzone oder dem Ostsektor nach West-Berlin geflüchtet seien, damit unzweideutig zum Ausdruck gebracht hätten, dass sie das Zentrum ihrer wirtschaftlichen Existenz, also ihren Wohnsitz, nach West-Berlin verlegt hätten, so dass die Erhebung der Anklage gemäß § 8 StPO durchaus begründet gewesen wäre. Selbst bei Minderjährigen sei man so verfahren, von der Annahme ausgehend, dass die gesetzlichen Vertreter die Übersiedlung der Jugendlichen in deren Interesse nach West-Berlin gebilligt hätten. Durch die Erhebung der Anklage vor West-Berliner Gerichten werde diesen gemäß § 12 StPO die Priorität unter Ausschluss jeder anderen Zuständigkeit gesichert. Damit würde gegenüber dem Gerichtsstand der im Osten begangenen Tat (§ 17 StPO) für den größten Teil aller Fälle der Gerichtsstand des Wohnsitzes oder des gewöhnlichen Aufenthaltsorts begründet.

§ 8 a StPO [Der Gerichtsstand ist bei dem Gericht begründet, in dessen Bezirk der Beschuldigte zur Zeit der Anklage auf behördliche Anordnung verwahrt wird (VO vom 6.5.1940)] wird als typisch nationalsozialistische Bestimmung nicht angewendet, ebenfalls nicht § 9 StPO, weil es sich um keine Ersuchen aus dem Auslande handelt. In Fällen, in denen das Hauptverfahren oder die gerichtliche Voruntersuchung bereits eröffnet sei, könne eine Übernahme aus Rechtsgründen nicht erfolgen; es würde bei den geringsten Bedenken der Militärregierung empfohlen, den Ersuchen nicht zu entsprechen. Überhaupt sei in Wirtschaftsstrafsachen mit Rücksicht auf die Verschiedenheit der beiderseitigen Wirtschaftssysteme einem Überführungsersuchen nur selten entsprochen worden. Zu beachten sei, dass sich viele unlautere Elemente nach Verübung von Straftaten im Osten in die Westsektoren begeben hätten und durch Verschweigen ihrer Straftaten die politische Flüchtlingseigenschaft zu erlangen versuchten. Bei fast allen Ersuchen wird die Übersendung der Akten gefordert. Gingen die Ersuchen bei der Polizei ein, so hätte auch diese die Angelegenheit dem Generalstaatsanwalt des Landgerichts zur Prüfung vorzulegen. Fast täglich seien bei der Staatsanwaltschaft Personen erschienen, die selbst Anklagen ostzonaler oder ostsektoraler Behörden vorlegten und um Rat bäten, wie sie sich verhalten sollten. Auch die Ersuchen um Strafvollstreckung hätten zu keinerlei Schwierigkeiten geführt. Die Vollstreckung erfolge nur nach Prüfung des rechtskräftigen Urteils. Es wird durchweg von der Überführung eines Bewohners der Westsektoren in ein Gefängnis des Ostsektors oder der Ostzone abgesehen. Die Strafvollstreckung wird vielmehr in einem Gefängnis der Westsektoren vollzogen. Erscheine die Strafe als übersetzt, so wird nur die in den Westsektoren übliche Strafe im westsektoralen Gefängnis vollstreckt und es wird, nachdem dem Verurteilten eine gute Führung nahegelegt sei, dieser in Freiheit gesetzt und der ersuchenden Behörde die bedingte Aussetzung des Strafrestes empfohlen, in welcher Richtung sich ebenfalls keine Schwierigkeiten ergeben hätten. Die Gegenseitigkeit wird genau beobachtet.

Falls ostzonale oder ostsektorale Behörden die Vollstreckung von westsektoralen Strafen ablehnten, werde reziprok verfahren. Als z.B. die Ostbehörden erklärten, kurzfristige Strafen wegen des Mangels an Hafträumen nicht vollstrecken zu können, seien die entsprechenden Strafen auch in Berlin nicht vollstreckt worden. Die Beantwortung der Ersuchen erfordere ein großes Maß von Verwaltungsarbeit und verlange schnellste Entschlüsse, ständige Fühlungnahme mit der Presse, mit dem Flüchtlingsdienst, mit der Polizei und mit den Fürsorgeorganen. Deswegen empfehle sich keine *gesetzliche* Regelung. Die Entscheidung müsse den jeweiligen wirtschaftlichen und politischen Verhältnissen angepasst werden können. Dis bisherige Praxis habe nicht nur zu keiner ernstlichen Beanstandung geführt, sondern die Fälle hätten schnell durchgeführt werden können. Insbesondere empfehle sich keineswegs, die hier kritische Entscheidung den Gerichten zu übertragen. Der zuständige Referent des landgerichtlichen Generalstaatsanwalts hätte täglich ungefähr 20 Telefonanrufe zu erledigen. Nach Erlass des Berliner Besatzungsstatus erteile nicht mehr die zuständige Besatzungsmacht die Genehmigung oder Ablehnung, sondern überlasse das dem GStA des Landgerichts, der lediglich den Sachverhalt und die von ihm beabsichtigte Entscheidung mitzuteilen habe. Inzwischen haben sich die Justizminister der deutschen Länder auch auf den Standpunkt gestellt, die Angelegenheit lediglich verwaltungsmäßig zu ordnen und in Abständen von etwa je drei Monaten durch einen besonderen Ausschuss der Länderjustizverwaltung die Frage unter ständiger Prüfung zu halten.

GStA Dr. Junker (Düsseldorf) beantragt, die Punkte 16 und 17 der Tagesordnung mit dem Punkt 15 in der Diskussion zu verbinden.

Punkt 16 der Tagesordnung lautet: *Anwendung des § 115 a StPO (Haftprüfungsverfahren), wenn der Beschuldigte innerhalb der Bundesrepublik in Untersuchungshaft genommen worden ist, der Haftbefehl aber von einem Gericht in der sowjetischen Besatzungszone erlassen worden war.*

Punkt 17 der Tagesordnung lautet: *Auslieferung der in Ziff. 16 genannten Personen an die Strafverfolgungsbehörden der sowjetischen Besatzungszone.*

Die Verbindungsanträge des *GStA Dr. Junker (Düsseldorf)*, des Berichterstatters, werden angenommen.

GStA Dr. Junker (Düsseldorf) trägt vor, dass man bestrebt sei, die Fiktion der korrekten Rechtshilfe aufrechtzuerhalten. Es seien innerhalb dieser Rechtshilfe folgende Gebiete zu entscheiden:

1. Strafvollstreckung: a) Vollstreckung von Strafen, die in der Ostzone oder in dem Ostsektor Berlins erkannt worden sind – b) Überstellung von Verurteilten aus den Westzonen in die Ostzone zum Zwecke der Vollstreckung in der Ostzone erkannter Strafen,
2. Vollstreckung von Haftbefehlen betreffend Untersuchungshaft: a) Vollstreckung dieser Untersuchungshaftbefehle, – b) Haftprüfungsverfahren, – c) Überstellung aus der Westzone in die Ostzone aufgrund eines in der Ostzone ergangenen Haftbefehls.

Im Falle 1 a liege im OLG-Bezirk Düsseldorf die Entscheidung bei dem landgerichtlichen Oberstaatsanwalt, der bei Bedenken an die Justizminister zu berichten habe.

Was den Fall 1 b anlage, so sei bisher erst ein Fall vorgekommen, in welchem die Überstellung abgelehnt worden sei.

In den Fällen Ziff. 2 entscheide ebenfalls der Oberstaatsanwalt des Landgerichts, der bei Bedenken an den Justizminister zu berichten habe.

Der Berichterstatter teilt mit, dass nach einem Beschluss des OLG in Düsseldorf vom 7.8.1950, der sich einer Entscheidung des OLG Braunschweig angeschlossen hat, Untersuchungsgefangene, die aufgrund eines in der Ostzone erlassenen Haftbefehls in den Westzonen einsäßen, dem Haftprüfungsverfahren unterlägen, jedoch mit der Maßgabe, dass nicht der Haftbefehl aufgehoben werden könne, sondern lediglich von der Vollstreckung abgesehen werden dürfe.

In diesem Zusammenhang erhebe sich auch die Frage, ob die Staatsanwaltschaft der Westzone mit dem östlichen Verfahren überhaupt etwas zu tun habe. Denn nach § 156 GVG [Rechtshilfepflicht] müsse davon ausgegangen werden, dass nur die Gerichte Rechtshilfe zu leisten hätten. Könne man davon ausgehen, dass die westliche Staatsanwaltschaft wegen desselben Falles ein neues Verfahren einzuleiten berechtigt sei? Man könne sagen, dass sowohl in der Ost- wie auch in der Westzone ein staatlicher Strafanspruch erwachsen sei, denn der Gerichtsstand sei nicht nur am Tatort, sondern auch am Wohnsitz des Beschuldigten gegeben. Dieses Wahlrecht bestehe aber nur, solange eine gerichtliche Untersuchung noch nicht eröffnet sei (§ 12 StPO). Die Frage, in welchem Umfange das Haftprüfungsverfahren in diesen kritischen Fällen durchgeführt werden solle, lasse sich leicht entscheiden, aber nicht leicht durchführen. Er, der Berichterstatter, halte sich für verpflichtet, diese Zweifelsfragen zur Kenntnis der Tagungsteilnehmer zu bringen.

GStA Dr. Neumann (Kammergericht) ist der Meinung, dass man die aufgeworfenen Fragen heute nicht endgültig entscheiden könne. Es käme auf die konkrete Gestaltung des Einzelfalles an. Er bitte aber um Angabe, wer in den einzelnen Bezirken über das Rechtshilfeersuchen aus dem Osten entscheide.

GStA Heymann (Frankfurt/M.) teilt mit, dass in dem OLG-Bezirk Frankfurt/M. die Entscheidung bei dem GStA liege.

OStA Dr. Pauli (als Vertreter des GStA in Freiburg i.Br.) teilt mit, dass in seinem Bezirk ebenfalls die Entscheidung des Justizministeriums eingeholt werde.

Die gleiche Übung bestehe – jedenfalls in Zweifelsfällen – in Württemberg, wie *GStA Schmitt* berichtet.

GStA Bauer (Braunschweig) erklärt, dass die Entscheidung dem OStA des Landgerichts, die Auslieferung an die Ostzone aber dem GStA des OLG obliege.

EStA Dr. Rebholz (als Vertreter des GStA in Neustadt a.d. Haardt) bestätigt, dass in seinem Bezirk ebenfalls der OStA des Landgerichts die Entscheidung treffe, in Zweifelsfällen aber an das Ministerium berichtet werde.

GStA Morbach (Koblenz) gibt bekannt, dass bei Überstellung in jedem Falle an das Ministerium zu berichten sei.

GStA Dr. Mannzen (Schleswig) teilt mit, dass in Schleswig-Holstein der OStA des Landgerichts über die Vollstreckung entscheide, in Zweifelsfällen Berichterstattung an den GStA erfolge. Entscheidungen über Auslieferung würden nur durch das Justizministerium getroffen.

Es stellte sich heraus, dass im Wesentlichen die Entscheidung bei dem landgerichtlichen Oberstaatsanwalt liegt und bei Bedenken überall an die Ministerialinstanz, in manchen Bezirken durch den GStA des OLG berichtet werde.

Zu Punkt 18 der Tagesordnung: *Zur Frage der Vollstreckungsfähigkeit in Internierungshaft ostzonaler Spruchkammerbehörden.* Der *Berichterstatter, GStA Morbach (Koblenz)* schlägt vor, von einer Erörterung dieser Frage abzusehen, weil gerade die Tätigkeit der Spruchkammerbehörden in den einzelnen deutschen Ländern zu verschiedenartig gestaltet sei.

Dem Vorschlage wurde stattgegeben.

Der wissenschaftliche Teil der Tagung wurde am 18.10.1950, nachmittags 14 Uhr, geschlossen.

Am 19.10.1950 besichtigen einzelne Generalstaatsanwälte das Auslandsstrafregister sowie die anderen Einrichtungen der Generalstaatsanwaltschaft des Kammergerichts und nahmen an einer Revision des Strafgefängnisses Tegel teil.

Alsdann wurde die Tagung geschlossen.

VI. Protokoll über die Arbeitstagung der Generalstaatsanwälte vom 8.–9.11.1951

Anwesende:

Oberbundesanwalt Dr. Wiechmann	Karlsruhe
Senatspräsident Dr. Neumann	Karlsruhe (BGH)
Senatspräsident Dr. Moericke	Karlsruhe (BGH)
GStA Steffen	Bamberg
OStA Brühl	Berlin (Kammergericht)
GStA Loerbroks	Berlin (Landgericht)
GStA Bauer	Braunschweig
GStA Biermann	Celle
GStA Dr. Junker	Düsseldorf
GStA Rosenthal-Pelldram	Frankfurt/M.
GStA Dr. Schafheutle	Freiburg
GStA Feyen	Hamburg
GStA Kesseböhmer	Hamm
GStA Morbach	Koblenz
GStA Dr. Burchardi	Köln
GStA Dr. Geropp	Neustadt
GStA Mork	Nürnberg
GStA Dr. Meyer-Abich	Oldenburg
GStA Dr. Mannzen	Schleswig
OStA Klein	Frankfurt/M.

GStA Rosenthal-Pelldram begrüßt die Teilnehmer, insbesondere Oberbundesanwalt Dr. Wiechmann und die Senatspräsidenten Dr. Neumann und Dr. Moericke, und gibt die Absagen der GStA Heitzer (Bremen), Roll (München), Schmidt (Stuttgart) und VizeGStA Woll (Karlsruhe) bekannt.

Auf Vorschlag von *GStA Dr. Junker* übernimmt *GStA Rosenthal-Pelldram* die Leitung der Tagung.

Oberbundesanwalt Dr. Wiechmann dankt zugleich im Namen der Senatspräsidenten Dr. Neumann und Dr. Moericke für die Einladung. Er gibt seiner Befriedigung über die gute Zusammenarbeit mit den Generalstaatsanwälten auf dem Gebiet der Revisionen Ausdruck, die bislang bei ihm kein Bedauern über den Mangel einer dem früheren Rechtszustand entsprechenden Weisungsbefugnis habe aufkommen lassen.

GStA Rosenthal-Pelldram teilt mit, dass auf Wunsch des Oberbundesanwalts zwischen den Punkten 4 und 5 der Tagesordnung als weiterer Punkt der Tagesordnung die „Stellungnahme der Generalstaatsanwälte bei Einlegung der Revision" erörtert werden soll.

Punkt 1: Fragen zum Strafrechtsänderungsgesetz [BGBl. I 1951, 739]

GStA Dr. Schafheutle verweist auf seinen Aufsatz in der JZ 1951 S. 609 ff., in dessen Ergänzungen er als ehemaliger Strafrechtsreferent des Bundesjustizministeriums und Teilnehmer an den Beratungen des Bundestags und Bundesrats einige praktische Hinweise geben wolle. Er führt aus: Art. 1 StÄG richtet sich gegen die rechts- und linksradikalen Gegner; die größte Gefahr droht wohl von linksradikaler Seite. Wenn auch die Mittel des Strafrechts zur Bekämpfung des Radikalismus allein nicht ausreichen, so kann ihre Wirksamkeit doch durch frühe Anwendung wesentlich verstärkt werden. Deshalb sind auch die Vorbereitungshandlungen unter Strafe gestellt.

Von hohem Wert für die Rechtsanwendung ist heute noch die Rechtsprechung des Reichsgerichts über die Vorbereitung eines hochverräterischen Unternehmens. Obwohl für die Verfolgung von Hoch- und Verfassungsverrat der Oberbundesanwalt zuständig ist, müssen auch die Staatsanwaltschaften sich mit der früheren Rechtsprechung vertraut machen. Leider ist die zur Unterrichtung hervorragend geeignete, von Senatspräs. Dr. Neumann verfasste Denkschrift der Reichsanwaltschaft von 1928 – veröffentlicht unter Nr. 92 der Drucksachen des Reichstags von 1928 – weitgehend unbekannt. Es empfiehlt sich für die GStA, die Denkschrift durch das Bundesjustizministerium zu beschaffen. Über die Hochverratsvorschriften hinaus ist der Schutz des Staates durch die Vorschriften über die Staatsgefährdung erweitert worden. Von besonderer Bedeutung sind zwei Komplexe:

a) *Die Bekämpfung der verbotenen Vereinigungen* (§§ 90 a, 129, 129 a StGB. Während die Bestrafung aus § 129 eine Vorentscheidung nicht voraussetzt, ist die Strafbarkeit aus § 129 a an eine Vorentscheidung des Bundesverwaltungsgerichts (bis zu dessen Einrichtung gemäß Art. 5 Z. 1 StAG eines Strafsenates des Bundesgerichtshofs) oder eines obersten Landesverwaltungsgerichts gebunden.

§ 90 a richtet sich gegen die Gründer, Rädelsführer und Hintermänner solcher Vereinigungen, deren Zwecke oder deren Tätigkeit gegen die verfassungsmäßige Ordnung oder gegen den Gedanken der Völkerverständigung gerichtet sind. Bislang hat die Bundesregierung zwei häufig übertretene Verbote gemäß Art. 9 Abs. 2 GG erlassen, nämlich am 24.4.1951 das Verbot der Vereinigungen zur Durchführung der Volksbefragung gegen die Remilitarisierung und für den Abschluss eines Friedensvertrags mit Deutschland im

Jahre 1951 – GMBl. S. 110 – und am 26.6.1951 das Verbot der FDJ – GMBl. S. 330 -, die ihre Tätigkeit gleichwohl weiter fortsetzt.

GStA Schafheutle fordert eine scharfe Bekämpfung der FDJ, insbesondere ihrer Funktionäre und weist darauf hin, dass seit dem 1.9.1951 hierfür nicht mehr allein § 110 StGB, sondern auch § 90 a StGB zur Verfügung steht. Die Behandlung des sichergestellten Materials regelt sich nunmehr nach §§ 90 a, 98 (i.V. mit § 86 StGB). Selbstverständlich gilt § 90 a für alle Vereinigungen mit gleicher Zielsetzung. GStA Schafheutle hält, da eine Entscheidung nach § 129 a StGB in Kürze kaum zu erwarten ist, § 90 a für eine Vorschrift von besonderer praktischer Bedeutung.

b) *Staatsgefährdung*. Schutzobjekt der Vorschriften des 2. Abschnitts des StÄG ist die Beeinträchtigung des Bestandes der Bundesrepublik Deutschland und der in § 88 Abs. 2 StGB aufgeführten Verfassungsgrundsätze. Auf die Einführung totaler Diktatur gerichtete kommunistische Bestrebungen erfüllen auch in subjektiver Hinsicht diese Vorschriften. Den wichtigsten Verfassungsgrundsatz enthält § 88 Abs. 2 StGB. Unter Gewalt- und Willkürherrschaft ist praktisch das kommunistische Unrechtssystem zu verstehen. Wer das sowjetzonale System in der Bundesrepublik einführen will, erfüllt den Tatbestand dieses Gesetzes.

§ 90 StGB dient der Bekämpfung der kommunistischen Streikdrohung und bedroht nicht nur die Entfesselung eines solchen Streiks, sondern gemäß Abs. 2 und 3 aaO. auch den Versuch und Vorbereitungshandlungen mit Strafe.

§ 92 StGB richtet sich gegen den Nachrichtendienst, und steht insofern in engem Zusammenhang mit § 100 d Abs. 2 StGB. Beide Bestimmungen sind eine wichtige Waffe im Kampf gegen den Kommunismus.

§ 93 bedroht die Einfuhr von Propagandamaterial mit Strafe und erlaubt dessen Beschlagnahme und Einziehung (§ 98 i.V. mit § 86 StGB). Bislang haben die Polizeibehörden oft nicht gewusst, was sie mit Propagandamaterial machen sollen. Jetzt ist die gerichtliche Einziehung im objektiven Verfahren zulässig.

In taktischer Hinsicht erscheint das Gesetz ausreichend; denn es ist so weit gefasst, dass die meisten kommunistischen Funktionäre zu fassen sein werden, insbesondere aufgrund des § 100 StGB. Allerdings bleibt eine Verurteilung abhängig auch von der Erfüllung des inneren Tatbestandes. Ein Gesinnungsstrafrecht ist nicht eingeführt worden; die Verwirklichung des objektiven Tatbestandes ist stets erforderlich.

Um Fehlschläge zu vermeiden, empfiehlt es sich, zunächst nur Fälle anzuklagen, in denen kein Freispruch zu erwarten ist. Die Generalstaatsanwälte und Oberstaatsanwälte müssen aber die Strafverfahren einleiten, ohne auf Anzeigen zu warten. Erforderlich ist es vor allem, bald höchstrichterliche Entscheidungen herbeizuführen, um eine sichere und klare Grundlage für die Tätigkeit der Gerichte und Staatsanwaltschaften zu erhalten. Wie früher die Rechtsprechung des RG maßgebend war, so muss jetzt die Judikatur des BGH maßgebend werden. Oft wird die Staatsanwaltschaft die Zusammenhänge nicht überblicken können, da viele staatsgefährdende Handlungen zunächst nur als unscheinbare Glieder einer umfassenden Kette zwecks Beseitigung unserer staatlichen Ordnung in Erscheinung treten. Deshalb ist eine enge Zusammenarbeit mit den Verfassungsschutzämtern unerlässlich.

Auch § 74 a GVG – die Zusammenfassung der Verfahren wegen Verbreitung hochverräterischer Schriften, Staatsgefährdung, Agententätigkeit – dient dem Zweck, die überörtlichen Zusammenhänge zu berücksichtigen.

Den Ausführungen folgt eine ausgedehnte Erörterung.

GStA Rosenthal-Pelldram hält das Material der Verfassungsschutzämter für dürftig und Abhilfe für notwendig.

GStA Bauer hebt aufgrund der Erfahrungen an der Grenzübergangsstelle Helmstedt die Wirksamkeit der §§ 90 a, 93 StGB hervor. Er hält höchstrichterliche Entscheidungen für dringend erforderlich und hat in einem Verfahren wegen Vergehens gegen § 129 a.F. i.V. mit § 129 a und 90 a StGB Revision zugunsten des Angeklagten eingelegt, um dem BGH Gelegenheit zum Spruch zu geben.

Darüber hinaus hält er es für notwendig, Entscheidungen des BVerfG über die Verfassungswidrigkeit der KPD und SRP herbeizuführen. GStA Bauer warnt davor, die Begriffe des § 90 a elastisch auszulegen. Wenn A von sich aus zu B geht und ihn fragt, ob er seine Stimme für die Remilitarisierung abgehen wolle, so ist damit noch keine Strafbarkeit gegeben. Gegen den Beschluss der Bundesregierung über das Verbot der FDJ bestehen s.E. rechtsstaatliche Bedenken. Das aufgrund des Art. 9 Abs. 2 GG erlassene Verbot betrifft Vereinigungen, die sich gegen die verfassungsmäßige Ordnung richten. Der Beschluss der Bundesregierung entbehrt hinreichender Feststellungen über Verstöße der FDJ gegen die verfassungsmäßige Ordnung. Es wäre notwendig, klar zu sagen, dass sich die FDJ mit bestimmten (im Einzelnen aufzuführenden) verfassungswidrigen Mitteln für die Diktatur des Proletariats einsetze. Der Strafsenat des OLG Braunschweig habe sich darauf beschränkt, die FDJ für „notorisch" verfassungswidrig zu erklären. Das genüge aber wohl nicht. Solche Formulierungen zeigten Anklänge an das Dritte Reich und seien deshalb abzulehnen. GStA Bauer wirft weiter die Frage auf, ob die FDJ nicht als integrierender Bestandteil der KPD i.S. des § 90 a Abs. 3 StGB angesehen werden müsse. Das werde allerdings ihrer Verfolgung bis zu einer Entscheidung des BVerfG über die Verfassungswidrigkeit der KPD entgegenstehen. GStA Bauer verneint diese Frage und schließt aus dem Verhalten der KPD, dass sie Verurteilungen der FDJ-Angehörigen geradezu wünsche, um Märtyrer zu schaffen. Er weist schließlich auf Schwierigkeiten bei der Anwendung des § 93 StGB hin. Im Allgemeinen sei nämlich das Material (Aufrufe für den Frieden und gegen die Überfremdung durch die Westmächte) verhältnismäßig neutral. Es sei deshalb schwer, nachzuweisen, dass solche Schriften bereits den Tatbestand des

§ 95 erfüllten. Auch für diese Fälle werde durch eine Entscheidung des BVerfG die Arbeit der Staatsanwaltschaft wesentlich erleichtert.

GStA Rosenthal-Pelldram bemerkt hierzu aus der hessischen Praxis, dass die Unsicherheit der Behörden in der Tat auf ähnliche Bedenken, wie sie GStA Bauer geäußert hat, zurückzuführen sei.

GStA Dr. Junker weist darauf hin, dass in Nordrhein-Westfalen aufgrund einer Verordnung des Innenministers vom 28.4.1951 zur Verhinderung der Volksbefragung Geldstrafe bis zu 150 DM verhängt und beschlagnahmtes Material aus sicherheitspolitischen Gründen eingezogen werden könne und zwar nicht nur im Falle des Vertriebs, sondern auch, wenn es sonst gefunden werde.

Diese Verordnung ist zunächst von den Gerichten anerkannt worden. Dann hat ein Amtsgericht das Verfahren gemäß Art. 100 GG ausgesetzt. Andere Amtsgerichte haben sich diesem Vorgehen angeschlossen. Seit dem Inkrafttreten des StÄG sind neue Verfahren gegen die FDJ noch nicht bekannt geworden.

GStA Dr. Junker geht dann auf den Inhalt der radikalen Zeitungen ein, deren Artikel meist hart an der Grenze des Strafbaren liegen. Er stellt die Frage, ob bereits bei kleineren Verstößen dieser Art eingeschritten werden solle.

GStA Feyen führt aus, in Hamburg werde die Tätigkeit der Staatsanwaltschaft durch Mangel an Material zum Nachweis eines Verstoßes gegen die verfassungsmäßige Ordnung behindert. Das Verfassungsschutzamt (VerfSchA) hat keine beweiskräftigen Dokumente zur Verfügung stellen können; die Zeitungen aber sprechen nicht von Gewaltanwendung, sondern nur vom Frieden. Er hält eine zentrale Bearbeitung des Materials für unumgänglich, da die Landesverfassungsschutzämter auch technisch nicht in der Lage seien, ihre Aufgabe zu erfüllen; er fordert deshalb die Übernahme der Leitung durch das BundesVSchA und die Aufgabe der von diesem bisher gezeigten Zurückhaltung. Er spricht sich für baldige Herbeiführung einer Entscheidung des BVerfG aus, da § 90 a Abs. 3 StGB ein Hindernis sei, zu dessen Überwindung sich die unteren Gerichte nicht entschließen könnten.

Die gleichen Gesichtspunkte stehen nach seiner Auffassung auch einer nachdrücklichen Verfolgung der rechtsradikalen Organisation im Wege.

GStA Rosenthal-Pelldram verweist auf das Fehlen einer Exekutive bei den Verfassungsschutzämtern und die oft unzulängliche Bedeutung der politischen Abteilungen bei den – in der amerikanischen Zone ausschließlich kommunalen – Polizeibehörden und stellt die Forderung nach einer zentralen Organisation der politischen Polizei zur Erwägung.

GStA Dr. Mannzen schließt sich der Auffassung, dass ohne eine Entscheidung des BVerfG ein durchschlagender Erfolg nicht zu erzielen sei, an. Bislang muss die einzelne Polizeibehörde oder Staatsanwaltschaft den hochverräterischen Charakter der KPD nachweisen. Wenn rechtsstaatliche Auffassung der Strafverfolgungsbehörden zur Schwäche führe, dann machten sich die KPD und die rechtsradikalen Organisationen dies zunutze.

Von den Verfassungsschutzämtern ist bisher keine wirksame Hilfe geleistet worden. Die Anhänger der KPD dienen ihrer Idee durch die verschiedenartigsten, als solche nicht strafbaren Maßnahmen, so durch Sammlungen für Kinderheime und ähnliche sozial getarnte Zwecke. Es ist notwendig, die kommunistische Idee von ihren Anfängen an zu studieren und ihre Ziele und Mittel festzustellen. Nur dann verspricht ein Eingreifen Erfolg. Eine solche Aufgabe kann aber nur das BundesVSchA, nicht die einzelne Staatsanwaltschaft lösen.

GStA Rosenthal-Pelldram glaubt, dass der Ideologie und Taktik des Ostens vielfach zu wenig Wert beigemessen wird. Er hält es für unerlässlich, sich mit der Theorie der Sowjetzone, die dort sofort in die Praxis umgesetzt wird, vertraut zu machen.

GStA Dr. Junker berichtet über eine Ministerialbesprechung, bei der die Beschaffung von Material erörtert worden ist. Dieses lässt sich nur aus einer Vielzahl von Einzelvorgängen zusammenstellen. Deshalb sei in Aussicht genommen worden, über jedes Verfahren, das strafbare Handlungen seitens der radikalen Organisationen betreffe, auch im Falle der Einstellung, an den Justiz- und Innenminister zu berichten. Er bedauert, dass bislang nichts weiter veranlasst worden ist – offenbar deshalb, weil die Länder auf eine Anregung des Bundesjustizministeriums gewartet haben.

GStA Dr. Meyer-Abich hält für besonders dringlich

a) Materialbeschaffung und b) höchstrichterliche Entscheidungen.

Eine wissenschaftlich-gründliche Materialzusammenstellung genügt nicht. Jedem einzelnen Angeklagten muss nachgewiesen werden, dass er die aus dem Material sich ergebende Tendenz gekannt und gebilligt hat.

Neben einer Entscheidung des BVerfG gemäß § 90 a Abs. 3 StGB ist auch die Rechtsprechung des BGH von hoher Bedeutung.

GStA Feyen verspricht sich von der Sammlung ideologischen Materials von Marx bis zu den heutigen Veröffentlichungen keinen Erfolg.

Die KPD hat nicht nur in Deutschland, sondern auch in Russland ihre Ideologie geändert. Seit der Unterdrückung der Bauernrevolte und der Rechts- und Linksopposition ist auch die Propaganda in der Sowjetunion umgestellt. Heute wird dort patriotische, militaristische und imperialistische Propaganda getrieben. Es kommt entscheidend auf die Sammlung des Materials aus jüngster Zeit an. Daran fehlt es, mit Ausnahme der Zeitungen, deren Aufsätze aber z.T. über die wahren Ziele der KPD gerade hinwegtäuschen. Auch die Erfahrungen anlässlich des Hamburger Hafenarbeiterstreiks legen die Schaffung einer zentralen Abwehr nahe.

GStA Kesseböhmer hält die Beschaffung von Material für das Wichtigste. Die Staatsanwaltschaft selbst kann kein Material beschaffen und muss sich der Hilfe der Polizei bedienen. Diese hat sich bisher nicht sehr aktiv gezeigt. Die Gründe dafür sind vermutlich geringe Erfahrung und eine gewisse Besorgnis. Zur Abhilfe empfiehlt sich eine zentrale

Leitung der politischen Abteilungen der Polizei, außerdem intensive Zusammenarbeit der Staatsanwaltschaft mit der Polizei.

Zur Beobachtung der Presse führt GStA Kesseböhmer aus, dass früher strafbare Handlungen, insbesondere Vorbereitung zum Hochverrat, leichter aus der Presse zu entnehmen waren. Es muss für ein Einschreiten heute genügen, wenn das Sowjetsystem in der Presse glorifiziert wird.

Die bei Gericht anhängig gewordenen Verfahren wegen Zuwiderhandlung gegen die VO des Ministers des Innern des Landes Nordrhein-Westfalen zur Verhinderung der Volksbefragung haben gezeigt, dass die Gerichte wenig entscheidungsfreudig sind.

GStA Dr. Burchardi ist der Auffassung, dass die Staatsanwaltschaft sich davon freihalten müsse, Politik zu machen. Dies ist der Bundesregierung zu überlassen, solange sie nicht das BVerfG gemäß Art. 21 Abs. 2 GG anrufe, liege offenbar kein politischer Notstand vor. Die Staatsanwaltschaft sollte daher nicht, auf Kleinigkeiten gestützt, die Initiative ergreifen, sondern nur deutlich sich darbietende Tatbestände verfolgen.

GStA Rosenthal-Pelldram hat den Eindruck, dass der Bundesinnenminister der Auffassung ist, die Staatsanwaltschaft könne allein schon aufgrund der ergangenen Gesetze wirksam einschreiten. Dem sei aber nicht so.

GStA Dr. Mannzen unterstreicht diese Ausführungen und meint, es sei unerlässlich, zum Verständnis der kommunistischen Taktik auf Marx zurückzugehen und auch die Schriften von Lenin und Stalin heranzuziehen. Wer über den Werdegang der KPD unterrichtet sei, lasse sich nicht durch scheinbar harmlose Artikel der heutigen KPD-Presse irreführen. Die kommunistische Literatur zeige, dass der Kommunismus sich auf die Zeitverhältnisse bestens einzustellen verstehe und sich jeweils zeitgemäßer Schlagworte zur Erreichung seiner Ziele bediene.

GStA Bauer schlägt vor, eine Entschließung zu fassen, die zum Ausdruck bringt, dass das vorhandene Material zur Anwendung der §§ 90 a Abs. 1 u. 2 und 93 StGB nicht ausreiche. – In Niedersachsen hat die Erfahrung gezeigt, dass das Amt für Verfassungsschutz keine Sachverständigen in Gerichtssitzungen entsenden will. GStA Bauer sieht daher prozessuale Schwierigkeiten voraus.

GStA Morbach führt zum Beweise der mangelnden Unterrichtung der Polizeibehörden an, dass der Innenminister von Rheinland-Pfalz gebeten hat, Staatsanwälte zur Unterrichtung der Regierungspräsidenten und Polizeibehörden zur Verfügung zu stellen. Er hält übereilte Anklageerhebung für gefährlich, da jeder Freispruch von der kommunistischen Presse propagandistisch ausgewertet wird.

GStA Dr. Junker hält die gesetzlichen Bestimmungen für nicht judikabel. Das Verbot des Treffens der Hunderttausend in Dortmund durch eine Polizeiverordnung des Innenministers des Landes Nordrhein-Westfalen habe dagegen eine leichte Judikabilität ermöglicht.

GStA Feyen weist darauf hin, dass in Hamburg eine ähnliche VO von dem AG dem BVerfG zur Entscheidung vorgelegt worden sei.

GStA Dr. Mannzen nennt gleichartige Fälle aus seinem Bezirk. Auf Revision hat das OLG die VO für ungültig erklärt. da ihr ein Geltungsbereich nicht bestimmt war.

GStA Dr. Schafheutle weist darauf hin, dass die Schwierigkeit, die KPD gemäß Art. 21 GG für verfassungswidrig zu erklären, eine Entscheidung des BVerfG hinauszögern könne. Deshalb dürften die Strafverfolgungsbehörden sich nicht mit dem Zuwarten auf eine Entscheidung begnügen. Sie hätten vielmehr anhand des anfallenden Materials zu prüfen, ob es nicht für ein strafrechtliches Eingreifen ausreiche. Das Bundesverfassungsschutzamt und das Bundesministerium des Innern sammeln Material und leiten es auch dem Oberbundesanwalt zu. Die Zusammenarbeit zwischen dem Bundesverfassungsschutzamt und den Landesverfassungsschutzämtern muss aktiviert werden. Die Generalstaatsanwälte müssen an den Bundesminister des Innern herantreten; ohne Material auf breiter Grundlage sind Strafverfahren wenig erfolgversprechend.

Die Staatsanwälte müssen aber auch ihrerseits die Landesverfassungsschutzämter mit geeigneten Hinweisen unterstützen. Die Gefahren, die seitens der rechts- und linksradikalen Organisationen drohen, sind groß. Strafrechtliche Mittel wirken erfahrungsgemäß nur im Anfangsstadium.

Was das Verbot der FDJ gemäß Art. 9 GG anbetrifft, so ist die Kritik an dem Beschluss der Bundesregierung nicht ganz berechtigt. Der Beschluss der Bundesregierung enthält hinreichende Ausführungen. Ob die FDJ als politische Untergliederung der KPD anzusehen ist, muss von der Bundesregierung entschieden werden. Diese hat die Frage verneint, wie sich aus der Anwendung des Art. 9 Abs. 2 und nicht des Art. 21 Abs. 2 GG ergibt. Daher dürfen die Staatsanwaltschaften die FDJ nicht als Untergliederung der KPD behandeln.

In Baden sind Landesleiter und Funktionäre der FDJ bei geheimen Besprechungen entdeckt worden. Dabei ist Material über die Fortsetzung der FDJ gefunden worden.

Verfahren wegen Vergehens gegen § 90 a sind durchaus möglich. Soweit die Verfassungsschutzämter sich weigern, ihr Material zur Verfügung zu stellen, muss eine Lösung gefunden werden.

§ 93 StGB gewährleistet die Beschlagnahme des aus der Ostzone einströmenden Materials. Allerdings ist es nicht angängig, nur auf den unmittelbaren Zweck abzustellen, dem dieses Material zu dienen vorgibt. Denn mit dem betreffenden Schriften werden sehr viel ernstere Ziele verfolgt, nicht die Neutralisierung der Bundesrepublik, sondern ihre Überleitung in das Sowjetsystem.

Senatspräs. Dr. Neumann erklärt diese Frage für die brennendste der ganzen Tagesordnung. Er hält es nicht für angängig, sich abwartend zu verhalten.

Allerdings war 1919 die Lage im Hinblick auf die Weisungsbefugnis des Oberreichsanwalts und die damals gefestigte Organisation der Polizei eine andere.

Das Ziel der KPD bleibt immer dasselbe. Sie verfolgt jetzt nur eine andere Taktik. Einzeln betrachtet klingt vieles harmlos; im Zusammenhang lässt alles auch heute das gleiche Zeil erkennen.

Da infolge des föderativen Charakters der Bundesrepublik die Weisungsbefugnis des Oberreichsanwalts in Wegfall gekommen ist, sind nunmehr die Generalstaatsanwälte verantwortlich. Es ist nicht angebracht, zu warten, bis eine Klage vor dem BVerfG erhoben und entschieden ist. Es muss vielmehr, wenn ein Vergehen notwendig wird, auch das Erforderliche getan werden. Empfehlenswert ist eine Entschließung, durch die eine bessere Versorgung der Strafverfolgungsbehörden mit Material gefordert wird. Daneben müssen die Generalstaatsanwälte aber selbst Material zusammenstellen und liefern, insbesondere die Presse aufmerksam verfolgen und verdächtige Nachrichten (mit Kopf und Datum) ausschneiden und sammeln.

Der OBA muss das ihm zugeleitete Material an die Generalstaatsanwälte weitergeben. Im Übrigen darf nicht vergessen werden, dass der BGH im Strafrecht die oberste Instanz ist.

OBA Dr. Wiechmann bezeichnet das Ergebnis der Aussprache als sehr ernst. Die Staatsanwaltschaften sind ersichtlich bemüht, die neuen Vorschriften anzuwenden, stehen aber schwer überwindbaren – tatsächlichen und rechtlichen – Schwierigkeiten gegenüber.

Die Annahme des Vorschlages des GStA Dr. Burchardi würde praktisch bedeuten, dass das StÄG bis zur Entscheidung des BVerfG außer Kraft trete. Der OBA schließt sich daher der Auffassung des Senatspräs. Dr. Neumann und des GStA Dr. Schafheutle an.

Es muss allerdings verhindert werden, dass die Strafjustiz versagt. Die Bundesregierung bereitet offenbar den Antrag auf ein Verbot der KPD vor. Schon vor einem Spruch des BVerfG kann möglicherweise durch Entscheidungen anderer Gerichte eine gewisse Klarheit herbeigeführt werden. Die Materialbeschaffung ist wichtig. Bei dem BGH ist erst eine Sache anhängig gemacht worden, in welcher der Angeschuldigte außer Verfolgung gesetzt worden ist. Das Bundesverfassungsschutzamt hat kein geeignetes Material gehabt; der Untersuchungsrichter hat einiges von Bedeutung gefunden. Für die erstinstanzlichen Sachen sollte dem OBA ein Weisungsrecht gegenüber den Staatsanwaltschaften der Länder eingeräumt werden.

Zu der vorgeschlagenen Entschließung bemerkte der OBA, es könne nicht seine Aufgabe sein, eine solche an den Bundesjustizminister weiterzuleiten. Die Generalstaatsanwälte müssten vielmehr die Landesjustizverwaltungen auf vorhandene Mängel hinweisen; diese könnten sich wiederum an die Innenminister wenden. Die Angelegenheit werde zweckmäßig in einer Besprechung der Bundesminister der Justiz und des Innern mit dem Bundesverfassungsschutzamt geklärt werden.

Die Denkschrift von 1928 sei eine Fundgrube für die Bearbeitung der bei dem BGH anhängig werdenden erstinstanzlichen Sachen, enthalte aber wenig für die die Generalstaatsanwälte berührenden Fragen. Statt des Studiums der Drucksache empfehle sich daher eine Unterrichtung der Dezernenten in aktuellen Fragen. Das Wort der Literatur solle man nicht überschätzen.

Die Auswertung aller Pressenachrichten ist natürlich wünschenswert. Die Bundesanwaltschaft kann aber diese Aufgabe nicht übernehmen, da ihr entsprechende Mittel für den Bezug der Zeitungen fehlen. Der Inhalt der regelmäßig gelesenen Zeitungen „Tägliche Rundschau" und „Neues Deutschland" ist wenig aufschlussreich für die hier erörterten Fragen.

Senatspräs. Dr. Neumann empfiehlt den Generalstaatsanwälten, dem Bundeskanzler und den Bundesministern der Justiz und des Innern eine Entschließung zuzuordnen.

GStA Dr. Junker spricht sich gegen eine Entschließung aus, die Initiative beim Bund und nicht bei den Ländern liegt.

GStA Dr. Meyer-Abich spricht sich für eine Entschließung aus und schlägt vor, diese dem Bundesminister der Justiz durch eine Abordnung von Generalstaatsanwälten vorzutragen.

GStA Bauer hält die Vorlage des Sitzungsprotokolls an den Bundesminister der Justiz für besser als eine Entschließung.

GStA Rosenthal-Pelldram schlägt vor, sich alsbald auf eine Formulierung der durch ernste Sorgen begründeten Forderung nach besserer Information zu einigen und die formulierte Entschließung dem Tagungsprotokoll als Anlage beizufügen. Dann trete bei Weiterleitung des Protokolls an die Justizminister oder im Falle der Übergabe des Protokolls an den Bundesjustizminister die Meinung der Generalstaatsanwälte jedenfalls betont in Erscheinung.

GStA Dr. Mannzen regt an, das Ergebnis der Erörterung durch eine Kommission für die Aufnahme in das Protokoll zusammenfassen zu lassen; eine gesonderte Entschließung [u. S. 159] könnte bei etwaigem Bekanntwerden in der Öffentlichkeit zu Missverständnissen Anlass geben.

Dem Vorschlag wird von allen Generalstaatsanwälten zugestimmt.

Durch Zuruf werden die Mitglieder der Kommission die GStA Dr. Junker, Bauer und Dr. Schafheutle bestellt.

(Schluss der Vormittagssitzung 18.45 Uhr)

Um 15.45 Uhr wird die Beratung mit *Punkt 5* der Tagesordnung (*Verfahren nach § 74 a GVG i.d. Fassung des StÄG v. 30.8.1951, BGBl. 739*) fortgesetzt.

OBA Dr. Wiechmann nimmt Bezug auf den Aufsatz von *Dallinger in DZ 1951 S. 620 ff.*, in dem es heißt: „Es entspricht dem Sinn des Gesetzes, dass im Verwaltungswege die Voraussetzungen dafür geschaffen werden, dass der OBA [Oberbundesanwalt] das Übernahmerecht sachgemäß ausüben kann."

Wenn man prüft, in welcher Richtung Anordnungen zu erlassen sind, so ergibt sich die Frage, ob dem OBA in allen Fällen das Material zwecks Entscheidung über die

Übernahme der Verfolgung vorzulegen ist, oder ob es Sache der Oberstaatsanwälte (bzw. Generalstaatsanwälte) ist, zu bestimmen, welche Verfahren dem OBA vorgelegt werden sollen. Ob eine Regelung in erstgenanntem Sinne mit der Verfassung in Einklang steht, kann zweifelhaft sein.

Bisher sind dem OBA nur drei Strafsachen zugeleitet worden, und zwar aus Niedersachsen. Ob daraus zu schließen ist, dass bislang nur wenige Sachen dieser Art angefallen sind, oder aber, dass eine Vorlage an den OBA nur in geringem Maße verfügt worden ist, bleibt offen.

Man muss sich darüber schlüssig werden, ob die Vorlage an den OBA sofort nach Einleitung des Verfahrens erfolgen soll oder erst nach Abschluss der Ermittlungen, evtl. unter Beifügung eines Anklageentwurfs. Die Anklage wird jedenfalls zweckmäßig erst dann eingereicht, wenn der OBA seine Entschließung mitgeteilt hat. Es ist wohl zu weitgehend, alle unter § 74 a GVG fallenden Sachen dem OBA vorzulegen. Wenn aber eine Vorlage beabsichtigt ist, dann sollte sie im Anfangsstadium des Verfahrens erfolgen.

Die Auffassung der Länder über die Behandlung der Sachen bei der Staatsanwaltschaft ist unterschiedlich; das bayerische Justizministerium hat z.B. aufgrund des § 145 GVG [Devolution, Substitution] den politischen Sachbearbeiter bei den einzelnen Staatsanwaltschaften für zuständig gemäß § 74 a Abs. 2 GVG erklärt.

GStA Rosenthal-Pelldram ist der Meinung, dass die Ermittlungsverfahren sofort bei dem OStA des nach § 74 a GVG zuständigen Landgerichts konzentriert werden sollten.

GStA Dr. Schafheutle hält eine Dezentralisation – wie sie die bayerische Regelung vorsieht – mit dem Gesetz nicht für vereinbar.

GStA Kesseböhmer hat für seinen Bezirk vorläufig angeordnet, dass der örtliche GStA die Akten, nachdem er etwaige notwendige Sofortmaßnahmen getroffen hat, alsbald an den OStA bei dem LG am Sitze des OLG abgibt. Dieser nimmt in einem Einleitungsbericht an den OBA Stellung zu der Frage, ob wegen der besonderen Bedeutung des Falles die Abgabe an den OBA in Frage kommt. Er führt dann die Ermittlungen zum Abschluss und reicht ggf. die Anklage ein. Gleichzeitig berichtet er dem OBA unter Beifügung einer Abschrift der Anklage mit kurzer Fristsetzung und dem Hinweis, dass er, falls eine gegenteilige Mitteilung nicht eingehe, annehme, dass der OBA von seinem Evokationsrecht keinen Gebrauch mache. Die Strafkammer wird von der Berichterstattung in Kenntnis gesetzt, um zu verhindern, dass vor Eingang einer Nachricht des OBA bereits das Hauptverfahren eröffnet ist. Die Berichte werden über den GStA vorgelegt. Zwei Abschriften erhält der Justizminister.

Zweifel haben sich bisher nur in der Frage ergeben, ob der OStA selbst zur Einstellung des Verfahrens berechtigt ist. Im Übrigen erweist sich die Unterscheidung zwischen Hochverrat und Staatsgefährdung als nicht einfach.

GStA Steffen tritt für weitgehende Dezentralisation der Strafverfolgung ein. Der mit den örtlichen Verhältnissen besser vertraute OStA kann schneller und nachhaltiger zugreifen. Die Einheit der Sachbehandlung geht dadurch nicht verloren. Denn der örtliche OStA lässt den Entwurf der Anklageschrift dem OStA bei dem LG am Sitz des OLG zugehen, welche endgültig entscheidet.

Durch den Erlass des bayerischen Justizministeriums wird nicht die örtliche Staatsanwaltschaft als solche, sondern der örtliche Dezernent beauftragt.

GStA Dr. Junker hat in seinem Bezirk angeordnet, dass in allen Sachen an den OBA zu berichten ist.

GStA Mannzen stellt die Frage, ob in Bayern klargestellt sei, dass der örtliche Dezernent unter Leitung des zentralen OStA handle.

GStA Steffen erwidert, dass er die Befugnisse aus § 74 a GVG an den örtlichen OStA und den örtlichen Dezernenten delegieren wolle, damit die Dienstaufsicht gewahrt bleibe.

OBA Dr. Wiechmann erklärt, er sei ohne weiteres davon ausgegangen, dass die Konzentrierung bei den Landgerichten am Sitze des OLG auch die Zusammenfassung bei der StA bei diesem LG zur Folge habe. Eine andere Lösung hält er auch nicht für zweckentsprechend.

GStA Dr. Schafheutle folgert aus § 143 GVG, dass die StA bei dem nach § 74 a GVG bestimmtem LG die örtliche Zuständigkeit für den ganzen OLG-Bezirk besitzt.

GStA Dr. Mannzen tritt ebenfalls der bayerischen Regelung entgegen. In seinem Bezirk ist der OStA bei dem LG Kiel auch für die Verfolgung der Wirtschaftsstrafsachen in erster Instanz allein zuständig.

GStA Biermann sieht durch die bayerische Regelung den Zweck des Gesetzes gefährdet. In Fällen des § 74 a kommt es nicht auf die örtlichen Verhältnisse, sondern auf die Erkennung der Zusammenhänge entscheidend an. In kleinen Bezirken fehlt notwendig diese Übersicht.

GStA Bauer spricht sich für eine ähnliche Verfügung aus, wie sie GStA Kesseböhmer getroffen hat.

OBA Dr. Wiechmann will vorläufig die Entschließung über die Vorlage der einzelnen Verfahren den Generalstaatsanwälten überlassen, bittet aber, ihm in jedem Fall eine Abschrift der Anklageschrift und Urteile zuzuleiten. Dem OBA ist an einer einheitlichen Handhabung im Bundesgebiet, derentwegen er an den Bundesjustizminister berichten wird, vordringlich gelegen.

GStA Rosenthal-Pelldram fasst das Ergebnis der Aussprache zusammen.

GStA Kesseböhmer wird wunschgemäß die für seinen Bezirk getroffene Regelung allen Generalstaatsanwälten mitteilen.

Auf die Frage des *GStA Bauer,* an welchen Fällen der OBA besonders interessiert sei (Verschleppungsfälle? Flaggenschändung?), erwidert *OBA Dr. Wiechmann,* dass er mit Rücksicht auf die Bedeutung, die einem Verfahren vor dem BGH zukomme, voraussichtlich nur in Ausnahmefällen von seinem Evokationsrecht Gebrauch machen werde.

Punkt 6 der Tagesordnung: Belastung des BGH durch zu weitgehende Anklageerhebung vor der Strafkammer

GStA Dr. Meyer-Abich führt aus, dass nach der jetzigen Fassung der §§ 24 Abs. 1 Ziff. 2, 74 Abs. 1 Satz 2 GVG die Zuständigkeit der Strafkammer in zu großem Umfange begründet werde. In seinem Bezirk schwankt das Verhältnis der Strafkammeranklagen zu den Schöffengerichtsanklagen zwischen 8 und 16 Prozent.

GStA Rosenthal-Pelldram nennt für das Land Hessen im 1. Halbjahr 1950 den Prozentsatz der Strafkammeranklagen mit 38%, im 1. Halbjahr 1951 mit 25%.

GStA Feyen nennt für Hamburg im Jahre 1949 den Prozentsatz der Strafkammeranklagen mit 18%, im Jahre 1950 mit 13%, für die ersten zehn Monate des Jahres 1951 mit 17%.

GStA Dr. Burchardi gibt für den OLG-Bezirk Köln für die ersten neun Monate 1951 den Prozentsatz der Strafkammeranklagen mit 11% an.

GStA Dr. Mannzen hält den für Schleswig-Holstein festgestellten Prozentsatz der Strafkammeranklagen von 14% für das Zeichen einer gesunden Praxis.

GStA Morbach nennt für den OLG-Bezirk Koblenz den gleichen Prozentsatz.

OBA Dr. Wiechmann hält das angegebene Verhältnis von Strafkammer- und Schöffengerichtsanklagen im Allgemeinen nicht für ungünstig. Wenn auch oft praktische Erwägungen für die Anklageerhebung vor der Strafkammer ausschlaggebend sein können, sollten sie doch die Ausnahme bilden. Dies ist nach den bisherigen Erfahrungen nicht der Fall. Allein bei einem Senat des BGH sind 151 Revisionen wegen Straftaten nach § 175 StGB anhängig gewesen; hiervon sind 73 als offensichtlich unbegründet verworfen worden. In diesen Verfahren war in 14 Fällen auf Gefängnisstrafe von weniger als sechs Monaten, in 17 Fällen auf Gefängnisstrafen von sechs bis neun Monaten erkannt worden. In letzter Zeit sei offenbar eine Besserung eingetreten.

Senatspräs. Dr. Neumann verweist auf § 24 Abs. 2 GVG. Danach darf die StA in Vergehenssachen eine Anklage von der Strafkammer nur wegen der besonderen Bedeutung des Falles erheben. Oft werden aber Bagatellsachen angeklagt, bei denen auf Strafen von ein und zwei Monaten Gefängnis erkannt worden ist. Auch in Verbrechenssachen sollte die Zuständigkeit des Schöffengerichts, das auf Zuchthausstrafen bis zu zwei Jahren erkennen kann, besser ausgenutzt werden.

Senatspräs. Dr. Moericke unterstreicht diese Ausführungen. Er hat die bei seinem Senat anhängigen Verfahren wegen Verstoßes gegen das Gesetz über den Verkehr mit unedlen Metallen nachgeprüft und keinen einzigen Fall gefunden, in dem die StA eine Strafe beantragt hatte, die nicht auch das Schöffengericht hätte aussprechen können. Die Folge dieser allzu zahlreichen Strafkammerurteilen ist eine Verzögerung der Verfahren beim BGH, der heute seine Termine schon auf Anfang Februar 1952 ansetzen muss. Auch die Verzögerung der Verfahren wegen Verbrechen gegen die Menschlichkeit ist darauf zurückzuführen.

GStA Bauer hält ein Verhältnis der Strafkammer zu Schöffengerichtssachen von 3:12 angemessen. Er führt die zu große Zahl der Strafkammeranklagen darauf zurück, dass diese nach dem Pensenschlüssel höher gewertet werden.

GStA Dr. Meyer-Abich bittet den OBA um gelegentlichen Hinweis auf Einzelfälle.

OBF Dr. Wiechmann schlägt vor, die Zeichnungen der Strafkammeranklagen den Oberstaatsanwälten vorzubehalten.

GStA Bauer hält dieses Maßnahme nicht für erfolgversprechend, da auch von den OStA des Pensenschlüssels wegen die erforderliche Zurückhaltung bei der Erhebung von Strafkammeranklagen nicht immer erwartet werden kann.

GStA Rosenthal-Pelldram stellt die Erhebung der Strafkammeranklagen in Jugendschutzsachen zur Erwägung, bei denen in der Mehrzahl der Fälle nur Gefängnisstrafen ausgesprochen werden. Den betroffenen Kindern sollte eine zweite Tatsacheninstanz erspart bleiben.

Die *Senatspräs. Dr. Naumann* und *Dr. Moericke* halten Strafkammeranklagen in dem bisherigen Umfang nicht für angebracht. Dem den Kindern drohenden Schaden sollte durch eine Beschleunigung der Verhandlung vor der Berufungsstrafkammer abgeholfen werden.

Die *GStA Dr. Burchardi, Biermann* und *Feyen* sprechen sich auch für die Erhebung der Anklage vor der Strafkammer in diesen Fällen aus, zumal da in der zweiten Instanz die Kinderaussage meistens unsicher werde und häufig Freispruch zur Folge habe.

GStA Rosenthal-Pelldram stellt als einhellige Meinung fest, dass im Regelfalle im Interesse der Kinder die Erhebung einer Strafkammeranklage geboten ist, unbedenklich das Schöffengericht aber dann mit diesen Verfahren befasst werden sollte, wenn im Hinblick auf ein Geständnis des Täters eine Vernehmung des Kindes entbehrt werden kann.

Auf Wunsch des OBA wurde als neuer Punkt der Tagesordnung behandelt: *Übersendungsberichte bei Revisionen an den Bundesgerichtshof*

OBA Dr. Wiechmann weist darauf hin, dass nach Ziff. 260 der RL [Richtlinien] für das Strafverfahren die GStA bei Weitergabe von Revisionen der OStA zu prüfen haben, ob das Rechtsmittel zu verfolgen ist. Eine eigene Stellungnahme der GStA ist angebracht, aber bislang nur in Einzelfällen erfolgt. Bei Vorlage der Revisionen an den OBA sollten die GStA darlegen, ob sie die Revisionen des OStA für begründet erachten oder in welchen Punkten sie Bedenken haben. Der OBA ist oft nicht in der Lage, die Revision zu vertreten. Gelegentlich hat er die Zurücknahme der Revision angeregt und damit auch gute Erfahrungen gemacht. Er weiß aber nicht, ob von den GStA solche Anregungen für zweckmäßig erachtet werden. Jedenfalls sollten die GStA sich nicht auf einen Sichtvermerk beschränken, sondern zur Revision sachlich Stellung nehmen.

In der Zeit vom 1.1.-30.9.1951 sind 115 Revisionen der Staatsanwaltschaften eingegangen, davon hat der OBA 32 Revisionen nicht vertreten. Von den 115 Revisionen sind durch Urteil oder Beschluss 41 verworfen und 17 zurückgenommen worden, d.h. rund 50% der Revisionen sind aussichtslos gewesen.

GStA Rosenthal-Pelldram bemerkt, dass er alle Revisionen seiner Oberstaatsanwälte prüft und in zahlreichen Fällen selbst die Zurücknahme angeordnet hat. Sein Sichtvermerk bedeutet, dass er der Revision beitritt. Er wird aber die ohnedies bei seiner Behörde als Vermerk niedergelegte Stellungnahme nunmehr in allen geeigneten Fällen dem OBA mitteilen.

GStA Morbach berichtet für seinen Bezirk über gleiche Handhabung und bittet den OBA, bei Bedenken gegen die Revision um Mitteilung unter Angabe der Gründe.

Die *GStA Dr. Junker* und *Dr. Burchardi* vertreten die gleiche Auffassung.

Es wird als einhellige Meinung der GStA festgestellt: Der OBA möge, wenn er die Revision nicht vertreten könne, den GStA dies unter Angabe der Gründe mitteilen.

GStA Rosenthal-Pelldram weist darauf hin, dass Ziff. 256 Ziff. 4 der RL-Bescheinigung über die Zahlungsfähigkeit des Angeklagten durch die AV des fr. RJM vom 9.3.1939 – DJ S. 1036 – gestrichen ist.

Senatspräs. Dr. Neumann bittet in dem Übersendungsbericht die Fundstelle eines etwa gestellten Strafantrages anzugeben.

Punkt 20 der Tagesordnung: Rundfunk-, Tonfilm-, Lichtbildaufnahmen

GStA Dr. Meyer-Abich führt aus, dass in Niedersachsen die Zulassung von Rundfunk-, Tonfilm- und Lichtbildaufnahmen in Sitzungen häufig erörtert worden ist. Fotografische und Rundfunkaufnahmen werden nicht zugelassen.

GStA Loerbroks bemerkt, in Berlin sei es völlig ausgeschlossen, Fotografen und Rundfunk nicht zuzulassen. Seine Versuche, diese störenden Aufnahmen abzugrenzen, sind vergeblich gewesen.

GStA Bauer teilt mit, in Niedersachsen sei, da Angeklagte und Zeugen ein Recht am eigenen Bilde haben, Anweisung an die Staatsanwälte ergangen, darauf hinzuwirken, dass diese befragt werden, ob sie ihr Einverständnis zu Aufnahmen erteilen. Geschieht es nicht, so muss das Fotografieren unterbleiben.

GStA Morbach berichtet aus seinem Bezirk, Fotografen seien gelegentlich zugelassen worden. Da dies zur Störung der Verhandlungen geführt hat, wird jetzt das Fotografieren grundsätzlich abgelehnt.

GStA Dr. Meyer-Abich und *Biermann* betonen, dass die Verteidigung durch Rundfunkaufnahmen unzulässig beschränkt wird, weil die später abzuhörenden Zeugen häufig von den Aussagen der Angeklagten oder der früher gehörten Zeugen Wort für Wort Kenntnis erhalten.

Senatspräs. Dr. Moericke weist darauf hin, dass seinerzeit der sog. Reichstagsbrandprozess durch Rundfunk und Tonfilm aufgenommen worden ist. Vorsitzender und Beisitzer sind davon auf das Unangenehmste berührt gewesen. Die Unbefangenheit der Richter, Angeklagten und Zeugen wurde durch diese Aufnahmen zweifellos beeinträchtigt. In der Übertragung durch Rundfunk und Tonfilm erblickt er eine unverkennbare Gefahr, schon weil die Verbreitung von Ausschnitten ein falsches Bild von der Verhandlung vermittelt.

GStA Rosenthal-Pelldram spricht sich für einen Ausschluss von Tonfilm und Rundfunk aus.

Als einhellige Meinung der Generalstaatsanwälte wird festgestellt, dass Tonfilm und Rundfunkaufnahmen nicht zugelassen werden sollen.

Punkt 3 der Tagesordnung: Aufhebung des Kontrollratsgesetzes Nr. 10 in der britischen Besatzungszone

GStA Morbach stellt zur Diskussion, welche Wirkung die Aufhebung der allgemeinen Ermächtigung zur Ausübung der Gerichtsbarkeit bei Verbrechen gegen die Menschlichkeit habe.

Senatspräs. Dr. Neumann erklärt, der BGH habe über diese Frage endgültig entschieden. Die Zurücknahme wirkt auf die anhängigen Strafverfahren und die neuen Anzeigen; sie bringt den Strafanspruch des Staates zum Erlöschen, soweit er sich auf das KG Nr. 10 bezieht, wirkt aber nicht auf die in Tateinheit damit begangenen strafbaren Handlungen. So hat der BGH im Falle einer Verurteilung aus dem KG Nr. 10 in Tateinheit mit Verbrechen nach §§ 212 239 [Totschlag, Freiheitsberaubung], StGB die Verurteilung aus diesen letzteren Gesichtspunkten aufrecht erhalten und die Revision unter Wegfall der Verurteilung aus dem KG Nr. 10 verworfen.

GStA Dr. Meyer-Abich hat in einem Vermerk folgende Anordnung niedergelegt:

Die VO Nr. 134 des britischen Hohen Kommissars vom 31.8.1951 – Amtsbl. 1951 S. 1138 – wurde besprochen:

a) Verfahren, soweit auch deutschrechtliche Straftatbestände in Frage kommen, sind weiterzuführen.
b) Ermittlungsverfahren, die bislang lediglich eine Straftat nach Art. II 10 des KG Nr. 10 (insbesondere Denunziationen) zum Gegenstande hatten, sind bis zur möglichst restlosen Klärung durchzuführen.

Im Übrigen ist die Rechtsprechung des BGH abzuwarten. Soweit in solchen Verfahren bereits Anklage erhoben oder das Hauptverfahren eröffnet ist, ist entsprechend zu verfahren; es ist darauf hinzuwirken, dass etwaige Hauptverhandlungstermine aufgehoben werden.

c) Von einer Vorlage an die Rechtsabteilung der Besatzungsmächte soll abgesehen werden. Insoweit hat der niedersächsische Minister der Justiz mit der Rechtsabteilung des brit. Landeskommissars in Hannover Fühlung genommen.
d) Vor dem 1.9.1951 erkannte Strafen werden weiter vollstreckt.

GStA Morbach fragt, ob auch Einzelermächtigungen der Besatzungsmacht, wie sie anfänglich erteilt worden seien, als widerrufen gelten. Diese Frage wird bejaht.

GStA Dr. Schafheutle teilt mit, dass über diese Frage ein Schriftwechsel zwischen dem Bundeskanzler und dem britischen und französischen Hohen Kommissar stattgefunden hat mit dem Ergebnis, dass diese Verfahren den deutschen Behörden überlassen werden und dass die deutschen Gerichte nicht verpflichtet sind, Verfahren dieser Art gemäß dem Gesetz Nr. 13 und seinen Ausführungsbestimmungen den alliierten Behörden zwecks Ausübung des Evokationsrechtes vorzulegen.

Punkt 4 der Tagesordnung: Strafbarkeit des Arztes bei freiwilliger Sterilisation

GStA Rosenthal-Pelldram verweist auf das Schrifttum zu dieser Frage, insbesondere auf den Aufsatz von *Eberhard Schmidt* in JZ 1951 Heft 3 S. 65, in dem die Veröffentlichungen von Schäfer-Dohnanyi, Kohlrausch-Lange, Erdsiek, Krug, Schöncke und Graf zu Dohna zitiert sind, sowie auf den über den gegenwärtigen Stand des Problems unterrichtenden Aufsatz von *OStA Brühl* und *StA Polzin* in der JR 1951, S. 495.

OStA Brühl hält die freiwillige Sterilisation aufgrund medizinischer Indikation für unbestritten zulässig. Die freiwillige Sterilisation aufgrund medizinisch-prophylaktischer Indikation hält er bei Einwilligung der betroffenen Person für zulässig, wobei die Einwilligung des gesetzlichen Vertreters nicht ausreichen soll. Die freiwillige Sterilisation aufgrund eugenischer Indikation erscheint ihm bedenklich, wenn der Betroffene infolge schwerer geistiger Erkrankung seine Zustimmung zu dem Eingriff nicht geben kann und nur der gesetzliche Vertreter einwilligt. Die freiwillige Sterilisation aus sozialer Indikation lehnt OStA Brühl ab, da ein solcher Eingriff schwerer wiege als die zweifellos strafbare Schwangerschaftsunterbrechung bei sozialer Indikation. Die freiwillige Sterilisation zur Verhütung künftiger Straftaten wird von ihm für zulässig gehalten, da kein Verstoß gegen die guten Sitten vorliege und der Schutz der Allgemeinheit die Zulässigkeit erfordere.

GStA Rosenthal-Pelldram äußert im Einzelnen Bedenken. Er hält die Zustimmung des gesetzlichen Vertreters bei medizinisch-prophylaktischer Indikation für ausreichend. Die im Falle der sozialen Indikation gezogene Schlussfolgerung erscheint ihm zweifelhaft. Es erscheint ihm nicht ohne weiteres überzeugend, wenn aus dem Verbot der Schwangerschaftsunterbrechung auf die Unzulässigkeit der Sterilisation geschlossen wird.

GStA Dr. Burchardi macht darauf aufmerksam, dass das Justizministerium des Landes Nordrhein-Westfalen seine Zustimmung zur freiwilligen Sterilisation zur Verhütung künftiger Straftaten erteilt hat, wenn

a) der Täter über die voraussichtlichen Folgen der Kastration belehrt worden ist,
b) ein Gutachten vorliegt, dass die Kastration nach aller Voraussicht zur Beseitigung der irregeleiteten Triebhaftigkeit führen werde,
c) ein Gutachten vorliegt, dass dieses Ziel nicht durch weniger einschneidende Maßnahmen zu erreichen ist.

In einem Fall habe die Kastration offenbar Erfolg gehabt und zur Entlassung des Täters aus der Sicherungsverwahrung geführt.

GStA Rosenthal-Pelldram weist in diesem Zusammenhang darauf hin, dass im Anschluss an schweizerische Forschungen auf diesem Gebiet Prof. Kretschmer in der Nervenklinik der Universität Tübingen seit zwei Jahren psychotherapeutische Behandlungen von Triebverbrechern, insbesondere Homosexuellen und Exhibitionisten, durchführe. Die bisherigen Behandlungen berechtigten zu guten Hoffnungen. Die Landesjustizverwaltung von Württemberg-Hohenzollern hat in geeigneten Fällen den Verurteilten Bewährungsfrist unter der Auflage bewilligt, sich einer stationären Behandlung in der Tübinger Nervenklinik zu unterziehen. Auch die Justizverwaltung in Hessen beabsichtigt, versuchsweise ähnliche Wege zu gehen, und zwar in der Anstalt Hephata in Treysa, deren Leiter, Prof. Dr. Enke, sich zur Durchführung derartiger Behandlungen bereit erklärt hat.

Wenn eine solche psychotherapeutische Behandlung Erfolg verspricht, so ist das eine weniger einschneidende Maßnahme als die Vornahme einer Kastration.

Eine Entschließung wurde mangels ausreichender Vorarbeiten zu diesem Punkte nicht gefasst.

Punkt 7 der Tagesordnung: Weigerung von Ärzten, Blutproben bei Verkehrsunfällen zu entnehmen

GStA Dr. Burchardi berichtet, in seinem Bezirk hätten sich verschiedentlich Ärzte, denen in Ermangelung eines Amts- oder Krankenhausarztes Kraftfahrer unter Alkoholverdacht zur Entnahme einer Blutprobe zugeführt worden seien, geweigert, eine Blutprobe zu entnehmen, weil sie der Polizei keine Hilfestellung leisten wollten.

Die Ärztekammer habe in einem solchen Verhalten kein Standesvergehen erblickt. Die Bestimmungen über die Gutachterpflicht (§ 75 StPO) seien nicht anwendbar, da nur die richterliche Ernennung zur Erstattung eines Gutachtens verpflichte, überdies die Blutentnahme nur eine Vorbereitungshandlung für die Erstattung eines Gutachtens sei. Auch § 330 c StGB [unterlassene Hilfeleistung] sei nicht anwendbar, da es sich nicht um eine Hilfeleistung handle. Die Staatsanwaltschaft habe sich damit geholfen, mit einigen an Hauptverkehrsstraßen wohnhaften Ärzten Verträge abzuschließen, nach denen diese sich gegen die gesetzlichen Gebühren zu Blutentnahmen verpflichteten.

Die Aussprache ergibt, dass ähnliche Fälle in anderen Bezirken nicht vorliegen.

GStA Bauer schneidet die Frage an, wie zu verfahren sei, wenn ein Betrunkener sich weigert, eine Blutentnahme vornehmen zu lassen. Eine solche sei praktisch nicht durchführbar, wenn der Proband nicht stillhalte; denn auch die Blutentnahme sei ein gefährlicher Eingriff.

GStA Rosenthal-Pelldram hält in solchen Fällen eine Blutentnahme wegen der damit verbundenen Gefahr nicht für möglich.

GStA Dr. Junker bemerkt, dass schon die Auswahl geeigneter Sachverständiger über die Einwirkung des Blutalkoholgehalts auf die Reaktionsfähigkeit Schwierigkeiten macht.

GStA Bauer hält die Frage für erörternswert, ob ein Beschuldigter zu Alkoholversuchen gezwungen werden kann, um ein Urteil über seine Reaktionsfähigkeit zu ermöglichen.

GStA Kesseböhmer weist darauf hin, dass nach einem Gutachten des gerichtsmedizinischen Instituts der Universität Münster die Auswahl der Desinfektionsmittel zur Durchführung der Blutentnahme jedenfalls ohne Bedeutung ist.

Punkt 8 der Tagesordnung: Bindung der Staatsanwaltschaft an die gerichtliche Anordnung der Klageerhebung

GStA Feyen führt aus, es sei eine prinzipielle Frage, inwieweit die Staatsanwaltschaft durch einen Beschluss gemäß § 175 StPO über die Erhebung der Anklage hinaus gebunden sei. Er verweist auf einen Beschluss des OLG Kiel – MDR 1948 S. 101 – und eine nichtveröffentlichte Entscheidung des OLG Hamburg, nach der die Staatsanwaltschaft in solchem Falle ihre Zustimmung zur Einstellung des Verfahrens nach § 153 Abs. 3 StPO nicht geben darf. GStA Feyen teilt diese Auffassung nicht. Die Staatsanwaltschaft erfüllt s.E. mit Erhebung der Anklage die Anweisung der Gerichte und hat keine weiteren Verpflichtungen. Auch der Amtsrichter ist durch den Beschluss nach § 175 StPO nicht gebunden, sondern darf prüfen, ob die Schuld des Täters gering und die Folgen der Tat unbedeutend sind. Wenn er zu dieser Auffassung gelangt, darf er auch die Zustimmung der Staatsanwaltschaft herbeiführen. Nach § 150 GVG ist die Staatsanwaltschaft von den Gerichten unabhängig.

GStA Rosenthal-Pelldram verweist auf die Entscheidungen der OLG Kiel – HESt 2, 88 – und Stuttgart – HESt 2, 90 – sowie auf die Ausführungen von *Müller*, DRZ 1949, 451, *Löwe-Rosenberg* StPO-Komm.], 19. Aufl. zu § 175 Abs. 2 StPO, *Kleinknecht/Müller/Reitberger*, StPO 1950, zu § 175 Abs. 2, *Erbs*, Handkomm. zur StPO, 1950 zu § 153 StPO Anm. III, *Otto Schwarz*, 1950, zu § 153 StPO Anm. IV B sowie von *Niese* SJZ 1950, 890, 898. Er schließt sich der Auffassung von Niese an, der folgende Unterscheidung trifft:

a) Hat sich das Klageerzwingungsverfahren gegen eine Einstellung aus § 170 Abs. 2 StPO gerichtet, so sei nur geprüft, ob ein materieller Strafanspruch durchsetzbar erscheine. Die Frage der Geringfügigkeit habe keine Rolle gespielt; die Staatsanwaltschaft sei also frei, der Einstellung zuzustimmen.
b) Hat sich das Klageerzwingungsverfahren gegen eine Einstellung aus § 153 Abs. 2 StPO gerichtet, so sei für die Anweisung aus § 175 StPO die Erheblichkeit der Tat

maßgebend gewesen; dann dürfe die Staatsanwaltschaft der Einstellung nicht mehr zustimmen, es sei denn, dass sich in der Hauptverhandlung neue Gesichtspunkte ergäben, die die Tat in milderem Lichte erscheinen ließen. Anderenfalls würde ein Angeklagter bestraft werden müssen, nur weil die Staatsanwaltschaft der Einstellung nicht zustimmen dürfe.

GStA Bauer tritt der Auffassung des GStA Feyen bei.

GStA Biermann verweist auf den Zweck des Klageerzwingungsverfahrens, das dem Verletzten eine gerichtliche Entscheidung über seinen Strafanspruch sichern will. Diesem Zweck wird im Falle der – mit Zustimmung der Staatsanwaltschaft zulässigen – gerichtlichen Einstellung gemäß § 153 Abs. 3 ebenso Genüge getan, wie in dem Falle, dass das Gericht bei einer gemäß § 175 StPO erhobenen Anklage die Eröffnung des Hauptverfahrens ablehnt.

Als einhellige Meinung der GStA wird festgestellt, dass in den Fällen des § 153 Abs. 3 die Staatsanwaltschaft berechtigt ist, ihre Zustimmung zur Einstellung des Verfahrens auch dann zu geben, wenn sie auf Anweisung des Gerichts gemäß § 175 StPO die Anklage erhoben hatte.

Punkt 9 der Tagesordnung: Ermöglicht § 154 StPO die Einstellung des Verfahrens wegen einer tateinheitlich konkurrierenden Handlung?

GStA Bauer weist darauf hin, dass das OLG Stuttgart bei tateinheitlichem Zusammentreffen mehrerer strafbarer Handlungen die Anwendung des § 154 StPO für zulässig erachtet hat. Er ist derselben Auffassung, wenngleich der Wortlaut des § 154 („wegen einer anderen Tat") entgegensteht. Allerdings ist die Wiederaufnahme des Verfahrens gemäß § 154 Abs. 3 und 4 StPO bei Tateinheit nicht möglich. Für die Praxis erscheint aber eine Anwendung der Grundsätze des § 154 StPO als wünschenswert.

GStA Biermann hält aus Rechtsgründen die Anwendung des § 154 StPO nicht für möglich. Praktisch kann man aber die Anführung bedeutungsloser ideell konkurrierender Strafgesetze unterlassen.

GStA Rosenthal-Pelldram verweist auf RGSt 70, 338 sowie 72, 168 und RG in JW 1934, 2474; ferner auf die Richtlinien Ziffer 149 II und die Kommentare Löwe-Rosenberg 19. Aufl. § 154,4; KMR 1950 § 154, 1 b; Schwarz 1950, § 154, 1; Dalcke 1950 § 154, 1; Erbs 1950, § 154, 1. Er hält es für unzweifelhaft, dass § 154 StPO Tatmehrheit voraussetzt, was nicht zu hindern brauche, aus Zweckmäßigkeitsgründen schwer aufklärbare oder zweifelhafte Einzeltaten von der Anklage auszunehmen.

GStA Dr. Burchardi empfiehlt ebenfalls, sich daran zu halten, dass das RG es in analoger Anwendung des § 154 für zulässig erachtet hat, nicht jeden möglichen rechtlichen Gesichtspunkt in der Anklage aufzuführen.

GStA Bauer erwähnt einen Fall, in dem auf eine Anklage aus § 176 Abs. 1 Ziff. 3 StGB das Gericht wegen des tateinheitlich damit zusammentreffenden Vergehens gegen § 182

StGB umfangreiche Ermittlungen darüber angeordnet hat, ob das verletzte Mädchen auch unbescholten sei.

GStA Dr. Schafheutle teilt mit, dass nach den Beratungen über die Strafprozessreform beabsichtigt ist, aus praktischen Gründen eine dem § 154 StPO entsprechende Bestimmung auch für die Fälle tateinheitlichen Zusammentreffens zu schaffen.

Senatspräs. Dr. Neumann bemerkt, dass de lege lata ein auf die Nichtanwendung eines ideell konkurrierenden Gesetzes gestützter Revisionsangriff Erfolg haben muss, sofern es sich um nicht ganz belanglose Strafgesetze handelt, wie etwa um § 367 Ziff. 8 im Verhältnis zu § 211 StGB.

(Damit wird die Beratung am 8.11.1951 geschlossen.)

Fortsetzung der Beratung am 9.11.1951, 10.10 Uhr

Punkt 17 der Tagesordnung: Sitz des Staatsanwalts in der Hauptverhandlung

GStA Bauer bittet um Unterrichtung, ob und bejahendenfalls welche Bestimmungen in den anderen Ländern über den Sitz des Staatsanwalts am Richtertisch ergangen sind.

GStA Dr. Junker referiert über die Lage in Nordrhein-Westfalen. Dort ist durch einen Landtagsbeschluss vom 27.7.1949 angeordnet worden, dass die Staatsanwälte auf gleicher Höhe wie die Angeklagten vor dem Richtertisch ihren Platz einzunehmen haben. Der Beschluss ist wegen der mit der neuen Platzeinteilung verbundenen Kosten, die bislang auf etwa 180.000 DM geschätzt werden, nur langsam ausgeführt worden. Auch hat der Verein der Richter und Staatsanwälte Vorstellungen erhoben. Die neue Sitzordnung wird den örtlichen, insbesondere den bautechnischen Verhältnissen angepasst, wobei es sich als zweckmäßig erwies, den Sitz des Angeklagten höher zu verlegen.

GStA Kesseböhmer erwähnt, dass um die Platzeinteilung in den einzelnen Gerichtsgebäuden häufig örtliche Auseinandersetzungen wegen einer einigermaßen glücklichen Lösung stattgefunden hätten.

GStA Dr. Burchardi bemerkt, dass in seinem Bezirk infolge des Eingreifens der OLG-Präsidenten eine durchaus würdige Einordnung des Sitzes des Staatsanwalts erreicht worden sei.

GStA Feyen weist auf die missliche Entwicklung in Hamburg hin. Vor 15 Monaten haben drei verschiedener Parteien der Bürgerschaft angehörende Rechtsanwälte den Antrag eingebracht, den Staatsanwalt auf der gleichen Ebene wie den Angeklagten zu platzieren. Die Senatskommission für Justizangelegenheiten hat sich gegen die Durchführung des Beschlusses ausgesprochen und die Angelegenheit an den Gesamtsenat verwiesen. Auch dieser habe sich dem Beschlusse der Bürgerschaft abgeneigt gezeigt, so dass dieser noch nicht ausgeführt worden ist. Die Bürgerschaft beharrt jedoch auf ihrem Beschluss und hat die Verweisung an den Rechtsausschuss beschlossen zwecks Prüfung, ob der Beschluss mit dem geltenden Recht vereinbar sei.

Nach Auffassung von GStA Feyen ist

a) der Senat nicht verpflichtet, dem Beschluss Folge zu leisten;
b) die ganze Angelegenheit Bundesmaterie, so dass die Bürgerschaft zu ihrer Regelung nicht befugt ist;
c) der Beschluss für das Berufsethos der Staatsanwälte von weittragenden Folgen. Die Platzanweisung vor dem Richtertisch in Höhe des Angeklagten wirkt sich in psychologischer Hinsicht ungünstig aus. Prozessual stellt sie den ersten Schritt zu einer Umgestaltung des Strafprozesses nach angelsächsischem Muster dar;
d) die Bedeutung der Staatsanwaltschaft als Exekutivorgan der Regierung durch die Änderung der herkömmlichen Platzanordnung geschwächt;
e) schließlich die finanzielle Auswirkung nicht zu übersehen, da in Hamburg ca. 35 Sitzungssäle umgestaltet werden müssten.

Die Antragsteller haben offenbar verkannt, dass die Staatsanwaltschaft gerade ein progressives Element in der demokratischen Rechtspflege verkörpert.

Nach Rücksprache mit dem OLG-Präsidenten ist beabsichtigt, die juristische Fakultät der Hansestadt Hamburg einzuschalten und sie um Erstattung eines Rechtsgutachtens zu bitten. GStA Feyen hofft, dass dieses Gutachten im Sinne der deutschen und nicht der angelsächsischen Rechtsentwicklung erstattet wird. Eine Entschließung der Generalstaatsanwälte, dass die Anordnung unzuträglich und schädlich sei, wäre zweckmäßig.

GStA Rosenthal-Pelldram befürwortet den Vorschlag, eine Entschließung zu fassen, da es sich bei der Platzanordnung um keine Äußerlichkeit handelt.

GStA Bauer erwähnt, dass seines Wissens in Stuttgart bei dem Neubau des Gerichtsgebäudes nach einer neuen Lösung der Frage, welchen Platz Staatsanwalt, Verteidiger und Angeklagter einnehmen sollen, gesucht worden ist. Da die Abänderungsvorschläge von Verteidigerseite ausgegangen sind, stellt er zur Erwägung, den Platz des Protokollführers mit dem des Verteidigers auszutauschen und Staatsanwalt und Verteidiger auf gleicher Höhe mit dem Gericht, jedoch nicht am Richtertisch selbst zu platzieren.

Senatspräs. Dr. Neumann pflichtet der Auffassung bei, dass die Frage, so äußerlich sie auf den ersten Blick erscheint, von tiefer Bedeutung ist. In Berlin ist die Frage von den vier Mächten behandelt worden, und zwar auf Veranlassung der Amerikaner, deren Auffassung sich die Präsidenten des Kammergerichts und des Landgerichts angeschlossen haben. Auf seinen Hinweis als Generalstaatsanwalt, er werde im Fall einer Änderung der Platzanordnung den Staatsanwälten die Teilnahme an der Sitzung verbieten, hat sich der britische Vertreter als desinteressiert erklärt. Der französische Vertreter hat den Standpunkt, dass der Staatsanwalt auf derselben Höhe wie das Gericht sitzen muss, unterstützt. Der Vertreter der sowjetischen Besatzungsmacht hat erklärt, der Staatsanwalt müsse höher sitzen als das Gericht. Daraufhin sind in Berlin die Abänderungspläne aufgegeben worden.

Senatspräs. Dr. Neumann tritt für Unterstützung des GStA Feyen ein, weil sich die derzeitige Sitzordnung aus dem geistigen Gehalt der Stellung des Staatsanwalts als des Hüters der Gesetze ergibt; zu seinen Pflichten gehört es, auch die Rechte des Angeklagten zu wahren. Sein Platz ist allenthalben in Europa auf derselben Höhe wie der des Gerichts. Auch bei dem Bundesgerichtshof ist die bisherige Platzeinteilung als selbstverständlich beibehalten worden.

GStA Biermann wendet sich gegen die Auffassung, dass der Rechtsanwalt in dem gleichen Maße wie der Staatsanwalt als Organ der Rechtspflege anzusehen sei. Diese Auffassung stamme aus der Zeit des Nationalsozialismus und sei damals nur vertreten worden, um die Freiheit des Verteidigers zu beschränken, der als Organ der Rechtspflege stärkeren Bindungen unterworfen werden sollte. Für die Stellung des Verteidigers sei bezeichnend, dass er gegen seine Überzeugung Freisprechung beantragen könne, wenn die Beweisführung Lücken aufweise. Der Staatsanwalt mache sich nach § 344 StGB strafbar, wenn er gegen seine Überzeugung eine Verurteilung beantrage. Eine Hebung des Platzes des Verteidigers hält GStA Biermann deshalb nicht für angebracht. Er hat jedoch Bedenken, eine Entschließung zu fassen, da die Vertreter der gegenteiligen Auffassung einer derartigen Entschließung kaum einen Wert beimessen würden. Er hält es für besser, wenn z.B. der BGH eine Entschließung fassen würde und das Präsidium verlautbare, es werde an der bisherigen Regelung als sachgemäß festgehalten.

GStA Rosenthal-Pelldram hält die Stellung des Verteidigers als Organ der Rechtspflege für zweifelsfrei. Der schuldige Angeklagte muss entsprechend den prozessualen Vorschriften überführt werden. Insoweit zeigt sich der auf Freispruch mangels Beweises plädierende Verteidiger doch immer als Vertreter des Rechts, wenn auch in diesem Falle des Strafprozessrechts.

GStA Dr. Burchardi schlägt vor, eine Entschließung dahin zu fassen: Es erscheint angebracht und wünschenswert, wenn der Platz des Staatsanwalts von der Richterbank getrennt ist. Er widerrät, die Platzfrage mit dem Problem der Verteidigerstellung zu verquicken.

GStA Morbach und *Rosenthal-Pelldram* sprechen sich für die Unterstützung des von GStA Feyen geäußerten Wunsches aus.

OBA Dr. Wiechmann betont, er sei grundsätzlich verteidigerfreundlich eingestellt. In der Revisionsinstanz übernimmt die Staatsanwaltschaft geradezu Verteidigerfunktionen, da der Angeklagte nicht vertreten sein muss und meist auch nicht vertreten ist. Zur Sache selbst gibt OBA Dr. Wiechmann die prozessualen Folgen zu bedenken, die sich ohne weiteres aus einer Änderung des Sitzes der Staatsanwaltschaft ergeben. Sie legen in der Tat nahe, die Entscheidung dieser Frage als Bundessache zu betrachten. Praktisch würde durch eine Änderung die Stellung der Staatsanwaltschaft als Sprachrohr der Regierung und progressives Element der Demokratie in der Rechtspflege geschmälert. Insoweit ist die Frage politischer Natur. Da sie im Bundesjustizministerium offenbar noch nicht behandelt worden ist, möchte der OBA nicht abschließend Stellung nehmen. Auf keinen Fall darf allerdings durch die Sitzordnung der Eindruck erweckt werden, der Staatsanwalt gehöre zum Richterkollegium.

Senatspräs. Dr. Moericke führt aus, die Frage sei beim BGH bisher vielleicht nur deshalb nicht akut geworden, weil dieser bislang nur als Revisionsgericht tätig geworden ist. Die Frage wird aber möglicherweise aufgeworfen werden, wenn demnächst erstinstanzliche Sachen zur Verhandlung gelangen. Er tritt deshalb dem Vorschlag, dass der OBA an den Bundesjustizminister berichte, bei.

GStA Rosenthal-Pelldram schlägt folgende Entschließung vor: „Die Generalstaatsanwälte stellen übereinstimmend fest: Der Sitz des Staatsanwalts auf derselben Höhe wie der Sitz des Gerichts entspricht der Stellung des Staatsanwalts im deutschen Strafprozess und kann insoweit nicht ohne Nachteil für die deutsche Strafrechtspflege geändert werden. – Der Herr Oberbundesanwalt wird gebeten, diese Frage bei dem Herrn Bundesminister der Justiz zur Sprache zu bringen."

Senatspräs. Dr. Neumann spricht sich dafür aus, den Herrn OBA nicht zu erwähnen.

GStA Dr. Mannzen spricht sich gegen auffällige Behandlung der Angelegenheit aus, insbesondere auf Bundesebene, da in solchem Falle die Presse Anlass sehen werde, sich mit der Frage zu befassen und die verteidigerfreundlichen Parlamente anderer Länder möglicherweise zu unsachgemäßen Beschlüssen gedrängt würden.

GStA Feyen tritt dieser Auffassung entgegen. Es sollte verhindert werden, dass ein Land nach dem anderen derartige bedenkliche und weitwirkende Anordnungen erlässt. Eine Entschließung, in der die Zuständigkeit des Bundes bejaht wird, wäre für ihn eine wesentliche Unterstützung.

OBA Dr. Wiechmann bittet, ihn in einer etwaigen Entschließung nicht zu erwähnen.

Die Generalstaatsanwälte fassen darauf folgende einhellige Entschließung: „Die Stellung der Staatsanwaltschaft ist bundesgesetzlich geregelt. Der Sitz des Staatsanwalts auf derselben Höhe wie der Sitz des Gerichts entspricht der Stellung des Staatsanwalts im deutschen Strafprozess. Eine Änderung insoweit würde im Widerspruch zu den Grundsätzen des geltenden Strafverfahrens stehen."

Punkt 19 der Tagesordnung: Vereinheitlichung der Staatsanwaltschaft, AV vom 18.12.1934 [DJ 1934, 1608; *W. Schubert,* Staatsanwaltschaftsrecht (1934–1982), 2013, S. 1 ff.]

GStA Bauer legt Wert auf die Klärung folgender Fragen:

a) der Behördenbezeichnung. Soll es heißen: „Oberstaatsanwalt bei dem Landgericht" oder „Staatsanwaltschaft bei dem Landgericht?" Die derzeitige Behördenbezeichnung „Oberstaatsanwalt bei dem Landgericht" habe in seinem Bezirk zu gewissen Schwierigkeiten geführt. Es sei bemängelt worden, dass der OStA persönliche Beschwerden über seine Dezernenten selbst entschieden habe. Man habe hiergegen geltend gemacht, dass der Behördenleiter nicht Beschwerdeinstanz hinsichtlich der in seinem Namen ergangenen Entscheidungen sein könne. GStA Bauer hat sich daher entschlossen, nunmehr auch persönlich Beschwerden über seine Staatsanwälte selbst zu bearbeiten.

b) der Ausdehnung des Zeichnungsrechts. Entsprechend der früheren süddeutschen Übung hält GStA Bauer eine möglichst weite Ausdehnung des Zeichnungsrechts für angebracht. Er meint, dass hierdurch ein Anreiz für die Staatsanwaltschaft geschaffen werde, da tüchtige Assessoren die Beschränkung ihrer Befugnisse als zurücksetzend empfänden.

GStA Loerbroks spricht sich gegen jede Änderung des bisherigen Zustandes aus. Eine abweichende Anweisung des Berliner Senators für Justiz gibt ihm Anlass, Bedenken zu äußern.

GStA Rosenthal-Pelldram bemerkt, dass er auf Anfrage des hessischen Justizministeriums sich in einem Bericht vom 29.9.1951 (326-I 1695) mit Rücksicht auf den derzeitigen Ausbildungsstand der Staatsanwälte gegen eine Änderung des bisherigen Zustandes, insbesondere aber auch gegen eine sofortige Beilegung sämtlicher Zeichnungsbefugnisse an Assessoren ausgesprochen hat. Er begründet im Einzelnen diese Auffassung, der GStA Morbach beipflichtet.

Die *GStA Dr. Meyer-Abich* und *Biermann* teilen mit, dass diese Fragen in Niedersachsen mit der Standesvertretung der Richter und Staatsanwälte, insbesondere auch mit jetzt als Richter tätigen früheren Assessoren der Staatsanwaltschaft besprochen worden sind und dass auch von dieser Seite uneingeschränkt die Beibehaltung der bisherigen Vorschriften gefordert worden ist.

GStA Dr. Burchardi hat als Mitglied der Prüfungskommission die Erfahrung gemacht, dass im strafrechtlichen Examen zwar häufig zufriedenstellende Rechtsgutachten, aber kaum (fast nur in einem Prozent der Fälle) brauchbare Entwürfe einer Anklageschrift oder eines Einstellungsbescheides zu finden sind.

Die Beibehaltung der gegenwärtig geltenden Bestimmungen über das Zeichnungsrecht liegt im Interesse der Rechtspflege. Einer Änderung der Bestimmungen, besonders auch für Gnadensachen, ist durchaus zu widerraten.

OBA Dr. Wiechmann vertritt dieselbe Auffassung.

GStA Bauer spricht sich zugunsten der früheren württembergischen Regelung aus und meint, dass sich dort die bestqualifizierten Assessoren zur Staatsanwaltschaft melden.

GStA Loerbroks erklärt, dass nach seinen Erfahrungen gerade die gut qualifizierten Staatsanwälte und Assessoren gern zum Vortrag erscheinen. Im Allgemeinen meiden nur die schlecht beurteilten Dezernenten den Vortrag; dafür werden sie häufig wegen ihrer fehlerhaften Sachbehandlung in den Zeitungen angegriffen.

GStA Dr. Schafheutle teilt mit, dass auch in Baden die Assessoren nicht sogleich volles Zeichnungsrecht erhalten, die Bestimmungen aber individuell gehandhabt werden.

Als Ergebnis der Aussprache wird festgestellt, dass die Generalstaatsanwälte mit Ausnahme des GStA in Braunschweig für die Beibehaltung der bisherigen Bestimmungen eintreten.

Punkte 12 und 13 der Tagesordnung: Internationale Rechtshilfe – Saargebiet – Sowjetische Besatzungszone

A. *Saargebiet:*

GStA Rosenthal-Pelldram teilt mit, dass in seinem Bezirk im Rechtshilfeverkehr mit dem Saargebiet bisher die innerdeutschen Bestimmungen angewandt worden sind. Wie sich kürzlich aus der Ablehnung eines Strafvollstreckungsersuchens eines hessischen Amtsgerichts durch den OStA in Saarbrücken ergeben hat, betrachtet sich jedoch das Saargebiet als Ausland. Die Ablehnung ist mit folgender Formulierung ausgesprochen worden: „Nach der hier geltenden Rechtsauffassung über die Eigenstaatlichkeit des Saarlandes bin ich nicht in der Lage, die Strafvollstreckung aufgrund eines ausländischen Urteils zu übernehmen."

GStA Dr. Schafheutle teilt mit, dass die Frage im Bundesjustizministerium erörtert und in dem bereits fertiggestellten Entwurf eines Rechtshilfevertrags mit Frankreich behandelt worden ist. Die Stellung des Saargebietes als „Ausland" erfährt nach diesen Bestimmungen eine gewisse Abschwächung. Der Vertrag soll demnächst dem Bundestag vorgelegt werden.

GStA Dr. Burchardi teilt mit, dass im OLG-Bezirk Köln im Falle eines Vollstreckungsersuchens aus dem Saargebiet zunächst der diplomatische Weg gewählt worden ist, das Bundesjustizministerium aber eine unmittelbare Erledigung angeordnet hat.

GStA Morbach erklärt, dass in Rheinland-Pfalz der diplomatische Verkehr vorgeschrieben ist.

GStA Dr. Meyer-Abich teilt mit, dass er ein Festnahmeersuchen des OStA in Saarbrücken wegen eines Verbrechens nach dem KG [Kontrollratsgesetz Nr. 10] ausgeführt hat.

GStA Dr. Burchardi teilt mit, dass in seinem Bezirk belgische Polizeiorgane mit seinem Einverständnis mehrfach Vernehmungen durchgeführt haben.

GStA Dr. Schafheutle berichtet über ähnliche Erfahrungen im Verkehr mit schweizerischen Behörden.

Senatpräs. Dr. Neumann berichtet über die Handhabung in Berlin. Dort hat er zahlreiche Rechtshilfeersuchen aus Frankreich, aus den französischen Kolonien und aus dem Saargebiet unmittelbar erledigt. Dagegen sind solche Ersuchen von den Justizbehörden der Ostzone nicht ausgeführt worden. Zur Vereinfachung des Verfahrens hat er auf Ersuchen der französischen Stellen Justizbehörden der sowjetischen Besatzungszone im eigenen Namen um Rechtshilfe ersucht und damit Erfolg erzielt.

OStA Brühl teilt mit, dass in der sowjetischen Zone gegenwärtig die Erledigung von Rechtshilfeersuchen aus Staaten, die die Deutsche Demokratische Republik nicht anerkannt haben, abgelehnt wird.

B. *Sowjetische Besatzungszone*:

GStA Rosenthal-Pelldram weist auf die Problematik der Vollstreckung sowjetzonaler Strafurteile, besonders in Wirtschaftsstrafsachen, hin. Er erörtert den in der Presse aufgegriffenen Fall des Volkspolizisten Hase, der wegen der Verbringung von Fleisch nach Westberlin mit Rücksicht auf seine Dienststellung zu einem Jahr Zuchthaus verurteilt worden ist und nach einer Teilverbüßung der Strafe in die Westzone flüchtete. Das hessische Justizministerium hat sich aus Anlass dieses Falles nunmehr die Entscheidung über die Vollstreckung in Wirtschaftsstrafsachen vorbehalten und angeordnet, dass grundsätzlich vor einer Vollstreckung der Verurteilte zu hören ist. Die im Falle Hase dem ersuchenden OStA gegebene Begründung, dass in dem Urteil eine Anrechnung der tatsächlich erlittenen Untersuchungshaft fehle, ist nicht ganz bedenkenfrei, da es sich um einen unter Umständen zwar im Revisionsverfahren zu rügenden Mangel handelt, dieser Mangel aber normalerweise nicht ohne weiteres die Ablehnung eines Vollstreckungsersuchens rechtfertigt. – Die früher in Hessen vertretene Auffassung, dass die Vollstreckung von Geldstrafen, die auf DM-Ost lauten, mangels einer Relation zwischen DM-Ost und DM-West nicht zulässig sei, ist in Übereinstimmung mit den Ausführungen von *Kühne* in NJW 1950 S. 729 nicht aufrechterhalten worden. – Der Beschluss des Ausschusses der Konferenz der Justizminister vom 29./30.6.1951, demzufolge die Eintragung sowjetzonaler Verurteilungen in Strafregistern der Bundesrepublik zu unterbleiben habe, wenn es sich offensichtlich um politische Urteile handle, bietet Schwierigkeiten bei wirtschaftspolitischen Straftaten. Die Strafnachricht über ein Abwesenheitsurteil in Höhe von drei Jahren Zuchthaus hat den Vermerk enthalten: „Transport von Maschinen in den Westen". Hier handelt es sich zweifelsfrei um eine gegen die Bundesrepublik gerichtete wirtschaftspolitische Kampfmaßnahme, die aber eine Parallele in den in Berlin anhängigen Verfahren wegen Stahlschiebungen nach dem Osten findet. – Ein hessischer OStA ist um Mitwirkung bei der Umwandlung einer Steuergeldstrafe in eine Freiheitsstrafe nach § 470 der Abgabenordnung ersucht worden. Ein westdeutsches Finanzamt hatte zuvor erfolglos die Vollstreckung des ostzonalen Steuerstrafbescheides versucht. Da es sich um ein Steuerstrafverfahren gegen einen früheren Fabrikanten nach Enteignung seines Betriebes handelt, bestehen Bedenken gegen die Vollstreckung bzw. die Umwandlung der Steuergeldstrafe.

OStA Brühl gibt einen ausführlichen Überblick über die Berliner Regelung. Nach dem Gesetz vom 9.1.1951 [VOBl. 1951, 2, 51] wird der Betroffene bei Ersuchen der sowjetzonalen Behörden gehört. Der GStA entscheidet, ob ganz, teilweise oder gar nicht vollstreckt wird. Nach gewisser Zeit kann die Strafkammer angerufen worden, die nach mündlicher Verhandlung, u.U. aber auch schriftlich entscheidet. Die Strafkammer kann neue Beweise erheben. Sie prüft insbesondere rechtsstaatliche Gesichtspunkte, auch die Frage einer Überhöhung der erkannten Strafe. An die vom GStA festgesetzte Strafe ist sie nicht gebunden, sie kann insbesondere auch eine höhere Strafe für vollstreckbar erklären. Gegen die Entscheidung der Strafkammer ist die sofortige Beschwerde an den Senat des Kammergerichts zulässig; dieser Rechtsbehelf ist der Staatsanwaltschaft in gleicher Weise gegeben wie dem Verurteilten. – Ein Beschuldigter kann seiner Überstellung in die sowjetische Besatzungszone widersprechen. Diese Bestimmung hat sich nachteilig ausgewirkt; unter diesem Gesichtspunkt kann Westberlin als ein Sammelbecken für Verbrecher der sowjetischen Besatzungszone bezeichnet werden. – In Einzelfällen haben sich Verurteilte mit der Vollstreckung in der sowjetischen Besatzungszone einverstanden erklärt.

OStA Brühl geht sodann auf den Entwurf des Bundesgesetzes ein, demzufolge der GStA die Überstellung veranlassen kann, aber eine Beschwerde gegen seine Entscheidung an den Strafsenat gegeben wird.

GStA Loerbroks bittet, bei Ablehnung von Ersuchen aus der sowjetischen Zone auf die Formulierung zu achten, damit die Verbindung zu den dortigen Justizbehörden nicht abbricht.

OStA Brühl weist darauf hin, dass er bei Überstellungen von Beschuldigten in Strafverfolgungssachen die Zusicherung der Rücküberstellung nach dem Urteil gefordert und damit gute Erfahrungen gemacht hat. Die Zusicherung ist bisher in allen Fällen eingehalten worden.

Die *GStA Dr. Meyer-Abich* und *Loerbroks* teilen mit, dass bei Ablehnung von Strafvollstreckungsersuchen die Begründung, die Strafe sei nach hiesiger Auffassung zu hoch oder die Vollstreckung der Strafe entspreche hiesigen Rechtsgrundsätzen nicht, in der sowjetischen Zone keinen Anstoß erregt hat.

GStA Bauer teilt mit, dass er in derartigen Fällen bedingte Strafaussetzung für einen Teil der Strafe oder auch für die ganze Strafe vorgeschlagen und damit immer Erfolg erzielt hat.

GStA Rosenthal-Pelldram dankt OBA Dr. Wiechmann, der an den weiteren Verhandlungen nicht mehr teilnehmen kann, für sein Erscheinen. – OBA Dr. Wiechmann spricht seinen Dank für die Einladung und die Anregungen, die er empfangen habe, aus.

(Ende der Vormittagssitzung 13.20 Uhr)

(Beginn der Nachmittagssitzung 15.50)

Punkt 16 der Tagesordnung: Gebrauch der Schusswaffe durch Vollzugsbeamte

GStA Dr. Junker führt hierzu Folgendes aus:

I. Die Weimarer Verfassung enthielt keine Bestimmung, die dem Art. 2 Abs. 2 S. 1 u. 3 GG entspricht („Jeder hat das Recht auf Leben und körperliche Unversehrtheit… In diese

Rechte darf nur aufgrund eines Gesetzes eingegriffen werden“). Es ist also eine neue Lage geschaffen worden.

Ein Bundesgesetz ist nicht ergangen. Es genügt ein Landesgesetz (so das Hessische Gesetz v. 11.11.1950 [GVBl. S. 247], ferner *H. v. Mangoldt* [Grundgesetz, 1951]). Es genügt auch ein bereits bestehendes Landesgesetz.

Die Strafvollstreckungsordnung v. 22.7.1940 und z.B. in NRW ihr Abbild, die vorl. Strafvollzugsordnung v. 11.8.1948 [MinBl. 1948, 252] beruht nicht auf einer gesetzlichen Ermächtigung und nimmt auch nicht hierauf Bezug.

Außerhalb der Justizverwaltung ist die gesetzliche Regelung erfolgt oder die gesetzliche Ermächtigung zum Erlass von Verordnungen, so z.B. Preuß. Polizeiverwaltungsgesetz v. 21.6.1931 [GS 1931, 77] § 5 Abs. 1, 2, hinsichtlich des Grenzaufsichtspersonals RGes. v. 2.7.1921 (24.3.1934), der Forst-, Jagd- und Fischereischutzbeamten RGes. v. 26.2.1935 [RGBl. II 1935, 313].

Für die Justizverwaltung hat nur Hessen eine gesetzliche Regelung durch das Gesetz vom 11.11.1950 stattgefunden. Für die übrigen Länder der Bundesrepublik, die aus früheren preußischen Gebietsteilen bestehe, ergibt sich folgende überraschende Rechtslage: In Preußen ist am 11.5.1834 (JMBl. S. 114) eine Instruktion des JM über den Waffengebrauch der Gefängnisbeamten ergangen.

Eine gesetzliche Regelung erfolgt durch das Gesetz vom 11.4.1854 „betr. die Beschäftigung der Gefangenen außerhalb der Anstalt“....§ 6: „Die bei der Behörde bestellten Aufseher bei den außerhalb der Anstalt beschäftigten Gefangenen sind befugt, zur Verhinderung der Flucht nötigenfalls von ihren Hieb- und Schusswaffen Gebrauch zu machen.“ (Innerhalb der Anstalt lag dies damals den dort stationierten militärischen Posten ob). Diese gesetzliche Bestimmung, von der nicht anzunehmen ist, dass sie im Jahre 1871 durch die Einführung des StGB hinfällig geworden sei, bildet auch heute noch die einzige gesetzliche Grundlage. Sie bezieht sich also nicht auf Strafgefangene innerhalb der Anstalt und nicht auf Untersuchungsgefangene.

Die späteren Bestimmungen sind nicht in einem Gesetz enthalten und beruhen auch mit einer Ausnahme nicht auf einer gesetzlichen Ermächtigung. So das Preuß. Reglement für die Gefängnisse der Justizverwaltung vom Jahre 1881. Die Vereinbarung des Bundesrates v. 28.10. (2.12.) 1897 und die Grundsätze für den Vollzug von Freiheitsstrafen v. 1.6.1923 enthielten nicht unmittelbares Recht, sondern nur eine Vereinbarung über zu schaffendes Recht. Die Gefängnisordnung für die Justizverwaltung in Preußen v. 28.12.1898 und die Dienst- und Vollzugsordnung v. 1.8.1923, die in § 22 bzw. § 44 einschlägige Bestimmungen enthielten, nehmen ebenfalls nicht auf eine gesetzliche Ermächtigung Bezug.

Das Preuß. Gesetz v. 1.8.1933 (GS S. 293) „Preuß. Strafvollstreckung u. Gnadenrecht“ enthielt nicht Bestimmungen über den Waffengebrauch, wohl aber in § 73 eine Ermächtigung zu dessen Regelung durch Ausführungsbestimmungen. Zur Ausführung dieses

Gesetzes erging die Dienst- und Vollzugsordnung für die Gefangenenanstalten der Justizverwaltung v. 1.8.1933 [separat erschienen], die den Waffengebrauch gegen Strafgefangene (auch innerhalb der Anstalt) regelte und auf das Gesetz v. 11.4.1854 verwies. Es erging ferner die VO zur Durchführung der Untersuchungshaft v. 1.8.1933, die keine Bestimmungen über den Waffengebrauch zur Verhinderung der Flucht gegenüber Untersuchungsgefangenen enthielt.

Die RV des RJM v. 26.10.1939 über den Waffengebrauch der Strafvollzugsbeamten bei Fliegeralarm und Luftangriffen versucht in höchst bedenklicher Weise ihre Berechtigung in Art. 5 des Ersten Gesetzes zur Überleitung der Rechtspflege auf das Reich v. 14.2.1934 zu finden.

Es folgte die AV des RJM v. 22.7.1940 (StrVO von 1935; DJ 1935, 1800), durch die entsprechende Verordnungen der Landesjustizverwaltungen aufgehoben wurden. Sie beruhte nicht auf einer gesetzlichen Ermächtigung und beruft sich auch nicht auf eine solche. Einschlägige Bestimmungen sind in Nr. 193–195 enthalten.

Das Gleiche gilt für die nicht aufgehobene Preuß. AV des JM v. 18.3.1925 „Über die Obliegenheiten, Bewaffnung und Waffengebrauch der Justizwachtmeister sowie über den Sitzungswachtdienst“ [JMinBl. 1925, 116]. Sie enthält ebenfalls Bestimmungen über den Gebrauch der Schusswaffe.

In Preußen kann daher eine *gesetzliche* Regelung nur anerkannt werden für Strafgefangene außerhalb der Anstalt, die durch das Ges. v. 11.4.1854 [GS 1854, 143] erfolgt ist, nicht für Strafgefangene innerhalb der Anstalt und nicht für Untersuchungsgefangene. Im gleichen Sinne hat sich bereits *Karl Krohne* in seinem im Jahre 1889 erschienenen Lehrbuch über Gefängniskunde (S. 339) geäußert.

II. Kann die in Art. 2 GG geforderte *gesetzliche* Grundlage durch eine andere rechtliche Grundlage ersetzt werden?

1. Durch Gewohnheitsrecht? *Anschütz* in „Die Verfassung des Deutschen Reiches v. 11.8.1919“ [4. Bearbeitung 1933] zu Art. 114 und *H. v. Mangoldt*, GG [ab 1950], zu Art. 2, bejahen die Frage. Der *Bonner Kommentar* [ab 1950] zum GG Art. 2 verneint sie. Ich möchte die Frage bejahen. So wie ein z.Zt. des Inkrafttretens des GG bereits bestehendes Gesetz als ausreichend anzusehen ist, so auch bereits bestehendes Gewohnheitsrecht. Ich bin auch der Auffassung, dass sich unter Berücksichtigung der Zustände außerhalb der Justizverwaltung und im Auslande ein jahrhundertealtes Gewohnheitsrecht gebildet hat.
2. Diese rechtliche Ergänzung kann außerdem wohl aus dem *Wesen* des Strafvollzuges und der Untersuchungshaft gewonnen werden. Diese können begrifflich nur durch Zwangsmittel durchgesetzt werden.
3. In Württemberg-Baden und Bayern, wo durch Gesetz vom Jahre 1946 bzw. 1947 das Entweichen von Gefangenen unter Strafe gestellt ist, könnte der Schusswaffengebrauch

gegen flüchtende Straf- und Untersuchungsgefangene auch aus dem Gesichtspunkte der Notwehr (§ 53 StGB) gerechtfertigt werden.

III. Die bislang ergangenen Vorschriften machen nicht einen Unterschied bei Strafgefangenen hinsichtlich der Höhe der Strafe (Reststrafe), bei Untersuchungsgefangenen hinsichtlich der Straftat. Sie beziehen sich ihrem Wortlaut nach z.B. auch auf Gefangene, die nur eine Übertretung begangen haben. Dies gilt auch für das oben erwähnte Hessische Gesetz in Bezug auf Straf- und Untersuchungsgefangene der Justiz. Für die Polizei beschränkt dieses Gesetz und eine Dienstanweisung des Innenministers des Landes NRW v. 24.8.1950 [MinBl. 1950, 811] den Schusswaffengebrauch auf Personen, die ein Verbrechen begangen haben oder eines solchen dringend verdächtig sind. (Das Innenministerium d. Landes Württemberg-Baden hatte in einer RV v. 16.2.1950 den Waffengebrauch eingeschränkt und den Schusswaffengebrauch schlechthin untersagt gegen flüchtende Gefangene. Es hat sich gezwungen gesehen, diesen Erlass bereits am 3.7.1950 aufzuheben.) Die oben genannte Instruktion des Preuß. JM v. 11.3.1834 bestimmte: „In dringenden Fällen, wenn augenblicklich gehandelt werden muss, bedient sich der Aufsichtsbeamte seiner Waffe, wie es einem besonnenen Manne und pflichtgetreuen Beamten gebührt".

Das RG hatte bislang für die Notwehr an dem Grundsatz festgehalten, dass nicht der Wert des gefährdeten Rechtsgutes, sondern die Stärke und Hartnäckigkeit des Angriffes für die Notwehr entscheidend ist. Im Gegensatz hierzu steht ein Urteil des OLG Stuttgart v. 21.4.1948 (DRZ 1949 S. 42 f.), das den Gebrauch der Schusswaffe gegenüber einer fliehenden einer Straftat verdächtigen Person durch einen Polizeibeamten behandelt und ausführt, dass ein Menschenleben nicht einem geringwertigen Rechtsgut geopfert werden darf, also nicht ein Missverhältnis zwischen Abwehr und dem angegriffenen Gut bestehen darf. Bei der Anwendung dieser letzteren Grundsätze auf die hier behandelte Frage, d.h. bei einer Abwägung der Güter darf nicht übersehen werden, dass in der einen Waagschale nicht nur z.B. die zu verbüßende Reststrafe liegt, sondern auch die allgemeine Gefährdung der staatlichen Aufgaben durch eine nicht wirkungsvoll verhinderte Flucht des Gefangenen. Es müsste weiterhin dem Aufsichtsbeamten auch die Möglichkeit gegeben sein, die Güterabwägung vorzunehmen.

Senatspräs. Dr. Neumann betont, dass sich die Frage nach Landesrecht richtet und dieses durchaus verschieden ist. Nach preußischem Recht war die Allg. Gerichtsordnung maßgebend, später die Instruktion Friedrich Wilhelms III. von 1812 und die VO von 1877, durch welche die Befugnis zum Erlass der Rechtsverordnungen auf den Justiz- bzw. den Innenminister übertragen worden ist. Diese haben auch von der Übertragung Gebrauch gemacht. Das Gesetz von 1854 war eine Folge der Revolution von 1848.

GStA Biermann weist darauf hin, dass für Nordrhein-Westfalen die Frage durch § 36 Abs. 3 des Gesetzes über die öffentliche Sicherheit und Ordnung vom 21.3.1951 geregelt ist.

GStA Bauer hält die Berufung auf Gewohnheitsrecht als Rechtsgrundlage für bedenklich.

Punkt 15 der Tagesordnung: Maßnahmen zum Schutz der Strafvollzugsbeamten

GStA Kesseböhmer berichtet, dass die Überfälle auf Strafvollzugsbeamte zugenommen haben. Er hält es schon aus Gründen der Fürsorge für eine Pflicht der Generalstaatsanwälte, für Abhilfe zu sorgen. Den Grund für die wachsende Zahl erblickt GStA Kesseböhmer in der Verschlechterung des Persönlichkeitsbildes der Gefangenen und in dem Schwinden des Autoritätsgefühls. Er fragt an, ob anderwärts Besonderes veranlasst sei. Schärfere Gefangenendisziplin setzt möglicherweise die Vollzugsbeamten dem Vorwurf mangelnder Humanität aus. Als beste Lösung empfiehlt sich eine Verstärkung des Aufsichtspersonals, dessen Verhältnis zu den Gefangenen früher 1:9, jetzt allerdings 1:7 beträgt. Die Verhältnisse sind in den kleinen Haftanstalten besonders gefährlich.

GStA Biermann teilt mit, dass der Rechnungshof die Herabsetzung des Aufsichtspersonals gefordert hat, so dass in Niedersachsen schon etwa 100 Kündigungen ausgesprochen worden sind. In den kleinen Gefängnissen helfen sich die Beamten durch scharfe Hunde.

GStA Dr. Mannzen teilt die Besorgnisse und berichtet, dass die Leiter großer Anstalten in dauernder Sorge vor Meutereien leben. Der Rechnungshof verweise auf die süddeutschen Länder, in denen das Verhältnis 1:9 beträgt.

GStA Dr. Burchardi weist darauf hin, dass die Zunahme von Gewalttaten auf Beamte sich im Wesentlichen auf kleine und kleinste Gefängnisse beschränkt. In großen Anstalten mit Sicherungsverwahrten und lebenslänglichen Gefangenen hat sich noch kein Fall eines Angriffs ereignet. Die Verschlechterung des Persönlichkeitsbildes der Gefangenen ist zuzugeben. Der Hauptgrund für die Überfälle liegt aber in einer unangebrachten Vertrauensseligkeit der Beamten, die sich noch nicht daran gewöhnt haben, dass statt der Schwarzhändler und Wirtschaftssünder jetzt echte Verbrecher eingeliefert werden. Es hat sich als fehlsam erwiesen, verbrauchte Beamte an kleine Gefängnisse zu versetzen. Er widerrät einer Verschärfung der Disziplin und führt als bezeichnend an, dass ein sehr weicher Direktor seit geraumer Zeit keine Überfälle mehr zu verzeichnen hat.

GStA Bauer glaubt, dass das Persönlichkeitsbild sich bessert. In Niedersachsen ist das Verhältnis 1:6 anstatt bisher 1:9. Richtig ist wohl ein Verhältnis von 1:4. Eine solche Forderung hat aber keine Aussicht auf Genehmigung.

GStA Biermann weist darauf hin, dass das Verhältnis 1:6 die Landesquote darstelle, darin also auch die kleinen Anstalten mit geringer Belegungsfähigkeit eingeschlossen sind.

GStA Rosenthal-Pelldram hat eine Verschlechterung des Persönlichkeitsbildes der Gefangenen in Hessen nicht feststellen können.

GStA Morbach teilt die Auffassung, dass die Tätlichkeiten sich auf kleine Gefängnisse beschränken und weist darauf hin, dass eine Abhilfe vielfach durch Wohnungsschwierigkeiten der Strafanstaltsbeamten erschwert wird.

Auf Vorschlag von *GStA Kesseböhmer* wird als weiterer Punkt in die Tagesordnung eingeschoben: *Stellungnahme zu den von der Arbeitsgemeinschaft für Reform des Strafvollzuges am 30./31.8. 1951 in Heidelberg verlautbarten Leitgedanken (NJW 1951, Heft 20 S. 790 f.)*

GStA Kesseböhmer weist auf die Gefahr der Bestrebungen dieses Kreises hin und betont, dass die dort beschlossenen Vorschläge weit über das Gebiet des Strafvollzugs hinausgehen und sich auf das Straf- und Strafprozessrecht erstrecken. Er hält für erforderlich, der Forderung nach Verselbständigung der Verwaltung des Vollzugs von Freiheitsstrafen entgegenzutreten, zumal da unverblümt den Generalstaatsanwälten das notwendige Fachwissen abgesprochen wird. Zur Leitung des Strafvollzugs sind die Generalstaatsanwälte ebenso befähigt wie beispielsweise die Regierungspräsidenten zur Leitung der zu ihren Behörden gehörenden Schul-, Medizinal-, Bau-, Forstabteilungen.

GStA Rosenthal-Pelldram ist der Meinung, dass der Strafvollzug durchaus in das Aufgabengebiet der Generalstaatsanwälte gehört und regt an, eine entsprechende Entschließung zu fassen.

GStA Dr. Mannzen weist darauf hin, dass die Arbeitsgemeinschaft für Reform des Strafvollzuges ersichtlich die Schaffung selbständiger Strafvollzugsämter anstrebt.

GStA Kesseböhmer berichtet, dass von den 60 Strafanstalten seines Bezirks fünf von Oberstaatsanwälten, 42 von Richtern und 13 von hauptamtlichen Leitern geleitet werden.

GStA Bauer ist der Ansicht, dass die in Heidelberg gefasste Entschließung der Arbeitsgemeinschaft wesentlich auf Gedanken des Prof. Eberhard Schmidt zurückgeht. Er schlägt vor, mit Prof. Schmidt Verbindung aufzunehmen, da dieser offenbar von der irrigen Auffassung ausgeht, dass die Generalstaatsanwälte mit den Fragen des Strafvollzugs zu wenig vertraut sind.

Senatspräs. Dr. Neumann warnt vor der Gefahr der Herauslösung der Gnadenfragen und des Strafvollzugs aus dem Aufgabengebiet der Staatsanwaltschaft. Die Generalstaatsanwälte sollten gegenüber den Bestrebungen der Arbeitsgemeinschaft ein wachsames Auge haben. Dieser Kreis wolle letzten Endes die Gnadenfragen allein entscheiden und stehe auf dem Standpunkt, der Strafvollzug sei eine Kultusangelegenheit und keine solche des Strafrechts. Er strebe im Endziel die Unterstellung unter den Minister des Innern an. In Berlin sei trotz seines Widerspruchs ein Strafvollzugsamt gegründet worden. Man müsse darauf hinweisen, dass der in der Geschichte des Strafvollzugs bekannteste

Schriftsteller – Klein – aus der Staatsanwaltschaft hervorgegangen sei und die Generalstaatsanwälte mit guten Gründen für die geeignetsten Aufsichtsbehörden erachtet habe.

Als Ergebnis der Aussprache wird festgestellt, dass sämtliche Generalstaatsanwälte den von der Arbeitsgemeinschaft für Reform des Strafvollzuges vertretenen Leitgedanken ablehnend gegenüberstehen. Diese Leitgedanken gehen von falschen Voraussetzungen aus und verkennen den Sinn und Zweck des Strafrechts, dessen Gebiet nicht bei dem Strafurteil endet, sondern den Strafvollzug notwendig einbegreift.

Punkt 10 der Tagesordnung: Befugnis des Verteidigers zur Aushändigung von Aktenauszügen an seinen Mandanten

GStA Dr. Burchardi trägt vor, dass in einer Strafsache bei der Kontrolle der ausgehenden Post ein völliger Aktenauszug gefunden worden sei, und dass das Gericht die Einleitung eines ehrengerichtlichen Verfahrens angeregt habe. Die Stellungnahme seiner Behörde ergebe sich aus dem Aufsatz von *Lüttger* – NJW 1951, Heft 19 S. 744 -. Danach kann der Verteidiger alles, was er seinem Mandanten mündlich mitteilen darf, ihm ohne Rechtsbedenken auch in Gestalt eines Aktenauszuges zugänglich machen. Verboten ist selbstverständlich die Mitteilung solcher Umstände, die den Untersuchungszweck selbst gefährden oder sonst auf einen Missbrauch zu verteidigungsfremden Zwecken hinauslaufen.

GStA Rosenthal-Pelldram stimmt den von Lüttger in dem angegebenen Aufsatz vertretenen Rechtsgrundsätzen zu.

GStA Kesseböhmer verweist auf die von der Arbeitsgemeinschaft der Anwaltskammervorstände im Bundesgebiet am 25.6.1950 beschlossenen Richtlinien, in denen die gleichen Rechtsgrundsätze verlautbart werden.

GStA Dr. Burchardi teilt mit, dass unter Bezugnahme auf die Schlussausführungen von Lüttger der Verein der Lichtkopieranstalten zwecks Ausräumung der Bedenken gegen die Anfertigung von Fotokopien außerhalb der Geschäftsstelle bzw. des Anwaltsbüros vorstellig geworden seien.

GStA Biermann bemerkt, die Formulierung „Gefährdung des Untersuchungszwecks" könne auf eine inhaltlose Formel hinauslaufen. Wenn ein Beschuldigter von seinem Verteidiger den Wortlaut seiner Auslassung und der Zeugenaussagen vor sich habe, dann könne er sich sein weiteres Vorbringen entsprechend zurechtlegen und für alle Widersprüche eine Aufklärung fordern; hierdurch könne der Untersuchungszweck im Einzelnen gefährdet werden.

GStA Rosenthal-Pelldram weist darauf hin, dass er den Beschuldigten Widersprüche zu Zeugenaussagen und eigenen früheren Angaben immer vorgehalten hat.

GStA Dr. Meyer-Abich pflichtet den Bedenken des GStA Biermann bei und verweist auf die Erfahrungstatsache, dass wiederholte Vernehmungen eines Beschuldigten, der seine früheren Angaben nicht gegenwärtig habe, vielfach erst zu der notwendigen

Aufklärung führen. Er hält daher die Überlassung von Aktenauszügen für gefährlich, aber auch unzulässig und glaubt, nach den Erfahrungen aus seiner früheren Praxis als Rechtsanwalt, dass bei einer Empfehlung an die Mandanten, ihre Auslassung aus dem Gedächtnis aufzuzeichnen, die Rechte des Verteidigers und des Beschuldigten ausreichend gewahrt werden.

GStA Bauer vertritt die gegenteilige Auffassung. Ein tüchtiger Anwalt wird mit seinem Mandanten doch alle früheren im Verfahren gemachten Angaben durchsprechen. Er hält es für verfehlt, mündliche Eröffnungen zu gestatten und schriftliche zu verbieten. Man sollte den Beschuldigten Abschriften ihrer aktenmäßigen Auslassungen von Amts wegen erteilen und insoweit ein staatsbürgerliches Recht der Beschuldigten anerkennen.

GStA Biermann ist der Auffassung, dass der Ehrlichkeit halber die einschränkende Floskel (Gefährdung des Untersuchungszwecks) fortfallen sollte.

GStA Bauer wirft die Frage auf, ob ein Verteidiger seinem Mandanten mitteilen dürfe, dass er steckbrieflich gesucht werde. Er bejaht diese Frage und hält die Beispiele von Lüttger für die Unzulässigkeit der Mitteilung von Aktenauszügen nicht für überzeugend.

GStA Dr. Burchardi glaubt, dass die Bedenken von GStA Biermann weniger die Mitteilung von Aktenauszügen als den Zeitpunkt der Gewährung von Akteneinsicht betreffen. Wird dem Verteidiger diese gewährt, so darf er den Akteninhalt mit seinem Mandanten soweit besprechen, als er sich nicht zu Recht dem Vorwurf der Begünstigung aussetzen würde. Eine Mitteilung über die Anordnung einer Postbeschlagnahme hält GStA Dr. Burchardi für schlechthin unzulässig.

GStA Rosenthal-Pelldram unterstreicht diese Auffassung und weist darauf hin, dass § 257 StGB die Grenze darstellt, die der Verteidiger nicht überschreiten kann, ohne den Zweck der Untersuchung zu gefährden. In geeigneten Fällen hat er stets den Verteidiger auf diejenigen Umstände hinzuweisen, die der Beschuldigte im Interesse einer sachgemäßen Untersuchung nicht erfahren darf. Missbräuche sind für ihn erkennbar dabei nicht hervorgetreten.

GStA Biermann hat selbst immer frühzeitig Akteneinsicht gewährt. Nach Anklageerhebung ist eine Gefährdung des Untersuchungszweckes kaum mehr zu befürchten.

Senatspräs. Dr. Neumann empfiehlt im Regelfall frühzeitige Akteneinsicht. In wichtigen Fällen, insbesondere wenn etwa Einzelheiten von Staatsgeheimnissen in Frage stehen, ist späte Gewährung von Akteneinsicht geboten.

Als Ergebnis der Aussprache wird festgestellt, dass die Ausführungen von Lüttger aaO. grundsätzlich gebilligt werden.

Punkt 11 der Tagesordnung: Adhäsionsprozess

Auf Antrag von *GStA Bauer* wird dieser Punkt bis zur nächsten Zusammenkunft der Generalstaatsanwälte vertagt.

Punkt 14 der Tagesordnung: Zulässigkeit der Unterbringung von psychisch Kranken in geschlossenen Anstalten. Auch die Erörterung dieses Punktes wird wegen Abwesenheit des GStA Heizer, der die Behandlung des Themas gewünscht hat, bis zur nächsten Arbeitstagung zurückgestellt. *GStA Rosenthal-Pelldram* verweist jedoch auf die Ausführungen von *Zutt* in DJZ 1951 Heft 13/14, S. 452 ff.

Punkt 18 der Tagesordnung: Nachwuchs bei den Staatsanwaltschaften

GStA Dr. Junker erklärt, dass in seinem Bezirk von insgesamt 529 Kräften 75 fehlen, insbesondere fehlen zehn Beamte des höheren Dienstes. Er bittet, Bewerber auf diesen im Bezirk des OLG Düsseldorf bestehenden Bedarf hinzuweisen.

Punkt 21 der Tagesordnung: Denkschrift des Vereins der Richter und Staatsanwälte im Lande Nordrhein-Westfalen

GStA Morbach weist auf die ausgezeichneten Ausführungen über die Besoldung der Richter und Staatsanwälte in der Denkschrift hin. Durch die Bewilligung neuer Planstellen im Haushalt des Landes Nordrhein-Westfalen ist die Besoldungsfrage endlich in Fluss gekommen. Es wäre interessant zu erfahren, welche Argumente die Parlamente insoweit als stichhaltig anerkennen.

GStA Kesseböhmer hat mit dem Hinweis, dass bei der Staatsanwaltschaft im Verhältnis zum Gericht eine viel zu geringe Zahl von Beförderungsstellen vorhanden sei, Erfolg gehabt. Er hat darüber hinaus gefordert, dass jeder Assessor zunächst bei der Staatsanwaltschaft beschäftigt werde, und jeder Strafkammervorsitzende eine Reihe von Jahren Staatsanwalt gewesen sein müsse. Der Landtag von Nordrhein-Westfalen hat für dieses Haushaltsjahr 22 zusätzliche Oberstaatsanwaltsstellen der Bes. Gruppe A 2 b bei den Landgerichten bewilligt, und zwar unter Umwandlung von Stellen der Bes.Gruppen A 2 c 1 wie auch der Bes.Gruppen A 2 c 2. – Für das kommende Jahr wird eine weitere Vermehrung der Beförderungsstellen auch bei den Staatsanwaltschaften bei den Oberlandesgerichten angestrebt. Auch für andere Beamtengruppen sind Verbesserungen erreicht worden.

GStA Dr. Junker ergänzt diese Ausführungen dahin, dass der Justizminister des Landes Nordrhein-Westfalen auch die Beförderung von Staatsanwälten (Oberstaatsanwälten) zu Landgerichtsdirektoren und Landgerichtspräsidenten zugesagt hat.

GStA Rosenthal-Pelldram vertritt die Auffassung, dass ein tüchtiger Nachwuchs nur dann heranzuziehen sei, wenn die Staatsanwaltschaft über Beförderungsstellen in der gleichen Zahl verfüge wie die Gerichte.

Es wird *beschlossen*, das Verhältnis der Eingangs- und Beförderungsstellen für Staatsanwälte und Richter in den einzelnen Ländern festzustellen. Zu diesem Zweck wird der Generalstaatsanwalt in Frankfurt am Main Fragebogen an sämtliche Generalstaatsanwälte versenden und das Ergebnis bis zur nächsten Zusammenkunft der Generalstaatsanwälte zusammenstellen.

Punkt 1 der Tagesordnung: Strafrechtsänderungsgesetz

Die von den *GStA Dr. Junker, Bauer* und *Dr. Schafheutle* ausgearbeitete *Fassung des Ergebnisses der Aussprache* wird mit folgendem Wortlaut *einstimmig angenommen:*

Zum Punkt 1 der Tagesordnung hatte die Aussprache folgendes Ergebnis: Das Strafrechtsänderungsgesetz hat umfassende Strafvorschriften zum Schutze des Staates gegen die Tätigkeit rechts- und linksradikaler Elemente in der Bundesrepublik eingeführt. Zur strafrechtlichen Verfolgung sind insbesondere bei den neu geschaffenen Tatbeständen der Staatsgefährdung und der staatsfeindlichen Agententätigkeit in weitem Umfange auch die Generalstaatsanwälte und die Staatsanwaltschaften bei den Landgerichten berufen. Um den durch dieses Gesetz der Strafrechtspflege anvertrauten Schutz des Staates wirksam werden zu lassen und zu gewährleisten, dass die Einleitung von Strafverfahren aufgrund dieser Vorschriften zu einer Verurteilung führt, bedarf es einer umfassenden und systematisch betriebenen Materialsammlung über die Bestrebungen der verfassungsfeindlichen Organisationen im Ganzen und derjenigen Kräfte im Einzelnen, die sich in den Dienst dieser Bestrebungen stellen. Die Bestrafung nach § 90 a StGB erfordert die strafgerichtliche Feststellung, dass eine Vereinigung sich gegen die verfassungsmäßige Ordnung oder gegen den Gedanken der Völkerverständigung richtet. Die Bestrafung nach den Vorschriften über die Staatsgefährdung und die staatsfeindliche Agententätigkeit (§§ 89, 90, 92, 94, 95 Abs. 3, 96 Abs. 3, 97, 100 d Abs. 2, 3) setzt den Nachweis voraus, dass der Täter in der Absicht handelt, den Bestand der Bundesrepublik Deutschland mit der im § 88 Abs. 1 StGB umschriebenen Zielrichtung zu beeinträchtigen oder einen der im § 88 Abs. 2 StGB genannten Verfassungsgrundsätze zu beseitigen oder außer Geltung zu setzen. Dieser Nachweis muss mit den Mitteln geführt werden, die das Beweisrecht der Strafprozessordnung fordert.

Das Nachrichtenmaterial und die Erkundungsmöglichkeiten, die den Generalstaatsanwälten, den Staatsanwaltschaften bei den Landgerichten und auch den Verfassungsschutzämtern der Länder zur Zeit zur Verfügung stehen, reichen in den allerwenigsten Fällen aus, diesen Nachweis in ausreichender Weise zu führen. Diese Aufgabe der Materialsammlung zur Erforschung der Tätigkeit der staatsfeindlichen Kräfte kann wirksam nur von einer zentralen Stelle aus erfüllt werden, der das erforderliche Personal und die Mittel dazu zur Verfügung stehen. Für die Erfüllung dieser Aufgabe dürfte in erster Linie das Verfassungsschutzamt des Bundes in Frage kommen.

Die versammelten Generalstaatsanwälte werden dafür Sorge tragen, dass dem Verfassungsschutzamt des Bundes über die zuständigen Stellen der Länder das Nachrichtenmaterial zugeleitet wird, das sich aus den Ermittlungen in den Strafverfahren ergibt, die bei ihnen und den ihnen unterstellen Staatsanwaltschaften anhängig sind. Sie geben zugleich aber auch ihrer ernsten Sorge Ausdruck, dass ohne eine Versorgung mit den von zentraler Stelle zu sammelnden Nachrichten über die staatsfeindlichen Bestrebungen die durch das neue Gesetz den Staatsanwaltschaften der Länder zugewiesenen Aufgaben nicht ausreichend erfüllt werden können.

Der hiermit gebilligte Teil der Niederschrift wird in sofort gefertigten Exemplaren an die anwesenden Generalstaatsanwälte verteilt.

Punkt Verschiedenes:

a) Ort der nächsten Tagung: Auf Vorschlag von *GStA Dr. Mannzen* wird beschlossen, die nächste Arbeitstagung im Laufe des Monats Mai 1952 in *Schleswig-Holstein* abzuhalten.
b) Vereinigung der Staatsanwälte: *GStA Kesseböhmer* weist darauf hin, dass beabsichtigt sei, eine Vereinigung der Staatsanwälte der Bundesrepublik zu gründen, wobei noch offenstehe, ob diese Vereinigung im Rahmen des Richtervereins oder neben ihm tätig werden solle.

Mit Dankesworten von *GStA Rosenthal-Pelldram* an die Senatspräsidenten Dr. Neumann und Dr. Moericke sowie an die Generalstaatsanwälte und mit einer Erwiderung des Senatspräsidenten Dr. Neumann wird die Tagung um 20.15 Uhr geschlossen.

VII. Niederschrift über die Arbeitstagungen der Generalstaatsanwälte vom 19.–21.3.1952

Anwesende:
OBA Dr. Wiechmann, Karlsruhe
Senatspräs. Dr. Neumann, Berlin (BGH)
Senatspräs. Dr. Moericke, Karlsruhe (BGH)
BA Dr. Westram, Berlin
GStA Loerbroks, Berlin (KG)
GStA Brühl, Berlin (LG)
GStA Bauer, Braunschweig
GStA Biermann, Celle
GStA Junker, Düsseldorf
GStA Rosenthal-Pelldram, Frankfurt a.M.
GStA Dr. Schafheutle, Freiburg i.Br.
GStA Dr. Kesseböhmer, Hamm i. Westf.
GStA Morbach, Koblenz
GStA Dr. Burchardi, Köln
GStA Dr. Geropp, Neustadt a.d.W.
GStA Dr. Meyer-Abich, Oldenburg i.O.
GStA Dr. Mannzen, Schleswig
GStA Schmidt, Stuttgart
OStA Buchholz, Hamburg (für den verhinderten GStA Feyen)

Die GStA Steffen (Bamberg, Dr. Heitzer (Bremen), Roll (München), Merk (Nürnberg) und VizeGStA Woll (Karlsruhe) waren aus dienstlichen oder persönlichen Gründen an der Teilnahme verhindert.

Als Protokollführer wurde EStA Kuhnert (Schleswig) zugezogen.

GStA Dr. Mannzen begrüßte die Teilnehmer und übernahm auf Wunsch der Versammlung die Leitung der Besprechung.

Zu Punkt 1 der Tagesordnung: Die Auswirkungen des Strafrechtsänderungsgesetzes vom 30.8.1951 [BGBl. I 739]

GStA Dr. Mannzen gab eine Übersicht über den Stand der Strafsachen aus § 74 a GVG [Sonderstrafkammer] im Lande Schleswig-Holstein, insbesondere auch über Art und Umfang und die Auswirkungen der politischen Propaganda mittels Druckschriften aus dem Inlande und aus der Ostzone. Er kam dabei zu dem Ergebnis, dass das Strafrechtsänderungsgesetz sich bisher nicht als eine wirksame Handhabe erwiesen habe, um die kommunistische Propaganda wirksam zu bekämpfen. Man müsse feststellen, dass sich die auf der letzten Herbsttagung geäußerten Bedenken bestätigt hätten; das sei umso bedenklicher, als nach seiner Auffassung mit einer Verschärfung und Zuspitzung der Lage in der Zukunft zu rechnen sei.

Die Besprechungsteilnehmer stimmten dieser Beurteilung der Lage zu. *OBA Dr. Wiechmann,* die *Senatspräs. Dr. Neumann* und *Dr. Moericke* sowie die *GStA Bauer, Junker, Dr. Kesseböhmer* und *Rosenthal-Pelldram* bezeichneten die Lage als äußerst ernst für die Strafrechtspflege. Das habe seinen Grund einmal in dem Mangel an geeigneten Kräften an höherer Stelle (Bundesanwaltschaft, Bundeskriminalamt), sei aber auch darauf zurückzuführen, dass die Verfassungsschutzämter nicht in der Lage seien, das von den Staatsanwaltschaften und Gerichten benötigte Material zur Verfügung zu stellen. *GStA Bauer* wies darauf hin, dass von den Verfassungsschutzämtern vielfach Material mit dem ausdrücklichen Vermerk „Vertraulich" gegeben werde, das im Strafverfahren natürlich keine Verwendung finden könne. *OStA Buchholz* konnte über eine zufriedenstellende Zusammenarbeit mit dem Landesamt für Verfassungsschutz in Hamburg berichten.

GStA Bauer regte die Schaffung einer zentralen Stelle zur Bekämpfung der Flugschriftpropaganda an, die vielleicht bei dem Bundesamt für Verfassungsschutz einzurichten sei. *GStA Dr. Mannzen* bat zu prüfen, ob nicht durch rasche Durchführung von objektiven Verfahren beim BGH der Verbreitung der kommunistischen Massenbroschüren wirksam beizukommen sei.

GStA Dr. Schafheutle machte in diesem Zusammenhang auf den Erlass des Bundespostministers vom 16.4.1952 aufmerksam, der in gewissem Umfange die Möglichkeit gebe, gegen das auf dem Postwege eingeführte Propagandamaterial einzuschreiten. Auch gebe die den GStA zugegangene oder noch zugehende Schrift über die Praxis des früheren RG in Hochverrats-Sachen aus dem Jahre 1928 wertvolle Hinweise für die Bearbeitung der politischen Strafsachen in der Jetztzeit.

Die *Senatspräs. Dr. Neumann* und *Dr. Moericke* und *GStA Dr. Meyer-Abich* hielten es für erforderlich, unter Hinweis auf die aufgezeigten Schwierigkeiten energische Schritte bei der Bundesregierung oder dem Bundeskanzler zu unternehmen.

OBA Dr. Wiechmann führte die zutage getretenen Schwierigkeiten in der Bearbeitung der politischen Strafsachen nicht nur auf die bereits erörterten Umstände zurück, sondern auch auf das Fehlen höchstrichterlicher Entscheidungen. Er gab der Hoffnung Ausdruck, dass die am 8.4.1952 ergangene Entscheidung des II. Strafsenats des BGH – St E 3/52 – [nicht veröffentlicht], die die Einziehung kommunistischen Propagandamaterials im objektiven Verfahren aufgrund der §§ 81, 86, 93, 98 StGB ausspricht, den Staatsanwaltschaften und Gerichten eine gewisse Grundlage für die zukünftige Arbeit auf diesem Gebiete gebe. *Senatspräs. Dr. Moericke* bemerkte hierzu, dass der BGH in seiner

Entscheidung die Voraussetzungen des § 93 StGB auch deshalb eingehend erörtert habe, um den Staatsanwaltschaften und Gerichten auch in dieser Hinsicht gewisse Richtlinien zu geben.

OStA Buchholz gab zu bedenken, dass die Entscheidung des BGH insofern zu Schwierigkeiten führen könne, als auch die kommunistischen Tageszeitungen vielfach ohne Beanstandung die gleichen Ausführungen wie die Propagandaschriften enthalten und die Angeklagten diese Tatsache zum Nachweis ihres guten Glaubens an die Zulässigkeit ihrer Handlungsweise anführen würden.

OBA Dr. Wiechmann schlug vor, die sich aus dem Strafrechtsänderungsgesetz ergebenden Probleme und die damit zusammenhängenden praktischen Erfahrungen zum Gegenstande einer Besprechung zwischen den OStA der besonderen Strafkammern des § 74 a GVG und ihm bzw. seinem Sachbearbeiter zu machen. Der Vorschlag fand allgemeine Zustimmung, wobei allerdings die Meinungen über den Kreis der hinzuzuziehenden Personen auseinandergingen. Nach längerer Aussprache wurde Übereinstimmung dahin erzielt, dass es wünschenswert sei, dass der OBA eine solche Besprechung vorbereite und zu dieser einlade, dass der Kreis der beteiligten Personen jedoch möglichst klein gehalten werde.

Im Zusammenhange mit den Erörterungen zu Punkt 1 der Tagesordnung führte *OBA Dr. Wiechmann* zur Frage des *Evokationsrechtes* (§ 74 a Abs. 2 GVG) aus: Die Frage, wann ihm über die anhängig werdenden Verfahren zu berichten sei, werde in den einzelnen Bezirken offensichtlich sehr verschieden beantwortet. Es sei zwar nicht möglich, eingehende Richtlinien hierzu aufzustellen, da die Fälle alle verschieden gelagert seien. Er halte es aber doch für geboten, dass ihm in jedem Falle berichtet werde und nur dann eine Ausnahme gemacht werde, wenn nach Lage der Sache eine Übernahme der Verfolgung durch ihn offensichtlich nicht zu erwarten sei. Vor allen Dingen sei es erforderlich, die Berichte möglichst frühzeitig zu erstatten. Es sei unzweckmäßig, dass er ein Verfahren übernehme und die Eröffnung der gerichtlichen Voruntersuchung gemäß § 178 StPO beantrage, nachdem das Verfahren schon mehrere Monate bei der örtlichen Staatsanwaltschaft anhängig gewesen sei.

Zu Punkt 2 der Tagesordnung: Ermittlungsrichter und Untersuchungsrichter des BGH (§§ 168 a, 186 StPO) – die Frage der Auswahl geeigneter Persönlichkeiten –

Senatspräs. Dr. Moericke führte aus: Obwohl es gerade in der Anfangszeit dringend geboten sei, die Voruntersuchung in den zur Zuständigkeit des BGH gehörenden Hoch- und Landesverratssachen in wenigen Händen zu konzentrieren, könne dieses Ziel zurzeit nicht verwirklicht werden, da es beim BGH an den dazu erforderlichen Kräften fehle. Der BJM sei daher auf Anregung des Präsidenten des BGH an die Landesjustizverwaltungen herangetreten mit der Bitte, die ihnen unterstellten OLG-Präsidenten anzuweisen, jeweils für ihren Geschäftsbereich einen Ermittlungsrichter und Untersuchungsrichter gemäß §§ 168 a, 186 StPO zu bestellen. Er bitte die GStA, sich dieserhalb mit den OLG-Präsidenten in Verbindung zu setzen und darauf hinzuwirken, dass möglichst besonders geeignete Richter mit diesen Aufgaben betraut würden.

Zu Punkt 3 der Tagesordnung: Dringende Reformen auf dem Gebiete der Strafgerichtsverfassung und des Strafverfahrensrechts (Wiedereinführung des mit zwei Berufsrichtern und zwei Schöffen besetzten erweiterten Schöffengerichts zur Einschränkung der Strafkammeranklagen, Einschränkung der Beweisaufnahme in Übertretungssachen, Einschränkung der Rechtsmittel in Amtsgerichtssachen)

GStA Dr. Schafheutle berichtete, dass das BJM den Entwurf eines Dritten Strafrechtsänderungsgesetzes (Bereinigungsgesetz) [BGBl. I 1953, 735] ausgearbeitet habe, der auch eine bedeutsame Änderung des Gerichtsverfassungsgesetzes vorsehe. Angesichts der Tragweite der vorgesehenen Regelung halte er es für geboten, hierzu Stellung zu nehmen und zusätzliche Vorschläge zu machen. Im Einzelnen handle es sich um folgende Punkte:

a) Im Interesse einer Entlastung des BGH sehe der Entwurf die Wiedereinführung des erweiterten Schöffengerichts vor. Diese Maßnahme werde zwar zu einer Entlastung des BGH führen, dafür aber einen erhöhten Arbeitsanfall bei den Strafkammern, die mit den Berufungen gegen die Urteile des erweiterten Schöffengerichts befasst werden, und den gemäß § 121 Abs. 1 Ziff. 1 b GVG zur Entscheidung über die Revisionen zuständigen OLG zur Folge haben.
b) Über diese im Entwurf vorgesehene Änderung des GVG hinaus halte er eine Änderung der StPO in der Richtung für geboten, dass in Übertretungssachen die Pflicht zur Beweisaufnahme entsprechend der früheren Regelung nicht mehr an die starren Grenzen des § 244 Abs. 3 StPO gebunden sei, sondern der Umfang der Beweisaufnahme durch das pflichtmäßige Ermessen des Amtsrichters bestimmt werde. Die Praxis habe gezeigt, dass vielfach Urteile der Amtsgerichte in Übertretungssachen in der Revisionsinstanz aufgrund rein formaler Verstöße, vor allen Dingen wegen Nichtbeachtung der Vorschriften des § 244 Abs. 3 StPO, aufgehoben werden müssten, obwohl der spätere Verlauf des Verfahrens zeige, dass das erste Urteil im Endergebnis zutreffend gewesen sei.
c) Die Überlastung der Gerichte zwinge nach seiner Auffassung dazu, in den Strafsachen geringerer Bedeutung zu der früher zeitweilig geltenden Regelung zurückzukehren und nur *ein* Rechtsmittel gegen das Urteil zuzulassen, nämlich Berufung *oder* Revision. Gegenüber dem derzeitigen Rechtszustande, der als Rechtsmittel die Berufung und anschließend die Revision zulasse, würde diese Regelung eine wesentliche Entlastung der Gerichte bedeuten.

Zu a) Wiedereinführung des erweiterten Schöffengerichts: Bei der Erörterung waren sich die Teilnehmer darüber einig, dass zwar jede Maßnahme, die auf Entlastung des BGH abzielt, zu einer Belastung der unteren Gerichte und damit der Landesjustizverwaltungen führt. Gleichwohl waren alle Anwesenden der Auffassung, dass eine Entlastung des BGH mit allen Mitteln angestrebt werden müsste, weil nur dann der BGH seiner Aufgabe als Wahrer der Rechtseinheit und Schöpfer richtungweisender Rechtsgedanken gerecht werden könne. Zurzeit müsse sich aber der BGH in der Mehrzahl der Fälle mit Sachen befassen, die weder tatsächlich noch rechtlich bedeutsam seien und in denen nur bereits weitgehend erörterte und entschiedene Rechtsprobleme eine Rolle spielten.

Über die Wege, die im Interesse der Entlastung des BGH zu beschreiten seien, waren die Meinungen jedoch geteilt.

Die *GStA Dr. Burchardi* und *Loerbroks* sprachen sich grundsätzlich gegen die Wiedereinführung des erweiterten Schöffengerichts aus. Diese Einrichtung, bei der die Schöffen den Ausschlag gäben, wenn die Richter verschiedener Meinung seien, passe nicht in das deutsche Rechtssystem. Da gegen Urteile des erweiterten Schöffengerichts die Berufung zulässig sei, führe dies zu einer zweiten Tatsacheninstanz, was sich gerade bei Sachen größeren Umfanges als unzweckmäßig erwiesen habe, da in der Berufungsinstanz selten eine bessere Aufklärung, eher eine Verwässerung des Sachverhaltes erreicht werde.

OBA Dr. Wiechmann, die *GStA Bauer* und *Biermann* sahen dagegen in der Wiedereinführung des erweiterten Schöffengerichts einen gangbaren Weg zur Entlastung des BGH. *GStA Biermann* betonte, dass die Erfahrungen, die man in früherer Zeit mit dem erweiterten Schöffengericht gemacht habe, nicht schlecht gewesen seien. *GStA Bauer* wies vor allen Dingen auf die Zweckmäßigkeit dieser Einrichtung hin, die es ermögliche, in Sachen größeren Umfanges dem Vorsitzenden einen zweiten Richter beizugeben. *GStA Rosenthal-Pelldram* betonte in diesem Zusammenhange, dass bei einer etwaigen Wiedereinführung des Erweiterten Schöffengerichts die Entscheidung darüber, ob ein zweiter Amtsrichter zuzuziehen sei, nicht dem Vorsitzenden überlassen werden dürfe, sondern dies nur vom Antrag der Staatsanwaltschaft abhängig sein dürfe.

OBA Dr. Wiechmann wies noch darauf hin, dass eine Wiedereinführung des erweiterten Schöffengerichts nur Hand in Hand mit einer Änderung des Pensenschlüssels erfolgen dürfe. Anklagen vor dem erweiterten Schöffengericht müssten hinsichtlich des Pensenschlüssels den Strafkammeranklagen gleichgestellt werden.

Die Mehrzahl der Besprechungsteilnehmer glaubte, für eine Wiedereinführung des erweiterten Schöffengerichts nur dann eintreten zu können, wenn die angestrebte Entlastung des BGH nicht auf anderem Wege erreicht werden könne. Es wurden in diesem Zusammenhange, insbesondere von *Senatspräs. Dr. Moericke,* den *GStA Dr. Schafheutle, Dr. Meyer-Abich* und *Rosenthal-Pelldram,* folgende Vorschläge zur Erörterung gestellt:

Es solle bei der bisherigen Regelung verbleiben, dass Revisionen gegen erstinstanzliche Strafkammerurteile und Schwurgerichtsurteile an den BGH gehen. Dieser sollte aber die

Möglichkeit erhalten, Sachen geringerer Bedeutung an die OLG abzugeben. *Senatspräs. Dr. Moericke* gab allerdings zu bedenken, dass hierdurch wohl kaum eine wesentliche Entlastung des BGH erreicht werde, da die Prüfung der Frage, ob es sich um eine Sache geringerer Bedeutung handle, nicht ohne Prüfung der Sache überhaupt erfolgen könne, was bedeute, dass dann schon ein großer Teil der in der Revisionsinstanz zu leistenden Arbeit getan sei. Ihm erscheine es zweckmäßig, wenn, wie auch die Vorsitzenden der Strafsenate des BGH vorgeschlagen hätten, der BGH in bisherigem Umfange zuständig bleibe, dass aber eine Revision an den BGH dann nicht gegeben sei, wenn nach aufzustellenden festen Regeln die Sache nicht als revisionswürdig angesehen werde. Gegen eine solche Regelung wurden allerdings Bedenken erhoben, da die vorgeschlagene Abgrenzung schwer zu treffen sei. Statt dessen wurde vorgeschlagen, zur Entscheidung über Revisionen grundsätzlich das OLG für zuständig zu erklären; dieses solle jedoch, wenn es von einer Entscheidung des BGH oder eines anderen OLG abweichen wolle, und dann, wenn dies wegen der besonderen Bedeutung der Sache für erforderlich gehalten werde, verpflichtet sein, die Sache dem BGH vorzulegen. Der letztere Vorschlag fand die Zustimmung des größten Teils der Besprechungsteilnehmer.

Zu b) Einschränkung der Beweismittel in Übertretungssachen. Während *GStA Bauer* kein praktisches Bedürfnis für die vorgeschlagene Regelung sah, weil in dieser Hinsicht in seinem Bezirke sich bisher keinerlei Schwierigkeiten ergeben hätten, schloss sich die überwiegende Meinung der Besprechungsteilnehmer dem Vorschlage des Referenten an.

Zu c) Einschränkung der Rechtsmittel in Amtsgerichtssachen.

Die *GStA Bauer, Biermann* und *Dr. Meyer-Abich* sowie *OStA Buchholz* vertraten die Auffassung, dass eine Beschränkung der Rechtsmittel in dem vorgeschlagenen Sinne nur in Privatklagesachen angängig erscheine. Die übrigen Besprechungsteilnehmer hielten dagegen in Übereinstimmung mit *GStA Dr. Schafheutle* die vorgeschlagene Beschränkung der Rechtsmittel für alle amtsrichterlichen Sachen für wünschenswert.

Zu Punkt 6 der Tagesordnung: Erfahrungen mit dem Vollzug des Jugendarrestes

GStA Morbach schilderte die in seinem Geschäftsbereich aufgetretenen Nöte beim Vollzug des Jugendarrestes, der in besonderen Anstalten erfolge, keine allzu großen Schwierigkeiten bereite, träten beim Vollzug des Freizeit- und Kurzarrestes erhebliche Mängel in Erscheinung. Es ständen kaum geeignete Arresträume zur Verfügung, der Kurz- und Freizeitarrest werde oft unter Umständen vollzogen, die im Widerspruch zum Sinn und Zweck der Einrichtung stünden. Hinzu komme, dass nicht jeder Richter die Neigung und auch die Lust besitze, sich in ausreichendem Maße mit dem Vollzuge und dem Arrestanten zu befassen. Angesichts der Verhältnisse seien die Richter bestrebt, von der Einrichtung wenig Gebrauch zu machen; verschiedene Gerichte seien schon dazu übergegangen, Belehrungsstunden (z.B. für Verkehrssünder) einzurichten.

Bei der Erörterung konnten alle Teilnehmer über gute Erfahrungen beim Vollzug des Jugendarrestes in besonderen Anstalten berichten. *GStA Dr. Mannzen* teilte mit, dass man den im Lande Schleswig-Holstein gemachten Versuch, die Aufsichtsbeamten der Jugendarrestanstalten nicht in Uniform, sondern in Zivilkleidung auftreten zu lassen, aufgegeben habe, nachdem sich in einer Jugendarrestanstalt ein schwerer Ausbruchsversuch ereignet habe, bei dem es zu einem tätlichen Angriff gegen den Aufsichtsbeamten gekommen sei.

Der Vollzug des Freizeit- und Kurzarrestes bereitet nach den Berichten der Besprechungsteilnehmer dagegen in einigen Bezirken noch Schwierigkeiten. Während die *GStA Biermann, Bauer, Junker, Dr. Meyer-Abich* und *OStA Buchholz* mitteilen konnten, dass sie in ihren Bezirken gute Erfahrungen gemacht hätten, und der Mangel an geeigneten Arresträumen in Zusammenarbeit mit den OLG-Präsidenten weitgehend behoben sei, schilderten die *GStA Schmid* und *Dr. Geropp* die gleichen Schwierigkeiten wie *GStA Morbach.* Die *GStA Dr. Burchardi* und *Dr. Kesseböhmer* betonten, dass der Vollzug des Kurz- und Freizeitarrestes immer das Problem des Jugendvollzuges bleiben werde, da man in diesem Falle auf die Mitarbeit der Richter und Justizwachtmeister angewiesen sei, die nicht immer mitgingen. *GStA Dr. Mannzen* wies in diesem Zusammenhange darauf hin, dass nach seinen Beobachtungen bei den Richtern vielfach trotz Vorhandenseins geeigneter und besonders ausgebauter Arresträume wenig Neigung bestehe, Kurz- und Freizeitarrest zu verhängen. Nach Ansicht dieser Richter habe dieser keine besondere erzieherische Wirkung.

Zu Punkt 7 der Tagesordnung: Besetzung der Jugenstrafkammern

GStA Junker berichtete, dass in seinem Bezirke hinsichtlich der Besetzung der Jugendstrafkammern bis in die letzte Zeit unterschiedliche Auffassungen bestanden hätten. Zum Teil habe die Jugendstrafkammer in der Besetzung von drei Berufsrichtern ohne Hinzuziehung von Schöffen entsprechend der früheren Regelung des RJuGG verhandelt, während an anderer Stelle die Strafkammer in der in § 76 GVG vorgeschriebenen Besetzung entschieden habe. Zur Beseitigung dieser Unklarheit habe die Staatsanwaltschaft in einem Falle, in dem die Jugendstrafkammer unter Mitwirkung von Schöffen verhandelt habe, Revision eingelegt. Der OBA habe mitgeteilt, dass er die Revision nicht vertreten könne, weil der BGH bereits in einer früheren Entscheidung klargestellt habe, dass die Jugendstrafkammern nunmehr in der Hauptverhandlung mit drei Berufsrichtern und zwei Schöffen besetzt sein müssten. Besondere Schöffen (Jugendschöffen) seien für die Jugendstrafkammern nicht vorgesehen.

GStA Dr. Schafheutle glaubte, dass die Auswahl und Bestellung von Jugendschöffen nur aufgrund eines besonderen Gesetzes möglich sei, bis zu dessen Erlass müsse notgedrungen auf die allgemein ausgelosten Schöffen zurückgegriffen werden.

Zu Punkt 9 der Tagesordnung: Probleme des Wiederaufnahmeverfahrens bei Strafsachen wegen Verbrechens gegen die Menschlichkeit nach Aufhebung der Verordnung Nr. 47 der Brit. Militärregierung

GStA Junker schilderte anhand eines Einzelfalles die Schwierigkeiten, die sich nach Aufhebung der VO Nr. 47 der Brit. MilReg. für die Durchführung des Wiederaufnahmeverfahrens in Strafsachen wegen Verbrechens gegen die Menschlichkeit ergeben haben. Das LG habe, nachdem es den Wiederaufnahmeantrag für zulässig befunden und die angeordneten Beweise erhoben habe, nunmehr den Antrag als unzulässig verworfen, weil nach Aufhebung der VO Nr. 47 die deutsche Gerichtsbarkeit nicht mehr gegeben sei. Über die hiergegen von der Staatsanwaltschaft eingelegte Beschwerde habe das OLG noch nicht entschieden. Falls das OLG zu der gleichen Auffassung wie die Strafkammer komme, bestünde für den Verurteilten keine Möglichkeit, jemals seine Unschuld zu beweisen. Dieses Ergebnis sei ebenso ungerecht wie die Folgen, die sich dann ergeben würden, wenn das OLG in Abweichung von der Strafkammer die deutsche Gerichtsbarkeit bejahen und die Erneuerung der Hauptverhandlung anordnen werde. In diesem Falle werde die Strafkammer zwangsläufig das Verfahren mangels Vorliegens der deutschen Gerichtsbarkeit einstellen und nicht mehr in eine sachliche Prüfung eintreten.

Senatspräs. Dr. Moericke schlug vor, die Erörterung der Frage zurückzustellen. Der BGH befasse sich zurzeit eingehend mit den aufgeworfenen Fragen, und es seien in dieser Hinsicht in nächster Zeit einige bedeutsame Entscheidungen zu erwarten. Nach Aufhebung der VO Nr. 47 seien die deutschen Gerichte zwar nicht mehr befugt, das Kontrollratsgesetz Nr. 10 anzuwenden, sie seien aber keinesfalls daran gehindert, den Sachverhalt unter allen in Betracht kommenden deutschrechtlichen Gesichtspunkten zu prüfen. In dieser Richtung könnten die zu erwartenden Entscheidungen des BGH von Bedeutung sein, da sich der BGH auch mit der Frage der mittelbaren Täterschaft, insbesondere in den Fällen der Denunziation, auseinandersetzen werde und dabei möglicherweise zu einem von der bisherigen Rechtsprechung abweichenden Ergebnis kommen werde.

Entsprechend dem Vorschlage wurde die Erörterung dieses Besprechungspunktes im Hinblick auf die zu erwartenden Entscheidungen des BGH zurückgestellt.

OBA Dr. Wiechmann erklärte sich bereit, den GStA eine Abschrift seiner grundsätzlichen Stellungnahme zu den von Senatspräsidenten Dr. Moericke erwähnten Rechtsproblemen (mittelbare Täterschaft bei der Denunziation) zukommen zu lassen.

Im Anschluss an die Erörterungen zu Punkt 9 der Tagesordnung lenkte *GStA Dr. Kesseböhmer* die Aufmerksamkeit der Besprechungsteilnehmer auf die durch das Presse- und Informationsamt der Bundesregierung in Nr. 88 des Bundesanzeigers vom 8.5.1952 auf Seite 8 veröffentlichte *Verlautbarung* des BMJ mit der Überschrift „Keine Anerkennung des Kontrollratsgesetzes Nr. 10". Die *Verlautbarung* hat folgenden Wortlaut: „Das Bundesministerium der Justiz teilt mit: In den Tageszeitungen vom 5.5.1952 ist verschiedentlich die Meldung enthalten, es sei in den deutsch-alliierten Sachverständigenverhandlungen zum Generalvertrag eine Einigung dahingehend erzielt worden, dass die Bundesregierung einen Gesetzentwurf vorlege, der die Rechtsgültigkeit des Kontrollratsgesetzes Nr. 10 feststelle. Hierzu erklärt das Bundesministerium der Justiz: Nach deutschen Rechtsgrundsätzen (Art. 103 Abs. 2 GG) ist die Rückwirkung eines Strafgesetzes unmöglich. Eine Anerkennung des Kontrollratsgesetzes Nr. 10 ist deshalb ausgeschlossen."

GStA Dr. Kesseböhmer wies mit allem Nachdruck darauf hin, dass die Verlautbarung des BJM in der vorliegenden Form sehr bedenkliche Folgen haben könne. Es sei den mit der Vollstreckung und dem Vollzug von Strafen wegen Verbrechens gegen die Menschlichkeit betrauten Beamten kaum noch zuzumuten, weiterhin bei der Vollstreckung dieser Strafen mitzuwirken, nachdem das BJM festgestellt habe, dass dieses Gesetz im Widerspruch zum Bonner Grundgesetz stehe. Das könne nicht nur für die von deutschen Gerichten verhängten Strafen gelten, sondern sei auch für die Vollstreckung von Strafen der Besatzungsgerichte – er denke hierbei an die im Zuchthaus Werl einsitzenden Kriegsverbrecher – von Bedeutung. Die Stellungnahme des BJM bringe die Beamten in unübersehbare Gewissenskonflikte.

Diese Auffassung wurde von den Besprechungsteilnehmern allgemein geteilt, wobei vor allem die *GStA Junker* und *Dr. Meyer-Abich* betonten, dass die Tragweite dieser Erklärung für Rechtsprechung und Strafvollzug nicht abzusehen sei. Der Letztere gab noch der Befürchtung Ausdruck, dass diese Erklärung als eine Desavouierung der Richter und Staatsanwälte der Spruchgerichte und ordentlichen Gerichte, die das Kontrollratsgesetz Nr. 10 angewendet haben, angesehen werden könne, weil aus der Erklärung in der vorliegenden Form der Vorwurf entnommen werden könne, diese Richter und Staatsanwälte hätten ein Gesetz angewendet, das jeder Rechtsgrundlage entbehre.

Wenn auch die Anwesenden sich darüber einig waren, dass die Verlautbarung die geschilderten Auswirkungen haben könne, so bestand doch im Wesentlichen Übereinstimmung darüber, dass diese keinesfalls beabsichtigt gewesen seien und die Erklärung, die sehr unglücklich formuliert sei, aus den derzeitigen besonderen außenpolitischen Verhältnissen verstanden werden müsse. Insbesondere wiesen *Senatspräs. Dr. Neumann* und *GStA Dr. Schafheutle* auf die Zusammenhänge zwischen den deutsch-alliierten Verhandlungen zum Deutschland-(General-)Vertrag und der Verlautbarung des Bundesjustizministeriums hin. Im Laufe dieser Verhandlungen sei von alliierter Seite die Forderung aufgestellt worden, das bisherige Kontrollratsgesetz Nr. 10 durch ein entsprechendes deutsches Gesetz zu ersetzen. Dieser Forderung habe die Verlautbarung entgegentreten wollen. Im Hinblick auf ihre Auswirkungen müsse sie allerdings als missglückt angesehen werden.

Von allen Besprechungsteilnehmern wurde gefordert, geeignete Schritte zu unternehmen, um eine Ergänzung oder Richtigstellung der Verlautbarung zu erreichen, die den Belangen der an der Rechtsprechung, Strafvollstreckung und dem Strafvollzug in Strafsachen wegen Verbrechens gegen die Menschlichkeit beteiligten Beamten gerecht werde. Nach einer Aussprache über die verschiedenen Möglichkeiten (Resolution, auslegende Erklärung der GStA, Schritte bei der Bundesregierung und den Landesregierungen) stimmten die Teilnehmer dem Vorschlage des *OBA Dr. Wiechmann* zu, der sich bereit erklärte, an den BJM heranzutreten und ihn auf die erörterten Schwierigkeiten hinzuweisen. Gleichlaufende Schritte sollen von den GStA bei ihren Landesjustizministern unternommen werden.

Zu Punkt 4 der Tagesordnung: Beleidigung von Persönlichkeiten, die im öffentlichen Leben stehen. In welchem Umfange kann davon abgesehen werden, den Verletzten, der noch keine Kenntnis vom Sachverhalt hat, zu unterrichten, um ihm Gelegenheit zu geben, evtl. Strafantrag zu stellen?

GStA Morbach warf die Frage auf, ob dem Beleidigten, der von dem Sachverhalt noch keine Kenntnis habe, in jedem Falle Mitteilung zu machen sei, damit er evtl. Strafantrag stellen könne. Für seinen Geschäftsbereich habe er die OStA angewiesen, dies nur dann zu tun, wenn mit einer gewissen Wahrscheinlichkeit ein Strafantrag zu erwarten sei. Er habe Bedenken, die in dem Erlass des BJM vom 6.6.1951 – 4040 – 23366/51 – für Beleidigungen des Bundeskanzlers aufgestellten Richtlinien allgemein anzuwenden und auch in allen übrigen Fällen festzustellen, ob der Täter zu einem Widerruf bereit sei, und dann von der Einholung eines Strafantrages abzusehen.

Die Mehrzahl der Teilnehmer äußerte Zweifel, ob die von *GStA Morbach* angeordnete Regelung zweckmäßig sei. Im Allgemeinen wird nach den Berichten der GStA in jedem Falle an den Verletzten herangetreten, aus der Erwägung heraus, dass es nicht angängig erscheine, dass die Staatsanwaltschaft dadurch, dass sie von einer Unterrichtung des Verletzten absieht, eine Entscheidung an sich zieht, die ausschließlich in das Ermessen des Verletzten gestellt hat. Die *GStA Bauer* und *Loerbroks* betonen, dass sie eine Unterrichtung des Verletzten schon deshalb in jedem Falle für geboten hielten, weil sie vielfach die Erfahrung gemacht hätten, dass in Fällen Strafantrag gestellt worden sei, in denen sie es nach Lage der Sache nicht erwartet hätten.

Zu Punkt 5 der Tagesordnung: Das „besondere öffentliche Interesse" an der Strafverfolgung bei Verkehrsunfällen. Besprechung des Aufsatzes von OStA Dr. Mühlhaus (JZ 1952 Nr. 6, S. 170).

GStA Morbach legte unter Hinweis auf die Ausführungen in dem Aufsatz des OStA Dr. Mühlhaus die Schwierigkeiten dar, die sich für die Frage ergäben, wann das „besondere öffentliche Interesse" [a.d. Strafverfolgung durch die StA] im Sinne des § 232 Abs. 1 StGB zu bejahen sei. Es sei zu erwägen, ob man nicht in erster Linie den Willen des Verletzten, der von einem Strafantrag absähe und nicht gegen den Beschuldigten vorgehen wolle, respektieren müsse und das „besondere öffentliche Interesse" nur in Ausnahmefällen bejahen solle.

GStA Bauer empfahl unter Hinweis auf die Praxis in außerdeutschen Ländern, insbesondere in den skandinavischen Ländern, größte Zurückhaltung bei der Bejahung des „besonderen öffentlichen Interesses".

Im Gegensatz hierzu vertraten die *GStA Biermann, Dr. Burchardi, Dr. Mannzen, Rosenthal-Pelldram, Dr. Schafheutle* und *Schmid* mit der Mehrzahl der Besprechungsteilnehmer den Standpunkt, dass das „besondere öffentliche Interesse" bei Verkehrsunfällen in weitgehendem Umfange zu bejahen sei. Der von *GStA Bauer* gezogene Vergleich mit der Verkehrspraxis in einigen außerdeutschen Ländern könne, worauf *GStA Dr. Mannzen* hinwies, angesichts der anders gearteten Haltung des deutschen Kraftfahrers nicht überzeugen. *GStA Biermann* führte aus, dass im Gegensatz zu den hier nicht zur Erörterung stehenden Fällen der fahrlässigen Körperverletzung außerhalb des Straßenverkehrs, wo in erster Linie auf das Interesse des Verletzten abzustellen sei, bei *Verkehrs*unfällen vornehmlich die Sicherheit und Ordnung im Straßenverkehr zu berücksichtigen sei. Ebenso wie der einzelne Verletzte ein Recht darauf habe, geschützt zu werden, könne die Allgemeinheit verlangen, dass im Hinblick auf die ständige Zunahme der Verkehrsunfälle und die Disziplinlosigkeit vieler Kraftfahrer das Schutzinteresse aller Verkehrsteilnehmer gewahrt bleibe. Es erscheine auch unangebracht, durch die Verneinung des „besonderen öffentlichen Interesses" Verkehrsunfälle nur unter dem Gesichtspunkt einer Übertretung der Straßenverkehrsordnung zur Anklage zu bringen und so dem Gericht die Möglichkeit zu nehmen, den Sachverhalt unter allen in Betracht kommenden rechtlichen Gesichtspunkten zu würdigen. *GStA Dr. Burchardi* führte aus, der Kraftfahrer müsse immer wissen, dass er auch mit seiner Person – die Schadensregelung übernehme ja in der Hauptsache die Versicherungsgesellschaft – für die Folgen seiner Unachtsamkeit einzustehen habe. Dieses Gefühl übe eine gewisse erzieherische Wirkung auf den Kraftfahrer aus. Wenn der Kraftfahrer nur in seltenen Fällen mit einer Anklageerhebung wegen fahrlässiger Körperverletzung zu rechnen habe, werde er sich leichter und unbekümmerter über die Verkehrsvorschriften hinwegsetzen. *GStA Dr. Mannzen* gab allerdings zu bedenken, dass eine unterschiedliche Bejahung des „besonderen öffentlichen Interesses" bei Verkehrsunfällen zu einer nicht gerechtfertigten Überspitzung führen könne und dass sehr wohl Verkehrsunfälle denkbar seien, in denen ein öffentliches Interesse an der Strafverfolgung nicht gegeben sei. *OStA Buchholz* berichtete, dass in Hamburg die Entscheidung, ob ein „besonderes öffentliches Interesse" gegeben sei, nach der Persönlichkeit des Kraftfahrers bzw. des Verkehrsteilnehmers erfolge. Bei rücksichtslosen Fahrern werde es bejaht, während bei Fahrern, die einer außergewöhnlichen Verkehrssituation nicht gewachsen waren, Zurückhaltung geübt werde.

Nach Meinung von *GStA Dr. Schafheutle* müssen die Gedankengänge, die dem zur Zeit vorliegenden Gesetzentwurf, der eine wesentliche Verschärfung der geltenden Bestimmungen vorsieht, zugrunde liegen, auch heute schon berücksichtigt werden. Im Interesse der Sicherheit des Straßenverkehrs müsse mit aller Schärfe vorgegangen werden, was nur dadurch geschehen könne, dass das „besondere öffentliche Interesse" nur in Ausnahmefällen verneint werde.

Außerhalb der Tagesordnung machte *OBA Dr. Wiechmann* Ausführungen über das *Verfahren nach eingelegter Revision* und einige dabei zu beachtende Gesichtspunkte: Wie er bereits auf der letzten Tagung mit Zustimmung aller Teilnehmer ausgeführt habe, sei es erforderlich, dass sich die GStA noch mehr als bisher bei der Weitergabe der staatsanwaltschaftlichen Revisionen gemäß Nr. 260 der Richtlinien für das Strafverfahren nicht auf den bloßen Sichtvermerk beschränken, sondern auch darlegen, aus welchen Gründen sie der Revision der Staatsanwaltschaft zustimmen. Insoweit verweise er auf das Rundschreiben des Bundesministers der Justiz an die Landesjustizminister vom 8.4.1952 – 4200 – 21450 -. Vor allem bitte er die GStA, der Prüfung der Revisionen der Staatsanwaltschaften ihr besonderes Augenmerk zu widmen, da diese sehr häufig mangelhaft begründet seien. Es erscheine angebracht, die OStA auf den Aufsatz von Schneidewin aus dem Jahre 1929 hinzuweisen, in dem die wesentlichen Gesichtspunkte erörtert seien. Vor allen Dingen müsse vermieden werden, dass die Revisionen der Staatsanwaltschaften die Beweiswürdigung des Tatrichters in unzulässiger Weise angriffen. Darüber hinaus halte er es auch für geboten zu prüfen, ob die Durchführung der Revision im gegebenen Fall zweckmäßig sei. Wenn das angefochtene Urteil im Endergebnis befriedige, müsse überlegt werden, ob wegen Verletzung einer Rechtsnorm das Revisionsverfahren durchgeführt werden müsse oder ob die baldige Rechtskraft und Einleitung der Strafvollstreckung dem Strafzweck nicht dienlicher sei. Eine Ausnahme gelte natürlich für die Fälle, in denen Rechtsfragen von grundsätzlicher Bedeutung zu klären seien.

In den Strafsachen wegen Steuer- und Zollvergehen werde häufig übersehen, dass das Urteil nach § 467 RAbgO dem Finanz- oder Zollamt als Nebenkläger zuzustellen sei und die Rechtsmittelfrist für dieses erst mit dem Zeitpunkt der Zustellung beginne.

Seitens der Vorsitzenden der Strafsenate sei darüber geklagt worden, dass die mit den Revisionsübersendungsberichten vorgelegten Urteilsabschriften häufig nur schwer lesbar seien. Er bitte daher, auf die Lesbarkeit der Urteilsabschriften zu achten.

Die Revisionen der Angeklagten würden zwar unmittelbar dem OBA vorgelegt, die Rücksendung der Akten erfolge aber immer über die GStA. Er sähe keinen Anlass, von dieser Übung abzugehen, die den GStA die Möglichkeit gebe, sich über die Rechtsprechung des BGH zu unterrichten.

Ein Vorsitzender eines Strafsenats habe darauf hingewiesen, dass jetzt eine größere Anzahl von Verfahren gegen Deutsche wegen *Misshandlung von Kameraden in Kriegsgefangenenlagern* durchgeführt werde, bei denen die zur Aburteilung stehenden Vorfälle naturgemäß schon längere Zeit zurücklägen und es daher geboten sei, auf die Unterbrechung der Verjährung zu achten.

Anschließend gab *OBA Dr. Wiechmann* seine dem BJM gemachten Vorschläge zu einer Änderung des GVG und der StPO bekannt. Von einer Aussprache hierüber wurde im allgemeinen Einverständnis abgesehen.

Zu Punkt 8 der Tagesordnung: Verbrauch der Strafklage durch Urteil der Gerichte der Militärregierung

GStA Junker legte anhand eines Einzelfalles die Schwierigkeiten dar, die der Durchführung eines erneuten Verfahrens entgegenstehen, wenn der Sachverhalt bereits Gegenstand einer Aburteilung durch ein Besatzungsgericht war. Ein wegen Kriegsverbrechens durch ein französisches Militärgericht in Abwesenheit zum Tode Verurteilter sei in seinem Bezirk festgenommen worden. Der gegen ihn vom Amtsgericht wegen Mordes erlassene Haftbefehl sei durch das Landgericht aufgehoben worden. Die weitere Beschwerde der Staatsanwaltschaft habe keinen Erfolg gehabt, weil nach Ansicht des OLG das Urteil des französischen Militärgerichts den Sachverhalt auch unter deutschrechtlichen Gesichtspunkten geprüft habe, das Militärgericht insoweit daher als deutsches Gericht gehandelt habe und das ergangene Urteil somit einer weiteren Strafverfolgung entgegenstehe.

Senatspräs. Dr. Moericke machte zu dieser Frage auf zwei bedeutsame Entscheidungen des BGH aufmerksam. Das Urteil des 4. Strafsenats vom 10.5.1951 – 4 StR 180/51 – habe sich dahin ausgesprochen, dass das Urteil eines Besatzungsgerichtes einer erneuten Strafverfolgung durch deutsche Gerichte nicht entgegenstehe, wenn das Besatzungsgericht den Sachverhalt nicht auch unter deutschrechtlichen Gesichtspunkten geprüft habe. – In seinem Urteil vom 23.10.1951 – 3 StR 785/51 – habe der 3. Strafsenat die Frage, ob das Urteil eines Besatzungsgerichtes rückfallbegründend sei, verneint.

Zu Punkt 17 der Tagesordnung: Wie kann dem Mangel an Nachwuchskräften im höheren staatsanwaltschaftlichen Dienst begegnet werden?

GStA Dr. Kesseböhmer wies auf den bekannten Mangel an Nachwuchskräften im höheren staatsanwaltschaftlichen Dienst hin, der ein sehr ernstes Problem darstelle. Diese Auffassung wurde allgemein geteilt, wobei insbesondere die *GStA Biermann* und *Dr. Mannzen* hervorhoben, dass die Staatsanwaltschaften heute stark überaltert seien und daher der Zeitpunkt nicht mehr fern sei, wo der Personalmangel infolge des Ausscheidens der älteren Beamten zu einer akuten Gefahr werde.

Dieser Mangel an Nachwuchskräften sei, so führte *GStA Dr. Kesseböhmer* weiter aus, nicht nur auf die geringe Besoldung der Justizbeamten allgemein zurückzuführen, sondern auch darauf, dass die Staatsanwaltschaft durch verschiedene Maßnahmen der Justizverwaltungen (z.B. Entfernung des Staatsanwalts vom Richtertisch in den Ländern Nordrhein-Westfalen und Hamburg) an Ansehen verloren habe. Hinzu komme, dass die Bewertung der Arbeitslast bei den Gerichten und Staatsanwaltschaften äußerst unterschiedlich sei und dass der Staatsanwalt noch mehr als der Richter ein überlasteter und abgehetzter Mensch sei. Außerdem müsse man die Beobachtung machen, dass seitens der Ministerien nicht das gebotene Interesse an der Staatsanwaltschaft und deren Ausstattung mit den erforderlichen und geeigneten Kräften gezeigt werde.

GStA Dr. Burchardi gab seiner Meinung dahin Ausdruck, dass es sich nicht so sehr um ein Problem des Mangels an Nachwuchs für die Staatsanwaltschaft handle, sondern um das Problem der Stellung der Strafrechtspflege überhaupt. Diese trete zwar nach außen in erster Linie in Erscheinung, in der Praxis rangiere sie aber hinter den übrigen Zweigen der Rechtspflege, die vor allem bei den OLG-Präsidenten weit mehr Berücksichtigung fänden als die Strafrechtspflege. Deshalb halte er es, abgesehen von anderen Maßnahmen, für notwendig, darauf hinzuwirken, dass die OLG-Präsidenten der Strafrechtspflege und ihren Bedürfnissen mehr als bisher ihre Aufmerksamkeit widmen. Dies werde zwangsläufig eine Steigerung des Ansehens der Staatsanwaltschaft nach sich ziehen. *GStA Dr. Burchardi* führte in Übereinstimmung mit *OStA Buchholz* den Mangel an staatsanwaltschaftlichen Nachwuchskräften auch auf die Abneigung der meisten Juristen gegen die Strafrechtspflege als solche zurück. Die Mehrzahl der Juristen, vor allem der gut qualifizierten Juristen, sei zivilrechtlich interessiert. Hinzu komme, wie *OStA Buchholz* ausführte, dass viele junge Juristen sich ein falsches Bild von der staatsanwaltschaftlichen Tätigkeit machten und vor allem die Auswirkungen der Weisungsgebundenheit des Staatsanwalts überschätzen.

Einen Weg zur Behebung der Personalnot der Staatsanwaltschaft sahen die *GStA Dr. Kesseböhmer* und *Rosenthal-Pelldram* in einer Erhöhung der Zahl der Beförderungsstellen bei den Staatsanwaltschaften. Der Letztere wies anhand einer Übersicht, die den Besprechungsteilnehmern ausgehändigt wurde, nach, dass im Vergleich zu den Gerichten den Staatsanwaltschaften eine wesentlich geringere Zahl an Beförderungsstellen zugebilligt sei, ein Umstand, der manchen Juristen veranlasse, die staatsanwaltschaftliche Laufbahn abzulehnen.

Weiterhin sei es, so führte *GStA Dr. Kesseböhmer* aus, erforderlich, das Ansehen der Staatsanwaltschaft zu heben und die diffamierenden Maßnahmen wieder rückgängig zu machen. Auch hielte er es für erforderlich, mehr als bisher auf die als Bewerber in Betracht kommenden Referendare Einfluss zu nehmen. Zurzeit verwalte der OLG-Präsident die Personalakten der Referendare, sehe, wie sich diese entwickeln, und habe dadurch die Möglichkeit, die gewünschten Juristen an sich zu ziehen. Es sei erwünscht, den GStA auch auf diesem Gebiete eine gewisse Mitwirkungsmöglichkeit einzuräumen. Einen entsprechenden Vorschlag habe er seinem Landesjustizminister unterbreitet, bisher sei jedoch hierauf nichts veranlasst worden.

Nach Auffassung der *GStA Dr. Mannzen, Rosenthal-Pelldram* und des *OStA Buchholz* ist es wünschenswert, dass mit den jungen Juristen möglichst frühzeitig Fühlung aufgenommen wird und sie für die staatsanwaltschaftliche Tätigkeit interessiert werden. Dies könne z.B. durch Vorträge und Lehrtätigkeit in den Ausbildungskursen der Referendare geschehen, wo dann die Möglichkeit bestehe, das falsche Bild von der staatsanwaltschaftlichen Tätigkeit und der Stellung des Staatsanwalts richtig zu stellen. *GStA Dr. Mannzen* hat nach seinen Ausführungen die ihm unterstellen OStA angewiesen, diejenigen

Referendare, die sich während der Ausbildung als geeignet erwiesen haben, zu melden, so dass er Gelegenheit hat, persönlich auf diese einzuwirken.

Die *GStA Biermann, Dr. Burchardi, Dr. Kesseböhmer, Dr. Mannzen* und *Rosenthal-Pelldram* wiesen darauf hin, dass eine möglichst weitgehende Durchführung der sog. Würfelung geeignet sei, dem Mangel an Nachwuchskräften entgegenzutreten. Diese Einrichtung, die sich in den süddeutschen Ländern bestens bewährt habe, sehe einen Wechsel zwischen richterlicher und staatsanwaltschaftlicher Laufbahn in größerem Umfange vor. Viele Juristen hätten deshalb Bedenken gegen den Eintritt in die staatsanwaltschaftliche Laufbahn, weil sie befürchteten, später nicht mehr in die richterliche Laufbahn zurückkehren und dort in Beförderungsstellen einrücken zu können. Es dürfe allerdings hierbei nicht bei allgemeinen Zusagen bleiben, sondern das System müsse auch in der Praxis durchgeführt werden und vor allem dazu führen, dass Staatsanwälte, die in die Richterlaufbahn überwechseln, bei der Besetzung von Beförderungsstellen in gleichem Umfange wie die Richter berücksichtigt werden. Gerade in letzterer Hinsicht werde trotz aller Zusagen noch sehr viel gesündigt.

GStA Rosenthal-Pelldram warf noch die Frage auf, ob es nicht möglich sei, sämtliche Assessoren zu verpflichten, zunächst einige Zeit bei der Staatsanwaltschaft zu arbeiten, ehe sie in die Richterlaufbahn eintreten. Er glaube, dass dann viele bei der Staatsanwaltschaft bleiben würden.

Aber alle diese Schritte sind nach seiner Ansicht nicht ausreichend. Es sei erforderlich, das Gewissen der Beteiligten aufzurufen. Es müsse darauf hingewiesen werden, dass der Bestand der Demokratie entscheidend von der Stellung der Rechtspflege im Staate abhängig sei und deren Ansehen maßgeblich von der Stellung der Strafrechtspflege und damit der Staatsanwaltschaft beeinflusst werde. Es handle sich hierbei zwar um ein politisches Argument, das aber vorgetragen werden müsse und nach seinen Erfahrungen auch Erfolg verspreche.

Abschließend kamen die Besprechungsteilnehmer zu dem Ergebnis, dass unter den gegebenen Verhältnissen die Behebung der Personalnot der Staatsanwaltschaften in erster Linie eine Frage des persönlichen Einsatzes der GStA bei.

Zu Punkt 16 der Tagesordnung: Welche Maßnahmen können zur wirksameren Bekämpfung der unzüchtigen Schriften getroffen werden?

GStA Dr. Kesseböhmer betonte, dass er nicht die Schwierigkeiten schildern wolle, die darin bestünden festzustellen, ob eine Schrift unzüchtig sei oder nicht. Diese Schwierigkeiten hätten immer bestanden. Zu dieser Frage gebe die Schrift von Staatsanwalt Schilling über „Das erotisch-sexuelle periodische Schrifttum als Gegenstand der Beurteilung gemäß § 184 StGB“ [Verbreitung unzüchtiger Werke] wertvolle Anhaltspunkte. Er wolle in diesem Zusammenhange nur auf die Schwierigkeiten bei der Durchführung der Verfahren eingehen. Das unzüchtige Schrifttum habe in erheblichem Maße zugenommen.

Nach Nr. 353 Ziff. 2 der Richtlinien für das Strafverfahren habe der Staatsanwalt des Verbreitungsortes den Staatsanwalt des Erscheinungsortes in Kenntnis zu setzen und dessen Entscheidung abzuwarten. Bis dahin ergäben sich dadurch große Schwierigkeiten, dass das Verfahren in den einzelnen Ländern und Bezirken verschieden gehandhabt werde. Von Nachteil sei vor allem der Umstand, dass keine Einigkeit darüber bestehe, ob der Beschlagnahmebeschluss eines Amtsgerichts nur dessen Bezirk betreffe oder auch für die in anderen Bezirken erscheinenden Druckschriften Bedeutung habe. Er habe sich bisher mit Erfolg auf den letzteren Standpunkt gestellt. Im Interesse einer wirksamen Bekämpfung des unzüchtigen Schrifttums sei die Schaffung einer Zentralstelle für das gesamte Bundesgebiet unbedingt geboten. Von der Wiedereinführung eines Kataloges des unzüchtigen Schrifttums nach Art des früheren „Polunbi-Kataloges" verspreche er sich persönlich nicht. Das unzüchtige Schrifttum sei heute im Gegensatz zu der früheren Zeit in der Hauptsache in periodisch erscheinenden Magazinen usw. enthalten, deren Auflage naturgemäß bereits vergriffen sei, wenn die betreffende Nummer des Magazins in den Katalog aufgenommen werde.

GStA Morbach teilte mit, dass er für seinen Bezirk angeordnet habe, die Bestimmungen der Richtlinien für das Strafverfahren in den zur Rede stehenden Fällen nicht mehr anzuwenden, da diese das Bestehen einer Zentralstelle zur Voraussetzung hätten. Im Übrigen habe er mit einer freiwilligen Vorzensur des in Betracht kommenden Schrifttums durch die Staatsanwaltschaft, wie sie auch StA Schilling geschildert habe, sehr gute Erfahrungen gemacht, da Verleger und Händler Wert darauf legten, die aus einem Einschreiten der Staatsanwaltschaft sich ergebenden Schwierigkeiten zu vermeiden. Trotzdem habe auch er die von GStA Dr. Kesseböhmer geschildeten Missstände beobachten müssen und trete deshalb mit aller Entschiedenheit für die Schaffung einer Zentralstelle ein.

Im Gegensatz zu den beiden Vorrednern führte *GStA Bauer* die beobachteten Schwierigkeiten zu einem großen Teil darauf zurück, dass sich in der Beurteilung der Frage, ob eine Schrift unzüchtig sei oder nicht, bei den einzelnen Gerichten und Staatsanwaltschaften erhebliche Abweichungen ergäben. Nach der Rechtsprechung des früheren RG, die das OLG Oldenburg in seiner Entscheidung vom 27.2.1951 (JR 1952, S. 113) übernommen habe, sei die Abbildung eines unbekleideten Körpers nur dann unzüchtig, wenn durch die betonte Darstellung der Geschlechtsteile eine Beziehung zum Geschlechtlichen, zu einem geschlechtlichen Vorgang, hergestellt werde. Das hierunter fallende Schrifttum werde überall verfolgt. Die Schwierigkeiten ergäben sich erst in den Fällen, wo indem einen oder anderen Bezirk der Begriff des Unzüchtigen zu weit ausgedehnt werde.

Nach *überwiegender Auffassung der Besprechungsteilnehmer* ist die Schaffung einer Zentralstelle zur Bekämpfung des unzüchtigen Schrifttums im Interesse einer wirksamen Bekämpfung dringend geboten.

Zu Punkt 12 der Tagesordnung: Haftkostenfrage: Im Gegensatz zu der Handhabung im Lande Bremen wird im Lande Nordrhein-Westfalen von den Strafvollstreckungsbehörden nach dem DGKG bei zahlungsfähigen Verurteilten auch dann ein Betrag von 1,50 DM als Auslagenersetz von Haftkosten in der Gerichtskostenrechnung in Ansatz gebracht, wenn der Strafgefangene während seiner Haftzeit voll arbeitsfähig gewesen ist und sein Arbeitspensum erfüllt hat. Ist dem im Lande Bremen geübten Verfahren aus Billigkeitsgründen der Vorzug zu geben?

GStA Dr. Burchardi wies auf die unterschiedliche Handhabung bei der Berechnung der Haftkosten in Bremen und den übrigen Ländern hin. Nach einem Aufsatz in der „Neuen Zeitung", München, vom 23.3.1950 werde im Lande Bremen bei der Berechnung der Haftkosten ein Satz von 3,50 DM je Tag zugrunde gelegt. Diese Haftkosten würden aber nicht nach der Verbüßung, wie in den anderen Ländern, eingezogen, sondern während der Strafverbüßung vom Arbeitsverdienst des Gefangenen in Abzug gebracht. Bei Gefangenen, die aus von ihnen nicht zu vertretenden Umständen nicht zur Arbeit herangezogen werden können, unterbleibe die Einziehung der Haftkosten. Diese Handhabung führe dazu, dass die Gefangenen, die arbeiten bzw. arbeiten wollen, nach ihrer Strafverbüßung nicht noch mit Haftkosten belastet würden. Da bei der nachträglichen Berechnung der Haftkosten nur ein geringer Teil tatsächlich eingezogen werden könne und die durch die Berechnung und Einziehung entstehenden Kosten in keinem Verhältnis hierzu stünden, ergebe sich schon aus diesem Grunde, abgesehen von Billigkeitserwägungen, die Frage, ob nicht dem im Lande Bremen geübten Verfahren der Vorzug zu geben sei.

GStA Junker vertrat die Auffassung, dass im Endergebnis zwischen der Handhabung in Bremen und den übrigen Ländern ein erheblicher Unterschied nicht bestehe. Der in den übrigen Ländern bei der Berechnung der Haftkosten zugrunde zu legende Tagessatz von 1,50 DM habe bei seiner Festlegung zwar den tatsächlichen Verhältnissen entsprochen. In der Zwischenzeit seien die Haftkosten aber erheblich, etwa auf 4 DM pro Tag angestiegen, ohne dass eine Erhöhung des Satzes erfolgt sei. Der Gefangene, dem nur die Arbeitsbelohnung belassen werde, stehe sich daher im Endergebnis nicht schlechter als im Lande Bremen, dem zwar ein täglicher Arbeitslohn von 4,50 DM zugebilligt werde, der hiervon aber die Haftkosten von 3,50 DM pro Tag zu tragen habe. Allerdings halte er die in Bremen erfolgte Erhöhung des Arbeitsentgeltes der Gefangenen für bedenklich, da die Gefahr bestünde, dass die Strafanstalten für die Löhne der Gefangenen zur Lohnsteuer und zu sozialen Abgaben herangezogen würden, was zu einer erheblichen Mehrarbeit führen würde. Der Bundesfinanzhof habe in einer Entscheidung schon ausgesprochen, dass die Arbeitsverwaltungen der Strafanstalten körperschaftssteuerpflichtig seien.

Die *GStA Dr. Meyer-Abich* und *Schmid* glaubten, dass dem Problem schon deshalb keine allzu große Bedeutung zukomme, da eine nachträgliche Einziehung der Haftkosten in den seltensten Fällen praktisch durchführbar sei.

Nach Mitteilung von *Senatspräs. Dr. Moericke* ist unter Leitung von *Prof. Sieber* eine Doktorarbeit in Vorbereitung, die sich eingehend mit den hier aufgeworfenen Fragen befasst.

Zu Punkt 18 der Tagesordnung: Generalstaatsanwälte und Form der Vollzugsverwaltung. (Vergl. Zeitschrift für Strafvollzug 1951 Nr. 5, S. 51–67).

GStA Dr. Kesseböhmer berichtete über den wesentlichen Inhalt des in der Zeitschrift für Strafvollzug 1951, S. 51–67 veröffentlichten Referats des Ministerialrats *Leopold,* München, und der aufgrund dieses Referates gefassten Entschließung des Strafvollzugsausschusses vom Oktober 1951. Sowohl das Referat als auch die Entschließung gingen von z.T. ganz falschen Voraussetzungen aus. So sei es unrichtig, wenn MinRat Leopold drei Säulen der Strafrechtspflege (Strafverfolgung, Rechtsprechung, Strafvollzug) unterscheide, da diese Tätigkeiten nicht so scharf zu trennen seien. Vor allen Dingen könne seiner Forderung, den Strafvollzug zu einer selbständigen, von den GStA unabhängigen Einrichtung unter der Leitung eines Präsidenten des Strafvollzugsamtes o.ä. zu erheben, nicht zugestimmt werden. Die gemachten Erfahrungen hätten gezeigt, dass der Strafvollzug in den Händen der GStA besser aufgehoben sei als in den Händen besonderer Strafvollzugsbehörden. Die Ausführungen von MinRat Leopold könnten angesichts ihrer Tragweite für die weitere Entwicklung nicht unwidersprochen hingenommen werden.

Nach längerer *Aussprache*, in der die Besprechungsteilnehmer den Ausführungen von GStA Dr. Kesseböhmer in vollem Umfange zustimmten, wurde angeregt, dass GStA Dr. Kesseböhmer in einer Veröffentlichung in der genannten Zeitschrift zu den Ausführungen von MinRat Leopold Stellung nehmen und dessen Argumente und Schlussfolgerungen richtigstellen möge.

Der *zu Punkt 13* der Tagesordnung angemeldete Besprechungspunkt – *Unfallfürsorge für Gefangene* – wurde von GStA Dr. Burchardi zurückgezogen.

Bis zur nächsten Arbeitstagung wurden die nachfolgenden Besprechungspunkte zurückgestellt:

10. Unfallfürsorge für Jugendliche bei der Verrichtung von Arbeitsauflagen,
11. Haftpflicht für Schäden, die Jugendliche bei der Verrichtung von Arbeitsauflagen anrichten.
14. Der Adhäsionsprozess.
15. Die Zulässigkeit der Unterbringung von psychisch Kranken in geschlossenen Krankenanstalten.

Auf das vorgesehene Referat von *GStA Rosenthal-Pelldram* über „Die Bedeutung des gegenwärtigen Standes der angewandten Psychologie für die Arbeit der Staatsanwaltschaft“ musste im Hinblick auf die fortgeschrittene Zeit verzichtet werden.

Auf Vorschlag von *GStA Schmidt* wurde beschlossen, die nächste Arbeitstagung der Generalstaatsanwälte im Herbst dieses Jahres in Stuttgart oder an einem Orte in der Umgebung Stuttgarts abzuhalten.

gez. Dr. Mannzen, Generalstaatsanwalt – gez. Kuhnert, Erster Staatsanwalt

VIII. Niederschrift über die Tagung der Generalstaatsanwälte vom 2./3.2.1954

Beginn der Tagung: 2.2.1954, 9.30 Uhr

Anwesend:

OBA Dr. Wiechmann	Karlsruhe
SenatsPräs. a.D. Dr. Neumann	Berlin
OLG-Präs. Dr. Schmid	Stuttgart (OLG, nur
am 2.2.1954 nachmittags)	
OStA Dr. Wagner	Karlsruhe, BGH
GStA Dr. Bauer	Braunschweig
GStA Biermann	Celle
GStA Schrübbers	Düsseldorf
GStA Rosenthal-Pelldram	Frankfurt/M.
GStA Feyen	Hamburg
GStA Dr. Kesseböhmer	Hamm i.W.
GStA Dr. Müller	Karlsruhe
GStA Morbach	Koblenz
GStA Dr. Burchardi	Köln
GStA Dr. Geropp	Neustadt
GStA Mork	Nürnberg
GStA Dr. Krapp	Oldenburg
GStA Dr. Mannzen	Schleswig
GStA Nellmann	Stuttgart
OStA Dr. Lintz	Bamberg
i.V. von GStA Dr. Steffen	(OLG)
OStA Dr. Großer	München (Bayr. Obst. LG)
OStA Freitag	München (OLG)
i.V. von GStA Dr. Roll	

GStA Nellmann begrüßte die Teilnehmer, insbesondere den Herrn OBA Dr. Wiechmann und den Herrn Senatspräs. a.D. Dr. Neumann. Sodann bat er Herrn GStA Schrübbers, die Leitung der Tagung zu übernehmen.

Als Protokollführer wurde StA Haile (StA beim OLG Stuttgart) zugezogen.

1. *Stand der Verfahren wegen Vorbereitung zum Hochverrat, insbesondere Rechtsprechungsfragen und die strafrechtliche Beurteilung kommunistischer Tarnorganisationen*

GStA Schrübbers erklärte, dass in den in Nordrhein-Westfalen anhängigen Verfahren wegen Vorbereitung eines hochverräterischen Unternehmens und wegen Staatsgefährdung eine erhebliche Unsicherheit in Erscheinung trete, da der BGH seit dem Urteil vom 8.4.1952 [unveröffentl.] über die Verfahren gemäß §§ 80, 81 StGB und über die Abgrenzung der Hochverrats- und Staatsgefährdungsdelikte keine Entscheidung mehr erlassen habe. Aus Pressenachrichten sei zu entnehmen, dass der zuständige 2. Senat des BGH nicht bei seinem Urteil verbleiben wolle. Die Richter neigten infolgedessen zur Freisprechung der Angeklagten aus subjektiven Gründen, wobei betont würde, dass ähnliche Ausführungen, wie sie den Angeklagten zur Last gelegt würden, von den kommunistischen Zeitungen öffentlich verbreitet würden, ohne dass gegen diese Zeitungen eingeschritten würde. Der Angriff der Strafverfolgungsbehörde gegen die Staatsfeinde erscheine unsystematisch; leitende Funktionäre könnten sich vielfach unangefochten betätigen, während untergeordnete Funktionäre abgeurteilt würden. Die Unsicherheit bei den Strafverfolgungsbehörden und Gerichten sei durch die vom BGH angeordnete Haftentlassung von Dickel und Neumann noch erheblich gesteigert worden.

GStA Dr. Burchardi, Köln, wies darauf hin, dass § 93 StGB eine Abgrenzung zu § 81 StGB schwierig mache. Da in staatsfeindlichen Druckschriften, wie z.B. in dem „Programm zur Nationalen Wiedervereinigung Deutschlands", kaum von Gewalt oder von Bedrohung mit Gewalt gesprochen werde, erscheine ihm § 81 StGB gegenstandslos geworden. Alle diese Fälle ließen sich nunmehr auf dem Wege über § 93 StGB aburteilen. Der Versuch einer Abgrenzung zwischen §§ 81 und 93 StGB sei letzten Endes nur ein Spiel mit Worten. Eine endgültige Lösung des Problems sei nur möglich, wenn das BVerfG über die Klage der Bundesregierung gegen die KPD verhandelt habe.

OStA Dr. Grosser, (München, Bayer. Oberstes Landesgericht) betonte, dass auch nach seinen Erfahrungen größte Unsicherheit bei der rechtlichen Behandlung politischer Strafsachen herrsche. Die ursprüngliche Weisung, Anklage nur dann zu erheben, falls Aussicht auf Verurteilung bestehe, sei nach dem Urteil des BGH vom 8.4.1952 fallen gelassen worden, da danach zahlreiche Tatbestände unter § 81 StGB gebracht werden konnten. Die Folge des Wegfalls dieser Weisung sei, dass nunmehr zahlreiche Entscheidungen auf Außerverfolgungssetzung ergangen seien, nachdem weitere Urteile des BGH nicht gefolgt seien.

GStA Bauer (Braunschweig) erklärte, er halte das Urteil des BGH vom 8.4.1952 für unhaltbar. Da weder das BVerfG über die KPD-Klage entschieden hoch der BGH seine Rechtsprechung fortgesetzt habe, erscheine der Schluss gerechtfertigt, dass die KPD nicht verboten werden würde. Jedenfalls könne auf der Grundlage des Urteils vom 8.4.1952 nunmehr nicht weiter vorgegangen werden, Anklagen aus § 81 StGB auf Zitate von Lenin und Stalin zu stützen, erscheine ihm absurd, nachdem weder die Sowjetunion noch die DDR Lenin und Stalin mehr zitierten. Die bisherige Behandlung der politischen Strafsachen habe ergeben, dass weder das Tatbestandsmerkmal der Gewalt bzw. der Bedrohung mit Gewalt in § 81 StGB erfüllt sei, noch ein bestimmtes hochverräterisches Unternehmen, das in absehbarer Zeit verwirklicht werden sollte, nachgewiesen werden könne.

GStA Kesseböhmer (Hamm) erkundigte sich, wie die Aussichten einer Entscheidung des BVerfG bzw. weiterer Entscheidungen des BGH seien.

GStA Schrübbers bemerkte, die Instanzgerichte könnten nur von Präjudizien überzeugt werden. In diesem Zusammenhang schilderte er die Entwicklung des von ihm bearbeiteten Verfahrens, das zu dem Urteil vom 8.4.1952 geführt habe. Dieses Verfahren fuße auf der Rechtsprechung des Reichsgerichts. Inzwischen hätten sich die politischen Verhältnisse nicht gewandelt, so dass an den Schlussfolgerungen des Urteils vom 8.4.1952 festgehalten werden müsse. Allerdings werde man den inneren Tatbestand des § 81 StGB nur bei wichtigen Funktionären bejahen können, während bei minder wichtigen Funktionären schon aus subjektiven Gründen in der Regel lediglich Staatsgefährdung angenommen werden könne.

GStA Dr. Bauer verblieb bei seiner Ansicht hinsichtlich des § 81 StGB, da insbesondere das Vorhaben eines hochverräterischen Unternehmens für eine absehbare oder nahe Zukunft nicht festgestellt werden könne.

Der Oberbundesanwalt äußerte sich dann ausführlich über die Frage, wann mit einer Entscheidung des BVerfG oder des BGH zu rechnen sei. Er legte hierbei die Gründe dar, aus denen bisher ein Urteil des BGH diese Frage nicht ergangen sei, und bemerkte, dass diese Gründe im Wesentlichen personeller Art seien. Bisher habe der erforderliche erstinstanzliche Senat gefehlt, mit seiner Schaffung sei aber demnächst zu rechnen. Auch die Bundesanwaltschaft sei nicht voll besetzt, so dass bei ihr geradezu von einem personellen Notstand gesprochen werden könne. Hierbei bat der Oberbundesanwalt die anwesenden Generalstaatsanwälte um Benennung geeigneter Kräfte, doch kämen nur solche Sachbearbeiter in Betracht, die Erfahrung in der Bearbeitung politischer oder von Revisionssachen hätten. Auch der BGH warte auf eine Entscheidung des BVerfG über die KPD-Klage der Bundesregierung und auf eine Entscheidung des BVerwG hinsichtlich der FDJ, doch dürfe man sich keinen großen Hoffnungen darüber hingeben, dass diese Entscheidungen alsbald ergingen.

Die Rechtsprechung des BGH, wie sie in dem Urteil vom 8.4.1952 vertreten sei, sei keineswegs aufgegeben. Der bekannte Artikel von *Müller-Meiningen* über „Hexenprozesse

1953" sei unwahr. In diesem Zusammenhang kam der OBA auf das Verhältnis zur Presse zu sprechen, wobei er bemerkte, dass auch der kürzliche Artikel im „Spiegel" über den Fall „Vulkan" vor Unwahrheiten strotze. Hierauf zählte der OBA die einschlägigen Verfahren auf, die mit Anklage gemäß § 81 StGB dem BGH vorgelegt worden seien, schilderte den Stand dieser Verfahren und erklärte, dass die Haftentlassung von Dickel und Neumann gegen den nachdrücklichen Widerspruch der Bundesanwaltschaft erfolgt sei. Die von den Generalstaatsanwälten geschilderte große Unsicherheit bei den Instanzgerichten sei im Wesentlichen auf diese Haftentlassung zurückzuführen. Die Entscheidung des 2. Strafsenats nötige nunmehr dazu, bei Haftbefehlen besonderes Gewicht auf den Haftgrund der Verdunkelungsgefahr zu legen, der in der Regel immer gegeben sei.

Eine Verzögerung der bei der Bundesanwaltschaft anhängigen Verfahren sei auch dadurch eingetreten, dass die früheren Anträge auf Aufhebung der Immunität der in das Verfahren verwickelten Abgeordneten nicht mehr entschieden worden seien. Nach seiner Auffassung sei es offenkundig, dass die SED, aber auch die KPD den gewaltsamen Umsturz der verfassungsmäßigen Ordnung in der Bundesrepublik betreibe. Er halte es aber für unrichtig, diese Tatsache, wie das in einigen Verfahren geschehen sei, als gerichtsbekannt vorauszusetzen, vielmehr müsse das hochverräterische Unternehmen durch entsprechende Beweismittel belegt werden. Derartige Beweismittel flössen der Bundesanwaltschaft laufend zu. Die Frage der Bestimmtheit des hochverräterischen Unternehmens sei letzten Endes eine Frage der politischen Willensentscheidung. Die Bundesanwaltschaft werde von dem in dem Urteil v. 8.4.1952 vertretenden Rechtsstandpunkt nicht abgehen, wenn es auch klar sei, dass in den weiteren Verfahren neue Gesichtspunkte geltend gemacht werden müssten. Die Tatbestandsmerkmale der Gewalt oder der Bedrohung mit Gewalt könnten ernstlich nicht verneint werden, da sie im Gegensatz zu der Auffassung von GStA Dr. Burchardi in allen Verfahren allgemein und offen zutage treten. In diesem Zusammenhang verwies der OBA auf zwei ihm kürzlich zur Kenntnis gebrachte Urteile der Strafkammer in Köln, in denen die Angeklagten wegen Vergehens nach § 84 StGB verurteilt worden seien. Im Übrigen sei die Ansicht Müller-Meiningens, in dem mit dem Urteil vom 8.4.1952 abgeschlossenen Verfahren hätten Vertreter der SED bzw. der KPD als Beteiligte gehört werden müssen, für einen Rechtsanwalt erstaunlich. Abschließend gab der OBA seiner Meinung dahin Ausdruck, dass zur Besprechung der wichtigen Frage, wie in den politischen Strafsachen vorzugehen sei, eine Tagung derjenigen Oberstaatsanwälte erwünscht sei, die für die in § 74 a GVG erwähnten Strafkammern zuständig seien.

GStA Schrübbers stimmte den Ausführungen des OBA voll zu und vertrat gleichfalls die Auffassung, dass das Urteil vom 8.4.1952 als Grundlage für die weitere Tätigkeit der Staatsanwaltschaften beibehalten werden müsse. Auch er bezeichnete eine Tagung der für die Verfahren gemäß § 74 a GVG zuständigen Oberstaatsanwälte als dringend erforderlich. Im Übrigen sei es Zeit, dass durch eine sichere Rechtsprechung des BGH dem Schwanken der Instanzgerichte Einhalt geboten werde. Wenn hierzu personelle

Maßnahmen erforderlich seien, so müssten sie nach seiner Ansicht schleunigst getroffen werden. Die Rechtsnot sei so dringend, dass die Generalstaatsanwälte dem Oberbundesanwalt für Schritte bei dem Bundesministerium der Justiz sehr dankbar sein würden. Auf eine Bemerkung von *GStA Dr. Bauer,* dass doch auch mit einer Abweisung der Verbotsklage der Bundesregierung gegen die KPD und mit einer negativen Feststellung des BVerwG hinsichtlich der FDJ gerechnet werden müsse, bemerkte *GStA Schrübbers,* dass man diese Entscheidungen nicht abwarten solle und die Möglichkeit abweichender Urteile in Kauf nehmen müsse, die z.Zt. bei der Strafverfolgung einzuhaltende Linie dürfe durch die noch anhängigen verfassungs- und verwaltungsrechtlichen Verfahren nicht beeinflusst werden.

GStA Biermann meinte, dass mit einer ungünstigen Entscheidung des BVerfG bzw. des BVerwG nach seiner Ansicht nicht zu rechnen sei, da die Feststellungen der Strafgerichte und das bei ihnen angesammelte Beweismaterial von den beiden Obersten Gerichtshöfen nicht übersehen werden können.

GStA Dr. Bauer bezweifelte, ob der Hochverrat der KPD offenkundig sei, wie dies der OBA geäußert habe. In Wahrheit hoffe die KPD auf die Rote Armee, das aber bedeute nicht Gewalt im Sinne der §§ 80, 81 StGB. Nach einer kurzen *Diskussion* über diese Frage zwischen den *GStA Dr. Bauer, Biermann, Schrübbers* und *Mork* erklärte der *Oberbundesanwalt,* dass nach seiner Auffassung mit einer Abweisung der Klage der Bundesregierung gegen die KPD nicht gerechnet werden könne. Auch der Strafsenat des OLG Köln habe kürzlich in einem Verfahren eine staatsfeindliche Druckschrift als hochverräterisch bezeichnet und die Angeklagte aus § 84 StGB verurteilt. In den bei dem BGH anhängigen Revisionsverfahren sei bisher keine Entscheidung ergangen, die die erörterte Frage zu fördern geeignet sei. Im Übrigen seien die zahlreichen Revisionen gegen Entscheidungen der in § 74 a GVG genannten Strafkammern bisher infolge Überlastung der Bundesanwaltschaft z.T. nicht bearbeitet worden, sie würden aber nunmehr laufend dem 2. Strafsenat des BGH zugeleitet.

GStA Dr. Burchardi stellte richtig, dass er selbst an dem Vorliegen des Tatbestandes des § 81 StGB nicht zweifle, dass aber die Gerichte vielfach schwer zur Feststellung dieses Tatbestandes zu bewegen seien. Mit seinen Ausführungen habe er nur dartun wollen, dass er in derartigen Fällen ein Ausweichen auf § 93 StGB empfehle.

OStA Dr. Wagner bemerkte, dass der 2. Strafsenat des BGH durch einen Beschluss vom 7.2.1953 eine Druckschrift der „Deutschen Sammlung“ mit einer Begründung beschlagnahmt habe, die auf dem Urteil vom 8.4.1952 fuße. Bis zu diesem Zeitpunkt sei also der Senat offensichtlich bei seiner Einstellung geblieben. Inzwischen hätten die Strafsenate der OLG in Celle und Köln im Februar bzw. November 1953 die Einziehung von Druckschriften im objektiven Verfahren angeordnet und in ihren Entscheidungen den in dem Urteil vom 8.4.1952 vertretenen Standpunkt teils übernommen, teils fortgebildet. An der Möglichkeit, das Tatbestandsmerkmal der Gewalt bzw. der Bedrohung mit Gewalt nachzuweisen, könne nicht gezweifelt werden, da sich dieses Tatbestandsmerkmal aus zahlreichen staatsfeindlichen Druckschriften ergebe und durch eine ganze Reihe seither vernommener Zeugen bestätigt werde. Danach sei es Absicht der sowjetzonalen Machthaber, zunächst eine gesamtdeutsche Regierung, die z.T. aus ihren Funktionären bestehe, zu bilden, sodann die ihnen nicht genehmen Mitglieder dieser Regierung auszuschalten, die Einheitsfront aller Werktätigen zu schaffen, die vollständige Gewalt zu übernehmen, Industrie und Landwirtschaft zu enteignen und die Zustände der DDR auf die Bundesrepublik zu übertragen. Ein praktisches Beispiel für die Durchführung eines ähnlichen Planes wiesen die Vorgänge in der Tschechoslowakei im Februar und März 1948 auf, über die die Bundesanwaltschaft Unterlagen gesammelt habe und die bei gegebener Gelegenheit dem BGH unter Beweis gestellt werden würden, und zwar auch durch namhafte Zeugen. Die damaligen Vorgänge wiesen zahlreiche Parallelen mit dem Plan der sowjetzonalen Machthaber auf. Auf einen Einwand von *GStA Dr. Bauer*, dass die Durchführung eines solchen Gewaltplanes angesichts der alliierten Besatzung Westdeutschlands gar nicht möglich sei, entgegnete *Dr. Wagner*, dass nicht dieses Moment entscheidend sei, sondern es allein darauf ankomme, ob die sowjetzonalen Machthaber und ihre Gesinnungsgenossen in Westdeutschland glaubten, ihren Plan trotz der Besatzung ausführen zu können. Dass sie tatsächlich dieser Ansicht seien, ergebe sich aus ihrer Propaganda und zahlreichen Druckschriften. Schwieriger zu beweisen sei allerdings das Erfordernis der Bestimmtheit dieses hochverräterischen Planes, doch könne an der Beweisbarkeit angesichts der Fülle des eingehenden Materials und der bisher vorliegenden Zeugenbekundungen eigentlich nicht gezweifelt werden. Allerdings sei die Beantwortung dieser Frage letzten Endes, wie es der Herr Oberbundesanwalt betont habe, eine Frage politischer Willensentscheidung.

OStA Dr. Grosser aus München wies auf die Wichtigkeit des subjektiven Momentes bei Anklagen aus § 81 StGB hin, das in der Regel nicht leicht nachweisbar sei. Die bayerischen Strafkammern hätten aber auch zuweilen über die Rechtsauffassung der Anklage hinausgehend den Verdacht eines Verbrechens nach § 81 StGB bejaht und das Verfahren an den BGH verwiesen.

Senatspräs. Dr. Neumann verwies auf die von ihm seinerzeit ausgearbeitete Denkschrift der Reichsanwaltschaft für die Reichsregierung. In dieser Denkschrift seien alle Möglichkeiten der Vorbereitung eines hochverräterischen Unternehmens mit s.E. heute noch maßgeblicher Begründung erörtert. Die entscheidende Grundlage für die Feststellung des Tatbestandes des § 81 StGB sei der Vorsatz, also das subjektive Moment.

GStA Schrübbers schlug vor, zu Punkt 1 der Tagesordnung von einer Entschließung abzusehen und sich mit der bisherigen Erörterung zu begnügen.

GStA Biermann regte an, der OBA möge dem 2. Strafsenat des BGH in geeigneter Weise zur Kenntnis bringen, dass nach Meinung der Generalstaatsanwälte endlich Entscheidungen in den Hochverratsverfahren getroffen werden müssten. Der *OBA* sagte dies zu und bemerkte, dass er auch bisher schon immer wieder den Senat auf die Wichtigkeit und Dringlichkeit derartiger Entscheidungen aufmerksam gemacht habe. Er wolle aber nochmals geeignete Schritte bei dem Vorsitzenden des Senats, dem Präsidenten des BGH und dem Bundesminister der Justiz unternehmen.

GStA Dr. Kesseböhmer bat den OBA, bei diesen Schritten darauf hinzuweisen, dass insbesondere die Gerichte unter dem Versagen des BGH litten.

GStA Schrübbers fasste die bisherigen Erörterungen dahin zusammen, es könne z.Zt. noch an der durch das 5-Broschürenurteil eingeleiteten Rechtsprechung des BGH zu § 81 StGB festgehalten werden, dass es ferner die einhellige Bitte der Generalstaatsanwälte sei, der Oberbundesanwalt möge seine Bemühungen fortsetzen, und zwar insbesondere bei dem Bundesminister der Justiz in Bonn und dem zuständigen Strafsenat des BGH, und dass schließlich eine baldige Zusammenkunft der nach § 74 a GVG zuständigen Oberstaatsanwälte für notwendig gehalten werde.

Im Anschluss hieran wurde kurz die Tätigkeit staatsfeindlicher Tarnorganisationen erörtert, wobei *OStA Dr. Grosser* aus München bemerkte, dass das bei ihm anhängige Verfahren gegen zwei Funktionäre des „Demokratischen Kulturbundes Deutschlands“ Dr. Saller und Sticken wahrscheinlich mangels geeigneter Beweisunterlagen eingestellt werden müsste.

GStA Dr. Mannzen bemerkte, dass in Schleswig-Holstein bisher im Wesentlichen nur die FDJ und die „Sozialistische Aktion“ in Erscheinung getreten seien. Auf Wunsch einiger Generalstaatsanwälte sagte der Oberbundesanwalt die Übersendung eines Verzeichnisses derjenigen Tarnorganisationen zu, gegen deren Funktionäre bei der Bundesanwaltschaft Verfahren anhängig seien.

2. *Verfassungs- und verwaltungsgerichtliche Vorentscheidungen (§§ 90 a, 129 a StGB)*

GStA Schrübbers bemerkte, dass dieser Punkt der Tagesordnung sich im Wesentlichen schon durch die bisherigen Erörterungen erledigt habe.

GStA Dr. Bauer erklärte, dass nach seiner Kenntnis umfangreiche Vernehmungen des BVerwG in dem bei ihm anhängigen Verfahren wegen der Verfassungswidrigkeit der FDJ im Gang seien. In den in seinem Bezirk anhängigen Verfahren gegen Anhänger der FDJ würden die Gerichte immer wieder von den Verteidigern mit dem Argument bedrängt, dass aus der Tatsache der Nichterhebung einer entsprechenden Klage durch die Bundesregierung bzw. die Länderregierungen sich überzeugend ergebe, dass den Angeklagten das Bewusstsein der Rechtswidrigkeit gefehlt habe. Das bei dem BVerwG anhängige Verfahren sei nicht von Regierungsseite, sondern durch die FDJ in Gang gebracht worden, die sich damit gegen das Verbot der Bundesregierung gewendet habe.

GStA Dr. Mannzen erklärte, dass Anklagen gegen die FDJ-Funktionäre nicht aus § 81 StGB erhoben seien, so dass der Feststellung des subjektiven Tatbestandes keine besonderen Schwierigkeiten im Wege stünden. Zu bedauern sei jedoch die vielfache Ausweitung des Begriffs des Rädelsführers, die auf die frühere Rechtsprechung zu §§ 115, 125 StGB zurückgehe.

Der *Oberbundesanwalt* pflichtete diesen Ausführungen des GStA Dr. Mannzen bei. Leider seien die bisher ergangenen Revisionsentscheidungen des BGH gegen FDJ-Funktionäre nur knapp und kurz begründet worden. Es seien jedoch weitere Urteile zu erwarten, die möglicherweise den Instanzgerichten bei der rechtlichen Beurteilung dienlich sein könnten.

GStA Schrübbers bezeichnete baldige verfassungs- und verwaltungsgerichtliche Entscheidungen für die Strafrechtspflege erwünscht. Seitens der Generalstaatsanwälte könne allerdings insoweit nichts veranlasst werden, doch würden diese darum bitten, dass die Verfassungsschutzämter das bei ihnen angesammelte Material ihren Regierungen unterbreiten, um die Verfahren bei dem BVerfG und dem BVerwG zu fördern.

Der *Oberbundesanwalt* sagte zu, das Bundesministerium der Justiz über die von GStA Dr. Bauer zur Kenntnis gebrachten Vernehmungen des BVerwG zu unterrichten und dabei auf die Dringlichkeit der verfassungs- und verwaltungsgerichtlichen Entscheidungen hinzuweisen.

GStA Schrübbers fasste die Besprechung auch dieses Punktes der Tagesordnung in der einhelligen Bitte der Generalstaatsanwälte an den Oberbundesanwalt zusammen, auch insoweit geeignete Schritte zu unternehmen.

3. *Vereinfachung der Berichtspflicht in politischen Strafsachen, die zur Zuständigkeit des BGH gehören*

GStA Schrübbers wies einleitend auf Ziff. 203 der Richtlinien für das Strafverfahren [Zuständigkeit der Strafkammer nach § 74 a StPO] hin. Angesichts der Überlastung der Staatsanwaltschaften sei eine Einschränkung der Berichterstattung, und zwar auch an die Länderministerien, dringend erforderlich.

GStA Dr. Bauer erklärte, in Niedersachsen habe sich die Anordnung bewährt, wonach nicht mehr Einzelberichte, sondern nur noch monatliche Lageberichte an das Landesjustizministerium zu erstatten seien. Es bestehe sogar die Hoffnung, die Monatsberichte demnächst durch Vierteljahresberichte zu ersetzen und somit die Berichterstattung noch mehr einzuschränken.

Auch der *Oberbundesanwalt* verwies auf Ziff. 203 der Richtlinien und ersuchte die Generalstaatsanwälte, bei der Einschränkung der Berichte gegenüber dem Oberbundesanwalt nicht zaghaft zu sein. Die Zahl der eingehenden Berichte sei immer noch zu vermindern. Er verwies auf das bei der Staatsanwaltschaft Lüneburg eingeschlagene Verfahren, die Berichterstattung in Form der Einreichung der Übersendung der Anklageschrift vorzunehmen, womit der Bundesanwaltschaft der Sachverhalt geschlossen zur Kenntnis gebracht und zugleich die rechtliche Beurteilung des Sachverhaltes gegeben werde. Eine Berichterstattung vor Erhebung der Anklage, also schon im Stadium des

Ermittlungsverfahrens, sei nicht erforderlich. Doch sei es erwünscht, die Bundesanwaltschaft über alle von örtlichen Staatsanwaltschaften eingeleiteten Verfahren gegen solche Tarnorganisationen zu unterrichten, gegen deren Funktionäre bereits Verfahren bei der Bundesanwaltschaft schwebten. Durch eine vernünftige Handhabung der Ziff. 203 der Richtlinien lasse sich die Berichterstattung noch weiter einschränken. Die Übersendung von Einstellungsverfügungen sei nur in besonders wichtigen Fällen erforderlich. Für notwendig hält der Oberbundesanwalt einen Bericht an ihn, wenn die verfolgte Tat über den Bezirk des Generalstaatsanwalts hinausreicht oder in den Rahmen eines beim Oberbundesanwalt anhängigen Verfahrens fällt.

OStA Dr. Grosser verwies auf Ziff. 202 der Richtlinien, wonach den Landesstaatsanwaltschaften die Pflicht obliege, über den Ausgang der von dem Oberbundesanwalt abgegebenen Verfahren zu unterrichten. Er glaube, dass angesichts dieser Pflicht Sachstandsanfragen der Bundesanwaltschaft, wie sie mehrfach an die Landesstaatsanwaltschaften ergangen seien, unterbleiben könnten. Der Oberbundesanwalt stimmte dem zu und trat dafür ein, dass routinemäßige Anfrage unterblieben. Abgabeverfügungen ergingen in der Regel auch mit dem besonderen Bemerken, dass es einer laufenden Berichterstattung nicht bedürfe.

OStA Dr. Grosser erkundigte sich ferner, ob in den Ländern die Weisung bestünde, abschließende Verfügungen nur nach vorheriger Zustimmung des Landesjustizministeriums zu treffen. Nach allgemeiner Verneinung der Frage erklärte Dr. Grosser, in Bayern bestehe eine derartige Anweisung, deren Aufhebung er anregen möchte.

OStA Freitag wünschte ferner Auskunft über die Frage, welche Berichtspflicht in den einzelnen Ländern bestünde. In Bayern müsse über jedes einzelne politische Strafverfahren berichtet werden.

GStA Biermann antwortete darauf, dass in Niedersachsen eine Berichtspflicht nur in wichtigen Verfahren bestehe.

GStA Dr. Kesseböhmer schlug vor, die Berichtspflicht einheitlich dahin zu regeln, dass dem Landesjustizministerium nur dann zu berichten sei, wenn auch dem Oberbundesanwalt berichtet werde.

Der *Oberbundesanwalt* erklärte, dass die Berichte an ihn teils durch die Hand des Generalstaatsanwalts, teils unmittelbar erstattet würden, worauf *GStA Dr. Burchardi* auf Ziff. 202 Abs. 4 der Richtlinien verwies, wonach die Berichte durch den Generalstaatsanwalt vorzulegen seien.

GStA Biermann erklärte, dass in Niedersachsen Berichte des Oberstaatsanwalts unmittelbar an den Oberbundesanwalt gelangen dürften, dass jedoch gleichzeitig eine Abschrift des Berichts durch den Generalstaatsanwalt an das Justizministerium in Hannover gesandt würde mit dem Vermerk, dass dem Oberbundesanwalt berichtet sei.

GStA Dr. Burchardi bezeichnete es als zweckmäßig, sämtliche Berichte durch den Generalstaatsanwalt vorzulegen, der damit die Möglichkeit habe, unnötige Verfahren nach § 81 StGB anzuhalten und nach Maßgabe der Beweismöglichkeit auf eine andere rechtliche Grundlage zu stellen.

Der *Oberbundesanwalt* gab seiner Meinung dahin Ausdruck, dass Berichte durch den Generalstaatsanwalt nur in denjenigen Verfahren vorgelegt werden sollten, für die die Zuständigkeit des BGH nach § 134 GVG gegeben sei, dass aber die in Ziff. 203 der Richtlinien genannten Verfahren von dem Oberstaatsanwalt unmittelbar der Bundesanwaltschaft vorgelegt werden könnten.

GStA Schrübbers fasste die Besprechung des Punktes 3 der Tagesordnung dahin zusammen, dass die Berichtspflicht nach Ziff. 203 der Richtlinien seitens der örtlichen Staatsanwaltschaften in der Regel so gehandhabt werden sollte, dass erst bei Erhebung der Anklage und unter Beifügung eines Anklageentwurfes berichtet werden solle mit dem Bemerken, dass beabsichtigt sei, Anklage nach dem beigefügten Entwurf zu erheben. Im Übrigen sei es Aufgabe der einzelnen Generalstaatsanwälte, mit ihren Justizministerien wegen der Art und des Umfangs der Berichtspflicht in eine Erörterung einzutreten; dabei könne auf die günstigen Erfahrungen, die Niedersachsen mit monatlichen bzw. vierteljährlichen Lageberichten gemacht habe, hingewiesen werden.

4. *Abgabe von Strafsachen unter besonderer Berücksichtigung des Zusammenhangs, z.B. Beteiligung mehrerer Beschuldigter bei derselben Organisation oder Verbreitung derselben Schrift*

GStA Schrübbers erklärte hierzu, bei Abgabe von Verfahren durch den Oberbundesanwalt sei die örtliche Staatsanwaltschaft häufig in einer misslichen Lage, weil der Gegenstand und die Beschuldigten solcher Verfahren, die mit der abgegebenen Sache in Zusammenhang stünden, häufig der örtlichen Staatsanwaltschaft nicht bekannt seien und auch nicht ohne weiteres zu ersehen sei, was die Bundesanwaltschaft zu der Abgabe veranlasst habe. Als Beispiel hierfür führte er die Abgabe von Verfahren gegen Funktionäre der „Deutschen Sammlung" an, die regelmäßig als Mittäter bzw. Gehilfen der Leiter der „Deutschen Sammlung" (Dr. Wirth, Elfes usw.) anzusehen seien. Hinzu komme, dass infolge der Akzessorietät der Beihilfe gegen Gehilfen solange nicht eingeschritten werden könne, als gegen die Haupttäter nichts veranlasst werden könne.

GStA Dr. Burchardi bemerkte, dass sich ein ähnlicher Fall in dem Verfahren gegen zwei Funktionäre der „Nationalen Front" ergeben habe, für deren Verfolgung es an endgültigen Unterlagen fehle, da sich diese in den Vorgängen der Bundesanwaltschaft befanden.

GStA Dr. Bauer wies darauf hin, dass häufig gegen Flugblattverteiler eingeschritten werde, die Verfasser der Flugblätter aber unbehelligt blieben, so dass die eigentlichen Täter nicht verfolgt würden, während die kleineren Täter der Bestrafung zugeführt würden. Ähnlich verhalte es sich übrigens bei dem Verbreiten unzüchtiger Schriften.

Der *Oberbundesanwalt* gab zu erwägen, ob mit Verfahren der erwähnten Art nicht vorübergehend innegehalten werden solle, bis entweder die Haupttäter angeklagt oder die erforderlichen Unterlagen übersandt seien.

GStA Dr. Burchardi hielt das vorübergehende Innehalten nicht für zweckmäßig, empfahl dagegen die Verbindung gleichartiger Verfahren durch einheitliche Abgabe an *einen* Generalstaatsanwalt, der damit den erforderlichen Überblick und auch die notwendigen Beweisunterlagen erhalten könne.

Senatspräs. Dr. Neumann bemerkte, dass die Reichsanwaltschaft bei Abgabe getrennter Verfahren die erforderlichen Abschriften und Beweisunterlagen auf Steinplatten abgezogen und den abgegebenen Vorgängen beigefügt habe.

Der *Oberbundesanwalt* wies darauf hin, dass es nicht immer möglich sei, die Verfahren gegen kleinere Funktionäre bei *einem* Generalstaatsanwalt zu konzentrieren. Er sagte dagegen zu, dass in künftigen Fällen den abgegebenen Verfahren durch Beifügung des erforderlichen Materials und durch Hinweis auf weitere Verfahren in anderen Bezirken eine bessere Entwicklungsmöglichkeit gegeben werden solle.

GStA Dr. Burchardi bat unter Aufrechterhaltung seiner Meinung prüfen zu wollen, ob der Oberbundesanwalt nicht in geeigneten Fällen die einheitliche Abgabe zusammenhängender Verfahren an *einen* Generalstaatsanwalt ermöglichen könne.

Der *Oberbundesanwalt* erklärte weiter, dass die Abgabe von Verfahren gegen kleinere Funktionäre bisher die Gefahr mit sich gebracht habe, dass in unteren Instanzen eher grundsätzliche Entscheidungen ergingen als beim BGH. Als Beispiel hierfür erwähnte er den Fall gegen den Ostzonen-Instrukteur Andreas Schreier, dessen gegen den Antrag der Bundesanwaltschaft angeordnete Abgabe an das Landgericht München I die Gefahr eines Präjudizes für das Verfahren gegen Eduard von Brauchitsch herbeiführe. Der BGH habe öfters gegen den Willen des Oberbundesanwalts Verfahren vor nachgeordneten Gerichten eröffnet. Die Hinweise der Generalstaatsanwälte würden berücksichtigt werden, bindende Zusagen könne er jedoch nicht machen.

GStA Dr. Müller empfahl zur Beseitigung der vorgebrachten Nachteile, die Abgabe erst zu verfügen, wenn die Ermittlungen im Wesentlichen abgeschlossen seien, zumal die Generalstaatsanwälte die Verfahren ohnedies nicht entscheidend fördern könnten, solange der BGH nicht entschieden habe.

OStA Dr. Wagner wies darauf hin, dass dem in zahlreichen Fällen die kurze Verjährungsfrist einer Reihe von Pressegesetzen entgegenstehe.

GStA Schrübbers fasste die Diskussion zu Punkt 4 dahin zusammen, dass gemäß den Zusagen des Oberbundesanwalts bei Abgabeverfügungen der Bundesanwaltschaft alle Möglichkeiten erschöpft würden, um die Fortführung der Verfahren durch die örtlichen Staatsanwaltschaften zu sichern, insbesondere die Abgabe nicht zu früh und unter Mitteilung des bisherigen Ermittlungsergebnisses erfolgen solle. Die Erörterung der Punkte

5 und 6 der Tagesordnung wurde mit allgemeinem Einverständnis einstweilen zurückgestellt.

7. *Aushändigung verfassungsfeindlicher Zeitungen und Zeitschriften an Straf- und Untersuchungsgefangene*

GStA Schrübbers verwies auf die Hochflut kommunistischer Schriften, die Verhafteten zugesandt würden. Die Verhinderung solcher Zustände sei bei Strafgefangenen einfach, dagegen schwierig bei Untersuchungshäftlingen. Die Grundlage für die erforderlichen Maßnahmen sei in Ziff. 45 Untersuchungshaftvollzugsordnung vom 12.12.1953 (1954) zu finden. Da heute die Grundrechte des Grundgesetzes weitgehend ausgelegt würden, sei die Bekämpfung der Missstände schwierig. In einem Fall habe der Landtagsabgeordnete Schabrod sich sogleich über die Einschränkung des Bezugs von Druckschriften beschwert. *GStA Schrübbers* erwähnte in diesem Zusammenhang, das Gutachten des BMJ für die Postverwaltung, wonach Zoll- und Postbeamte bei einem Widerstreit enger Dienstvorschriften mit dem Staatswohl das letztere voranstellen müssten. Dieser Grundsatz müsse auch für Untersuchungsrichter gelten.

GStA Nellmann verwies auf einen kürzlichen Bericht, den er in einem Einzelfall dem Oberbundesanwalt, dem BMJ und der Strafvollzugsverwaltung erstattet habe. Danach habe ein für die Bundesanwaltschaft einsitzender Häftling in Bruchsal gleichzeitig 14 Zeitungen bezogen. Der Anstaltsleiter sei nicht in der Lage, die zahlreichen Zeitungen zu prüfen. Nach seiner Auffassung könne hiergegen nichts unternommen werden. Demgegenüber verwiesen andere Generalstaatsanwälte auf die Hausordnung, worauf GStA Nellmann bemerkte, der Bezug der Zeitungen sei durch den Richter genehmigt worden, so dass die Anstaltsleitung gebunden gewesen sei.

GStA Dr. Kesseböhmer erwähnte einen Fall, in dem ein Häftling in der Untersuchungshaftanstalt in Essen 60 Schriften bezogen habe. Der Anstaltsleiter habe sich an den Ermittlungsrichter des BGH gewandt, der den Bezug der Zeitungen, deren Liste etwa drei Schreibmaschinenseiten ausgemacht habe, für unbedenklich erklärt habe. Fast jeder Inhaftierte erhalte dort drei Tageszeitungen, die gar nicht zensiert werden könnten. Gegenmaßnahmen seien schwer möglich, da die Anstaltsleitung völlig abhängig von den Anordnungen des Untersuchungsrichters sei. Das Gefängnis in Essen werde allgemein als kommunistische Universität bezeichnet. Die Häftlinge schlössen sich ganz bewusst in Gruppen zusammen, die nach einem bestimmten Plan die entsprechenden Zeitschriften lesen. So sei für den Vormittag die Lektüre von politischen Schriften und Pressestudium vorgesehen, für den Nachmittag die Lektüre leichter Natur. Nach seiner Auffassung müssten sich Anordnungen des Untersuchungsrichters im Rahmen des § 116 Abs. 5 StPO halten und den rechtsstaatlichen Gedanken nicht übertreiben. So wie bisher gehe es jedenfalls nicht weiter. In einem Einzelfall sei der Anstaltsleiter zur Selbsthilfe geschritten und habe staatsfeindliche Artikel aus einer Zeitung ausschneiden lassen. Die Beschwerde gegen diese Maßnahme habe jedoch Erfolg gehabt.

GStA Schrübbers erwähnte einen Beschluss des OLG Düsseldorf aus dem Jahre 1924, der unter Hinweis auf einen Erlass des preußischen Ministers der Justiz von 1921 den Bezug kommunistischer Zeitungen durch Untersuchungshäftlinge ohne umständliche Begründung als unzulässig bezeichnet hat. Der genannte Erlass enthalte außer einer Anweisung an die Anstaltsvorstände auch eine Empfehlung für die Richter, keine kommunistischen Zeitungen in den Anstalten zuzulassen. Bedenken, die heute bestünden, hätten damals offenbar nicht vorgelegen. *Senatspräs. Dr. Neumann* bemerkte, dass auch der Untersuchungs- und Haftrichter seine Entscheidungen gemäß § 33 StPO nicht ohne Anhörung der Staatsanwaltschaft bzw. der Bundesanwaltschaft treffen dürfe, die damit die Gelegenheit zu einer nachdrücklichen Stellungnahme habe.

OStA Dr. Lintz erwähnte, im OLG-Bezirk Bamberg seien die Anstaltsleiter angewiesen worden, gegen nicht sachgemäße, die Hausordnung bedrohende Beschlüsse der Untersuchungsrichter Beschwerde einzulegen.

Der *Oberbundesanwalt* bemerkte, dass die Frage anscheinend erst in letzter Zeit dringlich geworden sei. Krasse Fälle seien bisher nicht bekannt geworden. Berichte der GStA in Celle und Stuttgart über die Behandlung von Drucksachensendungen an die Gefangenen hätten noch nicht bearbeitet werden können. Er erwäge jedoch, an die Untersuchungsrichter des BGH mit Vorschlägen heranzutreten. Derartige Anregungen an die Untersuchungsrichter halte er für zweckdienlicher als Beschwerden. Es sei allerdings zweifelhaft, ob man soweit gehen könne, dem Gefangenen auch den Bezug der örtlichen kommunistischen Tageszeitung zu untersagen.

GStA Dr. Bauer erklärte, dass in seinem Bezirk die Einwirkung auf die Richter in einer ganzen Reihe von Fällen ergebnislos geblieben sei, weil die Bestimmungen zu viele Ausweichmöglichkeiten ließen. Zudem könnten Schriften des klassischen Sozialismus wie die von Marx, Engels usw. nicht verboten werden, wenn auch ihre Lektüre unerwünscht sei. Auf diesem Wege bildeten sich zahlreiche kommunistische Strafgefangene im Wege eifriger Lektüre fort. Es hätte sogar festgestellt werden müssen, dass sich in Jugendstrafanstalten neue FDJ-Gruppen gebildet hätten. Die letzteren Vorgänge müssten Veranlassung geben, neue Versuche im Strafvollzug bei kommunistischen Überzeugungstätern zu machen, u.a. durch Lieferung positiver Lektüre.

GStA Nellmann hielt es für angebracht, den Bezug von Druckschriften auf eine Zeitung zu beschränken, marxistische Bücher dagegen zuzulassen.

GStA Mork sprach sich für eine schärfere Einschränkung des Bezugs kommunistischer Literatur aus. Auch in der Sprechstunde oder bei Besuchen werde es dem Häftling nicht erlaubt, politische oder staatsfeindliche Ausführungen zu machen. Die gleichen Grundsätze müssten bei der Überwachung der Lektüre angewendet werden. Der normale Staatsbürger verstehe es nicht, dass staatsfeindliche Lektüre in derartigem Umfange zugelassen werde. Er halte daher den Bezug auch nur einer kommunistischen Tageszeitung für unzulässig.

GStA Dr. Geropp erwähnte eine Entscheidung des OLG Neustadt, wonach verfängliche Stellen (auch sittlich anstößige) in für Häftlinge bestimmten Zeitungen und Zeitschriften auszuschneiden seien.

GStA Dr. Müller erklärte, dass der Bezug kommunistischer Tageszeitungen in den badischen Anstalten ausgeschlossen sei.

GStA Schrübbers meinte, dass auch bei dem Bezug kommunistischer Zeitungen sich das Fehlen einer höchstrichterlichen Entscheidung über § 81 StGB nachteilig bemerkbar mache. Infolgedessen fehle es auch an einer genügenden Handhabe. Man dürfe aber auch jetzt schon es nicht zulassen, dass Untersuchungshäftlinge durch Sympathieschreiben und Lektüre in ihrer staatsfeindlichen Haltung bestärkt würden. In Zweifelsfällen müsse Ziff. 10 UVollzO angewendet werden. Die Initiative müsse vom Anstaltsleiter ausgehen, der sich mit Gegenvorstellungen an den Untersuchungsrichter zu wenden habe, notfalls müsse er den Staatsanwalt veranlassen, Beschwerde einzulegen. Für Strafgefangene liege die Entscheidung beim Anstaltsvorstand, der bestimme, welche und wie viele Zeitungen dem Gefangenen zugebilligt werden könnten.

Bei Beendigung der Erörterung zu Punkt 7 erschien OLG-Präsident Dr. Schmid aus Stuttgart und wohnte bis zum Abend der Tagung bei.

5. *Zusammenarbeit mit den Ämtern für Verfassungsschutz und zentrale Erfassung von staatsgefährdenden Schriften und Organisationen*

GStA Dr. Burchardi ging auf den Wunsch mehrerer GStA ein, den Staatsanwaltschaften ein Weisungsrecht gegenüber den Ämtern für Verfassungsschutz zubilligen.

Die Kritik an dem Bundesamt für Verfassungsschutz und an den Landesämtern für Verfassungsschutz sei vielfach darauf zurückzuführen, dass über die Aufgaben und die Tätigkeit dieser Ämter Unklarheit bestünde. Den Ämtern für Verfassungsschutz stünde keinerlei Exekutive zu. Sie hätten deswegen auch keinerlei Polizeibefugnisse. Ihre Aufgabe und ihre Tätigkeit sei allein die, Nachrichten zu sammeln und diese auszuwerten. Die Auskunftspflicht dieser Ämter gegenüber anderen Behörden sei in den einzelnen Ländern verschieden geregelt. Die Ämter für Verfassungsschutz seien also nichts anderes, als eine Art Bibliothek und ihre Bearbeiter Bibliothekare. Es sei Sache der Staatsanwaltschaft, aus dem von den Ämtern für Verfassungsschutz zur Verfügung gestellten Material Folgerungen zu ziehen. Da die Ämter für Verfassungsschutz keine Exekutive hätten, könnten ihnen gegenüber keine Weisungen erteilt werden. Er überreichte dann jedem Tagungsteilnehmer eine Ausfertigung eines Berichts des Bundesamtes für Verfassungsschutz über die Zusammenarbeit zwischen Polizei und Verfassungsschutzämtern.

GStA Dr. Mannzen erklärte, das Landesamt für Verfassungsschutz in Schleswig strebe sehr stark nach Exekutivbefugnissen wie sie etwa die Polizei besitze. Bei derartiger

Tätigkeit aber liege es nahe, das Landesamt auch den Weisungen der Staatsanwaltschaft zu unterstellen.

GStA Rosenthal-Pelldram beklagte sich nachdrücklich über mangelhafte Verständigung der Verfassungsschutzämter untereinander. Er erwähnte einen Fall der Staatsanwaltschaft Frankfurt a.M. (gegen Schacht wegen Betätigung für die „Jungen Sozialisten"), der mit der Einstellung des Verfahrens geendet habe, weil der im Impressum einer Druckschrift als Herausgeber angeführte Beschuldigte eingewendet habe, sein Name sei missbraucht worden, und diese Einwendung nicht zu widerlegen war. Gegen die Einstellungsverfügung habe der Sozialistische Jugendverband „Die Falken" mit der Begründung Beschwerde eingelegt, bei dem Beschuldigten handle es sich um einen Spitzenfunktionär der „Sozialistischen Aktion". Das Landesamt für Verfassungsschutz in Wiesbaden habe diese Behauptung jedoch nicht bestätigt. Fast zufällige Erhebungen in Hamburg hätten dann zu der Feststellung geführt, dass bei dem dortigen Landesamt für Verfassungsschutz umfangreiche Vorgänge über den Beschuldigten vorlagen, wonach der Beschuldigte tatsächlich Spitzenfunktionär der „Sozialistischen Aktion" war. Der Fall habe klar gezeigt, dass die Landesämter untereinander sich nicht verständigten und dass auch das Bundesamt für Verfassungsschutz keinen Zusammenhang mit ihnen habe. Er rege daher an, der Oberbundesanwalt möge an das Bundesministerium der Justiz herantreten, damit die Mängel abgestellt würden und eine bessere Organisation gewährleistet werde.

GStA Dr. Burchardi erkundigte sich danach, ob die Staatsanwaltschaft Frankfurt a.M. sich mit dem Bundesamt für Verfassungsschutz in Köln in Verbindung gesetzt habe, was GStA Rosenthal-Pelldram verneinte.

OLG-Präs. Dr. Schmid erklärte, eine Karteisammlung bei den Verfassungsschutzämtern sei nutzlos, wenn diese den Strafverfolgungsbehörden nicht zur Verfügung gestellt werden könne. Insoweit bestehe aber keine Verpflichtung. Dadurch könne die Gefahr erwachsen, dass Unschuldige in Verdacht kommen könnten, wie zwei Fälle in Baden-Württemberg gezeigt hätten, in denen eine Rehabilitierung nicht möglich gewesen sei, weil die Ämter für Verfassungsschutz keine Auskunft erteilt hätten. Er vertrete daher die Einführung der Berichtspflicht der Verfassungsschutzämter gegenüber den Justizbehörden, wie sie in den USA bestehe.

GStA Dr. Bauer klagte darüber, dass in einem Braunschweiger Fall ein Gang von Verfassungsschutzamt zu Verfassungsschutzamt nötig gewesen sei. Eines der Ämter habe jegliche Auskunftserteilung verweigert, ein anderes habe das Drängen auf weitere Vervollständigung der Kartei infolge neuer Erkenntnisse abgelehnt. Die Zustände seien unerträglich.

OStA Dr. Grosser bezeichnete die Zusammenarbeit der Staatsanwaltschaft mit dem bayerischen Landesamt für Verfassungsschutz als nicht ergiebig. In Bayern sei der unmittelbare Verkehr der Staatsanwaltschaften mit dem Landesamt nicht gestattet, so dass der Dienstweg über die vorgesetzte Behörde und das Justiz- und Innenministerium eingehalten werden müsse. Die Kompetenzen des Landesamtes seien unklar, seine Tätigkeit und sein Dasein würden geradezu bewusst verschleiert. Neben dem Landesamt seien noch zahlreiche andere Instanzen tätig, so in Landesverratssachen der amerikanische Nachrichtendienst, das Landeskriminalamt und einige zentrale Polizeibehörden. Es herrsche daher ein rechtes Durcheinander. Er halte daher eine klarere Abgrenzung der Zuständigkeit und die Möglichkeit unmittelbaren Zusammenarbeitens für erforderlich.

GStA Morbach bezeichnete das Verhältnis zu dem Landesamt für Verfassungsschutz in Rheinland-Pfalz als gut. Auch er trat jedoch für eine bessere Verständigung der Landesämter untereinander und zwischen ihnen und dem Bundesamt für Verfassungsschutz ein.

Der *Oberbundesanwalt* erklärte im Hinblick auf die Ausführungen von GStA Rosenthal-Pelldram, er sei für die Übermittlung eines Wunsches wegen der Verfassungsschutzämter nicht die richtige Adresse, und bat GStA Dr. Burchardi als Beauftragten des Bundesamtes für Verfassungsschutz, die Wünsche der Generalstaatsanwälte zu übermitteln. Aus den Ausführungen der GStA gehe hervor, dass die Organisation und das Vertrauensverhältnis offenbar nicht voll einwandfrei seien. Die Bundesanwaltschaft habe insoweit nicht zu klagen, da ihr Verhältnis zu dem Bundesamt für Verfassungsschutz im Allgemeinen ausgezeichnet sei. Gefordert werden müsse, dass die Ämter die Staatsanwaltschaften rechtzeitig, richtig und vollständig unterrichteten, und es sei nicht einzusehen, warum diese Möglichkeiten nicht geschaffen werden könnten.

GStA Dr. Kesseböhmer bezeichnete ebenfalls die Zusammenarbeit mit dem Landesamt für Verfassungsschutz in Nordrhein-Westfalen als gut. Allerdings sei auch dort festzustellen, dass die Ämter untereinander schlecht harmonierten. Er sprach auch den Wunsch der Belieferung der Generalstaatsanwälte mit dem monatlichen Informationsberichten des Bundesamts für Verfassungsschutz aus.

GStA Freitag äußerte die Vermutung, dass das Bundesamt für Verfassungsschutz in den Ländern eigene Organisationen unterhalte, von denen das zuständige Landesamt nichts wisse. Darauf lasse ein Münchener Fall schließen, in dem zwei V-Leute des Bundesamtes für Verfassungsschutz angeklagt worden seien.

OLG-Präs. Dr. Schmid erklärte, das Bundesamt für Verfassungsschutz verweigere zuweilen nähere Mitteilungen im Hinblick auf das Legalitätsprinzip der Staatsanwaltschaften, um seine V-Leute nicht in die Gefahr strafrechtlicher Verfolgung zu bringen. Rechtsstaatlich sei ein solches Verhalten höchst bedenklich.

GStA Dr. Burchardi wies darauf hin, dass es keine Unterordnung der Landesämter unter das Bundesamt gebe. Die bayerischen Vorschriften sähen vor, dass das Landesamt zur Auskunftserteilung nicht befugt sei.

GStA Biermann verwies dagegen auf § 161 StPO, der einer solchen Regelung entgegenstehe.

GStA Dr. Burchardi fuhr fort, dass Niedersachsen das einzige Land sei, in dem das Landesamt für Verfassungsschutz die Pflicht habe, der Staatsanwaltschaft von strafbaren

Handlungen Kenntnis zu geben. Die Verfassungsschutzämter erstrecken aber ihre Tätigkeit keineswegs nur auf die Erforschung strafbarer Handlungen, vielmehr sei ihre eigentliche Aufgabe eine andere. Zugegeben sei, dass die Justiz durch das V-Mann-Wesen der Verfassungsschutzämter nur belastet werden würde. Ob die bisherige Regelung des Verfassungsschutzes sich bewährt habe, sei zweifelhaft. Er sage zu, das Bundesamt für Verfassungsschutz über die Anregungen und Klagen der Generalstaatsanwälte zu unterrichten, müsse jedoch darauf aufmerksam machen, dass das Bundesamt den Landesämtern keine Anordnungen geben könne.

Senatspräs. Dr. Neumann sprach sich für den Standpunkt des OLG-Präsidenten Dr. Schmid aus, dass die Verfassungsschutzämter zwar den Staatsanwaltschaften nicht angegliedert werden sollten, aber auskunftspflichtig gemacht werden müssten. Den Hinweis auf § 161 StPO halte er für berechtigt.

GStA Biermann empfahl, zur teilweisen Behebung der aufgetretenen Schwierigkeiten die Anknüpfung engerer persönlicher Beziehungen zu den Verfassungsschutzämtern. In Niedersachsen fänden vierteljährliche Besprechungen der nach § 74 a GVG zuständigen Staatsanwaltschaften mit dem Leiter des Landesamtes statt, die sich durchaus bewährt hätten.

GStA Schrübbers fasste die Erörterung dahin zusammen, dass die Verfassungsschutzämter nicht Hilfsorgane der Staatsanwaltschaften, sondern Informationsstellen der Regierung seien. Sie müssten aber doch durch ihre Tätigkeit die Überzeugung erlangt haben, dass sie zur Erfüllung ihrer Aufgaben die Staatsanwaltschaften unterrichten müssten, da sonst ein wirksamer Verfassungsschutz nicht möglich sei. Eine zu frühe Unterrichtung der Staatsanwaltschaften bringe die Gefahr eines verfrühten Eingreifens der Staatsanwaltschaften mit sich, wodurch die Erfolge einzelner Verfahren in Frage gestellt werden könnten.

GStA Dr. Burchardi werde gebeten, das Bundesamt für Verfassungsschutz zu bitten, seine Monatsberichte auch an die Generalstaatsanwälte zu liefern. Im Übrigen müsse die Auskunftspflicht der Verfassungsschutzämter gegenüber den Strafverfolgungsbehörden geschaffen werden. Der persönliche Kontakt zwischen Staatsanwaltschaft und Verfassungsschutzamt sei zweckmäßig. Die Koordinierung der einzelnen Landesämter werde durch den Föderalismus erschwert, im Interesse eines wirksamen Staatsschutzes sei eine Unterrichtung der höchsten Stellen über diese Nachteile geboten.

GStA Dr. Mannzen bemerkte zusätzlich, dass in Schleswig-Holstein die Verhältnisse durch das Nebeneinanderarbeiten zahlreicher Nachrichtendienste – wie Gehlen, Dänen, Norweger, Engländer usw. – noch mehr kompliziert würden.

GStA Schrübbers fuhr fort, dass die Landesämter im Wege des persönlichen Kontaktes auf die Wichtigkeit der von dem Oberbundesanwalt mit Recht aufgestellten Forderung einer rechtzeitigen, richtigen und vollständigen Unterrichtung sowie auf ihre Verpflichtung zur Auskunftserteilung hingewiesen werden müssten. Die Koordinierung der einzelnen Landesämter liege außerhalb der Möglichkeit der Staatsanwaltschaften, für die Ziffer 200 der Richtlinien für das Strafverfahren maßgeblich sein müsste.

6. *Das Recht des sogenannten V-Mannes*

GStA Dr. Bauer führte aus, dass sich die Problematik des Zusammenarbeitens mit V-Männern nicht nur bei den politischen V-Männern ergebe. Grundsätzlich sei deren Tätigkeit vor und nach der Tat zu unterscheiden. GStA Dr. Bauer verwies in diesem Zusammenhang auf die Entscheidung des BGHZ 8, 83, die den alten Rechtsgrundsatz bestätigte, dass der agent provocateur nur straffrei sei, sofern die Tat, zu der er anstiftet, nicht vollendet werde, sich jedoch strafbar mache, wenn die Tat ausgeführt wird. In einem Braunschweiger Fall habe ein V-Mann im Auftrag der Polizei Briefe geöffnet, um den Überwachten – einen höheren Beamten – zu kontrollieren. Seine Tätigkeit sei bekannt geworden und gegen den V-Mann Anzeige wegen Verletzung des Briefgeheimnisses erstattet worden. Die Staatsanwaltschaft habe nach langen Ermittlungen den V-Mann auch feststellen können, dessen Namhaftmachung die Polizei verweigert habe, und ihn nunmehr wegen Verletzung des Briefgeheimnisses angeklagt.

In einem anderen Fall sei der Staatsanwaltschaft entgegengehalten worden, § 136 a StPO [Ges. v. 12.9.1950, BGBl. I 455; verbotene Vernehmungsmittel] gelte nicht für Hilfspersonen. Er halte diese Ansicht jedoch für unrichtig und trete für die Anwendung des § 136 a StPO z.B. auch auf Sachverständige ein. In einem Oldenburger Fall sei ein kleines Kind von seinem Onkel geprügelt worden, um einen Sittlichkeitstäter, dessen Nennung das Kind bisher verweigert hatte, anzugeben. Äußerst bedenklich und untragbar sei die Verlegung von Spitzeln in die Gefängniszelle des Auszuforschenden.

OStA Dr. Wagner verwies darauf, dass das nicht veröffentlichte Urteil des BGH vom 28.5.1953 – 4 StR 760/52 – mit dem von GStA Dr. Bauer erwähnten Zivilprozessurteil des BGH übereinstimme.

GStA Dr. Grosser erklärte, dass nach der Rechtsprechung des Bayerischen Obersten Landesgerichts die Vernehmung von Zeugen vom Hörensagen dem Grundsatz der Unmittelbarkeit der Beweisaufnahme widerspreche.

OStA Dr. Wagner wies demgegenüber darauf hin, dass die Vernehmung mittelbarer Zeugen von jeher von der Rechtsprechung für zulässig gehalten worden sei. Auch die Lehre habe sich noch in ihren neuesten Erläuterungsbüchern auf den gleichen Standpunkt gestellt. Zugegeben sei allerdings, dass der Beweiswert einer mittelbaren Bekundung nur beschränkt sei. Auch in dem bekannten Falle Bullerjahn habe das Reichsgericht [11.12.1925] sich mit der Vernehmung zweier Zeugen vom Hörensagen nur deswegen begnügt, weil daneben noch zahlreiche andere Beweismittel vorgelegen hätten. Dr. Wagner verwies im Übrigen auf eine Reihe von Erfahrungen der Bundesanwaltschaft mit V-Männern, die nur unter Decknamen auftraten und bekannt gewesen seien. Der *Oberbundesanwalt* betonte, dass die Beweiskraft eines Zeugen vom Hörensagen äußerst zweifelhaft sei. Es sei daher erforderlich, vor Anklageerhebung zu klären, ob der V-Mann als Zeuge benannt werden könne oder nicht. Die Erteilung der Aussagegenehmigung an einen V-Mann nur zur Sache, aber nicht zur Person, wie dies bei einer kürzlichen Hauptverhandlung vor dem BGH der Fall gewesen sei, erscheine bedenklich. Ebenso bedenklich sei das Ansinnen an Untersuchungsrichter, zur Geheimhaltung der V-Leute Sonderakten anzulegen, die der Einsicht des Verteidigers entzogen seien.

OStA Dr. Grosser stellte richtig, dass das Bayerische Oberste Landesgericht infolge des Grundsatzes des § 250 StPO nicht die Vernehmung von Zeugen vom Hörensagen ausschließe, sondern den V-Mann als ein erreichbares Beweismittel im Sinne des § 244 Abs. 3, § 251 Abs. 1 Ziff. 2, Abs. 2 StPO betrachte und daher seine Vernehmung für geboten erklärt habe.

GStA Dr. Bauer berichtete von einem Fall, in dem die Staatsanwaltschaft gegen eine Verwaltungsbehörde Klage vor dem Verwaltungsgericht auf Benennung des Beweismittels angestrengt habe.

GStA Dr. Kesseböhmer erwähnte, dass in einem anderen Fall gegen die Staatsanwaltschaft sogar wegen ihrer Geschäftsverteilung Verwaltungsklage erhoben sei.

GStA Biermann erklärte, in den in seinem Bezirk anhängigen Fällen habe es die Staatsanwaltschaft immer erreicht, dass die V-Leute als Zeugen genannt werden dürften.

OLG-Präs. Dr. Schmid hielt ein Verfahren wie im Falle Bullerjahn für unzulässig. In Württemberg sei es nicht gelungen, die Polizei zur Preisgabe ihrer V-Männer zu bewegen. Es bestehe zwar dort die Bestimmung, dass die Polizei sich dann auf ihre Dienstverschwiegenheit nicht berufen dürfe, wenn das Gericht Auskunft fordere. In einem von der Staatsanwaltschaft an das Gericht herangetragenen Fall habe es das Gericht jedoch abgelehnt, von diesem Recht Gebrauch zu machen.

GStA Schrübbers verwies in diesem Zusammenhang auf § 70 StPO und machte auf einen Aufsatz über den agent provocateur in MDR 1953, 717 aufmerksam.

GStA Rosenthal-Pelldram erwähnte einen hessischen Fall, in dem das Innenministerium in Wiesbaden gleichfalls Genehmigung zur Aussage für einen Polizeibeamten abgelehnt habe. Allerdings habe das Innenministerium hinzugefügt, von der Befugnis zur Aussageverweigerung solle kein Gebrauch gemacht werden, wenn hierdurch Denunzianten oder eine falsche Anschuldigung nach § 164 StGB gedeckt werden sollten.

GStA Nellmann bemerkte, dass Ziff. 9 UVollzO die Verlegung von Spitzeln in Gefängniszellen untersage. Sollte dies doch versucht werden, so müsste der Gefängnisleiter den Haft- oder Untersuchungsrichter warnen.

GStA Schrübbers erklärte zusammenfassend, dass die Vernehmung von Zeugen vom Hörensagen unerwünscht sei, da sie das Verhandlungsergebnis in Frage stellten und dass daher vor Anklageerhebung geklärt werden müsse, ob V-Leute als Zeugen benannt würden oder nicht. Bedenkliche Ermittlungsmethoden wie die Verlegung von Spitzeln in

Zellen seien abzulehnen. Das Legalitätsprinzip nötige ggf. auch zur Strafverfolgung eines V-Mannes; die Eigenschaft als V-Mann könne bei der Schuldfrage eine Rolle spielen.

6. a) *GStA Schrübbers regte an, die auf der Tagesordnung nicht vorgesehene Frage der Geheimhaltung des Akteninhalts gegenüber den Verteidigern zu erörtern.*

Der *Oberbundesanwalt* nahm die Gelegenheit wahr, um die Behauptungen des Münchener Rechtsanwaltes Müller-Meiningen in dem Artikel „Hexenprozess 1953“ [Süddeutsche Zeitung v. 21./22.11.1953] über angebliche Äußerungen des Vorsitzenden des 2. Strafsenats richtigzustellen. Er bat, Vorgänge, die aus Anlass dieses Artikels von Müller-Meiningen oder wegen des Abdrucks des Artikels in der kommunistischen Presse erschienen seien, der Bundesanwaltschaft zwecks Übernahme der Prüfung zuzuleiten.

GStA Dr. Bauer verwies auf das Gesetz betreffend die unter Ausschluss der Öffentlichkeit stattfindenden Gerichtsverhandlungen vom 5.4.1888, *GStA Schrübbers* auf Ziff. 201 der Richtlinien.

Senatspräs. Dr. Neumann erwähnte das Berliner Ehrengerichtsverfahren gegen den sowjetzonalen Rechtsanwalt Kaul, in dem zwecks Klärung der Zweifelsfrage, inwieweit der Verteidiger zur Geheimhaltung verpflichtet sei, eine Stellungnahme des BVerfG angeregt sei. Allerdings liege der Sachverhalt dort rechtlich anders als in dem zur Erörterung stehenden Fragenkomplex.

Der *Oberbundesanwalt* teilte mit, dass er in dem bei dem BGH anhängigen Verfahren gegen Weis die Anklageschrift als Staatsgeheimnis gemäß § 99 StGB bezeichnet habe, was der Verteidiger nach einigem Widerspruch hingenommen habe.

Senatspräs. Dr. Neumann bemerkte hierzu, dass das Verfahren des Oberbundesanwaltes in dem Falle Weis dem Brauch der Reichsgerichts entsprochen habe, das hier noch weitergegangen sei. So seien geheimhaltungsbedürftige Anklageschriften dem in Haft befindlichen Angeschuldigten nur für wenige Tage überlassen und während dieser Zeit Besuchssperre angeordnet worden.

GStA Schrübbers begrüßte die Anregung des Oberbundesanwalts und des Senatspräs. Dr. Neumann und empfahl sie zur Beachtung.

GStA Dr. Bauer meinte, dass Maßnahmen des Geheimnisschutzes dann nicht mehr erforderlich seien, wenn das Staatsgeheimnis bereits verraten sei.

Der *Oberbundesanwalt* erklärte, dass diese Auffassung keine generelle Gültigkeit beanspruchen könne.

Auf die von GStA Schrübbers aufgeworfene Frage, inwieweit Verhandlungen unter Ausschluss der Öffentlichkeit durchzuführen seien, bemerkte der *Oberbundesanwalt,* dass insoweit die Staatsanwaltschaft nur Anträge stellen könne, dass die letzte Entscheidung aber dem Gericht vorbehalten sei, auf das über die Anträge hinaus einzuwirken, keine Möglichkeit bestünde.

GStA Schrübbers fasste die Meinung der Generalstaatsanwälte dahin zusammen, dass sich die Staatsanwaltschaft in derartigen Verfahren mit allem Nachdruck für den Ausschluss der Öffentlichkeit einsetzen müsse und dass insbesondere der Ausschluss nicht daran scheitern dürfe, dass dem Sensationsbedürfnis der Presse Rechnung getragen werden solle.

8. *Verfolgung der Androhung von „außerparlamentarischen Aktionen, politischen Streiks usw." unter dem Gesichtspunkt der §§ 90, 105 StGB*

GStA Dr. Bauer, auf dessen Veranlassung dieser Punkt auf die Tagesordnung gesetzt wurde, erklärte, dass er nur auf seinen Aufsatz in der JZ 1953 S. 649 verweisen könne. Er behandelte dann kurz den Inhalt dieses Aufsatzes, ohne hierbei auf die Frage, ob Streik eine Gewalthandlung im Sinne des § 80 StGB sei, einzugehen. Nach seiner Meinung enthalte eine Streikankündigung nur die Drohung mit einem Unterlassen, nämlich mit dem Unterlassen der Arbeit. Da nach dem Grundgesetz keine Verpflichtung zur Arbeit bestehe, werde somit kein rechtswidriges Übel angedroht.

GStA Biermann erklärte, er könne sich den Ausführungen des Aufsatzes nicht anschließen.

OLG-Präs. Schmid gab der Auffassung Ausdruck, dass es auf Ziel und Zweck des Streiks entscheidend ankomme. Politische Streiks seien staatsrechtlich nicht zu missbilligen, dagegen halte er Lähmungsstreiks für strafbar.

Auch die *GStA Dr. Burchardi, Feyen* und *Schrübbers* betonten, dass die Entscheidung auf den Einzelfall abgestellt werden müsse, dass insbesondere Mittel und Ziele in Relation gesetzt werden müssten.

Der *Oberbundesanwalt* verwies zu diesem Punkt auf den Aufsatz von *Heinitz* „Staatsanwalt und Grundrechte" in dem Sonderdruck aus der Festschrift der Freien Universität Berlin zur 200-Jahr-Feier der Columbia Universität in New York. Zu den Ausführungen von Heinitz S. 125, das von der Bundesanwaltschaft eingeleitete Verfahren sei eingestellt worden und die Erklärung, man habe das Strafverfahren nur deshalb nicht durchführen können, weil den verantwortlichen Stellen das Bewusstsein der Rechtswidrigkeit gefehlt habe, sei wenig überzeugend, erklärte er, dass zwei Anzeigende von ihm lediglich den Bescheid bekommen hätten, dass der Sachverhalt bereits von Amts wegen geprüft worden sei und zu einem strafrechtlichen Einschreiten bisher kein Anlass gegeben sei.

GStA Schrübbers schloss die kurze Aussprache über diesen Punkt ab und erklärte, er wolle von einer Zusammenfassung der geäußerten Meinungen absehen, da insoweit infolge der ungeklärten Rechtsprechung die Dinge noch völlig im Fluss seien.

(Damit wurde die Tagung um 19.00 Uhr geschlossen)

Sie wurde am *3.2., 9.30 Uhr, fortgesetzt,* wobei auf Anregung des *Oberbundesanwalts* zunächst noch die bisher nicht erörterten Punkte betreffend die zentrale Erfassung staatsgefährdender Schriften und Organisationen gemäß Punkt 5 der Tagesordnung besprochen wurden.

5. *GStA Schrübbers* verwies hierfür zunächst auf die Ziff. 265 [Benachrichtigung des BKA] und 267 [Veröffentlichung der Beschlagnahmeanordnung] der Richtlinien.

OStA Dr. Wagner gab bekannt, dass bei dem Bundeskriminalamt Vorkehrungen zur Schaffung einer umfassenden Kartei geschaffen seien, in der alle staatsfeindlichen Schriften sowie ihre Urheber und Herausgeber verzeichnet seien. Im Hinblick auf Ziff. 267 der Richtlinien bemerkte er, dass der Oberbundesanwalt in einem Einzelfall es dem Bundeskriminalamt auf dessen Verlangen freigestellt habe, die angeordnete Einziehung staatsfeindlicher Schriften nicht durch Veröffentlichung im Bundeskriminalblatt, sondern durch Rundschreiben an alle Polizeibehörden zu veröffentlichen. Er wies ferner auf die Notwendigkeit umfassender Durchsuchungen hin, da die staatsfeindlichen Druckschriften erfahrungsgemäß nicht bei Funktionären oder Zeitungsdruckereien, sondern vielfach in getarnten Aufbewahrungsräumen gelagert würden. Es erscheine auch zweckmäßig, die Beschlagnahme nicht auf die im Einzelfall sichergestellten Exemplare, sondern auf die gesamte Auflage zu erstrecken, um alle auffindbaren Stücke ohne weiteres erfassen zu können. Nach Ansicht des Bundesministers der Justiz gelte im Übrigen die Beschlagnahme eines Gerichts für das gesamte Bundesgebiet, wie dies auch in ähnlicher Weise für die unzüchtigen Schriften geregelt sei (Ziff. 227 der Richtlinien). Erforderlich sei auch, dass den Beschuldigten regelmäßig alle sichergestellten Schriften durch den Ermittlungs- oder Untersuchungsrichter im Einzelnen vorgehalten werden und dass diese Tatsache aktenkundig gemacht werden müsse, um Schwierigkeiten in der Hauptverhandlung zu vermeiden. Als besonders wirksam habe sich die Beschlagnahme von Druckereien und Druckereimaschinen erwiesen, die von der Bundesanwaltschaft in mehreren Verfahren erwirkt worden sei. Hierbei bestünden keine Bedenken, in geeigneten Fällen die Fortführung des Betriebes durch den Untersuchungsrichter zu erlassen, wenn hierdurch die Beschlagnahme nicht gefährdet würde. Schließlich sei wesentlich die Zusammenarbeit der Staatsanwaltschaften untereinander, um die Einleitung mehrerer voneinander getrennter Verfahren wegen ein und derselben Druckschrift zu vermeiden. Durch das Bundeskriminalamt oder die Bundesanwaltschaft könnte über gleichgelagerte Verfahren auf Anfragen Auskunft gegeben werden. Die Bundesanwaltschaft habe bei Abgabe einer Sache auch bereits wiederholt auf anhängige Verfahren bei anderen Staatsanwaltschaften verwiesen. Sofern im Einzelfalle Bedenken durch den für die Beschlagnahme zuständigen Richter geäußert werden sollten, empfehle es sich, die Ermittlungsrichter des Bundesgerichtshofs anzugehen, die in einem Verzeichnis den Generalstaatsanwälten bekanntgegeben worden seien. Schließlich gab *OStA Dr. Wagner* bekannt, dass ein Ermittlungsrichter des BGH nunmehr auf Antrag der Bundesanwaltschaft die Beschlagnahme aller künftig erscheinenden Ausgaben einer unverändert staatsfeindlichen Druckschrift („Sozialistische Aktion") angeordnet habe.

Die *GStA Dr. Burchardi* und *Schrübbers* baten hierauf, Abschriften sowohl des letzteren Beschlusses wie auch der Anordnungen von Druckereibeschlagnahmen den Generalstaatsanwälten zuzuleiten, was seitens des Oberbundesanwalts zugesagt wurde.

Auch *GStA Schrübbers* betonte die Wichtigkeit der Beschlagnahme der Druckereien, da hiermit dem Übel der Verbreitung staatsfeindlicher Schriften wirklich an die Wurzel gegangen würde. Er bat ferner den Oberbundesanwalt, sofern sich dies ermöglichen ließe, ein Verzeichnis aller staatsfeindlichen Schriften, wegen deren Verfahren bei der Bundesanwaltschaft anhängig seien, aufzustellen und den Generalstaatsanwälten zuzuleiten.

OStA Dr. Wagner sprach ferner noch kurz über Strafanträge des Bundeskanzlers und der Bundesregierung, wobei er erwähnte, dass eine Entscheidung des BGH über die von dem OLG Hamm bejahte Frage, ob ein Strafantrag wegen übler Nachrede bzw. Verleumdung zugleich die Ermächtigung nach § 97 StGB enthalte, noch nicht ergangen sei. Im Übrigen beabsichtige die Bundesregierung offenbar, die bisherige Formulierung der Strafanträge, die sich auf alle Verfasser, Herausgeber, Hersteller und Verbreiter von staatsfeindlichen Druckschriften erstreckt habe, in Zukunft auf einzelne namentlich bekannte Beschuldigte zu konkretisieren.

GStA Dr. Burchardi erkundigte sich danach, ob seitens des BGH bereits Entscheidungen über eine Einziehung staatsfeindlicher Schriften, abgesehen von dem Urteil vom 8.4.1952, ergangen seien, was der Oberbundesanwalt verneinte.

OStA Dr. Grosser bemängelte die lange Dauer der Zeit, die zur Einholung der Strafanträge erforderlich sei und zuweilen 3–4 Monate betrage. Die lange Zeitspanne bedinge die Gefahr pressegesetzlicher Verjährung.

Der *Oberbundesanwalt* führte aus, dass seines Wissens im BJM schon ein Sachbearbeiter besonders mit den Sachen, in denen ein Strafantrag in Frage komme, beschäftigt sei, und dass nicht nur die Zeit bis zu einem Strafantrag inzwischen kürzer geworden, sondern auch die Zahl der Strafanträge zurückgegangen sei.

9. *Fragen zu den strafrechtlichen und strafverfahrensrechtlichen Vorschriften des Gesetzes zur Sicherung des Straßenverkehrs vom 19.12.1952 [BGBl. I, 832]*

GStA Schrübbers erklärte, dass die Frage durch die bisherige Rechtsprechung im Wesentlichen geklärt sei.

GStA Dr. Grosser erkundigte sich danach, ob Entscheidungen darüber ergangen seien, dass die vorläufige Einziehung des Führerscheins nach § 111 a StPO auf die endgültige Entziehung nach § 42 m StGB gemäß § 60 StGB angerechnet werden könne. Die Frage wurde von den Generalstaatsanwälten verneint. [Inzwischen ist die Frage durch Urteil des BGH vom 10.12.1953 – 4 StR 435, 53 – in Übereinstimmung mit dem OLG Karlsruhe – NJW 54, 164 – verneinend entschieden worden.]

GStA Dr. Bauer kam auf die Frage des Blutalkoholgehalts zu sprechen, wobei er bemerkte, dass das Urteil des BGH vom 5.11.1953 – 3 StR 504/53 – [BGHSt. 5, 168] durch die in der Presse bekanntgegebenen Bonner Untersuchungen in Frage gestellt sei. Die Differenzen bei Blutuntersuchungen seien so erheblich und Mängel bei der Blutentnahme so häufig, dass dem erwähnten Urteil ohnedies nicht ohne Bedenken gefolgt werden könne.

Auch *GStA Dr. Kesseböhmer* betonte, dass sich nach seinen Erfahrungen in Einzelfällen Unterschiede bis zu 0,5‰ ergeben hätten. Auch die Mediziner gäben die Möglichkeit einer Fehlerquelle von 0,15‰ bis 0,2‰ zu, erklärten allerdings größere Unterschiede für ausgeschlossen. Er verweise hierbei auf die Bedeutung der Antigerinnungsmittel bei der Entnahme der Blutproben.

GStA Schrübbers bemerkte, dass gegen die Zuverlässigkeit der Blutalkoholproben sich insbesondere die Bierbrauereien und Brennereien wendeten. Es werde vermutet, dass Presseartikel gegen die forensische Verwertung der Blutalkoholuntersuchungen häufig auf die Initiative interessierter Kreise zurückzuführen seien.

GStA Dr. Kesseböhmer erklärte, dass bei einem Lehrgang von Richtern und Staatsanwälten in seinem Bezirk praktische Versuche über den Einfluss von Alkohol auf die Fahrtüchtigkeit angestellt worden seien. Dabei habe sich herausgestellt, dass sämtliche Versuchspersonen einen höheren Blutalkoholgehalt bei sich vermutet hatten, als er in Wirklichkeit vorlag.

OStA Dr. Lintz legte entscheidenden Wert auf die Art des Verfahrens, das bei der Entnahme der Alkoholprobe angewendet werde. In Bayern werde sowohl das ADH- wie auch das Widmark-Verfahren angewendet. Versuche des gerichtsärztlichen Instituts der Universität Erlangen hätten zu der Feststellung geführt, dass beide Verfahren weitgehend übereinstimmten. Ihm sei allerdings bekannt, dass vielfach dem Schweizer ADH-Verfahren der Vorzug gewährt werde.

GStA Dr. Bauer verwies darauf, dass medizinische Institute ein erhebliches finanzielles Interesse an Blutalkoholproben hätten, so dass die Objektivität der Gutachten in Zweifel gezogen werden müsste. Bei der Abnahme der Proben seien wiederholt Fehler begangen worden (Einreiben der Einstichstelle mit Alkohol, Aufbewahrung der Spritze in Alkohol). Es sei daher erforderlich, die Erfahrungen mit Reformvorschlägen den einzelnen Landesregierungen bekanntzugeben und insbesondere eine Herabsetzung der Gebühren zu fordern.

GStA Dr. Kesseböhmer betonte, dass die Gebühren des gerichtsärztlichen Instituts der Universität Münster im Gegensatz zu den Ausführungen von GStA Dr. Bauer nicht hinreichten, um das Institut zu finanzieren. Dieses arbeite vielmehr mit erheblicher Unterbilanz. Nach seiner Auffassung seien die Universitätsinstitute im Allgemeinen wie in wirtschaftlicher Hinsicht noch am unabhängigsten.

OStA Dr. Grosser gab der Auffassung Ausdruck, dass das Ergebnis der Blutalkoholproben doch nicht allein entscheidend sein könne, sondern dass es auf Feststellung der Begleitumstände ankomme, um Einwendungen zum Schweigen zu bringen.

GStA Schrübbers machte auf den bereits in dem Urteil vom 5.11.1953 behandelten Unterschied zwischen Konzentrations- und Reaktionsfähigkeit aufmerksam. Hieran knüpfte sich eine längere Diskussion über die Frage, ob beide Probeverfahren oder nur das Widmarksche angewendet werden sollen. Die Mehrzahl der Generalstaatsanwälte stand auf dem Standpunkt, dass das letztere Verfahren das häufigere sei und nicht beanstandet werden könne. Sodann verwies GStA Schrübbers auf § 315 a Abs. 1 Ziff. 2 StGB [v. 1952], wobei er betonte, dass der Bekämpfung des Alkoholmissbrauchs durch gerichtliche Verurteilungen eine große Wirkung beikomme.

GStA Rosenthal-Pelldram bezeichnete die bisherige Rechtsprechung als unbefriedigend. In vielen Gegenden würden Volksfeste geduldet, bei denen erhebliche Alkoholmengen verbraucht würden und an denen zahlreiche Kraftfahrer teilnähmen, ohne dass die Polizei einschritte. S.E. müsse die Polizei bei diesen Gelegenheiten bereits den Alkoholverzehr durch Kraftfahrer unterbinden. Allerdings sei zuzugeben, dass zahlreiche Kraftfahrer noch nach Hause gelangten, ohne einen Unfall verursacht zu haben.

OStA Dr. Grosser verwies demgegenüber darauf, dass das letzte Münchener Oktoberfest zu keiner Steigerung der Verkehrsunfallziffern geführt habe. Zahlreiche Kraftfahrer hätten sich auf der Polizei als fahrunfähig gemeldet, was von der abschreckenden Wirkung der Rechtsprechung zeuge.

GStA Schrübbers fasste die Diskussion dahin zusammen, dass eine einheitliche Stellungnahme schwierig sei, weil die Probleme offenbar noch nicht endgültig gelöst seien. Zunächst müsse jedoch an dem Urteil des BGH vom 5.11.1953 festgehalten und dieses zur Richtschnur der Praxis gemacht werden. Empfehlenswert erscheine ihm die Ausarbeitung eines Merkblattes in den einzelnen OLG-Bezirken über die Behandlung der Verkehrsunfallsachen anhand der höchstrichterlichen Rechtsprechung.

GStA Dr. Müller, Karlsruhe, begrüßte diesen Vorschlag und regte den Austausch der Merkblätter der einzelnen Bezirke an.

10. *a) Wie sollen Verurteilungen sowjetzonaler Gerichte, die offensichtlich gegen rechtsstaatliche Grundsätze verstoßen, von den Strafregisterbehörden der Bundesrepublik behandelt werden? – b) Wie soll festgestellt werden, dass solche Urteile rechtsstaatlichen Grundsätzen widersprechen?*

GStA Schrübbers bezeichnete Punkt 10 der Tagesordnung als durch § 14 des Amtshilfegesetzes vom 2.5.1953 [BGBl. I, 161] geklärt. Bei der Behandlung sowjetzonaler Urteile müssten rechtsstaatliche Gesichtspunkte zur Grundlage genommen werden. Oft lasse die Höhe der Strafe einen Ermessensmissbrauch erkennen. Die Todesstrafe scheide für die Justizbehörden der Bundesrepublik ohne weiteres aus. Sicher seien alle Waldheimer

Verfahren oder die Einziehung des gesamten Vermögens nicht rechtsstaatlich. Auch seien bestimmte Strafbestimmungen mit dem westdeutschen Strafrecht nicht vereinbar.

GStA Dr. Mannzen brachte hierauf mehrere Fälle zur Besprechung, so den eines früher in Rostock wohnhaften Arztes, der den Tod einer Patientin verursacht habe und wegen Mordes angeklagt worden sei. Die Generalstaatsanwälte empfahlen, in diesem Fall von der Überstellung des Arztes an die sowjetzonalen Gerichte abzusehen und seine Aburteilung in Kiel herbeizuführen.

GStA Dr. Müller bemerkte hierbei, dass im OLG-Bezirk Karlsruhe in der Verweigerung der Rechtshilfe Zurückhaltung geübt werde, um verbrecherische und zweifelhafte Elemente nicht zu begünstigen.

GStA Schrübbers stimmte dieser Übung zu und erklärte, man dürfe den gesetzgeberischen Grund des Gesetzes vom 2.5.1953, das von einem einheitlichen Deutschland ausgehe, nicht außer Acht lassen.

Sodann schilderte *GStA Dr. Mannzen* einen zweiten Fall, in dem ein Flüchtling die Annullierung des sowjetzonalen Urteils beantragt habe, durch das er wegen seiner Teilnahme an dem Aufstand in den Leuna-Werken am 17.6.1953 bestraft worden sei. Die Generalstaatsanwälte vertraten die einhellige Auffassung, dass dem Antrag stattgegeben werden müsse.

GStA Morbach brachte Fälle zur Sprache, in denen die sowjetzonale Justiz für den Fall der Überstellung des Beschuldigten zugesagt habe, eine etwaige Todesstrafe würde nicht vollstreckt werden, und bemerkte, dass er derartige Zusicherungen nicht für zweifelsfrei halte.

GStA Dr. Bauer betonte, dass die einheitliche Handhabung sowjetzonaler Rechtshilfeersuchen dadurch erschwert sei, dass nach § 8 des Amtshilfegesetzes die oberlandesgerichtlichen Entscheidungen nicht mit Gründen versehen zu werden brauchten. Um zu einheitlichen Richtlinien zu kommen, sei eine Änderung des Gesetzes zu empfehlen.

GStA Schrübbers bezweifelte die Erfolgsaussichten einer entsprechenden Anregung bei dem BMJ. Die Aussprache der Generalstaatsanwälte ergab, dass in einzelnen Bezirken ablehnende Bescheide, die auf Annullierungsanträge ergingen, begründet würden, in anderen Bezirken aber nicht.

GStA Biermann erklärte, dass für zahlreiche Annullierungsanträge – etwa 50% – Unterlagen nicht beschafft werden könnten. Die Gerichte kämen dadurch in Schwierigkeiten, dass außer dem Antrag des Antragstellers ihnen irgendwelches Material nicht unterbreitet werden könne.

GStA Dr. Mannzen bemerkte, dass in einer Reihe von Fällen Antragsteller erklärt hätten, die sachlichen Feststellungen des sowjetzonalen Urteils, das an sich durchaus haltbar und maßvoll erschienen sei, seien bewusst unrichtig.

GStA Dr. Bauer bemerkte, auf die Feststellung von GStA Biermann, die Antragsteller könnten darauf verwiesen werden, dass nach der sowjetzonalen StPO der Verurteilte einen Anspruch auf Aushändigung einer Urteilsabschrift habe. In einigen ihm bekannten Fällen habe die Verweisung auf diese Bestimmung Erfolg gezeigt. Im Übrigen habe in anderen Fällen die „Kampfgruppe gegen Unmenschlichkeit“ [antikom. Widerstandsgruppe 1949–1959] zuverlässige Auskunft erteilen können, bei der gegebenenfalls durch das Gericht selbst angefragt werden möge.

GStA Dr. Müller vertrat die Auffassung, dass bei der Nichterlangung irgendwelcher Unterlagen dem Antragsteller mitgeteilt werden müsse, das Verfahren ruhe. Damit seien für den Antragsteller jedenfalls alle Fristen gewahrt.

Die *OStA Freitag* und *Dr. Lintz* erklärten, in derartigen Fällen werde in Bayern nichts unternommen. Der Antragsteller erhalte daher auch keine Mitteilung über das Ruhen des Verfahrens.

GStA Dr. Mannzen vertrat sodann die Auffassung, dass Verurteilungen gegen das sozialistische Wirtschaftssystem der SBZ nicht ohne weiteres rechtsstaatliche Gesichtspunkte verstießen. Allerdings vertrete der „Untersuchungsausschuss freiheitlicher Juristen“ eine abweichende Auffassung.

GStA Nellmann schloss aus den Erfahrungen der Jahre 1933 bis 1945, dass die Tatsache der Mitwirkung eines gelehrten Berufsrichters an dem Urteil nicht ohne weiteres dafür spreche, dass dieses sachgemäß gefällt worden sei.

GStA Biermann gab einen Fall bekannt, in dem der Antragsteller behauptet habe, die gegen ihn als Zeugen aufgetretenen SED-Funktionäre hätten einen sog. Meineidsdispens bekommen.

GStA Dr. Bauer bezweifelte die Richtigkeit dieser Behauptung und empfahl eine Rückfrage bei der „Kampfgruppe gegen Unmenschlichkeit“.

GStA Biermann gab dem Bedauern Ausdruck, dass die Generalstaatsanwälte oder andere Praktiker nicht vor Erlass des Amtshilfegesetzes gehört worden seien. Die Annullierungsbestimmungen seien teilweise unüberlegt und könnten sich geradezu schädlich auswirken, so wenn ein sowjetzonaler Verurteilter später einmal seine Teilnahme an dem Aufstand vom 17.6.1953 nachweisen wolle. Werde die Eintragung über die Verurteilung gelöscht, so werde ihm dieser Beweis erschwert, wenn nicht unmöglich gemacht, wie dies in ähnlicher Weise Entschädigungsberechtigte erfahren hätten, deren Verurteilungen in der nationalsozialistischen Zeit nach dem Kriege gelöscht worden seien.

GStA Schrübbers stimmte diesen Ausführungen zu und bedauerte es, dass vor dem Erlass neuer Gesetze auf dem Gebiete des Strafrechts die Praktiker wohl kaum in ausreichendem Maße zu Gehör kämen, das scheine auch auf die Strafrechtskommission zuzutreffen.

Der *Oberbundesanwalt* berichtete, dass nach seiner Kenntnis die Vorarbeiten für die Strafrechtsreform bereits recht weit gediehen seien. Der Kreis der Mitglieder der Kommission werde recht weit gezogen werden und es würden auch Praktiker herangezogen werden.

GStA Morbach beklagte es, dass in solchen Fällen, in denen die Generalstaatsanwälte zu gesetzlichen Maßnahmen gehört worden seien, die Frist oft zu kurz gewesen sei, dass eine eingehende Prüfung gar nicht habe vorgenommen werden können.

Der *Oberbundesanwalt* empfahl, diese Wünsche und Bedenken der Generalstaatsanwälte bei den Länderjustizministerien zur Sprache zu bringen.

Senatspräs. Dr. Neumann verwies darauf, dass für Berliner Gesetze der dortige Generalstaatsanwalt als Mitglied der Bonner Kommission an der Ausarbeitung beteiligt sei, was sich als zweckmäßig erwiesen habe.

GStA Dr. Müller kam sodann auf das Amtshilfegesetz vom 2.5.1953 zurück und bemerkte, dass dieses offenbar vielfach für gesetzesfremde Zwecke missbraucht werde, um Renten oder Unterstützung zu erhalten.

GStA Dr. Mannzen erklärte, dass der Ursprung zahlreicher Annullierungsanträge offenbar in dem „Königsteiner Kreis" [Vereinigung von aus der DDR geflüchteter Juristen u. Volkswirte; 1949 gegründet] zu suchen sei. Aus diesem Kreis stamme offenbar auch der gebräuchliche, aber sachlich unrichtige Ausdruck „Annullierung", der richtigerweise durch den Begriff „Unzulässigkeit der Strafvollstreckung" ersetzt werden müsse. Wenn den Antragstellern klar gemacht würde, dass das Urteil gar nicht annulliert werden könne, sondern nur seine Folgen innerhalb der Bundesrepublik beseitigt werden könnten, so seien Rücknahmen der Anträge nicht ungewöhnlich.

Die von *GStA Morbach* vertretene Auffassung, dass die Frist zur Antragstellung auch dann als gewahrt angesehen werden müsse, wenn der Antrag zwar rechtzeitig bei dem Oberstaatsanwalt des Landgerichts, nicht aber bei dem Generalstaatsanwalt eingegangen sei, fand die allgemeine Zustimmung der Generalstaatsanwälte.

Die *GStA Biermann* und *Dr. Müller* bemerkten, dass das Amtshilfegesetz bei Sowjetzonenflüchtlingen vielfach falsche Hoffnungen erweckt habe.

GStA Schrübbers fasste die Erörterungen dahin zusammen, dass die Frage, ob eine sowjetzonale Verurteilung rechtsstaatlichen Gesichtspunkten widerspreche, nur von Fall zu Fall geprüft werden könne. Er trat der Auffassung von GStA Dr. Mannzen bei, dass Wirtschaftsverurteilungen wegen Verstoßes gegen die sowjetzonale Wirtschaftsordnung nicht ohne weiteres rechtsstaatswidrig seien. Auch die allgemeinen Bedenken gegen die ostzonale Rechtspflege allein reichen noch nicht aus, um Urteile dieser Gerichte als rechtsstaatswidrig anzusehen. Wenn keine ausreichenden Unterlagen für eine Entscheidung vorliegen, solle versucht werden, solche über den Betroffenen oder über den Bund freiheitlicher Juristen zu beschaffen. Wenn dies ebenfalls nicht zum Erfolg führe, greife die freie Beweiswürdigung Platz. Wirtschaftliche Gründe oder sonstige Nebenzwecke für die Antragsteller könnten nicht maßgebend sein, um eine Entscheidung über den Antrag zu verweigern. Eine Begründung der ablehnenden Bescheide werde von der überwiegenden Anzahl der Generalstaatsanwälte gegeben.

GStA Dr. Krapp bemerkte, dass auch Urteile, die in Abwesenheit des Angeklagten ergangen seien, nicht ohne weiteres die Vermutung der Rechtswidrigkeit für sich hätten.

GStA Schrübbers fügte hinzu, dass eine unmittelbare Rückfrage bei sowjetzonalen Urteilen häufig erfolglos geblieben sei. Auch sowjetzonale Verurteilungen seien an sich strafregisterpflichtig. Hierbei verwies er auf § 2 der StrafregisterVO und § 14 des Amtshilfegesetzes. Mehrere Generalstaatsanwälte betonten abschließend, dass offenbar Mitteilungen über Verurteilungen durch sowjetzonale Gerichte den westdeutschen Strafregisterbehörden gar nicht mehr gemacht würden.

11. *Unter welchen Voraussetzungen begründen ostzonale Urteile den Rückfall?*

GStA Schrübbers ist der Meinung, dass die Sowjetzone als Inland anzusehen sei und dass deshalb die Urteile der Ostzone als Inlandsurteile i.S. der Rückfallvoraussetzungen zu betrachten seien. Der 5. Strafsenat des BGH habe in einer Entscheidung ausgesprochen, dass unter „Urteilen im Inland" Urteile zu verstehen seien, die aufgrund deutscher Gerichtsbarkeit ergangen seien. Ein Urteil des BGH über die Rückfallbegründung durch sowjetzonale Verurteilungen sei offenbar noch nicht ergangen, dagegen bejahe das Urteil vom 15.9.1953 – 5 StR 375/53 – NJW 53, 1680 – die Rückfallbegründung durch österreichische Verurteilungen, und zwar im Anschluss an ein Urteil des 3. Strafsenats, NJW 1952, 151. Auch Urteile saarländischer Gerichte würden im OLG-Bezirk Düsseldorf als rückfallbegründend angesehen. Die jetzige Rechtsprechung gehe von der Entscheidung RGSt 73, 38 ab, wonach der Richter nicht zu entscheiden habe, ob die rückfallbegründenden Vorentscheidungen sachgemäß seien. Bei solchen sowjetzonalen Urteilen, die sachgemäß seien und rechtsstaatlichen Gesichtspunkten entsprächen, könne die Rückfallbegründung nicht verneint werden. Die Anforderung der Vorstrafakten gemäß Ziff. 56 der Richtlinien verspreche bei sowjetzonalen Verfahren wenig Erfolg. Bescheinigungen sowjetzonaler Gerichte könnten nicht als ausreichende Grundlage angesehen werden. Im Allgemeinen müssten sowjetzonale Urteile berücksichtigt werden, im Falle von Bedenken aber geprüft werden, ob sie sachgemäß seien.

Der *Oberbundesanwalt* wies darauf hin, dass das Urteil des BGH vom 12.6.1952 – 5 StR 467/52 – mit diesem Grundsatz übereinstimme. Er machte noch auf den Aufsatz von *Bünemann* in NJW 1952, 1359 [Verwertung von DDR-Urteilen] aufmerksam.

Senatspräs. Dr. Neumann erklärte, dass nach seinen Erfahrungen der Generalstaatsanwalt bei dem Landgericht Berlin in Zweifelsfällen sicherlich helfen könne. Zwischen den westlichen Sektoren und dem Sowjetsektor Berlins fände Rechtshilfe in großem Umfange statt. Aktenanforderungen des Generalstaatsanwalts sei bisher immer entsprochen worden. Der Generalstaatsanwalt bei dem Landgericht Berlin, dem die Akten ohne weiteres mitgeteilt würden, könne sie dann seinerseits dem anfordernden Oberstaatsanwalt oder Generalstaatsanwalt zuleiten.

GStA Dr. Burchardi ging ebenfalls von dem Grundsatz aus, dass die Rückfallbegründung immer anzunehmen sei, solange nicht der Angeklagte Einwendungen erhebe.

GStA Schrübbers vertrat demgegenüber die Auffassung, dass es auf die Einlassung des Angeklagten nicht ankomme, dass vielmehr eine Prüfungspflicht auch von Amts wegen bestehe, sofern sich Bedenken oder Zweifel wegen der Rechtsstaatlichkeit der Verurteilung ergäben.

GStA Dr. Müller stimmte dieser Auffassung zu mit der Maßgabe, dass rein rechtliche Bedenken – wie z.B. fälschliche Verurteilung wegen Diebstahls anstelle richtiger Verurteilung wegen Unterschlagung – nicht zu berücksichtigen seien.

GStA Schrübbers stellte als Ergebnis der Besprechung fest: Grundsätzlich seien Urteile ostzonaler Gerichte für den Angeklagten als rückfallbegründend anzusehen. Im Einzelfall sei jedoch zu überprüfen, ob die materiellen Voraussetzungen für den Rückfall gegeben seien. Notfalls könne über den Generalstaatsanwalt beim Landgericht Berlin im Wege der Amtshilfe eine Auskunft über die Rückfallvoraussetzungen eingeholt werden. Grundsätzlich seien die Mitteilungen der Strafregisterauszüge als genügend anzusehen, jedoch sei eine Nachprüfung von Amts wegen erforderlich, wenn sich aus der Sache selbst oder aus dem Vorbringen des Angeklagten Zweifel hinsichtlich der Rückfallvoraussetzungen ergeben.

12. *Erörterung getilgter Vorstrafen in der Hauptverhandlung*

GStA Nellmann wies auf den Bürkle-Fall hin, in dem ein Angeklagter von dem Vorsitzenden über eine bereits getilgte Vorstrafe wegen eines vor 1914 verübten Mordes befragt worden sei. Der Angeklagte hatte inzwischen eine angesehene Stellung erlangt und war gut beleumdet, seine Vorstrafe war allgemein unbekannt. Der Vorsitzende hatte von ihr durch einen Zeitungsbericht Kenntnis erhalten und hielt sie dem Angeklagten vor. GStA Nellmann erklärte, er vermöge das Verhalten des Vorsitzenden nicht zu billigen.

GStA Schrübbers weist in diesem Zusammenhang auf § 4 Abs. 4 des Straftilgungsgesetzes [v. 9.4.1920 i.d.F. v. 1939, RGBl. I 2254] hin, wonach Gerichte und Staatsanwälte aus besonderen Gründen von dem Verurteilten auch Auskunft über bereits getilgte Vorstrafen verlangen können. Das Reichsgericht habe in einem Urteil vom 16.4.1940 in RGSt 73, 177 entschieden, dass § 4 Abs. 4 des Straftilgungsgesetzes kein Hindernis dafür sei, im Strafregister getilgte Vorstrafen in einem späteren Strafverfahren dem Angeklagten vorzuhalten, da getilgte Vorstrafen für die Kennzeichnung der Persönlichkeit des Angeklagten und für die Strafzumessungsgründe von Bedeutung sein könnten. Daraus ergebe sich, dass dem Gericht die Befugnis eingeräumt sei, auch Auskunft über getilgte Vorstrafen zu verlangen und sie zur Sprache zu bringen, genauso wie das sonstige Vorleben des Angeklagten.

Dagegen bestünden gewisse Bedenken gegen die Entscheidung des Verwaltungsgerichts Berlin, veröffentlicht in NJW 1953, 718. In dieser Entscheidung sei das

Verwaltungsgericht davon ausgegangen, dass ein Verurteilter die Auskunft über getilgte Strafen verweigern dürfe und habe weiterhin festgestellt, dass auch die Behörde, die den Betreffenden anstellen wolle, keinen Gebrauch von der Kenntnis der schon getilgten Vorstrafen zum Nachteil des Bestraften machen dürfe.

Nach Ziff. 115 Abs. 2 RiStV sollen Strafregisterauszüge nicht verlesen werden, wenn die Vorstrafen weder für die sachliche oder rechtliche Beurteilung noch für die Strafbemessung Bedeutung haben.

Die *GStA Biermann* und *Mork* vermochten sich der Kritik des GStA Nellmann nicht anzuschließen und hielten die Frage nach den Vorstrafen für richtig, während die GStA Dr. Bauer und Morbach der Ansicht des GStA Nellmann beipflichteten. Dieser fügte hinzu, der Fall sei deswegen besonders bedenklich, weil der Richter die Aufdeckung der Vorstrafe als „Bombe" angesehen habe. Er hätte hiervon schon deswegen Abstand nehmen sollen, weil Zeitungsartikel keine Beweismittel seien.

GStA Schrübbers erwähnt, dass das frühere preußische Justizministerium in einem Erlass darauf hingewiesen habe, dass bei der Erwähnung und Besprechung getilgter Vorstrafen besondere Vorsicht geboten sei.

Aus § 68 a StPO ließen sich ebenfalls Anhaltspunkte gewinnen, danach soll der Zeuge nur dann, wenn dies unerlässlich sei, nach Tatsachen, die ihm zur Unehre gereichten, gefragt werden. In einer Abhandlung in der Juristischen Rundschau 1952, 42 ff. vertrete *Hartung* die Ansicht, dass Vorstrafen von Zeugen nur dann erörtert werden könnten, wenn das Gericht in seiner Gesamtheit einen Beschluss darüber gefasst habe. Wenn entgegen den Bestimmungen des § 4 Abs. 4 StraftilgG den Verurteilten getilgte Vorstrafen vorgehalten würden, so sei dies möglicherweise ein Revisionsgrund, weil das Urteil auf Voreingenommenheit beruhen könne.

GStA Dr. Burchardi bezweifelte, dass der Richter gegen eine gesetzliche Bestimmung verstoßen habe. Ob sein Verhalten allerdings sehr zweckmäßig gewesen sei, sei eine andere Frage.

Von einer abschließenden Stellungnahme der Generalstaatsanwälte wurde abgesehen.

13. *Die Auswirkung des Art. 117 GG auf Strafrecht und Strafprozess*

GStA Dr. Bauer erklärte, durch Art. 117 GG sei zweifelhaft geworden, ob für die Verfolgung einer Beleidigung von Minderjährigen der Strafantrag des Vaters genüge, oder auch der Mutter anzufordern sei. Die Braunschweiger Gerichte stünden auf dem Standpunkt, dass seit dem 1.4.1953 der Strafantrag beider Elternteile erforderlich sei. Die sich hieran anknüpfende Diskussion erwähnte auch, ob § 175 StGB mit der Gleichberechtigung der Geschlechter noch vereinbar sei. Die Frage, ob insoweit eine Entscheidung des BVerfG ergangen sei, wurde von dem *Oberbundesanwalt* verneint.

GStA Mork schnitt die Frage an, wie sich die Rechtslage gestalte, wenn der Vater ein Rechtsmittel gegen das Urteil eingelegt, die Mutter das Rechtsmittel aber zurückgenommen habe.

GStA Dr. Müller stellte die weitere Frage zur Erörterung, wie zu entscheiden sei, wenn der Vater bei Beleidigung eines Minderjährigen die Frist zur Stellung des Strafantrages habe verstreichen lassen, die Mutter aber bei später erlangter Kenntnis ihrerseits den Strafantrag rechtzeitig stelle.

GStA Biermann bemerkte, dass das OLG Celle den Strafantrag des Vaters genügen lasse.

Demgegenüber verwies *GStA Mork* auf eine Entscheidung des Landgerichts Kassel MDR 53, 493, das in einer Zivilsache Strafantrag beider Elternteile für erforderlich erklärt habe.

GStA Dr. Lintz erklärte, dass nach seiner Ansicht der Strafantrag eines der beiden Elternteile genüge, wenn der andere Teil nicht ausdrücklich das Gegenteil erklärt habe.

OStA Freitag vertrat die Ansicht, dass es nicht auf die elterliche Gewalt, sondern auf die Person des gesetzlichen Vertreters gemäß § 65 StGB ankomme.

GStA Schrübbers bemerkte, dass aus der Aufhebung des § 195 StGB (Antragsrecht des Ehemannes) und der Beibehaltung des § 65 StGB (Antragsrecht des gesetzlichen Vertreters) möglicherweise Schlüsse zu ziehen seien. Er verwies in diesem Zusammenhang auf die Aufsätze von *Poppe*, JZ 53, 690; *Dallinger*, JZ 53, 442 und *Sauter*, NJW 53, 810.

GStA Mork erklärte, nach seiner Auffassung könne die Mutter einen von dem Vater gestellten Strafantrag nicht zurücknehmen.

GStA Schrübbers fasste das Ergebnis der Besprechung dahin zusammen, dass die Frage z.Zt. nicht lösbar sei. Es sei zweckmäßig, den nächsten geeigneten Fall dem BGH zur Entscheidung zu übertragen.

14. *Die Behandlung von Rechtsbeschwerden und Anträgen auf gerichtliche Entscheidung (§ 172 StPO)*

GStA Schrübbers stellte die Frage zur Erörterung, ob im Falle mehrfacher Beschwerde gegen die Einstellung eines Ermittlungsverfahrens die Rechtzeitigkeit der Beschwerde sich nach der ersten oder nach einer späteren Beschwerde richte, wenn die Zulässigkeit des Antrages auf gerichtliche Entscheidung zu prüfen sei. Das OLG Celle (JZ 1952, 488) habe die Wahrung der Frist bei der ersten Beschwerde für maßgebend erklärt, ebenso jetzt OLG Oldenburg, NJW 1954, 166, jedoch vermöge er sich dieser Entscheidung nicht anzuschließen. Seine Ansicht wurde allgemein geteilt. Sodann wurde der Umfang der Belehrungspflicht erwähnt, die sich auf der Abänderung des § 172 StPO ergebe.

GStA Dr. Burchardi meinte, es sei bei der Belehrung zu unterscheiden, ob die ergangene Entscheidung prozessual oder nur mit einer Dienstaufsichtsbeschwerde angefochten werden könne. Prozessuale Bedeutung habe die Entscheidung nur dann, wenn gegen sie letztlich der Antrag auf gerichtliche Entscheidung gestellt werden könne. Einer Belehrung bedürfe es nur in diesem Falle.

Auch *GStA Schrübbers* vertrat die Ansicht, dass eine Belehrungspflicht nur dann bestehe, falls dem Anzeigenden das Recht des Antrags auf gerichtliche Entscheidung zustehe.

GStA Dr. Bauer erwähnte, dass in Niedersachsen ein amtliches von dem Justizministerium ausgearbeitetes Formular den Beschwerden beigefügt werde, wonach der Anzeigende nur dann zur Beschwerde berechtigt sei, wenn er Verletzter sei. Der Begriff des Verletzten müsse nach seiner Auffassung weitherzig ausgelegt werden.

GStA Morbach verwies insoweit auf Ziff. 71 Abs. 4 der Richtlinien.

GStA Schrübbers trat für eine abstrakte, möglichst dem Wortlaut des Gesetzes angepasste Formulierung ein.

OStA Dr. Lintz verwies darauf, dass bei Privatklagedelikten der Instanzenweg ausscheide, und berief sich hierfür auf JZ 1953, 439.

GStA Schrübbers bemerkte weiter, dass die Einhaltung der Fristen nur bei förmlicher Zustellung des Bescheides verlangt werden könne. In Nordrhein-Westfalen werde jedoch versuchsweise vorerst von einer förmlichen Zustellung abgesehen, wodurch erhebliche Kosten gespart würden.

OStA Dr. Lintz erklärte, dass der Strafsenat des OLG Bamberg förmliche Zustellung verlange.

Auch *GStA Mork* wies darauf hin, dass im Bezirk Nürnberg Einstellungsbescheide grundsätzlich zugestellt würden. Eine Ausnahme würde nur bei der Erteilung von Bescheiden an Rechtsanwälte gemacht, die auf eine förmliche Zustellung verzichtet hätten.

OStA Dr. Lintz fügte hinzu, dass in Bayern nach einer Verfügung des Staatsministeriums der Justiz grundsätzlich zugestellt werden müsse, sofern der Anzeigende verletzt sei.

GStA Schrübbers hält als Ergebnis der Besprechung fest:

Für die Fristwahrung des § 172 StPO ist die letzte Beschwerde als maßgebend anzusehen.

Eine Belehrungspflicht über Rechtsmittel bei Einstellungsverfügungen besteht nur dann, wenn die Möglichkeit vorhanden ist, Antrag auf gerichtliche Entscheidung nach § 172 StPO zu stellen.

Es empfiehlt sich, bei den Einstellungsverfügungen eine abstrakte Belehrung über die Beschwerdemöglichkeit zu geben.

15. *Verschiedenes*

a) *GStA Rosenthal-Pelldram* erörterte das *Verfahren bei internationaler Fahndung.* Regierungsdirektor Dickhoff vom Bundeskriminalamt habe ihm erklärt, dass infolge der außerordentlich hohen Kosten bei internationaler Fahndung diese vom BKA nur betrieben werde, wenn die Staatsanwaltschaft zusage, im Falle der Ergreifung des Beschuldigten im Ausland Auslieferungsantrag zu stellen. Außer den Kosten verursache eine internationale Fahndung auch erhebliche sachliche und förmliche Schwierigkeiten. Der Aufwand sei vergeblich, wenn der Ergreifung des Täters kein Auslieferungsantrag folge. Andererseits liege es im politischen Interesse, zur Bekämpfung internationaler Verbrecher keine Zurückhaltung bei internationaler Fahndung zu üben.

GStA Schrübbers meinte, dass die Auskunft des BKA widerspruchsvoll erscheine, da sie einerseits von internationaler Fahndung abrate, andererseits sie für zweckmäßig erkläre. Zuzugeben sei aber, dass internationale Fahndung nur dann veranlasst werden solle, wenn ein Auslieferungsantrag beabsichtigt sei.

GStA Dr. Kesseböhmer bat um Übersendung einer Abschrift des Schreibens von Regierungsdirektor Dickhoff, die *GStA Rosenthal-Pelldram* mit dem Bemerken zusagte, dass er auch dem Oberbundesanwalt eine Abschrift zukommen lassen werde.

b) *GStA Dr. Müller* stellte im Hinblick auf § 308 StPO [1953, BGBl. I 735] die Frage zur Erörterung, ob *auch eine Beschwerde der Staatsanwaltschaft gegen die Aufhebung des Haftbefehls dem inzwischen auf freien Fuß gesetzten Beschuldigten mitgeteilt werden müsse.*

GStA Dr. Bauer gab bekannt, dass die Abänderung des § 308 StPO auf einen Braunschweiger Fall zurückzuführen sei.

GStA Dr. Burchardi hielt es für völlig verfehlt, in dem von GStA Dr. Müller zur Erörterung gestellten Fall den Beschuldigten vorher zu hören. Die Sachlage sei nicht anders, als wenn mit einer Anklageerhebung der Antrag auf Erlass eines Haftbefehls verbunden wäre.

GStA Dr. Mannzen empfahl, die Schwierigkeiten dadurch zu umgehen, dass die Staatsanwaltschaft in den entsprechenden Fällen von einer Beschwerde absehe und stattdessen einen neuen Antrag auf Erlass eines Haftbefehls mit anderer Begründung stellen solle.

Dieser Auffassung wurde jedoch insbesondere von *OStA Dr. Lintz* widersprochen, der darauf verwies, dass in diesem Fall das Verfahren wieder vor einen Ermittlungsrichter gebracht werden müsse, der den Haftbefehl aufgehoben habe, und die angestrebte Nachprüfung seiner Entscheidung durch eine höhere Instanz unterbleibe.

GStA Dr. Müller vertrat die Auffassung, dass § 308 StPO für Haftfälle und bei Beschlagnahmen und Durchsuchungen keine Anwendung finden könne.

GStA Schrübbers empfahl, bei Aufhebung des Haftbefehls in geeigneten Fällen bei Einlegung der Beschwerde zugleich die vorläufige Festnahme des Beschuldigten anzuordnen und ihn dem Beschwerdegericht vorzuführen, das damit eine Anhörung und Entscheidung verbinden könne.

Der *Oberbundesanwalt* schloss sich der Auffassung der GStA Dr. Burchardi und Dr. Müller an.

GStA Dr. Burchardi erwähnte, dass in einem vor das OLG Celle gebrachten Fall der dortige Strafsenat die Entscheidung dadurch umging, dass er die Beschwerde der Staatsanwaltschaft zurückgewiesen habe. Der Strafsenat habe aber zu erkennen gegeben, dass er grundsätzlich den Standpunkt vertrete, § 308 StPO müsse auch in Haftfragen berücksichtigt werden.

GStA Schrübbers schloss die Erörterung mit der Bitte ab, in einem entsprechenden Fall eine grundsätzliche Entscheidung des BGH herbeizuführen.

c) Der *Oberbundesanwalt* wies zusätzlich zu Punkt 8 der Tagesordnung noch auf einen Aufsatz in Nr. 3 der Zeitschrift „Ostprobleme" über den „Streik als politisches Kampfmittel" hin. Er erörterte sodann den *Verkehr der Strafverfolgungsbehörde mit der Presse,* wobei er auf die Entscheidung des BGH vom 9.7.1953 – 5 StR 282/53 = BGHSt 4, 264 = NJW 1953, 1358 = JZ 1954, 50 – Bezug nahm. Eine Anfrage aus Schleswig habe sich mit der Frage beschäftigt, ob nicht Bedenken gegen die Unterrichtung der Presse durch die Staatsanwaltschaften bestünden. Er habe diese Anfrage noch nicht beantwortet, sondern dem BMJ berichtet, da mit der Besprechung der Angelegenheit auf der nächsten Konferenz der Justizminister zu rechnen sei. Er vertrete den Standpunkt, dass das erwähnte Urteil des 5. Strafsenats die Staatsanwaltschaften nicht berühre, da es sich nur mit dem Verhalten der Richter befasse. Die Unterrichtung der Presse durch die Staatsanwaltschaften könne in wichtigeren Verfahren gar nicht vermieden werden. Eine Einsicht in die Anklageschrift sei hier aber Journalisten nicht gewährt worden. Auch § 17 des Pressegesetzes stehe der Unterrichtung der Presse nicht entgegen, wenngleich einzelne Kommentare eine abweichende Auffassung verträten. § 17 betreffe jedoch nur die Mitteilung der Anklagen, die mit der Unterrichtung der Presse im Allgemeinen nicht verknüpft werden dürfe. In diesem Zusammenhang verwies der Oberbundesanwalt auch auf Ziff. 24 und Ziff. 110 Abs. 3 der Richtlinien. Ferner bat der Oberbundesanwalt, ihm von Presseangriffen gegen den BGH oder die Bundesanwaltschaft aus Anlass der von der Bundesanwaltschaft betriebenen Verfahren zu unterrichten. An den fortlaufenden Angriffen der kommunistischen Presse bestehe jedoch kein Interesse, vielmehr nur an substantiierten Angriffen in einzelnen bestimmten Verfahren.

GStA Schrübbers sagte namens der Generalstaatsanwälte die Berücksichtigung dieses Wunsches zu, bat aber um Stellungnahme zu der Frage, wer berichten solle, wenn es sich um einen Angriff überörtlicher Presseorgane handle.

Der *Oberbundesanwalt* erklärte, die wichtigsten überörtlichen Zeitungen würden bei der Bundesanwaltschaft gelesen.

GStA Biermann fragte, ob z.B. Berichte aus der „Celleschen Zeitung" mitgeteilt werden müssten. Der *Oberbundesanwalt* erwiderte, dass die „Cellesche Zeitung" an und für sich nicht von großer Bedeutung sei, neuerdings aber, wie er aus der Presse ersehen hätte, über besondere Informationsquellen zu verfügen schiene und deshalb öfter interessante Nachrichten bringe.

Senatspräs. a.D. Dr. Neumann berichtet über einen Fall, in dem anlässlich einer Gerichtsverhandlung Tonbandaufnahmen gemacht werden sollten. Der KG-Präsident in Berlin habe dem nur unter der Bedingung zugestimmt, dass festgehalten werde, die Tonbandaufnahme enthalte nur einen Teil seiner Ausführungen. Der Oberstaatsanwalt als Sitzungsvertreter der Staatsanwaltschaft habe erklärt, dass er nicht plädiere, wenn Tonbandaufnahmen gemacht würden, weil er sich dann nicht unbefangen fühle.

GStA Dr. Burchardi verwies darauf, dass bei Presseveröffentlichungen auch die Interessen der Beschuldigten und Angeklagten berücksichtigt werden müssten, die nicht irgendwie bloßgestellt werden dürften. Eine vorzeitige Unterrichtung der Presse sei daher zu vermeiden.

Der *Oberbundesanwalt* erklärte hierzu, dass im Allgemeinen eine Presseunterrichtung nach Anklageerhebung angebracht erscheine.

OStA Dr. Grosser äußerte, in Bayern habe man gute Erfahrungen mit der Errichtung in Justizpressestellen gemacht.

GStA Dr. Bauer bemerkte, in Niedersachsen sei das Gegenteil der Fall. Die Braunschweiger Justizpressestelle sei den Anforderungen nicht gewachsen und zu langsam. Das Urteil des 5. Strafsenats habe Anlass gegeben, die Unterrichtung der Presse in die Hände der Staatsanwaltschaft zu legen, was sich durchaus bewährt habe.

Der *Oberbundesanwalt* erklärte, über die bei ihm anhängigen erstinstanzlichen Sachen werde die Presse unmittelbar durch ihn unterrichtet. Im Hinblick auf § 63 des Bundesbeamtengesetzes dürfe nicht jeder Sachbearbeiter der Presse Auskunft erteilen, sondern außer dem Oberbundesanwalt und seinem Vertreter nur der hierfür bestimmte Pressedezernent. Die Presse wünsche im Allgemeinen keine formulierten Informationen, sondern suche geradezu Meinungsäußerungen, was gewisse Gefahren mit sich bringe.

GStA Schrübbers fügte hinzu, in Nordrhein-Westfalen hätten sich die Generalstaatsanwälte gegen besondere Pressestellen der Staatsanwaltschaften ausgesprochen, jedoch zur Aufrechterhaltung des Verkehrs mit der Presse einzelne Pressereferenten bestellt.

GStA Dr. Kesseböhmer verwies darauf, dass vielfach die Polizei eigenmächtig Presseinformationen herausgebe, insbesondere bereits bei Einleitung von Ermittlungsverfahren. Häufig geschehe dies aus Propagandagründen. Leider habe die Staatsanwaltschaft in dieser Hinsicht auf die Polizei keinen genügenden Einfluss. Die Polizei habe im Allgemeinen weitaus besser ausgestattete Pressestellen als die Justiz. Dies sei ein ganz besonderer Missstand, gegen den man nur schwer ankämpfen könne.

GStA Schrübbers vertrat die Ansicht, man müsse Einfluss auf die Presseinformationen der Polizei nehmen und ihr klar machen, dass die Staatsanwaltschaft Herr des Verfahrens sei und infolgedessen auch über Presseverlautbarungen zu befinden habe.

Auch *GStA Biermann* trat für eine Unterrichtung der Presse durch die Staatsanwaltschaft ein. Werde die Presse an die Justizpressestellen verwiesen, so gehe sie in der Regel zur Polizei, um sich dort Informationen zu holen. Im Bezirk Celle würden daher Nachrichten an die Presse unbedenklich durch die Oberstaatsanwälte erteilt.

Senatspräs. Dr. Neumann berichtete über einen Berliner Fall, in dem eine Zeitung Ehrenrühriges über einen Bundestagsabgeordneten anlässlich eines Warenhauskaufes berichtet habe, dann aber zur Berichtigung ihrer Nachricht veranlasst worden sei.

GStA Nellmann bemerkte, in Stuttgart habe der OLG-Präsident der Polizei Veröffentlichungen anlässlich von Ermittlungsverfahren ohne Zustimmung der Justizbehörden untersagt. Die Polizei halte sich aber nicht an diese Vereinbarung.

Der *Oberbundesanwalt* schlug vor, den Verkehr mit der Presse als Thema auf die nächste Tagung der Generalstaatsanwälte zu setzen. Diesem Vorschlag stimmten die Generalstaatsanwälte zu.

d) *GStA Dr. Kesseböhmer* beklagte die gegenwärtige *Überlastung der Staatsanwaltschaften,* der energisch abgeholfen werden müsse, da hierunter die Rechtspflege leide und die Gesundheit der Beamten empfindlich in Mitleidenschaft gezogen werde. Die für die Bemessung der Dezernate maßgeblichen Pensenschlüssel seien überholt, zu hoch und abänderungsbedürftig. Aus ihnen ergebe sich z.B., dass ein Sachbearbeiter der Staatsanwaltschaft mit so vielen Arbeitsstunden *eigener* Ermittlungstätigkeit belastet werde, dass er allein hierfür täglich neun Stunden aufwenden müsse. Die Pensenschlüssel für die Gerichte seien weit günstiger. So würden 300 Anklagen der Staatsanwaltschaft nur 80 gerichtliche Urteile gleichgestellt. Die Pensenschlüssel der Staatsanwaltschaften unterschieden nicht zwischen Strafkammer- und Schöffengerichtsanklagen, während die Pensenschlüssel für Gerichte insoweit unterschieden. Es müsse vornehmliche Aufgabe der Generalstaatsanwälte sein, vor der Fortdauer dieser Zustände zu warnen. Bei einer einzigen Behörde im OLG-Bezirk Hamm seien im Laufe eines Jahres allein sieben Beamte gestorben. Unter der gegenwärtigen Überlastung litte aber nicht nur die Gesundheit der Sachbearbeiter, sondern auch das Familienleben und die Pflege kultureller Bedürfnisse.

Auf Vorschlag des *Oberbundesanwalt* und von *GStA Schrübbers* beschlossen die Generalstaatsanwälte, auch dieses Thema auf die nächste Tagesordnung zu setzen. Bis zu diesem Zeitpunkt sollten nach Möglichkeit Vergleiche der Pensenschlüssel ausgearbeitet werden.

e) Schließlich erbat *GStA Schrübbers Vorschläge für den nächsten Tagungsort.* Nach längerer Diskussion wurde hierfür das Richterheim in Fischbachau in Aussicht genommen.

OStA Dr. Grosser wird die Voraussetzungen prüfen und GStA Schrübbers demnächst Näheres über das Ergebnis seiner Bemühungen mitteilen. Falls sich eine Zusammenkunft in Bayern nicht ermöglichen lässt, soll sie in Niedersachsen stattfinden. Hierbei kam der Wunsch aller Generalstaatsanwälte zum Ausdruck, dass der Generalstaatsanwalt, dem die Vorbereitung der nächsten Tagung zufallen wird, an seine Landesregierung in geeigneter Weise die Anregung heranträgt, von einem Empfang mit Bewirtung abzusehen.

(Schluss der Tagung 19.30 Uhr) (gez. Schrübbers)

IX. Niederschrift der Tagung der Generalstaatsanwälte vom 17.–19.3.1955

Anwesend:
GStA Dr. Bernhard Bader (Bayr. ObstLG), München
GStA Rudolf Biermann, Celle
GStA Georg Brühl (KG), Berlin
GStA a.D. Dr. Burchardi, Köln
OStA Dr. Dünnebier, Bremen
GStA Otto Feyen, Hamburg
EStA Dr. Hans Fröhlich, München
GStA Dr. Geropp, Neustadt a.d.W.
OStA Dr. Ernst Großer (Bayr. ObstLG), München
GStA Dr. Walter Haas, Köln
GStA Dr. Hans Hechtel, München
GStA Dr. Kesseböhmer, Hamm
GStA Dr. Krapp, Oldenburg
Senatspräs. Dr. Moericke, Karlsruhe
GStA Morbach, Koblenz
GStA Heinrich Mork, Nürnberg
GStA Dr. Wilhelm Müller, Karlsruhe
GStA Nellmann, Stuttgart
GStA Dr. Richard Preuss (LG), Berlin
GStA Rosenthal-Pelldram, Frankfurt/M.
GStA Hubert Schrübbers, Düsseldorf
GStA Dr. Ernst Steffen, Bamberg
GStA Dr. Voss, Schleswig
Bundesanwalt Dr. Wagner, Karlsruhe
Oberbundesanwalt Dr. Wiechmann, Karlsruhe
Protokollführer: StA Dr. Martin Pfeuffer, München

Nach kurzer Begrüßung der Teilnehmer eröffnete *GStA Dr. Hechtel (München)* die Tagung der Generalstaatsanwälte.

Der Reihenfolge der Tagesordnung wurde allgemein zugestimmt.

1. *Einbeziehung der Staatsanwälte in das Richtergesetz – § 6 der Referentendenkschrift des Bundesjustizministers zur Vorbereitung eines Richtergesetzes [bei W. Schubert, Quellen zum Deutschen Richtergesetz I, 2020, S. 229 ff.]*

GStA Dr. Krapp (Oldenburg) führte aus, dass die Erörterung dieses Punktes durch die Referentendenkschrift des BJM zur Vorbereitung des Richtergesetzes dringend geworden sei. Er wies auf die schweren Gefahren hin, die sich durch die Nichteinbeziehung der Staatsanwälte in das Richtergesetz für die staatsanwaltschaftliche Tätigkeit und Laufbahn ergeben würden. Dr. Krapp hielt deshalb eine Stellungnahme der Generalstaatsanwälte für erforderlich und schlug eine Entschließung vor, die den einzelnen Landesjustizverwaltungen zur Kenntnis gebracht werden sollte.

OStA Dr. Großer (München, ObstLG) erklärte, dass mit einer alsbaldigen Zuleitung des Gesetzentwurfes an das Parlament gerechnet werden müsse. Vermutlich würden die Staatsanwälte in das Richterrahmengesetz nicht einbezogen werden. Er schlug die Fühlungnahme mit dem Parlament und eine Aufklärung der Parlamentarier vor. Auch bei der besoldungsrechtlichen Regelung wären die Staatsanwälte erst auf den Vorstoß des Deutschen Richterbundes im Parlament in das Gesetz mit einbezogen worden. Abschließend hob er hervor, dass der Deutsche Richterbund sich einstimmig für die Einbeziehung der Staatsanwälte in das Richterrahmengesetz ausgesprochen habe.

OBA Dr. Wiechmann führte aus, dass dem ersten Punkt der Tagesordnung auch tatsächlich die erste Stelle gebühre, da die Frage der Einbeziehung der Staatsanwälte in das Richterrahmengesetz für die Zukunft der Staatsanwaltschaft von größter Bedeutung wäre. Er sei zu den Besprechungen über das Gesetz im Herbst 1954 im BJM [bei *W. Schubert,* aaO.] nicht zugezogen worden und später auch nicht amtlich über das Ergebnis der Besprechungen unterrichtet worden.

Aufgrund seiner eigenen langjährigen Erfahrungen auch als Richter sei er unbedingt für die Einbeziehung der Staatsanwaltschaft und dafür, dass diese Einbeziehung wenigstens grundsätzlich in dem Gesetz vorgesehen werde, während die Einzelheiten der gesetzlichen Regelung weniger dringlich erschienen und später geklärt werden könnten. Staatssekretär Dr. Strauß habe bei der erwähnten Besprechung sich nicht unbedingt ablehnend gegen die Einbeziehung der Staatsanwaltschaft geäußert, sondern eine gesetzliche Regelung auch der Verhältnisse der Staatsanwaltschaft immerhin in Aussicht gestellt. Es dürfe jedoch nicht verkannt werden, dass dieses Versprechen die Ausstellung eines Wechsels auf lange Sicht bedeute.

Wenn die Staatsanwälte nicht einbezogen würden, würde dies einen Rückgang in der Qualität der Arbeit und des Ansehens der gesamten Staatsanwaltschaft zur Folge haben. Einer Heraushebung der Richter würde voraussichtlich auch eine entsprechende besoldungsmäßige Besserstellung folgen. Qualifizierte Kräfte würden sich dann nicht sehr bereit erklären, bei der Staatsanwaltschaft zu arbeiten.

Er erklärte, dass die Staatsanwaltschaften nach dem Zusammenbruch Außerordentliches geleistet hätten.

Es wäre nicht zu verstehen, dass sich die Regierungen der Staatsanwälte nicht besser annehmen, da die Staatsanwaltschaft doch ihr eigentliches Organ und auf einer früheren

Tagung der Generalstaatsanwälte mit Recht einmal als das „Sprachrohr der Demokratie" bezeichnet worden sei.

Der Weg der Einwirkung auf parlamentarische Kreise möge vielleicht bei der gegebenen Lage richtig, aber nicht einfach sein. Vielleicht könnte der Deutsche Richterbund hier seinen Einfluss geltend machen.

GStA Dr. Hechtel vertrat die Auffassung, dass die besprochenen Probleme über die Länderministerien dem BJM vorgetragen werden müssten.

Gerade in Bayern würde sich die Nichteinbeziehung der Staatsanwälte in das Richterrahmengesetz katastrophal auswirken, da hier der Wechsel zwischen Staatsanwälten und Richtern mit großem Erfolg gehandhabt werde. Ein durch die Nichteinbeziehung der Staatsanwälte bedingten Absinken des Niveaus wäre für die Rechtspflege schädlich und gefährlich.

GStA Brühl (Berlin, KG) wies ebenfalls auf die Folgen hin, die die Nichteinbeziehung der Staatsanwälte in das Richterrahmengesetz gerade für die Berliner Verhältnisse haben würde. Es würde sich kein gut qualifizierter Assessor mehr bereitfinden, bei der Staatsanwaltschaft zu arbeiten. Es erscheine ihm sehr dringlich, auf dem verfassungsmäßig zulässigen Weg sofort beim BJM deshalb vorstellig zu werden.

GStA Feyen (Hamburg) schloss sich den Ausführungen seiner Vorgänger an und fügte abschließend hinzu, dass er sich von einem Schritt auf parlamentarischer Ebene nicht viel verspreche, weil den Parlamentariern zwangsläufig die Dinge nicht so sehr bekannt seien. Er halte es deshalb für richtiger, bei den Landesjustizministerien vorstellig zu werden.

GStA Dr. Preuss (Berlin) schlug ebenfalls vor, wegen dieser Frage an die Landesjustizministerien heranzutreten. Er sei der Überzeugung, dass der Berliner Senat für die Staatsanwaltschaft eintreten würde.

OStA Dünnebier (Bremen) wies noch darauf hin, dass für den Fall, dass das BJM und das Parlament sich den Änderungswünschen verschließen würden, auch eine Einflussnahme über das Länderorgan (Bundesrat) offenstehe.

EStA Dr. Fröhlich (München) stellte fest, dass auch die Staatsanwälte im Deutschen Richterbund organisiert seien. Seines Wissens sei damals in Wiesbaden entschieden worden, dafür einzutreten, dass auch die Staatsanwälte in das Richterrahmengesetz mit einbezogen werden müssten. Er richtete deshalb die Anfrage an OStA Dr. Großer, was der Richterbund zu dieser Frage unternehmen wolle. Er sei der Auffassung, dass der Richterbund nicht nur bei den Länderregierungen, sondern auch beim BJM deshalb vorstellig werden solle.

OStA Dr. Großer erwiderte, dass der Deutsche Richterbund bereits deswegen Schritte unternommen habe. Er habe sich sowohl mit den Abgeordneten als auch mit den Mitgliedern der zuständigen Ausschüsse in Verbindung gesetzt. Auch an die einzelnen Fraktionen sei man herangetreten. Weitere Vorstellungen beim BJM halte er jetzt nicht mehr für aussichtsreich, da der Gesetzentwurf vermutlich schon vorliege und seine Zuleitung an das Parlament bevorstehe. Vom Richterbund werde alles unternommen, um die Angelegenheit im Sinne der Staatsanwälte zu klären. Dabei sei auch die Unterstützung durch die im Richterbund organisierten Richter zu erwarten.

GStA Nellmann (Stuttgart) erklärte, dass man auch an die Presse herantreten sollte, um die zu erwartenden Schwierigkeiten der Öffentlichkeit zugänglich zu machen. Bei Nichteinbeziehung der Staatsanwälte in das Richtergesetz würde sich das heute schon erkennbare Absinken in der Qualität der Staatsanwälte noch deutlicher bemerkbar machen. Viele Richter bewürben sich heute schon nicht mehr für Beförderungsstellen bei der Staatsanwaltschaft, weil ihnen die Tätigkeit als Staatsanwalt zu gefährlich erscheine. Es sei nicht einzusehen, warum gerade diejenige Tätigkeit in der Rechtspflege, die vielen als besonders schwierig und gefährlich erscheine, durch die Nichtbeachtung im Richterrahmengesetz auch noch benachteiligt werden sollte.

GStA Schrübbers (Düsseldorf) vertrat die Ansicht, dass eine Aufklärung aller für die Entscheidung in dieser Frage berufenen Stellen notwendig erscheine, weil dort die Aufgaben und Belange der Staatsanwaltschaften zu wenig bekannt seien, besonders auch in den Fraktionen und Ausschüssen.

Die Herauslassung der Staatsanwälte aus dem Richterrahmengesetz würde deren prozessuale Stellung in einer Weise schwächen, dass sich dies für die Rechtspflege nachteilig auswirken müsse.

OStA Dr. Großer trug ergänzend zu den Ausführungen des GStA Schrübbers vor, dass der Deutsche Richterbund am 27.9.1954 bereits eine Denkschrift verfasst habe (DRiZ 10/1954). Die Hauptgegner für die Einbeziehung der Staatsanwälte in das Richtergesetz seien die anderen Beamtenverbände. Der Kardinalpunkt sei dabei, dass die Richter nach dem Grundgesetz keine Beamten mehr seien, wohl aber die Staatsanwälte. Auch die Weisungsgebundenheit der Staatsanwälte werde hierbei ständig hervorgehoben. Dies sei nach seiner Ansicht aber nicht richtig, weil der Platz des Staatsanwalts in der Rechtspflege neben dem Richter sei. Er sei mit ein Organ der Rechtspflege. Die Weisungsgebundenheit des Staatsanwalts erstrecke sich nicht wie bei anderen Beamten auf Zweckmäßigkeitsfragen, sondern sie sei streng, mit Ausnahme der Entscheidungen nach den §§ 153 und 154 StPO, an das Gesetz gebunden. Abschließend wies er noch darauf hin, dass auch ein Teil der Professoren sich gegen die Einbeziehung der Staatsanwälte in das Richterrahmengesetz aussprächen.

GStA Dr. Hechtel schlug Beschlussfassung dahin vor, dass sich die einzelnen Generalstaatsanwälte an ihre zuständigen Landesjustizverwaltungen wenden sollten. Zur Unterstützung dieser Schritte sollte eine Denkschrift abgefasst werden. Ferner sollte mit einer Bitte an den Herrn Oberbundesanwalt herangetreten werden, dass dieser sich an den Herrn Bundesjustizminister wende und zugleich auch den Herrn Präsidenten des BGH entsprechend informiere.

OBA Dr. Wiechmann erklärte dazu, dass der Präsident des BGH schon bei den vorausgegangenen Besprechungen im BJM Gelegenheit gehabt hätte, seine Ansicht vorzutragen. Er, der Oberbundesanwalt, habe vor, in dieser Angelegenheit noch einmal seine Stimme zu erheben. Im Übrigen könnten sich wohl nicht die Generalstaatsanwälte, wohl aber der Deutsche Richterbund als Bundesorganisation an das Parlament wenden.

GStA Dr. Krapp (Oldenburg) wies darauf hin, dass mit Rücksicht auf die schwerwiegenden Folgen, die die Nichteinbeziehung der Staatsanwälte in das Richtergesetz haben müssten, im Einvernehmen mit den Ländern eine Vorsprache beim BJM notwendig erscheine.

GStA Biermann (Celle) empfahl, dass die einzelnen Generalstaatsanwälte an die zuständigen Länderministerien herantreten sollten. Er sei gegen eine Denkschrift an den Bundestag, die Bundesregierung oder die Fraktionen. Die persönlichen Beziehungen zu den Parlamentariern zu benutzen, sei den einzelnen Herren unbenommen. An den Herrn Bundesjustizminister könne nur der Oberbundesanwalt herantreten. Er halte es durchaus für möglich, dass das Bundesjustizministerium bei eingehender Würdigung aller Probleme doch noch umgestimmt werden könnte. Abschließend schlug er die Annahme einer Entschließung vor, in der auf den Ernst der Situation hingewiesen werde.

GStA Dr. Hechtel schlug zusammenfassend vor, dass sich drei Herren bereit erklären möchten, eine Entschließung auszuarbeiten.

GStA Rosenthal-Pelldram schloss sich den Ausführungen des GStA Dr. Hechtel an und fügte hinzu, dass der Entschließung dadurch eine besondere Bedeutung zukommen könne, weil in nächster Zeit eine Justizministerkonferenz stattfinden würde. Wenn die Landesjustizminister rechtzeitig in den Besitz der Entschließung kommen würden, hätten sie Gelegenheit, die Frage auf die Tagesordnung der Justizministerkonferenz zu setzen und zu besprechen.

Nachdem die *GStA Biermann* und *Rosenthal-Pelldram* sowie *OStA Dr. Großer* sich bereit erklärt hatten, die Abfassung der vorgeschlagenen Entschließung vorzunehmen, wurde zu Punkt 2 der Tagesordnung übergegangen.

2. *Überlastung der Staatsanwaltschaften (Mängel des Pensenschlüsselsystems)*

GStA Dr. Kesseböhmer führte aus, dass ihn die zunehmende Überlastung der Staatsanwaltschaften veranlasst habe, diese Frage zur Sprache zu bringen. Er müsse seiner Sorge darüber Ausdruck geben, dass eine allzu große Überlastung der Staatsanwälte einer ordentlichen Rechtspflege nicht dienlich sein könne. Vor allem sei sie auch ein Hemmnis für die Erlangung eines ordentlichen Nachwuchses. Es gehe letztlich um das Ansehen der Staatsanwaltschaft überhaupt und auch um die Stellung des Staatsanwalts.

Die Kriminalität habe in den letzten Jahren in erheblichem Maße zugenommen. Dabei müsse berücksichtigt werden, dass die Ermittlungen sich in den letzten Jahren wesentlich erschwert hätten und die Zunahme auch vom Arbeitsgesichtspunkt aus noch als viel höher bewertet werden müsse. Früher hätten viele kleine Sachen durch Polizeigebühren erledigt werden können. Das Kräfteverhältnis habe mit der Anzeigenzunahme nicht Schritt gehalten. Die gesteigerte Arbeitsbelastung sei nicht nur bei den Staatsanwälten, sondern bei allen Sparten der staatsanwaltschaftlichen Tätigkeit gestiegen. Die Erschwerung der Aufklärungsmöglichkeit sei bei Aufstellung des Pensenschlüssels nicht genügend berücksichtigt worden. Mit den Aufklärungsmethoden aus früherer Zeit komme man heute nicht mehr aus. Die Aufgabe, die Wahrheit richtig zu erforschen, erfordere nach dem heutigen Stand der Ermittlungsmöglichkeiten viel weitergehende Erhebungen als früher. Die Erscheinungsformen des täglichen Lebens seien wesentlich komplizierter geworden als früher. Auch bei der Polizei wirkten sich schlechtere Arbeitsbedingungen aus.

Er sei ein grundsätzlicher Gegner des Pensenschlüsselsystems, weil man geistige Arbeit nicht messen könne. Wenn man davon ausgehe, dass die Gerichte überlastet seien, dann müsse man zu dem Schluss kommen, dass die Staatsanwaltschaften in noch weit größerem Maße überlastet seien als die Gerichte. Die Überlastung der Staatsanwaltschaften führe heute schon zu einer Verminderung der physischen und geistigen Leistungsfähigkeit. Dies könne auf die Dauer nicht verantwortet werden. Die dauernde Überlastung führe zu einem mangelnden Kontakt mit dem Leben und einer zunehmenden Weltfremdheit, abgesehen von den sehr viel schlechteren Leistungen. Die Rechtspflege leide unter diesen Verhältnissen. Die Folge davon sei eine Minderung des Ansehens der Staatsanwaltschaft. Unsere Aufgabe müsse deshalb sein, dieser Frage unser besonderes Augenmerk zu widmen, weil wir eine Fürsorgepflicht gegenüber unseren Staatsanwälten und den anderen Beamten der Staatsanwaltschaft hätten. Eine Folge der Überlastung sei es auch, dass die Staatsanwälte nicht mehr in der Lage wären, sich fortzubilden und sich mit den neuen Vorschriften vertraut zu machen; dies hätte nachteilige Folgen für die Rechtsprechung.

Abschließend erwähnte *GStA Dr. Kesseböhmer,* dass man über die sachlichen Überlegungen hinaus auch die menschlichen Probleme nicht außer Acht lassen dürfe. Man könne die Verantwortung nicht dafür übernehmen, dass heute teilweise schon Staatsanwälte durch dauernde Überarbeitung in ihrer Gesundheit geschädigt würden. Auch die Familien hätten ein Anrecht darauf, dass ihre Väter ihnen nicht dauernd in nicht zumutbarer Weise entzogen würden.

GStA Rosenthal-Pelldram erklärte, dass die Generalstaatsanwälte die hier aufgezeigten Schwierigkeiten bei ihren Länderministern vortragen müssten. Er führte weiter aus, dass die neuen Kräfte der Staatsanwaltschaften beim Eintritt bereits wesentlich älter seien als die früheren Assessoren. Darüber hinaus habe der Krieg einen Kräfteverschleiß gefordert, der unbedingt berücksichtigt werden müsse. Es gäbe bei Kriegsteilnehmern oft welche, die aufgrund der durchgemachten Erlebnisse nur noch als halbe Arbeitskräfte zu verwerten seien. Eine Erschwerung der Personalfrage sei auch durch den Einsatz staatsanwaltsfremder Kräfte eingetreten. Ein wichtiges Moment seien auch die wirtschaftlichen

Sorgen. Die wirtschaftliche Leistungsfähigkeit erlaube es nicht, neue Literatur zu beschaffen. Es fehle bei den Staatsanwaltschaften im Verhältnis zu früher auch an der üblichen Geselligkeit innerhalb der Behörde. Dies führe dazu, dass der Gedankenaustausch, der auch bei geselligen Veranstaltungen oft sehr gute Früchte getragen habe, nicht mehr stattfinde. Auch ein Absinken der Allgemeinbildung sei festzustellen.

GStA Dr. Hechtel schloss sich den Ausführungen seiner Vorredner an und wies ebenfalls auf die schwierige Personallage hin. Es sei vor allem schwer, gut qualifizierte Kräfte zu bekommen.

GStA Biermann vertrat die Ansicht, dass ein Pensenschlüssel sein müsse. Er sei nicht schlecht, wenn er vernünftig gehandhabt werde. Er könne für seinen Bezirk ernsthafte Beschwerden über die Handhabung des Pensenschlüssels nicht vortragen. In seinem Bezirk sei auch eine besorgniserregende Zunahme der Kriminalität nicht festzustellen.

GStA a.D. Dr. Burchardi trug vor, dass man dem Pensenschlüssel allein nicht Schuld an den entstandenen Schwierigkeiten geben könne. Es läge auch an den Oberstaatsanwälten und an der Dienstaufsicht der Generalstaatsanwälte. Deren Aufgabe sei es, den Arbeitsanfall unter den vorhandenen Kräften richtig zu verteilen. Manche hätten die Bestrebung, den guten Arbeitern mehr aufzuhalsen und die faulen zu entlasten. Ein wichtiger Punkt sei eine besondere Überwachung der Geschäftsverteilung.

GStA Nellmann (Stuttgart) führte aus, dass nach seiner Ansicht die Geschäfte innerhalb der Justizverwaltung ungleich verteilt seien. Die Staatsanwaltschaften in seinem Bezirk seien alle überlastet, insbesondere müsse man dabei in Betracht ziehen, dass sie teilweise mit nicht vollwertigen Kräften besetzt seien.

OBA Dr. Wiechmann bat bei dieser Gelegenheit um Unterstützung bei der Auswahl von Hilfsarbeitern für die Bundesanwaltschaft. Es erscheine zweckmäßig, die geeigneten Kräfte in Listen zusammenzufassen. Man könne nicht erst bei Bedarf auf Anfrage an die Auswahl gehen. Vor kurzem habe er von einem Kabinettsbeschluss der Regierung von Niedersachsen gehört, wonach Abordnungen an Behörden außerhalb des Landes nur auf die Dauer von höchstens sechs Monaten erfolgen sollten. Eine derartig kurze Abordnung sei für eine Behörde wie die Bundesanwaltschaft sinnlos.

GStA Dr. Voss (Schleswig) erklärte, dass seine Mitarbeiter ihm gegenüber zum Ausdruck gebracht hätten, der Pensenschlüssel mache sie zu kleinen Stachanowa. Die Generalstaatsanwälte müssten einen sog. Krisenzuschlag an Personal erhalten. Diese Kräfte könnten dann jederzeit an Schwerpunkten eingesetzt werden. Der Lübecker Malskat-Prozess [Urteil v. 25.1.1955 gegen den Kunstfälscher Lothar M.] sei ein Beispiel hierfür. Der Erfolg eines übermäßigen Einsatzes sei, dass die Herren sich überarbeiten und krank würden. Abschließend wies er noch darauf hin, dass Herren, die sich als Mitarbeiter beim BGH melden, von der Sorge erfüllt seien, sie würden dadurch den Anschluss im eigenen Land verlieren.

Senatspräs. Dr. Moericke wies darauf hin, es sei allgemeine Auffassung beim BGH, dass ein Herr, der sich bewährt habe, später die Aussicht habe, als ordentlicher Mitarbeiter beim BGH in Frage zu kommen. Jeder Hilfsarbeiter werde deshalb dahin beurteilt, ob er später als Nachwuchs für den BGH in Frage komme. Dies sollte ein Anreiz für die jüngeren Herren sein, sich für die Mitarbeit beim BGH zu melden.

GStA Biermann erklärte, dass es erwünscht sei, gut qualifizierten Kräften die Möglichkeit zu geben, durch Bewährung beim OBA später zu Beförderungsstellen zu gelangen.

GStA Dr. Preuss (Berlin) führte aus, dass er hinsichtlich der Überlastung der Staatsanwaltschaften auch eine Überlastung der mittleren Beamten und der Kanzleikräfte habe feststellen müssen.

Unter allgemeiner Zustimmung bat *GStA Dr. Hechtel* die GStA Dr. Kesseböhmer und Rosenthal-Pelldram um die Abfassung einer Entschließung [u. S. 234ff.], über die dann abgestimmt werden sollte.

3. *Behandlung der geheimen Anklage- und Urteilsabschriften (Belehrung des Angeklagten über die Geheimhaltungsbedürftigkeit bei Zustellung der Anklage und des Urteils; Überlassung der Abschriften nur auf Zeit; Belehrung des Verteidigers?) und*

4. *Bearbeitung der Hochverratsverfahren gegen Funktionäre kommunistischer Tarnorganisationen. Erscheint es zweckmäßig, die bei den Generalstaatsanwälten anhängigen Verfahren gegen die kleineren Funktionäre vor Abschluss der Verfahren des Oberbundesanwalts gegen die leitenden Funktionäre der Organisation durchzuführen? (Nebeneinanderarbeiten verschiedener Stellen zwecks Herbeischaffung des erforderlichen Beweismaterials, insbs. in den Fällen, in denen der hochverräterische Charakter der Tarnorganisation zweifelhaft ist.)*

Punkt 3 und 4 der Tagesordnung wurden insbes. unter Beteiligung des OBA Dr. Wiechmann, der GStA Dr. Kesseböhmer, Dr. Hechtel, Schrübbers, Biermann, des Bundesanwalts Dr. Wagner und des OStA Dr. Bader eingehend erörtert. Von einer Protokollierung der Erörterungen wurde mit Rücksicht darauf, dass es sich in der Regel um Geheimsachen handelte, mit allgemeiner Zustimmung abgesehen.

Zur Beratung des *Tagungspunktes 3* wies *GStA Dr. Kesseböhmer* auf Ziff. 201 der Richtlinien für das Strafverfahren hin. Nach seiner Auffassung müsse der Geheimhaltungsvermerk auf der Anklageschrift diejenigen Tatsachen oder Beweismittel bestimmen, die als Staatsgeheimnisse im Sinne des § 99 StGB anzusehen seien. Die Zustellung geheimhaltungsbedürftiger Anklageschriften an Untersuchungshäftlinge könne zu Händen des Anstaltsvorstandes mit dem Auftrag erfolgen, dass dieser den Häftling über die Geheimhaltung belehre.

GStA Biermann betonte, dass nach seiner Auffassung die in Punkt 3 der Tagesordnung aufgeworfenen Fragen im Wesentlichen durch das ihm bekannte Schreiben des Vorsitzenden des 6. Strafsenats vom 4.12.1954 geklärt worden seien. Andere Generalstaatsanwälte bemerkten insoweit, dass ihnen das Schreiben nicht bekannt sei, worauf BA Dr. Wagner die Nachprüfung der Verteilung zusagte.

OStA Dr. Bader, München, erklärte, dass im Einvernehmen mit den Strafsenaten des BayerObstLG in Landesverratssachen besonders geheimhaltungsbedürftige Staatsgeheimnisse in der Anklageschrift nicht erwähnt würden, um ihre Preisgabe zu vermeiden. *BA Dr. Wagner* bemerkte auf einen Einwand von *GStA Dr. Müller,* Karlsruhe, der die Zulässigkeit des von OStA Dr. Bader vorgeschlagenen Verfahrens bezweifelte, dass auch die Bundesanwaltschaft keine Bedenken trage, in geeigneten Fällen entsprechend der Übung beim Bayr. ObstLG zu verfahren. Auch eine besondere Kennzeichnung der geheimhaltungsbedürftigen Tatsachen und Beweismittel auf der Anklageschrift sei, sofern diese als Staatsgeheimnis bezeichnet werde, nicht erforderlich, wie ein bereits vor dem BGH abgeurteilter Fall gezeigt habe. Als weiteres Mittel für die Geheimhaltung empfahl er die Erhebung getrennter Anklagen gegen in Haft befindliche und gegen freie Angeschuldigte. Im Übrigen könne bei der Schilderung des Sachverhalts in der Anklageschrift das Staatsgeheimnis gegebenenfalls umschrieben werden. Hiergegen äußerte *GStA Schrübbers* Bedenken.

OStA Dr. Bader befasste sich sodann mit der Benachrichtigung von Angehörigen der Verhafteten gemäß § 114 a StPO und gab seiner Auffassung Ausdruck, dass in Fällen, in denen wichtige Staatsinteressen gegen eine solche Benachrichtigung sprechen, die Benachrichtigungspflicht entfalle.

Der *Oberbundesanwalt* verwies hierzu auf Art. 104 Abs. 4 GG, gab aber zu, dass wichtige Staatsinteressen der Nachrichtspflicht vorangehen müssten. Es erscheine zweckmäßig, die strittige Frage bei gegebener Gelegenheit dem BGH zur Entscheidung vorzulegen. Im Übrigen behandelte der Oberbundesanwalt die Frage einer nur zeitweiligen Überlassung der Anklageschrift, die jedenfalls während der Dauer des Hauptverfahrens dem in Haft befindlichen Angeschuldigten nicht durch den Anstaltsvorstand abgenommen werden dürfe. Ferner führte der OBA aus, dass in geeigneten Fällen die Ausschließung eines der Teilnahme verdächtigen Verteidigers beantragt werden müsse und dass es zweckmäßig erscheine, unzuverlässigen Verteidigern die Akteneinsicht zu versagen und hierüber gegebenenfalls eine Entscheidung des BGH herbeizuführen.

GStA Biermann empfahl, bei auftauchenden Fragen hinsichtlich der Geheimhaltung den Oberbundesanwalt um Auskunft zu bitten. Falls eine Entscheidung des BGH nicht herbeigeführt werden könne, müsse eine Entscheidung des zuständigen OLG erwirkt werden.

OStA Dr. Bader, München, verwies abschließend wegen der Verweigerung von Urteilsabschriften auf die Entscheidung des BayerObstLG St. 32, 178, nach der von dem BayerObstLG auch weiterhin verfahren werde.

4. *GStA Dr. Kesseböhmer* erklärte zur Begründung des *Punktes 4 der Tagesordnung*, dass insbesondere die ein seinem Bezirk anhängigen Verfahren gegen Funktionäre der FDJ, der „Gesellschaft für deutsch-sowjetische Freundschaft", des „Deutschen Arbeitskomitees" und der „Sozialistischen Aktion" [Sozialdemokratische Aktion, ab 1949] (SDA) nicht recht gefördert werden könnten, da insoweit grundsätzliche Entscheidungen des BGH noch nicht ergangen seien. Es sei fraglich, ob Verfahren gegen kleinere Funktionäre betrieben werden sollten, solange nicht die Spitzenfunktionäre durch den BGH abgeurteilt seien.

GStA Schrübbers sprach sich gegen die Durchführung von Verfahren gegen untere Funktionäre aus, da mit ihrem Freispruch gerechnet werden müsse, solange nicht der BGH ein grundsätzliches Urteil über die entsprechende Organisation gefällt habe. Derartige Freisprüche aber müssten das Ansehen des Staates schädigen.

Auch *OStA Dr. Bader, München,* trat dafür ein, Verfahren gegen kleinere Funktionäre zurückzustellen, solange nicht der BGH zu den Rechts- und Sachfragen, die für die Beurteilung der betreffenden Organisation maßgeblich seien, Stellung genommen habe.

BA Dr. Wagner erklärte demgegenüber, dass eine solche Zurückstellung nicht zweckmäßig erscheine. Schon die kurzen Verjährungsfristen einzelner Landespressegesetze nötigen dazu, die bei den Staatsanwaltschaften anhängigen Verfahren ohne Rücksicht auf spätere Entscheidungen des BGH zu betreiben. Im Allgemeinen müsse unterschieden werden zwischen solchen Verfahren, die bei den durch § 74 a GVG eingerichteten Zentralstrafkammern anhängig seien, und den bei den OLG anhängigen, durch den Oberbundesanwalt abgegebenen Verfahren. In den ersteren Verfahren könne ohne weiteres durch Einlegung der Revision eine Entscheidung des BGH herbeigeführt werden, wie dies in zahlreichen Verfahren auch bereits geschehen sei. In den bei den OLG anhängigen Verfahren könne wenigstens die Voruntersuchung beantragt und eröffnet und damit der Fortgang der Verfahren gesichert werden, ohne dass bis zum Erlass einer grundsätzlichen Entscheidung des BGH Zeit verloren zu gehen brauche. In einer Reihe von Fällen habe der Oberbundesanwalt durch die Übersendung von Anklageschriften und Aktenauszügen die GStA in die Lage versetzt, derartige Anträge zu stellen. Im Übrigen sei über die von GStA Dr. Kesseböhmer genannten Organisationen im Einzelnen Folgendes zu sagen:

Die hinsichtlich der FDJ auftauchenden Rechtsfragen seien durch die Revisionsentscheidungen des BGH und durch das Urteil des BVerwG vom 16.7.1954 [BVerwGE 1, 184] weitgehend geklärt. Bedeutsame neue Ausführungen seien insoweit auch in der demnächst zur Verhandlung gelangenden Sache gegen Angenfort nicht mehr zu erwarten. In dem Verfahren gegen die Funktionäre der „Gesellschaft für deutsch-sowjetische Freundschaft" habe der BGH das Hauptverfahren gemäß der den GStA zugegangenen Anklageschrift eröffnet, so dass auch insoweit eine einstweilige Grundlage für die rechtliche Beurteilung gegeben sei. Die Hauptverhandlung gegen zwei Funktionäre des „Deutschen Arbeiterkomitees" sei vor wenigen Tagen abgeschlossen worden und das Urteil in

Kürze zu erwarten; damit sei ein gewisser Anhalt für die rechtliche Beurteilung gegeben. Das Urteil habe den Tatbestand des § 81 StGB verneint, so dass für andere Verfahren gegen kleinere Funktionäre ebenfalls nicht von einem Verstoß gegen § 81 StGB ausgegangen werden könne. Dass gegen den z.Zt. flüchtigen Hauptfunktionär, den früheren Bundestagsabgeordneten Paul möglicherweise die Anwendung des § 81 StGB in Betracht komme, berühre die Verfahren gegen untere Funktionäre nicht. In dem Verfahren gegen die Funktionäre der SDA stehe die Anklageerhebung bevor; die Abschrift der Anklage werde den Generalstaatsanwälten zugehen.

Der *Oberbundesanwalt* nahm Gelegenheit, bei der Besprechung dieses Tagungspunktes das Urteil des BGH vom 13.10.1954 – 6 StR 222/54 – betreffend die Anwendung des § 93 StGB auf KPD-Funktionäre zu erörtern. Er bat zwecks Herbeiführung einer nochmaligen Entscheidung des BGH um alsbaldige Vorlegung eines geeigneten Falles. Ferner stellte der OBA die Frage der Verfolgung von KPD-Funktionären im Falle eines Parteiverbots durch das BVerfG zur Erörterung. Die strafrechtliche Beurteilung des Verhaltens derartiger Funktionäre nach einem etwaigen Parteiverbot werde wohl in erster Linie von den Urteilsgründen des BVerfG abhängen. Im Übrigen erscheine es ihm zweckmäßig, nicht alle unteren Funktionäre wegen Verstoßes gegen § 81 StGB zu verfolgen, sie vielmehr auf der Grundlage der §§ 42, 47 des Gesetzes über das BVerfG zur Rechenschaft zu ziehen.

Auf eine Frage von *Bundesanwalt Dr. Wagner* erklärte *GStA Morbach,* dass die Gründe des Mainzer Urteils der Koblenzer Zentralstrafkammer, die entsprechend dem erwähnten Urteil des BGH vom 13.10.1954 in einem Fall des § 93 StGB das Verfahren eingestellt habe, noch nicht vorlägen.

Für die von dem Oberbundesanwalt angeregte Verfolgung von KPD-Funktionären auf der Grundlage der §§ 42, 47 des Gesetzes über das BVerfG verwies *Bundesanwalt Dr. Wagner* auf die Entscheidung des BGH vom 7.1.1955 – 6 StR 280/54 – [Zuwiderhandlung gegen ein Parteiverbot des BVerfG, Bedeutung für § 90 a StGB], die demnächst in der amtlichen Sammlung erscheinen werde [BGHZ 7, 104].

5. *Entnahme von zwei Blutproben mit zeitlichem Zwischenraum (Rückrechnung auf die Blutalkoholkonzentration zur Tatzeit anhand von zwei zeitlich getrennten Blutentnahmen)*

GStA Dr. Kesseböhmer erklärte, dass in seinem Bezirk die Frage aufgeworfen worden sei, ob nicht bei Blutalkoholbestimmungen statt nur einer Blutentnahme im Zeitraum von ungefähr einer Stunde nach der ersten Blutprobe eine zweite Probe zu entnehmen wäre. Viele Gutachter stellten sich auf den Standpunkt, dass zu einer sachgemäßen Aufklärung eine zweite Blutentnahme erforderlich sei. Es bestünden aber Bedenken, ob eine zweite Blutentnahme überhaupt zulässig sei. Eine zweite Blutentnahme sei eine unzulässige Freiheitsentziehung, wenn nicht eine vorläufige Festnahme oder ein Haftbefehl vorläge. Eine vorläufige Festnahme oder eine Verhaftung könne schon dann nicht erfolgen, wenn es sich lediglich um eine Übertretung handle. Auf der anderen Seite trage eine einmalige Blutentnahme zweifellos eine gewisse Unsicherheit in sich. Abschließend fügte GStA Kesseböhmer hinzu, dass nach Auffassung der Medizin gesundheitliche Nachteile bei einer zweimaligen Blutentnahme nicht zu befürchten seien.

GStA Dr. Hechtel führte aus, dass ihm innerhalb seines Bezirkes wegen dieser Frage noch keine Klagen vorgetragen worden seien. Nach seinem Wissen berücksichtigten die Institute, die mit der Erstellung der Gutachten befasst seien, den Alkoholabbau schon entsprechend.

GStA Dr. Biermann trug vor, dass die Vornahme einer zweiten Blutentnahme nur dann zu rechtfertigen sei, wenn der Unterschied so erheblich wäre, dass bei einer Blutprobe ein völlig verzerrtes Bild zu erwarten wäre.

GStA Dr. Preuss nahm auf eine Stellungnahme des Polizeiarztes des Polizeipräsidiums in Berlin vom 4.3.1955 Bezug, der sowohl aus forensischen als auch aus wissenschaftlichen Gründen die Entnahme zweiter Blutproben befürwortete.

GStA Schrübbers (Düsseldorf) nahm ebenfalls auf ein medizinisches Gutachten des Prof. Dr. K. Böhmer des Instituts für gerichtliche Medizin in Düsseldorf vom 13.8.1954 Bezug, der, abgesehen von Ausnahmefällen, vorschlug, es bei einer einmaligen Blutentnahme zu belassen.

GStA Nellmann (Stuttgart) trug vor, dass diese Probleme in seinem Bezirk noch keine Schwierigkeiten gemacht hätten. Er anerkenne jedoch die Möglichkeit, dass in dieser Richtung in einzelnen Fällen Schwierigkeiten auftreten könnten.

GStA Dr. Müller (Karlsruhe) verwies auf eine Anordnung des Regierungspräsidiums Nordbaden vom 13.121953, die, falls der Zeitpunkt des letzten Alkoholgenusses weniger als 30 Minuten vor der Blutentnahme liegt, im Abstand von einer Stunde zwei Blutproben vorschreibt.

GStA Morbach (Koblenz) vertrat die Auffassung, dass er die Vornahme einer zweiten Blutprobe nicht für unbedingt notwendig halte. Es müsse dem Fachwissen des Gutachters überlassen bleiben, die Resorption zu berücksichtigen.

GStA Schrübbers wies noch auf die Möglichkeit hin, die zweite Blutentnahme dadurch zu ermöglichen, dass man den Betroffenen auf die strafrechtlichen Bestimmungen der Unfallflucht hinweise, wenn er sich der zweiten Blutentnahme entziehe.

Nach Besprechung dieser Punkte (12.30 Uhr) vertagte *GStA Dr. Hechtel* die Sitzung auf Nachmittag 16.00 Uhr.

OStA Dr. Großer verlas die von den GStA Biermann, Rosenthal-Pelldram und OStA Dr. Großer verfasste *Entschließung* zu *Punkt 1 der Tagesordnung*. Sie hat folgenden Wortlaut: „Dem Vernehmen nach besteht die Gefahr, dass die Staatsanwälte nicht in das Richterrahmengesetz einbezogen werden sollen. Der Oberbundesanwalt und die Generalstaatsanwälte sind einstimmig der Meinung, dass damit die Grundlagen, auf denen die Stellung der deutschen Staatsanwaltschaften beruht, zerstört werden würden. Gleich dem

Richter erfüllt der Staatsanwalt Aufgaben der Rechtspflege, bei deren Verwirklichung er in strenger Bindung an das Gesetz nach objektiven Maßstäben die Rechtsstaatlichkeit des Strafverfahrens sichert. Voraussetzung hierfür ist seine Gleichstellung mit dem Richter in allen Punkten, die nicht wegen der Besonderheit der richterlichen Unabhängigkeit eine abweichende Regelung erfordern. Selbst in seiner Weisungsgebundenheit unterscheidet er sich seinem Wesen nach von allen anderen Beamten, deren Entscheidungen im Rahmen der allgemeinen Gesetze vom Zwecke her bestimmt werden, während dem Staatsanwalt nur Weisungen erteilt werden können, die der Wahrheit und Gerechtigkeit dienen. Nur wenn die überkommene Gleichstellung von Richter und Staatsanwalt beibehalten werden wird, ist der notwendige und in einigen Bundesländern seit hundert Jahren bewährte Wechsel in der Laufbahn möglich.

Der Oberbundesanwalt und die Generalstaatsanwälte sind der Meinung, dass das bei der ungünstigen Altersschichtung der Staatsanwälte lebenswichtige Anliegen, tüchtigen Nachwuchs zu erhalten, damit steht und fällt, dass der Staatsanwalt wie bisher dem Richter gleichgestellt bleibt."

Die Entschließung wurde mit allgemeiner Zustimmung angenommen.

6. *Verkehr mit der Presse*

OBA Dr. Wiechmann führte aus, dass er im Verkehr mit der Presse auf langjährige Erfahrungen zurückblicken könne, da er bereits in den zwanziger Jahren auch im Pressereferat des Preußischen Justizministeriums tätig gewesen sei. Für den Verkehr mit der Presse sei die Auswahl der geeigneten Personen von wesentlicher Bedeutung. Eine Allgemeine Verfügung des Preuß. Justizministers vom 16.3.1928 (JMBl. S. 169) enthalte schon Grundsätze, die auch heute noch von Bedeutung seien.

Die Bundesanwaltschaft habe für Auskünfte an die Presse einen Pressereferenten, der aufgrund der Bestimmung des Bundesbeamtengesetzes bestellt sei. Eine Justizpressestelle bestehe nur bei dem BGH. Mit dem Präsidenten des BGH sei kürzlich vereinbart worden, dass in erstinstanzlichen Verfahren auch nach Anklageerhebung Mitteilungen an die Presse nicht durch die Justizpressestelle, sondern durch den Oberbundesanwalt herausgegeben würden, in der Regel nach Fühlungnahme mit dem zuständigen Strafsenat. Diese Regelung habe ihre Vorteile gegenüber der zum Beispiel in Nordrhein-Westfalen getroffenen, nach der die Staatsanwaltschaft bis zur Anklageerhebung, später aber das Gericht die Nachrichten herausgebe.

Vor einiger Zeit sei die Frage erörtert worden, ob die Namen der amtierenden Richter und Staatsanwälte in der Presse genannt werden sollten. Der Deutsche Richterbund vertrete bekanntlich die Auffassung, dass diese Namen nicht genannt werden sollten. Er, der Oberbundesanwalt, sei der Meinung, dass es in Ausnahmefällen von besonderer Bedeutung nicht zu beanstanden sei, wenn, wie der Name des Verteidigers, auch der des Vorsitzenden und des Anklagevertreters genannt werde.

Der Oberbundesanwalt ging dann noch auf das in JZ 1955 S. 172 veröffentlichte und besprochene Urteil des III. Zivilsenats des BGH ein und meinte, dass es mehr auf den Einzelfall hätte abgestimmt werden können und allgemeine Ausführungen vielleicht hätte vermeiden können.

Der Oberbundesanwalt betonte abschließend, dass man sich der Aufgabe, der Presse Mitteilungen zu machen, nicht entziehen könne, und warnte davor, allzu pessimistisch zu sein und die Auswüchse der Sensationspresse zu verallgemeinern.

GStA Dr. Kesseböhmer frug bei den Tagungsteilnehmern an, welche Erfahrungen sie in ihren Bezirken mit der Presse gemacht hätten.

GStA Dr. Hechtel erklärte, dass Schwierigkeiten nicht nur wegen des Verhaltens der Presse, sondern auch deshalb entstünden, weil Fehler bei den Behörden gemacht würden. Vielfach könne man den Reportern kein Vertrauen schenken. Die Sensationspresse sei hier das größte Übel. Dies schließe allerdings nicht aus, dass manchmal auch die großen Zeitungen in dieses Fahrwasser geraten. Vielfach machten sich die Reporter an die Richter und Staatsanwälte in der Sitzung heran. Er habe die Referenten in seinem Bezirk angewiesen, äußerste Zurückhaltung zu üben. Er habe versucht, mit anerkannten Presseleuten zunächst einmal persönliche private Beziehungen anzuknüpfen, um vertraulichere Beziehungen zu schaffen. Mit der Sensationspresse sei dies aber undurchführbar.

Abschließend führte *GStA Dr. Hechtel* aus, dass die unsachliche Presseberichterstattung derart zersetzend auf das Volk wirke, dass sie eine Gefahr für die Demokratie bedeute.

GStA Schrübbers trug vor, dass die Justiz gezwungen sei, der Presse Auskunft zu erteilen. Man müsse der Presse gegenüber solange reserviert sein, solange es diese nicht fertig bringe, in ihren eigenen Reihen Ordnung zu schaffen und eine gewisse Straffheit zu erreichen. – Solange es keine Standesorganisation der Journalisten gäbe, die in der Lage sei, unanständige Sensationsjournalisten auszuschließen, sei es kaum möglich, hier zu einem geregelten Verhältnis zu kommen. Die Staatsanwaltschaften bedürften seiner Ansicht nach überhaupt keiner Pressestellen.

GStA Nellmann (Stuttgart) führte aus, dass die Problematik darin liege, dass wir als ein Organ der Rechtspflege die Wahrheit suchen würden, während die Presse die Sensation brauche. Diese beiden Zielrichtungen vertrügen sich nicht miteinander. Hinzu komme, dass die Polizei oft verfrüht Auskünfte erteile.

GStA Feyen (Hamburg) erklärte, dass in seinem Bezirk ein Tiefpunkt im Vertrauen zur Presse erreicht sei. Eine Besserung sei nur zu erreichen, wenn die Presse ein Ehrengericht schaffe.

GStA Dr. Krapp trug vor, dass er in Oldenburg mit der Polizei vereinbart habe, dass diese im Fall eines bedeutsamen Ereignisses sich sofort mit der Staatsanwaltschaft in Verbindung setze. Auf diese Weise soll versucht werden, Einfluss auf die erste Meldung zu bekommen. Wenn die erste Meldung klar und deutlich sei, könnten spätere

Schwierigkeiten vermieden werden. Die Maßnahme habe sich sehr bewährt, die Schwierigkeiten seien weniger geworden.

GStA Dr. Müller erklärte, dass das Verhältnis zur Presse in seinem Bezirk gut sei. Der OStA in Mannheim habe es verstanden, mit einigen Berichterstattern in ein gutes Verhältnis zu kommen. Er hätte mit ihnen die Vereinbarung getroffen, dass sich die Berichterstatter vor Veröffentlichungen bei der Staatsanwaltschaft Auskunft über die sachliche Richtigkeit der Meldung erholen.

GStA a.D. Dr. Burchardi führte aus, dass man die Presse nicht mit ihren Berichterstattern identifizieren dürfe. Man soll bei wichtigen Sachen nicht mit einem Journalisten, sondern mit dem Redakteur selbst Rücksprache nehmen, bei dem man eine gewisse Gewähr dafür habe, dass nicht unlautere Motive mit hereinspielten.

7. *Bild- und Tonaufnahmen im Gerichtssaal*

GStA Dr. Hechtel verwies auf den Bericht des Herrn OLG-Präsidenten in München, der den Tagungsteilnehmern bereit zur Kenntnisnahme zugeleitet worden war. Er wies darauf hin, dass dieser Bericht schon mit dem Bayer. StM der Justiz erörtert worden sei, dass jedoch eine Stellungnahme des Bayer. StM der Justiz bis jetzt noch ausstehe. Er führte weiter aus, dass sich die versammelten Herren der in dem Bericht zum Ausdruck gebrachten Meinung anschließen und sich bereits erklären könnten, in ihren Ländern im ähnlichen Sinne bei den Landesministern vorstellig zu werden.

GStA Feyen (Hamburg) erklärte, dass man in seinem Bezirk dieselbe Meinung vertrete wie in München. Der Herr OLG-Präsiden in Hamburg habe Bild- und Tonaufnahmen im Gerichtssaal aufgrund seines Hausrechts verboten. Daraufhin seien besondere Schwierigkeiten mit dem Nordwestdeutschen Rundfunk und dem Fernsehsender nicht entstanden.

GStA Dr. Preuss trug vor, dass man den Ausführungen des OLG-Präsidenten von München hinsichtlich des Fotografierens ohne weiteres zustimmen könne, leider lasse sich dies aber nicht verbieten. Der Sender RIAS habe 20-Minuten-Sendungen „aus dem Gerichtssaal" in sein Programm aufgenommen. Diese Sendungen seien im Allgemeinen gut. Man könne ihnen deshalb eine gewisse Bedeutung nicht absprechen. Die Übertragung von Fernsehsendungen aus dem Gerichtssaal halte er jedenfalls für unmöglich.

GStA Brühl fügte hinzu, dass es sich bei den Reportern des Senders Freies Berlin vielfach um Leute handle, die die Gerichte und Staatsanwaltschaften in ihrer Arbeit unterstützten. Seines Erachtens seien Rundfunksendungen geeignet, die Aufgaben der Rechtspflege dem Volke näher zu bringen.

Anders sei es bei den Zeitungsreportern. Hier sei es eine Erfahrungstatsache, dass gerade die schlechten Kräfte als Reporter zu den Gerichten geschickt würden. Die Bildberichterstatter seien vielfach dazu übergegangen, die betroffenen Personen zu fotografieren, gleichgültig, ob diese damit einverstanden wären oder nicht.

Senatspräs. Dr. Moericke verlas eine Erklärung des Vorsitzenden des 6. Zivilsenats beim BGH. In dieser wurde grundsätzlich den Ausführungen des OLG-Präsidenten in München zugestimmt.

Die *GStA Schrübbers, Dr. Voss* und *Dr. Kesseböhmer* schlossen sich im Wesentlichen den Ausführungen ihrer Vorgänger an.

GStA Biermann führte aus, dass er es für unzulässig halte, wenn jedes Wort einer Gerichtsverhandlung vom Rundfunk aufgenommen würde. Genauso wie jeder ein Recht am eigenen Bild habe, habe jeder auch ein Recht am eigenen Wort. Man müsse deshalb sogar damit rechnen, dass ein Angeklagter oder Zeuge die Aussage verweigere, wenn er wisse, dass seine Stimme veröffentlicht werde. Der Vorsitzende eines Gerichts müsse bei Entscheidung der Frage, ob er Aufnahmen im Gerichtssaal zulasse, die Wünsche der beteiligten Personen berücksichtigen.

GStA a.D. Dr. Burchardi führte aus, dass man einen Unterschied zwischen der unmittelbaren Aufnahme im Gerichtssaal und dem außerhalb der Verhandlung zusammengestellten Bericht machen müsse.

GStA Nellmann fügte hinzu, dass man nach seiner Meinung das Verbot von Rundfunkaufnahmen im Gerichtssaal nicht damit begründen könne, dass diese im Rahmen von Unterhaltungssendungen gebracht würden. Auch die Kirche sei dazu übergegangen, kirchliche Handlungen im Fernsehfunk zu übertragen. Trotzdem sei er im Ergebnis aus rein sachlichen Gründen mit den Ausführungen des OLG-Präsidenten in München und denen des GStA Dr. Hechtel einverstanden.

OBA Dr. Wiechmann wies auf Nr. 110 Ziff. 3 Abs. 2 der Richtlinien für das Strafverfahren hin. Die Fassung dieser Bestimmung beruhe sicherlich auf eingehenden Erörterungen. Sie spreche sich nicht schlechthin gegen Rundfunkaufnahmen aus. Er, der Oberbundesanwalt, sei mit dem Bericht des OLG-Präsidenten in München grundsätzlich einverstanden, allerdings mit der Einschränkung, dass man das Fotografieren im Gerichtssaal nicht ganz verhindern könne.

Nach Abschluss der Erörterungen wurde dem Bericht des OLG-Präsidenten in München grundsätzlich allgemein zugestimmt mit Ausnahme der *GStA Brühl* und *Dr. Preuss*, die den Rundfunksendungen aus dem Gerichtssaal nicht ablehnend gegenüberstanden.

GStA Dr. Hechtel verlas den von den GStA Dr. Kesseböhmer und Rosenthal-Pelldram entworfenen *Vorschlag der Entschließung zu Punkt 2 der Tagesordnung:*

„Die Generalstaatsanwälte sind der Auffassung, dass ein befriedigender Stand der Strafrechtspflege, deren Verschlechterung nach 1945 vor allem auf eine zeitbedingte Überlastung der Gerichte und Staatsanwaltschaften zurückgeführt wurde, nur bei Behebung gewisser allgemeiner Mängel erreicht werden kann, denen durch die wünschenswerte Verbesserung des sog. Pensenschlüssels allein nicht abgeholfen wird.

In den Pensenschlüsseln können schon die weitgehende Änderung der Verhältnisse auf dem Gebiete der Strafrechtspflege, insbesondere die erhöhten Schwierigkeiten bei der

Aufklärung staatlich beachtenswerter Sachverhalte, die berechtigten Forderungen nach Anwendung neuer Erkenntnisse auf dem Gebiete der Menschenbeurteilung und der Menschenbehandlung sowie die gesteigerte Kompliziertheit der zu beachtenden rechtlichen Gesichtspunkte kaum eine befriedigende Berücksichtigung finden. Wesentliche Gründe für die unbefriedigende Leistungsfähigkeit der Staatsanwaltschaft liegen aber vor allem darin, dass das Durchschnittsalter der bei den Staatsanwaltschaften beschäftigten Kräfte wesentlich höher ist, als es früher der Fall war, und dass die Leistungsfähigkeit der älteren Staatsanwälte in einem zwar erkennbaren, aber nicht ohne weiteres messbaren hohen Grade durch die Kriegs- und Nachkriegsverhältnisse gemindert ist. Weiterhin zeigt sich, dass insbesondere die jüngeren, in ihrer Vorbildung durch die Zeitverhältnisse (kriegsbedingte Mängel des Schulunterrichts, Werkstudium usw.) benachteiligten Staatsanwälte infolge ihrer ungemein starken Belastung keine genügende Zeit finden, durch den notwendigen, vielseitigen und engen Kontakt mit dem Leben die unentbehrlichen Erfahrungen für eine richtige Einordnung der Vorgänge unseres sozialen und wirtschaftlichen Lebens zu sammeln.

Wirtschaftliche Gründe vor allem, die teils mit den Wohnverhältnissen und dem Raummangel der Behörden, teils mit dem Verlust der Privatvermögen, dem vielfachen Unterstützungsbedürfnis naher Angehöriger und ähnlichen zusammenhängen, haben Voraussetzungen beseitigt, die bei den jahrzehntelangen Erfahrungen zugrunde gelegt werden konnten, welche ihren Niederschlag in den Zahlen des Pensenschlüssels gefunden haben.

Staatsanwälte, welche in zurückliegender Zeit den Forderungen der Justizverwaltung genügten, waren in aller Regel frei von tiefgreifenden häuslichen und familiären Sorgen. Sie waren großenteils im Eigenbesitz von fachlichen Handbibliotheken, welche die berufliche Fortbildung, vor allem das laufende Studium der Rechtsprechung, in dem wünschenswerten Umfang ermöglichten. Ein ständiger geselliger Verkehr untereinander gab der Mehrzahl der Staatsanwälte die für die tägliche Arbeit kaum entbehrlichen Anregungen; der Sinn staatsanwaltschaftlicher Arbeit, die von rechtspolitischen Erwägungen und von der Nutzanwendung breiter beruflicher Erfahrung getragen sein muss, ist in zurückliegender Zeit den jungen Staatsanwälten durch den regen Verkehr mit ihren älteren Kollegen in einer Weise vermittelt worden, die das Niveau der Arbeit, die Berufsfreunde, insbesondere aber die ideellen Seiten der an Staatsgesinnung und Rechtsethos gebundenen Tätigkeit der Staatsanwaltschaft in entscheidender Weise förderte. Bei dem durch äußere Gründe verursachten Wegfall so wesentlicher soziologischer Voraussetzungen müssen die Fundamente befriedigender staatsanwaltschaftlicher Arbeit neu geschaffen werden. Dies erfordert nicht nur die Beseitigung einer teilweise noch bestehenden Überlastung, die in erheblichem Umfang zu einem bedrohlichen Absinken der körperlichen Verfassung der Beamten, zur Verminderung der Arbeitsfähigkeit und Arbeitsfreude, zu schweren sozialen Schäden namentlich im Familienleben und zu einer durch die notwendig eintretende Verschlechterung der Arbeitsleistung unverdienten und im Staatsinteresse bedauerlichen Minderung des Ansehens der Staatsanwaltschaft führt. Erforderlich ist vielmehr eine fühlbare Entlastung der Staatsanwälte durch weitgehende – möglicherweise zeitlich begrenzbare – Verbesserung der Personallage, die es gestatten würde, die geschilderten Mängel durch besondere Veranstaltungen zu beseitigen. Solche Veranstaltungen würden dem persönlichen Bildungsstreben, der unbedingt notwendigen Fortbildung auf den Grenzgebieten des Strafrechts und der Erweiterung des Blickfeldes Raum geben. Nur eine über den pensenmäßig errechneten Kräftebedarf hinausgehende Verbesserung der Personallage kann die Bedingungen schaffen, an welche eine für unsere rechtsstaatliche und demokratische Entwicklung notwendige Hebung der staatsanwaltschaftlichen Arbeit gebunden ist."

Die Entschließung wurde übereinstimmend angenommen.

8. *Platz des Staatsanwalts in Zivilsitzungen*

GStA Dr. Hechtel führte aus, dass beim LG Augsburg aufgetretene Schwierigkeiten ihn dazu veranlasst hätten, diesen Punkt auf die Tagesordnung zu setzen. Er verwies auf die Stellungnahme, die den Generalstaatsanwälten bei der Einladung übersandt worden sei.

Die Tagungsteilnehmer waren sich nach der Besprechung, an der sich insbesondere der OBA Dr. Wiechmann und die GStA Dr. Krapp, Feyen und Biermann beteiligten, darüber einig, dass die ihnen zur Einsichtnahme zugeleiteten Ausführungen zur Kenntnis genommen wurden, ohne dass die einzelnen Herren für ihre Bezirke weitere Schritte veranlassen wollten.

9. *Die Stellung der Amtsanwälte innerhalb der Staatsanwaltschaft*

GStA Schrübbers führte aus, dass früher die Aufgaben der Amtsanwaltschaften von nebenamtlichen Personen wahrgenommen worden seien. Bei der Verreichlichung der Justiz seien die Amtsanwaltschaften aufrechterhalten worden. Die Staatsanwaltschaften hätten die Ermächtigung erhalten, weitere Geschäfte auf die Amtsanwaltschaften zu übertragen. Dies habe vielfach zu einer Überlastung der Amtsanwaltschaften geführt. Im letzten Kriegsjahr seien die selbständigen Amtsanwaltschaften abgeschafft worden. Heute gingen die Bestrebungen der Amtsanwaltschaften dahin, eine erweiterte Selbständigkeit zu erreichen.

Die Statistik zeige, dass die Staatsanwaltschaften jetzt mehr Verfahren zu bearbeiten hätten als die Amtsanwaltschaften, während das Verhältnis früher umgekehrt gewesen sei. Anklagen, die von der Staatsanwaltschaft vor dem Einzelrichter erhoben würden, würden auch von den Staatsanwaltschaften vertreten. Die Amtsanwälte seien bestrebt, ihre Zuständigkeit auch auf diese Verfahren auszudehnen.

Es sei zu prüfen, ob man es bei der bisherigen Regelung belassen, ob die Zuständigkeit der Amtsanwaltschaften erweitert werden, oder ob man die Entwicklung der Strafrechtsreform abwarten solle.

GStA Morbach erklärte, dass die Amtsanwaltschaften in seinem Bezirk selbständig seien und er diese Lösung als glücklich empfinde. Die Wertgrenze für amtsanwaltschaftliche Verfahren sei von 300 auf 600 DM erhöht worden. Verkehrsstrafsachen mit Personenschäden würden grundsätzlich von der Staatsanwaltschaft bearbeitet. Von der Möglichkeit der Delegation werde aber auch Gebrauch gemacht.

GStA Dr. Preuss wies darauf hin, dass in Berlin die Amtsanwaltschaften ebenfalls selbständig seien.

Die Zuständigkeitsgrenze liege bei 1000 DM. Nach der Statistik sei die Zahl der amtsanwaltschaftlichen Sachen größer als die der staatsanwaltschaftlichen, hauptsächlich wegen der großen Zahl der Verkehrsdelikte. Wenn die Anklage vom Staatsanwalt beim Einzelrichter erhoben worden sei, werde diese durch den Amtsanwalt vertreten. Der Staatsanwalt könne sich jedoch die Vertretung vorbehalten.

GStA Biermann führte aus, dass in seinem Bezirk die Amtsanwälte innerhalb der Staatsanwaltschaften tätig seien. *GStA Dr. Müller* trug vor, dass es im Bezirk Karlsruhe keine selbständigen Amtsanwaltschaften gäbe.

GStA Nellmann erklärte, dass es in Stuttgart bis zur Vereinheitlichung keine selbständigen Amtsanwaltschaften gegeben habe. Auch heute seien noch keine solchen eingerichtet, obwohl Bestrebungen zur Selbständigmachung zu verzeichnen gewesen wären. Diese hätten aber keinen Erfolg gehabt.

GStA Morbach trug vor, dass es in seinem Bezirk vier Staatsanwaltschaften und acht Amtsanwaltschaften gebe. Die Selbständigkeit der Amtsanwaltschaften habe den Vorteil, dass sie zum Großteil unmittelbar am Gerichtsort säßen. Dies sei bei den Staatsanwaltschaften in der Regel nicht der Fall.

GStA Rosenthal-Pelldram wies darauf hin, dass es in Hessen selbständige Amtsanwaltschaften gäbe. Man habe damit gute Erfahrungen gemacht. Die Prüfungsergebnisse der Anwärter seien durchwegs gut.

GStA Dr. Kesseböhmer führte aus, dass die Amtsanwälte in Nordrhein-Westfalen eine Erweiterung ihrer Zuständigkeit und eine bessere Besoldung anstrebten. – In dieser Entwicklung liege eine gewisse Gefahr. Er sei persönlich der Auffassung, dass man keine Strafsachen als Bagatellsachen ansehen könne.

GStA Dr. Steffen führte aus, dass die Amtsanwälte in Bayern immer mehr zurückgehen würden. In seinem Bezirk würden bei den Staatsanwaltschaften keine Amtsanwälte mehr beschäftigt. Ihre Tätigkeit sei auf Einzelrichtersachen beschränkt.

GStA Dr. Voss führte aus, dass er mit den Amtsanwälten häufig nicht die besten Erfahrungen gemacht hätte. Es könnten nur sehr schwer geeignete Personen gefunden werden. Um dem Problem der Teilnahme von Staatsanwälten an Hauptverhandlungen und Terminen außerhalb des Dienstsitzes Herr zu werden, dass bei den einzelnen Gerichten keine Staatsanwälte säßen, sei man in Schleswig-Holstein zu einem sog. „Ringverkehr“

übergegangen. Die Staatsanwälte würden mit einem Dienstwagen im Rundverkehr zu den einzelnen Gerichten gebracht und nach Dienstschluss wieder abgeholt.

10. *Ist die Verfügung des Vorsitzenden, mit der er gemäß Nr. 144 Abs. 4 RiStV nach Kenntnisnahme von einer Gegenerklärung der Staatsanwaltschaft dieser die Akten wieder zuleitet, geeignet, die Verjährung zu unterbrechen?*

GStA Brühl wies auf das Urteil des Kammergerichts Berlin vom 15.12.1954 hin. Das Kammergericht gehe darin von dem Grundsatz aus, dass die Zuleitungsverfügung des Vorsitzenden an die Staatsanwaltschaft (gem. Ziff. 144 Abs. 4 der Richtlinien für das Strafverfahren) nicht geeignet sei, die Verjährung zu unterbrechen.

Er sei entgegen der Entscheidung des Revisionsgerichts der Meinung, dass diese Verfügung des Richters keinen bloßen Sichtvermerk enthalte. Durch die Rücksendung der Akten an die Staatsanwaltschaft habe das Gericht zum Ausdruck gebracht, dass der Vorgang an das Revisionsgericht vorgelegt werden solle. In der Verfügung des Vorsitzenden sei deshalb eine das Verfahren fördernde Handlung zu sehen. Damit wäre sie auch geeignet, die Verjährung zu unterbrechen.

OBA Dr. Wiechmann nahm auf eine Entscheidung des BGH (6. Strafsenat) vom 8.12.1954 (6 StR 134/54) Bezug (noch nicht veröffentlicht). Das zitierte Urteil befasse sich mit einer ähnlichen Frage. Seiner Auffassung nach sei die Entscheidung des Kammergerichts in Berlin falsch, da die Verfügung des Gerichts auslegungsfähig sei. Er sei der Überzeugung, dass sich das Kammergericht zu seinem Urteil durch die Entscheidung BGH St 4, 135 habe verleiten lassen. Diese Entscheidung betreffe aber einen ganz anderen Fall. Es sei dort nur um einen bloßen Sichtvermerk gegangen.

GStA Biermann verwies auf Ziff. 144 der Richtlinien für das Strafverfahren.

GStA Brühl führte außerhalb der Tagesordnung am Schlusse der Nachmittagssitzung vom 18.3.1955 aus, dass der Herr Senator für Justiz in Berlin sich freuen würde, wenn er die Generalstaatsanwälte im Anschluss an den im September 1955 in Berlin geplanten Juristentag zu einer Tagung begrüßen könnte.

Diesem Vorschlag schloss sich *GStA Dr. Kesseböhmer* an.

GStA Dr. Hechtel schloss daraufhin um 19.15 Uhr die Sitzung und bat die Herren für den nächsten Tag um 9.00 Uhr zur Besprechung der noch nicht erörterten Tagesordnungspunkte.

11. *A: Fragen aus dem Straßenverkehrsrecht*

a) *Praktische Handhabung des § 111 a StPO (vorl. Entziehung der Fahrerlaubnis [Ges. v. 19.12.1952, BGBl. I 832]; geändert 1964])*

GStA Morbach führte aus, dass von der Möglichkeit der Entziehung der Fahrerlaubnis noch nicht in dem Umfang Gebrauch gemacht werden würde, wie dies zur Bekämpfung der schweren Verkehrsdelikte notwendig wäre. Es dauere auch zu lange, bis die

Polizeibehörden die Vorgänge an die Staatsanwaltschaften abgäben. Diese bekämen auch keine ausreichenden vorläufigen Berichte, die sie in die Lage versetzten, sofort die notwendigen Schritte einzuleiten.

GStA Dr. Preuss trug vor, dass die vorläufige Führerscheinentziehung nur bei bestimmten Delikten in Frage käme. In diesen Fällen stelle die Polizei den Führerschein sicher, der dann der Staatsanwaltschaft zur Herbeiführung einer gerichtlichen Entscheidung nach § 111 a des StGB vorgelegt werde. Schwierigkeiten bei Durchführung derartiger Verfahren hätten sich bisher nicht ergeben.

GStA Dr. Kesseböhmer führte aus, dass auch in seinem Bezirk die Polizei der Staatsanwaltschaft einen Kurzbericht über den Sachverhalt vorlege, dem der Führerschein beigegeben werde. Die Staatsanwaltschaft werde dadurch in die Lage versetzt, bei Gericht einen entsprechenden Antrag nach § 111 a zu stellen. Die polizeilichen Ermittlungen liefen während dieser Zeit weiter. Schwierigkeiten wären nicht aufgetreten.

b) *Berechnung der Entziehungsfrist der Fahrerlaubnis (§ 42 m Abs. 3 Satz 3 StGB)*

GStA Dr. Morbach wies darauf hin, dass sich Schwierigkeiten auch daraus ergeben hätten, ob die Frist für die Einziehung der Fahrerlaubnis vom Tag des Urteils an oder erst vom Zeitpunkt der Rechtskraft an zu berechnen wäre. Da bis zur rechtkräftigen Erledigung des Verfahrens oft eine sehr lange Zeit verginge, sei dies eine unbillige Härte für den Verurteilten. Es komme vor, dass der Urteilsausspruch über die Einziehung der Fahrerlaubnis nicht in vollem Umfange aufrecht erhalten würde und die Frist der Einziehung aber schon längst abgelaufen wäre, wenn die Berechnung vom Tage der Urteilsverkündung an eingesetzt hätte. Es sei deshalb daran zu denken, ob man nicht nach Art der Anrechnung der Untersuchungshaft die Dauer der tatsächlichen Einziehung der Fahrerlaubnis anrechnen könne.

BA Dr. Wagner verwies auf das Urteil des BGH vom 10.12.1953 (NJW 1954, 400 – Sa 54, 164), in dem ausgeführt sei, dass die Anrechnung der vorläufigen Entziehung der Fahrerlaubnis auf die endgültige Entziehung nicht möglich sei. Diese Entscheidung sei durch ein zweites Urteil des BGH vom 16.9.1954 (3 Str 314/54) bestätigt worden. Seiner Auffassung nach sei es aber durchaus möglich, dass das Berufungsgericht bei seiner Entscheidung über die Höhe der Zeit der Einziehung der Fahrerlaubnis die Zeit der bereits erfolgten tatsächlichen Einziehung, die zwischen der vorläufigen Sicherstellung und der Verhandlung in der Berufungsinstanz liege, berücksichtige.

GStA Dr. Preuss führte aus, dass der Umstand, dass die vorläufige Entziehung nicht angerechnet werden könne, in Berlin dazu geführt habe, dass nur in ganz schweren Fällen über die Mindestzeit von sechs Monaten hinausgegangen werde. Die Möglichkeit der Anrechnung der vorläufigen Einziehungszeit könnte aber s.E. nur durch eine Gesetzesänderung herbeigeführt werden.

c) *Schnellverfahren in Verkehrsstrafsachen*

GStA Morbach führte aus, dass in seinem Bezirk die Möglichkeit erwogen worden sei, Verkehrsunfälle im Schnellverfahren abzuurteilen. Man sei dabei aber auf den Widerstand der Richter gestoßen. Versuchsweise habe man einen Richter von allen anderen Geschäften freigestellt und ihm einen Dienstwagen gegeben. Man habe damit die besten Erfahrungen gemacht. Es würde ihn interessieren, wie dies in anderen Bezirken gehandhabt würde.

GStA Dr. Hechtel erklärte, dass in seinem Bezirk Schnellverfahren für Verkehrsdelikte nicht durchgeführt würden. Er halte dies aus sachlichen Gründen nicht für zweckmäßig. Auch Verkehrsverfahren seien für den Einzelnen von so großer Bedeutung, dass sie nicht leichtfertig behandelt werden dürften.

GStA Biermann erklärte, dass die Verfahren, die sich für ein Schnellverfahren eigneten, in der Regel sowieso eine rasche Erledigung durch das Strafbefehlsverfahren fänden.

GStA Dr. Preuss führte aus, dass auch in Berlin der Gedanke der Schaffung eines fliegenden Verkehrsgerichts erwogen worden sei. Man sei aber vor allem wegen der Verteidiger und Zeugen wieder davon abgekommen. Der Gedanke eines Verkehrsschnellgerichts dürfte sich als nicht durchführbar erweisen.

GStA Nellmann erklärte, dass die Einführung eines Schnellgerichts für Verkehrsstrafsachen in seinem Bezirk keinerlei Anklang gefunden habe. Es sei dabei auch zu beachten, dass der Richter am Tatort zu sehr unter der Einwirkung des Unfalls stehe. Darunter könne die Objektivität leiden. Auch die Zeugen stünden unter Schockwirkung.

GStA Dr. Haas (Köln) wies darauf hin, dass er während seiner Tätigkeit als Oberstaatsanwalt in Bielefeld zu der Überzeugung gekommen sei, dass das Schnellverfahren für Verkehrsunfälle denkbar ungeeignet sei. Überhaupt unmöglich sei es bei Trunkenheitsfällen, weil hier erst ein Gutachten Gerichtsmedizinischen Instituts über den Blutalkoholgehalt beschafft werden müsse.

GStA Rosenthal-Pelldram schloss sich im Wesentlichen den Ausführungen seiner Vorredner an.

GStA Dr. Voss erklärte, dass in seinem Bezirk die Schnellgerichte sich insbesondere mit Ausländern befasst hätten, die weiterreisen wollten. Man habe aber festgestellt, dass diese Leute unter einem gewissen Druck gestanden hätten. Von der Durchführung eines Verfahrens habe man dann in der Regel abgesehen, wenn der Betroffene einen Zustellungsbevollmächtigten benannt habe.

GStA Schrübbers teilte mit, dass das Finanzministerium in Nordrhein-Westfalen den mit Verkehrssachen befassten Staatsanwälten und Richtern ein zinsloses Darlehen zur Beschaffung eines Kraftfahrzeugs (Volkswagen) gebe, das dann in geringen Raten vom Gehalt einbehalten werde. Durch diese Maßnahme sollte den Verkehrsreferenten

Gelegenheit gegeben werden, selbst am Verkehr als Kraftfahrer teilzunehmen. Im Übrigen würden die Beamten der Verkehrsdezernate ständig durch Polizeibeamte geschult.

GStA Brühl führte aus, dass in Berlin alle Verkehrsstaatsanwälte ständig als Kraftfahrer geschult würden. Etwa 50% hätten auch bereits den Führerschein gemacht. In zeitlich regelmäßigen Abständen müssten sie Übungsfahrten machen.

GStA Nellmann vertrat die Auffassung, dass die zeitweise Schulung von Verkehrsdezernenten nicht viel bedeute. Seiner Auffassung nach sei es notwendig, dass der Verkehrsdezernent täglich am Verkehr teilnehmen könne. Er müsse wie jeder andere Kraftfahrer auch im Verkehr stehen. Den Staatsanwälten und Richtern sei es aber nicht möglich, sich aus eigenen Mitteln einen Kraftwagen zu beschaffen.

GStA Dr. Hechtel erklärte, dass seiner Auffassung nach eine wesentliche Erleichterung durch die Absetzung bei der Lohnsteuer erreicht werden könnte.

EStA Dr. Fröhlich erläuterte, dass nach einer Regelung in Bayern die Verkehrsdezernenten einen monatlichen Pauschbetrag von 20 DM erhalten könnten, wenn sie ein eigenes Kraftfahrzeug besäßen. Der für den Erhalt dieses Zuschlags notwendige Nachweis sei aber so schwierig, dass die meisten Herren bisher darauf verzichtet hätten, sich um diesen Zuschlag zu bemühen.

GStA Dr. Haas (Köln) wies darauf hin, dass die in Bayern bestehende Regelung zu begrüßen sei. Sie sei jedoch nur dann durchführbar, wenn ausschließlich Verkehrsstaatsanwälte und Verkehrsrichter geschaffen würden. Dies sei in der Regel aber nur bei großen Gerichten möglich.

GStA Morbach berichtete, dass auch in seinem Bezirk der Versuch unternommen worden sei, alle Staatsanwälte als Kraftfahrer auszubilden.

GStA Feyen trug vor, dass in seinem Bezirk alle Richter und Staatsanwälte als Kraftfahrer ausgebildet würden. Für Übungszwecke stünde auch laufend ein Kraftfahrzeug zur Verfügung.

11. *B: Anklageerhebung wegen Vergehens nach § 128 StGB [Geheimbündelei]*

GStA Morbach wies darauf hin, dass es oft Schwierigkeiten bereite, bei welchen Strafkammern die Fälle des § 128 StGB angeklagt werden sollten.

BA Dr. Wagner erklärte, dass aus § 128 StGB unter den qualifizierten Voraussetzungen des § 94 StGB angeklagt werden könne und dass dann die Zuständigkeit der Sonderstrafkammer gegeben sei, da § 94 in § 74 a GVG [Sonderstrafkammer bei einem LG] genannt werde. Er wies ferner darauf hin, dass häufig zwischen § 128 und § 129 [Untergrundvereine] StGB Tateinheit vorliege und auch auf diesem Wege die Zuständigkeit der Sonderstrafkammer begründet werden könne.

11. *C: Behandlung von Straflöschungsgesuchen, die sich auf besatzungsgerichtliche Verurteilungen beziehen*

GStA Morbach führte aus, dass nicht eindeutig feststehe, welche besatzungsgerichtlichen Verurteilungen überhaupt in das deutsche Strafregister eingetragen würden. Er sei der Auffassung, wenn ein besatzungsgerichtliches Urteil in ein deutsches Strafregister eingetragen worden sei, dann könne man ein Straflöschungsgesuch erledigen, ohne die Besatzungsbehörden zu fragen.

EStA Dr. Fröhlich erklärte dazu, dass man eine Regel dahin, welche besatzungsgerichtlichen Verurteilungen in das deutsche Strafregister eingetragen würden, nicht aufstellen könne, weil die Besatzungsbehörden selbst die Mitteilung an das Strafregister uneinheitlich handhabten. Nach einer Entschließung des Bayer. StMin. der Justiz vom 13.2.1954 seien die Anordnungen der US-Behörden zu Strafregistervergünstigungen nur als Anregungen und Zustimmungen aufzufassen. Bei Entscheidungen amerikanischer Stellen, die die Gewährung von Pardon beinhalten, werde nach der JME vom 21.8.1954 (Gns 4054/54) ohne weiteres getilgt.

GStA Nellmann führte aus, dass in der franz. Besatzungszone besatzungsgerichtliche Verurteilungen nicht in das deutsche Strafregister eingetragen würden.

GStA Dr. Kesseböhmer trug vor, dass in der brit. Besatzungszone sich die Besatzungsgerichte die Entscheidungen über Straflöschungsgesuche selbst vorbehalten hätten. Soweit es sich um amerikanische besatzungsgerichtliche Urteile handle, seien die deutschen Behörden ermächtigt, selbst zu entscheiden.

OBA Dr. Wiechmann wies darauf hin, dass die Frage der Behandlung von Straflöschungsgesuchen, die sich auf besatzungsgerichtliche Verurteilungen bezögen, auch für das Bundesstrafregister von Bedeutung sei. Hauptsächlich handle es sich um die Verurteilungen amerikanischer Besatzungsgerichte. Andere Besatzungsgerichte seien kaum in Erscheinung getreten. Im Bundesstrafregister sei aus Zweckmäßigkeitsgründen in allen Fällen eine Tilgung erst erfolgt, wenn eine Stellungnahme der Besatzungsbehörde vorliege. Die Rechtslage sei jedoch in den einzelnen Zonen verschieden.

GStA Brühl führte aus, dass bei der Straftilgung amerikanischer besatzungsgerichtlicher Urteile bis vor ¾ Jahren der Paroleausschuss hätte angegangen werden müssen. Vor ungefähr ¾ Jahren sei eine Anweisung des Senators in Berlin dahin ergangen, dass in eigener Zuständigkeit zu entscheiden wäre.

GStA Dr. Preuss erklärte dazu, dass die Frage der Straftilgung im Strafregister auch bei der Amnestie akut geworden sei, die die Amerikaner erlassen hätten. Es sei von Bedeutung, ob diese Amnestie als Gesetz der amerikanischen Besatzungsbehörde anzusehen sei. Dies würde zur Folge haben, dass der Registerführer von sich aus zu tilgen hätte. Im anderen Fall könne man auch hier nur von einer Anregung ausgehen, mit der Folge, dass der Oberstaatsanwalt nicht selbst zur Tilgung berechtigt wäre. Man müsste in diesen

Fällen dann jeweils in Berlin zur Herbeiführung einer Entscheidung an den Justizsenat berichten.

OBA Dr. Wiechmann bemerkte, dass eine Entscheidung des BJM zu dieser Frage noch nicht ergangen sei. Vorläufig könne die Proklamation nur als Anfang betrachtet werden.

12. *Berechnung der Fristen für beschränkte Auskunft und Tilgung nach dem Straftilgungsgesetz bei Vorurteilen zur Entziehung der Fahrerlaubnis*

GStA Preuss führte aus, dass durch die Einführung der Entziehungen der Fahrerlaubnis in das Strafgesetzbuch die Frage aufgetaucht sei, wie hier die Fristen für beschränkte Auskunft und Tilgung nach dem Straftilgungsgesetz zu berechnen seien.

Er konkretisierte drei grundlegende Fragen:

1. Es müsse ein Urteil in das Strafregister eingetragen werden, in dem auf Geldstrafe und Entziehung der Fahrerlaubnis erkannt worden sei. Bei Übertretung und Geldstrafe würde kein Eintrag erfolgen, während die Entziehung der Fahrerlaubnis als Maßnahme der Sicherung und Besserung eingetragen werden müsste.

Er stehe deshalb auf dem Standpunkt, dass mit Rücksicht auf die mit dem Urteil verbundenen Maßnahmen zur Sicherung und Besserung das ganze Urteil eingetragen werden müsse.

2. Bei der Berechnung der Fristen müsse man unterscheiden zwischen der beschränkten Auskunft und der Straftilgung. Bei Geldstrafen betrage die Frist für beschränkte Auskunft fünf Jahre, ausgenommen werde hier die Maßregel der Sicherung und Besserung. Es tauche nun die Frage auf, ob bei Erkennen auf Geldstrafe die Frist der Maßregel der Sicherung und Besserung gelte, die zehn Jahre betrage. Dies würde für den Verurteilten eine gewisse Härte bedeuten. Eine Abhilfe sei nur nach § 8 des Straftilgungsgesetzes möglich.
3. Besonders schwierig seien die Fälle, bei denen bereits eine beschränkte Auskunft vorgemerkt sei. Bei der erneuten Verurteilung falle die beschränkte Auskunft weg, es sei denn, dass die neue Strafe nur eine Geldstrafe wäre. Wie sei der Fall aber zu handhaben, wenn mit der Geldstrafe die Entziehung einer Fahrerlaubnis verbunden sei. Hier würde eine neue Frist zu laufen beginnen. Das wäre eine besondere Härte für den Betroffenen. Auch hier könne man über den Gesetzestext nicht hinwegkommen. Er habe die aufgezeigten Fälle zum Anlass genommen, beim Herrn Justizsenator in Berlin eine gesetzliche Regelung vorzuschlagen.

Der Leiter des Bundesstrafregisters sei der Meinung, dass die Entziehung der Fahrerlaubnis de lege ferenda strafregistermäßig besonders behandelt werden müsse, und zwar so, dass bei Entziehung der Fahrerlaubnis auf Lebenszeit keine Frist bestände, bei Entziehung der Fahrerlaubnis auf Zeit aber die Berechnung der Fristen gemäß §§ 6, 7 StraftilgG je nach Art und Höhe der gleichzeitig erkannten „Hauptstrafe“ erfolgen solle und, soweit diese allein nicht registerpflichtig sei oder fehle, nach der Dauer des Entzuges.

13. *Behandlung der Zuständigkeiten in Strafsachen wegen Unterhaltspflichtverletzung, ferner gegen reisende Täter und jugendliche Verkehrssünder*

GStA Nellmann trug vor, dass es oft sehr lange dauere, bis es in den Fällen der Unterhaltspflichtverletzung zu einer Anklage komme, weil jede Staatsanwaltschaft versuche, den Vorgang an eine andere Staatsanwaltschaft abzugeben. Dadurch würden die Verfahren in einer nicht zu vertretenden Weise verschleppt. Häufig versuchten sich die Beschuldigten ihrer Unterhaltspflicht dadurch zu entziehen, dass sie ständig ihren Aufenthaltsort wechseln. Seines Erachtens sei die Staatsanwaltschaft zuständig, bei der die Vormundschaft geführt werde, falls nicht der Verletzte einen ständigen Wohnsitz habe.

Bei den reisenden Betrügern sei es ähnlich. In vielen Fällen sei es hier zu einer Amnestierung von Einzelfällen gekommen, die bei Durchführung eines Sammelverfahrens niemals eingestellt worden wären. Zur Durchführung der Verfahren gegen reisende Betrüger sei die Staatsanwaltschaft zuständig, in deren Bezirk der Schwerpunkt der Verfehlungen liege.

GStA Nellmann wies auch auf das Problem der jugendlichen Verkehrssünder hin. Nach dem Gesetz müssten Verfahren gegen jugendliche Verkehrssünder bei der Staatsanwaltschaft geführt werden, an deren Dienstort die Vormundschaft über den Jugendlichen geführt werden müsste. Seiner Auffassung nach sei es unmöglich, die jugendlichen Verkehrssünder von den Erwachsenen zu unterscheiden. In der Regel spiele die Jugendlichkeit bei Verkehrsdelikten keine allzu große Rolle. Er sei der Auffassung, dass es wesentlich besser sei, wenn auch die jugendlichen Verkehrssünder am Tatort abgeurteilt werden würden. In der Regel seien zur tatbestandsmäßigen Festlegung eines Verkehrsunfalls sehr viele Zeugen notwendig, die meistens am Tatort wohnen. Er schlage deshalb die Abfassung einer Entschließung vor, die dann den einzelnen Herren zugeleitet werden würde.

GStA Dr. Hechtel schlug vor, dass GStA Nellmann die von ihm vorgeschlagene Entschließung selbst ausarbeitet und ihm nach Abschluss der Tagung zuleitet. Er würde diese den Tagungsteilnehmern mit dem Protokoll übermitteln.

Diesem Vorschlag wurde allgemein zugestimmt (s. Anlage zum Protokoll).

Anlage zur Niederschrift der Tagung der Generalstaatsanwälte in Fischbachau vom 17.-19.3.1955

Der Generalstaatsanwalt beim OLG Stuttgart hat mit Schreiben vom 14.4.1955 zu Punkt 13 b der Tagesordnung (Behandlung der Zuständigkeitsfrage in Strafsachen wegen *Unterhaltspflichtverletzung*, ferner bei reisenden Tätern und jugendlichen Verkehrssündern) folgende Entschließungen in Vorschlag gebracht, nach deren Grundsätzen in seinem Bezirk bereits gearbeitet wird:

1. Zur Frage der Zuständigkeit bei Unterhaltspflichtverletzungen: „Bei Vergehen gegen § 170 b StGB ist das Verfahren gegen einen Beschuldigten ohne festen Wohnsitz grundsätzlich bei der Staatsanwaltschaft durchzuführen, bei welcher die Amtsvormundschaft über das Kind geführt wird, für das der Unterhalt vom Beschuldigten zu leisten ist."
2. Zur Frage der Zuständigkeit bei reisenden Tätern: „Bei Streitigkeiten zweier Staatsanwaltschaften darüber, wer die Verfolgung zu übernehmen hat, hat die Staatsanwaltschaft das Verfahren zu übernehmen, bei der sich ein Schwerpunkt der Tatorte gebildet hat; bis zur Bildung eines Schwerpunktes muss die Staatsanwaltschaft die Ermittlungen führen, bei der die Sache zunächst anhängig geworden ist."
3. Zur Frage der Zuständigkeit bei jugendlichen Verkehrssündern: „Bei Verkehrsunfällen, die nach Jugendstrafrecht abzuurteilen sind, wird in der Regel die Möglichkeit, nach § 42 Abs. 2 JGG zu verfahren, aus Gründen der Zweckmäßigkeit zu verneinen sein. Vielmehr klagt die Staatsanwaltschaft grundsätzlich an, in deren Bezirk der Unfallort liegt. Keinesfalls empfiehlt es sich bei Beteiligung von Erwachsenen, das Verfahren gegen den Jugendlichen und zwei getrennte Verfahren durchzuführen. Nur die Jugendgerichtsverfahren, die keine Unfälle betreffen, z.B. Fahren ohne Führerschein, sollen von der nach § 42 Abs. 2 JGG zuständigen Staatsanwaltschaft verfolgt werden."

Es dürfte sich empfehlen, dass der die nächste Tagung vorbereitende Generalstaatsanwalt diese Vorschläge des GStA in Stuttgart auf die Tagesordnung der nächsten Tagung setzt.

13. *a) Welche Erfahrungen liegen vor mit Strafsachen, die in die sowjetisch besetzte Zone abgegeben werden?*

GStA Nellmann führte aus, dass es ihn interessiere, welche Erfahrungen in anderen Bezirken mit Strafsachen gemacht worden seien, die in die sowjetisch besetzte Zone abgegeben wurden.

GStA Brühl trug vor, dass in Berlin Strafverfahren an die sowjetisch besetze Zone nur abgegeben würden, wenn der Beschuldigte Bewohner der Ostzone sei und wenn es sich nicht um eine politische Strafsache handle. Nur in einzelnen Fällen sei man von dem Ausgang des Verfahrens informiert worden. Von Spitzelverpflichtungen habe er bisher noch nichts gehört.

EStA Dr. Fröhlich wies auf die Entschließung des Bayr.StM der Justiz vom 5.2.1954 hin, nach der bei Übernahmeersuchen an sowjetzonale Behörden die Akten nicht mitübersandt werden dürften. Grundsätzlich sei in jedem Fall der Rechtshilfe zu prüfen, ob dadurch eine Gefährdung von Bewohnern der Sowjetzone zu besorgen sei, die mit dem rechtsstaatlichen Denken nicht zu vereinbaren wäre. Nachrichten über die Erledigung abgegebener Verfahren seien bisher noch nicht eingegangen.

GStA Dr. Voss trug ein Beispiel vor, das die in diesem Zusammenhang bestehenden Schwierigkeiten besonders anschaulich machte.

GStA Rosenthal-Pelldram frug an, wie es in anderen Bezirken nach dem Gesetz für innerdeutsche Amts- und Rechtshilfe (§ 15) gehandhabt werde, wenn das Urteil von den Antragstellern nicht beigebracht werden würde.

EStA Dr. Fröhlich erklärte, dass in München grundsätzlich davon ausgegangen werde, dass das Urteil vorliegen müsse, es sei denn, dass es sich um ein ausschließlich politisches Urteil handle. In München würde auch bei Wirtschaftsstrafsachen grundsätzlich das Urteil verlangt. Liege es nicht vor, werde die Entscheidung zurückgestellt. Diese Ansicht werde auch von dem zuständigen Senat des OLG München geteilt.

GStA Rosenthal-Pelldram erweiterte seine Anfrage dahin, ob von diesem Grundsatz auch nicht abgegangen werde, wenn nachgewiesen sei, dass das Urteil ohne richtige Auswahl der Schöffen gefällt worden sei.

GStA Biermann erklärte, dass nicht einzusehen sei, warum man auf die unrichtige Auswahl der Schöffen abstellen solle. Man anerkenne in der Westzone ja auch die Urteile der Volksrichter.

GStA Brühl wies darauf hin, dass auch er der Ansicht sei, dass die unrichtige Auswahl der Schöffen nicht ausreiche, die Vollstreckung der Strafe für unzulässig zu erklären. Nach seiner Überzeugung reiche es für die Herabsetzung der Strafe aus, wenn das Urteil glaubhaft gemacht werde.

GStA Dr. Kesseböhmer trug vor, dass in seinem Bezirk gewisse Schwierigkeiten mit Urteilen entstanden seien, die mit den Ereignissen vom 17. Juni 1953 in Zusammenhang stünden, weil man nicht wisse, ob der Tatbestand des Landfriedensbruchs nicht künstlich konstruiert worden sei.

GStA Dr. Geropp schloss sich den Ausführungen des GStA Dr. Kesseböhmer an und teilte mit, dass in seinem Bezirk die gleichen Schwierigkeiten festzustellen wären.

GStA Brühl führte aus, dass diese Vorgänge in Berlin sehr großzügig gehandhabt würden. Derartige Entscheidungen würden in Berlin nicht anerkannt.

OBA Dr. Wiechmann bat nach Abschluss der Erörterungen zu den Punkten der Tagesordnung noch kurz um das Wort, um einiges aus dem *Bereich der Revision* vorzutragen.

Er wies darauf hin, dass in Revisionsvorlagen bei der Übersendung von begl. Abschriften seitens der örtlichen Staatsanwaltschaften Fehler gemacht würden, die ihm untragbar erschienen. Es hätten hier nicht nur Schreibfehler, sondern das Fehlen ganzer Zeilen oder Seiten festgestellt werden müssen. Man habe deshalb den Eindruck gewinnen müssen, dass hier nicht mit der erforderlichen Sorgfalt gearbeitet worden wäre. Die Fehler seien jetzt so häufig geworden, dass er sich veranlasst gesehen habe, dies auf der Tagung der Generalstaatsanwälte zur Sprache zu bringen.

Der Leiter seiner Dienststelle in Berlin habe ihn darauf hingewiesen, dass die dortige Justizverwaltung beabsichtige, die Bestimmung der Ziff. 144 der Richtlinien für das Strafverfahren künftig nicht mehr anzuwenden. Dieser Ansicht könne er sich nicht anschließen. Durch das in Ziff. 144 Abs. 3 vorgeschriebene Verfahren könne keine so große Verzögerung eintreten, dass die weitere Anwendung dieser Bestimmung als nicht gerechtfertigt erscheine. Die Vorlegung an das Gericht schaffe die Möglichkeit, dass von dort aus noch Berichtigungen durchgeführt würden. Er könne deshalb nicht einsehen, dass die Vorlegung an das Gericht überflüssig sei.

Eine weitere Frage sei die Stellungnahme der Generalstaatsanwälte zu Revisionen der Staatsanwaltschaften und die Bekanntgabe der schriftlichen Äußerungen der Generalstaatsanwälte und des Oberbundesanwalts an den Angeklagten oder dessen Verteidiger. Er habe schon früher darauf hingewiesen, dass er es für richtig halte, wenn die Generalstaatsanwälte sich zu Revisionen der Staatsanwaltschaften nicht allzu kurz äußerten, auch dann, wenn der Revision zwar im Ergebnis beigetreten werde, sie aber mangelhaft begründet sei.

Sofern der Oberbundesanwalt eine Revision der Staatsanwaltschaft nicht vertreten wolle, wende er sich unter Mitteilung seiner Auffassung in der Regel an den zuständigen GStA, es sei denn, dass dieser bei Übersendung der Vorgänge zum Ausdruck gebracht habe, dass die Revision der Staatsanwaltschaft unter allen Umständen verfolgt werden möge. Er – der Oberbundesanwalt – bitte zu erwägen, ob nicht in solchen Verfahren, in denen die Landesjustizverwaltung auf Durchführung der Revision dringe, dies dem Oberbundesanwalt mitgeteilt werden könne, wenn er auch einsehe, dass eine solche Mitteilung wohl nicht in allen Fällen erwartet werden dürfe. Die erbetene Handhabung würde jedoch unnötigen Schriftwechsel vermeiden.

Ein besonderes Übel sei es auch, dass die Gegenerklärungen der Staatsanwaltschaften häufig unvollständig seien. Wegen der notwendigen Ergänzung werde oft eine Verzögerung veranlasst. Es sei deshalb wünschenswert, dass die GStA diesen Vorgängen ihre besondere Aufmerksamkeit zuwendeten, damit solche Mängel erkannt und abgestellt werden könnten, bevor die Akten in die Revisionsinstanz kämen.

Der *Oberbundesanwalt* führte hinsichtlich der *Frage der Bekanntgabe der schriftlichen Äußerung der Generalstaatsanwälte oder des Oberbundesanwalts an die Angeklagten oder deren Verteidiger* weiter Folgendes aus: Einige GStA nähmen zu Revisionen der Staatsanwaltschaft grundsätzlich überhaupt nicht schriftlich Stellung (Hamburg, Hamm, Karlsruhe, Koblenz, Oldenburg, Schleswig, Stuttgart). Andere gäben gegenüber dem Strafsenat eine schriftliche Erklärung ab. Ebenso uneinheitlich sei auch die Handhabung der Bekanntgabe der Äußerungen an den Angeklagten oder dessen Verteidiger. Manche GStA teilten ihre Stellungnahme dem Verteidiger von Amts wegen schriftlich mit (Braunschweig, Köln). Andere hätten keine Bedenken, sie dem Verteidiger wenigstens auf Antrag bekanntzugeben (Berlin, Bremen, Frankfurt). Eine dritte Gruppe (Celle, Düsseldorf, Neustadt) betrachtete die Stellungnahme als innerdienstlichen Vorgang, der nur zu den Senatsakten gelange, und dem Verteidiger weder zur Einsicht offenstehe noch von Amts wegen oder auf Antrag abschriftlich mitgeteilt werde. In einem Bezirk (Bayr. ObstLG) werde die Äußerung des Generalstaatsanwalts zu den Gerichtsakten genommen und stehe dort dem Verteidiger jederzeit zur Einsicht zur Verfügung.

Er habe bisher den Verteidigern, die darum nachgesucht hätten, eine Abschrift seiner zur Revision der Staatsanwaltschaft gegenüber dem Senat abgegebenen Erklärung zugehen lassen. Es bestehe kein Anlass, diese Erklärungen allgemein von Amts wegen den Verteidigern zugehen zu lassen. Andererseits halte er die Auffassung, die anscheinend bei dem Reichsgericht vertreten worden sei, dass die Stellungnahme des Oberbundesanwalts ein innerdienstlicher Vorgang sei, der nur zu den Senatsakten gelange und dem Verteidiger nicht zur Einsicht offenstehe, nicht für begründet. Seiner Auffassung nach könnten Erklärungen, die der Oberbundesanwalt zur Sache abgebe, den Gerichtsakten und damit der Einsicht durch die Verteidiger nicht vorenthalten bleiben. Sie brauchten deshalb allerdings noch nicht zu den untergerichtlichen Akten zu kommen. Es sei zu unterscheiden zwischen den Senatsakten, die diese Urkunden enthielten und der Einsicht durch den Verteidiger offenstehen müssten und den internen Akten des Senats, die das Votum des Berichterstatters und andere Äußerungen der Senatsmitglieder enthielten. Bei politischen Strafsachen müsse bei Notwendigkeit aus Zweckmäßigkeitsgründen von einer schriftlichen Niederlegung abgesehen und die Ausführungen der Hauptverhandlung vorbehalten werden.

Er habe in seinem Schreiben vom 1.2.1955 an die Strafsenate des BGH darum gebeten, diese Fragen unter den Strafsenaten zu regeln.

OStA Dr. Großer führte aus, dass er die Vorlage von begl. Abschriften bei Revisionsvorlagen – zumindest soweit dies die Vorlage beim Bayer. ObstLG betreffe – für überflüssig halte.

Auch die Gegenerklärung der Staatsanwaltschaften halte er großen Teils für überflüssig, da sie in der Regel nur einen Auszug aus dem Protokoll darstellte. Eine Gegenerklärung habe aber nur dann einen Sinn, wenn die in ihr aufgezeigten Vorgänge nicht aus dem Protokoll zu ersehen wären.

Bei Rechtsmittelzurücknahme werde es beim GStA beim Bayr. ObstLG von Fall zu Fall verschieden gehandhabt. In glatten Fällen würde die Revision vom Generalstaatsanwalt beim Bayr. ObstLG selbst zurückgenommen.

Hinsichtlich der staatsanwaltschaftlichen Äußerung zur Revision sei er der Auffassung, dass diese in die Hauptakten gehört, ebenso wie die Stellungnahmen der Richter der Revisionsinstanz. Dies sei insbesondere von Bedeutung für die Frage der Verjährung.

Nach Abschluss der Erörterungen wurde über den neuen Tagungsort und die Zeit der nächsten Tagung verhandelt. Im allgemeinen Einverständnis wurde als nächster Tagungsort Berlin und für die Zeit der Mai 1955 vorgesehen.

GStA Dr. Hechtel schloss daraufhin die Tagung und dankte den Teilnehmern für ihr Erscheinen und ihre Mitarbeit.

OBA Dr. Wiechmann dankte GStA Dr. Hechtel für die Organisation und Durchführung der Tagung.

Nach Abschluss der Tagung erschien *Staatssekretär Dr. Eilles* und begrüßte die Teilnehmer als Vertreter des Bayer. Staatsministeriums der Justiz. Er gab der Hoffnung Ausdruck, dass die Tagung ein voller Erfolg gewesen sei.

(Schluss der Tagung Samstag, 19.3.1955, 12.15 Uhr)

X. Niederschrift der Tagung der Generalstaatsanwälte vom 23.–26.5.1956

Anwesend waren:
Oberbundesanwalt Güde, Karlsruhe
Oberbundesanwalt i.R. Dr. Wiechmann, Karlsruhe
Bundesanwalt Dr. Wagner, Karlsruhe
Bundesanwalt Dr. Westram, Berlin
GStA Dr. Fick, Bamberg
GStA Brühl, Berlin (KG)
GStA Dr. Görcke, Berlin (KG)
OStA Dr. Dünnebier, Bremen
GStA Biermann, Celle
OStA Gall, Düsseldorf
GStA Bauer, Frankfurt/Main
GStA Kesseböhmer, Hamm
GStA Dr. Müller, Karlsruhe
GStA Morbach, Koblenz
GStA Haas, Köln
GStA Steffen, München (Bayr. ObstLG)
GStA Dr. Hechtel, München (OLG)
GStA Dr. Geropp, Neustadt
GStA Mork, Nürnberg
GStA Dr. Krapp, Oldenburg
GStA Dr. Adams, Saarbrücken
GStA Dr. Voss, Schleswig
GStA Nellmann, Stuttgart
OStA Dr. Nüse, Berlin (KG)
OStA Polzin, Berlin (KG)
Protokollführer: Gerichtsassessor Völz, Berlin (KG)

Beginn der Arbeitstagung am 24.5.1956

Die Arbeitstagung wurde nach einer kurzen Begrüßung der Teilnehmer durch den Herrn Senator für Justiz *Dr. Kielinger* von *GStA Brühl* (KG Berlin) eröffnet.

Sodann sprach *Bundesanwalt Dr. Wagner (Karlsruhe)* zum Besprechungspunkt 1: *Behandlung der Hoch- und Landesverratsverfahren.* Er erörterte zunächst Fragen des *Hochverrats.* Dabei wies er darauf hin, dass der 2. Strafsenat des BGH im sogenannten

5-Broschüren-Urteil vom 8.4.1952 – StE 3/52 [*J. Foschepoth*, Überwachtes Deutschland, 2012, S. 65 ff.] – noch die Rechtsprechung des Reichsgerichts fortgesetzt hatte. Anhand der Rechtsprechung des 6. Strafsenats zeigte er sodann die Abweichungen von dieser früheren Rechtsprechung auf. Danach ist insbesondere das zeitliche Merkmal des hochverräterischen Unternehmens nur noch dann hinreichend bestimmt, wenn

1. die gewaltsame Lösung unter den bestehenden Umständen alsbald durchgeführt werden soll oder
2. die gewaltsame Änderung der verfassungsmäßigen Ordnung zwar erst unter anderen politischen Verhältnissen vorgenommen werden soll, aber a) diese Änderung entweder als unmittelbar bevorstehend erwartet wird, oder aber b) wenn es einen Teil des Umsturzplanes bildet, auf eine solche Änderung der Verhältnisse mit Gewalt hinzuwirken (BGHSt 7, 11 u. StE 68/52 v. 2.6.1954).

Im Zuge dieser neuen Rechtsprechung sind die zeitlichen Voraussetzungen des Hochverrats bisher lediglich bei der Verbreitung des „Programms der nationalen Wiedervereinigung Deutschlands" bejaht worden (BGHSt 6, 336 und StE 1/52 vom 4.6.1955), während in allen anderen Fällen lediglich Staatsgefährdung (§§ 88 ff. StGB) angenommen worden ist.

Bei einigen OLG sei, so führte *Dr. Wagner* weiter aus, eine dilatorische Behandlung der Verfahren festzustellen, weil sie zunächst die Entscheidung des BVerfG über die KPD abwarteten. Dieser Haltung müsse entgegengewirkt werden, weil sonst die Vorlegungspflicht nach § 120 Abs. 3 GVG gegenstandslos werde. Die Vertagung der Verfahren bei den OLG Köln, Düsseldorf und Hamm sei unverständlich, weil Art. 21 GG kein Prozesshindernis sei (BGHSt 6, 336 u. StE 1/52 v. 4.6.1955; BGH in NJW 1954, 1243). Der BGH sei bemüht, für alle staatsfeindlichen Organisationen einen Modellprozess durchzuführen, um den anderen Gerichten ein Präjudiz zu geben.

Dr. Wagner streifte sodann die Rechtsprechung des BGH zum Streikrecht (BGH v. 24.2.1954 – 2 StR 431/53 – v. 3.11.1954, abgedruckt in NJW 1955, 110 und v. 4.6.1955 – StE 1/52 -), nach der der Streik im Sinne des § 80 Abs. 1 StGB nur dann bedeutsam ist, wenn er dazu benutzt wird, die verfassungsmäßige Ordnung umzustoßen.

Zur Frage der Staatsgefährdung, insbesondere des § 90 a StGB, gab *Dr. Wagner* ebenfalls einen Überblick über den Stand der Rechtsprechung. Danach sind unter diesem Gesichtspunkt hauptsächlich die kommunistischen Tarnorganisationen zu würdigen. (Eine Zusammenstellung der Verbote von Tarnorganisationen soll durch das Bundesamt für Verfassungsschutz den Generalstaatsanwälten übersandt werden.) Maßgeblich für die Auslegung des § 90 a StGB ist die Entscheidung des BGH vom 2.8.1954 – StE 68/52 – = BGH St. 7, 222. Danach ist im Gegensatz zur Auffassung des BVerfG (SRP-Urteil v. 23.10.1952 – BVerfGE II, 1 -) der Begriff der verfassungsmäßigen Ordnung nicht weiter als der Begriff der freiheitlich-demokratischen Grundordnung in Art. 21 Abs. 2 GG, sondern gleichbedeutend. Für den Täter genügt die negative Einstellung zum System. Er braucht sich nicht vorzustellen, was nach dem Sturz an die Stelle des von ihm Bekämpften treten solle.

Im Gegensatz zu § 90 a StGB erwähnt § 86 StGB die auf dem GG oder einer Länderverfassung beruhende verfassungsmäßige Ordnung, so dass bei Hochverrat nur die Verfassungseinrichtungen in ihrer konkreten, vom Grundgesetz und von den Länderverfassungen geschaffenen Form, soweit sie in den Verfassungen Gestalt gewonnen haben, geschützt werden (BGH v. 2.8.1954 = BGH St 7, 222 und v. 25.1.1956 – 6 StR 108, 55 -).

Zu § 92 StGB liegt kaum Rechtsprechung vor, weil er in der Praxis selten Anwendung findet.

Die in letzter Zeit festgestellte Änderung der Taktik der Staatsfeinde ist durch eine wirksame Rechtsprechung zu bekämpfen. Bei den neueren Methoden, wie sie beispielsweise in der Tätigkeit der Soldatenbünde, der Infiltration der Gewerkschaften, den Delegationsreisen in die SBZ und den Ferienaktionen für Kinder festzustellen seien, muss mehr auf den Gesichtspunkt der Staatsgefährdung abgestellt werden.

Die Rechtsprechung zum *Landesverrat,* auf die *Dr. Wagner* dann einging, bietet nach seiner Auffassung viel weniger Schwierigkeiten, weil sie sich an die frühere Rechtsprechung anlehnt. Dennoch gibt es auch hier eine Reihe ungeklärter Fragen. In diesem Zusammenhang wies *Dr. Wagner* besonders auf die Frage der Geheimhaltungsbedürftigkeit von Tatsachen, die der Regierung selbst nicht bekannt sind, sowie auf den Verbotsirrtum hinsichtlich der Staatsgeheimnisse hin. Zu der letzten Frage hat *Arndt* in der Zeitschrift für Strafrechtswissenschaft 66, 61 mit dem Ergebnis Stellung genommen, dass der Irrtum über den Geheimnischarakter als Verbotsirrtum angesehen werden müsse, während der Irrtum über die Geheimhaltungsbedürftigkeit Tatsachenirrtum sei. Eine Entscheidung des BGH ist zu diesen Fragen bisher nicht ergangen.

Bei der Anwendung des § 100 e StGB haben sich in der Praxis ungünstige Auswirkungen gezeigt, weil unter diese Bestimmung die Vielzahl der kleinen Agenten füllt und somit der verfahrensmäßige Aufwand (Entscheidung der obersten Gerichte) in keinem Verhältnis zu der Bedeutung dieser Prozesse steht. Es ist zu erwägen, ob diese Fälle nicht den Strafkammern gemäß § 74 a GVG zugewiesen werden sollten.

OBA i.R. Dr. Wiechmann (Karlsruhe) bat, in der Diskussion auch die prozessualen Fragen, wie z.B. Aussetzung des Verfahrens und Abgabe an die OLG zu berücksichtigen. Über den durch die Rechtsprechung des BGH zu den Hoch- und Landesverratssachen wieder akut gewordenen Begriff des „Überzeugungstäters“ (BGHSt. 8, 162) kam er auf die Stellungnahme der Strafrechtskommission zu den hiermit zusammenhängenden Fragen und empfahl eine verstärkte Einflussnahme der Staatsanwaltschaft auf die Arbeit der Kommission, evtl. über die Landesregierungen, insbesondere hinsichtlich der politischen Straftatbestände.

OBA Güde (Karlsruhe) empfahl, soweit noch Reformvorschläge zur politischen Strafgesetzgebung zu machen seien, das jetzt zu tun, weil es die letzte Zusammenkunft der Generalstaatsanwälte vor dem Inkrafttreten der jetzt geplanten Gesetzesänderung sei. Er schlug vor, den § 100 e StGB de lege ferenda in zwei Tatbestände aufzugliedern, und zwar die Aufnahme oder das Unterhalten von Beziehungen zu einer der in § 100 e StGB genannten Stellen für sich unter Strafe zu stellen und die Aburteilung insoweit den Amts- bzw. Landgerichten zu übertragen, dagegen bei der Beziehungsanknüpfung oder -fortsetzung *zu Verratszwecken* es bei der jetzigen Zuständigkeit des BGH bzw. der OLG zu belassen. Der Sinn dieses Vorschlages ginge dahin, den in der Praxis häufigen Fall der bloßen Beziehungsaufnahme zu einem fremden Nachrichtendienst und die Annahme von belanglosen oder unwichtigen Aufträgen aus § 100 e StGB unter den sie jetzt gewöhnlich subsumiert werden, auszuscheiden und in einen besonderen Tatbestand zusammenzufassen.

OStA Dr. Dünnebier (Bremen) regte an, die Generalstaatsanwälte sollten auf die Landesjustizverwaltungen einwirken, um wenigstens die prozessuale Seite im Wege der Gesetzgebung dahin zu ändern, dass eine Abgabe der Verfahren an die 74 a [GVG]-Kammern möglich werde.

Eine Entschließung wurde jedoch nicht gefasst.

GStA Bauer (Frankfurt/Main) meinte, auf die Ausführungen von *BA Dr. Wagner (Karlsruhe)* eingehend, dass die Probleme allmählich an Bedeutung verlören, namentlich die Fälle des § 90 a StGB seien im Ausklingen. Dagegen beschäftigten die Fälle des § 100 e die Länder. Hier müsse die Rechtsprechung des BGH im Sinne einer engeren Auslegung des Tatbestandes geändert werden, weil es sich oft um Menschen handle, die den Verlockungen des „kalten Krieges" zum Opfer gefallen seien. Vielleicht helfe der Gesichtspunkt des Rücktritts vom Versuch in vielen Fällen, in denen sich die Täter unmittelbar beim Überschreiten der Grenzen offenbarten. Auch eine Anwendung des § 153 StPO müsse in Erwägung gezogen werden.

GStA Brühl (KG Berlin) berichtete über die Berliner Verhältnisse und führte aus, dass auch hier in vielen Fällen, insbesondere, wenn feststehe, dass ein unabwendbarer Druck vorgelegen habe und die Täter ihre Verpflichtung durch den SSD im Bundesnotaufnahmeverfahren sofort offenbarten, von der Einstellung nach § 153 StPO Gebrauch gemacht werde.

GStA Dr. Krapp (Oldenburg) stellte die Frage zur Erörterung, ob die Einstellung nach § 153 StPO vom Oberbundesanwalt, an den dann eine Abgabe erfolgen müsste, oder aber bereits von dem betreffenden Generalstaatsanwalt eingeleitet werden solle.

OBA Güde (Karlsruhe) lehnte die Anwendung des § 153 StPO bei § 100 c StGB überhaupt ab. Er führte aus, dass auch der Rücktritt vom Versuch hier nicht helfe, weil dann immer noch der Tatbestand des § 100 e StGB vorliege, und vertrat die Auffassung, dass eine analoge Anwendung des § 82 StGB [tätige Reue] erfolgen müsse.

OStA Dr. Nüse (KG Berlin) hielt eine solche Analogie nicht für geboten. § 82 sei für die §§ 80, 81 als Ausweg geschaffen worden, weil diese Verbrechen seien, bei denen § 153 StPO folglich nicht zum Zuge komme. Dagegen handle es sich bei § 100 e um ein Vergehen, so dass eine Einstellung nach § 153 StPO möglich und gegebenenfalls auch angebracht sei.

GStA Kesseböhmer (Hamm) warnte vor allzu großzügiger Anwendung des § 153 StPO, da im einzelnen Verfahren immer nur ein kleiner Ausschnitt aus dem gesamten Spionageapparat gesehen werde, der in seiner Gefährlichkeit nicht unterschätzt werden dürfe.

GStA Bauer (Frankfurt/Main) regte an, der Gesetzgeber möge die Vorschrift dahin ergänzen, dass in besonders leichten Fällen von Strafe abgesehen werden könne.

GStA Biermann (Celle) trat der Auffassung von GStA Kesseböhmer (Hamm) unter Hinweis auf die Gefährlichkeit der politischen Agenten bei.

BA Dr. Westram (Berlin) wies auf die Rechtsprechung des BGH zum Freiheitsschutzgesetz [v. 1951] hin und erinnerte daran, dass auch geprüft werden müsse, ob sich der Täter aufgrund der besonderen Verhältnisse in der SBZ in einem Notstand befunden habe.

GStA Bauer (Frankfurt/Main) erklärte sodann, dass er die Entscheidung des BGH über den „Überzeugungstäter" bedauere. Er wies auf die Schwierigkeiten hin, die die Behandlung dieser Täter im Strafvollzug mit sich bringt. Nach seiner Auffassung müsste sie abgesondert und von den übrigen Gefangenen ferngehalten werden, weil sie diese sonst beeinflussten.

GStA Kesseböhmer (Hamm) sprach sich gegen diese Auffassung von GStA Bauer (Frankfurt/Main aus. Nach seiner Ansicht liege in der abgesonderten Haltung der sogenannten Überzeugungstäter im Strafvollzug eine Anerkennung und Förderung dieses Personenkreises.

OBA i.R. Dr. Wiechmann (Karlsruhe) trat der Ansicht bei, gab aber zu bedenken, wer im Vollzug darüber entscheiden solle, ob es sich um einen „Überzeugungstäter" handle. Er vertrat die Auffassung, dass sich mit dem Problem des „Überzeugungstäters" noch die Strafrechtskommission befassen müsse. Auch *OBA Güde (Karlsruhe)* war der Meinung, dass die Entscheidung nicht dem Strafvollzug überlassen bleiben könne.

GStA Biermann (Celle) wies darauf hin, dass die Erfahrung zeigen müsse, welche Art der Unterbringung in der Anstalt die zweckmäßigste sei, und dass die einzelnen Anstalten aufgrund ihrer Erfahrungen die erforderlichen Maßnahmen treffen könnten.

GStA Steffen (München, Bayr. ObstLG) warf anhand eines konkreten Falles die Frage auf, ob nicht nach § 100 c StGB gegen den verantwortlichen Redakteur einer Zeitung eingeschritten werden könne, wenn die Presse in einem Landesverratsverfahren Maßnahmen der Strafverfolgungsbehörde sofort verbreitet.

OBA Güde (Karlsruhe) hielt die Anwendung des § 100 c StGB nicht für möglich, weil in der Maßnahme der Verfolgungsbehörde, die Gegenstand der Mitteilung sei, in aller Regel kein Staatsgeheimnis liege.

GStA Bauer (Frankfurt/Main) warf die Frage auf, was geschehen solle, wenn Amnestieverhandlungen mit der SBZ Erfolg haben sollten. Er führte aus, dass davon in erster Linie die 90 a- und 100 e-Fälle betroffen seien, und hielt es für erforderlich, sich für diesen Fall zu einigen, ob man künftige Verfahren noch durchführen solle, die nach einer solchen Amnestie anfielen.

GStA Brühl (KG Berlin) vertrat die Auffassung, dass Verfahren auch nach der Amnestie durchgeführt werden müssten, solange das Gesetz nicht geändert sei.

Abschließend sprach *BA Dr. Wagner (Karlsruhe)* unter Hinweis auf § 9 Abs. 2 der Strafvollstreckungsordnung, wonach der OBA die vom BGH im ersten Rechtszug getroffenen Entscheidungen unmittelbar vollstrecken kann, die Bitte an die Generalstaatsanwälte aus, die Vollstreckungspläne dem Bundesjustizminister und dem Oberbundesanwalt einzureichen, damit die Verhandlungen über die Unterbringung des Täters zur Vollstreckung beschleunigt werden können.

OStA Gall (Düsseldorf) berichtete hierzu anhand eines Falles über die Nachteile der Unterbringung der vom BGH abgeurteilten Täter in Anstalten in der Nähe ihres Heimatortes und schlug vor, dass sich der Oberbundesanwalt bei den Verhandlungen über die Unterbringung nicht nur an die Landesjustizminister, sondern auch an die Generalstaatsanwälte wenden möge, die besser in der Lage wären, die Verhältnisse in den Anstalten und die Eignung für die Unterbringung bestimmter Täter zu beurteilen.

BA Dr. Wagner (Karlsruhe) machte demgegenüber auf die Schwierigkeiten aufmerksam, die auftreten könnten, wenn der Verurteilte nicht in die zuständige Anstalt käme (Eingaben der Angehörigen, keine Besuchsmöglichkeit).

Zum Besprechungspunkt 2: *Vorwegbenachrichtigung der Staatsanwaltschaft über das Ergebnis der Hauptverhandlung in Revisionssachen* gab *OBA i.R. Dr. Wiechmann (Karlsruhe)* als Ergebnis der Verhandlungen zwischen dem OBA und dem GStA Stuttgart bekannt, dass eine Einigung in dem Sinne erzielt worden sei, von einer Benachrichtigung durch den Urkundsbeamten der Geschäftsstelle des BGH abzusehen, weil hierdurch zu viel Schreibarbeit entstehe und ein echtes Bedürfnis für derartige Benachrichtigungen – abgesehen von den Fällen der Untersuchungshaft, denen bereits durch Übersendung einer Abschrift des Urteilstenors Rechnung getragen werde – nicht bestehe.

Das Wort wurde zu diesem Besprechungspunkt nicht gewünscht.

Besprechungspunkt 3: *Auswertung der erstinstanzlichen Verfahren in Staatsschutzsachen*

BA Dr. Wagner (Karlsruhe) führte hierzu aus, dass es erforderlich sei, sich die Ergebnisse und die Erfahrungen gegenseitig zugänglich zu machen, dass aber über den Weg, auf dem dieser Austausch am wirksamsten zu erreichen sei, noch Unklarheiten bestünden. Eine Übersendung der Akten sei zu umständlich und der Erfahrungsaustausch zwischen den Sachbearbeitern zu zeitraubend. Daher sei jetzt beim Bundesamt für

Verfassungsschutz eine vorläufige Beweismittelsammelstelle eingerichtet worden, deren Ausbau jedoch daran leide, dass der Bundeshaushalt für sie keine Mittel vorsehe. Aus diesem Grunde habe in letzter Zeit eine Ergänzung des Materials nicht erfolgen können. Es bestehe jedoch Hoffnung, diese Schwierigkeiten zu beheben. Auf jeden Fall solle auch jetzt schon von allen Generalstaatsanwaltschaften für die Unterrichtung und Vervollständigung der vorläufigen Sammelstelle gesorgt werden.

Die von *OStA Dr. Dünnebier (Bremen)* aufgeworfene Frage, wie die Versorgung der Sammelstelle erfolgen solle, wurde von *BA Dr. Wagner* dahin beantwortet, dass an eine Übersendung sämtlicher Voruntersuchungsanträge, Anklagen und Urteile gedacht sei.

Die Errichtung der Beweismittelsammelstelle wurde einstimmig begrüßt. Es bestand aber auch Einigkeit darüber, dass die unmittelbare Unterrichtung der Generalstaatsanwaltschaft durch den Oberbundesanwalt unentbehrlich ist und die Fühlungnahme nicht abreißen darf, und darüber, dass die Beweismittelsammelstelle nicht die Zusammenarbeit mit den Landesämtern für Verfassungsschutz gegenstandslos macht.

Der von *GStA Bauer (Frankfurt/Main)* vorgeschlagenen Versendung von Mitteilungsblättern des Oberbundesanwalts an die Generalstaatsanwälte wurde insbesondere von *GStA Kesseböhmer (Hamm)* widersprochen, weil dadurch nur Rückfragen erforderlich würden. *BA Dr. Wagner (Karlsruhe)* wies darauf hin, dass selbstverständlich eine Benachrichtigung der Generalstaatsanwaltschaften erfolge, von denen bekannt sei, dass sie sich mit ähnlichen Fällen befassten.

GStA Brühl (KG Berlin) regte unter Hinweis auf die in Berlin herrschende Praxis der Abschriftenübersendung an das Landesamt für Verfassungsschutz an, künftig statt bisher einer zwei Abschriften zu übersenden, von denen eine an das Bundesamt für Verfassungsschutz für die Sammelstelle weitergeleitet werden soll.

Der Vorschlag fand allgemeine Bildung.

Zum Besprechungspunkt 4 a): *Behandlung sowjetzonaler Druck- und Propagandaschriften* nahm sodann *OBA Güde (Karlsruhe)* Stellung. Er vertrat die Auffassung, dass die bisherige Praxis, nach der vielfach Aushändigungen der Sendungen durch die Post oder den Zoll an die Strafverfolgungsbehörden erfolgten, mit rechtsstaatlichen Begriffen nicht vereinbar sei. Diese Handhabung habe sogar dazu geführt, dass Gerichte den Erlass einer Beschlagnahmeanordnung mit der Begründung ablehnen, es sei für eine solche Anordnung kein Raum, weil die Herausgabe freiwillig erfolge. Es gelte, die bisherige Praxis zu ändern, und zwar empfehle es sich, generelle Beschlagnahmeanordnungen zu erwirken, durch die alle Sendungen von bestimmter Art, bestimmtem Aussehen, bestimmtem Inhalt (soweit erkennbar) oder bestimmten Absendern erfasst würden. Ein entsprechender Beschluss ist von der Bundesanwaltschaft bereits am 14.12.1953 in der Sache BJs 360/52 erwirkt worden.

Den Bedenken von *GStA Biermann (Celle)*, dass die Gerichte nur aufgrund bestimmter Unterlagen im Rahmen anhängiger Verfahren Beschlagnahmen anordnen würden, begegnete *OBA Güde* mit dem Hinweis, dass es sich – wie allgemein bekannt sei – um zentral gesteuerte Sendungen aus der SBZ handle und daher die Beschlagnahme in einem gegen Unbekannt einzuleitenden Verfahren erfolgen könne. Zu dieser Frage stellt er in nächster Zeit eine Entscheidung des BGH in Aussicht.

Zum Besprechungspunkt 4 b): *Schwierigkeiten in der Erfassung der in die Bundesrepublik eingeschleusten sowjetzonalen Propagandaschriften* führte *GStA Dr. Voss (Schleswig)* aus, dass die in letzter Zeit aufgetretenen Schwierigkeiten die Folgen der organisatorischen Veränderungen bei der Postbeförderung, des Fortfalls der Postzensur durch die Besatzungsmächte, der Einschränkung der Überwachungstätigkeit der Zolldienststellen und der verstärkten und verbesserten Abwehrmaßnahmen der sowjetzonalen Absendestellen seien, während früher die gesamte Post aus der SBZ für Hamburg, Schleswig-Holstein und Niedersachsen in Hamburg ausgeladen und dort zentral auf staatsgefährdenden Inhalt überprüft worden sei, erfolge jetzt bereits eine Aussonderung der nicht für Hamburg bestimmten Post in den Interzonenzügen. Sie werde dann als Durchgangspost ohne Prüfung an die zuständigen örtlichen Postämter weitergeleitet. Die britische Zensurstelle in Hamburg nehme seit der Wiederherstellung der Souveränität der Bundesrepublik nur noch in beschränktem Umfange Kurzbriefe bis zu 20 g zur Überprüfung an und werde in absehbarer Zeit ihre Tätigkeit gänzlich einstellen. Der Zoll erfasse lediglich noch Briefsendungen über 250 g, die möglicherweise Handelsware enthalten, und lehne die Annahme leichterer Sendungen ab. Schließlich würden von den sowjetzonalen Absendestellen keine Massensendungen, die schon durch ihr Äußeres auffielen, mehr aufgegeben. Um der Einschleusung von Propagandametarial wieder wirksam begegnen zu können, sei von der Staatsanwaltschaft angeregt worden, einige größere Postämter mit Spezialbeamten als zentrale Prüfstellen zu bestimmen, denen die örtlichen Postämter verdächtige Sendungen aus der SBZ zur Prüfung zuleiten könnten. Eine abschließende Regelung sei jedoch noch nicht erfolgt, weil die Durchführbarkeit des Vorschlages zur Zeit noch von der Zentralstelle der Postverwaltung in Bonn geprüft werde.

BA Dr. Wagner (Karlsruhe) äußerte Zweifel an der Rechtsgrundlage für das Vorgehen der Zollbehörden. Nach seiner Auffassung könne allenfalls versucht werden, über die Postzollordnung eine Rechtsgrundlage zu schaffen, die den Zoll berechtige und verpflichte, auf die Verletzung von Einfuhrverboten zu achten. Ein solches Einfuhrverbot könne in § 93 Abs. 1 Ziff. 2 StGB gesehen werden. Es sei jedoch zweifelhaft, ob Verwaltungsverordnungen ausreichten, um den Eingriff in die Unverletzlichkeit des Postgeheimnisses zu rechtfertigen. Auch über diese Frage werde der BGH zu befinden haben.

GStA Brühl (KG Berlin) wies darauf hin, dass sich in Berlin die staatsfeindliche Propaganda auf die Handwerbung (Zettelverteilung) beschränke und Postsendungen in dem Maße wie in der Bundesrepublik nicht zu verzeichnen seien.

Besprechungspunkt 5: *Verfolgung nationalsozialistische und neofaschistischen Schrifttums gemäß §§ 93, 140 StGB*

GStA Bauer (Frankfurt/Main) teilte hierzu mit, dass in den letzten Jahren in erheblichem Umfange nationalsozialistisches Schrifttum durch den Buchhandel und durch Versandunternehmen angeboten worden sei. Namentlich in Göttingen, Darmstadt und am Starnberger See sei das Auftreten dieser Schriften zu verzeichnen gewesen. Die Frage der Verfolgung sei zwar noch nicht überall akut geworden. Da sich aber schon wiederholt andere Stellen mit dem Problem beschäftigt hätten, habe er diesen Besprechungspunkt auf die Tagesordnung setzen lassen, um Einigkeit darüber zu erzielen, wie in solchen Fällen verfahren werden solle. Er schlage eine Ahndung nach § 140 StGB vor, weil die Schriften zum Teil eine Verherrlichung der nationalsozialistischen Verbrechen enthielten. Unter Umständen käme aber auch eine Ahndung nach dem Gesetz über die Verbreitung jugendgefährdender Schriften in Betracht.

OBA i.R. Dr. Wiechmann (Karlsruhe) und *OBA Güde (Karlsruhe)* vertraten die Auffassung, dass § 140 StGB die Fälle kaum treffe. Die einzige Möglichkeit zur Bekämpfung derartiger Literatur dürfte § 93 StGB bieten.

OBA Güde (Karlsruhe) regte an, den Gedanken der Generalprävention in den Vordergrund zu stellen und in geeigneten Fällen durch Strafverfahren gegen Verleger andere Verleger von der Annahme dieser Literatur abzuschrecken.

OBA i.R. Dr. Wiechmann (Karlsruhe) stimmte dieser Auffassung – die allgemein gebilligt wurde – zu und bedauerte das Fehlen einer Strafbestimmung im deutschen Recht, die sich gegen den einzelnen politischen Agitator richte, wie sie beispielsweise das Schweizer Recht zu verzeichnen habe.

GStA Kesseböhmer (Hamm) berichtete über die Erfahrungen, die in seinem Bezirk in den Verfahren gegen den „*Hagener Kreis*" und die von diesem verbreiteten „Deutschlandbriefe" gemacht worden sind. Die auf §§ 90 a, 93 und 94 StGB gestützten Anklagen hätten bereits in einem Falle zur Verurteilung geführt. Hierbei habe es sich jedoch um eine Verurteilung nach *§ 90 a* gehandelt, während wegen der Schriften noch keine Entscheidung ergangen sei.

GStA Dr. Görcke (LG Berlin) erklärte, dass diese Schwierigkeiten in Berlin nicht auftreten, weil derartige Literatur noch nicht auf dem Markt erschienen sei und im Übrigen hier noch das Kontrollratsgesetz Nr. 8 gelte, das diese Tatbestände erfasse.

GStA Brühl (KG Berlin) fasste sodann das Ergebnis der Diskussion dahin zusammen, dass zunächst versucht werden soll, den Fällen mit den vorhandenen Strafbestimmungen gerecht zu werden, dass im Übrigen aber auf eine ausreichende gesetzliche Regelung hingewirkt werden soll.

Fortsetzung der Arbeitstagung am 25.5.1956

Besprechungspunkt 7 a): *Abänderung von Entscheidungen, die der Generalstaatsanwalt gemäß § 3 oder § 15 des Rechts- und Amtshilfegesetzes [von 1953, BGBl. I 161] getroffen hat, durch das OLG*

OStA Gall (Düsseldorf) führte aus, dass der 1. Strafsenat des OLG Düsseldorf in zwei Fällen Bescheide des GStA in Düsseldorf zum Nachteil des Betroffenen abgeändert und sich zur Begründung seiner Auffassung, dass der Grundsatz des Verbotes der reformatio in peius in Rechts- und Amtshilfesachen keine Anwendung finde, auf die §§ 5 und 8 RHG bezogen habe. *OStA Gall* stellte diese Entscheidungen zur Diskussion und erklärte, dass er selbst sie für zutreffend halte, weil sich das Verbot der reformatio in peius nach herrschender Meinung nur auf Urteile erstrecke. Einen für das gesamte Rechtsmittelwesen im weitesten Sinne geltenden Grundsatz des Verbotes der reformatio in peius gäbe es nicht. Das Verbot gelte nur dort, wo es ausdrücklich im Gesetz verankert sei.

Dieser Ansicht wurde, wie in anschließenden Ausführungen insbesondere von *OBA Güde (Karlsruhe), GStA Brühl (KG Berlin), OStA Polzin (KG Berlin)* und *OStA Dr. Nüse KG Berlin)* zum Ausdruck kam, allgemein zugestimmt mit Ausnahme von *GStA Bauer (Frankfurt/Main),* der die Auffassung vertrat, dass es sich bei dem Verbot der Schlechterstellung um einen ungeschriebenen Satz des Verfassungsrechts handle, der auch für die Bescheide des Generalstaatsanwalts gelten müsse.

Der Vorschlag von *GStA Dr. Hechtel (OLG München),* den Betroffenen in der Rechtsmittelbelehrung darauf hinzuweisen, dass der Bescheid auch zu seinem Nachteil abgeändert werden könne, fand keine Zustimmung.

Besprechungspunkt 7 b): *Behandlung von Anträgen gemäß § 15 RHG, die von Teilnehmern an dem Volksaufstand vom 17. Juni 1953 gestellt worden sind*

GStA Morbach (Koblenz) trug vor, dass der Besprechungspunkt auf einer Anregung seiner Behörde beruhe. Die Frage sei zwar bereits auf der Tagung der Generalstaatsanwälte in Freudenstadt vom 2. bis 3.2.1954 behandelt worden, es habe sich jedoch gezeigt, dass die *Begründung* der Entscheidung in den fraglichen Fällen besondere Schwierigkeiten bereite. Während der GStA in Neustadt die Unzulässigkeit der Vollstreckung mit der analogen Anwendung des § 3 des Deutschen Auslieferungsgesetzes begründet habe, sei in einer bei ihm getroffenen Entscheidung die analoge Anwendung des Deutschen Auslieferungsgesetzes abgelehnt worden, weil das Rechtshilfegesetz gerade eine spezielle Regelung für solche Personen bedeute, die nicht unter das Deutsche Auslieferungsgesetz [RGBl. I 1929, 239] fielen. Die Vollstreckung sei von seiner Behörde mit der Begründung für unzulässig erklärt worden, dass die Teilnahme am Aufstand durch übergesetzlichen Notstand gerechtfertigt gewesen sei und dass es den Grundsätzen der freiheitlichen demokratischen Lebens- und Gesellschaftsordnung, zu denen sich die Bundesrepublik im Grundgesetz bekennt, widerspreche, wenn in seinem Geltungsbereich eine Strafe wegen einer Tat vollstreckt werden würde, die lediglich in dem Eintreten für Recht und Freiheit bestanden habe und die ausschließlich aus politischer Gegnerschaft zu dem Herrschaftssystem in der SBZ begangen worden sei.

GStA Morbach hielt es für zweckmäßig, bei allen Behörden eine einheitliche Begründung zu geben.

Nach kurzer Diskussion, in der sich Einmütigkeit dahin ergab, dass die Vollstreckung derartiger Urteile für unzulässig zu erklären ist, wies *OStA Polzin (KG Berlin)* darauf hin, dass nach dem RHG keine Verpflichtung bestehe, die Entscheidung zu begründen, und dass in der Praxis des GStA bei dem Kammergericht eine Begründung bei ausgesprochen politischen Verurteilungen auch nicht üblich sei. Es werde lediglich ein Aktenvermerk gemacht, aber keine rechtliche Begründung gegeben, weil diese unter Umständen eine neue Gefährdung des Antragstellers mit sich bringen könne. Er empfahl auch bei den anderen Generalstaatsanwaltschaften so zu verfahren.

Diese Berliner Praxis fand die Zustimmung der übrigen Teilnehmer.

Besprechungspunkt 7 c): *Weitere Fragen des Rechtshilfegesetzes*
OStA Polzin (KG Berlin) stellte folgende Fragen zur Diskussion:

a) *Ist das Antragsrecht nach § 15 RHG auch dann noch gegeben, wenn der Strafvermerk bereits infolge Fristablaufes oder vorzeitig nach § 8 des Straftilgungsgesetzes [v. 1920/1939, RGBl. I 1939, 2254] oder aufgrund des Straffreiheitsgesetzes 1954 [BGBl. I 203] getilgt ist?*

Er führte dazu aus, dass man annehmen könne, der Betroffene sei nicht mehr beschwert und habe daher mangels Rechtsschutzbedürfnisses kein Antragsrecht nach § 15 RHG, wenn die Tilgung bereits aus anderen Gründen erfolgt sei. Gegen diese Auffassung bestünden jedoch erhebliche Bedenken. Zunächst spreche der Wortlaut des § 15 RHG dagegen, der das Antragsrecht nicht vom Fortbestehen der Strafregistereintragung abhängig mache. Ferner sei den Entscheidungen nach § 15 RHG gemäß § 16 des Gesetzes bindende Wirkung für alle Gerichte und Behörden beigelegt worden. Es stehe daher aufgrund einer solchen Entscheidung bindend für alle fest, dass die Strafe unter Verstoß gegen rechtsstaatliche Grundsätze verhängt worden sei. Diese Wirkung, die z.B. für das Bundesnotaufnahme- und Haftentschädigungsverfahren von Bedeutung sei, müsse der Betroffene auch dann noch herbeiführen können, wenn der Strafvermerk bereits anderweitig getilgt worden sei.

Für die Bejahung des Antragsrechtes spreche weiter, dass nach der Rechtsprechung des BGH auch eine bereits getilgte Strafe bei erneuter Verurteilung strafschärfend berücksichtigt werden könne. Das sei aber nicht möglich, wenn die Unzulässigkeit der Vollstreckung und damit die Rechtsstaatswidrigkeit der Strafe festgestellt worden sei.

Schließlich sei auch zu beachten, dass der Verurteilte unter den Voraussetzungen des § 4 Abs. 4 des Straftilgungsgesetzes Auskunft geben müsse und sich daher in einer schlechteren Lage befinde, als wenn die Vollstreckung nach § 15 RHG für unzulässig erklärt worden sei. Aus diesen Erwägungen müsse die eingangs gestellte Frage bejaht werden.

Der Auffassung wurde allgemein beigetreten.

b) *Kann bei der Entscheidung über ein Vollstreckungsersuchen oder nach § 15 RHG die Vollstreckung einer Strafe für zulässig erklärt werden, die unter der Mindestgrenze des durch das angewandte sowjetzonale Gesetz angedrohten Strafrahmens liegt?*

OStA Polzin erklärte, dass zu diesem Besprechungspunkt eine hier bekannt gewordene Entscheidung eines GStA Anlass gebe. In dem betreffenden Falle war der Betroffene von einem sowjetzonalen Gericht nach §§ 1 und 2 Handelsschutzgesetz v. 21.4.1950 zu der gesetzlichen Mindeststrafe von fünf Jahren Zuchthaus und Vermögenseinziehung verurteilt worden. Auf seinen Antrag nach § 15 RHG gelangte der GStA bei der Überprüfung des Urteils zu der Auffassung, dass gegen den Schuldspruch keine rechtsstaatlichen Bedenken bestünden und nur die Strafe übermäßig hoch sei. Er habe sich jedoch daran gehindert gesehen, die Vollstreckung einer rechtsstaatlichen Maßstäben entsprechenden Strafe für zulässig zu erklären, weil die gesetzliche Mindeststrafe nach § 2 HSchG fünf Jahre Zuchthaus und Vermögenseinziehung betrage und ein Unterschreiten des Strafrahmens auch im Wege des Rechtshilfegesetzes nicht möglich sei. Aus diesen Erwägungen habe er die Vollstreckung in vollem Umfange für unzulässig erklärt.

Dieser Ansicht könne – wie *OStA Polzin* ausführte – nicht beigetreten werden, weil sie mit § 2 Abs. 5 RHG, aber auch mit Sinn und Zweck des Rechtshilfegesetzes nicht im Einklang stehe. § 2 Abs. 5 RHG sehe vor, eine Strafe nur insoweit zu vollstrecken, als ihre Art und Höhe nach rechtsstaatlichen Grundsätzen angemessen sei, und dass eine Strafe in einer milderen Strafart vollstreckt werden könne. Das bedeute, dass eine mit rechtsstaatlicher Auffassung unvereinbar hohe Mindeststrafe eines sowjetzonalen Gesetzes die durch das Rechtshilfegesetz zur Entscheidung berufenen Instanzen nicht binde. Der Gesetzgeber habe durch die Schaffung des Rechtshilfegesetzes zwar auf der einen Seite erreichen wollen, dass sich durch sowjetzonale und -sektorale Gerichte gesetztes Unrecht nicht in der Bundesrepublik und in West-Berlin auswirke, dass andererseits aber strafwürdige Taten auch hier nicht ungesühnt blieben.

Es müsse danach die Auffassung vertreten werden, dass die Vollstreckung auch in einer Höhe für zulässig erklärt werden könne, die unter der Mindestgrenze des Strafrahmens des angewandten sowjetzonalen Gesetzes liege.

GStA Bauer (Frankfurt/Main) wies darauf hin, dass diese Frage Gegenstand einer Erörterung des Königsteiner Kreises gewesen sei, der – wie auch das Ministerium für gesamtdeutsche Fragen – insbesondere bei Wirtschaftsstraftaten sich auf den Standpunkt gestellt habe, dass die Vollstreckung in vollem Umfange für unzulässig erklärt werden müsse. Diese Forderung sei abzulehnen, weil sie – worauf auch *OStA Dr. Nüse (KG Berlin)* aufmerksam machte – nicht dem Willen des Gesetzgebers entspreche.

GStA Dr. Müller (Karlsruhe) gab zu bedenken, dass gerade bei sowjetzonalen Wirtschaftsstraftaten oft Tatbestände abgeurteilt würden, die nach hiesiger Rechtsauffassung Ordnungswidrigkeiten darstellten, und dass in diesen Fällen allerdings die Vollstreckung in vollem Umfange für unzulässig erklärt werden müsse.

GStA Brühl (KG Berlin) und *OStA Polzin (KG Berlin)* erklärten, dass dies auch der Berliner Praxis entspreche.

GStA Haas (Köln) wies darauf hin, dass sich wegen Fehlens von Unterlagen häufig nicht feststellen lasse, ob durch die Tat Schaden für die Bevölkerung der SBZ entstanden sei. In diesen Fällen seien in seinem Bezirk die Entscheidungen über die Vollstreckung ausgesetzt worden.

OStA Polzin (KG Berlin) machte darauf aufmerksam, dass bei einer Entscheidung nach § 15 RHG berücksichtigt werden müsse, ob es sich um Bestimmungen handle, die nur dazu dienten, das kommunistische System und seine Wirtschaftsordnung zu schützen. In diesen Fällen werde von dem Generalstaatsanwalt bei dem Kammergericht in feststehender Praxis die Vollstreckung für unzulässig erklärt.

Die in den letzten Wochen zu verzeichnende Selbstkritik führender Vertreter der sowjetzonalen Justiz veranlasste *GStA Dr. Görcke (LG Berlin)* zu der Mahnung, auch hinsichtlich der Anerkennung der tatsächlichen Feststellungen in sowjetzonalen Urteilen Vorsicht walten zu lassen.

OStA Polzin (KG Berlin) führte dazu aus, dass diese Rechtsbrucheingeständnisse in der Berliner Praxis bereits dazu geführt hätten, die Vollstreckung politischer Urteile weitgehend für unzulässig zu erklären.

GStA Dr. Voss (Schleswig) warf die Frage auf, welche Erfahrungen bei der Zulieferung von Mördern an die SBZ zu verzeichnen seien. Er habe jetzt über einen Fall zu entscheiden, in dem die Zulieferung eines des Mordes dringend verdächtigen Heranwachsenden beantragt worden sei.

OStA Polzin (KG Berlin) entgegnete, dass die Zulieferung nur gegen die Zusage erfolgen dürfe, dass eine evtl. Todesstrafe nicht vollstreckt werde. Nach den Berliner Erfahrungen werde diese Zusicherung von den Behörden der SBZ nicht gegeben, so dass auch keine Zulieferung stattfinde.

Die gleichen Erfahrungen wurden nach den Ausführungen von *GStA Haas (Köln)*, *OStA Gall (Düsseldorf)*, *GStA Dr. Müller (Karlsruhe)* und *GStA Morbach (Koblenz)* auch in anderen Bezirken gemacht. *GStA Bauer (Frankfurt/Main)* gab bekannt, dass er in einer Zulieferungssache vor ca. zwei Jahren eine Zusicherung erhalten habe.

OBA i.R. Dr. Wiechmann (Karlsruhe) trug zum Thema der Rechts- und Amtshilfe vor, dass in einer Fragestunde im Bundestag der Bundesjustizminister gefragt worden sei, ob er es mit den Grundrechten eines Rechtsstaats für vereinbar halte, dass dem Antragsteller die Gründe der Entscheidung des OLG nicht bekanntgegeben werden dürften. Die Frage sei bisher nicht beantwortet worden, weil der Bundesjustizminister sie noch nachprüfen wollte. *Dr. Wiechmann* vertrat die Auffassung, dass sie zu bejahen sei.

OStA Polzin (KG Berlin) schloss sich dem an und erklärte, der Grund der gesetzlichen Regelung liege im Schutz des Antragstellers, für den durch die Aushändigung eines begründeten Beschlusses Nachteile entstehen könnten. Im Übrigen hätten Anwälte nach § 4 des Gesetzes das Recht der Akteneinsicht.

GStA Dr. Krapp (Oldenburg) warf die Frage auf, ob auch den Flüchtlingsämtern generelle Akteneinsicht gewährt werden solle.

OStA Dr. Dünnebier (Bremen) erklärte dazu, dass in Bremen eine Vereinbarung zwischen dem Senator für Justiz und dem Senator für Arbeit bestehe, der zufolge beide Behörden Informationen austauschten und auch Akteneinsicht gewährten.

Unter Hinweis auf die Richtlinien für das Strafverfahren Nr. 181,3 äußerte *OStA Polzin (KG Berlin)* Bedenken gegen die Gewährung von Akteneinsicht, wenn die Unzulässigkeit der Vollstreckung angeordnet und der Strafvermerk getilgt ist. In diesen Fällen sei nach seiner Auffassung die Einwilligung des Betroffenen erforderlich, oder aber die Entscheidung der obersten Landesjustizbehörde herbeizuführen.

Die von *GStA Morbach (Koblenz)* aufgeworfene Frage der Behandlung von Fällen wirtschaftspolitischer Denunziation wurde von *OStA Polzin (KG Berlin)* dahin beantwortet, dass auch auf sie § 241 a StGB [G. v. 16.7.1951, BGBl. I 448] anzuwenden sei.

GStA Dr. Müller (Karlsruhe) stellte die Frage nach der Anwendung des Straffreiheitsgesetzes 1954 im Rechtshilfeverkehr.

OStA Polzin (KG Berlin) wies darauf hin, dass das BVerfG die Anwendbarkeit hiesiger Amnestiegesetze auf Strafen verneint habe, die durch sowjetzonale oder –sektorale Gerichte verhängt sind – U. d. BVerfG v. 13.6.1952 – 1 BvR 137, 52 – (NJW 1952, 1129) -. Werde nach §§ 10, 11 RHG ein neues Verfahren im Geltungsbereich des Gesetzes durchgeführt, so sei hier selbstverständlich das Straffreiheitsgesetz zu beachten.

c) *Können Urteile der sowjetzonalen Strafkammern nach SMAD-Befehl 201 i.V.m. Kontrollratsdirektive 38 vom 12.10.1946* [erwähnt bei *M. Wilde,* Die SBZ-CDU, München 1998, S. 300] *Gegenstand eines Verfahrens nach § 15 RHG sein?*

OStA Polzin führte hierzu aus, dass es sich um Urteile handle, durch die als Sühne aktiver nationalsozialistischer Betätigung Zuchthaus- und Gefängnisstrafen sowie obligatorische Sühnemaßnahmen verhängt worden sind. Überwiegend werde die Ansicht vertreten, dass auch in diesen Fällen ein Antragsrecht nach § 15 RHG gegeben sei. Das OLG Frankfurt/Main stehe jedoch auf einem gegenteiligen Standpunkt. Es vertrete einmal die Auffassung, dass die Strafkammern nach SMAD-Befehl 201 keine Gerichte im Sinne des § 15 RHG, sondern Säuberungsbehörden seien, und zum anderen, dass es sich auch bei den verhängten Zuchthaus- und Gefängnisstrafen nicht um Strafen im Sinne des § 15 RHG, sondern ebenfalls um Sühnemaßnahmen handle.

OStA Polzin hielt es für erforderlich, die Rechtsprechung zu dieser Frage zu vereinheitlichen. Er vertrat die Auffassung, dass die Strafkammern nach SMAD-Befehl 201 entgegen dem Standpunkt des OLG Frankfurt/Main ihrer Organisation nach Gerichte seien, denen lediglich – wie den Sonderstrafkammern nach § 74 a GVG – eine besondere Materie zur Entscheidung zugewiesen worden sei. Aber selbst wenn man sie nicht als Gerichte ansehe, wäre § 15 RHG analog anzuwenden. Der Gesetzgeber habe es im § 15 RHG lediglich deshalb allein auf Gerichte abgestellt, weil sich das Ausmaß einer Einbeziehung sonstiger Behörden nicht übersehen ließ. Keinesfalls habe er damit eine analoge Anwendung auf Strafen ausschließen wollen, die durch andere Stellen verhängt worden seien. Er habe lediglich die Abgrenzung des Umfanges der Analoge der Rechtsprechung überlassen wollen.

Bei den Gefängnis- und Zuchthausstrafen handle es sich um Strafarten, die im StGB geregelt sind, also auch um Strafen im Sinne des RHG. Lediglich die Sühnemaßnahmen seien keine Strafen. Aber auch hier stehe der Wille des Gesetzgebers einer analogen Anwendung nicht entgegen.

Schließlich sprächen auch Sinn und Zweck des RHG für die Anwendung des § 15 auf derartige Verurteilungen. Wollte man bei politischen Urteilen sowjetzonaler Gerichte, die im besonderen Maße die Gefahr der Verletzung rechtsstaatlicher Grundsätze sowohl im Schuldspruch als auch im Strafausspruch in sich bergen, den Schutz des § 15 RHG versagen, würde auf einem breiten Sektor sowjetzonaler strafgerichtlicher „Rechtsprechung" gesetztes Unrecht in der Bundesrepublik und in West-Berlin Anerkennung finden.

Mit Ausnahme von *GStA Bauer (Frankfurt/Main),* der in den Entscheidungen der Strafkammern nach SMAD-Befehl 201 Maßnahmen der Entnazifizierung und nicht Entscheidungen von Gerichten erblickte, schlossen sich alle Teilnehmer der von *OStA Polzin* vorgetragenen Auffassung, dass § 15 RHG auch auf diese Fälle Anwendung finden müsse, an.

OStA Polzin teilte sodann in diesem Zusammenhang noch mit, dass der Senator für Justiz in Berlin die Auffassung vertrete, es entspräche der Billigkeit, alle Eintragungen im Strafregister über derartige Verurteilungen gemäß § 8 des StraftilgungsG zu tilgen, sofern es sich um Strafen im Rahmen des § 20 Abs. 2 des StraffreiheitsG 1954 handle.

Besprechungspunkt 6: *Örtliche Zuständigkeit in Verfahren wegen Verletzung der Unterhaltspflicht*

GStA Bauer (Frankfurt/Main) trug vor, dass es erstrebenswert sei, die unterschiedliche Praxis zu koordinieren. Man solle sich entweder auf die Zuständigkeit der Staatsanwaltschaft am Erfüllungsort oder am Wohnsitz des Schuldners einigen. Für die Zuständigkeit der Staatsanwaltschaften am Erfüllungsort spreche die Erwägung, dass die Sache dann in der Regel nur von einer Staatsanwaltschaft bearbeitet werde, während sonst durch das Umherziehen des Täters mehrere Staatsanwaltschaften befasst werden könnten.

GStA Nellmann (Stuttgart) erklärte, dass die Frage bereits auf der Tagung der Generalstaatsanwälte in Fischbachau erörtert worden und dabei in der von ihm ausgearbeiteten Entschließung festgesetzt worden sei, die Verfahren dort durchzuführen, wo die Amtsvormundschaft über das Kind geführt werde. Er warnte davor, das Verfahren dort zu führen, wo der Täter ergriffen wird, weil es dann zu unnötigen Verzögerungen kommen müsse.

Nach Diskussionsbeiträgen von *GStA Kesseböhmer (Hamm), OStA Gall (Düsseldorf)* und *OStA Dr. Nüse (KG Berlin)* einigten sich die Teilnehmer auf Vorschlag von *GStA Brühl (KG Berlin)* und *GStA Dr. Müller (Karlsruhe)* dahin, die auf der Tagung in Fischbachau gefasste Entschließung in nachstehender abgeänderter Form aufrechtzuerhalten: *Bei Vergehen gegen § 170 b StGB ist das Verfahren gegen den Beschuldigten grundsätzlich bei der Staatsanwaltschaft durchzuführen, in deren Bezirk der Unterhaltsberechtigte wohnt.*

Auf Anregung von *GStA Nellmann (Stuttgart)* einigten sich die Tagungsteilnehmer auch über die *Zuständigkeit bei Vergehen nach § 26 Ziff. 3 Straßenverkehrsgesetz* (Kraftfahrzeugüberladungen). Danach soll grundsätzlich die Staatsanwaltschaft zuständig sein, in deren Bezirk der Sitz des Unternehmers oder des Fahrzeughalters liegt.

Besprechungspunkt 8: *Sollen Geldstrafen, die ein Gericht der Bundesrepublik verhängt hat, gegen Personen vollstreckt werden, die in die Sowjetzone abgewandert sind?*

GStA Kesseböhmer (Hamm) führte aus, dass eine einheitliche Behandlung von Vollstreckungsersuchen durch die sowjetzonalen Behörden fehle. In den meisten Fällen erfolgten jedoch freiwillige Zahlungen auf ein Sperrkonto bei der Deutschen Notenbank, in anderen Fällen hätten auch die Behörden der SBZ mitgeteilt, dass die Zahlung auf ein Sperrkonto erfolgt sei, und schließlich komme es vor, dass Vollstreckungsersuchen überhaupt nicht beantwortet werden.

GStA Dr. Görcke (LG Berlin) erklärte, dass bei seiner Behörde der Standpunkt vertreten werde, in der Regel auch dann zu vollstrecken, wenn der Verurteilte in die SBZ gegangen sei. Eine Gefährdung sei dadurch bisher nicht festzustellen gewesen. Von Beitreibungsversuchen werde jedoch abgesehen, wenn trotz der Aufforderung freiwillige Zahlungen nicht erfolgten. Anders würden die Fälle behandelt, bei denen es sich um Bewohner der SBZ handle, die hier während ihres Aufenthaltes straffällig geworden seien. In diesen Fällen werde im Interesse der Sicherheit des Verurteilten von Vollstreckungsersuchen häufig abgesehen, wie auch die Benachrichtigung des Heimatstrafregisters unterbleibe.

Gelegentlich zahlten die Verurteilten – worauf *GStA Brühl (KG Berlin)* hinwies – die Strafen freiwillig in Westmark bei der Gerichtskasse ein, um zu verhindern, dass die strafbaren Handlungen und die Tatsache der Bestrafung in der SBZ bzw. im sowjetisch besetzten Sektor Berlins bekannt werden.

Besprechungspunkt 9: *Anwendung des § 26 StGB bei Verbüßung mehrerer nicht gesamtstraffähiger Strafen*

OStA Gall (Düsseldorf) führte aus, dass im Schrifttum zu § 26 StGB [bedingte Entlassung] die Auffassung vertreten werde, die Zweidrittel seien nach der Gesamtdauer der zu verbüßenden Strafen zu berechnen, wenn mehrere zeitige Freiheitsstrafen im unmittelbaren Anschluss nacheinander verbüßt werden müssten, ohne dass die Voraussetzungen einer Gesamtstrafenbildung vorlägen. Diese Auffassung, die zur Voraussetzung hätte, dass in einem Beschluss einheitlich über die bedingte Entlassung hinsichtlich aller Verurteilungen entschieden werden könnte, finde nach seiner Ansicht im Gesetz keine Stütze. Nach den §§ 454, 453 StPO habe nämlich das Gericht zu entscheiden, das über den jeweils zur Verurteilung führenden Sachverhalt verhandelt und befunden habe. Diese Entscheidung könne nicht anderen Gerichten, die mit anderen Strafsachen des Verurteilten befasst waren, übertragen werden. Daher könne stets nur über die jeweils in der Vollstreckung begriffene Strafe entschieden werden. Nach dem Beschluss des OLG Celle vom 6.2.1956 = NJW 1956 S. 434 und dem Aufsatz von *Meister*, MDR 1954 S. 403 könne die Rechtslage nicht mehr zweifelhaft sein.

Die Tagungsteilnehmer pflichteten der Meinung von *OStA Gall (Düsseldorf)* bei.

Nunmehr erschienen der *Leiter des Bundeskriminalamts, Präsident Dullien,* und der *Leiter der Sicherungsgruppe beim BKA, RegDir. Brückner,* die aus Anlass einer anderen Tagung in Berlin weilten. Sie bedankten sich für die ihnen gewährte Gelegenheit, sich den Generalstaatsanwälten vorstellen zu können, und berichteten über die Schwierigkeiten des BKA, den Ermittlungsersuchen der Generalstaatsanwälte nachzukommen. Sie baten um Verständnis, wenn die Ersuchen unerledigt zurückgingen, weil es an einer eindeutigen Rechtsgrundlage für die Inanspruchnahme des BKA durch die Generalstaatsanwälte fehle.

GStA Brühl (KG Berlin) dankte den beiden Herren, die sich wieder verabschiedeten, für ihr Erscheinen.

Im allseitigen Einverständnis wurde sodann Besprechungspunkt 7: *Rundfunk- und Fernsehreportagen im Gerichtssaal (unter Berücksichtigung des Beschlusses des Bayr. ObstLG vom 18.1.1956 – B Reg. 175.55 -)* behandelt.

GStA Dr. Görcke (LG Berlin) führte zu diesem Thema aus: Rundfunk- und Fernsehreportagen sind bisher in gesetzlichen Bestimmungen im Rahmen des Strafprozessrechts nicht berücksichtigt worden. Nur in den „Richtlinien für das Strafverfahren“ werden in Nr. 24 und vor allem in Nr. 110 Abs. 3 Bild- und Tonaufnahmen erwähnt, wobei in

Nr. 110 empfohlen wird, Bild- und Tonaufnahmen während der Vernehmung des Angeklagten und während der Beweisaufnahme nicht zuzulassen und berechtigte Wünsche der Beteiligten zu berücksichtigen.

Als für die Beurteilung der zur Beratung stehenden Frage bedeutsame Veröffentlichungen und Entscheidungen erwähnte GStA Dr. Görcke die folgenden:

a) Bericht des OLG-Präs. Resch in München vom 9.12.1954 an das Bayerische Staatsministerium der Justiz, der bereits der letzten Versammlung der GStA in Fischbachau vorgelegen hat. In diesem Bericht spricht sich der OLG-Präs. sehr nachdrücklich gegen Rundfunk- und Fernsehübertragungen aus. Er schlägt sogar vor, die nach § 169 GVG vorgeschriebene Öffentlichkeit der Verhandlung durch Änderung des Gesetzes einzuschränken.
b) In einem Urteil des 5. Zivilsenats des Kammergerichts vom 3.6.1955 (NJW 1856, S. 26) wird festgestellt, dass es bereits „eine Verletzung des allgemeinen Persönlichkeitsrechts und damit grundsätzlich des § 823 Abs. 1 BGB" sei, wenn „klangliche Lebensäußerungen einer Person ohne deren Willen auf Tonband oder Draht, Platte o.ä. derart aufgenommen und fixiert werden, dass sie reproduzierbar sind". Allerdings sei eine solche Aufnahme zulässig, wenn dem Aufnehmenden ein Rechtfertigungsgrund zur Seite stehe.
c) In dem Beschluss des 3. Strafsenats des Bayr. ObstLG vom 18.1.1956 (JZ 1956, S. 228) wird die Zulässigkeit von Rundfunkaufnahmen im Sitzungssaal grundsätzlich bejaht, weil die Tatsache, dass bei Prozessbeteiligten psychische Hemmungen durch die Aufnahme ausgelöst werden könnten, im Hinblick auf den Grundsatz der Öffentlichkeit unberücksichtigt bleiben müsse.
d) *Prof. Eberhard Schmidt* spricht sich in einem Aufsatz in der JZ 1956 S. 206 ff. gegen die Zulässigkeit von Rundfunkübertragungen in den Fällen aus, in denen nicht alle Prozessbeteiligten zu einer Übertragung, auch evtl. in gekürzter Form, bereit sind. Er weist mit ausführlicher Begründung auf den Unterschied der Übertragung gegenüber der Presseberichterstattung hin und macht einen Unterschied zwischen der unmittelbaren Öffentlichkeit, die durch § 169 GVG vorgeschrieben ist, und der darüber hinausgehenden „mittelbaren Öffentlichkeit".
e) Im Gegensatz hierzu stehen Ausführungen des Bundesanwalts *Dr. Kohlhaas* in der DRiZ 1956, S. 2 ff., der die Meinung vertritt, dass ein Unterschied zwischen Tonaufnahmen und Presseberichterstattung nicht anzuerkennen sei.
f) Besonders eingehend hat sich der Senatspräs. am BGH *Sarstedt* in einem in der JR 1956 S. 121 ff. veröffentlichten Aufsatz mit der Frage der Zulässigkeit von Tonbandaufnahmen in öffentlichen Gerichtsverhandlungen zum Zwecke der Verbreitung durch den Rundfunk befasst. Sarstedt macht den Unterschied zwischen „Öffentlichkeit" im Sinne des § 169 GVG und „Publizität". Nur auf die Öffentlichkeit hat das

Gericht einen Einfluss, auf die Publizität in der Regel nicht. Sarstedt setzt sich mit dem Beschluss des Bayer. ObstLG vom 18.1.1956 und dem vorerwähnten Aufsatz von Dr. Kohlhaas eingehend auseinander und kommt nach sorgfältiger Prüfung aller in Betracht kommenden Momente zu dem Ergebnis, dass eine Aufnahme der Verhandlung und von Teilen der Verhandlung nur dann zulässig sei, wenn alle Beteiligten einschließlich der Zeugen und Sachverständigen vorher mit der Aufnahme ihrer Äußerungen in Kenntnis der beabsichtigten Übertragung und unter Berücksichtigung, dass diese Übertragung in gekürzter Form erfolgen wird, einverstanden sind. Aber auch bei allseitigem Einverständnis sei eine Rundfunkaufnahme unzulässig, wenn dadurch die Wahrheitserforschung oder die Ordnung in der Sitzung gestört werden könnte.

GStA Dr. Görcke führte weiter an, dass in England Rundfunkberichterstattungen aus dem Gerichtssaal von den Gerichten nicht zugelassen werden, dass nach einer Feststellung des OLG-Präs. Resch in seinem vorerwähnten Bericht dies auch in Frankreich durch Gesetz untersagt sei und dass nach den Mitteilungen von Sarstedt in den Vereinigten Staaten diese Frage unterschiedlich behandelt werde. Er berichtete weiter über die Praxis in Berlin, wo die bisherigen Rundfunkaufnahmen des SFB keine Beanstandungen ergeben haben. Dies sei allerdings wohl in der Hauptsache auf die Persönlichkeit der für diese Aufnahmen verantwortlichen Berichterstatter zurückzuführen. Im RIAS sind die Übertragungen seit einiger Zeit unter der Einwirkung einer Rücksprache mit Senatspräs. Sarstedt eingestellt worden.

GStA Dr. Görcke schloss sich grundsätzlich der Auffassung von Sarstedt an und stellte abschließend die Fragen zur Diskussion: *Sollen Rundfunk- und Fernsehaufnahmen geduldet werden, wenn niemand widerspricht? Müssen die Beteiligten über ihr Widerspruchsrecht ausdrücklich belehrt werden?*

Er gab abschließend zu bedenken, dass nach seiner Auffassung eine gesetzliche Regelung in Form einer Ergänzung des § 169 GVG zur Vermeidung von Zweifeln und Streitigkeiten zweckmäßig sein würde, dass aber das Parlament aus naheliegenden Gründen kaum geneigt sein würde, die Tätigkeit der Rundfunkgesellschaften einzuschränken.

GStA Brühl (KG Berlin) meinte, dass der Begriff der Öffentlichkeit möglichst weit gefasst werden müsse. Er sei aber dennoch nicht der Ansicht, dass der Rundfunk unbedingt zu dieser Öffentlichkeit gehöre. Es müsse den sitzungspolizeilichen Befugnissen des Vorsitzenden vorbehalten bleiben, Teile der Verhandlung für die Veröffentlichung freizugeben, die er für geeignet halte. Gegen den Willen des Angeklagten und der Zeugen sollten keine Reportagen zugelassen werden.

GStA Haas (Köln) trat der Auffassung von Sarstedt bei. Öffentlichkeit im Sinne des GVG sei etwas anderes als Publizität.

GStA Steffen (Bayer. ObstLG) erklärte, dass die Problematik auch in München dem Gericht und der Staatsanwaltschaft bekannt gewesen und eine gutachtliche Äußerung des bayer. Justizministeriums der Entscheidung vorausgegangen sei. Dem Gericht sei auch klar gewesen, dass es sich lediglich um einen ersten Schritt gehandelt habe, der eine gesetzliche Regelung nicht überflüssig gemacht habe.

BA Dr. Westram (Berlin), der ebenfalls der Auffassung von Sarstedt beitrat, stellte fest, dass der Aufsatz von Dr. Kohlhaas nicht die amtliche Auffassung der Bundesanwaltschaft wiedergebe, sondern eine private Meinungsäußerung darstelle.

OBA i.R. Dr. Wiechmann fügte hinzu, dass Dr. Kohlhaas in seiner Ansicht unter dem Einfluss der Ausführungen von Sarstedt wankend geworden sei.

(Fortsetzung der Arbeitstagung am 26.5.1956)

Besprechungspunkt 7 wurde weiter erörtert:

OStA Dr. Dünnebier (Bremen) trat ebenfalls den Ergebnissen von Sarstedt bei, nicht aber der Begründung. Er bemängelte, dass Sarstedt nicht die Frage behandelt habe, wie die Richtlinien für das Strafverfahren anzuwenden seien, wenn die Beteiligten der Übertragung zustimmten, und ob sich das Gericht und der Staatsanwalt um die Zustimmung bemühen sollten. Nach seiner Auffassung sei Nr. 110 der Richtlinien nicht richtig angewandt, wenn der Rundfunk möglichst wenig zugelassen werde. Die Richtlinien meinten hier Öffentlichkeit im Sinne von publicity, eine Begriffstrennung sei heute nicht mehr vertretbar. Es sei nicht richtig, dass Rundfunk und Presse kein Interesse an einer wahrheitsgemäßen Berichterstattung hätten. Es gäbe auch eine verantwortungsbewusste Presse. Auch er sei der Ansicht, dass eine Rundfunkübertragung nur zugelassen werden könne, wenn alle Beteiligten einverstanden seien, dass sie dann aber auch zugelassen werden müsse, um die Vorgänge im Gerichtssaal der Öffentlichkeit näherzubringen.

GStA Dr. Voss (Schleswig) erklärte, dass die vorhandenen Gesetze und die Richtlinien für das Strafverfahren nur unzureichende Hilfsmittel sein könnten, weil sie auf die heutigen Verhältnisse nicht mehr zugeschnitten wären. Er betonte, dass bei allen Betrachtungen das menschliche Vertrauensverhältnis zu kurz komme, das den Vorsitzenden mit dem ihm anvertrauten Angeklagten und Zeugen verbinden solle. Die Gerichtsstätte sei eine Stätte der menschlichen Begegnung, und dort könne die Zeugenschaft nur begrenzt sein. Wer diese Begegnung erleben wolle, müsse sich an den Gerichtsort begeben. Der Gerichtsort stehe unter einem Friedensbann, der Vorsitzende dürfe daher die ihm anvertrauten Angeklagten und Zeugen nicht der Weltöffentlichkeit übergeben. Es sei unwahr, dass der Rundfunk der Rechtspflege dienen wolle. Seine Ziele müssten andere sein. Eines sei zum Beispiel der Wettlauf mit der Zeit, die Überrundung der Presse. Er empfinde den Rundfunk im Gerichtssaal unter Umständen als einen Akt der Unmenschlichkeit. Es sollte niemandem zugemutet werden, in ein Mikrofon zu sprechen. Er sei erst glücklich, wenn grundsätzlich kein Rundfunkreporter im Sitzungssaal anwesend sei.

OBA i.R. Dr. Wiechmann (Karlsruhe) führte aus, er nehme das Wort, weil er an der Zusammenkunft in Fischbachau teilgenommen habe, bei der dieser Gegenstand bereits erörtert wurde, und weil sein Herr Nachfolger nicht anwesend sei. In Fischbachau sei nahezu einmütig – mit Ausnahme der Berliner GStA – dem Bericht des OLG-Präs. in München zugestimmt worden, der sich gegen eine Rundfunkübertragung von Gerichtsverhandlungen aussprach. In einem Gespräch, das er anschließend mit dem damaligen GStA bei dem LG Berlin, Dr. Preuß, gehabt habe, sei er sich allerdings, etwas resigniert, mit ihm darüber einig gewesen, dass die Bestrebungen auf Übertragung von Gerichtsverhandlungen sich wohl doch eines Tages durchsetzen würden. Inzwischen sei die Frage durch die Entscheidung des Bayer. ObstLG und durch die Ausführungen insbesondere von Eberhard Schmidt und Sarstedt akut geworden. Den Ausführungen von Sarstedt über das Persönlichkeitsrecht insbesondere der Angeklagten und Zeugen und über die Verletzung dieses Persönlichkeitsrechts stimme er völlig zu. Sarstedt habe diesen Gesichtspunkt klar und überzeugend herausgestellt. Trete man ihm bei, so ergebe sich alles andere ziemlich zwangsläufig. Die GStA würden nicht umhin können, erneut Stellung zu nehmen.

Trotz seiner in Fischbachau zum Ausdruck gebrachten Resignation könne er der neuerdings vertretenen Meinung, es handle sich hier um die hoffnungslose Verteidigung einer Bastion, keineswegs zustimmen. Wenn es sich um ein Persönlichkeitsrecht handle, sei diese Bastion wert, verteidigt zu werden. Auf diejenigen, die etwa mit dem Begriff „modern“ arbeiten wollten, müsse es Eindruck machen, dass gerade ein Mann wie Sarstedt so energisch Stellung genommen habe, der sicherlich Anspruch darauf erheben könne, als „moderner“ Jurist bezeichnet zu werden.

Wenn er sich frage, was nun zu geschehen habe, so meine er, dass baldigst eine Entscheidung des BGH herbeigeführt werden müsse. Auf welche Weise sie mit dem Mittel der Revision erreicht werden könne, habe Sarstedt aufgezeigt. Ferner halte er die Frage unter dem Gesichtspunkt der Belange der Justizverwaltung einer Erörterung auf der Justizministerkonferenz für würdig.

GStA Bauer (Frankfurt/Main) bejahte ebenfalls ein Persönlichkeitsrecht, das Recht an der eigenen Stimme, und wies auf den gleichliegenden Fall des Fotografierens im Gerichtssaal hin, den Sarstedt leider nicht behandelt habe, für den aber eine Regelung durch das Gesetz betreffend das Urheberrecht an Werken der Bildenden Künste und der Fotografie gegeben sei. Nach diesen Grundsätzen müsse auch das Recht an der eigenen Stimme beurteilt werden, so dass Ausnahmen zugelassen werden könnten, wenn es sich beispielsweise um Persönlichkeiten aus dem Bereich der Zeitgeschichte handle.

GStA Dr. Görcke (LG Berlin) erklärte, dass er absichtlich nicht vom Fotografieren gesprochen habe, weil das Thema begrenzt gewesen sei. Eberhardt Schmidt habe in seinem Aufsatz auch zu der Frage Stellung genommen. Bei Fernsehübertragungen müsse man zurzeit schon aus sitzungspolizeilichen Gründen zur Versagung kommen, weil durch den Aufbau und die Bedienung der Geräte die Ordnung im Gerichtssaal gestört werde. Das Interesse der Rundfunkreporter werde im Übrigen entfallen, wenn man nur die Plädoyers und die Urteilsbegründung aufnehmen ließe, dagegen nicht die Vernehmungen der Angeklagten und Zeugen.

GStA Biermann (Celle) bemerkte, dass die Erörterung der Frage und das bisherige Schrifttum ein Beweis dafür seien, dass durch die Entwicklung der Technik eine Lücke im Recht klaffe. Daher sei man froh, wenn man – wie beim Fotografieren – auf ein Gesetz zurückgreifen könne, übersehe dabei aber, dass diese Bestimmungen ursprünglich dem Schutz des Urhebers dienten. Ein wirksamer Schutz für den Betroffenen, der fotografiert oder dessen Stimme aufgenommen wird, sei aber heute nicht gegeben. Die Frage könne daher nur durch den Gesetzgeber gelöst werden, indem er die Tatbestände der unerlaubten Aufnahme der Stimme und des Bildes unter Strafe stelle.

GStA Dr. Hechtel (OLG München) trat den Ausführungen von *OBA i.R. Dr. Wiechmann (Karlsruhe)* bei und bat zu überlegen, ob nicht aus dem Wesen des Strafprozesses und der Aufgabe des Gerichtes, die Wahrheit zu ermitteln, die Entscheidung kommen müsse. Wenn in der Verhandlung zu bemerken sei, dass diese Aufgabe durch die Übertragung erschwert werde, sei die Übertragung zu untersagen. Der Gesetzgebung allein könne die Lösung der Problematik nicht überlassen werden. Man müsse anhand der Grundsätze des Strafprozesses die Modernisierung bewältigen. Eine kommende Gesetzgebung könne nur auf eine vorhergehende Rechtsprechung gestützt werden, wenn sie allen Anforderungen genügen soll. Er wies darauf hin, dass es schon technisch nicht möglich sei, mehrtägige Prozesse wahrheitsgemäß zu übertragen, weil die dafür erforderlichen Sendezeiten nicht zur Verfügung gestellt werden können. Der Rundfunk habe daran aber auch kein Interesse, sondern wolle lediglich dem Sensationsbedürfnis Rechnung tragen.

GStA Brühl (KG Berlin) warnte vor einer Überschätzung der Probleme, da ja bereits Einigkeit über verschiedene Kautelen zu verzeichnen sei. Die Aufnahmen seien an die Zustimmung aller Beteiligten gebunden. Er pflichtete GStA Dr. Görcke darin bei, dass mit dem Berliner Sender SFB bisher gute Erfahrungen gemacht worden sind, und hielt Rundfunkübertragungen häufig für besser als die Zeitungsberichte.

OStA Dr. Nüse (KG Berlin) bejahte ebenfalls ein Persönlichkeitsrecht, zweifelte jedoch an einer gesetzlichen Regelung in absehbarer Zeit. Er meinte, dass die Frage der Zulässigkeit von Aufnahmen im Gerichtssaal an der Ordnungsmäßigkeit der Verhandlung orientiert werden müsse. Vor allem könne einer Zulassung auch die Wahrheitserforschungspflicht des Gerichtes entgegenstehen. Im Gegensatz zu GStA Dr. Görcke vertrat OStA Dr. Nüse die Auffassung, dass auch der Staatsanwalt das Recht habe, die Aufnahme seiner Stimme zu verweigern. Nach seiner Ansicht könne die prozessuale Öffentlichkeit durch die Untersagung von Aufnahmen nicht verletzt werden.

BA Dr. Westram (Berlin) erklärte, dass das Recht an der eigenen Stimme seit der von Sarstedt zitierten Entscheidung des BGH in Zivilsachen anerkannt sei und dass aus diesem Recht die Weigerungsberechtigung folge, auf die der Vorsitzende den Angeklagten und die Zeugen hinweisen müsse. Auch wenn auf das Recht verzichtet werde, komme immer noch das Prinzip der Wahrheitserforschung zur Geltung, das vom Vorsitzenden überwacht werden müsse.

GStA Nellmann (Stuttgart) vertrat die Auffassung, der Rundfunk habe grundsätzlich nichts im Gerichtssaal zu suchen, und stimmte insoweit den Ausführungen von GStA Dr. Voss (Schleswig) zu.

GStA Dr. Müller (Karlsruhe) hielt diese Auffassung für zu weitgehend und sprach sich für die Zulassung von Rundfunkaufnahmen aus, wenn alle Beteiligten damit einverstanden sind und die Wahrheitserforschung nicht gefährdet wird.

OBA i.R. Dr. Wiechmann (Karlsruhe) ergriff abschließend nochmals das Wort zu folgenden Ausführungen: In der Diskussion seien drei Punkte vielleicht nicht genügend herausgestellt worden. Der Vorsitzende oder das Gericht könnten eine Rundfunkübertragung auch bei Zustimmung aller anderen Beteiligten nicht nur kraft ihres eigenen Persönlichkeitsrechts, sondern auch dann ablehnen, wenn sie die Wahrheitserforschung für dadurch gefährdet hielten. Eine derartige Entscheidung solle möglichst nicht erst getroffen werden, wenn die Gefährdung während der Vernehmung eines Angeklagten oder Zeugen hervortrete, sondern vorweg. Ferner sei zu bedenken, dass das Persönlichkeitsrecht bei Abwägung gegen andere rechtliche Belange bisweilen auch werde zurücktreten müssen, wie das in der angeführten Entscheidung des KG richtig dargelegt sei. In diesen Zusammenhang gehört auch die Frage, ob der Staatsanwalt, der als Sitzungsvertreter kraft seines Persönlichkeitsrechts einer Rundfunkübertragung widersprechen wolle, sich einer gegenteiligen Weisung seiner Vorgesetzten fügen müsse. Das sei zu bejahen, weil der weisungsberechtigte Vorgesetzte die Entscheidung darüber in Anspruch nehmen könne, ob irgendwelche staatlichen Belange die Zurückstellung des Persönlichkeitsrechts gebieten.

Dr. Wiechmann machte sodann den Vorschlag, die Ergebnisse der Diskussion an die Justizminister heranzutragen, damit sie bei späteren gesetzgeberischen Arbeiten berücksichtigt werden könnten.

GStA Dr. Görcke (LG Berlin) regte an, durch eine Entschließung zum Ausdruck zu bringen, in welchen Punkten in dieser Frage Übereinstimmung erzielt worden sei.

BA Dr. Westram (Berlin), GStA Dr. Görcke (LG Berlin) und *OStA Dr. Dünnebier (Bremen)* wurden einstimmig mit der Ausarbeitung einer Entschließung beauftragt.

Die von den Teilnehmern gebilligte *Entschließung* hat folgenden Wortlaut:

1. Rundfunk- und Fernsehaufnahmen im Gerichtssaal sind nur zulässig, wenn alle Prozessbeteiligten einschließlich der Zeugen und Sachverständigen dem zustimmen. Der Vorsitzende hat die betreffenden Personen darüber zu belehren, dass eine Aufnahme der Verhandlung beabsichtigt ist, die – voraussichtlich mit Kürzungen – übertragen werden wird, und dass sie aufgrund ihres Persönlichkeitsrechtes berechtigt sind, ihre Zustimmung zu verweigern.

2. Auch bei Zustimmung aller Beteiligten hat der Vorsitzende im Rahmen der Sachleitung die Aufnahme zu untersagen, wenn zu befürchten ist, dass hierdurch die Erforschung der Wahrheit gefährdet wird.
3. Die sitzungspolizeilichen Befugnisse des Vorsitzenden bleiben hierdurch unberührt.

Besprechungspunkt 10: *Zusammentreffen von Gefängnis- und Jugendstrafe in getrennten selbständigen, rechtskräftig abgeschlossenen Verfahren*

OStA Gall (Düsseldorf) stellte zunächst den früheren Rechtszustand nach § 14 RJGG vom 6.11.1943 [RGBl. I, 635] dar, der die Bildung einer Einheitsstrafe auch zuließ, wenn Erwachsenenstrafrecht anzuwenden und ein Teil der Taten bereits rechtskräftig abgeurteilt war, und wies darauf hin, dass die Erfahrungen mit der unumschränkten Anwendung der Einheitsstrafe nicht immer befriedigend gewesen seien. Häufig sei es zu Ergebnissen gekommen, die kriminalpolitisch unerwünscht gewesen seien. Insbesondere seien frühkriminelle Elemente dadurch begünstigt worden, dass die stets zu bildende Einheitsstrafe eine Verurteilung wegen Rückfalls oder als gefährlicher Gewohnheitsverbrecher selbst dann unmöglich mache, wenn mehrere selbständige rechtskräftige Urteile vorlagen.

Er gab dann einen Überblick über den jetzigen Rechtszustand, nach dem gemäß § 31 JGG [= Neufassung des § 14; BGBl. I 1953, 751] für mehrere Taten eines Jugendlichen eine Einheitsstrafe zu bilden ist. Rechtskräftige Verurteilungen zu Strafen, die noch nicht verbüßt, erlassen oder sonst erledigt sind, können in die zu bildende Einheitsstrafe einbezogen werden (§ 31 Abs. 2 JGG), jedoch darf der Jugendrichter aus erzieherischen Gründen hiervon auch absehen (§ 31 Abs. 3 JGG). Eine noch weitere Einschränkung der Möglichkeit, Einheitsstrafen zu bilden, liegt vor, wenn Jugend- und Erwachsenenstraftaten desselben Täters zusammentreffen. In diesen Fällen kann gemäß § 32 JGG auf eine Einheitsstrafe nur noch erkannt werden, wenn a) die verschiedenen Taten gleichzeitig zur Aburteilung stehen und b) Jugendstrafrecht anzuwenden ist, weil der Schwerpunkt bei den Jugendtaten liegt. In allen übrigen Fällen gelten nach § 2 JGG die allgemeinen Vorschriften der §§ 74 und 79 StGB. Durch diese gesetzliche Regelung ist die Möglichkeit, mehrere rechtskräftige Verurteilungen, denen teils Jugend-, teils Erwachsenenstrafrecht zugrunde liegt, nachträglich auf eine einheitliche Bestrafung zurückzuführen, praktisch so gut wie ausgeschlossen. Schon eine Einbeziehung bereits vorliegender rechtskräftiger Urteile in eine gegen denselben Täter durch Urteil auszusprechende Einheitsstrafe (§ 31 Abs. 2 JGG) ist hier nicht zulässig, da § 32 JGG ausdrücklich auf gleichzeitig abzuurteilende Taten beschränkt ist. Ebenso darf der Richter im Urteil bereits verbüßten Jugendarrest nicht, wie dies im § 31 Abs. 2 Satz 2 und Abs. 3 für das reine Jugendstrafrecht vorgesehen ist, auf die Strafe anrechnen oder Erziehungsmaßregeln und Zuchtmittel für erledigt erklären. Dasselbe gilt für das Beschlussverfahren (§ 66 JGG, § 79 StGB i.V.m. § 460 StPO). Aber selbst, wenn die übrigen Voraussetzungen der §§ 74, 79 StGB vorliegen, ist es meist nicht möglich, mehrere verschiedenartige Bestrafungen in einer für die Vollstreckung wünschenswerten Weise zu vereinheitlichen, da es nach der Rechtsprechung des BGH (Urt. v. 29.2.1956 = NJW 1956 S. 680) unzulässig ist, Gefängnis- und Jugendstrafen zu einer Gesamtstrafe zusammenzufassen.

So komme es in der Praxis nicht selten vor, dass z.B. gegen einen Heranwachsenden mehrere selbständige rechtskräftige Urteile zu vollstrecken seien, in denen teils auf Gefängnis, teils auf Jugendstrafe oder Erziehungsmaßregeln oder auf Zuchtmittel erkannt sei, ohne dass die Möglichkeit bestehe, diese verschiedenen Strafen und Maßregeln auf eine Gesamtstrafe zurückzuführen oder wenigstens eine Entscheidung darüber zu erwirken, ob gegen den Verurteilten im Jugend- oder Erwachsenenvollzuge zu vollstrecken sei. Beide Arten des Vollzuges neben- oder nacheinander seien wenig sinnvoll. Auch die Vorschrift des § 92 Abs. 2 JGG (Vollzug einer Jugendstrafe als Gefängnisstrafe) schließen die Lücke des Gesetzes nicht. Der Sachverhalt kompliziere sich weiter, sobald im Laufe der Vollstreckung eine Entscheidung nach § 88 JGG oder § 26 StGB nur für eine der zu vollstreckenden Strafe oder ein Gnadenerweis bewilligt werde. Zumindest werde in solchen Fällen die Vollstreckung erheblich verzögert, was gerade bei jungen Verurteilten vermieden werden müsse.

Den aufgezeigten Schwierigkeiten könne allein durch die Rechtsprechung und durch Maßnahmen der mit der Vollstreckung von Strafen und Maßregeln befassten Stellen oder im Gnadenwege nicht begegnet werden. Einen Ausweg biete lediglich eine Ergänzung des JGG. Allerdings sei die Erweiterung der Möglichkeiten, Einheitsstrafen zu bilden, nach den Erfahrungen mit der früheren gesetzlichen Regelung nicht empfehlenswert. OStA Gall schlug daher eine *Ergänzung des § 66 JGG mit folgendem Wortlaut vor:*

> „Ist gegen denselben Verurteilten durch mehrere selbständige Urteile auf Gefängnis- und auf Jugendstrafe oder Erziehungsmaßregeln oder Zuchtmittel erkannt und ist die Bildung einer Einheits- oder einer Gesamtstrafe für alle Verurteilungen unzulässig, so bestimmt auf Antrag oder nach Anhörung der Staatsanwaltschaft das Jugendgericht, das zuletzt Jugendrecht gegen den Verurteilten angewandt hat, ob im Jugend- oder im Erwachsenenvollzug zu vollstrecken ist.
>
> Ordnet das Gericht die Vollstreckung einer Jugendstrafe, einer Erziehungsmaßregel oder eines Zuchtmittels an, so kann es noch nicht vollstreckte Gefängnisstrafen oder Ersatzfreiheitsstrafen nachträglich zur Bewährung aussetzen. Die §§ 23 ff. StGB sind entsprechend anzuwenden.
>
> Ordnet das Gericht die Vollstreckung einer Gefängnisstrafe oder einer Ersatzfreiheitsstrafe an, so kann bestimmt werden, dass eine ganz oder teilweise noch nicht vollstreckte Jugendstrafe, ggf. unter Widerruf einer bewilligten Strafaussetzung, als Gefängnisstrafe vollstreckt wird, dass bereits verbüßte Jugendstrafe oder bereits verbüßter Jugendarrest anzurechnen ist oder dass rechtskräftig angeordnete Erziehungsmaßregeln oder Zuchtmittel als erledigt anzusehen sind. Die §§ 66 Abs. 2, 92 Abs. 2, 31 Abs. 1 Satz 2 und Abs. 3 JGG gelten entsprechend.

Das Gericht bleibt auch für die im Laufe der vereinheitlichten Vollstreckung zu treffenden gerichtlichen Entscheidungen zuständig."

GStA Brühl (KG Berlin) stellte fest, dass die Mehrzahl der Teilnehmer sich für den Vorschlag von OStA Gall entschied, Abhilfe im Wege der Gesetzgebung zu schaffen.

OStA Polzin (KG Berlin) wies darauf hin, dass ein ähnliches Problem bei der Aburteilung konkurrierender Delikte eines Täters teils durch ein deutsches, teils durch ein alliiertes Gericht auftrete, und erklärte, dass in diesen Fällen durch die Bildung einer „Pseudo-Gesamtstrafe" im Gnadenwege geholfen werde. Bis zu der erstrebten Gesetzesänderung müssten auf diese Weise auch in den von OStA Gall dargelegten Fällen Härten beseitigt werden.

Besprechungspunkt 11: *Richtergesetz und Staatsanwälte*

Die Versammlungsteilnehmer hielten ihren bereits auf der Tagung der Generalstaatsanwälte in Fischbachau vertretenen Standpunkt der völligen Gleichstellung der Staatsanwälte mit den Richtern aufrecht und beschlossen, diesen Punkt noch einmal auf die Tagesordnung der nächsten Arbeitsbesprechung zu setzen.

Besprechungspunkt 13: *Haftungsinanspruchnahme eines Beamten bzw. Angestellten bei unmittelbarer Schadenszufügung auch dann, wenn es sich um einen Fall leichtester Fahrlässigkeit handelt, vor allem dann, wenn ein auf Arbeitsüberlastung beruhendes Versehen vorliegt*

GStA Morbach (Koblenz) trug hierzu vor: Nach § 23 Abs. 1 des LBG [Rheinland-Pfalz], der im Wesentlichen übereinstimmt mit § 78 Abs. 1 BBG und für die Angestellten mit § 6 ATO [Allg. Tarifordung v. 1938–1961], hat derjenige Beamte bzw. Angestellte, der schuldhaft seine Amtspflichten verletzt, dem Dienstherrn den daraus entstandenen Schaden zu ersetzen. Der Begriff „schuldhaft" umfasst die Schuldformen Vorsatz und Fahrlässigkeit (s. *Paul Arend*, Kommentar zum LBG, Siegburg 1955, § 23 Anm. 1; *O.G. Fischbach*, Kommentar zum BBG 2. Aufl. 1956, § 78 Anm. B I 4).

Ein Landgericht des Bezirks Koblenz hat jedoch die Auffassung vertreten, dass ein Beamter beim Vorliegen einer culpa levissima nicht immer gleichzeitig eine schuldhafte Amtspflichtverletzung i.S. des § 23 Abs. 1 LBG begehe, vor allem dann nicht, wenn es sich um ein Versehen leichtesten Grades handle. Diesen Standpunkt vermochte *GStA Morbach* nicht zu teilen, denn auch das leichteste Versehen stellt sich begrifflich als ein fahrlässiges Handeln dar. Es kann sich daher nur fragen, ob es für den Fiskus mit Rücksicht auf einen anderen Gesichtspunkt vertretbar ist, in solchen Fällen aus den Gründen der Nr. 51 Abs. 2 der Vollzugsbestimmungen zu den RWB [Wirtschaftsbestimm. f. die Reichsbehörden von 1929, RMinBl. 1929] von der Verfolgung des Schadensersatzanspruchs abzusehen. Es ist der Gesichtspunkt des Betriebsrisikos, auf den in neuerer Zeit immer mehr hingewiesen wird (vgl. *Laurenz Ambrosius*, „Das Tarifrecht der Angestellten im öffentlichen

Dienst“ 1951, § 6 ATO Anm. I). Hierunter wird u.a. ein Schaden zu verstehen sein, der durch ein auf Überbelastung beruhendes Versagen eines Beamten entstanden ist, das – auch gemessen an seiner Persönlichkeit und seinen bisherigen Arbeitsleistungen – nur als leichte Fahrlässigkeit zu bewerten ist. Das betreffende LG hat in seinem Urteil den Standpunkt vertreten, dass der Staat ein solches schädigendes Ereignis als ein schlechterdings nicht vermeidbares Betriebsrisiko hinnehmen müsse. Im Hinblick auf die gegenseitige Treue- und Fürsorgepflicht bei einem Beamtenverhältnis hat das Gericht darauf die Folgerung gezogen, dass der Staat auch auf die Belastung des Beamten im konkreten Falle weitgehend Rücksicht nehmen und von einer Haftungsinanspruchnahme absehen müsse.

GStA Morbach hielt diesen Standpunkt für beachtenswert. Selbst der sorgfältigste und gewissenhafteste Beamte – mag er hochgestellt sein oder der untersten Laufbahn angehören – kann einmal versagen, ohne dass man ihn hierbei frei von *jeder* Schuld sprechen könnte. Der Staat muss sich bewusst sein, dass derartige auf ein menschliches Versagen zurückzuführende Fehlleistungen sich nicht gänzlich ausschließen lassen. Seine Situation ist (gegenüber einem Privatbetrieb) nur dadurch kompliziert, dass er auch die Interessen der Steuerzahler wahrzunehmen hat, denen – im großen Rahmen gesehen – durch die Fehlleistungen eines Beamten ein Schaden entstanden ist. Der Staat steht daher vor der Frage, ob er seiner Pflicht zur Wahrung fiskalischer Interessen den Vorrang vor seiner Treue- und Fürsorgepflicht gegenüber dem Beamten geben soll.

GStA Morbach warf die Frage auf, ob auch Gerichte anderer Bezirke der Auffassung seien, dass der Fiskus einen Beamten in Fällen eines auf Überbelastung beruhenden Versehens mit Rücksicht auf das mit menschlichen Mitteln nicht völlig ausschließbare Betriebsrisiko auch dann nicht zur Erstattung des Schadens in Anspruch nehmen dürfe, wenn der Beamte seine Amtspflichten sonst immer gewissenhaft erfüllt habe.

GStA Brühl (KG Berlin) wies darauf hin, dass die vorgetragene Rechtsauffassung auch der früheren Rechtsprechung des RG entspreche, meinte aber, dass bei der Exkulpation durch Arbeitsüberlastung äußerste Vorsicht geboten sei. Es müsse verlangt werden, dass der Beamte seinem Vorgesetzten von seiner Überlastung Mitteilung mache. Im Übrigen könne nach verschiedenen Vorschriften von der Inanspruchnahme des Beamten auch bei festgestellter Schuld abgesehen werden (§ 54 RHO und § 66 der Reichswirtschaftsbestimmungen sowie Rundverfügung vom 15.7.1937 über die Behandlung von Schadensersatz und Rückgriffsforderungen in: Haushaltsrechtliche Bestimmungen für die Justizverwaltung, Berlin 1940 [Nachtrag 1941], S. 551).

Die von *GStA Biermann (Celle)* aufgeworfene Frage, ob die von GStA Brühl (KG Berlin) genannten Bestimmungen auch noch nach dem Inkrafttreten der Landesbeamtengesetze Geltung beanspruchen könnte, wurde allgemein bejaht.

Besprechungspunkt 14: *Behandlung von Betrugsanzeigen bei Abzahlungsgeschäften*

GStA Nellmann (Stuttgart) berichtete über Erfahrungen in seinem Bezirk. Er habe festgestellt, dass Abzahlungsfirmen häufig gegen Schuldner, die ihren Verpflichtungen aus dem Abzahlungsvertrag nicht nachkommen, Strafanzeige wegen Betruges erstatteten. Sie bedienten sich dabei vielfach eines hektografierten Scheibens, in dem nur noch der Name des Schuldners und der Schuldbetrag eingesetzt werde. Eine vorherige Beitreibung im Zivilrechtswege werde überhaupt nicht mehr versucht. Zum Teil erstatteten die Firmen auch Anzeige, wenn Schuldner, welche anfänglich zahlten, mit einer oder zwei Raten in Verzug kämen. Einstellungsbescheide der Staatsanwaltschaft in diesen Fällen werden häufig mit unbegründeten Beschwerden angegriffen. Es sei also offensichtlich, dass diese Firmen die Strafverfolgungsbehörden nur dazu benutzten, um auf ihre Schuldner Druck auszuüben und sich auf diese Weise die Durchführung eines Zivilverfahrens und die damit verbundenen Kosten zu ersparen. Er habe daher bei den ihm unterstellten Behörden den nachstehenden Vordruck eingeführt, der bei Betrugsanzeigen wegen Nichterfüllung von Abzahlungsgeschäften sowohl von den Polizeibehörden als auch von den Staatsanwaltschaften sofort nach Eingang der Anzeigen mit diesen zusammen den betreffenden Firmen zur Ausfüllung zugeleitet werden:

(Vordruck)………. (Dienststelle)………Ort, den…. Az.:… Betr.: Mit Schreiben vom… haben Sie eine Anzeige wegen Betrugs erstattet. – Zur weiteren Klärung des Sachverhalts werden Sie gebeten, nachstehende Fragen, soweit sie auf Ihren Fall zutreffen, ausführlich zu beantworten. Diese schriftliche Befragung erfolgt, damit Ihnen unnötige Wege zur Behörde erspart bleiben.

1. Woher wissen Sie die Personalien des Beschuldigten? Hat er Ihnen einen gültigen Personalausweis vorgelegt? Welchen?
2. Sind *vor* Vertragsabschluss Auskünfte über die persönlichen und wirtschaftlichen Verhältnisse des Beschuldigten eingeholt worden? Wenn ja, auf welche Weise?
3. Wann, wo und wie erfolgte die Auslieferung der Ware?
4. Wurde Eigentumsvorbehalt bis zur völligen Bezahlung vereinbart?
5. Inwiefern sind Sie durch den Beschuldigten bei Vertragsabschluss getäuscht worden?
6. Wodurch wurden Sie bewogen, die Ware ohne sofortige Bezahlung abzugeben?
7. Woraus schließen Sie, dass der Beschuldigte bereits bei Vertragsabschluss die Absicht hatte, nicht zu bezahlen?
8. Inwieweit ist der Beschuldigte bisher seinen Zahlungsverpflichtungen (Ratenzahlungen) nachgekommen?
9. Welche Beweise sprechen nach Ihrer Meinung dafür, dass Betrug vorliegt? (Nichteinhaltung von Zahlungsterminen *allein* begründet noch keinen Betrug)

10. Welche Schritte haben Sie selbst unternommen, um durch persönliche Initiative oder auf zivilrechtlichem Weg (Zahlungsbefehl, gerichtliches Mahnverfahren etc.) Ihre Forderung einzutreiben? (Bei welchem Gericht, Az.)

Erläuterung: Wenn Betrug vorliegen soll, muss dem Beschuldigten bewiesen werden können, dass er bereits *bei Kaufabschluss,* also *bevor* er in den Besitz der Ware kam, die Absicht hatte, nicht zu bezahlen. – Ich bitte um baldige Beantwortung der Fragen, damit Ihre Anzeige umgehend bearbeitet werden kann.

GStA Nellmann erklärte, die Einführung des Vordrucks habe zur Folge gehabt, dass ein erheblicher Rückgang von Abzahlungsbetrugsanzeigen zu verzeichnen sei. Er empfahl daher, auch in anderen Bezirken in gleicher Weise zu verfahren.

Besprechungspunkt 15: *Erhebung einer Gebühr bei offensichtlich unbegründeten Beschwerden gegen Verfügungen der Staatsanwaltschaft*

GStA Nellmann (Stuttgart) trug dazu vor: Es sei zwar das natürliche Recht jedes Bürgers, ungehindert und ohne Kostenrisiko auf vermeintliche Missstände in der Verwaltung hinzuweisen und so das Interesse der Allgemeinheit oder seine persönlichen Anliegen zu wahren. Eine sachliche, wenn auch vielleicht unberechtigte Kritik der Verwaltung, die auf ein reges Interesse des Bürgers in den staatlichen Einrichtungen schließen lässt, könne nur erwünscht sein. Wie die Erfahrung aber leider zeigt, werde sehr häufig von diesem Recht der ungehinderten Beschwerde in unsachlicher Weise Gebrauch gemacht.

Die Zunahme von offensichtlich unbegründeten Dienstaufsichtsbeschwerden rechtfertige daher die Überlegung, ob nicht zur Abschreckung unverbesserlicher Querulanten in diesen Fällen eine Gebühr eingeführt und erhoben werden solle. Die Wirksamkeit einer solchen Maßnahme sei daraus ersichtlich, dass gegenüber ablehnenden Bescheiden der Generalstaatsanwälte nach § 172 Abs. 2 StPO von der mit Kostenfolgen verbundenen Möglichkeit des Klageerzwingungsverfahrens weit weniger Gebrauch gemacht werde als von der weiteren Dienstaufsichtsbeschwerde.

In Württemberg sei es aufgrund von Nr. 45 a der Landesgebührenordnung vom 22.12.1930 (RegBl. S. 383) früher möglich gewesen, hartnäckigen und einsichtslosen Querulanten bei Zurückweisung unzulässiger oder offensichtlich unbegründeter Beschwerden eine Gebühr im Rahmen von 10 bis 300 DM aufzuerlegen. Diese Bestimmung sei jedoch durch Erlass der Verordnung über Kosten im Bereich der Justizverwaltung vom 14.2.1920 (RGBl. I S. 357) beseitigt worden. Da die Justizkostenordnung durch Art. 125 Ziff. 1 GG Bundesrecht geworden sei, sollte auf eine von Bundes wegen erfolgende entsprechende Änderung bzw. auf Aufnahme einer dahingehenden Bestimmung in die neu geplante Justizverwaltungs-Gebührenordnung hingewirkt werden.

Mit der Einführung der Gebühr müsste gleichzeitig bestimmt werden, 1. dass die Aufsichtsbehörden nach Zurückweisung einer Dienstaufsichtsbeschwerde der Verpflichtung enthoben sind, weitere Eingaben des Beschwerdeführers in dieser Sache zu bearbeiten, solange nicht die festgesetzte Verfahrensgebühr beglichen ist, 2. dass die Kostenentscheidung jeglicher Anfechtung entzogen ist.

Fehlte die unter Ziff. 2 genannte Bestimmung, dann würde nämlich gerade den Querulanten die Möglichkeit eröffnet werden, neue Eingaben, z.B. Gegenvorstellungen gegen die Kostenfestsetzung sowie Beschwerden gegen die ergehenden Entscheidungen einzureichen.

GStA Bauer (Frankfurt/Main) hielt die Einführung einer Gebühr für grundgesetzwidrig, da jedem das Recht zustehe, sich selbst an die Volksvertretung zu wenden. Er schlug vor, bei Personen, die durch ihre querulatorischen Eingaben in Erscheinung treten, eine Entmündigung zu erwägen.

GStA Dr. Görcke (LG Berlin) warnte ebenfalls vor der Erhebung einer Gebühr, weil dadurch in der Öffentlichkeit der Eindruck entstehen könne, dass auch bei begründeten Beschwerden der Rechtsweg erschwert werden solle. Eine derartige Regelung müsse notwendigerweise auch Armenrechtsentscheidungen nach sich ziehen. Nach seiner Auffassung solle man lieber die Rechtsmittelbelehrung abschaffen, weil die Betroffenen häufig der Annahme seien, sie müssten von der Belehrung Gebrauch machen, um nicht Rechtsnachteile zu erleiden. Im Übrigen könne eine solche Gebühr nur Sinn haben, wenn sie als Prozessgebühr vor der Bearbeitung der Beschwerde erhoben werde, weil später die Beitreibung Schwierigkeiten bereite und neue Beschwerden zur Folge haben werde.

Besprechungspunkt 16: *Ist § 30 des Auslieferungsgesetzes [23.12.1929] noch in Kraft?*

OStA Polzin (KG Berlin) trug für *GStA Kesseböhmer (Hamm),* der die Tagung vorzeitig verlassen musste, vor, dass nach Ansicht von *GStA Kesseböhmer* § 30 des Deutschen Auslieferungsgesetzes nicht mehr in Kraft sei, weil er im Widerspruch zu Art. 104 GG stehe, der die Entziehung der Freiheit ausschließlich dem Richter vorbehalte.

OStA Polzin trat dieser Auffassung bei und wies darauf hin, dass § 456 der StPO mit § 30 DAG nicht zu vergleichen sei, weil dem Vollstreckungshaftbefehl ein richterliches Erkenntnis vorausgehe. Er bemerkte weiter, dass in Berlin der Fall bisher keine praktische Bedeutung erlangt habe, weil in allen hier anhängig gewesenen Auslieferungssachen bereits vorher eine richterliche Anordnung der Auslieferungshaft eingeholt werde.

Die Diskussion ergab, dass die Tagungsteilnehmer mit der vorgetragenen Auffassung übereinstimmen.

Besprechungspunkt 12: *Bekämpfung der Verkehrsunfälle*

OStA Gall (Düsseldorf) erklärte hierzu, dass das verantwortungslose Verhalten mancher Kraftfahrer, im Zustand der Trunkenheit ein Kraftfahrzeug zu führen, im Interesse der Allgemeinheit eine nachdrückliche Ahndung erfordere. Angesichts der erschreckend hohen Zahl von Verkehrsunfällen sollte es darüber keine Meinungsverschiedenheiten geben. Leider trügen die Gerichte in seinem Bezirk diesem zwingenden Erfordernis nicht immer in genügendem Maße Rechnung. Sie neigten zu unangebrachter Milde, wenn weder Personen- noch Sachschaden entstanden sei. Strafaussetzung zur Bewährung sei sehr häufig, zum Teil werde auch lediglich auf Geldstrafen erkannt und verschiedentlich werde von der Entziehung der Fahrerlaubnis abgesehen. Es gelte, eine Änderung dieser Rechtsprechung durch vermehrte Einlegung und Durchführung von Rechtsmitteln zu erreichen.

GStA Dr. Görcke (LG Berlin) teilte mit, dass in Berlin wegen der zunehmenden Bedeutung des Verkehrsstrafrechts die Zuständigkeit der Amtsanwaltschaft durch eine Anordnung des GStA b.d. KG eingeschränkt worden sei. Sämtliche Delikte, die durch Trunkenheit im Verkehr verursacht werden, seien nach dieser Anordnung von der Staatsanwaltschaft zu verfolgen, wenn bei einem der Beteiligten ein Blutalkoholgehalt von mehr als 1‰ festgestellt werde. Die Zunahme der Verkehrsstrafsachen habe hier bereits die Vermehrung der Schöffenabteilungen zur Folge gehabt. Die Verurteilung aufgrund des § 315 a StGB zu Gefängnisstrafen sei nach anfänglichem Sträuben der Gerichte jetzt zur Regel geworden. Auf den beim Unfall verursachten Schaden komme es nicht an. Strafaussetzung zur Bewährung würde nur noch dann gegeben, wenn keine einschlägige Vorstrafe bestehe. Von der Staatsanwaltschaft werde in allen Fällen, in denen die Gerichte von dieser Regel abweichen, Rechtsmittel eingelegt. Nach den bisherigen Erfahrungen sei diese Sachbehandlung auch erfolgreich gewesen. Gute Erfahrungen seien bei der Anwendung des Schnellverfahrens gegen Verkehrssünder gemacht worden. Zunächst habe die Zeitspanne vom Unfall bis zur Verhandlung ca. sechs Wochen betragen. Jetzt sei jedoch durch die Erweiterung der Gerichte nur noch eine Zeitspanne von zehn bis zwölf Tagen zu verzeichnen. Die kurze Zeit zwischen Unfall und der Aburteilung sei deswegen zu begrüßen, weil dann der Täter noch unter dem Schuldeindruck stehe und eher geneigt sei, auf Rechtsmittel zu verzichten. *Dr. Görcke* gab bekannt, dass in Berlin bis zu 100 Schnellverfahren im Monat durchgeführt werden.

OBA Güde (Karlsruhe) berichtete aus der Praxis des Verkehrsstrafsenats des BGH. Dort sei festzustellen gewesen, dass die Bewertung der Straftaten durch die Staatsanwaltschaften sehr uneinheitlich gehandhabt werde, weil aus einigen OLG-Bezirken überhaupt keine Revisionseingänge zu verzeichnen gewesen seien. Es wäre daher zu begrüßen, wenn auf diesem Gebiete Richtlinien vorhanden wären. Eine Lenkung durch die Revisionsinstanz sei aber nur dann möglich, wenn durch Erhöhung der Anzahl der Strafkammeranklagen eine größere Anzahl von Fällen dem BGH zugänglich gemacht werden könnte.

Die Bundesstatistik 1953 zeige, dass ein Drittel aller Verurteilungen wegen Verkehrsdelikten ergangen seien. Von den insgesamt 150.000 Verurteilungen in Verkehrsstrafsachen seien in 139.000 Fällen lediglich Geldstrafen ausgeworfen worden, in 278 Fällen Haft und in 10.500 Fällen Gefängnis, davon in 8.900 Fällen nur Strafen bis zu drei Monaten.

Auch die allgemein vorgeschlagenen Maßnahmen zur Vermeidung von Verkehrsunfällen, wie z.B. Verkehrserziehung, höhere gebührenpflichtige Verwarnung, strengeres Verfahren bei der Erteilung von Führerscheinen und Eintragung von Übertretungen in einem Anhang des Führerscheins oder chiffriert in den Führerschein durch Lochungen seien nicht ausreichend, um dem Problem zu begegnen. Die Verkehrserziehung wirke erfahrungsgemäß nur bei Jugendlichen. Bei der gebührenpflichtigen Verwarnung trete die Frage auf, wie der Polizeibeamte im Einzelfall deren Höhe festzusetzen habe. Auch das Verfahren bei der Erteilung von Führerscheinen sei ohne große Bedeutung, da nach der Statistik die Ausländer, die das Gesetz unter Verzicht auf ein sorgfältiges Prüfungs- und Zulassungsverfahren zum vorübergehenden Verkehr in Deutschland zulasse, im Verhältnis zu ihrer Zahl wesentlich weniger Unfälle verursachten als die sorgfältig geprüften deutschen Kraftfahrzeugführer. In Belgien sei beispielsweise ohne jede Führerscheinpflicht die Anzahl der Unfälle geringer als in Deutschland. Als begrüßenswert erscheine nach seiner Auffassung eine schnellere gerichtliche Ahndung bei Verkehrsdelikten, die Wiedereinführung der polizeilichen Strafverfügung und die Schaffung einer Bundeszentralkartei für Unfallschutz, einer sogenannten Verkehrssünderkartei, die es ermögliche, auch Vorstrafen wegen Verkehrsübertretungen nachzuweisen und sie vor Gericht entsprechend zu berücksichtigen.

Abschließend regte *OBA Güde (Karlsruhe)* an, nicht nur bei Verkehrsdelikten, sondern auch in anderen Strafsachen mehr Anklagen vor der großen Strafkammer zu erheben.

GStA Dr. Görcke (LG Berlin) erklärte hierzu, dass für die Verschiebung der Anklagen von der Strafkammer zum Schöffengericht der Wunsch des BGH nach Entlastung ausschlaggebend gewesen sei. Die Anordnung, weniger Strafkammeranklagen zu erheben, sei von den Justizministerien gekommen. Es wäre daher zweckmäßig, wenn der OBA an die Justizminister der Länder mit Rücksicht auf die neue Lage beim BGH die Anregung herantrüge, die bisherigen Anordnungen zu ändern.

Zu den Verkehrsdelikten führte er aus, dass aus der Praxis der Eindruck gewonnen werden müsste, der Anteil der betrunkenen Fahrer bei schweren Verkehrsunfällen sei geringer als der der betrunkenen Verletzten.

Die Führerscheinentziehung wirke sich nach seiner Auffassung als Strafe aus, werde auch von den Verurteilten so empfunden und von den Gerichten als solche verhängt, da sie auch ihrem Wesen nach – wie die Einziehung – echte Nebenstrafe sei. Es sei festzustellen, dass bei ausgesprochener Entziehung viel häufiger Rechtsmittel eingelegt werden. Auch bei Sittlichkeitsdelikten, die im Zusammenhang mit dem Führen eines Kraftfahrzeuges begangen werden, müsse nach seiner Auffassung auf Entziehung der Fahrerlaubnis erkannt werden.

Wenngleich für und gegen die kurzfristige Freiheitsstrafe schon viel gesagt worden sei, so müsse sie in Verkehrsstrafsachen aus dem Gesichtspunkt der Generalprävention doch beibehalten werden.

GStA Nellmann (Stuttgart) warf die Frage auf, wie lange zurzeit ein Verfahren in Verkehrssachen beim BGH dauere. Bei den OLG sei ein Verfahren in ca. zwei Monaten abgeschlossen, und deswegen sei es häufiger vorgezogen worden, vor dem Schöffengericht anzuklagen. Er teilte mit, dass auch in seinem Bezirk sehr unterschiedliche Strafen in Verkehrsdelikten zu verzeichnen seien, und trat der Auffassung bei, dass generell auf eine Strafverschärfung hingewirkt werden sollte. Nach seiner Auffassung müssten bei Verkehrsunfällen mit tödlichem Ausgang auch Totschlagsstrafen zur Anwendung gelangen, wenn die Schuld des Fahrers im Einzelfall auf einen „bedingten Vorsatz" schließen lasse.

OBA Güde (Karlsruhe) entgegnete, dass beim BGH die Verfahrensdauer in Verkehrssachen etwa zwei bis drei Monate betrage.

Er erklärte ferner, dass bei bisheriger Praxis im Allgemeinen die leichten Fälle zu schwer und die schweren Fälle zu leicht bestrafe, und trat im Übrigen der Auffassung von GStA Nellmann (Stuttgart) bei, dass je nach Schuldlage eine Strafangleichung an den für Totschlag vorgesehenen Strafrahmen erfolgen müsse.

OStA Gall (Düsseldorf) schloss sich der Anregung von GStA Dr. Görcke (LG Berlin) an, die Bundesanwaltschaft möge bei den Justizministern auf vermehrte Strafkammeranklagen hinwirken. Die augenblickliche Einstellung, möglichst alles vor dem Schöffengericht anzuklagen, müsse aufgegeben werden.

GStA Bauer (Frankfurt/Main) erklärte, das Hess. Justizministerium habe darauf hingewirkt, in Verkehrsstrafsachen alle kurzfristigen Freiheitsstrafen bedingt auszusetzen und dafür den Führerschein zu entziehen, was zur Folge habe, dass Strafaussetzung zur Bewährung im Gnadenwege unter Umständen von der freiwilligen Abgabe des Führerscheins abhängig gemacht werde.

GStA Biermann (Celle) warnte davor, aufgrund der Anregung von OBA Güde (Karlsruhe) künftig allzu viel Anklagen vor der Strafkammer zu erheben, um nicht eine neue Überlastung des BGH herbeizuführen.

Zum Schluss bedankte sich *GStA Dr. Adams (Saarbrücken)* für die Einladung zu der Arbeitsbesprechung und für die herzliche Aufnahme.

Nachdem sich die Teilnehmer auf Saarbrücken als den nächsten Tagungsort und – falls die politischen Gegebenheiten die Durchführung der Tagung dort noch nicht zulassen sollten – auf einen Ort im Bezirk Karlsruhe geeinigt hatten, schloss GStA Brühl (KG Berlin) die Sitzung.

Im Namen der Teilnehmer bedankte sich *GStA Nellmann (Stuttgart)* für die Tagungsleitung und die Aufnahme in Berlin und bat, auch dem Senator für Justiz den Dank zu übermitteln.

gez. Brühl – gez. Völz

XI. Niederschrift über die Arbeitstagung der Generalstaatsanwälte vom 23.–25.5.1957

Anwesend waren:
OBA Güde
BA Hartinger
BA Dr. Wagner
GStA Dr. Fick, Bamberg
OStA Dr. Hülff, Berlin (KG)
GStA Dr. Görcke, Berlin (LG)
GStA Mützelburg, Braunschweig
GStA Dr. Dünnebier, Bremen
GStA Biermann, Celle
GStA Dr. Jansen, Düsseldorf
GStA Dr. Bauer, Frankfurt a.M.
GStA Kramer, Hamburg
GStA Kesseböhmer, Hamm
GStA Dr. Müller, Karlsruhe (OLG)
GStA Morbach, Koblenz
GStA Haas, Köln
OStA Dr. Bader, München (ObstLG)
GStA Dr. Hechtel (München (OLG)
GStA Dr. Geropp, Neustadt
GStA Mork, Nürnberg
GStA Dr. Krapp, Oldenburg
GStA Dr. Adams und OStA Dr. Kammer, Saarbrücken
GStA Dr. Voss, Schleswig
GStA Nellmann, Stuttgart
Protokollführer: Gerichtsassessor Wiesen (StA Saarbrücken)

Die Arbeitstagung wurde am 23.5.1957 nach Begrüßung der Teilnehmer durch den Justizminister des Saarlandes, Herrn *Egon Reinert,* durch *GStA Dr. Adams* eröffnet.

Zu 1: Verfahren wegen illegaler Betätigung der verbotenen KPD sprach *BA Dr. Wagner* und behandelte einleitend die Auswirkungen des Urteils des BVerfG vom 17.8.1956 [BVerfGE 5, 86] betreffend Verbot und Auflösung der KPD auf die Verfolgung von Funktionären und Mitgliedern der KPD wegen ihrer Betätigung *vor* dem Verbot, der eine

Verjährung nicht entgegensteht, da sie nach dem Urteil des BGH vom 5.9.1956 (6 StR 8/56) bis zum Erlass der Entscheidung des BVerfG geruht hat.

Die Zahl dieser Fälle übersteige, so führte der Referent aus, nicht den normalen Prozentsatz, da in vielen Fällen wegen der lange zurückliegenden Zeit eine Aufklärung nicht mehr möglich sei, eine Verfolgung auch nur bei den eigentlichen Rädelsführern akut werde und schließlich bei den Voraussetzungen, die das oben erwähnte Urteil vom 5.9.1956 hinsichtlich des inneren Tatbestandes verlange (s. auch Urteile BGHSt 2, 194 und 6, 318), ganz sicherlich nur die höchsten Parteifunktionäre, also etwa die Mitglieder des Parteivorstandes und die Angehörigen des Sekretariats des Parteivorstandes oder zentraler Parteistellen (Prüfungskommissionen, Schulleiter, Leiter von Redaktionskollektivs) für ein Verfahren in Frage kämen. Aber auch in diesen Fällen rechtfertige sich oft in Anlehnung an die Empfehlung des BJM in der 201. Sitzung des Bundestages am 4.4.1957 eine Einstellung nach § 153 StPO, eine Strafaussetzung zur Bewährung bei Freiheitsstrafen bis zu neun Monaten (§ 23 StGB), eine bedingte Entlassung nach Verbüßung von zwei Drittel der Strafe (§ 26 StGB) oder ein Gnadenerlass. Bei demjenigen Beschuldigen, der seine Tätigkeit für die KPD noch *nach* deren Verbot fortgesetzt habe, großzügig zu verfahren, bestehe jedoch kein Anlass, da er sich als hartnäckiger Staatsfeind erweise, der keine Nachsicht verdiene.

Sodann gab BA Dr. Wagner einen Überblick über die politische Entwicklung mit ihren strafrechtlichen Folgen, wie sie sich nach dem Verbot der KPD ergeben hat. Obwohl sich die KPD seit längerer Zeit auf die Illegalität vorbereitet gehabt habe, sei es ihr nicht gelungen, eine perfekte Geheimorganisation aufzustellen. Die Mehrzahl der bekannten Mitglieder des Parteivorstandes befinde sich in der SBZ, und auch der Schwerpunkt der Schulungstätigkeit sei fast ganz dorthin verlagert worden. Innerhalb der Bundesrepublik stecke der Aufbau der illegalen Organisationen noch mehr oder weniger in den Kinderschuhen; über die örtlichen Kader hinaus hätten sich einige Kreisleitungen gebildet, während Anzeichen für die Entstehung von Landesorganisationen nur vereinzelt festzustellen seien. Mit einem Weiterschreiten des Aufbaues müsse jedoch gerechnet werden.

Die Tätigkeit einer illegalen Organisation vollziehe sich im Wesentlichen in drei Erscheinungsformen: in der Propaganda, in dem Auftreten anscheinend harmloser Nachfolgeorganisationen, wobei die Wählergemeinschaften eine besondere Rolle spielten, und in der Betriebsarbeit.

Durch einen selbständigen Verteilerapparat versuche die illegale KPD, in weitem Umfange staatsfeindliche Druckschriften zu verbreiten, und zwar unter dem Titel früherer kommunistischer Tageszeitungen erscheinende periodische Schriften, Betriebszeitungen sowie Schriften, die nach außen als harmlose Druckerzeugnisse, z.B. als Novellen, als Gedichtsammlungen oder als Kriminalromane getarnt würden.

Was die Wählergemeinschaften anlange, hätten anlässlich der Kommunalwahlen ausgangs 1956 an zahlreichen Orten ehemalige KPD-Funktionäre auf Listen sogenannter freier Wählervereinigungen kandidiert, wobei sie sich als unabhängig oder parteilos ausgegeben hätten. Die Listen dieser Wählergemeinschaften seien dadurch zu tarnen gesucht worden, dass auf ihnen ein mehr oder minder großer Prozentsatz politisch farb- und harmloser Kandidaten verzeichnet gewesen sei. In allen diesen Fällen bestehe der begründete Verdacht der strafbaren Gruppenbildung zu dem Zwecke, auf dem Wege über die Wählergemeinschaften eine KPD-Fraktion zu bilden.

Zur Rechtslage führte der Referent aus, dass die Herstellung, Verbreitung und Ausfuhr illegaler staatsfeindlicher Propagandaschriften nicht nur nach § 93 StGB verstoße, dass vielmehr jeder Fall auch darauf geprüft werden müsse, ob der Täter nicht zugleich den organisatorischen Zusammenhalt der KPD hat aufrechterhalten oder die Bestrebungen der verbotenen Partei hat fördern wollen und damit den Tatbestand der §§ 42, 47 BVerfGG erfüllt habe. Dies träfe auch zu in den Fällen, in denen KPD-Losungen angebracht oder sonst verbreitet würden, wie „Die KPD lebt", „Trotz Auflösung und Verbot – wir sind da!". In derartigen Fällen könne grober Unfug nach § 360 Ziff. 11 StGB nur dann angenommen werden, wenn es sich um den Protestakt eines *Einzelgängers* handle, der losgelöst von jeder organisatorischen Bindung lediglich seinem Unwillen über den Spruch des BVerfG Ausdruck habe geben wollen. Komme es dem Täter aber darauf an, die Organisation und die Tätigkeit der KPD fortzuführen, so kämen für die Verfolgung nur die §§ 42, 47 BVerfGG in Frage.

Diese Bestimmungen seien auch die sedes materiae für die Beurteilung der Wählergemeinschaften, die sich – soweit sich ihre kommunistische Struktur nachweisen lasse – als Ersatzorganisationen darstellten und damit ebenfalls einen Verstoß gegen das Auflösungsdekret des BVerfG bedeuteten. Dasselbe gelte von Vereinen und Gruppenbildungen, deren wirklicher Zweck darin bestehe, das ungestörte Zusammenkommen ehemaliger Parteimitglieder und Anhänger zu ermöglichen. Unter Bezugnahme auf das Urteil des BGH vom 7.1.1955 (BGHSt 7, 104) erläuterte der Referent den rechtlich bedeutungsvollen Unterschied zwischen Fortsetzungs- und Ersatzorganisation.

Um schon vor Inkrafttreten des 4. Strafrechtsänderungsgesetzes [BGBl. I 1957, 597], durch das die §§ 42, 47 BVGG in den Katalog der in § 74 a GVG aufgezählten Delikte aufgenommen werden, die sich auf die §§ 42, 47 BVerfGG beziehende Rechtsprechung straffer zu konzentrieren, schlug der Referent vor, Verstöße gegen die genannten Bestimmungen gleichzeitig als Vergehen gegen § 128 StGB i.V. mit § 94 StGB anzuklagen, soweit es sich um Fälle der bloßen Fortsetzung handle. Denn dass eine illegale KPD zumindest ihre Verfassung geheim zu halten bestrebt sein werde, liege auf der Hand; es könne auch angenommen werden, dass die Geheimbündelei der in § 94 StGB umrissenen staatsgefährdenden Absicht entspreche. Daneben komme, und zwar sowohl für die Fortsetzungs- als auch für die Ersatzorganisationen, die Anwendung des § 90 a StGB in Betracht, wobei jedoch, soweit es sich um eine Ersatzorganisation handle, auf die Feststellung des inneren

Tatbestandes entsprechend dem Urteil des BGH vom 7.1.1955, das hierzu besondere Richtlinien aufgestellt habe, ein ganz besonderes Augenmerk zu richten sei.

Zweifelhaft sei, ob auf die Betätigung für die illegale KPD auch § 129 [Untergrundvereine] StGB angewendet werden könne. Denn bisher hätten sich keine ausreichenden Anhaltspunkte dafür ergeben, dass die illegale KPD die üblichen Grundtatbestände des § 129 StGB, wie Zersetzung, Sachbeschädigung und Beleidigung, planmäßig begehe. Auch die Anzeichen für einen systematischen Hetz- und Verleumdungsfeldzug gegen die Mitglieder der Bundesregierung und die den Staat tragenden politischen Kräfte seien bisher so vereinzelt, dass sie noch nicht als Tätigkeitszweck der illegalen KPD angesehen werden könnten. Keine Organisationsdelikte aber, also Vergehen nach §§ 90 a, 128 StGB könnten nach der höchstrichterlichen Rechtsprechung (BGHSt 7, 6) ebenso wenig Grundtatbestände des § 129 StGB sein wie die Vorbereitung eines hochverräterischen Unternehmens.

Der Referent hält nach den derzeitigen Erkenntnissen auch die Bestimmungen, die das hochverräterische Unternehmen unter Strafe stellen, auf die illegale KPD nicht für anwendbar. Denn Anhaltspunkte dafür, dass die KPD auch in ihrer Illegalität versuche, ihre verfassungswidrigen Ziele mit Gewalt oder durch Drohung mit Gewalt zu erreichen, seien nicht zu beobachten. Dass das System, das sie einzuführen bestrebt sei, ein System der Gewalt sei, und dass es dort, wo es herrsche, nur auf dem Wege der Gewalt eingeführt werde, sei trotz weitgehender Hinweise in den in Betracht kommenden Verfahren von der Rechtsprechung nicht als ausreichend angesehen worden, um allein aufgrund dieser historischen Tatsache den Tatbestand der §§ 80, 81 StGB zu bejahen. Hinzu komme, dass der BGH diese Bestimmungen weit einschränkender ausgelegt habe als das Reichsgericht.

Die Tätigkeit einer illegalen KPD allein wegen ihrer Illegalität rechtlich als hochverräterisches Unternehmen würdigen zu wollen, erscheine aussichtslos. So aufmerksam auch die Entwicklung in den bisher kommunistischen Kreisen beobachtet werden müsse, werde man zunächst davon ausgehen müssen, dass der Vorwurf des Hochverrats über die Illegalität hinaus konkrete Umsturzpläne voraussetze, die sich auf die jeweiligen politischen Verhältnisse beziehen und aus ihnen auch zu erkennen sein müssten. Außerdem werde man im Allgemeinen davon ausgehen dürfen, dass der Vorwurf des Hochverrats sich dann auf die führenden Männer der illegalen KPD beschränken werde.

Der Referent ging nun auf die illegale Tätigkeit der KPD ein, soweit sie in der Einwirkung auf die Betriebe bestehe, wo man am besten die breite Masse erfassen zu können glaube. Träger der Bestrebungen zur Infiltration der westdeutschen Betriebe wie auch der Gewerkschaften sei der sowjetzonale FDGB. Er entsende Instrukteure in die Bundesrepublik, die die Verbindung zwischen den kommunistischen Betriebsräten und Betriebsfunktionären herstellten. Sie brächten Agitationsmaterial und Geld, nähmen Informationsberichte aus den Betrieben entgegen und hielten in kleineren Kreisen Versammlungen ab.

Die Bekämpfung dieser Umtriebe werde dadurch erschwert, dass weder das Betriebsverfassungsgesetz noch das Verbotsurteil des BVerfG die kommunistischen Betriebsratsmitglieder erfasse. Infolgedessen sei die strafrechtliche Erfassung dieser Vorgänge schwierig. Klar lägen die Fälle, in denen der Anteil illegaler Kommunisten so stark sei, dass von einer Fortsetzung der verfassungswidrigen Tätigkeit der KPD gesprochen werden könne; dann gelte das oben Gesagte. Häufig aber werde den Beteiligten ein Zusammenhang mit der illegalen Tätigkeit der KPD nicht nachzuweisen sein. Erfahrungsgemäß beriefen sich alle Beteiligten darauf, es sei ihnen um den Austausch gewisser beruflicher oder fachlicher Erfahrungen, das Kennenlernen der beiderseitigen sozialen Verhältnisse und die Aufrechterhaltung gesamtdeutscher Besprechungen unter den Arbeitern, Gewerkschafts- und Genossenschaftsmitgliedern oder bestimmten Berufsgruppen zu tun gewesen. Lasse sich das nicht widerlegen und trete mithin das Element illegaler staatsfeindlicher Tätigkeit im Sinne der verbotenen KPD zurück, so bleibe bei den westdeutschen Beteiligten in der Regel nur der Tatbestand des § 100 d Abs. 2 StGB übrig. Denn sie hätten durch ihre Unterstützung eines FDGB-Instrukteurs Beziehungen zu einer Einrichtung außerhalb des strafgesetzlichen Geltungsbereichs aufgenommen, die als verfassungswidrig angesehen werden müssten. Lieferten sie dem Instrukteur bestimmte Informationen, so stehe auch der Tatbestand des § 92 StGB in Frage, und zwar auch für den FDGB-Instrukteur. Liege der Tatbestand des staatsgefährdenden Nachrichtendienstes nicht vor, so sei der sowjetzonale Instrukteur in strafrechtlich günstiger Position, denn § 100 d Abs. 2 StGB sei auf ihn nicht anwendbar, wie der BGH in seinem Urteil vom 2.11.1956 (BGHSt 10, 46 = NJW 1957, 470 = MDR 1957, 306) im Gegensatz zu mehreren früheren Entscheidungen des LG Dortmund entschieden habe. Ob der Instrukteur, was rechtlich nicht unzweifelhaft erscheine, wegen Anstiftung zu dem Vergehen des § 100 d Abs. 2 StGB bestraft werden könne, werde von den Tatumständen abhängen. Insoweit scheine das Gesetz eine offenbare Lücke aufzuweisen. Andernfalls werde zu prüfen sein, ob der FDGB-Instrukteur, wie dies in mehreren Verfahren verschiedentlich habe festgestellt werden können, so enge Beziehungen zu KPD-Kreisen gesucht habe, dass ihm die Tatbestände der §§ 90 a StGB, 42, 47 BVGG zur Last gelegt werden könnten, wobei er im Rahmen des § 90 a StGB als Hintermann zu gelten haben werde. Entfalle die Nachweismöglichkeit auch insoweit, so werde der FDGB-Instrukteur aus tatsächlichen und rechtlichen Gründen nicht zu überführen sein.

In diesem Zusammenhang wies der Referent darauf hin, dass mehrere Fälle vermuten ließen, dass Nachrichtenagenten nicht nur zu Zwecken, welche die Landesverratsbestimmungen unter Strafe stellten, in die Bundesrepublik entsandt worden seien, sondern auch mit dem Auftrage, zu Kreisen der illegalen KPD zwecks Förderung der unterirdischen Betriebsarbeit Fühlung zu nehmen. In diesen Fällen seien landesverräterische und staatsgefährdende Bestrebungen miteinander verschmolzen. Für die Einstufung des Falles in die eine oder andere Kategorie sei es entscheidend, auf welcher Tätigkeit das

Schwergewicht liege. Im Hinblick auf die Geschäftsverteilung bei der Bundesanwaltschaft bäte er darum, bei Vorlage derartiger Fälle ausdrücklich darauf hinzuweisen, dass es sich um einen gemischten Sachverhalt handle und welches Delikt nach Auffassung der Einleitungsbehörde im Vordergrund stehe.

GStA Dr. Bauer begann die Diskussion damit, dass er ausführte, in Frankfurt seien sehr viele Verfahren anhängig, in denen geprüft werde, ob die bei den Kommunalwahlen aufgetretenen unabhängigen Wählerorganisationen als Fortsetzung der verbotenen KPD anzusehen und daher nach § 90 a StGB bzw. §§ 42, 47 BVerfGG zu verfolgen seien. Rein tatsächlich mache die Aufklärung ungeheure Schwierigkeiten. Abgesehen davon vertrete wahrscheinlich die Mehrzahl der Staatsrechtler der Meinung, dass eine unabhängige Organisation auf Kommunalebene keine politische Partei sei und deshalb nicht von dem Verbot umfasst werde. Sei das zutreffend, dann sei eine Fortführung dieser Verfahren nicht mehr angängig.

BA Dr. Wagner warf im Wechselgespräch mit GStA Dr. Bauer ein, dass nach strafrechtlichen Grundsätzen Nachfolgeorganisationen nicht unbedingt Parteien sein müssten. Im Übrigen sei auch die kommunale Tätigkeit eine politische. Das ergebe sich daraus, dass auf Kommunalebene die Politik der großen Parteien beginne und sich in den Länderparlamenten und im Bundestag fortsetze.

GStA Dr. Dünnebier verwies auf das Urteil des OVG Bremen, wonach die Mandate der verbotenen KPD nur insoweit aberkannt worden seien, als damit ein Tätigwerden auf Landesebene verbunden gewesen sei, nicht aber, soweit lediglich die kommunalpolitische Tätigkeit in Frage stehe.

OBA Güde betonte gegenüber der Ansicht der Vorredner, dass es für die Frage einer Fortsetzung der KPD lediglich darauf ankomme, ob sich die ehemaligen Mitglieder der KPD in diesen Wählergemeinschaften sammeln und durch sie die Ziele der früheren KPD zu erreichen versuchen. Wenn sich ergebe, dass der frühere Parteimitgliederbestand zu einem wesentlichen Teil in einer solchen Gemeinschaft auftauche, läge der Verdacht einer Fortführung der Partei vor, dies insbesondere dann, wenn eine überörtliche zentrale Lenkungsstelle erkennbar sei.

GStA Dr. Bauer forderte die Klärung der bezüglich der kommunalen Wählergemeinschaften aufgetauchten Rechtsfragen durch Einholung staatsrechtlicher Gutachten.

Sowohl *OBA Güde* als auch *BA Dr. Wagner* hielten solche Gutachten im Hinblick auf die klare Fassung des Gesetzes nicht für erforderlich.

GStA Biermann regte an, wegen der Wichtigkeit dieses Besprechungspunktes das gleiche Thema ausführlicher auf einer Spezialtagung zu behandeln, an der die Bearbeiter der politischen Strafsachen teilnehmen sollten.

OBA Güde begrüßte diesen Vorschlag und sagte die Unterstützung der Bundesanwaltschaft zu, wenn die Arbeitstagungen sich auf wenige Orte beschränkten.

GStA Biermann schlug sodann vor, mehrere Staatsanwaltschaften für *eine* Arbeitstagung zusammenzufassen.

Demgegenüber hielt es *GStA Kesseböhmer* für angebracht, eine einzige Arbeitstagung in Bad Pyrmont durchzuführen, um nicht die Bundesanwaltschaft allzu sehr zu belasten.

Auf Vorschlag des *Tagungsleiters* wurde die Fassung einer Entschließung über die Abhaltung einer besonderen Arbeitstagung bis nach Erledigung des Besprechungspunktes 2 zurückgestellt.

Zu 2: Rechtsfragen zu § 100 e StGB [verräterische Beziehungen]

Aufgrund der Kritik, der § 100 e StGB und die hierzu ergangene Rechtsprechung, insbesondere die Urteile des OLG Hamm vom 12.4.1956 und des BGH vom 28.3.1957 (2 StE 25/56) in letzter Zeit in der Presse unterliegen, behandelte *BA Hartinger* nach Darlegung der rechtsgeschichtlichen Entwicklung, welche die Fassung des § 100 e StGB beeinflusst hat (§ 6 des Spionagegesetzes vom 3.6.1914 [RGBl. I 1914, 195] und dazu Urteil des RG vom 24.5.1917 – RGSt 50, 423 -, Strafrechtsnovelle vom 26.5.1933 [RGBl. I 1933, 272] – § 92 b StGB – und Strafrechtsnovelle vom 24.4.1934 [RGBl. I 341] – § 90 c StGB -), unter Bezugnahme auf die Arbeit von Dr. Mittelbach (NJW 1957, 649) besonders wichtige aus dieser Gesetzesbestimmung sich ergebende Rechtsfragen. Er führte aus: Das zentrale Rechtsgut auf dem Gebiete strafbarer Nachrichtentätigkeit, soweit die äußere Sicherheit der Bundesrepublik in Betracht komme, sei das *Staatsgeheimnis.* Um jede landesverräterische Betätigung schon in ihren ersten Anfängen zu unterbinden und dem Verrat von Geheimnissen vorzubeugen, werde durch § 100 e StGB schon die Aufnahme und das Unterhalten von Beziehungen zu Einrichtungen usw. außerhalb der Bundesrepublik, welche die Mitteilung von Staatsgeheimnissen zum Gegenstand hatten, mit Strafe bedroht. Von entscheidender Bedeutung für die rechtliche Beleuchtung des § 100 e StGB sei, was unter Beziehungen zu verstehen sei, „welche die Mitteilung von Staatsgeheimnissen zum Gegenstand haben". Grundlegend sei hierfür das sich an die Entscheidung des RG vom 24.5.1917 anlehnende Urteil des 2. Strafsenats des BGH vom 22.12.1953 (BGHSt 6, 333). Danach habe § 100 e StGB Beziehungen im Auge, die sich noch nicht auf ein *bestimmtes* Staatsgeheimnis erstreckten, sondern nur *allgemein* die Mitteilung von Staatsgeheimnissen zum Gegenstand hätten. Dabei brauche es nicht bei den Beziehungspartnern auf die Mitteilung von Staatsgeheimnissen anzukommen; es genüge vielmehr die Kenntnis des Täters, dass die Vereinigung, mit der er Beziehungen anknüpfe, Staatsgeheimnisse beschaffen wolle; denn auch dann hätten die Beziehungen zwischen beiden für einen dritten unbefangenen Beobachter die Mitteilung von Staatsgeheimnissen zum Gegenstand. Dazu habe der 6. Strafsenat des BGH in seinem Urteil vom 11.5.1954 (BGHSt 6, 346 ff.) unter Billigung der Auffassung des 2. Strafsenats dargelegt, dass der § 100 e StGB aus kriminalpolitischen Gründen einen selbständigen allgemeinen, *abstrakten* Gefährdungstatbestand enthalte.

Nach dieser Rechtsprechung genüge es, wenn sich der Täter von seinem Beziehungspartner in dessen Bestrebungen in ihrer Kenntnis einspannen ließe. Das sei auch dann der Fall, wenn er auch nur Scheinbeziehungen zum fremden Nachrichtendienst aufnehme. Scheinbeziehungen, deren Definition sich aus der Entscheidung des RG vom 24.5.1917 ergebe, spielten in der Rechtsprechung eine besondere Rolle. Der 6. Strafsenat des BGH halte in seiner Entscheidung vom 11.5.1954 bei der *Aufnahme* von Scheinbeziehungen den äußeren Tatbestand des § 100 e StGB nicht für erfüllt, „wenn ihr die in § 100 e StGB vorausgesetzte Gefährlichkeit im Einzelfall fehle", wenn sie also ausnahmsweise für das Wohl der Bundesrepublik oder eines ihrer Länder nicht jene Gefahr begründe, die mit der *Unterhaltung* einer Scheinbeziehung stets verbunden sei. Dr. Mittelbach habe recht, wenn er diese Rechtsprechung für bedenklich halte, weil damit der BGH ein Tatbestandsmerkmal in den gesetzlichen Tatbestand aufnehme, das in diesem überhaupt nicht enthalten sei. Der Gesetzgeber habe aus kriminalpolitischen Erwägungen den Tatbestand des § 100 e StGB als abstrakten Gefährdungstatbestand gestaltet, und es könnte daher im Einzelfalle nicht darauf abgestellt werden, ob eine konkrete Gefahr vorliege oder nicht.

Wenn ein Bedürfnis bestehe, nichtstrafwürdige Fälle auszuscheiden, so gehe das nicht auf diesem von dem BGH gewählten Wege. Denn es gebe keine Begründung, durch die der Widerspruch aus der Welt geschafft werden könne, der darin liege, dass auf der einen Seite die abstrakte Gefährdung genügen solle, auf der anderen Seite dann aber doch eine konkrete Gefahr verlangt wird. Dem Verlangen nach Gerechtigkeit könnten meist Erwägungen zur inneren Tatseite, äußerstenfalls auch § 153 StPO zum Siege verhelfen.

Der Referent kam dann auf das Urteil des BGH vom 28.3.1957 (2 StE 25/56) zu sprechen, in dem er eine Auslegung des Tatbestandsmerkmals „Unterhalten" sieht, insoweit dieses Urteil feststeht: „Eine Handlung, die nur den Zweck verfolgt, einem anderen die gefahrlose Absetzung zu ermöglichen, und *die das Vorhaben der Auftraggeber überhaupt nicht fördert,* ist nicht tatbestandsmäßig im Sinne des § 100 e Abs. 1 StGB". Diese Auslegung des Tatbestandes des § 100 e in diesem Urteil hält der Referent jedoch für zu weitgehend, weil die Forderung einer *tatsächlichen* Förderung sich weder aus dem Wortlaut noch aus dem Sinn des Gesetzes ergebe. Sie hätte auch zur Folge, dass diese Förderung nachgewiesen werden müsste, was sich praktisch in den meisten Fällen nicht durchführen ließe. Damit würde der Anwendung des Gesetzes sehr oft der Boden entzogen. Er nehme daher an, dass der Senat sich nur ungenau ausgedrückt habe und nicht von seiner Entscheidung vom 29.3.1955 (StE 24/54) habe abweichen wollen, in der lediglich eine Tätigkeit gefordert werde, „die *geeignet* und *dazu bestimmt ist,* der Erlangung von Staatsgeheimnissen durch einen fremden Nachrichtendienst zu dienen." Der Referent stützt seine Annahme darauf, dass der Senat, wenn er von seiner im Urteil vom 29.3.1955 vertretenen Auffassung hätte abweichen wollen, seine abweichende Meinung begründet und das Urteil zur Veröffentlichung in der amtlichen Sammlung bestimmt hätte. Auch böten seine übrigen Urteile, insbesondere seine spätere Entscheidung in der Sache 2 StE 9/57 vom 2.5.1957 keinen Anhaltspunkt für eine Aufgabe seiner früheren Rechtsansicht. Die in dem Urteil vom 29.3.1955 aufgestellte Forderung gebe aber die Möglichkeit einer Einschränkung der Anwendung des § 100 e Abs. 1 StGB auf die Fälle, die wirklich strafwürdig seien, und sei auch für die Scheinbeziehungen, ja sogar nur für sie von Bedeutung.

Der Referent behandelte sodann die Frage, ob der Tatbestand des § 100 e Abs. 1 StGB auch durch ein „Unterlassen" erfüllt werden könne und kommt nach Hinweis auf eine diese Frage bejahende Entscheidung des Kammergerichts in Berlin vom 7.6.1956 (1 OJs 71/55) zu dem Ergebnis, dass in dem Unterlassen nur dann ein Unterhalten von Beziehungen zu erblicken sei, wenn das Nichtstun dem Willen des Auftraggebers entspreche, der Täter sich also auftragsgemäß verhalte. Sei jedoch das Nichtstun auftragswidrig, dann könne in diesem kein Unterhalten gesehen werden.

Die bloße Aussage bei *Vernehmungen* durch einen fremden Nachrichtendienst hält der Referent unter Hinweis auf das Urteil des Bayer. ObstLG vom 19.10.1954 (3 St 17/54) nicht für strafbar nach § 100 e Abs. 1 StGB, da durch die bloße Vernehmung keine Verbindung im Sinne dieser Gesetzesvorschrift hergestellt werde.

Die Frage, ob eine Abwehrtätigkeit für die sogenannte DDR unter § 100 e Abs. 1 StGB falle, beantwortete der Referent unter Hinweis auf die Fassung des § 100 e und die §§ 3 und 4 StGB und in Erwähnung einiger Entscheidungen des KG, der OLG und des BGH (vom 2.5.1957 – 2 StE 9/57) dahin, dass es hier darauf ankomme, ob die Beziehungen Staatsgeheimnisse der Bundesrepublik bzw. Westberlins zum Gegenstand hätten. Bloße Stimmungsberichte über Zustände und Ereignisse in der SBZ und sogenannte Abklärung von Bewohnern der SBZ beträfen noch keine Staatsgeheimnisse der Bundesrepublik. Anders sei es bei der Befragung von Personen aus der Bundesrepublik, die die sowjetische Besatzungszone besuchten. Insoweit sei von dem Erfahrungssatz auszugehen, dass der SSD nach seinen Aufgaben und seinen Methoden sich auch Erkenntnisse über die Bundesrepublik beschaffen wolle.

Keine Schwierigkeiten böte die Abgrenzung der Tätigkeit eines Agenten nach § 100 e Abs. 1 StGB gegenüber dem versuchten Landesverrat (§§ 100 Abs. 1, 43 StGB) und den unter § 49 a StGB fallenden Straftatbeständen. § 100 e StGB habe den Fall im Auge, dass die Beziehungen noch kein *bestimmtes* Staatsgeheimnis beträfen. Gehe der Auftrag dahin, bestimmte Staatsgeheimnisse auszuspähen und sie dem Auftraggeber, dem fremden Nachrichtendienst, mitzuteilen, so bedeute bereits die ernstgemeinte Zusage, diesen Auftrag ausführen zu wollen, ein Verbrechen im Sinne des § 100 Abs. 1 StGB i.V. mit § 49 a Abs. 2 StGB. Mache sich der Täter an die Ausführung dieses Auftrags zum Landesverrat in dessen Erkenntnis, indem er z.B. in den Ort der aufgetragenen Beobachtungen sich begebe oder sich nach besten Kräften um die Sammlung von Erkenntnissen bemühe, so liege nach den Entscheidungen des BGH vom 11.5.1954 (BGHSt 6, 349) und vom 5.6.1956 (2 StE 6/56) ein Versuch des Landesverrats vor.

Zur Frage, ob ein länger dauerndes Unterhalten von Beziehungen im Sinne des § 100 e Abs. 1 StGB als Dauerdelikt oder fortgesetzte Handlung zu würdigen sei, verwies *BA Hartinger* auf die Rechtsprechung der OLG Köln, Hamm und Schleswig und des Bayer. ObstLG, die ein Dauerdelikt für gegeben hielten, während der BGH in einem Beschluss ohne jede Begründung die Bezeichnung „fortgesetzte Handlung" verwendet habe. Es sei kein Geheimnis, dass die überwiegende Mehrheit der Mitglieder des Senats dazu neige, fortgesetzte Handlung für gegeben zu halten.

Der Referent ging auch kurz auf Abs. 2 des § 100 e StGB und seinen Anwendungsbereich ein, wobei der die Urteile des 6. Strafsenats (BGHSt 6, 349) und vom 16.5.1957 (2 StE 10/57) erwähnte. Danach kämen für eine Anwendung des Abs. 2 im Wesentlichen nur die Fälle infrage, in denen sich Gesinnungsfreunde von Nachrichtenstellen, die sich außerhalb der Bundesrepublik befänden, aus eigenem Antrieb in deren Sinne betätigten.

Zur Frage der Einstellung des Verfahrens bei Verfehlungen nach § 100 e Abs. 1 StGB gemäß § 154 Abs. 2 StPO vertrat BA Hartinger die Auffassung, dass bei Sachen mit besonderer Zuständigkeit nach §§ 74 a, 134 GVG das für die Hauptverhandlung zuständige Gericht die Zustimmung zu erteilen habe.

Abschließend wies der Referent darauf hin, dass bei Abgabe von Ermittlungsverfahren, die Verfehlungen nach § 100 e StGB beträfen, aufgrund des § 134 a Abs. 1 GVG die Zuständigkeit des GStA, an den abgegeben werde, in vollem Umfange begründet werde, so dass er ohne vorherige Einholung des Einverständnisses des OBA an einen anderen GStA weiter abgeben könne, wenn hierzu ein Anlass bestehe. Zweckmäßig sei es jedoch, von der Weitergabe die Bundesanwaltschaft zur Ergänzung deren Handakten zu unterrichten.

In der an das Referat sich anschließenden Diskussion vertrat *GStA Dr. Bauer* unter Darlegung eines Einzelfalls die Meinung, dass die meisten nach § 100 e StGB Beschuldigten schon aus dem Gesichtspunkte des strafrechtlichen Notstandes straflos bleiben müssten. Ferner seien viele sich strafbarer Beziehungen überhaupt nicht bewusst, da sie in Unkenntnis der gesetzlichen Regelung gehandelt hätten. In diesen Fällen müsse geprüft werden, ob nicht ein zu beachtender Verbotsirrtum vorliege. Er bedaure, dass sich der BGH mit dieser Frage bis jetzt noch nicht befasst habe.

BA Dr. Wagner hielt anhand eines Beispielsfalls die Annahme eines strafrechtlichen Notstandes für möglich.

OStA Dr. Bader wies auf einen Beschluss des Bayer. ObstLG hin, in dem die Frage des Verbotsirrtums zum Zusammenhang mit § 100 e StGB erörtert worden sei.

OBA Güde hielt in den bis jetzt angefallenen Fällen eine Entscheidung über die Frage des Verbotsirrtums durch den BGH nicht für erforderlich.

GStA Dr. Bauer ist aufgrund der bisherigen Rechtsprechung des BGH anderer Meinung. In dem sich anschließenden Wechselgespräch zwischen ihm und OBA Güde verlas dieser den Beschluss des Bayer. ObstLG, der die Frage des Verbotsirrtums behandelte und sagte, wenn der Täter nicht gewusst habe, dass er mit einem fremden Nachrichtendienst in Verbindung gestanden habe, dann sei der *objektive* Tatbestand des § 100 e StGB nicht erfüllt. Es gebe also Ausweichmöglichkeiten, um in nicht strafwürdigen Fällen an einem Verfahren vorbeizukommen.

GStA Dr. Görcke ging auf die Beweisschwierigkeiten bei der Durchführung der Verfahren nach § 100 e StGB ein. Meist lägen nur Angaben der Beschuldigten vor, die gemacht worden seien, um als politischer Flüchtling anerkannt zu werden. Werde aufgrund dieser Angaben ein Strafverfahren nach § 100 e StGB eingeleitet, würden in der Regel diese Angaben widerrufen, so dass mangels weiterer Beweismittel schließlich nur eine Einstellung des Verfahrens übrig bliebe.

OStA Dr. Hülff hielt im Hinblick auf die Vielzahl der Delikte nach § 100 e StGB eine großzügige Anwendung des § 153 StPO für geboten.

GStA Kesseböhmer warf sodann die Frage der Konkurrenz zwischen den Bestimmungen des Anhangs A zum Truppenvertrag vom 30.3.1955 [BGBl. II, 405] und den §§ 99 ff. StGB in die Diskussion. Er erwähnte dabei ein Beispiel, in dem nach § 7 des Anhangs A zum Truppenvertrag Anklage erhoben worden war, der Eröffnungsbeschluss auf ein Vergehen nach § 100 e StGB lautete und das Urteil wegen eines Verstoßes nach § 7 des Anhangs A zum Truppenvertrag erging, wobei zu dem Problem einer Konkurrenz überhaupt nicht Stellung genommen worden war. Weiter führte GStA Kesseböhmer aus, er vermisse auch eine Regelung darüber, welchen Gerichten die Zuständigkeit zur Entscheidung über diese Delikte obliege, insbesondere dann, wenn eine Tat gleichzeitig gegen die Bestimmungen des Anhangs A zum Truppenvertrag und § 100 e StGB verstoße.

BA Hartinger führte aus, dass insoweit tatsächlich eine Gesetzeslücke bestehe. Er sei jedoch der Meinung, dass in dem von GStA Kesseböhmer erwähnten Beispiel die Zuständigkeit des BGH bzw. der OLG (§ 134 a GVG) gegeben sei.

OStA Dr. Bader verwies bezüglich der Zuständigkeit auf die Art. 5 und 6 des Truppenvertrages, bei denen es wohl zu verbleiben habe.

Die *GStA Mützelburg* und *Dr. Bader* trugen zur Frage, welches Gericht für die Erteilung der Zustimmung zur Einstellung des Verfahrens nach § 153 Abs. 2 StPO bei den Vergehen nach § 100 e StGB zuständig sei, vor, dass in ihren Bezirken die Zustimmung des Amtsrichters eingeholt werde.

GStA Kesseböhmer ist der Meinung, dass man nicht gegen die StPO verstoße, wenn man für derartige Einstellungen die Zustimmung des OLG einhole.

GStA Biermann brachte sodann die Frage auf die Beschleunigung der Haftsachen nach §§ 99 ff. StGB und hielt es für erforderlich, dass die Akten schneller an die Bundesanwaltschaft gelangen müssten.

GStA Dr. Bauer regte insoweit an, dass zur Beschleunigung der Verfahren der Amtsrichter die Akten direkt an die Bundesanwaltschaft übersenden solle, und dass durch diese die Verfahren schneller als bisher abgegeben werden müssten. Es gehe nicht an, dass in Haftsachen die Akten vier bis sechs Wochen später zurückkämen.

BA Hartinger sicherte zu, für eine Beschleunigung der Verfahren besorgt zu sein. Der Vorschlag der direkten Übersendung der Akten durch den Amtsrichter an die Bundesanwaltschaft widerspreche zwar den Richtlinien für das Strafverfahren; durch sie sei jedoch der Haftrichter nicht gehindert, in der von GStA Dr. Bauer vorgeschlagenen Weise zu verfahren, dem auch GStA Dr. Müller zustimmte.

GStA Kesseböhmer hielt ein solches Verfahren nicht für bedenkenfrei, da es die rechtzeitige Unterrichtung des Landesjustizministers durch die Staatsanwaltschaft gefährde und deshalb unter Umständen insoweit eine Änderung der Richtlinien notwendig mache.

Sodann setzte sich *GStA Dr. Krapp* für eine Einengung des Tatbestandes des § 100 e StGB durch Gesetzesänderung ein, worauf *OBA Güde* entgegnete, dass diesbezügliche Bestrebungen im Gange und die zuständigen Stellen bereits entsprechend befasst seien.

Nach Beendigung der Diskussion wurde zu dem unter Besprechungspunkt I angeregten Vorschlag des GStA Biermann, eine Arbeitstagung der Staatsanwälte durchzuführen, die Staatsschutzsachen bearbeiten, auf Vorschlag des Tagungsleiters folgende Entschließung gefasst: „Es sollen eintägige Tagungen der Staatsanwälte, die Staatsschutzsachen bearbeiten, durchgeführt werden, und zwar eine für die Staatsanwaltschaften des nördlichen Teils der Bundesrepublik in Celle oder an einem anderen noch zu bestimmenden Orte und eine für die Staatsanwaltschaften des südlichen Teils der Bundesrepublik, der sich Hessen, Rheinland-Pfalz und Saarland anschließen, in Karlsruhe. An der Arbeitstagung sollen auch die Dezernenten der Generalstaatsanwälte, soweit sie politische Strafsachen bearbeiten, teilnehmen. Die GStA Biermann und Dr. Müller sollen die in ihrem Bezirk stattfindenden Tagungen vorbereiten, sobald die einzelnen Generalstaatsanwälte die Zustimmung ihrer Justizminister mitgeteilt haben."

Zu 3: Briefzensur, Besuchserlaubnis und Benachrichtigung von Angehörigen in Landesverratsverfahren

BA Hartinger sprach über Sinn und Zweck des § 114 a Abs. 1 StPO, nach dem bei einer Verhaftung unverzüglich von Amts wegen ein Angehöriger des Verhafteten oder eine Person seines Vertrauens zu benachrichtigen ist. Diese Vorschrift, die sowohl dem Schutze des Verhafteten als auch den Interessen seiner Angehörigen diene, sei mit der besonderen Garantie des Verfassungsschutzes ausgestattet (Art. 104 Abs. 4 GG), so dass die Benachrichtigung sogar gegen den Widerspruch des Verhafteten zu erfolgen habe. Ob der Zweck der Untersuchung durch die Benachrichtigung gefährdet sei, spiele keine Rolle.

Sodann behandelte er die Frage, ob Ausnahmen von dieser gesetzlichen Regelung möglich seien, insbesondere dann, wenn durch die Benachrichtigung erhebliche staatliche Interessen oder das Wohl und die Sicherheit des Staates gefährdet würden, wie dies in Landesverratssachen oft der Fall sein könnte, was er anhand von Beispielen näher darlegte. Wäre die Vorschrift des § 114 a Abs. 1 StPO, so führte der Referent aus, ohne jede Ausnahme anzuwenden, dann würde der Gesetzgeber auch auf die akute Gefahr hin, dass die Bundesrepublik in ihrem Abwehrkampf ins Hintertreffen komme, den Diener des Staates, seinen Richter, zwingen, durch die Benachrichtigungspflicht gegen die Interessen seines eigenen Staates zu handeln, dem er sich doch zur besonderen Treue verpflichtet habe. Dies könne nicht der Sinn des Gesetzes sein, gleichgültig, welche Bedeutung diesem Gesetze im Allgemeinen beigelegt werde, gleichgültig also auch, ob es mit besonders weitgehenden Garantien ausgestattet sei oder nicht. Jedes Gesetz habe einen ihm sozusagen innewohnenden Vorbehalt, und für eine Anwendung gäbe es da eine Grenze, wo sie höchste Werte und Güter gefährde und wo diese Gefährdung in keinem vernünftigen Verhältnis mehr zu dem stehe, was durch die Anwendung des Gesetzes erreicht werden solle. Auch wenn ein Gesetz keinen ausdrücklichen Hinweis auf die Einschränkbarkeit seiner Gewährleistungen enthalte, so seien doch die in ihm enthaltenen Rechte, selbst wenn es sich um in der Verfassung anerkannten Grundrechte handle, niemals schrankenlos. Man spreche von immanenten Gewährleistungsschranken; hierzu gehöre vor allem die Sicherung des Staates, und insoweit verweise er auf die Gedanken, die in dem Beschluss des 6. Strafsenats des BGH vom 15.11.1955 (BGHSt 8, 194) zum Ausdruck gekommen seien, wonach das in den §§ 66 ff. StGB ausgesprochene Gebot, Staatsgeheimnisse zu wahren und nicht preiszugeben, nicht nur für den Einzelnen, sondern auch vor allem für die Behörden einschließlich der Gerichte gelte. Danach müsse man zu dem Ergebnis kommen, dass sich in Landesverratsverfahren die Möglichkeit ergeben könne, die nach § 114 a Abs. 1 StPO vorgeschriebene Benachrichtigung abzulehnen.

In der Praxis habe man aber auch schon Auswege gefunden, um der Vorschrift des Gesetzes genüge zu tun, ohne den Staat zu gefährden. In einigen Fällen habe der Haftrichter bei dem Vorsitzenden des für das Hauptverfahren zuständigen Gerichts die Bestellung eines Pflichtverteidigers angeregt und diesen nach Bestellung benachrichtigt, was zwar nicht recht befriedige, weil eine solche Benachrichtigung nicht „unverzüglich" erfolge. Er halte es in Zweifelsfällen für besonders wertvoll, wenn der mit der Sache befasste Richter sich rechtzeitig mit der Bundesanwaltschaft in Verbindung setze, damit sie Anregung geben oder entsprechende Anträge stellen könne. Eine gute Verbindung zwischen Richter und Staatsanwalt sei ganz besonders in Landesverratssachen von Wichtigkeit.

Zum Thema Briefzensur und Besuchserlaubnis, das seine rechtliche Grundlage in den §§ 115, 148 StPO und der UVollzO vom 12.12.1953 [NRW-JMinBl. 1953, 184], hier vor allem in den Nrn. 2, 3 und 5, habe, führte BA Hartinger aus: Nach § 116 Abs. 5 StPO habe der zuständige Haftrichter die erforderlichen Verfügungen für die Haft zu treffen. In dringenden Fällen könnte oder müsste auch der Staatsanwalt tätig werden; allerdings bedürften seine Anordnungen der Genehmigung durch den Richter. Nach Nr. 3 UVollzO könne ihm im Vorverfahren die Anordnung der Postbeförderung und die Erteilung der Sprecherlaubnis überlassen werden. Dies dürfe jedoch nur geschehen, wenn a) der Untersuchungsgefangene einen entsprechenden Antrag stelle, b) die Maßnahmen des Staatsanwalts ihn nicht beschweren, c) die Vereinbarung zwischen Richter und Staatsanwalt der Beschleunigung des Verfahrens diene. Dies gelte auch für das Landesverratsverfahren. Es würde jetzt in diesen Verfahren so gehandhabt, dass der Richter im Allgemeinen die Briefkontrolle weiter behalte; lediglich in Zweifelsfällen werde die Post der Bundesanwaltschaft zur Stellungnahme oder Antragstellung zugeleitet. Er weise in diesem Zusammenhang darauf hin, dass in Landesverratssachen die Post des Untersuchungsgefangenen besonders sorgfältig überwacht werden müsse, weil häufig versucht werde, die konspirativen Verbindungen aufrechtzuerhalten. Nicht selten versuche der fremde Nachrichtendienst durch verschiedene Geheimschreibverfahren und das Mikropunktverfahren, während der Haft mit dem Agenten in Fühlung zu bleiben. Aus diesen Gründen sei es meist zweckmäßig, dass die Kontrolle möglichst schnell ein Ermittlungsrichter des BGH übernehme, soweit die Verfahren von der Bundesanwaltschaft weiterbehandelt würden.

Bei der Erteilung einer Sprecherlaubnis und der Überwachung der Gespräche der Untersuchungsgefangenen mit ihren Besuchern hielt der Referent besondere Vorsicht am Platze.

GStA Biermann hielt es nicht für angängig, von einer Benachrichtigung der Angehörigen, wie sie § 114 a StPO vorschreibe, abzusehen, weil dies gegen die im Grundgesetz verankerten Grundrechte verstoße und daher unzulässig sei.

Auch *GStA Dr. Dünnebier* teilte die Meinung des GStA Biermann. Zumindest müsse, wenn die Angehörigen nicht benachrichtigt werden könnten, unverzüglich eine Vertrauensperson des Verhafteten in Kenntnis gesetzt werden. Wenn dies ein Pflichtverteidiger sei, müsse ihm das Recht eingeräumt werden, die Angehörigen später zu benachrichtigen.

GStA Nellmann schloss sich den Ausführungen der GStA Biermann und Dr. Dünnebier an. Er fügte hinzu, der Geheimhaltung einer Verhaftung käme in der Praxis keine besondere Bedeutung zu, da erfahrungsgemäß die interessierten Kreise von einer Verhaftung auf anderem Wege schneller Kenntnis erlangten, als dies durch eine Benachrichtigung der Angehörigen geschehen könne.

BA Hartinger widersprach unter Erwähnung eines besonderen Falles der Verallgemeinerung der von GStA Nellmann vertretenen Ansicht.

OBA Güde betonte abschließend, dass die von BA Hartinger für zulässig erachtete Unterlassung der Benachrichtigung – schon zur Vermeidung von Verfassungsbeschwerden – auf Ausnahmefälle beschränkt bleiben und nur dann geschehen solle, wenn hochwertige Staatsinteressen in Frage stünden. Im Übrigen halte er den Ausweg der Benachrichtigung des Pflichtverteidigers für durchaus vertretbar.

Zu 4: Strafvollstreckung in erstinstanzlichen Verfahren des BGH

BA Dr. Wagner wies darauf hin, dass es nicht notwendig sei, die nach § 9 Abs. 2 StrVollstrO vom 15.2.1956 vom OBA unmittelbar durchgeführte Vollstreckung der vom BGH im ersten Rechtszuge getroffenen Entscheidungen in *einer* Anstalt des betreffenden Landes durchzuführen, wie es in Bayern und Baden-Württemberg geschehe, sondern dass auch die Möglichkeit bestehe, *mehrere* Anstalten für den Vollzug zu bestimmen. In diesen Fällen müssten dann aber gemäß § 22 Abs. 2 StrVollstrO die Vollstreckungspläne auch die sachliche Zuständigkeit zur Vollstreckung der Urteile des BGH regeln. BA Dr. Wagner bat die Generalstaatsanwälte, soweit sie die Vollstreckungspläne selbst aufstellen, hierauf zu achten. Die höhere Strafvollzugsbehörde werde in allen Fällen von vorgenommenen Einweisungen Nachricht erhalten, damit sie besondere Vorsorge treffen könne, wenn sich allzu viele durch den BGH Verurteilte in einer Anstalt zusammenfinden und daraus irgendwelche unliebsame Konsequenzen sich ergeben könnten.

Zu 5: Heranziehung des Bundeskriminalamts nach Abgabe eines Verfahrens durch den Oberbundesanwalt

GStA Dr. Bauer zeigte unter Bezugnahme auf die Besprechungen auf der Arbeitstagung der Generalstaatsanwälte im vorigen Jahre in Berlin die Schwierigkeiten auf, die bei Abgabe eines Verfahrens durch den OBA in der Einschaltung des BKA in die Ermittlungen bestehen. Er warf die Frage auf, ob es nicht möglich sei, dass der OBA von sich aus in diesen Fällen das BKA veranlasse, ohne besondere Anweisung durch den zuständigen Innenminister sich weiter in die Ermittlungen einzuschalten.

OBA Güde legte die Schwierigkeiten dar, die der Tätigkeit des BKA in den einzelnen Ländern durch die Landesinnenminister gemacht worden seien, und dass aus der zwischen dem BMJ und den Länderinnenministern getroffenen Vereinbarung über die Verwendung von Beamten des BKA in den Ländern durch den OBA nicht auch die Einschaltung des BKA in den abgegebenen Fällen hergeleitet werden könne.

Es schloss sich nun eine Diskussion darüber an (*GStA Dr. Dünnebier, Dr. Bauer, Dr. Jansen* und *OBA Güde*), wer als zuständige Landesbehörde im Sinne des § 4 Abs. 2 a des Gesetzes vom 8.3.1951 über die Errichtung des BKA zu gelten habe, und dass es wohl angebracht sei, in allen Ländern einheitlich durch Vereinbarung zwischen Justiz- und Innenminister die Zuständigkeit des GStA zur Anrufung des BKA zu begründen.

GStA Dr. Adams führte hierzu aus, dass nach seiner Auffassung man in Anwendung des § 161 StPO davon ausgehen könne und müsse, dass die Staatsanwaltschaft als eine zuständige Landesbehörde im Sinne des § 4 Abs. 2 a aaO. zu gelten habe.

BA Dr. Wagner wies darauf hin, dass in allen Ländern Polizeibehörden (Landeskriminalämter) zur Zusammenarbeit mit dem BKA bestimmt worden seien, und dass er allen Generalstaatsanwälten ein Verzeichnis dieser Behörden übersenden werde. Bei Abgabe eines Verfahrens durch den OBA sei es zweckmäßig, sich mit diesen Stellen in

Verbindung zu setzen, da sie durch die Zusammenarbeit mit dem BKA meistens in den von dem OBA abgegebenen Fällen in die Ermittlungen mit einbezogen gewesen seien. Über sie könne daher bei Abgabe eines Verfahrens eine notwendig werdende Verbindung mit dem BKA hergestellt bzw. weiter aufrecht erhalten werden.

GStA Dr. Müller führte hierzu aus, dass er bei Abgabe von Verfahren durch den OBA in dem Sinne der von BA Dr. Wagner gegebenen Anregung gehandelt und damit sehr gute Erfahrungen bis jetzt gemacht habe.

Zu 6: Nachwuchsfragen und Nachwuchssorgen

OBA Güde referierte über die Entwicklung des Entwurfs eines Deutschen Richtergesetzes, über den gegenwärtigen Stand der Situation, die durch die Nichteinbeziehung der Staatsanwälte in diesem Gesetz [vgl. *W. Schubert,* Quellen zum Deutschen Richtergesetz I, Frankfurt/M. 2020, S. 579 ff.] entstanden ist, und über die Schritte, die noch zu unternehmen sind, um eine Ausdehnung des Entwurfs auf die Staatsanwälte zu erreichen.

In der sich anschließenden Diskussion wurde die Stellung der einzelnen Länder zum Entwurf des Richtergesetzes erörtert. Weiter wurden die schwerwiegenden Fragen besprochen, die durch die Nichteinbeziehung der Staatsanwälte in das Richtergesetz in Hinsicht auf Beförderung, Besoldung und Nachwuchs zu erwarten sind, und die zu größten Sorgen Anlass geben, weil dann kaum noch eine Austauschmöglichkeit zwischen Staatsanwaltschaft und Gericht besteht und die bisherigen Beförderungsmöglichkeiten insoweit hinfällig werden.

Es wurde sodann *folgende Entschließung* gefasst:

> „Mit tiefer Bestürzung haben wir, der Oberbundesanwalt und die Generalstaatsanwälte der Bundesrepublik, Kenntnis genommen von dem Entwurf des Richtergesetzes. Wird er geltendes Recht, so bedeutet dies das Ende der bisherigen Staatsanwaltschaft. – Jeder tüchtige Assessor wird es ablehnen, Staatsanwalt und damit Jurist minderen Grades zu werden. – Die Folgen für die Strafrechtspflege brauchen nicht ausgeführt zu werden. – Wir müssen alle verantwortlichen Stellen vor einer solchen Entwicklung warnen. Wir tun dies schweren Herzens, aber im Bewusstsein unserer Verantwortung und in voller Erkenntnis der Gefahr, die unserem Rechtsleben droht."

Der Leiter der Arbeitstagung wurde beauftragt, die Entschließung dem Präsidenten des Bundesrats vorzulegen.

Im Übrigen haben die Generalstaatsanwälte es übernommen, die Entschließung über ihren Justizminister ihrem Ministerpräsidenten zwecks entsprechender Vertretung der Interessen der Staatsanwälte bei den Beratungen des Bundesrats zu unterbreiten.

(Fortsetzung der Arbeitstagung am 24.5.1957)

Zu 7: Behandlung von Verkehrsstrafsachen

OBA Güde machte als Referent zu diesem Besprechungspunkt folgende Ausführungen: Es sei aufgefallen, dass in einigen OLG-Bezirken verhältnismäßig viele, in anderen wieder sehr wenige Revisionen in Verkehrsstrafsachen zur Vorlage beim BGH kämen. Eine einheitliche Rechtsprechung sei aber nur dann möglich, wenn dem 4. Strafsenat des BGH Sachen aus allen Teilen der Bundesrepublik in etwa gleicher Menge zugingen, weil es sich hier um ein Rechtsgebiet handle, das seiner Natur nach weniger von örtlich gebundenen Auffassungen oder Anschauungen abhängen dürfe.

Bei neuen Gesetzen oder Gesetzesänderungen solle möglichst vor der Strafkammer angeklagt werden, um recht bald dem BGH Gelegenheit zu grundsätzlicher Stellungnahme zu geben. Er erwähnte in diesem Zusammenhang z.B. die Einführung des § 37 Abs. 1 Satz 2 StVO im Sommer 1956 über das Linksgehen der Fußgänger auf Landstraßen. Seien bei einem Verkehrsunfall mehrere Verkehrsteilnehmer mitschuldig, so sollten sie gleich behandelt werden; es sei für die Rechtsfindung gefährlich, wenn ein Mitschuldiger Angeklagter, ein anderer dagegen Zeuge sei. Die an sich zwar weniger als die Kraftfahrer gefährlichen Radfahrer und Fußgänger seien bei der modernen Verkehrsentwicklung zu Verkehrsteilnehmern geworden, die durch eine selbst nur leichte Pflichtverletzung die größten Folgen herbeiführen könnten.

Es sei auch nicht richtig, bei einem Unfall nur das letzte Glied der Ursachenkette anzuklagen (Schrankenwärter, Straßenbahnführer, Lastzugfahrer, Maurer), oder vielleicht auch noch das vorletzte (der unmittelbare Vorgesetzte, der Polier, der Baustellenleiter). Es müssten auch angeklagt werden die „Chefs", die für einen verkehrswidrigen Zustand oder insbesondere für eine Überforderung der letzten Glieder der Ursachenkette verantwortlich seien. Auch an die Verantwortlichen der Straßenbaubehörden, die für einen mangelhaften oder mangelhaft gewordenen Zustand von Straßen oder von Beschilderungen die Verantwortung tragen, sei zu denken.

Der Referent kam dann auf die subjektive Seite bei Verkehrsdelikten zu sprechen und führte dazu aus:

Bei den zahlreichen Verkehrsunfällen und der ständigen Unterrichtung der Verkehrsteilnehmer durch Presse und Rundfunk sei heute auch dem Primitivsten gegenwärtig, dass er, wenn er einen Menschen angefahren habe, damit rechnen müsse, dass, wenn nicht sofortige Hilfe herbeigeholt werde, der Tod durch eine solche Verzögerung eintreten könne. Ein auf Tötung gerichteter Eventualvorsatz sei daher fast stets feststellbar. Das Billigungsmoment, das zum Eventualvorsatz gehöre, werde ebenfalls in vielen Fällen nicht schwer feststellbar sei, wenn man sich klar mache, dass dieses Moment in gewisser Weise von der Vorstellung über die Nähe der Gefahr abhängig sei, und dass auch ein unerwünschter Erfolg gebilligt werden könne. Man dürfe sich in diesen Fällen nicht an dem Wort „Totschlag" stoßen, das als solches in der Tat nicht mehr passe. Aber § 212 StGB erfasse auch die pflichtwidrige Unterlassung, die zum Tode führe, auch wenn dieser Begriff nicht dem gewohnten typischen Bild der vorsätzlichen Tötung entspreche. Der Begriff der Tötung durch pflichtwidrige Unterlassung habe durch die Todesfälle bei Verkehrsunfällen, insbesondere solchen, die durch Unfallflucht verursacht würden, ein neues, in das Bewusstsein der Gerichte einzuprägendes Typenbild geschaffen.

Der OBA legte dann weiter dar, dass die Revision in Verkehrssachen keine abstrakte Revision sei, sie daher zur Entscheidung genaue Feststellungen über den Hergang des Unfalls mit genauen Plänen über den Unfallort verlange. Lichtbilder seien für den Strafsenat von größter Bedeutung. Sie seien auch meist den Akten beigefügt, bezögen sich aber im Wesentlichen nur auf den Unfallort selbst, nicht auch auf die Strecke vor dem Unfallort. Um die äußere und innere Situation des Fahrers kurz vor dem eingetretenen Tatgeschehen richtig zu beurteilen, müssten Lichtbilder gemacht werden, die den Verlauf der Strecke vor dem Unfallort von einer Entfernung von etwa 500 m in mehreren Aufnahmen nach Art eines Films darstellten, also fünf Aufnahmen der Strecke vom Standpunkt des Fahrers aus in einer Entfernung von 500, 400, 300, 200 und 100 m vor der Unfallstelle.

GStA Dr. Adams führte zur Frage, vor welchem Gericht angeklagt werde, aus, dass vor der Eingliederung des Saarlandes in die Bundesrepublik im Saarlande alle Vergehen vor der Strafkammer angeklagt worden seien. Jetzt würden nur die schweren Verkehrsunfallsachen vor der Strafkammer zur Anklage gebracht, während die leichteren Fälle vor das Schöffengericht kämen.

GStA Kesseböhmer hat die Feststellung treffen können, dass die Wahl des Gerichts oft von dessen Besetzung abhänge. Es sei meist so, dass vor dem Gericht angeklagt werde, dessen Rechtsprechung mit der Auffassung des zuständigen Sachbearbeiters der Staatsanwaltschaft übereinstimme. So sei es zu erklären, dass viele Sachen vor dem Schöffengericht angeklagt würden, die eigentlich vor die Strafkammer gehörten.

GStA Dr. Görke schilderte die Verhältnisse in Berlin, wo die Flut der Verkehrsdelikte die Staatsanwaltschaft zu ersticken drohe. Es sei deshalb der Versuch gemacht worden, die Verkehrsstrafsachen zu vereinfachen. Die Polizei schicke nur noch einen Unfallbericht mit den nötigen Ermittlungen. Es werde dann sofort Anklage erhoben, so dass der Beschuldigte oft schon nach 14 Tagen eine Ladung zum Termin erhalte. In diesen Fällen stünden die meisten Beschuldigten noch so unter dem Eindruck ihres verkehrswidrigen Verhaltens, dass auch Gefängnisstrafen sofort rechtskräftig würden, was bei längerer Dauer des Ermittlungsverfahrens nicht mehr der Fall sei. Er könne daher dieses Verfahren sehr empfehlen.

GStA Dr. Bauer erklärte, in Frankfurt habe man in letzter Zeit in einfach gelagerten Fällen und bei geringem Verschulden von der Stellung eines Strafbefehlsantrages Abstand genommen. Dem Beschuldigten sei in einem persönlich gehaltenen Schreiben von der Staatsanwaltschaft mitgeteilt worden, dass er gegen die Bestimmungen der StVO usw.

verstoßen habe. Es werde, wenn er eine bestimmte Buße an eine Wohltätigkeitsorganisation zahle und die Quittung über die geleistete Zahlung bis zu einem bestimmten Tage vorlege, von einem gerichtlichen Einschreiten abgesehen. Dieses Verfahren habe sich sehr bewährt und sei geeignet, die überlastete Staatsanwaltschaft von einer Fülle von Arbeit zu befreien.

Auf einen Einwand, dass dieses Verfahren doch wohl sehr bedenklich sei, legte *GStA Dr. Voss* die Verhältnisse in seinem Bezirk dar, in dem die Verkehrsunfälle in drei Gruppen aufgeteilt seien. Nur bei schweren Unfällen würde die Polizei Lichtbilder und Skizzen einreichen. Bei mittelschweren Unfallsachen erfolge nur eine einfache Vernehmung, während die Bagatellsachen von der Polizei durch Geldbußen erledigt würden.

GStA Dr. Görcke setzte sich für die Wiedereinführung der früheren polizeilichen Strafverfügung ein. Gegen eine gerichtliche Strafverfügung würde meist Einspruch eingelegt, weil der Betroffene sich glaube wehren zu müssen, um nicht gerichtlich vorbestraft zu sein, während dies bei polizeilichen Maßnahmen früher nicht der Fall gewesen sei.

GStA Dr. Adams beendete die Diskussion mit der Bemerkung, dass eine Regelung über die Erledigung der Verkehrsübertretungen leichterer Art durch die Polizei nach der ihm bekannt gewordenen Korrespondenz auf Länderebene angestrebt werde und wahrscheinlich auch zu erwarten sei, nachdem einige Länder schon von sich aus die Polizei ermächtigt hätten, von einer Vorlage der leichten Fälle an die Staatsanwaltschaft Abstand zu nehmen.

Zu 8: Verkehrsstrafverfahren gegen Ausländer

Um den Schwierigkeiten zu begegnen, die bei der Durchführung von Verkehrsstrafverfahren gegen Ausländer auftreten, regte *GStA Dr. Bauer* an, dass jeder Ausländer, der sich in der Bundesrepublik verkehrswidrig verhalten habe, und gegen den der Erlass eines Strafbefehls zu erwarten sei, einen bestimmten Betrag hinterlegen solle. Der Strafbefehl solle dann später öffentlich zugestellt werden und nach seiner Rechtskraft solle die Vollstreckung der Geldstrafe aus dem hinterlegten Betrag erfolgen.

GStA Dr. Voss erklärte, dass in seinem Bezirk dem beschuldigten Ausländer aufgegeben werde, einen Zustellungsbevollmächtigten zu benennen. In der Regel sei dies ein Anwalt oder der zuständige Konsul, an den dann der Strafbefehl zugestellt werde.

OStA Dr. Kammer wies auf die günstige Regelung dieser Fragen in dem Rechtshilfeabkommen des Saarlandes mit Frankreich hin (Art. 28 der Anlage 12 zum Saarvertrag vom 27.10.1956), wonach das Saarland und Frankreich auf entsprechende Ersuchen hin ihre Staatsangehörigen wegen einer in dem anderen Lande begangenen Verkehrsübertretung verfolgen. Er hielte es für begrüßenswert, wenn die gleiche Regelung für das Bundesgebiet getroffen würde, weil nur so den sich immer mehr häufenden Verkehrsübertretungen von Ausländern wirksam entgegengetreten werden könne.

Zu 9: Örtliche Zuständigkeit in Verfahren wegen Verletzung der Unterhaltspflicht

Der Tagungsleiter gab einen Überblick über die Besprechungen und Entschließungen der Generalstaatsanwälte auf den Arbeitstagungen in Fischbachau und Berlin.

Auf der Tagung in Fischbachau war folgende Entschließung gefasst worden: „Bei Vergehen nach § 170 b StGB ist das Verfahren gegen einen Beschuldigten *ohne festen Wohnsitz* grundsätzlich durch die Staatsanwaltschaft durchzuführen, in deren Bezirk die Amtsvormundschaft über das Kind geführt wird."

Auf der Arbeitstagung in Berlin einigte man sich nach eingehender Diskussion auf Vorschlag des *GStA Dr. Müller* in Karlsruhe dahin, die auf der Tagung in Fischbachau erfolgte Entschließung in folgender Form aufrechtzuerhalten: „Bei Vergehen nach § 170 b StGB ist das Verfahren gegen den Beschuldigten grundsätzlich bei der Staatsanwaltschaft durchzuführen, in deren Bezirk der Unterhaltsberechtigte wohnt."

Nach Abschluss der Berliner Tagung beantragte *GStA Dr. Müller* mit Schreiben vom 20.11.1956, die Berliner Entschließung dahin einzuschränken, dass sie nur für Verfahren gegen Beschuldigte ohne festen Wohnsitz gelten solle. Ein Teil der Generalstaatsanwälte hat sich mit einer solchen Einschränkung einverstanden erklärt, ein Teil hat ihr widersprochen.

GStA Dr. Müller schlug nunmehr in Anbetracht der sich widersprechenden Meinungen vor, es bei der Berliner Regelung zu belassen, bei besonders triftigen Gründen im Einzelfall jedoch eine Abweichungen von dieser Regelung zuzulassen.

Nach Diskussionsbeiträgen der *GStA Biermann, Dr. Bauer, Dr. Hechtel* und *Dr. Krapp* stellte der Tagungsleiter fest, dass Einigkeit darüber bestehe, dass es bei der Berliner Entschließung verbleibe, dass sie aber keine ausschließliche Zuständigkeit begründe und dass im Einzelfalle aus Zweckmäßigkeitsgründen von der in ihr enthaltenen Regelung abgewichen werden dürfe.

Zu 10: Vollstreckung von Zollurteilen und Rechtshilfe in Zollsachen im Saarland

OStA Dr. Kammer legte die Rechtslage dar, die sich in der Frage der Gewährung von Rechtshilfe in Zollsachen durch den Saarvertrag im Saarland ergibt. Er führte aus, durch die noch bestehende Wirtschaftsunion mit Frankreich sei dem Saarlande eine besondere zoll- und devisenrechtliche Stellung eingeräumt. Gegenüber der Bundesrepublik sei es Zollausland und es unterliege weiterhin der französischen Zoll- und Devisengesetzgebung mit besonderer Gerichtsbarkeit. Es sei daher nicht möglich, im Saarland wohnende Personen nach deutschem Zollrecht zu bestrafen, ebenso wenig wie in der Bundesrepublik nach französischem Recht bestraft werden könne. Daraus folge, dass auch eine Vollstreckung der wegen Zollvergehen in der Bundesrepublik erkannten Strafen im Saarlande nicht möglich sein könne. Demgemäß könnte auch Rechtshilfeersuchen in Zollsachen, welche die Verkündung von Haftbefehlen oder Beschlagnahmen oder Durchsuchungen zum Gegenstand hätten, im Saarlande nicht entsprochen werden. Abgesehen davon ergäben sich aber auch

Schwierigkeiten bei einer Vollstreckung von Geld- oder Wertersatzstrafen. Es sei nicht möglich, im Saarland wohnende Verurteilte aufzufordern, eine in der Bundesrepublik verhängte Geldstrafe zu bezahlen, da die Zahlung ohne Devisengenehmigung ein Devisenvergehen sei. Bei Einholung einer Devisengenehmigung käme die Straftat aber zur Kenntnis der maßgeblichen französischen Dienststellen, die zweifellos dann wegen der gleichen Zollzuwiderhandlung auch im Saarland ein Strafverfahren einleiten ließen. Schließlich könnte es zu politisch erheblichen Schwierigkeiten führen, wenn ein im Saarland ansässiger Franzose aufgrund eines in der Bundesrepublik wegen Zollvergehens erlassenen Haftbefehls im Wege der Rechtshilfe festgenommen und überstellt würde.

Eine verbindliche Regelung dieser Frage wäre nur durch eine entsprechende Änderung des Saarvertrages möglich, die aber wegen des umständlichen Weges, der dieserhalb zu beschreiten wäre, und bei der Unbedeutendheit dieses Problems gegenüber dem Gesamtproblem nicht zu erwarten sei. Es müsste daher den einzelnen mit dieser Frage befassten Behörden überlassen bleiben, eine tragbare Regelung zu finden. Er rege deshalb an, die Staatsanwaltschaften anzuweisen, keine Rechtshilfeersuchen in Zollsachen an das Saarland zu richten.

GStA Dr. Bauer war der Meinung, dass auch in Zoll- und Devisensachen das Saarland Rechtshilfe leisten müsse. Als Bundesland sei es insoweit an die Bestimmungen des GVG über Rechtshilfe gebunden. Dass in Zollsachen französisches Recht gelte, sei kein Hinderungsgrund; man müsse dann auch im übrigen Bundesgebiet bei Verfahren gegen Saarländer eben französisches Recht anwenden.

GStA Dr. Adams wies darauf hin, dass das französische Zoll- und Devisenrecht derart vom deutschen Recht abweiche, dass sich bei der von GStA Dr. Bauer gewollten Handhabung in der Praxis große Schwierigkeiten ergeben würden, die man vermeiden solle.

Zu 11: Strafrechtliches Einschreiten gegen Strafvollzugsbedienstete

GStA Morbach referierte über die Frage, ob ein GStA als Leiter der höheren Vollzugsbehörde strafbare Handlungen eines Vollzugsbediensteten (z.B. fahrlässige Gefangenenbefreiung), von denen er durch die Vorstände der ihm unterstellten Vollzugsanstalten Kenntnis erlangt habe, strafrechtlich verfolgen müsse, oder ob er seinem pflichtmäßigen Ermessen nach entscheiden könne, ob er nur disziplinäre Maßnahmen für ausreichend halte. In Anlehnung an die Entscheidung des RG (RGSt 73, 267; 74, 180) und an die Entscheidung des BGH, BGHSt 4, 167, hält er eine Verpflichtung zur Strafverfolgung aus folgenden Gesichtspunkten nicht für gegeben: Die Tätigkeit der höheren Vollzugsbehörde sei von der Tätigkeit des GStA als Strafverfolgungsbehörde sachlich völlig getrennt; es bestehe nur Personalunion. Dies ergebe sich sowohl aus der historischen Entwicklung (der Strafvollzug in den größeren Anstalten im Rheinland habe bis zum 1.4.1918 der Verwaltung des Innern unterstanden) als auch aus der AV des früheren RJM vom 16.8.1933 (DJ S. 268), durch welche die Leitung der Strafvollzugsämter den Generalstaatsanwälten übertragen worden sei. Unter Ziff. 3 bestimme diese AV, worauf man besonders achten müsse, dass die Vertretung des GStA in Vollzugsangelegenheiten nicht der ständige Vertreter des GStA, sondern der Oberjustizrat und, wo ein solcher nicht vorhanden sei, der Justizrat übernehme. Sei der GStA aber Leiter zweier selbständiger Behörden, müsse er als Leiter der höheren Vollzugsbehörde ohne Rücksicht auf seine Stellung als Leiter der Strafverfolgungsbehörde in Vollzugssachen nach pflichtmäßigem Ermessen handeln können. Den Erfordernissen der Praxis werde allein diese Auffassung gerecht.

GStA Nellmann erinnerte daran, dass auf einer Arbeitstagung in Frankfurt im Jahre 1947 oder 1948 die aufgeworfene Frage schon dahingehend entschieden worden sei, dass der GStA zur Strafverfolgung verpflichtet sei.

GStA Dr. Fick erklärte, dass in seinem Bezirk in allen Fällen bei Verstößen von Vollzugsbediensteten gegen das Gesetz ein Ermittlungsverfahren eingeleitet werde.

Die *GStA Biermann* und *Haas* widersprachen der Auffassung, dass eine Pflicht zur Strafverfolgung bestehe und vertraten die Ansicht, dass man nur in Ausnahmefällen, also bei grober Fahrlässigkeit, ein strafrechtliches Ermittlungsverfahren einleiten solle.

GStA Dr. Adams schlug nach Abschluss der Diskussion vor, sich dahin festzulegen, dass eine Pflicht des GStA zur strafrechtlichen Verfolgung gegen Strafvollzugsbedienstete nicht bestehe. Gegen diesen Vorschlag wurde ein Widerspruch nicht erhoben.

Zu 12: Gefangenenschreiber in der Anstaltsverwaltung

Über die Beschäftigung von Gefangenen als Schreiber in der Anstaltsverwaltung gehen die auf der Arbeitstagung geäußerten Meinungen auseinander. *GStA Haas* ist aufgrund der Erfahrungen, die in seinem Bezirk mit Gefangenenschreibern gemacht worden sind, der Auffassung, dass die Handhabung der aus rein fiskalischen Erwägungen getroffenen Regelung in der Strafvollzugsordnung wegen der in der Praxis aufgetretenen Missstände nicht mehr angängig und daher die Beschäftigung von Gefangenen mit Schreiberarbeiten möglichst zu vermeiden sei. Der dadurch für das Vollzugspersonal anfallenden Mehrarbeit müsse durch Einstellung weiterer Beamten oder Angestellten begegnet werden.

Die folgende Diskussion (*GStA Dr. Adams, Dr. Bauer, Dr. Voss, Dr. Krapp* und *Dr. Jansen*) ergab, dass durchweg nur untergeordnete Schreibarbeiten von Gefangenen ausgeführt werden.

GStA Dr. Jansen wies bei seinen Ausführungen darauf hin, dass die Anstaltsleiter neuerdings dazu übergehen, von sich aus gemäß § 43 Abs. 1 Satz 2 UVollzO Untersuchungsgefangene mit Schreibarbeiten zu befassen. Er hält es für notwendig, auch in diesen Fällen § 78 StVollzO zur Anwendung kommen zu lassen und die Genehmigung der höheren Vollzugsbehörde zu verlangen, da sonst eine Kontrolle nicht möglich sei.

Zu 13: Wochenendvollzug (§ 32 StrafvollstrO)

GStA Haas stellte die Frage zur Diskussion, ob man in Zukunft vom Wochenendvollzug nicht Abstand nehmen solle. Nach seinen Feststellungen sei Trunkenheit am Steuer das

Delikt, bei dem Wochenendvollzug am meisten angewendet werde. In letzter Zeit hätten sich hier jedoch Unzuträglichkeiten und Missstände ergeben. So hätten z.B. in Köln sich an einem Wochenende 40 Verurteilte zum Strafantritt gemeldet, deren Unterbringung naturgemäß die größten Schwierigkeiten verursacht habe. Durch den Wochenendvollzug sei eine erhebliche Mehrarbeit in den Vollzugsanstalten entstanden, die dem Vollzugspersonal am Wochenende nicht erwünscht sei. Weiter dürfe man nicht übersehen, dass im Endergebnis der Wochenendvollzug eine erhebliche Verkürzung der Strafzeit im Gefolge habe und dadurch die Strafe mildere. Besonders schwerwiegend und bedenklich sei, dass der Wochenendgefangene den Vollzug nicht ernst nehme. Manche erschienen mit einem erheblichen Vorrat an Genuss- und Lebensmitteln; es sei auch schon vorgekommen, dass sich bei der Aufnahme völlig Betrunkene vorgestellt hätten.

GStA Dr. Bauer glaubte, dass wegen der erheblichen Mehrbelastung der Anstalt am Wochenende vom Wochenendvollzug nicht Abstand genommen werden dürfe. Er halte den Wochenendvollzug für eine gute Einrichtung, da er für den Betroffenen die Möglichkeit biete, den Arbeitsplatz zu erhalten.

GStA Dr. Dünnebier hält die Einwendungen der Gefängnisverwaltung gegen den Wochenendvollzug ebenfalls nicht für stichhaltig. Die durch ihn auftretenden Schwierigkeiten habe der Gesetzgeber bewusst mit in Kauf genommen, um von dem Verurteilten schwerwiegende geschäftliche Nachteile abzuwenden. Wer sich z.B. entschließe, siebenmal zur Strafverbüßung anzutreten, den treffe die Strafe härter, als wenn er sie auf einmal verbüße. Ihm persönlich sei der Wochenendvollzug daher ein Anliegen; wenn Missstände auftreten sollten, könne man ihnen abhelfen, indem man die Vergünstigung, die Strafe in Wochenendraten zu verbüßen, widerrufe.

GStA Biermann bestätigte die Erfahrungen des GStA Haas. Er wies darauf hin, dass der Vollzug der Strafe am Wochenende schon an sich nicht die sonst übliche Härte zeige. Dazu bekämen die Wochenendgefangenen jedes Mal auch noch das bessere sonntägliche Essen, sodass sie von einem Strafvollzug kaum noch etwas spürten.

GStA Haas hob nochmals ausdrücklich hervor, er habe mit seinem Referat nicht anregen wollen, dass der Wochenendvollzug völlig abgeschafft werde. Ihm sei lediglich an einer Bekämpfung der aufgetretenen Missstände gelegen.

OBA Güde wies sodann auf die Problematik der kurzfristigen Freiheitsstrafen hin und hielt es für erstrebenswert, derartige Strafen überhaupt nicht zu verhängen.

GStA Dr. Bauer kam dann auf die Verbüßung von Freizeitarrest durch Jugendliche am Wochenende zu sprechen und zog aus ihr die Schlussfolgerungen für die Wirkung des Wochenendvollzugs bei erwachsenen Gefangenen.

GStA Nellmann sprach sich grundsätzlich gegen den Wochenendvollzug aus, da er nicht den erstrebten Strafzweck erreiche.

GStA Kesseböhmer hielt dem Vergleich mit dem Wochenendvollzug an Jugendlichen entgegen, dass den Jugendlichen der Freiheitsentzug über das Wochenende erheblich härter treffe als den Erwachsenen. Während der Jugendliche seiner so begehrten Freizeit übers Wochenende beraubt werde, käme der Erwachsene seinem Bedürfnis nach Ruhe nach. Der Wochenendvollzug erziele nach seiner Auffassung nicht den gewünschten Erfolg. Er würde es sehr begrüßen, wenn dieses Problem eine zentrale Regelung erfahre.

GStA Dr. Bauer regte sodann an, dass man diesen Punkt auf der nächsten Tagung der GStA erneut besprechen solle.

GStA Dr. Adams fasste das Ergebnis der Diskussion dahin zusammen, dass bei Trunkenheit am Steuer, wo man wohl auf kurze Freiheitsstrafen nicht verzichten könne, vom Wochenendvollzug nur sehr vorsichtig und zurückhaltend Gebrauch gemacht werden solle, und dass man Sorge dafür tragen müsse, dass der Wochenendvollzug überhaupt mit Ernst und Strenge durchgeführt werde, wenn er Sinn und Wirkung haben solle.

Über die Anregung des *GStA Dr. Bauer* wurde eine Entschließung nicht gefasst.

Zu 14: Zusammenarbeit der Staatsanwaltschaft mit der Kriminalpolizei; die Staatsanwaltschaft als „Herrin des vorbereitenden Verfahrens" (§§ 160–163 StPO; Nr. 1 RiStrV)

GStA Dr. Müller als Referent führte aus, die Leiter der Kriminalpolizei in großen Städten seien neuerdings – unterstützt durch das BKA – der Auffassung, dass das Ermittlungsverfahren allein Sache der Polizei sein müsse, während dem Staatsanwalt nur die Entscheidung über Anklageerhebung oder Einstellung des Verfahrens zukomme. Die Vorschriften der §§ 160–163 StPO würden als überholt bezeichnet.

Die Begründung dieser Auffassung stütze die Polizei auf folgende Gesichtspunkte:

1. § 163 StPO gebe der Polizei ein historisch begründetes Recht zur Ermittlung von Straftaten.
2. Kriminalpolizei und Staatsanwaltschaft seien grundsätzlich selbständige und voneinander unabhängige Behörden.
3. Die Kriminalpolizei habe eigene Verfahrensweisen entwickelt und Entscheidungen zu treffen (Fahndungswesen, kriminaltechnische Untersuchungen, internationale Fahndung u.a.).
4. Die Überlastung der Staatsanwälte lasse eine tatsächliche Mitwirkung im Ermittlungsverfahren nicht zu.
5. Die Ausbildung der Staatsanwälte reiche für die kriminalistische Arbeit im Ermittlungsverfahren nicht aus, so dass praktisch schon aus diesen Gründen die Staatsanwaltschaft nicht die „Herrin des Ermittlungsverfahrens" sein könne.

Die Kripo strebe daher eine gesetzliche Änderung des Instituts des „Hilfsbeamten der Staatsanwaltschaft" (§ 152 GVG) mit dem Ziel einer Übereinstimmung von Gesetz und Wirklichkeit an.

GStA Dr. Müller schlug deshalb vor, in einer den Justizministerien zu unterbreitenden Entschließung die Stellung zu unterstreichen und die notwendigen Maßnahmen zu erbitten, welche die Staatsanwälte in den Stand setzen, die ihr nach dem Gesetz zustehende Stellung auch in Wirklichkeit auszufüllen. Die Oberstaatsanwälte aber sollten angewiesen werden, Überschreitungen der der Polizei gesetzlich gezogenen Grenzen nicht zu dulden und Fälle, in denen Polizeidienststellen offensichtlich ihre Zuständigkeit überschreiten, dem GStA zu berichten.

Die Diskussion im Allgemeinen ergab, dass zur Zeit in der Praxis der Staatsanwalt meist nicht der „Herr des Verfahrens" ist, was auf die arbeitsmäßige Überlastung der Staatsanwälte zurückgeführt wird. Neben einer Abhilfe in dieser Hinsicht wurde verlangt, dass einer gründlicheren kriminalistischen Schulung der Staatsanwälte mehr Beachtung geschenkt wird. Weiter wurde hervorgehoben, dass sich der Staatsanwalt vom Schreibtisch lösen müsse. Er müsse immer wieder, vom ersten Angriff am Tatort angefangen, aktiv in das Verfahren eingreifen. Diese Praxis sichere seine Rechte und habe schließlich auch den Vorteil, dass der Staatsanwalt Angriffe gegen die Kriminalpolizei wegen angeblicher Verstöße gegen § 136 a StPO aus eigener Kenntnis mit Entschiedenheit zurückweisen könne.

GStA Dr. Voss führte hierzu im Besonderen aus, dass die Bestrebungen der Polizei weitgehend von dem Polizeiinstitut in Westfalen ausgehen würden. An sich werde die gesetzlich fundierte Stellung der Staatsanwälte von der Polizei nicht bestritten; sie kämpfe lediglich gegen die Bezeichnung „Hilfsbeamte der Staatsanwaltschaft". Zur Sicherstellung der Rechte der Staatsanwälte sei zu fordern, dass die Polizei den Oberstaatsanwälten laufend die wichtigsten Vorfälle mitteile. Es sei auch unumgänglich, dass die Staatsanwälte mit Kraftfahrzeugen einen Telefonanschluss erhielten, damit man sie schnell erreichen könne.

Abschließend regte er an, im Herbst in der Grenzakademie Sankelmark über dieses umfangreiche Problem eine Spezialtagung abzuhalten, zu deren Vorbereitung und Organisation er sich erbot.

GStA Dr. Görcke begrüßte den Vorschlag des GStA Dr. Voss. Er bedauerte, dass durch den neuen Pensenschlüssel die Stunden, die die Staatsanwälte mit eigenen Ermittlungen verbringen würden, nicht mehr berücksichtigt würden. Um zu gewährleisten, dass die Staatsanwälte bei jeder Tages- und Nachtzeit mit der Polizei am Tatort sein könnten, müssten ihnen genügend Kraftfahrzeuge zur Verfügung stehen. Er regte auch an, auf der jährlichen Arbeitstagung der Kriminalpolizei regelmäßig und mehr als bisher von tüchtigen Staatsanwälten Vorträge halten zu lassen. Zur Hebung der kriminalistischen Ausbildung der Staatsanwälte habe er jetzt erreicht, dass Sachbearbeiter der Staatsanwaltschaft für vier Wochen zur Polizei abgeordnet werden könnten. Dieses Verfahren habe sich als sehr vorteilhaft erwiesen.

OBA Güde hat in einigen Fällen, die in die Revision gegangen sind, einen Einfluss des Staatsanwalts auf das Verfahren feststellen können. Es hat sich hier um junge Staatsanwälte bzw. Assessoren gehandelt. Er hat jedoch nicht feststellen können, dass ein OStA am Tatort war. Insbesondere hat er auch vermisst, dass die Staatsanwälte bei gerichtlichen Leichenöffnungen zugegen sind. Dies hält er jedoch für erforderlich, da bei der Obduktion viele Fragen geklärt werden könnten. Nach seiner Auffassung müsste zumindest bei Kapitaldelikten ein Staatsanwalt am Tatort sein. Es gehe nicht an, dass der Staatsanwalt erst durch die Tagespresse erfahre, was in seinem Bezirk geschehe.

Nachdem auch die *GStA Kesseböhmer* und *Dr. Bauer* die Durchführung der von GStA Dr. Voss vorgeschlagenen Arbeitstagung begrüßt hatten, wurde der Vorschlag des GStA Dr. Voss erörtert.

GStA Dr. Hechtel meinte, dass das ganze Problem zuerst von den Generalstaatsanwälten angepackt werden müsse. Sodann wies er auf die Schwierigkeit der Erstattung der Kosten für eine Teilnahme an einer Tagung hin, worauf *GStA Biermann* erklärte, dass eine Regelung hierüber sich wohl erzielen ließe.

Hierauf wurde GStA Dr. Voss gebeten, die Vorbereitungen zu der Tagung zu treffen und die Einladungen zu versenden.

(Fortsetzung der Arbeitstagung am 25.5.1957)

Zu 15: Einstellung ideell konkurrierender Nebendelikte nach § 154 StPO

GStA Dr. Dünnebier hält die Möglichkeit, ideell konkurrierende Nebendelikte nach § 154 StPO einzustellen, nach herrschender Lehre nicht für gegeben, ist jedoch der Auffassung, eine analoge Anwendung des § 154 StPO, wie sie vor allem Gelbert in „Deutsches Strafrecht" 1938 S. 21 vertreten habe, sei wünschenswert. Denn die Einstellung von selbständigen Nebendelikten nach § 154 StPO diene der Beschleunigung der Strafrechtspflege durch Abkürzung des Verfahrens. Wenn der Gesetzgeber es schon in Kauf nehme, dass selbständige Straftaten ungesühnt blieben, müsse es auch gestattet sein, unerwünschten Aufwand wegen eines nur ideell konkurrierenden Nebendelikts zu verhindern. In der Praxis werde auf die Bestrafung eines unwesentlichen tateinheitlichen Nebendelikts oft stillschweigend verzichtet, ohne dass dabei eine förmliche Einstellung erfolge, vor allem dann, wenn wegen des Nebendelikts umfangreiche Nachforschungen anzustellen seien oder zweifelhafte Rechtsfragen auftauchten, wie dies z.B. oft bei der Anwendung des Opiumgesetzes der Fall sei. Erfahrungsgemäß unterliefen bei der Behandlung untergeordneter Delikte leicht Fehler, die zur Aufhebung des Urteils durch das Revisionsgericht führen könnten. Er halte daher in all diesen Fällen eine förmliche Einstellung nach § 154 StPO für angebrachter. Verurteile der Richter den Angeklagten wegen des Nebendelikts trotz dessen Einstellung, so sei dieses Verfahren, wenn der Angeklagte gemäß § 265 StPO belehrt werde, nicht zu rügen. Er möchte deshalb wissen, ob sich bei den Staatsanwaltschaften und den Gerichten, insbesondere den Strafkammern eine gewisse Praxis wegen der Einstellung ideell konkurrierender Nebendelikte herausgebildet habe und ob seine einheitliche Praxis im Bundesgebiet wünschenswert und bejahendenfalls herbeiführbar wäre.

GStA Biermann erklärte, dass in seinem Bezirk die Staatsanwälte im Allgemeinen schon aus praktischen Erwägungen die Anklage auf das Hauptdelikt beschränkten und unbedeutende Nebendelikte unerwähnt ließen. Er halte es aber nicht für tunlich, einen etwa in Tateinheit mit einem Verbrechen oder Vergehen stehenden Verstoß gegen das Opiumgesetz nach § 154 StPO einzustellen, da oft ein Interesse daran bestehe, dass dieses Vergehen im Strafregister eingetragen werde, was wegen der Wiederholungsgefahr für die spätere Beurteilung von großer Bedeutung sei.

GStA Dr. Görcke führte aus, in Berlin sei mehrfach von der Einstellung nach § 154 StPO Gebrauch gemacht worden, wenn es sich bei dem in Tateinheit stehenden Nebendelikt um ein Vergehen gegen das Waffengesetz gehandelt habe. Dies sei aus Zweckmäßigkeitsgründen geschehen, da die Verfolgung derartiger Delikte der Zustimmung der alliierten Militärverwaltung bedürfe. Viele dieser Verfahren seien wegen des Hauptdelikts in die Revision gegangen und der BGH habe die Erledigung des Nebendelikts durch Einstellung nicht beanstandet. Andere Vorgehen würden durch die Berliner Staatsanwaltschaften bei tateinheitlichem Zusammentreffen nicht nach § 154 StPO eingestellt. Auch er halte es nicht für angängig, einen in Tateinheit mit einem anderen Delikt stehenden Verstoß gegen das Opiumgesetz einzustellen.

BA Hartinger bemerkte, dass die Berliner Übung der Einstellung von Verstößen gegen das Waffengesetz nach § 154 StPO nicht ganz konsequent sei, da, falls die Ermächtigung zur Verfolgung nicht erteilt werde, es insoweit an einer für die Verfolgung erforderlichen Prozessvoraussetzung fehle.

Auch *GStA Dr. Bauer* meinte, eine Einstellung ideell konkurrierender Nebendelikte nach § 154 StPO sei bedenklich.

OBA Güde war der Auffassung, dass es sich um ein Rechtsproblem handle, das wohl praktisch nicht zur Klärung durch den BGH kommen werde. Selbst wenn der Staatsanwalt ein ideell konkurrierendes Nebendelikt nach § 154 StPO einstelle, habe dies keine Rechtswirkung, da das Gericht gehalten sei, den ganzen Tatbestand, wie er sich in der Hauptverhandlung darstelle, zu prüfen und nach dieser Prüfung sein Urteil zu fällen. Wenn man das Problem schon lösen wolle, müsse eine Lösung gefunden werden, die der Einstellung auch Rechtswirkung verleihe. Es sei dabei allenfalls an eine analoge Anwendung des § 153 StPO zu denken. Er habe jedoch gegen sie die erheblichsten rechtlichen Bedenken.

Mit diesen Ausführungen wurde die Behandlung dieses Besprechungspunktes abgeschlossen.

Zu 16: Die Verjährung von Pflichtwidrigkeiten in Ehrengerichtsverfahren

GStA Kesseböhmer erörterte den derzeitigen Rechtszustand betreffend die Verjährung von Dienstvergehen und Pflichtwidrigkeiten der Rechtsanwälte. Die Bundesdisziplinarordnung und die Disziplinarordnung für Nordrhein-Westfalen (§ 3) ließen die

Bestrafung eines Dienstvergehens nicht mehr zu, wenn seit seiner Begehung mehr als fünf Jahre verstrichen seien und das Dienstvergehen keine schwerere Disziplinarstrafe als Warnung, Verweis oder Geldbuße gerechtfertigt hätte. Der Entwurf der BRAO sehe für Pflichtverletzungen der Rechtsanwälte dieselbe Vorschrift vor. Da die geltende RAO für ehrengerichtlich zu bestrafende Handlungen keine Strafverfolgungs- bzw. Strafvollstreckungsverjährung kenne, werfe sich die Frage auf, ob nicht schon jetzt in Erwartung der kommenden Gesetzesänderung von der Verfolgung einer Pflichtwidrigkeit eines Rechtsanwaltes abgesehen werden könne, wenn die im Entwurf der BRAO [vgl. BRAO vom 1.8.1959, BGBl. I 565, § 115] vorgesehenen Verjährungsvoraussetzungen vorlägen und nicht der Kammervorstand die Pflichtwidrigkeit durch eine Rüge oder Missbilligung ahnde. Es ließe sich die Auffassung vertreten, dass der im Beamten-Disziplinarrecht schon geltende und de lege ferenda auch für das Rechtsanwalts-Disziplinarrecht aus Gründen der Gleichbehandlung sicher zu erwartende Verjährungsgrundsatz als ein allgemeines nicht bloß für Beamte geltendes Rechtsprinzip des Disziplinarrechts anzusehen sei, um so schon jetzt eine Schlechterstellung der Rechtsanwälte im Verhältnis zu den Beamten zu verhindern. Da nicht damit zu rechnen sei, dass die BRAO schon bald Gesetz werde, aber eine gleichmäßige Behandlung schon jetzt geboten erscheine, rege er an, dass die Justizverwaltungen mit der Bundesrechtsanwaltskammer Fühlung dahin nehmen, ob nicht bei mehr als fünf Jahre zurückliegenden Pflichtwidrigkeiten von der Einleitung und Durchführung eines förmlichen Ehrengerichtsverfahrens abgesehen werden könne, wenn die Verjährungsvoraussetzungen, wie sie im Entwurf der BRAO festgelegt seien, vorlägen. Dem noch geltenden Gesetz könnte dadurch Rechnung getragen werden, dass in solchen Fällen noch eine Ahndung im Rügewege durch den Kammervorstand erfolge.

GStA Dr. Adams wies darauf hin, dass die neue RAO, die am 2. Mai 1955 im Saarland eingeführt worden sei, eine Verjährung von Pflichtwidrigkeiten nicht kenne. Trotzdem begegne die Erledigung länger zurückliegender Verfehlungen keinen Schwierigkeiten. Gewöhnlich hätten diese keinen so schweren Unrechtsgehalt, dass nicht eine Rüge oder Missbilligung durch den Präsidenten der Rechtsanwaltskammer zu ihrer Ahndung genüge. Käme dieser einem entsprechenden Antrage des GStA nicht nach, bliebe immer noch eine Einstellung wegen Geringfügigkeit möglich.

GStA Dr. Voss erklärte, dass er einmal von der Durchführung eines Verfahrens wegen einer länger zurückliegenden Pflichtverletzung im Einverständnis mit der Anwaltskammer abgesehen habe.

GStA Kesseböhmer legte die Auffassung der Anwaltskammer seines Bezirks dar, die dahin ginge, dass allein schon für die Beurteilung des beschuldigten Rechtsanwalts ein Interesse an der Durchführung von ehrengerichtlichen Verfahren wegen länger zurückliegender Verfehlungen bestehe.

GStA Biermann hält es für selbstverständlich, dass auch länger zurückliegende Fälle angeklagt werden.

GStA Dr. Müller führt Verfahren wegen Verfehlungen, die mehr als fünf Jahre zurückliegen, nicht durch, sondern lässt solche Fälle durch die Anwaltskammer im Rügeverfahren erledigen. Er hält es aber für geboten, auf die zurückliegende Verfehlung zurückzugreifen, wenn wegen einer neuen Verfehlung ein neues Verfahren eingeleitet werde. In diesen Fällen sei eine Behandlung der alten Verfehlung zur Würdigung der gesamten Persönlichkeit des Beschuldigten unbedingt erforderlich. Die Anwaltskammer Nordbaden stehe übrigens auf dem Standpunkt, dass sie das Recht der Anklageerzwingung nach § 172 StPO habe.

Zu 17: Die Rechtsmittelbelehrung des Verletzten gemäß § 171 Satz 2 StPO durch die Staatsanwaltschaft, wenn kein Klageerzwingungsverfahren möglich ist.

GStA Dr. Adams gab zunächst einen kurzen Überblick über die Handhabung der Belehrung über das Beschwerderecht des Anzeigers und Verletzten in den einzelnen Ländern.

GStA Dr. Bauer sprach sich sodann dafür aus, dass in allen Ländern die Rechtsmittelbelehrung einheitlich nach dem Wortlaut des Gesetzes gehandhabt werden müsse.

OStA Dr. Hülff vertrat die Auffassung, dass die Rechtsmittelbelehrung nur in den Fällen erfolgen solle, in denen ein Klageerzwingungsverfahren durchgeführt werden könne.

GStA Dr. Adams wies darauf hin, dass in seinem Bezirk bisher bei allen Einstellungen eine Rechtsmittelbelehrung erfolgt sei, was dazu geführt habe, dass fast in allen Fällen Beschwerde eingelegt worden sei, die überwiegend sich als Dienstaufsichtsbeschwerde dargestellt hätten.

GStA Dr. Dünnebier vertrat die Meinung, dass eine Rechtsmittelbelehrung nur dann erfolgen solle, wenn das Klageerzwingungsverfahren möglich sei. Nur insoweit und nicht schlechthin halte er für die Beschwerde eine Frist vorgeschrieben. Er folgere dies aus der erst nachträglichen Einführung des § 172 StPO [§ 172 StPO 1942 aufgehoben; § 172 n.F. vom 4.8.1953, BGBl. I 735], der ursprünglich nicht in dem Entwurf enthalten gewesen sei. Eine Dienstaufsichtsbeschwerde könne auch nie wegen Fristversäumnis zurückgewiesen werden.

GStA Haas trat dieser Auffassung unter Verweisung auf Ziff. 73 Abs. 2 der Richtlinien für das Strafverfahren bei.

GStA Dr. Adams stellte abschließend Übereinstimmung darüber fest, dass eine Rechtsmittelbelehrung nur dann erfolgen solle, wenn das Klageerzwingungsverfahren möglich sei. Von einer Belehrung über das Recht der Dienstaufsichtsbeschwerde sei abzusehen.

Zu 18: Beurlaubung bei Unterbringung in einer Heil- und Pflegeanstalt

GStA Dr. Bauer möchte die Einstellung und Haltung der übrigen GStA zur Frage der Beurlaubung eines nach § 42 b StGB in einer Heil- und Pflegeanstalt Untergebrachten wissen, nachdem das OLG Frankfurt mit Beschluss vom 20.12.1956 (NJW 1957 S. 391) eine Beurlaubung für unzulässig erklärt hat. Er hält diese Entscheidung für wenig zufriedenstellend, da nach Auffassung der Anstaltsärzte seines Bezirks eine kurzfristige Beurlaubung für die spätere Entscheidung über eine Entlassung sich als sehr zweckmäßig erwiesen habe.

Nach den Ausführungen des *GStA Dr. Görcke* sind in Berlin in der Vergangenheit mehrfach Untergebrachte für einige Tage mit Einverständnis des Arztes beurlaubt worden. Da aber in einigen Fällen die Beurlaubten erneut straffällig geworden sind, hält er eine Beurlaubung für bedenklich. Sei der Untergebrachte gemeingefährlich, dann müsse er in der Anstalt bleiben, oder er sei es nicht, dann könne er entlassen werden.

GStA Dr. Adams hielt die befristete Beurlaubung grundsätzlich für sinnvoll, da es Fälle gebe, in denen eine gewisse Vorprüfung notwendig sei, um entscheiden zu können, ob der Untergebrachte entlassen werden könne. Die kurzfristige Entlassung sei daher in manchen Fällen vorteilhaft, und er vertrete die Auffassung, dass man eine Beurlaubung trotz der Entscheidung des OLG Frankfurt wagen solle.

Nach Abschluss der Beratungen schlug *GStA Dr. Adams* mit Rücksicht auf die in Berlin gefasste Entschließung vor, die nächste Arbeitstagung der Generalstaatsanwälte in Karlsruhe abzuhalten. – *GStA Kramer* regte an, als nächsten Tagungsort Hamburg zu wählen und übermittelte hierzu eine Einladung der Hamburger Justizverwaltung.

Nachdem sich mehrere GStA für Karlsruhe ausgesprochen hatten, bat *OBA Güde,* ihm die nächste Arbeitstagung zu übertragen. Dadurch werde den GStA Gelegenheit gegeben, mit der Bundesanwaltschaft und den Richtern des BGH in näheren Kontakt zu kommen. – Hierauf wurde OBA Güde mit der Vorbereitung und der Durchführung der nächsten Arbeitstagung beauftragt.

Abschließend sprach *GStA Kesseböhmer* im Namen der Teilnehmer dem Tagungsleiter und seinen Mitarbeitern den Dank für die Vorbereitung und Leitung der Tagung aus und bat, dem Herrn Ministerpräsidenten und dem Herrn Minister der Justiz für die freundliche Aufnahme im Saarlande den Dank aller Teilnehmer zu übermitteln.

gez. Dr. Adams gez. Dr. Wiesen

XII. Niederschrift über die Tagung der Generalstaatsanwälte vom 21.–23.5.1958

An der Tagung nehmen teil:
Generalbundesanwalt Dr. h.c. Güde, Karlsruhe
Senatspräs. i.R. Dr. Möricke a.G., Karlsruhe
GStA i.R. Dr. Kesseböhmer a.G., Münster
GStA Dr. Fick, Bamberg
GStA Brühl, Berlin (KG)
GStA Dr. Görcke, Berlin (LG)
GStA Mützelburg, Braunschweig
GStA Dr. Dünnebier, Bremen
GStA Biermann, Celle
GStA Dr. Jansen, Düsseldorf
GStA Dr. Bauer, Frankfurt a.M.
GStA Buchholz, Hamburg
GStA Ahmann, Hamm (Westf.)
GStA Dr. Müller, Karlsruhe
GStA Morbach, Koblenz
GStA Dr. Haas, Köln
StA Dr. Gollwitzer, München ((BayerObstLG)
GStA Dr. Hechtel, München (OLG)
GStA Dr. Geropp, Neustadt/Weinstr.
GStA Mork, Nürnberg
GStA Dr. Krapp, Oldenburg
GStA Dr. Adams, Saarbrücken
GStA Dr. Voss, Schleswig
GStA Nellmann, Stuttgart
Bundesanwalt Fränkel (zeitweise), Karlsruhe
Bundesanwalt Hartinger, Karlsruhe
Bundesanwalt Herlan (zeitweise), Karlsruhe
Bundesanwalt Dr. Kohlhaas (zeitweise), Karlsruhe
Bundesanwalt Dr. Wagner, Karlsruhe
Bundesanwalt Dr. Westram, Bundesanwaltschaft, Dienststelle Berlin
OStA Tischer, Bundesstrafregister, Berlin
OStA Berner (zeitweise), Karlsruhe
OStA Schweling (zeitweise), Karlsruhe

OStA Bühler a.G., Karlsruhe (OLG)
OStA Nerz a.G., Karlsruhe (LG)
StA Kaul als Protokollführer, Karlsruhe, Bundesanwaltschaft
StA Thiesmeyer als Pressereferat, Karlsruhe, Bundesanwatlschaft
Ferner nahmen teil die Sachbearbeiter des Generalbundesanwalts, soweit sie abkömmlich waren.

Der *GBA* eröffnete die Tagung (21.5.1958) und begrüßte die Teilnehmer.

Zum *Punkt 1: „Die Rechtsstellung des Staatsanwalts“* sprach zunächst *GStA Dr. Dünnebier.* Abdrucke seines Referat [nicht auffindbar] sind an die Tagungsteilnehmer verteilt worden, so dass von der Wiedergabe in der Niederschrift abgesehen wird.

GStA Dr. Görcke stimmte in seinem Vortrag den von GStA Dr. Dünnebier aufgestellten Forderungen zu, insbesondere der Forderung, die Zuständigkeit der für die Richter gebildeten Dienstgerichte auf die Staatsanwälte zu erstrecken. Im Anschluss hieran behandelte er die Rechtsstellung der Berliner Staatsanwälte nach dem Berliner Gesetz vom 9.1.1951 (GVBl. 1951, S. 235) und dem in Berlin geplanten neuen Richtergesetz, dessen Entwurf im Gegensatz zu früher keine Bestimmungen mehr über die Staatsanwälte enthalte. Auch die Berliner Dienststrafordnung für Richter und Staatsanwälte vom 14.3.1952 (GVBl. 1952, S. 149) werde auf die Staatsanwälte keine Anwendung mehr finden. Sie würden demnach in Zukunft der Reichsdienststrafordnung unterstellt sein. Das aber hätte zur Folge, dass für sie die allgemeinen Dienstgerichte zuständig sein werden. Nach § 37 RDStO *soll* von zwei Beisitzern nur einer der Laufbahn und *möglichst* dem Verwaltungszweig des Beschuldigten angehören. Diese Bestimmungen reichten keinesfalls aus, um die Belange der Staatsanwälte sicherzustellen. Ein Beamter der allgemeinen Verwaltung könne die mit der Weisungsgebundenheit der Staatsanwälte zusammenhängenden schwierigen Fragen nicht zutreffend beurteilen, weil die Weisungsgebundenheit erheblich von der eines Beamten der allgemeinen Verwaltung abweiche.

Abzulehnen sei auch, so führte *GStA Dr. Görcke* weiter aus, die beabsichtigte Regelung über die Vordienstzeiten bei der Einstellung als Richter. Zwar sehe die Regelung die Möglichkeit vor, einen Richter auf Probe auf die Dauer von sechs Monaten an eine Staatsanwaltschaft abzuordnen. Diese Tätigkeit bleibe jedoch bei der späteren Anstellung als Richter unberücksichtigt, weil hierfür eine – mindestens einjährige – *richterliche* Tätigkeit vorausgesetzt werde. Noch der erste Entwurf des geplanten Richtergesetzes sei demgegenüber von dem Erfordernis einer dreijährigen Tätigkeit in der Rechtspflege, sei es als Staatsanwalt, Rechtsanwalt oder Notar, ausgegangen. Diese Bestimmung habe später der Justizausschuss des Abgeordnetenhauses gestrichen.

Ferner erklärte *GStA Dr. Görcke,* die Versetzung von Staatsanwälten in den einstweiligen Ruhestand sei nach der geplanten Neuregelung nicht mehr möglich, da das Berliner Landesbeamtengesetz, das in Zukunft für die Staatsanwälte gelten solle, diese Möglichkeit nicht mehr zulasse. Auch der künftig nach dem Landesbeamtengesetz von den Staatsanwälten zu leistende Diensteid entspreche nicht ihrer besonderen Pflicht als Angehörige der rechtsprechenden Gewalt. Daher hätte die bisherige Eidesformel des § 53 des Berliner Rechtsstellungsgesetzes vom 9.1.1951, die den Staatsanwalt verpflichte, „Gerechtigkeit gegenüber jedermann ohne Ansehen der Person" zu üben, beibehalten werden sollen.

Anschließend befasste sich der *GBA* mit der Frage der Rechtsstellung des Staatsanwalts. Er bezeichnete sie als ein persönliches Problem für sich und seine Generation. Wie die Erfahrung gelehrt habe, könne jederzeit eine Lage eintreten, in der der Einzelne vor die Frage gestellt werde, ob er seinem Gewissen folgen oder unbedingten Gehorsam leisten solle. Da die soziologische Entwicklung in vollem Gange sei, dürfe nicht mehr in den Begriffskategorien des 19. Jahrhunderts argumentiert werden. Es komme nicht mehr darauf an, dass der Staatsanwalt „die Krone" vertrete, sondern die Frage sei dahin zu stellen, ob der Amtsträger der Justiz oder die Ministerialverwaltung zur Entscheidung berufen sei. Die letztere entscheide nach politischen Bedürfnissen. Für den Staatsanwalt jedoch sei der ihm erteilte Auftrag maßgebend, der sich aus der Unabhängigkeit der rechtsprechenden Gewalt ableite. Auch dem Richter werde nicht um seiner selbst willen eine Sonderstellung zugedacht, sondern um der Unabhängigkeit der Rechtsprechung willen. Von dort her müsse sich auch die Forderung nach einer Rechtsstellung legitimieren, die ihrem Anteil an der rechtsprechenden Gewalt entspreche; insoweit stehe ihre Forderung auch mit dem richtig verstandenen Grundgesetz in Einklang. Nur eine beschränkte Wortinterpretation könne sich an das Wort „Richter" klammern. Richtig verstanden zielten Aussage und Auftrag in Art. 92, 98 GG auf die Unabhängigkeit der Rechtspflege; der Richter werde dabei nur als repräsentatives Symbol der rechtsprechenden Gewalt genannt.

Der Auftrag des GG müsse aber sinngemäß auf das staatsanwaltschaftliche Amt erstreckt werden, weil es und soweit es an der rechtsprechenden Gewalt teilnehme. Nicht alle, aber einige wesentliche Funktionen des deutschen staatsanwaltschaftlichen Amtes seien unbestreitbar Ausfluss der rechtsprechenden Gewalt. Im deutschen, vom Akkusationsprinzip beherrschten Strafprozess werde die Urteilsaufgabe des Strafrichters durch die Anklage des Staatsanwalts bedingt, bestimmt und begrenzt. Zum mindesten die durch das Legalitätsprinzip einzig und allein an das Recht gebundene Erhebung der Anklage – ebenso wie ihre Führung und Vertretung im Prozess – diene der rechtsprechenden Gewalt und sei ihrer gerechten Verwirklichung allein verpflichtet. Insoweit müsse der Staatsanwalt um der Unabhängigkeit der Rechtsprechung willen sachliche Unabhängigkeit für die Gestaltung dieser Funktion in Anspruch nehmen und die dafür gültigen Maßstäbe wie der Richter aus Recht und Rechtsprechung entnehmen. Diese Weisungsfreiheit im Rechtsraum schließe es nicht aus, eine etwa abweichende Auffassung der politischen Instanzen zusätzlich vorzutragen. Im Übrigen stimme er der Auffassung von GStA Dr. Dünnebier über den Zwillingscharakter des staatsanwaltschaftlichen Amtes zu. Wie immer man aber auch die Grenzen ziehen möge, eines ergebe sich klar: Das staatsanwaltschaftliche Amt werde durch das allgemeine Beamtenrecht nicht ausreichend geordnet. Es bedürfe einer besonderen Ordnung, die die Forderungen aus seinem Anteil an der rechtsprechenden Gewalt ziehe. Daher sei es auch nur folgerichtig zu verlangen, dass in Disziplinarsachen des Staatsanwälte die für Richte zu bildenden Dienstgerichte entschieden. Abschließend bemerkte der GBA, dass er keine Bedenken dagegen habe, wenn die Möglichkeit, „politische" Beamte jederzeit in den einstweiligen Ruhestand versetzen zu können, beibehalten werde. Das gewährleiste Sauberkeit.

In der Aussprache riet *GStA Dr. Bauer* davon ab, die Frage eines Staatsanwaltsgesetzes überhaupt zu erörtern. In Betracht komme lediglich ein Gesetz für Richter *und* Staatsanwälte. Das sei auch die Auffassung des Landes Hessen, das dem Berliner Beispiel nicht folgen werde. Im Übrigen solle man mit Rücksicht auf die Vorschläge des Bundesrates die weitere Entwicklung abwarten. Die SPD werde jedenfalls im Bundestag für ein gemeinsames Gesetz für Richter und Staatsanwälte eintreten. Schließlich ging GStA Dr. Bauer noch auf das von GStA Dr. Dünnebier erwähnte Organisationsstatut der Staatsanwaltschaft ein, in das die bisher aufgeworfenen Fragen hineingehörten. In diesem Zusammenhange regte er an, einen ständigen Ausschuss der GStA zu schaffen, um etwaige Stellungnahmen besser aufeinander abstimmen zu können. Dieser Vorschlag wurde von *GStA Dr. Görcke* unterstützt.

Abschließend wurde auf Anregung des *GBA* beschlossen, durch zwei GStA und ihm selbst eine Entschließung zur Rechtsstellung des Staatsanwalts ausarbeiten zu lassen.

Punkt 2: „Rechtskraftwirkung von Entscheidungen der Besatzungsgerichte (Beschluss des OLG Schleswig vom 5.9.1957 = NJW 1958, 112 [LS der Entscheidung: Urteile der Besatzungsgerichte sind keine Urteile inländischer – deutscher – Gerichte. Diese Urteile sowie alle Entscheidungen in Strafsachen, damit auch Kriegsverbrecherurteile, sind aber nach § 7 Abs. 1 des Überleitungsvertrages hinsichtlich ihrer Rechtskraft und ihrer Rechtswirksamkeit Urteilen deutscher Gerichte gleichgestellt worden. Diese Urteile der Besatzungsgerichte sind also sowohl formell als auch materiell nach deutschem Recht rechtskräftig. Dabei bestimmt sich auch der Umfang der materiellen Rechtskraft und damit des Verbrauchs der Strafklage nach deutschen Recht.]*)"*

BA Fränkel gab eine zusammengefasste Darstellung seines Referats: [...] Diese Erwägungen – Wortlaut, Sinn, Zusammenhang und der ganze Geist der Gesamtregelung des Vertragswerks – sprechen hiernach für die Auffassung, dass die Wiederaufnahme des Verfahrens gegen Urteile von Besatzungsgerichten vor deutschen Gerichten in jedem Falle als unzulässig zu betrachten ist, mag es sich um sog. Kriegsverbrecherurteile oder um andere Urteile handeln.

Unverzichtbare rechtsstaatliche Grundsätze werden durch eine solche Betrachtungsweise nicht verletzt. Denn es gibt keinen allgemeingültigen Grundsatz – sei es des Verfassungsrechts, sei es des Verfahrensrechts – des Inhalts, dass gegen jedes verurteilende Erkenntnis eines Strafgerichts ein Rechtsmittel oder mindestens ein außerordentlicher Rechtsbehelf (etwa in der Form der Wiederaufnahme des Verfahrens) zur Verfügung stehen müsse.

Die im Ergebnis gegenteilige Rechtsauffassung, die den weiter oben erwähnten etwa 26 Gerichtsstandbestimmungen des BGH nach § 13 a StPO zugrunde liegt, berücksichtigt alle diese Gesichtspunkte augenscheinlich überhaupt nicht.

Die Britische Botschaft stützt letztlich ihre Ansicht von der Unzulässigkeit von Wiederaufnahmeverfahren vor den deutschen Gerichten auch auf Art. 3 Abs. 3 b ÜV, den sie dahin auslegt, dass unter den Worten „*Untersuchung*... von den Strafverfolgungsbehörden der betreffenden Macht endgültig abgeschlossen war..." nicht nur das *Ermittlungs*verfahren, sondern das gesamte Verfahren bis zum rechtskräftigen Abschluss durch Urteil zu verstehen sei. In diesem Punkte wird man der britischen Auffassung, wie mir scheint, kaum folgen können; vielmehr dürfte insoweit die Auslegung des Art. 3 Abs. 3 b ÜV durch die deutschen Gerichte (BGH, OLG Schleswig) richtig sein. Indessen kommt es hierauf nicht entscheidend an, weil aus den weiter oben dargelegten Gründen das Recht zu hoheitlichen Eingriffen in alliierte Urteile in Form der Wiederaufnahme des Verfahrens den deutschen Gerichten nicht übertragen worden ist.

Immerhin lässt sich aber aus der Bestimmung des Art. 3 Abs. 3 b ÜV ein anderes Argument für die Richtigkeit der hier vertretenen Auffassung herleiten. Wenn die Drei Mächte es schon als einen für sie unerträglichen und unzumutbaren Eingriff in ihre bisher auf deutschem Gebiet ausgeübten hoheitlichen Funktionen betrachten, dass deutsche Behörden ein von alliierten Behörden durchgeführtes und abgeschlossenes *Ermittlungs*verfahren wieder aufnehmen, um wie viel mehr muss es dann als ein unzulässiger Eingriff erscheinen, wenn deutsche Behörden und Gerichte sogar alliierte hoheitliche Maßnahmen, die in Form eines *Urteils* ergangen sind, auf dem Wege der Wiederaufnahme des Verfahrens ihrer Nachprüfung unterwerfen und gegebenenfalls beseitigen würden! Gerade in der Regelung des Art. 3 Abs. 3 b ÜV tritt mithin deutlich die Grenze auf dem Gebiet staatlicher Hoheitsrechte zutage, die nach dem Sinn und Zweck des ganzen Vertragswerks von beiden Vertragsteilen, also sowohl von alliierter wie von deutscher Seite, gezogen worden ist.

Es bedarf übrigens keiner weiteren Darlegungen, dass die gegenteilige Auffassung zu kaum überwindlichen praktischen Schwierigkeiten und wahrscheinlich zu einem Chaos ersten Ranges führen müsste, wenn in großem Umfange Wiederaufnahmeverfahren gegen alliierte Urteile vor deutschen Gerichten durchgeführt werden würden, und zwar gleichgültig, ob die Drei Mächte bei ihrer bisherigen Weigerung bleiben würden, ihre Strafakten zur Verfügung zu stellen, oder ob sie vielleicht in wenigen Einzelfällen ein gewisses Entgegenkommen zeigen würden. Denn wer den Inhalt etwa amerikanischer oder englischer Strafakten der ehemaligen Besatzungsmächte kennt, kann sich eine Vorstellung davon machen, ob und inwieweit heute, d.h. drei bis 13 Jahre nach der Durchführung jener Verfahren, noch ein der wahren Gerechtigkeit dienendes Wiederaufnahmeverfahren, insbesondere beweismäßig möglich wäre.

Die Ansicht, dass gegen alliierte Urteile einschließlich der Kriegsverbrecherurteile keine Wiederaufnahme des Verfahrens vor deutschen Gerichten zulässig ist und dass in diesen Fällen auch keine neue Anklage vor deutschen Gerichten erhoben werden darf (ne bis in idem), erscheint auch in anderer Hinsicht folgerichtig und dürfte dem Gesamtzweck des ÜV entsprechen. Dieser Zweck geht augenscheinlich im Wesentlichen dahin, unter die alliierten Entscheidungen einen Schlussstrich in dem Sinne zu ziehen, dass die Bundesrepublik diese Urteile nunmehr (ab 5.5.1955) als rechtlich bestehend betrachten, insbesondere (gegebenenfalls auf Ersuchen, Art. 6 Abs. 5 ÜV) vollstrecken muss. Gemildert wird die darin, namentlich vom deutschen Rechtsstandpunkt aus betrachtet, liegende Härte dadurch, dass für alle diese Urteile (also auch für die Kriegsverbrecherurteile), soweit sie rechtlichen oder anderen Bedenken unterliegen oder aus sonstigen Gründen nicht mehr zeitgemäß erscheinen, weitgehende *Begnadigungs*möglichkeiten eröffnet werden, auf die alle vier Vertragspartner Einfluss haben. Der Weg der Begnadigung soll aber ersichtlich der einzige sein, auf dem Abhilfe gegen etwaige Ungerechtigkeiten geschaffen werden kann, während hoheitliche Eingriffe anderer Art in die von den Alliierten ausgesprochenen Verurteilungen (gleichgültig, ob durch Wiederaufnahme des Verfahrens oder durch Erhebung einer neuen Anklage vor deutschen Gerichten) ausgeschlossen sein sollen.

GStA Buchholz teilte die Auffassung von BA Fränkel, dass eine Wiederaufnahme des Verfahrens gegen Urteile der Besatzungsgerichte nicht zulässig sei. Anhand des in dem Referat erwähnten Falles Pauly zeigte er die besonderen Schwierigkeiten auf, denen er sich gegenübersehe. Die Antragsteller drängten auf Weiterführung des Verfahrens; die Britische Botschaft verweigere ihm die Akten. Andere Unterlagen als die von den Antragstellern vorgelegten seien nicht vorhanden. Er werde daher den Antrag auf Wiederaufnahme des Verfahrens mit seiner Stellungnahme dem Gericht zuleiten und Verwerfung beantragen, obwohl er schon jetzt damit rechne, dass das Gericht den Antrag für zulässig befinden werde, weil der Beschluss des BGH nach § 13 a StPO präjudiziell wirke. Der Anwalt der Antragsteller habe eine Fülle von Material zusammengetragen. Der Ausgang des Verfahrens sei völlig ungewiss; er halte bei der Sach- und Beweislage einen Freispruch für möglich. Ein solches Ergebnis wäre jedoch unbefriedigend, denn nach seiner Auffassung sei Pauly ein vielfacher Mörder gewesen und zu Recht hingerichtet worden.

GStA Dr. Görcke wies auf die besondere Lage in Berlin hin. Da dort der Überleitungsvertrag nicht gelte, könne die von BA Fränkel vertretene Auffassung über die Rechtskraftwirkung von Kriegsverbrecherurteilen zu Unbilligkeiten führen. Auch im Übrigen könnten sich solche ergeben. Kehre z.B. ein zu Recht verurteilter Kriegsverbrecher aus der Haft zurück und beanspruche er Kriegsgefangenenentschädigung, so könne ihm diese nur dann versagt werden, wenn ein Strafverfahren eingeleitet worden und das Urteil eines deutschen Gerichts ergangen sei. Ein solcher Fall sei bei seiner Behörde bereits anhängig geworden. Ergänzend bemerkte er, dass die amerikanischen Behörden ihm ihre Verfahrensakten überlassen hätten.

GStA Dr. Adams berichtete, das OLG Saarbrücken habe die Wiederaufnahme von Verfahren gegen Urteile der Besatzungsgerichte abgelehnt, weil es sich um Urteile anderer Hoheitsträger handle. Allerdings sei ihm jetzt der Erlass des BJM vom 19.4.1958 zugegangen, der auf den Beschluss des BGH vom 13.7.1956 hinweise. Dem Erlass sei zu entnehmen, dass das BJM die Wiederaufnahme solcher Verfahren für möglich halte.

GStA Dr. Müller trug folgenden Fall aus seinem Amtsbereich vor: Ein französisches Besatzungsgericht in Freiburg i.Br. habe im Jahre 1954 einen Deutschen wegen Spionage verurteilt. Der BGH habe das LG Karlsruhe als zuständiges Gericht für das beabsichtigte Wiederaufnahmeverfahren bestimmt. Das LG habe den Antrag als unzulässig verworfen. Auf die sofortige Beschwerde des Verurteilten habe der Strafsenat des OLG Karlsruhe die Unterbrechung der Strafvollstreckung angeordnet. Die Strafakten des französischen Gerichts seien angefordert, bis jetzt jedoch nicht ausgehändigt worden. Es erhebe sich die Frage, wie weiter verfahren werden solle. Er halte eine Wiederaufnahme wegen der Vorschriften des Überleitungsvertrags (ÜV), im Übrigen aber auch aus praktischen Erwägungen für nicht zulässig.

GStA Dr. Dünnebier berichtete über einen Fall, in dem die amerikanischen Behörden mit einer Wiederaufnahme des Verfahrens einverstanden gewesen seien; es scheine aber fast, als ob die Amerikaner ihre bisherige Auffassung geändert hätten. Er selbst habe sich zu dem ganzen Fragenkreis noch keine feste Meinung gebildet. Es gebe sicherlich Fälle, in denen ein echter Wiederaufnahmegrund vorliege; andererseits würden aber auch solche Gründe konstruiert werden. Die Staatsanwaltschaften hätten kaum Möglichkeiten einzuwirken. Es sei Sache des BGH, den nächsten Schritt zu tun, nachdem er in der Frage der Zuständigkeit bereits entscheiden habe.

Im Zusammenhang mit der Frage der Rechtskraftwirkung von Urteilen der Besatzungsgerichte vertrat *GStA Dr. Krapp* die Auffassung, dass Kriegsverbrecherurteile nur unter die Regelung des Art. 6 ÜV fallen. Das BJM stehe jedenfalls in dem von GStA Dr. Adams erwähnten Erlass auf dem Standpunkt, dass für diese Urteile die Vorschrift des Art. 7 Abs. 1 ÜV nicht in Betracht komme. Er rege deshalb an, die Revision der Staatsanwaltschaft gegen das in dem Referat erwähnte Urteil des Schwurgerichts Oldenburg vom 21.11.1957 zu vertreten. [S. 8 des Referats: In der beim BGH anhängigen Sache hatte das Schwurgericht Oldenburg durch Urteil v. 21.11.1957 das Verfahren wegen Mordes (der deutsche Angeklagte hatte einen französischen Kriegsgefangenen getötet) wegen Verbrauchs der Strafklage eingestellt, weil der Angeklagte wegen derselben Tat früher durch ein Besatzungsgericht verurteilt worden war. Gegen diese Entscheidung hat die Staatsanwaltschaft Revision eingelegt, die jedoch vom GBA nicht vertreten wird.]

Nach Auffassung des *GBA* schließt der Art. 7 Abs. 1 ÜV eine Wiederaufnahme aus. Das sei der Sinn dieser Vorschrift. Allerdings könne in Einzelfällen eine echte Rechtsnot auftreten, etwa dann, wenn ein Unschuldiger verurteilt worden sei. Es müsse daher durch das BJM eine zusätzliche Vereinbarung angestrebt werden, die es ermögliche, in Ausnahmefällen offensichtliche Fehlurteile zu korrigieren. Ein Verbrauch der Strafklage könne dagegen nicht unmittelbar aus Art. 7 Abs. 1 ÜV hergeleitet werden. Die Vorschrift sei nämlich negativ zu deuten; sie wolle nur den Bestand der Urteile der früheren Besatzungsgerichte gewährleisten, ihnen aber keine stärkeren Rechtswirkungen als den Urteilen deutscher Gerichte beilegen. Immerhin schließe sie eine analoge Anwendung des Grundsatzes „ne bis in idem" nicht aus.

BA Herlan bemerkte, es sei nicht unmöglich, dass der 2. Strafsenat des BGH nach und nach von der Ansicht des 3. Strafsenats abgehe.

Nach weiterer Erörterung sagte der *GBA* abschließend zu, die GStA über etwaige neue Entscheidungen des BGH schnellstens zu unterrichten. Die Frage der Zulässigkeit eines Wiederaufnahmeverfahrens gegen Urteile der früheren Besatzungsgerichte werde er an das BJM herantragen, damit dort die Möglichkeit einer vertraglichen Vereinbarung mit den früheren Besatzungsmächten für Sonderfälle erwogen werde.

Punkt 3: „Anspruch auf rechtliches Gehör, insbesondere Mitteilung der Gegenerklärung der Staatsanwaltschaft in Revisionssachen an Angeklagte, Verteidiger und Nebenkläger"

Der *GBA* wies auf den Beschluss des BVerfG vom 13.2.1958 – 1 BvR 56/57 – (NJW 1958 S. 665 = MDR 1958, 403 = JU 1958, 433) hin, der verlange, dass dem Angeklagten, der Revision eingelegt habe, eine Gegenerklärung der Staatsanwaltschaft vor der Entscheidung über die Revision zur Kenntnis gebracht werde, wenn sie für die Beurteilung von Verfahrensrügen ehebliche neue Tatsachen oder Beweisergebnisse enthalte. Er gab zu erwägen, ob Gegenerklärungen der Staatsanwaltschaft nur in den vom BVerfG erwähnten Fällen oder allgemein dem Angeklagten mitgeteilt werden sollten. Die GStA waren übereinstimmend der Auffassung, dass es zweckmäßig sei, alle Gegenerklärungen dem Angeklagten oder dem Verteidiger durch förmliche Zustellung bekanntzugeben. Der GBA schloss sich dieser Auffassung an.

Punkt 5: „Beschlagnahme sowjetzonaler Postsendungen"

BA Dr. Wagner trug das Referat vor: Die Einschleusung sowjetzonaler Druckschriften in die Bundesrepublik zu staatsfeindlichen Zwecken beschäftigt wieder in zunehmendem Maße die Strafverfolgungsbehörden. Angesichts der gegenwärtigen politischen Turbulenz, die durch die Frage der Atomaufrüstung und die Einholung der Volksmeinung gekennzeichnet wird, ist mit weiterer Steigerung und erhöhter Intensität dieser Propaganda zu rechnen. Hatte schon die postalische Einfuhr staatsfeindlicher Agitationsmaterials aus der SBZ im Jahre 1957 um 50% gegenüber dem Vorjahr zugenommen, so sind diese Zahlen im Jahre 1958 weiter angestiegen. Im Januar 1958 wurden allein den Zolldienststellen 280.000 Sendungen zugeführt, wovon rund 4/5 angehalten werden mussten. Über 40.000 weitere Sendungen wurden bei der Post und in Westberlin – und zwar dort aufgrund der VO Nr. 501 der Alliierten Kommandantur – festgehalten, eine Zahl, die sich im Februar 1958 um weitere 5000 Sendungen erhöhte. Im März stieg diese Zahl zwar nur unwesentlich an, dafür erhöhte sich der Anfall bei den Zolldienststellen in diesem Monat auf rund 360.000 Sendungen, wovon 3/4 wegen ihres staatsfeindlichen Inhalts sichergestellt wurden.

Bereits aus dem großen Umfang dieser Schriften ergibt sich die Gefährlichkeit dieser Propaganda, die jeweils – man möchte sagen – der politischen Fieberkurve folgt. So zeichneten und zeichnen sich gewisse Höhepunkte ab nach dem Iller-Unglück der Kemptener Fallschirmjäger, bei den Bundestagswahlen im September 1957 und gegenwärtig bei der Frage der atomaren Ausrüstung der Bundeswehr. Gefährlich ist diese Propaganda aber auch deswegen, weil sie mit zahlreichen Fälschungen arbeitet, und soweit sie sich der Zersetzung der Bundeswehr, des Bundesgrenzschutzes und der Polizei zur Aufgabe gesetzt hat. An Fälschungen werden u.a. vertrieben Briefe mit der Unterschrift des Bundeskanzlers, einzelner Bundesminister und des verstorbenen Staatssekretärs Dr. Lenz, die der Erregung konfessioneller Zwietracht dienenden Schreiben mit der Unterschrift des CDU-Geschäftsführers Dr. Kraske, Einberufungs-, Rückstellungs- und Ausmusterungsbescheide der Bundeswehr, Vorladungen zum BGH, Einberufungen zu SPD-Tagungen sowie Schreiben fingierter Organisationen wie des „Kampfbundes für ein unabhängiges Deutschland", der „Oppositionellen Gruppe im Bund der Strafanstaltsbediensteten Deutschlands" und der „Gruppe demokratischer Polizeibeamter von Berlin". Diese Fälschungen sind in der Form oft derart raffiniert ausgeführt, dass ihre Unwahrhaftigkeit für die Empfänger nicht ohne weiteres erkennbar ist und dass es daher immerhin erstaunlich erscheint, dass sie keinen größeren Schaden angerichtet haben. In den Bereich der Schriften zur Zersetzung der Streitkräfte und der Polizei gehören die bekannten Schriften „Die Kaserne", „Die Grenzjäger" und „Wachtmeister Meier 3 meint". Unberücksichtigt gelassen in diesem Zusammenhang sind die zahlreichen Tarndrucke, die unter dem Anschein von Reise- und Buchprospekten, Reclam-Heften, Gedichtausgaben oder in der Form von 10-DM-Scheinen politische Propagandatexte enthalten, wie ich dies im Einzelnen in meinem vorjährigen Referat in Saarbrücken ausgeführt habe.

Soweit diese staatsfeindliche Propaganda mit den Mitteln gefälschter Schreiben betrieben wird und soweit sie sich auf die Zersetzung von Bundeswehr, Grenzschutz und Polizei richtet, hat der Bundesminister des Innern mit Erlass vom 20.12.1956 das BKA gemäß § 4 Abs. 2 b des Gesetzes über die Errichtung eines BKA mit den Ermittlungen betraut. Das BKA hat daraufhin über 800 Einzelverfahren, die bei den verschiedensten Staatsanwaltschaften anhängig waren, zusammengefasst und über 120.000 Beweisstücke ausgewertet, eine Zahl, die ebenfalls von dem erheblichen Umfang der Agitation allein auf diesem Gebiet zeugt. Die Agitation dieser Art ist fast durchweg gezielt, d.h. die Falschstücke und die Zersetzungsschriften sind an einzelne bestimmte Empfänger gerichtet. Hinsichtlich der Frage, auf welche Weise die sowjetzonalen Urheber in den Besitz des Anschriftenmaterials, insbesondere auch der Wehrmachtsangehörigen gekommen sind, haben sich bisher keine Anhaltspunkte für einen Verrat behördlicher Stellen ergeben, während die Mitwirkung konspirativ arbeitender kommunistischer Funktionäre innerhalb der Bundesrepublik nicht ausgeschlossen ist und in einigen Fällen Überläufer der Bundeswehr und Polizeibeamte, die infolge eigener Unachtsamkeit nach Ostberlin gelangt waren, als Quelle ermittelt werden konnten. In der Hauptsache scheinen Adress- und Fernsprechbücher, Fachzeitschriften, landsmannschaftliche Mitteilungsblätter, Standesamtsnachrichten und Mitteilungen von SBZ-Besuchern als Quellen benutzt worden zu sein. Gerade die Falsifikate und Zersetzungsschriften sind zumeist nicht auf dem Postwege aus der SBZ versandt, sondern durch Kuriere in die Bundesrepublik oder nach Westberlin verbracht und hier – z.T. durch die Kuriere unmittelbar, z.T. durch Mittelsmänner – in Briefkästen eingeworfen worden, wobei sich als Einwurforte außer Berlin vornehmlich Hamburg und einige norddeutsche Städte abzeichnen. Einige dieser Kuriere sind ergriffen und inzwischen abgeurteilt worden (Verfahren der StA Bamberg gegen Henschel, Hummel und Markgraf; Verfahren der StA Flensburg gegen Grunow; Verfahren der StA Frankfurt a.M. gegen Rössler). Ein weiterer Teil der Schriften wurde paketweise an kommunistische Funktionäre in der Bundesrepublik versandt und von den Empfängern zur Weiterbeförderung aufgegeben (Verfahren der StA Stuttgart gegen Stricker). Im Jahre 1957 bediente man sich ferner des inzwischen aufgedeckten illegalen Verteilerapparates der KPD, bei dessen Vertriebsstellen allein im Ruhrgebiet über 300.000 Schriften vorgefunden wurden. Schließlich kommt noch der Wasserweg hinzu – und zwar sowohl auf den Binnengewässern wie auf der See – und natürlich die unübersehbare Versendung von Einzelschriften durch sowjetzonale Absender unmittelbar.

Nach den bisherigen Erkenntnissen muss davon ausgegangen werden, dass die gesamte Agitation von zentraler Stelle aus gesteuert wird und alle Einzelfälle nur im Zusammenhang gesehen werden können. Er erscheint unerlässlich, diese Zusammenhänge auch den Gerichten vor Augen zu führen, und es ist zu begrüßen dass die Bamberger Strafkammer in den vorerwähnten Verfahren gegen Henschel und Hummel hierüber einen Sachverständigen des BKA gehört hat. Es kann nur empfohlen werden, dass die anderen Strafverfolgungsbehörden und Gerichte diesem Beispiel folgen, da nur so die nachdrückliche Bekämpfung dieser Agitation und die sachgemäße Aburteilung der Täter gewährleistet wird. Als rechtliche Grundlage für die Aburteilung kommen in erster Linie § 93 – soweit es sich um Fälschungen handelt – und §§ 267, 94 StGB in Betracht. Im Falle der Zersetzung werden weiterhin § 91 StGB, im Falle der verbotenen Fortführung der KPD §§ 42, 47 BVGG und in den Fällen der Verbreitung falscher 10-DM-Scheine § 360 Ziff. 6 StGB zur Anwendung gelangen können. Für den letzteren Fall verweise ich auf das Urteil des BGH vom 19.3.1958 – 3 StR 8/58 -, das auch – was ich im Hinblick auf die in Saarbrücken geäußerte gegenteilige Ansicht für bedeutsam halte, erklärt, dass gegen das Auflösungsverbot der KPD jeder verstößt, der den organisatorischen Zusammenhalt dieser Partei aufrecht erhält, darauf hinarbeitet oder in irgendeiner anderen Form so durch Vertreiben von Flugschriften, die gesetzwidrige Wirksamkeit der verbotenen Partei fördert. Die Reichweite der Strafvorschrift der §§ 42, 47 BVGG decke sich insoweit mit dem für verfassungsfeindliche Vereinigungen im Sinne des Art. 9 Abs. 2 GG geltenden Ungehorsamstatbestand des § 129 a StGB, der ausdrücklich jede sonstige Unterstützung der Vereinigung unter Strafe stelle, also auch den Fall der Verbreitung von Propagandamaterial der verbotenen Vereinigung erfasse.

Für die strafrechtliche Beurteilung der sowjetzonalen Postsendungen ist nach wie vor der Beschluss des BGH vom 7.9.1956 – BGHSt 9, 351 – maßgebend. Es ist bekannt, dass dieser Beschluss weder den Beifall der zuständigen Ressorts der Bundesregierung noch den sämtlicher Landesregierungen gefunden hat. Die Absicht, dem BGH einen weiteren Vorgang vorzulegen, um eine Überprüfung des Beschlusses und gegebenenfalls eine neue Rechtsgrundlage zu finden, ist aufgegeben worden. Es wird daher zunächst bei dem Beschluss verbleiben müssen. Hier hat nun die bisherige Handhabung gezeigt, dass die Praxis außerordentlich verschiedenartig ist und nach den hier vorliegenden Erkenntnissen wie folgt verfährt:

Im Bereich der Staatsanwaltschaft Lüneburg, bei der erfahrungsgemäß besonders zahlreiche Schriften aus der Sowjetzone erfasst werden, legen die Postämter in Hannover und Lüneburg alle verdächtigen Sendungen den Zollbehörden vor, die im Wege der inneren Zollbeschau eine Überprüfung des Inhalts vornehmen und die beanstandeten und verdächtigen Sendungen unmittelbar dem OStA in Lüneburg als der nach § 74 a GVG zuständigen Strafverfolgungsbehörde zuleiten. Soweit der Inhalt der in den Sendungen befindlichen Schriftstücke strafbar ist, beantragt der OStA die Einziehung im objektiven Verfahren nach Maßgabe des erwähnten Beschlusses vom 7.9.1956. Hierbei werden inhaltsgleiche Sendungen jeweils registermäßig unter einer Js-Nummer zusammengefasst. Andere Postämter und Zollbehörden des Bezirks der Staatsanwaltschaft Lüneburg legen die Sendungen auch nach Ziff. 268 Abs. 2 der Richtlinien für das Strafverfahren den nächsten Polizeidienststellen vor, die sie an die Staatsanwaltschaft weiterleiten. In ähnlicher Weise wird anscheinend bei der Staatsanwaltschaft Dortmund verfahren, der ebenfalls zahlreiche Sendungen aus der sowjetischen Besatzungszone vorgelegt werden. In Schleswig-Holstein wurden früher sowjetzonale Sendungen von den Zolldienststellen der Polizei übergeben, die sie an die jeweils örtlich zuständige Staatsanwaltschaft – nicht also nur an die nach § 74 a GVG zuständige Staatsanwaltschaft Flensburg – weiterleitete, worauf die Staatsanwaltschaft die Eröffnung und Beschlagnahme durch den Amtsrichter beantragte. Dabei wurde registermäßig jede Einzelsendung als Js-Sache eingetragen und als Beschuldigter in der Regel der Absender verzeichnet, und zwar auch dann, wenn von einem und demselben Absender mehrere Sendungen herrühren. Die gegenwärtige Praxis in Schleswig-Holstein ist nicht bekannt.

Der Staatsanwaltschaft in Frankfurt a.M. werden die in ihrem Bereich anfallenden Postsendungen aus der Sowjetzone seitens der Postbehörden unmittelbar, und zwar verschlossen, vorgelegt. Die Sendungen werden im Js-Register gegen Unbekannt eingetragen und ihre Empfänger listenmäßig erfasst. Bei einem Zugang von zehn Sendungen und mehr werden die Empfänger als Beschuldigte im Js-Register verzeichnet, Ermittlungen gegen sie jedoch erst angestellt, wenn die Zahl der Zugänge sich auf 25 oder mehr beläuft. Über die Behandlung sowjetzonaler Postsachen in anderen Bezirken, namentlich in Süddeutschland, ist nichts Näheres bekannt geworden. Das ganze Chaos der Behandlung dieser Verfahren hat sich bei den Übersichten gezeigt, die für Staatsschutzsachen dem BJM monatlich zugeleitet wurden. Durch die verschiedenartige registermäßige Erfassung der Sachen weisen die Übersichten derart starke Abweichungen voneinander auf, dass sie weder einen Überblick über den wirklichen Anfall von Staatsschutzsachen noch über das Aufkommen sowjetzonaler Schriften gewähren. Infolgedessen hat man sich auf der Tagung der Staatsschutzreferenten der Landesjustizministerien in Saarbrücken im März 1958 auf ein neues Schema geeinigt, wonach nur noch subjektive Verfahren gegen erkannte oder verdächtige Beschuldigte zu zählen sind, während für die Verfahren wegen der sowjetzonalen Druckschriften Folgendes vereinbart wurde:

a) Die Verfahren sind nicht zu zählen, wenn sie ausschließlich die Einziehung oder formlose Entfernung der Schriften aus dem Verkehr bezwecken (§§ 430 ff. StPO, Nr. 170 Abs. 3 RiStV) oder wenn sie (darüber hinaus) lediglich die Prüfung betreffen, ob Anlass zu einem Ermittlungsverfahren gegen einen bestimmten Beschuldigten besteht. Darauf, wie diese Verfahren im Register eingetragen werden (z.B. gegen den Absender, den Empfänger oder gegen Unbekannt), kommt es nicht an.
b) Gibt ein Verfahren nach Buchst. a in seinem Verlauf Anlass zu Ermittlungen gegen einen bestimmten verfolgbaren Beschuldigten, so ist es von diesem Zeitpunkt ab als anhängig geworden in die Übersicht aufzunehmen.

Wird ein Verfahren gegen einen bestimmten Beschuldigten abgeschlossen, so ist es in diesem Zeitpunkt ohne Rücksicht auf die etwa nachfolgenden Maßnahmen zur Einziehung oder Entfernung der Schriften aus dem Verkehr als endgültig erledigt zu zählen.

Noch schlimmer jedoch als der registermäßige, nunmehr hoffentlich abgestellte Missstand dürfte aber die ungleichartige sachliche Behandlung der sowjetzonalen Sendungen sein. Es dürfte kaum anzunehmen sein, dass z.B. über die Zonengrenzübergänge im Raume Hof und Coburg weniger Schriften eingeführt werden als in dem nördlichen Teil der Bundesrepublik, obwohl in diesen Räumen nach den hiesigen Erfahrungen kaum Schriften erfasst werden. Erfährt die sowjetzonale Zentrale von dem Vorhandensein ruhiger Stellen oder luftleerer Räume, so besteht die Gefahr, dass die Schriften auf diesem Wege eingeführt und infolgedessen kaum noch erfasst werden. Um dieser Gefahr zu begegnen, dürfte es zweckmäßig sein, sich über eine gleichartige sachliche Behandlung zu einigen. Hierzu wird es bedürfen erstens einer Vereinbarung mit den Zoll- und Postbehörden des Bezirks wegen der Überprüfung, Behandlung und Weiterleitung derartiger Sendungen, zweitens einer Anweisung an die Polizeibehörden des Bezirks wegen der etwa bei diesen aufkommenden Sendungen, drittens einer Anweisung an die Staatsanwaltschaften wegen der gerichtlichen Behandlung auf der Grundlage des Beschlusses vom 7.9.1956 und viertens einer Klärung der Rechtsgrundlage. Zu dem letzteren Punkt darf ich bemerken, dass auf der erwähnten Saarbrücker Tagung im März 1958 die Staatsschutzreferenten der Länder die gesetzliche Regelung der Behandlung sowjetzonaler Schriften angeregt haben. Es wird nicht zu verkennen sein, dass angesichts der erwähnten Bedenken gegen die Rechtsgrundlagen des Beschlusses vom 7.9.1956 die Bekämpfung und Erfassung der sowjetzonalen Schriften Schwierigkeiten unterliegt. Im Interesse der gleichmäßigen und einheitlichen Behandlung der Sachen sollte man aber, bis es zu einer gesetzlichen Neuregelung kommt, eine übereinstimmende Handhabung wenigstens versuchen, um den Gefahren dieser Propaganda wirksam zu begegnen.

Der *GBA* erklärte, dass es Zweck des Referats sei, rein informativ Zahlen zu nennen und das Chaos aufzuzeigen, das bei der Behandlung von Verfahren aufgetreten sei, die sowjetzonale Postsendungen zum Gegenstand hatten. Bei der letzten Tagung der Staatsschutzsachbearbeiter der Staatsanwaltschaften in Karlsruhe habe er von gelegentlicher Sachbehandlung erfahren, die Bedenken erwecke und die abgestellt werden müsse. Die Rechtsnot sei allerdings groß und das Problem prozessual kaum lösbar. Daher bedürfe es wohl einer gesetzlichen Regelung der Behandlung sowjetzonaler Schriften. Deswegen sei er vor kurzem an das BJM herangetreten. Bis dahin sollten die Sachbearbeiter streng gesetzmäßig verfahren.

GStA Dr. Bauer teilte die rechtsstaatlichen Bedenken des GBA, wies jedoch darauf hin, dass es sich hier um prozessrechtliche Fragen handle, deren gesetzliche Regelung in die Zuständigkeit der Länder falle. Auch in Hessen bestünden bei der Behandlung sowjetzonaler Postsendungen Schwierigkeiten.

Gleichartige Erfahrungen sind, wie die weitere Aussprache ergab, auch in den anderen Ländern gemacht worden. Die GStA waren bei dieser Sachlage der Auffassung, dass es für die einheitliche Behandlung derartiger Postsendungen förderlich sein würde, wenn die Bemühungen des GBA um eine klare und praktikable gesetzliche Regelung fortgesetzt und von Erfolg sein würden.

Punkt 7: „Abwicklung der alten Staatsschutzsachen"

BA Dr. Wagner trug das als Anlage 3 beigefügte Referat vor: Mehrfach haben Berichte der Staatsanwaltschaften gezeigt, dass die Strafverfolgungsbehörden und Gerichte noch immer mit einer größeren Zahl alter Vorgänge wegen Hochverrats und Staatsgefährdung befasst sind, in denen die Tatzeit vor dem Verbot der KPD liegt. Um insoweit einen Überblick zu gewinnen, sind die Herren GStA durch Anfrage vom 19.4.1958 gebeten worden, die Anzahl dieser alten Staatsschutzsachen mitzuteilen. Die gemeldeten Zahlen sahen zunächst bestürzend aus, doch besserte sich das Bild, nachdem aus den gemeldeten Zahlen zunächst die Landesverratssachen, ferner diejenigen Verfahren, in denen bereits Urteile ergangen sind, und schließlich die Verfahren ausgeschieden waren, in denen die Beschuldigten flüchtig sind und die vorläufige Einstellung gemäß § 205 StPO erfolgt ist. Immerhin verbleiben nach dieser Sichtung – von dem OLG-Bezirk München abgesehen, dessen Zahlen nicht vorliegen – 68 oberlandesgerichtliche Verfahren, wobei das BayerObstLG mitgezählt ist, und 259 Verfahren, bei den nach § 74 a GVG zuständigen Staatsanwaltschaften und LG. Diese Ziffern sind immer noch über Erwarten hoch, wobei namentlich die Zahl der oberlandesgerichtlichen Verfahren beeindruckt, die wohl darauf zurückzuführen sein mag, dass unter der Nachwirkung des sog. Fünf-Broschüren-Urteils vom 8.4.1952 eine Reihe von Verfahren als Hochverratsverfahren geführt wird, obwohl der Tatbestand des Hochverrats nach der späteren Rechtsprechung des BGH kaum vorliegen wird. Es dürfte sich daher empfehlen, zu prüfen, ob diese Fälle nicht richtiger als Staatsgefährdungsdelikte zu werten und daher an die Staatsanwaltschaften abzugeben sein werden, denen die Bearbeitung der in § 74 a GVG aufgeführten Sachen obliegt. In einem Teil der Verfahren, und zwar auch der landgerichtlichen, wird mit der Bearbeitung bis zur Erledigung gleichartiger in anderen Bezirken anhängiger Sachen innegehalten, woraus ersichtlich ist, wie sehr die Vorgänge untereinander zusammenhängen und verzahnt sind.

Soweit diese Verfahren sich gegen Funktionärinnen des „Demokratischen Frauenbundes Deutschlands“ [1957 verboten; hierzu *Marie Koelges,* Demokratischer Frauenbund, Wiesbaden 2001] richten und der Ausgang des gegen die frühere leitende Funktionärin Gerda Weber dieser Organisation anhängigen Verfahrens abgewartet wird, ist zu bemerken, dass die der Strafkammer in Karlsruhe übertragene Hauptverhandlung gegen Gerda Weber noch nicht durchgeführt werden konnte, da sich in letzter Zeit Gesichtspunkte ergeben haben, die die Anwendung des § 153 c StPO als möglich erscheinen lassen. Es fragt sich daher, ob bei dieser Sachlage Verfahren gegen die Funktionärinnen des „Demokratischen Frauenbundes Deutschlands“ noch länger zurückgestellt werden sollen, zumal in anderen Bezirken Verfahren gleicher Art ohne Rücksicht auf die Sache Gerda Weber erledigt worden sind. In keinem Fall erscheint es zweckmäßig, mit Verfahren gegen Funktionäre des „Westdeutschen Komitees für Einheit und Freiheit im deutschen Sport“ noch länger abzuwarten mit Rücksicht auf das Verfahren gegen v. Brauchitsch u.a. [hierzu *Heike Kaiser,* Der gekaufte Friedenskämpfer M. v. Brauchitsch, Hamburg 2010], das der BGH dem BayerObstLG zugewiesen hat. Die drei Hauptangeklagten des letztgenannten Verfahrens sind flüchtig, so dass mit einer Hauptverhandlung in absehbarer Zeit nicht gerechnet werden kann. Auch hier haben einige Staatsanwaltschaften ihre Vorgänge ohne

Rücksicht auf den Ausgang der Sache v. Brauchitsch abgeschlossen. Die Bundesanwaltschaft ist bereit, sich in allen Verfahren solcher Art hinreichend Beweismaterial zur Verfügung zu stellen, das die selbständige Durchführung noch anhängiger, zurückgestellter Verfahren ermöglicht. Im Übrigen sollten die alten Verfahren nach den Richtlinien des Herrn Bundesministers der Justiz und des Bundestages vom 4. bzw. 11.5.1957 abgeschlossen werden, über die ich auf der letztjährigen Tagung in Saarbrücken referiert habe.

Diese Richtlinien gestatten eine großzügige Handhabung, gegen die umso weniger Bedenken zu erheben sein werden, als inzwischen ein weiteres Jahr verflossen und damit das Tatgeschehen in eine noch fernere Vergangenheit gerückt worden ist. Von einer großzügigen Erledigung werden jedoch diejenigen Verfahren auszunehmen sein, in denen der Beschuldigte seine Tätigkeit nach dem KPD-Verbot fortgesetzt oder wieder aufgenommen hat; in solchen Fällen ist keinerlei Rücksicht am Platze. Das Schwergewicht des Verfahrens und der Ermittlungen wird jedoch dann wohl auf die Tätigkeit nach dem Verbot gelegt und die frühere Tätigkeit mehr oder weniger zur Kennzeichnung der Hartnäckigkeit der staats- und verfassungsfeindlichen Bestrebungen des Täters einbezogen werden können. Für die rechtliche Beurteilung dieses Verfahrens darf ich auf das für die Amtliche Sammlung bestimmte Urteil des BGH vom 30.1.1958 – 1 StE 10/57 [BGHSt 11, 233] – gegen den KPD-Funktionär Berndsen verweisen. Das Urteil, das übrigens sehr bedeutsame Ausführungen zu § 90 a Abs. 3 StGB enthält, hat die Tätigkeit des Angeklagten sowohl vor wie nach dem 17.8.1956 als einheitliche Handlung gewertet. Was hier für die KPD entschieden worden ist, wird mit den erforderlichen Abänderungen auch für andere verfassungsfeindliche Organisationen gelten können. Abschließend darf ich zum Vergleich anführen, dass bei der Bundesanwaltschaft noch fünf alte Verfahren anhängig sind, in denen die Tatzeit vor dem 17.8.1956 liegt, dass aber in einem der Verfahren bereits Anklage erhoben und in vier weiteren die Voruntersuchung abgeschlossen ist oder vor dem Abschluss steht. Unter den letzteren befindet sich das Verfahren gegen die leitenden Funktionäre des „Westdeutschen Friedenskomitees".

Nach einem Hinweis von *GStA Dr. Dünnebier* auf die Straßburger Konvention für Menschenrechte, nach der u.a. jeder Anspruch auf einen raschen Abschluss eines gegen ihn anhängigen Strafverfahrens habe, empfahl der *GBA*, bei der Behandlung der alten Staatsschutzsachen großzügig zu verfahren und in weitem Umfange von der Möglichkeit des § 153 StPO Gebrauch zu machen, zumal die Gefahr bestehe, dass sonst die Öffentlichkeit gegen die Justiz Stellung nehme.

Fortsetzung der Arbeitstagung am 22. Mai 1958

Punkt 4: „Erfahrungen in Revisionssachen"

BA Herlen trug das als Anlage 4 beigefügte Referat vor: Die folgenden Ausführungen beschränken sich auf solche Verfahren, in denen die Sachbearbeitung der Staatsanwaltschaft Anlass zu kritischer Erörterung geboten oder in denen die Staatsanwaltschaft gegen das Urteil einer Strafkammer Revision eingelegt hat. Nur solche Verfahren bieten einen sinnvollen Anlass, um immer wiederkehrende Anstände zu erörtern und Anregungen zu ihrer Behebung zu geben.

Der größte Teil der an den BGH gelangenden Revisionen ist offensichtlich unbegründet; hierunter fallen bedauerlicherweise auch Revisionen der Staatsanwaltschaft. Entgegen seiner früheren Praxis und den Anträgen der Bundesanwaltschaft ist der BGH seit einiger Zeit dazu übergegangen, Revisionen der Staatsanwaltschaft durch Beschluss gemäß § 349 Abs. 2 StPO zu verwerfen, wenn sie ihm offensichtlich unbegründet erschienen. Dass das nicht dem Ansehen der Staatsanwaltschaft dient, liegt auf der Hand und es sollte alles getan werden, um einen solchen Ausgang des Revisionsverfahrens zu vermeiden. Aber auch andere Revisionssachen liegen oft im Argen.

I. Vielfach beruhen die Mängel, die sich in der Revisionsinstanz zeigen, bereits auf der Sachbearbeitung im Vorverfahren.

1. Es mag auf die Überlastung der Staatsanwaltschaften zurückzuführen sein, wenn nach Abschluss der polizeilichen Ermittlungen ohne weiteres Anklage erhoben wird. Für die Revision ist das keineswegs förderlich. Die Hauptaufgabe der Staatsanwaltschaft ist nicht die rechtliche Subsumierung polizeilicher Ermittlungsergebnisse, sondern die möglichst restlose Klärung des Sachverhalts. Die Schutzbehauptungen der Angeklagten müssen genau nachgeprüft und widerlegt sein, bevor Anklage erhoben wird. Hieran fehlt es weitgehend. Es geht nicht an, die Einwände der Angeklagten im Ermittlungsergebnis ganz einfach als unglaubwürdige Schutzbehauptungen abzutun. Selbst wenn man vom Staatsanwalt nicht verlangen kann, dass er in der Masse der Sachen nach Ziff. 4 der RiStV persönlich die Erhebungen führt, so muss er seine juristischen Kenntnisse dazu benutzen, die erforderlichen Erhebungen zu veranlassen und die Schutzbehauptungen nachzuprüfen, z.B. Feststellung von Verwandtschaftsverhältnissen, Trunkenheitsgrad (Feststellung der genossenen Alkoholmenge), Geisteskrankheit oder Geistesstörung, Rechtfertigungsgründe, möglichst genaue Schadenshöhe, wirtschaftliche Verhältnisse des Geschädigten, vertragliche Beziehungen zwischen Täter und Geschädigtem (Treueverhältnisse), übermäßiger Aufwand, Reifegrad von Jugendlichen und Heranwachsenden, Heranziehung von Vorstraf- und sonstigen Akten usw. Ganz besonders gilt diese Feststellungspflicht für die innere Tatseite, um die sich die Polizei erfahrungsgemäß weniger kümmert als um die in die Augen fallenden äußeren Umstände. Geschieht dies nicht, so wird mit Sicherheit eine entsprechende Behauptung mit oder ohne Beweisantrag in der Hauptverhandlung aufgestellt, dessen Ablehnung vom Staatsanwalt meistens rundweg beantragt wird, und das Gericht steht am Scheideweg: soll es den Termin vertagen und den Terminkalender durcheinanderbringen oder soll es ohne weitere Beweisaufnahme verurteilen bzw. freisprechen in der sicheren Erwartung, dass eine Aufklärungsrüge, oder die

Rüge falscher Behandlung eines Beweisantrages vom Angeklagten oder Staatsanwalt erhoben wird. Die Staatsanwaltschaft soll sich keinesfalls darauf verlassen, dass der Berichterstatter oder Vorsitzende vor der Hauptverhandlung die Akten nach noch erforderlich erscheinenden Beweisen durchsieht und diese selbst erhebt oder die Zeugen lädt.

2. Oft macht sich ein Mangel an juristischer „Phantasie" bemerkbar; die in Betracht kommenden Bestimmungen werden nicht in ihrer vollen Tragweite übersehen und ausgeschöpft. Ist z.B. in der Hauptverhandlung ein Verbrechen nach § 176 Nr. 3 StGB [Unzucht mit Kindern] nicht nachzuweisen, weil das Gericht dem Täter glaubt, dass er das Alter des Kindes nicht gekannt hat, so bleibt immer noch eine Beleidigung übrig. In den seltensten Fällen ist aber im Vorerfahren ein Strafantrag erhoben worden, die Frist ist zumeist verstrichen. Liegt ein Strafantrag vor, so ist die Berechtigung des Antragstellers oft nicht erwiesen, insbesondere, weil bei Strafanträgen für Jugendliche die einschlägige Rechtsprechung über die Antragsberechtigten (Vater, Mutter, beide Elternteile, Jugendamt usw.) nicht genügend bekannt ist. Ähnliches gilt in Fällen der Entwendung von Lebensmitteln oder geringwertigen Gegenständen. Die Folge dieser Versäumnis ist der Freispruch des Angeklagten. Bei Abgabedelikten wird die Notwendigkeit einer Vorentscheidung der Finanzbehörde (§ 468 RAO) übersehen, wobei zu bemerken ist, dass es genügt, wenn die Finanzbehörde sich auf die Erklärung beschränkt, sie wolle den Ausgang des Strafverfahrens abwarten. In diesen Fällen bleibt dem BGH nichts übrig, als das angefochtene Urteil aufzuheben und die Sache zurückzuweisen.
3. Zuweilen weisen die Anklageschriften Mängel auf, obwohl es über die Erfordernisse der Anklage eine genügende Anzahl von höchstrichterlichen Entscheidungen gibt. Selbst das Wesentliche (Tatort, Tatzeit, Beteiligte) fehlt bisweilen, insbesondere in Fällen der Abtreibung und der gleichgeschlechtlichen Betätigung; die konkreten Tatumstände sind nicht angegeben und bleiben der Darstellung des Ermittlungsergebnisses überlassen. Auch rechtlich ermangelt die Anklageschrift gelegentlich hinreichender Klarheit, insbesondere hinsichtlich der Frage, ob eine fortgesetzte Handlung vorliegt, der Frage der Tateinheit oder Tatmehrheit und der Mittäterschaft, oder Beihilfe, sämtlich Fragen, in denen die Strafsenate des BGH eine übereinstimmende feste Rechtsprechung entwickelt haben. Die Fehler können nicht allein durch die Überlastung der Staatsanwaltschaften entschuldigt werden. Im Übrigen verschlingen die Folgen, die sich im Falle einer Urteilsaufhebung und Zurückverweisung ergeben, letztlich mehr Zeit, als sie eine sorgfältige Bearbeitung erfordert hätte.
4. Auch das Verhalten des Staatsanwalts in der Hauptverhandlung entspricht nicht immer seiner prozessualen Stellung. Er wehrt sich in der Regel gegen die Beeidigung von Entlastungszeugen und verlangt die Beeidigung von Belastungszeugen. Viele – begründete – Revisionen kommen daher, dass das Gericht ihm unbesehen folgt. Er

sollte daher auch stets eine Begründung für seine Anträge geben, zumindest in der Revisionsgegenerklärung (z.B. bei Teilnahmeverdacht). Gleiches gilt bei Verlesung von Protokollen „abwesender" Zeugen. Oft können auch neu benannte Zeugen, die am gleichen Ort wohnen, unschwer und rasch herbeigeholt werden.

Änderungen des bisherigen Beweisergebnisses oder der Rechtslage können sich selbstverständlich auch oft erst in der Hauptverhandlung ergeben. Selten aber liest man in einem Protokoll, dass der Staatsanwalt dann einen Beweisantrag stellt, und wenn, meist falsch nur als Beweisermittlungsantrag; oft wird sogar auf anwesende Zeugen verzichtet. Vielleicht hängt dies damit zusammen, dass der Sitzungsvertreter manchmal nicht zugleich der Sachbearbeiter ist und den Fall daher nicht genügend übersieht. Das ist in größeren und schwierigen Sachen gefährlich. Dafür wird dann nachher die Aufklärungsrüge erhoben, was nicht nur kompromittierend, sondern auch bedenklich sein kann. Auf entsprechende Revisionen der Angeklagten hat der BGH wiederholt erklärt, dem Gericht habe sich die Notwendigkeit der Vernehmung einer Beweisperson umso weniger aufdrängen können, als weder der Angeklagte noch sein Verteidiger einen entsprechenden Beweisantrag für erforderlich gehalten hätten. Nach Gage-Sarstedt „Die Revision in Strafsachen" soll dies zwar dem Staatsanwalt nicht entgegengehalten werden können, aber es erscheint nicht sicher, ob nicht einmal der gleiche Maßstab auch an Revisionen der Staatsanwaltschaft angelegt wird.

II. Nun zu den Revisionen der Staatsanwaltschaft.

1. Die Revisionen der Staatsanwaltschaft weisen vielfach die gleichen Fehler auf wie die der Verteidiger, was schon Schneidewin in einem heute noch lesenswerten Aufsatz JW 1923, 345 gerügt hat. Die Revisionstechnik ist eine Kunst, deren Erlernen wohl eine langjährige Erfahrung voraussetzt, welche die Sachbearbeiter naturgemäß nicht haben können. Aber es gibt auch grobe Fehler, die selbst ein junger Staatsanwalt vermeiden sollte. Die Senate klagen immer wieder, die Staatsanwaltschaften würden zu viele Revisionen einlegen. Das bezieht sich nicht auf die Zahl der Revisionen. Sie liegen unter 10% aller Revisionen (z.B. sind bei den vier Karlsruher Senaten vom 1.1. bis 30.4.1958 insgesamt 626 Revisionen eingegangen, darunter 41 der Staatsanwaltschaften). Die Klage bezieht sich vielmehr darauf, dass viele Revisionen offensichtlich nur aus Verärgerung über eine abweichende Auffassung vom Beweisergebnis eingelegt werden. Es ist aber klar, dass Angriffe gegen die Beweiswürdigung und die Feststellungen nur in ganz außergewöhnlichen Fällen Erfolg haben können. Die Revision ist keine Berufung. Angriffe gegen die Beweiswürdigung des Gerichts sind aussichtslos, mag diese auch noch so merkwürdig sein. Hierwegen sind schon mehrere Revisionen den Staatsanwaltschaften als offensichtlich unbegründet verworfen worden. An diesem Ergebnis kann auch der Umstand nichts ändern, dass die Landesjustizverwaltung auf Durchführung der Revision drängt. Der Staatsanwalt muss auch dieser gegenüber

seine Rechtsauffassung vertreten, wenn er sich nicht dem Vorwurf der Weisungsgebundenheit aussetzen will, der der Aufnahme des Staatsanwalts in das Richtergesetz solche Schwierigkeiten bereitet.

2. Gleiches gilt von den Revisionen gegen das Strafmaß und gegen die Bewilligung von Bewährungsfrist. Eine Staatsanwaltschaft erklärte z.B. mehrfach, Strafaussetzung zur Bewährung hätte nicht bewilligt werden dürfen, weil die Zahl der Sittlichkeitsdelikte in ihrem Bezirk in den letzten Jahren außerordentlich zugenommen habe. Die Nachprüfung auf Verlangen des Senats ergab, dass die Zahlen in den letzten fünf Jahren ziemlich gleich geblieben sind. Vielleicht aber würde die Heranziehung der Zahlen vor dem Kriege im Vergleich zu den jetzigen eher dazu führen, dass der BGH aus Gründen des öffentlichen Interesses aufheben würde. Die Kriminalstatistiken verstauben aber offensichtlich in den Bibliotheken, obwohl die Beziehungen der Staatsanwaltschaften zum Herausgeber dieser Statistiken, dem BKA, offenbar erfreulich eng sind.
3. Bei anderen Revisionen ist von vornherein zu ersehen, dass zwar die rechtliche Beurteilung falsch, aber das Strafmaß sachgemäß ist. Wenn es sich hier nicht darum handelt, eine etwa einsetzende falsche Rechtsprechung – z.B. in der Frage des Gesamtvorsatzes – im Keime zu ersticken, ist die Revision sinnlos, verärgert nur die Senate und verstößt obendrein gegen Ziff. 130 RiStV. Wiederholte Revisionen in derselben Sache sind tunlichst zu vermeiden, schon weil sie nur das Verhältnis zwischen Gericht und Staatsanwaltschaft trüben können.
4. Besonders auffällig sind die Mängel bei der Revisionsrechtfertigung der Staatsanwaltschaft, auch wenn die Revision an sich begründet ist. Einmal fehlt es oft an einem Antrag oder zumindest einer klaren Äußerung, inwieweit ein Urteil angefochten werden soll. Ist der BGH hinsichtlich fehlender Anträge großzügig, so verlangt er doch selbstverständlich eine unmissverständliche Äußerung über den Umfang des Rechtsmittels. Bei staatsanwaltschaftlichen Revisionen legen die Senate zum Teil einen besonders strengen Maßstab an. Die Schwierigkeiten der prozessualen Rüge sind weithin unbekannt, so dass die Revisionsrügen unrichtig begründet werden. Insbesondere herrscht Unkenntnis darüber, dass die Rüge mangelnder Sachaufklärung die Angabe bisher unbenutzter Beweismittel verlangt, die für die erstrebte weitere Aufklärung hätten benutzt werden müssen (BGHSt 2, 168). Dieser Grundsatz ist vom BGH so oft ausgesprochen worden, dass es erstaunlich ist, wie oft gegen ihn immer noch verstoßen wird. Offenbar nicht abzustellen ist die Gewohnheit, bei der Revisionseinlegung neben der Rüge der Verletzung sachlichen Rechts gleichzeitig und ohne nähere Angaben auch die Rüge der Verletzung verfahrensrechtlicher Normen zu erheben, ohne dass dann in der Revisionsrechtfertigung die Verfahrensrüge näher begründet wird – wie dies § 344 Abs. 2 Satz 2 StPO ausdrücklich vorschreibt – oder die verfahrensrechtliche Rüge wenigstens zurückgenommen wird.

Wenn diese Gewohnheit im Ergebnis auch rechtlich unschädlich ist, wirkt sie sich doch nachteilig auf die gesamte Revision aus, da sie den Eindruck mangelnder Sorgfalt und den Verdacht erweckt, dass auch die sachlich-rechtliche Rüge nicht genügend fundiert sei. Im Übrigen schreibt Ziff. 139 Abs. 2 RiStV – über die Vorschriften der StPO hinausgehend – auch die detaillierte Begründung der Sachrüge vor. Bei der sachlich-rechtlichen Revision muss sich der Staatsanwalt davor hüten, von einem anderen als dem festgestellten Sachverhalt auszugehen, oder Dinge vorzutragen, die nicht im Urteil stehen. Auch darf er nicht ohne überzeugende Begründung gegen eine gefestigte Rechtsprechung angehen. Verteidiger, die ihre Revision derart begründen, werden oft von den Vorsitzenden des Strafsenats scharf zurechtgewiesen. Bei einer ebenso unzulässig begründeten Revision der Staatsanwaltschaft ist die Folge meist die eingangs erwähnte Verwerfung als offensichtlich unbegründet.

5. Den GStA ist in Ziff. 150 RiStV die Überprüfung der Revisionen der Staatsanwaltschaft übertragen. Dieser Pflicht wird nicht durch kurze Zusätze genügt, wie „Ich bitte die Revision zu vertreten", „Die Revision scheint mir aussichtsreich zu sein", „Wegen der grundsätzlichen Bedeutung des Falles wird die Durchführung der Revision empfohlen". Die Bundesanwaltschaft steht daher oft vor der peinlichen Frage, ob sie den GStA noch einmal auf die der Revision entgegenstehenden Bedenken hinweisen oder eine aussichtslose Revision an den BGH weiterleiten soll. Dass sie eine derartige Revision nicht vertreten kann, ist außer Frage. Den bisherigen Mängeln kann vielleicht dadurch abgeholfen werden, dass die Nachprüfung der Revision der Staatsanwaltschaft einem auf diesem Gebiete besonders erfahrenen Sachbearbeiter des GStA übertragen wird. Im Übrigen kommt es gelegentlich vor, dass eine Staatsanwaltschaft die Vorgänge auf eine von ihr eingelegte Revision nicht durch die Hand des GStA, sondern unmittelbar einreicht, was naturgemäß zu Verzögerungen führt, da dann die Bundesanwaltschaft genötigt ist, die Akten an den GStA zwecks Einholung seiner Stellungnahme zu übersenden.
6. Der GStA soll aber nach Ziff. 150 Abs. 2 RiStV nicht nur die sachliche Berechtigung der Revision, sondern auch die Förmlichkeiten überprüfen. Insoweit darf ich auf folgende Punkte hinweisen. Die Staatsanwaltschaft hat bei sämtlichen –auch den eigenen – Revisionen Gegenerklärung zu allen prozessualen Rügen abzugeben. Hierauf sollte größte Sorgfalt verwendet werden. Es geht nicht an, dass in schwierigen Fällen eine Gegenäußerung einfach übersehen wird oder dass die Gegenäußerung nicht alles bringt. Gleiches gilt von Prozessvoraussetzungen. Dabei soll nicht auf Aktenseiten verwiesen werden, weil das die Behandlung beim BGH erschwert. Den Vorgängen und Übersendungsberichten ist die nötige Anzahl von Abschriften gemäß Ziff. 148 RiStV beizufügen. Diese Abschriften sind oft kaum lesbar und, selbst wenn sie beglaubigt sind, so fehlerhaft, dass damit der schlechteste Eindruck erweckt wird. Dienstliche Äußerungen, die in der Gegenerklärung verwendet werden, müssen der Gegenseite

mitgeteilt werden (vgl. Urteil des BVerfG vom 13.2.1958 – 1 BvR 56/57 [BVerfGE 7, 275] – und Punkt 3 der Tagesordnung). Zustellungen, insbesondere an Insassen von Haft- und Heilanstalten, sowie Ersatzzustellungen müssen auf ihre Ordnungsmäßigkeit überprüft werden. Bei Zustellungen an Verteidiger ist die Zustellungsermächtigung zu beachten. Unrichtige Zustellungen setzen die Rechtsmittelfristen nicht in Kraft und führen zu erheblichen Verzögerungen. Die für den Sachbearbeiter der Bundesanwaltschaft oft wichtigen Handakten sind ausnahmslos beizufügen; dem BGH werden diese Handakten nicht zugänglich gemacht. Die Beifügung von Vorstrafakten, besonders bei Rückfalldelikten und Gewohnheitsverbrechen, ist zweckmäßig, diejenige von sonstigen Beiakten oft nötig (z.B. bei Aufklärungsrügen und Eidesdelikten); ihre Auswahl darf daher nicht der Geschäftsstelle überlassen werden. Es ist anzugeben, wo sich Strafanträge, die Verjährung unterbrechenden richterlichen Handlungen und Vorentscheidungen oder Erklärungen des Finanzamts befinden. Haftentlassungen sind sofort mitzuteilen; die Unterlassung kann peinliche Folgen haben.

Die Beachtung dieser Punkte würde nicht nur die Arbeit der Bundesanwaltschaft erleichtern, sie würde vor allem unnütze Revisionen ebenso verhindern wie unnütze Aufhebungen und so der Gerechtigkeit und dem Ansehen der Justiz in gleichem Maße dienen, wie sie die Arbeit aller Beteiligten befriedigender gestalten würde.

GStA Dr. Bauer berichtete, bei seiner Behörde würden schon rund drei Viertel der von den Staatsanwaltschaften eingelegten Revisionen angehalten werden. Sollte die Bundesanwaltschaft in den übrigen weitergeleiteten Verfahren das Rechtsmittel für aussichtslos halten, möge dies fernmündlich mitgeteilt werden, damit die Rücknahme der Revision geprüft werden könne. Sie sei mitunter nur deshalb eingelegt worden, weil entweder das Ministerium dies gewünscht oder der Fall Presse und Öffentlichkeit besonders beschäftigt habe.

GStA Dr. Hechtel regte an, bei der Rücksendung der Akten an die GStA auf Mängel hinzuweisen. Dadurch ließen sich Fehler im Laufe der Zeit vermeiden und der Ausbildungsstand verbessern. Die Revisionsurteile des BGH würden bei den Behörden seines Dienstbereichs im Allgemeinen aus Zeitmangel kaum gelesen. Ein solcher „Laufzettel" finde jedoch immer Beachtung. Der *GBA* erklärte darauf, er habe ein solches Verfahren bisher gescheut, wolle aber prüfen, ob der Anregung nachzukommen sei. *BA Herlan* äußerte hiergegen Bedenken. Einmal sei die Arbeitsbelastung der Bundesanwaltschaft ohnedies schon erheblich, zum anderen sei der GBA nicht vorgesetzte Behörde der Landesstaatsanwaltschaften. Die *GStA Dr. Haas* und *Biermann* bezweifelten, ob die bisherigen Vorschläge geeignet seien, den jetzigen Zustand zu ändern. Die aufgezeigten Mängel seien, so führte *GStA Dr. Haas* weiter aus, in seinem Amtsbereich schon häufig Gegenstand von Dienstbesprechungen gewesen, ohne dass bisher ein greifbarer Erfolg habe verzeichnet werden können. Er befürchte daher, dass eine theoretische Unterweisung kaum Abhilfe schaffen werde. Die aufgetretenen Fehler beruhten auf der mangelnden Erfahrung der Sachbearbeiter in Revisionssachen; aber nur eine umfassende Erfahrung vermittle die Kunst, richtige Revisionsbegründungen abzufassen. Deswegen befürworte er ein enges persönliches Einvernehmen zwischen dem Staatsanwalt und seinem vorgesetzten Abteilungsvorsteher oder OStA. Auf den Einwand des *GBA*, bei jeder größeren Staatsanwaltschaft müsse doch wenigstens ein Sachbearbeiter über ausreichende Revisionserfahrung verfügen, entgegnete *GStA Dr. Haas*, die Personallage gestatte es nicht, Fachleute heranzuziehen. Dagegen begrüße auch er eine persönliche Fühlungnahme zwischen der Bundesanwaltschaft und den Staatsanwaltschaften bei den OLG.

Der *GBA* sah keinen Grund zur Resignation. Eine weitere Möglichkeit, erfahrene Sachbearbeiter heranzubilden, liege in der zeitweiligen Beschäftigung von jüngeren Beamten bei den Staatsanwaltschaften an OLG.

Nach weiteren Diskussionsbeiträgen von *Senatspräs. i.R. Dr. Möricke*, den *GStA Dr. Müller*, *Nellmann* und *Biermann* sowie den *BA Dr. Westram* und *Dr. Kohlhaas* sagte der *GBA* Folgendes zu:

1. Den GStA wird für jede Staatsanwaltschaft ihres Bezirks ein Abdruck des Referats übersandt werden.
2. Die Bundesanwaltschaft wird, falls sie die Revisionen der Staatsanwaltschaften nicht zu vertreten beabsichtigt, die GStA fernmündlich hiervon unterrichten.

Zum *Punkt 8 a. „Sind bei der Zulieferung eines Beschuldigten an eine Behörde der Sowjetzone Bedingungen zulässig und ist mit ihrer Erfüllung zu rechnen?“* führte *GStA Ahmann* aus, dass dem Ersuchen einer sowjetzonalen Staatsanwaltschaft um Zulieferung eines Verfolgten nach § 2 RHG entsprochen werden müsse, sofern nicht einer der in Abs. 1 dieser Vorschrift genannten Ausnahmefälle vorliege. Werde die Zulieferung versagt, müsse das Verfahren vor einem Gericht der Bundesrepublik durchgeführt werden (§ 10 RHG). Gerade in diesen Fällen ergäben sich jedoch häufig Beweisschwierigkeiten mit der Folge ungerechtfertigter Freisprüche oder nicht schuldangemessener Bestrafung. Das beruhe einmal auf dem praktisch geringen Beweiswert verlesener Zeugenaussagen, vor allem aber auch darauf, dass die Behörden der Sowjetzone im Falle der Versagung der Zulieferung nicht bereit seien, Rechtshilfe zu leisten. Daher sollte grundsätzlich das Verfahren dort durchgeführt werden, wo die Beweismittel zur Verfügung stünden, also auch die Zulieferung erfolge. Um nun einerseits den Zweck der Strafrechtspflege zu sichern, andererseits aber erhebliche Nachteile für den Betroffenen zu vermeiden, sei zu erwägen, ob die Zulieferung von der Einhaltung gewisser Bedingungen abhängig gemacht werden können. Als solche kämen insbesondere in Betracht:

a) Der Beschuldigte dürfe nur wegen der näher bezeichneten Tat verfolgt und müsse nach der Aburteilung zur Vollstreckung in die Bundesrepublik rücküberstellt werden.

b) Die zuständige Stelle müsse zusichern, dass ein etwa ergehendes Todesurteil nicht vollstreckt wird.

GStA Ahmann führte hierzu noch drei Einzelfälle aus seinem Dienstbereich an. Im ersten sei die Zulieferung ohne die unter a) genannte Bedingung erfolgt. Der Betroffene sei in der Sowjetzone wegen einer weiteren Tat verurteilt worden; die Rückführung hebe erst nach Androhung von Weiterungen erreicht werden können. In einem weiteren Fall sei der GStA der Sowjetzone auf die Bedingung der Rücküberstellung nach Aburteilung nicht eingegangen, sondern habe auf Zulieferung verzichtet. Im dritten Fall sei die unter b) genannte Zusicherung erbeten, jedoch nicht erteilt und schließlich auf Zulieferung verzichtet worden.

Im Anschluss an diese Ausführungen wurden insbesondere die Erfahrungen in den Zulieferungsverfahren erörtert, in denen die Möglichkeit eines Todesurteils des sowjetzonalen Gerichts nicht auszuschließen war. Die *GStA Brühl* und *Dr. Görcke* berichteten, Zusicherungen, dass eine etwaige Todesstrafe nicht vollstreckt werden würde, seien bisher stets eingehalten worden. Sie nahmen Bezug auf Weisungen des sowjetzonalen GStA Dr. Melsheimer, die dieser seinen Bezirksstaatsanwälten erteilt hatte. (Abschriften des einschlägigen Schriftwechsels sind von GStA Brühl zusagegemäß nach Abschluss der Tagung übersandt worden und liegen der Niederschrift als Anlage 5 bei [nicht bei den Akten].)

GStA Dr. Müller erklärte, in einem bei seiner Behörde anhängigen Verfahren wegen vorsätzlicher Tötung sei die Zulieferung ebenfalls von der Bedingung des Nichtvollzugs eines Todesurteils abhängig gemacht worden. Der sowjetzonale Staatsanwalt habe geantwortet, der erbetenen Zusicherung bedürfe es nicht, weil nach dem Ergebnis der Ermittlungen der Beschuldigte im Zustand erheblich verminderter Zurechnungsfähigkeit gehandelt habe und deswegen ohnehin kein Todesurteil in Betracht komme. Daraufhin sei die Zulieferung abgelehnt werden. *GStA Dr. Dünnebier* entgegnete hierauf, er würde eine solche Mitteilung für ausreichend halten. *GStA Dr. Jansen* erwähnte, dass in einem Fall seines Amtsbereiches der Beschuldigte bedingungsgemäß nach Aburteilung rücküberstellt worden sei. Auch *GStA Mützelburg* bestätigte die positiven Erfahrungen der Berliner Behörden.

GStA Dr. Adams warf dann die Frage auf, wie verfahren werden solle, wenn neben der Bestrafung wegen eines Allgemeindelikts eine solche wegen Republikflucht in Betracht kommen könne. *GStA Brühl* würde in diesem Falle von der Zulieferung absehen, während *GStA Ahmann* meinte, man könne die Bedingung stellen, dass der Verurteilte zur Vollstreckung in die Bundesrepublik zurückgeliefert werde, damit gegebenenfalls nach § 2 Abs. 4 RHG verfahren werden könne. *GStA Dr. Adams* äußerte jedoch die Befürchtung, dass das sowjetzonale Gericht wegen des allgemeinen Deliktes eine höhere Strafe verhängen werde. *GStA Dr. Görcke* bemerkte ergänzend, es bestehe die Gefahr, dass eine solche Zusicherung nicht mehr gegeben werde, wenn der Verurteilte auflagegemäß in die Bundesrepublik zur Vollstreckung rücküberstellt worden sei, von ihr jedoch abgesehen würde.

Abschließend wurde noch die Frage erörtert, ob und inwieweit sowjetzonale Behörden Ersuchen um Übersendung von Urteilen und Strafregisterauszügen entsprächen. Urteilsabschriften werden nach dem Ergebnis dieser Erörterung nicht, Strafregisterauszüge nur vereinzelt übersandt.

Zum *Punkt 10: „Wochenendvollzug bei Beschäftigten, die sonnabends frei haben“* führte *GStA Dr. Dünnebier* Folgendes aus: Nach § 32 StVollStrO könnten die Vollstreckungsbehörden Freiheitsstrafen von nicht mehr als zwei Wochen in der Weise vollziehen, dass der Verurteilte sich jeweils nur in der Zeit von Sonnabend nachmittags bis Montagmorgen im Strafvollzug befinde, aber gleichwohl zwei volle Tage als verbüßt gelten (§ 32 Abs. 4 StVollStrO). Diese kombinierte Gnaden- und Vollstreckungsentscheidung solle aus sozialen Gründen wirtschaftliche Nachteile vermeiden, die mit einem Vollzug während der Arbeitszeit verbunden sein könnte. Der Anlass für das „Geschenk“ eines halben Tages entfalle aber, wenn der Beschäftigte, wie jetzt oft, sonnabends arbeitsfrei habe. Für arbeitsfreie Wochenenden wäre daher ein „erweiterter“ Wochenendvollzug zu erstreben. Da § 32 StVollStrO die Möglichkeit hierzu nicht gebe, sei eine Änderung der Bestimmungen erforderlich. Das für die Justiz federführende Land – Niedersachsen – sei, soweit bekannt, bereits mit der Frage befasst und werde demnächst mit anderen Landesjustizverwaltungen klären, ob die StVollstrO zu ändern sei. Unabhängig davon interessiere es jedoch zu wissen, ob in anderen Ländern bereits Versuche gemacht worden seien, das ungünstige Ergebnis auch vor einer Änderung des geltenden Rechts etwa dadurch zu beseitigen, dass mit der Ladung zum Strafantritt im Gnadenwege Strafunterbrechung in der Weise gewährt werde, dass die Strafe nacheinander in mehreren Zeitabschnitten von je zwei Tagen von Sonnabendmorgen 8.00 Uhr bis Montagmorgen 7.00 Uhr zu verbüßen sei.

Die Diskussion ergab, dass z.Zt. weder Anordnungen noch ausreichende Erfahrungen in dieser Frage bestehen. Wie *GStA Dr. Bauer* berichtete, ist in Hessen zuweilen im Gnadenwege dem Verurteilten gestattet worden, von Freitagabend bis Sonntagnachmittag zu verbüßen, wodurch drei volle Tage als verbüßt gelten. Dieses Verfahren habe sich jedoch nicht günstig ausgewirkt. Er befürworte daher einen Wochenendvollzug in der Zeit von Sonnabend früh bis Sonntagabend.

Zum *Punkt 11: „Müssen Beschlüsse, mit denen eine Strafaussetzung zur Bewährung widerrufen wird (§ 25 Abs. 2 StGB; § 453 StPO), als weitere urkundliche Grundlage der Vollstreckung (§ 14 StVollstrO) mit einer Rechtskraftbescheinigung versehen werden?“* trug *GStA Dr. Dünnebier* vor, dass diese Frage in der Praxis streitig geworden sei. S.E. sei die Frage aus folgenden Gründen zu verneinen: § 13 Abs. 1 StVollstrO nehme Bezug auf

§ 449 StPO, der bestimme, dass *Strafurteile* nicht vor Rechtskraft vollstreckbar seien. Die Vollstreckung von Widerrufsbeschlüssen werde auch in § 14 StrVollstrO gesondert behandelt. Dort werde in Abs. 1 keine Rechtskraftbescheinigung gefordert und in Abs. 2 bestimmt, dass vor der Rechtskraft *in der Regel* keine Vollstreckungsmaßnahmen ergriffen werden sollten. Dieser Unterschied sei durch die Gesetzeslage begründet. Denn während es bei Urteilen auf deren Rechtskraft ankomme, setzten Beschlüsse sie nicht voraus. Ein Widerrufsbeschluss könne somit unmittelbar nach seinem Erlass vollstreckt werden. Dass er regelmäßig vor seiner Rechtskraft nicht vollstreckt werden solle, sei nur eine Richtlinie an den Rechtspfleger und den Staatsanwalt. Zwar habe die Vollstreckungsbehörde danach zu verfahren; jedoch schließe das nicht aus, dass sie – im Rahmen ihres Ermessens – gegebenenfalls den Widerrufsbeschluss auch bereits vor seiner Rechtskraft vollstrecke. Ersuche die Vollstreckungsbehörde eine auswärtige Staatsanwaltschaft nach § 163 GVG, die Vollstreckung aufgrund eines Widerrufsbeschlusses durchzuführen, so habe diese nur die Rechtmäßigkeit der Vollstreckungsgrundlage, nämlich die Rechtskraft des Urteils und das Vorliegen eines Widerrufsbeschlusses, nicht dagegen die Richtigkeit der Ermessensübung zu prüfen. Es genüge deshalb, wenn die Vollstreckungsbehörde mit dem Ersuchen um Vollstreckung neben dem mit Rechtskraftbescheinigung versehenen Urteil eine Ausfertigung des Widerrufsbeschlusses übersende.

Die Tagungsteilnehmer waren übereinstimmend der Auffassung, dass Widerrufsbeschlüsse als weitere Grundlage der Vollstreckung einer Rechtskraftbescheinigung nicht bedürfen.

Punkt 13: „Bereitstellung eigener Ausbildungsmittel für die GStA zur überörtlichen Fortbildung von Staatsanwälten. – Eine Meinungsumfrage über die gegenwärtige Lage bei den einzelnen GStA.“

Auf Wunsch von *GStA Dr. Voss* berichteten die Tagungsteilnehmer über ihre Erfahrungen bezüglich Bereitstellung, Verwaltung und Verwendung von Ausbildungsmitteln. In den einzelnen Bezirken wird verschieden verfahren. Die Höhe der bereitgestellten Mittel ist unterschiedlich. Teils werden sie von den Länderministerien selbst, z.T. von den Chefpräsidenten und den GStA gemeinsam, mitunter aber auch von den Behördenvorständen getrennt verwaltet.

Anschließend warf *BA Dr. Wagner* die Frage auf, ob auch in diesem Jahre wieder eine Tagung von Staatsschutzsachbearbeitern der Staatsanwaltschaften durchgeführt werden solle. Eine solche Zusammenkunft wurde allgemein begrüßt. Der *GBA* wies jedoch darauf hin, dass *er* hierzu nicht einberufen könne; dies müssten die GStA veranlassen. Um einen allgemeinen Erfahrungsaustausch zu gewährleisten, regte er eine gleichzeitige Tagung für die Sachbearbeiter aus *allen* Bezirken an. *GStA Dr. Bauer* erklärte sich bereit, die Tagung in Frankfurt a.M. vorzubereiten und durchzuführen.

Zu Punkt 17 a: „Anfechtung der Ehelichkeit eines Kindes durch den Staatsanwalt: Wann liegt die Erhebung der Anfechtungsklage im öffentlichen Interesse?" führte *GStA Dr. Jansen* aus, dass ein Einzelfall ihn veranlasst habe, diese Frage zu erörtern. Der GBA sei einem gesetzlich als Vater des Kindes seiner Frau geltenden Ehemann, der wegen Rechtsirrtums die Anfechtungsfrist versäumt habe, als Streitgenosse in der Revisionsinstanz beigetreten, obwohl die Staatsanwaltschaft bei dem OLG Düsseldorf unter Hinweis auf die ständige Praxis aller Staatsanwaltschaften des Landes Nordrhein-Westfalen dargelegt hätte, dass die Anfechtung der Ehelichkeit weder im Interesse des Kindes noch im öffentlichen Interesse liege. Zur Begründung habe der GBA sich darauf berufen, dass ein allgemeines öffentliches Interesse daran bestehe, die Rechtslage mit den tatsächlichen Abstammungsverhältnissen in Einklang zu bringen. Zu dieser Auffassung sei jedoch zu sagen, dass der biologische Begriff der „blutsmäßigen Abstammung" und der rechtliche Begriff des „Personenstandes" voneinander zu trennen seien. Die Ehelichkeitsanfechtungsklage ziele auf Änderung des Personenstandes ab. Die Klarstellung der Abstammung als solche vermöge ein öffentliches Interesse an der Anklageerhebung nicht zu begründen. Der Personenstand des Kindes werde durch die Nichtübereinstimmung der Abstammung mit der Rechtslage nicht falsch, weil er der rechtlichen Einordnung der Person zu dienen habe. In den Fällen, in denen die Kindesmutter den Erzeuger nicht geheiratet habe, müsse bei der Prüfung des öffentlichen Interesses beachtet werden, dass das Kind nach rechtskräftig durchgeführter Anfechtung die Stellung eines ehelichen Kindes verliere und mit dem Makel unehelicher Geburt belastet werde. Sei das Kind älter und besuche es bereits die Schule, so komme hinzu, dass es durch die mit der Ehelichkeitsanfechtung verbundene Namensänderung in der Öffentlichkeit bloßgestellt und seelisch geschädigt werde. Da keine Rede davon sein könne, dass zwischen der Scheinehelichkeit und der Unehelichkeit kein Wertunterschied bestehe, müsse ein etwaiges öffentliches Interesse an der Anfechtung der Ehelichkeit in der Regel gegenüber dem Interesse des Kindes an der Aufrechterhaltung seiner Scheinehelichkeit zurücktreten. Eine andere Beurteilung erscheine nur angängig, wenn das öffentliche Interesse an der Erhebung der Anfechtungsklage so sehr überwiege, dass die Feststellung der Unehelichkeit entgegen dem Interesse des Kindes in Kauf genommen werden müsse.

Die Entscheidung der Frage, ob die Anfechtung der Ehelichkeit im öffentlichen Interesse liege, sei allerdings oft schwierig, weil der Begriff des öffentlichen Interesses dehnbar und verschiedenartiger Auslegung fähig sei. Die Praxis in den einzelnen Bundesländern sei insoweit nicht einheitlich. Es bestehe wohl Übereinstimmung darüber, das rassepolitische Erwägungen bei der Prüfung der Frage des öffentlichen Interesses unter allen Umständen auszuscheiden hätten. Im Lande Nordrhein-Westfalen, insbesondere im OLG-Bezirk Düsseldorf, werde in ständiger Praxis ein öffentliches Interesse an der Anfechtung der Ehelichkeit in allen Fällen bejaht, in denen die persönlichen Beziehungen der Beteiligten oder die besonderen Verhältnisse des Einzelfalles in der Öffentlichkeit

Aufsehen und Anstoß erregten oder Belange der öffentlichen Sittlichkeit aus anderen Gründen die Anfechtung der Ehelichkeit geboten erscheinen ließen. Entsprechend der angeführten Auslegung des Begriffs des öffentlichen Interesses werde im Lande Nordrhein-Westfalen die Auffassung vertreten, dass auch ein rein fiskalisches Interesse die Erhebung der Anfechtungsklage rechtfertigen könne.

Soweit bekannt sei, werde in den süddeutschen Ländern die Frage, ob der Staatsanwalt sich in Zweifelsfällen *für* die Erhebung der Anfechtungsklage entscheiden solle, bejaht. Hiergegen dürften starke Bedenken zu erheben sein, denn die Fragen, die mit der Anwendung des § 1595 a BGB zusammenhingen, bedürften stets sorgfältiger Prüfung. Seien die Voraussetzungen dieser Vorschrift nicht einwandfrei erfüllt, so werde von der Klageerhebung abzusehen sein.

Abschließend bedauerte *GStA Dr. Jansen,* dass es in der Frage der Annahme eines öffentlichen Interesses an der Anfechtung der Ehelichkeit bisher nicht zu einer einheitlichen Praxis in den Ländern der Bundesrepublik gekommen ist. Er regte an, durch entsprechende gemeinsame Richtlinien der Justizverwaltungen der Länder den Begriff des öffentlichen Interesses näher zu bestimmen und abzugrenzen, um eine einheitliche Ausübung des Anfechtungsrechts des Staatsanwalts zu gewährleisten. Hierbei sollte vor allem eine Beschränkung dieses Rechts auf die Fälle angestrebt werden, in denen die Anfechtung der Ehelichkeit wirklich ein dringendes Anliegen der Allgemeinheit selbst unter besonderer Berücksichtigung des wohlverstandenen Interesses des Kindes sei.

OStA Berner nahm in seinem Korreferat, das als Anlage 6 beigefügt ist, zu den von GStA Dr. Jansen aufgeworfenen Fragen Stellung: Nach § 1595 a BGB kann der Staatsanwalt die Ehelichkeit eines Kindes anfechten, wenn er dies im öffentlichen Interesse oder im Interesse des Kindes oder seiner Nachkommenschaft für geboten erachtet. Vor einer Analyse dieser Vorschrift ist es notwendig, sich zunächst über den Wortsinn der darin verwendeten Begriffe zu verständigen. Was bedeutet: Der Staatsanwalt muss die Anfechtung für geboten erachten? Und was ist unter dem Begriff „öffentliches Interesse" zu verstehen? Hier setzt schon der Streit der Meinungen ein.

Nach unserer Auffassung wird der Ausdruck „für geboten erachten" heute nicht mehr im Sinne von „für dringend erforderlich halten" verstanden und verwendet, sondern besagt lediglich „nach pflichtmäßiger Prüfung für angezeigt halten". Die Auslegung, dass der Gesetzgeber durch die Wahl des Wortes „geboten" das Anfechtungsrecht des Staatsanwalts nicht an jedes öffentliche Interesse oder jedes Interesse des Kindes und seiner Nachkommenschaft knüpfe, vielmehr voraussetze, dass ein schwerwiegendes, wenn nicht zwingendes Interesse der Öffentlichkeit oder des Kindes und seiner Nachkommenschaft gegeben sein müsse, scheint uns daher nach dem Sprachgebrauch nicht begründet zu sein.

Der Begriff des öffentlichen Interesses, in § 1595 a BGB (vgl. auch §§ 153, 376 StPO) ist sicherlich nicht gleichbedeutend mit staatlichem Interesse. Er ist ferner auch nicht mit dem Interesse der Kindes oder seiner Nachkommenschaft gleichzusetzen, wie dies etwa *Kathan* (NJ 48, 51), *Elisabeth Bamberger* in „Unsere Jugend" 1949 Nr. 6 S. 22 und andere tun. Sonst wäre unverständlich, warum das Gesetz neben den Belangen des Kindes und seiner Nachkommenschaft unverändert das öffentliche Interesse berücksichtigt. Das öffentliche Interesse ist vielmehr – entgegen *Boehmer,* NJW 1949, 52, 53 – mit dem Interesse der Allgemeinheit identisch (vgl. auch BGHZ 2, 130). Die Anfechtung der Ehelichkeit muss im Interesse der Öffentlichkeit liegen, wobei freilich (mit *Boehmer,* aaO.) die Öffentlichkeit oder Allgemeinheit auch den gesetzlichen Vater und dessen Familie sowie das Kind und den natürlichen Vater begreift.

Wann ist nun ein öffentliches Interesse gegeben? Nach der insbesondere im Dritten Reich herrschenden Meinung, aber auch nach der von *Guggumos* vertretenen Ansicht (SJZ 1948, 247), der das Recht auf Klarstellung des Familienstandes zu den Grundrechten der menschlichen Persönlichkeit rechnen will, soll dieses Interesse immer oder jedenfalls grundsätzlich (so *Guggumos)* zu bejahen sein, weil ein allgemeines Interesse an der Feststellung der wahren Abstammungsverhältnisse bestehe. Wäre diese Ansicht richtig, hätte der Gesetzgeber das Eingreifen des Staatsanwalts nicht von der weiteren Voraussetzung abhängig zu machen brauchen, dass ein Interesse der Öffentlichkeit oder des Kindes und seiner Nachkommenschaft gegeben sein muss. Dass er dies trotzdem getan hat, lässt ersehen, dass das Gesetz unterschieden wissen will:

a) Das sog. Feststellungsinteresse, d.h. das Interesse daran, dass die Abstammungsverhältnisse eines Menschen klargestellt werden. Dieses Interesse ist nicht ohne weiteres zu bejahen, auch nicht im Hinblick auf § 4 Ehegesetz, der die uneheliche Blutsverwandtschaft der ehelichen als Ehehindernis gleichsetzt. Es ist z.B. zu verneinen, wenn die Anfechtung von einem Fürsorgeverbund oder Versicherungsträger oder einem Leistungsträger für Kindergeld mit der Begründung begehrt wird, dass für das Kind öffentliche Mittel aufgewendet werden müssen, etwa weil der gesetzliche Vater vermögenslos oder verstorben ist oder mit dem Kind in den Genuss von Kindergeld gelangt, während der wirkliche Erzeuger zahlungskräftig ist oder kein Kindergeld beanspruchen kann. Diese Einrichtungen haben kein Interesse daran, dass die Abstammungsverhältnisse des Kindes geklärt werden. Ihnen geht es ausschließlich um die Feststellung, wer zu Leistungen für das Kind verpflichtet ist. Derartige finanzielle Überlegungen würden, so erwägenswert sie auch sein mögen, den Hauptgrundsatz des Familienrechts von der Ungestörtheit der Familie durchbrechen (vgl. *Haff,* SJZ 1950, 486, 487 und *Hecker,* JR 1954, 419, 420),
b) das sog. Anfechtungsinteresse, d.h. das Interesse daran, dass gerade der Staatsanwalt die Abstammungsverhältnisse des Kindes klären lässt. Dieses Interesse ist nach Ausschaltung der vom nationalsozialistischen Gesetzgeber ursprünglich verfolgten Zwecke stark eingeschränkt. Aus der Tatsache, dass das Gesetz dem Ehemann der Kindesmutter eine Anfechtungsfrist gesetzt hat, ist zu folgern, dass nach Ablauf dieser

Frist nur in besonders gelagerten Fällen, d.h. nur dann, wenn besondere Umstände hinzutreten, in die Familienverhältnisse des Kindes eingegriffen werden soll. Ein Anfechtungsinteresse in dem dargelegten Sinne kann gegeben sein:

aa) zur Klärung der Staatsangehörigkeit eines Kindes. Da ein eheliches Kind nach deutschem Recht (vgl. § 4 Abs. 1 Reichs- und Staatsangehörigkeitsgesetz) und den meisten ausländischen Rechten die Staatsangehörigkeit des gesetzlichen Vaters erwirbt, hängt von der ehelichen Abstammung die Staatsangehörigkeit des Kindes ab.

Schon in diesem Zusammenhang sei darauf hingewiesen, dass das Anfechtungsrecht des Staatsanwalts dem des Mannes nicht etwa in dem Sinne nachgeordnet ist, dass es entfiele, wenn der Mann zu erkennen gegeben hat, dass er das Anfechtungsrecht nicht ausüben will (Verzicht!), oder wenn er die Ehelichkeit im Sinne des früheren (nunmehr aufgehobenen) § 1598 BGB anerkannt hat. Die Anfechtungsklage ist u.U. auch gegen den Willen des Mannes zulässig. Das kann nicht nur für die Fälle praktisch werden, in denen der Mann die Anfechtung missbräuchlich unterlässt, sondern auch für eine zweifellos wichtigere Gruppe von Fällen, in denen er aus Interesselosigkeit untätig bleibt oder sein Interesse im Widerstreit mit dem Wohle des Kindes steht (vgl. dazu BGHZ 2, 135; *Clemens,* MDR 1947, 221; *Soergel* 1955, § 1595 a BGB; *Beitzke,* SJZ 1948, 263, 264);

bb) beim Tode des gesetzlichen Vaters vor dem rechtskräftigen Abschluss des von diesem rechtzeitig angestrengten Anfechtungsrechtsstreits, oder wenn feststeht oder angenommen werden muss, dass er die Ehelichkeit anfechten wollte oder will, daran aber durch den Tod oder andere Umstände, wie Gefangenschaft oder Haft, gehindert ist. Hier vollzieht der Staatsanwalt nur den Willen des verstorbenen oder verhinderten Mannes;

cc) bei Heirat der Kindesmutter und des außerehelichen Erzeugers nach Scheidung oder Tod des Ehemannes. Hierdurch wird es dem Kinde ermöglicht, in der Familie, in die es seiner Abstammung gemäß gehört und in der es meist schon lebt, vollwertig mit dem Namen des natürlichen Vaters aufgenommen zu werden. Das Interesse der Öffentlichkeit und das des Kindes greifen hier ineinander;

dd) bei missbräuchlicher Nichtausübung des Anfechtungsrechts durch den Ehemann der Kindesmutter, etwa wenn der schuldlos geschiedene Ehemann der Mutter sich aus unsachlichen Gründen, insbesondere aus Schikane weigert, die Ehelichkeit anzufechten und dadurch der leiblichen Mutter ihr Kind vorenthält (vgl. *Clemens,* aaO. und *Schrodt,* NJW 1949, 385, 386);

ee) bei begründeter Aussicht auf bessere Versorgung des Kindes durch den natürlichen Vater. Hier kann nicht nur das Kind, sondern auch die Allgemeinheit an einer Anfechtung interessiert sein, zumal dann, wenn durch die Leistungen des außerehelichen Erzeugers die öffentliche Fürsorge usw. entlastet wird (vgl. aber unter a)). Eine allgemeine Linie lässt sich hier nicht aufzeigen. Es wird ganz auf die Umstände des einzelnen Falles ankommen, da jeder Fall seine besondere Färbung hat. Die Prüfungspflicht des Staatsanwalts erfordert daher hier viel Erfahrung und Feingefühl. Sollte z.B. der natürliche Vater vermögend und geistig gut befähigt, der Pseudovater dagegen arm und geistig minderbemittelt sein, dann dürfte es nicht nur dem Wohle des Kindes, sondern auch dem Interesse der Allgemeinheit dienen, wenn durch die Anfechtung die Möglichkeit geschaffen wird, dass das Kind durch den außerehelichen Erzeuger unterhalten wird und etwa Gelegenheit erhält, eine höhere Schule zu besuchen(zu beachten ist dabei allerdings, dass nach § 1798 BGB das Maß der Unterhaltspflicht des unehelichen Vaters sich nicht nach dessen Lebensstellung, sondern nach der der Mutter richtet). Im Allgemeinen lässt sich wohl kaum sagen, dass das Interesse des Kindes, nach dem Gesetz als eheliches zu gelten, alle anderen Gesichtspunkte überwiege. Wie im Schrifttum wohl mit Recht betont wird, muss man sich darüber klar sein, dass die Rechtsstellung als eheliches Kind noch lange nicht bedeutet, dass das Kind auch in der Familie des gesetzlichen Vaters aufwächst und erzogen wird. Andererseits ist zu bedenken, dass uneheliche Kinder trotz Verfassung (vgl. Art. 6 Abs. 5 GG) und noch so guter Gesetze gegenüber ehelichen Kindern benachteiligt sind (vgl. *Bamberger*, aaO.).

In diese Gruppe gehört auch die beabsichtigte Adoption des von der öffentlichen Fürsorge betreuten Kindes. Hier ermöglicht oft erst die Feststellung der Unehelichkeit eine Annahme an Kindes statt. Die Anfechtung liegt daher *auch* im wohlverstandenen Interesse des Kindes.

ff) Aus Gründen des Rechtsempfindens, wenn die Nichtausübung des staatsanwaltschaftlichen Anfechtungsrechts unserem Rechtsempfinden widersprechen würde.

Eine solche Unvereinbarkeit kann gegeben sein, wenn die Abstammungsverhältnisse des Kindes durch das Verschulden Dritter keine Klärung gefunden haben oder gänzlich verwirrt worden sind. Hierher zählen insbesondere die Fälle, in denen der Rechtsberater es unterlassen hat, den Ehemann der Kindesmutter auf die Möglichkeit, Bedeutung und Befristung der Anfechtung hinzuweisen oder gar selbst die Anfechtungsfrist versäumt; ferner der Fall, der vor einiger Zeit hier durchgelaufen ist, dass die Anfechtungsfrist versäumt worden ist, weil dem gesetzlichen Vater durch den Vorsitzenden der Zivilkammer irrtümlich das Jugendamt als Pfleger des beklagten Kindes genannt worden war, so dass die Klage gegen den falschen gesetzlichen Vertreter und damit rechtsunwirksam erhoben worden war. Es sind also die Fälle, die sich vielfach mit den „unabwendbaren Zufällen" des § 233 Abs. 1 ZPO decken werden.

Unvereinbarkeit ist jedoch nicht gegeben, wenn der Pseudovater in Kenntnis der Möglichkeit, Bedeutung und Befristung seines Rechtes die Anfechtung unterlassen oder gar im Bewusstsein der Tatsache, dass das Kind nicht von ihm erzeugt sein kann, vor der Eheschließung mit der Kindesmutter die Vaterschaft anerkannt hat. Wer weiß, dass zwischen ihm und einem anderen ein familienrechtliches Verhältnis nicht besteht und es gleichwohl anerkennt, sei es ausdrücklich, sei es durch willentliche Unterlassung der Anfechtung, hat im Allgemeinen die Folgen seines Verhaltens zu tragen. Dass der gesetzliche Vater die Anfechtungsfrist ungenützt verstreichen lässt, wird freilich oft, völlig zu Unrecht als Beweis seines Willens angesehen, das Kind als eheliches gelten zu lassen. Nach den Beobachtungen von *Schmidt* und *Zipfel* (aaO.) sind dafür u.a. häufig Kostenersparnisgründe bestimmend.

gg) In Fällen, in denen die Nichterhebung der Anfechtungsklage durch den Staatsanwalt eine grob unbillige Härte bedeuten würde, z.B. wenn der gesetzliche Vater aus Rechtsunkenntnis die Anfechtungsfrist versäumt hat, jedoch zweifelsfrei feststeht, dass er bei Kenntnis der Rechtslage rechtzeitig angefochten haben würde. Da nach der Rechtsprechung (vgl. RGZ 160, 92 ff.; 163, 71) ein solcher Rechtsirrtum den Ablauf der Anfechtungsfrist nicht zu hindern vermag, vielmehr nach BGH NJW 1957, 1069 die Frist unter den im § 1594 BGB genannten Voraussetzungen selbst dann zu laufen beginnt, wenn der Ehemann infolge von Rechtskenntnis angenommen hat, dass das Kind auch ohne eine Anfechtung der Ehelichkeit als eheliches gelte, müsse er in einem solchen Falle mit seiner Anfechtungsklage aus prozessualen Gründen abgewiesen werden. Es kann jedoch Fälle geben, in denen dieses Ergebnis ihn unbillig hart treffen würde, etwa weil es sich um einen ungewandten und rechtsunerfahrenen Mann handelt und die Anfechtungsfrist geringfügig überschritten worden ist. In solchen Fällen handelt daher der Staatsanwalt im Grunde nur als Vollstrecker des zweifelsfrei erklärten Willens des gesetzlichen Vaters (der es bei der Scheinehelichkeit des Kindes nicht beruhen lassen will), wenn er dem Rechtsstreit beitritt und dadurch eine Abweisung der Klage verhütet. Dass das Interesse des Pseudovaters an der Feststellung des wahren Familienstandes des Kindes vielfach oder gar überwiegend materiell motiviert ist, steht u.E. einem Beitritt des Staatsanwalts nicht entgegen; das ist in dem Großteil der Fälle, in denen die Klage rechtlich erhoben wird, nicht anders.

In die zuletzt genannte Gruppe gehören z.B. die drei Fälle, in denen die Bundesanwaltschaft bisher das öffentliche Interesse bejaht hat und im Revisionsrechtszug dem Kläger als Streitgenosse beigetreten ist. In allen Fällen war die Klage wegen Fristversäumnis abgewiesen, die Berufung hiergegen zurückgewiesen worden, obwohl es nach den Feststellungen des Berufungsgerichts offenbar unmöglich war, dass das Kind ein eheliches Kind des Klägers war. Der erste der genannten Fälle betraf einen jungen Bergmann, der bis zur Aufklärung durch das Vormundschaftsgericht der Meinung gewesen war, ein nach der Scheidung der Ehe geborenes Kind sei ohne Rücksicht auf die Zeit, innerhalb der es nach der Eheauflösung geboren ist, schlechthin unehelich. Im zweiten Falle hatte der Kläger, wiederum ein einfacher Arbeiter, nicht gewusst, dass die Ehelichkeit innerhalb der Jahresfrist des § 1594 BGB angefochten werden muss (überhaupt erscheint es zweifelhaft, ob die gesetzliche Regelung der §§ 1591, 1594 BGB allgemein bekannt ist und in ihrer Kompliziertheit verstanden wird). Wie dies so häufig geschieht, hatte sich der Mann zur Klageerhebung erst entschlossen, nachdem er von der Kindesmutter, seiner geschiedenen Frau, auf Zahlung von Unterhalt für das Kind in Anspruch genommen worden war. Inzwischen war die Anfechtungsfrist, wenn auch nur um wenige Monate, abgelaufen. Da seine Revision nach der schon erwähnten Rechtsprechung keinerlei Erfolgsaussichten hatte, hatten wir das öffentliche Interesse bejaht. Der dritte Fall lag ähnlich. Hier hatte der bei der Geburt des Kindes erst zwanzigjährige, als Kraftfahrer tätige Vater die rechtzeitige Klageerhebung glaubhaft deshalb unterlassen, weil ihm die Dauer der Empfängnis- und Tragzeit eines Kindes unbekannt war und er bis zu seiner Aufklärung durch seine von ihm geschiedene Frau an seiner Vaterschaft nicht gezweifelt hatte. Auch in diesem Falle war es uns als im allgemeinen öffentlichen Interesse liegend erschienen, dass der Familienstand des Kindes geklärt wurde. Eine unnötige Bloßstellung der Mutter oder des Kindes war nach Lage der Dinge in keinem der drei Fälle zu besorgen gewesen, da davon ausgegangen werden musste, dass jedenfalls die nähere Umgebung die wahren Abstammungsverhältnisse kannte, die Ehen auch bereits geschieden waren und eine weitere Beweiserhebung nicht mehr erforderlich erschien (vgl. hierzu BGHZ 14, 358, 360).

Wir sind nicht der Meinung, dass die bisherige Handhabung des § 1595 a durch die Bundesanwaltschaft den Begriff des öffentlichen Interesses zu weit auslegte.

Ergänzend ist noch zu bemerken, dass der im Vorstehenden dargelegte Katalog keinen Anspruch darauf erheben kann, erschöpfend zu sein, und auch nicht die Fälle umfasst, in denen die Anfechtung der Ehelichkeit ausschließlich im Interesse des Kindes oder seiner Nachkommenschaft liegt. *Bamberger* (aaO.) rechnet hierher die folgenden Gruppen: a) Der Ehemann der Kindesmutter missbraucht sein Sorgerecht oder verletzt seine Sorgepflicht gegenüber dem Kinde, b) die Mutter gefährdet das Wohl des Kindes und enthält ihm durch die verdeckte Unehelichkeit den vormundschaftsgerichtlichen Schutz vor, c) der Ehemann der Mutter ist meist krank (insbesondere erbkrank), geistig minderwertig, arbeitsscheu, asozial oder ein schwer vorbestrafter Verbrecher. Die vierte Gruppe deckt sich mit dem oben unter bb) genannten Fall des vorzeitigen Todes des gesetzlichen Vaters.

Abschließend sei noch auf die Rechtsentwicklung eingegangen. Diese geht dahin, die Zuständigkeiten des Staatsanwalts auf dem zivilrechtlichen Gebiet einzuschränken (vgl. Art. I Nr. 4, 5 des Regierungsentwurfs eines Gesetzes zur Vereinheitlichung und Änderung familienrechtlicher Vorschriften mit Begründung, Bundestagsdrucksache 1953 Nr. 1586). Nach diesem Entwurf soll das Recht des Staatsanwalts, die Ehelichkeit eines Kindes anzufechten, beseitigt und die Anfechtung dem Verfahren der freiwilligen Gerichtsbarkeit zugewiesen werden. Ob und gegebenenfalls wann dieser Entwurf Wirklichkeit wird und ob seine Regelung als glücklich bezeichnet werden darf, ist eine Frage, zu der hier nicht Stellung genommen zu werden braucht.

In der *allgemeinen Diskussion* sprachen sich die *GStA Brühl, Dr. Dünnebier, Dr. Görcke* und *Dr. Haas* im Hinblick auf die beabsichtigte gesetzliche Neuregelung, auf die auch *GStA Dr. Bauer* hinwies, für die Beibehaltung der Anfechtungsklage des Staatsanwalts aus. Mit Rücksicht hierauf wurde jedoch Zurückhaltung in der Ausübung des Anfechtungsrechts und dessen Beschränkung auf äußerste Härtefälle empfohlen, wie es auch der Praxis in den meisten Ländern entspreche.

Entgegen dieser Auffassung setzte sich der *GBA* dafür ein, die bisherigen gesetzlichen Möglichkeiten voll auszuschöpfen, und bejahte nochmals ein Anfechtungsinteresse in allen Fällen, in denen die Nichtausübung des staatsanwaltschaftlichen Anfechtungsrechts eine grob unbillige Härte bedeuten würde. Er sagte zu, vor der Entschließung, ob im Revisionsrechtszug dem Kläger als Streitgenosse beigetreten werden solle, eine Stellungnahme des GStA einzuholen, bat jedoch darum, diese ausführlich zu halten und auch darauf einzugehen, ob ein Beitritt der Praxis in dem betreffenden Lande widerspreche.

Zu Punkt 18: „Notwendigkeit des Einzeltransportes heranwachsender Gefangener" führte *GStA Morbach* aus, dass nach den in Rheinland-Pfalz geltenden Bestimmungen jugendliche Gefangene, die das 18. Lebensjahr noch nicht vollendet haben, heranwachsende Gefangene, die das 21. Lebensjahr noch nicht vollendet haben, sowie alle Gefangenen, die zu Jugendstrafen verurteilt worden sind, vom Sammeltransport ausgeschlossen und im Einzeltransport zu befördern seien. Eine Ausnahme gelte nur für die zu Jugendstrafen verurteilten Gefangenen, die das 21. Lebensjahr vollendet hätten und vom Jugendvollzug ausgenommen worden seien. Dass jugendliche Gefangene unter 18 Jahren während des Transportes von anderen Gefangenen getrennt zu halten seien, sei ohne weiteres einleuchtend. Dagegen erscheine es zweifelhaft, ob ein Bedürfnis dafür bestehe, die heranwachsenden Gefangenen allgemein den Jugendlichen gleichzustellen und ebenfalls im Einzeltransport zu befördern. So müssten nach der in Rheinland-Pfalz geltenden Regelung beispielsweise heranwachsende Gefangene, die vom Jugendvollzug ausgenommen worden seien und in Erwachsenenstrafanstalten überführt werden, im Einzeltransport befördert werden, obwohl sie bei der weiteren Strafvollstreckung mit anderen erwachsenen Gefangenen zusammen kämen. Es sei daher zu erwägen, ob nicht für heranwachsende Gefangene – wenigstens im Einzelfall – der Sammeltransport zugelassen werden sollte. Die Frage habe erhebliche finanzielle und personelle Bedeutung. Die Kosten eines Einzeltransportes seien bekanntlich ungleich höher als die eines Sammeltransportes; zudem bedinge der Einzeltransport eine wesentlich stärkere Beanspruchung der Polizeikräfte. Das Gefangenentransportwesen werde in den einzelnen Ländern nicht einheitlich gehandhabt. Das führt immer wieder zu Schwierigkeiten und Verzögerungen. Es wäre daher wünschenswert, wenn eine bundeseinheitliche Regelung angestrebt würde.

Die anschließende Diskussion ergab, dass die in den einzelnen Ländern geltenden Vorschriften über den Transport von Gefangenen, und zwar auch von jugendlichen und heranwachsenden Häftlingen, aufeinander abgestimmt sind und die aufgeworfene Frage geregelt ist.

Zu Punkt 19: „Welche Vorfragen berechtigen zur Fristsetzung nach § 154 a [Einstellung] StPO?" führte *GStA Mützelburg* Folgendes aus: In einem Strafverfahren seien die in dieses hineinwirkenden Rechtsfragen, auch wenn sie nicht spezifisch strafrechtlicher Natur seien, von den Organen der Strafrechtspflege selbständig zu behandeln und zu entscheiden. Erforderliche tatsächliche Feststellungen müssten nach den für das Strafprozessrecht maßgebenden Beweisgrundsätzen ermittelt werden. Gerade weil aber die Strafverfolgungsbehörden und Strafgerichte auch außerstrafrechtliche präjudizielle Rechtsverhältnisse zu klären hätten, bestehe die Gefahr, dass das Strafverfahren als billiger „Vorspann" für einen Zivilprozess missbraucht werde. § 154 a StPO wolle einen derartigen Missbrauch ausschließen. Das werde aber nur möglich sein, wenn nicht nur notwendige Vorfragen, sondern allgemeine zivilrechtlich schwierige Fragen im Zivilprozess geklärt würden und die Staatsanwaltschaft zur Aussetzung des Verfahrens befugt sei. Begriffe wie „fremde Sache", „fremdes Jagdrecht", „Unterhaltspflicht" und „Ehe" oder Fragen, die vor allem gegen ungetreue Provisionsvertreter bei der Aufrechnung mit angeblichen Provisionsansprüchen auftreten, seien oft so schwierig zu klären, dass eine zufriedenstellende Lösung durch den Staatsanwalt kaum gefunden werden könne. Habe dieser aber schon berechtigte Zweifel, ob eine Sache „fremd" sei, eine Unterhaltspflicht oder eine Aufrechnungsbefugnis bestehe, so liege es immer nahe, die Schuld des Angeschuldigten so lange zu verneinen, bis diese zivilrechtlichen Fragen geklärt seien. GStA Mützelburg wies auf die im Schrifttum (*Loewe-Rosenberg, Eberhard Schmidt,* KMR) vertretene Auffassung über den Begriff der notwendigen Vorfragen hin und sprach sich abschließend für eine weite Auslegung des § 154 a StPO aus, damit der Staatsanwalt und die ihm übergeordneten Instanzen nicht mit Vorfragen belastet würden, deren Entscheidung den Parteien schließlich doch keinen Nutzen bringe.

BA Dr. Kohlhaas nahm, wie aus Anlage 7 ersichtlich, zu der von GStA Mützelburg aufgeworfenen Frage Stellung: *Eberhard Schmidt* formuliert den Begriff etwas weiter: „unabweisliche Vorfrage, so dass die Staatsanwaltschaft ihre Entschließungen nicht ohne zuvor erfolgte Klärung jener Frage zu fassen vermag". Sinngemäß handelt es sich um dasselbe. Zu unterscheiden sind dabei vier Komplexe von Vorfragen:

1. Diejenigen, ohne deren Entscheidung eine Befugnis des Strafrichters, abzuurteilen nicht besteht (§ 468 AbgO, Exterritorialität, Immunität etc.), fallen nicht unter § 154 a. Im Gegenteil kann die Staatsanwaltschaft ihre Ermittlungen zwar im Hinblick

auf einen etwaigen Wegfall des Verfahrenshindernisses weiterführen, wogegen sie bei Weiterbestehen des Hindernisses endgültig einstellen muss.

2. Konstitutive Vorfragen (Erlaubnispflicht für einen Gewerbebetrieb, Eröffnung des Konkursverfahrens u.a.) werden von Instanzen entschieden, deren Entscheidung für die Feststellung des objektiven Tatbestandes eine bindende Wirkung haben. Der Strafrichter muss diese Entscheidung hinnehmen; vor ihrer Erledigung kann er überhaupt keine Anklage erheben, so dass § 154 a, der eine Ermessensentscheidung gibt, nicht Anwendung finden kann.
3. Gleichermaßen scheiden Fragen aus, wenn sie parallel zum Strafverfahren laufen, und ihre Klärung für die Fassung der Entschließung der Staatsanwaltschaft nicht entscheidend ist. Löst eine Straftat zugleich zivilrechtliche Ansprüche aus, so ist der Ausgang des Zivilprozesses für das Strafverfahren bedeutungslos und niemand kann dort, wo der äußere Sachverhalt einer Straftat erkennbar vorliegt, davon sprechen, dass der befürchtete Missbrauch, dass ein Zivilprozess auf dem Rücken der Strafrechtspflege ausgetragen werden soll, vorliege.
4. Somit kommt es für § 154 a nur darauf an, ob Anlass zu der Annahme besteht, dass komplizierte Vorgänge, die in erster Linie ziviler Natur sind, nur im Nebenzweck in die Form einer Strafanzeige gekleidet werden. Es kommt dabei nicht auf die rechtliche Schwierigkeit der Frage an, sondern um die der tatsächlichen Herbeischaffung komplizierten und verworrenen Materials. Die Staatsanwaltschaft muss überall da, wo ihr ein Sachverhalt klar vorgetragen wird und wo sie ihn aufgrund eigener Ermittlung ohne Zuhilfenahme von Sachverständigen und Buchprüfern übersehen kann, in der Sache selbst durch Anklageerhebung oder durch Einstellung entscheiden, auch wenn der Fall rechtlich schwierig ist. Praktisch kommt § 154 a soweit nur dort in Betracht, wo umfangreiche Beweiserhebungen erforderlich sind und Anlass zu der Ausnahme besteht, dass mit der Strafanzeige nur ein Druck auf den Prozessgegner ausgeübt werden oder Material für den Zivilprozess gefunden werden soll. So kann auch bei der Geltendmachung uneidlicher falscher Aussage die Weiterführung des tatsächlich umfangreichen Zivilprozesses, in welchem sie abgegeben worden sein soll, sich geradezu als notwendig aufdrängen.

In diesem Sinne ist auch der Begriff „notwendige Vorfrage“ auszulegen. So sehr § 154 a verhindern will, dass die Staatsanwaltschaften missbraucht werden, so wenig will er umgekehrt für die Staatsanwaltschaften einen Ausweg aus unangenehmen und umfangreichen Ermittlungen schaffen. § 154 a muss immer nur eine Ausnahme bleiben, nämlich dort, wo nicht rechtlich, sondern tatsächlich schwierige Feststellungen getroffen werden müssen, die weit mehr im Interesse der Parteien einer zivilrechtlichen Auseinandersetzung liegen.

Die *GStA Biermann* und *Dr. Haas* lehnten die von GStA Mützelburg vertretene Auffassung ab und sprachen sich für eine eingeschränkte Anwendung des § 154 a StPO [Entscheidung einer Vorfrage] aus, weil andernfalls eine sachlich nicht gerechtfertigte Aussetzung des Verfahrens zu befürchten sei.

Punkt 20: „Soll der Generalstaatsanwalt Entscheidungen auf Beschwerden treffen, denen er nicht abhelfen kann?“ GStA Mützelburg erklärte, diese Frage sei bereits erledigt. Sie habe sich auf Entscheidungen über Anträge auf Entschädigung für unschuldig erlittene Untersuchungshaft bezogen. Es werde allgemein die Auffassung vertreten, dass auch in diesen Fällen der GStA Beschwerdeinstanz sei.

Zu Punkt 14 „Unterrichtung der Vollzugsanstalten über Gnadenentscheidungen“ führte *GStA Dr. Voss* aus, dass die Vollzugsanstalten zwar bei Gnadengesuchen oder bei Anträgen auf bedingte Entlassung nach § 26 StGB gehört, sie aber nicht immer von der Entscheidung in Kenntnis gesetzt würden, obwohl dies auch für die Anstalten von Bedeutung wäre. Hierzu wies *GStA Dr. Krapp* auf § 19 GnO vom 6.2.1935 (DJ 1935, 203) hin, wonach der Vorsteher der Gefangenenanstalt eine Abschrift des Bescheides über die Gnadenentschließung erhalte. Der *GBA* machte ferner auf die Bekanntmachung des Bayer. Staatsministeriums der Justiz vom 29.8.1957 aufmerksam, in der den Gerichten empfohlen wird, Beschlüsse nach § 26 StGB in vierfacher Ausfertigung (für Staatsanwaltschaft, *Vollzugsanstalt,* Verurteilten und Verteidiger) der Staatsanwaltschaft zur weiteren Veranlassung zu übersenden.

Den *Punkt 15: „Behandlung von Anträgen auf bedingte Entlassung (§ 26 StGB als Gnadensache)“* stellte *GStA Dr. Adams* zur Erörterung, weil er in seinem Dienstbereich insofern von Bedeutung sei, als der Staatsanwaltschaft kein Gnadenrecht delegiert und daher alle Gnadengesuche dem Justizministerium als Gnadenbehörde vorgelegt werden müssten. Bis zur Neuregelung der Strafaussetzung zur Bewährung und der bedingten Entlassung durch das 3. StÄndG [BGBl. I 1953, 735] seien aufgrund der RV des früheren RJM vom 30.4.1935 Anträge auf vorläufige Entlassung (§§ 23 ff. a.F. StGB) als Gnadengesuche um bedingte Entlassung nach §§ 20 ff. GnO vom 6.2.1935 zu behandeln gewesen. Heute müssten dagegen alle Gnadengesuche, die auf eine vorläufige Entlassung hinzielten, zunächst als Anträge nach § 26 StGB behandelt werden. Denn die Neuregelung beruhe auf dem Grundgedanken der Wesensverschiedenheit von Recht und Gnade. Da die bedingte Entlassung im Sinne des § 26 StGB nach der in Rechtsprechung und Schrifttum vertretenen Auffassung ein Institut des Strafrechts sei, könne sie nicht mehr wie früher dem Gnadenrecht zugerechnet werden. Fraglich sei nur, ob bei Ablehnung einer bedingten Entlassung durch das Gericht ein als Gnadengesuch bezeichneter Antrag auch noch der Gnadenbehörde vorgelegt werden müsse. Er möchte diese Frage aus folgenden Erwägungen verneinen: Zwar bleibe die GnO vom 6.2.1935 dort, wo sie gelte, trotz des 3. StÄndG noch unbeschränkt anwendbar. Man werde jedoch wohl davon ausgehen müssen, dass bedingte Entlassung in einem Fall, in dem sie das Strafgesetz nicht zulasse, grundsätzlich nicht im gleichen Atemzuge gnadenweise gewährt werden dürfe. Sie könne nur in ganz besonderen Ausnahmefällen in Betracht kommen, etwa wenn besondere Umstände vorlägen, die das Gericht bei seiner Entscheidung nicht berücksichtigt habe oder nicht habe berücksichtigen können. Falls ein solcher Ausnahmefall nicht ohne weiteres erkennbar sei, müsse mit der Entscheidung des Gerichts das Begehren des Antragstellers um Entlassung als erledigt betrachtet werden. Wenn dieser darüber hinaus noch eine Entscheidung der Gnadenbehörde wünsche, sei es bei der dargelegten Rechtslage nicht unbillig, von ihm die Einreichung eines neuen Gesuches zu verlangen. Sein Ministerium vertrete aber die gegenteilige Auffassung. GStA Dr. Adams bat um Mitteilung, wie in anderen Ländern verfahren werde.

Anschließend berichteten die *GStA Ahmann, Dr. Bauer, Biermann, Dr. Fick, Dr. Haas* und *Mützelburg* über die Handhabung in ihren Bezirken. Hierbei ergab sich, dass Gnadengesuche um vorläufige Entlassung als Anträge nach § 26 StGB behandelt werden. Bei ablehnenden Entscheidungen wird verschieden verfahren. In einigen Bezirken werden dann die Gesuche als erledigt angesehen, worauf zum Teil der Gesuchsteller ausdrücklich hingewiesen wird, in anderen werden sie den Gnadenbehörden zugeleitet.

(Fortsetzung der Arbeitstagung am 23.5.1958)

Zum *Punkt 12: „Entlastung der Staatsanwaltschaften und Gerichte von der Überfülle der Verkehrsübertretungen durch Ausschöpfung des § 153 Abs. 1 StPO“* referierte *GStA Dr. Voss* wie aus Anlage 8 ersichtlich: In diesem Kreise besteht nicht die Notwendigkeit, Ausführungen zu machen a) über die Überbelastung durch Verkehrsstrafsachen, b) über die Schwerfälligkeit der Justiz, c) darüber, dass nicht mehr alle Verkehrsübertretungen als kriminelles Unrecht angesehen werden können.

Können wir uns *beraten,* wie wir bei der gegenwärtigen Gesetzeslage der Not abhelfen können? – Unser Missgeschick ist dadurch mitbegründet, dass § 22 StVG mit seiner gebührenpflichtigen Verwarnung einen Einbruch in unser Strafrechtssystem darstellt und die Konsequenzen herbeiführt, die bei Erlass des StVG wohl nicht völlig vorauszusehen waren. Man hat sich nicht entschließen können, ganze Arbeit zu machen und zu der früher so beliebten polizeilichen Strafverfügung zurückzukehren oder gleiche Befugnisse im Rahmen des Gesetzes über Ordnungswidrigkeiten den Straßenverkehrsämtern zu verleihen. – Nichts liegt näher, als die Frage aufzuwerfen, ob nicht auch die StA im Wege der Auferlegung von Geldbußen Übertretungen unter Anwendung von § 153 StPO elegant erledigen kann.

In meinem Amtsbereich erledigt die Polizei aufgrund des sogenannten „Blechschadenerlasses“ des Innenministers etwa 25% aller einschlägigen Delikte durch gebührenpflichtige Verwarnung. Verkehrsteilnehmer, Versicherungsgesellschaften und die Polizei sind dabei zufrieden. – Als geringfügiger Sachschaden gilt für jeden Unfallbeteiligten ein Schaden bis zu 500 DM. Eine unbefriedigende Regelung erfahren dabei die Fälle, in denen die Polizei trotz Vorliegens der sonstigen Voraussetzungen eine gebührenpflichtige Verwarnung nicht erteilt hat, weil der Beschuldigte gerade nicht erreichbar gewesen, oder weil wegen des Verhaltens des Beschuldigten oder des Polizeibeamten eine Vereinbarung an Ort und Stelle nicht zustande gekommen ist. Sollte im Interesse einer gleichmäßigen Behandlung nicht wenigstens in solchen Fällen nach § 153 Abs. 1 StPO unter Auferlegung einer Geldbuße (Höhe?) verfahren werden? – Die Frage, ob die Zahlung einer Geldbuße zur Voraussetzung einer Einstellung nach § 153 Abs. 1 StPO gemacht werden kann, wird in Schrifttum und Praxis verschieden beantwortet.

Cordier (Leiter der Amtsanwaltschaft bei der StA Frankfurt a.M.) bejaht in NJW vom 29.11.1957, Heft 48 S. 1789 diese Frage. Er geht zunächst auf die Systematik unserer StPO ein und spricht von dem Verfolgungs*gebot* des § 152 StPO und kennzeichnet § 153 Abs. 1 StPO als ein Verfolgungs*verbot.* – § 153 Abs. 1 StPO enthalte nicht die Beurteilung einer Rechtsfrage, sondern eine nach pflichtgemäßem Ermessen vorzunehmende Güterabwägung. Die Erhebung einer Anklage ist in Ansehung von § 153 Abs. 1 StPO nach Auffassung Cordiers die äußerste Maßnahme. Von ihr könnte abgesehen werden, wenn der Beschuldigte durch freiwillige Zahlung einer angemessenen Buße an eine Wohlfahrtsorganisation sich reinigt.

Vorzüge: Interesse der Öffentlichkeit bleibt gewahrt, wenig kostspielig, persönliche Ehre bleibt unberührt. Cordier meint, bei einer solchen Betrachtung ist eine Ermessensentscheidung des Staatsanwalts möglich und kann er von einer Anklage absehen, wenn der Beschuldigte durch Zahlung einer Buße seine Einsicht und seinen Besserungswillen bezeugt. – Cordier trennt dabei sorgfältig Einstellung *nach* freiwilliger Zahlung einer Buße und Einstellung unter Auflage einer Geldbuße für die *Zukunft,* welch letzteres Verfahren um deswillen nicht gebilligt werden könnte, weil im Zeitpunkt der Einstellung ein öffentliches Interesse an der Strafverfolgung noch bestand. – Eine solche Ermessensentschädigung nach § 153 Abs. 1 StPO sei unüberprüfbar und könne auch nicht durch eine „rechtsprechende Ermessensentscheidung" ersetzt werden. Cordier begegnet dann fünf Bedenken: a) dass die Buße eine Strafe ohne richterliche Schuldfeststellung sei mit dem Hinweis, dass die Freiwilligkeit der Zahlung und die Einsicht aus der heraus sie erfolgt, sie aus dem Bereich der Schuldfeststellung herausnehme, b) dass der Beschuldigte unter Druck gesetzt werde mit dem Hinweis, dass er sich frei entscheiden könne zu zahlen oder das gerichtliche Verfahren mit allen seinen Rechtsgarantien abzuwarten (ähnlich wie bei der Entscheidung, ein Rechtsmittel einzulegen oder nicht), c) dass der wirtschaftlich besser gestellte Beschuldigte sich freikaufen könnte mit dem Hinweis, dass eine evtl. Buße den wirtschaftlichen Verhältnissen des Beschuldigten abgepasst werden müsste, d) dass die Bußezahlung den Eindruck erwecken könnte, dass die fiskalischen Interessen auf dem Spiel stünden mit dem Hinweis, auf Richtlinien Nr. 74 Abs. 4, nach welchen nur die Staatskasse nicht Empfängerin sein darf. Gerade hier hakt Cordier ein und meint, dass der einschränkende Zusatz „Staatskasse" den Schluss erlaube, dass Bußzahlungen an andere Stellen nicht schlechthin verboten seien, e) dass es unwürdig sei, mit dem Beschuldigten über Art und Höhe der Buße zu verhandeln mit dem Hinweis, dass ein Verhandeln weder vorgesehen, geboten, noch von ihm beabsichtigt sei.

Cordier gedenkt auf diese Weise, Verfahren gegen nur nachlässige und unbedachte Verkehrssünder in befriedigender Weise abzuschließen. Abschließend erklärt der Verfasser, dass diese Handhabung der Tendenz entspräche, die Übertretungstatbestände abzubauen und sie als Ordnungswidrigkeit zu normieren.

Lassen wir seinen Gegenspieler *Trapp* NJW vom 21.2.1958, Heft 8, S. 292 zu Worte kommen, was nicht ohne Pikanterie ist, wenn man erfährt, dass Trapp in dem Cordier übergeordneten Ministerium arbeitet. Trapp leitet seinen Haupteinwand aus dem klaren Wortlaut § 153 Abs. 1 StPO selbst her. Er kann im Text keinen Anhalt dafür finden, dass das öffentliche Interesse an einer Strafverfolgung durch Zahlung einer Geldbuße ausgeräumt werden könne. In der Literatur und in den Richtlinien für das Strafverfahren würden alle möglichen Umstände für eine Einstellung oder eine Anklageerhebung besprochen (Richtlinien 68, 75, 240, 252), aber von einer Geldbuße sei nirgends die Rede.

Trapp meint, dass Cordier zu den Voraussetzungen „geringes Verschulden", „unbedeutende Tatfolgen" und „fehlendes öffentliches Interesse" eine neue Voraussetzung „einsichtig" hinzugefügt habe. Der Umweg über das „öffentliche Interesse" sei nicht statthaft und stehe mit dem Sinn und Zweck des Gesetzes nicht im Einklang. – Eine Zahlungsbereitschaft folge überdies nicht immer aus einer Einsicht heraus.

Der Anschein eines unzulässigen Druckes bleibe immer haften. Besondere Bedenken leitet Trapp

a) aus der Sonderregelung § 22 StVG her. Er hält es für ein Unglück, daneben ein neues System von Bußzahlungen zu schaffen und fürchtet unterschiedliche Beurteilungen,
b) aus dem Mangel an rechtsstaatlichen Garantien. – Könnte ein Beschuldigter nur aus dem Umstand heraus unter Anklage gestellt werden, weil man meint, er sei uneinsichtig? In Wahrheit habe ihn aber zufällig die Zahlungsaufforderung nicht erreicht. Trapp fragt, wie ist es mit Teilzahlungen? Wie, wenn der letzte Teilbetrag nicht bezahlt wird? Wie, wenn die Aufsichtsbehörde weitere Ermittlungen anordnet? Wie, wenn der Beschuldigte späterhin verurteilt wird? Endlich erklärt Trapp, dass der Richter gemäß § 23 ff. StGB zu entscheiden habe, wann anstelle des *Vollzuges* einer Strafe eine Geldbuße zur Auflage gemacht werden dürfe.

Für die *Strafverfolgung* dürfe dem System nach nichts anderes gelten. – Trapp schließt mit dem Hinweis, dass Cordier der strafprozessualen Entwicklung vorgreife und dass § 153 StPO nur die Möglichkeit zulasse, anzuklagen oder klar und rein einzustellen. Kriminal- und Ordnungsunrecht seien im Verkehrsrecht noch nicht getrennt.

Soweit die beiden typischen Ansichten. Die Bedenken Trapps sind beachtlich. Die Voraussetzungen des § 153 StPO sind in der Tat im Gesetz erschöpfend umschrieben. – Nachträgliche Zahlung einer Buße kann an sich nichts an der Größe der Schuld und den Folgen der Tat ändern. Das öffentliche Interesse bestimmt sich nach Richtlinien Nr. 252 Abs. 6 und 75 Abs. 1, nicht aber nach der Zahlung einer Geldbuße. – Wollte man Bußgeldzahlungen einführen und Differenzen im Verhältnis zur Polizei vermeiden, so müsse die StA die Polizei anweisen, § 413 StPO [amtsricherl. Strafverfügung] zu missachten und alle Vorgänge an die StA abzugeben. Das aber wäre eine unzulässige Weisung und eine Missachtung der StPO. Um aber dem gegenwärtigen Notstand zu begegnen, rege ich an, die Richtlinien für das Strafverfahren (insbesondere Nr. 74 Abs. 4) für eine Übergangszeit (d.h. bis zu der vordringlichen gesetzlichen Neuregelung) klarstellend zu ändern, um wenigstens die Möglichkeit zu schaffen, *in einem gewissen Umfange* geringfügige Verkehrsübertretungen nach Zahlung einer Geldbuße an eine gemeinnützige Organisation gemäß § 153 Abs. 1 einzustellen.

Ich erwähnte schon, dass Cordier unter Hinweis auf Richtlinien Nr. 74 Abs. 4 (Verbot einer Geldbuße an die Staatskasse) den Schluss zieht, dass Bußzahlungen grundsätzlich nicht verboten seien, sie dürften nur nicht an die Staatskasse erfolgen. Dieser Auffassung widerspricht auch Trapp nicht. Nach einer Dienstbesprechung der GStA im Frühjahr 1946 hat einer meiner Amtsvorgänger eine Rundverfügung erlassen, nach welcher bei Einstellung des Verfahrens nach § 153 StPO – *von besonderen Ausnahmefällen* abgesehen -, eine Buße nicht mehr auferlegt werden darf.

Im Februar 1957 hat mein Justizminister im Wege eines Erlasses darauf hingewiesen, dass er *in besonders gelagerten Fällen* eine Bußgeldauflage bei einer Entscheidung nach § 153 StPO gemacht werden dürfe. An diese Entwicklung sollten die Richtlinien für das Strafverfahren anknüpfen. Ich bin aber der Überzeugung, dass *nur in Ausnahmefällen* bei einer Entscheidung nach § 153 StPO eine Bußgeldauflage an eine wohltätige Organisation gemacht werden darf.

Hierauf trug *OStA Schweling* sein *Korreferat* auszugsweise vor, das als Anlage 9 beigefügt ist:

A. 1. Die Bundesanwaltschaft ist unmittelbar nicht betroffen. Sie ist jedoch in gewissem Maße mittelbar interessiert, da eine Entlastung der Landesjustizbehörden den wesentlicheren Aufgaben der Strafrechtspflege zugutekommen dürfte. – 2. Die Bundesanwaltschaft hat naturgemäß keine Erfahrungen über die der Frage zugrundeliegende Tatsachen, insbesondere nicht über die „Überfülle der Verkehrsübertretungen", die den Staatsanwaltschaften zugehen, und über die Art der bisherigen Handhabung, diese Überfülle zu bewältigen. Es fehlen ihr daher wesentliche Voraussetzungen für die Vorstellung der praktischen Auswirkungen der gemachten Reformvorschläge.

Nur unter diesem Vorbehalt sind die folgenden Ausführungen zu verstehen.

B. Grundsätzlich dürfte es zu begrüßen sein, wenn § 153 Abs. 1 StPO dahin verstanden werden könnte, dass Übertretungen, insbesondere Verkehrsübertretungen, erst nach Zahlung einer Buße, die von den Staatsanwaltschaften ihrer Höhe nach vorzuschlagen wäre, eingestellt werden könnten. – Die Frage der Zulässigkeit eines solchen Verfahrens ist allerdings nicht unbedenklich. Ich möchte sie jedoch bejahen. *Für* das Verfahren der Einstellung nach Zahlung einer Buße – im Wesentlichen von *Cordier* (NJW 1957 S. 1789) und *GStA Bauer* (Tagung der GStA 1957 zu Punkt 7) vertreten – scheinen mir besonders folgende Gesichtspunkte zu sprechen:

1. *Tatsächliche Entlastung:* (Cordier aaO. und Bauer aaO.). Sie soll im großen Umfang zu erwarten sein. Allerdings bedarf es zweier Einschränkungen: a) Für die Staatsanwaltschaft wird das Verfahren in manchen Fällen nicht weniger, sondern mehr Aktenvorlagen und Schreibarbeiten bedeuten als ein einfacher Strafbefehlsantrag. Aber für die Gerichte wird die Entlastung fühlbar sein. – b) Wenn die Entlastung durch die damit verbundene Änderung der statistischen Zahlen infolge des Pensenschlüssels nur dazu führen würde, den Justizverwaltungen einen Vorwand zur Personalverringerung zu geben, wäre nichts gewonnen. Im Gegenteil haben wahrscheinlich die zahlenmäßig häufigen, aber tatsächlich und rechtlich einfach gelagerten Verkehrsübertretungen bisher die Statistik günstig beeinflusst.
2. *Schnelle und wirksame Reaktion:* Die Reaktion auf das Unrecht wird meist schneller eintreten als bei einer Straffestsetzung. Dabei ist sie in der Regel ebenso wirksam, oft, da die Buße einen höheren Betrag darstellen kann als eine Geldstrafe, sogar noch wirksamer.
3. *Die Strafzwecke* der Abschreckung, Besserung und auch einer „Genugtuung" – um den Ausdruck „Sühne" durch einen neutraleren zu ersetzen – werden auch durch eine Bußzahlung erreicht.
4. Die *Kriminalstrafe* wird nicht durch zu häufigen Gebrauch *entwertet* (Trapp, NJW 1958, 292). – 5. *Umständliche und unrationelle* Verfahren werden vermieden (Trapp, aaO.). Das Verfahren würde dem Grundsatz entsprechen, dass eine behördliche Maßnahme in einem erträglichen Verhältnis zum Erfolg stehen muss (KMR zu § 153 Anm. 3). – 6. Das Verfahren liegt im *Interesse des Beschuldigten.* Es ist gar keine Frage, dass wohl fast jeder Beschuldigte, der sich schuldig fühlt, lieber eine Bußgeldzahlung auf sich nimmt als eine gerichtlich festgesetzte Strafe, die Eintragung in das Strafregister und die Verkehrssünderkartei nach sich zieht, selbst dann, wenn die Buße höher liegt als die voraussichtliche Geldstrafe. Er wird sogar auch dann häufig bereit sein, eine Buße zu zahlen, wenn er sich unschuldig fühlt, um ein umständliches, zeitraubendes, nervenkostendes Verfahren mit Aussicht auf eine mögliche gerichtliche Bestrafung – nebst ihrer Folgen – zu

vermeiden (ähnlich *Kohlhaas*, GA 1956, 244, allerdings in einem anderen Zusammenhang).

7. *Das Verfahren entspricht der allgemeinen Tendenz* der strafrechtlichen Entwicklung, a) dem allgemeinen Bemühen und größere *Rationalisierung;* b) dem Streben nach *Beschleunigung* des Verfahrens; c) der neueren *Abstufung des Unrechts* und der zu seiner Ahndung erforderlichen Reaktion, insbesondere der Scheidung des kriminellen vom Verwaltungsrecht (s. Gesetze über Ordnungswidrigkeiten, Kartellgesetz, ähnlich auch Cordier, aaO.); d) den Versuchen, das bisherige enge *Strafartsystem aufzulockern* und zu individualisieren:

   aa) durch Einführung der §§ 23 ff. StGB,
   bb) durch Einführung des § 22 StVG (gebührenpflichtige Verwarnung durch die Polizei in Höhe bis zu 5 DM),
   cc) durch den Vorschlag, die „Strafhaft" in das neue Strafgesetzbuch einzuführen (Entwurf zum neuen StGB, allgemeiner Teil). – e) dem Vorhaben, die *Verkehrsübertretungen* in die *Ordnungswidrigkeiten* einzureihen (*Floegel-Hartung* § 22 StVG Anm. 5; dadurch könnten wirkungsvollere Warnungen erteilt werden als durch Geldstrafen oder gebührenpflichtige Verwarnungen, da das Ordungswidrigkeitengesetz Geldstrafen bis zu 1000 DM kennt).

8. Das Verfahren stellt daher zumindest eine gute *Übergangslösung* dar. – Diese Gesichtspunkte stellen nicht nur Zweckmäßigkeitserwägungen dar. Sie entsprechen vielmehr auch manchem Grundgedanken des Strafverfahrensrechts und der Gerechtigkeit. – Bedenken könnten sich nur aus der Frage der Zulässigkeit bzw. der Vereinbarkeit mit den Rechtsnormen des geltenden Rechts ergeben.

D. In dieser Richtung liegen auch die Haupteinwände. *Gegen* das Verfahren ist eingewandt worden (Hauptvertreter: Trapp, NJW 1958, 292; RV des GStA Celle vom 12.5.1946, Hann. Rechtspfl. 1946, 1957; unklar KMR zu § 153 Anm. 8 und Löwe, 8. Aufl. zu § 153 Anm. 13, der das Abhängigmachen einer Einstellung von einer Buße für unzulässig, dagegen die Inaussichtstellung nach Bußezahlung für zulässig hält).

1. *Verstöße gegen das Grundgesetz* (Art. 20, 92, 94, 104). Die rechtsprechende Gewalt sei allein den Richtern anvertraut. Es handle sich auch bei dieser Bußezahlung um eine Sühne für kriminelles Unrecht (Cordier, aaO.).

   a) Jedoch ist die Bußgeldahndung kein Teil der *rechtsprechenden* Gewalt.
      aa) Sie bedeutet keine Schuldfeststellung.
      bb) Sie soll keine Sühne darstellen.
      cc) Ihre Zahlung beruht nicht auf einer Rechtsentscheidung.
      dd) Das Wesen der Zahlung ist Freiwilligkeit (Cordier, aaO.)

b) Sogar im *steuerrechtlichen Verfahren* ist eine freiwillige Unterwerfung zur Zahlung einer Geldsumme anerkannt, obwohl in dieser Richtung in der Literatur starke und nicht unberechtigte Angriffe wegen der Verfassungsmäßigkeit dieses Verfahrens vorgetragen sind (*Lotze*, NJE 1956, 1540; *Arndt*, NJW 1957, 249 nebst weiteren dort zitierten Aufsätzen).

c) Durch die Einstellung des Verfahrens nach Bußezahlung werden richterliche Aufgaben schon deshalb nicht berührt, weil ja die Entscheidung über die Strafverfolgung von Übertretungen durch den Gesetzgeber (§ 153 Abs. 1 StPO) schon von vornherein dem Richter entzogen ist, ohne dass bisher dagegen von irgendeiner Seite verfassungsrechtliche Bedenken vorgebracht worden sind.

2. *Verstoß gegen § 153 StPO.* a) Der *Wortlaut* soll gegen eine Bußgeldzahlung sprechen, da er nichts von einer Buße sagt (Cordier, aaO.). – Das ist nicht der Fall. Es braucht nicht alles ausgesprochen zu werden. Das Schweigen des Gesetzgebers bedeutet noch nicht, dass etwas unerlaubt ist. Die Frage ist vielmehr offen.

b) Die Voraussetzungen für das Strafverfolgungsverbot seien in § 153 Abs. 1 StPO *erschöpfend* aufgezählt; geringe Schuld, unbedeutende Folgen, kein öffentliches Interesse (Trapp, aaO.). – Das ist zwar grundsätzlich richtig. Aber die drei aufgezählten Voraussetzungen bedürfen einer Ausfüllung. Es konnten gar nicht alle Tatsachen und Umstände, die die Maßstäbe bieten, um die Frage nach dem Ausmaß und der Schwere der Schuld, der Bedeutung der eingetretenen Tatfolgen und dem Interesse der Öffentlichkeit an der Strafverfolgung zu beantworten, in einer Gesetzesbestimmung aufgezählt werden. So ist z.B. auch die einer Bußezahlung verwandte Wiedergutmachung des Schadens nicht ausdrücklich genannt, obwohl sie naturgemäß die Frage nach der Bedeutung der Folgen beeinflusst (so auch *Löwe-Rosenberg*, 8. Aufl. § 153 Anm. 13, RiStV Nr. 75 Abs. 3, auch GStA Celle, aaO.). Es könnte daher sehr wohl auch die Berechtigung zur Einstellung nach einer Bußezahlung in einer der aufgeführten drei Voraussetzungen enthalten sein, und zwar in der Voraussetzung „kein öffentliches Interesse".

c) *Kein sonstiger Hinweis* im Gesetz spräche für die Berechtigung des Verfahrens (*Trapp*, aaO.). – Das ist zwar richtig. Aber bedarf es eines solchen Hinweises? Es spricht jedenfalls auch kein Hinweis *gegen* eine solche Handhabung. Was nicht nach ausdrücklicher Vorschrift oder nach dem Grundgedanken des Prozessrechts verboten ist, muss als erlaubt angesehen werden.
Im Gegenteil könnte Folgendes *für* das Verfahren sprechen: Nach einhelliger Rechtsprechung ist für die Entscheidung über die Frage des „öffentlichen Interesses" in *§ 23 Abs. 3 StGB* eine „allseitige Würdigung von Tat und Täter

unter Abwägung aller Strafzwecke" vorzunehmen (BGH NJW 1955, 30; BGH MDR 1954, 433; u.a.). Die Tatsache einer Bußezahlung aber kann nicht nur die Beurteilung der Persönlichkeit des Täters beeinflussen; sie ist insbesondere auch für die Frage der Strafzwecke der Sühne, der Abschreckung und der Besserung von erheblicher Bedeutung (s. unten Näheres).

d) Die Auslegung des Begriffs „öffentliches Interesse" in § 153 Abs. 1 StPO durch die *Literatur* und die Richtlinien für das Strafverfahren spräche ebenfalls gegen die Bußeahndung (*Trapp*, aaO.). – Literatur und Richtlinien für das Strafverfahren zählen jedoch nur beispielsweise die Gesichtspunkte auf, die für diese Frage von Bedeutung sein können: Häufigkeit der Verfehlungen, Wiederholungsgefahr, erhebliche Verwarnungen, Missachtung der staatlichen Autorität, wiederholte Straffälligkeit, Notwendigkeit der Abschreckung, gleichmäßige Behandlung (*Trapp*, aaO.). Wenn sie zu der Frage, ob eine gezahlte Buße das öffentliche Interesse beeinflussen kann, nicht Stellung genommen haben, so besagt das nur, dass die Frage noch verhältnismäßig neu und daher noch nicht umfassend behandelt worden ist.

e) *Der Wille des Gesetzgebers* spräche gegen eine solche Bußgeldahndung. Denn § 8 der 4. VO zur Vereinfachung der Strafrechtspflege vom 13.12.1944 [RGBl. I 1944, 339] sei ausdrücklich im Jahre 1945 aufgegeben (RV des GStA Celle, aaO.). Das ist zwar richtig, aber § 8 der VO sah eine Einstellung sogar bei Vergehen vor. Außerdem handelt es sich um eine „Bußauflage", von deren Zahlung die Einstellung abhängig gemacht wurde. Eine solch weitgehende Regelung wünschte der Gesetzgeber nicht. Das Bedenken kann dadurch vermieden werden, dass nicht eine Bußauflage zur Bedingung der Einstellung gemacht wird, sondern dass die Einstellung nur in Aussicht gestellt wird, falls eine bestimmte Buße gezahlt wird (*Löwe-Rosenberg*, aaO.).

3. Durch das Verfahren würde ein *unzulässiger Druck* ausgeübt (*Trapp*, aaO.). – Das ist nicht der Fall. Der Verdächtige wird ja nicht vor die Wahl: Buße oder Bestrafung gestellt, sondern vor die Wahl: Buße oder normales, grundsätzlich für alle Straftaten vorgesehenes gerichtliches Verfahren. Die im Falle der Nichtzahlung der Buße in Aussicht gestellte andere Möglichkeit ist weder etwas grundsätzlich Schlechteres, noch ein etwa nicht ganz Rechtmäßiges, im Gegenteil: Es ist der Weg eines Verfahrens, der ebenfalls nur ein gerechtes Ziel erstrebt. Dieses gerechte Ziel kann aber von zwei Wegen erreicht werden: Durch gerichtliche Klärung des Sachverhalts und Entscheidung oder durch vorherige freiwillige Bußezahlung (Unterwerfung). Die Wahl, welchen Weg der Beschuldigte als den für ihn weniger belastenden ansieht, kann er selbst wählen. Das „weniger Belastende" braucht zwar nicht das objektiv Richtige zu

sein. Aber das Verfahrensrecht vertritt ja auch sonst den Grundsatz, dass ein objektiv unrichtiges Ergebnis, das den Täter nicht beschwert, weil er es selbst gewählt hat, für ihn nicht ungerecht ist. Auch das Strafbefehls- und das Rechtsmittelverfahren sind ja nicht unzulässig, obwohl auch dort der Beschuldigte bzw. der Angeklagte die Wahl hat, sich einem Spruch zu unterwerfen oder ein weiteres Verfahren zu erzwingen. Auch dort kann er trotz des Gefühls seiner Unschuld resignieren und den Weg der Unterwerfung wählen.

Im Gegensatz dazu ist sogar hier der Weg der freiwilligen Bußezahlung für den Beschuldigten, der sich schuldig fühlt, der bei weitem günstigere als der der gerichtlichen Entscheidung: Es erfolgt eine schnelle Erledigung ohne langes Warten, ohne Umstände, ohne Zeitverlust, ohne Eintragung in das Strafregister und die Verkehrssünderkartei. Auch für denjenigen, der sich unschuldig fühlt, kann die Zahlung der Buße als angenehmer empfunden werden als ein Verfahren, dessen Ausgang zweifelhaft ist. Weshalb sollte der Beschuldigte nun dazu gezwungen werden, ein gerichtliches Verfahren über sich ergehen zu lassen und gegebenenfalls eine Strafe zu erdulden, wenn die Möglichkeit besteht, dem Interesse der Allgemeinheit an einer nachdrücklichen Warnung, an einer Besserung und an der Vermeidung von Wiederholungen durch eine den Täter weniger belastende Bußezahlung zu entsprechen?

4. Es würde jedenfalls der *Anschein* eines unzulässigen Druckes hervorgerufen werden können (*Trapp*, aaO.). – Das ist nur eine Frage der Handhabung. Durch geschickte Formulierung kann ein solcher Anschein leicht vermieden werden. Außerdem ist die Öffentlichkeit bereits durch die gebührenpflichtige Verwarnung (§ 22 StVG) an ein derartiges Verfahren gewöhnt.
5. Es würde der Schein einer *ungerechten Behandlung* hervorgerufen, der Schein, dass der wirtschaftlich Bessergestellte bevorzugt würde (RV des GStA Celle, aaO.). – Auch das scheint mir nur eine Frage der Handhabung zu sein.
6. Es könnte der Anschein entstehen, dass nur *fiskalische Interessen* den Ausschlag gäben (*Cordier*, aaO.) – Dieses Bedenken wird dadurch aufgefangen, dass nur eine Zahlung an eine Wohlfahrtsorganisation vorgeschlagen wird (vgl. auch Nr. 44 der RiStV).
7. Es sei *unwürdig*, mit dem Beschuldigten zu verhandeln (*Cordier*, aaO.). – Auch das ist eine Frage der Handhabung. Es braucht und soll auch nicht „verhandelt" werden. Die Wahlmöglichkeit und die sich aus ihr ergebenden Folgen sollen nur dem Beschuldigten deutlich gemacht werden.
8. Das Maß der *Schuld* und die Bedeutung der *Folgen* könnten durch eine nachträgliche Bußezahlung nicht beeinflusst werden (*Löwe-Rosenberg*, 8. Aufl. zu § 153 Anm. 13). – Das ist richtig. Aber nicht diese beiden Voraussetzungen für die Einstellung werden betroffen, sondern nur die Voraussetzung des „öffentlichen Interesses".
9. Das *öffentliche Interesse* an einer Einstellung oder einer gerichtlichen Entscheidung könne nicht von der Zahlung einer Buße abhängig sein (*Trapp*, aaO.). – Das ist

dennoch der Fall. Die Öffentlichkeit hat ein großes Interesse daran, überflüssige und kostspielige gerichtliche Verfahren zu vermeiden. Überflüssig wird aber ein gerichtliches Verfahren dann, wenn der Rechtsfriede auf andere Weise als durch ein gerichtliches Strafverfahren, insbesondere durch Festsetzung einer Strafe, wiederhergestellt werden kann (*Cordier*, aaO.), wenn durch die Zahlung einer empfindlichen Buße der Beschuldigte und andere Anfällige ausreichend gewarnt werden, die Wiederholungsgefahr dadurch eingeschränkt wird und sogar eine gewisse Ahndung erfolgt.

10. Aus der Zahlung der Buße könne nicht auf *Einsicht* des Beschuldigten geschlossen werden (*Trapp*, aaO.). – *Cordier* aaO. spricht allerdings von „Einsichts- und Besserungswillen" (ähnlich KMR § 153 Anm. 8 und KG VRS 1955, 127). Aber darauf kommt es ja nicht an. Das Verfahren wird nicht eingestellt, weil sich der Beschuldigte später einsichtig gezeigt und infolgedessen eine Wiederholungsgefahr eingeschränkt wird, sondern aus den unter Ziff. 9 angegebenen Gründen. Wird eine Einsicht mit Sicherheit aus der Zahlung oder dem sonstigen Verhalten geschlossen, dann mag das nur ein zusätzlicher Grund für die Öffentlichkeit sein, kein gerichtliches Nachspiel zu verlangen. Das öffentliche Interesse ist nicht einfach, wie Trapp meint, mit der Zahlung der Buße zu koppeln, sondern mit der Möglichkeit, ein umständliches Verfahren durch ein einfacheres zu ersetzen. Das öffentliche Interesse in einem gerichtlichen Verfahren wird fehlen, wenn erwartet werden kann, dass der Täter durch eine nachhaltige Warnung irgendeiner Art, also auch durch eine Bußezahlung, genügend gewarnt, sich in Zukunft zusammennehmen und ein „gesetzmäßiges und geordnetes Leben" führen wird. Welche Motive den Beschuldigten veranlassen – Gleichgültigkeit, Furcht vor Strafe, Risiko eines langen Verfahrens – ist demgegenüber gleichgültig. Da der Geldbeutel betroffen wird, ist stets eine gewisse Warnung vorhanden.
11. Bei *Verkehrssachen* gäbe es die Sonderregelung des § 22 StVG.

    a) Es sei nicht glücklich, daneben noch ein weiteres Verfahren zuzulassen (*Trapp*, aaO.). – Das ist kein Einwand. Denn § 22 StVG kann bei weitem nicht alle Fälle erfassen, die nicht zu einem gerichtlichen Verfahren zu kommen brauchen, einmal, weil es nur die Fälle betrifft, in denen der Täter auf „frischer Tat" ertappt wird; dann aber auch, weil die Gebühr höchstens nur 5 DM betragen darf.

    b) Es führe zu ungerechten Ergebnissen, wenn der erreichbare Übeltäter mit 5 DM, der nicht erreichbare jedoch mit einer höheren Buße davonkomme (*Trapp*, aaO.). – Auch das ist ein schlechter Einwand. Denn, wenn das Bußeverfahren nicht zugelassen würde, würde der nicht Erreichbare entweder mit gar keiner Geldzahlung oder mit einer *Geldstrafe* belastet werden. Gerade das Bußeverfahren ermöglicht eine gerechte Angleichung an die Maßnahmen, die der auf frischer Tat Betroffene zu erwarten hat. Im Übrigen wird eine hohe

Buße eben dann nicht erforderlich sein, wenn die Tat bei einem auf frischer Tat Betroffenen nur mit 5 DM erledigt worden wäre.

12. *Rechtsstaatliche Garantien* fehlen (*Trapp*, aaO.). Das ist nicht einzusehen. Der Beschuldigte hat ja die Garantie, dass er nur aufgrund eines ordnungsgemäßen gerichtlichen Verfahrens eine Strafe erhalten kann. Auf eine Einstellung hat er aber nur Anspruch, wenn u.a. die Öffentlichkeit zustimmt. Die Voraussetzungen einer solchen Zustimmung bedürfen keiner rechtsstaatlichen Begrenzung. Denn die Einstellung ist bereits ein Entgegenkommen gegenüber einem Übeltäter, der grundsätzlich wegen seines kriminellen Unrechts eine Strafe verdient. Wenn der Gesetzgeber großzügig gestattet, dass bei Bagatelldelikten von Strafe abgesehen werden kann und sogar abgesehen werden muss, wenn es das Interesse der Öffentlichkeit erlaubt, dann kann der Übeltäter nicht noch dafür eine Garantie verlangen, dass die Öffentlichkeit ihr Interesse an seiner Bestrafung nur unter bestimmten Voraussetzungen geltend macht. Die rechtsstaatliche Garantie besteht also bei dem Bußeverfahren darin, dass dem Beschuldigten die frei Wahl zwischen zwei Übeln überlassen wird. Mehr kann er nicht verlangen, da die ihm zur Last gelegte Übeltat als actio ein anderes Übel als reactio erfordert. Da der Beschuldigte die Wahl hat, genügt es, dass das *eine* dieser beiden Übel – das gerichtliche Verfahren und die evtl. zu verhängende Strafe – gesetzlich klar normiert ist und das Maß seiner Schuld nicht überschreitet. Das ist aber bei dem vorgeschlagenen Verfahren der Fall. Damit entfällt dann jede Gefahr einer Willkür.
13. Bei Ablehnung einer Bußezahlung könnte auf *Uneinsichtigkeit* geschlossen werden (*Trapp*, aaO.). – Diese Gefahr ist nicht groß, da sich aus der Ablehnung der Buße bei natürlicher Betrachtung wirklich nichts anderes schließen lässt, als dass der Beschuldigte ein gerichtliches Verfahren und die Entscheidung eines Richters wünscht, und zwar in der Regel, weil er sich unschuldig fühlt, oder weil er glaubt, trotz Schuld infolge günstiger Beweislage freigesprochen zu werden, oder weil er meint, mit einer geringeren Geldstrafe als der ihm vorgeschlagenen Buße davonzukommen und die Tatsache der „Strafe“ ihn persönlich nicht belastet, oder weil er hofft, dass im gerichtlichen Verfahren – nach § 153 Abs. 3 StPO – eine Einstellung ohne Bußezahlung erfolgen werde. Eine strafschärfend wirkende Uneinsichtigkeit aus der Entscheidung des Beschuldigten, das gerichtliche Verfahren zu wählen, zu schließen, wäre grob rechtswidrig. – Eine etwa in dieser Richtung auftauchende Befürchtung des Beschuldigten könnte wiederum durch die Fassung des Schreibens der Staatsanwaltschaft, das die Bußezahlung anregt, von vornherein beseitigt werden.
14. Das ganze Verfahren stelle einen unzulässigen *Vorgriff* auf möglicherweise wünschenswerte gesetzgeberische Maßnahmen dar (*Trapp*, aaO.). – a) Es ist aber schon fraglich, ob man dieses Verfahren als einen Vorgriff bezeichnen darf. Denn nicht

jede Einzelheit eines strafrechtlichen Verfahrens kann und wird vom Gesetzgeber geregelt, sondern nur die, die der rechtsstaatlichen Garantie bedarf. So sind ja etwa auch nicht geregelt: die Form und der Inhalt von Schreiben, in denen Staatsanwalt oder Richter auf Eingaben der Beschuldigten, Angeklagten oder Verurteilten antworten, in denen Anregungen für Rücknahmen von Rechtsmitteln oder für Stellung von Anträgen erteilt werden. Viele „Richtlinien für das Strafverfahren" zeigen Beispiele. – b) Im Übrigen ist es ja gerade die Frage, ob ein solcher Vorgriff unzulässig wäre. Eine gesetzliche Regelung mag zwar erwünscht sein, ist aber nicht erforderlich.

15. Die Buße sei nur eine *versteckte* Strafe (Trapp, aaO.). Sie ist nicht eine versteckte Strafe, sondern der Ersatz für eine Strafe. – Auch die Buße, die für eine Ordnungswidrigkeit verhängt wird, müsste man dann als versteckte Strafe bezeichnen. Sie ist aber gerade deshalb keine Strafe, weil sie die sittliche Persönlichkeit des Täters nicht angeht. Sie ist nur ein Verwaltungsmittel, um Geboten oder Verboten Achtung zu verschaffen (*Hans-Eberhard Rotberg,* Gesetz über Ordnungswidrigkeiten [2. Aufl. 1958], Einführung I b). Das Gleiche gilt für die gebührenpflichtige Verwarnung des § 22 StVG („Sie ersetzt die Verhängung einer Strafe; sie ist Verkehrserziehung, nicht Strafe", *[Johannes] Floegel-[Fritz] Hartung* [Straßenverkehrsrecht, 17. Aufl. 1958] zu § 22 Anm. 2). – Alle diese Ersatzmaßnahmen sind naturgemäß mit der Strafe verwandt. Sie erfüllen die Strafzwecke und setzen strafrechtliche Verantwortlichkeit voraus (Floegel-Hartung, aaO., Rotberg, aaO.).
16. *Einzelne* Bedenken (*Trapp*, aaO. a.E.). a) Was geschieht mit einer *Teilzahlung,* wenn die ganze Buße nicht gezahlt wird? Sie verfällt der Wohlfahrtsorganisation. Das öffentliche Interesse an der Strafverfolgung besteht, wie der Beschuldigte weiß, solange, bis er eine wirksame Buße in einer bestimmten Höhe gezahlt hat. b) Was geschieht mit der Buße, wenn der StA durch seine vorgesetzte Behörde *angewiesen* wird, das Verfahren durchzuführen? Die Buße verfällt auch dann. Jedoch wird ihre Zahlung naturgemäß bei der Bemessung der Strafe berücksichtigt werden. Nur im Falle eines Freispruchs würde sie vollständig verfallen sein. Aber dieses geringe Risiko muss der Beschuldigte bei der Wahl, die ihm belassen ist, auf sich nehmen.

D. *Zusammenfassung*

1. Grundsätzlich ist die Möglichkeit einer Einstellung von Verkehrsübertretungen nach einer von der Staatsanwaltschaft vorgeschlagenen Bußezahlung zu bejahen.

2. Dieses Verfahren bedarf jedoch folgender Voraussetzungen: a) Nur dann, wenn nicht schon ein anderer Grund das öffentliche Interesse an einer weiteren Verfolgung ausschließt, kann es angewandt werden. Der Staatsanwalt hat daher zuerst zu fragen, ob die Schuld des Täters gering und die Folgen der Tat unbedeutend sind, sowie ob das öffentliche Interesse bei dieser Tat und bei der Persönlichkeit dieses Beschuldigten überhaupt noch eine Strafverfolgung erfordert. Erst wenn die

letztere Frage bejaht wird, ist zu fragen, ob etwa durch die Zahlung einer Buße das öffentliche Interesse an der Strafverfolgung erlöschen würde. Es darf daher keinesfalls wahllos bei *jeder* Verkehrsübertretung, die der Staatsanwalt als Bagatellsache einstellen möchte, die Zahlung einer Buße angeregt oder verlangt werden. b) Die Einstellung der Verfahren darf nicht „unter der Bedingung einer Bußezahlung" erfolgen. c) Die Schreiben des Staatsanwalts an den Beschuldigten bedürfen einer besonderen Form, um Missverständnisse, wie sie oben angeführt sind, zu vermeiden (s. *Bauer*, aaO. und RiStV Nr. 75 Abs. 3). Insbesondere muss dem Beschuldigten klargemacht werden, dass er die freie Wahl hat zwischen der Bußezahlung und sofortigen Einstellung oder dem gerichtlichen Verfahren, das zu einer Übertretungsstrafe, zu einer Einstellung oder zu einem Freispruch führen kann.

Der *GBA* führte im Anschluss an die Referate aus, dass er die aufgezeigte Regelung nicht für gesetzwidrig halte. Jedoch sei das Legalitätsprinzip gefährdet, wenn nicht überall in gleicher Weise verfahren werde. Die weitere Erörterung ließ jedoch erkennen, dass eine einheitliche Handhabung nicht besteht und vorerst auch nicht zu erwarten ist. In Bremen, Hamburg und Berlin wird die Praxis der Einstellung bei Bußgeldzahlung geübt und beibehalten. *GStA Nellmann* sprach sich ganz entscheiden gegen dieses Verfahren aus. Auch von den *GStA Ahmann, Biermann* und *Haas* wurden rechtliche Bedenken erhoben. In Hessen war, wie *GStA Dr. Bauer* mitteilte, in einigen LG-Bezirken nach den Vorschlägen Cordiers verfahren worden. Diese Praxis habe jedoch bedauerlicherweise auf Weisung des Justizministeriums aufgegeben werden müssen. Er schlug vor, wenigstens in den Fällen, in denen eine gebührenpflichtige Verwarnung aus technischen Gründen nicht ausgesprochen werden könne, die Einstellung des Verfahrens nach Zahlung einer Geldbuße zuzulassen. Auch dieser Vorschlag, den der *GBA* unterstützte, weil er eine gleichmäßige Behandlung gewährleiste, fand keine allgemeine Billigung. *GStA Nellmann* empfahl demgegenüber die Wiedereinführung der polizeilichen Strafverfügung. Der GBA sagte abschließend zu, das BMJ über die uneinheitliche Praxis zu unterrichten, damit von dort aus eine Erörterung auf der nächsten Besprechung der Richtlinien für das Strafverfahren veranlasst werden kann.

Zum Punkt 6: „Probleme des § 153 c StPO [Nichtverfolgung von Staatsschutzdelikten" trug *BA Dr. Wagner* das als Anlage 10 Referat vor: Im Rahmen einiger weniger verfahrensrechtlicher Bestimmungen ist durch Art. 4 des. 4. StÄG vom 11.6.1957 (BGBl. I S. 597) § 153 c in die StPO eingeführt worden. Ich will es mit an dieser Stelle versagen, auf die Rechtsnatur der neuen Vorschrift einzugehen, die von der Bundesanwaltschaft begrüßt worden ist (vgl. *Kohlhaas*, NJW 1957, 933 und *Güde*, MDR 1958, 285), nachdem Versuche, auf den Weg über § 82 StGB zur Auflockerung des Legalitätsprinzips auch bei Staatsgefährdungs- und Landesverratsdelikten zu gelangen, nicht zum Erfolg führten (vgl. BGHSt 9, 310 = NJW 1956, 1406 sowie das BGH-Urteil vom 28.3.1957, angeführt bei *Kleinknecht,* JZ 1957, 408). Auch die Zuständigkeitsfrage dürfte durch den Beschluss des BGH vom 5.11.1957 (BGHSt 11, 52 = NJW 1957, 1846 = MDR 1958, 262), der sich gegen die Ansicht von *Poppe* (NJW 1957, 1577) und für *Hartinger* (DRZ 1957, 292) entschieden hat, geklärt sein. Aber gerade die Regelung dieser Zuständigkeit wirft eine Reihe von Fragen auf, die ich im Anschluss an *Kleinknecht* JZ 1957, 407 kurz behandeln will. Sie betreffen sämtlich das Zwischenverfahren, das notwendig wird, wenn sich in einem bei einer Staatsanwaltschaft, einem OLG oder einem LG anhängigen Verfahren die Möglichkeit einer Anwendung des § 153 c StPO zeigt und daher eine Entscheidung des BGH bzw. des GBA eingeholt werden muss. Für dieses Zwischenverfahren hat sich der Rechtsausschuss des Bundestages in seinem schriftlichen Bericht an das Plenum mit dem lakonischen Hinweis auf § 153 StPO begnügt, ohne das Zwischenverfahren im Einzelnen zu regeln. Die Zwischenzeit hat gezeigt, dass mit diesem Hinweis die Zweifelsfragen nicht geklärt sind.

Zunächst sei jedoch vorausgeschickt: Das Zwischenverfahren scheidet in allen Fällen aus, in denen die Voraussetzungen des § 153 c Abs. 1 und 2 StPO unzweifelhaft nicht vorliegen. Grundlose Anträge der Beschuldigten, Angeschuldigten und Angeklagten sowie ihrer Verteidiger nötigen nicht zur Vorlage. Diesen von dem GBA von Anfang an vertretenen Standpunkt hat sich der BGH in seinem Beschluss vom 5.11.1957 zu eigen gemacht, in dem er den LG, OLG und Staatsanwaltschaften die Befugnis zubilligte, trotz eines entsprechenden Antrags von der Vorlage abzusehen, wenn eine Einstellung nach § 153 c StPO zweifelsfrei nicht in Betracht komme, weil keiner der dort genannten strafrechtlichen Tatbestände vorliege oder weil der Täter sich nicht so verhalten habe, wie es die Bestimmung voraussetze. Von diesen Fällen abgesehen werden die Akten vorgelegt werden müssen, was formlos geschehen kann, etwa wie bei § 120 Abs. 3 GVG, auf den *Kleinknecht* mit Recht hinweist. Dabei erscheint es jedoch zweckmäßig, in allen gerichtlich anhängigen Verfahren die Gerichte zu veranlassen, die Akten durch die Hand der Staatsanwaltschaft vorzulegen, sofern deren Ansicht sich nicht bereits aus den Akten ergibt. Damit erhält die Staatsanwaltschaft Gelegenheit, zu der etwaigen Anwendung des § 153 c StPO Stellung zu nehmen, worauf der GBA Wert legt. Und nun zu den einzelnen Fragen:

1. Müssen auch die übrigen Verfahrensbetroffenen gehört werden? Stellt der Beschuldigte (Angeschuldigte oder Angeklagte) oder sein Verteidiger einen Antrag nach § 153 c Abs. 1 StPO, so gibt er damit zugleich seine Stellungnahme kund; einer weiteren Anhörung bedarf es nicht. Wird in der Hauptverhandlung die Vorlage der Akten erwogen, um eine Entscheidung über die Einstellung nach § 153 c StPO herbeizuführen, so wird dem regelmäßig eine kontradiktorische Verhandlung vorausgehen, in der der Angeklagte und sein Verteidiger nach § 33 StPO zu Wort kommen müssen. Es verbleiben demnach lediglich die Fälle des Vor- und Hauptverfahrens, in denen ohne

Antrag des Betroffenen über die Vorlage der Akten zu befinden ist. Hier sind *Kleinknecht*, aaO. und *KMR*, 4. Aufl., § 153 c Anm. 10 c 1 der Ansicht, dass dem Betroffenen in den Fällen des § 153 c Anm. 1 StPO rechtliches Gehör gewährt werden müsse, in den Fällen des Abs. 2 dagegen nicht. Dieser Ansicht ist unbedenklich insoweit beizutreten, als sie den Abs. 2 betrifft; denn in diesem Fall spielt die Tat an sich und die Person den Betroffenen für die Entscheidung keine Rolle. Vielmehr maßgeblich allein die Staatsraison, deren Wahrung dem Betroffenen nicht obliegt und für die er und seine Straftat außerhalb der Betrachtung stehen. Ihre Berücksichtigung unter den Voraussetzungen des Abs. 2 kann immer nur zu einer für den Betroffenen günstigen Entscheidung führen, da sein Verfahren sozusagen niedergeschlagen wird. Geschieht dies nicht, wird also nach dem Legalitätsprinzip vorgegangen, so ist dies von dem Betroffenen wie jedem anderen Rechtsbrecher hinzunehmen. In den Fällen des Abs. 1 dagegen hat es der Täter selbst weitgehend in der Hand, ob seine Beitragsleistung für die Abwendung einer Gefahr gewürdigt wird oder nicht. Das bedeutet aber nicht, dass er auch in vollem Umfang rechtliches Gehör finden muss, vielmehr dürften wieder die Fälle des Vor- und Hauptverfahrens zu unterscheiden sein. Im Vorverfahren ist der GBA für die Entscheidung über die Nichterhebung der Anklage zuständig, wobei er im gegebenen Falle der Zustimmung des BGH bedarf. Versagt sie bereits der GBA, so braucht er nicht erst an den BGH heranzutreten, da nur bei duae conformes sententiae eine dem Beschuldigten günstige Entscheidung ergehen kann. In diesem Fall braucht der Beschuldigte ebenso wenig angehört zu werden wie im Fall des § 153 Abs. 2 StPO (vgl. *Röhl*, NJW 1953, 1531). Er kann seine vermeintlichen Rechte aus § 153 c StPO noch immer im Hauptverfahren wahrnehmen.

Anders liegt es nach Erhebung der öffentlichen Anklage. Hier sieht sich der Angeschuldigte oder Angeklagte der letzten und endgültigen Instanz gegenüber und hier darf die Entscheidung des BGH nicht ohne Rücksichtnahme auf das jedem Staatsbürger nach Art. 103 Abs. 1 GG zustehende Recht auf rechtliches Gehör fallen. Freilich kann der BGH das Verfahren nur mit Zustimmung des GBA einstellen. Man wird daraus aber nicht folgern können, dass er erst nach dessen Entschließung des Betroffenen zu befragen braucht, insbesondere etwa dann, wenn sich der GBA zwar für die Einstellung ausgesprochen hat, der BGH aber ablehnen will. Denn die Entschließung des GBA kann sehr erheblich von Gründen abhängen, die der Angeschuldigte oder Angeklagte für sich ins Feld zu führen vermag (der Auffassung von *Kleinknecht*, aaO., dass das Zwischenverfahren auf jeden Fall mit einem Beschluss des BGH beendet werden sollte, auch wenn der GBA der Einstellung nicht zustimmt, entspricht übrigens nicht die Praxis des BGH, der eine Vorlage der Akten dann für überflüssig erklärt hat, wenn bereits der GBA seine Zustimmung versagt). Einen Sonderfall der Anhörung regelt Art. 9 Abs. 2 des 4. StÄG [BGBl. I 1957, 597]. Richtet sich nämlich die in Abs. 1 näher umrissene Tat gegen die Sicherheit eines nichtdeutschen Natopartners oder seiner in der Bundesrepublik stationierten Truppen, so ist der diplomatischen Vertretung dieses Staates oder der obersten militärischen Dienststelle seiner in der Bundesrepublik stehenden Truppen Gelegenheit zur Stellungnahme zu geben, sofern § 153 c StPO zur Anwendung kommen soll.

2. Ähnliche Probleme ergeben sich für die Beschwerdemöglichkeit. Dass die nach § 153 c StPO getroffene Entscheidung des BGH unanfechtbar ist, bedarf keiner Erwähnung. Fraglich kann nur sein, ob sich der Betroffene darüber beschweren kann, dass die Akten nicht dem GBA bzw. dem BGH zugeleitet worden sind, weil die Voraussetzungen des § 153 c StPO verneint würden. *Kleinknecht*, aaO. und *KMR*, 4. Aufl. § 153 c Anm. 10 b 3 sind der Ansicht, dass dem Betroffenen eine Beschwerde nicht zustehe. Diese radikale Abschneidung der Beschwerdemöglichkeit erscheint nicht unbedenklich; vielmehr wird die Beschwerde überall dort zugelassen werden müssen, wo sie das Gesetz nicht verweigert. Das Gesetz verweigert sie im Wesentlichen bei Beschlüssen, die der Urteilsfällung vorausgehen, insbesondere also in der Hauptverhandlung erlassen werden. Sie können nach § 336 StPO nur mit dem Urteil angefochten werden, so dass mit der Revision gegen das Urteil einer nach § 84 a GVG zuständigen Strafkammer auch die erneute Prüfung der Verfahrenseinstellung nach § 153 c StPO angeregt werden kann, ebenso wie die Einstellung wegen Geringfügigkeit nach § 153 StPO in jeder Lage des Verfahrens nachgeprüft werden kann. Hier werden dem Angeklagten also keine Rechte verkürzt. Ebenso sind Entscheidungen der OLG, gegen die es keine Revision an den BGH gibt, mit der Beschwerde nicht anfechtbar, §§ 333, 304 Abs. 4 StPO. In diesen Fällen besteht für den Angeklagten keine Möglichkeit, gegen die Nichtvorlage zu protestieren; seine einzige Garantie insoweit besteht in der richterlichen Sorgfaltspflicht, deren Erfüllung es mit sich bringen sollte, dass alle Fälle, in denen die Voraussetzungen des § 153 StPO gegeben sein können, auch dem BGH unterbreitet werden. Von diesen Fällen abgesehen dürfte dem Betroffenen das Beschwerderecht zuzubilligen sein. Die von *KMR*, 4. Aufl. § 153 Anm. 6 e, § 153 c Anm. 10 b 3 vertretene, von *Schmidt,* Lehrkommentar, § 153 Anm. 16, geteilte Ansicht, dass dem Betroffenen kein Antragsrecht zustehe und damit auch die Beschwerdemöglichkeit entfalle, scheint nicht durchgreifen, da das Strafverfahrensrecht zahlreiche beschwerdefähige Entscheidungen kennt, die von einem Antrag oder Antragsrecht des Betroffenen unabhängig sind; die von KMR erwähnte Entscheidung des OLG Bremen NJW 1956, 387 betrifft einen anderen Sachverhalt, und im Übrigen spricht das aus § 153 Abs. 3 letzter Halbsatz zu entnehmende argumentum e contrario für die Zulässigkeit der Beschwerde. Das hat zur Folge, dass im Vorverfahren die Weigerung der Staatsanwaltschaft, die Akten an den GBA weiterzuleiten, mit der Dienstaufsichtsbeschwerde angefochten werden kann, die dann an den vorgesetzten GStA geht, der natürlich nur über die Vorlage der Akten, nicht aber über die Anwendung des § 153 c StPO befinden kann. Es hat weiter zur Folge, dass eine gerichtliche Entscheidung, die im Ermittlungsverfahren oder im Hauptverfahren ohne inneren Zusammenhang mit der

Urteilsfällung ergeht, mit der Beschwerde angefochten werden kann, wobei unerheblich erscheint, ob die Ablehnung der Vorlage durch den Vorsitzenden oder durch die Kammer ausgesprochen wird (vgl. *Hartinger*, aaO.).

3. Wenn auch die zu § 153 c StPO ergehenden Entscheidungen keine Rechtskraft zur Folge haben (so mit Recht *KMR*, 4. Aufl., Anm. 10 c 2), so wird doch das Zwischenverfahren im Regelfall nicht wiederholt werden können. Die Frage kann wohl nur für den zweiten Fall des Abs. 1 in § 153 c StPO aufgeworfen werden, wenn also der Täter nach Begehung der Tat durch ein umfassendes Geständnis einen Beitrag zur Abwendung der Gefahr für die Sicherheit oder die verfassungsmäßige Ordnung der Bundesrepublik leistet. Es geht nicht an, dem Täter bei sozusagen ratenweise abgelegten Geständnissen immer wieder die Möglichkeit zu eröffnen, die Anwendung des § 153 c StPO prüfen zu müssen. Entweder leistet der Täter seinen Beitrag von vornherein oder er geht nach Sinn und Zweck der Vorschrift der Vergünstigung verlustig. Dabei soll allerdings nicht verkannt werden, dass von der Rechtsordnung anzuerkennende besondere Gründe den Täter bisweilen veranlassen können, zunächst nur ein Teilgeständnis abzulegen, das für nicht ausreichend befunden wird, und dass er nach Fortfall dieser Gründe sich entschließt, nunmehr rückhaltlos seine Kenntnis der Tatzusammenhänge zu offenbaren. In derartigen besonderen Fällen wird ausnahmsweise die nochmalige Prüfung der Anwendung des § 153 c StPO zulässig erscheinen.
4. An vierter Stelle ist noch auf die Auswirkung einer zugunsten des Betroffenen ergangenen Entscheidung nach § 153 c StPO einzugehen. Der BGH hat in zwei Fällen, in denen den Angeklagten außer landesverräterischen Verfehlungen auch Verstöße gegen § 7 des Anhangs A zum Truppenvertrag (BGBl. 1955 II S. 373) und Bestechung zur Last gelegt waren, das Verfahren aufgrund des § 153 c StPO auch hinsichtlich dieser tateinheitlich begangenen Nebendelikte, also in vollem Umfange eingestellt, obwohl die genannten Verstöße in dem Katalog des § 153 c StPO nicht aufgeführt sind. Diese Rechtsprechung stimmt mit der Ansicht von *KMR*, 4. Aufl., § 153 c Anm. 8 a überein, wonach der Gesetzgeber mit dem Wort „Tat" in § 153 c StPO den verfahrensrechtlichen Tatbegriff gemeint habe, wie er zu § 264 Abs. 1 StPO entwickelt sei. In keinem Falle aber gelten diese Grundsätze für den Fall der Tatmehrheit (§ 74 StGB), wobei es allerdings nicht ausgeschlossen ist, dass auf die mit der in § 153 c StPO aufgeführten Haupttat zusammenhängenden Delikte Sonderbestimmungen Anwendung finden können, wie der den Hochverrat betreffende § 82 StGB oder für Eidesverletzung § 158 StGB oder schließlich § 153 StPO. Ebenso wird im Fall des § 153 c Abs. 2 StPO das Verfahren aus Gesichtspunkten fortzusetzen sein, die eine Gefährdung der Staatssicherheit nicht mehr befürchten lassen. Ein Landesverräter, der ein Staatsgeheimnis preisgegeben und damit gegen § 100 StGB verstoßen hat, kann also noch immer wegen Vergehens nach § 100 e StGB verfolgt werden, wenn damit in der Hauptverhandlung das Eingehen auf das Staatsgeheimnis vermieden und

die mit diesem Eingehen verbundene Gefährdung der Staatssicherheit ausgeschlossen wird (so auch *Kleinknecht,* aaO. und *KMR,* 4. Aufl., Anm. 8 c). Warum sollte auch ein Täter, der zu Verratszwecken sich ein Staatsgeheimnis durch einen Einbruch verschafft hat, nicht wegen schweren Diebstahls nach § 243 Abs. 1 Ziff. 2 und 3 StGB verfolgt werden können, nachdem das Verbrechen gegen § 100 Abs. 2 StGB aufgrund des § 153 c Abs. 2 StPO aus dem Verfahren eliminiert ist? Voraussetzung der Weiterverfolgung bleibt jedoch, dass auch durch ein Verfahren in begrenztem Rahmen die Staatssicherheit nicht beeinträchtigt wird.

Aus Kreisen des BKA ist die Frage aufgeworfen worden, ob die Polizei befugt oder gar verpflichtet sei, einen Beschuldigten bei der verantwortlichen Vernehmung auf § 153 StPO hinzuweisen, um ihm Gelegenheit zur Bekundung der tätigen Reue und damit zur Erlangung der Rechtswohltaten der neuen Bestimmung zu geben. Dabei hat das BKA die Ansicht vertreten, ein solcher Hinweis müsse aus Gründen der Gleichmäßigkeit in allen Verfahren erfolgen, die eine der in § 153 c StPO aufgeführten Verfehlungen betreffen, und dabei eine einheitliche Formulierung empfohlen, in der zum Ausdruck gebracht werden solle, dass die Polizei über die Anwendung des § 153 c StPO nicht entscheiden und daher insoweit auch keine Zusicherung geben könne. Der GBA hat von einem solchen Hinweis abgeraten. Einmal besteht keine Belehrungspflicht der Polizei nach § 153 StPO – wie sie übrigens auch niemals aus den §§ 92, 129 Abs. 4 StGB entnommen worden ist -; zudem könnte der Hinweis zur Grundlage von Vorwürfen im Sinne des § 136 a StPO [verbotene Vernehmungsmittel] gemacht werden. Schließlich würde der regelmäßige Hinweis auf § 153 c StPO zu einer Flut von Anträgen auf Anwendung dieser Bestimmung führen, und zwar gerade in Fällen, in denen sie nicht Platz greifen kann.

Zum Schluss darf ich die Zahl der Fälle bekanntgeben, die bisher dem GBA und dem BGH aus Anlass der neuen Vorschrift vorgelegt worden sind. Bis zum 31.12.1957 waren dies insgesamt 37 Sachen, wovon sechs Staatsgefährdungsdelikte und 31 Landesverratstatbestände betrafen. Von allen 37 Fällen hat der BGH mit Zustimmung des GBA sechs Verfahren durch Beschluss eingestellt. In weiteren zwölf Fällen hat der GBA mit Zustimmung des BGH von der Erhebung der öffentlichen Anklage abgesehen. In 16 der restlichen Fälle, wobei es sich durchweg um Verfahren wegen landesverräterischer Beziehungen handelte, hat der GBA keinen Anlass zur Anwendung des § 153 c StPO gesehen und diese Sachen, bei denen es sich um Ermittlungsvorgänge handelte, die sich also noch im Vorverfahren befanden, den zuständigen Staatsanwaltschaften zurückgegeben. In den bisherigen Monaten des Jahres 1958 sind insgesamt 16 Fälle vorgelegt worden, von denen zwei Staatsgefährdungsdelikte und 14 Landesverratstatbestände betrafen. Von diesen Fällen hat der BGB sechs mit Zustimmung des GBA eingestellt, während der GBA umgekehrt in sieben Fällen mit Zustimmung des BGH von der Erhebung der öffentlichen Anklage abgesehen hat. In zwei Fällen wurde die Anwendung des § 153 c StPO abgelehnt, während ein Fall noch nicht erledigt ist. Bei Würdigung dieser Zahlen, die ein abnehmendes Gefälle aufweisen, ist allerdings zu bedenken, dass § 153 c StPO für Westberlin nicht gilt, da im 4. StÄG die Berlin-Klausel fehlt (vgl. *Lackner,* JZ 1957, 404 Anm. 12 und *Schwarz,* NJW 1958, 167).

In der *Diskussion* wies *GStA Dr. Görcke* darauf hin, dass die Vorschrift des § 153 c StPO in Berlin nicht gelte, und fragte, ob deswegen etwa Bedenken bestünden, sie auf Berliner Verfahren anzuwenden, die von der Bundesanwaltschaft übernommen worden seien. Der *GBA* verneinte diese Frage und erklärte auf Anfrage von *GStA Brühl,* wie in den an das Kammergericht abgegebenen Sachen verfahren werden solle, dass insoweit eine Entscheidung des BGH herbeigeführt werden müsse.

Zum Punkt 24 a: „Mitteilungen an das BKA gemäß Ziff. 271 RiStV [Einziehung usw. von Veröffentlichungen strafbaren Inhalts] referierte *BA Dr. Wagner* wie aus Anlage 11 ersichtlich: Der Leiter der Sicherungsgruppe des BKA ist in letzter Zeit wiederholt wegen der nach seiner Ansicht unzulänglichen Mitteilungen der Staatsanwaltschaften an das BKA vorstellig geworden, soweit diese Mitteilungen politische Strafsachen betreffen. Die Pflicht zur Unterrichtung des BKA ergibt sich aus den Richtlinien für das Strafverfahren und umfasst zwei Gruppen von Verfahren, und zwar einmal diejenigen, die unerlaubte Vereinigungen betreffen, und zweitens die Druckschriften-Verfahren. Für die erstere Gruppe schreibt Ziff. 205 vor, dass dem BKA von der Einleitung und dem Abschluss eines Verfahrens zu berichten sei, wenn dieses Verfahren Vereinigungen im Sinne der §§ 90 a, 128, 129, 129 a StGB sowie §§ 42, 47 BVGG betrifft. Insoweit enthalten die Mitteilungen an das BKA – soweit solche Mitteilungen überhaupt gemacht werden – oft nur die Angabe, es sei gegen einen Beschuldigten ein Verfahren wegen „Vergehens gegen § 93 StGB u.a.“ eingeleitet werden, ohne zu erkennen zu geben, um welche Vereinigung es sich handelt. Es erscheint aber zweckmäßig, in der Mitteilung nicht nur die genauen Personalien des Beschuldigten, sondern vor allem die Bezeichnung der Vereinigung, in der sich der Beschuldigte betätigt hat, seine Funktion in dieser Vereinigung und etwaige Mittäter aufzuführen, um dem BKA die Möglichkeit zu geben, seiner Auskunftspflicht nach Ziff. 205 Abs. 2 zu genügen. Danach soll nämlich das BKA seinerseits auf etwaige Anfrage hin mitteilen, ob und wo Strafverfahren wegen der gleichen Straftat anhängig sind oder waren. Von der Möglichkeit, eine solche Auskunft einzuholen, wird bedauerlicherweise zu wenig Gebrauch gemacht. So sind beispielsweise in Braunschweig in der letzten Zeit 19 Verfahren gegen eingeschleuste sowjetzonale Instrukteure, darunter solche des FDGB, eingestellt worden, während andererseits die Staatsanwaltschaft Bamberg Anklage gegen fünf eingeschleuste FDGB-Instrukteure erhoben hat (die Hauptverhandlung findet z.Zt. statt). Erst eine Auskunft des BKA hat eine dritte Staatsanwaltschaft dazu veranlasst, nicht mehr der Braunschweiger, sondern der Hamburger Behandlungsweise zu folgen, wobei hinzuzufügen ist, dass auch die Bundesanwaltschaft in einem größeren Verfahren

Anklage gegen eine Reihe sowjetzonaler FDGB-Instrukteure erhoben hat, nachdem inzwischen die Voruntersuchung abgeschlossen worden ist.

Die zweite Gruppe der Fälle betrifft die staatsfeindlichen Schriften und ist in den Ziff. 265, 267 und 271 der Richtlinien für das Strafverfahren geregelt. Danach ist dem BKA Mitteilung zu machen von der Einleitung oder dem Abschluss eines Verfahrens, das eine den Tatbestand der §§ 80–101 StGB, §§ 42, 47 BVGG oder der politischen Beleidigung erfüllende Druckschrift, Abbildung oder Darstellung betrifft. Ferner ist dem BKA von der Anordnung oder Aufhebung einer Beschlagnahme sowie von der Einziehung oder Unbrauchbarmachung einer solchen Druckschrift Nachricht zu geben. Auch hier wird der Mitteilungspflicht nach dem Bericht des Leiters der Sicherungsgruppe des BKA nur von einzelnen Staatsanwaltschaften genügt. Belegstücke der eingezogenen oder unbrauchbar zu machenden Schrift werden nur in Ausnahmefällen übersandt, obwohl Ziff. 271 Abs. 3 in Verbindung mit 230 die Übersendung von drei Belegstücken vorschreibt. Infolgedessen kann weder die nach Ziff. 265 Abs. 3 auch hier bestehende Auskunftspflicht des BKA erfüllt, noch die neben der reichhaltigen Lehrmittelsammlung der Sicherungsgruppe eingerichtete Sammlung staatsfeindlicher Schriften lückenlos vervollständigt werden. Es dürfte aber im Interesse des Staatsschutzes liegen, die nach den Richtlinien vorgeschriebene Unterrichtung des BKA nicht zu vernachlässigen. Der Leiter der Sicherungsgruppe hat die Herren GStA bereits mit Rundschreiben vom 14.2.1957 – PR 160 II/57 – gebeten, sich dieses Anliegens anzunehmen, und ich darf an dieses Rundschreiben erinnern. Zugleich darf ich darauf Bezug nehmen, dass Ziff. 1 der neugefassten Mitteilungen in Strafsachen ausdrücklich die Beachtung von Mitteilungspflichten vorschreibt, die sich aus anderen Verwaltungsvorschriften ergeben, und dass in dem Anhang der Mitteilungen in Strafsachen auch die dem BKA zu machenden Mitteilungen, die ich vorhin angeführt habe, aufgeführt sind.

Punkt 16: „Bestehen bei der Stellung des Staatsanwalts als Organ der Rechtspflege Bedenken, dass ein mit der Bearbeitung von Verkehrsstrafsachen beauftragter Staatsanwalt seinen privateigenen Kraftwagen bei Durchführung von Dienstreisen mit den der Exekutive in Art. 48 Abs. 3 StVO vorbehaltenen Zeichen – blaues Blinklicht und akustischen Warnzeichen (Martinshorn) – ausstatte?“

Anlass zu der von *GStA Dr. Adams* gestellten und von ihm behandelten Frage, die ihm im Hinblick auf den Kampf um die Rechtsstellung der Staatsanwälte von besonderer Bedeutung zu sein scheine, war folgender Sachverhalt: Drei mit der Bearbeitung von Verkehrsstrafsachen beauftragte Staatsanwälte der Staatsanwaltschaft Saarbrücken hatten beim Innenministerium des Saarlandes beantragt, ihre beamteneigenen Kraftwagen für Dienstfahrten bei Verkehrsunfällen in analoger Anwendung des § 48 Abs. 3 a StVO zu Verkehrsunfallwagen zu erklären und ihnen die Genehmigung zur Führung von blauem Blinklicht und akustischen Warnvorrichtungen zu erteilen, um unter Nichteinhaltung der Geschwindigkeitsbegrenzungen in geschlossenen Ortschaften schneller am Unfallort erscheinen zu können. Ihrem Auftrag hatte der Innenminister unter Bezugnahme auf § 47 Abs. 1 Satz 2 stattgegeben.

GStA Dr. Adams hielt zwar die von dem Minister des Innern erteilte Genehmigung im Hinblick auf § 70 Abs. 1 und 2 StVZO an sich für zulässig, sprach sich aber trotzdem gegen das Führen besonderer Kennleuchten und Warnvorrichtungen durch Staatsanwälte aus folgenden Erwägungen aus: Nach § 48 Abs. 3 a StVO i.V.m. § 52 Abs. 3 a StVZO sei den Fahrern von Kraftfahrzeugen, die dem Vollzugsdienst der Polizei dienten, gestattet, besondere Kennzeichen und Warnvorrichtungen zu benutzen. Unter Vollzugsdienst der Polizei sei aber nach einhelliger Auffassung nur deren Einsatz im Außendienst zu verstehen. Es dürften deshalb auch nur die Exekutivbeamten selbst die besonderen Zeichen und Warnvorrichtungen führen, nicht aber der die Dienstaufsicht führende Vorgesetzte, es sei denn, dass er persönlich an einer Vollzugshandlung ihm unterstellter Organe teilnehme. Demgemäß seien auch die Dienstfahrzeuge der Polizei nicht allgemein mit blauem Licht und akustischen Warnzeichen ausgestattet, sondern allein deren Einsatzwagen.

Das nach den genannten Bestimmungen eingeräumte Recht sei ein streng umrissenes Ausnahmerecht. Wenn es nicht einmal allen Organen der Exekutive zustehe, könne es umso weniger den Staatsanwälten zugebilligt werden. Die Staatsanwaltschaft sei mit den Gerichten Träger der Justizhoheit und unparteiisches Justizorgan. Im Sinne der Gewaltenteilung werde sie demgemäß auch zur rechtsprechenden Gewalt gerechnet. Wenn sich der Staatsanwalt in die Ermittlungen einschalte, handle er deshalb als Organ der Rechtspflege und nicht der Exekutive. Als Organ der Rechtspflege stünden ihm aber keine Vorrechte zu, die der Exekutive aus Notwendigkeitsgründen eingeräumt seien. Es dürfe daher aus der besonderen Stellung des Staatsanwalts heraus nicht geduldet werden, dass er sich solcher Vorrechte bedient.

Der *GBA* stimmte dieser Ansicht zu. Seine Frage, ob in anderen Bezirken gleich Fälle bekanntgeworden seien, wurde verneint.

Zum Punkt 9: „Verwirklichung des Tatbestandes des § 100 e StGB durch Untätigbleiben“ trug *BA Hartinger* auszugsweise das als Anlage 12 beigefügte Referat vor: § 100 e StGB verbietet die Aufnahme von im Gesetz näher bezeichneten Beziehungen und das Unterhalten solcher Beziehungen. Die Frage, ob die *Aufnahme* derartiger Beziehungen auch durch Untätigbleiben erfolgen kann, ist zu verneinen, weil die Aufnahme von Beziehungen begrifflich ein Tätigwerden irgendwelcher Art verlangt, wobci selbstverständlich auch ein schlüssiges Verhalten genügt, das aber immer in irgendeinem Handeln bestehen wird. Dagegen bedarf die Frage, ob das *Unterhalten* von Beziehungen durch Untätigbleiben, durch Nichtstun, durch Unterlassen möglich ist, einer gründlichen Untersuchung. Ich bejahe diese Frage. Am besten wird sie anhand von einzelnen Beispielen erörtert; ohne dass vorher allgemeine Erwägungen angestellt werden. Ein praktischer Fall ist ja auch der unmittelbare Anlass für die Wahl des Themas gewesen. Dieser Fall war Gegenstand des Beschlusses des OLG Köln vom 31.3.1958 (OJs 24/57 – 6/2 a BJa 534/57). Auf ihn werde ich freilich erst am Ende meiner Ausführungen zurückkommen, weil mir für meine Darlegungen ein anderer Fall, der Gegenstand eines Urteils des KG vom 7.6.1956 (10 Js 71/55 – 2 BJs 301/55) war, weitaus wichtiger erscheint. Dieses Urteil hat übrigens auch in dem Beschluss des OLG Köln eine gewisse Rolle gespielt. Da ich zu diesem Urteil kritisch Stellung nehmen muss, ist es notwendig, den ihm zugrunde liegenden Sachverhalt ausführlicher zu schildern.

Der Angeklagte wurde im Jahre 1953 bei einem Besuch seiner Eltern im sowjetisch besetzten Sektor von Berlin festgenommen und dem Staatssicherheitsdienst (SSD) zugeführt. Er wurde u.a. über seine Dienststelle, damals war er Angestellter einer Westberliner Zollbehörde, verhört. Um seine Lage nicht zu verschlechtern, machte er wahrheitsgetreue Angaben. Dann wurde er vom SSD zur Mitarbeit verpflichtet; er erhielt einen Decknamen und Aufträge. Zur Bestreitung von ihm bei der Durchführung der Aufträge zu erwartenden Auslagen bekam 20 DM West. Er nahm sich sofort vor, die Aufträge nicht auszuführen und die Verpflichtung nicht zu beachten. Nach seiner Entlassung und Rückkehr nach Westberlin tat er nichts; er führte die Aufträge nicht aus und nahm auch das schon für die nächste Zeit vereinbarte Treffen nicht wahr. Auch auf einen vom SSD an ihn gerichteten Brief, in dem er zur Rede gestellt und aufgefordert wurde, eine bestimmte Telefonnummer anzurufen, unternahm er nichts, den Brief vernichtete er. Er machte aber auch weder seiner vorgesetzten Dienststelle noch einer sonstigen Behörde von dem Vorgefallenen Mitteilung, weil er dienstliche Schwierigkeiten befürchtete. Lange Zeit hörte er sodann vom SSD nichts mehr. Erst im März 1955, nachdem er inzwischen seinen Dienst bei der Zollbehörde aufgegeben und bei einem Westberliner Bezirksamt Arbeit gefunden hatte, erhielt er wieder einen Brief des SSD mit einer Anfrage und mit der Aufforderung, sich im Ostsektor zu melden. Er reagierte nicht darauf und vernichtete den Brief wiederum. Ende Mai 1955 bekam er einen weiteren Brief, der eine energische Mahnung und eine Drohung enthielt. Auch diesen Brief vernichtete er, ohne etwas zu tun. Als er innerhalb des Bezirksamts anderweitig verwendet werden sollte, fürchtete er aus hier nicht näher zu schildernden Gründen, der SSD könnte seine frühere Verbindung mit ihm seiner Dienststelle zur Kenntnis bringen. Deshalb begab er sich am 4.7.1955 in den Ostsektor und suchte beim SSD zu erreichen, dass er aus seiner Verpflichtung entlassen und in Zukunft nicht mehr behelligt werde. Der SSD ging darauf nicht ein, verlangte von ihm vielmehr Mitarbeit und fragte ihn nach dem Namen seines Behördenleiters, den er wahrheitsgemäß nannte. Er erhielt einen Auftrag, außerdem bekam er 50 DM-W ausgehändigt, bei zufriedenstellender Tätigkeit wurde ihm ein größerer Betrag in Aussicht gestellt. Dann wurde er entlassen. Auch jetzt war er wiederum entschlossen, den erteilten Auftrag nicht auszuführen. Entgegen seiner angeblichen Absicht, nun sich zu offenbaren, tat er dies nicht, als er am 5.7.1955 seinen neuen Dienst antrat. Er wurde jedoch von dem neuen

Dienstvorgesetzten gerufen und einem Verhör unterzogen, weil er den Dienst einige Tage zu spät angetreten hatte. Zunächst verlegte er sich auf Ausflüchte, erst als ihm auf den Kopf zugesagt wurde, dass er im Sowjetsektor gewesen sei, offenbarte er sich.

Das KG verurteilte den Angeklagten wegen landesverräterischer Beziehungen zu sechs Wochen Gefängnis. 70 DM West wurden eingezogen. In der Urteilsbegründung wird davon ausgegangen, dass die Aufnahme der Beziehungen zum SSD im Jahre 1953 durch Nötigungsnotstand entschuldigt sei. Dieser Zustand sei aber nach der Rückkehr nach Westberlin beendigt gewesen. In den anschließenden Ausführungen des Urteils heißt es dann wörtlich: *„Von dem Angeklagten konnte und musste von diesem Zeitpunkt ab verlangt werden, dass er die unter Druck eingegangene Verpflichtung und Verbindung dadurch beendete, dass er sich entweder seiner vorgesetzten Behörde oder einer sonstigen zuständigen Stelle offenbarte und von dem Vorgefallenen Mitteilung machte. Dadurch, dass er das nicht tat, sondern sich lediglich darauf beschränkte, auf die verschiedenen Mahnungen des SSD nicht zu reagieren, unterhielt er die straflos aufgenommene Verbindung in strafbarer Weise weiter.* Das hat er selbst auch ganz klar erkannt. Er hat zugegeben, dass er sich niemals einem Zweifel darüber hingegeben hat, dass, solange er sich nicht offenbarte, die Verbindung nach wie vor fortbestand, auch wenn er auf die verschiedenen Mahnungen des SSD – aus denen zu ersehen war, dass nach Meinung des SSD die Verpflichtung des Angeklagten trotz Nichteinhaltens der vereinbarten Treffen weiterhin andauerte – nichts von sich hören ließ und keinen der ihm erteilten Aufträge ausführte. Dass die Verbindung noch nach Jahren fortbestand, ergibt im Übrigen eindeutig auch der Umstand, dass der Angeklagte sich genötigt fühlte, sich eine ‚Entpflichtung' zu besorgen, und zu diesem Zweck den sowjetisch besetzten Sektor erneut aufgesucht hat und bei dieser Gelegenheit sogar Angaben über die personelle Besetzung seiner Dienststelle machte."

Ich halte das Urteil in der Begründung und im Ergebnis für falsch. Im Urteil wird die Auffassung vertreten, der Angeklagte habe durch Unterlassen Beziehungen i.S. des § 100 e StGB unterhalten. Diese Meinung wird aber nicht erläutert. Es wird einfach apodiktisch erklärt: Der Angeklagte musste die unter Druck eingegangene Verpflichtung und Verbindung durch Offenbarung beenden; dadurch, dass er dies nicht getan, sondern sich darauf beschränkt hat, auf verschiedene Mahnungen des SSD nicht zu reagieren, hat er die straflos aufgenommene Verbindung in strafbarer Weise weiter unterhalten. Es wird nicht angedeutet, wie das Gericht zu dieser Meinung gekommen ist. Man kann nur vermuten, dass es die Grundsätze anwenden wollte, die in der Rechtsprechung und im Schrifttum über das unechte Unterlassungsdelikt entwickelt worden sind. Ein echtes Unterlassungsdelikt scheidet von vornherein aus. Hier sind aber auch die Grundsätze für das unechte Unterlassungsdelikt nicht anwendbar. Ich muss auf die eingehende Darlegung dieser Grundsätze verzichten. Es muss genügen, wenn ich auf die zusammenfassenden Ausführungen in den Kommentaren hinweise, wobei *Schönke* besonders hervorgehoben werden soll. Des Verständnisses halber muss ich aber in wenigen Sätzen die wichtigsten Gesichtspunkte hervorheben.

1. Erforderlich ist, dass das Unterlassen tatbestandsmäßig dem Tun gleichzustellen ist. Vorausgesetzt ist, dass für den Täter eine Rechtspflicht besteht, alles zu tun, um den tatbestandlichen Erfolg durch Aufhalten der entgegengesetzt wirkenden Kräfte zu verhindern. Es gibt nicht nur gesetzliche, sondern auch ungeschriebene Rechtspflichten. Eine solche Rechtspflicht kann auch aus einem vorausgegangenen Tun folgen, das nicht notwendig schuldhaft sein muss. Die Rechtsprechung hierfür ist so umfangreich, dass schon die bloße Aufzählung der Entscheidungen zu viel Zeit in Anspruch nehmen würde.
2. Auch bei Bestehen einer solchen Pflicht, der sog. Garantenpflicht, kann die tatbestandsmäßige Gleichstellung dann nicht vorgenommen werden, wenn die Verhinderungshandlung wegen Gefährdung eigener billigenswerter Interessen nicht zuzumuten ist. Wann dies anzunehmen ist, kann nur nach Lage des Einzelfalles beurteilt werden.
3. Die Kausalität bietet bei den unechten Unterlassungsdelikten keine besonderen Schwierigkeiten. Es gelten die allgemeinen Grundsätze der Kausalitätslehre.
4. Die Rechtswidrigkeit ist bei den unechten Unterlassungsdelikten nach den gleichen Grundsätzen zu untersuchen wie bei den Begehungsdelikten.
5. Bei den Unterlassungsdelikten gehört die Pflicht zu handeln zum Tatbestand und muss daher vom Vorsatz umfasst sein.

Die Anwendung dieser Grundsätze auf unseren Fall führt zu dem Ergebnis, dass sich der Täter keines Unterlassungsdelikts schuldig gemacht hat. Das Urteil verlangt eine Offenbarung. Ich sehe von allem anderen ab und prüfe lediglich, ob eine Rechtspflicht zur Offenbarung bestand, wobei ich die Frage der Zumutbarkeit außer Betracht lassen kann. Der Angeklagte hatte keine Offenbarungspflicht. Er hat durch die entschuldigte Aufnahme der Beziehungen höchstens dadurch eine Gefahrenlage für die Bundesrepublik geschaffen, dass auf ihn vom SSD für den Fall der Nichtoffenbarung ein Druck ausgeübt werden konnte. Die Gefahrenlage war also allein in seiner Person begründet. Diese Gefahr konnte er dadurch abwenden, dass er nichts tat, einfach die Aufträge nicht ausführte und jede weitere Zusammenarbeit mit dem SSD ablehnte. Er konnte sich selbst davon zurückhalten, etwas die Bundesrepublik Gefährdendes zu tun. Dazu bedurfte es also einer Offenbarung nicht. Diese hätte für ihn nur den Zweck haben können, sich selbst zu sichern, zur Sicherung der Bundesrepublik war sie nicht notwendig, solange er nichts gegen sie tat. Es oblag ihm nur, rechtsfeindliche Energien unschädlich zu machen, das konnte er hier tun durch sein persönliches Verhalten, er brauchte sich zu diesem Zweck nicht zu offenbaren. Wenn das Urteil eine Offenbarung verlangt, so mag bei den – unbekannten – Überlegungen des Gerichts die Entscheidung des BGH im Band 6 der Amtl. Sammlung, S. 346 ff., irgendwie mit hineingewirkt haben. Diese hat es aber mit einem ganz anderen Rechtsproblem zu tun. Ein Täter, der sich, ohne dafür entschuldigt zu sein, auf echte Scheinbeziehungen eingelassen hat, kann sich möglicherweise durch alsbaldige Offenbarung Straffreiheit sichern, weil die der Aufnahme von Beziehungen an sich innewohnende Gefährlichkeit in besonders gelagerten Fällen infolge der Offenbarung nicht wirksam werden kann.

Lediglich um das Urteil des KG vom 7.6.1956 noch abschließend zu würdigen – mit unserem Problem haben diese Erwägungen nichts mehr zu tun -, möchte ich noch bemerken, dass die eigene Meinung des Angeklagten, die das Urteil noch hervorhebt, die objektive Seite des Falles nicht berührt und strafrechtlich belanglos ist, weil § 100 e StGB keinen strafbaren Versuch kennt. Wie das Verhalten des Angeklagten bei seinem Besuch in Ostberlin am 4.7.1955 strafrechtlich zu beurteilen ist, habe ich hier nicht zu prüfen. Dass die Frage, ob der Täter durch die Nichtmeldung der Verpflichtung durch den SSD bei der vorgesetzten Behörde seine Amtspflicht verletzt hat, rein disziplinarer Natur ist, ist eine Selbstverständlichkeit.

In dem besprochenen Urteil des KG war die Gefahrenlage lediglich in der Person des Täters selbst begründet. Es sind aber Fälle denkbar, in denen durchaus eine entschuldigte Aufnahme von Beziehungen oder auch durch eine entschuldigte Unterhaltung von solchen, eine Gefahrenlage für die Bundesrepublik geschaffen worden ist, die der Täter nicht mehr durch sein bloßes Nichtstun abwenden kann. Aus der Praxis ist mir ein solcher Fall allerdings nicht bekannt, er ist aber, wenn auch nicht gerade wahrscheinlich, so doch durchaus möglich. Ein Mann ist vom MfS unter Druck zu nachrichtendienstlicher Mitarbeit gegen die Bundesrepublik verpflichtet und innerhalb der sowjetisch besetzten Zone eingesetzt. Da man ihm misstraut, wird er insgeheim überwacht; er weiß das und ist sich darüber im Klaren, dass er einer schweren körperlichen und geistigen Drangsal ausgesetzt würde, wenn er einen Auftrag nicht ausführen würde. Auch die Ausführung des Auftrages ist daher noch entschuldigt. Infolge des auf ihm lastenden Druckes gibt er auf einem geheimen Weg (z.B. durch Funk) einen die Bundesrepublik gefährdenden Auftrag an einen Agenten des MfS in der Bundesrepublik weiter. Kurze Zeit darauf hat er die Möglichkeit, sich nach Westberlin abzusetzen. Er weiß, dass der Erfolg noch abwendbar ist.

Der einzige Weg ist die Offenbarung. Hier würde bei Anwendung der für das unechte Unterlassungsdelikt anerkannten Grundsätze eine Rechtspflicht zur Offenbarung eines vorausgegangenen entschuldigten Tuns zu bejahen sein. Der Unterschied zum vorherigen Fall ist unschwer zu erkennen. Eingehendere Ausführungen muss ich mir ersparen. Auf einen Punkt soll aber doch kurz eingegangen werden. Man könnte daran zweifeln, ob das Unterlassen der Offenbarung tatbestandsmäßig dem Tun, also dem Unterhalten der Beziehungen gleichzustellen ist. Das Wort „Unterhalten" ist farblos. Man muss diesem etwas hohl klingenden Wort zum besseren Verständnis einen Inhalt geben. Das Unterhalten von Beziehungen im Sinne des § 100 e StGB besteht wesentlich in einem Verhalten, das geeignet ist, die Bestrebungen des fremden Nachrichtendienstes, Mitteilungen nachrichtendienstlicher Art über die Bundesrepublik zu beschaffen, zu fördern. Das Unterlassen der im Rahmen des Möglichen gebotenen Gegenwirkung kann dem bezeichneten positiven Tun oder Verhalten ohne gedankliche Akrobatik gleichgestellt werden.

Ich fasse das *Ergebnis* meiner bisherigen Erwägungen kurz zusammen. Der gesetzliche Tatbestand des § 100 e StGB kann, soweit das Unterhalten von Beziehungen in Betracht kommt, auch durch Unterlassen, durch Untätigbleiben bei Anwendung der von der Rechtsprechung und Rechtslehre herausgebildeten Grundsätze für das unechte Unterlassungsdelikt verwirklicht werden. Es ist jedoch bemerkenswert, dass in der Praxis bisher ein solcher Fall noch nicht entschieden worden ist. Das Urteil des KG vom 7.6.1956 betrifft keinen solchen Fall. Ob das Gericht gemeint hat, es handle sich um einen derartigen Fall, ist nicht bekannt, da die Begründung des Urteils hierfür unzureichend ist.

In all den Fällen, in denen der Agent des fremden Nachrichtendienstes auftragsgemäß in der Bundesrepublik zunächst untätig bleibt, wie der sog. Schweigeagent, der einer Weisung seines Auftraggebers gemäß eine Zeitlang keine nach außen erkennbare Tätigkeit entfaltet, der Agent, der bei einer Verhaftung seine Verbindung mit dem fremden Nachrichtendienst auftragsgemäß verschweigt, um sich die Fortführung seiner Beziehungen zum fremden Nachrichtendienst offen zu halten (vgl. Urteil des BayObstLG vom 17.9.1954 – Ob 7/54 [3 St 2/54] – BJs 52/54; vom 11.3.1955 – IbJs 23/54 – BJs 113/54; vom 15.7.1957 ObJs 97/56 [3 St 71/56] – 2 BJs 1013/56), tritt die Frage, ob der Tatbestand des § 100 e StGB auch durch Unterlassen verwirklicht werden kann, in Wahrheit gar nicht auf, weil hier das äußerlich als Untätigbleiben erscheinende Verhalten in Wirklichkeit ein sich Bereithalten ist, um sofort einzuspringen, wenn dies gefordert wird. Diese räumlich und auch zeitlich festgelegte Bereitschaft ist, ohne dass man dem Begriff Gewalt anzutun braucht, als Unterhalten zu werten.

Es bleibt mit noch die Aufgabe, auf den Beschluss des OLG Köln vom 31.3.1958 einzugehen: Mit diesem Beschluss wurde der Angeschuldigte A außer Verfolgung gesetzt, gegen den die Voruntersuchung wegen verräterischer Beziehungen – das Verfahren war nach § 134 a GVG an den GStA in Köln abgegeben worden – durchgeführt und gegen den Anklage beim OLG Köln erhoben worden war. Der Sachverhalt war kurz zusammengefasst folgender:

A lernte Ende 1951/Anfang 1952 in Saarbrücken den D kennen, der Beziehungen zum russischen Nachrichtendienst hatte. Als dies A erfuhr, zeigte er Interesse an einer nachrichtendienstlichen Zusammenarbeit mit D. Er übergab dem D ein Exposé – so nennt es der Beschluss – mit Vorschlägen für die Zusammenarbeit usw. Anfang Mai 1952 fuhren A und D nach Berlin, es kam zu einem Gespräch mit einem Beauftragten des russischen

Nachrichtendienstes. A erstattete einen Bericht. Nach dieser Fahrt nach Berlin schrieb A, der inzwischen seinen Wohnsitz gewechselt hatte, im Rahmen der nachrichtendienstlichen Tätigkeit noch zweimal an D, zuletzt im Juni 1952. Dann ließ er nichts mehr hören. Der Beschluss sagt, „danach hörten die Beziehungen auf".

In der Anklage war der Standpunkt vertreten worden, dass der Angeschuldigte gewillt gewesen sei, die Verbindung mit dem Mittelsmann des östlichen Nachrichtendienstes auch nach dem Treffen in Berlin nicht abreißen zu lassen, dass er aber auf jeden Fall die Beziehungen durch Unterlassen aufrechterhalten habe, weil er die Gefahrenlage, die er durch sein Verhalten in Berlin geschaffen habe, nicht durch eine unverzügliche Offenbarung in der Bundesrepublik beseitigt habe, wozu eine Rechtspflicht bestanden habe; hierzu war die Entscheidung des KG vom 7.6.1956 zitiert.

Der 2. Senat des OLG Köln hat die Außerverfolgungssetzung damit begründet, dass die Straftat verjährt sei (§ 67 Abs. 2 StGB). Den letzten Kontakt mit D habe A im Juni 1952 durch Absendung eines Briefes gehabt. Die erste richterliche Handlung (Vernehmung des Angeklagten durch den Ermittlungsrichter) sei am 27.7.1957, also nach Ablauf der Verjährungsfrist erfolgt. Die in der Anklage vertretene Auffassung, der Angeklagte habe die landesverräterischen Beziehungen nach Absendung des letzten Briefes durch Unterlassung der Offenbarung aufrechterhalten, lehnt der Senat ab. Die Begehungsform durch Unterlassen könnte hier, so führt er aus, nur dann zu einer Strafbarkeit führen, wenn eine Rechtspflicht zur Offenbarung bestanden hätte. Diese Offenbarungspflicht entfalle aber bereits wegen Unzumutbarkeit der Offenbarung, da ja der Gesetzgeber von der Straflosigkeit durch persönliche Selbstbegünstigung ausgehe (abgesehen von § 143 StGB). Das Urteil des KG vom 7.6.1956 stehe diesem Standpunkt nicht entgegen. Zwar sei dort die Aufrechterhaltung von landesverräterischen Beziehungen nach § 100 e StGB durch Unterlassen der Offenbarung bejaht worden, aber diesem Urteil liege ein anderer Sachverhalt zugrunde. Deswegen sei auch ein Fall der Vorlagepflicht nach § 120 Abs. 3 GVG nicht gegeben.

Hier lag also der Fall vor, dass der Angeschuldigte die verräterischen Beziehungen durch ein aktives Verhalten aufrechterhalten hatte. Wann dieses Unterhalten der Beziehungen beendigt wurde, ist Tatfrage. Das Gericht hat es als beendigt angesehen mit der Absendung des letzten Briefes. Dazu ist freilich zu bemerken, dass das Unterhalten von Beziehungen nicht in einem fortdauernden Handeln bestehen muss, sondern, dass zumeist zwangsläufig Pausen eingestreut sind. Es ist hier aber nicht meine Aufgabe nachzuprüfen, ob die Auffassung des Gerichts hinsichtlich der Beendigung des Unterhaltens richtig ist oder nicht. Ich habe es lediglich mit der Frage zu tun, ob ein Täter, der seine durch aktives Verhalten aufrechterhaltenen Beziehungen beendigt hat, noch eine Offenbarungspflicht hat, und ob er, wenn er sich nicht offenbart, das Vergehen durch Unterlassen fortsetzt. Der Täter hat hier den gesetzlichen Tatbestand erfüllt durch sein Handeln, nicht durch Unterlassen. Wer eine Straftat verübt durch sein Tätigwerden, macht sich hiewegen strafbar, nicht weil er es unterlässt, sein vorheriges Tun zu neutralisieren. Sein Verhalten nach der Tat ist nicht von Bedeutung für den Rechtsgrund der Strafbarkeit, es kann von Bedeutung sein für die Bemessung der Strafe (vgl. auch § 153 c StPO). Die Ursache für den Erfolg, hier die Gefährdung der Bundesrepublik, wird gesetzt durch aktives Verhalten, nicht aber durch die Unterlassung der Meldung. Das Unterlassungsdelikt ist nicht denkbar als eine Erweiterung, als eine Fortsetzung des Begebungsdelikts. Würde nach der Beendigung des Begehungsdelikts eine neue Ursache durch Unterlassen gesetzt, dann käme beim Vorliegen der sonstigen Voraussetzungen ein neues selbständiges Unterlassungsdelikt in Frage. Für das OLG Köln bestand daher nach dem geschilderten Sachverhalt kein Anlass zu prüfen, ob für den Angeschuldigten eine Offenbarung zumutbar war, weil, strafrechtlich gesehen, überhaupt keine Offenbarungspflicht bestand. Diese Prüfung ist offensichtlich nur ausgelöst worden durch das fehlerhafte Urteil des Kammergerichts vom 7.6.1956.

In der Diskussion legte *GStA Dr. Haas* dar, aus welchen Gründen er eine Erörterung des Besprechungspunktes für zweckmäßig gehalten habe. Auch er billige das in dem Referat behandelte Urteil des KG nicht und trat der Auffassung von BA Hartinger bei. Um aber die Frage über § 120 Abs. 3 GVG an den BGH heranzutragen [durch das OLG], sei in der Anklageschrift hilfsweise auf die Entscheidung des KG abgestellt worden.

GStA Brühl nahm ebenfalls zu dem Urteil des KG Stellung. Er räumte ein, dass der Fall hart an der Grenze der Strafwürdigkeit liege. Die Entscheidung halte er aber im Ergebnis für richtig, weil der damalige Angeklagte, anstatt untätig zu bleiben, alsbald nach seiner Rückkehr aus Ostberlin hätte mitteilen müssen, dass er dem SSD auch die Namen von gefährdeten Personen genannt hätte. Der *GBA* hob jedoch hervor, dass es allein darauf ankomme, den Rechtssatz, der in dem Urteil aufgestellt sei, zu überprüfen. Das KG habe in den gesetzlichen Tatbestand des § 100 e Abs. 1 StGB ein Tatbestandsmerkmal – nämlich die Offenbarungspflicht – aufgenommen, das in diesem nicht enthalten sei. Das stelle eine unzulässige, durch den Wortlaut nicht gerechtfertigte Ausweitung des gesetzlichen Tatbestandes dar. Es erscheine daher auch zweifelhaft, ob in dem Fall, den BA Hartinger in seinem Referat als Beispiel angeführt habe, eine Strafbarkeit nach § 100 e Abs. 1 StGB begründet sei.

Abschließend wurde noch die von *GStA Dr. Bauer* aufgeworfene Frage erörtert, ob und inwieweit für die erwähnten Fälle die Vorschrift des § 138 StGB [Nichtanzeige geplanter Verbrechen] in Betracht kommen könne. Hierzu nahmen der *GBA*, die *GStA Biermann*, *Dr. Haas* und *Dr. Müller* sowie *BA Hartinger* Stellung.

Punkt 23: „Ausübung der Briefkontrolle gegenüber Beschuldigten, die sich aufgrund von Haftbefehlen sowjetzonaler oder Ostberliner Gerichte in Haft befinden“. *GStA Brühl* ging zunächst auf den abschriftlich den Tagungsteilnehmern vorliegenden Beschluss des OLG Hamm vom 11.11.1957 – 1 Ws 506/57 – 2 a AR 2476/57 [nicht auffindbar] – ein und hob hervor, dass seine Gründe zwar insoweit überzeugten, als das OLG seine Zuständigkeit solange verneint habe, als eine gerichtliche Entscheidung noch nicht ergangen sei. Im Übrigen lasse der Beschluss eine Reihe von Fragen offen, die einer Klärung bedürften. So gehe aus den Gründen des Beschlusses nicht mit völliger Eindeutigkeit hervor, ob das OLG seine Auffassung nur auf den oben erwähnten Fall beschränke oder ob es seine Zuständigkeit zur Überwachung des Briefverkehrs auch dann verneinen wolle, wenn das OLG bereits über die Haftfortdauer entschieden habe. Gegen die letztere Auffassung seien Bedenken zu erheben; denn mit der Entscheidung des OLG werde dieses Herr des Verfahrens. Offen bleibe ferner die Frage, wem die Briefkontrolle obliege, wenn eine gerichtliche Entscheidung nicht ergangen sei. Als zuständige Stellen kamen in Betracht entweder der GStA oder der sowjetzonale Haftrichter. Für die Zuständigkeit des GStA sprächen, worauf schon des OLG Hamm hingewiesen habe, Sinn und Zweck des RHG. Selbst wenn man sich dieser Auffassung anschließe, bleibe noch die Frage zu klären, ob sich der GStA auf die Briefkontrolle lediglich unter dem Gesichtspunkt der Gefährdung beschränken, sie im Übrigen aber dem zuständigen Gericht im sowjetischen Besatzungsgebiet überlassen oder ob er die Briefkontrolle in vollem Umfange ausüben solle. Bedenken rechtsstaatlicher Art bestünden weder gegen die eine noch gegen die andere Verfahrensweise. Der ausschließlichen Briefkontrolle durch den GStA sei jedoch grundsätzlich der Vorzug zu geben; denn der Postweg nach und aus dem sowjetischen Besatzungsgebiet sei erfahrungsgemäß außerordentlich lang. Es würde daher dem Interesse des Betroffenen in kaum zu vertretender Weise zuwiderlaufen, wenn seine gesamte ein- und ausgehende Post zunächst dem GStA zur Gefährdungskontrolle vorgelegt, von diesem an das sowjetzonale oder -sektorale Gericht weitergeleitet und dann wieder zurückgesandt würde. Eine Ausnahme erweise sich nur dann als notwendig, wenn der GStA den Verdacht eines Verdunkelungsversuchs hege, ihn aber ohne Kenntnis der Strafakten nicht abschließend prüfen könne. Dann allerdings erscheine es zweckmäßig, die eigene Kontrolle auf die Frage der Gefährdung zu beschränken, sie im Übrigen aber dem zuständigen Gericht im sowjetischen Besatzungsgebiet zu überlassen.

GStA Ahmann sprach sich ebenfalls für die Zuständigkeit des GStA zur Überwachung des Briefverkehrs aus, und zwar auch dann, wenn der Verdacht eines Verdunkelungsversuchs vorliege. Sofern schon eine gerichtliche Entscheidung, z.B. nach § 5 Abs. 3 RHG ergangen sei, obliege nach seiner Auffassung die Briefkontrolle dem Gericht der Sowjetzone, weil dieses mit der Sache befasst ist. In Hamburg wird, wie *GStA Buchholz* berichtete, die Briefkontrolle durch seine Behörde ausgeübt.

Zum Punkt 17 b: „Zivilrechtliche Fragen aus dem Statusrecht" trug *OStA Berner* das als Anlage 13 beigefügte Referat vor: Der folgende Bericht soll die wesentlichen Rechtsgrundsätze darlegen, nach denen der BGH bisher in den sogenannten Familienstandssachen entschieden hat. Dabei sollen nur solche Fragen behandelt werden, die für die tägliche Arbeit des Staatsanwalts in diesen Sachen von Interesse sind. Die durch eheliche Geburt begründete Verwandtschaft ist nicht das einzige familienrechtliche Verhältnis. Neben ihm besteht die Schwägerschaft und als dritte Rechtsbeziehung die durch uneheliche Geburt begründete natürliche Verwandtschaft (§ 4 EheG). Obwohl nach § 1589 Abs. 2 BGB das uneheliche Kind und sein Erzeuger nicht als verwandt gelten, kann das Verhältnis zwischen beiden doch die Grundlage von Rechtsbeziehungen bilden. Die bürgerlich-rechtlichen Beziehungen, die durch die uneheliche Abstammung begründet werden, sind das Eheverbot des § 4 EheG, die Möglichkeit der Legitimation durch nachfolgende Ehe oder durch Ehelichkeitserklärung und vor allem die Unterhaltspflicht des unehelichen Vaters nach § 1708 BGB. Daneben tritt die Strafbarkeit des Geschlechtsverkehrs zwischen beiden (§ 173 StGB). Die Rechtswirkungen des unehelichen Kind- und Vaterschaftsverhältnisses beschränken sich aber nicht auf den bürgerlich-rechtlichen Bereich. Sie gelangen vielmehr in zunehmendem Maße auch im Bezirk des öffentlichen Rechts zur Anerkennung. So machen z.B. verschiedene Vorschriften der öffentlichen Versicherungsgesetzgebung die Zubilligung einer Waisenrente oder anderer Leistungen von der Feststellung der unehelichen Vaterschaft oder der Unterhaltspflicht des Verstorbenen abhängig (vgl. §§ 1262 Abs. 3 Nr. 5, 1267 Abs. 1 Satz 1 RVO i.d.F. des Arbeiterrentenversicherungsneuregelungsgesetzes vom 23.2.1957 – BGBl. I 45 – oder § 39 Abs. 2 Nr. 5, 44 Abs. 1 Satz 1 AVG i.d.F. des Neuregelungsgesetzes vom 23.2.1957 – BGBl. I 88 – oder § 60 Abs. 2 Nr. 5, 67 Abs. 1 Satz 1 Reichsknappschaftsgesetz i.d.F. des Neuregelungsgesetzes vom 21.5.1957 – BGBl. I 533 -).

Gerade diese Vorschriften lassen sich nur daraus erklären und rechtfertigen, dass der Gesetzgeber die Fürsorgepflicht des Vaters gegenüber dem unehelichen Kind nicht mit der zeitlich und inhaltlich beschränkten Unterhaltspflicht abgetan wissen will, sondern sie darüber hinaus als bestehend anerkennt. Damit ist auf einem beschränkten Gebiet bereits zum Inhalt der positiven Rechtsordnung geworden, was in Art. 6 Abs. 5 GG weitergehend als Aufgabe des Gesetzgebers ausgesprochen worden ist (vgl. BGHZ 5, 385 f.). Die dargelegten Gründe haben den BGH auch veranlasst auszusprechen, dass das auf der unehelichen Vaterschaft beruhende Rechtsverhältnis Gegenstand einer urteilsmäßigen Feststellung im Statusverfahren nach § 640 ZPO sein kann.

Für dieses Verfahren spielt naturgemäß der Nachweis der blutmäßigen Abstammung eine entscheidende Rolle. Daraus ergibt sich neben verfahrensrechtlichen auch eine Reihe materiell-rechtlicher Fragen. – Der BGH hat in verschiedenen Urteilen zu der Frage Stellung genommen, welchen Beweiswert Sachverständigengutachten haben, in denen aufgrund einer Bestimmung der Blutfaktoren oder Eigenschaften des Blutes die Abstammung des Kindes von einem bestimmten Manne verneint wird. In diesen Entscheidungen wird immer wieder darauf hingewiesen, dass derartige Gutachten überhaupt nur dann einen Beweiswert haben können, wenn feststeht, dass die Blutfaktoren oder Bluteigenschaften, von deren Vorliegen das Gutachten ausgeht, aufgrund einwandfrei durchgeführter Untersuchungen richtig festgestellt sind. Hierauf näher einzugehen, ist im Rahmen unserer Fragestellung nicht möglich. Die von den Gutachtern gezogenen Schlüsse beruhen darauf, dass bestimmte wissenschaftliche Erfahrungssätze ähnlich wie Gesetze auf den festgestellten Sachverhalt angewendet werden. Aufgabe des Richters ist es, sich darüber ein Urteil zu bilden, ob diese Erfahrungssätze richtig angewandt sind, ob sie allgemein und ausnahmslos gelten oder, wenn das nicht gesagt werden kann, ob aufgrund anderer Umstände anzunehmen ist, dass sie für den jeweils zur Entscheidung stehenden Fall zutreffen, dass es sich also nicht um einen von dem Erfahrungssatz nicht gedeckten Ausnahmefall handelt.

In BGHZ 2, 6 und 12, 22 hat der BGH ausgesprochen, dass einem Vaterschaftsausschluss, der sich auf eine Bestimmung der Blutgruppen ABO, der Blutkörperchenmerkmale MN und der Blutuntergruppen A_1 und A_2 stützt, nach dem heutigen Stand der wissenschaftlichen Forschung absolute Beweiskraft zukommt, der Richter mithin an diesem Erfahrungssatz wie an einen Rechtssatz gebunden ist. In einer weiteren Entscheidung BGHZ 12, 41 ist ausgeführt, dass sich über den Beweiswert des von *Löns* entwickelten Verfahrens zur Ermittlung der Abstammung eines Kindes in der Wissenschaft noch keine einheitliche allgemeine Erfahrungserkenntnis durchgesetzt hat und dass es daher Sache des Tatrichters ist, sich in freier Beweiswürdigung ein Urteil über Wert oder Unwert dieser Methode zu bilden. Ähnliches gilt von dem *genetischen Wirbelsäulenvergleich.* In den verhältnismäßig seltenen Fällen, in denen dieses Verfahren überhaupt einen Schluss auf das Vorliegen eines Abstammungsverhältnisses ermöglicht, lässt es zudem nur Schlussfolgerungen in der Richtung zu, dass ein bestimmter Mann als Vater auszuschließen ist, während die Möglichkeit, einen bestimmten Mann als Vater festzustellen, hier ebenso wenig besteht wie bei der Blutgruppenbestimmung (vgl. BGHZ 1, 218, 223).

Mit dem Beweiswert eines Vaterschaftsausschlusses aufgrund der Blutfaktoren Cc befasst sich das Urteil BGHZ 21, 337. Trotz gewisser, neuerdings vom 1. Strafsenat des BGH vorsichtig geäußerter Zweifel (vgl. 1. StR 20/58 vom 22.4.1958) scheint die Wissenschaft einhellig der Ansicht zu sein, dass auch diese Faktoren sich nach den Mendelschen Gesetzen vererben, und dass z.B. ein Kind mit den Faktoren Cc keinen Elternteil mit den Faktoren CC haben kann (vgl. *Lauer,* JZ 1955, 151, 489; *Pietruski,* JZ 155, 488). Meinungsverschiedenheiten bestehen jedoch darüber, ob die Sachverständigen mit den ihnen zur Zeit zur Verfügung stehenden Hilfsmitteln in der Lage sind, das Vorhandensein dieser Blutfaktoren in jedem Falle einwandfrei und sicher zu bestimmen. In der Entscheidung Bd. 21, 337 hat der BGH die Mcinung des Berufungsgerichts gebilligt, dass es auch heute schon möglich ist, bei Anwendung gehöriger Sorgfalt, die Faktoren Cc einwandfrei und zuverlässig festzustellen. Er hat dagegen keine Stellung zu der Frage genommen, ob die von der Wissenschaft angenommenen Vererbungsregeln hinsichtlich der Faktoren Cc ausnahmslos gelten. Auch der 1. Strafsenat hat in dem genannten Urteil diese Frage offen gelassen. Der BGH wird hierzu Stellung nehmen müssen, wenn in einem Verfahren gerügt wird, dass ein Gericht diesen nach der Meinung der Revision zwingenden Erfahrungssatz zu Unrecht für nicht allgemeingültig angesehen und daher nicht angewandt hat oder wenn umgekehrt die Revision geltend macht, ein ausnahmslos gültiger Erfahrungssatz dieser Art bestehe nicht. In dem entschiedenen Fall konnte der IV. Zivilsenat des BGH sich damit begnügen auszuführen, dass es Aufgabe des Tatrichters sei zu entscheiden, welchen Beweiswert ein wissenschaftlicher Erfahrungssatz hat, und dass es nicht rechtsirrig sei, wenn das Berufungsgericht die fragliche Erbregel, und zwar ohne Rücksicht darauf, ob sie wirklich ausnahmslos gilt, als einen allgemein gültigen Erfahrungssatz ansieht und ihr kraft der ihr überlassenen freien Beweiswürdigung vollen Beweiswert beimisst.

Zur Beweiskraft des erbbiologischen Gutachtens im Verhältnis zur Blutgruppenuntersuchung hat der BGH (LM Nr. 2 zu § 1591 BGB) ausgeführt, die auf der wertenden Kombination von Ähnlichkeitsmerkmalen und auf Grundsätzen der Wahrscheinlichkeit beruhende Methode der erbkundlichen Vergleichung stelle eine Erkenntnisquelle dar, die grundsätzlich zwar als Ersatz für eine ergebnislose Blutgruppenuntersuchung zu benützen, nach dem gegenwärtigen Stand der ärztlichen Wissenschaft aber nicht geeignet sei, ein eindeutiges Ergebnis der Blutgruppenuntersuchung zu widerlegen, da sie im Allgemeinen nicht zu derart sicheren und klaren Ergebnissen zu führen vermöge wie die Blutgruppenbestimmung. Das Ähnlichkeitsgutachten wird deshalb in der Regel nur als Ergänzung und damit als subsidiäres Beweismittel in Betracht kommen, also dort, wo das sonstige Verhandlungs- und Beweisergebnis ergänzungsbedürftig und durch Einholung eines solchen Gutachtens ergänzungsfähig ist. Unter Umständen kann aber eine Vaterschaftsfeststellung auch allein auf ein erbbiologisches Gutachten gestützt werden (vgl. RGZ 160, 61). Nach der Rechtsprechung des BGH (vgl. BGHZ 7, 116 und BGHSt 5, 34) kann das Ergebnis eines derartigen Ähnlichkeitsvergleiches je nach der Sachlage sogar in den sogenannten Einmannfällen, d.h. in den Untersuchungen, bei denen kein anderer vermutlicher Erzeuger für die erbkundliche Vergleichung zur Verfügung steht, die also die schmalste Vergleichsgrundlage bilden, ausreichen, die Vaterschaft eines bestimmten Mannes für jeden vernünftigen Beurteiler sich zu erweisen oder auszuschließen. Die bloße theoretische Möglichkeit, dass ein bisher unbekannt gebliebener Mann der Erzeuger des Kindes ist, lässt sich bei einer erbkundlichen Vergleichung, die den Erbgang niemals mit absoluter Sicherheit erfasst, nicht gänzlich ausschließen. Sie kann deshalb den Wert dieser Methode nicht beeinflussen. Berücksichtigt werden dürfen aber immer nur solche Erkenntnisse der Wissenschaft, die in den maßgebenden Fachkreisen allgemein anerkannt sind und feststehen. Gewisse, in BGHSt 5, 34 hervorgehobene Zweifel in die Einheitlichkeit der Auffassungen in Fachkreisen weisen allerdings deutlich auf die vorläufigen Grenzen gesicherter erbkundlicher Vergleichsmaßstäbe hin, die jedenfalls in schwierigen Fällen noch hervortreten, ohne den Wert des Beweismittels grundsätzlich in Frage zu stellen.

Von diesen Fragen abgesehen, kehrt in der Rechtsprechung des BGH als tragender Gesichtspunkt immer wieder der das gesamte Familienrecht beherrschende Grundsatz von der Ungestörtheit der Familie wieder. So wird in der grundlegenden Entscheidung BGHZ 14, 358, 360, die sich mit der an sich nicht hierher gehörigen Frage befasst, ob der Ehemann der Kindesmutter einen Dritten nach §§ 823, 826 BGB als Erzeuger des Kindes auf Ersatz seiner dem Kinde gewährten Unterhaltsleistungen in Anspruch nehmen kann, solange die Ehelichkeit des während der Ehe geborenen Kindes nicht rechtskräftig festgestellt ist, [eine Zeile fehlt im Original] Festlegung des Menschen auf den biologischen Bereich seiner Existenz zu einer verhängnisvollen Verkennung und Missachtung der tieferen Persönlichkeitswerte führen muss, die für eine sinnvolle Gestaltung menschlicher Beziehungen letztlich entscheidend sind.

Es bleiben noch einige Entscheidungen zu erwähnen, die die Anfechtungsfrist und die Bedeutung der Rechtsunkenntnis des gesetzlichen Vaters für den Lauf dieser Frist zum Gegenstand haben. § 1594 Abs. 2 BGB knüpft den Beginn der Frist nicht an die Kenntnis des Anfechtungsgrundes, d.h. des Fehlens der Ehelichkeitsvoraussetzungen i.S. des § 1591 BGB, sondern an die Kenntnis der Umstände, die für die Unehelichkeit des Kindes sprechen. Schon dieser Wortlaut bringt klar zum Ausdruck, dass es für den Beginn der Frist nur auf die Kenntnis oder Unkenntnis von Tatumständen ankommen kann, so dass eine Unkenntnis über das Anfechtungsrecht als solches, über die Ehelichkeitsvermutung und die rechtliche Notwendigkeit, zur Geltendmachung der Unehelichkeit die Anfechtungsklage zu erheben, dem Beginn der Frist nicht entgegenstehen kann (vgl. BGH NJW 1957, 1069). Ein Rechtsirrtum kann lediglich im Rahmen des § 1594 Abs. 3 erheblich sein, d.h. den Lauf der Frist dann hemmen, wenn die Unkenntnis auf höherer Gewalt beruht. Der Ehemann muss aber von den Umständen, die für die Unehelichkeit eines Kindes sprechen, zweifelsfrei Kenntnis haben. Dass diese Umstände ihm persönlich schon die feste Überzeugung von der Unehelichkeit des Kindes vermitteln oder dass sie objektiv jeden verständigen Beurteiler zu dem Schlusse nötigen, das Kind sei nicht von dem Ehemann erzeugt, ist dagegen nicht erforderlich. Ein Umstand, der für die uneheliche Abstammung spricht, ist vielmehr schon in jedem Sachverhalt zu finden, der sachlich die Ehelichkeit des Kindes ernstlich in Frage zu stellen geeignet ist, [ist] also nicht hervorgehoben: Dadurch, dass das Gesetz es nur gestatte, die Ehelichkeit eines Kindes innerhalb eines kurzen Zeitraums anzufechten, solle der Familienfriede gewährleistet und dem Wohle des Kindes gedient werden. Um dieser Interessen willen müsse es ausgeschlossen sein, dass die blutmäßige Abstammung eines Kindes, das nach dem Gesetz als ehelich gelte, in einem gewöhnlichen Zivilprozess unter einem beliebigen rechtlichen Gesichtspunkt zum Gegenstand des Rechtsstreits gemacht werden könne.

Die Durchführung hierbei notwendig werdender umfangreicher Beweiserhebungen, zumal wenn sie unter Heranziehung des Kindes vorgenommen werden müssten, würden nicht nur zu einer ernsten Gefahr für dessen Ansehen, Stellung und Fortkommen in der Gesellschaft führen, sondern es auch der Gefahr starker seelischer Beunruhigungen und Erschütterungen aussetzen. Eine ähnliche Gefährdung würde für den ehelichen Frieden auch in all den Fällen zu besorgen sein, in denen eine derartige Klage gegen den Ehebrecher angestrengt würde, obwohl die Ehe des Klägers wegen des in Frage stehenden Ehebruchs noch nicht zerrüttet oder geschieden wäre. Der Gedanke des Familienfriedens und die Berücksichtigung des Kindeswohls sind auch für die Entscheidung BGHZ 23, 1 bestimmend gewesen, in der es der BGH für unzulässig erklärt hat, dass der Staatsanwalt eine Anfechtungsklage gegen das Kind erhebt, nachdem eine entsprechende Klage des gesetzlichen Vaters aus sachlichen Gründen abgewiesen worden war. Mit dieser Rechtsprechung wendet sich der BGH grundsätzlich gegen eine einseitige Überbewertung des Blutsbandes in seiner Bedeutung für die Bildung und Verwirklichung einer Familiengemeinschaft wie einer jeden menschlichen Gesellschaft überhaupt, weil sie, wie jede Fest[eine Zeile fehlt im Original] die ganz fernliegende Möglichkeit einer unehelichen Abstammung begründet. So war z.B. in dem in BGHZ 9, 336 entschiedenen Fall die Tatsache der ungewöhnlich kurzen Tragezeit von sieben Monaten im Zusammenhang mit der Vollreife des Kindes geeignet gewesen, die Ehelichkeit des Kindes ernstlich in Frage zu stellen.

Zu Punkt 8 b „Einholung und Mitteilung von Strafregisterauszügen“ trug *OStA Tischer* das als Anlage 14 beigefügte Referat auszugsweise vor:

I. Nach der Tagesordnung will ich über *„Einholung und Mitteilung von Strafregisterauszügen“*, d.h. im Zusammenhang mit dem Rechts- und Amtshilfegesetz betrachtet – von Auszügen aus der sogenannten „Ergänzungskartei“ sprechen. Diese Themabezeichnung ist nicht ganz richtig, sie hat ihre Ursache in einem Missverständnis bei der Nachrichtenübermittlung von der Berliner Dienststelle nach Karlsruhe. Das Thema darf dahin richtiggestellt werden: „Die Auswirkungen der nach dem RHG ergehenden Entscheidungen auf das Strafregister und Einholung und Erteilung von Auskünften aus der ‚Ergänzungskartei‘“.

Bekanntlich hat die Handhabung des RHG in der Praxis eine Fülle von Problemen insbesondere in materieller Hinsicht aufgeworfen. Ich darf hierzu als Beispiel nur auf die unterschiedliche Auffassung zu Verurteilungen nach KR-Dir. 38 und durch „Strafkammern nach SMA-Befehl 201“ verweisen. Ferner auf die sogenannten Waldheimurteile, die – obwohl allseits als „Nichturteile“ betrachtet – teilweise zum Gegenstand von Entscheidungen nach dem RHG gemacht werden. Es ist nicht meine Angelegenheit, über diese materiell-rechtliche Seite der Anwendung des RHG zu sprechen. Es erscheint mir aber – mindestens vom Standpunkt des Bundesstrafregisters aus – angebracht, einmal die

Aufmerksamkeit auf die Wirkungen zu lenken, die nach dem RHG ergehende Entscheidungen aller Art auf das Strafregister haben und damit auch insoweit von erheblicher Bedeutung für den Betroffenen sind, desgleichen auf die Handhabung der Einholung und Erteilung von Auskünften aus der „Ergänzungskartei".

II. Das RHG geht hinsichtlich der Einträge im Strafregister ersichtlich von einem – tatsächlich gar nicht vorhandenen – Idealzustand aus, es unterstellt nämlich offensichtlich einen intakten Strafregisterverkehr zwischen Bundesgebiet (einschließlich Westberlin) einerseits und des SBZ andererseits, d.h. den Vorschriften der StrRegVO entsprechende Mitteilungen zum und Einträge im Strafregister. Es entzieht sich hiesiger Kenntnis, ob und inwieweit dieser Zustand auch jetzt noch zwischen den Strafregisterbehörden der Länder und den sowjetzonalen Strafvollstreckungsbehörden besteht, nachdem jene für den von ihnen erfassten Personenkreis in der Vergangenheit mindestens teilweise Strafnachrichten über sowjetzonale Verurteilungen erhielten. Ob das in der Zukunft so bleiben wird, ist immerhin zweifelhaft. Das neue Gesetz der SBZ über Eintragung und Tilgung im Strafregister vom 11.12.1957 (GBl. I 647 ff.) berechtigt insofern nicht zu großen Hoffnungen, da danach (§ 1) die Zuständigkeit zur Strafregisterführung nicht mehr allein auf den Geburtsort des Betroffenen abgestellt, sondern u.a. auf Personen erweitert worden ist, die in der SBZ wohnhaft sind oder verurteilt werden.

Im Gegensatz dazu hat ein intakter Strafregisterverkehr seitens der SBZ zum Bundesstrafregister und seinem Vorgänger dem Auslandsstrafregister (West), nie bestanden. Diese beiden Strafregister haben von Strafvollstreckungsbehörden der SBZ niemals Strafnachrichten erhalten. Damit ist bei der Einstellung des GStA der sog. DDR, der das Auslandsstrafregister (West) stets als eine illegale Einrichtung betrachtet hat, auch für die Zukunft nicht zu rechnen.

Die Situation ist demzufolge – für das Bundesstrafregister bereits seit vier Jahren – z.Zt. so, dass die sowjetzonalen Verurteilungen, auf die sich die nach dem RHG ergehenden Entscheidungen beziehen, in der Regel – von geringen Ausnahmen abgesehen – nicht im Strafregister eingetragen sind, diesem vielmehr erst bei der gemäß §§ 13 Abs. 1 und 15 Abs. 4 RHG erfolgenden Mitteilung dieser Entscheidungen bekannt werden. Es ist dieser Zustand also das gerade Gegenteil dessen, von dem das RHG ausgeht. Eine Landesjustizverwaltung hat im Hinblick auf diese Lage bereits vor längerer Zeit angeregt, den § 15 RHG überhaupt zu streichen, da kein Bedürfnis mehr für derartige Entscheidungen bestehe, wenn die sowjetzonalen Verurteilungen infolge der Nichtmitteilung an die Strafregister der Bundesrepublik ohnehin nicht mehr im Strafregister eingetragen wären. Diese Gedanken haben sich jedoch nicht durchgesetzt, m.E. zu Recht, – da – abgesehen von den Konsequenzen für die Betroffenen – z.Zt. offen ist, ob es sich bei der Nichtmitteilung von Strafnachrichten aus der SBZ um einen Dauerzustand handelt.

Welche Folgerungen ergeben sich nun aus dieser Situation? Die Frage lässt sich nur unter Berücksichtigung der Funktion des Strafregisters beantworten. Dieses hat bekanntlich keinen Selbstzweck, sondern soll dazu dienen, den auskunftsberechtigten Stellen die erforderlichen Kenntnisse über die im Strafregister eingetragenen Tatsachen zu vermitteln, damit sie an ihrer Hand die ihnen obliegenden Entscheidungen treffen. Dieser Zweck, Auskunft über die strafrechtliche Seite des Lebens einer Person zu geben, muss m.E. die Entschließung bestimmen, ob und wann bei der gegenwärtigen Situation eine nach dem RHG ergehende Entscheidung dazu führen muss und darf, eine bisher nicht im Strafregister vermerkte sowjetzonale Verurteilung in dieses aufzunehmen. Da sich aus der Vorschrift, Entscheidungen nach dem RHG in das Strafregister einzutragen, zwangsläufig ergibt, dass auch die ihnen zugrundeliegenden sowjetzonalen Verurteilungen einzutragen sind – die Entscheidungen wären für sich selbst betrachtet sonst unverständlich -, handelt es sich somit darum, eine gangbare und allen Beteiligten gerecht werdende Lösung zu finden, was unter „Entscheidungen und abschließenden Verfügungen" des RHG zu verstehen ist. Bei der Neigung der meisten auskunftsberechtigten Stellen, den Einträgen im Strafregister – mag es sich auch um Bagatellfälle handeln – einen übertriebenen Wert beizulegen, ferner bei der Unzahl der auskunftsberechtigten Stellen muss im Hinblick auf die schwerwiegenden Folgen der Eintragung m.E. ein strenger Maßstab an die Eintragungsfähigkeit gelegt werden. Es geht nicht an, auf dem „Umweg" über die etwaige Eintragungsbedürftigkeit aller nach dem RHG schlechthin ergangenen „Entscheidungen und abschließenden Verfügungen" zwangsläufig zur Eintragung aller ihnen zugrundeliegenden, in vielen Fällen zweifelhaften sowjetzonalen Verurteilungen zu kommen. Handhabte man die Bestimmungen derart, würde m.E. schwerwiegenden Schädigungen der Betroffenen Tor und Tür geöffnet. Das kann nicht der Sinn des RHG sein. Dieses will bekanntlich ja gerade sicherstellen, dass der Schuldlose, der zufolge sowjetzonaler Willkür in rechtsstaatswidriger Weise zu Strafe verurteilt worden ist, hier zu seinem Recht, zur Wiederherstellung seiner Ehre kommt, während der wirklich Schuldige auch hier bei der gerechten Strafe bleiben oder ihr zugeführt werden soll. Einem solchen Zweck können nur endgültige, die Verfahren nach dem RHG wirklich sachlich und materiell beendende Entscheidungen dienen, während alle anderen Entscheidungen, die – aus welchen Gründen auch immer – eine solche endgültige Klärung nicht bringen, letzten Endes bedeutungslos sind.

Die Frage, ob im Strafregister einzutragen ist oder nicht, hängt somit von einer Auslegung des Begriffs „Entscheidungen und abschließende Verfügungen" ab, wobei die dargelegte Situation und ihre Folgen zu einer engen Auslegung zwingen. Anspruch auf Eintragung im Strafregister (mit den ihnen zugrundeliegenden sowjetzonalen Verurteilungen können danach nur erheben wirkliche, das RHG-Verfahren mit klaren Sachentschließungen beendende Entscheidungen, wie sie §§ 13 Abs. 1 und 15 Abs. 1 RHG nach ihrem Wortlaut auch vorsehen, während alle „Zwischenentscheidungen" ausscheiden müssen.

Für eine solche reinliche Scheidung sprechen noch folgende Erwägungen: Soweit es sich um wirkliche, echte Sach-End-Entscheidungen handelt, wird der Betroffene durch die an ihrer Hand erfolgte Eintragung der Verurteilungen nicht schlechter gestellt als er stünde, wenn die Eintragung aufgrund regulärer Strafnachrichten erfolgt wäre; im Gegenteil, die gleichzeitig eingetragene Sachentscheidung nach dem RHG enthält einen einwandfreien und endgültigen Hinweis darüber, welche Bedeutung der sowjetzonalen Verurteilung für die Bundesrepublik (einschließlich Westberlin) zukommt, nämlich, dass entweder die Vollstreckung genehmigt oder versagt worden ist, die Beschränkung der Vollstreckung angeordnet worden ist, die Unzulässigkeit der Vollstreckung festgestellt worden ist oder dass – was nach herrschender Meinung ebenfalls in das Strafregister einzutragen ist – trotz rechtskräftiger sowjetzonaler Verurteilung die Durchführung eines neuen Verfahrens für zulässig erklärt worden ist. Hier liegen festumrissene, zweifelsfreie Entscheidungen vor, die für alle daran Interessierten, d.h. sowohl den Betroffenen selbst als auch auskunftsberechtigte Stellen, klarstellen, welche Bewandtnis es mit der sowjetzonalen Verurteilung hat, soweit an die Entscheidung gemäß §§ 13 Abs. 2 und 15 Abs. 4 Satz 2 RHG nicht überhaupt die gesetzlichen Folgen der Auskunftsbeschränkung oder gar Tilgung geknüpft sind. Dabei wird man – aufgrund der Nachricht zum Strafregister (vgl. Muster A 1) – im Allgemeinen davon ausgehen können, dass die sowjetzonale Verurteilung in dem RHG-Verfahren mit allen Essentialien, die ein Strafregistereintrag erfordert, insbesondere also hinsichtlich der Rechtskraft, zuverlässig festgestellt worden ist, soweit sich aus der Nachricht nicht ausdrücklich Gegenteiliges ergibt. Diese Folgerung lässt sich ohne weiteres aus dem Wortlaut der Nachricht ziehen, die mit den Worten beginnt: „Vorstehend bezeichnete Person ist rechtskräftig verurteilt worden."

Soweit dagegen die „Entscheidungen und abschließenden Verfügungen" letzten Endes nur mehr Zwischenverfügungen sind, die die eigentliche Sachentscheidung offenlassen, aufschieben, wenn nicht gar ausdrücklich „aussetzen", liegt es auf der Hand, dass Eintragungen sowjetzonaler Verurteilungen im Strafregister, die allein deshalb zustände kämen, weil die zu der Verurteilung gehörende Zwischenentscheidung einzutragen wäre, für den Betroffenen mit ganz erheblichen Nachteilen verbunden sein können, die weit über das hinausgehen, was am Ungünstigem sich mit der Einrichtung des Strafregisters naturnotwendig für den dort Registrierten ergibt. Erfahrungsgemäß beziehen sich diese Zwischenentscheidungen meist auf die Überprüfung solcher sowjetzonalen Verurteilungen, mit denen z.B. wegen angeblicher Zuwiderhandlungen nach dem Gesetz zum Schutz des innerdeutschen Handels vom 21.4.1950, dem Gesetz zur Regelung des innerdeutschen Zahlungsverkehrs vom 15.12.1950, der VO über die Bestrafung von Spekulationsverbrechen vom 22.6.1949, der WirtschaftsstrafVO vom 23.9.1948 oder gar nach der KR-Dir. Nr. 38 und Art. 6 Abs. 2 der Verfassung der sog. DDR in der Regel auf ganz erhebliche Zuchthausstrafen mit oder ohne einschneidende Nebenstrafen (Vermögenseinziehung!) oder auch „Sühnemaßnahmen" erkannt worden ist. Die Anwendung dieser

Strafbestimmung wird, wie *Creifelds, Nüse* und *Polzin* in ihren ausgezeichneten Abhandlungen über das RHG (MDR 1953 S. 453 ff. und JR 1953 S. 204 und 1954 S. 448 ff.) zu Recht dargelegt haben, im Allgemeinen von vornherein rechtsstaatliche Bedenken auslösen müssen. Eine Nachprüfung des Sachverhalts im Einzelnen scheitert zumeist daran, dass in der Regel die Urteilsgründe nicht vorliegen und nicht zu beschaffen sind, da der Betroffene sie, selbst wenn er möchte, nicht beizubringen vermag und eine Anforderung des Urteils bei dem sowjetzonalen Gericht aussichtslos ist.

Die Eintragung solcher Verurteilungen im Gefolge der erwähnten „Zwischenentscheidungen" mit ihren schwerwiegenden Folgen wäre umso bedenklicher, als derartige Eintragungen ja nicht nur zur Kenntnis von Justizbehörden gelangen würden, von denen man wohl erwarten könnte, dass sie die dort vermerkte Bestrafung mit der gebotenen „Vorsicht" würdigen, zumal wenn ihr der Zusatz über eine „ausgesetzte" Entscheidung nach dem RHG beigefügt wäre. Vielmehr würden die Verurteilungen damit auch der – leider viel zu großen – Zahl anderer auskunftsberechtigter Stellen – nach den hiesigen Erfahrungen geht höchstens etwa ein Fünftel bis ein Viertel der insgesamt eingeholten Auskünfte aus dem Strafregister an Justizbehörden – bekannt werden. Bei ihnen muss aber in vielen Fällen bezweifelt werden, dass sie aus der Eintragung, auch wenn ihr „Wert" durch eine gleichzeitig mitgeteilte Zwischenentscheidung vermindert würde, stets die richtigen – einschränkenden – Schlüsse zu ziehen vermögen und den Strafvermerk mit der gebotenen Zurückhaltung bewerten. Dies umso mehr, als schon der bloße Wortlaut dieser „Zwischenentscheidung" für Unkundige annehmbar nicht immer allenthalben verständlich ist. Die Formulierungen auf diesem Gebiete sind vielgestaltig. Die Skala reicht von so klaren Verfügungen wie: „Die Entscheidung, die Vollstreckung für unzulässig zu erklären, wird ausgesetzt, weil…" bis zu Feststellungen wie: „Die Entscheidung wird auf unbestimmte Zeit mit der Maßgabe ausgesetzt, dass die Vollstreckung in voller Höhe der erkannten Strafe nicht zulässig erscheint" oder gar zu – zivilistische Anklänge verratenden – Fassungen wie: „Die Vollstreckung wird dem Grunde nach für zulässig erklärt, die Entscheidung darüber, welche Strafe nach Art und Höhe rechtsstaatlich angemessen erscheint, b.a.w. ausgesetzt, weil…". Wer will und kann die Verantwortung dafür übernehmen, dass ein in den meisten Fällen vielleicht Schuldloser oder zumindest nicht in der Weise Schuldiger, wie es dem Anschein der Verurteilung entspricht, mit einer häufig so ungeheuerlichen Bestrafung durch die Eintragung im Strafregister belastet wird.

Diese Erwägungen haben daher dazu geführt, dass beim Bundesstrafregister nach dem RHG ergangene „Entscheidungen und abschließende Verfügungen" – mit der ihnen zugrunde liegenden sowjetzonalen Verurteilung – grundsätzlich nur dann im Strafregister – mit der Folge, dass darüber Auskunft zu erteilen ist – eingetragen werden, wenn es sich um tatsächliche Sach-End-Entscheidungen handelt. In allen übrigen Fällen werden die Nachrichten lediglich als bloße Merkblätter in das Strafregister eingelegt, aus denen grundsätzlich keine Auskunft erteilt wird.

Es sei durchaus eingeräumt, dass diese Art der Auslegung des Begriffs „Entscheidungen und abschließende Verfügungen" nicht zwingend ist. Es ist denkbar, ihm eine andere, wesentlich einfachere, und zwar dem simplen Wortlaut entsprechende Bedeutung beizulegen, nach der jede Verfügung gemeint sein könnte, die rein formell, ohne Rücksicht auf den materiellen Gehalt, das Verfahren nach dem RHG zunächst einmal irgendwie zum Abschluss bringt. Eine derartige weitgehende Auslegung haben sich wohl insbesondere die OLG zu eigen gemacht, indem sie den Antrag auf gerichtliche Entscheidung nach § 15 Abs. 3 mit § 5 RHG schlechthin gegen *jede* „abschließende" Verfügung des GStA zulassen, wenn der Antrag nur fristgerecht gestellt worden ist, mag es sich bei der sog. „abschließenden" Verfügung im Endergebnis auch um eine noch nicht endgültige Entscheidung, vielmehr gerade um deren „Aussetzung", handeln. Eine so extensive Auslegung widerspricht jedoch den Gegebenheiten des Strafregisters und kann daher für dieses nicht maßgebend sein.

Ein anderer „Ausweg", aus diesem Dilemma des Zwanges zur Eintragung herauszukommen, ist nicht ersichtlich. In einigen Fällen wird man zwar u.U. mit einer Anordnung nach § 14 RHG helfen können, dass die sowjetzonale Verurteilung nicht im Strafregister einzutragen ist. Es bleibt aber auch dann der nicht zu beseitigende Zwiespalt, dass einerseits eine besondere Anordnung über Nichteintragung vorliegt, und dass andererseits das Gesetz die Eintragung vorschreibt, falls man *jeder* sog. „abschließenden Verfügung" eine solche Konsequenz beilegt. Dabei darf am Rande bemerkt werden, dass – in sinngemäßer Auslegung – der GBA die Zuständigkeit zur Entscheidung nach § 14 RHG hinsichtlich des Bundesstrafregisters – in Übereinstimmung mit dem GStA b.d. KG – für *sich* in Anspruch nimmt und die Entscheidungsbefugnis dem Leiter des Bundesstrafregisters übertragen hat.

Ebenso wenig könnten in allen Fällen etwa Maßnahmen nach § 8 StrTilgG helfen. Selbst wenn man sich dabei – wegen der Unmöglichkeit, bei Zuchthausstrafen und ähnlichem eine vorherige Wiederverleihung verlorener Fähigkeiten durch den sowjetzonalen Gnadenträger herbeizuführen – über die Bestimmung des § 8 Abs. 2 StrTilgG hinwegsetzte, blieben für den Betroffenen gerade diese diffamierenden Folgen der nach unseren Begriffen rechtsstaatswidrigen schweren Bestrafungen unbeseitigt. Es kann daher, solange nicht durch eine das RHG-Verfahren wirklich beendende Entscheidung endgültige Verhältnisse geschaffen worden sein, m.E. nur die Nichteintragung solcher nicht endgültiger Entscheidungen im Strafregister vor unliebsamen, ja untragbaren Folgen bewahren.

Aus vorstehenden Ausführungen ergibt sich auch, warum das Bundesstrafregister nicht selten gezwungen ist, die in den Verfahren nach dem RHG ergangenen Akten zur

Einsicht anzufordern. Es handelt sich dann meist um die Prüfung der Frage, ob eine „endgültige", nämlich materielle Entscheidung vorliegt oder nur eine *formelle* Sach- oder Zwischenentscheidung, wenn dies aus der Art der Formulierung der nach Muster A 1 gegebenen Nachrichten nicht erkennbar ist. Es darf daher hier die Bitte angeknüpft werden, Ihre Geschäftsstellen, soweit noch nicht geschehen, anzuhalten, die Nachrichten nach Möglichkeit stets so abzufassen, dass sie ohne weiteres erkennen lassen, ob eine „echte" Sachentscheidung vorliegt, damit Rückfragen vermieden werden. Aus den bei den Akten befindlichen Begründungen zu den Entscheidungen ist im Allgemeinen unschwer zu ersehen, ob sie „mangels Unterlagen", wegen der Unmöglichkeit, eine *sachliche* Prüfung vorzunehmen, ergangen sind, soweit sich dies nicht überhaupt schon daraus ergibt, dass die Entscheidung schlechthin auf „Aussetzung" lautet. M.E. gehört übrigens auch die Festlegung des Wortlauts der Nachrichten zum Strafregister und zur „Ergänzungskartei", soweit dieser – was oft der Fall ist – einer Änderung des vorgedruckten Textes der Muster bedarf, in die Hände juristisch geschulter Bearbeiter.

Die Erfahrung hat gezeigt, dass die damit befassten Geschäftsstellen bei der Schwierigkeit der Materie dieser Aufgabe häufig nicht gewachsen sind. Es kommen dann so missverständliche und mehrdeutige Mitteilungen zustande wie: „Die Vollstreckung ist ausgesetzt worden" (statt: „Die Entscheidung über den Antrag ist ausgesetzt worden") bis zu glatten Falschmeldungen wie: „Die Eintragung vorstehend bezeichneter Verurteilung in das Strafregister (§ 14 des Gesetzes vom 2.5.1953) ist durch Verfügung abgelehnt worden" für Entscheidungen, die sich auf Verurteilungen westdeutscher Gerichte beziehen und nichts weiteres besagen, als dass diese Verurteilung nicht dem sowjetzonalen Strafregister mitgeteilt werden soll, die also mit den in § 14 RHG angesprochenen Entscheidungen, die umgekehrt sich auf *sowjetzonale* Verurteilungen beziehen und deren Eintragung in *westdeutsche* Strafregister regeln, gar nichts zu tun haben. Zu den missverständlichen Nachrichten gehören auch Mitteilungen, mit denen ohne nähere Erläuterung bekanntgegeben wird, dass die Vollstreckung einer sowjetzonalen Strafe für unzulässig erklärt worden ist, obwohl es sich in Wahrheit nicht schlechthin um eine solche Unzulässigkeitserklärung handelt, vielmehr nur die Unzulässigkeit des Straf*vollzugs* oder der „weiteren Vollstreckung" gemeint ist, da gegen die Verurteilung als solche keine rechtsstaatlichen Bedenken bestehen. Da eine derartige Entscheidung nicht die Tilgungswirkung des § 13 Abs. 2 RHG hat, bedarf es in der Nachricht jeweils einer entsprechenden Erläuterung, um zu vermeiden, dass Strafregister und auch Ergänzungskartei der Mitteilung diese Wirkung irrtümlich beilegen.

Aus diesen Anlässen werden beim Bundesstrafregister bereits seit langem sämtliche Nachrichten zur Ergänzungskartei (mit etwa dazugehörenden Zweitnachrichten zum Strafregister, soweit das Bundesstrafregister dieses führt) zunächst dem Leiter zur

Durchsicht und Prüfung vorgelegt, bevor die Mitteilungen in die Ergänzungskartei und das Strafregister aufgenommen werden.

III. Die vorstehenden Überlegungen haben ihre Bedeutung auch – oder vielmehr erst recht – für die Einholung und Erteilung von Auskünften aus der „Ergänzungskartei". Seitdem – seit Juli 1954 – durch die Erweiterung der Zuständigkeit des Bundesstrafregisters auf in der SBZ geborene Personen in der Bundesrepublik (einschließlich Westberlin) keine Lücke mehr in der Strafregisterführung besteht, ist bekanntlich eine Reihe von Bestimmungen des RHG und seiner DurchfVO vom 23.12.1953, bei deren Erlass dieser Zustand noch nicht bestand, überholt, wenn nicht gar gegenstandslos geworden. Die „Ergänzungskartei" als solche, die sich aus den Mitteilungen nach §§ 17, 18 des RHG aufbaut, hat, worauf bereits *Polzin* JR 1954, S. 452 Anm. 29) hingewiesen hat, von einigen Ausnahmefällen abgesehen, damit im Wesentlichen nur noch Wert als eine einheitlich geführte Sammelkartei, da die in ihr vermerkten Entscheidungen und abschließenden Verfügungen im Allgemeinen auch in dem Strafregister eingetragen sind und aus ihm entnommen werden können. [...]

IV. Die vorstehenden Ausführungen können und sollen naturgemäß nur ein Ausschnitt aus der Fülle der am Wege liegenden Probleme sein, die bei der Notwendigkeit, sich zeitlich zu bescheiden, teilweise auch nur mehr angedeutet, als näher behandelt werden konnten. Man wird aber vielleicht auch schon aus dieser, nur einzelne Punkte herausgreifenden Darlegung entnehmen können, welche Schwierigkeiten in vielerlei Hinsicht das gewiss nicht einfache RHG gerade für das Bundesstrafregister in seiner doppelten Funktion, einmal als „Strafregister", zum anderen als „Ergänzungskartei" bringt. Hierfür das erforderliche Verständnis zu erbitten, sei als besonderes Anliegen dieser Abhandlung ausdrücklich herausgestellt.

Bevor ich schließe, darf ich Ihnen kurz noch einige nüchterne Zahlen aus der Tätigkeit im Rahmen des RHG nennen, die in ihrem Gesamtbild vielleicht nicht uninteressant sind:

Bis zum 21.12.1957 ergingen insgesamt 10.194 Entscheidungen nach dem RHG, davon 9.433 nach § 15 RHG und 761 nach §§ 3, 10, 11 und 14 RHG.

Bei den Entscheidungen nach § 15 RHG wurde in 6.384 Fällen dem Antrag voll stattgegeben, in 1.535 Fällen dem Antrag teilweise stattgegeben, in 965 Fällen der Antrag zurückgewiesen, in 104 Fällen die Entscheidung ausgesetzt, in 454 Fällen eine Entscheidung wegen „Nichturteil" usw. abgelehnt.

Von der Gesamtzahl von 10.194 Entscheidungen entfielen 8.561 auf die GStA und 1.633 auf die OLG.

Von den 10.194 Entscheidungen wurden gefällt: allein über die Hälfte, nämlich 5.154 durch den GStA b.d. KG und dieses Gericht, 1.341 durch die GStA und OLG in Nordrhein-Westfalen, 1.046 durch die GStA und OLG in Baden-Württemberg, 615 durch den GStA und das OLG in Schleswig, 554 durch die GStA und die OLG in Niedersachsen, 407 durch den GStA und das OLG in Frankfurt/M., 377 durch die GStA und OLG in Bayern, 369 durch den GStA und das OLG in Hamburg, 256 durch die GStA und die OLG in Rheinland-Pfalz, 73 durch den GStA und das OLG in Bremen, je eine = 2 durch den GStA in Saarbrücken und den GBA.

Um diese in mancher Hinsicht aufschlussreiche Statistik leichter fortführen zu können, wäre es zu begrüßen, wenn veranlasst würde, dass die Nachrichten zur „Ergänzungskartei", mit denen Entscheidungen über die Zulässigkeit der Vollstreckung mitgeteilt werden, jeweils erkennen ließen, ob es sich um eine Entscheidung auf einen nach § 15 RHG gestellten Antrag oder auf ein sowjetzonales Vollstreckungsersuchen (nach § 3 RHG) handelt. Aus den Mitteilungen geht dies nicht immer klar hervor, wodurch mitunter Rückfragen nötig sind.

Anschließend wurde der Entwurf einer *Entschließung zur Rechtsstellung der Staatsanwälte* erörtert und in der aus Anlage 15 ersichtlichen Fassung [im BA nicht überliefert] angenommen. Außerdem wurde die Herausgabe einer *Presseerklärung* durch den GBA beschlossen:

Vom 21.-23.5.1958 fand im BGH in Karlsruhe unter Vorsitz des Generalbundesanwalts die alljährliche Arbeitstagung der Generalstaatsanwälte statt, an der sämtliche 22 Generalstaatsanwälte der Bundesrepublik und Westberlins teilnahmen. Zweck dieser Tagung ist Erfahrungsaustausch und gemeinsame Erörterung der aktuellen Probleme. Eine solche Koordinierung ist notwendig, weil die Justiz Hoheitsrecht der Länder ist und insofern der praktischen Abstimmung bedarf.

Wie bereits im Vorjahr war ein besonderes Anliegen die Beschäftigung mit der Rechtsstellung der Staatsanwälte im Zusammenhang mit dem Richtergesetz. Entgegen dem Entwurf dieses Gesetzes hat der Bundesrat in seiner Mehrheit den Standpunkt vertreten, im künftigen Richtergesetz auch die Rechtsstellung der Staatsanwälte zu regeln. Hiervon nahmen die Generalstaatsanwälte mit Befriedigung Kenntnis, weil nach ihrer Ansicht nur so eine hundertjährige Tradition deutscher Rechtspflege gewahrt und zugleich gesichert wird, dass auch in Zukunft fähige Juristen dem Rechtsstaat in der Staatsanwaltschaft dienen.

Gegenstand des Erfahrungsaustausches war ferner die Abwicklung politischer Strafsachen. Entgegen der vor einiger Zeit in der Öffentlichkeit aufgestellten Behauptung, dass noch unzählige alte Verfahren aus der Zeit vor dem Verbot der KPD der Erledigung bedürften, konnte festgestellt werden, dass nur eine nicht erhebliche Anzahl noch des Abschlusses bedarf, vorwiegend, weil die Täter flüchtig sind oder die Vorentscheidung eines anderen Gerichtes abzuwarten ist. Die Erledigung dieser alten Verfahren werden sich die Generalstaatsanwälte besonders angelegen sein lassen. In diesem Zusammenhang wurden auch die Probleme besprochen, die sich bei Anwendung des § 153 c StPO ergaben. Diese im Juni 1957 vom Bundestag beschlossene Vorschrift bestimmt, dass bei politischen Strafsachen dann von Strafe abgesehen werden kann, wenn der Täter durch sein Verhalten dazu beigetragen hat, die Gefahr für die Sicherheit der Bundesrepublik Deutschland oder die verfassungsmäßige Ordnung abzuwenden.

Aus der Teilung Deutschlands und der unterschiedlichen Rechtsentwicklung in der Bundesrepublik und in der sog. DDR ergaben sich Probleme wie z.B. das der Zulieferung von kriminellen Tätern, wenn sie über die Zonengrenze geflüchtet sind und eine Aburteilung nur am Tatort in Betracht kommt. Wann kann den sowjetzonalen Gerichten Rechtshilfe geleistet werden? Welche Rechtsgarantien müssen unter diesen Umständen gegeben sein? Wie sind sowjetzonale Urteile im Strafregister zu behandeln?

Die ständige Zunahme der Verkehrsdelikte beschäftigt alle Instanzen der Justiz und dementsprechend auch die Generalstaatsanwälte. Dabei zeigt sich allerdings etwa in der Frage der Ahndung geringfügiger Verkehrsübertretungen und der Vollstreckung von Strafen gegen Fahrlässigkeitstäter eine bemerkenswerte Verschiedenheit in der Rechtspraxis der einzelnen Länder, auf die die Justizminister und die Länderregierungen hingewiesen werden müssen. Ebenso hat sich die Vollstreckung kurzfristiger Strafen in Form des Wochenendvollzugs nicht in allen Bezirken gleich gut bewährt.

Dass der Staatsanwalt auch im Bereich des bürgerlichen Rechts wichtige Funktionen auszuüben hat, zeigt seine Tätigkeit in Prozessen zur Anfechtung der Ehelichkeit eines Kindes. Der Staatsanwalt kann die Anfechtungsklage erheben, wenn das Interesse des Kindes oder das öffentliche Interesse es geboten erscheinen lassen. Referate und Diskussion bei der Arbeitstagung dienten der Abgrenzung dieser Begriffe. Fälle der Praxis zeigten, dass die Ausübung dieses Rechts durch die Staatsanwaltschaft seine objektive Handhabung gewährleistet und deshalb erhalten bleiben sollte.

Zur Begrüßung in der Residenz des Rechts hatte der Oberbürgermeister von Karlsruhe die Generalstaatsanwälte am Mittwoch zu einer Rheinfahrt auf dem Motorschiff „Friedrich Töpper" eingeladen. Die gastliche Aufnahme in Karlsruhe, die Sehenswürdigkeiten der Stadt und die Anmut der badischen Landschaft fanden die dankbare Anerkennung der Generalstaatsanwälte.

Zum Punkt 22 „Sollen Fahrlässigkeitstäter – besonders Verkehrstäter – kurzfristige Freiheitsstrafen (bis zu drei Monaten) in besonderen kleinen Anstalten bzw. besonderen Abteilungen größerer Strafanstalten verbüßen?" führte *GStA Mützelburg* aus, dass Niedersachsen seit dem 1.9.1957 besondere Vollzugsanstalten – meist ehemalige Gerichtsgefängnisse in kleinen Orten – für die Vollstreckung von Freiheitsstrafen bis zu drei Monaten gegen Erstbestrafte, die wegen aus Fahrlässigkeit begangener Straftaten verurteilt worden sind, benutze. Diese Einrichtung verfolge das Ziel, dem Fahrlässigkeitstäter während der Strafzeit die Begegnung mit kriminellen Elementen zu ersparen. Sie habe in Presse-,

Rundfunk- und Filmberichten ein lebhaftes Echo gefunden. Es könne zweifelhaft sein, ob ein besonderer Strafvollzug für eine Gruppe von Straffälligen mit dem geltenden Recht zu vereinbaren sei, wenn die Trennung nicht aus Gründen des Strafvollzugs, sondern lediglich zur Schonung der Verurteilten durchgeführt werde. Die Trennungsgrundsätze seien allenthalben anerkannt, jedoch verfolgten sie den Zweck, den einzelnen Verurteilten seinen Anlagen entsprechend einer möglichst umfassenden Resozialisierung zuzuführen. Die Fahrlässigkeitstäter bedürften aber in aller Regel einer solchen Resozialisierung nicht. Die Gefahr einer kriminellen Ansteckung liege bei den Kreisen, die zumeist wegen fahrlässiger Verkehrsdelikte verurteilt worden sind und in den besonderen Strafvollzug gelangen, sehr fern. Schließlich könnte eine günstige Einwirkung der Verkehrstäter auf die Kriminellen nur ein erwünschtes Ergebnis der gemeinsamen Strafverbüßung bilden.

Rechtlich bereite oft schon die Abtrennung der Fahrlässigkeitstaten Schwierigkeiten. Tateinheit zwischen Fahrlässigkeits- und Vorsatztaten seien nicht selten. In den Fällen des nicht entschuldbaren Verbotsirrtums unterscheide sich der Unrechtsgehalt der Tat oft nicht wesentlich von dem Vorwurf der Fahrlässigkeit. Ähnliches gelte für § 330 a StGB [Volltrunkenheit]. Psychologisch könne die Sonderbehandlung bei den Verurteilten leicht zu falschen Vorstellungen führen, etwa zu der Meinung, die Fahrlässigkeitstäter hätten weniger schwere Taten begangen, obwohl recht zweifelhaft sein könne, ob ein Kraftfahrer, der in Trunkenheit einen schweren Verkehrsunfall verschuldet habe, nicht größere Schuld auf sich lade als ein Dieb oder Betrüger, der aus Not handle. Aus den angeführten Gründen habe er gegen den in Niedersachsen eingeführten besonderen Strafvollzug an Fahrlässigkeitstätern gewisse Bedenken. Er bitte, ihm nach Möglichkeit folgende Fragen zu beantworten: a) In welchem Lande – außer Niedersachsen – gebe es noch besondere Gefängnisse für Fahrlässigkeitstäter? b) Werde die Einrichtung solcher besonderer Anstalten für zulässig und zweckdienlich erachtet?

Der anschließende *Erfahrungsaustausch* ergab, dass außer in Niedersachsen noch in Nordrhein-Westfalen ein besonderer Strafvollzug an Fahrlässigkeitstätern bis zu einer bestimmten Altersgrenze eingeführt worden ist. Die *GStA Dr. Görcke* und *Dr. Haas* sprachen sich gegen einen Sondervollzug aus, während *GStA i.R. Dr. Kesseböhmer* und die *GStA Brühl* und *Dr. Dünnebier* ihn befürworteten.

Die Besprechungspunkt 21, 24 b und 24 c wurden aus Zeitmangel nicht mehr behandelt.

Zum Schluss einigten sich die Teilnehmer auf Hamburg als nächsten Tagungsort. Nachdem *Senatspräs. i.R. Dr. Möricke* auch im Namen von *GStA i.R. Dr. Kesseböhmer* für die Einladung zur Arbeitsbesprechung und *GStA Brühl* für die Tagungsleitung sowie die Aufnahme in Karlsruhe gedankt hatten, schloss der *GBA* die Tagung. (gez. Güde)

XIII. Niederschrift über die Tagung der Generalstaatsanwälte vom 21.–23.5.1959

Generalbundesanwalt *Dr. h.c. Güde*, Karlsruhe
Bundesanwalt *Dr. Wagner*, Karlsruhe
Generalstaatsanwalt Dr. Adams, Saarbrücken
Generalstaatsanwalt *Ahmann*, Hamm/West.
Generalstaatsanwalt *Dr. Bauer*, Frankfurt/M.
Generalstaatsanwalt *Biermann*, Celle
Generalstaatsanwalt *Dr. Dünnebier*, Bremen
Generalstaatsanwalt *Dr. Geropp*, Neustadt/Weinstr.
Generalstaatsanwalt *Dr. Görcke*, Berlin (LG)
Generalstaatsanwalt *Dr. Haas*, Köln
Generalstaatsanwalt *Dr. Hechtel*, München
Generalstaatsanwalt *Dr. Jansen*, Düsseldorf
Generalstaatsanwalt *Dr. Krapp*, Oldenburg
Generalstaatsanwalt *Morbach*, Koblenz
Generalstaatsanwalt *Mork*, Nürnberg
Generalstaatsanwalt *Dr. W. Müller*, Karlsruhe
Generalstaatsanwalt *Mützelburg*, Braunschweig
Generalstaatsanwalt *Nellmann*, Stuttgart
Generalstaatsanwalt *Dr. Voss*, Schleswig
Oberstaatsanwalt *Dr. Bader*, München (BayObLG)
Oberstaatsanwalt *Polzin*, Berlin (KG)
Oberstaatsanwalt *Dr. Schüle*, Ludwigsburg b. Stuttgart
Ltd. Oberstaatsanwalt *Scholz*, Hamburg
Protokollführer:
Oberstaatsanwalt *Dr. Kinze*, Hamburg

Die Generalstaatsanwälte *Dr. Fick* (Bamberg), *Steffen* (München), *Buchholz* (Hamburg) und *Brühl* (Berlin) waren aus dienstlichen oder persönlichen Gründen an der Teilnahme verhindert.

Ltd. OStA Scholz eröffnete die Tagung der GStA und *begrüßte* die Teilnehmer für den durch Krankheit verhinderten GStA Buchholz. [„Als im Mai 1959 Justizsenator *Dr. Biermann-Rathjen* in Hamburg die GStA begrüßte, die sich dort zu ihrer Arbeitstagung versammelt hatten, verglich er den weisungsfreien Bereich in der staatsanwaltschaftlichen

Tätigkeit mit den weißen Flecken auf der Landkarte, die durch fleißige Forschung auszufüllen seien." (*Dünnebier*, JZ 1961, 312)]

GStA Dr. Dünnebier bat, als weiteren Punkt der TO das Thema „Anklage von Jugendschutzsachen bei der Strafkammer" zu behandeln.

OStA Polzin bat, das Thema „Zuständigkeit für außerberufliche Anwaltsnotare" in die TO aufzunehmen.

1. *Verkehrssünderkartei und Staatsanwaltschaft (Punkt 14 TO)*

GStA Nellmann erwähnte einleitend einen Artikel von *Dr. Parigger*, Direktor des Kraftfahrt-Bundesamtes Flensburg, *„Der Wiederholungstäter im Verkehrszentralregister"* (Schleswig-Holsteinische Anzeigen, Teil A Nr. 12/1958). Es sei bekannt, dass die Interessenverbände mit dem Dolche im Hintergrunde liegen, um die Verkehrssünderkartei umzubringen. Man scheue keine Mühe, um dieses Ziel zu erreichen. Es bestehe die Gefahr, dass der Bundestag eines Tages die Kartei aufhebt, die voriges Jahr beschlossen wurde. Die Justiz mache zu wenig Gebrauch von der Kartei. Der Artikel von *Parigger* sollte in den Justizblättern nachgedruckt werden. *GStA Nellmann* verwies auf den Abdruck in den „Schleswig-Holsteinischen Anzeigen". Er übermittelte ferner die Bitte des Straßenverkehrssicherheitsausschusses, dass die Justiz von der Verkehrssünderkartei Gebrauch mache. Wenn das nicht geschehe, bedeute es das Ende der Verkehrssünderkartei.

Ltd. OStA Scholz wies darauf hin, dass bei amtsgerichtlichen Strafverfügungen von der Möglichkeit der Eintragung sehr unterschiedlich Gebrauch gemacht werde. Er trat für eine einheitliche Handhabung ein.

GStA Nellmann meinte, die Eintragung kranke daran, dass die Formulare für die Einholung der Auskünfte verschieden seien. Er schlug vor, die Formulare für das Strafregister und die Verkehrssünderkartei zu vereinheitlichen.

GStA Dr. Bauer zitierte einen Zeitungsartikel „Gerichte sollen in Flensburg öfter nachfragen" und meinte, dass ein riesiger Apparat aufgezogen sei, der zu teuer und unangemessen arbeite. In Nordrhein-Westfalen und Hessen seien die Mitteilungen unterschiedlich, willkürlich und unzulänglich. Man überlasse sie vielfach dem Rechtspfleger. *GStA Dr. Bauer* stellte die Frage, ob sich die Verkehrssünderkartei angesichts der hohen Kosten lohne und insbesondere, ob sie rechtsstaatlich verantwortet werden könne.

GStA Dr. Dünnebier knüpfte an den bereits erwähnten Artikel in den „Schleswig-Holsteinischen Anzeigen" an und bezeichnete das Ergebnis der Kartei als sehr dünn. Durch die Möglichkeit der Nichteintragung sei es verwässert. GStA Dr. Dünnebier meinte zur Frage der Bedeutung der Kartei, dass man es bei Übertretungen nicht auf den Rückfall abstellen könne, weil die Tat aus der Situation heraus verstanden werden müsse. Solange aber die Kartei bestehe, müsse von ihr Gebrauch gemacht werden.

GStA Mützelburg beklagte sich darüber, dass die Auskünfte aus Flensburg sehr lange (2–3 Wochen) auf sich warten ließen. Dies sei wegen der kurzen Verjährungsfrist bedenklich. Er vertrat die Ansicht, dass die Polizei die Möglichkeit haben müsste, die Auskünfte einzuholen. Er schlug vor, sie nur bei einer Anklage, dagegen nicht bei einem Antrag auf Erlass eines Strafbefehls anzufordern, weil sie im letzteren Falle zu spät komme.

GStA Nellmann meinte, dass die Auskunft nur in bestimmten Fällen, z.B. bei fahrlässiger Tötung eingeholt werden sollte. Im Übrigen begrüßte er den Aufsatz von *Dr. Parigger*. Er zeige die traurige Praxis. GStA Nellmann empfahl, nicht nur die Auskunft aus der Kartei einzuholen, sondern auch die Akten der dort verzeichneten Vorgänge heranzuziehen.

BA Dr. Wagner betonte, dass das BJM an diesem Tagungspunkt sehr interessiert sei und regte an, eine gemeinsame Entschließung zu fassen, die den Vorschlag an den Gesetzgeber enthalte, die Mitteilung an die Kartei obligatorisch zu machen und der Polizei die Möglichkeit zur Einholung der Auskünfte zu geben.

GStA Dr. Dünnebier wies darauf hin, dass die Zahl der Auskünfte nur 10% der Mitteilungen ausmache. Er schlug vor, die Einholung der Auskünfte auf Vergehen zu beschränken und bei Übertretungen im Rückfall die Auskunft von der Polizei einholen zu lassen.

GStA Biermann äußerte Bedenken, ob sich der Aufwand, den das Amt in Flensburg benötige, für die Rechtsprechung lohne. Er führte als Beispiel an, dass ein Verkehrssünder mit 15 Bestrafungen von dem Amtsgericht, das ihn schon zehnmal verurteilt hätte, niedriger als vorher bestraft worden sei.

GStA Dr. Bauer begrüßte die skeptische Äußerung des GStA Dr. Dünnebier und wies im Übrigen darauf hin, dass die Verkehrssünderübertretungen bald Ordnungswidrigkeiten sein würden.

GStA Dr. Krapp meinte, dass man sich noch kein Urteil über Wert und Unwert der Einrichtung erlauben könne, und schlug vor, diese Frage auf die Tagesordnung der nächsten Jahrestagung zu setzen.

Ltd. OStA Scholz schloss sich diesem Vorschlag an.

GStA Dr. Haas kritisierte die uneinheitliche Handhabung der Kartei, meinte aber auch, dass der Wert der Kartei zur Zeit noch nicht abschließend beurteilt werden könne.

GStA Nellmann trat für eine vermehrte Inanspruchnahme der Kartei und für eine abschließende Beurteilung im nächsten Jahr ein.

GStA Dr. Hechtel schloss sich dieser Anregung an und schlug vor, dass die GStA ihren Einfluss dahin geltend machen, dass die Staatsanwälte einen vernünftigen, sinngemäßen Gebrauch von der Kartei machen. Der Staatsanwalt müsse dazu erzogen werden, dass er bei dem Eingang einer Anzeige stets prüfe, ob es sich um einen Fall handelt, der der Nachprüfung hinsichtlich etwaiger früherer Vorgänge bedarf. GStA Dr. Hechtel teilte mit, dass § 6 a Abs. 2 StVG [Verkehrssünderkartei] in München zu weitgehend angewendet werde. Eine abschließende Stellungnahme könne aber jetzt noch nicht abgegeben werden.

GStA Morbach schlug auch vor, diesen Punkt auf die nächste TO zu setzen und die Staatsanwälte anzuweisen, in wichtigen Fällen von den gesetzlichen Möglichkeiten sinngemäß und vorsichtig Gebrauch zu machen.

GStA Dr. Hechtel sprach sich dagegen aus, dass die Polizei mit der Einholung der Auskünfte betraut werde, weil sie überlastet sei.

GStA Dr. Bauer wies darauf hin, dass in Hessen die Formulare in den meisten Fällen falsch ausgefüllt worden seien, und bezeichnete es als eine Aufgabe der Staatsanwälte, dass von der Kartei richtig Gebrauch gemacht werde.

Ltd. OStA Scholz stellte abschließend als *Ergebnis der Beratung* fest, dass dieser Punkt auf die nächste TO gesetzt wird und die Staatsanwälte angewiesen werden, von der Einrichtung in Flensburg sinngemäßen und vorsichtigen Gebrauch zu machen.

2. *Örtliche Zuständigkeit in Verfahren wegen Verletzung der Unterhaltspflicht (Punkt 15 der TO)*

GStA Dr. Dünnebier führte hierzu aus: Die in Berlin beschlossene Regelung sei eindeutig, wenn der Beschuldigte einen festen Wohnsitz habe. Seien die Ermittlungen an seinem Aufenthaltsort eingeleitet, würden die Akten an die Staatsanwaltschaft abgegeben, in deren Bezirk der Unterhaltsberechtigte wohne. Seien sie dort eingeleitet worden, so verbleibe die Sache dort. Da indes der Sinn der Regelung sei, für alle Fälle eine feste Zuständigkeit zu begründen und das Hin- und Herschicken der Akten zu vermeiden, wäre es zweckmäßig, ein am Wohnsitz des Beschuldigten eingeleitetes Verfahren dort zu belassen, wenn er einen ständigen Wohnsitz habe und kein Wechsel zu erwarten sei. Einmal würde damit eine Abgabe von Akten vermieden, was ja der Sinn der Regelung sei, und zum anderen würde das Verfahren am zweckmäßigsten am Wohnsitz des Beschuldigten durchgeführt. Fraglich sei, wie zu verfahren sei, wenn das Verfahren am Wohnort des Unterhaltsberechtigten eingeleitet worden sei und der Beschuldigte einen davon verschiedenen ständigen Wohnsitz habe und kein Wechsel zu erwarten sei. Dann wäre es für die Bearbeitung zweckmäßig, die Sache an den Wohnsitz des Beschuldigten abzugeben. Da aber bei der Vereinbarung das Bestreben im Vordergrund stehe, Abgaben zu vermeiden, müsse die Staatsanwaltschaft für den Wohnsitz des Unterhaltsberechtigten das Verfahren behalten. Damit würde eine Frage der technischen Zweckmäßigkeit den Vorrang erhalten vor einer der verfahrensmäßigen Notwendigkeiten. Deshalb erscheine die getroffene Regelung nicht zweckmäßig. Im Gerichtsverfahren ergaben sich bei der Durchführung am Wohnsitz des Unterhaltsberechtigten umständliche Ladungen, die notwendigen kommissarischen Vernehmungen. Da es Sinn der Vereinbarung sei, bei Beschuldigten mit unständigem Wohnsitz die Abgabe von Verfahren zu vermeiden, schlage er daher folgende Entschließung vor: Bei Vergehen nach § 170 b StGB ist das Verfahren grundsätzlich durch die Staatsanwaltschaft durchzuführen, in deren Bezirk der Beschuldigte wohnt. Hat er keinen festen Wohnsitz oder keinen Wohnsitz in der Bundesrepublik, dann ist das Verfahren bei der Staatsanwaltschaft durchzuführen, in deren Bezirk der Unterhaltsberechtigte wohnt.

GStA Dr. Görcke unterstützte diesen Vorschlag grundsätzlich, wies aber auf die besondere Lage Berlins hin. Von Berlin aus gesehen, müsse dort verhandelt werden, wo der Beschuldigte wohne. Wenn der Beschuldigte also in Essen wohne, sei es unzweckmäßig, das Verfahren nach Berlin abzugeben, weil es schwieriger sei, den Beschuldigten heranzuschaffen als die Zeugen.

GStA Biermann sprach die Befürchtung aus, dass die früheren Schwierigkeiten wieder auftauchen, wenn die Zuständigkeit auf den Wohnsitz des Beschuldigten abgestellt würde. Die Zuständigkeit am Orte des Unterhaltsberechtigten solle verhindern, dass die Akten hinter dem Beschuldigten herlaufen. Bei dieser Vereinbarung sollte es verbleiben.

GStA Dr. Haas schloss sich den Bedenken des GStA Biermann an.

GStA Ahmann meinte, dass Tatort und Aufenthaltsort des Beschuldigten sich in der Regel deckten. Es sei daher zweckmäßig, das Verfahren am Aufenthaltsort des Beschuldigten durchzuführen, auch wenn dieser den Aufenthaltsort inzwischen wechsele.

GStA Dr. Hechtel schloss sich den Ausführungen des GStA Dr. Dünnebier an.

GStA Dr. Müller berichtete, dass sich die in Berlin getroffene Vereinbarung bewährt habe. Man solle es bei dieser Regelung belassen. Sie bewirke keine ausschließliche Zuständigkeit. Im Einzelfall könne davon abgewichen werden. Für Sonderverhältnisse befürworte er eine Ausnahmeregelung.

GStA Dr. Krapp, Ahmann, Dr. Bauer und *Dr. Voss* sowie *BA Dr. Wagner* traten für das Beibehalten der bisherigen Regelung ein.

GStA Dr. Adams schlug vor, bei Vergehen nach § 170 b StGB das Verfahren grundsätzlich durch die Staatsanwaltschaft durchzuführen, in deren Bezirk der Beschuldigt z.Zt. der Unterhaltsentziehung gewohnt hat. Habe der Beschuldigte z.Zt. der Einleitung des Ermittlungsverfahrens keinen festen Wohnsitz, oder wohne er nicht in der Bundesrepublik, so sei das Verfahren bei der Staatsanwaltschaft des Wohnsitzes des Unterhaltsberechtigten durchzuführen.

GStA Dr. Bauer lehnte diese Lösung ab, weil durch sie ein dritter Zuständigkeitsort geschaffen werde.

GStA Nellmann setzte sich für die in Fischbachau getroffene Regelung ein.

GStA Dr. Dünnebier behielt sich vor, in geeigneten Fällen die Entscheidung des GBA einzuholen.

GStA Biermann stellte abschließend fest, dass es bei der bisherigen Regelung bleibe. Missbräuche seien dem zuständigen GStA mitzuteilen. Zweifelsfälle seien von GStA zu GStA zu bereinigen.

3. *Anklage von Jugendschutzsachen bei der Strafkammer? (Punkt 16 TO)*

GStA Dr. Dünnebier wies auf das Urteil des BVerfG vom 19.3.1959 – 1 BvR 295/58 – hin [BVerfGE 9, 223; LS: 1. Aus Art. 101 Abs. 1 Satz 2 GG folgt nicht, dass der Gesetzgeber den gesetzlichen Richter stets endgültig bestimmen muss. Eine „bewegliche“

Zuständigkeitsregelung ist zulässig, soweit sie unter justizgemäßen Gesichtspunkten generalisiert und sachfremden Einflüssen auf das Verfahren vorbeugt. – 2. Bejaht die Staatsanwaltschaft die „besondere Bedeutung" des Falles im Sinne von § 24 Abs. 1 Nr. 2 GVG, so muss sie beim Landgericht Anklage erheben.] und stellte fest, dass es nach diesem Urteil ein „Wahlrecht" des Staatsanwalts zwischen AG und LG gem. § 24 Abs. 1 Nr. 2, 3 GVG nicht gebe. Bisher sei in Jugendschutzsachen die besondere Bedeutung des Falles bejaht und die öffentliche Klage beim LG erhoben worden, um zu erreichen, dass die jugendlichen Zeugen nur einmal vernommen werden. Gegen die Beibehaltung dieser Praxis bestünden nach dem Urteil des BVerfG Bedenken, weil die Jugendschutzsachen in der Regel nicht von besonderer Bedeutung seien.

GStA Dr. Görcke wies darauf hin, dass in Berlin die Mehrzahl der Jugendschutzsachen Sittlichkeitsverbrechen seien. Da vorher nicht feststehe, wie hoch das Urteil ausfalle, bereitet die Anklage vor der Kammer bei Sittlichkeitsverbrechen keine Schwierigkeiten. Kleine Jugendschutzsachen gehörten vor das Schöffengericht.

BA Dr. Wagner erklärte, dass das Urteil des BVerfG allen Herren zur Unterrichtung zugehen werde.

GStA Dr. Dünnebier betrachtete damit diesen Besprechungspunkt als erledigt.

4. *Die Zuständigkeit für außerberufliche Pflichtverletzungen von Anwaltsnotaren* (§ 73 RNotO; AO d. früh. RJM vom 10.5.1938 zur Durchführung der Vorschrift des § 74 RNotO – 3830 – 683/38 – veröffentlicht in *Krug-Schäfer-Stolzenburg*, Strafrechtl. Verwaltungsvorschriften, S. 1016). (Punkt 17 TO)

OStA Polzin führte hierzu aus: „Eine nachdrückliche gesetzliche Regelung dieser Frage ist weder in der RNotO, noch in der RAO getroffen. § 74 RNotO stellt es lediglich bei *beruflichen* Verfehlungen eines Notars, der zugleich als Rechtsanwalt zugelassen ist, darauf ab, ob die Verfehlung vorwiegend mit dem Amt als Notar oder der Tätigkeit als Rechtsanwalt im Zusammenhang steht.

Abweichend von dieser Grundsatzregelung bestimmte die Anordnung des früheren RJM vom 10.5.1938 zur Durchführung der Vorschrift des § 74 RNotO – 3830 – I a 7 683/38 – in Ziff. II, dass *außerberufliche* Verfehlungen von Anwaltsnotaren im Hinblick auf die erhöhten Pflichten des Notars stets der Entscheidung im Dienststrafverfahren zuzuführen sind, sofern sie nicht vorwiegend mit der Tätigkeit als Rechtsanwalt in Zusammenhang stehen". Für die Dauer des Krieges war diese Ausführungsbestimmung ebenso wie die Vorschrift des § 74 RNotO für das förmliche Verfahren durch die VO zur Änderung und Ergänzung der RRAO vom 1.3.1943 (RGBl. I 123) außer Kraft gesetzt. § 7 Abs. 6 dieser Verordnung bestimmte, dass gegen einen Anwaltsnotar nur das *ehrengerichtliche* Verfahren vor dem Dienststrafgericht durchzuführen war. Nach dem Kriege ist die Frage der Ahndung außerberuflicher Verfehlungen von Anwaltsnotaren noch nicht wieder einheitlich geregelt worden.

Gegen die Wiederanwendung der Anordnung des früheren RJM vom 10.5.1938 bestehen Bedenken. Sinn dieser Ausnahmeregelung war es offensichtlich, dem immer stärker werdenden Drängen zu staatlich gelenkten und beaufsichtigten Berufen auch bei den Anwaltsnotaren Rechnung zu tragen. Sie bedeutete insoweit aber eine Einengung der freien Advokatur. Die Anwaltsnotare sollten nicht der Aufsicht der Standesorgane unterstellt bleiben, sondern der straff gelenkten Staatskontrolle unterworfen werden. Dieses Streben mag für die Abwendung beruflicher Verfehlungen, soweit sie sich auf das Notaramt beziehen oder mit ihm in Verbindung stehen, durchaus seine Berechtigung haben, nicht aber für außerberufliche Verfehlungen. Die Anwaltsnotare sind in der Meinung der Öffentlichkeit und auch nach eigener Auffassung als Angehörige eines freien Berufes in erster Linie Rechtsanwälte und als solche auch für ihr außerberufliches Verhalten dem anwaltlichen Standesrecht und der Ehrengerichtsbarkeit unterworfen, es sei denn, dass dieses Verhalten vorwiegend mit dem Notaramt in Zusammenhang steht (wie z.B. bei Kraftfahrten zu und von Notargeschäften außerhalb der Praxis).

Auch die Mehrheit der OLG-Präsidenten und GStA Niedersachsens vertritt, wie hier bekannt geworden ist, die Auffassung, dass die Anordnung vom 10.5.1938 überholt und das anwaltliche Ehrengericht auch dann zuständig sei, wenn die Verfehlung des Anwaltsnotars weder mit der Tätigkeit als Notar noch mit der als Rechtsanwalt in Verbindung gebracht werden könne."

Nachdem sich mehrere Tagungsteilnehmer zu dieser Frage im Sinne der vorstehenden Ausführungen geäußert hatten, konnte *OStA Polzin* feststellen, dass Einigkeit darin bestehe, dass in den bezeichneten Fällen gegen einen Anwaltsnotar nur das anwaltliche Ehrengerichtsverfahren durchzuführen sei.

5. *Anwendung des § 153 b StPO bei im Ausland begangenen Straftaten, die von allgemeinen Gerichten abgeurteilt worden sind (Punkt 10 TO)*

GStA Nellmann stellt die Frage, ob Urteile der Besatzungsgerichte gegen Kriegsverbrecher unter die Vorschrift des § 153 b StPO [Nichtverfolgung von Auslandstaten] fallen, oder ob die dort Verurteilten über die Zentralstelle erneut anzuklagen seien. GStA Nellmann vertrat die Ansicht, dass § 153 b StPO anzuwenden sei, z.B. auf die Nürnberger Urteile, wenn die Tat im Ausland begangen sei.

GStA Dr. Görcke erwiderte, dass die Frage nicht allgemein beantwortet werden könne. Kriegsverbrechen seien nicht von allgemeinen, sondern von besonders eingesetzten Gerichten abgeurteilt worden. Er erwähnte die Verurteilungen durch russische Gerichte zu 25 Jahren Zwangsarbeit. Die Entscheidung, ob nach der vorzeitigen Entlassung der Verurteilten ein neues Verfahren durchzuführen sei, müsse von Fall zu Fall getroffen werden.

GStA Nellmann teilte mit, dass bei Urteilen der Besatzungsgerichte, z.B. in Nürnberg, von § 153 b StPO Gebrauch gemacht werde.

GStA Dr. Görcke wies darauf hin, dass teilweise von Verurteilten neue Verfahren eingeleitet würden, um Haftentschädigung zu erreichen.

GStA Ahmann hielt § 153 b StPO grundsätzlich für anwendbar. Es gebe aber Fälle, in denen es zweckmäßig oder notwendig sei, ein neues Verfahren durchzuführen.

GStA Dr. Müller wies auf den Widerspruch hin, dass deutsche Stellen erst Begnadigungen der von Besatzungsgerichten Verurteilten erwirken und dann neue Verfahren einleiten. Dies dürfe nicht eintreten.

BA Dr. Wagner erklärte, dass § 153 b StPO auf diese Fälle Anwendung finde. Diese Vorschrift sei die Kehrseite von § 7 StGB.

OStA Polzin hielt § 153 b StPO auch für anwendbar, wenn es sich um Aburteilungen durch Besatzungsgerichte von im Inland begangenen Straftaten handle.

GStA Nellmann traf abschließend *folgende Feststellung:* „Die GStA sind sich einig, dass auch auf besatzungsgerichtliche Urteile, die nach 1945 innerhalb der Bundesrepublik gefällt wurden, die Vorschrift des § 153 b StPO angewendet werden kann."

6. *Gleichmäßiges Vorgehen in Haftsachen (Punkt 1 TO)*

GBA Dr. h.c. Güde hielt das in der Anlage beigefügte Referat:

Anlage A: Die Frage, die ich zur Erörterung stelle, ist enger begrenzt als die Formulierung unserer TO vortäuscht. Mein Ausgangspunkt ist der Fall *[Ludwig] Zind.* Bekanntlich sind in diesem Fall im In- und Ausland schwere Vorwürfe gegen die deutsche Justiz erhoben worden. Selbst in einem so sachlichen und keineswegs deutschfeindlichen Organ wie der NZZ ist ganz eindeutig unterstellt worden, dass es sich dabei um vorsätzliche Begünstigung alter Nazis durch die deutschen Justizbehörden handle.

Die Frage, die sich rückwärts stellt, geht dahin, ob nicht zugleich mit der Verkündung des erstinstanzlichen Urteils, das bekanntlich auf ein Jahr Gefängnis lautete, Haftbefehl hätte erlassen werden sollen. Für unseren staatsanwaltschaftlichen Bereich stellt sich die Frage entsprechend dahin, warum vom Staatsanwalt nicht zugleich mit seinem Antrag, der auf ein Jahr Gefängnis lautete, Haftbefehl beantragt worden ist.

Angesichts eines solchen Einzelfalles – dem ähnliche an die Seite zu stellen wären – ist augenscheinlich, dass unsere Handhabung dieses Problems ebenso sehr der Regelung durch Vorschrift wie durch bestimmte Übung entbehrt. Ich stelle also zur Erörterung, ob es keine Möglichkeit gibt, auf die Bildung einer solchen Übung durch Aufstellung gewisser äußerer Anhaltspunkte hinzuwirken. Wir würden die Handhabung des Einzelfalles erleichtern, wenn wir die Praxis nach solchen äußeren Anhaltspunkten orientieren würden. Hätten wir eine solche Übung, dann hätten wir beispielsweise im Fall *Zind* zur Widerlegung des törichten Verdachts der Begünstigung wenigstens darauf hinweisen können, dass der Fall nach der Regel behandelt worden sei.

Ich frage also. Sollten nicht unsere Staatsanwälte in aller Regel, wenn sie in der Hauptverhandlung eine Freiheitsstrafe von einem Jahr und mehr beantragen, gleichzeitig auch Haftbefehl beantragen? Eine solche Handhabung enthielte in sich die generalisierende Unterstellung, dass von einer bestimmten Strafhöhe ab – beispielsweise von einem Jahr ab – Fluchtverdacht anzunehmen sei.

Man kann natürlich dagegen geltend machen, dass jedes Anknüpfen an äußere Tatsachen, wie etwa die Strafhöhe, mechanisch und roh sei. Dass dabei die Besonderheit des Einzelfalles zum Teil unberücksichtigt bliebe, ist zuzugeben, aber gegenüber dem Gegenbild grenzenloser Berücksichtigung aller individuellen Gegebenheiten des Einzelfalles muss einem gesunden Maß von generalisierender Vereinfachung der Vorzug gegeben werden. Die Regellosigkeit der gegenwärtigen Praxis trägt weder dem Gerechtigkeitsgefühl der Allgemeinheit noch dem Ansehen des Staates hinreichend Rechnung.

Worauf es ankäme, wäre, unserer Strafjustiz wenigstens im Zeitpunkt der Urteilsfällung den Ernst verantwortlicher Entscheidung dadurch zu verleihen, dass der zu schwerer Strafe Verurteilte auch in Haft genommen wird. Eine Praxis, die in dieser Frage zu größerer Härte für den Zeitpunkt des Urteils käme, könnte es sich vielleicht dann auch eher leisten, im Ermittlungsverfahren und in der Voruntersuchung die Haftfrage großzügiger zu behandeln und die übermäßige Zahl von Haftfällen zu verringern.

Nach der Aussprache: Ich trage den Einwendungen in der Aussprache Rechnung, indem ich nunmehr vorschlage, den Staatsanwaltschaften nahezulegen: Bei Beantragung einer Freiheitsstrafe auf ein Jahr und mehr zu prüfen, ob nicht gleichzeitig Antrag auf Haftbefehl zu stellen ist, bei Beantragung von zwei Jahren und mehr in aller Regel gleichzeitig Haftbefehl zu beantragen.

Ltd. OStA Scholz wies darauf hin, dass in Hamburg in den wenigsten Fällen bei einem Jahr Gefängnis ein Haftbefehl ergehe.

GStA Dr. Dünnebier erklärte, dass der Anteil der Untersuchungshäftlinge an den Gefangenen in Bremen 17% betrage. Im Fall *Loritz* [Antisemit; hierzu *Hans Woller*, Loritz-Partei, 1994] habe das OLG durch die Aufhebung des Haftbefehls wohl eine Fehlentscheidung getroffen. GStA Dr. Dünnebier knüpfte aber hieran die Frage, in wie vielen Fällen von Verhaftungen eine Fehlentscheidung vorliege. Die Freiheit sei ein hohes Gut. Der Beschuldigte sei bis zur rechtskräftigen Verurteilung unschuldig. Die Untersuchungshaft sei daher einzuschränken. Bei Verbrechen und mehrjährigen Zuchthausstrafen sei selbstverständlich ein Haftbefehl zu beantragen. Im Übrigen sollte gerade die Erfahrung, dass in Wirklichkeit sehr wenig Beschuldigte nach Aufhebung oder Ablehnung eines Haftbefehls fliehen, zur Vorsicht mahnen. Die klare Linie in Haftfragen fehle nicht, sondern sei in der Strafprozessordnung aufgezeigt. Die Fälle *Zind* und *Loritz* seien als Opfer der Rechtsstaatlichkeit in Kauf zu nehmen.

GStA Biermann führte aus, dass bei zwei Jahren in der Regel Haftbefehl wegen Fluchtverdachts zu beantragen sei. Er gab zu bedenken, dass bis zu neun Monaten

Gefängnisstrafe das Gericht die Vollstreckung bedingt aussetzen könne. Die Fälle, in denen die Berufungsinstanz die Strafe von einem Jahr auf neun Monate herabsetze, seien nicht selten. Die Grenze von einem Jahr für den Antrag auf Erlass eines Haftbefehls liege zu nahe an der Neunmonatsgrenze.

GStA Dr. Bauer schloss sich dem Standpunkt des GStA Dr. Dünnebier an und befürwortete die Einschränkung der Haftbefehle. Die Zahl der Haftbefehle würde sich aber vermehren, wenn schon bei einer Strafe von einem Jahr und höher ein Haftbefehl beantragt werden würde. Ein Haftbefehl nach Erlass des Urteils werde im Übrigen als Versuch, den Angeklagten zum Verzicht auf ein Rechtsmittel zu bewegen, aufgefasst. Ferner kritisierte GStA Dr. Bauer die Praxis des BGH, drei Monate Untersuchungshaft auf die erkannte Strafe nicht anzurechnen. Die Folge sei, dass ein Angeklagter, der zu einem Jahr Gefängnis verurteilt sei und Revision eingelegt habe, noch drei Monate zu seiner Strafe hinzu bekomme.

GStA Nellmann begrüßte den Vorschlag des GBA und wandte sich gegen die Forderung, dass die Zahl der Haftbefehle generell herabgesetzt werden müsse. Er sprach sich jedoch für eine Heraufsetzung der Grenze für den Antrag auf Erlass eines Haftbefehls auf ein Jahr sechs Monate Gefängnisstrafe aus.

GStA Dr. Hechtel schloss sich auch dem Vorschlag des GBA an. Er sei in großer Sorge um das Ansehen der Rechtspflege und insbesondere Strafjustiz, wenn schwere Rechtsbrecher sich der Verantwortung entziehen können. Er erwähnte in diesem Zusammenhang die Flucht der Gräfin [Josefine] *Kaunitz,* nachdem der Haftbefehl gegen sie aufgehoben war, und einen weiteren Fall, in welchem Autodiebe noch zweieinhalb Jahre auf freiem Fuß gewesen seien, bevor sie ihre Strafe von drei Jahren Gefängnis angetreten hätten. Es fehle an verantwortungsfreudigen Staatsanwälten und verantwortungsbewussten Richtern. Die Bevölkerung habe für diese Fälle kein Verständnis. Den Ausführungen des GStA Dr. Bauer hielt er entgegen, dass bei erfolgreicher Revision die ganze Untersuchungshaft angerechnet werde.

BA Dr. Wagner meinte, dass durch die StPO keine Klarheit geschaffen sei und erinnerte an den Artikel des Rechtsanwalts *Dr. Schmidt-Leichner* in NJW 1959, 841. Demgegenüber würde der Vorschlag des Herrn GBA eine gewisse Klarheit bedeuten. Er führe nicht zu einer Inflation der Haftbefehle, sondern zu deren Verminderung im Vorverfahren.

GStA Dr. Dünnebier trat den Ausführungen des GStA Dr. Hechtel entgegen, weil sie eine antizipierte Strafvollstreckung bedeuteten. Im Übrigen sei er nicht der Ansicht, dass bei einer bestimmten Strafhöhe generell Haftbefehl beantragt werden solle. Die Strafprozesse sollten vielmehr beschleunigt werden.

Ltd. OStA Scholz schloss sich den Ausführungen GStA Biermanns an.

GStA Mützelburg hielt eine Grenze von zwei Jahren für berechtigt.

GBA Dr. h.c. Güde führte unter Bezugnahme auf den von GStA Dr. Hechtel zuletzt erwähnten Fall aus, dass es unerträglich sei, wenn Verbrecher nach ihrer Aburteilung weitere Straftaten begehen können. Er wünsche sich im Ermittlungsverfahren weniger Haftbefehle, umso entschiedener müsse aber im Zeitpunkt der Urteilsverkündung gehandelt werden. Die Staatsanwaltschaft werde dann Erfolg haben, wenn sie mit einer gewissen Einheitlichkeit auf einer bestimmten Handhabung der Haftbefehle bestehe. Der GBA regte an, ab einem Jahr Gefängnis zu prüfen, ob der Erlass eines Haftbefehls zu beantragen sei, und ab zwei Jahren in aller Regel Haftbefehle zu beantragen.

GStA Dr. Haas sprach die Befürchtung aus, dass in der Frage des Haftbefehls ein Schematismus entstehe, wenn dem Vorschlag des GBA gefolgt werde. Zweckmäßig sei es, diese Frage, gerade weil sie ernst sei, auf die Weise zu behandeln, dass in Besprechungen mit den OStA unter Zitierung der erwähnten Fälle auf den Ernst der Dinge hingewiesen und auf diese Weise eine einheitliche Übung erzielt und eine vernünftige Handhabung sichergestellt werde.

GBA Dr. h.c. Güde wandte sich abschließend gegen den Vorwurf der Schematisierung. Entsprechend seiner Anregung wurde zu diesem Punkt der TO von einem Beschluss abgesehen. Das Problem soll in internen Besprechungen mit den OStA der einzelnen Bezirke erörtert werden.

7. *Zulässigkeit und gesetzliche Möglichkeit der Überwachung von Beschuldigten, bei denen entweder der Erlass eines Haftbefehls abgelehnt oder der Haftbefehl wieder aufgehoben worden ist (Punkt 2 der TO)*

GStA Dr. Voss hielt das in der Anlage beigefügte Referat *(Anlage B):* Es soll im Folgenden die Frage erörtert werden, ob und in welcher Weise ein Beschuldigter überwacht werden kann, wenn entweder der Erlass eines Haftbefehls abgelehnt oder der Haftbefehl wieder aufgehoben worden ist *und* gegen die Entscheidung kein weiteres Rechtsmittel gegeben ist.

Unproblematisch ist die Frage, wenn nach Erlass der – mit einem Rechtsmittel nicht mehr angreifbaren – Entscheidung des Gerichts *neue Tatsachen* oder *Beweismittel* bekannt werden, aus denen sich der Fluchtverdacht oder die Verdunklungsgefahr ergibt: Dem Staatsanwalt stehen dann alle zur Sicherung der Durchführung des Strafverfahrens gesetzlich vorgesehenen Mittel (§§ 112–131 StPO) zur Verfügung. Er kann auch zur Vorbereitung seiner Entscheidung, ob er erneut den Erlass eines Haftbefehls beantragen soll, oder ob die Verhaftung nicht etwa durch weniger einschneidende Maßnahmen ersetzt werden kann (Ziff. 35 RiStV), die Polizei mit den entsprechenden Ermittlungen beauftragen.

Anders hingegen liegt der Fall, wenn dem Staatsanwalt *keine* neuen Tatsachen oder Beweismittel bekannt werden, er lediglich im Gegensatz zu der – nicht mehr angreifbaren – gerichtlichen Entscheidung Fluchtverdacht oder Verdunklungsgefahr nach wie vor für vorliegend ansieht.

Die Einzelheiten des Falles *Zind,* der in der Presse so heftig diskutiert worden ist, sind mir insoweit nicht bekannt. Aber ein Fall aus meinem Bezirk mag die Problematik verdeutlichen [Ws 78/59 OLG Schleswig]: Der Direktor einer städtischen AG war wegen aktienrechtlicher Untreue in 1. Instanz zu einem Jahr und neun Monaten Gefängnis verurteilt worden. Auf seine Revision wurde das Urteil vom BGH nur im Strafmaß aufgehoben. Es wurde dann bekannt, dass der Angeklagte – er ist Sportsegler und Besitzer einer Hochseeyacht – während der Verhandlung seiner Revision vor dem BGH mit seinem Boot in Schweden war und er zudem Verhandlungen über eine Anstellung in Teheran führte. Hierauf wurde auf Antrag der Staatsanwaltschaft gegen ihn Haftbefehl erlassen, der jedoch auf seine Beschwerde gegen meinen Antrag vom OLG wieder aufgehoben worden ist. Die Staatsanwaltschaft befürchtet, dass der Angeklagte sich der erneuten Hauptverhandlung oder Vollstreckung entziehen wird. – Der Angeklagte kann trotzdem in aller Offenheit mit seinem Boot weiterhin Auslandsreisen unternehmen, ohne dass dies als „neue Tatsache" anzusehen wäre, als eine Tatsache, die dem OLG bei seiner Haftentscheidung nicht schon bekannt war. Ein Antrag auf Erlass eines Haftbefehls könnte darauf also nicht gestützt werden.

Hat der Staatsanwalt in einem solchen Fall Möglichkeiten zu überwachen, z.B. durch „Beschattung" des Beschuldigten durch die Kriminalpolizei? – Diese Frage muss verneint werden. Dem Streben nach Durchsetzung des staatlichen Strafanspruches stehen hier die durch das GG gezogenen Schranken entgegen.

Dem Beschuldigten Beschränkungen hinsichtlich seines Aufenthaltsorts aufzuerlegen, verbietet sich aus den Art. 2 und 11 GG (Der Fall, dass der Beschuldigte gegen die Erfüllung bestimmter Auflagen vom Vollzug der Untersuchungshaft verschont wird, § 117 StPO, bleibt hier außer Betracht). In diese Grundrechte darf nur aufgrund eines Gesetzes eingegriffen werden, und eine gesetzliche Grundlage liegt nicht vor. In welch geringem Umfang der Gesetzgeber ohnehin nur Aufenthaltsbeschränkungen zulässt, zeigen die §§ 38, 39 StGB: Nur dem Verurteilten, gegen den auf Zulässigkeit der Polizeiaufsicht erkannt worden ist, kann der Aufenthalt an einzelnen bestimmten Orten von der höheren Polizeibehörde untersagt werden.

Aber auch ein bloßes ständiges Beobachtenlassen des Beschuldigten daraufhin, ob er nicht eventuell doch Vorbereitungen für eine Flucht trifft oder den Sachverhalt zu verdunkeln sucht, ist in einem solchen Falle nicht zulässig. Zwar würde durch eine derartige Handlungsweise nicht die Freiheit der Person des Beschuldigten beeinträchtigt (Art. 2 GG), da unter dieser Bestimmung nach überwiegender Auffassung nur die „Freiheit der Bewegung" verstanden wird [vgl. *(Andreas) Hamann,* Das Grundgesetz (2. Aufl. 1956), Art. 2 Anm. 10 m. Zitaten], wohl aber würde man sie als Verletzung der Würde des Menschen nach Art. 1 GG ansehen müssen. Sieht man in dem unbefugten Eindringen in die jedem Menschen geschützte Geheimsphäre, sei es durch schrankenlose Durchleuchtung der persönlichen Verhältnisse [vgl. BVerwG in NJW 1956, 393], durch unerlaubte

Veröffentlichung privater Aufzeichnungen [vgl. BGHZ 13/338 und 15/257, 258] oder sei es durch unbefugte Tonbandaufnahmen privater Gespräche [vgl. die Zitate bei *Hamann,* aaO. Art. 1 Anm. 4], eine Verletzung der Menschenwürde, so wird man Gleiches in der gesetzlich nicht sanktionierten Kontrolle jeglichen Tuns sehen müssen. Die verfassungsmäßig gewährleistete Würde des Menschen und sein Grundrecht auf freie Entfaltung der Persönlichkeit schützen den einzelnen dagegen, dass Dritte – und sei es der Staat – unbefugt in seine Geheimsphäre eindringen dürfen. Unterscheidet es doch gerade unsere „freiheitliche demokratische Grundordnung" (Art. 18 u. 21 GG) von jeder Gewalt- und Willkürherrschaft, dass der Bürger nicht in jedem Unbekannten einen Geheimpolizisten zu sehen braucht. Die Nachteile, die sich bei dieser Auslegung im Einzelfall für den reibungslosen Gang des Strafverfahrens ergeben können, werden nicht verkannt. Aber es liegt nun einmal im Begriff der Freiheit, dass sie missbraucht werden kann.

Der Staatsanwalt kann also nur aufgrund „neuer Tatsachen oder Beweismittel" [s. hierzu eingehend KMR, 4. Aufl., Einl. 14 III und Einl. 16 d) Maßnahmen zur Überwachung des Beschuldigten ergreifen. Hat das Gericht rechtskräftig den Erlass eines Haftbefehls abgelehnt oder einen Haftbefehl aufgehoben und sind keine neuen Tatsachen oder Beweismittel bekannt, so sind dem Staatsanwalt aus rechtsstaatlichen Gründen die Hände gebunden. Ihm kann aus seinem „Untätigsein" kein Vorwurf gemacht werden.

GStA Dr. Bauer stellte fest, dass eine vorläufige Festnahme nur zulässig sei, wenn die Voraussetzungen von § 127 StPO [vorl. Festnahme] gegeben seien. Er lehnte es ab, einen Beschuldigten allgemein beschatten zu lassen, weil dies eine Verletzung des Persönlichkeitsrechts sei. Dagegen sei es zulässig, konkrete Fragen aufzuwerfen und zu prüfen, z.B. die Frage, ob der Beschuldigte seine Arbeitsstelle beibehält oder aufgibt.

GStA Dr. Krapp wies auf die Gefahr der Schadensersatzpflicht hin.

GBA Dr. h.c. Güde vertrat den Standpunkt, dass die Überwachung eines Beschuldigten im äußeren Bereich nicht unzulässig sei.

GStA Dr. Görcke warf die Frage auf, wie der Staatsanwalt sich zu verhalten habe, wenn ein in Untersuchungshaft befindlicher Beschuldigter auf Antrag der Verteidigung durch einen Gerichtsbeschluss von der Untersuchungshaft verschont werde und die Strafkammer den mit der Beschwerde gestellten Antrag der Staatsanwaltschaft, die Vollziehung des Verschonungsbeschlusses auszusetzen, ablehne. Das KG habe einem Antrag der Staatsanwaltschaft, bis zur Entscheidung über die von ihr eingelegte Beschwerde die Vollziehung des Verschonungsbeschlusses auszusetzen, stattgegeben. Der Beschuldigte habe Anzeige wegen Freiheitsberaubung erstattet.

GStA Morbach vertrat den Standpunkt, dass der Beschuldigte nach dem Verschonungsbeschluss auf jeden Fall entlassen werden müsse.

GBA Dr. h.c. Güde erklärte, dass die Entscheidung der Strafkammer respektiert werden müsse.

GStA Ahmann wies darauf hin, dass eine Beschwerde der Staatsanwaltschaft gegen den Beschluss, der die bedingte Entlassung eines Verurteilten anordne, aufschiebende Wirkung habe (§ 454 Abs. 2 StPO). Dieser Fall sei aber im Gesetz ausdrücklich geregelt.

GStA Dr. Dünnebier machte darauf aufmerksam, dass im Falle eines neuen Antrages auf Erlass eines Haftbefehls der Beschuldigte 24 Stunden festgehalten werden könne.

8. *Strafsachen gegen Angehörige der Bundeswehr* (Punkt 3 TO)

GBA Dr. h.c. Güde hielt das in der Anlage beigefügte Referat *(Anlage C):* Ich bin in diesem Besprechungspunkt lediglich Übermittler von Anregungen, die von Seiten des Rechtsberaters im Wehrbereichskommando V und des Rechtsberaters des Kommandierenden Generals des A.K. an uns mit der Bitte herangetragen worden sind, sie in diesem Kreise der Herren GStA zur Erörterung zu bringen.

1. Es ist darauf hingewiesen worden, dass bei strafbaren Handlungen gegen Bestimmungen des Wehrstrafgesetzes im Allgemeinen die Anklagen bei Einzelrichtern, beim Schöffengericht oder bei den Jugendgerichten erhoben werden. Daraus ergebe sich die Folge, dass die Auslegung der Bestimmungen des Wehrstrafgesetzes keineswegs einhellig erfolge; es liege eine Reihe von widersprechenden Entscheidungen vor. Insbesondere gelte das für den Tatbestand der Gehorsamsverweigerung (§ 20 WStG [v. 1957, BGBl. I 298]) und den der entwürdigenden Behandlung (§ 31 WStG). Diese Unsicherheit sei für die Truppe schon deshalb abträglich, weil dadurch die Abgrenzung disziplinarischer Verfehlungen von Straftaten gegen die genannten Gesetzesbestimmungen sehr erschwert sei. Die Disziplinarvorgesetzten seien überfordert, wenn sie vor die Frage gestellt würden, ob sie eine Anzeige erstatten müssten oder einen Fall disziplinär erledigen könnten. Es sei infolgedessen wünschenswert, dass dem BGH die Möglichkeit gegeben wird, die Bestimmungen des Wehrstrafgesetzes verbindlich auszulegen, da nur auf diese Weise eine einheitliche Rechtsprechung erzielt werden könne. Die Anregung geht also dahin, den OStA nahezulegen, in geeigneten Fällen zur Klärung bedeutsamer Fragen des Wehrstrafrechts Anklage bei der Strafkammer zu erheben und geeignete Fälle in die Revisionsinstanz zu bringen.
2. Es ist die Bitte ausgesprochen worden, den OStA nahezulegen, dass in Verfahren gegen Soldaten bei der Entscheidung, ob ein Rechtsmittel einzulegen und durchzuführen sei, den Rechtsberatern der Bundeswehr Gelegenheit zur Stellungnahme und Darlegung des Standpunktes der Bundeswehr zu geben sei. – Vom Standpunkt der Justiz ist freilich dabei auch vor der Gefahr zu warnen, dass die Staatsanwaltschaften sich von den Interessen und Meinungen der Bundeswehr abhängig machen.
3. Die Rechtsberater haben auf den Missstand hingewiesen, der sich daraus ergäbe, dass die Aufrechterhaltung der militärischen Disziplin keinen gesetzlichen Haftgrund mehr darstelle, da das geltende Recht auch im militärischen Bereich nur die allgemeinen Haftgründe der Verdunklungsgefahr und des Fluchtverdachts kenne. – Die

Anregung geht zu dieser Frage dahin, den OStA nahezulegen, dass sie in geeigneten Fällen militärischer Straftaten die alsbaldige Aburteilung im beschleunigten Verfahren oder gegebenenfalls im vereinfachten Jugendverfahren anstreben möchten.

4. Es ist darauf hingewiesen worden, dass die Gerichte dazu neigen, auch bei nicht sehr schwerwiegenden Verfehlungen erhebliche Gefängnisstrafen zu verhängen, dann aber die Vollstreckung auszusetzen. Vom Standpunkt der Bundeswehr wird gesagt, dass den Belangen der Truppe viel mehr gedient sei, wenn stattdessen auf kurze Arreststrafen erkannt würde, die dann aber auch vollstreckt würden. Ein öffentliches Interesse an der Vollstreckung wird man in aller Regel als gegeben annehmen können, wenn die Aufrechterhaltung der Disziplin zwingend für die Vollstreckung spreche.
5. Es ist darauf hingewiesen worden, dass eine Erledigung im Strafbefehlsverfahren sich keineswegs für alle Fälle militärischer Straftaten eigne. Das gelte insbesondere für die Fälle von Gehorsamsverweigerung, weil insoweit das Verhalten des Vorgesetzten und die Frage, ob der Untergebene etwa falsch behandelt worden sei, eine ausschlaggebende Rolle spiele. In solchen Fällen erweise sich eine Hauptverhandlung daher als durchweg notwendig.

GStA Dr. Bauer verlas das in der Anlage beigefügte Schreiben *(Anlage D)* [weggelassen] des Rechtsberaters beim Befehlshaber im Wehrbereich IV vom 20.8.1958 und knüpfte hieran den Vorschlag, in Strafverfahren, die zu einer gerichtlichen Strafe führen, mit deren Vollstreckung aber nicht zu rechnen sei, die Vorschrift des § 153 StPO [Einstellung] anzuwenden, weil dann eine Disziplinarstrafe, die vollstreckt werde, ausgesprochen werden könne. Im Übrigen sollten Wehrstrafsachen und Kameradendiebstahl nicht durch Strafbefehl erledigt, wohl aber im beschleunigten Verfahren durchgeführt werden. GStA Dr. Bauer übermittelte schließlich Klagen über Schwierigkeiten bei den Mitteilungen in Strafsachen, weil fehlende Angaben über Truppenteil usw. die Weiterleitung verzögerten. Diese Verzögerungen könnten zur Folge haben, dass notwendige Disziplinarmaßnahmen nicht rechtzeitig getroffen würden. Unerlässlich sei die Mitteilung der Urteilsgründe, auch bei der Einstellung des Verfahrens sei eine Begründung zu geben.

GStA Nellmann sprach sich dagegen aus, dass auf dem Umweg über § 153 StPO die Bestrafung eines Soldaten auf den Disziplinarvorgesetzten verlagert werde.

GStA Dr. Voss vertrat den Standpunkt, dass dem Wunsch nach militärischen Beisitzern entgegengetreten werden müsse, weil auch andere Berufsgruppen, wie Lehrer und Ärzte, ähnliche Forderungen erheben würden.

GStA Mützelburg stimmt dem GBA zu.

GStA Dr. Görcke wies darauf hin, dass das Wehrstrafgesetz keine Berlinklausel enthalte. Dies sei bei den Staatsanwaltschaften anscheinend weitgehend unbekannt. Er sprach daher die Bitte aus, darauf hinzuwirken, dass Wehrstrafsachen, auch bei nichtmilitärischen Straftaten, nicht an die Staatsanwaltschaft in Berlin abgegeben werden.

9. *Einheitliche verfahrensrechtliche Behandlung der aus der Sowjetzone eingeschleusten staatsfeindlichen Druckschriften* (Punkt 4 der TO)

BA Dr. Wagner hielt das in der Anlage beigefügte Referat. *(Anlage E):* [...] Fasst man die in diesen Ausführungen wiedergegebene Sach- und Rechtslage zusammen, so dürften sich zur Erzielung einer Vereinheitlichung des Verfahrenswegs folgende Empfehlungen ergeben:

1. Mit den zuständigen Oberpost- und Oberfinanzdirektionen wird sicherzustellen sein, dass angehaltene Sendungen unmittelbar, also nicht auf dem Umweg über den Richter der Staatsanwaltschaft zugeleitet werden. Grundlage dieser Besprechungen müssen der BGH-Beschluss vom 7.9.1956 [BGHSt 9, 351] und der Erlass des BMF vom 8.12.1958 bilden.
2. Von der Beteiligung des Richters bei der Einziehung wird nicht abgesehen werden können. Die formlose Einziehung nach Ziff. 170 Abs. 3 RiStV ist regelmäßig nicht angängig.
3. Beschlagnahmeanordnungen werden nur dann zu erwirken sein, wenn die auf der Post angehaltene Sendung erst eröffnet werden muss oder wenn sich sonst an die Sicherstellung der Schrift nicht unmittelbar das objektive Einziehungsverfahren nach § 430 StPO anschließen kann.
4. Einziehungsverfahren sind im Beschlusswege, also ohne mündliche Verhandlung durchzuführen, da es der Benachrichtigung irgendwelcher Einziehungsbeteiligter nicht bedarf (vgl. Ziff. 170 Abs. 2 RiStV).
5. Zur Vereinfachung des Einziehungsverfahrens sind gleichartige Schriften ungeachtet der Verschiedenheit von Absender und Empfänger sowie der Art der Versendung weitgehend zusammenzufassen.
6. Dieser Zusammenfassung ist die registermäßige Behandlung anzupassen.

10. *Bedrohliche Auswirkungen des Berliner Richtergesetzes für die Staatsanwaltschaft bei dem LG Berlin* (Punkt 12 der TO)

GStA Dr. Görcke hielt das in der Anlage beigefügte Referat.

(Anlage F): I. Am 1.7.1958 [GVOBl. 551] ist in Berlin das Landesrichtergesetz (LRG) vom 19.6.1958 in Kraft getreten. Gleichzeitig wurde damit das Gesetz über die Rechtsstellung der Richter und Staatsanwälte vom 9.1.1951 mit der dazugehörigen DurchführungsVO vom 2.4.1951 und der VO über die Laufbahn für das Amt des Richters und Staatsanwalts vom 28.3.1951 aufgehoben.

Nach dem Rechtsstellungsgesetz von 1951 war zwar die Wahl und Ernennung eines Staatsanwalts zum Richter ohne längere richterliche Tätigkeit als beauftragter Richter grundsätzlich nicht möglich, aber der Staatsanwalt war ebenso wie der Richter durch das Gesetz aus der Masse der Beamten herausgehoben, hatte mit dem Richter die Laufbahnordnung und vor allem die Dienststrafordnung gemeinsam. Der Gerichtsassessor musste sich auf Weisung der Justizverwaltung ohne irgendwelche Einschränkungen bei der StA wie bei den Gerichten beschäftigen lassen und konnte nach Ablauf seines Probedienstes wählen, ob er als Richter oder Staatsanwalt auf Lebenszeit angestellt werden wollte.

Unter dieser gesetzlichen Regelung wurden Nachwuchskräfte je nach ihren Wünschen bei der StA oder den Gerichten erstmalig eingestellt und konnten während des Probedienstes auch ohne Schwierigkeiten die Behörde wechseln.

Die grundsätzliche Regelung der Laufbahnverordnung vom 28.3.1951, wonach der Gerichtsassessor je ein Jahr lang beim LG, beim AG und bei der StA beschäftigt werden sollte, wurde vor allem in den letzten Jahren nicht durchgeführt, wenn Assessoren sich bei der StA bewährt und entschlossen hatten, sich um die Anstellung als Staatsanwalt auf Lebenszeit zu bewerben. In dieser Zeit gelang es, eine ganze Anzahl überdurchschnittlich begabter Nachwuchskräfte für die StA zu gewinnen und den Leistungsstand der Behörde beachtlich zu heben. Schwierigkeiten ergaben sich nur dadurch, dass von übergeordneten Dienststellen (StA b.d. KG, Senatsverwaltung für Justiz, BJM und Bundesanwaltschaft) mehrfach gute Kräfte abgezogen wurden. Außerdem holten sich auch andere Verwaltungen in Berlin besonders gern junge Kräfte aus der StA. Doch ließen sich die dadurch auftretenden Lücken meist ohne besondere Mühe durch Einstellung neuer Nachwuchskräfte schließen.

II. Diese Situation änderte sich grundlegend mit dem neuen Landesrichtergesetz, dessen Auswirkungen sich schon seit Beginn des Jahres 1958 bemerkbar machten. Das Landesrichtergesetz hat die bisherige rechtliche Gleichstellung der Richter und Staatsanwälte aufgehoben. Es befasst sich nur mit der Rechtsstellung der Richter und erwähnt die Staatsanwälte nur noch in den Übergangsbestimmungen und einmal bei der Regelung des Probedienstes der Gerichtsassessoren. [...]

VI. Wir haben uns in Berlin reiflich den Kopf darüber zerbrochen, wie ein Ausweg aus diesen Schwierigkeiten zu finden sein könnte. Droht doch ein Zusammenbruch der ganzen Strafjustiz, wenn eine Änderung nicht möglich ist. Wir sind dabei zu dem Ergebnis gekommen, dass Änderungen an Einzelheiten des LRG keine Hilfe bringen können, dass auch die Schaffung eines besonderen Gesetzes über die Rechtsstellung der Staatsanwälte, das sie wieder aus dem Landesbeamtengesetz herausnehmen und neben die Richter stellen könnte, nicht allzu viel nützen würde. Eine wirkliche Abhilfe wäre nur die Wiedereinführung der vollen Gleichstellung der Staatsanwälte mit den Richtern, wie sie früher bestand. In Berlin ist das z.Zt. aus politischen Gründen nicht zu erreichen.

Es ist bitter, zusehen zu müssen, wie der durch jahrelange, unermüdliche und aufopfernde Arbeit vieler Staatsanwälte erreichte Aufbau einer schlagkräftigen StA nun durch die Auswirkungen eines trotz aller Warnungen – leider unter Mitwirkung eines großen Teils der Richterschaft – erlassenen Gesetzes zusammenzubrechen droht. Vielleicht können aber die bösen Erfahrungen, die wir jetzt mit dem Berliner LRG machen, als abschreckendes Beispiel doch noch eine gute Wirkung auf das Richterrahmengesetz des Bundes ausüben. Auf diesem Umwege könnte auch die Wiederherstellung der StA in Berlin erreicht werden. Zweck meiner Ausführungen war es, Sie, die versammelten GStA, zu bitten, Ihren Einfluss in dieser Richtung nachdrücklich geltend zu machen. Dr. Görcke, den 15.5.1959

11. Der zweite Tag der Tagung begann mit einem Kurzfilm, den *OStA Dr. Schüle* als Einleitung zu seinem Referat über *„Die Arbeit der Zentralen Stelle der Landesjustizverwaltungen in Stuttgart – Ludwigsburg“* (Punkt 8 der TO) vorführte. Dann hielt er das in der Anlage beigefügte Referat *(Anlage G):*

Bei der Aufklärung noch verfolgbarer nationalsozialistischer Gewaltverbrechen – Mord, Totschlag bzw. Beihilfe zu diesen Verbrechen – versagen die bei der Ermittlung von Kapitalverbrechen gemeinhin bewährten Methoden. Wir können keine Tatortbesichtigung vornehmen und deshalb auch keine Tatspuren sichern. Wir haben keine Leiche und können an ihr weder Fingerabdrücke des bzw. der Täter noch andere Täterhinweise sicherstellen. Die Taten liegen 15 und mehr Jahre zurück, weshalb Zeugen und ihre Aussagen besonders kritisch zu werten sind.

Der Staatsanwalt, welchem die Aufgabe gestellt wird, solche Verbrechen aufzuklären, muss daher andere Mittel und Wege zur Aufklärung des Sachverhalts suchen. Ich habe es nicht nur bei Kollegen, sondern bei mir selbst erlebt, dass ich, obwohl von der Schuld einer Person überzeugt, keine Möglichkeit sah, den Schuldnachweis zu führen. Nachdem ich mich aber in die Materie eingearbeitet hatte, musste ich plötzlich feststellen, dass ich doch Tatspuren, wenn auch anderer Art als bei den herkömmlichen Verbrechen, finden und auswerten konnte. Ich stellte fest, dass diese Tatspuren nicht weniger verlässlich waren als solche, die bei einem frischen Kapitalverbrechen gefunden werden konnten. Unter diesen Tatspuren verstehe ich Dokumente. Diese Dokumente müssen wir unterteilen in solche, welche amtlichen Charakter und damit unbestreitbaren Beweiswert haben, zumal sie von den Tätern selbst stammen, und solche Dokumente, die von den wenigen Überlebenden jener Massenvernichtungsmaßnahmen herrühren.

Dokumente, welche amtlichen Charakter und damit vollen Beweiswert haben, sind in einigen Fällen, in denen Einsatzkommandos tätig gewesen sind, die geheimen Reichssachen „Ereignismeldungen UdSSR“ und „Tätigkeitsberichte aus den besetzten Ostgebieten“, beide herausgegeben von der Abteilung IV des Reichssicherheitshauptamtes. – Bei den anderen Dokumenten muss man unterscheiden, ob sie von einem Augenzeugen stammen oder ob sie später erst von dritter Seite abgefasst wurden. Entscheidend ist für diese Dokumente immer, von welchem Zeitpunkt und von wem die Aufzeichnung stammt. Ich denke dabei u.a. an die sogenannten Schwarzbücher und andere historische Berichte.

Sie werden mich fragen, wie der Staatsanwalt an solche Dokumente herankommt? Ich will diese Frage vorweg beantworten, ehe ich die weiteren Ermittlungshinweise und den Ermittlungsgang aufzeige.

Voraussetzung ist eine genaue Kenntnis der wichtigsten einschlägigen Veröffentlichungen, beispielsweise „Die Endlösung" von *Gerald Reitlinger* [aus dem Engl., 1956] – *[Eugen] Kogon*, „Der SS-Staat" [erstmals 1946] – *Léon Poljakov*, „Das Dritte Reich und seine Diener" [zus. mit *Josef Wulf*, 1956] – *Raimund Schnabel*, „Macht ohne Moral" [1956] -. Alle diese Werke, insbesondere aber das Werk von Reitlinger, enthalten reiche Literaturhinweise und Quellenangaben, denen nachzugehen es sich lohnt. Eine weitere Fundgrube stellen die meist in irgendeiner Bibliothek verstaubenden Verhandlungen des Internationalen Militärgerichtshofes Nürnberg dar, und schließlich die leider nur in englischer Sprache erschienenen grünen Bände „Trials of War". Jeder Komplex, der durch den Internationalen Militärgerichtshof in Nürnberg verhandelt wurde, ist in einem besonderen Band zusammengefasst und zwar vom Verhandlungsprotokoll bis zur Urteilsbegründung und den etwa abweichenden Stellungnahmen einzelner Richter. Diese grünen Bände sind zwar im Buchhandel nicht mehr erhältlich, stehen aber der ZSt., dank einer Spende aus Amerika, zur Verfügung.

Sie werden einwenden, dass die von den Alliierten seinerzeit angewandten Methoden zum Teil erheblich gegen rechtsstaatliche Grundsätze verstoßen hätten und dass daher auf die Feststellungen, die in jenen Verfahren getroffen wurden, ein deutsches Verfahren nicht aufgebaut werden könne. – Darum geht es nicht. Die ZSt.. hat bis jetzt nur ungesühnte Verbrechen, also solche, welche weder Gegenstand einer Verhandlung eines internationalen noch eines amerikanischen, englische oder französischen Militärtribunals waren, erforscht.

Da die Frage, *ne bis in idem* gesondert behandelt wird, kann ich mir weitere Ausführungen zu diesem Problem ersparen. Tatsache ist, dass die ZSt.. bisher nur solche Fälle in Angriff genommen hat, die noch von keinem Gericht abgeurteilt worden sind. Es handelt sich dabei teilweise um Täter, die von den Alliierten gesucht und nicht gefunden worden waren, teilweise aber auch um Tatkomplexe, die bislang überhaupt nicht bekannt waren. Immerhin kann aus den Verhandlungen der alliierten Gerichte auch heute noch eine ganze Anzahl von Dokumenten verwendet werden, an deren Echtheit kein Zweifel besteht und von deren Echtheit sich jedes deutsche Gericht selbst überzeugen kann. Ich werde auf diesen Punkt noch im Zusammenhang mit den „Ereignismeldungen UdSSR" und den „Tätigkeitsberichten aus den besetzten Ostgebieten" näher eingehen.

Die Geheimen Reichssachen, „Ereignismeldungen UdSSR" und „Tätigkeitsberichte aus den besetzten Ostgebieten": Ich habe eine Anzahl Fotokopien dieser Dokumente mitgebracht, damit Sie sich selbst einen unmittelbaren Eindruck verschaffen können. Auf einigen dieser Dokumente sehen Sie in der oberen rechten Ecke ein Handzeichen mit Datumsangabe. Es handelt sich um das Handzeichen des früheren ORR Päffgen, welcher in den Jahren 1941/42 der Abteilung IV des RSHA angehörte und welcher heute bezeugt, dass die Fotokopien von Originaldokumenten stammen. Die Redakteure der „Ereignismeldungen UdSSR“ – der frühere Kriminalrat Fumy und der frühere Oberkriminalrat ORR Dr. Knobloch – können ebenfalls als Zeugen dafür gehört werden, dass der Inhalt der Ereignismeldungen aus den Originalberichten der Einsatzgruppen und -kommandos, insbesondere auch, soweit es sich um Exekutionszahlen handelt, wörtlich aus den Einzelberichten der Einsatzgruppen übernommen wurden. Auf diese Weise sind die Tätigkeitsberichte aus den besetzten Ostgebieten zustande gekommen. Sie stellen die Fortsetzung der Ereignismeldungen ab Sommer 1942 dar.

Die „Ereignismeldungen UdSSR“ sind geschlossen als Schmalfilm bei der ZSt. vorhanden, so dass jederzeit Abzüge gemacht werden können. Die „Tätigkeitsberichte aus den besetzten Ostgebieten“ sind beim Bayer. Staatsarchiv in Nürnberg in Fotokopie vorhanden. Sie wurden von uns ausgeliehen und ausgewertet. Sowohl die Ereignismeldungen als auch die Tätigkeitsberichte enthalten nicht nur Exekutionsangaben, sondern auch Lageberichte und die Standorte der einzelnen Einsatzkommandos sowie die Namen der Führer von Einsatzgruppen und -kommandos.

Wenn ich eingangs zwar von andersartigen, aber zuverlässigen Tatspuren zur Aufklärung von nationalsozialistischen Verbrechen gesprochen habe, so glaube ich Ihnen durch die vorstehenden Ausführungen den Beweis für meine Behauptung erbracht zu haben, denn aufgrund dieser Dokumente sind wir in der Lage, entweder auf den Tag genau oder auf einen Zeitraum von 1–2 Wochen festzustellen, an welchen Orten, von welchem Einsatzkommando, wie viele Opfer getötet wurden.

Nun steht also der Name des Haupttäters, die Zahl der Opfer und auch der Exekutionsort fest. Es liegt aber auf der Hand, dass dieser Haupttäter allein niemals in der Lage gewesen ist, eine Massenexekution oder deren viele durchzuführen. Wie können in einem solchen Falle die Mittäter und Gehilfen ermittelt werden, deren Namen ja nicht oder nur ausnahmsweise in den vorgenannten Dokumenten in Erscheinung treten?

Ansatzpunkte für die weitere Aufklärung bietet die Tatsache, dass die Einsatzgruppen und ihre Untergliederungen, die Einsatz- oder Sonderkommandos sich aus Angehörigen der Gestapo, Kriminalpolizei, Teilen der Waffen-SS und von Polizeibataillonen zusammensetzen. Es gilt also festzustellen, welche Polizei-Batl. den einzelnen Gruppen zugeteilt waren. Wichtigste Erkenntnisquelle hierbei ist die vom Bundesarchiv unter Mitwirkung ehemaliger Angehöriger des Hauptamtes Ordnungspolizei herausgegebene „Geschichte der Ordnungspolizei [1936–1945“, 1956]. Aus unserer bisherigen Tätigkeit wissen wir, dass beispielsweise das Pol.-Batl. 9 auf sämtliche Einsatzgruppen verteilt war. Die Ordnungspolizisten wurden in der Regel als Exekutionskommandos eingesetzt. Neben dem Pol..Batl. 9 waren teilweise das Pol.-Batl. 11, die Pol.-Batl. 316 und 320 zu Exekutionen herangezogen worden. Damit ist die Zahl der eingesetzten Pol.-Batl. noch nicht erschöpft. Es würde den Rahmen dieser Ausführungen sprengen, wollte ich auf die Einsatzorte und die Zahl der Einsätze der einzelnen Batl. eingehen. Aus dem vorerwähnten Werk sind auch die Aufstellungsorte der betreffenden Pol. Batl. ersichtlich. Liegt der Aufstellungsort der betreffenden Pol. Batl. im Bundesgebiet, dann muss bei der dortigen Polizeiverwaltung nach den Personalunterlagen und insbesondere nach den Kommandobefehlen nachgeforscht werden. Gelegentlich stößt man dabei nicht nur auf wenig Entgegenkommen, sondern auf ausgesprochenen Widerstand, aus Gründen, auf die ich später noch eingehen werde. Der Staatsanwalt darf sich hier nicht mit dem Bescheid abfinden lassen, dass solche Unterlagen nicht vorhanden seien, sondern muss sich notfalls unter vollem Einsatz seiner Person und seiner Dienststelle selbst Gewissheit verschaffen, dass solche Unterlagen tatsächlich nicht vorhanden sind.

Ich spreche hier aus einem persönlichen Erlebnis heraus, das ich Ihnen nicht vorenthalten will, weil es mir besonders typisch erscheint. Wir haben bei einer Polizeiverwaltung nachgefragt, ob dort die Personalunterlagen und Kommandobefehle eines bestimmten Pol.-Batl. vorhanden seien. Zunächst bekamen wir vier Wochen überhaupt keine Antwort. Auf eine weitere, etwas energischer gehaltene Anfrage wurde uns mitgeteilt, dass trotz eifriger Nachforschung keine Unterlagen aufgefunden worden seien. Wir gaben uns mit diesem Bescheid nicht zufrieden, sondern suchten persönlich die betreffende Polizeiverwaltung auf. Es wurde uns sehr ungnädig bedeutet, dass man doch bereits mitgeteilt habe, dass die Nachforschungen ergebnislos verlaufen seien. Da wir jedoch berechtigte Zweifel hatten, gaben wir uns nicht geschlagen. Ein Polizeibeamter der betreffenden Polizeidienststelle gab uns den vertraulichen Hinweis, dass wir doch im Keller einmal nachforschen sollten. Wir erbaten uns die Erlaubnis, alte Akten überprüfen zu dürfen, und stießen dann nach zwei Tagen „zufällig" auf Aktenberge im Keller. Wir fanden nicht nur die gesamten Personalakten des gesuchten Pol.-Batl., sondern auch sämtliche Kommandobefehle, aus denen sich die Art des Einsatzes dieses Batl. unzweideutig ergab. Mit Hilfe dieser Angaben gelang es, den Namen des Führers eines Einsatzkommandos ausfindig zu machen, dem ein bestimmter Zug des Pol.-Batl. zugeteilt gewesen war. Die nach dem Einsatzkommandoführer eingeleiteten Fahndungsmaßnahmen führten zu dessen Festnahme. Ihm werden 80.000 Erschießungen zur Last gelegt. Wir stellten aber weiter fest, dass 40 ehem. Angehörige dieses Pol.-Batl. in der näheren und weiteren Umgebung der betreffenden Polizeiverwaltung wieder im Dienst waren. In einem anderen Fall, der zurzeit bei uns noch untersucht wird, glauben wir eine Erklärung für das an sich merkwürdige Verhalten des Leiters der betreffenden Polizeiverwaltung gefunden zu haben. Wir stellten fest, dass dieser Polizeiverwalter im Jahre 1942 Adjutant eines Befehlshabers der Ordnungspolizei im Osten gewesen war und dass ein diesem Befehlshaber der Ordnungspolizei unterstelltes anderes Pol. Batl. zur Vernichtung von 8000 Insassen eines Ghettos eingesetzt gewesen war. Die Vorermittlungen in diesem Fall sind noch nicht abgeschlossen.

Nachdem wir die Namen der ehemaligen Angehörigen des betreffenden Pol.-Batl. festgestellt hatten, war es mit Hilfe der Deutschen Dienststelle zur Benachrichtigung der nächsten Angehörigen von Gefallenen und Vermissten (WAST) nicht mehr schwer, eine große Anzahl von Anschriften ehem. Angehöriger dieses Pol.-Batl. in Erfahrung zu bringen. Wir legen in diesen Fällen besonderen Wert auf die Vernehmung der Polizeischützen, weil wir dadurch die uns dokumentarisch bekannten Erschießungen nunmehr durch Zeugenaussagen erhärten können, denn wir wollen, um es vorweg zu sagen, nicht die kleinen Polizeischützen, sondern die wirklich Verantwortlichen verfolgen. Ich werde mir erlauben, auf diesen Punkt später in anderem Zusammenhang noch einmal zurückzukommen. Einheitsführer, Zugführer, Kompaniefeldwebel und Kompanieschreiber sind oft heute in der Lage, die Namen der SS-Führer zu benennen, unter deren Befehl die Einheit seinerzeit gestanden hat.

Die SS-Rangdienstlisten, welche uns zur Verfügung stehen, ermöglichen es uns, die genauen Personalien des betr. SS-Führers festzustellen und dann beim Document Center die entsprechenden Personalunterlagen anzufordern.

Haben wir nicht das Glück, dass der Aufstellungsort der von uns gesuchten Polizeieinheit im Bundesgebiet lag, brauchen wir uns noch nicht geschlagen zu geben. Die deutsche Dienststelle zur Benachrichtigung der nächsten Angehörigen von Gefallenen und Vermissten ist in der Lage, uns die Anschriften noch lebender ehem. Angehöriger einer bestimmten Einheit, auch Polizeieinheit, zu benennen, da bei der WAST, was weithin nicht bekannt ist, nicht nur Todes- und Vermisstenfälle registriert sind, sondern auch Versorgungsfälle, Anträge auf Heimkehrentschädigung sowie Unterlagen über verliehene Kriegsauszeichnungen. Außerdem empfiehlt sich in diesen Fällen eine Anfrage beim Krankenbuchlager in Kassel.

Ich habe schon darauf hingewiesen, dass auch Kriminal- und Gestapobeamte den Einsatzgruppen zugeteilt waren. Diese Personen ausfindig zu machen ist nicht immer leicht, und doch ist dieser Personenkreis besonders wichtig, einmal, weil er häufig der Exekutivabteilung der betr. Einsatzgruppe oder des Kommandos angehört und häufig als selbständige Unterführer eines Einsatzkommandos tätig war, zum anderen, weil ein Teil dieser Beamten heute wieder im aktiven Kriminaldienst ist. Wir haben festgestellt, dass solche Personen nicht nur in untergeordneten, sondern teilweise auch in gehobenen und höchsten Stellen bei der Kriminalpolizei wieder tätig sind. Auch hierauf werde ich noch eingehen.

In diesen Fällen hilft einmal die bereits erwähnte Befragung der ehem. Angehörigen des Pol.-Batl. nach Vorgesetzten, insbesondere nach Kommandoführern und zum anderen Anfragen an die Innenministerien und Senatoren nach Personen, die Ansprüche nach dem Gesetz zu Art. 131 GG gestellt haben. Diese Anfragen müssen allerdings ganz korrekt Angaben über die Fragen enthalten, die der Staatsanwalt geklärt haben will, also insbesondere über die Verwendung des betr. Beamten in einem bestimmten Zeitraum und zu welcher Heimatdienststelle er gehört hat. Hat man einen ehem. oder jetzt wieder aktiven Beamten gefunden, fällt es nicht schwer, weitere ehem. Kameraden zu ermitteln, da diese häufig schon in den Personalakten in Erscheinung treten, weil sie „aus Kameradschaft" dem Betreffenden bescheinigt haben, dass sie zusammen bei der oder jener Dienststelle gewesen und dass dort nie Taten begangen worden seien, die eine Wiederverwendung im Polizeidienst ausschließen würden. Aus demselben Grund empfiehlt sich die Beiziehung von Entnazifizierungsakten.

Es wird Ihnen bei meinen bisherigen Ausführungen aufgefallen sein, dass wir Polizeiverwaltungen nicht anschreiben und dass wir auch keine Zeugenausschreibungen in Fahndungsblättern vornehmen, wie man dies üblicherweise tut. Ehe ich auf das Warum näher eingehe, darf ich noch weitere Ermittlungsmöglichkeiten aufzeigen. Das Institut für Zeitgeschichte in München, das Bayerische Staatsarchiv in Nürnberg, das staatliche Archivlager in Göttingen, das Bundesarchiv in Koblenz und Cornelimünster sind im Besitz von vielen Dokumenten die für uns wichtig sind. Die besten Erfahrungen haben wir mit dem Institut für Zeitgeschichte in München gemacht, weil die dort vorhandenen Unterlagen karteimäßig erfasst und ausgewertet sind. Wir haben aber auch Verbindung mit ausländischen Archiven und Instituten, wie der Wiener Library in London, dem Institut Yad Vashem in Israel, dem World Jewish Congress in London, der Agency for Palestina in New York, dem Institut Juife Contemporaine in Paris und anderen mehr. Diese Institute und Organisationen sind uns nicht nur bei der Beschaffung von Dokumenten behilflich, sie stehen auch in Verbindung mit Archiven der Ostblockstaaten und beschaffen uns die Anschriften von Zeugen aus allen Erdteilen.

Die Aufklärung von NS-Verbrechen. Sie werden bemerkt haben, dass die Aufklärung von KZ-Verbrechen noch nicht erwähnt wurde. Ich darf in diesem Zusammenhang vorweg sagen, dass die Aufklärung der in den Konzentrationslagern begangenen Straftaten nicht so schwierig ist, wie die Taten, die in den besetzten Ostgebieten begangen worden sind und dass die Mehrzahl der Staatsanwaltschaften in diesen Fällen die Mittel und Wege zur Aufklärung solcher Verbrechen kennt. Ich kann mich daher kurz fassen: Wir stehen in Verbindung mit dem Internationalen Auschwitz-Komitee in Wien, mit Prof. Kogon, mit dem Sachsenhausen-Komitee und den Lagergemeinschaften Buchenwald und Mauthausen und anderen mehr. Diese Gemeinschaften sind jederzeit behilflich, die in den verschiedenen Konzentrationslagern begangenen Verbrechen durch Benennung von Zeugen aufzuklären. Durch Vermittlung dieser Stellen ist es möglich, Zeugen aus den Ostblockstaaten zu Vernehmungen in die Bundesrepublik einzuladen. Den Einladungen wird regelmäßig Folge geleistet, wenn den Zeugen die Zusicherung gegeben wird, dass die Kosten für die Reise übernommen werden. Allerdings muss mit einem Zeitraum von 4–8 Wochen gerechnet werden, bis der betr. Zeuge zur Verfügung steht.

Bisher ist verschiedene Male angeklungen, dass wir ungern mit uns unbekannten Polizeidienststellen zusammenarbeiten. Das hat verschiedene Ursachen:

a) Ich glaube, dass Ihnen meine Ausführungen schon gezeigt haben, welches Maß von Spezialkenntnis erforderlich ist, um solche Gewaltverbrechen aufzuklären. Ein normaler Kriminalbeamter ist einfach überfordert, wenn man von ihm Kenntnisse verlangt, die wir uns erst mühsam nach und nach erarbeitet haben. Ohne Kenntnis der Zusammenhänge und Hintergründe der Tätigkeit der Einsatzgruppen oder des Aufbaues und der Organisation eines Konzentrationslagers im Allgemeinen und der Zusammenhänge des einzelnen Falles im Besonderen kann man kein brauchbares Ergebnis von einer polizeilichen Vernehmung erwarten. Unsere Erfahrung hat dies schon seit langer Zeit erwiesen. Zeugen, die von einer örtlichen Polizeidienststelle vernommen wurden, bestritten, entweder überhaupt etwas von den betreffenden Vorfällen zu wissen, oder aber machten sie, unter Berufung auf die bisher verstrichene Zeit, so nichtssagende Angaben, dass mit diesen Aussagen überhaupt nichts anzufangen war. Dieselben Zeugen, durch einen Spezialbeamten erneut vernommen, erwiesen sich später als wohl unterrichtet und machten oft Angaben zu einzelnen Ereignissen, die selbst dem vernehmenden Beamten noch unbekannt waren. Als Grund für ihr verschiedenes Verhalten bei den verschiedenen Vernehmungen gaben die betreffenden Zeugen an, dass ihnen die ganze Angelegenheit peinlich gewesen sei, dass sie Weiterungen für sich selbst und damit für ihr berufliches Fortkommen oder Weiterungen für Kameraden befürchtet hätten. Da sie aus den Fragen bei der ersten Vernehmung gemerkt hätten, dass der Vernehmungsbeamte nicht viel wissen könne, hätten sie eben versucht, sich aus der Sache herauszuhalten. Bei der zweiten Vernehmung hätten sie aber einsehen müssen, dass der Vernehmungsbeamte so viel wisse, dass ein weiteres Bestreiten nur nachteilig ausgelegt werden könnte. In diesen Fällen hat sich immer wieder gezeigt, dass Ausflüchte wie „ich war damals in Urlaub" oder „ich war im Lazarett" vorgebracht wurden, um auf diese Weise das angebliche Nichtwissen des Zeugen glaubhaft zu machen. Wenn dann den betreffenden Zeugen anhand der von uns beigezogenen Personalpapiere die Unwahrheit ihres Vorbringens bewiesen werden konnte, waren sie häufig so verblüfft, dass sie ihre zurechtgelegten weiteren Ausflüchte vergaßen und umfassende Angaben machten. Dass solche Fragen nur von einem Staatsanwalt oder Polizeibeamten gestellt werden können, der selbst mit der Materie restlos vertraut ist und sich auf die einzelne Zeugenvernehmung eingehend vorbereitet hat, braucht nicht weiter ausgeführt zu werden.

b) Ein weiterer Grund, warum wir mit uns unbekannten Polizeidienststellen nicht gerne zusammenarbeiten, ist der, dass wir nie wissen, ob nicht der die Vernehmung durchführende Beamte entweder denselben oder einen ähnlichen Einsatz mitgemacht hat. Aus diesem Grunde sind wir, insbesondere nach den Erfahrungen des Ulmer Prozesses, davon abgekommen, Ausschreibungen vorzunehmen. Wir haben es erlebt, dass Polizeibeamte, die später Beschuldigte waren, unsere Ausschreibungen im Bundeskriminalblatt genau verfolgt und sich mit früheren Kameraden, die uns noch unbekannt waren, in Verbindung gesetzt und diese gewarnt haben. Erst vor vier Wochen mussten wir die Feststellung machen, dass ein aktiver Kriminalobermeister, Leiter einer Kriminalaußenstelle, unter Bruch des Dienstgeheimnisses einen Bekannten warnte, von dem er wusste, dass er bei einem bestimmten Einsatzkommando gewesen war und an Erschießungen teilgenommen hatte. Wir sind in der Lage, den Nachweis zu führen, dass zwei Kriminalhauptkommissare zweier verschiedener Landeskriminalämter an Massenerschießungen beteiligt waren. Die Leiter zweier anderer Landeskriminalämter sind verdächtig, Einsatzkommandos geführt und Massenerschießungen, bei denen mehrere Tausend Menschen den Tod gefunden haben, angeordnet und die Durchführung überwacht zu haben. Die nächsten Wochen werden bezüglich der beiden letztgenannten Fälle restlose Klarheit schaffen. Die 40 Polizeibeamten einer anderen Polizeiverwaltung, die ebenfalls an Massenexekutionen beteiligt waren, habe ich schon in anderem Zusammenhang erwähnt. Über die ehemaligen Angehörigen des Pol. Batl. 9 haben Sie sicher in der Presse gelesen. Der Herr Innensenator von Berlin hat ihretwegen schon genug Kummer gehabt.

Es nützt uns also nichts, wenn die Landeskriminalämter angewiesen worden sind, den Ersuchen der ZSt. zu entsprechen. Wir müssen vielmehr aufgrund unserer Erfahrungen anregen, Sonderkommissionen zu bilden, denen nur ausgesuchte Beamte angehören dürfen.

Baden-Württemberg hat unserer Anregung entsprechend eine solche Sonderkommission in Stärke von 14 Beamten zur Verfügung gestellt. Bayern hat anlässlich der Aufklärung des Falles Dr. Bradfisch [Kommandeur der Sicherheitspolizei und des SD] ebenfalls eine Sonderkommission in Stärke von acht Beamten gebildet und damit gute Erfahrungen gemacht.

Umfang der Ermittlungen durch die ZSt.: Ich komme nun zum letzten Kernproblem der ZSt. überhaupt, nämlich wie weit die ZSt. den Einzelfall überhaupt erforschen soll und darf.

Die Auslegung der Verwaltungsvereinbarung durch die verschiedenen Landesjustizverwaltungen ist nicht nur sehr unterschiedlich, sondern steht auch nach meinen bisherigen Erfahrungen teilweise im Gegensatz zu den Erwartungen und Forderungen der Staatsanwaltschaften.

Baden-Württemberg und, wenn ich recht unterrichtet bin, auch Bayern und offenbar auch Rheinland-Pfalz wollen den Begriff der „Vorermittlung" sehr weitherzig aufgefasst wissen. Andere Landesjustizverwaltungen vertreten dagegen die Auffassung dass die ZSt. den Einzelfall unverzüglich an die Staatsanwaltschaft abzugeben habe, sobald sie eine Zuständigkeit für den betreffenden Fall ermittelt habe. Die Staatsanwaltschaften ihrerseits möchten den Zeitpunkt der Abgabe eines Verfahrens durch die ZSt. verständlicherweise möglichst weit hinausgerückt haben. Wir befinden uns deshalb in einem zurzeit unlösbaren Konflikt. Beispielsweise wird von einer Staatsanwaltschaft unter Berufung auf die Verwaltungsvereinbarung von uns gefordert, dass wir das Verfahren erst abgeben dürften, wenn der gesamte Täterkreis und der Umfang der Straftat ermittelt sei, obwohl wir den Umfang der Straftat und den Täterkreis im konkreten Falle erst durch umfangreiche Ermittlungen feststellen können. Diese Ermittlungen setzen voraus, dass wir die uns bekannt gewordenen Mitwirkenden vernehmen. Beginnen wir aber mit der Vernehmung auch nur eines Beschuldigten, dann wird sofort die Frage eines Haftbefehls wegen Flucht- und Verdunklungsgefahr akut. Den Haftbefehl können wir nur über die örtlich zuständige Staatsanwaltschaft erwirken. Mit dem Erlass des Haftbefehls aber ist das Verfahren bei der betreffenden Staatsanwaltschaft anhängig, womit nach Ansicht verschiedener Landesjustizverwaltungen unsere Tätigkeit ein Ende gefunden hat.

Das Ergebnis ist sowohl für die betreffende Staatsanwaltschaft, als auch für uns unerfreulich. Die Staatsanwaltschaft sieht sich plötzlich einem Sachverhalt gegenübergestellt, der ihr völlig neu ist und dessen Aufklärung ihr erhebliche Schwierigkeiten bereitet. Die ZSt. ihrerseits hat keinen Einfluss mehr darauf, dass der gesamte Umfang der betreffenden Straftat aufgeklärt wird. Damit ist gerade der Zustand eingetreten, der durch die Schaffung der ZSt. vermieden werden sollte, denn die betreffende Staatsanwaltschaft kann nicht gezwungen werden, ihre Ermittlungen auf den gesamten Täterkreis auszudehnen. Ferner muss die ZSt. in der Regel für die betreffende Staatsanwaltschaft ein Ermittlungsgutachten ausarbeiten, das, wenn es von Wert sein soll, soviel Rückfragen bei den verschiedenen Instituten und Archiven erfordert, ohne dass wir die Gewähr haben, dass die Staatsanwaltschaft die aufgezeigten Ermittlungsmöglichkeiten erschöpft und den Täterkreis voll erfasst.

Sie werden sich die Frage stellen, mit welchen Kräften die ZSt. bis jetzt ihre Vorermittlungen durchführt, wenn sie mit der Kriminalpolizei nicht ohne weiteres zusammenarbeiten will. Zunächst muss hierzu bemerkt werden, dass wir bei der Erforschung von Straftaten, die in Konzentrationslagern begangen wurden, die Hilfe der Kriminalpolizei in Anspruch nehmen, sofern es sich nicht um die Vernehmung besonders wichtiger Zeugen handelt. Nur soweit es sich um Ereignisse handelt, die sich in den besetzten oder damals neu angegliederten Gebieten zugetragen haben, müssen wir bis jetzt auf die Mitwirkung einer nicht besonders ausgesuchten Kriminalpolizei verzichten. In diesen Fällen führt der Sachbearbeiter der ZSt. die Ermittlungen selbst. Sie können sich selbst ein Bild davon machen, welche Arbeit ein Sachbearbeiter leisten muss, der zehn und mehr große Verfahren erforschen soll und der ständig unter dem Druck der drohenden Verjährung steht. Man wird mir in diesem Fall zugestehen müssen, dass unter solchen Umständen die vollständige Ermittlung des gesamten Tatkomplexes und des dazugehörigen Täterkreises nicht durchzuführen ist.

Für die Lösung des zurzeit bestehenden Konfliktes gibt es m.E. zwei Möglichkeiten:

1. Entweder man ordnet, sobald eine Zuständigkeit feststeht, für die Dauer von zwei bis drei Monaten einen Sachbearbeiter der zuständigen Staatsanwaltschaft an die ZSt. ab, damit er sich in die Materie einarbeiten kann, oder
2. man verstärkt die Zahl der ständig zur ZSt. abgeordneten Referenten der einzelnen Landesjustizverwaltungen beträchtlich und stattet sie mit den Vollmachten des § 145 GVG aus.

In beiden Fällen wird aber die Bildung einer Sonderkommission der Polizei unumgänglich.

Im Zusammenhang mit dem Umfang der Ermittlungstätigkeit der ZSt. steht auch die Klärung der Kostenfrage. Eine Staatsanwaltschaft hat, ich weiß nicht mit oder ohne Wissen ihrer Landesjustizverwaltung, die ZSt. geben, Vorwürfe, die gegen einen bei ihr anhängig gewordenen [!] ehem. KZ-Arzt erhoben worden sind, zu klären. Da in diesem Falle erhöhte Fluchtgefahr bestand, wurden die notwendigen Ermittlungen, insbesondere auch solche in der CSR und in der sowjetischen Besatzungszone, von der ZSt. eingeleitet. Der Haftbefehl wurde aufgrund der von der ZSt. beigebrachten Zeugenaussagen erlassen. Die zuständige Staatsanwaltschaft verlangte nunmehr von der ZSt. die Durchführung der weiteren Ermittlungen. Da es sich um eine Haftsache handelte, sind wir diesem Ersuchen nachgekommen. Ich habe mich aber gleichzeitig an die betreffende Landesjustizverwaltung gewandt und sie um Entscheidung gebeten, ob sie mit einer so weit gehenden Ermittlungstätigkeit der ZSt. einverstanden sei und gegebenenfalls, wer die Kosten dieses, bei einer Staatsanwaltschaft anhängigen Verfahrens, trage. Die Entscheidung der betr. Landesjustizverwaltung steht noch aus.

Für die bei Staatsanwaltschaften des Landes Baden-Württemberg anhängigen Verfahren, deren Sachbearbeiter sich zur Einarbeitung bei der ZSt. vorübergehend befinden, hat die Landesjustizverwaltung Baden-Württemberg die Kosten übernommen.

Von anderen Staatsanwaltschaften der Bundesrepublik sind noch eine Anzahl von Verfahren an die ZSt. zur weiteren Aufklärung abgegeben worden. In diesen Fällen bedarf die Frage der Kostentragung ebenfalls einer Klärung. Das Verlangen dieser Staatsanwaltschaften, solche bereits anhängigen Verfahren durch die ZSt. weiter bearbeiten zu lassen, zeigt, wie notwendig es ist, den Umfang des Tätigwerdens der ZSt. genau festzulegen.

Der zu verfolgende Täterkreis: Ich habe bis jetzt über die Ermittlungsmöglichkeiten und die praktische Durchführung der Ermittlungen referiert, ohne dass ich die Frage aufgeworfen habe, ob sämtliche Personen, die an Exekutionen mitgewirkt haben, deshalb heute noch zu verfolgen sind. Wir müssen meines Erachtens bei der Beantwortung dieser Frage unterscheiden, ob es sich um KZ-Verbrechen oder ob es sich um Teilnahme an Massenverbrechen im Rahmen einer Einsatzgruppe handelt. Unter Massenverbrechen im Rahmen einer Einsatzgruppe verstehe ich nicht nur die Tötung, die von den

Einsatzgruppen, welche im Jahre 1941 aufgestellt wurden, vorgenommen worden sind, sondern auch solche Tötungen, die durch örtlich gebildete Kommandos unter Leitung der örtlichen Gestapo vorgenommen worden sind, wie beispielsweise die Erschießung von 215 katholischen Geistlichen im ehem. Korridorgebiet durch Angehörige des deutschen Selbstschutzes in Verbindung mit der Gestapo Gotenhafen und Danzig. Ich verstehe darunter auch die Massenexekutionen, die von den Kommandeuren der Sicherheitspolizei und des SD in den Jahren 1939 bis 1945 in den von der Wehrmacht besetzten Gebieten befohlen und durchgeführt wurden. In diesen Fällen haben häufig Einheiten der Schutzpolizei die Exekutionen durchgeführt. Ich habe bereits früher ausgeführt, dass nach unserer Auffassung Angehörige von Polizeibataillonen, die an Exekutionen beteiligt waren, nicht als Beschuldigte verfolgt werden sollten, soweit sie nicht Exzesse begangen haben, da diese Polizeibeamten in der Regel in geschlossener Formation unter dem Befehl ihrer Offiziere eingesetzt waren und eine offene Befehlsverweigerung deshalb unmöglich war. In diesen Fällen gibt es vielmehr die mit Kommandogewalt ausgestatteten Führer der Einsatzkommandos, denen die betr. Polizeieinheiten unterstellt waren, zu ermitteln und zur Rechenschaft zu ziehen. Im Gegensatz zu den „kleinen Polizeischützen" können diese Führer weder Nötigungsnotstand noch Putativnotstand für sich in Anspruch nehmen. Bei gründlicher Kenntnis der Materie und entsprechend darauf abgestellter Ermittlungen lassen sich häufig bezüglich dieser SS-Führer und Unterführer auch noch Exzesse feststellen, so dass jede Berufung auf Notstand mit Sicherheit erfolglos bleibt. Ich darf in diesem Zusammenhang erwähnen, dass uns bekannt ist, dass z.B. in einem Falle SS-Führer kleine Kinder in die Luft geworfen und sie als Pistolenschießscheiben benützt haben.

Anders liegen die Verhältnisse bei Verbrechen, die in Konzentrationslagern begangen wurden. Insoweit ist durch Rechtsprechung seit langer Zeit Klarheit darüber geschaffen worden, dass solche Täter sich nicht auf Nötigungsnotstand oder Putativnotstand berufen können.

Scheinbar problematisch werden die Fälle in den Konzentrationslagern, in denen Bewachungsmannschaften Häftlinge bei der Arbeit erschossen haben. Hier könnte eingewandt werden, dass es sich doch um den Parallelfall des Polizeischützen handle, der im Rahmen einer Einsatzgruppe tätig geworden sei. Die Art und Weise, wie solche als „Erschießungen auf der Flucht" getarnten Exekutionen von den Bewachungsmannschaften selbst provoziert wurden, ist jedoch hinlänglich bekannt.

Obwohl es nicht allzu schwer sein sollte, für die Behandlung der sogenannten „kleinen Täter" Richtlinien aufzustellen, zeigt die Praxis, dass die Staatsanwaltschaften sich oft nicht darüber im Klaren sind, welche Täter verfolgt werden sollen und können. Es wäre deshalb meines Erachtens nicht unzweckmäßig, wenn die Landesjustizverwaltungen für diese Fälle gemeinsame Richtlinien aufstellen würden.

II. *Überblick über die Tätigkeit der ZSt. für die Zeit vom 1.12.1958 bis 1.6.1959*

Es wird Sie abschließend interessieren, über die bisherige Tätigkeit der ZSt. einen kurzen Überblick in Zahlen zu gewinnen. Um sich ein Urteil bilden zu können, muss man meines Erachtens die jeweilige Besetzung der ZSt. kennen und in Rechnung stellen. Die Dienststelle wurde am 1.12.1958 in den Verwaltungsräumen des Landesgefängnisses Ludwigsburg eingerichtet mit einem Personalbestand von einem OStA als Dienststellenleiter, zwei Schreibkräften und einem Justizoberinspektor als Geschäftsleiter. Gleichzeitig mit der Einrichtung der Dienststelle begannen die Vorarbeiten zur Errichtung der Zentralkartei. Durch Versendung der von der ZSt. entworfenen Karteikarten sollte ein Überblick über die bereits abgeschlossenen und noch anhängigen Verfahren geschaffen werden. Gleichzeitig wurde die Sichtung und Auswertung der während des Ulmer Prozesses angefallenen Neuanzeigen vorgenommen bzw. nach dem Verbleib von noch nicht abgeurteilten Führern von Einsatzkommandos geforscht, die durch Dokumente belastet waren. Daneben mussten die nach und nach zurückkommenden ausgefüllten Stammkarteikarten ausgewertet und die uns interessierenden Akten überprüft werden.

Die Auswertungsarbeiten führten bereits in der zweiten Dezemberwoche 1958 zur Festnahme des ehemaligen Führers des Sonderkommandos 1 b der Einsatzgruppe A in Karlsruhe. Damit erwuchs der ZSt. gleich von Anfang an die Aufgabe, einen im Lande Baden-Württemberg anhängig gewordenen, umfangreichen Tatkomplex aufzuklären, weshalb das Justizministerium Baden-Württemberg gebeten wurde, zur Unterstützung des Dienststellenleiters einen Sachbearbeiter des Landes Baden-Württemberg zur Verfügung zu stellen. Die Zuteilung dieses Sachbearbeiters erfolgt am 19.1.1959.

Aus den von den Staatsanwaltschaften des ganzen Bundesgebietes eingehenden Stammkarten für die zu errichtende Zentralkartei ergab sich schon sehr bald, dass zwar eine große Anzahl von Einzelverfahren bei den verschiedensten Staatsanwaltschaften durchgeführt worden war (über 2000). Es zeigte sich aber auch, dass ein Großteil der Verfahren mangels Beweises eingestellt worden war, ja, dass bei verschiedenen Staatsanwaltschaften unabhängig voneinander dieselben Personen anhängig gewesen waren, ohne dass die betreffenden Staatsanwaltschaften von ihren Verfahren gegenseitig Kenntnis gehabt hätten.

Aus den Stammkarten ergaben sich aber auch Hinweise dafür, dass es einigen Staatsanwaltschaften gelungen war, Verfahren geben Angehörige einer Bewachungs- oder Verwaltungsmannschaft eines KZs zur Anklage und teilweise zur Verurteilung zu bringen, während es andere Staatsanwaltschaften im selben Tatkomplex nicht über unwesentliche Ermittlungen hinausgebracht hatten. Die Auswertung der verschiedenen, denselben Tatkomplex betreffenden Akten ergab überdies, dass im Laufe der Ermittlungen weitere Personen belastet worden waren, dass diesen Belastungen aber entweder gar nicht nachgegangen worden war oder aber, dass gegen diese weiteren Beschuldigten jeweils Anzeigen bei den örtlich zuständigen anderen Staatsanwaltschaften erstattet worden waren. Ein Teil dieser Staatsanwaltschaften hatte es dabei bewenden lassen, den oder die Beschuldigten zur Aufenthaltsermittlung auszuschreiben und das Verfahren wegen Abwesenheit vorläufig einzustellen. Bei genauer Überprüfung und nach Beiziehung der vorhandenen Literatur und anderer Erkenntnisquellen konnte durch die ZSt. festgestellt werden, dass ein Teil der betreffenden Beschuldigten bereits durch internationale oder alliierte oder polnische, tschechische und jugoslawische Gerichte abgeurteilt und zum Teil hingerichtet worden waren. Es stellte sich in zwei Fällen heraus, dass Beschuldigte, gegen welche von einer Staatsanwaltschaft das Verfahren wegen Abwesenheit eingestellt worden war, bereits einige Jahre zuvor durch ein anderes deutsches Gericht wegen desselben Tatbestands abgeurteilt worden waren bzw. dass die Eröffnung des Hauptverfahrens abgelehnt worden war.

Für den Leiter der ZSt. ergaben sich aus diesen Feststellungen zwei Notwendigkeiten:

a) Aufstellung einer möglichst umfassenden Übersicht über die durch ausländische Gerichte abgeurteilten Personen.
b) Anforderung weiterer Sachbearbeiter zur Auswertung und Koordinierung der sich aus den ausgewerteten Akten und Dokumente klar abzeichnenden neuen Verfahren.

Die Justizverwaltungen Nordrhein-Westfalen und Niedersachsen stellten am 1.2. bzw. 16.2.1959 je einen Sachbearbeiter ab. Am 1.4.1959 traten ein Sachbearbeiter der Justizverwaltung Rheinland-Pfalz, am 16.4.1959 ein Sachbearbeiter von Bayern, am 20.4.1959 ein weiterer Sachbearbeiter von Baden-Württemberg und am 1.5.1959 ein Sachbearbeiter aus Hessen bei der ZSt. ihren Dienst an. Mit der Anforderung von 3–4 weiteren Sachbearbeitern aus den verbleibenden Bundesländern muss bis Juli/August gerechnet werden. Die Vermehrung der Sachbearbeiter bedingte auch eine Vermehrung des Geschäftsstellen- und Schreibpersonals. Am 1.2.1959 wurde der ZSt. ein Justizsekretär zur Führung der Zentralkartei und am 9.4. und 13.4.1959 je eine weitere Schreibkraft zur Verfügung gestellt. Mit der Anforderung von drei weiteren Schreibkräften muss parallel mit der Anforderung weiterer Sachbearbeiter gerechnet werden.

Stärke der ZSt. am 1.6.1959: Die Gesamtstärke der ZSt. betrug am 1.6.1959 ein OStA als Dienststellenleiter von der Landesjustizverwaltung Baden-Württemberg; zwei Staatsanwälte als Sachbearbeiter aus Baden-Württemberg; je 1 StA aus Bayern, Hessen, Niedersachsen, Nordrhein-Westfalen und Rheinland-Pfalz.

Hinzu kommen ein Justizoberinspektor als Geschäftsstellenleiter, ein Justizsekretär, vier Schreibkräfte.

Der Sonderkommission des Landes Baden-Württemberg, welche unter der Leitung eines Oberkommissars steht, sind zugeteilt: ein Kriminalobermeister, fünf Kriminalmeister, sieben Beamte der uniformierten Polizei, zusammen 14 Polizeibeamte sowie Schreibkräfte.

Übersicht über die bisher bearbeiteten Verfahren (Stand): 1.6.1959)

Die ZSt. führt für die bei ihr anhängigen Ermittlungsverfahren das Aktenzeichen AR-Z. Für Einzelanfragen, denen keine strafrechtlichen Ermittlungen zugrunde liegen, das Aktenzeichen AR. In der Berichtszeit sind 208 AR-Z Sachen angefallen und bearbeitet worden. Es handelt sich dabei in der Regel um Großverfahren. Ein großer Teil dieser Verfahren geht sowohl nach Zahl der Opfer als auch der Mitwirkenden weit über den Umfang des Ulmer Prozesses hinaus. Von diesen 208 Verfahren wurden bereits 40 Verfahren nach Erstattung von Ermittlungsgutachten, Beschaffung von Zeugenaussagen und Dokumenten an die zuständigen Staatsanwaltschaften zur weiteren Aufklärung des Sachverhalts abgegeben. Weitere 38 Anzeigen, die bei der ZSt. eingingen, wurden ohne weitere Ermittlungen an die zuständigen Staatsanwaltschaften abgegeben, da die Tatorte im Bundesgebiet liegen. Bei der ZSt. sind zurzeit rund 100 Verfahren in der Vorermittlung, bzw. Ermittlung anhängig.

In der Berichtszeit sind 160 AR-Sachen angefallen und durch Einzelbescheide erledigt worden. Ein Teil dieser Eingaben und Anfragen stammte von Rechtssuchenden, die mit den Entscheidungen von Wiedergutmachungsbehörden oder anderen Dienststellen unzufrieden waren und die nun der Auffassung waren, dass die neue Dienststelle gewissermaßen ein Petitionsausschuss sei. Ein anderer Teil der Anfragen stammte von Innenministerien, Senaten, Vertriebenen- und Finanzministerien, sowie des BVerwG. Diese Anfragen stehen meist im Zusammenhang mit Anträgen nach Art. 131 GG. Gerade solche Anfragen belasten die ZSt. stark, da den anfragenden Dienststellen häufig mit der Feststellung nicht gedient ist, dass die Person, über welche Auskunft gewünscht wird, bisher in der Zentralkartei nicht erfasst sei. Es wurden bis jetzt in allen diesen Fällen den anfragenden Stellen ausführliche Hinweise gegeben, die es den betreffenden Dienststellen ermöglichen, eigene Feststellungen zu treffen.

Außer den vorerwähnten Verfahren, für welche Ermittlungsunterlagen beschafft worden sind, wurden zwei Verfahren an die zuständigen GStA abgegeben. Vorermittlungen eines weiteren Verfahrens sind soweit gediehen, dass mit seiner Angabe in vier Wochen gerechnet werden kann.

Der volle Einsatz der ZSt. durch die Landesjustizverwaltung Baden-Württemberg und Rheinland-Pfalz hat bis jetzt zu folgendem Ergebnis geführt:

1. Der von den alliierten Dienststellen vergebens gesuchte ehem. SS-Standartenführer und Kommandeur der Sicherheitspolizei und des SD in Kowno – Karl Jäger – konnte nach entsprechenden Fahndungsarbeiten durch Beamte der Sonderkommission im April 1959 in Heidelberg festgenommen werden. Jäger trägt nach hier vorhandenen Dokumenten des Reichssicherheitshauptamtes allein für die Zeit vom 22.6.1941 bis 15.10.1941 die Verantwortung für die Erschießung von 81.000 Juden, Kommunisten und Geisteskranken in Litauen. Hinzu kommen für die Zeit vom Oktober 1941 bis Mitte 1943 weitere 20.000 Opfer.

2. Schon im Dezember 1958 konnte der ebenfalls von den Alliierten wegen Mordes vergeblich gesuchte ehemalige Führer des Sonderkommandos I b der Einsatzgruppe A, der ehemalige SS-Oberführer und Oberst der Polizei – Erich Ehrlinger [hierzu *K. Hofmann,* Ein Versuch nur…, 2018, S. 93] – in Karlsruhe festgenommen werden. Ehrlinger trägt die Verantwortung für die Tötung von mindestens 30.000 Personen. Allein in der Zeit vom 5.11. bis 11.11.1941 hat sein Sonderkommando in Minsk 6.501 Juden erschossen. Der Leiter dieses unter Ehrlingers Verantwortung operierenden Unterkommandos soll heute Leiter eines LKA sein. Die Ermittlungen sind noch nicht abgeschlossen.
3. Bei Nachforschungen über den bei der Staatsanwaltschaft Stuttgart anhängigen SS-Oberscharführers Boger [*Hofmann,* S. 187 ff.], welcher der politischen Abteilung des KZ Auschwitz angehört hatte, ergaben sich Belastungen gegen weitere ehemalige Angehörige dieser Abteilung. Die politische Abteilung (Gestapo) trägt die Verantwortung für die Vernichtung von mehreren 10.000 Menschen, die nach Ankunft der Transporte im Lager Birkenau sofort in Arbeitsfähige und Nichtarbeitsfähige geschieden wurden. Die Nichtarbeitsfähigen wurden unmittelbar nach der Ankunft in den Gaskammern vernichtet. Darüber hinaus hatten Boger und seine Mitbeschuldigten teilweise eigenhändig mehrere Tausend russische Kriegsgefangene (Kommissare) im KZ Auschwitz erschossen. Boger fällt im Übrigen auch die Vernichtung des Zigeunerlagers von Auschwitz-Birkenau zur Last. Der frühere Schutzhaftlagerführer Franz Hofmann hat insoweit bereits ein umfassendes Geständnis abgelegt. Dieses Verfahren wurde vor einigen Tagen an die Staatsanwaltschaft Frankfurt/Main abgegeben, die in vorbildlicher Weise den gesamten Auschwitzkomplex aufklären will und deshalb die bereits bei der Staatsanwaltschaft Stuttgart anhängigen fünf Beschuldigten in ihr Verfahren einbezogen hat.
4. Im März 1959 wurde in Karlsruhe der ehem. SS-Hauptsturmführer Kretschmer, der als Angehöriger des Einsatzkommandos 7 a mitgewirkt hat, festgenommen. In diesem Falle wird zurzeit geprüft, ob er in das bei der Staatsanwaltschaft Berlin anhängige Verfahren gegen Knop u.A. eingezogen werden soll.
5. Für die Landesjustizverwaltung Rheinland-Pfalz wurden Zeugenaussagen aus der Tschechoslowakei beschafft, die zur Verhaftung des im Schubert-Sorge-Prozess [in Bonn 1959, KZ-Verbrechen] belasteten Dr. med. Emil Christian Schmitz geführt haben. Dr. Schmitz wird zum Vorwurf gemacht, im KZ Sachsenhausen eine große Anzahl Häftlinge mit Gasbrand infiziert zu haben, was den Tod der betreffenden Häftlinge zur Folge hatte. Die ZSt. führt die gesamten Ermittlungen in diesem Falle, obwohl die Landesjustizverwaltung Rheinland-Pfalz noch nicht dazu Stellung genommen hat, ob sie mit einer so weitgehenden Ermittlungstätigkeit der ZSt. einverstanden ist. Die Kosten der Ermittlungen wurden für diesen Einzelfall von der Landesjustizverwaltung Rheinland-Pfalz übernommen.

Es ist sicher nicht zufällig, dass durch die Tätigkeit der ZSt. allein in Baden-Württemberg vier Großverfahren anhängig geworden sind. Voraussetzung für die Aufklärung dieser Fälle war und ist die Zusammenarbeit der Sachbearbeiter der ZSt. und der Sonderkommission des LKA Baden-Württemberg.

Andere Verfahren, die noch in der Vorermittlung sind, wären bereits weiter vorangetrieben, wenn die ZSt auch in anderen Bundesländern über eine ausgesuchte Polizeigruppe verfügen könnte.

Vom Ergebnis der Tagung der Vertreter der Landesjustizverwaltungen wird es abhängen, wie weit andere bei der ZSt. in der Vorermittlung anhängige Verfahren ebenso aufgeklärt werden können, wie die in Baden-Württemberg anhängigen Verfahren.

Nach den Ausführungen des *OStA Dr. Schüle* wurde folgende *Entschließung* gefasst: „Die GStA haben mit Genugtuung den Erfahrungs- und Tätigkeitsbericht des Leiters der ZSt. der Landesjustizverwaltungen, Herrn *OStA Dr. Schüle,* zur Kenntnis genommen.

Sie sind danach überzeugt, Ermittlungsverfahren gegen Gewaltverbrecher der Nazi-Zeit nicht besser fördern zu können, als ihre Bearbeitung bis zur Anklagereife der ZSt. anzuvertrauen.

Angesichts der außerordentlichen Bedeutung dieser Verfahren sollten die Landesjustizverwaltungen die ZSt. mit allen Vollmachten und Mitteln, auch finanziellen sowie ausgesuchten und ausreichenden Polizeikräften ausstatten, deren sie zur Erfüllung ihrer Aufgaben bedarf."

12. *Zulässigkeit der Wiederaufnahme gegen Urteile der Besatzungsgerichte* (Punkt 5 a der TO)

BA Dr. Wagner trug das in der Anlage befindliche Referat vor. *(Anlage H):* [...] Abschließend kann der derzeitige Rechtszustand wie folgt gekennzeichnet werden: Alle Urteile der Besatzungsgerichte aus der Zeit vor der vollen Wiedererlangung der deutschen Souveränität sind unantastbar. Sie können weder im Wege der Wiederaufnahme noch durch Betreibung eines neuen Verfahrens wegen desselben Falles wieder aufgenommen werden. Ausgenommen bleiben nur

1. die Fälle, in denen entweder keine ausschließliche Zuständigkeit der Besatzungsgerichte gegeben war oder in denen ein alliiertes Verfahren nicht geschwebt hat oder nicht abgeschlossen worden ist (vgl. hierzu *Rumpf* JZ 1957, 654);
2. die Fälle, in denen eine Aburteilung wegen eines Kriegs- oder Menschlichkeitsverbrechens erfolgt ist; für diese Fälle lässt das Berliner Urteil [BGHSt 12, 36 v. 9.9.1957] den Grundsatz „ne bis in idem" nicht gelten, so dass insoweit zumindest die Betreibung eines neuen deutschen Verfahrens zulässig wäre.

Die Fälle zu 1. dürften der Praxis keine Schwierigkeiten bereiten. In den Fällen zu 2. bleibt die von dem Berliner Urteil nicht geklärte Frage offen, ob ihrer weiteren Behandlung nicht die in der Grundregel des Art. 3 Abs. 2 ÜberlV enthaltene Sperrwirkung entgegensteht. Um diese Frage zu klären, dürfte es sich empfehlen, alsbald ein einschlägiges Verfahren, sei es im Wege der Revision, sei es durch Vorlegung nach § 121 Abs. GVG dem BGH zur Entscheidung zu unterbreiten.

13. *Rechtskraftwirkung von Entscheidungen der Besatzungsgerichte.* (Punkt 5 b der TO)

GStA Dr. Voss legte mehrere gerichtliche Entscheidungen vor, die die Art. 2, 3, 6 und 7 des Vertrages zur Regelung aus Krieg und Besatzung entstandener Fragen, des sogenannten Überleitungsvertrages vom 30.3.1955 (BGBl. 1955 II 405 ff.), zum Gegenstand haben. Diese Entscheidungen sind in der Anlage beigefügt. *(Anlage I:...Beschluss der Strafkammer des LG Flensburg in Sachen Dr. Schlegelberger vom 14.4.1959 [Ablehnung einer gerichtlichen Voruntersuchung]:* Bei der Prüfung der Frage, ob das rechtskräftige Urteil des III. Amerikanischen Militärgerichtshofs vom 3./4.12.1947 gegen den Angeschuldigten für deutsche Gerichte und Behörden verbindlich ist, ist von Teil I Art. 6, 7 des Überleitungsvertrages auszugehen. Nach Art. 7 Abs. 1 bleiben grundsätzlich alle Urteile in Strafsachen, die von einem Gericht der drei Besatzungsmächte oder einer derselben in Deutschland gefällt worden sind, nach deutschem Recht rechtskräftig und rechtswirksam und sind von den deutschen Gerichten und Behörden demgemäß zu behandeln. „Durch diese Vorschrift des Überleitungsvertrages sind die Urteile der Besatzungsgerichte, die früher nach der herrschenden Ansicht als ausländische Urteile galten, nunmehr hinsichtlich ihrer Rechtskraft und Rechtswirksamkeit deutschen Urteilen gleichgestellt. Nach der Ausnahmevorschrift des Art. 6 Abs. 11 ÜV gilt diese grundsätzliche Anerkennung der Urteile der Besatzungsgerichte durch die Bundesrepublik aber *nicht für solche Urteile, durch die Strafen wegen Verbrechens gegen die Menschlichkeit* oder *wegen Kriegsverbrechen von einem Gericht der Besatzungsmächte verhängt worden sind.* Dies ist in dem Urteil des BGH vom 9.9.1959 (NJW 1958, 1690/91) entgegen dem Beschluss des Schl.-Holst. OLG vom 5.9.1957 (NJW 1958, 112/113) überzeugend ausgeführt worden. Die Ausnahmevorschrift des Art. 6 Abs. 11 ÜV bestimmt ausdrücklich, dass die Bestimmungen des Art. 7 und damit auch die Vorschrift des Art. 7 Abs. 1, die die Anerkennung der besatzungsgerichtlichen Urteile enthält, auf die in dem Art. 6 behandelten Angelegenheiten, d.h. auf die Urteile der Besatzungsgerichte wegen Verbrechen gegen die Menschlichkeit und wegen Kriegsverbrechen keine Anwendung finden. [...]

Der weiteren Strafverfolgung des Angeschuldigten durch deutsche Gerichte wegen der vom Militärgerichtshof abgeurteilten Tat steht jedoch die Bestimmung des Art. 3 Abs. 3 Ziff. b des ÜV entgegen. [...]

Die Unzuständigkeit der deutschen Gerichte für Strafverfahren ist nach der Bestimmung des Art. 3 Abs. 3 Ziff. b schon dann für die Zeit nach Inkrafttreten des

Überleitungsvertrages gegeben, wenn und soweit die Strafverfolgungsbehörde einer Besatzungsmacht die angebliche Straftat vor diesem Zeitpunkt endgültig untersucht hat. Erst recht bleiben die deutschen Gerichte für solche Taten weiter unzuständig, die schon von einem Besatzungsgericht rechtskräftig abgeurteilt worden sind (ebenso *Prof. Dr. Weber* in JZ 1958, 753; ähnlich *BA Fränkel* in der Anmerkung zu dem Urteil des BGHSt vom 9.9.1958 in *Lindemaier-Möhring* Nr. 9 zu Art. 103 GG). Dass die Urteile der Besatzungsgerichte gegen sog Kriegsverbrecher bestehen bleiben sollen und keiner Nachprüfung durch deutsche Gerichte unterliegen, und deutsche Gerichte für diese von Besatzungsgerichten abgeurteilten Taten weiterhin nicht zuständig sind, folgt weiter aus Art. 6 des Überleitungsvertrages. Da die Untersuchung wegen der dem Angeschuldigten von der Staatsanwaltschaft jetzt zur Last gelegten Straftat durch die Amerikanische Anklagebehörde in Nürnberg als die damals für Kriegsverbrecher zuständige Besatzungsbehörde bereits vor Inkrafttreten des Überleitungsvertrages im Rahmen des sog. Juristenprozesses endgültig abgeschlossen war und der Angeschuldigte darüber hinaus von dem III. Amerikanischen Militärgerichtshof wegen dieser Tat schon vor diesem Zeitpunkt (5.5.1955) rechtskräftig verurteilt worden war, dürfen die deutschen Gerichte… nach Art. 3 Abs. 3 Ziff. b des ÜV in dieser Strafsache weiterhin nach dem 5.5.1955 keine Gerichtsbarkeit ausüben, sie sind für diese Straftat unzuständig.)

GStA Dr. Voss führte hierzu aus, dass die innere Ursache für die Unterschiedlichkeit der Urteile und Beschlüsse der deutschen Gerichte die Unvollkommenheit des Überleitungsvertrages sei. Er sei das Spiegelbild unserer Rechtszerrissenheit und regele nicht die Prinzipien. Er vertrat die Ansicht, dass, wenn schon ein neues Verfahren im Falle eines Ermittlungsverfahrens der Strafverfolgungsbehörden einer Besatzungsmacht ausgeschlossen sein solle, umso mehr die Unzuständigkeit der deutschen Gerichte gegeben sei, wenn dieses Ermittlungsverfahren mit einer rechtskräftigen Verurteilung geendet habe.

GStA Dr. Dünnebier schloss sich der von *BA Dr. Wagner* vertretenen Auffassung an, dass auch für Kriegsverbrecherprozesse der Grundsatz ne bis in idem zu gelten habe.

GStA Dr. Görcke wies auf eine Entscheidung des Kammergerichts hin, das die Wiederaufnahme gegen das Urteil eines Besatzungsgerichts vom 15.3.1948 für zulässig erklärt habe. (Der Überleitungsvertrag gilt in Berlin nicht.)

GBA Dr. h.c. Güde vertrat den Standpunkt, dass ein Mensch, der zum Tode verurteilt und in einem geregelten Verfahren begnadigt worden sei, nach Möglichkeit nicht noch einmal vor ein Gericht gestellt werden solle. Ein solches Verfahren würde auch nicht von der öffentlichen Meinung verstanden werden. *GBA Dr. Güde* kündigte an, dass er in einem Votum zu der Rechtsfrage Stellung nehmen werde. Rechtlich handle es sich gar nicht um den Grundsatz ne bis in idem, sondern um die Auslegung eines völkerrechtlichen Vertrages. Die wirkliche Regelung für das Strafverfahren sei nicht in den §§ 6, 7, sondern in § 3 des Überleitungsvertrages getroffen.

GStA Krapp hielt es für erforderlich, dass die strittige Rechtsfrage vom BGH entschieden werde.

BA Dr. Wagner betonte, dass die entscheidende Frage laute, ob § 3 Abs. 2 des Überleitungsvertrages auch für die in § 6 genannten Kriegs- und Menschlichkeitsverbrechen gelte.

14. *Koordinierung der Tätigkeit der Staatsschutzsachbearbeiter auf Bundesebene unter Beteiligung der Justizministerien und Richter* (Punkt 6 der TO)

GStA Dr. Bauer übermittelte folgende Anregung der politischen Dezernenten der Staatsanwaltschaft Frankfurt am Main:

a) Die GStA möchten sich mit den Innenministerien in Verbindung setzen, um zu erreichen, dass in Zukunft bei Verboten von Tarnorganisationen der KPD einheitlich vorgegangen werde.
b) Bei der Beschlagnahme importierten Schrifttums möge in Zukunft die Beschlagnahme generell ausgesprochen werden, wie es bei unzüchtigen Schriften der Fall sei. Die Frage sei, ob § 86 StGB die konkrete Sendung oder das Schriftstück als solches betreffe. Die Mehrzahl der politischen Dezernenten der Staatsanwaltschaft Frankfurt/Main halte die generelle Beschlagnahme der Schrift als solcher nach § 86 StGB nicht für möglich, weil die importierte Schrift nicht öffentlich ausgelegt sei.
c) Es sei wünschenswert, entsprechend der Zentralen Stelle in Ludwigsburg auch eine zentrale Stelle für die politischen Verfahren zu schaffen und die Sicherungsgruppe des Kriminalamtes mit der Aufklärung zu befassen.

GStA Dr. Bauer lehnte sämtliche Anregungen ab.

Die Tagungsteilnehmer nahmen die vorgetragenen Ansichten zur Kenntnis.

15. *Die nächste Arbeitstagung der Staatsschutzsachbearbeiter* (Punkt 7 der TO)

Auf Vorschlag des *GStA Dr. Bauer* soll dieser Punkt auf die Tagesordnung der nächsten Sitzung gesetzt werden.

Exzessive Todesurteile im sogenannten Dritten Reich. (Punkt 9 der Tagesordnung)

Generalstaatsanwalt *Dr. Bauer* verlas das Urteil eines Sondergerichts aus dem Jahre 1943, das dem Hessischen Justizministerium vorgelegt worden war und das dieses an die Staatsanwaltschaft zur weiteren Veranlassung abgegeben hatte. Es handelte sich um die Verurteilung einer polnischen Frau zum Tode, weil sie sich eines geringfügigen Vergehens schuldig gemacht hatte. Generalstaatsanwalt *Dr. Bauer* ließ dahingestellt, ob sich die damaligen Richter einer Rechtsbeugung schuldig gemacht hätten. Ihm liege nur daran, die Frage zu stellen, was beamtenrechtlich mit Kollegen, die solche Urteile ausgesprochen haben, geschehen solle. Es sei unerträglich, dass der Verfasser eines solchen Urteils, das als kaschierter Mord zu bezeichnen sei, jetzt noch als Staatsanwalt judiziere.

Generalstaatsanwalt *Dr. Müller* berichtete von einem Verfahren gegen einen früheren Staatsanwalt, der jetzt wieder als Notar angestellt sei. Er hatte an Strafverfahren des Sondergerichts Leslau (OLG Posen) mitgewirkt. Es handelte sich um Urteile vom Januar, Juni und Juli 1942, und zwar um Todesurteile aufgrund der Verordnung über die Strafrechtspflege gegen Polen und Juden in den eingegliederten Ostgebieten vom 4.12.1941. In einem Fall war behördliches Eigentum, nämlich ein Hund der Zollbehörde „beschädigt" worden. In den weiteren Fällen habe es sich um Sittlichkeitsverbrechen gehandelt. Die Frage sei, ob die Tätigkeit des Staatsanwalts von damals rechtlich als Anstiftung, Mittäterschaft oder Beihilfe zu beurteilen sei. Man müsste, um einen Überblick zu bekommen und die gesamte Tätigkeit des damaligen Richters oder Staatsanwalts beurteilen zu können, mehrere Entscheidungen von damals, an denen der Betreffende mitgewirkt hatte, heranziehen. Es sei auch bedenklich, jetzt über ein einzelnes Urteil zu Gericht zu sitzen und den Richter oder Staatsanwalt wegen Mordes oder Totschlages zur Verantwortung zu ziehen, wenn anschließend das nächste Urteil bekannt werde und der Betreffende erneut verurteilt werden müsste. Generalstaatsanwalt *Dr. Müller* berichtete ferner über einige Urteile aus dem damaligen Protektorat Böhmen und Mähren, aufgrund von Strafbestimmungen des damaligen Reichsprotektors für Böhmen und Mähren vom 3.7.1942 (Vorschriften, die die Untergrundbewegung der Tschechen bekämpfen sollten). Diese Urteile seien Gegenstand eines Verfahrens gegen einen Richter und einen Staatsanwalt.

Generalstaatsanwalt *Dr. Bauer* stellte die Frage zur Diskussion, was beamtenrechtlich im Interesse der Selbstreinigung der Justiz zu geschehen habe.

Generalbundesanwalt *Dr. h.c. Güde* verlas einen Artikel Salvador de Madariagas aus der „Neuen Züricher Zeitung" „Dulles und Adenauer" vom 7.5.1959* und erklärte anschließend, es müsse ein Weg gefunden werden, Richter und Staatsanwälte, die sich justizunwürdig verhalten hätten, aus der Mitwirkung an der Rechtsprechung auszuschließen.

*[Zu Adenauers Entschluss, das „Kanzleramt zugunsten der Präsidentschaft" aufzugeben...: „Dr. Adenauers Wahl mag dem Schiff einige Grade Schlagseite nach rechts verleihen, während ihm die Wahl Prof. [Carlo] Schmids ein stabileres Gleichgewicht gesichert hätte. Aber da zwingende Gründe diesen Entscheid herbeiführten, muss man hoffen, dass der Charakter und die Integrität des gegenwärtigen Bundeskanzlers ein genügendes Korrektiv darstellen werden. Von seinem neuen Posten aus wird Adenauer wohl fähig sein, die Kräfte zu unterstützen, die berufen sind, dem neuen Deutschland Gestalt zu verleihen. – Dabei wird ihm wahrscheinlich die Außenpolitik, sein bevorzugtes Betätigungsfeld, weniger Sorge machen als die Innenpolitik. Schließlich hat es Deutschland den vereinten Anstrengungen von Kanzler und Präsident zu verdanken, dass es heute zu den vier oder fünf führenden Mächten gehört, ja sein Gewicht nimmt in der Weltpolitik noch immer zu. Was notwendig bleibt, ist die geistige und willensmäßige Entschlossenheit, allen sowjetischen Aufweichungsversuchen zu trotzen, Positionen wie Berlin zu halten

und sich standhaft zu weigern, ‚Ulbricht-Land' als irgendetwas anderes anzuerkennen, als was es in Wirklichkeit ist – eine sowjetische Schaupuppe. Die wirtschaftliche Entwicklung wird Dr. Adenauer wohl kaum schlaflose Nächte bereiten. Dagegen könnte es sehr wohl sein, dass der neue Präsident – gleich wie der scheidende – seine größte Anstrengung darauf verwenden müsste, einige der widrigsten Aspekte der inneren Entwicklung Deutschlands unter Kontrolle zu halten. Aspekte, wie sie auf dem Gebiet der Justiz besonders deutlich hervortreten. – Es ist eine betrübliche Tatsache, dass Deutschland, je mehr seine Stärke auf dem Gebiet der Verteidigung, der Außenpolitik und der Wirtschaft zunimmt, umso schwächer auf dem der Justiz wird. Sein Ansehen wächst nur in einer Richtung und leidet Schaden in der andern. Immer wieder fördert die Rechtsprechung befremdliche Vorurteile ans Licht, die man, wenn auch noch so widerwillig, nur mit Nazismus oder wenigstens mit einem schamlosen und skrupellosen Nationalismus zu identifizieren vermag. Einige Deutsche der Bundesrepublik mögen versucht sein, sich dem bösen Wahn hinzugeben, dass sie es sich angesichts der wirtschaftlichen Kraft und des Anwachsens der militärischen Stärke leisten können, die edelsten Gefühle der Welt zu verletzen, wie es die Nazis seinerzeit auch taten. Zynischer Opportunismus lässt sich zeitweilig selbst in gewissen politischen Kreisen der deutschen Jugend feststellen. Wenn unseligerweise eine Kombination von zynischer Jugend und altem Nazitum die Hoffnungen abwürgen würde, die durch Persönlichkeiten wie Adenauer, Heuss und Schmid in den Herzen erweckt wurden, dann könnte nicht bloß das Schicksal Europas, sondern das der ganzen Menschheit besiegelt sein. – Dr. Adenauers größte, dringendste und schwierigste Aufgabe wird darin bestehen, über die Entwicklung der tieferen Schichten des deutschen Geistes zu wachen. Wir wünschen Deutschland wirtschaftliches Gedeihen; wir werden uns freuen, es stark zu sehen. Doch wir wünschen vor allem ein menschliches Deutschland."]

Generalstaatsanwalt *Dr. Müller* gab zu bedenken, dass in einem Strafverfahren wegen Rechtsbeugung nicht mit einer Verurteilung gerechnet werden könne. Politisch gesehen, würde ein solches Verfahren zu einem schweren Schaden für die Justiz führen. Man sollte die damaligen Urteile zum Gegenstand eines Disziplinarverfahrens machen und die damaligen Richter und Staatsanwälte heute nicht mehr in dieser Stellung verwenden. Ein solches Ergebnis würde in der Öffentlichkeit mit Befriedigung aufgenommen werden.

Generalstaatsanwalt *Dr. Bauer* schlug vor, sich an den Richterbund zu wenden, um Hilfe zu erhalten.

Generalstaatsanwalt *Nellmann* empfahl, das jetzige Verfahren gegen den früheren Richter bzw. Staatsanwalt in dem damaligen Verfahren wegen Sachbeschädigung durch Tötung eines Hundes einzustellen, aber mit deutlicher moralischer Verurteilung, damit klargestellt werde, dass juristisch nichts zu machen sei, dass aber das damalige Urteil nicht gebilligt werde. Generalstaatsanwalt *Nellmann* gab zu bedenken, dass nach einem Freispruch disziplinarische Maßnahmen nicht mehr getroffen werden könnten.

Generalbundesanwalt *Dr. h.c. Güde* erklärte, er habe dem Deutschen Richterbund schon einmal vorgeschlagen, dass er ein freiwilliges Ehrengericht zur persönlichen Rechtfertigung gegenüber öffentlich erhobenen Vorwürfen bilden solle.

Generalstaatsanwalt *Nellmann* hielt diesen Vorschlag für außerordentlich gefährlich, weil jeder an das Ehrengericht appellieren werde und dann die Blamage noch größer sei. Nach seiner Auffassung sollte dem Betreffenden das Amtieren verboten und das Gehalt weitergezahlt werden.

17. *Entwurf einer bundeseinheitlichen Neuordnung der Organisation und des Dienstbetriebes der Staatsanwaltschaft* [Texte bei W. Schubert, Staatsanwaltschaftsrecht (1934–1982), Frankfurt a.M. 2013, S. 57 ff.], *insbesondere a) Bezeichnung der Staatsanwaltschaft (Nr. 1 und 19 des Entwurfs), b) Bestellung des ständigen Vertreters des OStA durch den GStA (Nr. 7 des Entwurfs), c) Beschränkung der Zeichnungsbefugnis (Nr. 18 des Entwurfs).* (Punkt 11 der TO)

GStA Dr. Dünnebier sprach einleitend von der Schwierigkeit, ein Organisationsstatut zu entwerfen. Das Ziel sei nicht nur ein technisches Gerippe, sondern die Herbeiführung einer einheitlichen Staatsanwaltschaft. Er würde es begrüßen, zu den Hauptpunkten die Ansicht der GStA zu erfahren, und wenn es gehe, eine übereinstimmende Ansicht, damit die Meinung der GStA in den Besprechungen des Unterausschusses der Justizministerkonferenz vorgetragen werden könne.

GStA Dr. Bauer wies einleitend darauf hin, dass selbständige Amtsanwaltschaften in Berlin, Rheinland-Pfalz und Hessen bestünden. Es sei die Frage, ob das Bestehen der Amtsanwaltschaften nicht ein beachtlicher Einwand gegen die Einbeziehung der Staatsanwälte in das Richtergesetz sei. Er habe seinem Justizministerium vorgeschlagen, die selbständigen Amtsanwaltschaften in die Staatsanwaltschaften einzugliedern, keine neuen Amtsanwälte mehr zu ernennen und die Einrichtung der Amtsanwälte absterben zu lassen.

GStA Dr. Müller berichtete aus Baden-Württemberg, dass die Einrichtung der Amtsanwälte nicht aussterbe, es würden vielmehr laufend weitere Amtsanwälte ausgebildet. Sie seien in der Staatsanwaltschaft tätig. Man habe gute Erfahrungen mit ihnen gemacht und das Bestreben gehe dahin, weitere planmäßige Amtsanwälte anzustellen.

GStA Dr. Dünnebier erklärte, in Bremen bestehe eine Abteilung mit Amtsanwälten für Einzelrichtersachen. Es seien mit Amtsanwälten beste Erfahrungen gemacht worden. Die Amtsanwälte entsprächen dem, was die Rechtspfleger auf dem Gebiete der Rechtsprechung darstellten. Sie erledigten gewisse untergeordnete Arbeiten mit gewisser Selbständigkeit.

GStA Nellmann lehnte die Zustimmung zu einer Vereinheitlichung der Organisation der Staatsanwaltschaft ab.

GStA Dr. Görcke wies darauf hin, dass die Staatsanwälte schon früher den Richtern gleichgestellt gewesen seien, obwohl es auch schon damals Amtsanwälte gegeben habe.

In Berlin werde die selbständige Amtsanwaltschaft vom Abgeordnetenhaus protegiert. Sie habe im Jahre 1958 97.000 Neueingänge gehabt. Die Justizverwaltung in Berlin werde einer Abschaffung der Amtsanwaltschaften nicht zustimmen, weil diese billiger arbeite. Abschließend wies GStA Dr. Görcke darauf hin, dass der Entwurf auf Berlin nicht passe, weil er die Einrichtung der selbständigen Amtsanwaltschaften nicht enthalte und auf die Organisation einer so großen Behörde wie in Berlin nicht zugeschnitten sei.

Ltd. OStA Scholz berichtete über die Verhältnisse in Hamburg.

GStA Biermann bezeichnete den Vorschlag des GStA Dr. Bauer als gefährlich. In Niedersachsen seien die Amtsanwälte Sachbearbeiter innerhalb der Staatsanwaltschaft. Für das Richtergesetz könne die Einrichtung der selbständigen Amtsanwaltschaften kein Problem darstellen.

GStA Ahmann teilte mit, dass in Nordrhein-Westfalen gute Erfahrungen mit Amtsanwälten gemacht worden seien. Sein Land werde nicht von dieser Einrichtung abgehen. Eine Übertragung der kleinen Sachen, die von den Amtsanwälten bearbeitet werden, auf die Staatsanwälte und Assessoren würde die Stellung der Staatsanwälte beeinträchtigen und die Assessoren von dem Eintritt in die Staatsanwaltschaft abschrecken.

Ltd. OStA Scholz stellte abschließend fest, dass die Mehrzahl der Tagungsteilnehmer dem Vorschlag des GStA Dr. Bauer nicht zustimme.

GStA Dr. Bauer bemerkte hierzu, dass die Einrichtung der Amtsanwälte im Zusammenhang mit der Vermehrung der Ordnungswidrigkeiten im neuen Strafgesetzbuch sowieso absterben werde.

GStA Dr. Dünnebier bemerkte zu den Ausführungen des GStA Nellmann, dass nicht beabsichtigt sei, die Staatsanwaltschaften zu nivellieren, sondern dass eine einheitliche Staatsanwaltschaft geschaffen werden solle. Die Bemühungen gingen dahin, das Gemeinschaftliche zu finden und in einem Statut herauszustellen.

GStA Dr. Bauer schloss sich der Meinung des GStA Nellmann an, dass jedes Land für sich bleiben solle.

17 a. *GStA Dr. Voss* befasste sich mit der *Frage der Bezeichnung der Staatsanwaltschaft.* Die AV des RJM vom 18.12.1934 [DJ 1934, S. 1608 ff.; *Schubert,* aaO., S. 1 ff.] sollte bestehen bleiben. Sie sei nicht Ausdruck eines Führerprinzips, sondern jahrzehntelanger Übung. Die jetzige Bezeichnung sei auch im Bewusstsein der Bevölkerung verankert. Der Entwurf werde zwar von den jüngeren Kollegen begrüßt, der Teamcharakter der Staatsanwaltschaft gehe aber darin unter.

GStA Nellmann erklärte, dass die erste Handlung im Justizministerium von Nord-Württemberg-Hohenzollern gewesen sei, die Bezeichnung „Die Staatsanwaltschaft" einzuführen. Es sei nicht einzusehen, warum von dieser Bezeichnung abgegangen werden solle.

GStA Dr. Dünnebier wies auf § 145 GVG [Ersetzungsbefugnisse] hin und hielt es für sachgemäß, das monokratische Prinzip auch in der Bezeichnung der Behörde zum Ausdruck zu bringen. Er räumte jedoch ein, dass sich auch vieles für die süddeutsche Meinung anführen ließe. Insbesondere die tägliche Praxis, die darin bestehe, dass der Staatsanwalt selbständig entscheide. Aus diesem Grunde stimme er der süddeutschen Ansicht zu. Das Statut sähe dementsprechend vielleicht zwei Möglichkeiten vor.

GStA Nellmann wies darauf hin, dass bei Beschwerden als „Der Generalstaatsanwalt" entschieden werde, und zwar im Hinblick auf die Formulierung „der vorgesetzte Beamte der Staatsanwaltschaft".

GStA Mützelburg war mit dem GStA Dr. Dünnebier der Meinung, dass die Bezeichnung „Die Staatsanwaltschaft" der Sachlage besser gerecht werde.

GStA Dr. Haas meinte auch, dass bei großen Behörden der leitende Beamte der Staatsanwaltschaft unmöglich die Verantwortung für die einzelnen Verfügungen seiner Dezernenten tragen könne, weil er sie nicht kenne. Auch im Hinblick auf das Richtergesetz sei es zweckmäßig, die neue Bezeichnung einzuführen. Im Übrigen würde es die Verantwortungsfreude der Sachbearbeiter mehr stärken, wenn sie nicht „Im Auftrage" zu zeichnen brauchten.

GStA Ahmann wies darauf hin, dass die Unterschrift eines OStA als Dezernent bei dem Empfänger des Schreibens den irrigen Eindruck erwecken könnte, dass der Absender des Briefes der Leiter der Staatsanwaltschaft sei, wenn der Zusatz fehle, dass er „im Auftrage" die Mitteilung mache.

GBA Dr. h.c. Güde erklärte auf Befragen, dass die Dienstbezeichnung „Der Generalbundesanwalt" bestehen bleibe.

GStA Biermann trat für die Beibehaltung der Bezeichnung „Der Generalstaatsanwalt" und „Der Oberstaatsanwalt" ein.

GStA Dr. Krapp schloss sich dem GStA Biermann an.

GStA Morbach befürwortete eine Alternativlösung.

GStA Dr. Adams schloss sich der Ansicht, wie sie in Nordrhein-Westfalen herrscht, an.

Eine Entschließung wurde nicht getroffen.

17 b) *GStA Dr. Voss* nahm für sich das Recht in Anspruch, den *ständigen Vertreter des Oberstaatsanwalts* auszuwählen.

GStA Dr. Haas meinte, dass es bei der Bestellung des ständigen Vertreters des OStA darauf ankomme, ob das Leistungsprinzip oder das Dienstalter ausschlaggebend sei.

In dieser Frage bestand Einhelligkeit in der Auffassung, dass das Leistungsprinzip zu entscheiden habe. Der Behördenleiter habe die Auswahl zu treffen. Jedoch müsse der zuständige GStA, nicht dagegen auch die Landesjustizverwaltung der Wahl zustimmen.

GStA Ahmann machte den Vorschlag, dass der GStA berechtigt sein solle, mit Zustimmung des Ministeriums eine abweichende Regelung zu treffen.

OStA Polzin vertrat die Ansicht, dass die Einschaltung der Landesjustizverwaltung übertrieben sein dürfte.

17 c) *GStA Dr. Dünnebier* meinte, dass das *Zeichnungsrecht* von vornherein verliehen und die Gegenzeichnung durch die Einführung einer Vorlagepflicht ersetzt werden sollte. Die sofortige Verleihung des Zeichnungsrechts stärke die Verantwortungsfreudigkeit. Demgegenüber sehe der Entwurf vor, dass das Zeichnungsrecht vom OStA nach einer Probezeit von mindestens drei Monaten und höchstens einem Jahr verliehen werden könne.

GStA Biermann vertrat demgegenüber die Ansicht, dass die Tätigkeit des Staatsanwalts von der des Richters so stark abweiche, dass die Frage des Zeichnungsrechts nicht mit dem Hinweis auf die Selbständigkeit des Richters entschieden werden könne. Ferner sei zu bedenken, dass die Referendarausbildung bei der Staatsanwaltschaft nur drei Monate betrage. Im Übrigen stoße sich ein guter Assessor nicht daran, dass er zunächst kein Zeichnungsrecht hat.

GStA Dr. Görcke schloss sich der Ansicht des GStA Biermann, dass das Zeichnungsrecht nicht von vornherein verliehen werden sollte, an. Er vertrat jedoch den Standpunkt, dass es dem OStA überlassen sein sollte, wann er das Zeichnungsrecht im Einzelfalle verleihen will.

GStA Mützelburg vertrat die gleiche Ansicht. Nach seinen Erfahrungen seien die jungen Assessoren für die Beratung durch einen erfahrenen StA dankbar. Das Zeichnungsrecht solle jedoch nicht an eine Frist gebunden werden. Das kleine Zeichnungsrecht sollte von dem OStA, das große von dem GStA verliehen werden.

GStA Dr. Haas schloss sich auch der Ansicht der GStA Biermann und Dr. Görcke an.

GStA Dr. Bauer teilte mit, dass in Hessen das kleine Zeichnungsrecht sofort, das große Zeichnungsrecht nach sechs Monaten gegeben werde. Falls dies nicht geschehe, werde dem GStA berichtet.

GStA Ahmann meinte, dass die Zeit ohne Zeichnungsrecht die beste Gelegenheit biete, einen Assessor zum Staatsanwalt heranzubilden.

Eine Entschließung wurde auch zu diesem Punkt der TO nicht gefasst.

Abschließend wurde erörtert, wo die Tagung der GStA im nächsten Jahr stattfinden solle.

GStA Dr. Dünnebier übermittelte die Einladung des Senats der Hansestadt Bremen für den Fall, dass ein anderer Tagungsort nicht vorgeschlagen werde.

GStA Dr. Haas stellte eine Einladung zu einem Ort in Nordrhein-Westfalen in Aussicht, behielt sich jedoch die vorherige Zustimmung seines Ministeriums vor.

Ltd. OStA Scholz schloss die Tagung der GStA und übermittelte einen Gruß von GStA Buchholz.

GBA Dr. h.c. Güde dankte im Namen der Tagungsteilnehmer dem Ltd. OStA Scholz für die vorbildliche Vorbereitung und Durchführung der Tagung. Alle Teilnehmer würden Hamburg in bester Erinnerung behalten.

gez. Scholz *gez. Dr. Kinze*

XIV. Niederschrift über die Tagung der Generalstaatsanwälte vom 19.–21.5.1960

Beginn der Tagung: 19.5.1960 um 9.00 Uhr
Anwesend:
GBA Dr. Güde, Karlsruhe
BA Dr. Wagner, Karlsruhe
GStA Dr. Fick, Bamberg
GStA Brühl, Berlin (KG)
GStA Dr. Görcke, Berlin (LG)
GStA Mützelburg, Braunschweig
OStA Dr. Ruf, Bremen für *GStA Dr. Dünnebier*
GStA Biermann, Celle
GStA Dr. Jansen, Düsseldorf
GStA *Dr. Bauer,* Frankfurt
GStA Buchholz, Hamburg
GStA Ahmann, Hamm
GStA Dr. Müller, Karlsruhe
GStA Morbach, Koblenz
GStA Dr. Haas, Köln
LG-Dir. Dr. Lorz, München (BObLG) für *GStA Dr. Steffen*
GStA Dr. Hechtel, München (OLG)
GStA Dr. Geropp, Neustadt
GStA Mork, Nürnberg
GStA Dr. Krapp, Oldenburg
GStA Dr. Adams, Saarbrücken
GStA Dr. Voß, Schleswig
GStA Nellmann, Stuttgart
ferner: *OStA Dr. Nellessen,* Staatsanwaltschaft Aachen
Protokollführer: EStA Schué, Staatsanwaltschaft Aachen

Nach kurzer Begrüßung der Teilnehmer eröffnete GStA Dr. Haas die Tagung. [...]

Punkt 2. BA Dr. Wagner hob in seinem Referat *„Strafjustiz und Sicherheitsbehörden"* zunächst die Notwendigkeit der Zusammenarbeit der Justiz mit den wichtigsten Sicherheitsbehörden – Verfassungsschutz, Bundesnachrichtendienst (BND) und Militärischer Abschirmdienst (MAD) – in Staatsschutzsachen hervor. Er behandelte die gesetzlichen, verwaltungsmäßigen und organisatorischen Grundlagen der genannten

Sicherheitsbehörden und bemerkte, dass lediglich das Verhältnis der Verfassungsschutzämter zu der Justiz geregelt sei, und zwar durch Ziff. 200 RiStV, während es an einer entsprechenden Vorschrift für die Zusammenarbeit der Justiz mit BND und MAD vorerst fehle. Sodann ging das Referat auf die Grundlagen für die Zusammenarbeit der Sicherheitsbehörden untereinander ein, wobei die Bestimmungen der „Zuständigkeitsabgrenzung zwischen Bundesnachrichtendienst und Verfassungsschutz auf dem Gebiet der Spionage und der Gegenspionage" vom 29.3.1956 und die „Richtlinien für die Zusammenarbeit von Verfassungsschutz, Bundesnachrichtendienst, Militärischem Abschirmdienst und Polizei" vom 10./11.4.1958 insoweit behandelt wurden, als sie für die Justiz Bedeutung besitzen. Im Anschluss hieran wies Dr. Wagner auf die Bestimmungen hin, die für die Beziehungen zwischen der Polizei und den Sicherheitsbehörden getroffen sind, nämlich die „Unkeler Richtlinien" vom 8.10.1954, die zwar nur das Verhältnis zwischen Polizei und Verfassungsschutz regeln, nach den erwähnten Richtlinien von April 1958 jedoch auch für das Verhältnis zwischen der Polizei einerseits und BND und MAD andererseits maßgebend sind. Dabei wurden gewisse Schwierigkeiten erwähnt, die sich in der Praxis für die Justiz aus der Anwendung der „Unkeler Richtlinien" ergeben haben, und der Standpunkt vertreten, dass die gesetzlichen Bestimmungen der StPO durch die Handhabung der in den „Unkeler Richtlinien" enthaltenen Regeln nicht leiden dürften. Schließlich behandelte das lediglich zur Information der GStA bestimmte Referat noch einige praktische Einzelheiten der Zusammenarbeit zwischen Justiz und Sicherheitsbehörden mit der Bitte, diesen Fragen eine gewisse Aufmerksamkeit widmen zu wollen.

Punkt 6. Zur Frage, ob *Vorschriften zur Verhinderung der Bloßstellung der Beschuldigten bei Aktenführung und Schriftwechsel* notwendig seien, erörterte *BA Dr. Wagner* einen Brief des Bundestagsabgeordneten Dr. Kanka [CDU] vom 12.9.1959 an den BJM. Hierin habe Dr. Kanka auf Folgendes hingewiesen: Durch die Übung, auf dem Aktendeckel den Namen des Beschuldigten nebst der zur Last gelegten Straftat in der Form „wegen… pp." zu schreiben, bestehe die Gefahr, dass dem Beschuldigten, besonders bei Versand der Akten, nachteilige Folgen erwüchsen, z.B. bei einem Rubrum: „gegen NN wegen Unzucht mit Abhängigen". Dr. Kanka habe den BJM gebeten, diesen Zustand durch geeignete Maßnahmen zu ändern. Der BJM habe geantwortet, es solle eine neue Ziffer in die „Richtlinien für das Strafverfahren" eingeführt werden.

GBA Dr. Güde äußerte hierzu, dass s.E. die bisherigen Vorschriften genügten. Der gegenwärtige Zustand habe sich bewährt und entspreche der Aktenordnung. Bei ordnungsgemäßer Bearbeitung durch Geschäftsstellen pp. sei ein ungerechtfertigter Nachteil nicht zu befürchten.

Die *GStA Dr. Haas, Voss, Morbach, Mützelburg* und *Dr. Görcke* stimmten dieser Auffassung grundsätzlich zu. Natürlich müsse der Staatsanwalt auch Takt besitzen und nach außen, besonders bei Schreiben, möglichste Reserve wahren. Fehlgriffe seien freilich nicht völlig zu vermeiden. *GStA Dr. Görcke* wies noch auf die Notwendigkeit hin, auf die Presse dahin einzuwirken, dass sie nicht durch die der Aufmachung bei Berichten pp. falsche Eindrücke erwecke.

Eine Anregung von *GStA Dr. Bauer*, auf den Aktendeckel zu drucken: „... wegen *Verdachts...*", wurde von *GBA Dr. Güde* und *GStA Nellmann* noch dahin erweitert, dass es „... wegen des *Vorwurfs...*" heißen könne.

GStA Dr. Haas gab – das Ergebnis der Diskussion zusammenfassend – die Anregung, im Interesse einheitlicher Handhabung an die Landesjustizminister in dem Sinne heranzutreten, dass eine ausdrückliche Änderung der jetzigen Bestimmungen zwar nicht erforderlich sei, dass aber angeordnet werden möge, in ihrem Rahmen von der Fassung „wegen des Vorwurfs" allgemein Gebrauch zu machen, und zwar auch in Anschreiben und Einstellungsbescheiden. Bedenken gegen diese Anregung wurden nicht erhoben.

Punkt 5: Hinweise für die Behandlung der Revisionssachen

Aufgrund der Beobachtungen in *Revisionssachen* gab *GBA Dr. Güde* zahlreiche Anregungen aus der Praxis der Bundesanwaltschaft:

1. In den Vorlegungssachen gemäß §§ 120 Abs. 3, 121 Abs. 2 GVG werde die Entscheidung des BGH häufig dadurch erschwert, dass in dem Vorlagebeschluss eine klar präzisierte Formulierung der Frage fehle, die der BGH entscheiden soll.
2. Sehr oft werde von den Polizeibehörden, aber zum Teil auch von Staatsanwaltschaften und Instanzgerichten immer noch verkannt, dass für einen minderjährigen Verletzten ein wirksamer Strafantrag nur von *beiden* Elternteilen gestellt werden kann (§ 65 Abs. 2 StGB; vgl.das nicht veröffentlichte Urteil 1 StR 437/59 vom 13.10.1959 unter Hinweis auf BVerfG in NJW 1959, 1483 Nr. 1).
3. Eröffnungsbeschlüsse *bayerischer* Gerichte enthielten fast durchweg noch das Ermittlungsergebnis in *Feststellungs*form, was nicht nur überflüssig, sondern auch rechtlich höchst bedenklich sei (BGHSt 5/261 ff.).
4. Form und Nachweis der *Rechtsmittelbelehrung* in der Hauptverhandlung könnten bei sachgemäßer Handhabung die immer noch zahlreichen Revisionsrügen der Art, dass die mündliche Rechtsmittelbelehrung durch den Vorsitzenden unvollständig oder missverständlich gewesen sei, überflüssig machen. Da nicht vorgeschrieben sei, den Wortlaut der Rechtsmittelbelehrung im Protokoll festzuhalten, müsse die Revisionsinstanz, falls der Angeklagte Wiedereinsetzung in den vorigen Stand gegen die Versäumung der Revisionsfrist oder der Revisionsbegründungsfrist beantrage, Ermittlungen darüber anstellen, wie im Einzelnen die Rechtsmittelbelehrung gelautet habe. Zur Vermeidung dieses Missstandes und der damit verbundenen Verzögerungen und Unklarheiten sei dringend zu empfehlen, im Protokoll zu vermerken, dass dem Angeklagten *noch in der Sitzung* das Merkblatt, auf dem genau die Rechtsmittelbelehrung enthalten ist, ausgehändigt worden sei (vgl. dazu Richtlinien Nr. 124).

5. Der Umfang der Urteilsgründe sei in vielen Fällen unnötigerweise viel zu groß. Entsprechendes gelte aber auch für manche Anklageschrift; diese sei oft viel zu lang und ausführlich.
6. Der Begriff der fortgesetzten Handlung werde immer noch von vielen Gerichten in der falschen Annahme, sich damit die Arbeit zu erleichtern, zu weitgehend angewandt. In Wahrheit erschwere diese Praxis die Arbeit nur: Denn wenn nur ein einziger Stein des Gebäudes locker sitze, müsse die Revisionsinstanz das Ganze zum Einsturz bringen. Es müsse mehr von dem „Ausschneideverfahren" Gebrauch gemacht werden, d.h. das Gericht müsse sorgfältig prüfen, ob nicht selbständige Handlungen anzunehmen und dabei nur die erheblichen auszuwählen sind. Alle unbedeutenden, insbesondere die zweifelhaften und zeitraubenden, Einzelfälle seien möglichst – mit Zustimmung der Staatsanwaltschaft – gemäß § 153 StPO einzustellen. Auch die Sitzungsvertreter der Staatsanwaltschaft müssten in dieser Hinsicht zweckmäßiger und großzügiger verfahren und dem Gericht entsprechende Anregungen und Zustimmungserklärungen geben.
7. Von der Einstellung gemäß § 153 StPO könne offenbar überhaupt mehr Gebrauch gemacht werden. Eine derartige Prüfung dürfe nicht erst in der Revisionsinstanz erfolgen. Es kämen Fälle an den BGH, die nach einer solchen Einstellung geradezu drängten und in denen die Senate daher selbst die Anregung hierzu gäben. Dies gelte besonders bei fahrlässigen Falscheiden, die im Offenbarungseid geleistet worden seien. Bei der oft möglichen unvollkommenen Belehrung durch überlastete Richter im Offenbarungseidtermin und bei der komplizierten Rechtslage könnten solche Fälle der „Fahrlässigkeit" oft zweckmäßiger durch Einstellung wegen Geringfügigkeit erledigt werden.
8. Mehr Ökonomie in den Rechtsfragen walten zu lassen, sei eine Forderung an die Gerichte bei Fällen der Tateinheit. Die Gerichte machten es sich oft unnötig schwer, um bei Idealkonkurrenz eine Verurteilung auch hinsichtlich der vielleicht rechtlich zweifelhaften Nebendelikte zu erzwingen. Oft sei es im Endergebnis ohne jeden Belang, ob der Angeklagte bei einem Kapitalverbrechen noch diesen oder jenen Paragraphen verletzt habe. In einem Fall sei der Angeklagte auf einen Polizeibeamten vorsätzlich in voller Fahrt losgefahren und deshalb wegen versuchten Totschlags verurteilt worden. Das Gericht habe aber auch noch die zweifelhafte Frage erörtern zu müssen geglaubt, ob der Angeklagte dadurch eine Gemeingefahr hervorgerufen habe und in Tateinheit auch noch aus § 315 a StGB zu verurteilen sei. Nur wegen dieser Frage allein sei dann Revision eingelegt worden (4 StR 205/60).

Aus dem Bereich der *Staatsschutzverfahren* machte sich der GBA folgende Anregungen des BKA zu eigen:

a) Im Verfahren gegen Funktionäre des Verteilerapparates der illegalen KPD sollen Sachverständige des BKA auf dem Gebiet des Druckschriftenwesens herangezogen werden. Durch deren Gutachten könnten die Hintergründe er illegalen Schriftenverbreitung und die einheitliche Steuerung der Verbreitung dargetan und auch für eine gleichmäßigere Strafzumessung gesorgt werden.
b) In Staatsschutzsachen sei es dringend zu empfehlen, dass die örtlichen Polizeibehörden nicht den örtlich zuständigen Amtsrichter bzw. OStA angingen, sondern den Ermittlungsrichter des BGH, den nach § 74 a GVG zuständigen OStA oder den Amtsrichter am Sitze dieses OStA. In mehreren wichtigen Fällen sei es durch die unzweckmäßige Praxis der Polizeibehörde zu nicht wiedergutzumachende Misshelligkeiten gekommen. Die nach § 74 a GVG [Sonderstrafkammer] zuständigen OStA mögen bei allen Polizeidienststellen ihres Bezirks sicherstellen, dass sie vor dem ersten Zugriff in Staatsschutzsachen unverzüglich unterrichtet werden, um die sachgemäße Behandlung zu steuern.

Punkt 3. GStA Nellmann und GStA Mützelburg berichteten über die bisherigen Erfahrungen bei der Behandlung von Ermittlungsverfahren gegen Richter und Staatsanwälte wegen ihres Verhaltens in der nationalsozialistischen Zeit, insbesondere wegen Beteiligung an Todesurteilen.

a) Einleitend wurde klargestellt, dass – wegen der Verjährungsfristen für Verbrechen der Rechtsbeugung (Verfolgung Unschuldiger) und der schweren Freiheitsberaubung – nur noch die Todesurteile einer Erörterung bedürfen. Dabei genüge aber zur Einleitung eines Ermittlungsverfahrens nicht eine allgemeine Verdächtigung oder die Mitwirkung an einem Todesurteil schlechthin, oder – weil diese Gerichte zahlreiche Todesurteile gefällt haben – schon allein die Zugehörigkeit zu einem Sondergericht, Volksgerichtshof pp. als solche. Vielmehr bestehe Anlass zur Einleitung eines Ermittlungsverfahrens nur dann, wenn ein konkreter Vorwurf, in einem bestimmten Fall an einem sogenannten „exzessiven" Todesurteil beteiligt gewesen zu sein in Betracht komme. Auch Generalbundesanwalt *Dr. Güde* bezeichnete diese Auffassung als zutreffend. Demgegenüber berichtete GStA *Dr. Bauer,* in Hessen habe der Rechtsausschuss an den Landtag die Bitte gerichtet, den Justizminister anzuweisen, dass gegen alle Richter und Staatsanwälte, die an Sondergerichten in Polen und der Tschechoslowakei tätig gewesen seien, Verfahren eingeleitet würden.

Die Erörterung der Frage, ob in allen vorgelegten Fällen exzessiver Todesurteile vorsorglich die *Verjährung unterbrochen* worden sei, ergab keine einheitliche Behandlung in den verschiedenen Bezirken. Oberstaatsanwalt *Dr. Ruf* teilte mit, dass in Bremen eine

Unterbrechung der Verjährung nur hinsichtlich der noch im Amt befindlichen Richter und Staatsanwälte erfolgt sei. Die Generalstaatsanwälte *Nellmann, Dr. Haas* und *Dr. Bauer* hielten dies nicht für richtig.

Soweit in der Diskussion Zahlen genannt werden konnten, sind in den jeweiligen Bezirken in folgendem Umfang Unterbrechungen erfolgt:

GStA Nellmann: in 25 Fällen;

GStA Dr. Hechtel: von bisher 33 Strafanzeigen 24 eingestellt, in 9 noch offenen Fällen Verjährung unterbrochen;

GStA Buchholz: 250 geprüfte Todesurteilsfälle, in 15 Fällen Verfahren eingeleitet und Verjährung unterbrochen;

GStA Dr. Adams: in 4 Fällen;

GStA Dr. Müller: nach Prüfung der Todesurteile durch das Justizministerium von diesem 16 Fälle zur Entscheidung in eigener Zuständigkeit übersandt; Verjährung unterbrochen.

GStA Dr. Hechtel gab hinsichtlich der oft schwierigen *Zuständigkeitsfrage* die Anregung, dass, wenn die an einem exzessiven Todesurteil beteiligten Richter und Staatsanwälte in verschiedenen OLG-Bezirken wohnen, in erster Linie der Wohnsitz des Vorsitzenden maßgebend sein solle, gegebenenfalls der Wohnsitz des ersten Beisitzers usw. Die Frage wurde zurückgestellt und soll später erörtert werden (siehe weiter unten).

GStA Mützelburg und *GStA Dr. Müller* wiesen noch darauf hin, dass in Nord-Baden und Württemberg nach dem Gesetz Nr. 28 zur Ahndung nationalsozialistischer Straftaten vom 21.5.1956 (RegBl. S. 171) durch Art. 2 die Verjährung bis zum 1.7.1945 als gehemmt anzusehen sei, so dass dort die Verjährungsfrist erst am *30.6.1960* ablaufe. Ob jedoch diese Bestimmung rechtsgültig sei, sei aufgrund von § 5 Nr. 1 des Bundesgesetzes über die Aufhebung des Besatzungsrechts vom 30.5.1956 (BGBl. I S. 437) fraglich. *GStA Mützelburg* vertrat die Auffassung, dass einerseits das Gesetz vom 30.5.1956 nur „Besatzungsrecht" aufhebe und auch in § 5 nur von Fristen spreche, die infolge von Vorschriften pp. „der Besatzungsbehörden" gehemmt waren, während das Gesetz Nr. 28 von der Landesregierung erlassen worden sei – dass es aber andererseits kaum vertretbar erscheine und evtl. gegen den Gleichheitsgrundsatz des Grundgesetzes verstoße, wenn eine Straftat an einem Ort der Bundesrepublik noch verfolgbar, an anderen aber nicht mehr verfolgbar sei.

b) Als *Quelle für die Beschaffung von Unterlagen,* die für die Prüfung in Betracht kommen, nannten die Referenten die Studentenausstellung, die Broschüre „Wir klagen an" (- durch deren Angaben zum Teil der Erhalt von Unterlagen durch den GStA der SBZ möglich wurde -), den „Ausschuss für deutsche Einheit", der jedoch als Institut des Zentralkomitees der SED nicht anzuschreiben sei, das Document Center der US-Mission in Berlin, den Verband der antifaschistischen Widerstandskämpfer in Prag und die VVN. Angeknüpfte Verbindungen bei der polnischen Militärmission in Berlin haben bisher noch zu keinem Erfolg geführt, wie *GStA Brühl* in einer Schilderung seiner Bemühungen berichtete. Auch von der CSR ist auf Anschreiben noch nichts eingegangen. *GStA Ahmann* gab an, überhaupt keine Antwort aus Prag erhalten zu haben. *GStA Dr. Bauer* bemerkte dagegen, dass er in Hessen aufgrund des dort geführten Auschwitz-Verfahrens gute Quellen persönlicher Art bezüglich Polen und auch bezüglich der CSR erschlossen habe, die auch benutzt werden sollten.

Bei den vorhandenen Unterlagen handle es sich überwiegend um Urteile bzw. Urteilsablichtungen, ferner um Anklageschriften, Vollstreckungsberichte und ähnliche Aktenunterlagen.

GStA Nellmann brachte einige besonders krasse und instruktive Fälle aus den exzessiven Todesurteilen, die nunmehr Gegenstand von Ermittlungsverfahren sind, zur Kenntnis.

GStA Mützelburg bedauerte, dass die Einlassungen der Beschuldigten durchweg, soweit bisher ersichtlich, wenig rühmlich seien. Nur wenige brächten den Mut auf, zu ihrem damaligen Verhalten zu stehen, insbesondere zuzugeben, dass sie sich an einem bestimmten Fall erinnerten und dass sie für Todesstrafe gestimmt haben. Die meisten Richter wollten sich an den Fall überhaupt nicht erinnern bzw. nur an entlastende Umstände, oder beriefen sich auf das Beratungsgeheimnis, um sich jedem konkreten Vorhalt und einer evtl. Verantwortung zu entziehen. Das Gleiche gelte für die früheren Staatsanwälte. Allgemein werde behauptet, man habe nach bestem Wissen und Gewissen gehandelt; auch die Polen-Strafrechtsverordnung sei gesetztes Recht gewesen. Obwohl an der Echtheit der zugegangenen Ablichtungen kein Zweifel bestehen könne, werde zum Teil versucht, durch Hinweis auf fehlende Unterschriften oder sonstige kleine Unvollständigkeiten die Teilnahme an den betreffenden Verurteilungen in Zweifel zu ziehen.

d) und e) Zur Frage von Inhalt und Form der Einstellungsbescheide in solchen Verfahren vertrat GStA *Mützelburg* in seinem Referat die Auffassung, dass ausführlich begründete Einstellungsbescheide ergehen sollten. Dies ergebe sich nicht nur aus der Bestimmung des § 171 StPO; vielmehr sei es ein nobile officium der Justiz in diesen Verfahren, mit offenen Karten zu spielen und sich nicht mit einer formularmäßigen Fassung zu begnügen. Zudem öffne eine Bescheidung ohne Gründe nebenbei auch der politischen Propaganda Tür und Tor. Über die reinen Rechtsfragen könne ein eingehender Vermerk niedergelegt werden, so dass sich damit der Bescheid nicht zu befassen brauche. Da eine strafrechtliche Verurteilung wegen der Beteiligung an den exzessiven Todesurteilen fast durchweg an den nötigen subjektiven Feststellungen scheitere, sei in der Einstellungsverfügung eine strenge Bewertung des Falles und des Verhaltens der Beschuldigten nach objektiven Grundsätzen des Rechts und der Sittlichkeit angebracht. Der Eindruck einer Billigung der Urteile müsse vermieden, jedoch ein kriminelles Verschulden der

Richter aus dem Gesichtspunkt des damals im Vordergrund stehenden Gedankens der Abschreckung verneint werden. Soweit Behörden der SBZ als Anzeigeerstatter oder Übermittler von Unterlagen aufgetreten seien, komme ein Bescheid an sie nicht in Frage.

In seinem Bereich seien acht Verfahren bereits eingestellt worden; Beschwerden hiergegen seien noch nicht eingegangen. In einem Fall sei Voruntersuchung eröffnet, Anklage sei noch in keinem Falle erhoben worden. Evtl. sei noch in zwei bis drei Fällen mit der Eröffnung einer Voruntersuchung zu rechnen. Es erhebe sich die Frage, ob in Fällen, bei denen man mit einiger Sicherheit ein negatives Ergebnis voraussagen könne, überhaupt eine Voruntersuchung beantragt werden und ob nicht der Staatsanwalt selbst die Verantwortung übernehmen solle.

Über diese Fragen entstand eine lebhafte Diskussion unter Beteiligung insbesondere von *GStA Biermann, GStA Brühl, GStA Müller, GStA Dr. Jansen, GStA Dr. Bauer, GStA Buchholz* und *GStA Ahmann*. Überwiegend wurde der Auffassung zugestimmt, dass der Einstellungsbescheid eine ausführliche Begründung enthalten und dass nach Möglichkeit von einer gerichtlichen Voruntersuchung abgesehen werden solle. *GStA Dr. Müller* wies noch darauf hin, dass bei ausländischen Personen oder Organisationen als Anzeigenden gemäß Nr. 160 der „Richtlinien für den Verkehr mit dem Ausland in strafrechtlichen Angelegenheiten" keine Möglichkeit der Bescheidung bestehe, dass ferner in seinem Bezirk die VVN als verbotene kommunistische Tarnorganisation keine Nachricht erhalte. *GStA Dr. Jansen* bestätigte diese Praxis. GStA *Dr. Bauer* meinte, dass man dem Studenten Strecker, der der Labour Party angehöre, aus politischen Gründen einen Bescheid geben müsse. *GStA Brühl* erklärte aus persönlicher Kenntnis des Strecker, er halte ihn für einen Idealisten und habe ihn offenbar überzeugen können, denn er habe keine Beschwerde eingelegt.

GStA Ahmann warf die Frage auf, ob in einem materiellen Einstellungsbescheid auch erwähnt werden solle, dass „außerdem Verjährung" der Strafverfolgung eingetreten sei, wenn dies zutreffe. *GStA Nellmann* vertrat die Auffassung, dass dies dann geschehen könne, wenn tatsächlich eine objektive Rechtsverletzung im Bescheid festgestellt und nur die subjektiven Elemente als nicht nachweisbar bezeichnet würden. Hierüber bestand allseitiges Einverständnis.

c) und f) Zur Frage der *strafrechtlichen Haftung des Staatsanwalts* kam *GStA Mützelburg* aufgrund eingehender rechtlicher Würdigung zu dem Schluss, dass die Tätigkeit des Staatsanwalts unter dem Gesichtspunkt des § 344 StGB zu beurteilen sei, eine Strafbarkeit also nur bei Verfolgung Unschuldiger mit unbedingtem Vorsatz in Betracht komme. Eine Haftung nach den Grundsätzen der Teilnahme an einer Rechtsbeugung des Richters (§ 336 StGB) habe auszuscheiden. Auch eine Verfolgung unter dem

> Gesichtspunkt eines schwereren Delikts, als wirklich vorliegend, werde von § 344 StGB umfasst, ebenso ein unangemessen hoher Strafantrag, wenn sich der Staatsanwalt hierbei bewusst statt von Rechtsgrundsätzen von Erwägungen habe leiten lassen, die nicht der Rechtssphäre angehören, z.B. Rücksicht auf politische Meinungen, Karrierestreben pp. Eine an den Staatsanwalt gegebene Weisung, ohne Rücksicht auf das Ergebnis der Hauptverhandlung für eine bestimmte Verurteilung einzutreten, sei rechtswidrig und unverbindlich, könne also nicht zur völligen Entlastung des Staatsanwalts dienen.

Ein auf eine *offensichtlich ungültige* Strafnorm gestützter Strafantrag falle zweifelsfrei unter § 344 StGB. Das Problem liege aber in der Frage: *Kann durch Anwendung „unsittlichen Rechts" Rechtsbeugung begangen werden?* Dem hierzu ergangenen Gutachten des Justizministeriums Baden-Württemberg vom Februar 1959 könne – mit Ausnahme der Bewertung der Polenstrafrechtsverordnung als einer gültigen Rechtsnorm – grundsätzlich gefolgt werden. Danach setze eine strafrechtliche Verantwortlichkeit für die formalordnungsmäßige Anwendung nationalsozialistischer Strafbestimmungen voraus, dass diese Strafvorschriften nichtig seien. Das treffe nur zu, wenn sie an und für sich offensichtlich eine Unmenschlichkeit oder Naturrechtswidrigkeit darstellten. Darunter dürften aber alle diejenigen Gesetze und Verordnungen *nicht* fallen, die aus der besonderen Notlage des Krieges heraus erlassen wurden oder solcher Notlage vorbeugen sollten (vgl. auch Ausführungen des Militärgerichtshofs III im Nürnberger Juristenprozess vom 3.12.1947). Rechtsbeugung könne also insoweit nur durch *missbräuchliche* Anwendung im Einzelfall begangen werden.

Eine andere Beurteilung dagegen verdiene – neben dem Blutschutzgesetz mit seiner Bestrafung der Rassenschande – die Polen-Strafrechtsverordnung vom 4.12.1941. Dieses Sonderrecht habe die Betroffenen jeglicher richterlichen und verfahrensmäßigen *Willkür* ausgeliefert. Es mangele diesen Bestimmungen in einer offensichtlich rechtsstaatswidrigen Weise überhaupt an einem hinreichend umrissenen gesetzlichen Unrechtstatbestand.

In der Diskussion bat *GStA Dr. Bauer* zu erwägen, ob man dem damaligen *Staatsanwalt* – vom heutigen geläuterten Standpunkt aus – es zur Last legen könne, wenn er sich in seinem Strafantrag an das Maximum gehalten habe, oder ob man nicht dem von der Gerichtspraxis doch abhängigen Hilfsstaatsanwalt beim Sondergericht zubilligen müsse, dass er nur „vorgreifen" wollte.

GStA Dr. Müller fügte hinzu, dass der Staatsanwalt damals an strikte Weisungen gebunden gewesen und „mit gebundener Marschroute" in die Sitzung gegangen sei.

GStA Brühl hob hervor, dass nach der maßgeblichen Entscheidung des BGH jede Strafe in gerechtem Verhältnis zur Schuld stehen müsse. Das Landgericht Berlin habe allerdings in einem Beschluss zugunsten des Angeschuldigten dessen Einlassung gewürdigt, dass er die Ansicht seines Vorgesetzten für richtig gehalten und seinem Strafantrag zugrunde gelegt habe.

Weitere Diskussionsbeiträge kamen von *GStA Dr. Adams, BA Dr. Wagner* und *GStA Dr. Görcke.*

GBA Dr. Güde betonte zusammenfassend, dass es sich um ein hochpolitisches Problem handle. Man müsse fragen, unter welchen Gesichtspunkten es überhaupt sinnvoll sei, solche Verfahren einzuleiten. Bei den besonders schweren Fällen vor den Sondergerichten bzw. dem Volksgerichtshof habe der *Reichsjustizminister* die Entscheidung getroffen. Die Präsidenten der Oberlandesgerichte seien seit 1942 gehalten gewesen, den Richtern klar zu machen, dass der Antrag des Staatsanwalts die Weisung des Reichsjustizministers darstelle, und dass unter Umständen disziplinare Maßnahmen folgen würden, wenn die Richter hiervon abwichen. Der Staatsanwalt sei nichts als der „abhängige Funktionär" gewesen. Er verweise auch auf die berüchtigten „Richterbriefe". Schon im Juristenurteil des Militärgerichtshofs in der Sache gegen Schlegelberger und Genossen sei gesagt, dass die damalige Zeit andere Betrachtungen über Strafrecht und Gehorsamspflicht verlangt habe. Man müsse jetzt die Grenzen festsetzen, in denen man Verfahren durchführen wolle. Es drohe sonst aus dieser Sache eine neue Katastrophe für die deutsche Justiz.

GStA Buchholz bestätigte diese Auffassung. In Hamburg sei der Versuch der Staatsanwaltschaft, ein Verfahren durchzuführen, bereits gescheitert. Ein wegen Freiheitsberaubung im Amt, Rechtsbeugung pp. angeklagter Staatsanwalt sei freigesprochen worden. Das Gericht habe erklärt, kein Richter oder Staatsanwalt könne wegen seiner Tätigkeit im Dritten Reich verfolgt werden. Die Revision der Staatsanwaltschaft habe zurückgenommen werden müssen, weil man die Folgen gescheut habe. Danach seien natürlich die Konsequenzen gezogen worden. GStA Buchholz erwähnte auch den Fall des SS-Generals Simons (BGH vom 30.6.1959 – 1 StR 639/58). Wenn die dort angeführten Grundsätze („nahezu untrügliche Kennzeichen der bewussten Mitwirkung an den Rechtsbeugungstendenzen der Machthaber") angewandt würden, müsse noch in manchem Fall Anklage erhoben werden. Ob man diese Maßstäbe in subjektiver Hinsicht anlegen solle?

GStA Dr. Bauer warf dazu die Frage ein, ob diese „nahezu untrüglichen Kennzeichen" etwa identisch seien mit der „an Sicherheit grenzender Wahrscheinlichkeit"?

GBA Dr. Güde meinte, der Fall Simon liege anders, weil es sich nicht um einen Richter, sondern um den Gerichtsherrn gehandelt habe.

GStA Dr. Haas hielt abschließend die Probleme und unterschiedlichen Auffassungen zu Punkt 3 für genügend erörtert; eine allgemeine Richtschnur für die Behandlung einschlägiger Fälle könne man wohl nicht geben, da jeder Fall anders gelagert sei. Es werde Aufgabe der jeweils zuständigen Staatsanwaltschaft sein, im konkreten Einzelfall den Sachverhalt auf seinen strafrechtlichen Gehalt zu prüfen und auf der Grundlage des Ergebnisses dieser Prüfung ihre Entscheidung zu treffen.

In einer neuen kurzen Diskussion zur Frage der Einstellungsbescheide regte *GStA Ahmann* an, die OLG-Bezirke sollten ihre Einstellungsbescheide im Interesse der gegenseitigen Unterrichtung und zwecks einheitlicheren Verfahrens austauschen. *GStA Nellmann* schlug hierzu vor, die *beabsichtigten* Einstellungsbegründungen an diejenigen Bezirke zu übersenden, wo sich ein Beteiligter befinde. *GStA Dr. Bauer* und *GStA Buchholz* machten schließlich den Vorschlag, zwecks eingehender Prüfung aller einschlägigen Fragen und Entscheidungen in etwa drei bis vier Wochen nochmals eine besondere Tagung stattfinden zu lassen und vorher genaue Fragen auszuarbeiten.

GStA Hechtel stellte ferner nochmals den Vorschlag zur Diskussion, eine Zuständigkeitsregelung dahin zu treffen, dass eine Zusammenfassung der Verfahren gegen die Beteiligten an einem exzessiven Todesurteil jeweils bei der für den Wohnort des damaligen Vorsitzenden zuständigen Staatsanwaltschaft erfolgen solle.

Der Vorschlag *GStA Dr. Bauer* (- neue Tagung -) wurde in der Abstimmung mit drei Gegenstimmen abgelehnt. Über den Vorschlag *GStA Dr. Hechtel* (- Zuständigkeitsregelung -) wurde eine Einigung nicht erzielt; er fand damit ebenfalls seine Erledigung.

Punkt 1: GBA Dr. Güde berichtete über den derzeitigen *Stand der Behandlung des Richtergesetzes* [vgl. *W. Schubert,* Quellen zum Deutschen Richtergesetz vom 8.9.1961, Teil I, 2020, S. 755]. Besondere Beachtung fand sein Hinweis auf den Beschluss des Rechtsausschusses des Bundestages vom 25.2.1960 (Prot. Nr. 95), wonach die Staatsanwälte in das Richtergesetz einbezogen werden sollen. Der Abgeordnete Arndt sei dagegen für ein besonderes Gesetz über die Rechtsstellung der Staatsanwälte eingetreten.

Punkt 14: GStA Nellmann legte in seinem Referat die für die Praxis z.Zt. unüberwindlichen *Schwierigkeiten bei der Bestellung von* besonders geeigneten *Sachverständigen (Wirtschaftsprüfern)* infolge der gesetzlichen Beschränkung ihrer Entschädigungsmöglichkeiten dar. Der Rahmen des § 3 des Gesetzes vom 26.7.1957 [BGBl. I 902] enthalte für Strafverfahren – im Gegensatz zu Zivilprozessen gemäß § 6 – „für Leistungen, die besondere fachliche Kenntnisse erfordere“, die unverrückbare Grenze des Höchstbetrages von 10 DM pro Stunde. Die äußerst seltenen Voraussetzungen des § 3 Ziff. 3, wenn also der Sachverständige „sich für den Einzelfall eingehend mit der wissenschaftlichen Lehre auseinanderzusetzen hat“, komme bei den Wirtschaftsprüfern, die von der Staatsanwaltschaft in Ermittlungsverfahren bei Konkursdelikten, Betrug oder Untreue zu sehr umfangreichen Aufgaben herangezogen werden müssten, selbst bei großzügigster Auslegung des Gesetzes nicht in Betracht. Gerade diese Sachverständigen verdienten aber durch ihre reguläre berufliche Tätigkeit ein Mehrfaches von dem, was ihnen als Sachverständigenentschädigung zuerkannt werden könne. Gerade die fähigen und erfahrungsreichen Wirtschaftsprüfer, auf deren Mitarbeit die Staatsanwaltschaft größten Wert legen müsse, lehnten in steigendem Maße derartige Aufträge unter Hinweis auf ihre starke berufliche Inanspruchnahme und auf die im Bereich der Wirtschaft unüblichen Honorare als völlig unzumutbar ab.

Im Hinblick auf die dadurch für die Praxis geschaffene, allseits bekannte Lage nahm die Versammlung einstimmig folgenden Beschluss an: „Die nach dem Gesetz vom 26.7.1957 für Sachverständige vorgesehenen Entschädigungen sind so niedrig bemessen, dass es in Wirtschaftsstrafsachen außerordentlich schwer, wenn nicht unmöglich geworden ist, geeignete Sachverständige zu finden. Die Generalstaatsanwälte regen an, die Landesregierungen mögen sich dafür einsetzen, dass die Gebührensätze für Sachverständige in Wirtschaftssachen angemessen erhöht werden."

Punkt 4: GStA Morbach erklärte es für bezeichnend und bedauerlich, dass im Rahmen dieser Tagungen seit Jahren immer wieder das *Nachwuchsproblem* zur Erörterung stehen müsse, ohne dass allgemein befriedigende Erfolge zu verzeichnen wären. Wenn der Nachwuchs für die Staatsanwaltschaft keineswegs als hoch qualifiziert bezeichnet werden könne, so liege eine natürliche wesentliche Ursache dafür in der Tatsache, dass der Dienst bei der Staatsanwaltschaft im Ganzen als wenig attraktiv angesehen werde. Größeres Maß an Arbeitsleistung gegenüber den meisten Richtern, beständiger Zeitdruck bei der Arbeit mit völlig üblicher Sonn- und Feiertagsarbeit und fast ganzjähriger Urlaubsvertretung ohne Gerichtsferien sowie geringere Selbständigkeit der staatsanwaltschaftlichen Tätigkeit gegenüber der richterlichen – auf der anderen Seite schlechtes Verhältnis zwischen Planstellen und Hilfsstellen, fast völliger Ausschluss der Möglichkeit des Wechsels in die Richterlaufbahn, sehr unbefriedigende Beförderungsmöglichkeiten, im Erfolg nicht abzusehender Kampf um die Gleichordnung mit den Richtern: All dies mache die Haltung des Nachwuchses völlig verständlich.

Auch die Stellenbewertung sei durchweg schlechter als die vergleichsgeeigneten Beförderungsstellen der Richter. (Beispiel: Missverhältnis zwischen der Stellung des Abteilungsvorstehers der StA und der des Strafkammervorsitzenden.) Ferner seien die Sachbearbeiter bei den GStA ohne triftigen Grund nicht den OLG-Räten gleichgestellt, außer in Bayern, Nordrhein-Westfalen, Hamburg und Hessen.

Um der Entwicklung – Abwendung der qualifizierten Assessoren vom Dienst bei der Staatsanwaltschaft – zu steuern, seien einschneidende Maßnahmen erforderlich; in erster Linie Vermehrung der Planstellen (A 13–14), erhebliche Verbesserungen der Beförderungsaussichten und Reservierung einer Anzahl von LG-Direktorenstellen für bewährte Staatsanwälte.

Die Diskussion, bei der sich insbesondere *GStA Dr. Bauer, GStA Nellmann* und *OStA Dr. Ruf* äußerten, beleuchtete auch die unterschiedlichen Verhältnisse, die hinsichtlich des Nachwuchsmangels in den verschiedenen Ländern und Bezirken herrschten.

Punkt 10. GStA Dr. Görcke trug die Begründung für die früher in Preußen angewandte Übung vor, *Einstellungsbescheide* dann aus den Akten heraus und *zu den Handakten* zu nehmen, wenn die Ermittlungen – auf Beschwerde oder von Amts wegen – wieder aufgenommen worden waren und zur Anklageerhebung geführt haben.

Zur Frage, ob diese Übung auch heute noch für zulässig angesehen wird, ergab sich, wie *GStA Nellmann* und *GStA Dr. Müller* berichteten, dass in Baden-Württemberg entsprechend verfahren wird. Außer dem Einstellungsbescheid wird dort auch die Beschwerdeschrift in solchen Fällen zu den Handakten genommen.

Die überwiegende Meinung der Tagungsteilnehmer lehnte jedoch diese Praxis als mit der notwendigen Klarheit, Wahrheit und Vollständigkeit des Akteninhalts nicht in Einklang stehend ab.

Punkt 9. Die Behandlung der *Anträge von zu lebenslänglichem Zuchthaus Verurteilten auf Umwandlung in eine zeitige Zuchthausstrafe* lässt, wie die Erörterung zeigte, jedenfalls bei der *Staatsanwaltschaft,* eine grundsätzlich einheitliche Auffassung dahin erkennen, dass eine zu frühe Begnadigung unbedingt vermieden werden soll. *GStA Dr. Görcke* berichtete über die in Berlin herrschende Praxis. Hier sei bisher nur in zehn Fällen eine Umwandlung erfolgt, darunter in fünf Fällen deshalb, weil zur Zeit der Tat der Verurteilte noch Jugendlicher und das Jugendgerichtsgesetz noch nicht in Geltung war. Die Senatsverwaltung neige allerdings dazu, schon nach einem Vollzug von 12 bis 13 Jahren eine Umwandlung zu befürworten. Hiergegen müssten erhebliche Bedenken erhoben werden. Soweit keine ganz besonderen Gründe vorlägen, erscheine grundsätzlich eine Umwandlung vor Verbüßung von 20 Jahren nicht diskutabel. Der Wesensunterschied zwischen einer zeitigen und der lebenslänglichen Zuchthausstrafe werde sonst gefährlich verwischt. Der Verzicht auf die Todesstrafe verlange auch, dass mit der Vollstreckung der lebenslänglichen Zuchthausstrafe Ernst gemacht werde. Aus der Befürchtung heraus, dass bei einer Umwandlung – nach Verbüßung der nunmehr festgesetzten zeitigen Zuchthausstrafe – eine wirksame Kontrolle des Verbrechers fehle, habe der GStA beim Kammergericht den Vorschlag erwogen, statt Umwandlung einen Rest der lebenslangen Zuchthausstrafe bedingt auszusetzen mit fünf Jahren Bewährungsfrist und Zuteilung eines Bewährungshelfers. Bedenken hiergeben ergäben sich aber schon aus der Frage, wann bzw. unter welchen Voraussetzungen eine solche bedingte Aussetzung mit der Folge des nunmehr wirklich lebenslänglichen Vollzuges widerrufen werden soll.

GStA Dr. Haas verwies auf die AV des preuß. Justizmin., die nach 15 Jahren die Prüfung der Gnadenfrage von Amts wegen vorsah.

GStA Dr. Jansen erinnerte sich an zwei Fälle, in denen die nach Todesurteil und Umwandlung bereits 20 und mehr Jahre einsitzenden Verurteilten auf Anweisung der Alliierten Kontrollkommission begnadigt worden seien. In der Regel sei früher nach 12 bis 13 Jahren eine erste Prüfung erfolgt.

Für Hamburg erklärte *GStA Buchholz,* dass eine generelle Anweisung zur Prüfung nicht bestehe und grundsätzlich die Vollstreckung gefordert werde. Nur in einem Falle sei eine Begnadigung erfolgt.

Im Saargebiet ist nach Mitteilung von *GStA Dr. Adams* in je einem Falle nach 25 bzw. nach 20 Jahren eine Begnadigung erfolgt durch Ministerratsbeschluss, und zwar in der Form der bedingten Haftunterbrechung.

GStA Nellmann verwies für Baden-Württemberg auf die durch Presseangriffe gegen eine angeblich zu frühe Begnadigung für Gewalt- und Triebverbrecher veranlasste Erklärung des Justizministeriums vom Juni 1959. Danach ist noch in keinem Falle die Begnadigung eines zu lebenslangem Zuchthaus Verurteilten erfolgt; sie kommt auch erst nach 25 Jahren und nur dann in Frage, wenn einwandfrei feststeht, dass in dem Verurteilten keine verbrecherische Energie mehr vorhanden ist.

Die *GStA Dr. Bauer, Ahmann, Mork* und *Mützelburg* bestätigten für ihre Bezirke die gleiche grundsätzliche Haltung. Auch *GBA Dr. Güde* konnte sich von früher nur an zwei Begnadigungsfälle erinnern. Vor Verbüßung von 25 Jahren solle eine Begnadigung nicht erfolgen. Für die Zukunft müsse man bemüht sein, die große Ungleichheit der Strafmaße zu vermeiden und ein möglichstes Gleichmaß zu erreichen.

Punkt 7. GStA Dr. Haas referierte – unter Bezugnahme auf die entsprechenden Erörterungen bei der letzten Tagung in Hamburg – über die zweckentsprechende Verwendung der *Verkehrssünderkartei.* Die Kernfragen (Zweck der Kartei und Anordnung der Nichteintragung durch das Gericht) ergäben sich aus § 6 a und § 22 StVG sowie § 13 der StVZO. Die Staatsanwaltschaft im OLG-Bezirk Köln vertrete übereinstimmend die Meinung, dass unter keinen Umständen auf eine möglichst lückenlose Erfassung durch die Kartei verzichtet werden könne. Ob die Übertragung der Aufgaben an das Register in Flensburg zweckmäßig gewesen sei, anstatt einfach die Mitteilungen an das Strafregister gehen zu lassen, bedürfe keiner Prüfung mehr; jetzt müsse es jedenfalls bei der Kartei verbleiben. Die starke Neigung vieler Richter zur Anordnung der Nichteintragung erscheine sehr bedenklich und werde dem Sinn und dem Wortlaut des Gesetzes nicht gerecht. Die gesetzliche Voraussetzung für die Anordnung der Nichteintragung (- Fall der möglichen gebührenpflichtigen Verwarnung -) bedeute nach seiner Auffassung, dass es lediglich darauf ankomme, ob es sich bei der Übertretung um eine *Geringfügigkeit* („leichtere Übertretung") handle. Ob außer dieser materiellen Voraussetzung für gebührenpflichtige Verwarnungen auch deren formelle Voraussetzungen vorliegen müssten, sei zwar streitig, nach seiner Auffassung aber eindeutig zu verneinen. Ebenso sei auch die Höhe der vom Richter ausgeworfenen Geldstrafe für die Frage der Anordnung der Nichteintragung nicht von entscheidender Bedeutung.

Im Übrigen sei er der Ansicht, dass die Staatsanwaltschaft auch bei Strafbefehlsanträgen von der Möglichkeit, die Kartei in Anspruch zu nehmen, Gebrauch machen müsse.

Die *GStA Ahmann, Dr. Krapp, Dr. Adams, Nellman, Dr. Görcke* und *Mützelburg* traten der grundsätzlichen Auffassung des Referenten bei und hoben ihre gleichartigen Erfahrungen mit der starken Neigung der Richter zur Nichtanordnung hervor. *GStA Dr. Görcke* teilte mit, dass 1400 Anfragen nur 413 Eintragungen gegenüber gestanden hätten, dass aber auch in vielen hundert Fällen Strafmitteilungen verfügt, jedoch nicht herausgegangen seien. *GStA Nellmann* gab zu bedenken, dass, wenn es sich um eine *richterliche* Anordnung (nach freiem Ermessen) handle, man diese nicht erzwingen könne.

Die Frage von *GStA Dr. Haas,* ob in irgendeinem Bezirk der Eindruck bestehe, dass die Staatsanwaltschaft nicht genügenden Gebrauch von der Einrichtung der Verkehrssünderkartei mache, fand einstimmige Verneinung. Auf seine weitere Frage, wer einer Abschaffung der Kartei das Wort reden wolle, traten nur die *GStA Dr. Bauer* und *Biermann* hierfür ein. Ihrer Auffassung, dass die örtliche Polizei völlig in der Lage sei, Auskünfte zu erteilen, widersprach *GStA Nellmann,* weil die örtliche Polizei von den in der ganzen übrigen Bundesrepublik sich ereignenden Verkehrsdelikten der in ihrem Bezirk wohnhaften Personen keinerlei Kenntnis habe.

Punkt 8. GStA Mützelburg erörterte drei Fragen, die sich aus der durch § 179 VwGO vom 21.1.1960 (BGBl. I S. 17) den OLG übertragenen *gerichtlichen Nachprüfung von Justiz-Verwaltungsakten* auf dem Gebiet der Strafrechtspflege und des Strafvollzugs ergeben haben.

a) Aus § 29 Abs. 2 EGGVG i.V. mit § 35 a StPO [Rechtsmittelbelehrung] entnehme er die Verpflichtung, den Anordnungen, Verfügungen und sonstigen Maßnahmen im Sinne des § 23 EGGVG eine Rechtsmittelbelehrung anzufügen. Es könne s.E. nicht zutreffen, dass § 35 a StPO nur für das gerichtliche Verfahren, nicht aber für diese verwaltungsgerichtliche Nachprüfung gelten solle. Es bestehe kein Grund dafür, dass im Gegensatz zur Regelung bei den anfechtbaren Verwaltungsakten in der *allgemeinen* Verwaltung die *Justiz*-Verwaltungsakte eine Ausnahme machen sollten. Ein materieller Nachteil könne schon in dem Verlust von Beweisen bestehen, auch wenn eine Frist für den Antrag auf gerichtliche Entscheidung nicht zu laufen beginne. Allerdings erfordere nicht schon eine mündliche Anordnung, sondern nur die schriftliche Bekanntgabe eines Verwaltungsaktes die Beifügung einer Rechtsmittelbelehrung.
b) Der Inhalt der Rechtsmittelbelehrung hänge davon ab, was im § 24 Abs. 2 EGGVG unter den Begriffen „Beschwerde oder ein anderer förmlicher Rechtsbehelf" zu verstehen sei. Offenbar könne nur die Vorschaltbeschwerde des Verwaltungsrechts im Gegensatz zu Gegenvorstellungen und Dienstaufsichtsbeschwerde gemeint sein.

Man müsse von einem allgemeinen Grundsatz des Verwaltungsrechts ausgehen, wonach der gerichtlichen Entscheidung – soweit das entsprechend der Natur der Sache möglich sei – ein förmliches Beschwerdeverfahren vorauszugehen habe. Ein solches

Vorschaltverfahren fehle aber für die Justiz-Verwaltungsakte. Die für ihren Bereich überhaupt vorhandenen Vorschriften über Beschwerden in Verwaltungssachen (Nr. 196 der VStr-VollzO Nr. 75 Abs. 2 UVollzO [v. 1953], § 21 StrVollstrO [BAnzeiger 1956 Nr. 42]) stellten lediglich *Verwaltungs*anordnungen dar, denen der Charakter eines Gesetzes oder einer *Rechts*verordnung fehle.

Der daraus resultierende Mangel der förmlichen Beschwerde eröffne also dem Verletzten den Antrag auf gerichtliche Entscheidung unmittelbar gegen den Verwaltungsakt der *unteren* Justizbehörde, die ihrerseits die Rechtsmittelbelehrung erteilen müsse. Dies habe zur Folge, dass bisher der GStA ausgeschaltet sei und das OLG über die Rechtmäßigkeit des angegriffenen Verwaltungsaktes befinde, ohne dass der GStA abhelfen könne. Dies sei aber jedenfalls für den Bereich der Verwaltungsakte der Staatsanwaltschaft und der Vollzugsbehörden ungewöhnlich und widerspreche der Behördenorganisation.

Wenn der Antrag nach § 23 EGGVG [Fassung v. 1950, BGBl. I 1950, 455] unmittelbar zulässig sein würde, so würde zwar der GStA, sei es durch den Strafsenat, sei es durch die untere Justizbehörde, von dem angefochtenen Verwaltungsakt Kenntnis erhalten; er wäre dann aber unter Umständen verpflichtet, der Beschwerde abzuhelfen, wodurch dem Antragsteller das Rechtsschutzinteresse genommen wäre und sein Antrag auf gerichtliche Entscheidung zurückgewiesen werden müsste.

Eine gesetzliche Regelung, durch die das Vorschaltverfahren auch für die Justizverwaltungsakte eingeführt würde, sei daher unumgänglich.

c) Die gleiche Notwendigkeit einer gesetzlichen Regelung bestehe für die Fälle, in denen zu Entscheidung über eine Beschwerde bisher in letzter Instanz der Justizminister zuständig sei (Anträge auf Straftilgung, § 8 StraftilgungsG [RGBl. I 1920, 507; BGBl. I 1957, 306]). Das bisherige Verfahren über drei Instanzen widerspreche dem allgemeinen Rechtsweg im Verwaltungsrecht. Zur Öffnung des Rechts aus § 23 EGGVG sei auch hier die gesetzliche Regelung notwendig.

Für seinen Bezirk gebe er regelmäßig einem Beschwerdebescheid eine schriftliche Rechtsmittelbelehrung bei.

An der Diskussion nahmen die *GStA Dr. Bauer, Dr. Haas, Dr. Adams, Ahmann, Dr. Jansen* und *Dr. Müller* teil.

Auf Anregung von GStA Mützelburg wurde einstimmig beschlossen, in einen Austausch der Entscheidungen der Strafsenate einzutreten, da von diesen wohl eine Klärung der hier aufgeworfenen Fragen – jedenfalls zum Teil – zu erwarten sei.

Punkt 12. Der von *GStA Mützelburg* zunächst mit Zustimmung zurückgezogene *Punkt 12 („Antrag nach § 172 StPO [Erzwingung der Anklage] zulässig bei Ermittlungsverfahren gegen Jugendliche wegen Privatklagedelikts?")* fand sodann noch bei der Besprechung des weiteren technischen Ablaufs der TO (betr. Punkt 11) durch den Tagungsleiter, *GStA*

Dr. Haas, kurze Erörterung. Anhand der im Schrifttum herrschenden ablehnenden Meinung und der unterschiedlichen Auffassungen der OLG Braunschweig (Beschluss vom 15.12.1959, Nds. Rechtspfl. 1960, 47) und Frankfurt (Beschluss vom 17.11.1958, MDR 1959, 415) ergab sich für die Praxis der Staatsanwaltschaft eine Zuspitzung der Frage dahin, ob sich in solchen Fällen der Einstellungsbescheid nur – soweit dies in Frage kommt – mit den Gründen des mangelnden Schuldbeweises bzw. der fehlenden Rechtsgrundlage befassen *oder* sich allein auf die Voraussetzungen des § 45 Abs. 2 [Absehen von Verfolgung] bzw. § 80 JGG stützen *oder* etwa beides erörtern soll. *GStA Dr. Haas* trat für die letzte Möglichkeit ein.

Punkt 11. Zu diesem Punkt – *Anfechtbarkeit von Einstellungsbescheiden* – referierte *GStA Morbach* über die von Gerichtsass. *Dr. Lüder* in MDR 1960 H. 3 vertretene Ansicht, dass die Beschwerde gegen Einstellungsbescheide stets ein echtes Rechtsmittel – im Gegensatz zur Dienstaufsichtsbeschwerde – sei und dass daher stets eine Rechtsmittelbelehrung erteilt werden müsse, also auch dann, wenn im gegebenen Falle ein Antrag auf gerichtliche Entscheidung gar nicht zulässig sei. *GStA Dr. Haas* betonte demgegenüber, dass der Gesetzgeber das Klageerzwingungsverfahren als einheitliches Ganzes gewollt habe und daher dort, wo der Antrag auf gerichtliche Entscheidung versage, auch die – nur als Vorstufe gedachte – förmliche Beschwerde nicht gegeben sei, sondern nur die Dienstaufsichtsbeschwerde. Eine Rechtsmittelbelehrung sei aber nur bezüglich der *förmlichen* Beschwerde vorgesehen.

GStA Ahmann unterstützte diese Auffassung. In der weiteren Diskussion ergab sich Einstimmigkeit darüber, dass eine Änderung der bisherigen – in dem Aufsatz von Lüder bekämpften – Praxis *nicht* in Frage komme.

Punkt 13. OStA Dr. Ruf fragte nach der in den Bezirken evtl. unterschiedlichen *Behandlung von Gesuchen um Strafaufschub bis zu vier Monaten;* ob sie nach § 456 StPO oder als Gnadengesuch erfolge (- im ersten Fall Beschwerde an das Gericht, im zweiten an GStA -).

Nach Diskussion unter Teilnahme der *GStA Dr. Bauer, Buchholz* und *Dr. Fick* wurde von einer Entschließung abgesehen und die Behandlung freigestellt, jedoch eine Vorlage an das Gericht als zweckmäßig erkannt.

Als *zusätzlicher Besprechungspunkt* wurde ein Referat von *GStA Dr. Bauer* aufgenommen zu der Frage, wann nach dem *Überleitungsvertrag die deutsche Gerichtsbarkeit* für nationalsozialistische Straftaten ausgeschlossen ist, insbesondere zur praktischen Bedeutung der Worte in Art. 3 Abs. 3 b [des Überleitungsvertrags] (BGBl. 1955 II S. 409): „… *von den Strafverfolgungsbehörden der betreffenden Macht oder Mächte endgültig abgeschlossenen Untersuchung*“?

Nach der vom BMJ in seinem Schnellbrief vom 4.10.1959 (4000/6 – o – 20303/59) vertretenen und jetzt allgemein anerkannten Auffassung sei „eine Untersuchung endgültig abgeschlossen“ sowohl, wenn das Ermittlungsverfahren endgültig eingestellt, als auch, wenn der Beschuldigte angeklagt und von dem Internationalen Militärgerichtshof oder einem Gericht der drei Mächte verurteilt oder freigesprochen worden sei. Bei der ersten Alternative beständen aber unter Umständen, wie die Praxis schon gezeigt habe (- Einwand der Verteidigung durch Hinweis auf Vernehmung zum betr. Vorwurf im Nürnberger Ärzteprozess ohne weitere Folgen, mögliche weitere Einwände im Auschwitz-Verfahren -), gewisse Schwierigkeiten zur Beweisfrage, ob eine derartige „endgültige Einstellung“ tatsächlich erfolgt sei.

Das Verfahren vor dem Internationalen Militärgerichtshof in Nürnberg scheide bei der Klärung dieser Frage aus, weil es nur bezüglich der vor ihm als „*Haupt*kriegsverbrecher“ Angeklagten endgültig abgeschlossen sei; hinsichtlich er übrigen vernommenen Personen sei die Entscheidung späteren Verfahren vorbehalten worden. Übrig blieben also Verfahren vor den Militärgerichten der drei Mächte:

Bei den *französischen* Militärgerichten sei wegen der dem deutschen Recht ähnlichen Gestaltung die Frage an sich relativ leicht zu beantworten. Eine „endgültige Einstellung“ lag vor durch die nach Abschluss der Voruntersuchung durch den Untersuchungsrichter getroffene Entscheidung, einen Beschuldigten – wegen aller oder wegen einiger Punkte – vor Gericht zu stellen oder nicht, die sog. „ordonnance de non lieu“. Diese schriftliche Entscheidung sei auch dem Beschuldigten ausgehändigt worden. Ihre Vorlage in einem heutigen Ermittlungsverfahren genüge also zweifelsfrei. Es seien allerdings auch einzelne Entscheidungen dieser Art ergangen, wenn der Beschuldigte in die Fremdenlegion eingetreten sei. In solchen Fällen könne der Ausschluss der deutschen Gerichtsbarkeit nur durch eine Bescheinigung des französischen Botschafters nachgewiesen werden.

Der Mangel des Legalitätsprinzips im angelsächsischen Recht erschwere dagegen die Prüfung bei den *Verfahren vor den englischen und amerikanischen Militärgerichten.* Immerhin hätten die für diese Militärgerichte in Deutschland geltenden bzw. erlassenen Bestimmungen – soweit sie überhaupt bekannt oder veröffentlicht worden seien – zwar keine ausdrücklichen Vorschriften über die Einstellung enthalten, aber doch die Möglichkeit vorgesehen, dass die Gerichte beschließen konnten, eine bestimmte Sache aus tatsächlichen oder rechtlichen Gründen nicht zu verhandeln. Beschlüsse oder Verfügungen dieser Art seien aber den Beschuldigten nicht bekanntgegeben worden.

Daraus ergebe sich für diese Fälle die Notwendigkeit, – soweit eine Bescheinigung der damals zuständigen britischen oder amerikanischen Dienststelle darüber, dass ein Ermittlungsverfahren wegen bestimmter Handlungen eingestellt worden sei, nicht vorgelegt werden kann – den Ausschluss der deutschen Gerichtsbarkeit nur durch eine *Erklärung des Botschafters* über die endgültige Einstellung des Verfahrens i.S. von Art. 3 Abs. 3 b des Überleitungsvertrages als nachgewiesen anzusehen.

Die *Beweislast* hierfür dürfe aber nicht den Beschuldigten treffen. Vielmehr sollten zweckmäßig die deutschen Strafverfolgungsbehörden, d.h. die GStA ihrerseits rechtzeitig Erklärungen der Botschafter einholen, unter Einschaltung des BJM und des Auswärtigen Amtes.

GBA Dr. Güde und *BA Dr. Wagner* stimmten dieser Auffassung grundsätzlich zu. Übereinstimmung herrschte auch darin, dass der Grundsatz „ne bis in idem" für diese Fragen keine Geltung habe und dass für die Beweisfrage der Grundsatz „in dubio pro reo" ausgeschlossen sei.

Verschiedenes: GBA Dr. Güde bezeichnete als Ergebnis der neuen Vorschläge auf dem Gebiet der *Strafprozessreform* [erfolgt durch StPÄndG 1964, BGBl. I 1067], dass den Forderungen der Rechtsanwälte vollkommen nachgegeben worden sei. Dies gelte insbesondere für die Bestimmungen über die Untersuchungshaft und das neu zu schaffende „Schlussgehör" durch den Staatsanwalt. Für das Revisionsverfahren sei ferner die Abschaffung der Möglichkeit, eine Revision als offensichtlich unbegründet durch Beschluss zu verwerfen, vorgesehen. Das „Schlussgehör" durch den Staatsanwalt müsse vor Anklageerhebung zumindest bei allen Strafkammer- und Schwurgerichtssachen dem Beschuldigten und seinem Verteidiger Gelegenheit geben, auch neue Beweisanträge zu stellen. Der mit dieser Belastung der Staatsanwälte notwendig verbundene personelle Zuwachs an Kräften werde sicher 20–30% betragen. Schwierigkeiten in der Praxis würden sich auch durch die vorgesehenen Pflichten bei der Vernehmung der Beschuldigten und Zeugen ergeben.

GStA Dr. Görcke gab der Befürchtung Ausdruck, dass die geplante Neuerung lediglich zu erheblichen Verzögerungen ohne vernünftigen Zweck führen werde und ein geordnetes Strafverfahren künftig nur schwierig durchzuführen sei. Hinsichtlich des Kräftezuwachses bei der Staatsanwaltschaft drohe mit Sicherheit die Gefahr, dass die Justizverwaltung zunächst einmal abwarten werde, um den nötigen Zuwachs *nachher statt vorher* abzuschätzen, so dass die Staatsanwälte in der Arbeit hoffnungslos versinken müssten.

GStA Dr. Bauer hielt es für sicher, dass das Prinzip des angelsächsischen Strafprozessrechts langsam sich auch hier durchsetzen werde. Zurzeit sei die Frage, ob die Eröffnung des Hauptverfahrens in die Hände eines anderen als des erkennenden Richters gelegt werde.

Auch *GStA Biermann* befürchtete, dass sich die Vermehrung der Haftprüfungen und sonstigen Kontrollen zum Nachteil der Beschuldigten auswirken werde. Das „Schlussgehör" könne an sich bei guter Durchführung durch geeignete Staatsanwälte zur Stärkung der Stellung der Staatsanwaltschaft beitragen. Demgegenüber ständen aber der derzeitige erhebliche Mangel an Personal und Räumen sowie die Gefahr der Verzögerung des Verfahrens.

Zum Abschluss der Tagung gab *GStA Dr. Haas* namens aller Tagungsteilnehmer der Hoffnung Ausdruck, dass GStA Brühl, der nunmehr in den Ruhestand trete, trotz seines

Ausscheidens nicht zum letzten Male im Kreis der Generalstaatsanwälte erschienen sei, und verband dies mit den besten Wünschen für die Zukunft. *GStA Brühl* brachte in seinen Abschiedsworten, in denen er auch auf die besondere Berliner Situation einging, seinen Dank an GBA Dr. Güde, BA Dr. Wagner und alle GStA für die gute Zusammenarbeit und wertvollen Anregungen zum Ausdruck.

Als *nächster Tagungsort* wurde *Bremen* festgelegt.

OStA Dr. Ruf erklärte, dass im Namen des Senats der Freien und Hansestadt Bremen die Einladungen dorthin ergehen würden.

GStA Dr. Haas schloss die Tagung mit einem Dank an den GBA für seine persönliche Teilnahme und an alle Tagungsteilnehmer für ihre rege Mitarbeit sowie an OStA Dr. Nellessen, Aachen für die vorzügliche Hilfe bei der Vorbereitung der Tagung und bei der Ausgestaltung des gesellschaftlichen Rahmens.

Schluss der Tagung: 21.5.1960, 13.00 Uhr.

gez. Dr. Haas – gez. Schué

XV. Niederschrift über die Tagungen der Generalstaatsanwälte vom 15.–18.5.1961

Teilnehmerliste
Generalbundesanwalt *Dr. h.c. Güde,* Karlsruhe
Bundesanwalt *Dr. Wagner,* Karlsruhe
GStA *Dr. Fick,* Bamberg
GStA *Günther,* Berlin (KG)
GStA *Dr. Münn,* Berlin (LG)
GStA *Mützelburg,* Braunschweig
GStA *Biermann,* Celle
GStA *Dr. Jansen,* Düsseldorf
GStA *Dr. Bauer,* Frankfurt/M.
GStA *Buchholz,* Hamburg
GStA *Ahmann,* Hamm
GStA *Woll,* Karlsruhe
GStA *Morbach,* Koblenz
GStA *Dr. Haas,* Köln
Landgerichtsdirektor *Dr. Lorz,* München (BayObLG) für
GStA *Dr. Steffen*
GStA *Dr. Hechtel,* München (OLG)
GStA *Dr. Geropp,* Neustadt/Weinstr.
GStA *Mork,* Nürnberg
GStA *Dr. Adams,* Saarbrücken
GStA *Dr. Nehm,* Schleswig
GStA *Nellmann,* Stuttgart
Oberstaatsanwalt *Schüle,* Ludwigsburg (Zentrale Stelle)
GStA *Dr. Dünnebier,* Bremen
Oberstaatsanwalt *Dr. Ruf*
Erster Staatsanwalt *Wendisch*

1. *Auswirkungen des Beschlusses des BVerfG vom 31.5.1960 zum Gesetz über innerdeutsche Rechts- und Amtshilfe in Strafsachen BVerfGE 11, 150)*

Referent: Generalbundesanwalt. Der Referent hielt das als Anlage A beigefügte Referat:

I. Durch die Beschlüsse des BVerfG 2 BvR 234, 235, 236/60 vom 31.5.1960 NJW 1960, 1611 = BVerfGE 11, 150 und 2 BvR 168/60 vom 24.1.1961 [BVerfGE 12, 99] ist entschieden, dass Entscheidungen nach § 15 RHG gegen die verfassungsmäßige Ordnung der BRD verstoßen und damit das Grundrecht des Betroffenen aus Art. 2 Abs. 1 GG verletzen, wenn sie die Vollstreckung einer Strafe für zulässig erklären, die ein sowjetzonales Gericht ausgesprochen hat aufgrund a) des *sowjetzonalen Gesetzes zum Schutze des innerdeutschen Handels vom 21.4.1960;* b) der *sowjetzonalen WirtschaftsstrVO vom 23.9.1948;* c) des *sowjetzonalen Einkommensteuerrechts;* d) des *sowjetzonalen Devisengesetzes.* Diese Beschlüsse beruhen auf der Erwägung, dass die ihrer Natur nach *konstitutive* Zulassung der Vollstreckung eines sowjetzonalen Strafurteils der verfassungsmäßigen Ordnung der BR widerspricht und unzulässig ist, wenn die dem sowjetzonalen Urteil zugrundeliegende Strafbestimmung des sowjetzonalen Rechts ihrem Inhalt nach der verfassungsmäßigen Ordnung der BR widerspricht, weil sonst im Geltungsbereich des Grundgesetzes und aufgrund eines an das GG gebundenen Gerichts eine Strafe für eine Tat vollstrecken würde, die nach der verfassungsmäßigen Ordnung der BR nicht rechtswidrig sein kann.

II. Diese Entscheidungen des BVerfG haben Bindungswirkung gemäß § 31 Abs. 1 BVerfGG, *unzweifelhaft* in Bezug auf die Zulassung der Vollstreckung von sowjetzonalen Urteilen, die auf den aufgezählten vier sowjetzonalen Gesetzen beruhen, aber darüber hinaus wohl auch im Umfang des eben nach seinem wesentlichen Inhalt umschriebenen tragenden Obersatzes, aus dem die bis jetzt punktuell abgeleiteten Entscheidungen begründet werden. Es ist unverkennbar, dass das BVerfG, das in den entschiedenen Fällen an den jeweiligen Gegenstand der Verfassungsbeschwerden gebunden war, sich vorbehält, diesen Obersatz auf weitere Materialien des sowjetzonalen Rechts anzuwenden. In diese Richtung deutet in der Entscheidung vom 31.5.1960 [BVerfGE 11, 150] etwa der Satz: „Aber auch *die meisten Wirtschaftsstrafgesetze* der Sowjetzone verdienen dieselbe Charakterisierung; sie verfolgen in erster Linie den Zweck, die Umgestaltung der gesellschaftlichen Struktur in der Sowjetzone im kommunistischen Sinne durchzusetzen." – In einem in anderem Zusammenhang stehenden Beschluss des BVerfG vom 29.4.1960 – 2 BvE 17/60 -, der § 11 Abs. 1 Nr. 2 RHG als mit dem GG unvereinbar erklärt, heißt es: „Die Gerichte in der Sowjetzone sind zwar deutsche Gerichte. Ihre rechtsprechende Gewalt beruht jedoch nicht auf der verfassungsmäßigen Ordnung der BRD. Diese Gerichte üben zwar nicht Staatsgewalt eines fremden Staates, aber eine Gewalt aus, die nicht an rechtsstaatlichen Grundsätzen orientiert ist. Die Verfassung und das Verfahren dieser Gerichte stehen weithin im Widerspruch zu den Vorschriften des GG."

Es ist unverkennbar, dass mit diesen Entscheidungen die Prüfung der Zulässigkeit der Vollstreckung sowjetzonaler Strafurteile auf eine völlig neue Grundlage gestellt ist. Ich verweise auf den weitest gefassten Obersatz in der Entscheidung vom 31.5.1960: „Eine Rechtshilfe für Urteile, die die Verletzung der sowjetzonalen Gesetze zum Schutz der in der Zone faktisch ausgeübten politischen Macht oder des in der Zone bestehenden Wirtschaftssystems bestrafen, ist unzulässig, weil dies nichts anderes bedeuten würde, als dass die Organe des Bundes oder der Länder jenes Machtsystem stützten und unterstützten.

Das verbietet der ordre public der BRD.“ Man darf wohl sagen, dass mit diesem Gedanken des ordre public die Konzeption des RHG im Ganzen überholt ist. Daraus wird der Gesetzgeber über kurz oder lang seine Konsequenzen zu ziehen haben.

III. Im Rahmen und auf der Grundlage des noch bestehenden RHG muss uns die Frage vordringlich beschäftigen, ob die zahlreichen auf anderer Rechtsauffassung beruhenden Entscheidungen, die vor den Beschlüssen des BVerfG ergangen sind, einer *erneuten Entscheidung* nach § 9 RHG zugänglich sind.

Das BVerfG selbst hat mehrfach – erstmals gleichzeitig mit dem erwähnten Beschluss vom 31.5.1960 – Verfassungsbeschwerden verworfen, mit denen die Ablehnung eines Antrags nach § 9 RHG als Grundrechtsverletzung gerügt war, da gegen den ursprünglichen Beschluss, durch den die Vollstreckung für zulässig erklärt wurde, keine fristgerechte Verfassungsbeschwerde erhoben worden sei und die jetzige, die Voraussetzungen des § 9 RHG verneinende Entscheidung keine Grundrechtsverletzung enthalte (BVerfGE 11, 165). Das OLG Bremen hat in einem Beschluss vom 23.11.1960 (NJW 1961, 378) eine erneute Entscheidung nach § 9 RHG entgegen dem Antrag des GStA abgelehnt und sich dabei auf die letzterwähnte Entscheidung des BVerfG berufen: Wenn dem BVerfG die Möglichkeit zur Abänderung versagt sei, gelte das umso mehr für den erkennenden Senat. Eine erneute Entscheidung sei nur unter den in § 9 RHG umschriebenen Voraussetzungen zulässig. Wie im Bereich des in dieser Bestimmung nachgebildeten § 359 Ziff. 5 StPO rechtfertige eine Änderung der Rechtsprechung nicht die Wiederaufnahme. Der Beschluss des BVerfG über die Unzulässigkeit der Vollstreckung einer Strafe nach der sowjetzonalen WirtschaftsstrVO habe daher nicht den Weg für eine neue Entscheidung eröffnet; ebenso wenig seien die Voraussetzungen des § 79 Abs. 1 BVerfGG für die Wiederaufnahme des Verfahrens gegeben.

Das BVerfG selbst ist in einem eben ergangenen Beschluss vom 10.5.1961 – 2 BvR 55/61 [BVerfGE 12, 336] – noch einmal auf die aufgeworfene Frage zurückgekommen. Es verwirft wiederum die Verfassungsbeschwerde gegen einen die Voraussetzungen erneuter Entscheidung nach § 9 RHG verneinenden Beschluss des OLG Düsseldorf, führt aber dabei aus: Die Auffassung des OLG sei nicht überzeugend. Sie übersehe die rechtliche Tragweite der Rechtsprechung des BVerfG. Der Gesetzgeber habe in § 79 Abs. 1 BVerfGG einen zusätzlichen Wiederaufnahmegrund geschaffen, der gegeben sei, wenn ein rechtskräftiges Strafurteil auf einer vom BVerfG für nichtig erklärten Norm des materiellen Strafrechts beruhe. § 79 Abs. 1 BVerfGG lasse sich zwar auf die nach dem RHG zu treffenden Entscheidungen nicht unmittelbar anwenden. Der ihm zugrundeliegende Rechtsgedanke, dass niemand gezwungen sein solle, den Makel einer Strafe auf sich lasten zu lassen, die auf einem verfassungswidrigen Strafgesetz beruhe, beanspruche auch für das RHG Geltung. „Ihm dürfte dadurch Rechnung zu tragen sein, dass der Begriff der ‚Tatsache‘ in § 9 Abs. 1 RHG weiter als in § 359 Nr. 5 StPO ausgelegt wird. ‚Neue Tatsachen‘

im Sinne des § 9 Abs. 1 RHG können daher auch Entscheidungen des BVG sein, die bindend (§ 31 Abs. 1 BVerfGG) feststellen, dass sowjetzonale Gesetze mit der durch das GG geschaffenen verfassungsmäßigen Ordnung unvereinbar sind und dass daher Strafen, die auf ihnen beruhen, im Gebiet der BRD nicht vollstreckt werden dürfen. Wenn sowjetzonale Urteile nicht vollstreckt werden dürfen, weil ihre Vollstreckung der verfassungsmäßigen Ordnung der BRD widerspräche, dann kann auch eine entgegenstehende positive Entscheidung über die Zulässigkeit ihrer Vollstreckung vor dem Recht nicht bestehen bleiben."

Diese Ausführungen des BVG sind unzweifelhaft ein *obiter dictum* und haben keinerlei Bindungswirkung nach § 31 BVerfGG. Die Art, wie die Sätze gesetzt sind, lässt erkennen, dass das BVerfG sich des obiter dictum bewusst ist. Es hofft aber, durch sein obiter dictum die Rechtsprechung zu § 9 RHG in die von ihm gewünschte Richtung zu drängen.

IV. 1. Dass die *Wirkungen* der bisher ergangenen, auf anderer Rechtsauffassung beruhenden Entscheidungen nach § 15 RHG beseitigt werden *müssen,* soweit sie nach den Beschlüssen des BVerfG verfassungswidrig sind, kann nicht in Zweifel gezogen werden. Es kann niemand mit irgendwelchen Folgen einer Bestrafung belastet bleiben, die mit der verfassungsmäßigen Ordnung nicht vereinbar ist. Die Verweisung an die Gnadeninstanz, mit der sich das OLG Bremen bescheidet, kann nur als letzter Notbehelf in Frage kommen, wenn sich aus dem Recht selbst keine Lösung finden lässt.

2. Der Lösungsvorschlag des BVerfG in seinem Beschluss vom 10.5.1961 zieht den Rechtsgedanken des § 79 Abs. 1 BVerfGG zu Hilfe, verwendet ihn aber schließlich doch nur, um die Rechtsprechung des BVG als „neue Tatsache" i.S. von § 9 RHG zu interpretieren. Das ist methodisch wenig befriedigend. Da § 9 RHG dem § 359 Ziff. 5 StPO entspricht, sollte sich seine Auslegung und Anwendung nicht von der des § 359 Ziff. 5 entfernen, oder umgekehrt, wenn der Begriff der „neuen Tatsache" in § 9 RHG auch die Änderung der Rechtsprechung und allgemeinen Rechtsauffassung in sich schließen würde, ließe sich die Anwendung dieser Interpretation systematisch schwerlich auch für § 359 Ziff. 5 StPO vermeiden. Das wäre aber ein folgenschwerer Schritt.

3. Die richtige Lösung scheint mir darin zu liegen, dass man die analoge Anwendung des § 79 Abs. 1 BVerfGG konsequent durchführt, ohne sie in den Irrweg der Interpretation des Begriffs der „neuen Tatsache" münden zu lassen.

§ 79 Abs. 1 BVerfGG schafft einen gegenüber dem Katalog des § 359 StPO, insbesondere gegenüber seiner Ziff. 5, eigenständigen und andersartigen Wiederaufnahmegrund: Nicht die schwere Irregularität des Verfahrens und nicht die Erschütterung der Beweisgrundlage entzieht dem Urteil den Boden, sondern die Nichtigerklärung der angewandten Norm.

Da die hier in Frage stehenden Entscheidungen des BVerfG formell keine Nichtigerklärung einer bundes- oder landesrechtlichen Norm enthalten, kann § 79 Abs. 1 BVerfGG nicht unmittelbar Anwendung finden, wohl aber kann und muss sein Grundgedanke Platz greifen. Die Entscheidungen beruhen auf dem Ausspruch, dass bestimmte sowjetzonale Strafvorschriften mit der verfassungsmäßigen Ordnung der BR unvereinbar sind. Wenn es sich nicht um sowjetzonales, sondern um Recht der BRep. handeln würde, hätte des BVerfG gemäß § 95 Abs. 3 BVerfGG die betreffenden Gesetze für nichtig erklärt und damit den Wiederaufnahmegrund des § 79 Abs. 1 BVerfGG gegeben. Wenn auch eine formelle Nichtigerklärung nicht erfolgt, entspricht doch die als Entscheidungsvoraussetzung ausgesprochene Unvereinbarkeit der sowjetzonalen Gesetze der Sache nach der Nichtigerklärung und rechtfertigt angesichts der dem § 79 Abs. 1 BVerfGG genau entsprechenden Fallgestaltung auch dessen entsprechende Anwendung. Der Weg zur neuen Entscheidung nach § 9 RHG bedarf also des Umwegs über die „neue Tatsache" nicht, sondern er ist dadurch zu finden, dass in entsprechender Anwendung des § 79 Abs. 1 BVerfGG der besonderen Wiederaufnahmegrund gewährt wird, der auf der Reprobierung der angewandten Norm nach dem höheren Maß des Verfassungsrecht beruht.

In der anschließenden Diskussion bemerkte *GStA Dr. Dünnebier:* Nach Bekanntwerden des Beschlusses des BVerfG habe er frühere Bescheide, in denen er die Unzulässigkeit der Strafvollstreckung in Bezug auf die in dem Beschluss aufgeführten Gesetze nicht oder nicht völlig festgestellt habe, aufgehoben und die Unzulässigkeit diese Feststellung früher abgelehnt hatte, habe er bei diesem beantragt, nunmehr die Unzulänglichkeit festzustellen. Der Strafsenat sei seinen Anträgen jedoch nicht gefolgt (NJW 1961, 378). Er habe alsdann beim Bundesstrafregister die Tilgung beantragt, doch habe dieses noch nicht entschieden [Anm. Inzwischen hat das Bundesstrafregister die Strafen getilgt und der Strafsenat seine Rechtsprechung geändert]. Nach Mitteilung von *GStA Dr. Adams* hat das OLG Saarbrücken bisher dazu geneigt, den gleichen Standpunkt wie Bremen und Stuttgart einzunehmen, doch stehe zu hoffen, dass es nunmehr der Auffassung des BVerfG folgen werde.

GStA Dr. Bauer führte aus: Das Amtsgericht Dinkelsbühl habe bereits 1952 (NJW 1952, 1190) entschieden, dass die nachträgliche Feststellung der Nichtigkeit einer bundes- oder landesrechtlichen Strafnorm durch ein Verfassungsgericht die Möglichkeit schaffe, Urteile oder Beschlüsse zu ändern, die auf der vorhergehenden unrichtigen Auffassung beruhen. Zwar habe die Entscheidung keine Bundesgesetzgebung, sondern einen Fall der bayerischen Gesetzgebung betroffen, doch könne man gleichwohl auf diese Rechtsprechung zurückgreifen, der *Kleinknecht* zugestimmt und die *Löwe-Rosenberg* übernommen habe. Zusätzlicher Wiederaufnahmegrund sei – in Erweiterung der Gründe der StPO -, dass ein Verfassungsgericht das zugrundeliegende Gesetz für nichtig erklärt habe. Es sei unzulässig, insoweit auf das Gnadenrecht zu verweisen. Auf den Hinweis von *GBA Dr. Güde,* dass im Falle Dinkelsbühl eine formelle Nichtigkeitserklärung vorgelegen habe, die im Falle der sowjetzonalen Gesetze nicht ausgesprochen werden könne, meinte *GStA Dr. Dünnebier*, es könne nicht darauf ankommen, wie das BVerfG seinen Spruch formuliere; auch eine nicht ausgesprochene Nichtigkeit, auf der aber der Sache nach die Gründe beruhten, müsse die Folgen einer ausdrücklich festgestellten haben.

GStA Woll legte nochmals die Gründe dar, die das OLG Karlsruhe bewogen hätten, die Wiederaufnahme aufgrund des Spruchs des BVerfG zuzulassen. Er erklärte: Der Senat habe sich auf den Standpunkt gestellt, das Urteil des BVerfG sei eine neue Tatsachen im Sinne von § 9 RHG. Es sei ausgeschlossen, jemanden, der vier Wochen vor der Entscheidung den Antrag auf Unzulässigkeit gestellt habe, anders zu behandeln als denjenigen, der denselben Weg drei Tage danach beschritten habe. *GBA Dr. Güde* bemerkte: Bei den vier Gesetzen, die das BVerfG als rechtsstaatswidrig klassifiziert habe, könne kein Zweifel mehr bestehen. Die Begründung für die Wiederaufnahme folge bereits aus dem ordre public.

GStA Dr. Dünnebier stellte fest: Es besteht Einigkeit, dass die GStA ihre ablehnenden Bescheide aufheben, soweit sie sich auf die vier Gesetze beziehen, deren Rechtsstaatswidrigkeit das BVerfG festgestellt hat. Soweit noch keine Anträge beim OLG gestellt sind, sollen sie nunmehr nachgeholt werden; soweit abweichende Entscheidungen von OLGs vorliegen, soll unter Hinweis auf den Beschluss des BVerfG vom 10.5.1961 der Antrag auf Feststellung der Unzulässigkeit wiederholt werden.

GStA Mützelburg stellte die Frage, wie weit man bei der Feststellung der Rechtsstaatswidrigkeit zurückgehen sollte. Der Strafsenat Braunschweig habe es in einem Fall abgelehnt, die Unzulässigkeit der Vollstreckung festzustellen, weil sie auf Strafbestimmungen gestützt sei, die zur gleichen Zeit auch in der Bundesrepublik gegolten hätten, ja sogar schon zur Zeit der nationalsozialistischen Herrschaft geschaffen worden seien. *GStA Dr. Bauer* bedauerte, dass die Nichtigkeit eines – eventuell vorkonstitutionellen – Gesetzes nicht als allgemeines Problem behandelt werde. Die Frage wurde, als außerhalb der Tagesordnung liegend, nicht weiter erörtert.

2. *Auswirkungen des Urteils des BVerfG vom 21.3.1961 betr. Verurteilungen nach § 90 a StGB (NJW 1961, 723)*

Referent: BA Dr. Wagner. Der Referent hielt das als *Anlage B* beigefügte Referat: Das BVerfG hat durch Urteil vom 21.3.1961 – 2 BvR 27/60 – (NJW 1961, 723) in Ziff. 2 des Urteilsspruchs festgestellt: „§ 90 a Abs. 1 des Strafgesetzbuchs (vom 15.5.1871 in der Fassung der Bekanntmachung vom 25.8.1953 (BGBl. I S. 1083) verstößt insoweit gegen Art. 21 des Grundgesetzes und ist nichtig, als er gegen das Gründen und Fördern politischer Parteien mit Strafe bedroht. § 90 a Abs. 3 des Strafgesetzbuchs ist wegen Verstoßes gegen Art. 21 des Grundgesetzes nichtig." [LS der Entscheidung: a) Bis zur Entscheidung des *BVerfG* kann niemand die Verfassungswidrigkeit einer Partei rechtlich geltend machen. Insofern kommt dieser Entscheidung konstitutive Bedeutung zu. b) Das in erster

Linie die Parteiorganisation schützende Privileg des Art. 21 Abs. 2 GG erstreckt sich auch auf die mit allgemein erlaubten Mitteln arbeitende parteioffizielle Tätigkeit der Funktionäre und Anhänger einer Partei. Ihre Tätigkeit ist durch das Parteienprivileg auch dann geschützt, wenn ihre Partei durch eine spätere Entscheidung des *BVerfG* für verfassungswidrig erklärt wird. c) Die Rechtsordnung kann nicht ohne Verstoß gegen den Grundsatz der Rechtsstaatlichkeit die verfassungsrechtlich eingeräumte Freiheit, eine Partei zu gründen und für sie im Verfassungsleben zu wirken, nachträglich als rechtswidrig behandeln.] Infolgedessen hat das BVerfG gemäß Ziff. 1 des Urteilstenors ein Urteil des Landgerichts Lüneburg vom 13.11.1956 und das die Revision des Angeklagten im Wesentlichen verwerfende Urteil des BGH vom 3.4.1957 aufgehoben und die Sache an das LG zurückverwiesen. Damit ist der bisherigen, auf die Gesetzesmaterialien gestützten Auffassung des BGH, § 90 a Abs. 3 StGB enthalte nur ein Verfahrenshindernis und sei nicht verfassungswidrig (vgl. die Rechtsprechungsübersicht in GA 1960 S. 202/203), der Boden entzogen worden. Ehe die aus dem Urteil zu ziehenden Folgerungen für die strafrechtliche Praxis dargelegt werden, sei zur Erklärung Folgendes vorausgeschickt.

§ 90 a StGB hatte insofern eine Doppelnatur, als die Vorschrift sowohl Art. 9 Abs. 2 wie auch Art. 21 Abs. 2 GG pönalisierte. Nur in der letzteren Hinsicht hat sich das Urteil des BVerfG mit § 90 a StGB befasst. Wer sich also nicht in einer politischen Partei, sondern in einer Vereinigung staatsfeindlich betätigt hat, ist zu Recht bestraft worden und bleibt strafbar; insoweit hat sich an der Geltung des § 90 a StGB nichts geändert. Das Gleiche gilt für Täter, die sich *nach* dem Verbot einer Partei für diese Partei betätigt haben, denn mit der Auflösung und dem Verbot verliert die Partei ihren Parteicharakter, sie scheidet also aus dem Bericht des Art. 21 GG aus und ist nur noch als Vereinigung nach Art. 9 GG anzusehen. Dass auch die §§ 42, 47 BVerfGG eingreifen können, ist selbstverständlich.

I. Nicht rechtskräftige Verfahren

Die Folgerungen aus dem Urteil des BVerfG für nicht rechtskräftig abgeschlossene Verfahren liegen so sehr auf der Hand, dass sie nur kurz gestreift zu werden brauchen.

1. Hat sich der Täter für eine politische Partei betätigt und liegt seine Tätigkeit ausschließlich in der Zeit *vor* dem Parteiverbot, so sind anhängige Ermittlungsverfahren, die lediglich unter dem Gesichtspunkt einer Verletzung des § 90 a StGB geführt werden, einzustellen. Bei noch nicht eröffneter Voruntersuchung oder noch nicht eröffnetem Hauptverfahren sind der Antrag auf Voruntersuchung bzw. die Anklage gemäß § 156 StPO zurückzunehmen. Ist die Voruntersuchung bereits eröffnet worden, so ist der Angeschuldigte aus Rechtsgründen außer Verfolgung zu setzen. Ist das Hauptverfahren bereits eröffnet, so ist der Angeklagte freizusprechen; ob das Verfahren auch gemäß § 206 a StPO durch Beschluss eingestellt werden kann, ist sehr streitig. Ist der Täter bereits verurteilt, das Urteil aber noch nicht rechtskräftig, so wird, sofern

es nicht bereits der Angeklagte getan hat, die Staatsanwaltschaft gemäß § 296 Abs. 2 StPO zu seinen Gunsten das Urteil anzufechten haben.

2. Hat sich der Täter unter den erwähnten Voraussetzungen nicht nur nach § 90 a StGB, sondern auch nach anderen Vorschriften strafbar gemacht, so ist § 90 a StGB aus dem Verfahren zu eliminieren und das Verfahren lediglich wegen der Verletzung der anderen Strafbestimmungen fortzuführen, mögen sie zu § 90 a im Verhältnis der Tateinheit oder der Tatmehrheit stehen. Es muss also weder eingestellt noch muss der Täter, sofern seine Strafbarkeit erweislich ist, in vollem Umfang außer Verfolgung gesetzt oder freigesprochen werden. Insoweit sind kaum Schwierigkeiten zu erwarten. Zu beachten ist nur, dass u.U. der Fortfall des § 90 a StGB zu einer Veränderung der gerichtlichen Zuständigkeit führen kann.
3. Hat der Täter seine Betätigung für eine politische Partei über den Zeitpunkt des Parteiverbots hinaus fortgesetzt, so kommt von diesem Zeitpunkt an neben etwaigen anderen Bestimmungen auch § 90 a StGB zum Zuge. Für die Zeit der Betätigung bis zum Parteiverbot gilt mutatis mutandis das oben Gesagte.

II. *Rechtskräftige Verfahren*

Weit problematischer ist die Behandlung rechtskräftig abgeschlossener Verfahren. Für sie ist von der Vorschrift des § 79 Abs. 1 BVerfGG auszugehen, die besagt: „Gegen ein rechtskräftiges Strafurteil, das auf einer (gemäß § 78) für nichtig erklärten Norm beruht, ist die Wiederaufnahme des Verfahrens nach den Vorschriften der Strafprozessordnung zulässig.“ Voraussetzung für eine Wiederaufnahme ist also, dass das rechtskräftige Urteil auf dem für nichtig erklärten Teil des § 90 a StGB beruht. Die Wiederaufnahme setzt ferner den Antrag eines Prozessbeteiligten voraus; stellt der Verurteilte diesen Antrag nicht, so wird die Staatsanwaltschaft von Amts wegen die Wiederaufnahme betreiben müssen (§§ 356, 296 Abs. 2 StPO), um dem Urteil des BVerfG Genüge zu tun. Wann wird die Staatsanwaltschaft aber sich mangels eines Antrags des Verurteilten zu einem solchen Schritt zu verstehen haben und wie sind derartige Anträge zu behandeln?

1. *Fälle des isolierten § 90 a StGB […]*
2. *Fortgesetzte Handlung nach § 90 a StGB […]* Im Ergebnis wird daher festzustellen sein, dass bei fortgesetzten, teils vor, teils nach dem Stichtag des Parteiverbots liegenden Zuwiderhandlungen die Wiederaufnahme grundsätzlich zuzulassen ist.
3. *Tateinheit mit anderen Vorschriften* Geht man von dem bisher vertretenen Standpunkt aus, so sind die Folgerungen aus einem Urteil, das Tateinheit zwischen dem Vergehen gegen § 90 a StGB und anderen Vorschriften angenommen hat, unschwer zu ziehen. [Wiederaufnahme entspr. § 79 a BVerfGG]…
4. *Tatmehrheit.* Hat das frühere Urteil mehrere selbständige Handlungen angenommen, die teilweise nach § 90 a StGB allein oder in Verbindung mit anderen Vorschriften, teilweise nur nach anderen Bestimmungen gewürdigt worden sind, so kann die

Zulässigkeit der Wiederaufnahme nicht in Frage gestellt werden. Wird mit dem hier vertretenen Standpunkt die Zulässigkeit der Wiederaufnahme für alle diejenigen Fälle bejaht, in denen der für nichtig erklärte Teil des § 90 a StGB eine Rolle spielt, so lässt sich der entsprechende Teil des früheren Urteils weder im Schuldspruch noch in der Gesamtstrafe halten. Damit aber fällt das ganze Urteil in sich zusammen. […]

III. *Zur Frage der §§ 93, 129 StGB […]*

In jedem Fall besteht kein Anlass, auch die rechtskräftigen Fälle der §§ 93, 129 StGB in die Prüfung der Wiederaufnahme einzubeziehen.

IV. *Die gerichtliche Zuständigkeit*

Nach § 367 Abs. 1 StPO hat über die Wiederaufnahme grundsätzlich der Tatrichter zu entscheiden. Das Revisionsgericht ist zur Entscheidung nur im Falle der richterlichen Amtspflichtverletzung – §§ 359 Ziff. 3, 362 Ziff. 3 StPO – berufen, wenn sein eigenes Verfahren mit diesem Makel behaftet ist. In Ausdehnung des Wortlauts der gesetzlichen Bestimmung nimmt *Kleinknecht* – KM, StPO-Komm., 3. Aufl. 1955, 367 Anm. 3 – die Zuständigkeit des Revisionsgerichts auch dann an, wenn es die Revision als unbegründet verworfen hat und die Wiederaufnahme auf die Nichtigkeit einer angewandten Gesetzesnorm gestützt wird. Es begründet seine Ansicht damit, dass in diesem Falle der Mangel der Entscheidung ebenso bei dem Revisionsgericht liegt wie in dem Falle der richterlichen Amtspflichtverletzung, weil es die anfechtbare rechtliche Grundlage des Urteils bestätigt hat. Diese Ansicht hat viel für sich, besonders wenn man berücksichtigt, dass § 359 StPO die Entscheidungsgrundlagen des Tatrichters, § 79 BVerfGG aber die rechtliche Grundlage der Verurteilung betrifft. Infolgedessen würde die starre Anwendung des § 367 Abs. 1 StPO dem Zweck der Vorschrift des § 79 Abs. 1 BVerfGG nicht gerecht, auch wenn darin von den Vorschriften der StPO die Rede ist. Hinzu kommt, dass das Revisionsgericht vielfach in der Lage sein wird, aufgrund des § 371 Abs. 2 StPO eine abschließende Entscheidung zu fällen, so dass sich eine Zurückverweisung an den Tatrichter erübrigt. Damit würde nicht nur eine Reihe von Fällen einheitlich erledigt und aus dem Kreise der in Betracht kommenden Verfahren endgültig ausgeschieden werden, sondern es würde sich damit auch vermeiden lassen, dass der BGH infolge der Revision gegen ein Wiederaufnahmeurteil des Tatrichters nochmals als Revisionsgericht tätig wird. Ob der BGH diese Rechtsansicht billigen wird, lässt sich allerdings nicht voraussehen. Es erscheint daher zweckmäßig, alsbald seine Entscheidung dadurch herbeizuführen, dass ihm ein Fall zur Klärung der Zuständigkeitsfrage unterbreitet wird. Nach dem oben Gesagten kann dies nur ein Fall sein, in dem der BGH die Revision verworfen hat. Denn alle übrigen Fälle verbleiben unzweifelhaft dem Tatrichter, d.h. diejenigen Fälle, in denen das Rechtsmittel der Revision nicht eingelegt war, sowie die Fälle, in denen auf die Revision das angefochtene Urteil aufgehoben wurde, ohne dass eine etwa gegen das erneute Urteil abermals eingelegte Revision verworfen wurde.

Abgesehen von der Zuständigkeitsfrage bietet die verfahrensmäßige Durchführung der Wiederaufnahme keine Schwierigkeiten, so dass sich insoweit Ausführungen erübrigen dürften.

Als *Ergebnis* der *anschließenden Diskussion* wurde festgehalten: Die GStA teilen die Ansicht des Referenten. Sie sind insbesondere der Auffassung, dass § 363 StPO auf das Wiederaufnahmeverfahren keine Anwendung findet, vielmehr § 79 a BVerfGG vorgeht. Sie stimmen darin überein, dass die Wiederaufnahme möglichst bei dem BGH beantragt werden soll, wenn dieser die Revision verworfen hatte.

3. *Auswirkungen des Urteils des BGH vom 23.9.1960 betr. die Bindung an eine feste höchstrichterliche Rechtsprechung (BGHSt 15, 155)*

Referent: GStA Dr. Bauer. Der Referent leitet sein Referat mit der Frage ein: Welcher Anlass bestand für den 3. Strafsenat des BGH, so grundsätzlich zu der Frage der Bindung der Staatsanwaltschaft an eine feste höchstrichterliche Rechtsprechung Stellung zu nehmen, obwohl diese Frage mit der Sache nichts zu tun hatte? Er ging dann auf das Urteil selbst ein und führte insbesondere aus: Bei der Besprechung des Urteils mit seinen Staatsanwälten sei ihnen aufgefallen, dass es § 150 GVG nicht berühre, in dem die Unabhängigkeit der Staatsanwaltschaft von den Gerichten statuiert sei. Das Urteil könne den Eindruck erwecken, dass der 3. Strafsenat die Staatsanwaltschaft nicht zur dritten Gewalt zähle. Gehe man davon aus, gebe es innerhalb der Justiz zwei Gewalten. Dann aber hätten folgerichtig die Gerichte keine Möglichkeit, die Staatsanwaltschaft zu binden. Aber auch wenn man zu Recht diesen Standpunkt nicht teile, vielmehr annehme, dass die Staatsanwaltschaft der dritten Gewalt angehöre, könnte die Ansicht des 3. Senats nicht gebilligt werden. Ihr stehe insbesondere § 344 StGB entgegen. Eine Anklage wider Gesetz und Recht sei ein versuchtes Verbrechen, wenn der Staatsanwalt subjektiv von der Unrichtigkeit des Schuldvorwurfs überzeugt sei. Die Ausführungen *Dünnebiers* zu dieser Frage im Verhältnis Staatsanwaltschaft und Ministerium (JZ 1961, 312) gälten in gleicher Weise für die Beziehungen zwischen Staatsanwaltschaft und Gericht.

Der 3. Strafsenat fordere die Bindung an eine feste höchstrichterliche Rechtsprechung. Dieser Begriff sei relativ. Die Rechtsprechung des 3. Senats könne solange nicht bindend sein, als dieser Richter in eigener Sache sei. Es gebe im Augenblick keine Kontrolle dieses Senats. Es gehe nicht an, Richtern und Staatsanwälten wegen ihrer Beteiligung an Todesurteilen während der nationalsozialistischen Zeit vorzuwerfen, keine eigene Meinung gehabt zu haben, und im gleichen Atemzuge eine vorbehaltliche Bindung an die Rechtsprechung der Obergerichte zu proklamieren. Er bemerkte abschließend: Er habe seinen Staatsanwälten den Kompromiss vorgeschlagen, unter Hinweis auf die Entscheidung des BGH Anklage zu erheben, in der Hauptverhandlung aber Freispruch zu beantragen. Das hätten sie aber abgelehnt.

GStA Dr. Dünnebier dankte für das Referat und wies darauf hin, dass die Entscheidung des 3. Senats außer von ihm (JZ 1961, 312) bereits von *Eb. Schmidt* (MDR 1961, 158) und von *Göbel* (NJW 1961, 856) besprochen worden sei, und zwar im Ergebnis übereinstimmend, wenn auch die Begründungen voneinander abwichen.

GBA Dr. Güde führte aus: Die Entscheidung des Senats laufe in der Tendenz darauf hinaus, die Staatsanwaltschaft aus der dritten Gewalt heraus zu drängen, um sie unter den Befehl der Regierung zu stellen, die ihrerseits den Staatsanwalt zur Befolgung der höchstrichterlichen Rechtsprechung anzuhalten habe. Es sei zwar richtig, dass die Staatsanwaltschaft eine wirklich gefestigte Rechtsprechung nicht ignorieren könne. Die Besonderheit liege hier aber darin, dass *ein* Senat die ausschließliche Rechtsprechungsgewalt auf einem bestimmten Sachgebiet ausübe, in dem er seine Rechtsprechung ebenso beibehalten wie ändern oder neue Rechtssätze aufstellen könne, ohne eine Entscheidung des Großen Senats herbeizuführen. Wenn schon ein Senat auf einem so bedeutsamen Gebiet die alleinige Rechtsprechung habe, so könne er nicht jede seiner Entscheidungen einer gefestigten Rechtsprechung gleichsetzen und von der Staatsanwaltschaft blinde Unterwerfung fordern. Die Bedenken gegen ein solches Entscheidungsmonopol müssten noch stärker sein, wenn ein solcher Senat nicht nur Revisions-, sondern zugleich Tatsacheninstanz sei. Diese Regelung werde auf die Dauer schwer tragbar sein, so dass man eine Änderung der Gerichtsverfassung als wünschenswert ins Auge fassen müsse.

GStA Dr. Dünnebier zog aus der Diskussion folgenden Schluss: Das Urteil des 3. Strafsenats ist keine Bindungsgrundlage, sondern allenfalls ein obiter dictum. Es ist für die staatsanwaltschaftliche Praxis ohne Bedeutung, solange nicht andere Senate die Rechtsauffassung des 3. Senats übernommen haben.

GStA Günther stellte die Frage, ob nicht das Problem überhaupt nur vom Gesetzgeber zu lösen sei. Er wies darauf hin, dass bei verschiedener Auslegung des Grundsatzes eine ungleiche Behandlung eintreten könne. Wie soll ein Staatsanwalt sich gegenüber der ständigen Rechtsprechung verhalten? Muss er anklagen, selbst wenn er anderer Auffassung ist? *GBA Dr. Güde* antwortete: Er habe als OStA in solchen Fällen zwar angeklagt, aber in der Hauptverhandlung Freispruch beantragt. Denn er hätte, wenn er nicht angeklagt hätte, keine Wirkung auf die Rechtsprechung erzielen können. Demgegenüber vertrat *GStA Günther* den Standpunkt, dass dieses Ziel nicht durch Erhebung der Anklage, sondern besser durch den Ausbau des Anklageerzwingungsverfahrens zu erreichen sei. *GStA Dr. Dünnebier* schlug vor, auf diese speziellen Fragen nicht weiter einzugehen, weil zu einer weiteren Erörterung erst dann Anlass bestände, wenn wirklich eine feste Rechtsprechung – wie beispielsweise zur Vermögensverfügung beim Betrug, zum Verbotsirrtum usw. – vorliege.

GBA Dr. Güde hob noch hervor: Das politische Strafrecht erfahre in der Strafrechtsreform eine sehr vorsichtige Betrachtungsweise, die schon jetzt eine einschränkende und zur Maßhaltung drängende Auslegung erfordere. Die Haltung der Staatsanwaltschaft sei im Augenblick unsicher; es gebe kaum ein Gebiet, wo Auffassungen so gegeneinanderständen. Könne der Staatsanwalt einer höchstrichterlichen Rechtsprechung nicht folgen, so sei es seine Pflicht, den consensus zu verweigern.

Dieser Auffassung schloss sich *GStA Dr. Bauer* mit folgenden Ausführungen an: In der Auseinandersetzung zwischen Gleichheit und Freiheit müsse sich der Staatsanwalt zum eigenen Gewissen bekennen dürfen. Weil das früher nicht geschehen sei, ständen heute Richter und Staatsanwälte unter dem Vorwurf, durch ihren blinden Gehorsam gegenüber einer höchstrichterlichen Rechtsprechung in zahlreichen Fällen objektiv den Tatbestand des Totschlags erfüllt zu haben. Um einen gleichen Vorwurf zu vermeiden, müsse die Staatsanwaltschaft das Recht haben, der Rechtsprechung ein Veto entgegenzuhalten. Es gebe keine gesetzliche Regelung, die eine Bindung an die Rechtsprechung vorschreibe. Daher müsse der Staatsanwalt selbst entscheiden, und zwar auch auf die Gefahr hin, dass einmal die Freiheit des Gewissens zur Ungerechtigkeit führe, wie die unterschiedliche Behandlung im Presserecht der einzelnen Länder, aber auch die Behandlung im Bestechungsrecht zeige. Das Grundgesetz spreche sich im Zweifel für die Freiheit zuungunsten der Gleichheit aus. *GStA Dr. Dünnebier* stimmte dem dahin zu, dass keine feste Rechtsprechung den Staatsanwalt von der Verpflichtung entbinden könne zu prüfen, ob ein Satz der Rechtsprechung mit dem Grundgesetz vereinbar und ob er – etwa im Hinblick auf geänderte Auffassungen – noch Bestandteil unseres Rechts sei. *GStA Mützelburg* betonte, dass vier oder fünf Urteile eines Strafsenats, die sich noch dazu des Widerspruchs im Schrifttum erfreuten, keine feste Rechtsprechung darstellten, mithin keine Bindungswirkung beanspruchen könnten.

Als Ergebnis wurde festgestellt, dass das Urteil des BGH sich in dem im Leitsatz zum Ausdruck gebrachten Sinne nicht auswirken könne.

4. *Erfahrungen der Zentralen Stelle der Landesjustizverwaltungen*

Referent: OStA Schüle, Ludwigsburg. Der Referent hielt das als *Anlage C* beigefügte Referat: Als ich vor nunmehr zwei Jahren vor Ihnen in Hamburg über die Tätigkeit der ZSt. berichtete, haben weder Sie noch ich einen auch nur annähernden Überblick über das Ausmaß der noch ungesühnten nationalsozialistischen Gewaltverbrechen gehabt und über den in diese Verbrechen verstrickten Personenkreis. Während meine Mitarbeiter und ich damals noch davon ausgingen, dass Angehörige der Kriminal- und Ordnungspolizei nur in einigen wenigen Ausnahmefällen an den Massenverbrechen beteiligt gewesen seien, mussten wir mit jedem weiteren Monat unserer Tätigkeit feststellen, dass Polizeibeamte, die heute wieder zum Teil in leitenden Stellen sind, in geradezu erschreckendem Ausmaß an jenen verbrecherischen Maßnahmen der nationalsozialistischen Gewalthaber aktiv mitgewirkt haben.

Ich glaube, dass das ganze Ausmaß dieser Verstrickung überhaupt nur der ZSt. bekannt ist, weil hier die Erkenntnisse zusammenlaufen. Noch vor stark einem Jahr erklärte mir ein Minister bei der Erörterung der Frage, inwieweit Polizeibeamte an den Massenverbrechen beteiligt gewesen seien, er sei beruhigt, in seinem Lande seien jedenfalls keine Polizeibeamte im Dienst, die an solchen Verbrechen beteiligt gewesen seien. Knapp ein halbes Jahr später waren in diesem Lande vier aktive Oberbeamte und ein Ruhestandsbeamter in Haft, drei weitere vom Dienst suspendiert, gegen sieben weitere laufen Ermittlungen. Dabei stellt sich heraus, dass sich in diesem Land die Oberbeamten eines ehemaligen Kommandeurs der Sicherheitspolizei und des SD wieder im Dienst befanden, so dass man praktisch davon sprechen kann, dass sich in diesem Land der ehemalige Kommandeur der Sicherheitspolizei neu konstituiert hat. Es konnte dabei eindeutig festgestellt werden, wie zunächst der ehemalige stellvertretende Kommandeur der Sicherheitspolizei mit Hilfe von Persilscheinen seiner früheren Mitarbeiter wieder in den Dienst gekommen war und wie er dann seine ehemaligen Mitarbeiter und Freunde nachgezogen hatte.

In einem anderen Land sind bis jetzt 131 Polizeibeamte aller Dienstgrade verdächtig, an nationalsozialistischen Gewaltverbrechen beteiligt gewesen zu sein. Davon sind sieben Oberbeamte und 21 mittlere Beamte entweder in Haft oder vom Dienst suspendiert.

Ähnlich liegen die Verhältnisse in den übrigen Bundesländern. Was diese Tatsache für die Justiz und insbesondere für die Staatsanwälte bedeutet, brauche ich wohl nicht näher auszuführen. Ich darf nur zwei bereits gestellte Fragen wiederholen: a) Mit welchem moralischen Recht verfolgt ein Mann, an dessen Händen das Blut von hunderten und tausenden Unschuldiger klebt, einen Mörder unserer Tage? und b) kann es sich ein Rechtsstaat und kann es sich insbesondere der zur Hütung der Rechtsstaatlichkeit berufene Staatsanwalt leisten, aus solchen Händen ein Ermittlungsergebnis entgegenzunehmen?

Aus meinen bisherigen Ausführungen ist wohl auch ersichtlich, mit welchen Schwierigkeiten die Aufklärung von nationalsozialistischen Gewaltverbrechen verbunden ist. Diese Schwierigkeiten wurden von uns schon frühzeitig erkannt, weshalb die Forderung erhoben wurde, aus befähigten und hinsichtlich ihrer Vergangenheit einwandfreien Beamten in jedem Land Sonderkommissionen der Polizei zu bilden. Nur auf diese Sonderkommissionen kann sich die Staatsanwaltschaft bei der Aufklärung von nationalsozialistischen Gewaltverbrechen stützen. Wenn diese Sonderkommissionen aber eine wirklich erfolgversprechende Arbeit leisten sollen, dann müssen sie in technischer und personeller Hinsicht so ausgestattet sein, dass sie auch eine Unterstützung der Staatsanwaltschaften sind. Auf der anderen Seite ist es natürlich auch notwendig, dass sich die Staatsanwälte der Sonderkommissionen bedienen und vor allem, dass die Sonderkommissionen über die in ihrem eigenen Lande anhängigen einschlägigen Verfahren unterrichtet sind, denn häufig überschneiden sich solche Verfahren mit Verfahren anderer Staatsanwaltschaften. Ohne Kenntnis der eigenen Verfahren kann eine Sonderkommission, die beispielsweise Amtshilfe in einem bei einer anderen Staatsanwaltschaft anhängigen Verfahren leistet, etwaige Zusammenhänge nicht erkennen und Hinweise von einem Verfahren zum anderen geben.

Eine weitere Voraussetzung für die rasche und sachgemäße Aufklärung von solchen Verfahren ist, dass sich der sachbearbeitende Staatsanwalt selbst in die Ermittlungen aktiv einschaltet. Ich habe bereits vor zwei Jahren, in Übereinstimmung mit der Verwaltungsvereinbarung über die Errichtung der ZSt., ausgeführt, dass die Ermittlungen nicht auf einen Täter allein beschränkt bleiben dürfen und dass Tatkomplexe nicht aufgespalten werden sollten. Diese Erkenntnis hat sich leider nur teilweise durchgesetzt. Gestatten Sie mir dafür einige Fälle als Beispiele anzusprechen, und fassen Sie es bitte nicht so auf, als ob ich mir anmaßen wollte, Lob oder Tadel auszuteilen, sondern halten Sie es mir zugute, dass ich einmal vor diesem berufenen Gremium meine Sorgen ausspreche. In diesem Zusammenhang müssen die Staatsanwaltschaften des Landes Hessen erwähnt werden, die sich bisher durchweg an die Verwaltungsvereinbarung gehalten haben und große zusammenhängende Komplexe aufklären. Ich darf nur an das Konzentrationslager Auschwitz, an den Kommandeur der Sicherheitspolizei und des SD in Lublin sowie an das Tatgeschehen in Litauen erinnern, an dem maßgeblich der Kommandeur der Sicherheitspolizei und des SD in Kowno beteiligt war. Die Zusammenarbeit mit den hessischen Staatsanwaltschaften und der hessischen Sonderkommission hat reiche Früchte getragen. Ich darf aber auch die Staatsanwaltschaft München erwähnen, der im Zuge der Unterbrechung der Verjährung vom BGH die Aufgabe gestellt wurde, das gesamte Tatgeschehen im Gebiete der Einsatzgruppe D aufzuklären. Um auch in diesem Falle etwas anschaulicher zu werden, darf ich ausführen, dass es sich nicht nur um den Stab der Einsatzgruppe D, sondern um vier diesem Stab unterstellte Einsatzkommandos mit weiteren Teilkommandos handelt, die im Gebiete der Heeresgruppe Süd in Erscheinung getreten sind. Der BGH hat damit die Staatsanwaltschaft München und die bayerische Sonderkommission vor die Aufgabe gestellt, gegen mehrere hundert Personen zu ermitteln, die an der Tötung von rund 100.000 Menschen beteiligt waren. Muss eine Staatsanwaltschaft, die einen solchen Komplex übertragen erhält, nicht unwillkürlich fragen: Und was tun die Anderen? Nur ergänzend möchte ich erwähnen, dass die Staatsanwaltschaften von München I und München II darüber hinaus noch eine Reihe weiterer Großverfahren haben.

Ich könnte aber weitere Staatsanwaltschaften aus jedem Land anführen, die sich an die Verwaltungsvereinbarung halten und große Tatkomplexe aufklären, einfach aus der Erkenntnis heraus, dass nur auf diese Weise das gesamte Tatgeschehen erfasst und aufgeklärt werden kann und dass nur so die Stellung und Mitwirkung des einzelnen Beschuldigten in diesem Tatgeschehen ermittelt werden kann. Nur auf diese Weise kann vermieden werden, dass der zufällig ermittelte und vor dem Schwurgericht stehende SS-Oberscharführer stellvertretend für all das einstehen muss, was in jener Zeit an seinem Einsatzort geschehen ist. Dass ich hier nicht theoretische Erwägungen anstelle, kann ich Ihnen an zwei Beispielen demonstrieren. Im Jahre 1949 wurde von einem Schwurgericht ein ehemaliger Kriminalsekretär und SS-Oberscharführer wegen seiner Beteiligung an Morden im Ghetto Minsk zu lebenslangem Zuchthaus rechtskräftig verurteilt. Bereits damals wurden während der Ermittlungen und in der Hauptverhandlung Namen wie Ehrlinger, Heuser u.a. genannt. Erst durch die Tätigkeit der ZSt. wurden gegen diese Personen Verfahren eingeleitet, wobei es sich herausstellte, dass die vorgenannten ehemaligen SS-Führer bei verschiedenen Dienststellen an Massenverbrechen beteiligt gewesen waren, so dass zwei Großverfahren eingeleitet und an die zuständigen Staatsanwaltschaften abgegeben werden mussten. Im Verfahren Ehrlinger u.a. ist das Hauptverfahren vor dem Schwurgericht in Karlsruhe eröffnet. Im Falle Heuser u.a. ist demnächst mit der Eröffnung der Voruntersuchung beim Landgericht in Mainz zu rechnen.

In beiden Fällen haben die Staatsanwaltschaften bis zur Anklagereife selbst ermittelt, ehe sie in die Voruntersuchung gegangen sind.

In einem anderen Falle wurden ebenfalls im Jahre 1949 vor einem Schwurgericht zwei ehemalige SS-Oberscharführer wegen ihrer Beteiligung an Tötungen in Wilna zu lebenslangem Zuchthaus verurteilt. Auch in diesem Falle wurde schon damals der Name des SS-Standartenführers Jäger als Führer des Einsatzkommandos 3 der Einsatzgruppe A und als späterer Kommandeur der Sicherheitspolizei und des SD in Kowno sowie weitere SS-Führer dieser Dienststelle genannt. Erst durch die Tätigkeit der ZSt. wurde Jäger im Sommer 1959 ermittelt, wobei es sich herausstellte, dass er schon jahrelang mit seinen richtigen Personalien polizeilich gemeldet war, trotz Ausschreibung mit Lichtbild aber nicht gefunden werden konnte. Das Verfahren gegen Angehörige des Kommandeurs der Sicherheitspolizei und des SD Kowno steht vor dem Abschluss. Die Voruntersuchung soll demnächst beantragt werden. In diesen beiden Fällen kann man sich des Eindrucks nicht erwehren, dass die Taten jener abgeurteilten SS-Oberscharführer wohl rechtlich und tatsächlich anders gewürdigt worden wären, wenn diese Angeklagten nicht allein vor dem Schwurgericht gestanden hätten, sondern in einer Reihe mit ihren damaligen Vorgesetzten, welche die verbrecherischen Befehle gegeben hatten.

Die Ermittlung von Tatkomplexen soll also nicht nur das Tatgeschehen soweit als möglich klären, sondern auch dazu beitragen, den Tatbeitrag des einzelnen Täters festzustellen. Dies scheint mir deshalb wichtig, weil in letzter Zeit von einzelnen Staatsanwaltschaften dazu übergegangen wurde, die damaligen Dienststellenleiter, welche durchweg einen höheren SS-Dienstgrad innehatten, als Gehilfen Hitlers, Himmlers und Heydrichs anzuklagen, während die ausführenden untergeordneten Organe wegen Mordes verurteilt wurden.

Gestatten Sie mir, einen Nichtjuristen, aber einen guten Sachkenner mit sehr viel Gerichtserfahrung, zu Wort kommen zu lassen. Es handelt sich um den Göttinger Dozenten für Zeitgeschichte, *Dr. Hans-Günter Seraphim*, der häufig als Gutachter von Gerichten zugezogen wird. Er schrieb mir u.a. am 17.2. 1961: „Die ersten drei Tage des Ansbacher Verfahrens haben leider meine bisherigen Erfahrungen in KZ-Prozessen bestätigt. Es begann wieder mit dem üblichen ‚Zeugensalat'. Die Schwierigkeiten zeigten sich sofort, die daraus resultieren, dass nach rund 20 Jahren das Erinnerungsvermögen nicht mehr zuverlässige Aussagen zulässt. Jeder Zeuge, der etwas energisch angepackt wurde, versagte! Er fing sofort an zu schwanken, konnte seine alten Aussagen nicht mehr aufrecht erhalten, verwies auf den langen Zeitraum, – kurz, wirkte unglaubwürdig, auch wenn man seine subjektive Ehrlichkeit unterstellte. Das Gericht hatte offensichtlich keine Zeit zur Vorbereitung gehabt und wusste von der Materie wenig, schwamm. Es war glücklich, dass man mich zu Beginn geladen hatte. So ging man auf meinen Vorschlag ein und ließ mich ein Gutachten über die Entwicklung der KL usw. halten, so dass ich wenigstens eine Einführung in die Materie geben konnte. In dieser Hinsicht zeigte sich das Gericht erfreulich aufgeschlossen.

Was mich aber richtig bestürzt macht, ist die Aufgliederung oder richtiger Aufspaltung des Komplexes Gusen nach Zuständigkeiten. Der Schutzhaftlagerführer ist also in Ansbach dran, andere Verfahren laufen in Köln, Essen und Aachen. Ich ahne nicht, ob das alle sind oder noch von anderen Stellen der Komplex behandelt wird. Das ist doch, verzeihen Sie meine Schärfe, Wahnsinn! Man reißt die Zusammenhänge auseinander, statt an einer Stelle ein Gesamtbild zu erarbeiten. Damit nimmt man sich doch selbst die besten Möglichkeiten. Die Zeugen fahren von Verfahren zu Verfahren. Sie sagen hier aus und sagen dort aus. Ein Richter fragt so, der andere so. Bekanntlich werden bei jeder neuen Befragung, die ja immer unter einem etwas anderen Blickwinkel erfolgt, die Akzente verschoben. Das dient wirklich nicht der Wahrheitsfindung. Lässt es sich denn wirklich nicht erreichen, dass man diese Verfahren an einer Stelle zusammenfasst? Im Grunde liegt hier doch ein absoluter Sonderfall vor: Die Verhandlung bestimmter Komplexe nach einer für Gerichte ungewöhnlich langen Zeit. Das bedeutet, dass man Richter haben muss, die sich nicht nur mit der Materie, sondern auch der Beweisführung und -würdigung sehr eingehend vertraut machen müssen. Die heutige Methode muss ja letzten Endes zu einer gewissen Oberflächlichkeit führen, da kein Richterkollegium in der Lage ist, sich so mit der Materie vertraut zu machen, wie es notwendig wäre. Ohne wirkliche Kenntnis der damaligen Atmosphäre ist doch ein gerechtes Urteil einfach nicht möglich. Wer aber vermag sich diese in wenigen Wochen zu erarbeiten? Auch der beste und kundigste Sachverständige ist aber nicht in der Lage, in seinem Gutachten diesen Mangel auszugleichen. Viele der jungen Richter und Staatsanwälte haben die Zeit nicht mehr bewusst erlebt. Sie sind nach meinen Erfahrungen gar nicht in der Lage, sich ein wirklich zutreffendes Bild zu schaffen. Sie urteilen und werten, wie könnte es anders sein, von heute aus. Damit wird man den Dingen jedoch nicht gerecht. Ich wünsche, es wäre möglich, alle einschlägigen Verfahren vor mehrere immer nur mit diesen Dingen befasste Gerichte zu bringen. Dann hätte man Richter, die sich wirklich aus eigener Sachkenntnis mit den Verfahren beschäftigen und entsprechend urteilen könnten. Damit wäre auch die Einheitlichkeit der Rechtsprechung gewahrt. – Leider weiß ich, dass dieses wohl den bestehenden Gesetzen widerspricht. Vermutlich würde auch sofort der Vorwurf erhoben werden, man führe wieder Sondergerichte ein. Aber die Durchführung, wie sie heute praktiziert wird, macht mir sehr erheblichen Kummer. Und den wollte ich einmal bei Ihnen abladen....“

Verzeihen Sie, dass ich hier meinem Prinzip untreu geworden bin und einen Namen genannt habe, aber ich wollte den Brief unmittelbar zu Ihnen sprechen lassen. Lassen Sie mich aber bei diesem Verfahren bleiben. Die Staatsanwaltschaft hatte durch ihre Ermittlungen umfangreiche Erkenntnisse über das Lager Gusen [KZ bei Linz] zusammengetragen. Angeklagt wurde jedoch nur der Schutzhaftführer und ein ehemaliger Kapo, während gegen die übrigen, der Staatsanwaltschaft bekannt gewordenen Beschuldigten je ein neues Verfahren eingeleitet wurde. Für jeden Beschuldigten wurden einige Formblätter mit zum Teil fragmentarischen Protokollabschriften angefertigt. Auf diese Weise entstanden 150 Einzelverfahren, die an die ZSt. nach und nach übersandt wurden. Ich habe die Bearbeitung abgelehnt und die Verfahren über das zuständige Justizministerium an die Staatsanwaltschaft zurückgegeben. Nach einem abschließenden Bericht der Staatsanwaltschaft vom 6.12.1960 wurden nicht nur 150, sondern 236 Einzelverfahren abgetrennt und eingeleitet. Von diesen Verfahren wurden 28 eingestellt, weil die Beschuldigten bereits gestorben waren, acht wurden gemäß § 154 StPO eingestellt, weil die Täter bereits in anderen Verfahren rechtskräftig verurteilt worden waren, drei weil bereits bei anderen Staatsanwaltschaften wegen desselben Sachverhalts Verfahren anhängig waren, zwei weil eine Überführung der Beschuldigten offensichtlich ausgeschlossen war. Neun Fälle wurden an die für den Wohnsitz der einzelnen Beschuldigten zuständige Staatsanwaltschaft abgegeben. Der Rest wurde an eine Staatsanwaltschaft abgegeben mit dem Antrag, die Verfahren miteinander zu verbinden, was dankenswerterweise durch die Staatsanwaltschaft Hamburg geschehen ist.

Eine weitere Erfahrung zur Veranschaulichung der Ausführungen von Prof. Dr. Seraphim: In einem Konzentrationslagerprozess, zu dem der Sachverständige ebenfalls zugezogen worden war, fragte er zu Beginn der Hauptverhandlung den Vorsitzenden, welche Dokumente zur Verfügung stünden. Der Vorsitzende erklärte, dass ein Strafregisterauszug des Angeklagten eingeholt worden sei. Der Sachverständige konnte und wollte diese Auskunft nicht glauben und fragte, ob sich denn das Gericht oder die Staatsanwaltschaft nicht an die ZSt. in Ludwigsburg gewandt habe, um dort Dokumente über das betreffende Konzentrationslager und das spezielle Tatgeschehen anzufordern, worauf ihm erwidert wurde, was denn das für eine Institution sei, man habe noch nie etwas von deren Existenz gehört. So geschehen im Frühjahr 1961 vor einem deutschen Gericht.

Und noch eine weitere Beobachtung: Im Herbst 1960 fand vor einem Schwurgericht die Hauptverhandlung gegen einen Arzt statt, dem u.a. zum Vorwurf gemacht worden war, in einem großen Vernichtungslager sogenannte Selektionen, also Auswahl nach Arbeitsfähigen und Arbeitsunfähigen, vorgenommen zu haben. Diese Selektionen fanden unmittelbar nach Ankunft der Transporte an der Rampe des Lagers statt. Frauen mit Kindern, Kinder, Alte und Gebrechliche wurden aussortiert und anschließend sofort vergast. Ein ausländischer Zeuge, der zu diesem Prozess geladen worden war, berichtete mir in Gegenwart von Herrn GStA Bauer über den Verlauf seiner Vernehmung.

Nachdem er die Frage beantwortet habe, ob der den Angeklagten kenne, sei er aufgefordert worden, darüber auszusagen, was er über dessen Tätigkeit wisse. Er habe erklärt, er habe den Angeklagten mehrfach an der Rampe in Birkenau gesehen. Der Vorsitzende habe ihn darauf mit milder Stimme unterbrochen und ihm erklärt: „Herr Zeuge, es geht hier nicht um Birkenau, sondern um Auschwitz. Also Herr Zeuge, was wissen Sie über Auschwitz und den Angeklagten?" Der Zeuge setzte erneut an: „Ich habe, wie bereits ausgeführt, den Angeklagten mehrfach in Birkenau" – weiter kam er nicht. Dieses Mal unterbrach ihn der Vorsitzende mit gehobener Stimme und erklärte ihm: „Herr Zeuge, ich habe Ihnen bereits erklärt, dass es hier nicht um Birkenau, sondern um Auschwitz geht. Sind Sie der deutschen Sprache nicht mächtig, soll ich vielleicht einen Dolmetscher zuziehen?" Darauf der Zeuge: „Herr Vorsitzender, ich muss aus Ihren Worten schließen, dass Ihnen anscheinend nicht bekannt ist, dass Auschwitz und Birkenau *ein* Lager war und dass der Gleisanschluss für das Hauptlager Auschwitz in dem Nebenlager Birkenau war." Dieser Zeuge brachte Herrn GStA Dr. Bauer und mir gegenüber in zurückhaltender Form zum Ausdruck, ob es denn nicht möglich sei, zur Unterstützung der Schwurgerichte die allgemeinen Verhältnisse vor der Hauptverhandlung zu klären. Überflüssig zu sagen, dass wir gerade über Auschwitz sehr genau Bescheid wissen und eine Fülle von Dokumenten und Filmmaterial hätten anbieten können, wenn sich die Staatsanwaltschaft oder das Schwurgericht an uns gewandt hätten. Vor drei Wochen besuchte mich ein Untersuchungsrichter, dem ein Großverfahren übertragen worden war. Er erklärte mir freimütig, er sei von der Sonderkommission seines Landes darauf hingewiesen worden, dass er sich doch am besten in Ludwigsburg bei der ZSt. der Landesjustizverwaltungen in die Materie einführen lasse. Er habe vorher von der Existenz der ZSt. nicht gewusst.

Sie werden mir vielleicht entgegenhalten, warum wir denn im Verfahren des Konzentrationslagers Gusen nicht koordiniert hätten und uns in den anderen Verfahren nicht vor der Hauptverhandlung mit den betreffenden Staatsanwaltschaften in Verbindung gesetzt hätten. Ich darf dazu erklären, dass das Verfahren gegen Chmielewski nicht seinen Ausgang von der ZSt. genommen hat, dass ich aber trotzdem versucht hatte, wie auch in anderen, ähnlich gelagerten Fällen, eine Koordinierung zu erreichen, dass ich aber an der unterschiedlichen Auslegung des Begriffes des „Sachzusammenhangs" in diesem wie im anderen Falle gescheitert bin. Bei der Frage Nr. 2, warum wir die betreffende Staatsanwaltschaft nicht auf die besonderen Verhältnisse in diesem oder einem anderen Konzentrationslager hingewiesen hätten, muss ich ebenfalls zu meinem Bedauern darauf hinweisen, dass diese Verfahren der ZSt. nicht gemeldet gewesen waren. Gerade diese Erfahrungen haben mich veranlasst, im Dezember 1960 den Landesjustizverwaltungen zu berichten und meine Besorgnis über die Aufsplitterung der Verfahren und deren

Folgen Ausdruck zu geben. Sicherlich ist Ihnen der Bericht in der einen oder anderen Form zugänglich gemacht worden.

Es wäre ungerecht und entspräche nicht den Tatsachen, wollte ich nicht auch die zahlreichen Fälle erwähnen in denen sich Staatsanwaltschaften erfreulich aufgeschlossen zeigen und ganze solche Komplexe sofort übernommen haben oder auf eine entsprechende Anregung der ZSt. hin Einzelverfahren, die bei anderen Staatsanwaltschaften anhängig waren, zu ihrem Tatkomplex übernommen haben. Lassen Sie mich abschließend zu diesem Punkt noch eine Erfahrung berichten: Ein Einsatzkommando war bei der Staatsanwaltschaft A anhängig gemacht worden. Die Ermittlungen wurden vereinbarungsgemäß auf das gesamte Tatgeschehen und sämtliche Beschuldigten ausgedehnt. Der Führer dieses Einsatzkommandos beging nach einiger Zeit in der Untersuchungshaft Selbstmord. Damit entfiel die Zuständigkeit der Staatsanwaltschaft A. In diesem Verfahren war u.a. noch von der Staatsanwaltschaft A ein Teilkommandoführer in Haft genommen worden. Nachdem nun die vorgenannte Staatsanwaltschaft nicht mehr zuständig war, erklärte sich die Staatsanwaltschaft B bereit, einen Beschuldigten zu übernehmen, weil dieser im Bezirk der Staatsanwaltschaft B seinen Wohnsitz hatte und aktiver Beamter gewesen war. Die restlichen Beschuldigten wurden von der Staatsanwaltschaft A durch Entscheid des Herrn GBA der Staatsanwaltschaft C zugewiesen. Ohne Verbindung mit der nunmehr zuständigen Staatsanwaltschaft C ermittelt nun die Staatsanwaltschaft B ein kleines Teilstück aus dem Gesamtgeschehen. Der Beschuldigte wandte ein, es habe sich bei den von ihm geleiteten Massenexekutionen um völkerrechtlich anerkannte Repressalien gehandelt – eine Einwendung, der wir in letzter Zeit häufig begegnen -. Er hatte auch Erfolg, die Strafkammer lehnte die Eröffnung des Hauptverfahrens ab. Daraufhin wandte sich der Sachbearbeiter der Staatsanwaltschaft B fernmündlich an die ZSt. und verlangte, ohne selbst noch im Besitz des ablehnenden Beschlusses der Strafkammer zu sein, wir sollten ihm Hilfestellung bei der Begründung der Beschwerde geben. Ich fragte ihn, wie er sich das vorstelle, wir müssten doch erst die Gründe des Beschlusses der Strafkammer kennen und außerdem, was das Gericht an Beweismitteln, insbesondere an Dokumenten, beigezogen habe. Ich bat ihn, mit den Akten und dem Beschluss der Strafkammer nach Ludwigsburg zu kommen. Nach einigem Hin und Her willigte er ein. Wir mussten feststellen, dass für diesen Fall nicht alle Ereignismeldungen des Chefs der Sicherheitspolizei und des SD beigezogen worden waren, die sich auf dieses Einsatzkommando bezogen haben. Gerade aus diesen Ereignismeldungen aber ergab sich der mit Blut gezeichnete Weg jenes Einsatzkommandos von der Reichsgrenze bis Lemberg. Außerdem waren dem Sachbearbeiter entscheidende Aussagen anderer Angehöriger von Einsatzgruppen- und Kommandos nicht bekannt, aus denen sich eindeutig ergab, dass den Offiziersdienstgraden bei den Einsatzkommandos schon bei ihrem Abrücken von ihren Aufstellungsorten ihre Aufgabe, nämlich die Vernichtung der Juden in den Ostgebieten, bekanntgegeben worden war. An die Staatsanwaltschaft C, die den weiteren Gesamtkomplex aufklärt, war von der Staatsanwaltschaft B ebenfalls nicht herangetreten worden, weshalb die dort gewonnenen Erkenntnisse ebenfalls nicht in das Verfahren der Staatsanwaltschaft B eingeführt worden waren.

Ich habe alle diese Beispiele nicht aufgeführt, um Kritik zu üben, sondern um zu zeigen, wohin es führt, wenn ein Tatgeschehen nicht von ein und derselben Staatsanwaltschaft ermittelt wird. Ich könnte diese Beispiele beliebig fortsetzen, glaube aber, dass die wenigen schon genügen.

Sie werden nun einwenden, dass man einen Tatkomplex, wie den der Einsatzgruppe D, der ja der Staatsanwaltschaft München I übertragen wurde, niemals vor *einem* Schwurgericht verhandeln könne. Diesem Einwand muss ich entgegenhalten, dass ich immer nur betont habe, dass die Ermittlungen zentral geführt werden müssen. Sind die Ermittlungen durchgeführt, dann kann und muss sich die Staatsanwaltschaft überlegen, welche Teilkomplexe abgetrennt und an eine andere Staatsanwaltschaft zur Durchführung der Hauptverhandlung abgegeben werden können. In diesem Stand des Verfahrens ist eine Abtrennung auch ohne weiteres möglich, weil dann die Zusammenhänge des Gesamtgeschehens geklärt sind und wenn die Akten von Anfang an mehrfach angelegt werden, wie dies bei der ZSt. geschieht, und von uns immer wieder bei den Staatsanwaltschaften angeregt wird, bedeutet die Abtrennung auch keine Erschwerung für die nunmehr für das Teilstück zuständig gewordene Staatsanwaltschaft. Ich darf gerade im Falle der Einsatzgruppe D betonen, *dass nicht die ZSt., sondern der BGH diese großzügige Auslegung des Begriffs des Sachzusammenhangs praktiziert hat.*

Es ist m.E. wohl zu überlegen, ob die Ermittlungen, die bei einer Staatsanwaltschaft angelaufen sind, nicht bei dieser Staatsanwaltschaft so lange belassen werden können, selbst wenn sie beispielsweise durch den Tod des Hauptbeschuldigten nicht mehr zuständig ist, bis sich der nunmehr zuständig gewordene Staatsanwaltschaft in die Materie eingearbeitet hat. Dies könnte m.E. ohne weiteres dadurch geschehen, dass die nunmehr zuständige Staatsanwaltschaft ihren Sachbearbeiter für die Dauer der Einarbeitung an die vorher zuständige Staatsanwaltschaft abordnet.

Lassen Sie mich abschließend noch einmal ausdrücklich betonen, dass es mir fernliegt, Kritik an den Staatsanwaltschaften zu üben. Ich fühle mich aber verpflichtet, die Situation wahrheitsgemäß darzustellen, um mich nicht selbst Vorwürfen auszusetzen, die im Falle eines Versagens der Strafjustiz gerade auf diesem Gebiet, uns alle treffen würden.

Die aufgetretenen Schwierigkeiten, die ich darzustellen versucht habe, haben meine Sachbearbeiter und mich veranlasst, folgende Fragen herauszuarbeiten und zur Diskussion zu stellen:

1. Wäre es nicht zweckmäßig, sämtliche NS-Gewaltverbrechen durch eine für einen OLG-Bezirk oder mehrere OLG-Bezirke besonders gebildete Abteilung der

Staatsanwaltschaft ermitteln zu lassen, wie dies z.B. in Hessen, neuerdings im OLG-Bezirk München und Stuttgart geschieht?

Sollten sich nicht die Sachbearbeiter von NS-Gewaltverbrechen oder die Abteilungsleiter wenigstens zweimal im Jahr zu einem Erfahrungs- und Gedankenaustausch, also einer echten Arbeitstagung treffen?

2. Sollte nicht eine Regelung getroffen werden, wonach eine Staatsanwaltschaft, welche die Ermittlungen geführt, dann aber im Laufe des Verfahrens unzuständig geworden ist, in die Ermittlungen dergestalt eingeschaltet bleibt, dass ein Sachbearbeiter der neu zuständig gewordenen Staatsanwaltschaft in engster räumlicher Zusammenarbeit mit der ersten Staatsanwaltschaft die Ermittlungen so lange weiterführt, bis er selbst mit der Materie vertraut ist?
3. Sollte nicht die Staatsanwaltschaft die Ermittlungen bis zum Zeitpunkt der Anklagereife selbst führen und erst dann in die Voruntersuchung gehen, wenn der Sachverhalt tatsächlich geklärt ist?
4. Kann nicht eine Einigung darüber erzielt werden, dass der Begriff des Sachzusammenhangs im Sinne des BGH auch von den Staatsanwaltschaften übernommen wird?

Die Diskussion leitete *GStA Dr. Bauer* mit einem Dank an GStA Nellmann und OStA Schüle für die von der ZSt. geleistete Arbeit ein. Anschließend forderte er, die ZSt. personell und sachlich weiter auszubauen. In seinen weiteren Ausführungen betonte er: Durch Übersendung von Akten aus dem Eichmann-Prozess stehe ihm neben der bereits vorhandenen Zusammenstellung von Archivmaterial zusätzliches Material aus der ganzen Welt, insbesondere auch Bildmaterial, für die Durchführung von Verfahren zur Verfügung. Er habe nunmehr Zusammenstellungen über Rechtsfragen zur Repressalie, zum Handeln auf Befehl, zu § 47 Abs. 2 MiStGB [v. 1940, RGBl. I 1348], deren Benutzung und Auswertung er anbiete. *Dr. Bauer* wies auf die Schwierigkeiten hin, die sich daraus ergeben hätten, dass die Interpol ihre Mitarbeit in vielen Fällen mit der Begründung verweigert habe, die Taten seien als politische zu werten. Er schlug deshalb vor, bei dem Bundesinnenministerium anzuregen, auf die Änderung der Satzungen der Interpol hinzuwirken.

GStA Biermann warnte davor, allgemeine Beschlüsse zu fassen, und führte dazu aus: Es sei zu vermeiden, in die Aufgaben der Justizverwaltungen einzugreifen. – Bei der Bearbeitung der Einzelfälle sollte nicht nur das Material der ZSt., sondern auch das anderer Behörden benutzt werden. Dazu sei es zweckmäßig, die politischen Sachbearbeiter zusammentreffen und ihre Erfahrungen austauschen zu lassen.

GStA Dr. Hechtel beklagte, dass es nicht möglich sei, mit den vorhandenen Kräften große Fälle zu erledigen. Auch die Ausführungen von *GStA Dr. Adams* zeigten die Schwierigkeiten auf, die durch das Fehlen des erforderlichen Personals entstanden sind.

Eine Unterkommission, bestehend aus den *GStA Dr. Bauer, Biermann* und *Buchholz,* arbeitete die nachstehende Entschließung aus, die allseitig gebilligt wurde:

I. Bei dem Erfahrungsaustausch über die Arbeit und die Ergebnisse der ZSt. ergab sich Einigkeit über folgende Punkte:

1. Die strafrechtlichen Ermittlungen und Aburteilungen der nationalsozialistischen Verbrechen stellen eine vordringliche Aufgabe der deutschen Strafrechtspflege dar. Ihre beschleunigte und erschöpfende Erledigung ist geboten.
2. Voraussetzung hierfür ist, dass der ZSt., den Staatsanwaltschaften, Schwurgerichten und polizeilichen Sonderkommissionen hinreichende und qualifizierte Kräfte zur Bewältigung dieser – für Staatsanwaltschaften und Gerichte – zusätzlichen Arbeit zur Verfügung stehen.
3. Tatkomplexe sollen hierbei nicht in Einzelverfahren aufgespalten werden, der Begriff des Sachzusammenhangs ist in Übereinstimmung mit der Auffassung des BGH weit auszulegen. Die ZSt. soll bei abweichender Auffassung eines OStA mit dem zuständigen GStA Fühlung nehmen.
4. In jedem Ermittlungsverfahren soll der OStA die ZSt. von der Einleitung und den Ergebnissen des Verfahrens in Kenntnis setzen und laufend von ihren dokumentarischen Unterlagen und ihren Erfahrungen Gebrauch machen. Die ZSt. kann die Sachbearbeiter der Staatsanwaltschaften in gleich- oder ähnlich gelagerten Fällen zu einem Erfahrungsaustausch einladen.
5. Die GStA sollen, soweit ein Bedürfnis und die Möglichkeit hierzu bestehen, einen geeigneten Staatsanwalt mit der Leitung aller einschlägigen Verfahren beauftragen.
6. Wird eine Staatsanwaltschaft im Lauf der Ermittlungen unzuständig, ist eine Zusammenarbeit der seither und nunmehr zuständigen Staatsanwaltschaft in geeigneter Weise – evtl. unter Einschaltung der GStA – zu gewährleisten.

II. Der Herr Generalbundesanwalt wird gebeten, bei dem Herrn Bundesinnenminister anzuregen, eine Änderung der Praxis der Interpol dahin anzustreben, dass eine Fahndung nach solchen Personen nicht länger ausgeschlossen ist, die eines Verbrechens des Völkermords verdächtig sind.

5. *Erfahrungen bei der Bearbeitung der Ermittlungsverfahren gegen Richter und Staatsanwälte wegen ihrer Beteiligung an Todesurteilen während der nationalsozialistischen Zeit*

Referent: GStA *Buchholz.* Der Referent trug vor: In *Hamburg* seien 25 Todesurteile überprüft worden. Von diesen hätten sich acht als objektiv rechtswidrig erwiesen, während die übrigen 17 objektiv noch im Rahmen des juristisch Vertretbaren lägen, also rechtmäßig seien. Bei fünf weiteren Todesurteilen sei die Nachprüfung noch nicht abgeschlossen, es sei aber wohl anzunehmen, dass auch diese Verfahren eingestellt werden würden. Die acht rechtswidrigen Todesurteile seien nicht nur wegen Verletzung allgemeiner rechtsstaatlicher Grundsätze als rechtswidrig anzusehen, und zwar auch wenn man sie vom Standpunkt des nationalsozialistischen Strafprozessrechts her beurteile.

Bezüglich des Ablaufs der Verfahren führte der Referent aus: Bisher habe keiner der beschuldigten Richter Angaben über die Urteilsberatung und Abstimmung gemacht. Sie hätten das damit begründet, dass sie sich nach wie vor an das Beratungsgeheimnis gebunden fühlten. Bei dieser Sachlage sei eine Klärung der Schuldfrage von vornherein unmöglich gewesen. Auch in den Fällen der acht objektiv rechtswidrigen Todesurteile hätten daher die Verfahren – wenn auch nur mangels Beweises – eingestellt werden müssen.

Einige der beschuldigten Richter hätten Einstellung mangels Tatverdachts verlangt, weil ihnen nach ihrer Persönlichkeit und ihrem sonstigen einwandfreien Verhalten der Vorsatz der Rechtsbeugung nicht zuzutrauen sei, so dass selbst für den Fall der objektiven Rechtswidrigkeit des Todesurteils diese höchstens auf einem gutgläubigen richterlichen Irrtum beruhen könne. Einige Richter hätten mit diesem Argument sogar den Gegenvorwurf der Verleumdung und falschen Anschuldigung verbunden. Die Staatsanwaltschaft habe diesen Punkt daraufhin einer besonders eingehenden Untersuchung unterzogen mit dem Ergebnis, dass im Falle eines objektiv rechtswidrigen Todesurteils aus der NS-Zeit trotz der Besonderheit der damaligen Verhältnisse gegen die beteiligten Richter durchaus der Verdacht einer wissentlichen Rechtsbeugung begründet sein könne. Das erhelle aus einer großen Zahl von General-, Sammel- und sonstigen Akten, die in Hamburg erhalten geblieben seien. Dabei handle es sich u.a. um die Protokolle über die sog. „Richter—Vor- und-Nachschau-Besprechungen", die der nationalsozialistischen Lenkung der Justiz gedient hätten, sowie um die demselben Zweck dienenden „Richterbriefe" und laufenden Beanstandungen freisprechender oder „zu milder" Urteile in politisch bedeutsamen Strafsachen durch das Reichsjustizministerium, aber auch um sonstige Angelegenheiten (Frage des Armenrechts für Juden), die Beweis dafür erbrächten, wie weit der „Geist der Zeit" die Justiz damals beherrscht habe. Als Beispiel hierfür übergab er Abdruck der Einstellungsverfügung gegen Herr u.A. wegen der Verurteilung des Arbeiters Max Schlichting vom 16.1.1945 (OStA Hamburg 141 Js. 618/60), in der Material über die Richterbeeinflussung zusammengestellt ist.

GStA *Buchholz* stellte weiter fest: Aufgrund der Erfahrungen bedeute § 336 StGB [Rechtsbeugung] praktisch nicht viel mehr als eine Verzierung des Strafgesetzbuchs. Eine Rechtsbeugung sei so gut wie nie nachzuweisen, es sei denn in dem utopischen Fall, dass der beschuldigte Richter das Geständnis ablege, er habe wissentlich das Recht gebeugt. Angesichts der freien richterlichen Beweiswürdigung werde in subjektiver Hinsicht kaum jemals der sichere Nachweis zu führen sein, dass der Richter dieses oder jenes gegen seine subjektive Überzeugung als erwiesen oder als nicht erwiesen oder aber die von ihm ausgesprochene richterliche Beurteilung als einen Widerspruch zum Gesetzesinhalt angesehen habe. Ein unübersteigbares Hindernis sei fast immer das Beratungsgeheimnis (Fälle, die vom Einzelrichter verhandelt worden seien, können in diesem Rahmen außer Betracht bleiben). Selbst wenn aber ein Richter eines Kollegialgerichts durch frühere Kollegen unter Aufgabe des Beratungsgeheimnisses belastet werden sollte, stände seiner Verurteilung regelmäßig die Möglichkeit entgegen, dass die Kollegen zum eigenen Schutz die Verantwortung für das Urteil wahrheitswidrig auf den belasteten Richter abwälzen wollten.

In technischer Hinsicht sei hervorzuheben: Die Richter hätten es regelmäßig abgelehnt, vor dem Staatsanwalt auszusagen; sie hätten deshalb richterlich vernommen werden müssen. Dadurch sei das Verfahren nicht nur schwerfällig geworden, vielmehr oft auch eine sachdienliche Einlassung zu den entscheidenden Fragen unterblieben, auf die es dem Staatsanwalt ankam, die er aber dem Vernehmungsrichter nicht alle habe vorschreiben können. Andererseits sei es regelmäßig nicht tunlich erschienen, die richterliche Voruntersuchung zu beantragen, weil sie bereits die Erhebung der Klage bedeutet hätte und hierfür aus den angeführten Gründen nicht genug über die Beteiligung der einzelnen Beschuldigten bekannt gewesen sei.

An das Referat schloss sich eine lebhafte Aussprache an.

GStA *Dr. Bauer* führte aus: In *Hessen* seien etwa 150 Verfahren eingeleitet worden. Bei ihm habe sich keiner der Richter auf das Beratungsgeheimnis berufen, alle hätten sich vielmehr zu ihren Urteilen bekannt. In Hessen seien drei Gruppen gebildet worden. In der ersten seien diejenigen Richter zusammengefasst worden, die objektiv einen Totschlag begangen hätten (Verurteilung zum Tode aufgrund der PolenstrafrechtsVO, der VO betreffend Autofallentäter und des Volksschädlingsgesetzes). Diese Verfahren seien – wenn auch mit scharfer Formulierung – eingestellt worden. In der zweiten Gruppe seien die Verfahren gegen Richter und Staatsanwälte behandelt worden, in denen exzessive Strafen verhängt worden seien (Todesstrafe, wo sie ohne Sinn und Zweck gewählt worden sei). In der letzten Gruppe seien solche Verfahren zusammengefasst worden, in denen Todesurteile aufgrund Verletzungen des Prozessrechts ausgesprochen worden seien. Unter diese Gruppe fallen insbesondere Kriegsgerichtsurteile (Beispiel: Verurteilung eines Offiziers zum Tode wegen Räumung seiner Frontstellung, obwohl er sich dahin eingelassen habe, er hätte die Stellung auf Befehl seines Regimentskommandeurs geräumt. Das Urteil war seinerzeit nicht bestätigt worden. In der erneuten Verhandlung hätte der als Zeuge vernommene Kommandeur die Einlassung des Angeklagten voll bestätigt). In all diesen Fällen läge objektiv Totschlag oder versuchter Totschlag vor, subjektiv sei er dagegen regelmäßig nicht nachzuweisen. *Dr. Bauer* wies auf ein Dokument aus dem Jahre 1939 hin, welches den Kriegsgerichten aufgegeben hätte, die Urteile vorzulegen, die keine Todesstrafe ausgesprochen hätten. Außerdem waren Richtlinien darin enthalten, wonach die Kriegsgerichte mit Fällen überhäuft werden sollten, um zu beweisen, dass sie nicht in der Lage seien, ihre Aufgabe zu erfüllen (Brief von Thierack an Martin Bormann).

GStA *Mützelburg* erklärte: In *Niedersachsen* seien 53 Verfahren eingeleitet worden. Auf das Beratungsgeheimnis hätten sich die Richter regelmäßig nicht berufen. Von den Verfahren seien sechs sofort eingestellt worden, die anderen nach Abschluss umfangreicher

Ermittlungen. Lediglich in vier Fällen sei die Voruntersuchung beantragt worden. In einem dieser Fälle habe das Gericht den Angeschuldigten außer Verfolgung gesetzt. Die übrigen Fälle seien noch nicht entschieden. In dem bisher einzigen Fall, in dem Anklage erhoben worden sei, stehe die Eröffnung des Hauptverfahrens noch aus. Im Übrigen seien in Niedersachsen die gleichen Schwierigkeiten aufgetreten wie in Hamburg. Wie in Hessen würde nach Fallgruppen unterschieden. GStA *Mützelburg* stellte dann die Frage, ob noch Verfahren wegen Totschlags eingeleitet werden dürften, nachdem dieser verjährt sei.

GStA *Dr. Adams* brachte vor: Im *Saargebiet* seien 140 Todesurteile überprüft worden. Bei anderen Staatsanwaltschaften liefen gegen dieselben Richter korrespondierende Verfahren. Dabei habe er festgestellt, dass in zahlreichen Fällen dort die objektive Rechtswidrigkeit verneint worden sei, während er sie bejahen wolle. Die Verneinung wäre regelmäßig damit begründet worden, dass die Urteile noch in etwa als rechtsstaatsgemäß angesehen werden könnten.

GStA *Nellmann* erklärte: Er habe in sechs oder acht Fällen Voruntersuchung beantragt, davon in einem Falle gegen einen Richter, der allein 140 oder 160 Todesurteile gefällt habe. In seinem Bereich sei eine gleiche Aufteilung wie in Hessen vorgenommen worden. Die PolenstrafrechtsVO sähe er als rechtsstaatswidrig an. In den Verfahren hätten sich die Beschuldigten zum Teil auf das Beratungsgeheimnis berufen, zum Teil darauf hingewiesen, dass sie sich nicht mehr daran erinnern könnten, wie sie gestimmt hätten. Wahrscheinlich werde kein Strafverfahren zur Verurteilung führen, es sei jedoch eine Kommission aus den Oberlandesgerichtspräsidenten von Karlsruhe und Stuttgart sowie dem Landgerichtspräsidenten von Stuttgart gebildet worden, die alle Fälle unter disziplinarischen Gesichtspunkten erörtern und anschließend dem Justizministerium mit einer Stellungnahme vorlegen würde. In einem Falle hätte sich der betroffene Richter pensionieren lassen.

GStA *Dr. Bauer* fragte, ob sich Anhaltspunkte ergeben hätten, dass Richter Todesurteile gefällt hätten, um u.k. gestellt zu werden. Das wurde allgemein verneint. GStA *Woll* betonte, dass die Kommission in Baden-Württemberg in keinem Falle zu einem solchen Ergebnis gekommen sei.

GStA *Nellmann* bemerkte: Zwar hätten schon die Franzosen verhindert, dass ein Richter, der Todesurteile gefällt habe, wieder in den Justizdienst übernommen worden sei. Dennoch würden auch in seinem Bereich noch einige Richter ausscheiden. GStA *Dr. Dünnebier* erklärte: In Bremen sei in einem Falle ein Richter, der an mehreren Todesurteilen beteiligt war, gebeten worden, in den Ruhestand zu treten; dieser Bitte habe er entsprochen.

GStA *Mützelburg* stellte die Frage, ob auch Verfahren wegen Mordes eingeleitet worden seien. GStA *Dr. Nehm* erklärte, in Schleswig-Holstein werde die Frage in jedem Einzelfall geprüft; Mord sei jedoch noch nicht bejaht worden. Generalbundesanwalt *Dr. Güde* wies darauf hin, dass der 2. Senat des Bundesgerichtshofs im Falle eines Urteils des Volksgerichtshofs Mord angenommen habe.

GStA *Woll* warf sodann die Frage auf: Sollten Anzeigeerstatter, die Angehörige des VVN (Verfolgte des Naziregimes), des sozialistischen Studentenbundes usw. seien, von der Einstellung des Verfahrens Nachricht erhalten? Er habe das bisher abgelehnt, jedoch habe jetzt ein Anzeigeerstatter angefragt, ob eine die Verjährung unterbrechende Maßnahme vorgenommen worden sei. Dabei habe er festgestellt, dass die Unterschrift dieses Schreibens nicht mit der Schrift des Textes übereinstimme. GStA *Mützelburg* erklärte, er habe den Anzeigeerstattern Nachricht gegeben, es seien dieselben gewesen, die auch in anderen Ländern die Verfahren in Gang gebracht hätten. Auch die Generalstaatsanwälte *Nellmann, Dr. Bauer* und *Dr. Münn* betonten, dass sie regelmäßig Einstellungsbescheide erteilt hätten. GStA *Dr. Dünnebier* führte aus: Jeder Anzeigeerstatter – auch der nicht durch die Straftat verletzte – erhalte Einstellungsbescheid. In Verfahren, die von Amts wegen aufgenommen worden seien, werde der Verletzte ebenfalls beschieden. Bei Anfragen nicht Verletzter, ob ein Strafverfahren eingeleitet, Anklage erhoben sei und Ähnliches, sei zu prüfen, ob aus Gründen der Höflichkeit Auskunft zu geben sei. GStA *Dr. Adams* lehnte es ab, Anfragen zu beantworten, die von einem anderen als dem Verletzten *nach* Abschluss des Verfahrens eingingen.

6. *Versagen der gerichtlichen Voruntersuchung*

Referent: GStA Buchholz. Anstelle des Referats fand auf Wunsch des Referenten ein Erfahrungsaustausch statt, der sich insbesondere mit der Auswahl der Untersuchungsrichter und der Möglichkeit einer Einflussnahme durch die Staatsanwaltschaft befasste.

GStA Dr. Dünnebier schilderte die Bremer Handhabung, wonach routinemäßig ein Richter bestimmt werde, ohne dass kriminalistische Belange besondere Berücksichtigung fänden. Er wies weiter auf eine AV in Nordrhein-Westfalen hin, wonach vor Ernennung eines Untersuchungsrichters der OLG-Präs. und GStA gehört werden müssen. *GStA Mützelburg* berichtete, dass in Niedersachsen eine gleichlautende Anordnung wie in Nordrhein-Westfalen bestehe. Danach ernennt der Justizminister den Untersuchungsrichter auf Vorschlag des OLG-Präs., der eine Stellungnahme des GStA beifügt. Auf Wunsch der Teilnehmer erklärten sich *GStA Mützelburg* und *GStA Dr. Haas* bereit, die Verfügungen allen GStA zu übersenden.

GStA Nellmann führte das Versagen ebenfalls in erster Linie auf falsche personelle Maßnahmen zurück. Er vertrat den Standpunkt, dass dem GStA die Möglichkeit eingeräumt werden müsse, völlig ungeeignete Richter ausschließen zu lassen. *GStA Woll* stellte die Frage: Soll man überhaupt den Einfluss geltend machen, einen guten Kriminalisten als Untersuchungsrichter zu bekommen? Er verneinte sie, weil das Institut des Untersuchungsrichters an sich zu schwerfällig sei; deshalb lasse er möglichst lange selbst ermitteln und gebe die Sache regelmäßig erst in die Voruntersuchung, wenn sie praktisch anklagereif sei.

Die Versammlung hielt es aufgrund der Diskussion für zweckmäßig, der Staatsanwaltschaft zumindest ein Einspruchsrecht einzuräumen, welches ausschließe, dass ungeeignete Richter als Untersuchungsrichter eingesetzt würden.

7. *Art und Weise des Strafvollzugs an politischen Überzeugungstätern.*

Referent: GStA Mützelburg. Der *Referent* hielt das als *Anlage D* beigefügte Referat: Nicht alle GStA leiten, wie ich weiß, auch eine höhere Justizvollzugsbehörde. Das Problem geht aber auch die Vollstreckungsbehörden an, deswegen dürfte es auch die Kollegen, die keine Justizvollzugsanstalten zu beaufsichtigen haben, interessieren.

Die bislang in unseren Vollzugsanstalten Strafen wegen Staatsgefährdung, Hochverrats, Landesverrats und Organisationsverbrechen verbüßenden Gefangenen kommen fast ausschließlich aus dem kommunistischen Gedankenkreis. Sie als Überzeugungstäter zu qualifizieren, wird kaum Bedenken begegnen. Sie halten sich durchweg selbst dafür und lehnen es ab, als kriminelle Täter betrachtet zu werden.

Zwei Ansichten über die Art und Weise des Strafvollzugs an diesen Gefangenen stehen sich gegenüber. Während die einen meinen, man müsse diese Gefangenen unbedingt und streng von den übrigen Gefangenen in der Vollzugsanstalt trennen, halten andere dies für grundfalsch und gefährlich, weil die aus ihrer politischen Überzeugung Verurteilten die Zeit der Strafverbüßung nutzten, sich in ihrer staatsgefährdenden Überzeugung zu festigen und für die Zeit nach Strafverbüßung in der politischen Wühlarbeit zu schulen.

Zahlenmäßig fallen die sog. politischen Gefangenen kaum ins Gewicht. Sie gehören meist zu den Erstbestraften und treffen sich aus diesem Grunde in einer für Erstbestrafte zuständigen Anstalt, in der sie eine kleine Gruppe von zehn bis zwanzig Mann bilden.

Im strengen Anfangsvollzug nach Nr. 155 VStrVollzO treten keine Schwierigkeiten auf. Die politischen Gefangenen leben in diesen ersten drei Monaten in strenger Einzelhaft, müssen Zellenarbeit verrichten, werden während der Freizeit völlig isoliert und kommen daher weder mit nichtpolitischen noch mit politischen Gefangenen zusammen.

Nach diesem Anfangsvollzug müssen aber auch die politischen Gefangenen aus der Isolierung herausgenommen werden, weil ich für eine weitere strenge Einzelhaft keine rechtliche Handhabe sehe. Die Gefangenen könnten sich alsbald auf den Gleichheitsgrundsatz berufen, weil sie zweifelsohne schlechter behandelt würden als die übrigen Gefangenen, wenn sie ihre Strafe in Einzelhaft verbüßen müssten.

Nach Herausnahme aus dem Anfangsvollzug bieten sich für die Unterbringung der politischen Gefangenen drei Möglichkeiten an:

a) Der politische Gefangene wird in einer Einzelzelle untergebracht. Während der Nachtzeit ist er allein, bei den Freizeitveranstaltungen, zumindest aber bei der Arbeit, trifft er politische Gefangene mit anderen nichtpolitischen Gefangenen.

b) Einzelne politische Gefangene werden mit nichtpolitischen Gefangenen zusammen untergebracht. Die politischen Gefangenen kommen bei der Arbeit und bei möglicher Freizeitveranstaltung mit den nichtpolitischen Gefangenen in Berührung oder
c) die politischen Gefangenen werden mit anderen politischen Gefangenen in einer Gemeinschaftszelle untergebracht. Sie werden bei der Arbeit und bei den Freizeitveranstaltungen von den übrigen, nichtpolitischen Gefangenen streng gesondert gehalten.

Die erste Möglichkeit ist in früheren Jahren erprobt worden. Bei dieser Haftform haben die politischen Strafgefangenen immer wieder versucht, Einfluss auf die übrigen Gefangenen auszuüben. Dieser Einfluss wirkt sich bei den kriminell stark belasteten Gefangenen besonders bedenklich aus, und zwar nicht einmal in der Form einer erkennbaren politischen Verhetzung, sondern in der Weise, dass diese Gefangenen für ihre rein kriminellen Taten die bestehenden westdeutschen „kapitalistischen Verhältnisse glaubten verantwortlich machen zu können. Dadurch wurde jegliche Bereitschaft zur Einsicht in die eigene Schuld und infolgedessen auch allen Resozialisierungsversuchen der Vollzugsanstalt an diesen Gefangenen der Boden entzogen.

Die Gemeinschaftshaft der politischen Gefangenen mit nichtpolitischen Gefangenen lässt nach den bisher gewonnenen Erfahrungen befürchten, dass der Einfluss der politischen Gefangenen in noch stärkerem Umfange auftreten kann.

Um diesen unerwünschten Auswirkungen vorzubeugen, habe ich mich entschlossen, in dem mir nachgeordneten Strafgefängnis Wolfenbüttel, das für den Erstvollzug zuständig ist, die politischen Strafgefangenen streng von den nichtpolitischen Gefangenen zu isolieren. Da eine Verwahrung in strenger Einzelhaft über den Anfangsvollzug hinaus nicht zulässig sein dürfte, bleibt keine andere Wahl als die, die politischen Gefangenen in Gemeinschaftshaft mit anderen politischen Gefangenen zusammenzulegen. Das heißt, alle in der Anstalt Strafe verbüßenden Überzeugungstäter leben in einer großen Gemeinschaftszelle zusammen. Der Raum teilt sich in Aufenthalts- und Schlafraum. Die Gefangenen arbeiten tagsüber im Aufenthaltsraum. Sie können deswegen nur mit Zellenarbeit beschäftigt werden. An Gemeinschaftsveranstaltungen, mit Ausnahme des Gottesdienstes, der aber kaum besucht wird, nehmen sie nicht teil. Sie können aber in der Gemeinschaftszelle Rundfunk hören. Über die einzelnen Sendungen entscheidet der Abteilungsleiter. Auch Tageszeitungen, natürlich nur solche, die in der Bundesrepublik erscheinen, stehen ihnen zur Verfügung. Am Einkauf nehmen die Gefangenen im Rahmen der Vorschriften teil. Sie können bei fühlbarem Zurückbleiben ihrer Arbeitsbelohnung auf persönliche Guthaben zurückgreifen, um sie nicht schlechter zu stellen als die Gefangenen, die in den Arbeitsbetrieben höhere Arbeitsbelohnungen erzielen.

Bevor ich mich zu dieser Maßnahme entschlossen habe, habe ich geprüft, ob bei einer solchen Unterbringung in Gemeinschaftshaft mit einer Verfestigung des kommunistischen Gedankenguts gerechnet werden muss. Gewiss lässt sich bei der Gemeinschaftshaft der politischen Strafgefangenen eine gegenseitige politische Beeinflussung und Vertiefung kommunistischer Weltanschauung nicht ausschließen. Jedoch erweist sich dies bei der nur so möglichen Trennung von den übrigen Gefangenen nach den im Strafgefängnis Wolfenbüttel unter Abwägung aller Gesichtspunkte gewonnenen Erfahrungen als das geringere Übel. Ich habe bei meiner Entscheidung das Interesse des Gesamtvollzuges in den Vordergrund gestellt. Maßgeblich hat mich dabei folgender Gedanke geleitet: Im Allgemeinen verbüßen nur kommunistische Funktionäre mit ausgeprägter Willensbildung längere Gefängnisstrafen. Es dürfte wirklichkeitsfremd sein anzunehmen, man könne diese Verurteilten durch eine bestimmte Form des Strafvollzugs in ihrer politischen Gesinnung ändern. Sie werden auch in ihren Ideen nicht schwankend werden, wenn sie nicht bei ihren Ideengängern Rückhalt finden. Ich sehe deswegen in der möglichen gegenseitigen Schulung und Festigung keine so erhebliche Gefahr, dass es sich rechtfertigte, eine kommunistische Zellenbildung unter den übrigen Gefangenen in Kauf zu nehmen.

Gewiss gibt es auch unter den wegen politischer Straftaten verurteilten Gefangenen solche, die sich vor ihrer Verurteilung, vielleicht auch noch während des Strafvollzuges, entschließen, ihre bis dahin vertretene politische Überzeugung aufzugeben. Sie bitten vielfach selbst darum, nicht mit ihren früheren Gesinnungsgenossen zusammenleben zu müssen. In diesen Fällen, die der Anstalt durch das Urteil, durch die Vollstreckungsbehörden oder aus eigener Erfahrung bekannt werden, bleibt der Gefangene von der geschilderten Vollzugsart ausgenommen.

Die Art des Strafvollzuges an politischen Gefangenen hat sich seit fünf Jahren bewährt. Sie hat auch die Zustimmung meines Ministers und des Herrn Generalbundesanwalts gefunden. Eine Kommission des Internationalen Roten Kreuzes, die im Jahre 1957 Vollzugsanstalten der Bundesrepublik und der sowjetisch besetzten Zone, in denen politische Gefangene verwahrt wurden, besichtigte, hat die im Strafgefängnis Wolfenbüttel durchgeführten Vollzugsmaßnahmen an den politischen Überzeugungstätern begrüßt und für besonders wünschenswert erklärt. Das Internationale Rote Kreuz hat dies in Schreiben an den Herrn Bundesminister der Justiz und den niedersächsischen Minister der Justiz zum Ausdruck gebracht.

Solange es keine besonderen Anstalten für Überzeugungstäter gibt, und dafür besteht selbst auf Bundesebene dank der geringen Zahl politischer Gefangener gottlob kein Bedürfnis, halte ich die hier skizzierte Art und Weise des Strafvollzuges an politischen Überzeugungstätern für die richtige Methode, schlimmeren Übeln, die ich in dem gefährlichen Einfluss auf die Mitgefangenen sehe, zu entgehen. Dabei nehme ich bewusst eine gewisse gegenseitige Festigung im kommunistischen Gedankengut und eine gegenseitige Schulung der Gefangen in Kauf.

GStA Dr. Dünnebier gab zunächst folgenden Hinweis: Das gleiche Thema sei bereits Gegenstand der 27. JMK in Berlin im Jahre 1957 gewesen. Damals sei die Auffassung vertreten worden, das Problem der strafrechtlichen Behandlung der Überzeugungstäter könne nur im Wege der Gesetzgebung gelöst werden. Für den damaligen Zeitpunkt habe die Konferenz keine gesetzliche Handhabe gesehen, Überzeugungstäter im Vollzug besonders zu behandeln. Insbesondere könne gegen eine Sonderbehandlung der Grundsatz der Gleichbehandlung der Strafgefangenen sprechen.

GStA Mork hielt eine Zusammenlegung von politischen Überzeugungstätern und Tätern nach § 100 e StGB schon deshalb für untunlich, weil beide verschiedene Typen verkörpern. Auch *GStA Dr. Bauer* vertrat den Standpunkt, dass Täter nach § 100 e StGB nicht zu den Überzeugungstätern zählten. Im Übrigen, meinte er, habe Sonderbehandlung nur dann einen Sinn, wenn man sich gleichzeitig bemühe, auf die Täter weltanschaulich-politisch einzuwirken. Dazu erklärte *GStA Mützelburg:* Auch er zähle Gefangene, die nach § 100 e StGB verurteilt worden seien, nicht zu den Überzeugungstätern; ihre Beweggründe lägen regelmäßig nicht auf politischem Gebiet. Im Strafgefängnis Wolfenbüttel würden als Überzeugungstäter die vom BGH oder den besonderen Strafkammern nach § 74 a StPO wegen Organisationsvergehen Verurteilten angesehen. Dabei handle es sich zumeist nicht mehr um jugendliche Täter, sondern regelmäßig um erfahrene Männer, die weltanschaulich kaum noch beeinflusst werden könnten.

BA Dr. Wagner führte aus: Die Innenminister hätten auf ihrer letzten Konferenz die Frage der Schulung jugendlicher Strafgefangener erörtert, und durch das BMI Anfrage an den GBA gerichtet, ob eine entsprechende Schulung auch für Erwachsene Erfolg verspreche. Seiner Ansicht nach sei jedoch eine Umschulung kaum zu erreichen. Dem hielt *GStA Dr. Bauer* entgegen: Er habe im Gespräch mit jugendlichen Strafgefangenen den Eindruck erlangt, dass es gelingen könne, sie von der falschen Auffassung ihrer Idee zu überzeugen. Selbstverständlich sei eine bestimmte Zeit erforderlich, das Problem außerdem in der Hauptsache pädagogisch zu lösen. Im Übrigen glaube er, dass ein Versuch lohnenswert sei.

Die Frage von *GBA Dr. Güde,* wie solche Täter behandelt werden sollten, die als Überzeugungstäter gelten, aber ihre Ansicht von sich aus aufgeben wollen, beantwortete *GStA Mützelburg* dahin, dass diese aus dem Kreise der im Vollzug besonders behandelten Täter herausgenommen würden.

Im Anschluss an die Diskussion wurde folgende *Entschließung* gefasst: Die vom Referenten geschilderte Vollzugspraxis, wegen Staatsgefährdung verurteilte politische Funktionäre von den mitgefangenen Strafgefangenen zu trennen, erscheint als ein geeignetes Mittel, der Gefahr eines zersetzenden Einflusses dieser zahlenmäßig kleinen Gefangenengruppe vorzubeugen. Dabei wird zunächst die gegenseitige politische Schulung und Festigung im eigenen Gedankengut der Funktionäre in Kauf genommen, aber versucht werden müssen, sie durch politisch fundierte Gespräche mit dafür geeigneten Kräften des öffentlichen Lebens mit den Wertvorstellungen unseres sozialen Rechtsstaats vertraut zu machen.

8. *Das ehrengerichtliche Verfahren nach der Bundesrechtsanwaltsordnung. Referent: BA Dr. Wagner.*

Der Referent hielt das als *Anlage E* beigefügte Referat [weggelassen].

Im Anschluss daran entspann sich eine lebhafte Diskussion, insbesondere zur Frage der Verjährung und über das Verfahren nach vorangegangener Rüge. In dieser führte *GStA Dr. Haas* aus: Es sei zu bemängeln, dass die BRAO weder eine Unterbrechung noch eine Hemmung der Verjährung vorsehe. Demzufolge gehe das Bestreben der Beschuldigten häufig dahin, das Verfahren in die Länge zu ziehen, um möglichst fünf Jahre zu erreichen. Das Gericht könne dann nur prüfen, ob seit der Tat fünf Jahre vergangen seien. *GStA Woll* hielt es für untragbar, dass ein Beschuldigter selbst nach dem ersten Erkenntnis eines Ehrengerichts durch Einlegen eines Rechtsmittels den Ablauf der Verjährungsfrist und dadurch die Einstellung des Verfahrens erreichen könne; es müsse doch zumindest durch das erste Erkenntnis eine Unterbrechung herbeigeführt werden. Dem hielt *GStA Dr. Haas* entgegen, eine ihm bekannt gewordene Entscheidung eines Ehrengerichtshofes (Nds. Ehrengerichtshof für Rechtsanwälte in Celle – EGH 4/59 -) sage klar, dass es allein auf die Rechtskraft ankomme. Zu der von *GStA Ahmann* erhobenen Forderung, zumindest Hemmungsvorschriften zu schaffen, berichtete *GStA Mützelburg*, dass im BJM bereits Änderungsvorschläge erörtert würden.

GStA Ahmann ging dann auf das Verfahren nach vorangegangener Rüge ein. Er fragte: Was hat zu geschehen, wenn ein Rechtsanwalt nach erfolglosem Einspruch gegen die Rüge die ehrengerichtliche Voruntersuchung gegen sich selbst beantragt? Wie ist insbesondere zu entscheiden, wenn das Ehrengericht zu dem Ergebnis kommt, es liege nur eine Pflichtverletzung vor, jedoch sei diese so gering, dass sie mit einer Rüge geahndet werden könne? Hat das Gericht freizusprechen, zu einer Warnung zu verurteilen oder muss es das Verfahren einstellen? Er führte dazu aus: Das Ehrengericht Hamm meine, insoweit liege eine Lücke vor, die entsprechend § 74 BRAO zu ergänzen sei. Demgegenüber habe der Ehrengerichtshof Hamm die Ansicht vertreten, das Verfahren müsse entweder eingestellt oder der Betroffene verurteilt werden; Freispruch sei nicht möglich. *[Werner] Kalsbach* [BRAO 1960] vertrete hingegen die Ansicht, dass das ehrengerichtliche Verfahren den Bestand der Rüge überhaupt nicht berühre. Diese werde daher, unabhängig wie das Ehrengericht entscheide, in keinem Fall von dem Gericht aufgehoben. Dem Betroffenen bleibe aber das Recht, die Aufhebung der Rüge beim Vorstand zu beantragen. Lehne er einen solchen Antrag ab, gebe es dagegen allerdings kein Rechtsmittel. Dem hielt *GStA Dr. Dünnebier* entgegen, dass die Ansicht Kalsbachs nicht richtig sein könne, wenn das ehrengerichtliche Verfahren das Rügeverfahren fortsetze.

GStA Woll warf folgende Fragen auf: Wie muss der Antrag auf Voruntersuchung gefasst sein? Muss er dem des Staatsanwalts entsprechen? Wie soll das Verfahren selbst bei ordnungsgemäßem Antrag weitergehen? Wie soll insbesondere der Antrag des Staatsanwalts lauten, wenn kein Anlass zur Bestrafung besteht? Der Antrag auf Außerverfolgungsetzung müsse ins Leere stoßen, der Antrag auf Bestrafung könne nicht gestellt werden. Kann das Urteil dann aber nur auf Bestätigung oder auf Verneinung lauten, auch dann, wenn das Ehrengericht eine Bestrafung für angebracht hält, oder ist es daran gehindert durch die Beurteilung, die in dem Rügeverfahren zum Ausdruck gekommen ist? Zusätzlich stellte *GStA Dr. Dünnebier* die Frage: Kann das Ehrengericht die Eröffnung der Voruntersuchung ablehnen, weil nicht einmal ein Anlass für eine Rüge bestanden hatte? Soll mit dem Antrag nicht nur die Nachprüfung des Rügeverfahrens erreicht werden? Dazu vertrag *BA Dr. Wagner* den Standpunkt, dass die Eröffnung immer abgelehnt werden müsse, wenn für ein ehrengerichtliches Verfahren deshalb kein Anlass bestehe, weil keine Strafe ergehen könne.

Zu der weiteren Frage von *GStA Woll*, wie verfahren werde, wenn einem Antrag nach § 122 BRAO nicht entsprochen werde, führte *GStA Ahmann* aus, dass in seinem Bezirk Rechtsmittelbelehrung nach allgemeinen Grundsätzen erteilt werde.

Beschlüsse in der Sache wurden nicht gefasst, doch wurde vereinbart, die Zahl der bei den Ehrengerichtshöfen anhängigen Verfahren dem Generalbundesanwalt mitzuteilen.

9. *Mitteilung von Entscheidungen der Ehrengerichtshöfe der OLG und des BGH in Anwaltssachen an die Staatsanwaltschaften bei den OLG*

Referent: GStA Buchholz. Auf Vorschlag des Referenten wurde beschlossen: Rechtskräftige Urteile sowie bedeutsame Beschlüsse der Ehrengerichtshöfe der OLG und des Senats in Anwaltssachen des BGH werden allen GStA übersandt, und zwar auch denen, bei deren OLG keine Ehrengerichtshöfe eingerichtet sind.

10. *Rechtliches Gehör bei Entscheidungen gemäß §§ 26 [bedingte Entlassung], 42 f. StGB.*

Referent: GStA Dr. Bauer. Der Referent sprach sich gegen die Auffassung von *Schütz* (NJW 1961, 582) aus und stellte sich hinter die Entscheidung des OLG Hamm (MDR 1960, 424), die den Leitsatz enthält: Soll die Ablehnung der bedingten Entlassung auf eine negative Stellungnahme der Strafvollzugsbehörde gestützt werden, so muss die Stellungnahme dem Verurteilten zur Ermöglichung einer Erklärung vorher bekanntgegeben werden. *Dr. Bauer* vertrat die Ansicht, dass bei den Prognosen zu leichtfertig günstige Aussichten verneint würden. Zur Unterstützung seiner These führte er folgendes Beispiel an: 1943 sei ein junger Mann wegen versuchter Unzucht zum Tode verurteilt worden. Das Urteil sei nicht vollstreckt, der Verurteilte 1945 entlassen worden. Kurze Zeit später sei er wieder in Strafhaft genommen worden, jedoch habe die Gnadenbehörde ihn später bedingt entlassen. Bis zum Ablauf der Bewährungsfrist im Jahre 1951 habe sich der Begnadigte straffrei geführt, er sei auch später nicht wieder straffällig geworden.

Dr. Bauer führte weiter aus: Zur Bildung der Prognose seien nur Tatsachen mitzuteilen. Um den Gericht ein wirklichkeitstreues Bild zu verschaffen, benutzten die Staatsanwaltschaften seines Dienstbereiches ein Formular, das selbst Wachtmeister ohne Schwierigkeiten ausfüllen könnten. Das Formular enthalte zunächst Spalten über die Straftat, die

Strafdauer, Genehmigung von Strafunterbrechungen, vorgesehene Anschlussstrafen usw. Daran schlössen sich Fragen über die gegenwärtige Haus- und Familien- sowie wirtschaftlichen Verhältnisse, beruflichen Werdegang, Fortbildung in der Anstalt, Berufspläne. Einen großen Raum nähmen die Angaben ein, welche die Führung (Hausstrafen, Sicherungs- und Zwangsmaßnahmen), Arbeitsleistungen, Verhalten gegen Mitgefangene und Bedienstete, Verwendung in der Freizeit, Verhalten bei Gewährung von Strafurlaub oder bei einer Ausführung sowie die Einstellung des Gefangenen zur Tat und Strafe beträfen. Weitere Punkte bezögen sich auf den Entlassungsplan, Gesundheitszustand und Arbeitsfähigkeit, Arbeitsplatz und Unterkunft sowie die Frage, ob es geboten erscheine, den Probanden einem Bewährungshelfer zu unterstellen. Die auf diese Weise festgestellten Tatsachen würden dem Strafgefangenen dadurch mitgeteilt, dass ihm eine Zweitschrift mit dem Hinweis ausgehändigt werde, er könne sich zu diesen tatsächlichen Behauptungen gegenüber dem zuständigen Gericht äußern.

GStA Dr. Dünnebier wies zunächst, ohne sachlich auf den Vortrag einzugehen, auf Folgendes hin: Die Überwachung von Bewährungsauflagen usw. liege dem Gericht ob. Die Staatsanwaltschaft habe die Entscheidung nicht vorzubereiten. Zuständig für die Bekanntgabe der Stellungnahme der Strafanstalt an den Verurteilten sei das Gericht, nicht die Staatsanwaltschaft. Sie habe allerdings dem Gericht einen Hinweis zu geben, falls dieses das rechtliche Gehör versäumt habe. *GStA Dr. Bauer* erkannte an, dass das Gehör grundsätzlich Sache des Gerichts sei; da das Verfahren dort aber im Allgemeinen zu lange dauere, nehme es in Hessen die Staatsanwaltschaft vor.

Die anschließende Diskussion leitete *GStA Dr. Fick* ein, der den Standpunkt von Schütz teilte, wobei ihn insbesondere folgende Erwägungen leiteten: Wenn in die Stellungnahme aufgenommen werde, dass der Gefangene sich schlecht geführt habe, arbeitsunlustig sei usw., entständen den Vollzugsanstalten regelmäßig erhebliche Schwierigkeiten. Von dieser Seite seien daher die ersten Bedenken gegen die Bekanntgabe der Stellungnahmen gekommen. Außerdem verzögere das Verfahren regelmäßig die Entscheidung. Denn wie solle bei widersprüchlichen Stellungnahmen verfahren werden? Solle die Anstalt erwidern? Es dürfe auch nicht übersehen werden, dass die Prognose der Anstalt für das Gericht regelmäßig bedeutungslos sei, die Übernahme des hessischen Verfahrens aber zur Folge haben würde, dass die Anstalten zurückhaltend Stellung nehmen würden.

GStA Nellmann begegnete der Auffassung des Referenten mit Zweifeln. Er erklärte: Jeder Gefangenenaufseher habe einen Gesamteindruck. Diesen lege er dem Bericht zugrunde unabhängig davon, ob ein Fragebogen vorliege oder nicht. Ein solcher verleite ihn allenfalls dazu, Positives herauszuheben oder Negatives zu besänftigen. Auch *GStA Dr. Hechtel* betonte, dass sich Schwierigkeiten ergeben hätten, wenn dem Häftling ausführliche Gutachten und Stellungnahmen bekanntgegeben worden seien, so dass das Ministerium vor dieser Praxis gewarnt habe. Dem hielt *GStA Ahmann* entgegen: Um die Tatsache des rechtlichen Gehörs sei nicht herumzukommen. Seine Behörden beachteten die Entscheidung des Strafsenats in Hamm daher strikt. Da sich das rechtliche Gehör aber nur auf Tatsachen erstrecke, regte er an, die Vollzugsanstalten anzuhalten, zu den Personalakten alle Tatsachen zu bekunden, die für eine spätere Stellungnahme von Bedeutung sein könnten (z.B. schlechte Arbeitsleistungen, Verhalten in der Freizeit, Sauberkeit usw.). Trotz seiner grundsätzlichen Zustimmung hielt *GStA Ahmann* Fragebogen in der hessischen Verfeinerung für bedenklich, weil bei ihnen nicht vermieden werden könne, dass dem Gefangenen auch Werturteile bekanntgegeben würden.

GStA Dr. Haas bemerkte, die Mitteilungspflicht begründe die Gefahr, dass manche Beamten nicht mehr die Wahrheit schrieben, um Misshelligkeiten zu vermeiden. Er wies weiter auf die Schwierigkeit hin, die es oft biete, zwischen Tatsachen und Werturteilen zu unterscheiden. *GStA Dr. Adams* erklärte: In seinem Bereich sei die Stellungname der Strafanstalt dem Gefangenen bisher nicht bekanntgegeben worden. Das Gericht verwerte die Tatsachen. Durch die Zustellung des Beschlusses bekomme der Gefangene Kenntnis davon. Es stehe ihm nunmehr frei, sich gegen sie mit der sofortigen Beschwerde zu wenden. Gegen diese Gedanken machte *GStA Dr. Bauer* Bedenken geltend, indem er ausführte: Er räume ein, dass die Gewährung des rechtlichen Gehörs Arbeit und vielleicht auch Schwierigkeiten bereite. Das sei jedoch kein Hinderungsgrund. Das rechtliche Gehör diene dazu, dem Angeklagten die Wahrheit zu sagen. Es sei bekannt, dass Stellungnahmen oft wenigstens zum Teil unrichtig seien. Das Gericht müsse daher auch den Standpunkt des Gefangenen kennen.

GStA Dr. Dünnebier fragte, ob das rechtliche Gehör nicht zuweilen zu weit ausgelegt werde. Seine weitere Frage, ob die Beurteilung der Anstalt, ein Mann sei träge, eine Tatsache oder ein Werturteil sei, beantwortete *GStA Dr. Bauer* dahin, dass sie eine Tatsache darstelle, während die Charakterisierung, der Gefangene könne, wenn er sich mehr Mühe gebe, mehr leisten als er tue, ein Werturteil – wenn auch ohne jede Bedeutung – sei.

GStA Woll führte aus: Insbesondere schwierige Gefangene nähmen die ihnen bekanntgegebenen Tatsachen zum Anlass, um Beschwerden und Gegenvorstellungen, ja selbst Strafanzeigen gegen Beamte, einzureichen. Diese Umstände hätten Beamte und Lehrer bewogen, selbst unbestreitbare Tatsachen nicht mehr mitzuteilen, sondern stattdessen Werturteile abzugeben. Das OLG Karlsruhe teile diese Ansicht.

GStA Dr. Nehm schlug als Kompromiss vor, die Tatsachen nicht wörtlich, sondern durch den Vorstand oder einen sonst geeigneten Beamten inhaltlich mitteilen zu lassen und dem Gefangenen dann Gelegenheit zu geben, sich dazu zu äußern. *GStA Dr. Dünnebier* empfahl, die Durchführung des unzweifelhaft gebotenen rechtlichen Gehörs den einzelnen Staatsanwaltschaften zu überlassen. Seiner Ansicht schloss sich *GBA Dr. Güde* mit folgenden Ausführungen an: Er habe Bedenken gegen Fragebogen, insbesondere, wenn dem Gefangenen eine Durchschrift ausgehändigt werde. Die Beurteilung müsse in einer gewissen Distanz vorgenommen werden. Es reiche aus, wenn das Gericht dem Gefangenen kurz mitteile, die Staatsanwaltschaft habe die Ablehnung seines Antrages unter

Bezugnahme auf die negative Stellungnahme des Gefängnisses beantragt. Dem rechtlichen Gehör sei Genüge getan, wenn der Gefangene wisse, was der Gegner beantragt und worauf er seinen ablehnenden Antrag gestützt habe. Rohmaterial sollte ihm nicht unmittelbar in die Hand gegeben werden.

GStA Dr. Dünnebier stellte als Ergebnis der Diskussion fest: Der Beschluss des OLG Hamm ist zutreffend. Gerichte und Staatsanwaltschaften sind verpflichtet, das rechtliche Gehör herbeizuführen. Ob das die Staatsanwaltschaft oder das Gericht tut, ist gleichgültig. Einigkeit besteht darin, dass das rechtliche Gehör sich nur auf Tatsachen erstreckt, und bei diesen nur auf solche, die für die zu fällende Entscheidung bedeutsam sind.

11. *Gehört die Bewährungshilfe für Erwachsene zur Justiz oder zur Sozialbehörde? Welche Erfahrungen liegen dort vor, wo sie bereits den Wohlfahrtsbehörden übertragen ist? Ist die Ermittlungshilfe für die Strafrechtspflege eine Angelegenheit der Justiz oder könnte sie auch anderen Behörden übertragen werden?*

Referent: GStA Buchholz. Der *Referent* bat darum, den Punkt fallen zu lassen und ihm – soweit bereits Erfahrungen vorlägen – diese schriftlich mitzuteilen.

12. *Ist § 41 a GewO gegenüber § 184 StGB lex specialis?*

Referent: GStA Dr. Bauer. Der *Referent* hob hervor: § 41 a GewO [Mittel oder Gegenstände, die zur Verhütung der Empfängnis oder zur Verhütung von Geschlechtskrankheiten dienen, dürfen in Warenautomaten an öffentlichen Wegen, Straßen und Plätzen (Außenautomaten) nicht feilgeboten werden.] regele den gleichen Sachverhalt wie § 184 StGB [Verbreitung unzüchtiger Werke]. Danach sei regelmäßig Idealkonkurrenz anzunehmen. Das habe aber keinen Sinn. Es müsse vielmehr angenommen werden, dass die spätere spezielle Vorschrift der GewO geschaffen worden sei, um die schlichte Automatenankündigung allein nach der GewO zu bestrafen. – Obwohl die Versammlung den Standpunkt des Referenten allgemein teilte, wurde keine besondere Entschließung gefasst, vielmehr empfohlen, die Klärung der Frage zunächst der Praxis zu überlassen.

13. *Übermäßig lange Dauer der Hauptverhandlung*

Referent: GStA Mützelburg. Der *Referent* trug vor, dass Hauptverhandlungen oftmals bis in die späten Abendstunden andauerten. Er regte an zu überprüfen, ob nicht durch Gesetz die Dauer der Hauptverhandlung beschränkt werden sollte.

GStA Dr. Münn erklärte: Der Berliner Senat des BGH habe in einem Revisionsurteil angekündigt, er werde bei zu langer Dauer der Hauptverhandlung auf Rüge des Angeklagten das Urteil aufheben. Das habe die Justizverwaltung in Berlin zum Anlass genommen, die Planstellen der Strafkammerrichter zu vermehren. Seitdem werde nicht länger als bis 16.00 Uhr verhandelt. Über die Praxis beim BGH berichtete *GBA Dr. Güde,* dass dort keine Spätsitzungen stattfänden; die Sitzungen dauerten etwa von 9.00 bis 12.30 Uhr und nach einer Mittagspause von 15.00 bis etwa 19.00 Uhr. *GStA Dr. Dünnebier* wies darauf hin, dass die Länge der Verhandlungsdauer oftmals auf technische Schwierigkeiten (keine Verhandlungssäle usw.) zurückzuführen sei.

GStA Dr. Bauer meinte, es sei Aufgabe des Staatsanwalts, die Aussetzung der Hauptverhandlung zu beantragen, wenn sie zu lange dauere. Auch *GStA Nellmann* trat dafür ein, nicht auf einen Antrag des Verteidigers zu waren; vielmehr solle der Staatsanwalt erklären, er könne der Hauptverhandlung nicht mehr folgen. Diesen Weg hielt *GStA Ahmann* deshalb nicht für empfehlenswert, weil er eine gewisse Schärfe in die Hauptverhandlung bringen könne. Im Allgemeinen könne er feststellen, führte er weiter aus, dass der Brauch, bis spät in die Nacht hinein zu verhandeln, zurückgegangen sei.

GStA Günther meinte, es sei auch denkbar, dass sämtliche Beteiligte mit einer längeren Verhandlungsdauer einverstanden seien, um nicht am nächsten Tage erneut verhandeln zu müssen. Dem hielt *GStA Ahmann* entgegen: Auch wenn alle Beteiligten mit einer langen Dauer einverstanden seien, sei keine Gewähr dafür geboten, dass nicht zufolge der späten Verhandlung Fehler gemacht würden. Es sei daher nicht gerechtfertigt, die Hauptverhandlung noch zu später Stunde durchzuführen. Dazu hob *GStA Morbach* hervor: Es könnten sich bei zu langer Verhandlung auch weitere Schwierigkeiten ergeben. So habe ein Gericht in der Hauptverhandlung nachts 23.00 Uhr bei der Urteilsverkündung den Haftbefehl aufgehoben. Es sei unmöglich gewesen, den Angeklagten noch am gleichen Tage zu entlassen.

GStA Buchholz führte das Beispiel einer Hauptverhandlung von zweieinhalb Jahren an und warf die Frage auf, ob einem Staatsbürger überhaupt zuzumuten sei, so lange auf der Anklagebank zu sitzen.

Im Anschluss an die Diskussion *beschloss die Versammlung:* Es soll darauf hingewirkt werden, dass Hauptverhandlungen möglichst nicht über 19.00 Uhr ausgedehnt werden. Um das zu erreichen, soll mit den Gerichten Fühlung genommen werden.

Verschiedenes

14. a) *Stand der Verhandlungen über eine Neufassung des § 1595 a [a.F. zum 1.1.1960 außer Kraft] BGB*

Referent: BA Dr. Wagner. Der *Referent* berichtete, das Bundesjustizministerium habe mitgeteilt, dass nach Art. I Nr. 5 des Entwurfs zur Vereinheitlichung und Änderung familienrechtlicher Vorschriften (Familienrechtsänderungsgesetz) das Recht der Anfechtung durch den Staatsanwalt fortfallen werde.

14. b) *Bekanntgabe des Todes von zu lebenslangem Zuchthaus Verurteilten*

Referent: GStA Dr. Dünnebier. Der *Referent* trug die Bremer Regelung vor, wonach beim Tode eines zu lebenslangem Zuchthaus Verurteilten eine Pressenotiz folgenden Inhalts bekanntgegeben werden soll: „Am… ist der Kaufmann A.B. in der Strafanstalt C. verstorben. Er war durch Urteil des Schwurgerichts D. vom… wegen… zu lebenslangem Zuchthaus verurteilt worden". Er betonte, dass Anlass für die Regelung gewesen sei, der Wiedereinführung der Todesstrafe und dazu der Vorstellung in der Öffentlichkeit entgegenzuwirken. Lebenslängliche würden doch regelmäßig begnadigt.

GStA Dr. Adams teilte mit, dass in seinem Dienstbereich bisher ein Fall vorgekommen sei; diesen habe er der Justizpressestelle zur Veröffentlichung mit Namensangabe und der Zeit der Verbüßung angegeben. Demgegenüber führte *GStA Dr. Bauer* aus: Bei dem angeregten Verfahren würden zu wenig Fälle bekannt; dann habe es keine Wirkung. Er glaube nicht, dass die Veröffentlichung die Anschauung „Todesstrafe oder nicht“ beeinflussen werde. Auch die übrigen Teilnehmer äußerten Bedenken gegen die Bremer Regelung. *GBA Dr. Güde* glaubte, sie schon wegen der Wirkung auf die Angehörigen nicht vertreten zu sollen. *GStA Dr. Haas* erklärte, die Auseinandersetzung über die Todesstrafe sollte nicht auf diese Weise geführt werden; er empfehle eher statistische Bekanntgaben. Seiner Ansicht trat *GStA Mützelburg* bei, während *GStA Nellmann* der Bremer Regelung zustimmen wollte, falls der Name nicht bekanntgegeben werde.

GStA Dr. Dünnebier glaubte die Bedenken gegen die Namenspreisgabe mit dem Hinweis auf eine Interessenabwägung ausräumen zu können. Bezüglich der übrigen Einwände meinte er, das stereotype Veröffentlichen vom Tode eines Lebenslänglichen in den Zeitungen werde – auch wenn es selten vorkomme – mehr Wirkung erzielen als etwa Statistiken dies vermögen.

14. c) *Erfahrungen mit Doppelakten*

Referent: GStA Dr. Dünnebier. Die Erfahrungen des Referenten haben ergeben: Sein Versuch, in Haftsachen das Anlegen von Doppelakten zu erreichen, habe nur zum Teil Erfolg gehabt. Ein positives Ergebnis sei festzustellen gewesen, wenn die Staatsanwälte sich freiwillig und aufgeschlossen beteiligt hätten. Deshalb müsse versucht werden, sie dafür zu begeistern. Sei das erreicht und würden die Richtlinien befolgt, könne das Verfahren bei Benutzung von Doppelakten regelmäßig beschleunigt werden. Dass dafür ein Bedürfnis bestehe, erhelle u.a. aus einer in Bremen aufgestellten Haftstatistik. Diese habe ergeben, dass 50% aller Haftsachen mit Strafen bis zu sechs Monaten geendet hätten. Verhältnismäßig groß sei auch die Anzahl der Verfahren, in denen die Untersuchungshaft länger als die erkannte Strafe gedauert habe.

GStA Nellmann erklärte: In Baden-Württemberg würden die Akten seit langem mehrfach geführt, und zwar vierfach. Dadurch sei viel Zeit gespart worden; auch werde dem Sitzungsanwalt, der meist ein anderer als der Bearbeiter sei, eine bessere Einarbeitung ermöglicht.

Die Frage von *GStA Dr. Bauer,* was alles zu den Doppelakten genommen werden sollte, beantwortete *Dr. Dünnebier* dahin, dass sie nur Durchschriften von Vernehmungsprotokollen sowie von wichtigen Eingaben, Beweisstücken oder Gutachten sowie von gerichtlichen Entscheidungen zu enthalten brauchten, soweit diese sich auf die Straftat bezögen. Er führte aus: Die Doppelakten sollten den Staatsanwalt befähigen, wenn die

Akten versandt seien, weiter zu ermitteln und den Entwurf der Anklage zu erstellen. Dazu müssten sie keineswegs lückenlose Abschriften der Originalakten sein. Werde vereinbart, dass Polizei, Gerichte und Sachverständige stets Durchschläge mitlieferten und stelle die Staatsanwaltschaft von allen ihren Schriftstücken Durchschriften für die Doppelakten her, dann entstünden diese nahezu von selbst. Die Kriminalpolizei müsse für sich einen weiteren Durchschlag zurückbehalten, damit sie nach Abgabe der Akten bei Zuführung des Verhafteten ohne Unterbrechung weiter ermitteln könne.

14. d) *Hilfswerk Ritterkreuz e.V.*

Referent: GStA Dr. Dünnebier. Der *Referent* las die gleichlautend an alle GStA gerichtete Bitte des Vereins vor, ihn bei Bußauflagen zu berücksichtigen. Er vertrat den Standpunkt, der betroffene Personenkreis sei so speziell und so klein, dass der Bitte nicht nachgekommen werden sollte. *GStA Dr. Jansen* und *GStA Dr. Adams* gaben bekannt, das Finanzamt habe ihnen mitgeteilt, es handle sich um einen unterstützungsfähigen Verein.

Die weitere Diskussion, an der sich insbesondere die *GStA Dr. Haas, Dr. Hechtel, Mützelburg* und *Nellmann* beteiligten, ergab, dass der Antrag entweder abgelehnt oder aber mitgeteilt worden ist, es könne nicht darauf hingewirkt werden, die Gerichte aufzufordern, bestimmte Organisationen besonders zu berücksichtigen.

14. e) *Mitwirkung der Staatsanwaltschaft nach §§ 77 Abs. 3 AktG* [Gewinnbeteiligungen] sollen in einem angemessenen Verhältnis stehen zu den Aufwendungen zugunsten der Gefolgschaft oder von Einrichtungen, die dem gemeinen Wohle dienen. Hierfür zu sorgen, ist Aufgabe des Aufsichtsrats. Die Einhaltung dieses Gebots kann die Staatsanwaltschaft im Klagewege erzwingen; das Nähere bestimmt der Reichsminister der Justiz, er bestimmt namentlich die für die Entscheidung zuständige Stelle und regelt das Verfahren.] *und 98 Abs. 4 des Aktiengesetzes*

Referent: GStA Dr. Dünnebier. Der *Referent* berichtete, dass die Vorschriften in Bremen bisher nicht angewandt worden seien und wies darauf hin, dass der Entwurf eines Aktiengesetzes die Mitwirkung des Staatsanwalts nicht mehr vorsehe.

Die GStA sehen die Vorschrift als obsolet an.

14. f) Wie soll verfahren werden, wenn Verwaltungsbehörden der SBZ unter missbräuchlicher Einschaltung sowjetzonaler Staatsanwaltschaften von Strafregisterbehörden der Bundesrepublik unbeschränkte Strafregisterauskünfte zu erlangen versuchen?

Referent: GStA Morbach. Der *Referent* schilderte einen Fall, in dem eine ostzonale Staatsanwaltschaft einen Strafregisterauszug unter Hinweis auf § 32 StrafregVO [1920/1934/1957] angefordert habe, obwohl sie – wie er durch Rückfrage nach dem Aktenzeichen des Verfahrens festgestellt habe – kein Strafverfahren gegen den Betroffenen eingeleitet habe.

Die Versammlung vertrat einhellig den Standpunkt, dass solche Anforderungen nicht als Ersuchen im Sinne von § 32 StrafregisterVO [1920/34/1957] behandelt werden dürften.

14. g) *Asylrecht von Algeriern.* Der Punkt wurde nicht erörtert.

14. h) Ermittlungsverfahren gegen reisende Betrüger

Referent: GStA Nellmann. Der *Referent* übergab das als Anlage F beigefügte Referat, in dem aufgezeigt wird, wie reisende Betrüger erfolgreicher als bisher bekämpft werden können: Bei meiner Dienststelle werden immer wieder Ermittlungsverfahren bekannt, denen zufolge sich Vertreter oder sonstige Geschäftsleute bzw. Firmen Unterschriften unter Verträge erschleichen, die erst später bei genauem Durchlesen als Teilzahlungskaufverträge über nicht lebensnotwendige Waren von recht erheblichem Preis erkannt werden. In anderen Fällen wieder wissen die Geschädigten zwar, dass sie einen Kaufvertrag unterschreiben, tun dies aber nur, weil sie von den Beschuldigten über den wirtschaftlichen Nutzen u.ä. getäuscht werden. Dabei bleibt es bei den heutigen günstigen Verkehrsmöglichkeiten nicht aus, dass die Beschuldigten ihre Tätigkeit nicht nur auf mehrere OLG-Bezirke, sondern auf mehrere Länder oder gar die ganze Bundesrepublik erstrecken.

Ein Teil dieser durchaus unerwünschten Geschäftsmacherei wird für eine strafrechtliche Ahndung ausscheiden, weil es am Vermögensschaden fehlt. Umso energischer sollten jene Fälle verfolgt werden, in denen dieses Hindernis nicht besteht. Die Praxis wird dem jedoch häufig nicht gerecht, weil man sich vor der arbeitsmäßigen Belastung durch ein mehr oder minder großes Sammelverfahren scheut. Wenn der strafrechtliche Charakter der erwähnten Vorgänge überhaupt erkannt wird, begnügt man sich nicht selten mit der Entgegennahme einer Anzeige und der Niederschrift über die entgegengesetzte Darstellung des Beschuldigten, um den Fall schließlich mit dem Bemerken, es stünde Aussage gegen Aussage, abzutun.

Dem gilt es dadurch Abhilfe zu schaffen, dass dem Sachbearbeiter die Notwendigkeit von Erhebungen über ein etwaiges weiteres Auftreten solcher Beschuldigten vor Augen geführt wird. Den geringsten Arbeitsaufwand verursacht ein Blick in die kriminalpolizeilichen Fahndungsbücher. Er kann zum Erfolg führen. Ein weiterer Weg ist die Rückfrage bei den Landeskriminalämtern oder dem BKA. Sie werden nicht immer, aber gelegentlich Hinweise geben können. Ein wesentliches Mittel zum Erfolg scheint mir aber in der Hand der Staatsanwaltschaften selbst zu liegen, bedürfte jedoch einer überörtlichen Vereinbarung, die ich hiermit angeregt haben möchte, und die darin gipfeln müsste, Verfahren der vorliegenden Art so zeitig wie möglich an eine bestimmte Staatsanwaltschaft abzugeben. Dies kann nur die Staatsanwaltschaft des Wohnsitzes oder im Abweichungsfalle die des geschäftlichen Sitzes sein. Sie allein ist in der Lage, alle geeigneten Fälle notfalls durch Einsichtnahme in die Geschäftsunterlagen zu erfassen und durch Vernehmung aller in

Frage kommenden Beteiligten ein so zuverlässiges Bild über die Geschäftspraktiken eines reisenden Betrügers zu gewinnen, dass sie auch vor Gericht mit Erfolg bestehen kann. Dabei kann es sich durchaus ergeben, dass, um nur ein Beispiel anzuführen, der zunächst verfolgte Beschuldigte lediglich einer von mehreren ist, und dass die Tätigkeit dieser Personen zentral, etwa von einer die Artikel vertreibenden Firma, gesteuert wird. In diesen Fällen kommt die neuerliche Abgabe an die Staatsanwaltschaft in Betracht, in deren Bezirk die Firma ihren Sitz hat.

Mein Vorschlag geht dahin, eine allgemeine Verfügung folgenden Inhalts zu erlassen: Ermittlungsverfahren gegen reisende Betrüger versprechen in der Regel nur dann Aussicht auf den größtmöglichen Erfolg, wenn sie als Sammelverfahren von einer Stelle aus geführt werden. Dies wird wegen der Bedeutung der Geschäftsunterlagen für eine umfassende Aufklärung meist diejenige Staatsanwaltschaft sein, in deren Bezirk sich der Wohnsitz oder im Falle eines Abweichens, die geschäftliche Niederlassung des jeweiligen Beschuldigten befindet. Die Staatsanwaltschaften werden angewiesen, diesen Gesichtspunkten durch Abgabe bzw. Übernahme geeigneter Verfahren Rechnung zu tragen.

14. i) *Übersendung unveröffentlichter Entscheidungen, die sich mit Rechtsfragen befassen, die in einem Vorlagebeschluss dem BGH zugeleitet worden sind.*

Referent: BA Dr. Wagner. Der *Referent* wies auf die Praxis einiger Zeitschriften hin, alle Vorlagebeschlüsse zu veröffentlichen. Er bat darum, dass die GStA nicht veröffentlichte Entscheidungen der OLG, die sich mit der Vorlagefrage befassten, dem Generalbundesanwalt zuleiten, damit dieser sie mit verwerten könne. – Der Bitte soll entsprochen werden. [*Schluss der Niederschrift nicht bei den Akten*]

XVI. Niederschrift über die Jahrestagung der Generalstaatsanwälte vom 22.–25.5.1962

Beginn der Beratungen: 23.5.1962 um 9.00 Uhr.
Anwesend:
Generalbundesanwalt Fränkel, Karlsruhe
Bundesanwalt Dr. Wagner, Karlsruhe
Bundesanwalt Dr. Westram, Berlin
GStA Dr. Fick, Bamberg
GStA Günther, Berlin (KG)
GStA Dr. Münn, Berlin (LG)
GStA Mützelburg, Braunschweig
OStA Dr. Ruf, Bremen – für GStA Dr. Dünnebier
GStA Biermann, Celle
Ltd. OStA Gall, Düsseldorf
GStA Dr. Bauer, Frankfurt
GStA Buchholz, Hamburg
GStA Ahmann, Hamm
GStA Woll, Karlsruhe
GStA Morbach, Koblenz
GStA Dr. Haas, Köln
LG-Dir. Dr. Lorz, München (Bayr. ObLG) – f. GStA Dr. Steffen
GStA Dr. Hechtel, München (OLG)
GStA Geropp, Neustadt
GStA Mork, Nürnberg
GStA Dr. Krapp, Oldenburg
GStA Dr. Adams, Saarbrücken
GStA Dr. Nehm, Schleswig
GStA Schabel, Stuttgart
OStA Schüle, Stuttgart (Zentrale Stelle Ludwigsburg)
Protokollführer: StA Höse, Zentr. Erfassungsstelle
in Salzgitter

GStA Mützelburg eröffnete die Tagung und hieß die Teilnehmer willkommen. Er begrüßte GStA Schabel als Nachfolger des in den Ruhestand getretenen GStA Nellmann. Anschließend gedachte er des am 11. Mai dieses Jahres wenige Wochen nach seiner Pensionierung verstorbenen GStA Dr. Jansen.

1. *Übersicht über die jüngste Rechtsprechung des BGH zu Staatsschutzdelikten*

Referent: BA Dr. Wagner. Der Referent hielt das als *Anlage A* beigefügte Referat: Im Gegensatz zu der Staatsschutzrechtsprechung des BGH in den vorangegangenen Jahren weisen die Entscheidungen des Jahres 1961, so bedeutsam sie in Einzelfällen und zu einer Reihe von Bestimmungen auch waren, keine tiefgreifenden Neuerungen im Grundsätzlichen auf. Solche, die Rechtsentwicklung erheblich beeinflussende Erkenntnisse waren die Judikatur über die staatsgefährdenden Gesamtorganisationen und die Abkehr von der früheren Rechtsprechung, dass der Tatbestand des § 100 e StGB durch § 100 StGB aufgezehrt werde. Sowohl in der einen wie in der anderen Richtung ist die bisherige Rechtsprechung nur vertieft worden. Insgesamt tragen die Entscheidungen durchaus evolutionäre Züge.

Die wohl wichtigste Entscheidung auf dem Gebiet der Organisationsdelikte ist das Urteil vom 21.10.1961 – 2 StE 1/61 [BGHSt 16, 298] in dem der BGH noch einmal seine Auffassung über die Gesamtorganisation – auch im Hinblick auf ihm zur Kenntnis gelangte Bedenken – ausführlich darlegt. Die Urteilsgründe gehen im Rahmen der Sachverhaltsschilderung zunächst auf die „Westarbeit" des sowjetzonalen Freien Deutschen Gewerkschaftsbundes" (FDGB) ein und erklären, dass das im Bundesvorstand des FDGB geschaffene „Büro für nationale Gewerkschaftseinheit" die gesamte Infiltrationstätigkeit des FDGB in der Bundesrepublik nach den Weisungen der SED lenke. Wie sich diese Infiltrationstätigkeit im Einzelnen vollzieht, wird eingehend geschildert, wobei das Urteil auf die Rolle zu sprechen kommt, die die fünf Angeklagten im Rahmen der „Westarbeit" des FDGB gespielt haben, um sodann zu der Feststellung zu gelangen, dass sich die Angeklagten damit innerhalb einer verfassungsfeindlichen Vereinigung nach § 90 a StGB betätigt hätten. Diese Vereinigung bestehe aus den Mitgliedern des „Büros für nationale Gewerkschaftseinheit" beim Vorstand des FDGB, also in Ostberlin, aus den Westinstrukteuren des FDGB, womit die in die Bundesrepublik entsandten Agenten bezeichnet werden, und schließlich aus den im Bundesgebiet ansässigen Vertrauensleuten, mit deren Hilfe und Unterstützung die Westinstrukteure ihre Wühlarbeit in der Bundesrepublik betreiben. Dass die danach mit der „Westarbeit" befassten Organisationen des FDGB nur einen Ausschnitt aus den umfassenden Organisationsbildungen des FDGB und der SED darstelle, hindere die selbständige Subsumierung unter § 90 a StGB nicht, da auch eine Teilorganisation für sich allein nach § 90 a StGB beurteilt werden könne und da sich diese Teilorganisation nach Mitgliederkreis und Zielrichtung klar abgrenzen lasse.

Ebenso wenig stehe der Kennzeichnung der Westorganisation des FDGB als verfassungsfeindlichen Vereinigung entgegen, dass sie „teilweise und bis zu einem gewissen Grade" das Bild eines „bürokratisch organisierten ‚Apparates' mit fest besoldeten Funktionären" biete, denn bei diesen Funktionären handle es sich um überzeugte und erprobte Kommunisten, die sich freiwillig mit anderen aufgrund gemeinsamer politischer Überzeugung zur Errichtung gemeinsamer kommunistischer Ziele zusammengeschlossen hätten. Gerade dieser Vereinigungswille unterscheide diese „Apparate“ von bloßen organisierten Zweckgebilden, denn das Merkmal des Vereinigungswillens fehle. Unwesentlich und für die strafrechtliche Beurteilung nicht entscheidend sei ferner, ob die Vereinigung auch Gegenstand einer Auflösungsverfügung im Verwaltungswege sein könne, weil Strafgerichte und Verwaltungsbehörde hier getrennte Wege gingen. Die Entscheidungen beider Organe ergingen unabhängig voneinander und seien jeweils für den anderen Teil nicht bindend. Schließlich wird die Rädelsführerschaft der Angeklagten und der innere Tatbestand bejaht, letzteres unter Hinweis darauf, dass sich die Vereinigung mit Kenntnis der Angeklagten gegen die verfassungsmäßige Ordnung der Bundesrepublik gerichtet habe. Nach Ausführungen über den Tatbestand der §§ 100 d Abs. 2, 128, 94 StGB, den die Täter nach der Urteilsausführungen ebenfalls verwirklicht haben, erklärt die Entscheidung, die Westorganisation des FDGB auch zu einer Ersatzorganisation i.S. der §§ 42, 47 BVerfGG, da der FDGB mit seiner sog. gesamtdeutschen Arbeit auf SED-Weisung in die durch das KPD-Verbot entstandene Lücke getreten sei und dieselben Ziele verfolge wie die SED.

Die große Anzahl der in dem Urteil zitierten früheren Entscheidungen deutet darauf hin, dass der BGH mit seinen Darlegungen die frühere Rechtsprechung nochmals zusammenfassen und bestätigen will. Die beiden dem Urteil vom Senat vorangestellten Leitsätze, die den Zusammenschluss bezahlter Funktionäre in einer Vereinigung und die verwaltungsrechtlichen Gesichtspunkte betreffen, lassen darauf schließen, dass sich der BGH mit Einwendungen auseinandersetzen wollte, die gegen seine frühere Auffassung des Vereinigungsbegriffs i.S. des § 90 a StGB erhoben worden sind. Somit kann davon ausgegangen werden, dass die mit dem ersten Urteil gegen FDGB-Agenten vom 4.1.1958 [BGHSt II 326] begonnene Rechtsprechung beibehalten bleibt, womit den Staatsschutzorganen die Mittel in die Hand gegeben sind, um der nach dem KPD-Verbot gewandelten Taktik der Verfassungsgegner und Staatsfeinde wirksam zu begegnen. Diese Schlussfolgerung erscheint umso mehr gerechtfertigt, als sich schon in einem früheren, nicht veröffentlichten Revisionsurteil vom 20.7.1961 – 3 StR 2/61 – dieselbe rechtliche Deduktion mit dem ausdrücklichen Bemerken findet, dass an der seitherigen Rechtsprechung festgehalten werde. Das Revisionsurteil erklärt unter Hinweis auf die bekannte Entscheidung vom 4.10.1960 [BGHSt 15, 167], die SED und die von ihr abhängigen Organisationen, soweit sie „Westarbeit“ betrieben, bildeten mit ihren in dieser Richtung tätigen Organen und mit den von ihnen geleiteten Agenten, Gruppen, Splittern, Parteigängern und Tarnorganisationen in der Bundesrepublik *eine* verfassungsfeindliche Vereinigung i.S. des § 90 a StGB, *eine* Geheimverbindung i.S. des § 128 StGB und *eine* Ersatzorganisation der verbotenen KPD i.S. der §§ 42, 47 BVerfGG. Der Begriff der verfassungsfeindlichen Vereinigung hänge nicht von ihrer äußeren Organisationsform ab, sondern von der Wirklichkeit der organisatorischen Willensdurchsetzung.

Dieses Revisionsurteil befasste sich mit einem Täter, der zu dem sowjetzonalen „Deutschen Turn- und Sportbund" (DTSB) staatsgefährdende Beziehungen unterhalten und dieser Organisation politische Nachrichten geliefert hatte, trotzdem aber freigesprochen worden war. Der BGH erkannte diesen Freispruch nicht an, hob vielmehr auf die Revision der Staatsanwaltschaft das Strafkammerurteil auf, weil sichere Anzeichen dafür vorhanden seien, dass auch der DTSB eine von der SED gelenkte Massenorganisation sei, die „gesamtdeutsche Arbeit" im Rahmen der Gesamtorganisation der SED durch „Westarbeit" betreibe. Dabei konnte der BGH auf eine vorangegangene, inzwischen veröffentlichte Entscheidung vom 14.3.1961 – 1 StE 5/60 – [BGHSt 16, 15] verweisen, die den DTSB ebenso gekennzeichnet hatte. Der DTSB gehe insbesondere mit seiner „gesamtdeutschen Arbeit" darauf aus, im Gefolge der SED in der Bundesrepublik dieselben politischen Verhältnisse zu schaffen, wie sie in der sog. DDR herrschten. Um nicht missverstanden zu werden, hob der BGH ausdrücklich hervor, dass – was eigentlich selbstverständlich ist – das Vereinbaren von Wettkämpfen zwischen Sportlern der Bundesrepublik und der Sowjetzone für sich allein weder verboten noch strafbar sei. Erst wenn diese sportlichen Beziehungen dazu ausgenützt würden, staats- und verfassungsfeindliche Bestrebungen gegen die Bundesrepublik zu fördern, entfalle die strafrechtliche Irrelevanz; dann bestehe kein rechtlich bedeutsamer Unterschied gegenüber anderen Methoden der kommunistischen Wühlarbeit. Inzwischen hat der BGH, wie ergänzend hinzugefügt sei, in einem Urteil vom 19.1.1962 – 3 StR 41/61 [NJW 1962, 748] auch das „Festival-Komitee" der Bundesrepublik unter die §§ 90 a, 128, 129 StGB subsumiert, da es ein Teil der verfassungsfeindlichen verbotenen FDJ sei.

In den Kreis der nach §§ 128, 129 StGB strafbaren Verbindungen bzw. Vereinigungen hat der BGH ferner den illegalen Schriftenverteilungsapparat der aufgelösten KPD einbezogen [3 StR 28/61]. Im Übrigen hat sich der BGH in einem Urteil vom 5.7.1961 – 3 StR 17/61 – nochmals zusammenfassend zu § 128 StGB geäußert. Danach setzt der Begriff des Mitglieds i.S. dieser Vorschrift eine formelle Mitgliedschaft nicht voraus; als Mitglied nehme an der Verbindung bereits teil, wer ihr seinen Willen unterordne und fortdauernd für ihre Zwecke tätig sei oder tätig werden wolle. Indessen erfülle eine einmalige Tätigkeit nicht den Begriff der Mitgliedschaft. Bloße Beihilfe zugunsten der Verbindung sei nicht strafbar, wohl aber zugunsten eines Täters, der seinerzeit die Merkmale des § 128 StGB erfülle, also Stifter, Vorsteher oder Mitglied sei. Beihilfe in derart strafbarer Weise leiste, wer die genannten Personen in ihrer Betätigung für den Geheimbund unterstütze, wobei allerdings in der Förderung der Bestrebungen der Geheimorganisation regelmäßig eine Unterstützung ihrer Vorsteher liegen werde. Für den inneren Tatbestand genüge es, wenn der Gehilfe bei seinem Tun das Bewusstsein habe, damit die Tätigkeit des Geheimbundes und seiner Leiter zu unterstützen. In derselben Entscheidung wird ausgeführt, dass die KPD vor ihrem Verbot bis in das Jahr 1955 hinein durch ihre verfassungsfeindliche Betätigung die Merkmale einer Vereinigung nach § 129 StGB erfüllt habe, dass bisher jedoch nirgends festgestellt sei, dass die Partei auch nach ihrem Verbot strafbare Handlungen i.S. des § 129 StGB begehe. Zum Verständnis des letzteren Satzes muss darauf hingewiesen werden, dass nach der Rechtsprechung Straftaten, die sich in dem organisatorischen Zusammenschluss und seiner Aufrechterhaltung erschöpfen, durch § 129 StGB nicht betroffen werden, sondern nur solche strafbaren Handlungen, die dem Zusammenschluss zeitlich und organisatorisch nachfolgen [vgl. *Wagner*, GA 1960, 231 f. Nr. 9, 13 f., 22]. Ebenso hat der BGH in seinem Revisionsurteil vom 18.9.1961 [3 StR 28/61] unter Hinweis auf seine bekannte Entscheidung vom 13.10.1954 [BGHSt 6, 318], durch die er das Parteienprivileg des § 90 a Abs. 3 auf den § 93 StGB ausgedehnt hatte, erklärt, eine Strafbarkeit nach § 129 StGB könne aus § 93 StGB allein dann nicht hergeleitet werden, wenn es sich um eine durch das BVerfG noch nicht aufgelöste, also noch bestehende Partei handle. Wer dagegen für eine verbotene Partei in einer nach § 93 StGB strafbaren Weise tätig werde, könne damit auch die Grundlage für eine Straftat nach § 129 StGB liefern. Diese Voraussetzungen erfülle, wer innerhalb des illegalen Schriftenverteilungsapparates der verbotenen KPD Druckschriften herstelle oder verbreite, da der Apparat seine Aufgaben nur unter fortgesetzter Verletzung des § 93 StGB überhaupt erfüllen könne.

Inzwischen hat das BVerfG durch sein bekanntes Urteil vom 21.3.1961 [BVerfGE 12, 296] § 90 a Abs. 3 StGB und Abs. 1 teilweise für nichtig erklärt [§ 90 a lautet: Wer eine Vereinigung gründet, deren Zwecke oder deren Tätigkeit sich gegen die verfassungsmäßige Ordnung oder gegen den Gedanken der Völkerverständigung richten, oder wer die Bestrebungen einer solchen Vereinigung als Rädelsführer oder Hintermann fördert, wird mit Gefängnis bestraft.

In besonders schweren Fällen kann auf Zuchthaus bis zu fünf Jahren erkannt werden. Daneben kann Polizeiaufsicht zugelassen werden.

Ist die Vereinigung eine politische Partei im räumlichen Geltungsbereich dieses Gesetzes, so darf die Tat erst verfolgt werden, nachdem das Bundesverfassungsgericht festgestellt hat, dass die Partei verfassungswidrig ist.]. Dieses Urteil hat den BGH zur Vorlage einer Revision veranlasst, in der u.a. § 129 StGB die Grundlage der angefochtenen Entscheidung der Strafkammer bildete. In dem inzwischen auch veröffentlichten Vorlagebeschluss vom 5.5.1961 [NJW 1961, 1315] hat der BGH ausgeführt, er halte § 129 StGB auch insoweit für unvereinbar mit Art. 21 GG, als sich § 129 StGB bei politischen Parteien auch auf andere Personengruppen erstrecke, als auf Gründer, Gründungsurheber und für den Parteikurs verantwortliche Funktionäre. Eine Entscheidung des BVerfG auf die Vorlage ist bisher nicht ergangen.

Dem eingangs erwähnten Urteil vom 21.10.1961 kommt an Wichtigkeit ein Revisionsurteil des BGH vom 18.9.1961 – 3 StR 25/61 – [BGHSt 16, 264] nahe, weil es die Mitglieder einer kommunalen Wählergemeinschaft betrifft, über deren strafrechtliche Erfassbarkeit noch Unklarheiten bestehen. Solche Unklarheiten haben die Strafkammer auch zum Freispruch der sieben Angeklagten veranlasst. Auf die Revision der

Staatsanwaltschaft hob der BGH das freisprechende Urteil auf und nahm den Fall zum Anlass, sich nochmals erschöpfend zum Begriff der Ersatzorganisation i.S. der §§ 42, 47 BVerfGG zu äußern. Er erklärte, eine Ersatzorganisation sei ein Zusammenschluss, der anstelle der aufgelösten Partei deren verfassungswidrige Nah-, Teil oder Fernziele ganz oder teilweise, für längere oder kürzere Zeit, örtlich oder überörtlich, offen oder verhüllt weiterverfolge oder weiterverfolgen wolle. Diese Weiterverfolgung der Ziele der aufgelösten Partei könne in Form einer schon bestehenden Personenvereinigung – mit oder ohne Parteistatus -, jedoch auch durch Bildung neuer oder durch Unterwanderung und Steuerung bisher nicht verfassungsfeindlicher Organisationen geschehen. Die bisherigen Ziele der aufgelösten Partei könnten durch Vorhaben vordergründiger Art verschleiert oder auf mehrere Organisationen verteilt werden, um so der aufgelösten Partei eine neue, legal erscheinende politische Plattform zu schaffen. Eine geradezu aggressive Bekämpfung der verfassungsmäßigen Ordnung brauche nicht hervorzutreten. Für eine Ersatzorganisation sei es auch nicht notwendig, dass sie sämtliche Ziele der aufgelösten Partei selbst verfolge; es genüge, wenn sie ganz oder teilweise in dem früheren politischen Wirkungsbereich der Partei Ziele weiterverfolge, die zur Auflösung der Partei geführt hätten.

Auch komme es nicht auf den Parteistatus der Organisation, sondern nur darauf an, dass der Zusammenschluss funktionell dasselbe wolle wie die aufgelöste Partei und dass er die Ideen der aufgelösten Partei weiter verbreite oder weiter verbreiten wolle. Habe die Ersatzorganisation die Behörden getäuscht, so seien behördliche Akte, durch die die Organisation zugelassen worden sei, für die innere Tatseite bedeutungslos. Es komme allein darauf an, ob der Täter das Parteiverbot gekannt und vorsätzlich gehandelt habe, indem er wusste oder billigend damit rechnete, dass die Organisation wenigstens teilweise anstelle der aufgelösten Partei trete. Ein Verbotsirrtum komme nicht in Betracht, wenn sich der Täter mit der Gründung der Ersatzorganisation weiterhin in organisierter Form verfassungsfeindlich wie die aufgelöste Partei betätigen wolle. Das Urteil ist nicht nur wegen des Sachverhalts bedeutsam, sondern auch, weil es durch die Fülle der zitierten früheren Entscheidungen, darunter solche des BVerfG und der Verwaltungsgerichte, und durch seine Richtlinien für die Beweiswürdigung dem Praktiker eine nützliche Handhabe für die Aburteilung ähnlicher Fälle gewährt.

Durch eine weitere Revisionsentscheidung vom 1.12.1961 – 3 StR 31/61 – [NJW 1962, 549] wurde ein Strafkammerurteil aufgehoben, das eine Teilnehmerin an der X. Gesamtdeutschen Arbeiterkonferenz in Leipzig freigesprochen hatte. Dort hatte die Angeklagte gesprochen und eine Funktion im Tagungspräsidium übernommen. Der Freispruch stützte sich im Wesentlichen auf den Mangel der inneren Tatseite. Der BGH hielt hier die Feststellung zum objektiven Tatbestand für unzulässig und erklärte es für einen Rechtsfehler, wenn sich das Gericht nicht zunächst mit den für den Tathergang wesentlichen und sich etwa weiter aufdrängenden Umständen befasse und auseinandersetze. Um einer ausufernden Anwendung der §§ 42, 47 BVerfGG entgegenzutreten, führte der

BGH in zwei Urteilen vom 6.3.1961 – 3 StR 4/61 – und 12.12.1961 3 Str 40/61 – aus, nicht jede kommunistische Propaganda, insbesondere nicht jede Forderung auf Aufhebung des KPD-Verbots falle unter die genannten Bestimmungen. Auch das Bekenntnis zur marxistisch-leninistischen Lehre oder das offene Eintreten für diese Doktrin sei weder verboten noch strafbar. Erst wer die gesetzwidrige Wirksamkeit der verbotenen KPD oder einer Ersatzorganisation fördere oder wer sich in die illegal fortbestehende Partei oder eine Ersatzorganisation eingliedere, werde straffällig. In dem ersteren Urteil wird ferner erneut ausgeführt, die §§ 42, 47 BVerfGG setzten keinen äußerlich erkennbaren Zusammenhang zwischen dem Täter und der verbotenen Partei oder Organisation voraus. Des Ungehorsams gegen das Parteiverbot mache sich auch schuldig, wer von außen her dahin wirke, dass sie erhalten und tätig bleibe, etwa durch Zuwendung von Geld, durch Herstellung und Verbreitung von Propagandamaterial oder durch eigene Propaganda. Im Übrigen hat der BGH außer der bereits erwähnten Westorganisation des FDGB [Urteile vom 14.3. u. 20.7.1961] zu Ersatzorganisationen i.S. der §§ 42, 47 BVerfGG erklärt: Den DTSB, soweit er in der Bundesrepublik „gesamtdeutsche Arbeit" verrichtet, die „Kommissionen für gesamtdeutsche Arbeit" bei dem sowjetzonalen „Deutschen Städte- und Gemeindetag" [BGHSt. 16, 26] und die Gesamtorganisation der SED für „Westarbeit" [3 StR 40/61].

Betreffen die bisher angeführten Entscheidungen kommunistische Organisationen und Verfassungsgegner, so fehlt es für das vergangene Jahr auch wiederum nicht an Urteilen, die der Bekämpfung der rechtsradikalen Staatsfeinde dienen. Diese sind, wie ein Blick auf das politische Tagesgeschehen beweist, bisher nur selten zu einer bedeutsameren Gruppenbildung gelangt, sondern in der Hauptsache als Einzelpropagandisten aufgetreten. Die wichtigste Entscheidung auf diesem Gebiet betrifft denn auch eine Druckschrift, das von einem bayerischen Verlag verbreitete Pamphlet „Die Bankier-Verschwörung von Jekyl-Island", das im Wesentlichen die Übersetzung eines in den Vereinigten Staaten erschienenen, von einem Amerikaner verfassten antisemitischen Buches darstellt. Die zuständige Strafkammer hatte die Einziehung des Pamphlets abgelehnt, da sein Inhalt nicht strafbar sei. Durch Urteil vom 21.4.1961 – 3 StR 55/60 – [BGHSt. 16, 49] ordnete der BGH unter Aufhebung des landgerichtlichen Urteils die Einziehung der Schrift aufgrund der §§ 93, 130 StGB an. Der BGH erklärte, die von § 93 StGB verlangte verfassungsrechtliche Zielsetzung könne auch bei einer Schrift vorliegen, die sich dem äußeren ersten Eindruck nach zunächst mit den Verhältnissen in einem anderen Land befasse. Zwar müsse sich die verfassungsfeindliche Zielsetzung aus dem Inhalt der Schrift ergeben, doch könne dieser Inhalt durch allgemeinkundige Tatsachen ergänzt werden; hierbei seien auch solche Gedanken zu berücksichtigen, die der verständige Leser erkenne, auch wenn sie gleichsam nur zwischen den Zeilen stünden. Bei der Gegenstand des Verfahrens bildenden Schrift sei unverkennbar, dass sie sich gegen das gesamte Judentum und daher auch gegen die deutschen Juden richte. Eine das Judentum im Stil nationalsozialistischer Rassenhetze herabwürdigende Schrift aber ziele auf entsprechende Gegenmaßnahmen ab. Derartige Bestrebungen bedeuteten, wie der BGH bereits in seiner bekannten Entscheidung zum Fall Nieland [vgl. DRiZ 1961, 169] erkannt hatte, einen Angriff auf die durch § 88 Abs. 2 Nr. 2 und 6 StGB geschützten Verfassungsgrundsätze der rechtsstaatlichen Bindung und des Ausschlusses jeder Gewalt- und Willkürherrschaft. Zugleich sei die Schrift geeignet, den öffentlichen Frieden zu gefährden, wobei es für den Tatbestand des § 130 StGB genüge, dass berechtigte Gründe für die Annahme vorlägen, der Angriff werde das Vertrauen in die öffentliche Rechtssicherheit erschüttern, sei es auch nur bei der Bevölkerungsgruppe, gegen die er sich richte. Bei dieser Sachlage brauche auf die Gesichtspunkte des Beleidigungsrechts nicht näher eingegangen zu werden.

Durch ein Revisionsurteil vom 20.7.1961 – 3 StR 21/61 – [NJW 1961, 1932] wurde die Verurteilung eines Angeklagten aus § 96 Abs. 1 Nr. 1 StGB bestätigt, der in einem in einem Vertriebenenblatt erschienenen Artikel die Bundesrepublik dadurch beschimpft hatte, dass er ihr dem Sinne nach nationale Würdelosigkeit vorgeworfen hatte. Auch hier wies der BGH darauf hin, dass es bei der Auslegung der Vorschrift darauf ankommt, wie sie von einem unbefangenen Dritten, dem Durchschnittsleser, verstanden werde. Das Verständnis dieses Durchschnittslesers, nicht die innere Einstellung des Verfassers sei entscheidend für die Feststellung des objektiven Sinngehalts. Äußerungen, die im Zusammenhang nur dahin zu verstehen seien, dass im heutigen Deutschland im Gegensatz zu dem nationalsozialistischen Staat nur Negatives vorhanden sei, enthielten lediglich den Vorwurf eines schimpflichen Verhaltens und Zustandes. Seien die Ausführungen wegen ihrer Maßlosigkeit besonders verletzend, so stellten sie Beschimpfungen dar; es komme dabei weder auf eine Formalbeleidigung noch auf eine Unwahrhaftigkeit der Äußerungen an. Der Angriff dürfe sich allerdings nicht gegen einzelne Staatsorgane, sondern müsse sich gegen die Bundesrepublik als solche richten, und zwar in ihrer besonderen Gestalt als freiheitlich-demokratisches Staatswesen. Diese Voraussetzungen könnten aber auch dann erfüllt sein, wenn sich die Beschimpfungen zwar rein äußerlich gegen Staatsorgane richteten, in Wirklichkeit aber den Staat als solchen treffen sollten. Das sei der Fall, wenn mit der Aufzählung von Einzelheiten und einzelner Missstände die Ablehnung des Staates begründet und zugleich ein ihm in seiner freiheitlich-demokratischen Staatsform entgegengesetztes und widersprechendes System positiv hervorgehoben werde. Für den Vorsatz sei allein entscheidend, ob sich der Verfasser der Aufnahme seiner Äußerungen durch einen unbefangenen Leser bewusst gewesen sei und mit der Möglichkeit einer bestimmten Aufnahme billigend gerechnet habe.

In einem dritten Fall hob der BGH durch Urteil vom 1.12.1961 – 3 StR 38/61 – [BGHSt 16, 338] das freisprechende Urteil einer Strafkammer auf die Revision der Staatsanwaltschaft auf. In diesem Fall hatte der Angeklagte als Redner bei einer Veranstaltung der DRP sich abfällig über den Bundespräsidenten geäußert, was das Landgericht als zwar harte, aber noch zulässige Kritik an politischen Vorgängen gewertet hatte. Der BGH sah jedoch in den Ausführungen des Täters nicht nur eine Kritik, sondern eine

Verunglimpfung i.S. des § 95 StGB. Verunglimpfung sei eine durch Form, Inhalt, Begleitumstände oder Beweggründe erhebliche Ehrenkränkung, wobei geringere oder unwesentliche Entgleisungen außer Betracht bleiben könnten. Da § 95 StGB Amt und Person des Bundespräsidenten schütze, gehe die Vorschrift dem § 185 StGB vor. In dem Urteil finden sich die bemerkenswerten Sätze: „Die Gesetze sind gegen staats- und verfassungsfeindliche Bestrebungen rechts- wie linksradikaler Kräfte gleichermaßen anzuwenden. Es darf sich nicht wiederholen, dass die vom Gesetz besonders geschützten Repräsentanten, Symbole und Einrichtungen der Bundesrepublik bei Gerichten in berechtigten Fällen keinen oder keinen ausreichenden Schutz finden, wie das bei vereinzelten Entscheidungen des früheren Reichsgerichts zutraf…, aber auch sonst bei Strafgerichten der Weimarer Zeit vorkam." Schließlich ist in diesem Zusammenhang noch das Urteil des BGH vom 30.3.1962 – 1 StE 1/62 – zu erwähnen, dass die Schändung des jüdischen Friedhofs in Salzgitter betraf, durch das aber auch zwei Angeklagte wegen der Verabredung zur Gründung einer geheimen, verbrecherischen und auf Sprengstoffanschläge abzielenden Organisation in verfassungsfeindlicher Absicht verurteilt wurden, darunter ein Angeklagter zu einer hohen Zuchthausstrafe.

Um den Kreis der Staatsgefährdungsdelikte abzuschließen, sei kurz noch auf folgende Entscheidungen eingegangen. In der Werbung für das III. Deutsche Turn- und Sportfest in Leipzig hat der BGH einen Verstoß gegen § 92 StGB erblickt, weil es sich bei dem Fest nicht um ein reines Sportlertreffen, sondern um eine Propagandaveranstaltung handelte, bei der gesamtdeutsche Probleme aus der Sicht der SED erörtert und propagiert wurden [BGHSt 16, 15]. In derselben Entscheidung wird ausgeführt, für § 92 StGB in der Begehungsform des Nachrichtensammelns genüge es, wenn der Täter mit dem Ziel, weitere Nachrichten zu erhalten, sich auch nur eine einzige Nachricht beschafft haben. Nach der schon erwähnten Entscheidung vom 29.3.1961 wird bei dem Nachrichtensammeln eine Mehrheit von Einzelakten zu einem Vergehen, also zu einer Handlungseinheit kraft Gesetzes zusammengefasst.

In einem Revisionsurteil vom 5.7.1961 – 3 StR 16/61 – weist der BGH darauf hin, dass die Kontaktaufnahme sowjetzonaler Funktionäre zu Betriebsräten westdeutscher Patenschaftsbetriebe ohne Veranlassung durch die SED oder den FDGB und ohne deren Beteiligung überhaupt nicht möglich sei. Die „Westarbeit" des FDGB sei keine besondere, nur dem FDGB eigentümliche Form der Wühltätigkeit gegen die verfassungsmäßige Ordnung der Bundesrepublik, vielmehr werde diese „Westarbeit" auch von der SED selbst und von allen durch sie gelenkten Organisationen betrieben. Sie sei nichts anderes als eines der Mittel, mit denen die SED ihre Herrschaft auch auf die Bundesrepublik auszudehnen suche. In der schon angeführten Entscheidung vom 20.7.1961 – 3 StR 2/61 – wird nochmals erklärt, dass Absicht i.S. des § 92 StGB den bestimmten Vorsatz bedeute. Auch wer die staats- und verfassungsfeindlichen Ziele der SED nicht teile, an deren Untergrabungsaktionen aber bewusst teilnehme, handle in dieser verfassungsfeindlichen Absicht.

In dem eingangs zitierten Urteil vom 21.10.1961 wird im Hinblick auf § 92 StGB ausgeführt, das „Büro für nationale Gewerkschaftseinheit" des FDGB betreibe einen regelrechten Nachrichtendienst, der die planmäßige Förderung der Wühlarbeit des FDGB gegen die Bundesrepublik zum Ziele habe. Auch in dem Revisionsurteil vom 18.9.1961 wird erneut betont, dass Absicht i.S. des § 94 StGB nur der unmittelbare Vorsatz sei, dass hierunter nicht der Beweggrund des Täters verstanden werden dürfe und dass lediglich bedingter Vorsatz zur Verurteilung nicht ausreiche.

Hinsichtlich der Bestimmung des § 100 d Abs. 2 StGB, die in dem Abschnitt des Strafgesetzbuchs über Landesverrat steht, ihrem Wesen nach jedoch zu den Staatsgefährdungsvorschriften gerechnet werden muss, hat der BGH in dem schon genannten Urteil vom 29.3.1961 erklärt, das Unterhalten von Beziehungen i.S. der genannten Bestimmung sei eine Dauerstraftat, während eine Zuwiderhandlung gegen die §§ 42, 43, 47 [*§ 42:* Vorsätzliche Zuwiderhandlungen gegen eine Entscheidung des Bundesverfassungsgerichts oder gegen die im Vollzug der Entscheidung getroffenen Maßnahmen werden mit Gefängnis nicht unter sechs Monaten bestraft. – *§ 43:* (1) Der Antrag auf Entscheidung, ob eine Partei verfassungswidrig ist (Artikel 21 Abs. 2 des Grundgesetzes), kann von dem Bundestag, dem Bundesrat oder von der Bundesregierung gestellt werden. – (2) Eine Landesregierung kann den Antrag nur gegen eine Partei stellen, deren Organisation sich auf das Gebiet ihres Landes beschränkt. – *§ 47:* Die Vorschriften der §§ 38, 41 und 42 gelten entsprechend.] BVerfGG fortgesetzt begangen werden könne. Träfen die einzelnen Akte der Zuwiderhandlung gegen das Parteiverbot mit der Dauerstraftat des § 100 d Abs. 2 StGB tateinheitlich zusammen, so würden sie zu einer Straftat verbunden. Nach dem mehrfach angeführten Revisionsurteil vom 20.7.1961 – 3 StR 2/61 – sind an den Nachweis der Absicht i.S. des § 100 d Abs. 2 StGB strenge Anforderungen zu stellen, da sonst Personen betroffen werden könnten, die in ihren Beziehungen zu einer staatsfeindliche Ziele verfolgenden auswärtigen Stelle ihre Unabhängigkeit vollständig wahrten. Zum inneren Tatbestand in der Begehungsform des Förderns gehöre, dass sich der Täter in irgendeiner Weise zum Werkzeug der staats- und verfassungsfeindlichen Bestrebungen der fremden Vereinigung machen wolle, dass er sich in diese Bestrebungen also einordne. Diese Einordnung braucht nach einem weiteren Revisionsurteil vom 12.12.1961 – 3 StR 40/61 – dann nicht näher dargetan zu werden, wenn es sich bei dem Täter um einen überzeugten Anhänger des Kommunismus und ideologischen Parteigänger der SED handle; in diesem Fall liege die Einordnung in der Tathandlung selbst, wenn sich der Täter nicht auf das Unterhalten von Beziehungen zu dem auswärtigen Verfassungsfeind beschränke, sondern seine Wühlarbeit zugleich bewusst unterstütze. Wie erinnerlich, hat der BGH die Anwendung des § 100 d Abs. 2 StGB auf Täter beschränkt, die zu der Bundesrepublik in einem besonderen Schutz- oder Treueverhältnis stehen [*Wagner,* GA 1961, 148 Nr. 4, 5]. Die eingangs angeführte Entscheidung vom 21.10.1956 lehnt jedoch jede Einschränkung auch für Kontaktpersonen ab und erklärt, die Ansicht, Kontaktperson i.S. des § 100 d Abs. 2 StGB könne nur sein, wer weder in der Bundesrepublik lebe noch zu ihr in einem besonderen Schutz- oder Treueverhältnis stehe, sei unzutreffend. Als Erfüllung des äußeren Tatbestandes des § 100 d Abs. 2 StGB hat der BGH den bereits geschilderten Fall des Besuches der „Gesamtdeutschen Arbeiterkonferenz“ angesehen, auf der die Täterin sich in das Tagungspräsidium wählen ließ und auch einen Diskussionsbeitrag hielt, wobei der BGH bemerkte, dass ein derartiger Beitrag erfahrungsgemäß von den SED-Funktionären ausgearbeitet und von dem Redner nur abgelesen werde [NJW 1962, 546].

Auf dem Gebiet des Landesverrats ist zunächst ein Urteil vom 10.2.1961 – 6 StE 5/60 – zu erwähnen, worin der BGH ausgeführt hat, dass die gegen eine Agententruppe des sowjetzonalen Spionagedienstes gerichtete Abwehrtätigkeit der Verfassungsschutzbehörden zumindest als Gesamttatsache geheimhaltungsbedürftig anzusehen sei, ohne dass es darauf ankomme, ob jede der hierbei mitgeteilten Einzeltatsachen als Staatsgeheimnis nach § 99 Abs. 1 StGB zu werten sei. Der Verrat setze den Spionagedienst in die Lage, seine Agenten abzuschirmen und vor dem Zugriff zu bewahren, also zu erhalten. Diese Gesichtspunkte, die die Geheimhaltung der amtlichen Abwehrtätigkeit für das Wohl der Bundesrepublik erforderlich erscheinen ließen, begründeten auch die Annahme einer Gefährdung dieses Wohls. Mehrere Verratsfälle desselben Täters bildeten eine natürliche Handlungseinheit, wenn sie sich durch einen unmittelbaren Zusammenhang zwischen mehreren, strafrechtlich erheblichen Einzelakten kennzeichnen, so dass sich das gesamte Tätigwerden auch durch einen Dritten bei natürlicher Betrachtungsweise als ein einheitliches, zusammengefasstes Tun darstelle. In einem weiteren Urteil vom 11.8.1961 – 6 StE 3/61 – hat der BGH betont, dass für die Frage, ob eine von dem Täter einem auswärtigen Nachrichtendienst mitgeteilte Tatsache als Staatsgeheimnis anzusehen sei oder nicht, stets der Zeitpunkt der Verratshandlung maßgebend sei.

Hinsichtlich des inneren Tatbestandes des § 100 StGB hat der BGH in einem Urteil vom 17.3.1961 – 8 StE 2/61 – erklärt, wer im Auftrag eines auswärtigen Nachrichtendienstes besonders interessante, als geheim gekennzeichnete Schriftstücke auswähle und als besonders brauchbar betrachte, handle jedenfalls mit bedingtem Vorsatz. Von besonderer Bedeutung sind aber die Entscheidungen, die den Zusammenhang zwischen Fahnenflucht und Landesverrat betreffen oder die sich über das rechtliche Verhältnis der verschiedenen Landesverratstatbestände zueinander aussprechen. Zu der ersteren Frage hat der BGH in einem Urteil vom 16.9.1961 – 6 StE 5/61 – ausgeführt, der versuchte Landesverrat eines fahnenflüchtigen Soldaten stehe zu der Fahnenflucht im Verhältnis der Tatmehrheit. Die Fahnenflucht sei mit der Entfernung von der Truppe abgeschlossen. Dass diese Taten nur Ausführungshandlungen eines einheitlichen Plans seien, sei rechtlich ohne Belang. Inzwischen hat der 1. Strafsenat des BGH das Gleiche für das Verhältnis des Landesverratsdelikts zu § 19 WehrStG entschieden. Begeht ein Soldat durch Übertritt in die Sowjetzone militärischen Ungehorsam, so stehe diese Straftat zu der späteren Aufnahme landesverräterischer Beziehungen im Verhältnis der Tatmehrheit [NJW 1962, 546].

Zu der Frage des Verhältnisses rechtlich verschieden zu wertender Verratshandlungen ist der BGH in einem Urteil vom 23.11.1961 – 7 StE 7/61 – bei seiner früheren Ansicht verblieben, dass versuchter Landesverrat in einem fortgesetzten vollendeten Landesverrat aufgehe. Dagegen hat er hinsichtlich des Verhältnisses des § 100 zu § 100 e StGB seine in Abkehr von der früheren Rechtsprechung entwickelte Auffassung weiter bekundet, dass § 100 e StGB nicht in § 100 StGB aufgehe, sondern dass zwischen beiden Delikten Tateinheit bestehe, wenn sich die Begehungshandlungen mindestens teilweise deckten [In der Veröffentlichung DRiZ 1961, 118 ff. ist ein sinnentstellender Druckfehler vorhanden. Es muss dort auf S. 173 am Schluss 7. Zeile von unten richtig „Tateinheit" statt „Tatmehrheit" heißen. Urteile vom 28.4.1961 – 6 StE 2/61 -, 9.6.1961 – 7 StE 4/61 -, 28.6.1961 – 9 StE 1/61 -, 14.7.1961 – 7 StE 5/61 – 11.8.1961 – 6 StE 3/61 -, 26.9.1961 – 6 StE 5/61 -, 10.11.1961 – 8 StE 7/61 – und 23.11.1961 – 7 StE 7/61 -]. Dies gilt nach der Rechtsprechung auch für die Begehung anderer Straftaten im Rahmen der gesamten landesverräterischen Tätigkeit, wie Diebstahl, Bestechung, Geheimnis- oder Verwahrungsbruch und Vergehen nach § 7 Abs. 1 Anhang A zum Truppenvertrag. In allen diesen Fällen werden die verwirklichten Tatbestände durch das Vergehen nach § 100 e Abs. 1 StGB tateinheitlich zusammengefasst.

Am bedeutsamsten in dieser Hinsicht ist wohl das Urteil vom 23.2.1961 – 7 StE 1/61 – [JZ 1961, 505], das sich über das Verhältnis verschiedener rechtlicher Möglichkeiten innerhalb des § 100 e StGB selbst ausspricht. Danach begeht das Vergehen des § 100 e Abs. 1 StGB in Tateinheit mit Anstiftung zu einem Vergehen nach § 100 e Abs. 1 StGB derjenige, der während des Unterhaltens verräterischer Beziehungen und bei einem Beisammensein mit seinem Beziehungspartner einen anwesenden Dritten vorsätzlich dazu bestimmt, ebenfalls verräterische Beziehungen aufzunehmen. Ebenso liegt nach diesem Urteil Tateinheit vor, wenn der Täter während des Unterhaltens landesverräterischer Beziehungen einen zur Tat bereiten Dritten zu einem Treff mit seinem Beziehungspartner überredet; in diesem Fall leiste der Täter dem Dritten durch die Tat wissentlich Beihilfe zur Aufnahme verräterischer Beziehungen. In beiden Fällen deckten sich die Ausführungshandlungen der verschiedenen Tatbestände mindestens teilweise. Im Übrigen fordert das Urteil für die Erfüllung des Tatbestandes des § 100 e Abs. 1 StGB die Übereinstimmung der Beziehungspartner über den Beginn bzw. den Fortbestand tatbestandsmäßiger landesverräterischer Beziehungen. Solange sich der Täter gegenüber dem Beziehungspartner nicht zu solchen Beziehungen bereit erklärt habe, fehle es an dieser Übereinstimmung. Ein bloßes Verhandeln über die Aufnahme verräterischer Beziehungen genüge solange nicht, als sich der Verhandelnde noch nicht gebunden habe und Herr seiner Entschlüsse geblieben sei.

Das Urteil vom 14.9.1961 – 6 StE 4/61 – [BGHSt 16, 252] fügt dem hinzu, dass es auf den Beweggrund des Täters nicht ankomme. Er müsse sich mit dem fremden Agenten einig sein und dabei wissen, dass jedenfalls der andere Teil auf die Erlangung von Staatsgeheimnissen der Bundesrepublik abziele. Auf welche Weise der Täter mit dem anderen Teil Fühlung aufgenommen habe und ob das mit oder ohne eigenes Zutun geschehen sei, sei für den Tatbestand des § 100 e Abs. 1 StGB ohne Bedeutung. Das gelte auch für Erkundungen und Befragungen, die in der äußeren Form von Vernehmungen durchgeführt würden. Ein bloßer innerer Vorbehalt des Täters, nicht bei der Spionage gegen den eigenen Staat mitzuwirken, sei rechtlich bedeutungslos. Die Entscheidung spricht sich zugleich über die Beurteilung belangloser Angaben aus und erklärt, derartige Angaben deuteten nicht ohne weiteres auf ein tatbestandsmäßiges Einverständnis hin. Allerdings sei hierbei ein strenger Maßstab anzulegen; maßgebend sei das Gesamtverhalten des Befragten. Sei er über einen angemessenen Rahmen hinausgegangen, so habe er den Tatbestand des § 100 e Abs. 1 StGB erfüllt.

Abschließend sei bemerkt, dass die Mehrzahl der 23 erstinstanzlichen Entscheidungen, die zumeist nach mehrtägiger Hauptverhandlung ergangen sind, dem Landesverratsbereich angehörten, während die Revisionsurteile durchweg Staatsgefährdungsdelikte betrafen. Von den im Jahr 1961 bei der Bundesanwaltschaft eingegangenen 45 und den aus dem Vorjahr übriggebliebenen Revisionssachen hat der BGH 22 durch Urteil erledigt, während die übrigen dem BGH vorgelegten in der Hauptsache durch Verwerfung der Revision nach § 349 Abs. 2 StPO ihren Abschluss gefunden haben. Dieses Zahlenverhältnis spricht für eine fortschreitende Konsolidierung der Staatsschutzrechtsprechung, die viele frühere Zweifelsfragen als geklärt betrachten kann.

GStA Mützelburg begrüßte die Ausführungen als wertvolle Hilfe für die Praxis, weil sie einen zusammenfassenden Überblick böten. Als z.Zt. schwerwiegendsten Mangel der Rechtsprechung in Staatsschutzsachen, dem in Zukunft erhöhte Aufmerksamkeit zu widmen sei, beklagte er, dass allgemein zu geringe Strafen verhängt würden. Er hob hervor, dass besonders im Strafverfahren gegen Anhänger rechtsextremer Richtungen das Strafmaß häufig in einem beschämenden Missverhältnis zur Bedeutung der Tat stünde. *BA Dr. Wagner* wies darauf hin, dass das Missverhältnis zwischen Strafmaß und Unrechtsgehalt der Tat in einzelnen Fällen daraus zu erklären sei, dass das Grundrecht des Art. 5 GG verhältnismäßig leicht mit den Bestimmungen der §§ 93 ff. StGB in Konflikt geraten könne und daher das Strafwürdige einer einschlägigen Tat gelegentlich irrig beurteilt werde. Im Übrigen begegnete er dem Vorwurf der Verhängung zu niedriger Strafen, soweit es sich um seinen Tätigkeitsbereich handelt, mit dem Hinweis, der BGH sei bei der Verhängung von Strafen durchaus nicht übermäßig zurückhaltend. Als Beispiel erwähnte er die in dem Strafverfahren wegen der Schändung des Ausländerfriedhofs in Salzgitter und der Gründung des Freikorps „Großdeutschland“ gegen den Hauptangeklagten Sonnemann verhängte Zuchthausstrafe von sechs Jahren. *GStA Buchholz* trat der Kritik an dem allgemein zu niedrigen Strafmaß in Staatsschutzsachen bei und sah gleichfalls die Hauptbedeutung dieses Mangels im Bereich der Verfahren gegen Rechtsextreme. Er stellte fest, nach seinen Beobachtungen sei nicht zu leugnen, dass die Justiz allgemein schwerer gegen rechtsradikale Strömungen in Bewegung zu setzen sei als gegen links gerichtete.

Im Anschluss an die Ausführungen des Referenten zu dem Urteil des BGH vom 18.9.1961 – 3 StR 25/61 – (BGHSt 16, 264) warf *GBA Fränkel* die Frage auf, ob die Eigenschaft einer Ersatzorganisation auch dann bejaht werden könne, wenn sie nur Einzelziele der verbotenen Partei und diese lediglich mehr wissenschaftlich als praktisch revolutionär verfolge. *BA Dr. Wagner* vertrat dazu den Standpunkt, das bloße Eintreten für eine rein wissenschaftliche Richtung könne die Eigenschaft einer Ersatzorganisation nicht begründen; hinter den Forderungen der Vereinigung müssten die *politischen* Ideen des Kommunismus stehen. Er räumte allerdings ein, die Grenzen zwischen rein wissenschaftlichen und politischen Forderungen könnten fließen. *GStA Dr. Bauer* wies auf das Urteil in dem Verfahren gegen Viktor Agartz hin, das klargestellt habe, dass das Eintreten für einen wissenschaftlichen Marxismus nicht strafbar sei. *Dr. Bauer* erläuterte die Schwierigkeiten, die sich auch bei der Abgrenzung zwischen überörtlich-politischen und lokalen Zielsetzungen ergeben könnten, an dem Beispiel einer kleinen hessischen Wählergemeinschaft; dabei habe es sich um einen Zusammenschluss von Leuten gehandelt, die nur kommunalpolitische Ziele hätten verfolgen wollen. Allein die Tatsache, dass es sich bei einem beträchtlichen Teil der Mitglieder auch um ehemalige KP-Mitglieder gehandelt habe, habe sich vor Gericht nachteilig für die Vereinigung ausgewirkt. Diese Entscheidung halte er im Subjektiven für bedenklich. *GStA Dr. Nehm* warnte davor, derartige Zusammenschlüsse ehemaliger KP-Mitglieder für harmlos zu halten. – *GstA Mützelburg* schloss die Diskussion zu diesem Punkt der Tagesordnung und teilte mit, das „Deutsche Fernsehen" habe den Wunsch geäußert, die Tagungsteilnehmer bei dem vorgesehenen Besuch der SBZ-Demarkationslinie zu filmen. *GStA Dr. Krapp* und *GStA Dr. Bauer* sprachen sich dagegen aus, dem Wunsch zu entsprechen, weil dadurch leicht der Eindruck einer unpassenden Schaustellung hervorgerufen werden könne. Die anschließende Abstimmung fiel mit elf gegen zwei Stimmen zu Ungunsten des Fernsehens aus.

2. *Ist eine Änderung des Gesetzes über die innerdeutsche Rechts- und Amtshilfe notwendig oder erwünscht? Referent: GStA Dr. Nehm:*

1. Die Frage kann nicht schon deshalb verneint werden, weil nach dem 13.8.1961 der Rechtshilfeverkehr mit der SBZ an Umfang erheblich zurückgegangen ist und Anträge der Betroffenen nach § 15 RHG immer seltener geworden sind. Denn wir alle wollen hoffen, dass in absehbarer Zeit wieder in irgendeiner Form ein Verkehr zwischen Ost und West möglich werden wird. Sollten daher die Erfahrungen bei der Anwendung

des Gesetzes seine Änderung notwendig oder wünschenswert machen, so sollte man sie vorschlagen, um beim Wiederaufleben des Rechtshilfeverkehrs gerüstet zu sein.

2. Die Frage einer Gesetzesänderung ist sogar gegenwärtig besonders akut geworden, weil nach der Entscheidung des BVerfG vom 31.5.1961 (NJW 1960, 1611) [1. Eine Entscheidung, die die Vollstreckung eines sowjetzonalen Urteils zulässt, begründet konstitutiv die Verbindlichkeit des zu vollstreckenden Urteils für den Geltungsbereich des Grundgesetzes. – 2. Das Grundgesetz lässt es nicht zu, dass in seinem Geltungsbereich eine Strafe für eine Tat vollstreckt wird, die nach der verfassungsmäßigen Ordnung der Bundesrepublik Deutschland nicht rechtswidrig sein kann. – 3. Die Strafbestimmung, die dem Urteil zugrunde liegt, über dessen Vollstreckung in der Bundesrepublik Deutschland entschieden werden soll, darf ihrem Inhalt nach der verfassungsmäßigen Ordnung der Bundesrepublik Deutschland nicht widersprechen. – 4. Eine Rechtshilfe für Urteile, die die Verletzung der sowjetzonalen Gesetze zum Schutze der in der Zone faktisch ausgeübten politischen Macht oder des in der Sowjetzone bestehenden Wirtschaftssystems bestrafen, widerspricht der verfassungsmäßigen Ordnung der Bundesrepublik Deutschland und ist daher unzulässig. (BVerfGE 11, 150)] die Richtigkeit der Konzeption des RHG überhaupt angezweifelt worden ist und weil unter OLGs folgenschwere Meinungsverschiedenheiten über die Auswirkungen dieser Entscheidung entstanden sind. Diese Meinungsverschiedenheiten haben den OLG-Rat Preiser aus Braunschweig in einer in der NJW vom 10.5.1962 erschienenen Abhandlung (NJW 1962, 844) Veranlassung gegeben, eine Ergänzung des § 9 RHG vorzuschlagen. Auch das OLG in Düsseldorf hält in einer noch zu besprechenden Entscheidung vom 10.11.1961 eine Änderung des § 9 RHG für geboten. Alles Grund genug, dass die in der Anwendung des RHG besonders erfahrenen GStA hierzu Stellung nehmen.

Worum geht es? Das BVerfG hat durch den schon auf der vorigen Tagung erörterten Beschluss vom 31.5.1960 das sowjetzonale Gesetz zum Schutz des innerdeutschen Handels vom 21.4.1950 und die sowjetzonale Wirtschaftsstrafverordnung vom 23.9.1948 als mit der verfassungsmäßigen Ordnung der Bundesrepublik unvereinbar angesehen; es hat darüber hinaus ganz allgemein ausgesprochen, dass eine Rechtshilfe für Urteile, welche die Verletzung der sowjetzonalen Gesetze zum Schutz der in der Zone faktisch ausgeübten politischen Macht oder des in der Zone bestehenden Wirtschaftssystems bestrafen, der verfassungsmäßigen Ordnung der Bundesrepublik widerspreche und daher unzulässig sei. Durch den auf gleicher Erwägung beruhenden Beschluss vom 24.1.1961 (NJW 1961, 653) hat es auch die Vollstreckung von Urteilen sowjetzonaler Gerichte, welche Strafen wegen Verletzung des sowjetzonalen Einkommensteuerrechts oder des Devisengesetzes vom 8.2.1956 verhängt haben, für unzulässig erklärt.

Auf der vorigen Tagung der GStA war Einigkeit erzielt worden, dass – dahingestellt mit welcher rechtlichen Begründung – die GStA ihre vor den Entscheidungen des BVerfG ergangenen ablehnenden Bescheide, soweit sie sich auf die vier genannten Gesetze beziehen, aufheben; soweit ablehnende Bescheide der OLG vorlagen, sollten entsprechende Anträge bei Gericht gestellt werden. Ich darf davon ausgehen, dass alle GStA entsprechend verfahren sind. Soweit gerichtliche Entscheidungen erforderlich wurden, sind jedoch folgenschwere Meinungsunterschiede entstanden: Zwar haben mehrere OLG, darunter das OLG in Hamm (Beschluss vom 31.5.1961 – I Ws 429/60 -), das KG (Beschluss vom 30.10.1961 – 4 Ws 60/61 -), das OLG Schleswig (SchlHA 1961, 273) und jetzt auch das OLG Bremen der Auffassung des BVerfG entsprochen, entweder unter unmittelbarer Anwendung des § 9 RHG oder unter entsprechender Anwendung von §§ 79 Abs. 1, 95 Abs. 3 Satz 3 BVerfGG oder unter Berücksichtigung beider Bestimmungen; teils allerdings „trotz Bedenken, aber im Interesse der Einheitlichkeit der Rechtsprechung". Dagegen hat sich das OLG in Düsseldorf hierzu nicht in der Lage gesehen. Es hat in seinem Beschluss vom 10.11.1961 (NJW 1962, 881) entschieden, dass die Bindungswirkung von Entscheidungen des BVerfG keine neue Tatsache im Sinne des § 9 RHG, und dass die entsprechende Anwendung von § 79 Abs. 1 BVerfGG auf das Verfahren nach § 9 RHG nicht zulässig sei. Gegen solche Entscheidungen ist eine Verfassungsbeschwerde nicht zulässig, weil durch eine die Voraussetzungen des § 9 verneinende Entscheidung keine Grundrechte verletzt werden (BVerfGE 11, 165 – vgl. auch NJW 1961, 1203).

Der Beschluss des nach § 91 a BVerfGG gebildeten Ausschusses des BVerfG vom 10.5.1961 (NJW 1961, 1203), in welchem eine solche Verfassungsbeschwerde als offensichtlich unbegründet verworfen wurde, enthält lediglich Empfehlungen – ein obiter dictum – für die dem Willen des BVerfG gerecht werdende Rechtsprechung zu § 9 RHG und hat daher – wie auf der vorigen Tagung festgestellt wurde und anerkannt ist – keine Bindungswirkungen nach § 81 BVerfGG. Bei dieser Lage besteht für die dem Zuständigkeitsbereich des OLG Düsseldorf angehörenden Betroffenen keine Möglichkeit, den Makel einer Strafe zu beseitigen, die auf einem verfassungswidrigen sowjetzonalen Strafgesetz beruht. Wenn auch tatsächlich in der Bundesrepublik aus solchen Urteilen nicht vollstreckt werden würde und wenn auch immer noch der Weg einer Strafregistermaßnahme offen bleibt, so ist doch eine solche unterschiedliche Behandlung der Betroffenen untragbar. *Preiser* schlägt daher in seinem schon erwähnten Aufsatz aus jüngster Zeit vor, im Hinblick auf die von ihm angenommene Zweifelhaftigkeit der Rechtslage den § 9 RHG wie folgt zu ändern: „Gegen eine rechtskräftige Entscheidung, die ein sowjetzonales Urteil betrifft, das auf einer nachträglich vom BVerfG mit Bindungswirkung für verfassungswidrig erklärten Norm beruht, ist die Wiederaufnahme zulässig, es sei denn, sie erklärt die Vollstreckung des Strafurteils bereits in vollem Umfange für unzulässig."

3. An sich sollte die uneinheitliche Rechtsprechung zu einer für die Betroffenen allerdings brennenden Einzelfrage noch keine Veranlassung geben, das Gesetz zu ändern.

Jedoch kann eine solche Rechtsprechung, vor allem wenn sie Nachahmer findet, deshalb an Umfang noch folgenschwerer werden, weil nach der allgemeinen Begründung der Entscheidung des BVerfG vom 31.5.1960 damit gerechnet werden kann, dass es weitere sowjetzonale Gesetze für verfassungswidrig erklärt. Dadurch würde neue Unsicherheit für zurückliegende ablehnende Entscheidungen der GStA und der OLG entstehen. Eine Stellungnahme zu der Berechtigung der von Preiser vorgeschlagenen Gesetzesänderung ist daher notwendig. Hinzu kommt, dass auch von *Guradze* (NJW 1960, 2091) die Konzeption des RHG überhaupt in Frage gestellt worden ist. Im Rahmen der auch insoweit gebotenen Prüfung ist die eng damit zusammenhängende Frage zu behandeln, ob das Gesetz überhaupt verfassungsmäßig ist; während das BVerfG mit seinen erwähnten Beschlüssen diese Frage implicite bejaht zu haben scheint (so auch *Zorn,* NJW 1958, 1222 und *Stötter,* die Rechts- und Amtshilfe in Strafsachen, S. 124), verneint *Guradze* dies (NJW 1958, 817, 1912 und NJW 1960, 2091). Zweifelnd ist *Wengler* in JZ 1961, 8.

II. Nach Prüfung aller dieser Fragen bin ich zu dem Ergebnis gelangt, dass:

a) das RHG nicht verfassungswidrig ist,
b) seine Konzeption nicht überholt ist,
c) es sich in neunjähriger Rechtsanwendung im Ganzen bewährt hat und für alle kommenden Lagen brauchbar sein wird,
d) dass eine Änderung des § 9 RHG sogar bedenklich ist,
e) die aufgezeigten Schwierigkeiten und die Uneinheitlichkeit der Rechtsprechung zu § 9 RHG dadurch beseitigt werden können, dass gegen die Entscheidungen des OLG zum RHG, auch zu § 9 RHG, die Beschwerde an den BGH zugelassen wird, entweder allgemein oder in einer noch zu behandelnden modifizierten Form.

Die Begründung dieser Stellungnahme ergibt sich für alle Fragen aus allgemeinen Erwägungen, die kaum rechtsdogmatisch, jedoch aus der Rechtswirklichkeit eines ungewöhnlichen Zustandes unseres gegenwärtigen staatlichen Lebens gewonnen sind. Ich hoffe, davon überzeugen zu können, dass man allein mit rechtsdogmatischen Erwägungen dem RHG nicht gerecht werden kann:

1. Das RHG beruht auf einer einmaligen politischen Lage im zweigeteilten Deutschland. Obwohl der Regierungsform nach getrennt, leben doch hüben wie drüben auf deutschem Gebiet deutsche Menschen, welche durch Verwandtschaft, früheres Zusammenleben, durch persönliche und geschäftliche Beziehungen miteinander verbunden sind und verbunden bleiben wollen. Hieraus ergeben sich naturnotwendig Konflikte, auch solche strafrechtlicher Art. Es widerspräche rechtsstaatlichen Grundsätzen, strafbares Unrecht, das außerhalb des Geltungsbereichs des Grundgesetzes an deutschen Menschen begangen wird, ungesühnt zu lassen, wenn der Täter sich

der Strafverfolgung in der SBZ durch Flucht in die Bundesrepublik entziehen könnte. Umgekehrt kann nicht hingenommen werden, dass kriminelle Täter aus der Bundesrepublik sich vor Strafverfolgung sicher wissen, wenn sie sich nach Verübung ihrer Tat in die SBZ absetzen. Dem Fluktuieren des Verbrechertums wäre Tür und Tor geöffnet. Irgendeine Form der Rechtshilfe in Strafsachen ist daher aus praktischen Gründen notwendig, so sehr wir auch im Gegensatz zu den Machthabern der SBZ und dem System drüben stehen. Weitere Beispiele aus dem Alltag der Strafverfolgung könnten angeführt werden. Hier nur ein kennzeichnendes Beispiel aus meinem eigenen Bereich: In einem bei mir vor einiger Zeit anhängig gewesenen Rechts- und Amtshilfeverfahren behauptete der Antragsteller, er sei in der SBZ wegen bloßer Zugehörigkeit zur Waffen-SS zu einer Zuchthausstrafe von 15 Jahren verurteilt worden. Er habe jahrelang in Zuchthäusern der Zone gelitten und hoffe nunmehr auf seine Anerkennung als politischer Flüchtling. Seine Aussage wurde durch eidesstattliche Versicherungen von Mithäftlingen bestätigt. Bei den Ermittlungen ergaben sich Zweifel an seiner Glaubwürdigkeit, und der inzwischen eingeholte Strafregisterauszug wies aus, dass er im Jahre 1947 wegen Mordes zum Tode verurteilt worden war. Nach dem Bestreiten der Richtigkeit dieses Auszuges bat ich das Landgericht in Cottbus um Übersendung der Akten. Es wurde eine Urteilsausfertigung übersandt, aus der sich einwandfrei ergab, dass der Antragsteller drüben wegen gemeinen Mordes zur Rechenschaft gezogen worden war. In solchen und anderen Fällen ist eine Unterstützung durch die sowjetzonalen Behörden notwendig. Umgekehrt würde das Gleiche gelten. Allein praktische Notwendigkeiten machen einen Rechtshilfeverkehr mit der SBZ notwendig. Da ein solcher Verkehr nur mit den sowjetzonalen Behörden möglich ist, muss man sich bei aller Unterschiedlichkeit der Auffassungen in irgendeiner Form miteinander arrangieren, um das notwendige kriminalistische Ziel zu erreichen. Es erscheint mir wichtig, diesen Ausgangspunkt bei der Frage, ob das RHG verfassungswidrig oder in seiner Konzeption überholt ist, besonders zu betonen.

Aus der Notwendigkeit, sich in irgendeiner Form zu arrangieren, ergaben sich naturgemäß schon wegen des jedem Rechtshilfeverkehr immanenten Prinzips der Gegenseitigkeit Konflikte mit verschiedenen rechtsstaatlichen Prinzipien der Bundesrepublik die, soll das erstrebte Ziel erreicht werden, wenn irgend möglich im Wege des Kompromisses gelöst werden müssen. Unantastbar müsste allerdings der Gedanke der Erhaltung der deutschen Einheit bleiben. Man hätte den notwendigen Rechtshilfeverkehr mit der SBZ auch in den bekannten Formen des Rechtshilfeverkehrs mit dem Ausland regeln können. Hier hätten jedoch – abgesehen von politischen Einwänden – vom Standpunkt der Bundesrepublik staatsrechtliche Bedenken erhoben werden müssen. Es kann nicht verfassungswidrig sein, wenn stattdessen aus praktischer Notwendigkeit der Weg eines innerdeutschen Kollisionsrechtes beschritten worden ist, das sich der besonderen Lage anpasst. Es braucht daher auch nicht

Voraussetzung für einen zulässigen Rechtshilfeverkehr mit sowjetzonalen Stellen zu sein, dass die sowjetzonalen Gesetze, die Gerichtsorganisation und die Rechtspflege von den gleichen rechtsstaatlichen Prinzipien beherrscht werden wie sie in der Bundesrepublik gelten. Grenze ist nur die traditionelle kollisionsrechtliche Generalklausel des ordre public, die in § 2 Abs. 5 RHG auch enthalten ist. Durch sie und die übrigen Bestimmungen des § 2 RHG wird verhindert, dass sowjetzonales Unrecht in der Bundesrepublik Deutschland Geltung erlangt. Damit entspricht das RHG auch den Anforderungen der Europäischen Konvention zum Schutz der Menschenrechte, die herangezogen wurde, um die Verfassungswidrigkeit des RHG zu erweisen (vgl. dazu im Einzelnen *Stötter*, aaO., S. 112). Wo kriminelles Recht infrage steht, bei dem sich die Wert- und Unwerturteile noch entsprechen, sollte im Interesse der Bundesrepublik und der Deutschen beider Teile in möglichst weitem Umfange Rechtshilfe gewährt werden. Sie ist gegenwärtig eine der letzten Klammern auf strafrechtlichem Gebiet zur SBZ, mit deren Hilfe wir die Deutschen drüben wirklich gegen das Verbrechertum schützen können als etwa mit den Regeln des Rechtshilfeverkehrs mit dem Ausland. Nicht unwichtig ist, darauf hinzuweisen, dass auch das sowjetzonale Justizministerium aus entsprechenden praktischen Erwägungen heraus Anordnungen erlassen hat oder hat bestehen lassen, um den Rechtshilfeverkehr mit der ihr verhassten Bundesrepublik aufrecht zu erhalten (vgl. *Stötter*, aaO, S. 115).

2. Diesen praktischen Notwendigkeiten eines auf Gegenseitigkeit beruhenden innerdeutschen Kollisionsrechts auf politischem Hintergrund ist sich der Gesetzgeber, wie die Materialien ergeben (vgl. *Löwe-Rosenberg*, StPO 20. Aufl., Bd. II, 369, 370) bewusst gewesen. Er hat daher eine besondere Regelung getroffen, die im deutschen Rechtskreis kein Vorbild hat. Die im Einzelnen als bekannt vorauszusetzende Regelung ist ihrer Ausgestaltung nach durchaus eigenständig. Sie ist keine Rechts- und Amtshilfe nach dem GVG, keine Rechtshilfe mit dem Ausland, kein Rechtsmittel, keine Wiederaufnahme des Verfahrens, kein gegenüber der Justizhoheit der SBZ angemaßtes Gnadenrecht; sie ist überhaupt keine Regelung, die sich mit irgendeinem Rechtsinstitut in der Bundesrepublik vergleichen ließe. Man wird daher der besonderen Zielsetzung des RHG und der ihm zugrundeliegenden politischen und menschlichen Probleme im zweigeteilten Deutschland nicht gerecht, wenn man nur mit den Methoden der Begriffs- und Wortjurisprudenz das Gesetz auszulegen sucht. Daher ist es m.E. nicht richtig, § 9 RHG wegen seiner übrigens nur fast wörtlichen Übereinstimmung mit § 359 Ziff. 5 StPO so auszulegen wie § 359 Ziff. 5 StPO und eine veränderte Rechtsauffassung nicht als neue Tatsache im Sinne des RHG anzusehen. Auch kann m.E. die gebotene extensive Auslegung des § 9 RHG nicht zur Folge haben, dass zugleich auch die Rechtsprechung zu § 359 Ziff. 5 StPO geändert werden müsste. Die Ausweitung des § 9 RHG lässt sich innerlich auch deshalb rechtfertigen, weil bei Entscheidungen nach dem RHG im Gegensatz zu den Urteilen nach der StPO die Wahrung der

Rechtskraft der mehr prozessualen Entscheidungen des GStA und der OLGs nicht im Vordergrund steht. Wesentlich ist, wie *Poppe* (NJW 1961, 1442) mit Recht betont, nicht, dass die einmal getroffene Entscheidung nach dem RHG wegen des Prinzips der Rechtskraft bestehen bleibt, sondern ob die Gewährung der Rechtshilfe bzw. die Entscheidung nach § 15 RHG verantwortet werden kann. Ich halte es daher auch für die weitere Rechtsanwendung und Auslegung des RHG für bedenklich, dem Abänderungsvorschlag Preisers zu § 9 RHG beizutreten, weil damit der Gesetzgeber verneinen würde, dass das RHG ein eigenständiges Gesetz ist. Der Rechtsprechung wäre damit die Ausfüllung weiterer Gesetzeslücken und eine extensive Auslegung aus dem besonderen Gegenstand und Zweck des Gesetzes verbaut. Die Änderungsvorschläge, die der Königsteiner Kreis den Bundestagsausschüssen, dem Rechtsausschuss des Bundesrats, dem Bundeskanzleramt, den zuständigen Ministerien usw. am 31.5.1955 unterbreitet hatte, sind augenscheinlich aus dieser Erwägung heraus ohne Erfolg geblieben (vgl. dazu im Einzelnen *Stötter,* aaO., S. 125 ff.).

Dem Gesetzgeber ist es m.E. durch eine nicht zu sehr ins Einzelne gehende Regelung gelungen, die ihm bewusst gewesene schwierige Aufgabe zu meistern, das tatsächliche Bestehen der Herrschaft der jetzigen Machthaber in der Zone und ihr Wirksamwerden auf dem Gebiet der Strafjustiz zu bejahen, ohne deren Staatsgewalt und Rechtsstaatlichkeit anzuerkennen. Wie neunjährige Rechtsanwendung gezeigt hat, ist die Regelung auch elastisch genug, um den sich aus der kommunistischen Taktik ergebenden jeweils veränderten politischen Lagen im Verhältnis zwischen Ost und West gerecht zu werden. Er hat schon schwersten Belastungen in den Beziehungen zwischen Ost und West standgehalten und es ist dazu auch weiter geeignet.

Das BVerfG ist mit seinen weniger das Rechtsdogmatische als das Praktische in den Beziehungen zwischen Ost und West berücksichtigenden Entscheidungen zum RHG auf dem richtigen Wege, wenn es die Verfassungsmäßigkeit und die Gesamtkonzeption des RHG – wenigstens implicite – anerkennt, sich aber vorbehält, weitere sowjetzonale Gesetze für verfassungswidrig zu erklären, wenn hierzu unter Berücksichtigung der Lage in der SBZ Veranlassung besteht. An eine elastische gesetzliche Sonderregelung schließt sich m.E. mit Recht eine elastische Rechtsprechung an, die allen veränderten Lagen Rechnung tragen kann.

Die Entwicklung kann dahin gehen, dass bei einer weiteren Verhärtung der Lage eine Anzahl anderer sowjetzonaler Gesetze für verfassungswidrig erklärt wird. Das OLG in Oldenburg weist in seinem Beschluss vom 21.2.1962 – 1 Ws 203/61 – schon insofern einen Weg, als es die Vollstreckung aufgrund von Urteilen, die eine Bestrafung wegen Verletzung sogenannten gesellschaftlichen Eigentums aussprechen, als unzulässig erklärt. Die Rechtsprechung des BVerfG kann dazu führen, dass mit dem RHG eine echte Prüfung nur noch für die rein kriminellen Tatbestände möglich ist, die in der Bundesrepublik Deutschland und in der SBZ etwa in dem gleichen Wortlaut und dem gleichen Sinngehalt gültig sind.

Die Entwicklung kann aber auch anders verlaufen, wenn aufgrund einer Veränderung der internationalen Lage eine Aufweichung zwischen Ost und West stattfindet und irgendeine Form des modus vivendi gefunden wird. Ich darf nur auf die gegenwärtig gepflogenen Verhandlungen hinweisen. In solchem Falle wäre es verhängnisvoll, wenn das RHG im Hinblick auf den gegenwärtigen Zustand in seiner Gesamtkonzeption geändert werden würde und für andere günstigere Lagen nicht mehr brauchbar ist.

Es erscheint mir daher richtiger, die Tendenz des BVerfG weiter zu verfolgen und die materiellen Bestimmungen des RHG unangetastet zu lassen, sie aber aus ihrer Eigenständigkeit unter Berücksichtigung der jeweiligen Lage sinnvoll auszulegen. Ich glaube auch nicht, dass bei den gegenwärtigen lebhaften Auseinandersetzungen über den künftig einzuschlagenden Kurs in den Beziehungen zwischen Ost und West überhaupt eine parlamentarische Mehrheit gefunden werden würde, um die Gesamtkonzeption des RHG zu ändern.

3. Dagegen meine ich, dass gegen eine den Grundcharakter des RHG unberührt lassende formelle Änderung durch Einführung einer Beschwerde oder eines Rechtsbehelfs zum BGH weder grundsätzliche Bedenken erhoben werden können, noch die Gefahr besteht, eine solche Ergänzung parlamentarisch nicht durchsetzen zu können. Im Gegenteil beweisen die oben geschilderten folgenschweren unterschiedlichen Auffassungen zu § 9 RHG, dass eine solche Änderung im Interesse der Einheitlichkeit der Rechtsprechung, insbesondere aber im Interesse der von ihr nachteilig betroffenen Menschen dringend notwendig ist. Sie würde auch die Verfassungsmäßigkeit des Gesetzes noch augenscheinlicher machen, weil damit eine weitere Instanz zur Wahrung eben seines rechtsstaatlichen Charakters eingeführt wird.
4. Es ist demgegenüber eine zweitrangige Frage, wie dieser Rechtsbehelf im Einzelnen ausgestaltet werden soll. Man könnte die Beschwerde allgemein, auch gegen Entscheidungen der OLG nach § 9 RHG, zulassen und dabei etwa die Formulierung des Königsteiner Kreises: „Über die Beschwerde entscheidet nach Anhörung des GBA der BGH durch Beschluss" übernehmen. Die GStA oder die Betroffenen wären bei einer solchen Regelung auch in der Lage, jedes Verfahren durch einen Antrag bei dem OLG gemäß § 9 RHG erneut in Gang zu bringen und im Falle der Ablehnung eine Entscheidung des BGH herbeizuführen.

Es könnte auch erwogen werden, die Regelung des § 27 DAG [Dt. Auslieferungsgesetz] zu übernehmen (vgl. auch *Stötter*, aaO., 125, 127).

GStA Mützelburg pflichtete dem Referenten darin bei, dass das Gesetz über die innerdeutsche Rechts- und Amtshilfe in Strafsachen durchaus noch seinen Platz in der

Rechtsordnung habe. Wenn die in letzter Zeit so beklemmend gewordene Abschnürung der beiden Teile Deutschlands dazu geführt habe, dass die Bestimmungen des Gesetzes nicht mehr so häufig angewendet würden, könne daraus nicht ohne weiteres auf eine künftige Bedeutungslosigkeit des Gesetzes geschlossen werden. Das Gesetz habe schon deshalb auch jetzt noch seine Aufgabe, weil es immer noch Flüchtlingen gelinge, nach Westberlin oder in die Bundesrepublik zu flüchten. Ferner müsse mit der Möglichkeit gerechnet werden, dass die Bevölkerungsfluktuation zwischen der sowjetischen Besatzungszone einerseits und der Bundesrepublik und Westberlin andererseits infolge einer Änderung der tatsächlichen oder politischen Grundkonzeptionen wieder zunimmt, so dass das Gesetz wieder in einem weiten Rahmen angewendet werden müsse. Angesichts dieser Möglichkeiten gelte es nach wie vor, das RHG auf seinen Gehalt und seine Praktikabilität zu prüfen und sich den Bestrebungen nach einer Verbesserung des Gesetzes nicht zu verschließen, um es zu einem noch brauchbareren Mittel des Verkehrs zwischen den beiden Teilen Deutschlands zu formen.

GStA Mützelburg wies darauf hin, dass ein wesentliches Problem in der Frage liege, ob der in einem rechtskräftigen Urteil festgestellte Sachverhalt als bindend hinzunehmen ist, oder ob die Tatsachenfeststellungen nachgeprüft werden können. Bisher habe man die Tatsachenfeststellungen als bindend angesehen, weil man trotz aller Bedenken noch von rechtsstaatsartigen Urteilen der Zonengerichte ausgegangen sei. Man habe daher geglaubt, sich auf eine Rechtsprüfung beschränken zu müssen, und jeden Angriff auf die Beweiswürdigung für unzulässig gehalten. Seit geraumer Zeit bestehe aber durchaus eine Neigung, tatsächliche Feststellungen zu prüfen. Aus dieser Neigung ergäben sich aber nahezu unüberwindliche Schwierigkeiten, weil die verwendeten Beweismittel in der Regel nicht zur Verfügung stehen. Angesichts dieser Schwierigkeiten, denen wegen der zunehmenden Entfernung der Zonenjustiz vom Recht nicht ausgewichen werden könne, sei eine Ergänzung des Gesetzes zu begrüßen.

Im Interesse der Rechtseinheit sprach sich *GStA Mützelburg* ferner für eine ergänzende Regelung in Anlehnung an § 27 des deutschen Auslieferungsgesetzes aus und schlug vor, dem § 8 RHG den folgenden neuen Absatz anzufügen: „Hält das Oberlandesgericht eine Entscheidung des Bundesgerichtshofes für geboten, um eine Rechtsfrage von grundsätzlicher Bedeutung zu klären, so begründet es seine Auffassung und holt die Entscheidung des Bundesgerichtshofes über die Rechtsfrage ein. § 121 Abs. 2 GVG ist entsprechend anzuwenden."

Um Unklarheiten über die Auslegung des Begriffs „neue Tatsachen" in § 9 Abs. 1 RHG vorzubeugen, wie sie in der vom OLG Düsseldorf in dem Beschluss vom 10.11.1961 im Gegensatz zur überwiegenden Meinung vertretenen Auffassung deutlich werden, gab *GStA Mützelburg* zu bedenken, einen neuen Wiederaufnahmegrund zu schaffen, für den der Rechtsgedanke des § 79 Abs. 1 BVerfGG herangezogen werden könne. Er schlug folgende Ergänzung für § 9 Abs. 1 RHG vor: „Das Gleiche gilt, wenn das Bundesverfassungsgericht festgestellt hat, dass die Strafbestimmung, die dem Urteil zugrunde liegt, ihrem Inhalt nach der verfassungsmäßigen Ordnung der Bundesrepublik Deutschland widerspricht."

GBA Fränkel begrüßte die gegebenen Anregungen, warnte jedoch vor Gesetzesänderungen, die den Grundgedanken des Gesetzes antasten könnten, weil dieser unbedingt Billigung verdiene. Grundsätzlich bezeichnete er einen Rechtsbehelf zum BGH im Interesse der Rechtseinheit als dringend erwünscht.

GStA Ahmann regte an, den Rechtsbehelf auf die Prüfung besonders wichtiger Rechtsfragen zu beschränken, um eine Beschwerdeflut zu vermeiden.

GStA Woll brachte zum Ausdruck, er halte eine Vorlage entsprechend § 121 Abs. 2 GVG für den richtigen Weg, um die Gefahr ungerechter OLG-Urteile zu verringern. *GStA Mützelburg* stimmte dem zu und unterstrich, dass bisher lediglich die in der Frage der Wiederaufnahme entstandenen Unsicherheiten zu unerträglichen Schwierigkeiten bei der Anwendung des RHG geführt hätten.

OStA Gall deutete die besonders im Bereich seiner Behörde infolge der Entscheidung des OLG Düsseldorf entstandenen Schwierigkeiten an und sah einen Ausweg z.Zt. lediglich darin, von Amts wegen Straftilgungsverfahren einzuleiten.

GStA Dr. Bauer gab gegenüber einer Anlehnung an den Grundgedanken des § 27 des deutschen Auslieferungsgesetzes dem Vorlageverfahren im Sinne des § 121 GVG den Vorzug. Er wies darauf hin, dass sich ähnliche Bedürfnisse auch auf anderen Randgebieten des Strafprozessrechts ergeben hätten, so dass er es für wünschenswert halte, das Vorlageverfahren mit allgemeiner Geltung in die Strafprozessreform einzuarbeiten.

GStA Buchholz widersprach Auslegungen, nach denen eine Nachprüfung der tatsächlichen Feststellungen sowjetzonaler Urteile nach dem RHG rechtlich unzulässig sei. Das Hanseatische OLG halte eine derartige Prüfung für zulässig. Schwierigkeiten lägen lediglich in den sehr beschränkten tatsächlichen Möglichkeiten einer Nachprüfung. *GStA Günther* pflichtete ihm bei, als er darauf hinwies, dass es Fälle gäbe, die einer tatsächlichen Nachprüfung schon deshalb zugänglich seien, weil die bei der Tatsachenfeststellung begangenen Verstöße auf der Hand liegen.

GStA Biermann gab zu bedenken, dass in der bisherigen Rechtsprechung zum RHG stets Wege zu einer befriedigenden Lösung gefunden worden seien, und dass man deshalb einer Gesetzesänderung nur mit äußerster Vorsicht nähertreten solle. Seine warnenden Worte richteten sich vor allem gegen die Einführung eines Beschwerderechts gegen die Beschlüsse des OLG, weil damit die Stellung der OLG überhaupt angetastet werde. Man dürfe nicht außer Acht lassen, dass die OLG höchste Landesgerichte seien, deren Entscheidungen von jeher unanfechtbar gewesen seien. Daher halte er es allenfalls für vertretbar, ein Vorlageverfahren einzuführen.

GStA Haas ging davon aus, dass sich das Gesetz bisher bewährt habe. Er unterschied im Hinblick auf die Entscheidung des BVerfG zwei Fallgruppen: Einmal Verurteilungen wegen solcher Tatbestände, die kein echtes kriminelles Unrecht darstellen, sondern lediglich aufgrund von Zonengesetzen, die für verfassungswidrig erklärt sind, als strafbar behandelt worden sind; die Beurteilung dieser Fälle bereite keine Schwierigkeiten. Die zweite Fallgruppe werfe jedoch Probleme auf, die dazu drängten, nach Wegen für eine rechtseinheitliche Behandlung zu suchen. Es handle sich hierbei namentlich um die Fälle, in denen die Verurteilung nicht nur aufgrund eines für verfassungswidrig erklärten Zonengesetzes, sondern außerdem aufgrund einer echten Strafrechtsnorm erfolgt ist, sowie um solche Fälle, in denen die Verurteilung wegen eines Verstoßes gegen das allgemeine Strafrecht nicht auf die entsprechende echte Strafrechtsreform, sondern auf ein für verfassungswidrig erklärtes Zonengesetz gestützt worden ist, etwa um aus politischen Gründen eine besonders hohe Strafe zu rechtfertigen. Die bei Entscheidungen über Fälle dieser Gruppe auftauchenden Probleme, insbesondere der Widerstreit zwischen der absoluten Theorie, nach der die Gesamtheit der Entscheidung in jedem Falle von der Rechtsstaatswidrigkeit der zugrunde liegenden Gesetzesbestimmung ergriffen werde und der Übergewichtstheorie, die es erlaube, zwischen politischen und kriminellen Normverletzungen zu unterscheiden und letzten Endes auf das Übergewicht abzustellen, verlangten eine Vereinheitlichung der Rechtsprechung, die durch das Vorlageverfahren zu erreichen sei. *GStA Haas* sprach sich daher ebenfalls für eine Ergänzung des § 9 RHG durch die Einführung eines Vorlageverfahrens aus.

GStA Dr. Krapp stimmte *GStA Biermann* darin zu, dass eine Gesetzesänderung z.Zt. nicht dringlich sei. Er verwies ebenfalls darauf hin, dass die Rechtsprechung in der Vergangenheit ausreichende Hilfsmittel gefunden habe, um zu befriedigenden Ergebnissen zu gelangen. Er bezweifelte, ob die Frage der Zulässigkeit der Nachprüfung tatsächlicher Feststellungen die ihr gewidmete Aufmerksamkeit in vollem Umfange verdiene, und erinnerte zur Begründung an die Tatsache, dass der Mangel an tatsächlichen Unterlagen, die eine solche Prüfung erlaubten, nicht auszuräumen sei und deshalb eine derartige Prüfung ein Behelf bleiben müsse. Zur Frage des Theorienstreits erwähnte er das sog. „Volkseigentumsurteil" des OLG Oldenburg und riet, es eher in Kauf zu nehmen, dass kriminelles Unrecht in Einzelfällen ungesühnt bleibe, als den Grundsatz zu gefährden, dass rechtsstaatswidriges Recht nicht anerkannt werden dürfe.

GBA Fränkel griff die von *GStA Dr. Bauer* gegebene Anregung auf, im Rahmen der Strafprozessreform eine allgemeine Vorlagemöglichkeit zu schaffen, und meldete Bedenken gegen eine derartige allgemeine Regelung an. *GStA Woll* schloss sich den Bedenken mit der Folgerung an, eine allgemeine Vorlagepflicht laufe auf eine Bindung aller OLG an die Rechtsprechung des BGH hinaus. Er meinte, diese Folge widerspreche dem Richterbegriff des deutschen Rechts, weil sie die Unabhängigkeit des Richters antaste. Er forderte daher, die Vorlagemöglichkeit müsse auf Ausnahmen beschränkt bleiben.

GStA Biermann gab zu bedenken, dass die Frage nach einem allgemein geltenden Vorlageverfahren zu plötzlich aufgeworfen worden sei, um erschöpfend behandelt zu werden. Er schlug vor, diese Frage auf das Programm der nächsten Jahrestagung zu setzen, weil die Erörterung der in diesem Zusammenhang auftauchenden Probleme einer gründlicheren Vorbereitung bedürfe.

GStA Mützelburg begrüßte diesen Vorschlag und schloss die Diskussion ab.

3. *Prüfung aller beim Strafregister eingehenden Strafnachrichten über Verurteilungen in der SBZ (§ 14 RHG [vgl. Einl.])*

Referent: GStA Günther: Das Thema ist nicht ganz zutreffend, zumindest nicht präzise genug formuliert. Es ist auf Anregung eines Kollegen erst in letzter Minute auf die Tagesordnung gesetzt worden. Eine Berichtigung war daher leider nicht mehr möglich.

Offenbar ist die Anregung des Kollegen auf einen Bericht zurückzuführen, den ich am 15. Januar dieses Jahres dem Herrn Senator für Justiz in Berlin zu der Frage erstattet habe, wie vom Strafregister Auskunftsersuchen zu behandeln sind, die *früher* – d.h. zum größten Teil *vor* Publizierung der Entscheidung des BVerfG vom 31.5.1960 – vorgenommene Eintragungen über Verurteilungen durch Gerichte des sowjetisch besetzten Gebietes aus schlechthin rechtsstaatswidrigen Gesetzen betreffen. Auf diese Frage gibt § 14 RHG bekanntlich *keine* Antwort.

Durch § 14 RHG soll verhindert werden, dass es zur Eintragung von Strafvermerken über rechtsstaatswidrige Erkenntnisse *überhaupt* kommt; m.a.W.: Zweck *dieser* Bestimmung ist es zu erreichen, dass die Frage, die ich hier behandeln will, sich gar nicht erst stellt.

Über die durch § 14 RHG geregelten Fälle ist ohnehin nur wenig zu sagen. Die Frage, wie eingehende Strafnachrichten über Verurteilungen durch sowjetsektorale und sowjetzonale Gerichte von der Strafregisterbehörde zu behandeln sind, hat – jedenfalls für Berlin – kaum noch *praktische* Bedeutung. Wie ich festgestellt habe, gehen dem Berliner Strafregister bereits seit *Juni 1952* von den Behörden des sowjetisch besetzen *Sektors* in Berlin keine Strafnachrichten mehr zu. Dieser Praxis haben sich nur wenige Monate später die Behörden der sowjetisch besetzten *Zone* angeschlossen. Es gehen also seit nahezu zehn Jahren von drüben keinerlei Strafnachrichten mehr bei uns ein. Ich nehme an, dass es hier in Westdeutschland, in Ihren Bezirken, nicht anders ist.

Das Berliner Strafregister jedenfalls erfährt von Verurteilungen durch Gerichte des sowjetisch besetzten Gebietes nur noch *gelegentlich:* so etwa aus Vernehmungen des Verurteilten, wenn dieser als Beschuldigter in einer bei *uns,* in Westberlin oder in Westdeutschland, anhängigen Sache selbst erwähnt, dass er bereits im sowjetisch besetzten Gebiet verurteilt worden ist; oder aber aus Verfahren, die nach § 15 RHG eingeleitet werden; bzw. aus sonstigen Rechtshilfevorgängen wie insbesondere aus Vollstreckungsersuchen von drüben. So sind z.B. solchen Vollstreckungsersuchen nicht selten Strafregisterauszüge beigefügt, die nicht nur Aufschluss über das Strafurteil geben, um dessen Vollstreckung ersucht wird, sondern auch über frühere Verurteilungen des Betroffenen durch Gerichte des sowjetisch besetzten Gebietes. Es kommt sogar vor, dass

Straftilgungsverfahren zu derartigen Erkenntnisquellen führen: So habe ich erst in jüngster Zeit erlebt, dass in einem Straftilgungsverfahren der Antragsteller, der die Bereinigung seines Berliner Strafregisters anstrebte, offenbart hat, dass er in der Zwischenzeit auch von sowjetsektoralen Gerichten wiederholt verurteilt worden war; demzufolge wurde sein Register nicht *bereinigt*, sondern ergänzt und berichtigt.

Auf diese oder ähnliche Weise bekannt gewordene Verurteilungen werden in der Regel dem Strafregister mitgeteilt. Soweit dies im Rahmen des § 13 RHG vorgeschrieben ist, kommt § 14 RHG nicht zum Zuge; denn insoweit handelt es sich um Mitteilungen über Erkenntnisse, hinsichtlich deren abschließende Verfügungen des GStA oder Entscheidungen des Gerichts über die Zulässigkeit der Vollstreckung bereits vorliegen. In allen übrigen Fällen, also insbesondere dann, wenn der Verurteilte in hier anhängigen Verfahren von sich aus Angaben über frühere Verurteilungen macht, entsteht indes die Frage, ob darauf § 14 RHG überhaupt angewandt werden kann. Ich bin der Meinung, dass sich die Vorschrift auf solche Fälle zumindest entsprechend anwenden lässt; dass also die Entscheidung des zuständigen GStA einzuholen ist, wenn sich Bedenken gegen die Eintragung ins Strafregister ergeben oder wenn der Verurteilte der Eintragung widerspricht. So zu verfahren, entspricht m.E. dem Sinn und Zweck des Gesetzes. Ich will die Frage indes nicht vertiefen, da die erörterten Fälle in der Praxis keine große Bedeutung haben.

Zu entscheiden, *was* nach § 14 RHG *ins* Strafregister einzutragen ist, bereitet im Allgemeinen keine Schwierigkeiten mehr. Es erübrigt sich daher, in diesem Kreise auf das – Ihnen allen seit langem bekannte – Verfahren nach § 14 RHG näher und im Einzelnen einzugehen. Um die von mir zu behandelnde Frage erörtern zu können, genügt es, wenn ich dazu Folgendes vorausschicke und in Ihr Gedächtnis zurückrufe:

Sie wissen, dass gegen die von dem GStA nach § 14 RHG getroffene Entscheidung, die für die Strafregisterbehörde und die polizeilichen Listen führende Stelle verbindlich ist (§ 16 RHG), *kein* Antrag auf gerichtliche Entscheidung gestellt werden kann. Dem Verurteilten bleibt, abgesehen von der Dienstaufsichtsbeschwerde nur der Weg über § 15 RHG (§ 14 Satz 3 RHG); erst die durch einen solchen Antrag herbeigeführte Entscheidung unterliegt der richterlichen Nachprüfung. Im Übrigen gilt Folgendes: Ist der Vermerk ins Strafregister erst einmal eingetragen – sei es unmittelbar durch die Strafregisterbehörde, sei es auf Anordnung des GStA -, so hat weder der Verurteilte, wenn er davon erfährt, ein nachträgliches Widerspruchsrecht (vgl. hierzu Beschluss des KG – 1 RHE AR 2272.53/ 1a Ws 445.54 – v. 10.3.1954), noch kann der GStA seine abschließende Verfügung ändern oder die Strafregisterbehörde aufgrund des *Rechtshilfe*gesetzes zur Tilgung eines Vermerks anweisen, den diese von sich aus eingetragen hat.

Aus dieser Rechtslage erklären sich die Schwierigkeiten, die sich neuerdings bei der Behandlung von Auskunftsersuchen ergeben haben, die sich auf Verurteilungen durch Gerichte des sowjetisch besetzten Gebietes aus schlechthin rechtsstaatswidrigen Strafbestimmungen erstrecken. Vermerke über derartige Straferkenntnisse befinden sich, wie

Ihnen bekannt ist, noch in großer Anzahl in unseren Strafregistern. Sie stammen fast durchweg aus der Zeit, in der die meisten GStA und OLG zu den 1960 von dem BVerfG entschiedenen Fragen einen anderen Standpunkt einnahmen und abweichend entschieden. Meist handelt es sich um Vermerke nach § 13 RHG, doch gelegentlich auch um Eintragungen, die die Strafregister gemäß § 14 RHG von sich aus oder mit Genehmigung des GStA vorgenommen haben.

Bereits im Herbst 1960, schon bald nachdem der Beschluss des BVerfG vom 31.5.1960 bekannt geworden war, sah sich der GStA bei dem LG Berlin durch einen Fall, in dem sich der Verurteilte auf diese Entscheidung berufen hatte, genötigt, um Weisung zu bitten, wie bei diesbezüglichen Auskunftsersuchen zu verfahren ist. Seitdem mit dem Problem befasst, haben meine Mitarbeiter und ich nach einer uns geeignet erscheinenden Lösung gesucht.

§ 14 RHG bietet, wie ausgeführt, keine Handhabe, Eintragungen der in Rede stehenden Art aus dem Strafregister zu entfernen. Gleichwohl muss, worüber wir uns sicherlich einig sind, unter allen Umständen *verhindert* werden, dass Auskünfte über Vermerke erteilt werden, die zu den angeführten Entscheidungen des BVerfG in Widerspruch stehen. Um das zu erreichen, habe ich, wie ich abschließend berichten darf, für meinen Geschäftsbereich Folgendes angeordnet:

Die Strafregisterbehörde hat mir, so habe ich vorsorglich bestimmt, sämtliche Mitteilungen über Verurteilungen aus schlechthin rechtsstaatswidrigen Strafbestimmungen vor Eintragung zur Entscheidung gemäß § 14 RHG vorzulegen, und zwar ohne Rücksicht darauf, ob der Verurteilte der Eintragung widerspricht. Darüber hinaus habe ich die Staatsanwaltschaft bei dem LG angewiesen, Auskunftsersuchen, die sich auf Vermerke über derartige Verurteilungen beziehen, mir alsbald, d.h. *bevor* Auskunft erteilt wird, zuzuleiten. Ich prüfe dann in jedem Einzelfall, ob der Betroffene dazu veranlasst werden kann, einen Antrag gemäß § 15 RHG zu stellen, bzw. ob eine erneute Entscheidung nach §§ 9, 15 RHG herbeigeführt oder ob ein Straftilgungsverfahren von Amts wegen eingeleitet werden soll.

GStA Haas teilte inhaltlich die für das Land Nordrhein-Westfalen vorgesehene Regelung mit, die als Anlage C 2 beigefügt ist: 1. Mitteilungen zum Strafregister, die Verurteilungen aufgrund der genannten Gesetze zu erhalten, sind dem GStA zur Entscheidung nach § 14 RHG vorzulegen. – 2. Dem GStA sind bereits vorhandene einschlägige Strafregistervermerke vorzulegen, soweit diese bei einem Auskunftsersuchen oder auf andere Weise bekannt werden. Der GStA prüft, ob eine Entscheidung nach dem Gesetz über die innerdeutsche Rechts- und Amtshilfe vom 2.5.1953 oder von Amts wegen ein Straftilgungsverfahren zu veranlassen ist.

Das Berliner Vorgehen, dem auch die Regelung für Nordrhein-Westfalen folgt, fand allgemeine Billigung.

4. *Aufgabe und Verfahrensweise der ZentrErfSt. Salzgitter*

Referent: GStA Mützelburg: Um dem im Sommer 1961 unerträglich wachsenden Terror der Gewalthaber in der sowjetisch besetzten Zone entgegenzuwirken, regten die Innenminister – vor allem der Berliner Innensenator – an, die Zentralstelle in Ludwigsburg zu beauftragen, Zonenverbrechen zu registrieren. Dieser Anregung konnte die Konferenz der Justizminister der Bundesländer schon wegen der grundsätzlichen Verschiedenheit der Aufgabe beider Stellen nicht entsprechen. Sie beschlossen daher auf ihrer Tagung vom 20.-27.10.1961 in Wiesbaden, eine neue Zentralstelle zu errichten, um die im Zusammenhang mit den politischen Ereignissen des 13.8.1961 in Ostberlin und in der SBZ begangenen Gewaltakte festzuhalten und Vorkehrungen zu treffen, sie zu gegebener Zeit zu sühnen.

Es hätte nahe gelegen, eine solche Stelle bei der Kriminalpolizei, etwa dem BKA zu schaffen, weil sie sich nicht unmittelbar mit der Verfolgung strafbarer Handlungen befassen muss, sondern zunächst mit der Feststellung, wo und ob eine Straftat begangen worden ist. Trotzdem haben die Justizminister die Aufgabe übernommen, um sich nicht dem Vorwurf auszusetzen, an politischen Notwendigkeiten aus Zuständigkeitserwägungen vorbeizugehen. Der Justizminister des Landes Niedersachsen hat es übernommen, der Übereinkunft Gestalt zu verleihen und die Stelle einzurichten. Niedersachsen bot sich als Anlieger des längsten Teils der Zonengrenze einfach an. Der Niedersächsische Minister der Justiz errichtete durch seine allgemeine Verfügung vom 15.11.1961 die Zentrale Erfassungsstelle der Landesjustizverwaltungen in Salzgitter und gliederte sie der Staatsanwaltschaft beim dem OLG in Braunschweig an, einem Bezirk, in dem die sogenannte Zonengrenze im Alltag eine besonders bedrückend lebendige Rolle spielt. Schon aus der Zielsetzung der Justizministerkonferenz folgt, dass die Zentrale Erfassungsstelle Justizverwaltungsaufgaben wahrnimmt. Sie ist keine Staatsanwaltschaft, die danach zu trachten hat, Ermittlungsverfahren zum Abschluss zu bringen, sondern sie hat nur Vorarbeiten zu leisten. So hat denn auch die Organisationsverfügung folgende Aufgaben gestellt:

Die ZentrErfSt.. hat die im Zusammenhang mit den politischen Ereignissen der Monate vor der Justizministerkonferenz, insbesondere seit dem 13.8.1961 in Ostberlin und in der SBZ begangenen Gewaltakte zu erfassen, für deren Verfolgung keine örtliche Zuständigkeit in der Bundesrepublik und in Westberlin besteht. Sie hat das über diese Vorfälle vorhandene Material zu sammeln und die zugänglichen Beweise – soweit erforderlich – zu sichern. Damit scheint die Zuständigkeit der ZentrErfSt. klar umrissen. Prüft man die gewählten Formulierungen aber etwas genauer, so stellen sich alsbald Zweifel ein. Der Grund dieser Unsicherheit liegt einmal darin, dass der Begriff des Gewaltaktes untechnisch ist und daher einen von vornherein nicht eindeutig bestimmbaren Gehalt hat. Zum anderen sind die zeitlichen Grenzen der Zuständigkeit der ZentrErfSt. nicht starr, sondern flexibel gesetzt worden. Der 13.8.1961 ist zwar als Ausgangspunkt in dem Sinne besonders hervorgehoben worden, dass es auf alle nach diesem Zeitpunkt begangenen Gewaltakte ankommt. Dieser Schwerpunkt ist auch durch den Bezug auf die Ereignisse der Monate vor der Justizministerkonferenz betont. Da der markanteste zeitliche Anknüpfungspunkt, der. 13.8.1961, jedoch nur beispielhaft erwähnt worden ist, eröffnet die gewählte Formulierung durchaus die Möglichkeit, auch früher begangene Gewaltakte zu erfassen.

Dass diese Zuständigkeitsregelung bewusst nachgiebig formuliert worden ist, und das aus gutem Grund, um nämlich zu ermöglichen, die Zuständigkeit den jeweiligen politischen Gegebenheiten anzupassen, beseitigt nicht das Bedürfnis, für die Praxis doch gewisse klare Linien herauszuarbeiten. Die AV vom 15.11.1961 enthält genügend Fingerzeige, die die Auslegung erleichtern können. Als besonders wichtigen Anhaltspunkt haben wir die Beziehung auf den 13.8.1961, den Tag der Errichtung der Berliner Mauer, angesehen. Da diese Maßnahme der Zonenmachthaber ein besonders brutaler Schlag gegen die Freizügigkeit der Deutschen innerhalb der Grenzen des Deutschen Reiches von 1937 war, haben wir gefolgert, dass unter Gewaltakten im Sinne der AV solche Handlungen zu verstehen sind, die den Zweck verfolgen, die freizügigkeitsfeindlichen Maßnahmen der Zonengewalthaber zu unterstützen. Das Merkmal der Gewalt, das den Handlungen innewohnen muss, haben wir als unmittelbare Einwirkung von Mensch zu Mensch verstanden und nicht dahin ausgeweitet, dass darunter auch der allgemeine Druck der Macht des Zonenstaates, mag er auch noch so lähmend sein, zu begreifen ist. Wir verstehen also unter – ich würde sagen, dem unbestimmten Begriff – Gewaltakten besonders brutale Übergriffe vornehmlich bewaffneter Organe der SBZ, die im Bereich der Berliner Sektorengrenze und der Demarkationslinie um Berlin und im Osten der Bundesrepublik begangen worden sind, wenn durch sie das Grundrecht der Freizügigkeit in irgendeiner Form verletzt wird.

Strafrechtlich werden als Gewaltakte vor allem die Tatbestände des Mordes und des Totschlags einschließlich der Versuchshandlungen angesehen, ferner die Tatbestände der Verschleppung nach § 234 a StGB, soweit es sich um die Festnahme von Bundesbürgern oder von Bewohnern Westberlins handelt, und der Freiheitsberaubung nach § 239 StGB, soweit es sich um die Festnahme von Bewohnern der SBZ und Ostberlins handelt, die nicht im Sinne des § 234 a StGB an der „Rückkehr" in den freien Westen gehindert werden können, weil sie ja überhaupt erstmals dorthin wollen. Schließlich wird noch der Tatbestand der politischen Verdächtigung nach § 241 a StGB berücksichtigt, sofern ein gewaltsamer Zugriff der bewaffneten Macht der SBZ vorliegt und gewisse Betrugshandlungen, z.B. das scheinbare Versprechen von Fluchthilfe durch SBZ-Grenzsoldaten in Vorteilsabsicht, dem später der Verrat folgt.

Diese Abgrenzung der Zuständigkeit der ZentrErfSt. zeichnet lediglich die Grundlinien. In den Grenzbereichen wird es immer Fälle geben, in denen es zweifelhaft ist, ob ein

Gewaltakt im Sinne der Verfügung vorliegt oder nicht; dann müssen die Umstände des Einzelfalles entscheiden.

Diese notwendige Beschränkung der Aufgabe der ZentrErfSt. führt in Einzelfällen, die mangels Zuständigkeit zurückzuweisen sind, zu unbefriedigenden Ergebnissen. In der SBZ herrscht seit nunmehr 17 Jahren ein Regime des Unrechts und des Terrors. Seit 17 Jahren ist es geradezu ein Kennzeichen dieses Regimes, dass es durch Unrecht und durch Terror regiert. Solange es besteht, geschehen also in der SBZ täglich Handlungen, die nach einer Sühne verlangen, weil sie vom Unrecht diktiert sind. Dabei denke ich gar nicht so sehr an die Unzahl kleiner Denunziationen und Schikanen. Besonders herausragen Verurteilungen durch Zonengerichte aufgrund von Gesetzen, die dem Recht widersprechen, Verurteilungen, die durch die Art des Verfahrens, besonders durch eine brutale Beschränkung der Verteidigung, nur als Rechtsbeugungen angesehen werden können. Weiter die mannigfachen Methoden der Polizei und des Staatssicherheitsdienstes, politisch Missliebigen fantastische Geständnisse abzupressen, die dann die Grundlage solcher Prozesse bilden, und schließlich Grausamkeiten von Strafvollzugsorganen, mit denen die Opfer nach der Verurteilung manchmal bis zum Letzten gepeinigt werden.

Es ist verständlich, dass derartige Fälle auch an die ZentrErfSt. herangetragen werden, weil sich bei ihnen das Sühnebedürfnis in nichts von dem unterscheidet, das die Erschießung eines Flüchtlings an der Grenze hervorruft. Die ZentrErfSt. muss aber diese Fälle zurückweisen. Andere Stellen – so das Bundesministerium für Gesamtdeutsche Fragen – das hinsichtlich der von ihm registrierten Unrechtshandlungen Millionenzahlen nennt, und der Untersuchungsausschuss Freiheitlicher Juristen in Berlin verzichten auf derartige Unterscheidungen. Beide Stellen haben für die Zwecke der Registrierung einen wesentlich größeren persönlichen und sachlichen Apparat aufgezogen. Gleichwohl ist kaum zu erwarten, dass sie der Fülle des zu registrierenden Materials gewachsen sind, sie können – wie die Erfahrung lehrt – allenfalls Kurzberichte sammeln.

Eine Beweissicherung findet nicht statt. Es wird schwierig sein, das so zusammengetragene Material später zur Grundlage von strafrechtlichen Verfahren zu machen.

Es hat sich schon nach kurzer Zeit in der Praxis gezeigt, dass Zuständigkeitszweifel nicht nur aus dem untechnischen Begriff des Gewaltaktes und aus der zeitlichen Beschränkung heraus entstehen, sondern auch aus örtlichen Gesichtspunkten. Die AV vom 15.11.1961 beschränkt die Zuständigkeit der ZentrErfSt. auf die Verfahren, für die eine Zuständigkeit weder in der Bundesrepublik noch in Westberlin begründet ist. Daraus könnte man ableiten, sie solle sich mit Verfahren, in denen eine Zuständigkeit gegeben ist, überhaupt nicht befassen. Es haben sich jedoch in einigen Grenzfällen Schwierigkeiten ergeben. Häufig ist es zweifelhaft, ob als Tatort nur die SBZ oder auch wenigstens teilweise Bundesgebiet oder Westberliner Gebiet in Betracht kommt. In diesen Zweifelsfällen ist zunächst eine Bearbeitung durch die ZentrErfSt. angebracht, die versuchen muss, die Zuständigkeit zu klären. Daneben interessiert sich die ZentrErfSt.

aber auch für Verfahren, in denen die Zuständigkeit einer Staatsanwaltschaft zweifelsfrei vorliegt; denn das insoweit für die Zuständigkeit entscheidende Merkmal, der Tatort, ist vielfach von Zufälligkeiten abhängig entweder vom Stand der Schützen, der sie zwingt, die Demarkationslinie zu überschießen, oder es ihnen erlaubt, auf SBZ-Gebiet parallel zur Demarkationslinie zu schießen, oder etwa vom Temperament der Schützen, die sich bei ihrem Schießen durch die Demarkationslinie nicht behindern lassen und Flüchtlinge, die bereits westdeutsches Gebiet erreicht haben, weiterhin zu beschießen. Es hat sich andererseits gezeigt, dass für die ZentrErfSt. außerordentlich wichtig ist, die an den Zwischenfällen beteiligten Einheiten der sowjetzonalen Grenztruppe kennenzulernen, weil vielfach aufgrund der Einheitsbezeichnung der eine Fall Fingerzeige für die Aufklärung eines anderen Falles liefern kann, insbesondere Hinweise auf Zeugen und Täter. Der für eine derartige planmäßige Auswertung erforderliche Überblick lässt sich nur erlangen, wenn die ZentrErfSt. von allen Ermittlungsverfahren erfährt, die Gewaltakte sowjetzonaler Grenztruppen betreffen. Die Erfahrungen der ZSt. in Ludwigsburg haben gelehrt, dass auch bei dem besten Willen eine verzettelte Bearbeitung einzelner Verfahren durch mehrere Staatsanwaltschaften ohne Verbindung miteinander einen solchen Überblick ausschließt.

Wir haben daher den Niedersächsischen Minister der Justiz mit Erfolg gebeten, sich bei den anderen Landesjustizverwaltungen dafür einzusetzen, der ZentrErfSt. alle Ermittlungsverfahren, die Gewaltakte betreffen, zur Auswertung zugänglich zu machen. Das Rundschreiben des Nds. Ministers der Justiz vom 19.2.1962 enthält diese Bitte, die ich Ihnen, meine Herren Kollegen, besonders ans Herz lege.

Lassen Sie mich nun auf die Besonderheiten der bei der ZentrErfSt. anhängig werdenden Verfahren eingehen und die sich daraus ergebenden Arbeitsmethoden erläutern. Die Hauptschwierigkeiten der Tätigkeit der ZentrErfSt. und die sich daraus ergebende Arbeitsweise sind durch die besondere Eigenart der anhängig werdenden Verfahren begründet. Bei der Masse der Ermittlungsverfahren im staatsanwaltschaftlichen Dezernat weiß man mindestens, was geschehen ist, man weiß, dass gestohlen worden ist, dass eine Körperverletzung begangen, dass jemand geschlagen worden ist. Man hat weiter bei der überwiegenden Mehrzahl normaler Ermittlungsverfahren Zeugen zur Verfügung, die wenigstens über Teile des von vornherein in groben Zügen überschaubaren Geschehens Bekundungen machen können. In der Regel ist auch der Geschädigte vorhanden, von dem vielfach überhaupt die Anzeige ausgeht, und der selbst zugleich als Zeuge auftreten kann. Schließlich gelingt es in einer erfreulich großen Anzahl von Ermittlungsverfahren früher oder später festzustellen, wer der Täter ist. Selbst wenn der Täter flüchtet, kann man ihn doch meistens durch örtliche oder überörtliche Fahndungsmittel ergreifen. Man hat also in der Regel die Genugtuung, durch die staatsanwaltschaftliche Arbeit einen greifbaren Erfolg zu erzielen. Anders liegt es bei den Verfahren, mit denen sich die ZentrErfSt. zu beschäftigen hat. In vielen Fällen weiß man nicht einmal in groben Zügen, was sich ereignet hat. Lediglich die Möglichkeit, dass sich etwas ereignet hat, das als Gewaltakt angesehen worden könnte, bildet den Grund – allerdings wie Sie sehen werden, einen guten Grund – ein Ermittlungsverfahren einzuleiten.

Lassen Sie mich ein Beispiel nennen, das in Berlin nicht selten vorkommt: Polizeibeamte vernehmen jenseits der Mauer einige Schüsse, Einzelschüsse oder Dauerfeuer aus Maschinenwaffen. Sie vermuten, es solle ein Fluchtversuch vereitelt werden und versuchen, den Grund für die Schüsse herauszubekommen. Das gelingt ihnen nicht, weil sie durch die örtliche Bebauung, durch Baumbepflanzung oder durch die von sowjetzonaler Grenzpolizei aufgestellten Sichtblenden am Einblick in das Gelände jenseits der Mauer gehindert wird. In solchen Fällen ist allenfalls die Vermutung begründet, dass sich jenseits der Mauer eine Tragödie abgespielt hat. Diese Vermutung zwingt aber, ein Ermittlungsverfahren einzuleiten, die Erfahrung gibt uns hierin recht. Zwar hat sich in vielen Fällen nachträglich herausgestellt, dass übermütige Sowjetgrenzwachen Scheibenschießen auf Konservendosen oder eine Kaninchenjagd veranstaltet oder einen streunenden Hund verjagt haben. In einzelnen Fällen ist es aber gelungen, durch die gezielte Befragung von später geflüchteten Angehörigen jener Einheit der Grenzpolizei, die an dem Ort des Geschehens nach den vorhandenen Erkenntnissen zur Zeit des rätselhaften Vorfalls eingesetzt gewesen sein muss, zu ermitteln, dass zu diesem Zeitpunkt ein bestimmter Grenzsoldat einen Flüchtling beschossen und seine Flucht vereitelt hat.

Zu dem Mangel an tatsächlichen Anhaltspunkten für die Einleitung des Verfahrens tritt ein beklemmender Mangel an Beweismitteln. Mit einer Ausnahme, auf die ich später noch eingehen werde, fehlen naturgemäß die Beschuldigten, die über das Tatgeschehen am besten Auskunft geben könnten. Da die Fluchtversuche selbstverständlich an abgelegenen einsamen Stellen ohne Augenzeugen unternommen zu werden pflegen, ist es ein Glücksfall, wenn einmal ein Zeuge vorhanden ist, der für westdeutsche oder Westberliner Behörden erreichbar ist. Auch Geschädigte stehen als Beweismittel weit seltener zur Verfügung als im normalen Ermittlungsverfahren. Sie fehlen in allen Fällen, in denen den sowjetzonalen Grenzpolizisten die Festnahme gelungen ist. Kommen Flüchtlinge durch, weil die Grenzwachen vorbeigeschossen haben, sind sie als Zeugen meist unergiebig, da sie in den Augenblicken höchster Nervenanspannung und des Durchbruchs durch die Grenzsperren nicht in der Lage sind, im normalen Umfang Beobachtungen zu machen, die in einem strafrechtlichen Ermittlungsverfahren verwertet werden können. Besonders wichtige Zeugen sind geflüchtete Angehörige der sowjetzonalen Grenztruppe. Durch ihre Aussagen ist schon aus manchem undurchsichtigen Vorgang etwas geworden, das man mit gutem Gewissen als Verfahren bezeichnen kann. Man darf allerdings auch da nicht zu viel verlangen und muss zufrieden sein, wenn man erst nach Monaten auf einen geflüchteten Grenzsoldaten stößt, der in irgendeinem Fall verwertbaren Angaben machen kann. Deshalb ist es wichtig, möglichst jeden Flüchtling aus sowjetzonalen bewaffneten Organen über Gewaltakte zu vernehmen.

Die ZentrErfSt. wird daher selten ein Verfahren zum normalen Abschluss bringen können. Das ist auch nicht ihre Aufgabe, sie soll nur erfassen, und um erfassen zu können, muss sie das Tatsachenmaterial zusammentragen, das einen Vorfall zu einem erfassbaren Verfahren macht. Daraus folgt, dass in der Regel die ZentrErfSt. ein Verfahren nur auf einen Verdacht oder eine Vermutung einleitet, um sich dann zunächst zu bemühen, den Sachverhalt möglichst weitgehend aufzuklären. Die Kernpunkte dieses Sachverhalts hält sie in einer übersichtlichen Kartei fest, die sich nach vier Gesichtspunkten gliedert. Die Einordnung richtet sich einmal nach dem Zeitpunkt der Tat. Die Karteikarten dieser Tatkartei enthalten Tatzeit, Tatort, Personalien des Täters, wenn bekannt, und seine Einheit, oder wenn der Täter nicht bekannt ist, seine mutmaßliche Einheit, Personalien des Geschädigten und eine stichwortartige Tatbeschreibung. Zum anderen wird der Sachverhalt geordnet nach den Namen der Geschädigten und nach dem Namen der Täter. Auch hier erscheinen Tatzeit, Tatort und kurze Bezeichnung der Tat und – soweit bekannt – der jeweils zugehörige Täter oder Geschädigte in der Kartei. Die letzte, vierte Abteilung der Kartei ist nach Einheiten der sowjetzonalen Grenztruppe gegliedert. Es führt jeweils die Einheitsbezeichnung, darunter sind mit Tatzeit, Tatort und Tatbezeichnung die Namen des Täters und des Geschädigten – soweit sie bekannt sind – bezeichnet. Die Verbindung der Abteilungen dieser Kartei untereinander ist leicht herzustellen, weil selbstverständlich das verbindende Aktenzeichen aufgeführt ist.

Nach dieser tatsächlichen Vorarbeit tritt die rechtliche Seite in den Vordergrund: Zunächst wird geprüft, ob sich der Verdacht einer strafbaren Handlung überhaupt rechtfertigen lässt, ist das nicht der Fall, so wird das Verfahren formlos abgeschlossen. In den anderen Fällen wird entschieden, ob der Verdacht einen Gewaltakt im Sinne der AV vom 15.11.1961 zum Gegenstand hat. Wird diese Frage verneint, so wird das Verfahren an eine Staatsanwaltschaft zur Behandlung im normalen Geschäftsgang abgegeben. Handelt es sich um einen Gewaltakt, wird geprüft, ob die Zuständigkeit einer Staatsanwaltschaft in Berlin oder in der Bundesrepublik begründet ist und das Verfahren dorthin abzugeben ist. Kann das Verfahren nicht abgegeben werden, muss die ZentrErfSt. sich schlüssig werden, ob Beweismittel vorhanden sind, deren Sicherung erforderlich ist, oder ob etwa das Ermittlungsergebnis schon ausreicht, einen Haftbefehl zu erwirken. An diesem Punkt enden die gesetzlichen Möglichkeiten der ZentrErfSt.. Solche verfahrensrechtlichen Maßnahmen können nämlich nur durch eine zuständige Staatsanwaltschaft beantragt werden. Infolgedessen wird die ZentrErfSt. nunmehr das Verfahren mit einem kurzen Bericht dem Generalbundesanwalt vorlegen und anregen, durch den BGH einen Gerichtsstand nach § 13 a StPO bestimmen zu lassen.

Geht das Verfahren an die vom BGH bestimmte Staatsanwaltschaft über, so verfolgt die ZentrErfSt. selbstverständlich das Verfahren und teilt anfallende Neuerkenntnisse der federführenden Staatsanwaltschaft mit. Genauso wird verfahren, wenn eine Staatsanwaltschaft einen Vorgang bereits von Anfang an bearbeitet hat und ihn der ZentrErfSt. zur

Auswertung zuleitet. Von da an beobachtet die ErfSt auch diesen Vorgang weiter und unterrichtet die sachbearbeitende Staatsanwaltschaft von etwaigen Erkenntnissen. Zu diesem Zweck wird bei der ZentrErfSt. von jedem Vorgang ein Doppel geführt. Umgekehrt soll daher auch die Staatsanwaltschaft die ZentrErfSt. von neuen Erkenntnissen unterrichten und ihr Durchschriften neu hinzukommender Aktenteile übersenden. Wenn Sie, meine Herren Kollegen, dieser Zusammenarbeit zwischen Ihren Staatsanwaltschaften und der ZentrErfSt. Ihr wohlwollendes Augenmerk widmen würden, wäre ich Ihnen sehr dankbar.

Die ZentrErfSt. entwickelt – wie Sie gesehen haben – weniger eine Tätigkeit herkömmlicher Strafverfolgung als die eines Nachrichtensammlers. So pflegt sie denn enge Verbindung mit allen Stellen, die mit Nachrichten über die Verhältnisse diesseits und jenseits der Demarkationslinie und der Berliner Zonen- und Sektorengrenze zu tun haben. Die Zusammenarbeit mit der Kriminalpolizei allein reicht nicht aus. Als Ermittlungshilfen müssen die allenfalls einem in der politischen Abteilung tätigen Staatsanwaltschaft geläufigen Behörden wie Bundesamt und Landesämter für Verfassungsschutz, Dienststellen des BND, vor allem auch die Kommandos des Bundesgrenzschutzes, die Oberfinanzdirektion, die bayerische Grenzpolizei und eine Reihe anderer amtlicher und privater Einrichtungen dienen.

Dem traurigen Ruhm Berlins, Brennpunkt der Weltpolitik zu sein, verdankt die ZentrErfSt. ihre enge Zusammenarbeit mit dem Polizeipräsidenten in Berlin. Weil die Abschnürung der beiden Teile Deutschlands in der Berliner Mauer einen besonders handgreiflichen Ausdruck gefunden hat, geschehen gerade dort die weitaus meisten Gewaltakte. Etwa zwei Drittel bis drei Viertel aller Verfahren der ZentrErfSt. befassen sich mit Berliner Vorgängen. Die Berliner Kriminalbeamten hatten vom ersten Tage an reichlich Material zur Bearbeitung zur Verfügung. So kam es, dass die Berliner Kriminalpolizei routinemäßig arbeitete, als die ZentrErfSt. erst ihre Aufgabe übernahm. Das hatte für sie den erheblichen Vorteil, nicht die rückliegende Zeit bis zum 13.8.1961 unter großem Arbeitsaufwand nach Gewaltakten durchforschen zu müssen. Der Polizeipräsident in Berlin hatte nicht nur wegen jedes ihm bekannt gewordenen Berliner Falles Ermittlungsverfahren eingeleitet, vielmehr diese Vorgänge auch karteimäßig erfasst und außerdem Vorfälle registriert, die sich außerhalb seines Zuständigkeitsbereichs zugetragen hatten. Dies gesamte Material konnte die ZentrErfSt. übernehmen, sie brauchte es nur noch nach den für sie maßgeblichen Gesichtspunkten auszuwerten und die für eine Bearbeitung in eigener Zuständigkeit in Betracht kommenden Verfahren an sich zu ziehen. Darüber hinaus konnte sich die ZentrErfSt. auch die in der mehrmonatigen Arbeit der Kriminalpolizei gemachten Erfahrungen zunutze machen. Schließlich ergab sich aus der in Berlin entwickelten Routine, dass die Benachrichtigung der ZentrErfSt. über neue Berliner Zwischenfälle besonders reibungslos funktioniert. Die Berliner Kriminalpolizei fasst die ihr bekannt gewordenen Vorfälle zweimal monatlich in Listen zusammen, von denen die ZentrErfSt. eine Durchschrift erhält. Diese Listen enthalten neben Tatzeit und Tatort eine stichworthaltige Tatbeschreibung, nach der die ZentrErfSt. diejenigen Verfahren anfordert, deren Gegenstand ein Gewaltakt sein könnte. Diese Auswahl ist erforderlich, weil die Berliner Listen außer Gewaltakten im Sinne der OrganisationsVO der ZentrErfSt. auch Unrechtsurteile von Zonengerichten und außerdem strafbare Handlungen minderen Unrechtsgehalts enthalten, wie Beleidigungen durch Zurufen von Schimpfworten, Bedrohungen durch unmotiviertes Vorhalten der Waffe, Sachbeschädigungen durch Einwerfen von Fensterscheiben und ähnliche Übermutsäußerungen des täglichen kleinen Kalten Kriegs an der Berliner Mauer.

Von jedem Vorgang leitet die Berliner Kriminalpolizei der ZentrErfSt. eine Zweitschrift zu, anhand derer sie nur noch die Zuständigkeitsfrage zu prüfen hat, über die – soweit erforderlich – mit der Staatsanwaltschaft in Berlin korrespondiert wird.

Eine derartige Routine konnte sich im Bereich der Bundesrepublik einfach deshalb nicht entwickeln, weil – anders als beim Berliner Ring mit seinen starken Truppenmassierungen – an der 1381 km langen Demarkationslinie zwischen Bundesrepublik und SBZ, die relativ schwächer mit Einheiten der sowjetzonalen Grenztruppe besetzt ist, ungleich weniger Übergriffe geschehen. Das mag historisch dadurch mit bedingt sein, dass in den letzten Jahren, als die Abriegelung der SBZ-Demarkationslinie zur Bundesrepublik hin allmählich immer dichter wurde, Berlin wie ein Magnet alle diejenigen Zonenbewohner anzog, die sich zur Flucht entschlossen hatten. Hinzu kommt noch folgender Unterschied gegenüber Berlin: Während in Berlin alles, was ringsum geschieht, von der einen Polizeizentrale erfasst wird, liegen an der Demarkationslinie zwischen der Bundesrepublik und der SBZ vier Bundesländer, in denen die Geschehnisse jeweils von verschiedenen Behörden verschieden behandelt werden. Der Sachbearbeiter der ZentrErfSt. braucht kein Zentralist zu sein, um angesichts der Überraschungen, die er bei seiner Arbeit mit mehreren Bundesländern von Land zu Land erleben kann, manchmal den Kopf zu schütteln. Hat er in einem Land klaren Überblick über die Verhältnisse gewonnen, so sind damit die Unklarheiten über die Verhältnisse in anderen Bundesländern keineswegs beseitigt. Während in Niedersachsen die Verbindung mit dem Landesamt für Verfassungsschutz als dem Schirmherrn der in Niedersachsen bestehenden Zentralen Befragungsstellen, die alle Zonenflüchtlinge durchlaufen müssen, mit der Oberfinanzdirektion Hannover als der oberen dienstvorgesetzten Behörde des Zollgrenzdienstes in Niedersachsen, mit dem Grenzschutzkommando Nord, bei dem ebenfalls umfassende Erkenntnisse über Flüchtlinge und nicht zuletzt auch über die für uns besonders wichtigen Einheiten der SBZ-Grenztruppe zusammen laufen, gelobt werden kann, sind die Versuche, aufgrund dieser Erfahrungen auch mit den Landesämtern für Verfassungsschutz in Hessen und Bayern zu einer Zusammenarbeit zu kommen, bislang misslungen. Wir haben es daher vorgezogen, die Zusammenarbeit mit Zentralen Einrichtungen des Bundes zu fördern.

Als wesentliche Stützen haben wir den Bundesgrenzschutz, den BND und das Bundesamt für Verfassungsschutz gewonnen.

Welche Quellen stehen der ZentrErfSt. zur Verfügung? Die halbmonatigen Ereignismeldungen des Polizeipräsidenten in Berlin habe ich bereits erwähnt. Sie stehen ihrer Ergiebigkeit und zahlenmäßigen Bedeutung nach an erster Stelle. Die weiteren Erkenntnisquellen lassen sich nach diesen Gesichtspunkten untereinander nicht weiter in eine Rangordnung einpassen. Deshalb seien vor Ihnen, meine Herren Kollegen, zunächst die Mitteilungen der Staatsanwaltschaften genannt, obwohl ihre Bedeutung auffallend gering ist. Das erklärt sich einfach daraus, dass mit den meisten Vorfällen von den Staatsanwaltschaften zum Teil mehrere andere Dienststellen befasst werden, die die ZentrErfSt. unverzüglich verständigen, so dass die Staatsanwaltschaften zwangsläufig zu spät kommen müssen. Die Mitteilungen der Staatsanwaltschaften kommen in der Regel in Form von kurzen Sachdarstellungen oder Aktenübersendungen entweder unmittelbar über den zuständigen GStA oder über den Justizminister an die ZentrErfSt.. Ich will für die Art der Unterrichtung keine besonderen Wünsche äußern, weil es weniger auf die Form als auf die Tatsache der Mitteilung ankommt. In den Fällen, in denen Gewaltakte Gegenstand der Ermittlungen sind, wird die ZentrErfSt. ohne Aktenübersendung allerdings nicht auskommen. Sie braucht sie allerdings dann nicht, wenn bereits aufgrund einer kurzen Sachdarstellung das Vorliegen eines Gewaltaktes verneint werden kann. Ob die Staatsanwaltschaften nur eine solche Sachdarstellung oder an deren Stelle die Akten übersenden wollen, mögen sie selbst entscheiden.

Eine weitere wichtige Nachrichtenquelle sind die täglichen Lagemeldungen der Grenznachrichtensammelstellen. Die erste dieser Stellen wurde erst Ende November 1961 in Niedersachsen unter dem Namen „Zentrale in Niedersachsen" beim Grenzkommando Nord eingerichtet. Seither sind vergleichbare Einrichtungen auch in Hessen und in Schleswig-Holstein, in allerjüngster Zeit in Bayern entstanden, dort allerdings beim Präsidium der bayerischen Grenzpolizei. Die Grenznachrichtensammelstellen fassen Einzelmeldungen von allen im Grenzraum tätigen Einrichtungen zusammen, sichten sie und formen daraus das Bild der täglichen Grenzlage. Für die ZentrErfSt. sind darunter Berichte über Grenzzwischenfälle und Grenzübertritte von Angehörigen sowjetzonaler Grenzsicherungsorgane besonders wichtig. Diese Vorfälle sind stichwortartig mit kurzer Angabe der meldenden Dienststelle geschildert, so dass man bei dieser wegen näherer Einzelheiten anfragen kann.

Daneben spielen die Grenzschutzkommandos eine wesentliche Rolle als Lieferanten von Einzelmeldungen, die die ZentrErfSt. auf Anfrage wie auch spontan erhält. Dasselbe gilt für das Präsidium der bayr. Grenzpolizei und diejenigen Oberfinanzdirektionen, deren Zuständigkeitsbereiche die SBZ-Demarkationslinie berühren. Um möglichst umfassend Material über bekannte Übergriffe zu sammeln und um Hinweise auf noch nicht bekannte Vorfälle zu erlangen, werden alle Flüchtlinge aus sowjetzonalen bewaffneten Verbänden, die in die Notaufnahmelager gelangen, durch die örtliche Nachrichtenpolizei – in Niedersachsen durch die Zentrale Befragungsstellen des Landesamtes – und solche, die mit Dienststellen des BND in Berührung kommen, von den Befragungsstellen dieses Dienstes anhand eines von der ZentrErfSt. ausgearbeiteten Fragebogens vernommen. Bei den Befragungen in den Notaufnahmelagern wirken auch Angehörige des Bundesamtes für Verfassungsschutz mit.

Einzelerkenntnisse erhält die ZentrErfSt. auf Anfrage oder spontan vom Bundesamt für Verfassungsschutz, vom BKA, vom Bundesverteidigungsministerium, vom Bundesministerium für Gesamtdeutsche Fragen, das ein umfangreiches Archiv für diese Fragen unterhält.

Weiter liest die ZentrErfSt. mehrere Tageszeitungen aus der Bundesrepublik und Westberlin, die auf Meldungen über Gewaltakte durchgesehen werden. Nicht selten ist auf diesem Wege ein Fall aufgegriffen worden, der den Polizeibehörden entgangen war. Die Presseauswertung wird ergänzt durch die Presseübersicht des Landesamtes für Verfassungsschutz in Niedersachsen. Sowjetzonale Zeitungen sind zurzeit leider nur unter großen Schwierigkeiten greifbar. Außer dem Zentralorgan „Neues Deutschland" und „Neue Zeit", in denen über Gewaltakte meist wenig zu erfahren ist, sind Zonenzeitungen, insbesondere die Bezirks- und Lokalausgaben selbst über die Nachrichtendienste regelmäßig nicht mehr zu beschaffen. Das BKA, der BND und ein privates Zeitungsausschnittbüro bemühen sich, diese Lücke dadurch zu füllen, dass sie die noch erreichbaren, zum Teil illegal einsickernden Blätter nach Material durchforschen, das für die ZentrErfSt. von Interesse sein könnte. Der allgemeinen Unterrichtung über die Verhältnisse in der SBZ dienen der Sowjetzonenspiegel des Presse- und Informationsamts der Bundesregierung und der Ostspiegel des SPD-Pressedienstes.

Bei diesem Überblick drängt sich die Annahme auf, dass sicherlich über viele Fälle von verschiedenen Seiten berichtet wird. Das erklärt sich aus der Nachrichtendienstähnlichkeit der Tätigkeit der ZentrErfSt.. Im Interesse einer möglichst weitgehenden Lückenlosigkeit der Erkenntnisse lässt es sich auch nicht vermeiden. Im Gegenteil ist dies Ergebnis sogar wünschenswert, wenn man bedenkt, dass die Bestätigung einer Meldung durch eine andere Quelle der Wahrscheinlichkeit der betreffenden Tatsache nur erhärten kann. Ein Beispiel: Der ZentrErfSt. wurde ein Ausschnitt aus einer sowjetzonalen Zeitung zugänglich, in dem die Festnahme eines Flüchtlings durch einen namentlich benannten Angehörigen der SBZ-Grenztruppe geschildert wurde, ohne dass in irgendeiner Weise angedeutet worden wäre, wo sich der Vorfall zugetragen hatte. Die ZentrErfSt. richtete an nicht weniger als zwölf verschiedene Dienststellen gleichlautende Anfragen. Nachdem bereits eine ganze Reihe von Fehlanzeigen eingegangen war, teilte eine Dienststelle des Verfassungsschutzes mit, ein Flüchtling, der Angehöriger der sowjetzonalen Grenzpolizei gewesen wäre, hätte vor Monaten in einer Vernehmung beiläufig den Namen des Beschuldigten dieses Verfahrens erwähnt, auch die Dienstgrade stimmten überein. Jetzt wird der Aufenthalt dieses Zeugen ermittelt, um ihn zur Sache vernehmen zu lassen. So gewinnt die ZentrErfSt. Ansatzpunkte, die in einem vergleichbaren Fall zu einer Klärung führen können, für einen Tatsachen gewohnten Staatsanwalt allerdings ein ungewöhnliches Arbeiten mit Hoffnungen und Möglichkeiten.

Oft wird die Frage gestellt, welche Vorstellungen wir uns vom Erfolg dieser Tätigkeit machen. Mindestens unausgesprochen steht dahinter der Hinweis, jemand, der Gewaltakte begangen hat, werde sich hüten, in die Bundesrepublik zu flüchten, wenn er befürchten muss, hier strafrechtlich verfolgt zu werden. Darüber besteht selbstverständlich kein Zweifel. Es wird auf lange Sicht selten bleiben, einen Beschuldigten zu ergreifen und die Hauptverhandlung durchführen zu können. Zwangsläufig muss sich daher die Tätigkeit der ZentrErfSt. oder einer später in das Verfahren eintretenden Staatsanwaltschaft darauf beschränken, zunächst einmal den objektiven Sachverhalt möglichst weitgehend festzustellen. Die subjektive Tatseite kann erst dann aufgehellt werden, wenn der Beschuldigte sich zur Sache einlassen kann. Das ist bisher erst in zwei Fällen geschehen. Diese Verfahren sind noch nicht abgeschlossen. Das eine liegt dem BGH zur Zuständigkeitsbestimmung vor, es kann daher noch nichts Abschließendes gesagt werden. Gleichwohl zeigt die Einlassung des Beschuldigten in diesem Verfahren, welche Probleme die Staatsanwaltschaft und schließlich auch die Gerichte bei der Behandlung solcher Fälle beschäftigen werden. Eine große Rolle werden der Befehlsnotstand und der Putativnotstand spielen.

Der Verfolgte war aufgrund einer sowjetzonalen Zeitungsveröffentlichung verdächtigt, zusammen mit einem anderen sowjetzonalen Grenzpolizisten zwei junge Leute kurz vor dem Grenzübertritt in die Bundesrepublik festgenommen zu haben, die zu ihrer Flucht in Leipzig einen PKW gestohlen hatten. Ehe der Mann noch auf diesen Sachverhalt angesprochen werden konnte, berichtete er im Rahmen der Erörterung über Festnahmen durch die Grenzpolizei im Allgemeinen, dass er selbst im Laufe seiner fünfjährigen Dienstzeit etwa 30 Grenzgänger festgenommen habe, davon mindestens drei Westgrenzgänger, also vermutlich Flüchtlinge, darunter auch die, deren Festnahme bereits bekannt war. In völliger Harmlosigkeit brachte er zum Ausdruck, dass es doch seine selbstverständliche Pflicht als Grenzpolizist gewesen sei, und es sich deshalb doch um etwas ganz Alltägliches gehandelt habe. Über das weitere Schicksal des Festgenommenen will er sich keine Gedanken gemacht haben. Das scheint bei der Persönlichkeit und der Einfalt der meisten Grenzpolizisten durchaus glaubhaft. Man wird jedenfalls in den bloßen Festnahmefällen die Tatsache berücksichtigen müssen, dass mindestens für die jüngeren Leute drüben, die nie etwas anderes kennengelernt haben, die dortige Regierung einen Staat repräsentiert, und dass diese Obrigkeit auch verbindliche Befehle erteilen kann, die nach den drüben herrschenden Prinzipien jeglicher Nachprüfung durch den Befehlsempfänger entzogen sind. Daran wird sich in bloßen Festnahmefällen kaum dadurch etwas ändern, dass – wie in diesem Falle – sich der Festnehmende eigene Gedanken gemacht hat, etwa in dem Sinne, dass er den Festgenommenen zwar bedauerte, diese Gefühle aber letztlich den bestehenden Befehlen unterordnete. Einfacher, wenn auch nicht problemlos, wird sich die Rechtlage in Fällen des Totschlags oder des versuchten Totschlags beurteilen lassen. Hier stehen auf der einen Seite die Schießbefehle, deren Inhalt uns erst am 20.4.1962 im Wortlaut bekannt geworden ist, als ein in die Bundesrepublik geflüchteter Angehöriger der sowjetzonalen Volksarmee eine Abschrift dieser Bestimmungen bei sich führte. Danach können die Wachen der Nationalen Volksarmee in Ausübung ihres Dienstes von der Waffe Gebrauch machen, um einen Angriff abzuwehren oder den Widerstand zu brechen, wenn sie in Erfüllung ihrer Aufgaben angegriffen werden, oder wenn Verbrecher, insbesondere Spione, Saboteure, Agenten, Provokateure der Festnahme bewaffneten Widerstand entgegensetzen oder flüchten. Die Anwendung der Schusswaffe gegen Grenzverletzer darf nur in Richtung Staatsgebiet der DDR oder parallel zur Staatsgrenze erfolgen. Von der Schusswaffe darf nicht Gebrauch gemacht werden gegenüber Angehörigen ausländischer Armeen und Militärverbindungskommissionen, gegenüber Angehörigen diplomatischer Vertretungen, gegenüber Kindern.

Die Anwendung der Schusswaffe auf Flugzeuge fremder Nationalität ist nur auf Befehl des Ministers für nationale Verteidigung gestattet. Die Wachen der Grenztruppen der Nationalen Volksarmee an der Staatsgrenze West und Küste sind in Erweiterung dieser Bestimmungen verpflichtet, die Waffen in folgenden Fällen anzuwenden: Zur Festnahme, Gefangennahme oder zur Vernichtung bewaffneter Personen oder bewaffneter Banditengruppen, die in das Gebiet der DDR eingedrungen sind, bzw. die Grenze nach der Westzone zu durchbrechen versuchen, wenn sie die Aufforderung zum Ablegen der Waffen nicht befolgen oder sich ihrer Festnahme oder Gefangennahme zu entziehen suchen, zur Abwehr bewaffneter Angriffe bzw. Überfälle auf das Territorium der DDR, auf die Bevölkerung im Grenzgebiet, auf Grenzposten oder Angehörige bewaffneter Organe, zur Festnahme von Personen, die sich den Anordnungen der Grenzposten nicht fügen, indem sie auf Anruf „Halt – Stehenbleiben – Grenzposten“ oder nach Abgabe eines Warnschusses nicht stehenbleiben, sondern offensichtlich versuchen, die Staatsgrenze zu verletzen, und keine andere Möglichkeit zur Festnahme von Personen, die mit Fahrzeugen aller Art die Staatsgrenze offensichtlich zu verletzen suchen, nachdem sie vorschriftsmäßig gegebene Stoppzeichen unbeachtet ließen oder auf einen Warnschuss nicht reagierten, die Straßensperren durchbrochen, beiseite geräumt oder umfahren haben, und andere Möglichkeiten zur Festnahme der betreffenden Personen nicht gegeben sind. Bei unbewaffneten Provokationen, Zusammenrottungen und Unruhen jeglicher Art an der Grenze sowie Zerstörung von Grenzsicherungsanlagen sind Nebelkerzen einzusetzen.

Wird durch den Schusswaffengebrauch eine oder mehrere Personen getötet, so lässt der Grenzposten diese unverändert liegen, sichert den Ort des Vorfalls und verständigt die Grenzkompanie. Ist der Ort in unmittelbarer Grenznähe, und sind Anzeichen von Provokationen bzw. Menschenansammlungen jenseits der Staatsgrenze festzustellen, so sind Maßnahmen ohne Verwischung der Merkmale am Ort des Vorfalles sofort einzuleiten, die eine sichere Bergung der getöteten Personen bzw. Person gewährleisten. Danach soll auf Flüchtlinge nur nach entsprechender Warnung oder einem Warnschuss scharf geschossen werden. Nach Flüchtlingsaussagen wird von vorgesetzten Stellen auf das Erfordernis des Anrufs aber wenig Wert gelegt. Mindestens auf flüchtende Angehörige sowjetzonaler Streitkräfte ist sofort gezielt zu schießen. Wie wenig man geneigt ist, sich förmlich an die vorhin erwähnte Reihenfolge zu halten, ergibt sich daraus, dass nach mehreren, voneinander unabhängigen Aussagen geflüchteter Grenzsoldaten die Schießbefehle von den Vorgesetzten den Soldaten volkstümlich mit der Parole verdeutlicht werden, dass zehn Tote vor der Mauer besser seien als ein Lebender jenseits der Mauer. Diese robuste Kommentierung der Schießbefehle geht gewissen, für diesen Ton ansprechbaren Elementen natürlich leichter als eine nur amtsmäßige Befehlsformulierung, wie ich sie zitiert habe. Von solchen Befehlen lassen sich wahrscheinlich, unterstützt durch ihre politische Haltung, die sogenannten Todesschützen bestimmen. Auf der anderen Seite führt dieser Ton, der an Deutlichkeit kaum zu wünschen übrig lässt, dazu, dass auch bei einfacheren Geistern Zweifel an der Rechtmäßigkeit derartiger Befehle geweckt werden können. Darauf deuten mehrere Flüchtlingsaussagen hin, nach denen sowjetzonale Grenzsoldaten, die mit ihren Schüssen Flüchtlinge getroffen hatten, der Verachtung der Masse ihrer Kameraden anheimfielen. Möglicherweise aus der Erkenntnis dieser Reaktion heraus wurden solche Schützen in der Regel unmittelbar nach dem Vorfall in eine andere Einheit versetzt. Im Politunterricht bemühen sich dann die Aktivisten vergeblich, das Ansehen dieser Leute wieder zu kitten, indem sie sie als Vorbilder hinstellen. In der Regel wird die Handlungsweise der Todesschützen auch durch die Verleihung von Auszeichnungen und die Gewährung von Geld- und Sachbelohnungen als nachahmenswert hingestellt.

Solche Haltung der Kameraden gegenüber Todesschützen gebietet Vorsicht gegenüber Entschuldigungen irgendwelcher Art. Abgesehen davon, dass die Ablehnung im Kameradenkreise deutlich zeigt, wie weit die bessere Einsicht verbreitet ist, hätten durch diese Erscheinungen von Anfang an laienhafte Überlegungen über die Rechtmäßigkeit der Schießbefehle auch bei Linientreuen angeregt werden müssen, die niemandem verborgen bleiben konnten. Wer gezielt schießt, hat sich daher in der Regel bewusst gegen das Recht entschieden. Die Berufung auf Notstand versagt bei Schusswaffengebrauch gegenüber dem Fall der Festnahme umso eher, als sich kaum kontrollieren lässt, ob bewusst oder versehentlich vorbeigeschossen ist. Es ist bisher nicht bekannt geworden, dass Schützen, die ihr Ziel verfehlten, Schwerwiegenderes als ein mündlicher Tadel widerfahren ist.

Das ist nur ein grober Umriss der Fragen, die sich wahrscheinlich ergeben werden, wenn es zu Strafverfahren wegen einzelner Gewaltakte kommen wird. Da dieses Ziel in absehbarer Zeit in einer nennenswerten Anzahl von Fällen kaum zu erreichen sein wird, erstrebt die Tätigkeit der ZentrErfSt. daneben ein außerhalb normaler Justiztätigkeit liegendes Ziel, das zwar auch nicht fassbar ist, dessen Erreichung aber leicht noch größere

Befriedigung erwecken würde, wenn man sie feststellen könnte. Von Anfang an war man bestrebt, das Dasein und die Tätigkeit der ZentrErfSt. möglichst weiten Kreisen der Öffentlichkeit bekanntzumachen. Es wurden daher zahlreiche Presse-, Rundfunk- und Fernsehinterviews gegeben. Durch das sogenannte „Studio am Stacheldraht", die Lautsprecherwagen des Berliner Innensenators, wurde auch auf die ZentrErfSt. hingewiesen. Dadurch sollte erreicht werden, möglichst viele im Einsatz befindliche Soldaten der Grenzpolizei auf das Strafbare dessen hinzuweisen, was ihre Vorgesetzten von ihnen verlangten, und auf die daraus für sie sich ergebenden Strafverfolgungsmaßnahmen. Diese Publizität geht von der Überzeugung aus, dass sich der Aufwand der ZentrErfSt. bereits gelohnt hat, wenn ein sowjetzonaler Grenzpolizist veranlasst wird, auch nur einen Flüchtling unversehrt laufen zu lassen.

Zum Abschluss noch einige Zahlen nach dem Stand vom 30.4.1962: Im Jahre 1961 wurden vom 24.11. bis zum Jahresschluss 134 Verfahren eingeleitet, weil der Verdacht bestand, es sei ein Gewaltakt begangen worden. Davon konnten 28 Verfahren ohne Bearbeitung durch die ZentrErfSt. abgeschlossen werden, weil kein Gewaltakt vorlag. Weitere fünf Verfahren wurden durch Verbindung mit anderen Verfahren erledigt. Von den verbleibenden 101 Verfahren richteten sich 26 gegen namentlich bekannte Beschuldigte. Die Geschädigten sind in 34 Verfahren bekannt. Allein 92 dieser Fälle liegen in und um Berlin. Die Zuständigkeit einer Staatsanwaltschaft konnte bisher in 85 dieser Verfahren bejaht werden. Von den 1961 anhängig gewordenen Verfahren ist bisher nur in einem Fall ein Antrag nach § 13 a StPO gestellt worden.

Im Jahre 1962, vom 1.1. bis 30.4., hat die ZentrErfSt. 281 Verfahren eingeleitet. Von diesen Fällen konnten 78 Verfahren wieder ausgeschieden werden, weil der Verdacht eines Gewaltaktes ausgeschlossen werden konnte. Durch Verbindungen mit anderen Sachen wurden 24 Verfahren erledigt. Von den restlichen 179 Verfahren richteten sich 37 gegen namentlich bekannte Beschuldigte, in 48 Verfahren sind die Geschädigten bekannt, in 163 Verfahren liegt der Tatort in oder um Berlin. Die Zuständigkeit einer Staatsanwaltschaft in der Bundesrepublik oder in Westberlin steht bisher in 66 Fällen fest. In fünf Verfahren hat die ZentrErfSt. beim GBA angeregt, eine Zuständigkeit nach § 13 a StPO bestimmen zu lassen.

Mit diesem Bericht glaube ich, Ihnen, meine Herren, ein Bild über die Schwierigkeiten, die die ZentrErfSt., aber auch die Staatsanwaltschaften bei der Verfolgung der in der SBZ begangenen Gewaltakte erwarten, dargelegt zu haben.

Das Ziel steht fest, aber der Weg ist ungewiss. Ich möchte Sie alle bitten, die ZentrErfSt. in ihrer Arbeit zu fördern und Ihre Staatsanwaltschaften anzuhalten, an der Aufgabe dieser Stelle, die ja kein Braunschweiger Anliegen allein ist, mitzuarbeiten. Es ist gewiss keine dankbare Aufgabe, aber sie soll all denen helfen, die trotz der unnatürlichen Zonengrenze unsere Brüder sind und bleiben wollen.

GStA Dr. Münn erklärte, er habe ursprünglich anregen wollen, dass wegen der großen Zahl der in die Zuständigkeit der Berliner Staatsanwaltschaft fallenden Verfahren seine Behörde die um Berlin begangenen Taten und die ZentrErfSt. die im Bereich der Demarkationslinie zur Bundesrepublik begangenen Taten nebeneinander behandeln sollten. Mit Rücksicht auf die Ausführungen des Referenten über die Arbeit der ZentrErfSt., insbesondere die karteimäßige Auswertung der Verfahren, nehme ich davon Abstand, diesen Vorschlag zu machen.

GStA Biermann warnte davor, bei der Zuständigkeitsbestimmung nach § 13 a StPO wahllos vorzugehen und die Verfahren auf beliebige Gerichte im ganzen Bundesgebiet zu verteilen. Die besondere Art der Verfahren erfordere, dass diese Verfahren nur einigen wenigen Staatsanwaltschaften übertragen werden, die infolge ihrer besonderen geografischen Lage über eine ausreichende Kenntnis der Verhältnisse in Zonengrenznähe und jenseits der Demarkationslinie verfügen. Dieser Vorschlag wurde allgemein begrüßt.

5. *Die gegenwärtige Situation bei der Verfolgung von NS-Gewaltverbrechen: Referent: OStA Schüle.*

Seit dem letzten Tätigkeitsbericht der ZSt. zum 31.12.1961 hat sich die Zahl der Vorermittlungsverfahren, die noch in Ludwigsburg bearbeitet werden, nämlich 349, nur unwesentlich verändert. Bis zum 1.5.1962 sind nur 15 neue Vorermittlungssachen hinzugekommen. Der Grund für diese nur geringe Zunahme liegt darin, dass die ZSt. schon in den Vorjahren bemüht war, die in Betracht kommenden NS-Gewaltverbrechen möglichst systematisch und vollständig zu erfassen. Ich darf sagen, dass dies weitgehend gelungen ist. Es ist daher auch in Zukunft mit einer größeren Zahl neuer Vorermittlungsverfahren nicht mehr zu rechnen. Insbesondere sind kaum neue Verfahren zu erwarten, die größere Komplexe zum Gegenstand haben.

Den 15 neuen Vorermittlungssachen stehen elf Verfahren gegenüber, die an die zuständigen Staatsanwaltschaften abgegeben worden sind, so dass die ZSt. am 1.5.1962 mit insgesamt 353 Vorermittlungsverfahren befasst war.

Dass nicht mehr Verfahren abgegeben werden konnten, ist darauf zurückzuführen, dass die ZSt. in ständig zunehmendem Maße von Gerichten und Staatsanwaltschaften, besonders aber auch von anderen Behörden des Bundes und der Länder in Anspruch genommen wird. Die Anfragen, die nicht von der Justiz kommen, betreffen meistens Personalangelegenheiten. Sie werden als AR-Sachen geführt. Die Zahl dieser AR-Sachen ist von nur 769 in den Jahren 1958/59 auf 1760 im Jahre 1961 angestiegen; bis zum 1.5.1962 waren es bereits wieder 623 AR-Sachen. Dabei ist zu berücksichtigen, dass wiederholte Anfragen in derselben Angelegenheit unter jeweils nur einer AR-Nummer bearbeitet werden. Tatsächlich ist die Zahl der Anfragen also noch wesentlich höher, als die Zahl der AR-Sachen erkennen lässt. Bei den Anfragen handelt es sich vielfach um ganze Listen von Personen, über die Auskünfte gewünscht werden. Oft werden auch Fragen allgemeiner

Art, z.B. nach Zuständigkeitsverhältnissen oder Befehlswegen, gestellt. Es liegt auf der Hand, dass die Beantwortung derartiger Anfragen einen erheblichen Aufwand an Zeit und Mühe erfordert. Insgesamt bindet die Bearbeitung der zahlreichen AR-Sachen einen nicht unbeträchtlichen Teil der Arbeitskraft der ZSt.. Da dieser Arbeitsaufwand mit einem unveränderten Personalbestand bewältigt werden muss, geht dies zwangsläufig zu Lasten der Vorermittlungstätigkeit der ZSt. und führt damit zu einer Verzögerung in der Bearbeitung und Abgabe der Verfahren.

Entsprechendes gilt für die Arbeit, die aus den bereits abgegebenen Verfahren erwächst, und die in der Statistik keinerlei Niederschlag findet; in ihr erscheinen die Verfahren als abgegeben und damit für die ZSt. – scheinbar – erledigt. Tatsächlich werden aber in vielen dieser abgegebenen Verfahren noch umfangreiche Korrespondenzen geführt. Immer wieder sind Anfragen zu beantworten und Auskünfte zu erteilen. Vernehmungsniederschriften, die von Staatsanwaltschaften, Gerichten oder auch Sonderkommissionen überlassen werden, sind auszuwerten. Erkenntnisse, die sich bei diesen Auswertungen oder in anderem Zusammenhang ergeben, müssen – oft genug zugleich an verschiedene Stellen – mitgeteilt werden. Dokumente sind zu beschaffen usf. All das ist im Interesse der Koordinierung der Verfahren und des Austausches von Erkenntnissen unerlässlich und gewiss nicht der unwichtigste Teil der Aufgaben der ZSt.. Es erfordert aber ebenfalls einen beträchtlichen Arbeitsaufwand, und dies, obwohl noch durchaus nicht alle Staatsanwaltschaften und Gerichte die ZSt. über ihre Verfahren laufend unterrichtet halten. Auch dieser Teil der Arbeit der ZSt. geht zwangsläufig zu Lasten der Vorermittlungstätigkeit, und auch dieser Teil der Arbeit ist im Zunehmen begriffen.

Von den bereits abgegebenen Verfahren sind erst einige wenige bereits erstinstanzlich verhandelt worden, so z.B. das Verfahren gegen Erich Ehrlinger [Amtschef des RSHA; 1961 zu zwölf Jahren Zuchthaus verurteilt] u.a. in Karlsruhe. Die Masse der abgegebenen Verfahren befindet sich noch im Stadium der staatsanwaltschaftlichen Ermittlungen oder der Voruntersuchung. In einigen Verfahren ist in letzter Zeit Anklage erhoben worden, z.B. *[Georg Albert Wilhelm] Heuser* – Staatsanwaltschaft Mainz – [1962 vom LG Koblenz zu 15 Jahren Zuchthaus verurteilt; gest. 1989] oder wird dies demnächst geschehen, so z.B. in dem Auschwitz-Verfahren – Staatsanwaltschaft Frankfurt -. Die Erhebung der Anklage bedeutet allerdings nicht, dass die Ermittlungen als abgeschlossen angesehen werden könnten. In den großen Verfahren dauern die Ermittlungen vielmehr erfahrungsgemäß bis zur Hauptverhandlung an und auch die ZSt. wird oft ebenso lange, manchmal sogar noch aus der Hauptverhandlung heraus, um Unterstützung gebeten.

Gerade dieser vermehrte Arbeitsanfall aus bereits abgegebenen Verfahren ist bezeichnend für die gegenwärtige Situation bei der Verfolgung von NS-Gewaltverbrechen. Er lässt nämlich erkennen, dass das Schwergewicht der Verfolgung sich in zunehmendem Maße von der ZSt. auf die Staatsanwaltschaften und Gerichte verlagert, insbesondere wenn man nicht so sehr auf die Zahl der Verfahren als auf das Ausmaß der Ermittlungstätigkeit abhebt.

Wie viele Verfahren bei den Staatsanwaltschaften und Gerichten anhängig sind, lässt sich zuverlässig nicht angeben. Ihre Zahl ist mit der von der ZSt. abgegebenen Verfahren nicht identisch. Denn abgesehen von den Verfahren, die ohne Zutun der ZSt. anhängig geworden sind, hat sich auch die Zahl der abgegebenen Verfahren vielfach verändert, sei es, dass Verfahren eingestellt, sei es, dass Verfahren abgetrennt worden sind. Da die ZSt. – ich sagte es schon – leider nicht immer vollständig über das Schicksal der abgegebenen Verfahren unterrichtet wird, lassen sich diese Veränderungen und damit die Zahl der bei Staatsanwaltschaften und Gerichten anhängigen Verfahren nicht zuverlässig feststellen.

Dass die ZSt. nicht immer vollständig unterrichtet wird, ist allerdings weniger aus statistischen Gründen bedauerlich. sondern deswegen, weil die ZSt. nur dann den Staatsanwaltschaften und Gerichten zuverlässig und erschöpfend Auskunft geben kann, wenn sie selbst möglichst vollständig informiert wird. Von besonderem Interesse über die einzelnen Verfahren hinaus sind immer auch die Urteile, Anklagen und Einstellungsverfügungen in diesen Verfahren. Vor allem Urteile und Einstellungsverfügungen geben Aufschluss darüber, welche besonderen Schwierigkeiten in den einschlägigen Verfahren immer wiederkehren. Diese Schwierigkeiten kennenzulernen, ist für die ZSt. wichtig, damit sie ihre Vorermittlungen und auch ihre sonstige unterstützende Tätigkeit darauf ausrichten kann.

Die ZSt. hat versucht, in zwei Fragenkomplexen, die erfahrungsgemäß den Staatsanwaltschaften und Gerichten am meisten Schwierigkeiten bereiten, durch Herausgabe von Sammlungen Klarheit zu schaffen und Hilfe zu leisten. Die von den damals zuständigen Stellen verwendeten Tarnbezeichnungen waren teilweise so geschickt gewählt, dass sie von einem unbefangenen Leser zunächst nicht in ihrer tatsächlichen Bedeutung erkannt werden. Die eine Sammlung soll die tatsächliche Bedeutung der wichtigsten dieser Ausdrücke unter Angabe der Quellen nachweisen und darüber hinaus demonstrieren, in welchem Ausmaße die Massenvernichtungsmaßnahmen durch Deckbezeichnungen getarnt wurden, hinter denen die Beschuldigten auch heute noch oft genug Schutz suchen. Diese Sammlung könnte sicher noch besser sein, wenn sie vervollständigt werden würde. Dazu bedürfte es aber der tätigen Unterstützung durch sämtliche Staatsanwaltschaften und Gerichte. Ich darf daher auch an dieser Stelle meine Bitte wiederholen, der ZSt. bei der Sammlung einschlägiger Materialien behilflich zu sein, damit diese nicht in den einzelnen Verfahren verloren gehen, sondern für alle in Betracht kommenden Verfahren nutzbar gemacht werden können. Ich bin sicher, dass auf diesem Gebiet noch manches getan werden kann.

Dasselbe gilt hinsichtlich der anderen Materialiensammlung, die den *sogenannten Befehlsnotstand* betrifft. Das Problem des sogenannten Befehlsnotstandes hat sich schon frühzeitig als eines der zentralen Probleme der Verfolgung nationalsozialistischer

Gewaltverbrechen erwiesen. Diese zentrale Bedeutung beruht allerdings nicht so sehr darauf, dass der sogenannte Befehlsnotstand bei dem Tatgeschehen eine so besonders große Rolle gespielt hätte. Die Masse der Täter hat ganz gewiss nicht aus einer wirklichen oder auch nur vermeintlichen Notstandssituation heraus gehandelt, sondern vielmehr aus Überzeugung, aus Ehrgeiz, aus Sadismus, aus Bequemlichkeit oder ähnlichen Motiven oder aber auch einfach nur, weil „es eben so befohlen war". Mit Recht heißt es in einer Entscheidung des BGH über die Gestapo, dass sie schließlich „kein Zusammenschluss terrorisierter Bürger, sondern eine Organisation gewesen sei, die sich weitgehend aus überzeugten Anhängern des nationalsozialistischen Systems zusammensetzte" (BGH I StR 117/56 vom 8.6.1956). Dasselbe trifft für SD und SS zu.

Die Bedeutung des Problems ergibt sich vielmehr daraus, dass der sogenannte Befehlsnotstand von den Beschuldigten als Schutzbehauptung so sehr geschätzt wird. Die Schwierigkeiten, die Staatsanwaltschaften und Gerichte mit dieser Schutzbehauptung haben, sind in erster Linie tatsächlicher Art. Ich bin mir bewusst, dass sie durch die Sammlung „Befehlsnotstand" nur bedingt behoben werden können. Denn der Nachweis, dass niemand wegen der Verweigerung eines Exekutionsbefehls Schaden an Leib oder Leben genommen hat, ist natürlich auf keine Weise zwingend zu führen. Es kann vielmehr nur demonstriert werden, dass es Fälle von Befehlsverweigerung dieser Art gegeben hat und dass in diesen Fällen Schäden an Leib oder Leben nicht eingetreten sind. Darüber hinaus lässt sich lediglich allgemein konstatieren, dass der ZSt. kein Fall bekannt geworden ist, in dem die Verweigerung eines Exekutionsbefehls einen Schaden für Leib oder Leben zur Folge gehabt hätte. Dieser Feststellung kommt allerdings einiges Gewicht zu. Denn wenn es solche Fälle gegeben hätte, dann wären sie auch schon damals bekannt geworden. Die ZSt. ist unmittelbar oder mittelbar mit einer Vielzahl von Verfahren befasst, die die verschiedensten Einheiten und Dienststellen betreffen und sich über den gesamten Raum und die gesamte Zeit der nationalsozialistischen Massenvernichtungsmaßnahmen erstrecken. Trotzdem und trotz des Interesses, das die Beschuldigten an der Offenbarung solcher Fälle haben müssten, hat sich noch kein derartiger Fall feststellen lassen.

Überzeugend weist der Historiker Dr. Seraphim, Göttingen, in seinem neuesten Gutachten über die Gehorsamspflicht bei der Schutzstaffel darauf hin, dass er zusammen mit anderen Historikern und Juristen während der Nürnberger Prozesse versucht habe, solche Fälle von Befehlsnotstand zu ermitteln. Er habe damals ungehinderten Zutritt zu den Gefangenen- und Internierungslagern erhalten und Gelegenheit gehabt, mit vielen ehemaligen SS-Führern zu sprechen. Auch bei diesen Unterredungen habe er von keinem Fall erfahren, in dem die Verweigerung der Mitwirkung an Massenvernichtungsmaßnahmen eine Gefahr für Leib oder Leben bedeutet hätte. Dagegen sei ihm eine ganze Anzahl solcher Verweigerungen bekannt geworden, die keine ernsthaften Weiterungen für den Betroffenen zur Folge gehabt hätten.

Zwar sind in dem Dortmunder Verfahren gegen die Angeklagten Krumbach und Gerke vor einiger Zeit zwei Zeugen aufgetreten, die behaupteten, Kenntnis von Fällen zu haben, in denen die Befehlsverweigerung bei einer Massenvernichtung die Erschießung des Verweigerers nach sich gezogen habe. Das Dortmunder Schwurgericht hat diesen Zeugenaussagen indes keine Bedeutung beigemessen. Bei einer durch die ZSt. veranlassten Überprüfung der Zeugenaussagen stellte sich heraus: 1. dass beide Zeugen erheblich vorbestraft und dass 2. beide Zeugen vor dem Prozess längere Zeit mit je einem der damaligen Angeklagten gemeinsam in einer Zelle gewesen waren. – Einer dieser Zeugen hat angegeben, er habe *gehört,* dass ein SS-Untersturmführer wegen der Verweigerung eines Exekutionsbefehls füsiliert worden sei. Der andere Zeuge hat behauptet, er habe selbst gesehen, wie ein SS-Angehöriger wegen der Verweigerung eines solchen Exekutionsbefehls an Ort und Stelle erschossen worden sei. Die Aussagen beider Zeugen sind aber in vielen Einzelpunkten nicht nur unwahrscheinlich, sondern offensichtlich falsch. So hat z.B. der angebliche Augenzeuge angegeben, es habe noch im März 1944 in Pleskau viele Juden gegeben, die sich von der übrigen Bevölkerung durch reichlichen Besitz von Geld und besonders guter Kleidung unterschieden hätten. Tatsächlich war Pleskau zu dieser Zeit längst „judenfrei", wie es nach der damaligen Terminologie hieß. Es musste daher schon aufgrund dieser Angaben geschlossen werden, dass die Angaben des Zeugen falsch waren. Es wurde eine ganze Reihe von Personen ermittelt, die dieser Zeuge zur Erhärtung seiner Angaben benannt hatte. Unter diesen Zeugen sollten sich auch solche Personen befinden, die nach der Darstellung dieses angeblichen Augenzeugen den Vorfall ebenfalls als Augenzeugen beobachtet haben sollten. Die Ermittlungen haben ergeben, dass die Angaben in nahezu allen wesentlichen Punkten falsch waren. Keiner der benannten und von uns vernommenen Zeugen hat einen solchen Vorfall erlebt oder auch nur davon gehört. Ein Teil der angeblichen Augenzeugen war zu jener Zeit überhaupt nicht im Raum Pleskau gewesen. Die ZSt. wird die Sache demnächst der zuständigen Staatsanwaltschaft zur Strafverfolgung übergeben, und es ist zu hoffen, dass das Strafverfahren gegen diesen falschen Zeugen bald durchgeführt werden kann. Denn dieser Zeuge ist, wie vorauszusehen war, auch schon in verschiedenen anderen einschlägigen Verfahren benannt und auch gehört worden und hat alle Aussicht, zum *Berufsentlastungszeugen* zu werden, wenn dem nicht ein Riegel vorgeschoben wird.

Dieser Fall zeigt einmal, auf welch verzweifelte Mittel und auf welch zweifelhafte Zeugen die Beschuldigten zurückgreifen müssen, wenn sie ihre Behauptung belegen wollen, sie hätten im Notstand gehandelt. Der Fall zeigt aber auch, wie notwendig es ist, allen derartigen Behauptungen auf den Grund zu gehen. Sofern das nicht schon die betreffende Staatsanwaltschaft tut, wird die ZSt. sich dieser Aufgabe unterziehen. Meine Bitte geht nur dahin, dass die ZSt. auch über solche Dinge möglichst bald und möglichst umfassend unterrichtet wird, damit sie gegebenenfalls die erforderliche Nachprüfung vornehmen und in jedem Falle die übrigen Staatsanwaltschaften unterrichten kann. Nur auf diese

Weise kann vermieden werden, dass Staatsanwaltschaften und Gerichte durch die Aussagen dubioser Zeugen irregeführt werden.

Mit dieser Vermittlung von Tatsachenmaterial erschöpft sich allerdings in tatsächlicher Hinsicht auch die Möglichkeit, die die Sammlung „Befehlsnotstand“ bietet. In welcher Weise die Staatsanwaltschaften und Gerichte von diesem Material Gebrauch machen, von welchen Erwägungen sie sich leiten lassen, kann die ZSt. nicht beeinflussen.

An dieser Stelle darf ich auf eine Einstellungsverfügung eingehen, die der ZSt. übrigens auch nur auf Umwegen bekannt geworden ist. Es handelt sich zwar nicht um ein Verfahren, das in Ludwigsburg seinen Ausgang genommen hat, aber es war zwischen der betreffenden Staatsanwaltschaft und der ZSt. einige Korrespondenz geführt worden. Das Verfahren richtete sich gegen einen ehemaligen Regierungsrat und SS-Sturmbannführer, der bei der Dienststelle eines Befehlshabers der Sicherheitspolizei und des SD in einem besetzten Land die Abteilung IV, also Staatspolizei, leitete. Ihm wird u.a. zum Vorwurf gemacht, er habe die willkürliche Erschießung russischer Kriegsgefangener durchgeführt, die sein damaliger Vorgesetzter befohlen habe. Die Staatsanwaltschaft hat das Verfahren insoweit unter dem Gesichtspunkt des Befehlsnotstandes eingestellt. Die Begründung dazu scheint mir ein recht bezeichnendes Beispiel für die Argumente und Erwägungen zu sein, die für einen angeblichen Befehlsnotstand vielfach vorgetragen und oft auch akzeptiert werden.

Dass die Staatsanwaltschaft die Annahme eines Befehlsnotstandes zunächst auf zwei fragmentarische und recht eigenwillig aneinandergereihte Zitate aus der bekannten Posener Rede Himmlers stützt, ist allerdings eine Eigenheit gerade nur dieser Einstellungsverfügung. Wie nicht anders zu erwarten, wird die Auffassung dieser Staatsanwaltschaft als die „einzig zutreffende“ nunmehr von den Verteidigern in einschlägigen Verfahren immer wieder vorgetragen.

Nicht nur in dieser Einstellungsverfügung, sondern ganz allgemein verbreitet ist die Vorstellung, die SS- und Polizeigerichte hätten Fälle der Verweigerung von Exekutionsbefehlen mit besonders scharfen Urteilen verfolgt. Entgegen dieser weit verbreiteten, fast schon zur fixen Idee gewordenen Auffassung war aber die Rechtsprechung der SS- und Polizeigerichte nach allem uns bekannt gewordenen Material keineswegs besonders scharf und im Vergleich etwa mit der Spruchpraxis der Wehrmachtsgerichte eigentlich eher milde. Eine Ausnahme von dieser Regel galt nur bei Rassenschande, gleichgeschlechtlicher Unzucht sowie Treuebruch. Diese Delikte galten als schwerste Sünde gegen den Geist der SS und wurden dementsprechend rigoros verfolgt. Bemerkenswert ist jedoch in diesem Zusammenhang, dass in einer ganzen Reihe von Verfahren festgestellt wurde, dass Angehörige der SS, die an Vernichtungsmaßnahmen beteiligt waren, sich hübsche Jüdinnen als Freundinnen hielten und mit ihnen trotz der angedrohten Todesstrafe intimen Umgang hatten. In diesen Fällen ließen sich die Beschuldigten trotz der angedrohten Todesstrafe nicht abschrecken, und – es mag unwahrscheinlich klingen, trifft aber doch zu – heute versuchen sie damit zu beweisen, dass sie doch insgesamt judenfreundlich eingestellt gewesen seien. Für Ungehorsam und Befehlsverweigerung lässt sich keine auch nur annähernd gleichscharfe Spruchpraxis feststellen. So ist denn auch bisher kein Fall bekannt geworden, in dem die Verweigerung eines Exekutionsbefehle überhaupt zu einer SS- und polizeigerichtlichen Verurteilung, geschweige denn zu den vermuteten strengsten Strafen geführt hätte. Es sind frühere SS- und Polizeirichter vernommen worden, die keinen solchen Fall haben angeben können. Es hat aber auch sonst noch niemand einen solchen Fall glaubhaft machen können. Auch für die Annahme jener Staatsanwaltschaft, dass die SS- und Polizeigerichte solche Fälle dank sehr flexibler Rechtsgrundlagen wenn nicht unter dem Gesichtspunkt der Befehlsverweigerung, dann eben unter einem anderen rechtlichen Gesichtspunkt, etwa dem der Wehrkraftzersetzung, hätten aburteilen können, gibt es bisher kein Beispiel. Und auch das Beispiel, dass die Staatsanwaltschaft selbst dazu anführt, beweist eher das Gegenteil. Der immer wiederkehrende Hinweis auf die Härte der SS- und Polizeigerichte ist deswegen nicht mehr als eine durch nichts bewiesene oder auch nur glaubhaft gemachte Mutmaßung, wenn nicht gar eine bloße Zweckbehauptung. Umso mehr muss es überraschen, welche Schwierigkeiten die Staatsanwaltschaften und Gerichte zuweilen in der Auseinandersetzung mit diesem Argument haben.

Ähnlich verhält es sich mit der weiteren Annahme der betreffenden Staatsanwaltschaft, dass Fälle von Ungehorsam neben SS- und polizeigerichtlichen Verfahren auch interne Maßnahmen wie die Liquidierung ohne Verfahren zur Folge hätten haben können. Auch ein solcher Fall ist, wie ich bereits ausführen durfte, bisher nicht bekannt geworden, und auch das Beispiel, das die Staatsanwaltschaft hierfür anführt, trifft nicht zu, weil nämlich gar kein Fall von Ungehorsam vorliegt.

Verbreitet ist auch die Neigung – und auch die betreffende Staatsanwaltschaft ist ihr erlegen – entlastende Aussagen früherer Kollegen der Täter zu verwerten. Im vorliegenden Fall haben frühere Kollegen des Beschuldigten behauptet, dass ein Angehöriger der Ordnungspolizei wegen der Weigerung, an einer *Geisel*exekution teilzunehmen, füsiliert worden sei. Nun kann man aber eine möglicherweise rechtsmäßige Geiselerschießung nicht ohne weiteres mit der jedenfalls rechtswidrigen Erschießung von Kriegsgefangenen gleichsetzen. Aber ganz abgesehen davon, hätte aus einem anderen Grunde Anlass zu Zweifeln an dieser Darstellung bestanden. In einer anderen Sache hat der BGH mit Recht darauf hingewiesen, dass den Aussagen früherer Kollegen mit besonderer Vorsicht begegnet werden müsse, weil diese den Beschuldigten kaum belasten dürften. In diesem Falle bestand besonderer Anlass zur Vorsicht noch deswegen, weil die Zeugen sämtlich auch selbst belastet und die Verfahren gegen sie nur deshalb eingestellt worden waren, weil ihre Taten bereits Gegenstand eines Strafverfahrens im Ausland gewesen waren. Und schließlich hatten mindestens zwei dieser Zeugen in anderem Zusammenhang – dort allerdings zugunsten des Beschuldigten – erklärt, dass sie in den ausländischen Verfahren bewusst falsche Angaben gemacht hätten, und zwar, wie sie jetzt sagen, „im eigenen

Verteidigungsinteresse", „der Einfachheit halber" oder „um andere Kameraden zu entlasten". Die Staatsanwaltschaft hält diese Einlassung für glaubhaft, nimmt den Zeugen aber trotzdem auch die – sonst offenbar nicht belegte – Darstellung über die Füsilierung des Ordnungspolizisten ab.

Ebenso glaubt sie den Zeugen deren Schilderungen über die angebliche Härte und Rücksichtslosigkeit des früheren Vorgesetzten des Beschuldigten und die daran geknüpften Spekulationen darüber, was dieser im Falle einer Befehlsverweigerung wohl getan hätte. Einer der Zeugen behauptet, es hätte in einem solchen Falle nichts anderes gegeben als: „An die Wand!" Das ist nun wirklich eine kühne Behauptung. Denn es ist bekannt, dass Himmler sich die Bestätigung jedes SS- und polizeigerichtlichen Urteils gegen SS-Führer und Polizeioffiziere vorbehalten hatte, dass er also in jedem Einzelfalle unterrichtet und beteiligt sein wollte. Umso weniger konnte er es hingehen lassen, dass ihm nachgeordnete Führer nun ihrerseits wilde Justiz übten, und gerade bei dem früheren Vorgesetzten des Beschuldigten waren Eigenmächtigkeiten dieser Art keineswegs zu befürchten; denn er war Himmler treu und nach der eigenen Darstellung der Zeugen besonders korrekt. Tatsächlich behaupteten Beschuldigter und Zeugen auch in anderem Zusammenhang, sie hätten – trotz der angeblich so verheerenden Folgen einer Befehlsverweigerung – Befehle dieses Vorgesetzten nicht oder nur teilweise ausgeführt.

Auf der anderen Seite berücksichtigt die Staatsanwaltschaft nicht den wesentlichen Umstand, dass der Beschuldigte sich an der Exekution der Kriegsgefangenen auch eigenhändig beteiligt hat.

In rechtlicher Hinsicht schließlich scheint sie u.a. anzunehmen, ein Befehlsnotstand sei nur dann auszuschließen, wenn eine Befehlsverweigerung grundsätzlich keine Gefahr für Leib oder Leben nach sich gezogen hätte. Auch scheint sie anzunehmen, dass § 52 StGB dem Täter gestatte, den jedenfalls risikolosen Weg aus der Notstandslage zu wählen. Beides widerspricht der Rechtsprechung des BGH (BGH 5 StR 353/54 vom 14.12.1954, 4 StR 212/53 und 4 StR 213/53 vom 3.2.1953).

Alles in allem kann man sich des Eindrucks nicht verwehren, dass die Staatsanwaltschaft das Problem des Befehlsnotstandes recht einseitig gesehen und gewürdigt hat. Nun liegt es mir fern zu unterstellen, dass dies in böser Absicht geschehen oder dass die Staatsanwaltschaft von dem – immerhin noch nachfühlbaren – Wunsch geleitet gewesen sei, durch die Annahme eines Befehlsnotstandes den Mühsalen zu entgegen, die Anklageerhebung und Hauptverfahren in einem solchen Falle nun einmal mit sich bringen. Es handelt sich ja auch nicht – ich sagte es schon – um besonders ausgefallene Erwägungen und Argumente; diese Einstellungsverfügung steht nur als Beispiel für andere Einstellungsverfügungen und auch Urteile, in denen Ähnliches zu lesen steht, wenn auch vielleicht nicht in so gehäufter Form.

Mir will vielmehr scheinen, dass diese Erwägungen und Argumente Ausdruck und Ausfluss eines gewissen Unbehagens sind, das einem doch recht häufig begegnet, wenn es sich um die Beurteilung auf Befehl begangener Straftaten handelt. Die bekannte amerikanische Ethnologin *Margaret Mead* sieht es so (ich zitiere aus einem Brief des Heidelberger Professors Mitscherlich, der in der Broschüre „Die Kreuzelschreiber" abgedruckt ist): „In der deutschen Charakterstruktur scheint wesentlich mehr Nachdruck auf die moralische Notwendigkeit gelegt zu werden, die einem in Familie, Armee, auf einem Posten oder in der Regierung auferlegte Pflicht auszuführen, als dafür Verantwortung auf sich zu nehmen, welchen *Inhalt* diese Pflicht hat und welches Verhalten sie nach sich zieht. Gehorsam und Konformität werden belohnt, nicht dagegen Initiative, die zur Abweichung von solcher Pflicht führt. Unter solchen Umständen wird jeder Akt, der einem seiner Stellung entsprechend als Soldat oder Zivilist zur Pflicht gemacht ist, *ipso facto* zu einem moralischen und billigenswerten." Mitscherlich knüpft hieran in Bezug auf ein bestimmtes Euthanasieverfahren den Verdacht, schon die Staatsanwaltschaft könnte dieser Logik erliegen, und tatsächlich sind die Angeklagten dieses Verfahrens mit der Begründung außer Verfolgung gesetzt worden, es habe ihnen das Unrechtsbewusstsein gefehlt.

Dieser bewussten oder unbewussten, aber sicherlich falschen Grundeinstellung entgegenzuwirken, ist natürlich nur sehr bedingt möglich. Auch die Sammlung „Befehlsnotstand" kann da nur wenig ausrichten. Wesentlich wird es darauf ankommen, für solche Verfahren die rechten Sachbearbeiter auszuwählen. Denn wenn schon der Sachbearbeiter der Staatsanwaltschaft ein solches Verfahren mit derartigen inneren Vorbehalten und Hemmungen in Angriff nimmt, lässt sich ein zutreffendes Ergebnis sicherlich nicht erwarten.

Nun möchte ich hier nicht den Eindruck erwecken, als hielte ich das Problem des Befehlsnotstandes ganz generell nur für ein fiktives und als habe es in der Praxis des Tatgeschehens überhaupt keine Rolle gespielt. Zwar gibt es für keine Gruppe von Beteiligten einen begründeten Anhalt dafür, dass sie im Falle der Verweigerung eines Exekutionsbefehls tatsächlich einen Schaden an Leib oder Leben zu befürchten gehabt hätten. Es gibt aber eine Gruppe von Beteiligten, bei der man nach den bisherigen Erfahrungen nicht ausschließen kann, dass sie an eine solche Gefahr geglaubt hat. Ich denke dabei an die kleinen Schützen, die in Reih' und Glied an den Erschießungen teilgenommen haben, an die Mannschaften besonders der Ordnungspolizei, die zu solchen Exekutionen kommandiert und geführt wurden. Es ist glaubhaft, wenn sie angeben, man habe ihnen mit SS- und polizeigerichtlichen Verfahren oder anderen, schwersten Folgen gedroht, falls sie einen Befehl nicht ausführen würden; solche, wenn auch vielleicht nur vage Drohungen gehörten ja zum Repertoire vieler Vorgesetzter: „Wenn Sie das nicht tun, wissen Sie ja, was Ihnen blüht!" Und es ist auch glaubhaft, dass diese kleinen Schützen schon damals in der auch heute noch grassierenden Vorstellung lebten, die SS- und Polizeigerichte seien so übermäßig scharf und die eigenen Vorgesetzten seien imstande, selbst wilde Justiz zu üben. Diese Angst wurde teilweise ganz bewusst genährt, um jeden Widerstand von vornherein auszuschalten. Man wird deshalb die Einlassung dieser kleinen Schützen, sie hätten nur aus Angst vor schwersten Folgen einen Erschießungsbefehl ausgeführt, in aller Regel glauben dürfen, jedenfalls aber nicht widerlegen können. Etwas anderes gilt natürlich dann, wenn ein kleiner Schütze sich etwa freiwillig an einer Exekution beteiligt oder über den Befehl hinaus gehandelt, womöglich Exzesse begangen hat.

So regelmäßig aber diesen kleinen Schützen ein Putativnotstand zuzubilligen sein wird, so regelmäßig wird er bei Befehlsgebern, Führern und Offizieren, zu verneinen sein. Sie müssen gewusst haben, dass ihre Vorgesetzten keine wilde Justiz üben konnten. Ihnen kann auch die Spruchpraxis der SS- und Polizeigerichte nicht unbekannt geblieben sein; so wurden z.B. die „Mitteilungen" des Hauptamtes SS-Gericht, in denen immer auch „Warnbeispiele" bekanntgegeben wurden, allen SS-Führern und Polizeioffizieren zugänglich gemacht, wie der Verteiler erweist. Sie konnten sich also hinreichend darüber informieren, wie streng oder milde die SS- und polizeigerichtliche Spruchpraxis nun tatsächlich war.

Dasselbe gilt übrigens auch für einen Teil der Unterführer, denen diese „Mitteilungen" ebenfalls zugänglich waren. Bei diesen Unterführern wird es allerdings ganz besonders vom Einzelfall, namentlich von ihrer Stellung, abhängen, ob ihnen ein Putativnotstand zugebilligt werden kann oder nicht. Denn tatsächlich war es ja so, dass auch ein Unterführer eben nur ein kleiner Mann im Glied sein konnte. Ebenso gut konnte er aber – z.B. als Judensachbearbeiter bei einer Dienststelle der Sicherheitspolizei und des SD – mit einer Machtfülle ausgestattet sein, die ihn zum Herrn über Leben und Tod machte.

Es wäre wünschenswert, wenn eine etwas gleichmäßigere Behandlung dieser verschiedenen Personengruppen hinsichtlich der Zubilligung eines Putativnotstandes erreicht werden könnte, als sie bislang festzustellen ist. Es verursacht doch ein ungutes Gefühl, wenn eine Staatsanwaltschaft einem Sturmbannführer und Regierungsrat in maßgebender Stellung den Befehlsnotstand zubilligt, während eine andere Staatsanwaltschaft sich dazu gegenüber kleinen Schützen nicht entschließen kann. Ich darf deswegen zu erwägen geben, ob nicht vielleicht im Wege einer Dienstanweisung darauf hingewirkt werden könnte, dass bei diesen kleinen Schützen grundsätzlich ein Putativnotstand angenommen werden kann.

Es hätte dies übrigens noch einen Nutzen, der zwar nicht ausschlaggebend sein kann, der aber doch sehr wünschenswert wäre: Solange diese kleinen Schützen befürchten müssen, wegen ihrer Beteiligung an Exekutionen zur Rechenschaft gezogen zu werden, ist ihre Aussagewilligkeit verständlicherweise gering. Wenn ihnen aber – möglichst schon bei ihrer ersten Vernehmung – zugesichert werden kann, dass sie wegen der bloßen Ausführung eines Erschießungsbefehls nichts zu befürchten haben, werden sie eher bereit sein, ihr Wissen preiszugeben, das zur Überführung der wirklich Verantwortlichen entscheidend beitragen kann.

Hinsichtlich dieser Verantwortlichen sind allgemeine Richtlinien etwa des Inhalts, dass bei ihnen ein Befehlsnotstand grundsätzlich nicht anzuerkennen sei, selbstverständlich nicht möglich. Insoweit würde es aber schon sehr zu einer gleichmäßigeren Behandlung beitragen, wenn Staatsanwaltschaften und Gerichte sich die Rechtsprechung des BGH zu eigen machen würden. Ich durfte bereits einige rechtliche Gesichtspunkte zum Befehlsnotstand erwähnen, die mit der Rechtsprechung des BGH nicht im Einklang stehen. Es gäbe dafür mehr Beispiele. Auch zu anderen Rechtsfragen, die in Verfahren wegen nationalsozialistischer Gewaltverbrechen häufig auftreten, wie z.B. die Abgrenzung zwischen Mittäterschaft und Beihilfe, lassen sich des Öfteren Abweichungen von der Rechtsprechung des BGH feststellen. Sie mögen vielleicht auch dadurch begründet sein, dass die Entscheidungen des BGH als scheinbar nicht aktuell vielfach nicht veröffentlicht worden sind.

Ich habe mich deswegen entschlossen, in verstärktem Maße auch Entscheidungen des BGH zu einschlägigen Rechtsfragen in die Sammlung Befehlsnotstand aufzunehmen oder – wenn sie dort sachlich nicht hineinpassen – in einer ergänzenden Sammlung zusammenzufassen. Dem Herrn Generalbundesanwalt bin ich dafür zu Dank verpflichtet, dass er mir die Materialien der Bundesanwaltschaft zugänglich gemacht hat und mir auch die künftig anfallenden einschlägigen Entscheidungen zugänglich machen will. Auf diese Weise können eine ganze Reihe wichtiger Entscheidungen, die fast ausnahmslos in einschlägigen Verfahren ergangen und größtenteils noch nicht veröffentlicht worden sind, für die noch anhängigen Verfahren wegen nationalsozialistischer Gewaltverbrechen nutzbar gemacht werden. Die Sammlung erhebt nicht den Anspruch, die Rechtsprechung des BGH vollständig zu erfassen; sie dürfte aber ausreichend wertvolles Material enthalten, um die rechtliche Beurteilung der Sachverhalte im Sinne der Rechtsprechung des BGH zu erleichtern.

Ich bin mir bewusst, dass es nicht eigentlich Aufgabe der ZSt. ist, juristische Studien zu treiben und juristisches Material zu sammeln. Ich glaube aber, dass ich damit einem Bedürfnis der Praxis entspreche; denn immer wieder wird die ZSt. auch insoweit um Unterstützung gebeten und um Rat gefragt. Es ist zu hoffen, dass die ZSt. auf diese Weise zu einer etwas gleichmäßigeren Behandlung der Beschuldigten auch mit höheren Dienstgraden beitragen kann.

Gestatten Sie mir in diesem Zusammenhang abschließend ein offenes Wort. Es bleibt natürlich nicht aus, dass die ZSt. das Schicksal der Verfahren, die nationalsozialistische Gewaltverbrechen betreffen – mögen sie nun von der ZSt. ausgegangen sein oder nicht – mit Interesse und Aufmerksamkeit verfolgt. Tut man dies aber, so lässt sich ein unbehagliches Gefühl nicht unterdrücken, denn es gibt eine ganze Reihe von Fällen, in denen Unterführer als Mörder zu lebenslangen Zuchthausstrafen verurteilt worden sind – sicherlich wegen ungeheuerlicher Verbrechen und sicherlich auch zu Recht. Aber ich kenne keinen Fall, in dem ein höherer SS-Führer als Mörder zu lebenslanger Zuchthausstrafe verurteilt worden wäre, und man kann sich nur schwer vorstellen, dass die Schuld dieser höheren SS-Führer, die für eine viel größere Anzahl von Tötungen verantwortlich sind als die erwähnten Unterführer, in allen Fällen so viel geringer gewesen sein sollte. So ist ein früherer Kommandeur und späterer Befehlshaber der Sicherheitspolizei und des SD, der zuletzt immerhin den Rang eines SS-Oberführers bekleidete, in erster Instanz nur zu zwölf Jahren Zuchthaus verurteilt worden, während bereits vor Jahren ein ihm unterstellter SS-Oberscharführer zu lebenslangem Zuchthaus rechtskräftig verurteilt worden ist. Ein früherer Führer eines jener berüchtigten Einsatzkommandos wurde zu acht Jahren Zuchthaus verurteilt. Der Führer eines Reitersturmes der allgemeinen SS, der sich aus freien Stücken mit seinem Sturm an Exekutionen beteiligt hatte, erhielt in erster Instanz nur sechs Jahre Zuchthaus. Immer sind diese und viele andere Führer nur als Gehilfen Hitlers, Himmlers und Heydrichs angesehen oder ist lediglich Totschlag angenommen worden; vielfach geschieht das auch schon in der Anklage, während das Verhalten niederer Dienstgrade – die allerdings auch selbst geschossen haben – vielfach sehr viel strenger beurteilt wird. Ähnliches lässt sich bei der Handhabung der Untersuchungshaft beobachten. So werden in einem und demselben Verfahren Unterführer, die einen jener unseligen Gaswagen gefahren haben, in Haft genommen und behalten, während ihr früherer Vorgesetzter, ein SS-Obergruppenführer, gegen eine mäßige Kaution vom weiteren Vollzug der Untersuchungshaft verschont wird. Solche Entscheidungen bleiben nicht verborgen. Sie werden veröffentlicht, sie werden erörtert und sie sind allzu geeignet, jenem bösen Wort von den Kleinen, die man hängt, und den Großen, die man laufen lässt, neue Nahrung zu geben. Aus mancherlei Gesprächen weiß ich, dass sie diese Wirkung auch schon erzielt haben. Erst unlängst hat ein bekanntes Münchener Kabarett auf die nachsichtige Behandlung höherer Dienstgrade angespielt. In seinem neuen Programm, das auch durch Funk und Fernsehen verbreitet worden ist, unterhalten sich drei Strafgefangene über einen nach kurzer Haft gerade entlassenen früheren SS-General. Ihr Kommentar: Es würden ihm zwar zahlreiche Tötungen von Juden zur Last gelegt, er habe aber nachweisen können, dass er *sonst keine strafbaren Handlungen* begangen habe. Das ist schon eine sehr bittere Bemerkung.

Ich bin mir bewusst, dass es nicht meine Aufgabe ist, die Spruchpraxis zu überwachen und Urteilsschelte zu üben. Wenn ich mir dennoch die Freiheit genommen habe, Ihr Augenmerk auf diesen Sachverhalt zu lenken, dann geschieht dies auch nicht aus Anmaßung oder Besserwisserei. Ich habe mich dazu vielmehr verpflichtet gefühlt aus der ernsten Sorge, es könnte sich der Eindruck verbreiten, dass mit zweierlei Maß gemessen werde. Das Vertrauen in die Gerechtigkeit und das Ansehen der Justiz, das uns allen am Herzen liegt, würden dadurch zweifellos schweren Schaden nehmen.

GStA Mützelburg dankte dem Referenten für seine Ausführungen und die geleistete Arbeit. Er begrüßte die geäußerte Kritik an der Rechtsprechung in Verfahren wegen nationalsozialistischer Gewalttaten. Unter dem Beifall der Tagungsteilnehmer beklagte er die ungleichmäßige Behandlung unterer Dienstgrade gegenüber Führern in gehobenen Stellungen und forderte, bei der Verfolgung von NS-Gewaltverbrechen müsse die Bedeutung der Dienststellung des Täters mehr in den Vordergrund gestellt werden als sein Dienstrang, weil jene für den Einfluss des Täters und damit für den Umfang seiner Verantwortlichkeit den zutreffenderen Maßstab liefere.

GStA Ahmann wies auf die Existenz einer Zentralen Stelle des Landes Nordrhein-Westfalen für die Verfolgung von außerhalb des Gebietes der Bundesrepublik begangenen NS-Verbrechen, die bei der Staatsanwaltschaft Dortmund, und einer Zentralen Stelle des Landes Nordrhein-Westfalen für die Verfolgung von KZ-Verbrechen hin, die bei der Staatsanwaltschaft Köln errichtet worden sei. Er schilderte die Besetzung und die bisherige Arbeit der ZSt. bei der Staatsanwaltschaft Dortmund wie folgt: Einem OStA als Leiter unterstünden zwei EStA als Abteilungsleiter sowie acht StA und zwei Gerichtsassessoren als Dezernenten. Von bisher insgesamt 66 anhängig gewordenen Verfahren seien zwölf erledigt worden, und zwar fünf durch Einstellung, zwei durch Tod, zwei durch Abgabe und drei durch Verbindung mit anderen Sachen, so dass noch 54 Verfahren anhängig seien, und zwar 52 als Ermittlungsverfahren und zwei als Voruntersuchungssachen. Insgesamt handle es sich etwa um 3700 Beschuldigte, von denen sich 20 in acht Verfahren in Untersuchungshaft befänden. Ein Verfahren beziehe sich allein auf die Tötung von 250.000 Menschen in Sobibor.

GStA Haas gab die Besetzung der ZSt. bei der Staatsanwaltschaft Köln mit einem EStA (jetzt OStA), zwei StA und drei Gerichtsassessoren an. Beide Herren bestätigten, dass die erforderliche Anzahl von Hilfsstellen für diese ZSt. bewilligt worden sei.

GStA Ahmann bedankte sich für die ZSt. in Dortmund für die durch die ZSt. in Ludwigsburg geleistete Hilfe. Er betonte aus seiner Sicht als Dienstvorgesetzter der ZSt. in Dortmund die Notwendigkeit einer zentralen Verfolgung von NS-Verbrechen und stimmte den Ausführungen von *OStA Schüle* ohne jede Einschränkung zu. Er beklagte ebenfalls die ungleiche Behandlung von Schützen unterer Dienstgrade gegenüber Führern in verantwortlichen Stellungen. *GStA Ahmann* hob die erheblichen Vorteile einer zentralen Materialauswertung hervor und empfahl, auch in anderen Ländern ähnliche Zentrale Stellen einzurichten wie in Nordrhein-Westfalen, um einen schnellen Abschluss möglichst vieler Verfahren, die NS-Gewaltverbrechen betreffen, zu fördern.

GBA Fränkel begrüßte die Ausführungen seiner Vorredner und verhehlte nicht seine tiefe Erschütterung über die bisherige Arbeitsweise zahlreicher Gerichte bei der Ahndung von NS-Gewaltverbrechen. Er erklärte, er habe den Eindruck, dass die Staatsanwaltschaften in derartigen Verfahren manchmal geradezu nach Gründen suchten, um eine Einstellungsgrundlage zu konstruieren. Er nannte als Beispiel die Verfolgung von Bewachungsmannschaften des Konzentrationslagers Gusen, die in 20 Verfahren gegen ebenso viele Beschuldigte verzettelt worden sei.

GStA Biermann warnte davor, das Vorliegen eines Befehlsnotstandes zu leichtherzig abzulehnen. Er gab zu bedenken, dass die Beurteilung der Voraussetzungen des Befehlsnotstandes heutzutage in einem Strafverfahren selten Schwierigkeiten bereite, weil das Material, das bei der Beurteilung dieser Frage zugrunde zu legen sei, in jahrelanger Arbeit zusammengetragen sei und nunmehr nahezu lückenlos vorliege. Demgegenüber müsse man berücksichtigen, dass die Beschuldigten die heute leicht durchschaubaren Hintergründe des Geschehens in der Regel nicht oder nur lückenhaft gekannt hätten. Beurteile man gleichwohl ihre Lage nach den heutigen Erkenntnissen, vernachlässige man ein wesentliches Merkmal des NS-Terrors: Die Ungewissheit gegenüber möglichen Repressalien des Regimes. Man könne nicht ohne weiteres argumentieren, der Befehlsnotstand entfalle deshalb, weil niemandem, der sich der Ausführung von Erschießungsbefehlen entzogen habe, unzumutbare Nachteile oder gar Schäden an Leib und Leben entstanden seien. Man könne nicht hinweg diskutieren, dass die Furcht, das Regime könne doch einmal seinen Willen mit Terror durchsetzen, obwohl bisher nichts geschah, auch besonnene Männer beherrscht habe. *GStA Biermann* belegte diese Auffassung mit einer Schilderung aus eigenem Erleben.

GStA Ahmann pflichtete dem bei und forderte, man müsse unterscheiden, ob der Täter schicksalhaft in die Konfliktlage hineingeraten sei oder ob er sich freiwillig hineinbegeben habe und darin stehen geblieben sei. Er hielt *GStA Biermann* entgegen, die Möglichkeit, sich der Ausführung von Exekutionsbefehlen zu entziehen, habe ziemlich allgemein bestanden.

GStA Buchholz meinte, eine prozentual völlig unerhebliche Möglichkeit, wegen Befehlsverweigerung eine Terrorstrafe zu erleiden, reiche nicht aus, den Befehlsnotstand zu begründen. *GStA Biermann* wandte sich dagegen, das Problem mit Hilfe einer Prozentrechnung zu lösen zu versuchen. *GStA Haas* stimmte dem zu mit dem Hinweis, dass für die Entscheidung stets nur die Umstände des Einzelfalles maßgebend sein könnten, zur Ablehnung des Befehlsnotstandes müsse daher dem Angeklagten, der sich auf ihn beruft, widerlegt werden, dass im konkreten Fall eine Gefahr im Sinne der Notstandsbestimmungen tatsächlich oder jedenfalls nach der ernsten Überzeugung des Angeklagten bestanden habe. Maßgebend sei dabei allein die aus der freien Beweiswürdigung geschöpfte richterliche Überzeugung. *GStA Haas* berichtete in diesem Zusammenhang von einem Vorfall, der die von *GStA Biermann* vertretene Auffassung zu stützen geeignet ist. Er habe im letzten Krieg Anfang 1945 auf dem Rückzug von Krakau beobachtet, wie ein junger Hauptmann einen sehr jugendlichen Soldaten – späterem Vernehmen nach wegen Befehlsverweigerung – festgenommen und abgeführt habe. Ganz kurze Zeit darauf habe er den Soldaten bereits erschossen liegen sehen. Wenn auch dieser Vorfall sich bei der Truppe ereignet, also mit den hier erörterten Dingen nicht unmittelbar etwas zu tun habe, so lasse er doch erkennen, dass ein Menschenleben jedenfalls damals nicht viel galt.

GStA Biermann bemerkte dazu, dieses Beispiel zeige, wie schnell zu jener Zeit über ein Menschenleben entschieden werden konnte und wie berechtigt damals in der Regel die Angst vor dem Terror des Regimes auch dann gewesen sei, wenn Anhaltspunkte für den Eintritt eines konkreten Nachteils nicht gegeben gewesen seien.

GStA Schabel warnte davor, das von GStA Biermann berichtete Beispiel für die besprochene Art von Prozessen zu verallgemeinern, weil es eine Ausnahmesituation betreffe, in die ein Einzelner unvorhergesehen geraten sei. Er wies darauf hin, die nationalsozialistischer Gewaltverbrechen beschuldigten Personen seien in der Regel fest in eine „Mordorganisation" eingebaut gewesen. Sowohl für eine Gewissensprüfung als auch für die Entscheidung, sich dem Befehl zu entziehen, sei unter diesen Umständen ein wesentlich breiterer Spielraum vorhanden gewesen. Er trat dafür ein, dass von dem Beschuldigten habe verlangt werden können, ein persönliches Risiko einzugehen und persönlichen Mut aufzubringen, um sich dem Exekutionsbefehl zu widersetzen. *GStA Dr. Bauer* bedauerte die Unsicherheit der Gerichte in der Frage, ob die Beschuldigten wegen Täterschaft oder Beihilfe zu bestrafen seien; die Überbetonung der unmittelbaren Tatherrschaft führe zu einer ungerechten Behandlung der „kleinen Schützen", denen die Gerichte in der Regel allein die Tatherrschaft anlasteten. Das führe zum Teil zu einer bedauerlichen Begriffsjurisprudenz. Häufig werde verkannt, dass § 47 des Militärstrafgesetzbuches bei blindem Gehorsam nicht gelten könne. *Dr. Bauer* hielt eine nochmalige Stellungnahme des BGH zu diesen Fragen für erwünscht. *GBA Fränkel* empfahl, zur Klärung des Verhältnisses der Mittäterschaft zur Beihilfe durch den BGH in geeigneten Fällen Revision einzulegen.

GStA Woll berichtete aus seiner Strafrichtertätigkeit in Mannheim in den Jahren 1943 bis 1945, niemand, Polizei und Zivilbevölkerung, habe damals daran gezweifelt, dass die Partei ihren Willen in rigorosester Form durchzusetzen bereit war. Er sei daher dafür, dass diese allgemein vorhandene Zwangslage dem einzelnen Beschuldigten widerlegt werden müsse.

Die von *GStA Haas* gestellte Frage, ob die ungleiche Behandlung niederer Dienstgrade gegenüber verantwortlichen Führern auch in den letzten Jahren zu beobachten gewesen sei, bejahte *OStA Schüle*. Eine Umfrage ergab, dass innerhalb der Länder zentrale Stellen zur Verfolgung von NS-Gewaltverbrechen bisher nur in Nordrhein-Westfalen geschaffen worden sind. *GStA Schabel* teilte jedoch mit, im OLG-Bezirk Stuttgart sei die Bearbeitung dieser Straftaten bei der Staatsanwaltschaft Stuttgart zusammengefasst worden und obliege einem Abteilungsleiter und fünf Staatsanwälten.

GStA Dr. Bauer bat abschließend dringend, der Verfolgung von NS-Verbrechen mehr Aufmerksamkeit als bisher zu widmen und durch eine unmittelbare Kontrolle der Bearbeitung einschlägiger Verfahren durch die GStA eine möglichst weitgehende Koordinierung und Beschleunigung anzustreben.

6. *Auswirkungen der Entscheidung des BVerfG zur Verfassungsmäßigkeit verkehrsrechtlicher Strafbestimmungen.*

Referent: GStA Dr. Bauer, Frankfurt: Die z.Zt. in Streit befindlichen Vorschriften seien § 71 StVZO [Strafbestimmungen vom 28.4.1953 (BGBl. I 1153): nichtig gem. BVerfGE 14, 174; Verstoß gegen Art. 103 Abs. 2 und 104 Abs. 1 S. 1 GG], § 49 StVO [Strafbestimmung] und § 21 StVG, wobei mit § 21 StVG als Blankettgesetz ein großer Katalog verkehrsrechtlicher Vorschriften erfasst sei. Das BJM habe § 21 StVG in den Mittelpunkt seiner Erklärung gestellt und habe davor gewarnt, durch eine Außerkraftsetzung dieser Vorschrift alle Blankettgesetze infrage zu stellen. Wahrscheinlich gehe die Bundesregierung von der Ungültigkeit des § 49 StVO und des § 71 StVZO aus. § 71 StVZO habe sie bereits ausdrücklich als nur „deklaratorisch" bezeichnet. Ob eine völlige Klärung der z.Zt. herrschenden Ungewissheit in Kürze zu erwarten ist, sei fraglich, weil bisher nur zwei Vorschriften geprüft würden: § 71 StVZO sei Gegenstand einer Verfassungsbeschwerde des Rechtsanwalts Schmidt-Leichner; die Entscheidung des BVerfG, die entweder auf Verwerfung der Beschwerde oder auf Aufhebung der angefochtenen Entscheidung lauten könne, sei am 3.7.1962 zu erwarten. § 21 StVG [mit dem GG vereinbar; BGBl. I 1962, 592] sei vom AG Dillenburg durch Vorlage zum Gegenstand einer Prüfung auf seine Verfassungsmäßigkeit gemacht worden. Die Sache sei bisher noch nicht terminiert. § 49 StVO sei bisher noch nicht zum Gegenstand einer Prüfung gemacht worden. Im Rahmen der Prüfung dieser Vorschriften sei ferner zweifelhaft, ob eine allgemeine Ungültigkeit in Frage stehe oder nur insoweit, als Haftstrafe angedroht werde. Die Verfassungsmäßigkeit des § 21 StVG sei jedenfalls möglicherweise auch hinsichtlich der Geldstrafe problematisch, weil möglicherweise die Ermächtigung für eine Strafandrohung überhaupt entfalle. Da diese Vorschrift ein Blankettgesetz sei, könne die Verwaltung in sehr bedenklicher Weise durch einfache Anordnung einen bestimmten Tatbestand unter Strafe stellen.

Je nach dem Ausgang der Prüfung der drei Vorschriften seien folgende Rechtslagen zu unterscheiden:

a) *Alle drei Bestimmungen werden für ungültig erklärt:* Die Folge sei die Wiederaufnahme aller betroffenen Verfahren nach den Bestimmungen des BVerfGG, alle Strafen müssten rückgängig gemacht werden, Geldstrafen müssten zurückgezahlt, Führerscheine zurückgegeben, Haftentschädigungen gezahlt werden, ebenso Entschädigungen für den Führerscheinentzug, so dass unabsehbare Schwierigkeiten, vor allem bei der Bemessung der Entschädigungen, zu befürchten seien.
b) *Lediglich § 21 StVG bleibt aufrechterhalten:* Hier stelle sich die Frage, ob das BVerfGG einen neuen selbständigen Wiederaufnahmegrund geschaffen habe oder ob sich auch in diesem Falle die Wiederaufnahme nach § 359 Nr. 5 StPO zu richten habe. Nach richtiger Ansicht begründe das BVerfGG wohl einen selbständigen Wiederaufnahmegrund, so dass alle Verfahren, die mit einer Verurteilung nach § 71 StVZO oder

§ 39 StVO beendet worden seien, auch dann wieder aufzunehmen seien, wenn statt jener Vorschriften § 21 StVG einträte. Wenn man jedoch lediglich einen Fall des § 359 Nr. 5 StPO für gegeben halte, entfalle eine Wiederaufnahme, da es – nunmehr auf der Grundlage des § 21 StVG – bei der Bestrafung bleibe.

c) *§ 71 StVZO und § 49 StVO werden nur insoweit für ungültig erklärt, als sie Haftstrafe androhen:* In diesen Fällen sei eine Wiederaufnahme nötig, weil ein Entschädigungsanspruch wegen der erlittenen Haft entstehen könne. – Damit sei angedeutet, dass je nach dem Ausgang der Prüfung dieser Vorschriften eine erhebliche Mehrarbeit zu erwarten sei. Daraus ergebe sich die Frage, ob eine Regelung durch Gesetz anzustreben sei. An sich sei eine Pauschallösung wünschenswert, jedoch trage sie die Gefahr einer bedenklichen Schematisierung in sich.

GBA Fränkel eröffnete die Diskussion, indem er die Frage stellte, ob die StVO und die StVZO vorkonstitutionelles Recht seien, und darauf hinwies, dass diese Frage für die Entscheidung des BVerfG von besonderer Bedeutung sei. *GStA Dr. Bauer* erklärte, die StVO und die StVZO seien vom Bundestag neu beschlossen worden, so dass sie in jeder Hinsicht einer Prüfung zugänglich seien; er bezeichnete sie als „adoptierte Verordnungen".

GStA Mützelburg empfahl, zunächst die am 3.7.1962 zu erwartende Entscheidung des BVerfG über § 71 StVZO abzuwarten.

GStA Günther äußerte ernste Besorgnis für den Fall, dass die im Streit befindlichen Vorschriften in ihrer Gültigkeit angetastet würden. Er meinte insbesondere, wenn eine der beiden ersten von *GStA Dr. Bauer* für möglich erachteten Alternativen Wirklichkeit würde, bedeutete das einen beklagenswerten Triumph des Formalismus, durch den die materielle Gerechtigkeit in nicht zu vertretender Weise missachtet würde. Die Diskussion um die fraglichen drei verkehrsrechtlichen Bestimmungen zeige mit aller Deutlichkeit, wie groß die Gefahr sei, dass die Rechtsstaatlichkeit zu Tode geritten werde. Rechtspolitisch könne sich z.Zt. bei einigermaßen vernünftiger Überlegung nur die Frage stellen, ob die in § 49 StVO, § 71 StVZO und § 21 StVG enthaltene Androhung von Übertretungsstrafen der Entwicklung des modernen Massenverkehrs noch genüge, oder ob nicht wenigstens für einen größeren ausgewählten Kreis von Verkehrsstraftaten Vergehensstrafen angedroht werden müssten.

GStA Dr. Nehm berichtete, das OLG Schleswig halte die auf § 71 StVZO gestützten Urteile mit Hilfe des § 21 StVG und verwerfe die auf einen Angriff gegen § 71 StVZO gestützten Revisionen; *OStA Gall* teilte mit, dass in seinem Bezirk bereits Entschädigungsanträge von Verurteilten vorlägen, gegen die Haftstrafen nach den fraglichen Bestimmungen vollstreckt worden sind.

GStA Dr. Bauer forderte dringend ein neues Treffen der GStA nach dem Erlass der Entscheidung des BVerfG über § 71 StVZO zur Erörterung der dadurch aufgeworfenen Fragen.

7. *Erfahrungen aus den Revisionsanträgen der Staatsanwaltschaft; Ablehnung von Beweisanträgen, insbesondere wegen Unzulässigkeit der Beweiserhebung.*

Referent: BA Dr. Westram, Berlin. Der Referent hielt das als Anlage F beigefügte Referat:

1. a) Die *Revisionen der Staatsanwaltschaft* leiden zuweilen an dem Mangel, dass nicht deutlich erkennbar ist, ob die Revision auf bestimmte Punkte beschränkt sein soll oder nicht. So wird mitunter zunächst allgemein die Rüge der Verletzung materiellen Rechts erhoben, im Folgenden werden dann aber nähere Ausführungen nur zu einigen von mehreren selbständigen Handlungen gemacht. Ein förmlicher Revisionsantrag, der eine Klarstellung bringen könnte, ist oft ebenfalls nicht vorhanden. Es wird sich daher empfehlen, dass die Generalstaatsanwälte, bei denen ja die staatsanwaltschaftlichen Revisionen durchlaufen, hierauf ihr besonderes Augenmerk richten und die ihnen unterstellten Staatsanwaltschaften anhalten, klar zum Ausdruck zu bringen, in welchem Umfange sie das Urteil anfechten wollen.

   Nicht ständig beachtet wird auch die Vorschrift der Nr. 139 Abs. 3 RiStV, wonach bei einer Revision der Staatsanwaltschaft, die auf Verfahrensfehler gestützt ist, die betreffenden Aktenstellen abschriftlich in der Revisionsrechtfertigung anzuführen sind. – Nach Nr. 150 Abs. 2 letzter Satz RiStA soll der GStA bei der Weiterleitung der Akten zum Ausdruck bringen, ob er der Revisionsbegründung der Staatsanwaltschaft beitritt oder aus welchen anderen Gründen er die Revision durchzuführen wünscht. Auch dies wird nicht regelmäßig beachtet; es kommt immer noch vor, dass der Generalstaatsanwalt lediglich einen kurzen Sichtvermerk auf dem Revisionsübersendungsbericht anbringt.

   b) *Die Gegenerklärungen der Staatsanwaltschaft* entsprechen gleichfalls nicht immer den an sie zu stellenden Anforderungen. Teils lassen sie klare Verfahrensrügen unberücksichtigt, teils enthalten sie auf der anderen Seite überflüssigerweise dienstliche Äußerungen der Richter usw. zu Fragen, die der Revision überhaupt nicht zugänglich sind. So hat z.B. vor kurzem eine Staatsanwaltschaft die Behauptung des Beschwerdeführers, er habe in seinem letzten Wort bestimmte Tatsachen vorgetragen, zum Anlass genommen, darüber umfangreiche dienstliche Äußerungen herbeizuführen. Ebenso unnötig ist es, in die Gegenerklärungen Auszügen aus dem angefochtenen Urteil aufzunehmen.

Ich möchte in diesem Zusammenhang noch Folgendes zur Erörterung stellen. Zur sachgemäßen Erhebung bestimmter Verfahrensrügen müssen die Verteidiger nicht selten die Generalakten der zuständigen Gerichte einsehen, insbesondere die Präsidialakten der Landgerichte über die Besetzung der Kammern und Schwurgerichte, ferner die Akten über die Auslosung der Schöffen und Geschworenen und deren Beeidigung. Es scheint

Gerichte zu geben, die den Verteidigern aus grundsätzlichen Erwägungen die Einsicht in solche Akten verwehren. Dies erscheint bedenklich. Ich weise auf ein Urteil des BVerwG vom 25.5.1961, abgedruckt in NJW 1961, 1989 hin, dessen Rechtssatz lautet: „Die Justizverwaltungsbehörden sind verpflichtet, einem Rechtsanwalt Einsicht in die Schöffenakten zu gewähren." Allerdings bezieht sich diese Entscheidung ausdrücklich nur auf die Schöffenakten, und sie wird damit begründet, dass die Auslosung der Schöffen in öffentlicher Sitzung erfolge. Die Präsidialsitzungen, in denen die Mitglieder der einzelnen Kammern bestimmt werden, sind nun zwar nicht öffentlich. Ich glaube aber, auch insoweit müsste dem Verteidiger Einsicht in die Generalakten gewährt werden. Denn er hat das Recht, unvorschriftsmäßige Besetzung des Gerichts zu rügen und muss hierfür Tatsachen angeben. Das kann er nur tun, wenn er die in Betracht kommenden Akten einsehen darf. Es wird sich also vielleicht empfehlen, dass die GStA oder die OStA gelegentlich mit den Präsidenten der Gerichte Fühlung nehmen, damit eine einheitliche Praxis sichergestellt wird.

c) Ganz allgemein ist bei den Revisionssachen auch immer noch festzustellen, dass die RL für das Strafverfahren nicht genügend beachtet werden. Insbesondere lässt die Lesbarkeit der Abschriften von Urteilen und Revisionsschriften häufig zu wünschen übrig. Im Bereich der Berliner Dienststelle der Bundesanwaltschaft mussten innerhalb von sechs Monaten die Akten aus solchen Gründen in 14 Fällen nochmals an die Staatsanwaltschaft zurückgesandt werden, und hierbei ist noch ein recht milder Maßstab an die Lesbarkeit der Abschriften ausgelegt worden.

Besonders unerfreulich ist es aber, dass die Abschriften der angefochtenen Urteile – bei den Abschriften der Revisionsschriften habe ich dies noch nicht bemerkt – mitunter grobe Übertragungsfehler oder Auslassungen enthalten. In einem Falle fehlte in der beglaubigten Abschrift des Urteils eine halbe Schreibmaschinenseite! Die Staatsanwaltschaften haben allerdings auf die Ordnungsmäßigkeit der Urteilsabschriften keinen unmittelbaren Einfluss; vielleicht könnte aber in besonders krassen Fällen der GStA den OLG-Präsidenten von dem Sachverhalt unterrichten, der dann im Dienstaufsichtswege das Erforderliche veranlassen könnte.

Schließlich fällt es immer noch auf, dass die Revisionssachen häufig eine recht lange Zeit brauchen, bis sie bei der Bundesanwaltschaft eintreffen. Das liegt sicher zum Teil an dem Mangel an Arbeitskräften, wird jedoch zum Teil auch eine Frage der Organisation sein. Auf der anderen Seite kommt es aber auch vor, dass die Akten bereits vor Ablauf der Revisionsbegründungsfrist in die Revisionsinstanz übersandt werden, z.B. wenn der Verteidiger alsbald nach Zustellung des Urteils eine Rechtfertigungsschrift eingereicht hat. Es hat sich in Berlin der Fall ereignet, dass der Verteidiger innerhalb der Revisionsbegründungsfrist zulässigerweise eine weitere Revisionsbegründung angebracht hatte, die dann von der Staatsanwaltschaft an die Bundesanwaltschaft gesandt wurde, dort aber erst anlangte, nachdem die Revision des Angeklagten bereits durch Beschluss verworfen worden war. Es ist auch schon vorgekommen, dass solche nachträglichen Begründungsschriften von der Staatsanwaltschaft überhaupt nicht weitergeleitet, sondern einfach zum Retent genommen worden sind.

2. Ich möchte dann noch etwas über die Behandlung unzulässiger *Beweisanträge* ausführen.
   a) In Prozessen, die in der Öffentlichkeit starkes Echo finden oder bei denen auf Seiten der Betroffenen ein starkes Interesse an Publikumswirksamkeit besteht, kommt es immer wieder vor, dass die Angeklagten oder die Verteidigung Beweismaterial aufbieten, das der Sache nach darauf abzielt, im Sinne der oftmals im Hintergrund stehenden politischen Gruppen oder Auftraggeber im Gerichtssaal zu agitieren. Naturgemäß trifft dies besonders bei politischen Prozessen zu. In augenfälliger Weise geschah dies – wohl unter der Regie von Rechtsanwalt Dr. Kaul -, z.B. in dem Prozess gegen führende Persönlichkeiten des sog. „Westdeutschen Friedenskomitees" (WFK)./. Oberhof u.a. vor dem LG Düsseldorf (Urteil vom 8.4.1960). Die Sache ist noch in der Revisionsinstanz vor dem BGH anhängig.

Dieses Verfahren hat in der Presse des In- und Auslandes, besonders in der kommunistischen oder ihr nahestehenden Presse ein großes Echo gefunden. In der kommunistischen Presse wurde über den Prozess – wie üblich – völlig einseitig berichtet, nämlich mit der Tendenz, für die Ziele des WFK gerade aus Anlass dieses Prozesses weiterhin Propaganda zu treiben. In Übereinstimmung mit dieser Linie ging es auch den Angeklagten in der Hauptverhandlung weniger darum, sich gegenüber dem Anklagevorwurf zu verteidigen, sondern in erster Linie im Sinne der politischen Zielsetzung des WFK zu agitieren. Die Strafkammer hat dies im Urteil auch ausdrücklich festgestellt. Demselben Ziele sollten eine Reihe von Beweisanträgen auf Verlesung von umfangreichen Publikationen sowie auf Vernehmung prominenter Persönlichkeiten des In- und Auslandes dienen. Damit sollten in massiver Weise die Thesen des WFK propagiert und zugleich das Verfahren praktisch sabotiert werden.

Die Instanzgerichte zeigen bisher immer wieder weitgehend eine gewisse Unsicherheit bei der Bewältigung dieser Schwierigkeiten. – Der BGH hat nun aus Anlass einer Revision in einer Sache, die eine rechtsradikale antisemitische Schrift betraf, ausführlich zu diesem Fragenkomplex Stellung genommen (NJW 1962, 500). Der Sachverhalt war kurz folgender: Das LG München hatte die Schrift „Vernichtung der Freimaurer durch Enthüllung ihrer Geheimnisse" von Erich Ludendorff, das im Verlag des Schwiegersohnes der Witwe Ludendorffs 1957 neu herausgegeben worden war, wegen der darin vertretenen aggressiven antisemitischen Tendenzen eingezogen (§§ 93, 130, 185 StGB). In der mündlichen Verhandlung wollte die Verteidigung folgende Behauptung als richtig nachweisen: Das jüdische Volk gründe die Behauptung seiner Auserwähltheit und religiösen Bindung auf List und Betrug; die Juden feierten im Purimfest noch heute List und Massenmord; der jüdische Gott befehle seinem Volke List und Ausrottung anderer Völker; die Juden beteten noch heute in den Synagogen um Vernichtung anderer Völker; sie hielten sich nicht an Gelübde, Versprechungen und Eide gebunden; sie legten Worte auf vielfache Weise nach ihren Bedürfnissen aus; dem orthodoxen Juden sei es erlaubt, unter Eid die Unwahrheit zu sagen; das orthodoxe Judentum verstehe unter „Gesetz" etwas anderes als der Deutsche und andere Völker; der orthodoxe Jude lebe in einer anderen Begriffswelt als der Deutsche. Zum Beweis dafür beantragte die Verteidigung, mehrere Stellen aus der Bibel (Altes Testament), aus jüdischen Kultgebeten und anderen darauf bezüglichen Schriften zu verlesen.

Das LG hat diesen Antrag abgelehnt, weil der Nachweis geschichtlicher Ereignisse des Altertums und religiöser Traditionen, Schriften, Kultgebete und Wortauslegungen für den Gegenstand des Verfahrens ohne Bedeutung sei. Im Revisionsurteil hat der 3. Strafsenat des BGH sich mit diesem Fragenkomplex auseinandergesetzt und ausgeführt: Selbst wenn es sich bei den Anträgen um Beweismittel i.S. von § 245 StPO handelt, durfte das LG den Anträgen nicht stattgeben, weil sie zur Wahrheitsfindung nichts beitragen konnten und daher nicht sachzugehörig, sondern *unzulässig* waren. Maßgebend für die Sachzugehörigkeit eines Beweisantritts ist – so sagt der BGH – die durch den Eröffnungsbeschluss in tatsächlicher Hinsicht gekennzeichnete Tat. In selbständigen Einziehungsverfahren ist mangels eines Eröffnungsbeschlusses von der Antragsschrift auszugehen. Gegen die beanstandete Schrift wurde in der Antragsschrift vorgebracht, sie bezichtige mit dem heute in der Welt lebenden Judentum zugleich den jüdischen Teil der Bundesrepublik einer nach allgemeinem Moralempfinden verwerflichen und verächtlichen sittlichen Haltung und Verhaltensweise und fordere dadurch zur Diffamierung dieser deutschen Bevölkerungsgruppe auf. Die genannten Beweisbehauptungen sind – so führt der BGH weiterhin aus – wegen ihrer uferlosen Verallgemeinerung keinem Beweis zugänglich, sie laufen vielmehr auf ein der verständlichen Betrachtung unzugängliches, verschwommenes ethisches Kollektivurteil hinaus, das typisch ist für primitives, kritikloses „Denken", das eine Wurzel des Antisemitismus und der Rassenideologie überhaupt ist, und das schließlich zu den Verbrechen des Nationalsozialismus gegen die Juden geführt hat. Diese Beweismittel – so stellt der BGH abschließend fest – waren daher nicht nur völlig ungeeignet i.S. des § 244 Abs. 3 StPO, sondern sie hatten mit dem Gegenstand des vorliegenden Verfahrens sachlich überhaupt nichts zu tun; solche Beweismittel sind auch nach § 245 StPO nicht zulässig.

Der BGH stellt hierzu folgenden Leitsatz auf: „Es ist unzulässig, Beweis zu erheben, wenn der Beweisantritt die Wahrheitsermittlung nicht beeinflussen kann und daher nicht zur Sache gehört. Ist die Beweisbehauptung absurd und deshalb nach vernünftigem Denken keinem Beweise zugänglich, so ist der Beweisantritt nicht sachzugehörig."

b) Man liest in Sitzungsprotokollen oder in Urteilen öfter, dass ein vom Verteidiger als Beweisantrag bezeichneter Antrag abgelehnt werde, weil er in Wirklichkeit nur ein Beweisermittlungsantrag und daher unzulässig sei. Diese Begründung entspricht nicht selten auch der Stellungnahme des Sitzungsvertreters der Staatsanwaltschaft. Hiergegen bestehen Bedenken, denn ein Beweisermittlungsantrag ist keineswegs unzulässig; er unterliegt lediglich nicht den strengen Vorschriften des § 244 StPO, d.h. seine Ablehnung bedarf keines Gerichtsbeschlusses, und wenn er nur hilfsweise gestellt worden ist, braucht sich auch das Urteil nicht unbedingt damit auseinanderzusetzen. Allerdings kann die Nichtberücksichtigung eines Beweisermittlungsantrages eine Verletzung der Aufklärungspflicht bedeuten. Es wird sich empfehlen, die Staatsanwälte darauf hinzuweisen, dass sie zu solchen Beweisermittlungsanträgen unter diesem Gesichtspunkt Stellung nehmen und nicht beantragen, sie als unzulässig zu verwerfen.

GStA Mützelburg griff einleitend die Klage über häufig mangelhafte Lesbarkeit der Abschriften von Urteilen und Revisionsschriften auf. Er dehnte sie auf Ablichtungen von DIN-A-4-Schriftstücken im Oktavformat aus, die oft wegen der Verkleinerung der Schrift dem Lesenden Schwierigkeiten bereiteten. *BA Dr. Westraum* äußerte sich in diesem Zusammenhang erstaunt über die sehr unterschiedliche Qualität der Lichtpausen.

GStA Mützelburg versicherte, dass die GStA allgemein darum bemüht seien, die Aktenübersendung in Revisionssachen möglichst zu beschleunigen.

GBA Fränkel bedauerte die zahlreichen aussichtslosen Strafmaßrevisionen von Staatsanwaltschaften und bat dringend um striktere Beachtung der Nr. 30 der RL für das Strafverfahren, wonach ein Rechtsmittel zur Nachprüfung des Strafmaßes nur einzulegen sei, wenn die Strafe in einem offenbaren Missverhältnis zu der Schwere der Tat seht. *GBA Fränkel* bemerkte, er glaube festgestellt zu haben, dass die meisten Strafmaßrevisionen von süddeutschen Staatsanwaltschaften eingelegt werden, während Rechtsmittel gegen landgerichtliche Urteile von der Bevölkerung im Süddeutschen seltener eingelegt würden als in Norddeutschland. Die bayerischen Tagungsteilnehmer bezweifelten diese Feststellungen, soweit sie das Land Bayern betreffen.

GStA Mützelburg fragte, ob es notwendig sei, dass Bedenken, die die Berliner Dienststelle der Bundesanwaltschaft gegen die Durchführung von Revisionen geltend macht, über die Behörde in Karlsruhe an den zuständigen GStA geleitet werden, anstatt durch unmittelbare Zusendung von Berlin an den GStA entbehrliche Aktenbewegungen und damit Zeitverluste zu vermeiden. *GBA Fränkel* hieß das z.Zt. geübte Verfahren gut und wies darauf hin, die in diesen Fällen vorgesehene Zeichnung durch den Behördenleiter diene einem besseren Überblick über die Revisionspraxis und einem engeren Kontakt zu den GStA. Diese Gründe würden anerkannt und die Aussprache damit geschlossen.

8. *Beschränkung der Wiedereinsetzung in den vorigen Stand durch die Rechtskraft (Beschluss des BGH vom 17.1.1962 – 4 StR 392/61 -)*

Referent: GBA Fränkel, Karlsruhe: Das Thema knüpft an eine neuere Entscheidung des BGH (Beschluss vom 17.1.1962 4 StR 392/61) an, die inzwischen veröffentlicht worden ist (NJW 1962, 818 Nr. 29).

I. Die einem Wiedereinsetzungsgesuch (wegen schuldloser Versäumnis einer Frist, § 44 StPO) stattgebende Entscheidung (§ 46 Abs. 2 StPO) hat bekanntlich die Wirkung, dass das Verfahren in den Zeitpunkt der Versäumung zurückversetzt, dass also eine prozessuale Lage geschaffen wird, die die Nachholung der versäumten Prozesshandlung ermöglicht. Wird etwa eine Rechtsmittelfrist oder Rechtsmittelbegründungsfrist versäumt, so ist gerade die mit dieser Versäumnis bewirkte Rechtskraft der angefochtenen Entscheidung die nachteilige Folge, die durch die Wiedereinsetzung (WE) beseitigt werden soll.

Wird gegen ein erstinstanzliches Strafkammerurteil nicht rechtzeitig Revision eingelegt oder wird die rechtzeitig eingelegte Revision nicht fristgemäß begründet, so verwirft nach dem regelmäßigen Verfahrensgang schon der judex a quo, also die Strafkammer, das Rechtsmittel als unzulässig (§ 346 Abs. 1 StPO). Stellt der Beschwerdeführer hiergegen nicht rechtzeitig den Antrag auf Entscheidung des Revisionsgerichts nach § 346 Abs. 2 StPO), so tritt die formelle und materielle Rechtskraft des Strafkammerurteils ein. Beruht die Versäumung der Revision- bzw. Revisionsbegründungsfrist auf einem unabwendbaren Zufall und sucht der Beschwerdeführer rechtzeitig und ordnungsmäßig um Wiedereinsetzung in den vorigen Stand nach, so beseitigt die gewährte WE die inzwischen eingetretene Rechtskraftwirkung des Urteils; der Verwerfungsbeschluss der Strafkammer wird, wie der BGH regelmäßig in solchen Fällen erklärt, gleichzeitig gegenstandslos. Diese Rechtsauffassung über die Bedeutung und Wirkung der Wiedereinsetzung ist in der Rechtslehre und Rechtsprechung seit langem praktisch unumstritten. Die früher eine Zeitlang vom RG vertretene Ansicht, dass der rechtskräftige Verwerfungsbeschluss des judex a quo für eine WE keinen Raum lasse, ist durch einen Beschluss des RG vom 4.7.1919 (RGSt 53, 286 ff.) aufgegeben worden. In ihm heißt es (S. 288): Die Wiedereinsetzung habe kraft Gesetzes die Macht, über die Rechtskraft hinwegzugehen. – Der BGH ist in ständiger Rechtsprechung dieser Meinung gefolgt.

II. Dies gilt unumstritten aber nur für den Fall, dass die Rechtskraft des durch eine verspätet eingelegte oder verspätet begründete Revision angefochtenen Urteils durch eine Verwerfungsentscheidung des *judex a quo* eingetreten ist. Die bislang noch offen gebliebene Frage war die, ob eine WE selbst dann noch statthaft ist, wenn das Rechtsmittelgericht selbst, also das *Revisions*gericht, die Revision verworfen hatte. Hierbei sind zwei Gestaltungsmöglichkeiten zu unterscheiden: a) Das Revisionsgericht hat die Revision *ohne Sach*prüfung gem. § 349 *Abs. 1* StPO als unzulässig verworfen; b) das

Revisionsgericht hat die Revision aufgrund einer *Sach*prüfung verworfen, d.h. entweder durch Beschluss gem. § 349 *Abs. 2* StPO als offensichtlich unbegründet oder durch (Sach-)Urteil.

1. Ein Sachverhalt der zu a) erwähnten Art war in dem eingangs erwähnten Beschluss des BGH vom 17.1.1962 nicht gegeben. Dieser Beschluss äußert sich demzufolge auch nicht darüber, ob gegen einen nach § 349 Abs. 1 StPO ergangenen Verwerfungsbeschluss des Revisionsgerichts ein Gesuch auf WE in den vorigen Stand angebracht werden kann. Auch in der sonstigen Rechtsprechung des BGH ist mir bislang kein solcher Fall begegnet. Vielmehr hat sich die Rechtsprechung des BGH (übrigens auch die des RG), soweit erkennbar, nur mit der ganz anderen Frage befasst, ob das Revisionsgericht seinen die Revision als unzulässig nach § 349 Abs. 1 StPO verwerfenden Beschluss *selbst* (also ohne Wiedereinsetzungsgesuch) wieder *zurücknehmen* kann, wenn sich nachträglich herausstellt, dass er auf einer unrichtigen tatsächlichen Grundlage beruhte, etwa auf der irrigen Annahme des Revisionsgerichts, der Beschwerdeführer habe keine zulässige Sachrüge erhoben, während in Wirklichkeit doch eine solche vorlag (aber dem Revisionsgericht aus irgendwelchen Gründen, etwa infolge eines Büroversehens, nicht bekannt geworden war). Solche Fälle können durchaus vorkommen. Das RG hat die Frage der Zurücknehmbarkeit der eigenen Verwerfungsentscheidung in dem Beschluss RGSt 59, 419 (aus dem Jahre 1925) bejaht, freilich ohne Begründung. Einige OLG haben gelegentlich die gleiche Rechtsauffassung vertreten (Übersicht über Rechtsprechung und Schrifttum ist in dem Aufsatz von *Schmitt,* „Können die Beschlüsse aus §§ 346, 349 StPO zurückgenommen werden" enthalten, vgl. JZ 1961, 16). In der Rechtsprechung des BGH habe ich keine Entscheidung feststellen können, in der der BGH selbst schon einmal einen eigenen Verwerfungsbeschluss aus § 349 Abs. 1 StPO zurückgenommen hätte. In der vielfach zitierten Entscheidung des BGH in NJW 1951, 771 hat der BGH in Wahrheit nicht eine eigene Verwerfungsentscheidung aufgehoben, sondern nur die Rechtsprechung des RG angeführt, das Problem selbst aber offen gelassen (dies wird in dem neuen Beschluss des BGH vom 17.1.1962 4 StR 392/61 unter Ziff. 3 zutreffend hervorgehoben). Auch der spätere Beschluss 3 StR 375/54 vom 22.9.1955 (LM Nr. 3 zu § 349 StPO = NJW 1955,1766 = MDR 1956, 52) erklärt ausdrücklich, es bleibe unerörtert, ob der Rechtsprechung des RG (RGSt 59, 419) zu folgen ist. Ebenso heißt es in dem neuen Beschluss vom 17.1.1962, die Frage brauche hier nicht entschieden zu werden. Allerdings bezeichnet der BGH in einem unveröffentlichten Beschluss vom 25.2.1960 1 StR 86/60 unter Berufung auf RGSt 59, 419 und auf BGH in NJW 1951, 771 einen eigenen Verwerfungsbeschluss dann als aufhebbar, wenn er auf einer unrichtigen tatsächlichen Grundlage ergangen war. Aber in diesem Falle fehlte es an dieser Voraussetzung, so dass also auch in der Sache 1 StR 86/60 in Wahrheit kein Präzedenzfall für

die Aufhebung eines eigenen Verwerfungsbeschlusses durch den BGH selbst gegeben ist.

2. Es bleibt nunmehr noch die bereits erwähnte zweite Möglichkeit zu erörtern, nämlich die, ob die WE gegen einen Beschluss des Revisionsgerichts nachgesucht und bewilligt werden kann, durch den es die Revision aufgrund sachlicher Prüfung gem. § 349 *Abs. 2* StPO als offensichtlich unbegründet verworfen hat. Eine höchstrichterliche Entscheidung, die diese Frage bejaht, habe ich nicht ermitteln können. Das Schrifttum scheint sich (abgesehen von KM 4. Aufl., Anm. 1 zu § 44 StPO) mit dem Problem bislang nicht näher befasst zu haben.

Immerhin aber gibt es zwei (nicht veröffentlichte) Entscheidungen des BGH, in denen die Frage behandelt wird, ob WE wegen Versäumung der Revisionsbegründungsfrist dann noch gewährt werden kann, wenn das Revisionsgericht inzwischen ein *Sachurteil* erlassen hat. Die Frage wird in beiden Entscheidungen (5 StR 514/54 Beschluss vom 7.12.1954; 4 StR 69/58 Beschluss vom 27.3.1958) verneint. Die erste Entscheidung 5 StR 514/54 führt zur Begründung an: „Wiedereinsetzung kann… jedenfalls nicht mehr erfolgen, wenn das Revisionsgericht bereits ein Sachurteil erlassen hat. Das ergibt sich aus dem allgemeinen Bedürfnis der Strafrechtspflege danach, dass Sachurteile der letzten Instanz grundsätzlich endgültig sind und nur dann zur Aufhebung gebracht werden können, wenn das Gesetz ausdrücklich eine derartige Aufhebungsmöglichkeit vorsieht".

In dem zweiten Beschluss 4 StR 69/58 erklärt der 4. Strafsenat des BGH kurz: Eine WE und eine Aufhebung des Urteils des Senats komme schon mit Rücksicht auf dessen Rechtskraft nicht in Betracht (es erfolgt ein Hinweis auf 3 StR 375/54 vom 22.9.1955, wo ausgesprochen worden war, dass das Revisionsgericht die von ihm nach § 349 *Abs. 2* StPO erlassenen Beschlüsse nicht selbst wieder aufheben könne).

Der neue Beschluss vom 17.1.1962 4 StR 392/61 führt nun insoweit über die beiden zuletzt erwähnten Entscheidungen 5 StR 514/54 und 4 StR 69/58 hinaus, als er (ebenso wie schon vorher der soeben genannte Beschluss vom 22.9.1955 3 StR 375/54) ausspricht, dass eine WE dann grundsätzlich nicht mehr möglich sei, wenn das Revisionsgericht inzwischen nicht durch Sach*urteil,* sondern nur durch einen *Beschluss* nach § 349 Abs. 2 StPO (aber immerhin aufgrund einer Sachprüfung) über die Revision entschieden und sie als offensichtlich unbegründet verworfen habe. Zur Begründung dieser Rechtsauffassung wird angeführt: „Das Bedürfnis der Rechtspflege und der Allgemeinheit nach Rechtssicherheit verbietet es, einen im Gesetz nicht ausdrücklich vorgesehenen Eingriff in die Rechtskraft der strafgerichtlichen Sachentscheidungen zuzulassen. Ist ein strafgerichtliches Erkenntnis einmal rechtskräftig geworden, so ist es auch dann grundsätzlich verbindlich, wenn im Laufe des Verfahrens Fehler und Versäumnisse unterlaufen sind. Nur die Vorschriften über die Wiederaufnahme des Verfahrens (§§ 359 ff. StPO) eröffnen den Strafgerichten den Weg zur nachträglichen Überprüfung strafgerichtlicher Urteile.

Ob das Revisionsgericht die Rechtskraft des tatrichterlichen Urteils durch ein Urteil oder durch einen Beschluss nach § 349 Abs. 2 StPO herbeigeführt hat, ist unerheblich. Ein Beschluss nach § 349 Abs. 2 StPO ist eine Entscheidung, die aufgrund einer sachlichen, alle rechtlichen Gesichtspunkte berücksichtigenden Prüfung der Revision anstelle eines Urteils ergangen ist. Voraussetzung des Beschlusses ist – anders als beim Urteil – sogar Einstimmigkeit der mitwirkenden Richter. Hinsichtlich der förmlichen und sachdienlichen Rechtskraft können demgemäß die Wirkungen eines solchen Beschlusses keine anderen sein als die eines das Verfahren abschließenden rechtskräftigen Urteils" (folgt Hinweis auf BGH in LM Nr. 3 zu § 349 StPO).

Der Vollständigkeit halber sei bemerkt, dass der BGH in dem Beschluss vom 17.1.1962 4 StR 392/61 aus den gleichen Erwägungen an der früheren Rechtsprechung festhält, dass das Revisionsgericht einen von ihm nach § 349 Abs. 2 StPO erlassenen Beschluss nicht selbst formlos zurücknehmen oder aufheben kann, mag er auch auf unrichtiger tatsächlicher Grundlage ergangen sein.

III. Eine eigene kritische Stellungnahme zu dieser Rechtsprechung des BGH über den Ausschluss der WE in gewissen Fällen müsste, wie mir scheint, vor allem wohl die folgenden Umstände und Erwägungen in Betracht ziehen.

Das Wesen und der Zweck des außerordentlichen Rechtsbehelfs der WE würde an sich nicht ausschließen, sondern eher dafür sprechen, die WE – sofern ihre sonstigen Voraussetzungen gegeben sind – in jedem Falle zu gewähren, gleichgültig, ob ein Rechtsmittel inzwischen durch eine Entscheidung des judex a quo oder des judex ad quem (d.h. des Revisionsgerichts) verworfen worden ist. Das RG hat, wie bereits dargelegt, in der grundlegenden Entscheidung RGSt 53, 286 mit besonderer Entschiedenheit darauf hingewiesen, dass gerade die durch die Fristversäumnis bewirkte Rechtskraft diejenige prozessuale Folge sei, zu deren Beseitigung das Rechtsinstitut der WE diene. Ist dies richtig, so ist auf den ersten Blick nicht recht einzusehen, dass die Beseitigung der durch Verwerfung eines Rechtsmittels eingetretenen Rechtskraft im Wege der WE grundsätzlich nur dann statthaft sein soll, wenn die Verwerfung vom judex a quo nach § 346 Abs. 1 StPO (freilich ohne Sachprüfung des angefochtenen Urteils) ausgesprochen worden ist. Ebenso wenig erscheint es ohne weiteres überzeugend, die WE gegenüber einer auf Sachprüfung des Urteils beruhenden Entscheidung des judex ad quem zu versagen, bei Verwerfung gem. § 349 *Abs. 1* StPO (als unzulässig) hingegen zuzulassen.

Der Nachdruck der neuen Entscheidung 4 StR 392/61 vom 17.1.1962 liegt allerdings nicht allein auf der Tatsache, dass der Verwerfungsbeschluss vom judex ad quem erlassen war, sondern im Wesentlichen darauf, dass der judex ad quem eine *Sach*entscheidung gefällt, sich also nicht (wie der judex a quo im Falle des § 346 Abs. 1 StPO) darauf beschränkt hatte, die Förmlichkeiten des Rechtsmittels nachzuprüfen. Der BGH meint, dass das Bedürfnis der Rechtspflege und der Allgemeinheit nach Rechtssicherheit es verbiete, einen solchen Eingriff in die Rechtskraft einer strafgerichtlichen Sachentscheidung zuzulassen. Aber demgegenüber liegt doch wohl die Frage nahe, weshalb dieses Bedürfnis nach Rechtssicherheit bedeutungslos sein und nicht befriedigend werden soll, wenn die Entscheidung, die die Rechtskraft eines Urteils herbeigeführt hat, keine Sachentscheidung, sondern nur eine die Förmlichkeiten des Rechtsmittels nachprüfende Entscheidung ist. Das bedürfte, wie ich glaube, einer näheren Begründung, die in dem Beschluss 4 StR 392/61 zu vermissen ist.

Wenn man dennoch, wie ich glaube, im Ergebnis der Entscheidung zustimmen sollte, so etwa aus den folgenden Erwägungen. Die Aufgabe und der Zweck der WE gegen die Versäumung der Revisions- oder Revisionsbegründungsfrist ist der, dem Beschwerdeführer die Möglichkeit zu eröffnen, eine *Sach*entscheidung des Revisionsgerichts herbeizuführen. Mehr als eine solche Sachentscheidung kann indessen ein Beschwerdeführer auch dann nicht erreichen, wenn er die Revision rechtzeitig eingelegt und mit der Sachrüge begründet hat und wenn das Revisionsgericht daraufhin das angefochtene Urteil in vollem Umfange in sachlichrechtlicher Hinsicht nachprüft. Deshalb fehlt es von vornherein an dem vom Gesetz vorausgesetzten Sinn für ein WE, wenn der Beschwerdeführer – aus welchen Gründen auch immer – eine Sachentscheidung des Revisionsgerichts, sei es durch Urteil, sei es durch Beschluss nach § 349 Abs. 2 ZPO, erzielt hat. Denn hat er nämlich dasjenige prozessuale Ergebnis erreicht, das er auch im Falle der Bewilligung von WE nur hätte erreichen können. Mithin fehlt bei einer solchen Verfahrenslage ein wesentliches Erfordernis für die WE: Nämlich das Rechtsschutzinteresse an ihr oder, wenn man so will, die Beschwer. Aus *diesem* Grund wird in Fällen wie in dem des Beschlusses 4 StR 392/61 die WE zu versagen sein. Denn jeder Rechtsbehelf, nicht nur die eigentlichen Rechtsmittel (Berufung, Revision, Beschwerde) im engeren Sinn, setzt naturgemäß eine Beschwer dessen voraus, der sich des Rechtsbehelfs gegen eine Entscheidung bedienen will.

GStA Dr. Bauer warf die Frage auf, warum man bei der Wiedereinsetzung dem Bedürfnis der Rechtspflege und der Allgemeinheit nach Rechtssicherheit so entscheidend Vorrang gebe und eine Beseitigung der Rechtskraft nach längerem Zeitablauf möglichst zu vermeiden suche, während der Zeitablauf im Wiederaufnahmerecht keine Rolle spiele. *GBA Fränkel* wandte ein, Wiedereinsetzung in den vorigen Stand und Wiederaufnahme ließen sich nicht miteinander vergleichen, weil die Wiederaufnahmegründe wesentlich klarer umrissen und erheblich begrenzter seien als die der Wiedereinsetzung.

GStA Günther gab zu bedenken, dass der einheitliche Begriff der Rechtskraft in mehrere Begriffe mit verschiedenem Inhalt aufgespaltet zu werden drohe, je nachdem, ob ein landgerichtliches Urteil unangefochten rechtskräftig werde oder nach Verwerfung einer unzulässigen Revision oder nach Verwerfung einer unbegründeten Revision; diese Rechtskraftarten mit ihrer unterschiedlichen Anfälligkeit für die Wiedereinsetzung seien nicht recht einzusehen.

GStA Ahmann pflichtete *GBA Fränkel* bei und hielt die von *GStA Günther* gerügte Differenzierung für zweckmäßig, weil nach einer Sachentscheidung des Revisionsgerichts keine Beschwer mehr gegeben sei. *GStA Haas* meinte ebenfalls, dass das Revisionsgericht sich mit der Sache befasst hat, müsse berücksichtigt werden und stehe einer Wiedereinsetzung entgegen.

GStA Biermann hielt eine andere Beurteilung in den Fällen für erforderlich, in denen Verfahrensrügen unverschuldet nicht erhoben worden waren. Er meinte, in diesen Fällen habe das Revisionsgericht nicht prüfen können, was habe geprüft werden sollen. Wenn man auch in diesen Fällen lediglich mit Blick auf die erfolgte Sachprüfung durch das Revisionsgericht eine Beschwer verneine, verstoße man unter Umständen gegen die materielle Gerechtigkeit. *GStA Günther* stimmte dieser Auffassung zu, ebenso wie *GStA Haas,* der meinte, in diesen Fällen müsse die Prüfung möglich sein, ob Verfahrensrügen in zulässiger Weise nachgeschoben werden können. *GStA Günther* unterstrich das, indem er betonte, das Nachschieben von Verfahrensrügen entspreche in vielen Fällen der materiellen Gerechtigkeit.

Die Tagungsteilnehmer erklärten sich damit einverstanden, dass die Behandlung des Punktes 9 der Tagesordnung einstweilen zurückgestellt wird.

10. *Bedeutet das Vorhandensein der Beleidigung in § 193 [Schutz berechtigter Interessen] StGB, dass der Ehrverletzer die Absicht der Beleidigung gehabt haben müsse?*

Referent: GStA Buchholz: Ich möchte über den Versuch einer Ehrenschutzreform sozusagen auf kaltem Wege berichten, der die Praxis der unteren Gerichte zu verwirren droht. – In der 23. Auflage des Schwarz'schen Kommentars zum StGB vertritt *E. Dreher,* Ministerialrat im BJM, in Anm. 8 A zu § 193 abweichend von der herrschenden Lehre und Rechtsprechung, abweichend auch von den früheren Auflagen des Schwarz die Auffassung, das Vorhandensein der Beleidigung bedeute *nicht,* dass der Ehrverletzer eine auf Beleidigung gerichtete Absicht gehabt haben müsse.

Diese Kommentierung ist auffällig aus zwei Gründen: Erstens hat unter der Herrschaft des GG der Begriff der Wahrnehmung berechtigter Interessen in objektiver und subjektiver Hinsicht unverkennbar Ausdehnung erfahren, zum anderen beruft Dreher sich für seine Meinung lediglich auf eine Entscheidung des ehemaligen RG vom 30.6.1944 (DR 1944, 768). Dabei ist hervorzuheben, dass noch in der 22. Auflage, also lange nach Veröffentlichung des reichsgerichtlichen Beschlusses vom 30.6.1944, im Einklang mit der herrschenden Meinung von Schwarz die Ansicht vertreten wurde, die Absicht der Beleidigung müsse in jedem Falle besonders festgestellt werden.

Unterzieht man nun die Rechtsprechung des ehemaligen RG zu dieser Frage kritischer Würdigung, so wird offenbar, dass Dreher seine abweichende Auffassung aus einer im vorletzten Kriegsjahre ergangenen Entscheidung entnimmt, die jedenfalls ihrem Wortlaute nach die sonst durchaus gleichförmige Rechtsprechung des höchsten Gerichts zum

Teil zu durchbrechen scheint. Überdies lässt der fragliche Beschluss – von Dreher zwar nicht als bedeutsam empfunden – jede nähere Auseinandersetzung mit der bis dahin vorhandenen Judikatur vermissen und erweckt nach Aufbau und Formulierung den Eindruck, dass die Entscheidung in besonderem Maße bewusst auf den zur Aburteilung stehenden Fall zugeschnitten war. (Es handelt sich dort um die Verbreitung von herabsetzenden Tatsachen, die einem in einer – nicht öffentlich verhandelten – Familienrechtssache ergangenen Gerichtsbeschluss entnommen waren. Die Verletzte, eine geschiedene Ehefrau, hatte, wie von dem Gericht besonders hervorgehoben, nunmehr einen in damaliger Zeit „geachteten und verdienstvollen Mann" geheiratet, ohne dass allerdings dessen soziale Stellung näher genannt wurde.)

Vor allem aber lässt der Beschluss vom 30.6.1944 die das RG sonst auszeichnende Prägnanz rechtlicher Gedankenführung nicht immer erkennen, so wenn man nur folgende Sätze gegenüberstellt: „Es kommt also im Wesentlichen darauf an, ob das ‚Vorhandensein der Beleidigung' i.S. des § 192 StGB nachgewiesen werden kann. Dieses Tatbestandsmerkmal wird von der Rspr. allgemein im Sinn einer Absicht der Beleidigung aufgefasst. Damit ist aber nicht gemeint, dass es der Täter unmittelbar oder ausschließlich auf die Beleidigung der angegriffenen Person hätte absehen müssen. Es gehört nicht mehr dazu als die Erkenntnis, dass durch die Form, in der die Tatsache behauptet oder verbreitet wird, oder durch die Umstände, unter denen dies geschieht, die Grenzen überschritten werden, die dem Recht, die Wahrheit zu sagen, gesetzt sind. – Diese Pflichten zur Rücksichtnahme und Zurückhaltung sind als Umstände anzusehen, die im Rahmen des § 192 StGB zu beachten sind. Ihre bewusste Überschreitung kann den Schluss auf die Absicht der Beleidigung in dem oben erörterten Sinn zulassen."

Die Auffassung, eine bewusste Überschreitung der Pflichten zur Rücksichtnahme könne den Schluss auf die Absicht der Beleidigung zulassen, ist aber denkgesetzlich etwas anderes als der Ausspruch, es gehöre zum Ausschluss der §§ 193, 192 nicht mehr als die Erkenntnis, dass durch die Form… oder durch die Umstände… die Grenzen überschritten würden. Mit anderen Worten stellt es also das RG hier einmal primär auf die subjektive Betrachtung ab, wenn man sich noch einmal den Halbsatz vergegenwärtigt, die bewusste Überschreitung des Schutzrahmens *könne* den Schluss auf die Beleidigungsabsicht zulassen.

Mit der in Rede stehenden Problematik hat sich das RG, soweit ersichtlich, zuerst in seinem Urteil vom 16.3.1880, abgedruckt in Band 1, 317 f. der veröffentlichten Entscheidungen befasst und hierzu u.a. Folgendes ausgeführt: „Letzteres, dass das Vorhandensein der Beleidigung aus der Form der Äußerungen hervorgehe, stellt nur zwar der Appellationsrichter ebenfalls fest, aber er irrt in der Auslegung dieses Erfordernisses, wenn er weiter ausführt, dass es auf die Absicht der Angeklagten, den Konkursverwalter K. zu beleidigen, nicht ankomme, es vielmehr genüge, dass sich die Angeklagten bei Abfassung des Schreibens des objektiv beleidigenden Charakters der ihnen zur Last gelegten

Äußerungen bewusst gewesen seien. Denn der § 193 versteht unter dem Vorhandensein der Beleidigung gerade die Absicht zu beleidigen. Wenn im Falle der Voraussetzungen des § 193 die Feststellung des Bewusstseins von dem ehrkränkenden Charakter der Kundgebung genügte, so würde der § 193 überhaupt überflüssig gewesen sein, da dieses Bewusstsein zum Tatbestande jeder Beleidigung gehört, während eben im Falle des § 193 das Vorhandensein einer Beleidigung nur unter besonderen Voraussetzungen angenommen werden soll. Es erscheint somit § 193 StGB verletzt.

Besonders überzeugend wird das Erfordernis einer selbständig festzustellenden Beleidigungsabsicht im Rahmen des § 193 StGB in der Entscheidung des RG vom 5.12.1889 (Bd. 20, 100 f.) aus dem Sinn des Gesetzes heraus mit den nachfolgenden Worten begründet: „Der § 193 StGB beruht auf dem Gedanken, dass an und für sich beleidigende Äußerungen straflos bleiben sollen, wenn sie zum Zwecke der Rechtsverteidigung geschehen seien. Ist dies der Fall, so wird die Straflosigkeit der Äußerung selbst dann nicht beseitigt, wenn sie zugleich auch noch durch andere Motive veranlasst worden war. Nur in dem Falle, dass sich aus den Formen und Umständen einer solchen Äußerung das Vorhandensein einer Beleidigung ergibt, soll dieselbe bestraft werden können. Das Gesetz kann hierbei nicht den Fall unterstellt haben, dass in den Formen und Umständen eine selbständige, nicht zur Rechtsverteidigung bestimmte, Beleidigung hervortritt. Denn dass eine derartige Beleidigung nach allgemeinen Grundsätzen beurteilt werden muss, versteht sich von selbst. Vielmehr geht das Gesetz hierbei von dem Falle aus, dass die Formen und Umstände, unter welchen eine *zur Rechtsverteidigung bestimmte* Äußerung geschehen ist, das Vorhandensein einer gerade in ihr enthaltenen Beleidigung erkennen lassen. Nun handelt es sich aber, wie gesagt, im § 193 StGB um Äußerungen, welche an und für sich beleidigend sind, deren beleidigende Eigenschaft also sofort offen liegt, und es würde darum nicht verständlich sein, warum noch besondere Formen und Umstände von dem Gesetz verlangt werden, welche diese Eigenschaft der Äußerung erkennen lassen. Zugleich ist es ebenfalls selbstverständlich und bedurfte darum keiner gesetzlichen Berücksichtigung, dass man für eine an und für sich beleidigende Äußerung nicht bestraft werden kann, wenn man sich dieser Eigenschaft derselben nicht bewusst gewesen ist.

Hieraus aber ergibt sich, dass das Gesetz, indem es die Formen und Umstände einer an und für sich beleidigenden Äußerung in Bezug nimmt, nicht daran gedacht haben kann, dass schon das durch dieselben offenbarte Bewusstsein dieser beleidigenden Eigenschaft als Beleidigung bestraft werden solle. Denn dieses Bewusstsein wird hier regelmäßig vorliegen, und es würde sonach der § 193 StGB überhaupt kaum von rechtlicher Bedeutung sein. Kann es aber nicht schon das durch die Formen und Umstände einer an und für sich beleidigenden Äußerung offenbarte Bewusstsein dieser Eigenschaft sein, welches die Bestrafung für Beleidigung nach sich ziehen soll, so kann das Gesetz auch gerade nur die *auf Beleidigung gerichtete Absicht* gemeint haben, welche bestraft werden soll, wenn sie sich aus den Formen und Umständen einer zum Rechtsschutze vorgebrachten an und für sich, wie bewusst, beleidigenden Äußerung zu erkennen gibt. Es konnte auch das Gesetz zu einem anderen Ergebnisse überhaupt nicht gelangen, wenn es den Grundsatz aussprechen wollte, dass man mit an und für sich beleidigenden Äußerungen seine rechtlichen Interessen straflos wahrnehmen dürfe." Wenn die einschlägigen Entscheidungen des RG, um den Rahmen dieses Referats nicht zu sprengen, auch nicht vollständig wiedergegeben werden können, so mag es doch erlaubt sein, noch auf folgende Erkenntnisse hinzuweisen [RGZ 40, 318 f., 64, 155 f.].

Wie sehr das RG an dem Erfordernis einer selbständig festzustellenden Beleidigungsabsicht festhielt, erweist des weiteren das Urteil vom 26.4.1938 (JW 1938, 1805), in dem es die Merkmale der subjektiven Tatumstände in folgender Weise anspricht: „Bei der Würdigung der gewählten Ausdrucksform sind die Persönlichkeit des Täters, seine durch seinen Bildungsgrad und die Lebensverhältnisse bedingte, gewöhnliche Ausdrucksform, ein durch den Anlass der Interessenwahrung hervorgerufener besonders erregter Eifer, überhaupt alle Umstände des Einzelfalles in Betracht zu ziehen. Wenn der Täter die Vorwürfe in der gewählten Form in der Überzeugung erhoben hat, diese Ausdrucksform sei notwendig, um den Gedankeninhalt zum Ausdruck zu bringen und dadurch das Ziel der Interessenwahrung zu erreichen, dann ist für die Annahme der vom § 193 StGB erforderten Absicht der Beleidigung kein Raum mehr." – Wenn das RG noch in einem Urteil vom 9.10.1942, abgedruckt in DR 1943, 189, eindeutig an seiner seit Jahrzehnten geübten Rechtsprechung festhielt, so wird es zweifelhaft, ob die von Dreher zitierte Entscheidung aus dem vorletzten Kriegsjahr wirklich dahin verstanden werden kann, dass es auf die Feststellung einer selbständigen Beleidigungsabsicht nicht mehr ankommen solle. Ich darf ergänzend bemerken, dass die bewusste Entscheidung aus dem Jahre 1944 unter dem Leitsatz steht, dass „der straflosen Weitergabe von bloßstellenden Tatsachen, die in einem gerichtlichen Beschluss festgestellt worden sind,... enge Grenzen" zu ziehen seien. Auch diese Überschrift erhellt, dass das RG in Anbetracht des ihm zur Entscheidung vorliegenden Falles mehr bestrebt war, die objektiven Grenzen der §§ 192, 193 einzuengen, als von der jahrzehntelang geübten Praxis wirklich abzugehen, nach der eine Absicht der Beleidigung gesondert festzustellen war.

Findet also die Auffassung Drehers in der Judikatur des ehemaligen RG keine wirkliche Stütze, so erscheint seine Auffassung noch zweifelhafter, wenn man die neuere Rechtsentwicklung berücksichtigt, die die Probleme im Rahmen der Pressefreiheit behandelt. Betrachtet man unter diesem Aspekt die seit 1945 ergangenen Entscheidungen, so zeigt sich, dass die Problematik nicht mehr in dem überall als selbstverständlich behandelten Erfordernis der Feststellung des subjektiven Tatbestandes, d.h. dem Nachweis der Beleidigungsabsicht, erblickt wird, sondern in der Abgrenzung des durch § 193 StGB erfassten objektiven Rahmens der Wahrnehmung berechtigter Interessen.

So bahnt sich eine leichte Verschiebung der Akzente in dem Beschluss des OLG Frankfurt vom 13.10.1947 in NJW 47/48, S. 266, an, in dem sich der Zivilsenat mit einem vorbeugenden Unterlassungsbegehren zu befassen hatte. Hier findet sich u.a. die Wendung: „Jedoch auch als solcher“ (d.h. als vorbeugender Unterlassungsanspruch) „scheitert er an den Feststellungen des LG, dass der tatsächliche Inhalt des beanstandeten Schreibens im Wesentlichen als wahr erwiesen sei (§ 186 StGB) und dass allein aus der Form des Schreibens“ (schriftliche Kritik durch Funktionäre einer politischen Partei) „eine beleidigende Absicht nicht hervorgehe.“

Die angedeutete Wandlung in der Problematik zeigt nun beispielsweise das Urteil des OLG Braunschweig vom 23.1.1948, veröffentlicht in SJZ 48, 767. Heißt es hier doch u.a.: „Dabei hängt die Art der zulässigen Abwehr und sonach auch die Schärfe der zur Verteidigung erforderlichen Ausdrücke von der Schwere des erlittenen und unberechtigten oder vermeintlich unberechtigten Angriffs ab… In solchen Fällen können unter Umständen auch sehr scharfe und gegebenenfalls sogar beschimpfende Wendungen gerechtfertigt sein, wenn der Äußernde dies, um die Sachlage richtig zu kennzeichnen, für erforderlich halten durfte (RGSt Bd. 64, 156). Nur wenn sich aus der Form der Äußerung oder den Umständen, unter denen sie geschah, die Absicht der Beleidigung ergibt, *insbesondere,* wenn der Täter *bewusst* über die den Zweck der Wahrnehmung berechtigter Interessen gezogenen Grenzen hinausgegangen ist, entfällt der Schutz des § 193 StGB.“

In seiner Entscheidung vom 15.7.1953 bemerkt das OLG Celle in NJW 53, 1754, hierzu: „Im Übrigen müssen der Presse umso weitergehende Rechte zugestanden werden, je lebenswichtiger das Interesse der Öffentlichkeit an der Aufklärung über die betreffende Angelegenheit ist… Auch bei der anschließenden Prüfung, ob das vom Angeklagten zur Wahrnehmung dieser Interessen angewendete Mittel und die Form angemessen waren…, wird zu berücksichtigen sein, wie der Privatkläger selbst sich verhalten und wie er sich dem Angeklagten gegenüber geäußert hat und ob der Angeklagte damit rechnen durfte, der Privatkläger werde eine freimütige Verwendung seiner Äußerungen nicht kränkend empfinden. Sollte die tatrichterliche Würdigung somit zu der Annahme einer Inkongruenz der verwendeten Mittel kommen, so wäre auf der subjektiven Seite immer noch zu prüfen, ob der Angeklagte irrig der Meinung war und sein durfte, zu einer derartigen Berichterstattung berechtigt zu sein.“ Auch die letzte Wendung erhellt, jedenfalls im Ergebnis, wieder hinreichend klar die Bedeutung der gesonderten Feststellung der subjektiven Merkmale im Sinne einer Absicht.

In seinen Entscheidungen vom 18.2.1953 (Ss 235/52), 17.2.1954 (Ss 207/53) und 27.4.1955 (Ss 12/55) hält das Hanseatische OLG Hamburg, wenn auch mehr in einem Nebensatz, an dem Erfordernis einer selbständig festzustellenden Beleidigungsabsicht fest und gibt die Rechtsentwicklung dahin wieder, dass „auch scharfe Ausdrücke im politischen Kampf als zulässig angesehen“ werden müssten und dass „nicht jeder scharfe

Angriff im politischen Leben" schon seiner Form nach als kennzeichnend für die Absicht einer Beleidigung anzusehen" sei.

Auf dieser Ebene bewegt sich, um eine nicht wenig beachtete Entscheidung eines Untergerichts heranzuziehen, auch das Urteil des LG Rottweil vom 6.10.1949, abgedruckt in DRZ 50, 421: „Es müsse im politischen Kampf gestattet sein, ‚schlagkräftige und eindrucksvolle Worte zu gebrauchen', wobei die im Rahmen politischer Auseinandersetzungen verwandten Worte ‚nicht nach dem Stile nüchterner, streng sachlicher Darstellungsweise beurteilt' werden könnten." – Unter Hinweis auf den erhöhten Strafschutz, den § 187 a StGB den im politischen Leben stehenden Personen gewährt, hebt des weitern der BGH in seinem Urteil vom 20.1.1959 (BGHSt 12, 288 ff., insbes. 298) hervor, dass die „um der Sache willen notwendige freie Kritik... nur dann gewährleistet sein" könne, ‚wenn die Grenze des Erlaubten jedenfalls die Fälle' einschließe, ‚von denen gesagt werden' könne, ‚dass die betreffende Persönlichkeit durch ihr eigenes Verhalten begründeten Anlass zur Erhebung' bestimmter ‚Vorwürfe gegeben' habe."

Letztlich hat der BGH in seiner Entscheidung vom 21.11.1961 (DRiZ 1962, 24) die Problematik mit folgenden Worten umrissen: „Der Kläger mag die ausgesprochene Kritik als scharf und einseitig empfinden. Doch ist es mit der Stellung eines Politikers in einem demokratischen Staat naturgemäß verbunden, dass sich sein Wirken in ständiger Auseinandersetzung mit anderen Auffassungen vollzieht und dass er sich auch scharfen Angriffen derer stellen muss, die seine Politik bekämpfen und seinen Einfluss zu beschränken suchen."

Dass die Auffassung Drehers unter der Herrschaft des Art. 5 GG keine Billigung verdienen kann, erweisen nicht zuletzt die Gründe des Beschlusses des BVerfG vom 25.1.1961 (1 BVR 9/57), durch den der Verfassungsbeschwerde des Stuttgarter OLG-Präsidenten Dr. Schmid stattgegeben wurde. Ich darf hierbei in Ihr Gedächtnis zurückrufen, dass Dr. Schmid in Bezug auf das Nachrichtenmagazin „Der Spiegel" und seine Redakteure u.a. folgende Worte gebraucht hatte: „Es (d.h. das Nachrichtenmagazin) ist eine Gattung von Publizistik, die auf dem Gebiet der Politik das ist, was die Pornographie auf dem Gebiet der Moral, nur mit dem Unterschied, dass man die erstere noch offen lesen kann. Es ist die sogenannte *Reizliteratur*, die im Haushalt der Zivilisation offenbar notwendig ist. Dabei ist die Höhe des Absatzes der maßgebende Gesichtspunkt. Was dabei an Qualität herauskommt, – man kann es nicht besser und einfacher ausdrücken als Karl Kraus' „Je größer der Stiefel, desto größer der Absatz.' "

Nachdem das BVerfG den Begriff der Meinungsfreiheit als solchen des näheren umrissen hat, definiert es die objektive Grenze der freien Meinungsäußerung u.a. mit folgenden Worten: „Aus dem Gesichtspunkt einer Gegenwirkung, die der in der öffentlichen Meinung erzielten Wirkung entspricht, bestimmt sich auch die dem GG gemäße Abgrenzung des strafbaren Exzesses." Alsdann führt das BVerfG aus: ‚Wenn die Gerichte für den Vorwurf einer der Pornographie vergleichbaren geistigen Enthüllung als Reizmittel für die

Leserschaft den Rechtfertigungsgrund der Wahrnehmung berechtigter Interessen nicht gelten lassen, so gehen sie von der Voraussetzung aus, dass die Beschwerdeführer nur an der Verteidigung seiner persönlichen Ehre ein berechtigtes Interesse im Sinne von § 193 StGB hatte. Das Hineinwirken des Art. 5 Abs. 1 GG in diese Norm gebietet aber, auch sein berechtigtes Interesse an der Einwirkung auf die Bildung der öffentlichen Meinung über eine wichtige Frage der Ämterpolitik anzuerkennen und seine Äußerung auch als Gegenschlag gegen eine unzutreffende Information der Öffentlichkeit hierüber zu werten. Dadurch, dass diese Prüfung in den angefochtenen Urteilen fehlt, ist das Grundrecht des Beschwerdeführers aus Art. 5 Abs. 1 GG verletzt."

An diesen Ausführungen ist aber unter dem Blickpunkt eines etwaigen Exzesses bemerkenswert, dass das BVerfG zur Abgrenzung der Frage eines strafbaren Verhaltens nicht nur auf die Schwere des vorausgegangenen Angriffs, sondern auch auf die Motive des Täters abstellt, die seiner Erwiderung zugrunde lagen. Eine Prüfung der Motive führt aber zwangsläufig zur Frage des inneren Vorstellungsbildes des Täters, also zur Auseinandersetzung mit der Zielrichtung seines Wollens. Damit knüpft auch das BVerfG wieder an die Judikatur des ehemaligen RG, wie etwa die bereits zitierte Entscheidung des VI. Strafsenats vom 26.4.1938 in JW 1938, 1805, an, wonach für die Annahme der von § 193 StGB erforderten Absicht der Beleidigung dann kein Raum mehr sei, wenn der Täter die Vorwürfe in der gewählten Form in der Überzeugung erhoben hat, diese Ausdrucksform sei notwendig, um den gedanklichen Inhalt zum Ausdruck zu bringen und dadurch das Ziel der Interessenwahrnehmung zu erreichen.

So vertreten auch die Großkommentare zum StGB, soweit ersichtlich, nach wie vor übereinstimmend die Auffassung, dass das Element der Beleidigungsabsicht nicht schon aus „der besonderen Form oder den Umständen" allein folge, sondern dass die über den Rahmen des § 193 StGB hinausgehende Absicht, zu beleidigen, selbständig und besonders daneben festzustellen sei. So *Schönke-Schröder*, 9. Auf., § 193 Anm. IV 1; Leipziger Kommentar, 8. Aufl., Anm. VII zu § 193 i.V. mit Anm. II 2 a) zu § 192; *Dalcke-Fuhrmann-Schäfer*, 37. Aufl., § 193 Anm. 1 a; *Löffler*, Kommentar zum Presserecht, 1959, Anm. IV i.V. mit § 192 Textziff. 6, oder, um ein Lehrbuch zu nennen, *Maurach*, Deutsches Strafrecht, Besonderer Teil, 3. Aufl. 1959, S. 127.

Zusammenfassend scheint die abweichende, nach allem nicht zu billigende Meinung von *Dreher* in der 23. Aufl. des Kommentars von *Schwarz* zum StGB zunächst zu verkennen, dass nach der Stellung der Vorschrift des § 193 im System des Rechts diese Bestimmung immer erst dann zum Tragen kommen kann, wenn an sich eine Beleidigung, sei es eine üble Nachrede oder eine solche im Sinne des § 185 StGB, tatbestandsmäßig vorliegt.

Das weiteren trägt *Dreher* dem Umstand nicht hinreichend Rechnung, dass unter der Herrschaft des GG der Begriff der Wahrnehmung berechtigter Interessen eine beträchtliche Ausdehnung erfahren hat, und zwar mit der Maßgabe, dass selbst ihrem Charakter nach beschimpfende Wendungen die Rechtswohltat des § 193 nicht ausschließen, wenn der Täter diese, um die Sachlage richtig zu kennzeichnen, für erforderlich halten durfte. Ferner schenkt *Dreher* nicht dem das moderne Strafrecht beherrschenden Grundsatz Rechnung, wonach jede relevante Handlung auch subjektiv vorwerfbar sein muss. Dieses subjektive Element kann aber nach dem strafrechtlichen Verschuldensbegriff mit eindeutiger Klarheit nur aus der Täterpersönlichkeit, namentlich dem Bildungsgrad, den Lebensverhältnissen, der gewöhnlichen Ausdrucksform und dem aus Anlass der Interessenwahrnehmung hervorgerufenen besonderen Eifer beantwortet werden.

Nicht zuletzt aber erweckt die Auffassung Drehers deshalb nicht unbeträchtliche Bedenken, weil sich in der zur Stützung seiner Ansicht herangezogenen Entscheidung des Reichsgerichts aus dem Jahre 1944 immerhin der Satz findet, dass eine bewusste Überschreitung des Rahmens der §§ 192, 193 StGB – man darf hinzufügen -: *nur* den Schluss auf die Absicht einer Beleidigung zulassen *könne*.

Abschließend gestatten Sie mir, auf einen Bescheid des hamburgischen Justizsenators vom 23.8.1961 hinzuweisen, durch den eine Dienstaufsichtsbeschwerde gegen eine Einstellungsverfügung meiner Behörde verworfen wurde. Hier führte der Justizsenator, die Rechtsprechung im Kern erschöpfend, u.a. aus: „Liegen an sich die Voraussetzungen des § 193 StGB vor, handelt der Täter also der Sache nach in Wahrnehmung berechtigter Interessen, dann ist es von entscheidender Bedeutung, ob der Täter über die sachliche Berechtigung seiner Äußerungen hinaus auch noch das Ziel verfolgt hat, den von ihm Angegriffenen zu beleidigen. Denn wenn der Kern seiner Äußerungen sachlich gerechtfertigt ist, kann der Vorwurf eines strafbaren Verhaltens gegen den Täter nur erhoben werden, wenn er überdies absichtlich beleidigen wollte, wenn er also, ich darf mich einmal so ausdrücken, sich bei seinen Äußerungen gesagt hat: ‚Der Sache nach darf ich dies schreiben, aber über dies Sachliche hinaus will ich dem Angegriffenen noch eine zusätzliche Ehrenkränkung zufügen.' Würde man dieses zusätzliche subjektive Element (für § 193 a.E. StGB) nicht fordern, bestünde die Gefahr, dass die neuere Rechtsprechung zur Pressefreiheit nicht zum Zuge kommen kann."

Nach allem erscheint also, namentlich unter Berücksichtigung der konstanten Rechtsprechung und der Meinung der h.L., die Auffassung Drehers nur aus dem Bestreben verständlich, der Ausdehnung des Begriffs der Presse- und Meinungsfreiheit durch eine enge Begrenzung der Erfordernisse zur subjektiven Tatseite entgegenzutreten. Dass aber diese Zielrichtung mit dem Grundrecht der Meinungsfreiheit wie sie das BVerfG interpretiert hat, nicht mehr vereinbar ist, dürfte offensichtlich sein.

GStA Mützelburg pflichtete den Ausführungen des Referenten in seinem Dankwort bei. Auch *GStA Dr. Bauer* stimmte ihm zu, gab jedoch zu bedenken, dass die Gefahr nicht so sehr darin liege, dass Dreher sich mit seiner in der letzten Auflage des Schwarz'schen StGB-Kommentars vertretenen Auffassung in Widerspruch zu der bisherigen höchstrichterlichen Rechtsprechung gesetzt hat, sondern darin, dass die unteren Gerichte schon seit längerer Zeit im Sinne der Dreherschen Auffassung Recht sprechen. *GBA Fränkel* wies darauf hin, dass die Gerichte, die im Sinne Drehers judiziert hätten, diese Auffassung nicht ohne jeden Anlass vertreten hätten, da sich an sich im Gesetzeswortlaut kein Anhalt dafür finde, dass für das Vorhandensein einer Beleidigung die Absicht verlangt werden muss. *OStA Gall* wies auf das alte preußische Recht hin, das ausdrücklich die *Abicht* der Beleidigung verlangt habe, während erst das StGB den Begriff des „Vorhandenseins" der Beleidigung eingeführt habe. *GStA Woll* vertrat die Auffassung, durch die Bejahung des Erfordernisses der Absicht der Beleidigung werde der geltende Ehrenschutz unerträglich beschnitten; dadurch, dass der Wortlaut des Gesetzes die äußeren Umstände als Maßstab anerkenne, sei ein ausreichendes Regulativ geschaffen, so dass nicht noch zusätzlich die Absicht gefordert werden müsse. *GStA Ahmann* erinnerte an § 175 des Entwurfs zum neuen StGB, insbesondere an die Begründung zu § 175 Abs. 3 des Entwurfs, nach der das Erfordernis der „Absicht" aufgegeben werden soll, so dass es z.Zt. als dem geltenden Recht entsprechend noch anerkannt werden müsse.

Mit Einverständnis der Tagungsteilnehmer wurden auch die Punkte 11 und 12 der Tagesordnung zurückgestellt und zunächst Punkt 13 beraten.

13. *Ergänzung der Mitteilungspflichten; hier: Mitteilung über anhängige Strafverfahren gegen Strafgefangene an die Vollzugsanstalt*

Referent: GStA Mützelburg, Braunschweig: [...] Ich rege an, folgende Entschließung zu fassen: Die GStA werden die Staatsanwaltschaften anweisen, in Strafverfahren wegen Verbrechen und Vergehen, in deren Verlauf der Staatsanwaltschaft bekannt wird, dass gegen den Beschuldigten in anderer Sache Strafe vollstreckt wird, den Vorstand der Vollzugsanstalt, die die Strafe vollzieht, über den Stand des neuen Verfahrens unmittelbar zu unterrichten.

GStA Ahmann äußerte zur Einleitung der Aussprache Bedenken gegen die Anregung des Referenten, weil die Gefahr bestehe, dass der Häftling aufgrund der Mitteilung bereits als verurteilt angesehen werde und ihm daher, besonders in Gnadensachen, schwerwiegende Nachteile erwachsen könnten; dieser Gefahr müsse mit allen Mitteln vorgebeugt werden, selbst auf die Gefahr hin, dass für das neue Strafverfahren Schwierigkeiten entstehen. *GStA Mützelburg* erkannte die Bedenken an. Er meinte jedoch, den angedeuteten Gefahren könne bei sachgemäßer Handhabung der Mitteilungspflicht ausreichend vorgebeugt werden. *GStA Ahmann* gab zu, dass durch gewissenhafte Wahrung der Interessen des Häftlings Schäden weitgehend vermieden werden könnten, er sprach dennoch sich dafür aus, das Ziel durch Überhaftnotierung zu verfolgen und zur Vermeidung von Fehlschlägen in dem neuen Ermittlungsverfahren die Strafvollstreckung in dem früheren Verfahren besonders gewissenhaft zu überwachen. *OStA Gall* trat dieser Auffassung bei.

GStA Biermann stimmte dem Referenten zu und warnte davor, etwaige dem Gefangenen drohende Nachteile zu überschätzen. Er wies darauf hin, dass ein neues Ermittlungsverfahren für eine Entscheidung nach § 26 [Bedingte Entlassung] StGB sehr bedeutsam sein könne und die Tat, die Gegenstand des neuen Verfahrens sei, bei einer Entscheidung nach § 25 StGB [Bewährung/Nichtbewährung] sogar berücksichtigt werden *müsse,* wenn der Gefangene sie tatsächlich begangen hat. *GStA Morbach* empfahl vermittelnd, die Mitteilungen auf solche Ermittlungsverfahren zu beschränken, in denen Freiheitsstrafe zu erwarten sei.

GStA Dr. Nehm deutete an, dass die Mitteilungen unter Umständen in ihrer Wirkung auf anstaltsinterne Entscheidungen beschränkt werden müssten, für die sie allerdings sehr wichtig sein könnten. *GStA Haas* trat dieser Auffassung bei und verwies auf die Bestimmungen der Untersuchungshaftvollzugsordnung, nach denen Mitteilungen über Umstände, die für die sichere Verwahrung der Gefangenen von Bedeutung sind, sogar vorgeschrieben seien.

Abschließend wurde die vom Referenten angeregte Entschließung als Empfehlung überwiegend gebilligt.

Punkt 9 der Tagesordnung wurde weiterhin zurückgestellt; es wurde beschlossen, mit Punkt 11 fortzufahren.

11. *Überprüfbarkeit der Entscheidung einer Vollstreckungsbehörde nach § 456 StPO [Aufschieben der Vollstreckung] durch das OLG*

Referent: OStA Dr. Ruf, Bremen: [...] Der Antrag auf gerichtliche Entscheidung ist auch nicht deshalb unzulässig, weil es sich um eine Gnadensache handelt, die nach bisher herrschender Auffassung (vgl. *Koehler,* VerwGO Anm. III, 19 zu § 14 und die bei *Eyermann-Fröhler,* VerwGO Anm. III bb ß, S. 188 zit. Rspr.) gerichtlich nicht überprüfbar ist (a.A. *Eyermann-Fröhler,* aaO.). Zwar hat sich in der Strafvollstreckung und zwar derjenigen Preußens die Auffassung durchgesetzt, dass eine Unterbrechung der Strafvollstreckung in den Bereich der Gnade falle. Dementsprechend ist diese dann auch in § 34 Abs. 2 der GnadenO vom 6.2.1935 (DJ S. 203) und in den an ihre Stelle getretenen landesrechtlichen Gnadenordnungen geregelt worden (vgl. *Löwe-Rosenberg,* aaO. Anm. 1 zu § 455 StPO). Nach Auffassung des Senats handelt es sich jedoch nach geläuterter Rechtsauffassung nicht um echte Gnadenakte, die der außerrechtlichen Sphäre angehören. Bei den Entscheidungen über die Strafunterbrechung handelt es sich vielmehr um Akte, die sich aus einem zwischen Staat und Strafgefangenen bestehenden besonderem öffentlich-rechtlichen Gewaltverhältnis ergeben, dessen Inhalt, wie der 1. Strafsenat des OLG Hamm in seinem Beschluss vom 14.11.1960 – 1 VRW S 1/60 -) ausgeführt hat, sich in seinen Umrissen aus dem Urteil des Strafrichters, dem Strafgesetz sowie dem GG ergibt.

Der Referent bezog sich auf den allen Tagungsteilnehmern bereits in Abschrift übersandten Beschluss des Hanseatischen OLG in Bremen vom 27.2.1961 – VAs 2/61 und bat um Meinungsäußerungen.

GStA Haas meinte, aus praktischen Gründen sei die Entscheidung zu billigen. Obwohl die Strafunterbrechung von jeher mit Recht als Gnadenentscheidung gegolten habe. *GStA*

Dr. Bauer erklärte, im Land Hessen werde die Strafunterbrechung ausschließlich als Gnadenentscheidung angesehen und konsequent als solche behandelt. Im Gegensatz dazu steht die Gewährung eines Strafurlaubs. Dieser sei eine Verwaltungsmaßnahme, die wie jede andere Verwaltungsmaßnahme nachgeprüft werden könne. *GStA Dr. Frick* verwies auf die Regelung der Gnadenordnung. *GStA Ahmann* lenkte die Aufmerksamkeit auf § 24 EGGVG, der die Zulässigkeit des Antrages nach § 23 EGGVG auf Fälle beschränkt, in denen Rechtsverletzungen geltend gemacht werden. Er meinte, diese Schranke sei bei Anträgen mit dem Ziel der Strafunterbrechung besonders zu berücksichtigen. *GStA Dr. Krapp* stimmte ihm zu mit der Begründung, durch die Versagung von Strafunterbrechung würden Rechte des Gefangenen nicht verletzt, weil § 456 StPO Nachteile für den Gefangenen durch den Vollzug als selbstverständlich und rechtmäßig voraussetze. *GStA Dr. Adams* gab zu bedenken, dass die Verletzung von Rechten keine Voraussetzung für die Zulässigkeit des Antrages sei, sondern nur eine Voraussetzung für eine positive materielle Entscheidung. Er teilte mit, im Saarland werde die Strafunterbrechung als reine Gnadenentscheidung betrachtet und sei daher nach seinem Dafürhalten einer gerichtlichen Nachprüfung entzogen. *GStA Woll* schloss sich unter Hinweis auf die Rechtsprechung des OLG Karlsruhe dieser Auffassung an und unterstrich nochmals, dass die Ablehnung von Strafunterbrechung als Gnadenentscheidung nicht gerichtlich nachprüfbar sei. Er gab jedoch zu bedenken, dass in besonders gelagerten Einzelfällen Abweichungen von diesem Grundsatz begründet sein könnten, und erinnerte an einen Fall, der von seiner Behörde an die Staatsanwaltschaft Stuttgart abgegeben worden sei. *GStA Schabel* griff diesen Hinweis auf und glaubte, sich ebenfalls dieses Falles erinnern zu können. Er versprach, nach der Entscheidung zu forschen und Abdrucke davon zu übersenden.

12. *Kann der Antrag eines Rechtsanwalts, nach § 74 Abs. 5 Satz 3 BRAO die ehrengerichtliche Voruntersuchung zu eröffnen, abgelehnt werden, weil das Ehrengericht meint, die Rüge sei begründet, aber auch ausreichend?*

Referent: BA Dr. Wagner, Karlsruhe: [...] Das Ergebnis dieser Ausführungen sei in folgenden kurzen Leitsätzen zusammengefasst:

1. Durch den Antrag eines Rechtsanwalts auf Eröffnung der ehrengerichtlichen Voruntersuchung nach § 74 Abs. 5 BRAO wird das Rügeverfahren in das ehrengerichtliche Verfahren übergeleitet.
2. Wird dem Antrag stattgegeben, so hat der Rechtsbehelf Erfolg gehabt und die Rüge wird in jedem Fall automatische hinfällig. Das Ehrengericht kann sie weder bestätigen noch aufheben. Anstelle der Maßnahmen des Kammervorstandes tritt die Entscheidung des Ehrengerichts.
3. Wird der Voruntersuchungsantrag des Rechtanwalts abgelehnt, so verbleibt es bei der Rüge. Die Ablehnung kann nach § 123 Abs. 1 BRAO auch aus tatsächlichen Gründen

erfolgen, weil der dem Rechtsanwalt zur Last gelegte Sachverhalt die Erteilung einer Rüge rechtfertigt und eine ehrengerichtliche Bestrafung nicht erfordert.

Der Referent empfahl abschließend, die Frage an den Rechtsanwaltssenat des BGH heranzutragen.

Korreferent: GStA Günther, KG Berlin: [...] Auf diese Weise lässt sich die Rüge indes nicht retten. Einmal „hinfällig" geworden (3), kann der Rügebescheid durch eine Sachentscheidung des Ehrengerichts weder aufrechterhalten werden noch wieder aufleben. Es bleibt daher m.E. nichts anderes übrig, als in einem solchen Fall, wie in jedem anderen ehrengerichtlichen Verfahren *ohne* vorausgegangenes Rügeverfahren auch, dem Voruntersuchungsantrag stattzugeben. Umgekehrt wird, ebenfalls wie im gewöhnlichen Verfahren *ohne* vorausgegangenes Rügeverfahren, der Voruntersuchungsantrag abgelehnt werden müssen, wenn feststeht, oder mangels zureichender tatsächlicher Anhaltspunkte davon auszugehen ist, dass eine Pflichtverletzung gar nicht vorliegt. Diese auf sachliche – rechtlichen oder tatsächlichen (vgl. § 123 Abs. 1 BRAO) – Gründen beruhende Ablehnung hat dann, jedenfalls in ihrer Wirkung auf die (ohnehin „hinfällig" gewordene) Rüge, dieselbe Bedeutung wie ein Freispruch (vgl. auch § 132 BRAO)....

6. Wenn ich nach alledem die durch das Thema gestellte Frage, im Gegensatz zu dem Herrn Berichterstatter, der sie bejaht, verneinen zu müssen meine, bedauere ich das, wie gesagt, bis zu einem gewissen Grade. Indes wird auch die Lösung, zu der ich komme, zu vernünftigen und befriedigenden Ergebnissen führen können.

Von einer eingehenden Diskussion wurde Abstand genommen. *GStA Woll* sagte zu, die nunmehr als Anlagen K 3 und 4 beigefügten Beschlüsse des Ehrengerichts Karlsruhe und des Ehrengerichtshofs Stuttgart zum Protokoll nachzureichen.

9. *Wann sind Kunstwerke als unzüchtig im Sinne des § 184 StGB [Verbreitung unzüchtiger Werke] anzusehen?*

Referent: GStA Buchholz, Hamburg: Der Referent begrüßte das Urteil des BGH vom 23.6.1961 – 5 StR 571/61 [GA 1961, 240] -, durch das der Verbreiter des Gedichts „Missa profana" freigesprochen wurde, weil es für das Gebiet der Kunst eine Figur beseitigt habe, die der Rechtsprechung seit Jahrzehnten Schwierigkeiten bereite, nämlich den Normalmenschen, geschaffen von der Rechtsprechung des RG, um einen Maßstab dafür zu gewinnen, was im Sinne des § 184 StGB unzüchtig sei. Den im Gesetz nicht definierten Begriff des Unzüchtigen habe das RG in Bezug auf Schriften dahin umschrieben, dass sie geeignet sein müssten, das Scham- und Sittlichkeitsgefühl in geschlechtlicher Beziehung zu verletzen. Dabei habe es eine Beschränkung auf die Anschauungen bestimmter Klassen und Gruppen nicht gelten lassen, sondern auf die jeweils herrschenden Vorstellungen, auf das durchschnittliche Sittlichkeitsempfinden der Allgemeinheit, also auf das Schamgefühl des Normalmenschen abgestellt.

Der Referent zeigte auf, dass die Schwierigkeiten für die Rechtsprechung gerade durch die Erfindung dieser fiktiven Person erst recht unlösbar geworden seien: Die Anschauungen über „Unsittlichkeit" seien nicht nur unterschiedlich nach Landschaften und wandelbar im Laufe der Zeit; auch zur selben Zeit und am selben Ort seien vielmehr die moralischen Wertungen und Anschauungen nicht einhellig: Sie seien verschieden nach Anlage, Herkunft und Religion, nach Erziehung, Bildung und Verbildung, nach Stand, Beruf und persönlichem Erleben. Dazu habe das RG gefordert, es dürfe weder auf eine Gefühlsverletzung bei erwachsenen Normalmenschen allein ankommen, noch dürfe vorwiegend auf die Empfindungen Jugendlicher abgestellt werden.

Für die Literatur insbesondere habe sich daraus Folgendes ergeben: Gleichgültig, was der Schriftsteller, gleichgültig, was der Verleger oder Leser, gleichgültig auch, was Richter und Staatsanwalt empfinden – entscheidend habe allein das normale Moralgefühl des Normalmenschen sein müssen. Dieser Normalmensch sei weder Mann noch Frau, nicht alt und nicht jung gewesen, habe keiner Klasse angehört, keinen Beruf, keine Religion, keine Weltanschauung gehabt, sei weder Leser noch Analphabet gewesen. Er habe nichts von alledem sein dürfen und doch alles zugleich umfassen müssen – eine Konstruktion, geschaffen von klugen Juristen in dem Bestreben, der Praxis eine brauchbare Formel zur Feststellung der Unzüchtigkeit im Einzelfall in die Hand zu geben.

Dieses Normalmaß sei für die Kunst besonders deshalb bedenklich gewesen, weil sie hier nicht mit dem Maßstab derer gemessen wurde, die sich um ihr Verständnis bemühen. Entscheidend sei vielmehr überwiegend der Maßstab der Masse gewesen, die keine Beziehung zur Kunst hat.

Die Mängel dieser Beurteilungsmethode verdeutlichte der Referent durch die Verlesung grotesker Dialoge aus dem Protokoll des Reigenprozesses, der 1921 vor einer Strafkammer des Berliner LG verhandelt wurde. Es handelt sich dabei um Bemühungen des Gerichts, durch Vernehmung von Zeugen aus verschiedenen Bevölkerungsschichten sich ein Bild von dem „Normalmenschen" zu machen.

Als weiteres Beispiel wies der Referent auf den Inhalt des Polunbikataloges hin, des „Verzeichnisses der aufgrund des § 184 des RStGB eingezogenen und unbrauchbar zu machenden sowie der als unzüchtig verdächtigen Schriften" -, der von der Zentralpolizeistelle zur Bekämpfung unzüchtiger Bilder und Schriften erstmals 1926 herausgegeben wurde. Durch Verlesung einiger Stellen aus diesem Katalog zeigte der Referent, dass unter der Masse übelster Pornographien Perlen der Weltliteratur aufgeführt sind.

Der Referent bestätigte der deutschen Justiz, dass sie sich bei der Verfolgung unzüchtiger Kunst recht zurückgehalten habe, wohl in Kenntnis der Schwächen der Beurteilungsmethode. Er meinte, für den Literaturkenner sei es sicher, dass es weit mehr Gelegenheiten zu Fehlentscheidungen gegeben hätte.

Die Rechtsprechung, die den Normalmenschen auch für die Kunst zur Richtschnur machte, sei – viel bekämpft und viel verspottet – im Laufe der Entwicklung allmählich ins Wanken geraten. Klarheit habe jedoch erst das BGH-Urteil in dem Prozess über die „Missa profana" gebracht.

Mit dem Hinweis auf die in Art. 5 GG verbriefte Freiheit der Kunst habe der BGH einerseits den Verfechtern einer schrankenlosen Freiheit der Kunst eine Absage erteilt, indem er betont habe, dass auch die Freiheit der Kunst ihre Grenze an den Rechten anderer, am Sittengesetz und an der verfassungsmäßigen Ordnung habe, zu der auch die Strafgesetze gehören (Art. 2 Abs. 1 Halbs. 2 GG), andererseits habe der BGH anstelle des Normalmenschen den künstlerisch aufgeschlossenen oder zumindest um Verständnis bemühten, wenn auch literarisch nicht besonders vorgebildeten Menschen gesetzt, dessen Eindruck von dem Kunstwerk maßgebend sein müsse; so müsse bei der strafrechtlichen Beurteilung eines Kunstwerkes das Wesen der zeitgenössischen Kunst mit berücksichtigt werden, auch wenn es nicht ganz leicht verständlich sei; wie ein Kunstwerk auf diese gedachte, um Kunstverständnis bemühte Person wirkt, habe der Richter selbst zu beurteilen, nötigenfalls könne er sich das Kunstwerk von einem Sachverständigen erklären lassen; einzelne Personen über die Empfindungen, die das Werk in ihnen hervorruft, als „Zeugen" zu vernehmen, sei nicht zulässig.

Der Referent führt aus, was hier an Grundsätzen für § 166 [Religionsbeschimpfungen] StGB entwickelt worden sei, gelte auch für § 184 StGB. Hier sei an die Stelle des Normalmenschen zwar nicht der Kunstexperte getreten, wohl aber der Kunstinteressent. Damit sei der Praxis der Staatsanwaltschaften und Gerichte ein angemessener und brauchbarer Maßstab gegeben worden. Er werde es ermöglichen, die Interessen der Allgemeinheit an der Ausschaltung gröblicher Erotika aus der Öffentlichkeit zu wahren, ohne der Freiheit der Kunst in unzumutbarer Weise zu nahe zu treten.

Der Referent fand allgemeine Zustimmung. Auch *GStA Dr. Bauer* begrüßte die durch das besprochene BGH-Urteil gewonnene Klarheit. Er forderte jedoch, dass die Beurteilungsmaßstäbe im Interesse der Freiheit der Kunst noch schärfer formuliert werden müssten. Er führte aus, weil die Kunst frei sei, müsse sie auch dann frei bleiben, wenn sie unzüchtig ist, weil das GG insoweit keinen Vorbehalt mache. Die Frage, die bei der Anwendung von § 184 StGB zu stellen sei, dürfe also nicht lauten: „Wann ist die Kunst unzüchtig?", sondern „wann sind unzüchtige Werke als Kunst anzusehen?" Nach seiner Auffassung bedürfe daher weniger Begriff des Unzüchtigen der Klärung als vielmehr der Begriff „Kunst".

Damit wurde die Aussprache zu diesem Punkt der TO geschlossen.

GStA Dr. Bauer und *GStA Mützelburg* regten an, dass in Abweichung von der bisherigen Praxis im Austausch von Entscheidungen zu Vorschriften des EGGVG nur noch besonders bedeutsame Entscheidungen ausgetauscht werden sollten. Die Anregung fand allgemeine Billigung. Die Teilnehmer fassten eine entsprechende Entschließung.

Auf die Behandlung der Unterpunkte zu Punkt 14 der TO (Verschiedenes), insbesondere auf die nachträglich vorgesehene Behandlung einer Eingabe des Hans K. Volkmann aus Goslar vom 23.3.1962, die *GStA Dr. Bauer* zugegangen war, wurde aus Zeitmangel verzichtet.

GStA Mützelburg dankte den Teilnehmern der Tagung für ihre Mitarbeit und das dadurch bedingte gute Gelingen der Tagung. Er bat sodann um Anregungen für den Tagungsort der nächsten Jahrestagung. *GStA Günther* schlug Berlin als Tagungsort vor. *GStA Dr. Bauer* regte an, Berlin als Tagungsort für eine etwa erforderlich werdende Sondertagung über Fragen, die sich aus der Entscheidung des BVerfG zu § 71 StVZO ergeben, zu wählen, für die nächste Jahrestagung der GStA jedoch auf eine außerhalb der TO gegebene Anregung von *GStA Woll* einzugehen. Diese Erwähnung nahm *GStA Woll* zum Anlass, die Tagungsteilnehmer offiziell im Namen des Landes Baden-Württemberg zur Jahrestagung der Generalstaatsanwälte 1963 einzuladen. Er schlug als Tagungsort Konstanz vor. Der Vorschlag wurde allgemein gebilligt.

GStA Mützelburg schloss die Tagung am 25.5.1962 um 13 Uhr.

XVII. Niederschrift über die Tagungen der Generalstaatsanwälte in Konstanz vom 15.–17.5.1963

An der Tagung nahmen teil:
Generalbundesanwalt Martin, Karlsruhe
Bundesanwalt Herlan, Karlsruhe
Bundesanwalt Dr. Wagner, Karlsruhe
GStA a.D. Dr. Hechtel, München – als Gast –
GStA Dr. Weiß, Bamberg
GStA Günther, Berlin (KG)
GStA Dr. Münn, Berlin (LG)
GStA Mützelburg, Braunschweig
GStA Dr. Dünnebier, Bremen
GStA Biermann, Celle
GStA Hühnerschulte, Düsseldorf
GStA Dr. Bauer, Frankfurt/M.
GStA Buchholz, Hamburg
GStA Ahmann, Hamm
GStA Woll, Karlsruhe
OStA Itschert, Koblenz
GStA Dr. Haas, Köln
OStA Dr. Lorz, München (BayrObstLG)
OStA Renner, München (OLG)
OStA Dr. Fleischmann, Neustadt
GStA Dr. Kleinknecht, Nürnberg
GStA Dr. Krapp, Oldenburg
GStA Dr. Adams, Saarbrücken
GStA Dr. Nehm, Schleswig
GStA Schabel, Stuttgart
StA Höse, Braunschweig (Zentrale Erfassungsstelle der Justizverwaltungen i. Salzgitter)
Protokollführer: StA Ehret, Staatsanwaltschaft Koblenz

Beginn der Tagung: 15.5.1963, 8.30 Uhr

GStA Woll begrüßte die Teilnehmer, insbesondere den neu ernannten GBA Martin und die neu ernannten GStA Hühnerschulte, Düsseldorf, Dr. Kleinknecht, Nürnberg und Dr. Weiß, Bamberg.

GBA Martin bat, seine Teilnahme an der Tagung zugleich als Vorstellung bei den einzelnen GStA anzusehen und versicherte, dass er auf eine gute Zusammenarbeit mit ihnen besonderen Wert lege.

Zum Punkt 1 der TO: „Die Rechtsprechung des BGH in Staatsschutzsachen im Jahre 1962" sprach *BA Dr. Wagner:* Ein Rückblick auf die Rechtsprechung des für Staatsschutzverfahren zuständigen 3. StS des BGH im Jahre 1962 lässt nicht so sehr neue, das politische Strafrecht entscheidend beeinflussende Gesichtspunkte in den Vordergrund treten als eine Reihe von Entscheidungen, die in der Öffentlichkeit starke Beachtung gefunden haben. In diese Reihe gehört zunächst das Urteil vom 19.10.1962 (BGHSt 18, 87; vgl. auch *Baumann* NJW 1963, 561) gegen den Sowjetrussen *Staschynskij*, der zwei in der Bundesrepublik lebende ukrainische Emigrantenführer ermordet hatte und deswegen nicht als Täter, sondern nur wegen Beihilfe verurteilt wurde; insoweit liegt das Urteil außerhalb des Rahmens dieser Betrachtung. Hierzu gehört ferner das Urteil vom 1.8.1962 (BGHSt 17, 382, JZ 1962, 760 [mit zustimmender Anmerkung von Eb. Schmidt]; vgl. auch *Meilicke* NJW 1963, 425 und *Arndt* NJW 1962, 27, 1192 und NJW 1963, 432) über den Beweiswert der „Zeugen vom Hörensagen", das jedoch lediglich wegen seiner verfahrensrechtlichen Ausführungen zu Kommentaren geführt hat und daher insoweit ebenfalls nicht erörtert werden soll. Als drittes Urteil sei in diesem Zusammenhang, ohne die Reihe vollständig zu erschöpfen, das Urteil vom 30.3.1962 – 1 StE 1/62 – gegen einen rechtsradikalen Täterkreis angeführt, auf dessen Schuldkonto u.a. die Verwüstung des jüdischen Friedhofs bei Salzgitter im April 1957 kommt. Zwei Mitglieder dieser Tätergruppe wurden, von weiteren Delikten abgesehen, auch wegen Verabredung der Gründung einer geheimen, verbrecherischen und auf Sprengstoffanschläge abzielenden Organisation in verfassungsfeindlicher Absicht (§ 49 a Abs. 2 StGB i.V. mit §§ 128, 129, 94 StGB und § 6 Sprengstoffgesetz) verurteilt. Hierzu wurde in den Urteilsgründen ausgeführt, dass für das Zustandekommen einer Vereinigung (§§ 90 a, 129 StGB) oder einer Verbindung (§ 128 StGB) als gemeinsames Mindesterfordernis die ernsthafte Einigung der Teilnehmer darüber zu verlangen sei, dass sie für eine gewisse Dauer zur Erreichung eines gemeinsamen Zweckes zusammenbleiben wollten; insoweit wird auf das Urteil vom 3.12.1954 – StE 13/54 – (bei *Wagner* GA 1960, 194 Nr. 8) Bezug genommen. Ob für die Gründung oder Stiftung schon zwei Personen genügen, lässt das Urteil dahingestellt. Eine derartige Gründung oder Stiftung sah der BGH nicht als erwiesen an, wohl aber die Verabredung hierzu, die durch die ernstliche Willensübereinstimmung auch nur zweier Personen erfüllt sei. Die Organisation sollte nach dieser Willensübereinstimmung im Geheimen tätig sein und Mord- sowie Sprengstoffanschläge begehen, beides mit dem Ziel, die verfassungsmäßige Ordnung der

Bundesrepublik zu untergraben und im Endergebnis zu beseitigen, und zwar zugunsten eines dem Nationalsozialismus im Wesentlichen gleichen Staatssystems. Soweit die Täter auch die Begehung von Sprengstoffattentaten für die Verbindung verabredet hatten, sieht das Urteil § 6 Sprengstoffgesetz in seiner zweiten Begehungsform als erfüllt an; die dort genannten, einer Bande i.S. der §§ 243 Abs. 1 Nr. 6, 250 Abs. 1 Nr. 2 StGB gleichzustellenden Verbindung sei ähnlich der Organisation i.S. der §§ 128, 129 StGB als der Missbrauch der durch Art. 9 GG garantierten Vereinigungsfreiheit zu werten.

Diese Ausführungen bringen einen im Rahmen der ständigen Rechtsprechung liegenden Beitrag zur Anwendung der Vorschriften über Organisationsdelikte, insbesondere des § 129 StGB auf einen interessanten Sachverhalt. Gleichfalls i.S. der bisherigen Rechtsprechung liegen die Urteilsausführungen zu dem Begriff der Absicht in § 94 StGB. Unter Bezugnahme auf BGHSt 9, 142 (NJW 1956, 1116) erklärt das Urteil, Absicht i.S. des § 94 StGB sei der unmittelbare Vorsatz, also der bestimmte, auf das verfassungsfeindliche Ziel gerichtete Wille; auf das Tatmotiv komme es nicht an. Diese Rechtsprechung ist seither in bedeutsamer Weise fortentwickelt worden. Schon zwei Wochen später erklärte der BGH in einem Urteil vom 14.3.1962 (BGHSt 17, 215), die verfassungsfeindliche Absicht in § 94 StGB falle nicht unter die besonderen persönlichen Eigenschaften oder Verhältnisse i.S. des § 50 Abs. 2 StGB. In diesem Fall hatte die Revision eines Angeklagten, der wegen Organisationsdelikten, begangen in verfassungsfeindlicher Absicht, verurteilt war, darauf verwiesen, dass nach der eben erwähnten Entscheidung BGHSt 9, 142 (145) die verfassungsfeindliche Absicht kein strafbegründender, sondern ein straferhöhender Umstand sei, so dass sie rechtlich nach § 50 Abs. 2 StGB behandelt werden müsse. Der BGH erklärte demgegenüber, dass bei straferhöhenden Merkmalen keineswegs immer § 50 Abs. 2 StGB anzuwenden sei. Es gebe strafbegründende Umstände, die besonders persönliche Verhältnisse oder Eigenschaften beträfen – so die Beamteneigenschaft -, ohne dass auf sie § 50 Abs. 2 StGB anwendbar sei, und es gebe andererseits straferhöhende Umstände, die nicht als derartige Eigenschaften oder Verhältnisse angesehen werden könnten. Für § 50 Abs. 2 StGB sei entscheidend, ob das gesetzliche Merkmal vorwiegend die Tat oder den Täter kennzeichne. Die verfassungsfeindliche Absicht sei aber in erster Linie ein tatbezogenes Merkmal, auf das § 50 Abs. 2 StGB nicht anwendbar sei.

Hielt der BGH in dieser Entscheidung und in einem weiteren zu § 92 StGB ergangenen Urteil vom 1.8.1962 – 3 StR 33/62 – noch an der bisherigen Auslegung des Absichtsbegriffs in § 94 StGB fest, indem er darauf verwies, dass unter Absicht nicht der Beweggrund, sondern der direkte Vorsatz zu verstehen sei, so dass keine verfassungsfeindliche Dauergesinnung erfordert würde, vielmehr z.B. Eigennutz ausreiche, so stellte das Urteil vom 28.11.1962 – 3 StR 39/62 (MDR 1963, 326) – an das Merkmal der Absicht in § 91 StGB jetzt strengere Anforderungen. Es führte aus, das Landgericht habe irrtümlich insoweit den direkten Vorsatz für ausreichend gehalten. Es genüge aber nicht, dass der Täter den Taterfolg zwar wolle, ihm aber gleichgültig oder sogar ablehnend gegenüber stehe;

vielmehr müsse es ihm „darauf ankommen", den Untergrabungserfolg zu erreichen, und dieser Erfolg müsse das für den Täter Wesentliche sein. Etwaige weitere Beweggründe und andere Nebenzwecke seien unerheblich. Für das Tatbestandsmerkmal des Einwirkens allerdings genüge der einfache, also auch der bedingte Vorsatz. Den Schlusspunkt unter diese Entwicklung hat inzwischen das weitere Urteil vom 6.2.1963 – 3 StR 57/62 – gesetzt, worin der BGH mit eingehender Begründung und unter Aufgabe der bisherigen Auslegung darlegt, dass die in dem erwähnten Urteil vom 28.11.1962 zu § 91 StGB vorgenommene Einschränkung des Absichtsbegriffs auch für das übrige Staatsgefährdungsrecht einschließlich des § 100 d Abs. 2 StGB gelten müsse. Damit hat der BGH gleichzeitig eine weitgehende Annäherung an die bei den Beratungen des 1. StÄndG zutage getretene Auffassung des Gesetzgebers vollzogen, der die bisherige Rechtsprechung nicht voll entsprochen hatte. Nach Tatbestand und Urteilsgründen der Entscheidung vom 30.3.1963 kann angenommen werden, dass der BGH auch bei Zugrundelegung der eingeschränkten Auslegung die am 30.3.1962 aus § 94 StGB bestraften Täter nicht anders beurteilt hätte, als es geschehen war, da es ihnen zweifellos auf den erstrebten Erfolg „ankam".

Das Urteil vom 30.3.1962 ist von *Prof. Dr. Baumann* heftig kritisiert worden (MDR 1963, 87), jedoch nur hinsichtlich der Strafzumessung, so dass hier nur in Kürze zu dieser Kritik Stellung genommen werden soll, die doch wohl über das Ziel hinausschießt. Wer eine Hauptverhandlung nicht miterlebt, das Auftreten und Verhalten der Angeklagten nicht selbst beobachtet hat, kann nur schwer die Gründe und Erwägungen würdigen, die bei der Strafzumessung „mitschwingen". Der mit sechs Jahren Zuchthaus bestrafte Haupttäter war bei der Aburteilung fast 32 Jahre, zur Zeit der *Friedhofsschändung* fast 37 Jahre alt, dem Mündigkeitsalter mithin seit geraumen Jahren entwachsen. Wenn die Kritik an die Mitverantwortung des ganzen Volkes für die Entwicklung in der Hitler-Ära erinnert, so sollte nicht übersehen werden, dass dieser Haupttäter bei dem Zusammenbruch des „Dritten Reiches" gerade erst 15 Jahre alt und zum verbohrten Fanatiker erst in einer Zeit geworden war, in der sich das deutsche Volk angesichts der schrecklichen Lehren und Erfahrungen längst und allgemein vom Nationalsozialismus abgewendet hatte, so dass es kaum für die innerliche politische Entwicklung des Täters haftbar gemacht werden kann; das wird in den Strafzumessungsgründen auch angedeutet. Dass das Geständnis des genannten Haupttäters nicht stärker ins Gewicht fiel, lag ganz offenbar daran, dass er unbelehrbar und uneinsichtig war, das Geständnis also nicht von Reue und innerer Abkehr von der Tat zeugte. Nicht übergangen werden sollte auch, dass der Haupttäter bereits wegen Landfriedensbruchs bestraft und die hierwegen gegen ihn erkannte Strafe bedingt ausgesetzt war, beides ohne Einfluss auf ihn, und vor allem seine Gefährlichkeit, die sich in Waffenbesitz sowie in Mord- und Sprengstoffplänen äußerte. Schließlich sollte nicht daran vorbeigegangen werden, dass der BGH die beiden weiteren Angeklagten verhältnismäßig glimpflich bestraft hat, ein Zeichen dafür, dass er sehr wohl hinsichtlich Tatanteil und Täterpersönlichkeit differenziert hatte.

Doch zurück zu den Organisationsdelikten, mit denen die Betrachtung des Urteils vom 30.3.1962 begonnen hat. Im Zusammenhang mit dem Auskunftsverweigerungsrecht nach § 55 StPO ist die Frage entstanden, wie ein Zeuge zu behandeln sei, der in einer staatsgefährdenden Organisation von vornherein im Auftrage eines Verfassungsschutzamtes zur Bekämpfung verfassungsfeindlicher Umtriebe tätig geworden ist. Die Frage ist dahin beantwortet worden (U. v. 13.4.1962 – 3 StR 6/62 – [insoweit BGHSt 17, 245 nicht abgedruckt]), dass ein derartiger Zeuge, wenn er sich weisungsgemäß verhalten habe, sich nicht strafbar gemacht habe. Es fehle insoweit teils an äußeren Tatbestandsmerkmalen („fördern" i.S. der §§ 90 a, 100 d Abs. 2 StGB, „unterstützen" i.S. des § 92 StGB), teils am inneren Tatbestand (verfassungsfeindliche Absicht nach § 94 StGB). Ebenso ist hinsichtlich der §§ 42, 47 BVerfGG entschieden, dass der Anordnung des BVerfG nicht auch derjenige zuwiderhandle, der zwar für eine oder in einer Ersatzorganisation tätig werde, dies aber mit dem Ziel tue, sie auszuhöhlen und zu bekämpfen; ein derartiges Handeln diene gerade nicht der Förderung oder Unterstützung der Ersatzorganisation. In einer weiteren Entscheidung (U. v. 3.7.1962 – 3 StR 22/61 – [insoweit BGHSt 17, 337 nicht abgedruckt]) ist hinsichtlich eines Mitglieds, das zwar seinen Austritt aus einer staatsgefährdenden Organisation erklärt und Kritik an ihr geübt hatte, gleichwohl aber für sie tätig geblieben war, ausgeführt, § 90 a StGB setze nicht notwendig ein Handeln aus politischer Überzeugung voraus. Als Rädelsführer i.S. des § 90 a StGB ist im Anschluss an die bisherige Rechtsprechung derjenige angesehen worden, der auf die Mitglieder, selbst wenn es nur wenige sind, bestimmenden Einfluss ausübe, auch wenn er keine leitenden Aufgaben zu erfüllen habe (U. v. 13.4.1962 – 3 StR 10/62 – [insoweit NJW 1962, 2019 nicht abgedruckt]). Missbraucht der Rädelsführer einer staatsfeindlichen Vereinigung Veranstaltungen anderer Kreise, die auf dem Boden des GG stehen, dazu, dass er auch in ihnen verfassungsfeindliche Wühlarbeit ausübt, so ist er auch insoweit nach § 90 a StGB strafbar ((U. v. 15.5.1962 – 3 StR 18/62 -).

Zu den verfassungsfeindlichen Organisationen i.S. des § 90 a StGB hat der BGH außer der bereits früher hierzu gerechneten illegalen KPD und ebenso der verbotenen FDJ (U. v. 15.11.1962 – 2 StE 1/62 – u. 13.4.1962 – 3 StR 10/62; vgl. auch *Wagner* GA 1960, 197/198 Abschnitt C) das Festival-Komitee der Bundesrepublik als Teil der verbotenen FDJ (vgl. DRiZ 1962, 348 mit Anm. 4 ebd.) und das „Deutsche Friedenskomitee der Bundesrepublik Deutschland" (früher „Westdeutsches Friedenskomitee") gezählt (BGHSt 17, 337). Ferner sind in die Liste aufgenommen worden das von dem GDGB und der FDJ gemeinsam ins Leben gerufene „Ständige Komitee der Arbeiterjugend Deutschlands" (U.v. 15.5.1962 – 3 StR 18/62 -) und die innerhalb der Politverwaltung des sowjetzonalen Ministeriums für nationale Verteidigung bestehende selbständige Abteilung zur

Zersetzung der Bundeswehr, der wehrpflichtigen Jugend und der ehemaligen Soldaten (U. v. 3.10.1962 – 3 StR 40/62 -). Bei diesen beiden Organisationen sind zugleich die Voraussetzungen der § 128 StGB, §§ 42 47 BVerfGG anerkannt worden.

Eine bemerkenswerte Bestätigung hat die Rechtsprechung des 3. StS hinsichtlich des Begriffs der verfassungsmäßigen Ordnung durch ein Urteil des IV. Zivilsenats des BGH vom 11.2.1962 – IV ZR 191/61 – gefunden (RzW [Rechtsprechung zum Wiedergutmachungsrecht, München, 1949 ff.] 1962, 354 = LM Nr. 40 zu § 6 BEG 1956 [mit teilweisem Abdruck der Gründe]). Darin wird erklärt, die durch § 90 a StGB geschützte verfassungsmäßige Ordnung beruhe auf den in § 88 Abs. 2 StGB angeführten Verfassungsgrundsätzen, die wiederum die freiheitlich-demokratische Grundordnung i.S. des GG (Art. 9 Abs. 2, 18, 21) ausmachten. Damit ist dem Wesen nach nichts anderes gesagt, als was der BGH bereits in seiner Entscheidung BGHSt 7, 222 (227) = HuSt I, 19 (64) dargelegt hatte. Das Urteil enthält im Übrigen bedeutsame Ausführungen über die Wichtigkeit des Wirkens der kommunistischen Funktionäre und die Tarnung der wahren Absichten der Kommunisten.

Die Urteile zu den Organisationsdelikten der §§ 128, 129 StGB bewegen sich, soweit sie nicht bereits angeführt sind, im Rahmen der bisherigen Rechtsprechung. In dem Urteil vom 13.4.1962 (aaO.) wird wiederholt, dass § 128 StGB weder formelle Mitgliedschaft noch die Zahlung von Mitgliedsbeiträgen voraussetze, vielmehr genüge es nach der ständigen Rechtsprechung (so auch wieder BGH 1.8.1962 – 3 StR 33/62 –), dass der Täter seinen Willen dem der Verbindung unterordne und fortdauernd für sie tätig werde. Wer mit den für die „Westarbeit" zuständigen sowjetzonalen Organisationen oder Funktionären in Verbindung stehe und durch sein Handeln deren Ziele fördere, erfülle diese Voraussetzung. Vorsteher ist, wie dasselbe Urteil ausführt, nicht ohne weiteres dem Rädelsführer nach § 90 a StGB gleichzusetzen, vielmehr sei Vorsteher nur, wer entweder Weisungsbefugnisse oder maßgeblichen Einfluss innerhalb der Verbindung ausübe, wobei es genüge, dass er solchen Einfluss nur auf die Führung einer Untergliederung besitze. Ebenso sei bemerkt, dass auch das bereits zitierte Festival-Komitee der Bundesrepublik (aaO.) und die sowjetzonalen Konsumgenossenschaften, soweit sie „Westarbeit" betreffen (U. v. 17.11.1962 – 3 StE 41/62 –), zu den Geheimverbindungen des § 128 StGB gezählt worden sind, die Konsumgenossenschaften deshalb, weil sie insoweit nur ein Glied in der Kette der Organisation bilden, derer sich SED und KPD zur Erreichung ihrer politischen Ziele in der Bundesrepublik bedienen.

Für die Anwendung der Verbotsvorschriften der §§ 42, 47 BVerfGG liefert aus der beträchtlichen Anzahl der insoweit ergangenen, teilweise bereits erwähnten Entscheidungen ein Urteil vom 17.7.1962 – 3 StR 25/62 – den wesentlichsten Beitrag. Im Anschluss an die frühere Rechtsprechung wird darin ausgeführt, dass die Bestimmungen nicht notwendig ein Tätigwerden in organisiertem Personenzusammenhang oder die Zugehörigkeit des Täters zu einer verbotenen Partei oder zu einer Ersatzorganisation voraussetzen.

Es genüge, dass der Täter die Arbeit der Organisation vorsätzlich fördere, wobei es unerheblich sei, ob er dies im Gebiet der Bundesrepublik oder in der SBZ tue. Ein solches Fördern könne in einem Diskussionsbeitrag auf einer sowjetzonalen FDGB-Veranstaltung oder in der Beschaffung von Aufenthaltsgenehmigungen zur Einreise in die SBZ und zur Teilnahme an dortigen FDGB-Veranstaltungen erblickt werden. Einem Funktionär einer westdeutschen Industriegewerkschaft sei in aller Regel das Bestreben des FDGB bekannt, durch Kontaktausnahme mit Gewerkschaftsangehörigen den DGB zu unterwandern.

Aus dem übrigen Bereich der Staatsgefährdungsdelikte sei auf folgende Entscheidungen hingewiesen. Unter „einwirken" i.S. des § 91 StGB ist jede Tätigkeit zu verstehen, die den angesprochenen Personenkreis beeinflussen soll. Wer sich die verfassungsfeindlichen Propagandasendungen des kommunistischen „Freiheitssenders 904" zu eigen mache und verbreite, stelle sich in den Dienst staatsfeindlicher Bestrebungen, auch wenn er sonst keine Beziehungen zu deren Urhebern habe und wenn er eine konkrete Gefahr nicht herbeiführe. Komme dem Täter es dabei darauf an, die Dienstbereitschaft der Bundeswehrangehörigen zu untergraben, so stehe der Bejahung der Zersetzungsabsicht nicht entgegen, wenn der Täter daneben noch persönliche Vorteile für sich selbst erstrebe, etwa die Entlassung aus der Bundeswehr (U. v. 17.11.1962 – 3 StR 48/62 – = MDR 1963, 326). Als Organisationen, die einen Nachrichtendienst i.S. des § 92 StGB betreiben, sind das bereits erwähnte „Ständige Komitee der Arbeiterjugend Deutschlands" mit dem hinter diesem stehenden FDGB (aaO.) sowie die sowjetzonalen Konsumgenossenschaften, soweit sie „Westarbeit" betreiben (aaO.), bezeichnet worden.

Zu dem Tatbestand des § 100 d Abs. 2 StGB, der richtigerweise zu den Staatsgefährdungsdelikten gezählt werden muss, liegen ebenfalls mehrere Entscheidungen vor. Nach der ständigen Rechtsprechung des BGH gehört zur Erfüllung des Merkmals des Förderns, dass sich der Täter in die verfassungsfeindlichen Bestrebungen eingliedert oder einordnen will. Dieser Einordnungswille braucht nicht besonders festgestellt zu werden bei Tätern, die an sich schon mit den verfassungsfeindlichen Bestrebungen der fremden Organisationen übereinstimmen (aaO.), die also bereits ideologische Parteigänger ihrer Beziehungspartner sind (U. v. 17.7.1962 – 3 StR 49/60). Der Einordnungswille wird bei einem Täter zu verneinen sein, der Beziehungen nur deshalb aufnimmt, um eine kostenlose Reise in die SBZ unternehmen zu können (aaO.), oder der, wie das bereits erwähnte Urteil vom 1.8.1962 – 3 StR 33/62 – ausführt, nur zum Zwecke der Ausspitzelung handelt, sozusagen also als eigenmächtiger V-Mann tätig wird, um seine Erkenntnisse später dem Verfassungsschutz mitteilen zu können. Dass der BGH in weiteren zu § 93 StGB ergangenen Entscheidungen immer wieder die für die Anwendung dieser Vorschrift maßgeblichen Richtlinien wiederholen musste (U. v. 13.4.1962 – 3 StR 1/62 -, 13.4.1962 – 3 StR 10/62 = NJW 1962, 2019, 1.8.1962 – 3 StR 26/62 – und 1.8.1962 – 3 StR 34/62 = BGHSt 17, 388), zeigt, welche Schwierigkeiten diese Anwendung den Gerichten noch bereitet. Verfassungsfeindliche Absicht der Urheber oder Verbreiter der Schrift reicht für die Bejahung des Tatbestandes des § 93 StGB ebenso wenig aus wie die Bestimmung der Schrift zu verfassungsfeindlichen Zwecken. Maßgeblich ist allein der Inhalt der Schrift, der diese verfassungsfeindlichen Bestrebungen wenigstens in Ansätzen oder Anhaltspunkten verkörpern muss, wobei die Ergänzung durch allgemeinkundige Tatsachen – wie die bekannten Ziele der SED – erlaubt ist. Diesen Anforderungen entspricht der Inhalt, wenn er sich gegen die in § 88 Abs. 2 Nr. 1–5 StGB angeführten Verfassungsgrundsätze richtet oder für eine Gewalt- und Willkürherrschaft i.S. des § 88 Abs. 2 Nr. 6 StGB wirbt.

Dem Revisionsgericht ist die Nachprüfung dieser Voraussetzungen nicht möglich, wenn die Schrift nicht in ihrem Wortlaut oder wenigstens im Zusammenhang im Urteil wiedergegeben wird. Das wiederum setzt voraus, dass die Schrift in der Hauptverhandlung verlesen wird. Dass die Schrift innerhalb der SBZ erschienen ist, rechtfertigt für sich allein noch nicht ihre Subsumierung unter § 93 StGB; ebenso wenig genügt der bloße Hinweis darauf, dass die Schrift wegen ihres verfassungsfeindlichen Inhalts bereits in einem anderen Verfahren eingezogen worden ist, zumal wenn es sich hierbei um ein selbständiges Einziehungsverfahren handelt. Andererseits ist nicht erforderlich, dass die Schrift sich mit den Verhältnissen in der Bundesrepublik befasst, wie es auch unerheblich ist, dass sie in fremder Sprache erschienen ist und daher nur einen bestimmten Leserkreis hat. Nach einer weiteren Entscheidung (aaO.) setzt § 93 StGB keine Mehrzahl von Schriften voraus. Es genügt daher zur Verurteilung die Weitergabe auch nur eines Stückes, wobei allerdings zu prüfen ist, ob dann nicht lediglich Beihilfe anzunehmen sei.

Zu dem schwierigsten Bereich der Staatsschutzbestimmungen gehören die dogmatisch und richterlich immer noch nicht genügend durchforsteten Einziehungsvorschriften der §§ 86, 98 Abs. 2, 101 Abs. 2 StGB. Umstritten ist insoweit u.a. die Frage, ob zur Einziehung die Erfüllung des äußeren Tatbestandes ausreicht – so das ältere Schrifttum, aufgeführt in BGHSt 13, 39 – oder ob auch der innere Tatbestand verwirklicht sein muss. Die Rechtsfolge könnte zudem verschieden sein, je nachdem, ob es sich um ein gegen einen bestimmten Angeklagten gerichtetes Verfahren oder um ein selbständiges Einziehungsverfahren handelt. Für die erstere Art von Verfahren hat der BGH in dem bedeutsamen Urteil vom 17.11.1962 (3 StR 49/62 = NJW 1963, 499) entschieden, dass wegen der in § 94 StGB aufgeführten Straftaten auf Einziehung bzw. Unbrauchbarmachung nur erkannt werden könne, wenn das innere Tatbestandsmerkmal der verfassungsfeindlichen Absicht hinzutrete, denn die dort angeführten Tatbestandsmerkmale würden zu einem Staatsgefährdungsdelikt erst dann und gerade dadurch, dass sie in der erwähnten Absicht verwirklicht würden. Auf außerhalb des Kreises der Staatsschutzvorschriften liegenden Tatbestände, die in § 94 StGB nicht genannt seien, könnten die erwähnten Einziehungsbestimmungen überhaupt nicht angewendet werden, und zwar auch nicht vermittels der Analogie; das hat das Urteil hinsichtlich der §§ 42, 47 BVerfGG ausdrücklich erklärt. Bedauerlich ist, dass das abgelaufene Jahr nicht dazu geführt hat, das völlige Chaos, das in der Anwendung des Begriffs des Entgelts herrscht, durch eine höchstrichterliche Entscheidung zu klären.

Die Landesverratsbestimmungen haben durch das Verfahren gegen die Verantwortlichen und Hintermänner des Wochenmagazins „Der Spiegel" eine nahezu weltweite Aktualität gewonnen; die durch dieses noch nicht abgeschlossene Verfahren aufgeworfenen straf- und verfahrensrechtlichen Fragen, insbesondere des Verhältnisses zwischen Staatsgeheimnis und Pressefreiheit, harren noch der Klärung durch den BGH. Dagegen hat der BGH zu § 99 Abs. 2 StGB durch Urteil vom 20.12.1962 – 7 StE 3/62 – entschieden, die Gefährdung des Wohls der Bundesrepublik setze die Wahrscheinlichkeit voraus, dass das Staatsgeheimnis – unmittelbar oder mittelbar – einer fremden Regierung zugänglich werde, vor der es geheim gehalten werden müsse. Diese Voraussetzung sei nicht erfüllt, wenn durch die Preisgabe des Geheimnisses nur ein innerstaatlicher Nachteil drohe; die Landesverratsbestimmungen seien nach Sinn und Zweck zum Schutze der äußeren Machtstellung des Staates, und zwar im Verhältnis zu fremden Staaten bestimmt. In dem weiteren Urteil vom 10.2.1962 – 8 StE 9/61 – ist ausgeführt, der zur Ausspähung entschlossene Täter beginne zumindest in dem Zeitpunkt mit der Verwirklichung seines Vorhabens, in dem er derjenigen Person, durch die er das Staatsgeheimnis zu erlangen hoffe, Weisungen und Ratschläge darüber erteile, wie das erstrebte Ziel zu verwirklichen sei. Nach demselben Urteil genügt zur Erfüllung des Tatbestandes des § 100 c StGB nicht die bloße Tatsache, dass der Täter das Staatsgeheimnis an einen Unbefugten gelangen lässt und damit den Kreis der Mitwisser unzulässig erweitert, da dies noch nicht in jedem Fall einen Nachteil für das Staatswohl herbeizuführen brauche. Fahrlässig handle der Täter erst dann, wenn er habe erkennen müssen, dass durch die vorsätzliche Preisgabe des Staatsgeheimnisses dieses einer fremden Regierung zugänglich werden könne. Eine Ausspähung nach § 100 Abs. 2 StGB geht in dem späteren Versuch des Landesverrats auf (U. v. 24.9.1962 – 6 StE 4/62 -, vgl. auch BGHSt 6, 385, 390).

Die zu § 100 e StGB ergangenen Entscheidungen betreffen meist Konkurrenzfragen, in deren Beurteilung im Wesentlichen die durch BGHSt 15, 256 eingeleitete Rechtsprechung fortgesetzt wird. Führen also landesverräterische Beziehungen zu Landesverrat, so besteht zwischen den Delikten der §§ 100 und 100 e StGB Tateinheit, wenn sich die Ausführungshandlungen insoweit mindestens teilweise decken (U. v. 8.8.1962 – 6 StE 3/62 – und 24.9.1962 – 6 StE 4/62 -), und Tatmehrheit, sofern letzteres nicht der Fall ist (U. v. 10.2.1962 – 8 StE 9/61 -). Das Gleiche gilt im Verhältnis zu der Vorschrift des § 7 Abs. 1 des Anhangs A zum Truppenvertrag (U. v. 19.10.1962 – 8 StE 4/62 – [insoweit BGHSt 18, 87]). Begeht ein Soldat durch Übertritt über die Zonengrenze militärischen Ungehorsam nach § 19 WehrStG und nimmt er in der SBZ sodann landesverräterische Beziehungen auf, so liegt nach einem Urteil des 1. StS des BGH (BGHSt 17, 50) Tatmehrheit vor. Ebenso steht ein Mord, den der Täter im Verlauf derartiger Beziehungen begeht, zu § 100 e StGB im Verhältnis der Tatmehrheit (aaO.). Schließlich sei das Urteil vom 1.2.1962 (BGHSt 17, 121) angeführt, wonach durch § 100 e StGB auch Euratom-Geheimnisse geschützt werden.

Um einen Überblick über die Tätigkeit des BGH zu geben, sei abschließend angeführt, dass der 3. StS im Jahre 1962 in erster Instanz 13 Urteile und als Revisionsgericht 26 Urteile gefällt hat.

Ergänzend sprach *BA Dr. Wagner* noch zu dem Thema „Vorlageberichte der OStA an den GBA in Fällen von besonderer Bedeutung i.S. des § 74 a Abs. 2 GVG (Nr. 203 Abs. 2 RiStV)": Es unterliegt zunächst der Beurteilung des OStA, in welchen Fällen er eine besondere Bedeutung i.S. des § 74 a Abs. 2 GVG für möglicherweise gegeben hält. In den letzten Jahren hat sich eine gewisse Uneinheitlichkeit der Vorlagepraxis ergeben; die Auswahl der vorgelegten Sachen und der Zeitpunkt der Vorlage (Beginn der Ermittlung – Anklagereife) sind recht unterschiedlich.

Der Bundesanwaltschaft ist daran gelegen, ein möglichst umfassendes Bild zu gewinnen, um die eigene Übernahmepraxis danach einrichten zu können. Eine Unterrichtung im Anfang der Ermittlungen ist zweckmäßig, weil bei rechtzeitiger Übernahme Doppelarbeit – durch die beim BGH obligatorische Voruntersuchung – vermieden werden kann.

Die Herren GStA werden daher gebeten zu prüfen, in welcher Weise diese Gesichtspunkte bei der Vorlagepraxis der OStA berücksichtigt werden können.

OStA Dr. Krapp berichtete unter Bezugnahme auf das Urteil des BGH [St. 18,87] gegen Staschynsky über das in seinem Bezirk gegen Dr. Scheu wegen NS-Verbrechen anhängige Verfahren. Dr. [Werner] Scheu habe eigenhändig bei zwei Erschießungen mitgewirkt und sei deswegen durch die Strafkammer nur wegen Beihilfe verurteilt worden. Die Staatsanwaltschaft habe Revision eingelegt, um eine Verurteilung als Täter zu erwirken.

GStA Hühnerschulte bemerkte, nach seinen Erfahrungen neigten die Laienrichter in Verfahren wegen NS-Verbrechen zu mildester Auslegung der Tätigkeit der Angeklagten und seien immer für eine Verurteilung wegen Beihilfe. Es müsse sich hier um irgendwelche unterschwellige Regungen bei den Laienrichtern handeln.

GStA Woll bestätigt diese Erfahrungen. Bei der Bevölkerung sei das Bedürfnis für eine Sühne dieser Taten, soweit Befehlsempfänger und keine sog. Hauptverantwortlichen in Frage kämen, weitgehend geschwunden und der Gedanke der Verjährung klinge an, weil die Vorfälle lange Zeit zurücklägen und die Hauptschuldigen doch nicht hätten zur Verantwortung gezogen werden können. Es werde oft vorgebracht, der Angeklagte von heute sei mit dem Täter von damals nicht mehr identisch.

Den Laienrichtern müsse bei der Urteilsberatung in der Frage „Täter oder Gehilfe" der Unterschied zwischen Befehlsempfängern und Tätern mit eigener Befehlsgewalt mit Nachdruck klargemacht werden.

Infolge des BGH-Urteils gegen Staschynsky werde man leider große Schwierigkeiten für die Rechtsprechung der nachgeordneten Gerichte befürchten müssen. Durch die starke Betonung subjektiver Momente sei die Abgrenzung zwischen Täter und Gehilfen unsicher geworden.

GBA Martin erklärte, die Bundesanwaltschaft habe im Falle Staschynsky den klassischen Täterbegriff vertreten. Bis jetzt sei noch unklar, ob dem Urteil gegen Staschynsky allgemeine Bedeutung zukomme. Es scheine sehr auf den Einzelfall zugeschnitten. Der Senat habe offenbar den Bruch des Angeklagten mit seiner Vergangenheit honorieren wollen.

In Verfahren gegen NS-Gewaltverbrecher müsse bei der Prüfung der Frage, ob Täterschaft oder Beihilfe vorliege, die Gruppe der nicht in Befehlsnotstand handelnden sogenannten „Befehlsempfänger" in zwei weitere Untergruppen aufgespalten werden:

1. Soweit sie Befehle widerstrebend ausgeführt hätten, seien sie als Gehilfen zu betrachten.
2. Für diejenigen, die ihnen erteilte Befehle innerlich bejaht und gar mit Freude oder Sadismus ausgeführt hätten, sei der Befehl nur der äußere Anlass gewesen, ihre eigene Überzeugung zu betätigen. Deshalb seien sie als Täter zu betrachten.

Die *GStA Dr. Bauer* und *Buchholz* stimmten der Auffassung des GBA zu und bemerkten, für die Einordnung der NS-Gewaltverbrecher in die genannten Gruppen sei es auch wesentlich, ihre Gründe für ihren Eintritt in die SS pp. festzustellen.

GStA Dr. Dünnebier sprach für die Beibehaltung einer gemäßigten Tatherrschaftstheorie. Die herrschende Lehre und auch der Entwurf zum neuen StGB verträten die Tatherrschaftstheorie. Die subjektive Theorie führe zu ungerechten Lösungen. Wegen NS-Verbrechen könne man nicht eine subjektive Lehre aufbauen, welche die Rechtsprechung für die allgemeine Kriminalität auf Jahre beeinflusse.

GBA Martin und *GStA Woll* erklärten, zur Erreichung einer gemeinsamen Linie für kriminelle und politische Verbrechen in dieser Frage wäre eine Entscheidung des Großen Senats wünschenswert.

Zum Punkt 2 der TO „Fragen aus der Arbeit der Zentr. ErfSt. der Landesjustizverwaltungen in Salzgitter" sprach *GStA Mützelburg:* Die Zentrale Erfassungsstelle [ZESt] der Landesjustizverwaltungen in Salzgitter besteht etwa 1 ½ Jahre. Aus dieser kurzen Zeit kann naturgemäß nicht über Erfolge berichtet werden, wohl aber über die Sorgen und Schwierigkeiten, denen sich die junge Einrichtung gegenüber sieht. Inzwischen hat sie allerdings so viel an Publicity gewonnen – StA Höse gerät in Gefahr, ein Fernsehstar zu werden –, dass über die Grundrichtung nicht mehr viel gesagt zu werden braucht. Nur eins: Auch ich neige im Allgemeinen wenig dazu, meine Arbeit durch die großen Kommunikationsmittel verbreiten zu lassen. Wir wissen alle, wie viel wir tun und wie viel wir erreichen können und bedürfen des Ansporns und des Lobes nicht. Bei der ZESt liegt aber eine wesentliche Aufgabe in der Abschreckung potentieller Täter. Deshalb können wir uns nicht auf die Arbeit im Stillen beschränken, wir müssen in die Öffentlichkeit treten und gerade Fernsehen und Rundfunk zu Hilfe nehmen, weil diese Mittel noch in die SBZ ausstrahlen, in die wir hineinzuwirken hoffen. Wir wissen von Überläufern, wie unsere Arbeit drüben gefürchtet wird. Der beste Beweis dafür: Wir werden totgeschwiegen. Weder Presse noch Rundfunk der SBZ würdigen die ZESt einer Notiz. Statt dessen hat der GStA der sogenannten DDR eine eigene Erfassungsstelle errichtet mit der Tendenz, Verbrechen gegen die DDR zu erfassen. Ich fürchte, ich habe darin Platz. Nichts kann aber einleuchtender als diese Parallelstelle die Kenntnis unserer ZESt in der Zone und ihren Nutzen beweisen. Mein Referat im vergangenen Jahr darf ich als bekannt voraussetzen. Ich beschränke mich daher auf die Erörterung derjenigen Punkte des Themas, die sich wesentlich verändert haben, auf solche, die uns noch einige Sorgen bereiten oder solche, die sich uns als neue Fragen gestellt haben.

Diese Beschränkung soll aber nur für den Vortragenden gelten. Sie bitte ich, alle Sie bewegenden Fragen zu stellen, die irgendwie mit der ZESt und ihrer Tätigkeit zusammenhängen. Ich bin dankbar, wenn ich von Ihnen Anregungen jeder Art entgegennehmen kann.

Kopfschmerzen hat uns von Anfang an die grundsätzliche Frage bereitet, ob wir befugt sind, Taten zu verfolgen, die von Bürgern der sogenannten DDR im Gebiete dieses staatsähnlichen Gebildes begangen werden. Wenn die Frage nach der Befugnis, derartige Taten zu verfolgen, von Journalisten aufgeworfen ist – und das geschieht sehr häufig – hat die ZESt auf den Grundsatz der Nichtanerkennung der DDR und den rechtlichen Fortbestand der Einheit Deutschlands hingewiesen. Zur Unterstützung dieses Standpunkts hat sie § 3 Abs. 1 StGB angezogen, nachdem das deutsche Strafrecht für die Tat eines Staatsangehörigen gilt, einerlei, ob er sie im In- oder im Ausland begeht. Dabei hat die ZESt stets betont, dass im Verhältnis zur SBZ die Frage, ob sie Inland oder Ausland ist, nicht zu stellen sei, weil die Bewohner beider Teile Deutschlands Deutsche sind und beide Teile Deutschlands Inland seien.

Hinweisen auf die in Form von Gesetzen bestehenden Rechtsvorschriften des staatsähnlichen Gebildes auf dem Boden der SBZ ist die ZESt mit der Betonung der Verfassungswidrigkeit mindestens einer großen Anzahl von „Gesetzen" der „DDR" begegnet, insbesondere der Vorschriften, die durch Bestrafung der sog. Republikflucht das Grundrecht der Freizügigkeit verletzen. Darüber hinaus hat sie die Zweifel hervorgehoben, die an der Legitimität der gesamten Rechtsordnung der „DDR" dadurch begründet werden, dass die Volkskammer kein nach demokratisch rechtsstaatlichen Grundsätzen legal gebildetes Gesetzgebungsorgan ist.

Entscheidungen höherer Gerichte gerade zu dieser Frage des interlokalen Strafrechts haben wir nicht feststellen können. Die Untersuchung greift tief in Spezialgebiete des Staats- und Völkerrechts ein. Wir haben deshalb den Herrn Nds. Minister der Justiz gebeten, ein Gutachten des Herrn Bundesministers der Justiz herbeizuführen. Dies Gutachten liegt mir noch nicht vor, es soll aber in den nächsten Tagen eingehen.

Diese Rechtsfrage ist nicht nur für die gegenwärtige Tätigkeit der ZESt wichtig, sondern auch für die Vorbereitung künftiger Prozesse durch die Staatsanwaltschaft. Von ihr hängen die Tatbestandsmäßigkeit und die Rechtswidrigkeit der verfolgten Taten ab. Eine andere Frage ist es, wie weit die der Fragestellung zugrunde liegenden Tatsachen im Rahmen der Schuldfrage die Vorwerfbarkeit im Einzelfall berühren. Die Untersuchung und Entscheidung dieser Fragen (Befehlsnotstand, Verbotsirrtum) wird den einzelnen Strafverfahren überlassen werden müssen.

Die Entwicklung der ZESt will ich zunächst anhand einiger weniger statistischer Zahlen darlegen. Konnte Ihnen vor einem Jahr gemeldet werden, dass bis zum 30.4.1962 415 Verfahren eingeleitet worden waren, betrug diese Zahl am 30.4.1963 1680 Verfahren, und zwar betrafen 864 Verfahren Fälle von Schusswaffengebrauch, also versuchte oder vollendete Tötungen, 404 Verfahren wurden wegen Freiheitsberaubung, 230 Verfahren wegen Verschleppung und Nötigung und der Rest wegen anderer Straftatbestände eingeleitet. 440 Verfahren wurden ausgeschieden, weil sich der Verdacht, der zur Einleitung des Verfahrens geführt hatte, nicht bestätigt hat. In Verbindung mit anderen Sachen wurden 137 Verfahren erledigt. Von den restlichen 1263 Verfahren richten sich 280 gegen namentlich bekannte Beschuldigte, in 228 Verfahren sind die Geschädigten bekannt. 61 Verfahren sind bisher zur Bestimmung des Gerichtsstandes nach § 13 a StPO dem Herrn GBA vorgelegt worden.

Diese Zahlen können nicht nach denselben Maßstäben beurteilt werden, die für ein normales staatsanwaltschaftliches Dezernat gelten. Dort entspricht der Zugang neuer Verfahren etwa dem Abschluss laufender Verfahren durch Anklage oder Einstellung. Hier gibt es keine Einstellungen im üblichen Sinne. Als wirklich erledigt können nur diejenigen Verfahren angesehen werden, bei denen der Verdacht eines Gewaltaktes entfallen ist oder die durch Verbindung mit anderen Verfahren untergegangen sind. Alle übrigen Verfahren sind laufend weiter im Auge zu behalten, schon weil jederzeit als Überläufer von drüben neue Zeugen auftauchen können, die für das Verfahren wichtige Aussagen machen können. Insoweit gelten meine Überlegungen in meinem Ihnen zugegangenen Rundschreiben vom 28.11.1962, nachdem auch bei Verfahren, für die eine Staatsanwaltschaft zuständig geworden ist, die weiteren Ermittlungen überwiegend in den Händen der ZESt bleiben sollen. Daraus folgt, dass jedenfalls zur Zeit noch der Umfang des laufenden Dezernats ständig wächst, und man erst Ende dieses Jahres das Gleichgewicht erreicht haben wird, das dadurch entsteht, dass etwa ebenso viel Akten ausgeschieden werden können, wie neu hinzukommen. Voraussetzung ist allerdings, dass die Zahl der Grenzzwischenfälle etwa gleich bleibt. Nach bisherigen Beobachtungen beträgt der Monatsdurchschnitt von neuen Verfahren etwa 80, während er im Vorjahr etwa 100 betrug. Dieser Rückgang hat jedoch noch keine Entlastung zur Folge gehabt. Er hat das Wachstum des Dezernats allenfalls verlangsamt.

Mit Bedacht mühe ich mich, mit einem kleinen Personalbestand in der ZESt auszukommen. Im höheren Dienst steht StA Höse noch allein, ein zweiter StA hätte gut zu tun. Ich hoffe, wir werden wenigstens für eine Übergangszeit einen zweiten Beamten des höheren Dienstes bekommen, der die durch technische und personelle Schwierigkeiten aufgelaufenen Rückstände beseitigen hilft. In Niedersachsen stoße ich auf den bedrückenden Mangel an Nachwuchskräften. Wir können nicht einmal unsere Planstellen besetzen, geschweige denn mögliche Hilfsstellen. Wenn Sie mir einen geeigneten Beamten vorschlagen können, bin ich gewiss, die Landesjustizverwaltung Niedersachsen wird ihn übernehmen. Vielleicht denken Sie einmal daran, wenn Sie zu Hause sind. Schließlich arbeitet die ZESt nicht nur für den Bezirk Braunschweig. Ein Justizinspektor führt mit Hilfe einer Justizangestellten die Kartei. Die Geschäftsstelle leitet ein Justizsekretär, unterstützt von einer Justizangestellten. Die Kanzleiarbeiten versieht eine weitere Angestellte. Mit diesen sechs bis sieben Kräften hoffe ich, die nächsten Jahre auskommen zu können. Solange mir ein zweiter Beamter des höheren Dienstes nicht zur Verfügung steht, müssen allerdings so wichtige Aufgaben wie die Auswertung allgemeiner Erkenntnisse zu einer Denkschrift oder das Sammeln von Rechtsprechung in den Hintergrund treten.

Vor einem Jahr sind Ihnen eine ganze Reihe von Erkenntnisquellen für unsere Arbeit genannt worden. Die Mehrzahl davon hat an Bedeutung erheblich eingebüßt. Entscheidend in den Vordergrund gerückt sind die täglichen Grenzlagemeldungen und die Überläuferfragebogen. Die *Grenzlagemeldungen* werden – wie Sie sich erinnern werden – täglich von vier Zentralen herausgegeben: von der Grenznachrichtensammelstelle Lübeck beim Grenzschutzkommando Küste, von der Zentrale in Niedersachsen beim Grenzschutzkommando Nord, von der Zentrale in Hessen beim Grenzschutzkommando Mitte und von der Zentrale in Bayern beim Präsidium der Bayerischen Grenzpolizei. Wir bekommen die Berichte täglich über das Grenzschutzkommando Nord, und zwar mit einem Tag Verspätung, weil wir keinen Fernschreibanschluss haben, aber immerhin rechtzeitig genug, um jederzeit ein umfassendes Bild über die Lage an der Demarkationslinie zu besitzen. Fast jeden Tag sind Meldungen in den Berichten enthalten, die Anlass geben, ein Verfahren einzuleiten.

Als wichtigstes Beweismittel haben sich die *Überläuferaussagen* herausgestellt. Für jeden Überläufer wird daher sofort nach seiner Flucht ein von uns entworfener Fragebogen ausgefüllt, in Bayern von der Bayerischen Grenzpolizei, in Hessen von bestimmten Kommissariaten der Staatlichen Kriminalpolizei, in Niedersachsen von den Zentralen Befragungsstellen des Landesamts für Verfassungsschutz, für Berlin und Schleswig-Holstein von Dienststellen des BND. Diese Fragebogen werden gesammelt und in etwa 14tägigen Abständen an die ZESt abgegeben.

Aus den Fragebogen ist leicht zu ersehen, ob der Flüchtling Aussagen über neue Fälle machen kann, oder ob er als Zeuge für bereits anhängige Verfahren in Betracht kommt. In besonders wichtigen Fällen warten die aufnehmenden Dienststellen die Abgabe des Fragebogens nicht ab, sondern verständigen die ZESt vorweg meistens fernschriftlich oder fernmündlich.

Die sich daran anschließende Ermittlungsarbeit ist bereits vor einem Jahr behandelt worden, sie hat sich im System nicht geändert. Ich kann dazu nur sagen, dass sie sich im Laufe des letzten Jahres sehr gut eingespielt hat. Die Ersuchen der ZESt werden in der Regel von Sonderdezernaten der Kriminalpolizei bearbeitet. Im süddeutschen Raum werden überwiegend die LKA oder von diesen besonders ausgewählte Polizeidienststellen tätig. In Norddeutschland sind es die mit der Bearbeitung von Staatsschutz- und sonstigen politischen Strafsachen betrauten Sonderdezernate. Bei vielen Dienststellen tauchen in den von diesen bearbeiteten Akten immer wieder die Namen derselben Sachbearbeiter auf. So haben die vernehmenden Beamten Gelegenheit, sich nützliche Spezialkenntnisse anzueignen. Dadurch entsteht auch bei den Kriminalpolizeidienststellen ein engeres Verhältnis zu unserer Aufgabe, das der Sache dient.

Schwierigkeiten haben sich in diesem Zusammenhang aus der Aussagemüdigkeit mancher Zeugen ergeben, die es nach den Befragungen durch deutsche und alliierte Nachrichtendienste im Zusammenhang mit der Notaufnahme leid sind, nun auch noch mehrere kriminalpolizeiliche Vernehmungen für die ZESt über sich ergehen zu lassen. Die Zahl dieser Vernehmungen wird sich nach Einführung eines neuen Karteisystems verringern, weil ein schnellerer Überblick möglich wird. Sie wird sich aber kaum auf eine einzige Vernehmung beschränken lassen. Immer wieder kann sich nachträglich die Notwendigkeit von Verhalten ergeben, können neue Vorfälle bekannt werden, die eine wiederholte Vernehmung notwendig machen. In solchen Fällen haben Zeugen schon wiederholt die polizeiliche Aussage mit Hinweis auf den entstehenden Verdienstausfall verweigert. Sicherlich wäre es in diesen Fällen möglich, nach Bestimmung einer Zuständigkeit durch den BGH die Zeugen richterlich vernehmen zu lassen. Die richterliche Ladung ist durchsetzbar. Bei Gericht gibt es auch eine Entschädigung nach dem Gesetz über die Entschädigung von Zeugen und Sachverständigen. Dieses Verfahren bedeutet jedoch einmal eine Verzögerung, zum andern ist nicht jede richterliche Vernehmung ein Ersatz für eine kriminalpolizeiliche Vernehmung. Selbst bei sehr sorgfältig formulierten Vernehmungsersuchen ist der durch die Bearbeitung von Staatsschutzsachen mit den Verhältnissen in der Zone vertraute Kriminalbeamten dem durchschnittlichen Vernehmungsrichter, der seltener mit solchen Dingen befasst ist, im Vorteil. Ein Ausweg, der in den meisten Fällen helfen könnte, wäre eine Entschädigungsmöglichkeit bei polizeilichen Vernehmungen.

Unser Ministerium hat diese Frage in Niedersachsen mit dem Innenministerium und Finanzministerium erörtert; Erfolge sind jedoch bisher noch nicht erzielt worden.

Finanz- und Innenminister verweisen auf die Möglichkeiten des Gesetzes über die Entschädigung von Zeugen und Sachverständigen und erklären, eine Entschädigungsmöglichkeit bei polizeilichen Vernehmungen bestünde in keinem Bundesland. Wir konnten nachweisen, dass Polizeidienststellen in Nordrhein-Westfalen in Einzelfällen ohne Anerkennung eines Rechtsanspruchs Entschädigungen zahlen. Es gelang uns allerdings nicht, die Rechtsgrundlagen dieser Zahlungen festzustellen. Die von uns befragten Dienststellen verwiesen auf das Gesetz über die Entschädigung von Zeugen und Sachverständigen, das unmittelbar sicherlich nicht angewendet werden kann, und auf einige mehr oder weniger klare Erlasse, die zum Teil noch auf den Reichsführer-SS zurückgehen und deren Fortgeltung mehr als zweifelhaft ist. Auf dieser Grundlage dauert die Prüfung auf Ministerialebene zur Zeit noch an.

Obwohl in der Regel Sonderpolizeidienststellen für die ZESt tätig sind, besteht die Möglichkeit, dass ausnahmsweise eine Dienststelle der örtlichen allgemeinen Kriminalpolizei eine Vernehmung übernimmt. Das ist in Süddeutschland häufig der Fall, weil die Beamten des LKA verständlicherweise nicht ständig auf Reisen gehen können. In solchen Fällen fügt die ZESt ihrem Ersuchen eine *Vernehmungsanleitung* bei, in der die nachrichtendienstlichen Gesichtspunkte betont werden, die über die Vernehmung zum eigentlichen Verfahrensgegenstand hinaus interessieren. Die über den Einzelfall hinausgehenden *Allgemeinerkenntnisse* spielen in den Verfahren, die wir zu bearbeiten haben, eine erhebliche Rolle. Mit Hilfe dieses Hintergrundmaterials werden die Zusammenhänge aufgespürt. Seine Beschaffung ist im Grunde die durchschlagendste Rechtfertigung für die Einrichtung dieser Stelle. Deshalb ist diese Vernehmungsanleitung selbstverständlich auch den LKA und sonstigen Kriminalpolizeidienststellen mitgeteilt worden, mit denen wir ständig in Verbindung stehen, denn sie soll die Vollständigkeit und Einheitlichkeit unserer Vernehmungen im ganzen Bundesgebiet sichern.

Eine erfolgreiche Auswertung dieser Allgemeinerkenntnisse für den Einzelfall erfordert geeignete technische Voraussetzungen. Vor einem Jahr haben Sie in unser damaliges Karteisystem Einblick genommen. Wir hatten eine einfache Trogkartei mit bedruckten Karten, die in mühevoller Kleinarbeit aus den Akten heraus beschriftet werden mussten. Dieses System hat sich nicht bewährt. Die Rückstände wurden so große, dass die Kartei bald praktisch wertlos war. Die Lage, vor der wir standen, wird deutlich, wenn Sie erfahren, dass sich die Zahl der Namen, die wir bisher hätten verkarten müssen, zwischen 10.000 und 20.000 liegt. In vielen Einzelverfahren sind zwischen 100 und 200 Namen enthalten, die festgehalten werden sollen. Das zunächst angewandte primitive System erlaubte keine zufriedenstellende Auswertung bei diesem Material.

Ich habe mich deshalb bemüht, die Bewilligung von Mitteln durchzusetzen, die uns die Einrichtung einer Kartei nach modernsten Gesichtspunkten erlaubt. In diesen Wochen wird mit Hochdruck an der Einrichtung einer sog. *Schlitzlochkartei* gearbeitet, die eine Fülle von Merkmalen aufnehmen kann und doch erstaunlich schnell auszuwerten ist. Die

Karten tragen fast keinen Klartext. Die Lochungen sind ohne Schlüssel unverständlich. Damit ist zugleich die Sicherheitsfrage teilweise gelöst. Es kommt jetzt nur darauf an, den Schlüssel sicher zu verwahren.

Das neue Kartensystem gewährleistet nicht nur den für unsere Arbeit unerlässlichen Überblick, es eröffnet auch weitgehende *Auskunftsmöglichkeiten* gegenüber anderen Dienststellen. Auch die Staatsanwaltschaften sollten diese Möglichkeit nutzen, die unter Umständen in Landesverratssachen eine große Hilfe sein kann. Als Beispiel möchte ich auf ein Strafverfahren hinweisen, das im letzten Jahr den Strafsenat des OLG Braunschweig in Braunlage beschäftigt hat. Mutter und Tochter Breitenbach, aus Hohegeiß stammend, waren angeklagt, verräterische Beziehungen zu Aufklärern der SBZ-Grenztruppe unterhalten zu haben. Eine Fülle von Indizien ließ kaum einen Zweifel daran, dass der der Anklage zugrunde liegende Sachverhalt zutraf. Es fehlten lediglich einige handfeste und überzeugende Beweise. Kurz vor der Verhandlung tauchten Zeugen auf, die vor ihrer Flucht aus der Hohegeiß gegenüberliegenden sowjetzonalen Grenzkompanie dort das Treiben der beiden Angeklagten beobachtet hatten und es in plastischen Einzelheiten schildern konnten. Die Hinweise auf diese Zeugen stammen aus den Unterlagen der ZESt.

Zu unserer Arbeit gehört auch das Zusammentragen von Fingerzeigen für die *rechtliche Beurteilung*, ein Arbeitsbereich, der leider aus Zeitmangel etwas vernachlässigt worden ist. Rechtsprechung zu Gewalttaten sowjetzonaler Grenzpolizisten gegenüber Flüchtlingen fehlt fast völlig. Vielleicht gibt das Verfahren gegen den Grenzpolizisten Fritz Hanke [hierzu *H. Sauer/Hans-Otto Plumeyer*, Der Salzgitter Report, 1991, S. 218 ff.; Verurteilung von Hanke zu einer Gefängnisstrafe von 1 Jahr, 3 Monaten] brauchbare Hinweise. Dies ist das erste Verfahren wegen eines vollendeten Tötungsdelikts gegen einen ehemaligen Angehörigen der sowjetzonalen Grenztruppe, der in die Bundesrepublik geflüchtet ist. Das Verfahren ist bei der Staatsanwaltschaft in Stuttgart anhängig.

Eine andersartige wichtige Beurteilungsgrundlage ist der Wortlaut der jeweils geltenden *Schießbefehle*. Die ZESt ist im Besitz einer Ablichtung der für die frühere sowjetzonale Grenzpolizei erlassenen Dienstvorschriften, die auch die Schusswaffengebrauchsbestimmungen enthalten. Sie besitzt ferner den Wortlaut der verschärften Schusswaffengebrauchsbestimmungen, die seit Anfang des vergangenen Jahres für die nunmehr zur sowjetzonalen Volksarmee gehörenden Grenztruppen gelten. Mindestens ebenso wichtig wie die im nüchternen Amtsdeutsch gehaltenen Dienstvorschriften sind aber die Art und der Ton der Belehrung über diese Vorschriften durch die einzelnen Einheitsführer. Da kommt es zu rüden Formulierungen wie: „Besser zehn Tote vor der Mauer als ein Lebender im Westen", die verständlicherweise ganz anders auf den einfachen Soldaten wirken als die trockene Dienstsprache. Deshalb werden auch Zeugenaussagen über den Wortlaut der Schießbefehle und über die Belehrung darüber gesammelt. Ebenso interessieren uns Aussagen, die für die Frage des *Befehlsnotstandes* Bedeutung erlangen können. Dabei handelt es sich z.B. um Aussagen über Folgen unterlassener Festnahmen oder über Folgen eines Fehlschusses. Das Material ist bisher leider nicht sehr umfangreich. Es ist noch kein Fall zuverlässig bekannt geworden, in dem ein sowjetzonaler Grenzsoldat wegen eines Fehlschusses bestraft worden wäre. In Einzelfällen ist von einigen Tagen Arrest die Rede. Anders steht es bei unterlassenen Festnahmen. Bei den geringsten Anhaltspunkten wird von der Zonenjustiz der Vorwurf der Beihilfe zur „Republikflucht" konstruiert, und eine hohe Freiheitsstrafe ist die Folge.

Ich wäre dankbar, wenn die Staatsanwaltschaften zur Vervollständigung dieser Materialsammlung beitrügen, indem sie von sich aus wichtige Zeugenaussagen, die über den Einzelfall hinaus Bedeutung erlangen könnten, z.B. Stellungnahmen zu Notstandsvoraussetzungen und ihre Einstellungsverfügungen, in denen sie sich mit dem Notstand oder dem Verbotsirrtum auseinandersetzen, der ZESt abschriftlich mitteilten.

Ich bin damit bei dem Punkt, der Sie in Ihrer dienstlichen Stellung am unmittelbarsten berührt: bei der *Zusammenarbeit mit den Staatsanwaltschaften.*

Erfreulicherweise kann ich dazu berichten: die Kontakte zu den einzelnen Staatsanwaltschaften sind gut. Die Bereitschaft der Staatsanwälte, mit der ZESt zusammenzuarbeiten, ist gerade mit Rücksicht auf die anfangs hier und da spürbare Skepsis anerkennenswert. Die Ergebnisse der Zusammenarbeit sind zufriedenstellend. Die Sorgen, die uns noch vor einem Jahr die Zusammenarbeit mit den Staatsanwaltschaften bereitete, sind im Wesentlichen behoben. Die bedenklichen formularmäßigen Einstellungen, die in den ersten Monaten sehr häufig waren, gibt es kaum noch. Soweit sie aber zu beobachten sind, sind sie entschärft worden, weil fast ausnahmslos aus dem Akteninhalt erkennbar ist, dass vorher der Sachverhalt geprüft und erwogen worden ist, ob Maßnahmen der Beweissicherung zu treffen sind. Mindestens aber wird bei der ZESt wegen der Notwendigkeit solcher Maßnahmen angefragt. Nachdem im Anfang kaum richterliche Zeugenvernehmungen veranlasst wurden, und dadurch der Hauptzweck der ZESt, *die Beweissicherung,* zu kurz kam, wurden bald in zunehmendem Maße Anregungen der ZESt befolgt, in dieser Hinsicht etwas zu veranlassen. Seit dem Rundschreiben vom 28.11.1962, das auf die Notwendigkeit der Beweissicherung auf möglichst breiter Grundlage nochmals eindringlich hingewiesen hat, bleiben in dieser Hinsicht kaum noch Wünsche offen. Seit Sie dieses Rundschreiben, meine Herren Kollegen, den nachgeordneten Staatsanwaltschaften bekanntgegeben haben, scheint die Notwendigkeit von Beweissicherungsmaßnahmen allgemein erkannt worden zu sein. Seitdem werden die zu treffenden Maßnahmen von den zuständigen Staatsanwaltschaften im Einzelfall im engen Kontakt mit der ZESt in die Wege geleitet. Sie werden das möglicherweise selbst beobachtet haben. In Anlehnung an eine Anordnung des GStA in Bamberg habe ich die ZESt angewiesen, die vom BGH zurückkommenden Akten über die Herren GStA an die Staatsanwaltschaften weiterzuleiten, damit auch Sie über die Anregungen der ZESt laufend unterrichtet bleiben.

Wenn ich in diesem Zusammenhang überhaupt von Schwierigkeiten sprechen kann, dann darf ich mich an den Herrn GBA wenden und ihn bitten, dafür zu sorgen, dass die

Akten, für die der BGH einen Gerichtsstand nach § 13 a StPO bestimmt hat, an die ZESt zurückgegeben werden zur Weiterleitung an die zuständig gewordene Staatsanwaltschaft und nicht unmittelbar an diese. Dieser Umweg erleichtert es der ZESt, den Staatsanwaltschaften ihre Anregungen für die Beweissicherung anhand der Akten mitzuteilen. Die Rückleitung der Akten in diesem Sinne ist zwar mit der Bundesanwaltschaft bereits vor längerer Zeit schriftlich vereinbart worden. Es hat sich jedoch herausgestellt, dass diese Vereinbarung bei einem Wechsel des Sachbearbeiters in Vergessenheit geriet, so dass wiederholt zeitraubende Rückfragen erforderlich wurden, weil die Akten unmittelbar an die zuständige Staatsanwaltschaft gingen.

Eine Landesjustizverwaltung hat kürzlich die Frage gestellt, nach welchen Grundsätzen der BGH bei der Auswahl des für zuständig erklärten Gerichts verfährt, und ob die ZESt dafür etwa Vorschläge macht. Meine Herren, die BGH hat ein System, das aber eigentlich nur eine gerechte Verteilung – nicht eine aus der Sache geborene Entscheidung – bezweckt. Der BGH verteilt offenbar nach dem Alphabet die anfallenden Sachen auf die Landgerichte. Ich glaube, wir haben das Alphabet inzwischen zweimal durchlaufen. Wir müssen also damit rechnen, überall im Bundesgebiet bei allen Staatsanwaltschaften solche Strafsachen wegen Gewaltvergehen in der SBZ durchführen zu müssen. Deshalb halte ich es auch für notwendig, alle Staatsanwaltschaften von Wünschen der ZESt zu unterrichten und nicht nur die an der Zonengrenze gelegenen.

Im Fall Hanke, einem Mordfall an der Zonengrenze im Harz, die Sie im vergangenen Jahre selbst kennengelernt haben, hatte der BGH das LG Hanau für das Verfahren gegen zwei der Tat verdächtige Grenzpolizisten für zuständig erklärt. Der Name Hanke war bis dahin nicht bekannt. Dieser, der jetzt geständig ist, die tödlichen Schüsse abgegeben zu haben, hat sich nach seiner Flucht in Stuttgart niedergelassen. Der OStA in Hanau wird seine Verfahren an den OStA in Stuttgart nach § 13 als Gerichtsstand des Zusammenhangs abgegeben haben. Obwohl der BGH die Zuständigkeit des LG Hanau begründet hatte, braucht er meines Erachtens dieser Abgabe an die Staatsanwaltschaft Stuttgart nicht zuzustimmen. Der BGH begründet eine dem § 8 StPO gleichwertige Zuständigkeit, die durch die Verbindung nach § 13 auf die andere Staatsanwaltschaft übergeht, ohne dass es einer Beteiligung des BGH noch bedürfte.

Ich möchte Sie schließlich darum bitten, darauf hinzuwirken, dass bei der Einleitung von Beweissicherungsmaßnahmen großzügig verfahren wird. Nach den Erfahrungen der ZESt dürfen in solchen Fällen nicht die für normale Ermittlungsverfahren geltenden Maßstäbe angelegt werden. Als Beispiel folgender Fall: Eine Staatsanwaltschaft hat die von der ZESt angeregte richterliche Vernehmung einiger Zeugen für überflüssig gehalten, weil die Zeugen noch jung seien und daher normalerweise erst in ferner Zukunft mit ihrem Ableben zu rechnen sei. Ich halte diesen Standpunkt für verfehlt, denn es ist schon wiederholt vorgekommen, dass nicht nur Zivilflüchtlinge, sondern auch Überläufer aus Einheiten der sowjetzonalen Grenztruppe in die SBZ zurückgekehrt sind, obwohl sie dort schwere Freiheitsstrafen zu erwarten hatten. Manchmal handelt es sich auch um junge Leute, die nicht fähig sind, sesshaft zu werden. Sie tauchen häufig auf andere Weise unter. Diese Zeugen sind praktisch für uns verloren. Diese Erscheinung ist zwar nicht die Regel; sie bleibt erfreulicherweise auf wenige Fälle beschränkt. Diese sind aber doch so zahlreich, dass der Beweismittelverlust durch Rückkehr der Zeugen in die SBZ fühlbar wird. Auch wird man bedenken müssen, dass viele Jahre vergehen können, ehe ein Strafverfahren durchgeführt werden kann. Bis dahin können auch jetzt noch junge Zeugen gestorben sein. Dem kann ohne Schwierigkeiten entgegengewirkt werden, wenn die richterliche Vernehmung von Zeugen, die aus der SBZ zugewandert sind, zur Regel erhoben wird.

Die Bitte an die Staatsanwaltschaften, die Akten nach der Sicherung der Beweise an die ZESt zurückzugeben, brauche ich eigentlich nicht zu wiederholen. Der Aufforderung, Arbeit abzugeben, werden sich die meisten Staatsanwälte nicht verschließen. Deshalb werden insoweit kaum Schwierigkeiten zu erwarten sein. Ich möchte aber doch betonen, dass diese Bitte einen sachlichen Hintergrund hat. Die ZESt kann nämlich aufgrund des ihr zur Verfügung stehenden Überblicks Ermittlungen anstellen, zu denen eine Staatsanwaltschaft kaum in der Lage sein wird. Es ist daran gedacht, auf diese Weise über einen Zeitraum von zwei Jahren nach der Tat zu verfahren, weil etwa in diesem Zeitraum noch damit gerechnet werden kann, dass Zeugen auftauchen, die sich an den Vorfall erinnern. Die Grenzen menschlichen Erinnerungsvermögens sind leider auch von uns nicht zu überspringen. Nach dem Ablauf dieser Zeit wird auch die ZESt kaum noch sachdienliche Erkenntnisse beitragen können. Sie wird daher dann die Akten endgültig an die Staatsanwaltschaften zurückgeben.

GStA Schabel äußerte die Befürchtung, dass das Ergebnis des in seinem Bezirk anhängigen Verfahrens gegen den Überläufer Hanke unbefriedigend sein werde. Hanke sei im Geist der sog. DDR erzogen worden; ob der subjektive Tatbestand festgestellt werden könne, sei zweifelhaft. Es sei jedoch beabsichtigt, Anklage zu erheben.

GStA Woll teilte diese Bedenken. Wenn sich der Täter auf Befehlsnotstand oder Verbotsirrtum berufe, sei das Gegenteil schwer festzustellen, weshalb bei Anklageerhebung die Gefahr des Freispruchs bestehe.

Eine derartige Entscheidung wäre ein Signal für die Propaganda der Ostzone, die dann sicher behaupten würde, ein Gericht der Bundesrepublik habe die Rechtmäßigkeit des „Schießbefehls" bestätigt. Unter diesen Umständen könne es zweckmäßig sein, die Verfahren bis zur Wiedervereinigung Deutschlands vorläufig einzustellen.

GStA Mützelburg erklärte, ein Verbotsirrtum könne den Überläufern von vornherein nicht zugebilligt werden. Nach den Erfahrungen der Zentralstelle wüssten die sowjetzonalen Grenzpolizisten, dass es rechtswidrig sei, auf Flüchtlinge zu schießen. Erfolgreiche Schützen würden beispielsweise von ihren Kameraden geschnitten. Man sei deshalb dazu übergegangen, solche Leute aus ihrer Einheit wegzuversetzen, um sie der Kritik ihrer Kameraden zu entziehen.

Falls Befehlsnotstand geltend gemacht werde, müsse den Überläufern vorgehalten werden, dass sie ja die Möglichkeit gehabt hätten, vorbeizuschießen.

GStA Woll wandte ein, dass trotz dieser allgemeinen Feststellungen im Einzelfall vielleicht nicht nachgewiesen werden könnte, dass gerade im engeren Kreis des Täters die Überzeugung von der Rechtswidrigkeit des Schießbefehls vorhanden gewesen sei.

StA Höse bestätigte die Ausführungen von GStA Mützelburg und erklärte, die Kenntnisse der ZESt in Salzgitter beruhten auf den Aussagen eingehend vernommener Überläufer. Die ZESt besitze auch Aussagen von Zeugen aus der Einheit Hankes. Sämtliche Überläufer würden auf Anordnung der ZESt befagt: Welche Meinung haben die Grenzpolizisten zum Schießbefehl? Welche Möglichkeiten bestehen, diesen Befehl zu umgehen?

GStA Dr. Bauer schlug vor, eine präjudizielle *richterliche* Entscheidung zu vermeiden. Die Staatsanwaltschaft solle selbst die Verantwortung übernehmen und das Verfahren einstellen. Die Regierung könne dann der Propaganda der sog. DDR eher mit dem Hinweis entgegentreten, es handle sich um kein Präjudiz, sondern um die auf besonderen Tatumständen beruhende, nicht unbedingt als zutreffend anzuerkennende Entscheidung einer Staatsanwaltschaft.

GStA Mützelburg wandte ein, wenn die Staatsanwaltschaft ein Verfahren wie den Fall Hanke einstelle, werde die Arbeit der ZESt umsonst gewesen sein, denn die übrigen Fälle lägen nicht anders. Eine Auflösung der ZESt sei dann wohl nicht zu vermeiden.

GStA Woll wies darauf hin, dass die ZESt in Salzgitter vor allem auch den Zweck habe, der Bevölkerung jenseits des Eisernen Vorhangs zum Ausdrucke zu bringen, dass sie in ihrem Kampf nicht allein stehe. Anfänglich habe wohl niemand damit gerechnet, ein Volkspolizist, der Flüchtlinge verwundet oder getötet habe, werde freiwillig in die Bundesrepublik kommen.

GStA Mützelburg erwiderte, allein mit dieser Erwägung ließe sich der Fortbestand der ZESt nicht rechtfertigen, wenn die Staatsanwaltschaften alle Verfahren gegen Überläufer einstellten. Es könne dann der Vorwurf erhoben werden, die ZESt verfolge Unschuldige.

GStA Biermann erklärte, es müsse vor allem dafür gesorgt werden, dass nicht ein einzelner Freispruch als präjudiziell aufgefasst werde. Ein freisprechendes Urteil solle deshalb nachdrücklich hervorheben, dass ein objektiver Straftatbestand vorliege. Wenn die Regierung der sog. DDR mit einem derartigen Urteil Propaganda mache, werde zugleich auch die hiesige Rechtsauffassung bekannt, so dass in Zukunft eine Berufung auf Verbotsirrtum nicht mehr möglich sein werde.

Auf Frage von *GBA Martin* berichtete *StA Höse*, bei den Gerichtsstandsbestimmungen durch den BGH seien die bisherigen Anregungen der ZESt in Salzgitter offenbar nicht berücksichtigt worden.

GBA Martin versprach, die Angelegenheit dem Vorsitzenden des 2. StS vorzutragen.

Zum Punkt 3 der TO: „Einfluss des in § 26 StGB [bedingte Entlassung] enthaltenen Grundgedankens auf den Haftgrund des Fluchtverdachts" sprach *GStA Günther:* Das Thema ist an sich unproblematisch; theoretisch betrachtet, läuft es auf eine Selbstverständlichkeit hinaus: Denn die Frage, ob der Fluchtverdacht durch Umstände ausgeräumt werden kann, die bereits *vor* einer rechtskräftigen Verurteilung auf § 26 StGB hindeuten, ist im Grunde, wie mir scheint, gar keine Frage; die Frage stellen heißt sie bejahen. Indes hat ein Einzelfall, in dem sie von einem meiner Mitarbeiter zunächst verneint worden war, mir kürzlich Anlass gegeben, sie aufzugreifen und hier zu erörtern.

Ein 24jähriger Angeklagter – bis dahin unbestraft und auch sonst nicht vorbelastet – war im März 1962 von einer Berliner Strafkammer wegen räuberischen Diebstahls in einem Falle sowie wegen schweren Diebstahls in fünf Fällen zu insgesamt zwei Jahren und zehn Monaten Gefängnis verurteilt worden. Soweit ihm darüber hinaus versuchter schwerer Raub vorgeworfen war, wurde er aus Rechtsgründen freigesprochen. Er selbst nahm das Urteil sofort an. Hingegen wurde es von der Staatsanwaltschaft angefochten, und zwar lediglich der Freispruch sowie der Strafausspruch. Da sämtliche Taten gemeinschaftlich begangen waren und sich daher das – ohnehin recht umfängliche – Strafverfahren gegen mehrere Angeklagte richtete, verstrich, ehe die Sache dem Revisionsgericht vorgelegt werden konnte, nahezu ein Jahr. Der Angeklagte, der seit Januar 1961, also fast zwei Jahre, in Untersuchungshaft saß, machte aus diesem Grunde in einer mir vorgelegten Dienstaufsichtsbeschwerde geltend, er habe – die Untersuchungshaft war angerechnet worden – bereits mehr als zwei Drittel der gegen ihn verhängten Strafe verbüßt; es sei ihm jedoch mangels Rechtskraft des – nicht von ihm, sondern nur von der Staatsanwaltschaft angefochtenen – Urteils verwehrt, einen Antrag nach § 26 StGB zu stellen.

Die Prüfung der Akten ergab, dass die Revision der Staatsanwaltschaft allenfalls Erfolg haben konnte, soweit sie den Freispruch angriff, und sich, wie ohne weiteres vorauszusehen war, die Gesamtstrafe in dem für den Angeklagten ungünstigsten Fall auf drei Jahre Gefängnis erhöhen würde. Ob bei dieser Sachlage noch Fluchtgefahr bestand, musste daher zweifelhaft erscheinen. Mittlerweile hatte, noch bevor ich das Erforderliche veranlassen konnte, der zuständige Dezernent zu einem Haftschonungsantrag des Angeklagten Stellung genommen und dabei u.a. ausgeführt, eine Prüfung unter dem Gesichtspunkt des § 26 StGB könne im Rahmen der Haftprüfung *grundsätzlich* keine Bedeutung gewinnen, weil sonst die – erst nach Eintritt der Rechtskraft des Urteils zu treffende – Entscheidung nach § 26 StGB unzulässiger Weise *„vorweggenommen"* würde.

Die Strafkammer ist dieser Auffassung nicht gefolgt. Sie hat den Angeklagten auf freien Fuß gesetzt und in dem betreffenden Beschluss (504 – 66 KLs 11.61 – 92.61 vom 19.12.1962) unter Hinweis auf Art. 5 Abs. 3 der Menschenrechtskonvention ausgeführt, dass die Dauer der Untersuchungshaft zu der zu erwartenden – bzw. zu der voraussichtlich nach dieser Erwartung tatsächlich zu verbüßenden – Strafe in einem *angemessenen*

Verhältnis stehen müsse und folglich auch zu berücksichtigen sei, ob mit einer bedingten Entlassung gemäß § 26 StGB zu rechnen ist.

Ich teile diese Auffassung der Strafkammer. Dabei gehe ich davon aus, dass zwar anfänglich, nach Einführung des § 26 StGB durch das 3. StÄG vom 4.8.1953, nicht unbestritten war, heute aber kaum noch bezweifelt wird, dass der Verurteilte auch dann nach § 26 StGB bedingt entlassen werden kann, wenn er sich noch nicht in Strafhaft, sondern ausschließlich in Untersuchungshaft befunden hat; vorausgesetzt, dass die Anrechnung der Untersuchungshaft bereits zwei Drittel der Strafe aufzehrt (BGH St. 6, 215). In derartigen Fällen – so vor allem bei erstmals Straffälligen, die zu mehr als neun Monaten Gefängnis verurteilt werden, so dass § 23 StGB nicht Platz greift – wird sich daher das Gericht bereits im Zeitpunkt der Urteilsfindung, ja vielleicht sogar schon vorher schlüssig machen müssen, ob *nach* rechtskräftigem Abschluss des Verfahrens eine Vergünstigung nach § 26 StGB in Betracht kommt. Meint das Gericht dies nicht verneinen zu können, so wird es sich unter Umständen genötigt sehen, den Haftbefehl aufzuheben. Dass dies gerechtfertigt, ja im Einzelfall sogar geboten sein kann, dürfte kaum zweifelhaft sein.

In der Praxis freilich wird das bisweilen übersehen; vielleicht aus einer gewissen Aversion, die sich dagegen wehrt, so früh bereits Erwägungen zu § 26 StGB anzustellen, d.h. zu prüfen, ob die Voraussetzungen einer Bestimmung vorliegen, die zu diesem Zeitpunkt an sich noch gar nicht anwendbar ist. Diese Aversion mag darauf zurückzuführen sein, dass die Ansicht des BGH, angerechnete Untersuchungshaft sei *verbüßte* Strafhaft im Sinne des § 26 StGB, nicht den ungeteilten Beifall der Instanzgerichte gefunden hat. Mit einer Vergünstigung ohne vorherige „echte“ Vollstreckung wird sich insbesondere nicht abfinden können, wer in der Strafe vor allem den Sühne- und Vergeltungsgedanken verwirklicht sehen will und deshalb nicht einzusehen vermag, dass § 26 StGB die Möglichkeit eröffnet, einen Verurteilten bedingt zu entlassen, *obgleich* er keinen einzigen Tag in Strafhaft verbracht, m.a.W. – so wird argumentiert – nicht den geringsten Teil, geschweige zwei Drittel der Strafe im eigentlichen Sinne *„verbüßt“* hat.

Es lässt sich nicht verkennen, dass die Argumente, die gegen die herrschende Meinung angeführt werden, der Logik nicht entbehren; so wird in dem Kommentar von *Schönke-Schröder* (StGB 1962, § 26, III 2) Folgendes ausgeführt: „Da Untersuchungshaft und Strafhaft ihrer Zielsetzung und Struktur nach *etwas Verschiedenes* sind und § 26 seiner Herkunft und Geschichte nach eine Ausnahme von der Strafvollstreckung ist, spricht alles für die zweite“ – dem BGH aaO. entgegengesetzte (vgl. OLG Düsseldorf NJW 1954, 485) – „Meinung, die, zumindest für eine gewisse Zeit die spezialpräventive Einwirkung auf den Täter im Strafvollzug fordert, die der U-Haft fremd ist.“ Das klingt, wie gesagt, sehr logisch, aber, wie mir scheint, auch ein wenig theoretisch. Theorie und Praxis jedoch sind, gerade hier, *zweierlei;* sie nur sind recht eigentlich das, was sich vor dem Hintergrund der grauen Wirklichkeit des Vollzugs als „etwas *Verschiedenes*“ abzeichnet. *So* verschieden sind Untersuchungshaft einerseits und Strafhaft andererseits in Wirklichkeit sicherlich nicht. Nicht selten werden sie, neben- oder hintereinander, in einer und derselben Anstalt, in einer und derselben Zelle vollstreckt. Der Untersuchungshäftling soll zwar von anderen gesondert und nicht in demselben Raum mit Strafgefangenen verwahrt werden; aber eben nur, „soweit möglich", und „mit seiner Zustimmung" kann von dieser – gewiss nicht immer praktizierten – Sollvorschrift des § 116 Abs. 1 StPO ohnehin abgesehen werden.

Untersuchungshaft ist Freiheitsentzug. Strafhaft ist Freiheitsentzug. Freiheitsentzug also da wie dort. Mithin da wie dort das gleiche Übel, als das Freiheitsentzug normalerweise empfunden wird und auch, jedenfalls im Strafvollzug, empfunden werden soll. Freiheitsentzug ist demnach das Essentielle, auf das es entscheidend ankommt. Auf die geringen Vergünstigungen abzustellen, die der Untersuchungshäftling dem Strafgefangenen voraus hat, wäre kleinlich. Was bedeutet es schon, dass dem Untersuchungsgefangenen nur gewisse Beschränkungen auferlegt werden dürfen und dass er sich Bequemlichkeiten sowie Beschäftigungen auf seine Kosten beschaffen kann? Mit dem Hinweis auf den Zweck der Haft sowie auf die Sicherheit und Ordnung im Gefängnis werden diese großzügig erscheinenden Vorschriften des § 116 Abs. 2 und 3 StPO durch die Wirklichkeit ihrer praktischen Handhabung erheblich eingeengt. Auch Untersuchungshaft wird – zutreffend und wirklichkeitsnah drückt der Gesetzgeber selbst es so aus (vgl. § 60 StGB) – *„erlitten"*; erlitten wie Strafhaft. Eben deswegen kann sie gemäß § 60 StGB auf die Strafe angerechnet werden.

So gesehen, erscheint es überzeugend, wenn der BGH (aaO.) entscheidend darauf abstellt, dass „die Berücksichtigung angerechneter Untersuchungshaft im Rahmen des § 26 StGB, unabhängig von allen aus Wortlaut, Entstehungsgeschichte und Zweck der Vorschrift gewonnenen Schlüssen, in erster Linie ein Gebot der Gerechtigkeit ist".

Die Erwägungen des BGH wird man nicht aus den Augen verlieren dürfen, wenn es in einem wesentlich früheren Stadium des Verfahrens, nämlich bereits vor dessen rechtskräftigem Abschluss, darum geht, im Einzelfall zu prüfen, ob und inwieweit eine etwa zu erwartende Vergünstigung nach § 26 StGB geeignet erscheint, den Fluchtverdacht zu beseitigen. Es liegt auf der Hand, dass es schlechthin rechtswidrig wäre, eine solche Prüfung als verfrüht a limine abzulehnen. Wäre doch sonst die Besorgnis begründet, dass der Untersuchungsgefangene einer längeren Freiheitsentziehung unterworfen wird als ein bereits Verurteilter, der obgleich mit einem vielleicht schwereren oder doch nicht geringeren Schuldvorwurf belastet, von der Untersuchungshaft verschont geblieben ist. Das aber wäre, wie keiner Erörterung bedarf, genauso unbillig wie das vom BGH (aaO.) mit Recht abgelehnte Ergebnis.

Diese Erwägung darf selbstverständlich nicht in Frage stellen, dass die Haftprüfung sich streng in den Grenzen bewegt, die ihr durch § 112 StPO gezogen sind. Die Erwartung, dass nach rechtskräftigem Abschluss des Verfahrens mit einer Vergünstigung nach § 26 StGB gerechnet werden kann, ist eben nur *einer* der zahlreichen Umstände, die zu berücksichtigen und gegeneinander abzuwägen sind, wenn unter dem Blickfeld des Fluchtverdachts zu prüfen ist, ob die Befürchtung begründet erscheint, dass sich der Beschuldigte dem Strafverfahren entziehen werde (vgl. § 112 Abs. 1 Nr. 1 StPO). So, wie diese Befürchtung trotz gesicherter Lebensstellung, trotz fester Familienbindungen, trotz Alter und Krankheit begründet sein kann, weil den Beschuldigten eine derart hohe Strafe erwartet, dass der Anreiz zur Flucht gleichwohl besteht, ebenso wird im Einzelfall trotz der Erwartung, dass es alsbald zu einer bedingten Entlassung nach § 26 StGB kommt, der Fluchtverdacht unter Umständen nicht ausgeräumt werden können. Man braucht nur an umfangreiche Wirtschaftsstrafprozesse oder an Untreue- und Betrugsfälle gleicher Größenordnung zu denken, um in Betracht zu ziehen, dass sich der Beschuldigte dem Strafverfahren möglicherweise entzieht, nicht oder doch weniger, um seiner Verurteilung zu entgehen, als vielmehr, um erhebliche wirtschaftliche Nachteile von sich abzuwenden, insbesondere um sich vor dem Zugriff seiner Gläubiger außer Reichweite zu bringen. Ähnlich kann es, wenn auch aus anderen Gründen, in politischen Strafsachen liegen. In solchen Fällen wird es, so unbefriedigend das sein mag, gelegentlich *hingenommen* werden müssen, wenn dem Beschuldigten durch die angeordnete Fortdauer der Untersuchungshaft die Rechtswohltat des § 26 StGB nicht mehr in vollem und gleichem Maße wird zuteilwerden können wie dem Verurteilten, der sich erst gar nicht in Untersuchungshaft befunden hat.

Nichts anderes gilt selbstverständlich, wenn nicht oder nicht ausschließlich Fluchtverdacht, sondern in erster Linie oder daneben Verdunklungsgefahr der eigentliche Haftgrund ist. *Nur* unter dem Gesichtswinkel des Fluchtverdachts können § 26 StGB und daraus sich ergebende Erwägungen auf die Frage der Haftfortdauer entscheidenden Einfluss gewinnen.

Insoweit aber wird in der Regel davon auszugehen sein, dass jeder Anreiz zur Flucht entfällt, wenn der Beschuldigte bereits so lange Zeit, wie der Dauer von zwei Dritteln der zu erwartenden Strafe entspricht, in Untersuchungshaft verbracht hat und er aller Wahrscheinlichkeit nach mit einer bedingten Aussetzung des Strafrestes rechnen darf. Selbst wenn in einem solchen Fall die äußeren Bedingungen für eine Flucht günstig sind, wird der Beschuldigte erfahrungsgemäß kaum Gebrauch von dieser Möglichkeit machen; ein hoher Wahrscheinlichkeitsgrad spricht jedenfalls von vornherein gegen die Annahme, dass er sich dem Strafverfahren entziehen wird; es sei denn, dass, wie dargelegt, besondere Umstände hinzutreten. Deuten jedoch auf solche außergewöhnliche Umstände keinerlei Anzeichen hin, so muss der Beschuldigte aufgrund der Haftvorschriften mangels hinreichenden Fluchtverdachts auf freien Fuß gesetzt werden, sofern auch die übrigen Voraussetzungen des § 26 StGB (günstige Prognose u. dgl.) vorliegen.

Der Haftrichter ist also nicht nur verpflichtet, sich zu gegebener Zeit mit der Frage nach der Höhe der zu erwartenden Strafe sowie insbesondere nach der Höhe des verbleibenden, für eine Vergünstigung nach § 26 StGB etwa in Betracht kommenden Strafrestes auseinanderzusetzen; vielmehr muss er zugleich auch prüfen, ob erwartet werden kann, dass der Beschuldigte in Zukunft ein gesetzmäßiges und geordnetes Leben führen wird. In der Praxis werden freilich zu dem Zeitpunkt, in dem eine solche Prüfung geboten erscheint, nicht immer hinreichende Erkenntnisse vorliegen, die es gestatten, die erforderliche Prognose zu stellen. Bei längerer Haftdauer jedoch – und gerade um solche Fälle handelt es sich hier – sollte es weder als unmöglich noch als unzumutbar angesehen werden, rechtzeitig darauf hinzuwirken, dass sich darüber ein einigermaßen sicheres Urteil gewinnen lässt.

Wird der Beschuldigte aufgrund der zu § 26 StGB angestellten Erwägungen aus der Untersuchungshaft entlassen, so wird damit die – später zu treffende – Entscheidung aus § 26 StGB nicht „vorweggenommen". Das ist genauso wenig der Fall, wie der Haftrichter dem Urteil nicht vorgreift, wenn er – umgekehrt – den Haftbefehl mit der Begründung aufrecht erhält, es bestehe in Anbetracht der zu erwartenden hohen Strafe Fluchtverdacht; niemand wird in den Sinn kommen, ernstlich anzunehmen, dass durch einen solchen Hinweis der spätere Strafausspruch des erkennenden Gerichts in irgendeiner Weise präjudiziert werden könnte. Nicht anders liegt es hier. Aufgehoben wird der Haftbefehl, weil in Anbetracht der sich im Zeitpunkt der Haftentscheidung aus § 26 StGB ergebenden Erwägungen der Fluchtverdacht nicht mehr hinreichend begründet erscheint. Diese Entscheidung bzw. eine aus gleichen Gründen gewährte Haftverschonung nach „Vorausverbüßung" von zwei Dritteln der zu erwartenden Strafe hat also rechtlich keineswegs zur Folge, dass hinsichtlich des letzten Drittels der schließlich rechtskräftig verhängten (womöglich höheren oder geringeren als der erwarteten) Strafe dem Verurteilten eine Vergünstigung nach § 26 StGB zuteilwerden *müsste*. Vielmehr bleibt die Entscheidung hierüber einem späteren Verfahren vorbehalten. Die Erörterung der Voraussetzungen des § 26 StGB im Haftprüfungsverfahren ist stets *unverbindlicher* Natur; sie beruht wie nahezu alle Entscheidungen in Haftfragen mehr oder weniger auf Wahrscheinlichkeitserwägungen.

Korrekt wäre es an sich, den Beschuldigten darauf auch ausdrücklich hinzuweisen; schon um nicht verfrühte Hoffnungen in ihm zu erwecken und um so zu verhüten, dass er später, falls sich etwa nachträglich wider Erwarten herausstellen sollte, dass eine Vergünstigung nach § 26 StGB nicht gerechtfertigt erscheint, in endlosen Eingaben und Beschwerden auf die ihm vom Haftrichter angeblich gemachte „Zusage" pocht. Wird dem Beschuldigten freilich allzu deutlich gesagt, dass eine für ihn günstige – auf Erwägungen zu § 26 StGB beruhende – Haftentscheidung nicht als verbindliche Zusage einer späteren Vergünstigung aufgefasst werden darf, so birgt das, wie sich nicht ohne weiteres von der Hand weisen lässt, die Gefahr in sich, dass der – soeben erst für ausgeräumt erachtete – Haftgrund des Fluchtverdachts womöglich erneut auflebt. Nach alledem mag es sich daher in der Regel als zweckmäßig empfehlen, die Voraussetzungen des § 26 StGB im Haftprüfungsverfahren tunlichst nicht allzu breit und offen zu erörtern.

Solche Zweckmäßigkeitserwägungen dürfen die Praxis indes nicht dazu verleiten, von einer Nachprüfung unter dem Gesichtspunkt des § 26 StGB abzusehen. Dem steht, worauf das LG Berlin aaO. zutreffend hinweist, die zwingende Vorschrift des Art. 5 Abs. 3 Satz 2 der Menschenrechtskonvention entgegen. Danach hat der in Haft befindliche Beschuldigte „*Anspruch* auf Aburteilung innerhalb einer *angemessenen* Frist oder auf Haftentlassung während des Verfahrens". Ungeachtet der Frage, ob diese Vorschrift nach Art. 25 GG als allgemeine Regel des Völkerrechts den gewöhnlichen Gesetzen vorgeht und ihr damit selbst Verfassungsrang zuzusprechen ist (vgl. *Dahm,* Völkerrecht 1958 S. 69; *v. Stackelberg* in NJW 1960, 1265; *Dünnebier* in *Löwe-Rosenberg* StPO 1962 Vorbem. 8 vor §§ 112 ff.), hat sie, da die Menschenrechtskonvention durch das Gesetz vom 7.8.1952 (BGBl. II S. 685) Bestandteil des Bundesrechts geworden ist, zumindest den Rang eines Bundesgesetzes. Daraus folgt, dass ein Beschuldigter in den von mir erörterten Fällen unter den dargelegten Voraussetzungen und Umständen einen Anspruch auf Haftentlassung hat.

Zu der in diesem Zusammenhang interessierenden Frage, was in Art. 5 Abs. 3 Satz 2 der Menschenrechtskonvention unter „angemessener Frist" zu verstehen ist, hat das OLG Bremen in einer grundsätzlichen Entscheidung vom 17.2.1960 (NJW 1960, 1265) Folgendes ausgeführt: „Die angemessene Frist, innerhalb derer der Inhaftierte Anspruch auf Aburteilung oder auf Haftentlassung gegen Sicherheitsleistung hat, hängt von der Schwierigkeit der Ermittlungen, dem Zeitraum seit der Begehung der Tat und dem eigenen Verhalten des Betroffenen ab. Er muss sich eine Verlängerung der Untersuchungshaft gefallen lassen, wenn die Ermittlungen durch sein Verhalten verzögert werden. Die angemessene Frist wird überschritten sein, wenn die Untersuchungshaft *ohne* Verschulden des Häftlings den Zeitraum überschreitet, den er bei verständiger Würdigung aller Umstände höchstens in Strafhaft verbringen würde." Dieser Auffassung wird man beipflichten müssen.

Unangemessen ist demnach die Untersuchungshaft, wenn sie die zu erwartende Dauer der Strafhaft überschreitet bzw. in keinem vernünftigen Verhältnis zu ihr steht. Das ist nicht nur der Fall, wenn der Beschuldigte bereits längere Zeit in Untersuchungshaft verbracht hat, als er nach dem voraussichtlich ergehenden Urteil Freiheitsstrafe überhaupt gewärtigen muss, sondern auch dann, wenn der Zeitpunkt verstrichen ist, in dem er, hätte schon vor diesem Zeitpunkt ein Urteil ergehen können und Rechtskraft erlangt, aller Voraussicht nach entlassen worden wäre. Das bedeutet aber, dass im Rahmen der Haftprüfung neben den gebotenen Erwägungen über die Höhe der zu erwartenden Strafe ggfs. erörtert und berücksichtigt werden *muss,* ob mit einer bedingten Entlassung nach § 26 StGB zu rechnen ist. Ist das zu bejahen, so wird davon auszugehen sein, dass jede weitere Inhaftierung unangemessen wäre. Das schließt freilich nicht aus, dass es unter gewissen Umständen – so etwa, wenn die Schwierigkeiten und die lange Dauer noch nicht abgeschlossener Ermittlungen in erster Linie auf verwerfbares Verhalten des Beschuldigten zurückzuführen sind – angebracht und auch rechtlich geboten sein kann, gleichwohl

Haftfortdauer anzuordnen. Darauf näher einzugehen, erübrigt sich im Rahmen dieses Referats, weil es sich hierbei um Fragen des Einzelfalles handelt, die vom Haftrichter erst in Würdigung bestimmter konkreter Umstände – m.a.W. nur von Fall zu Fall – gelöst werden können und schließlich bereits die weitere – im Rahmen der Haftprüfung gleichfalls nicht außer Acht zu lassende – Frage berühren, ob unter solchen wie den beispielsweise angeführten Umständen überhaupt noch ohne weiteres angenommen werden darf, dass die erlittene Untersuchungshaft gemäß § 60 StGB voraussichtlich ganz oder teilweise angerechnet wird.

Zu welcher Haftentscheidung derartige Erwägungen im Ergebnis auch immer führen mögen, zusammenfassend lässt sich jedenfalls festlegen, dass es sowohl nach Art. 5 Abs. 3 Satz 2 der Menschenrechtskonvention als insbesondere auch unter dem das Haftverfahren beherrschenden Gesichtspunkt, ob Fluchtverdacht vorliegt, grundsätzlich geboten ist, bereits im Rahmen der Haftprüfung zu berücksichtigen, ob und inwieweit mit einer Vergünstigung nach § 26 StGB zu rechnen ist. Abschließend sei darauf hingewiesen, dass – selbstverständlich und erst recht – nichts anderes gelten kann, wenn die Prüfung ergibt, dass voraussichtlich § 23 StGB zum Zuge kommt.

GStA Dr. Kleinknecht wandte ein, mit dem in § 26 StGB enthaltenen Grundgedanken sei jedenfalls im Ermittlungsverfahren bei der Prüfung des Fluchtverdachts nicht viel anzufangen. Bevor ein Urteil vorliege, sei die Prognose schwer. In diesen Fällen müsse darauf abgehoben werden, ob die Untersuchungshaft in angemessenem Verhältnis zu der zu erwartenden Strafe stehe.

GStA Dr. Dünnebier führte hierzu aus, bis jetzt sei noch nicht geklärt, ob der Grundsatz der Verhältnismäßigkeit neben oder über den sonstigen Haftvoraussetzungen stehe. Dieses Problem sei vom Gesetzgeber nicht gelöst. Seiner Ansicht nach sei dieser Grundsatz den anderen Haftgründen nicht übergeordnet.

GStA Dr. Bauer berichtete, dass auch in Hessen schon ein OLG einen Haftbefehl unter Hinweis auf § 26 StGB aufgehoben habe.

Zum Punkt 4 der TO „Benachrichtigung gemäß Art. 104 Abs. 4 GG, § 114 a Abs. 1 StPO a) kann von der durch Art. 104 Abs. 4 GG auferlegten Verpflichtung, von jeder Haftentscheidung unverzüglich einen Angehörigen des Festgehaltenen oder eine Person seines Vertrauens zu benachrichtigen, abgesehen werden und unter welchen Umständen? b) Wem obliegt die Benachrichtigungspflicht? Falls sie dem Gericht obliegt, kann auch die Staatsanwaltschaft – wenn das Gericht seiner Pflicht nicht nachkommt – die Benachrichtigung vornehmen, oder hat sie das zu tun?“ sprach *BA Dr. Wagner:* Art. 104 Abs. 4 GG bestimmt, dass von jeder richterlichen Entscheidung über die Anordnung oder Fortdauer einer Freiheitsentziehung unverzüglich ein Angehöriger des Festgehaltenen oder eine Person seines Vertrauens zu benachrichtigen sei. Die Bestimmung bezweckt, das spurlose Verschwinden eines Menschen unmöglich zu machen, und will so die

Wiederholung böser Vorgänge verhindern, die sich in der nationalsozialistischen Vergangenheit, namentlich aus Anlass des berühmten „Nacht- und Nebel"-Erlasses, ereignet haben. Art. 104 GG knüpft unmittelbar an Art. 2 Abs. 2 Satz 2 GG an, wonach die Freiheit der Person unverletzlich ist, ergänzt somit die Grundrechte und hat selbst grundrechtsartigen Charakter (vgl. *Maunz-Dürig,* Art. 104 Rdn. 1 und 43 Nr. 1; *Holtkotten* in Bonner Kommentar Art. 104 Anm. II A 1 a; *v. Mangoldt,* Art. 104 Anm. 2). Die Verletzung des Art. 104 GG, also auch der Benachrichtigungspflicht des Abs. 4, ist nach § 90 Abs. 1 BVerfGG mit der Verfassungsbeschwerde anfechtbar.

Daneben gilt noch für das Strafverfahrensrecht die Spezialvorschrift des § 114 a StPO. Nach Abs. 1 dieser Vorschrift ist von der Verhaftung und jeder weiteren Entscheidung über die Haftfortdauer von Amts wegen unverzüglich ein Angehöriger des Verhafteten oder eine Person seines Vertrauens zu benachrichtigen. Nach Abs. 2 ist dem Verurteilten außerdem selbst Gelegenheit zu geben, einen Angehörigen oder eine Person seines Vertrauens von der Verhaftung zu unterrichten, sofern der Untersuchungszweck dadurch nicht gefährdet wird. § 114 a StPO ist durch das Vereinheitlichungsgesetz vom 12.9.1950 (RGBl. I S. 455, 629) dem Art. 104 Abs. 4 GG angeglichen worden. Die frühere Fassung der durch das Gesetz vom 27.12.1926, der sog. Lex Höfle (RGBl. I S. 529) eingeführten Vorschrift glich im Wesentlichen dem heutigen Abs. 2, allerdings mit der Maßgabe, dass auf Verlangen des Festgenommenen die Benachrichtigung von Amts wegen zu erfolgen hatte (*Maunz-Dürig,* Art. 104 Rdn. 43 Nr. 1; *v. Mangoldt,* Art. 04 Anm. 7; Begründung zu dem Entwurf des Vereinheitlichungsgesetzes S. 37 Nr. 37). Abs. 2 ist jedoch für unser Thema nur insoweit ergiebig, als aus ihm möglicherweise gewisse Schlussfolgerungen für die Auslegung des Abs. 1 gezogen werden können, und soll daher auch nur insoweit berücksichtigt werden.

Zwischen Art. 104 Abs. 4 GG und § 114 a StPO bestehen gewisse Verschiedenheiten. In der GG-Bestimmung fehlen die Worte „von Amts wegen", die § 114 a Abs. 1 StPO enthält; in der letzeren Vorschrift fehlt wieder der Hinweis darauf, dass es sich um eine richterliche Entscheidung handeln muss. § 114 Abs. 2 StPO fehlt im GG ganz. Die Einschränkung des letzten Halbsatzes des § 114 a Abs. 2 StPO, wonach der Zweck der Untersuchung nicht gefährdet werden dürfe, findet sich weder im GG noch in § 114 a Abs. 1 StPO. Trotz dieser Verschiedenheiten besagen GG und § 114 a Abs. 1 StPO inhaltlich dasselbe; insbesondere ist auch Art. 104 Abs. 4 GG nicht anders auszulegen, als dass die Benachrichtigung von Amts wegen zu erfolgen habe, es also eines Antrags des Verhafteten nicht bedarf (*Maunz-Dürig,* Art. 104 Rdn. 43 Nr. 2 a). Da Art. 104 Abs. 4 GG unmittelbares und geltendes Recht ist, das Gesetzgebung, vollziehende Gewalt und Rechtsprechung bindet (*Maunz-Dürig,* Art. 104 Rdn. 1, 43 Nr. 2; *Holtkotten,* [Bonner GG-Kommentar]. Anm. II A 1 b; *v. Mangoldt,* Art. 104 Anm. 2), erscheint § 114 a Abs. 1 StPO entbehrlich und als legislatorische Tautologie. Die Wiederholung der Benachrichtigungsvorschrift in der StPO ist nur im Hinblick auf die Beibehaltung des Abs. 2 in § 114 a StPO erklärlich. Dennoch lässt sich ein Fall denken, in dem die Doppelspurigkeit von Bedeutung ist.

1. Versteht man nämlich mit *Maunz-Dürig* (Art. 104 Rdn. 6 und 9) unter Freiheitsentziehung nur die Festhaltung einer Person gegen oder ohne den Willen des Festgehaltenen, so würde keine Freiheitsentziehung bei einem Täter vorliegen, der sich selbst der Polizei stellt oder der die Verhaftung nicht nur in Kauf nimmt, sondern mit ihr einverstanden ist oder sie sogar wünscht. In derartigen Fällen, die in der Praxis nicht allzu selten sind, würde die Benachrichtigungspflicht nach Art. 104 Abs. 4 GG entfallen. Sie bleibt aber nach § 114 a Abs. 1 StPO bestehen, da hier ausschließlich die Inhaftnahme oder Haftfortdauer vorausgesetzt wird ohne Rücksicht darauf, ob der Verhaftete die Inhaftnahme herbeigeführt und gewünscht hat oder nicht. In diesem Fall würde allerdings ein Verstoß gegen die Benachrichtigungspflicht keine Verletzung eines Grundrechts bedeuten.
2. Aber auch ein Verhafteter, dessen Konfinierung ohne oder gegen seinen Willen erfolgt ist, kann durchaus wünschen, dass von seiner Inhaftnahme niemand unterrichtet werde, ja einer Benachrichtigung sogar heftig widersprechen. Auch derartige Fälle kennt die Praxis, und bereits an ihnen scheiden sich die Geister. Hinsichtlich des Art. 104 Abs. 4 GG halten *Maunz-Dürig* und *Kern* (*Maunz-Dürig*, Art. 104 Rdn. 43 Nr. 20 und *Kern* in *Neumann-Nipperdey-Scheuner*, „Dir Grundrechte" Bd. II S. 73) Ausnahmen von der Benachrichtigungspflicht für denkbar und zulässig, wenn der Widerspruch begründet ist, so wenn die Benachrichtigung dem Verhafteten besondere persönliche oder sachliche Nachteile bringen würde, die Freiheitsentziehung voraussichtlich nur kurze Zeit dauert oder sein persönliches Verhältnis zu den Angehörigen getrübt ist und das begründete Interesse des Verhafteten an der Unterlassung der Benachrichtigung aus derartigen oder ähnlichen Gründen ungleich höher sei als das Interesse an der Benachrichtigung. Dagegen hat der Abgeordnete Dr. Arndt dem Rechtsausschuss des Bundestags erklärt (Sitzung des Rechtsausschusses v. 16.5.1950 – BT-Drucks. Nr. 530 S. 56), eine Unterlassung der Benachrichtigung bei Widerspruch des Verhafteten sei mit dem GG nicht vereinbar, da Art. 104 Abs. 4 GG diese Benachrichtigung auch im öffentlichen Interesse zwingend vorschreibe. Schon insoweit stehen sich also die Ansichten namhafter Juristen gegenüber.

Bei § 114 a Abs. 1 StPO scheint dagegen die Rechtslage eindeutig zu sein, wenn man von der Entstehungsgeschichte der Vorschrift ausgeht. Die ursprüngliche Fassung des Entwurfs des Vereinheitlichungsgesetzes (Nr. 37, später Nr. 39 des Entwurfs betr. StPO) schloss die Benachrichtigung bei Widerspruch des Verhafteten aus. Unter Hinweis darauf, dass Art. 104 Abs. 4 GG überwiegend im Interesse des Verhafteten liege, führe die Begründung zu dem Entwurf aus, die Benachrichtigung solle unterbleiben, wenn sie dem Interesse des Verhafteten zuwiderlaufe und ihr deswegen widerspreche. Bereits der

Bundesrat schloss sich jedoch dieser Auffassung nicht an. Er formulierte § 114 a StPO so, wie er dann Gesetz geworden ist, und erklärte hierbei ausdrücklich, dass Art. 104 GG auch dem öffentlichen Interesse und dem der Angehörigen diene und die Benachrichtigung daher auch gegen den Willen des Verhafteten zu erfolgen habe (Kurzprot. R 4/50 der Sitzung vom 18.1.1950). Der Rechtsausschuss des Bundestags hat dann die vom Bundesrat vorgeschlagene Fassung übernommen (aaO.), der dann auch der Bundestag selbst gefolgt ist. Nach den Ausführungen des Berichterstatters *Dr. Greve* in der Sitzung vom 26.7.1950 (wiedergegeben bei *Kohlhaas,* NJW 1951, 262), der sich übrigens hinsichtlich des Art. 104 Abs. 4 GG ebenfalls auf den Standpunkt Dr. Arndts gestellt hat, konnten die Bedenken, dass u.U. dem Verhafteten infolge der Benachrichtigung nachteilige Folgen erwachsen würden, nicht geteilt werden. Es sei „einwandfrei festgestellt worden", dass nach dem Willen des Verfassungsgesetzgebers und „aus gutem Grunde" von der Verhaftung ausnahmslos Nachricht zu geben sei. Wünsche der Verhaftete die Bekanntgabe an seine Angehörigen nicht, so möge er einen Anwalt oder eine Vertrauensperson als Adressaten benennen, womit auch die Verschwiegenheit, auf die der Festgenommene möglicherweise Wert lege, gewährleistet sei und ihr Rechnung getragen werde. Die Auffassung des Gesetzgebers, an der danach kein Zweifel bestehen kann, wird von fast sämtlichen Kommentatoren geteilt (*Dünnebier* in *Löwe-Rosenberg,* 2. Aufl. § 114 a Anm. I 5 a; *Schwarz-Kleinknecht,* 23. Aufl. § 114 a Anm. 2; KM 4. Aufl. § 114 a Anm. 1 b; *Eb. Schmidt,* Lehrkommentar § 114 a Anm. II 1; *Dallinger,* SJZ 1950, 738; *Henkel,* „Strafverfahrensrecht" 1953 S. 318 Anm. 15; *Dalcke,* 36. Aufl. § 114 a Anm. 4; abweichend nur *Kern,* „Strafverfahrensrecht" 6. Aufl. S. 120). Auch das LG Frankfurt a.M. hat sich in einem Beschluss vom 13.10.1958 (NJW 1959, 61 = JZ 1959, 65) dem Willen des Gesetzgebers gebeugt und auf eine Beschwerde der Staatsanwaltschaft den Beschluss eines AG aufgehoben, durch den auf Antrag eines Verhafteten hin von der Erfüllung der Benachrichtigungspflicht abgesehen wurde. Schließlich ist im Verwaltungswege angeordnet worden, der Verhaftete sei dahin zu belehren, dass auf die Benachrichtigung nicht verzichtet werden könne (RiStV Ziff. 38 Abs. 3).

Dieser starren Auslegung des § 114 a Abs. 1 StPO sollte nicht beigetreten werden. Schon *Kohlhaas* (aaO.) hat lange vor dem Beschluss des LG Frankfurt a.M. die Entscheidung des Gesetzgebers tief bedauert. Das LG Frankfurt a.M. hat, wie seine Gründe deutlich erkennen lassen, dem Gesetzgeber nur widerwillig Gefolgschaft geleistet. Einen – nur schwachen – Verteidiger hat der Beschluss des LG Frankfurt a.M. nur in *Erdsiek* gefunden (NJW 1959, 232). Erheblich größer ist die Zahl derjenigen, die sich gegen den Beschluss ausgesprochen haben, und es ist bezeichnend, dass es sich bei den Kritikern durchweg um offensichtlich erfahrene Praktiker handelt und dass ihre Argumente beachtliches Gewicht besitzen (*Odersky,* MDR 1958, 832; *Händel,* NJW 1959, 544; *Eckels,* NJW 1959, 1908). Hatte schon *Kohlhaas* prophezeit, dass ein gewiegter Rechtsbrecher, dem die Unausweichlichkeit der Benachrichtigung vor Augen geführt werde, eine fingierte Anschrift angeben werde, so dass die Verhaftungsnachricht als unbestellbar zurückkommen werde – womit der Form Genüge getan sei -, so haben diese Kritiker darauf verwiesen, dass der Benachrichtigungspflicht dann gar nicht nachgekommen werden könne, wenn der Verhaftete weder Angehörige noch Vertrauenspersonen habe (Die bei der Verkündung des Haftbefehls abgegebene Erklärung des Angeklagten, er habe keine Angehörigen, war einer der Gründe, aus denen in dem unveröffentlichten Urteil des BGH vom 14.4.1956 1 StR 29/56 – die auf Verletzung des § 114 a StPO gestützte Revisionsrüge zurückgewiesen wurde). In diesen Fällen von Amts wegen einen Verteidiger zu bestellen, würde nicht nur, wie in dem Kohlhaas'schen Beispiel, die schablonenhafte Erfüllung einer Formalie und damit einer Farce bedeuten, sondern auch bei Bagatelldelikten mangels der Veraussetzungen des § 140 StPO gar nicht zulässig sein. Nicht viel anders liegt der Sachverhalt, wenn der Verhaftete sich rigoros weigert, Angehörige oder Vertrauenspersonen zu benennen. Weiterhin kann es Fälle geben, in denen der Verhaftete bei einer von ihm gar nicht gewünschten Benachrichtigung wirtschaftlich oder in seinem Ruf schwer geschädigt werden kann, so wenn er aus zutreffenden – später womöglich durch die Tatsachen bestätigten – Erwägungen heraus seine Haft nur für kurzfristig hält und seinem Arbeitgeber, seinen Angehörigen oder seinem Freundes- und Bekanntenkreis gegenüber einen harmlosen Grund für seine vorübergehende Abwesenheit vortäuschen will.

Mit Recht bemerken *Maunz-Dürig* (*Maunz-Dürig*, Art. 104 Rdn. 43 Nr. 3 d), dass die Unterlassung einer Benachrichtigung eine Amtspflichtverletzung nach Art. 34 GG, § 839 BGB darstellt und daher zu Schadensersatzansprüchen führen könne. Muss aber nicht auch umgekehrt der Staat solche Ansprüche befürchten, wenn der von den Argumenten des Verhafteten überzeugte Richter wider bessere Einsicht die Benachrichtigung vornimmt, nur weil es das Gesetz so befiehlt? Liegt diese Möglichkeit nicht z.B. in den Fällen vor, in denen der Verhaftete nachher freigesprochen oder ihm eine Entschädigung für unschuldig erlittene Untersuchungshaft zugebilligt werden muss? Und wie steht es in den nicht seltenen Fällen, in denen der Verhaftete über seine Person bewusst falsche Angaben macht? Hier muss er entweder konsequent bleiben und den Richter auch über seine Angehörigen und Vertrauenspersonen täuschen oder er muss sich durch die Preisgabe richtiger Adressaten selbst entlarven; beide Folgen sollten im Rechtsleben keine Stätte haben. Und soll der Verhaftete dann Angehörige oder Vertrauenspersonen angeben müssen, wenn diese durch seine Tat geschädigt sind und er befürchten muss, sie durch die Aufdeckung seines Verbleibs zu ihm unangenehmen Schritten zu veranlassen? Hinzu kommen die Fälle, in denen Angehörige oder Vertrauenspersonen des Verhafteten selbst in seine Tat verstrickt sind, ihre Benennung also für sie die Gefahr der Einbeziehung in das Verfahren heraufbeschwört, sowie die von den Kritikern angeführten Fälle, in denen die Benachrichtigung bei einem alten oder kranken Angehörigen des Verhafteten schwere gesundheitliche Schäden hervorrufen könnte, oder in denen der Verhaftete mit seinen Angehörigen gebrochen hat.

Doch genug dieser immerhin eindrucksvollen Beispiele. Das eine oder das andere wird sich durch Gegenargumente mehr oder weniger entkräften oder in der Praxis durch das Geschick des Richters in seinen Folgeerscheinungen mildern lassen. Es gibt jedoch *zwei Gründe, die dazu zwingen sollten, die Benachrichtigungspflicht nicht als conditio sine qua non zu betrachten.* Einer dieser Gründe liegt im Bereich des Staatsschutzes und soll später erörtert werden, der zweite ist verfassungsrechtlicher Art und hier darzutun.

Nach der bereits geschilderten Entstehungsgeschichte des § 114 a StPO ist die Vorschrift ebenso wie die Bestimmung des Art. 104 Abs. 4 GG im Interesse sowohl des Verhafteten wie auch seiner Angehörigen geschaffen; daneben kommt noch das Interesse der Allgemeinheit – wohl an der Erfüllung der rechtsstaatlichen Forderung, dass niemand spurlos verschwinden dürfe und dass auch der Anschein eines Willküraktes vermieden werden müsse – in Betracht. Im Vordergrund aber steht doch, wie *Maunz-Dürig* zutreffend bemerken (*Maunz-Dürig*, Art. 104 Rdn. 43 Nr. 1), das Interesse des Festgehaltenen. Nun ist schon der Gedanke, dass eine überwiegend zum Schutz des Staatsbürgers erlassene Vorschrift auch *gegen* seinen Willen und *gegen* sein wohlbegründetes Interesse angewendet werden soll, für eine freiheitliche Demokratie kaum erträglich. Der ganze Grundrechtsteil unserer Verfassung geht von der Würde des Einzelmenschen und von seinem Selbstbestimmungs- und Selbsterhaltungsrecht aus. Tatsächlich würde sich das GG, wenn man dem Art. 104 Abs. 4 die Auslegung gibt, die die herrschende Meinung bei § 114 a Abs. 1 StPO vertritt (In der Entstehungsgeschichte zu Art. 104 GG ist die Frage des Widerspruchs nicht besonders erörtert worden, vgl. Jahrbuch des öffentlichen Rechts n.F. 1 S. 745 ff. und die dortigen Belegstellen), mit sich selbst in Widerspruch setzen. *Händel*, einer der Kritiker des erwähnten Beschlusses des LG Frankfurt a.M., hat ausgeführt (aaO.): „Durch die Benachrichtigung Dritter gegen seinen erklärten Willen kann der Betroffene in seinem Ansehen, seiner Ehre und seinen familiären Bindungen in schwerwiegender Weise beeinträchtigt werden. Die gegen den Widerspruch erfolgte Mitteilung stellt eine Bloßstellung und Anprangerung des Verhafteten dar; er kann dadurch zutiefst in seiner Würde verletzt und in der Scham hierüber zu schwerwiegenden Schritten bis zum Selbstmord veranlasst werden. Wenn das rechtsstaatliche Interesse daran, dass niemand hinter Gefängnismauern verschwindet, ohne dass unabhängige Bürger davon erfahren, in Widerspruch zum Grundrecht auf Wahrung der Menschenwürde tritt, so bedarf es einer gründlichen Abwägung dieser Verfassungsbestimmungen gegeneinander. Ich bin der Auffassung, dass hier der Schutz der Menschenwürde den Vorrang haben sollte. Die Gefahren, die dem Betroffenen aus einer Verletzung des Art. 1 GG drohen, sind schwerwiegender als die aus der Nichtanwendung des Art. 104 Abs. 4 GG resultierenden Folgen, zumal Art. 104 Abs. 4 GG ohnedies vielfach wegen tatsächlicher Unmöglichkeit nicht angewendet werden kann, hierdurch aber angesichts des vielfältigen Rechtsschutzes des Verhafteten kein Nachteil für ihn zu befürchten ist."

Eckels, ein weiterer Kritiker (aaO.), führt neben Art. 1 auch Art. 2 GG an und kommt im Wege der Auslegung zu dem Schluss, dass die Benachrichtigungspflicht im ausschließlichen Interesse des Verhafteten angeführt sei und dass sie im Hinblick auf Art. 2 GG nicht erfüllt werden dürfe, wenn ihr der freie Wille des Betroffenen entgegenstehe. Diesen Hinweisen auf das Grundgesetz ist Rechnung zu tragen. Der grundrechtsartigen Vorschrift des Art. 104 Abs. 4 GG stehen die weiteren, mindestens gleichwertigen Grundrechte des Art. 1 Abs. 1 und Art. 2 Abs. 1 GG gegenüber. Daraus folgt, dass die Benachrichtigung zwar in aller Regel und auch dann vorgenommen werden darf, wenn der Widerspruch des Verhafteten unbegründet erscheint, dass von ihr aber abgesehen werden muss, wenn ihrer Vornahme aus beachtlichen Erwägungen widersprochen wird und der Verhaftete hierbei seine Grundrechte aus Art. 1 und Art. 2 GG in Anspruch nimmt. Der Richter darf der Benachrichtigungspflicht nicht nachkommen, wenn er damit die genannten Grundrechte verletzen würde. Er hat also, wie *Maunz-Dürig* mit Recht darlegen (aaO.), in allen problematischen Fällen eine Interessenabwägung vorzunehmen und die Benachrichtigung zu unterlassen, wenn ihre Vornahme die Menschenwürde und das Selbstbestimmungsrecht des Verhafteten empfindlich treffen und damit Nachteile herbeiführen würde, die zu der Erfüllung der Pflicht in keinem angemessenen Verhältnis stehen.

Nun könnte eingewendet werden, eine solche Auslegung möge zwar dem Sinn und Zweck des Art. 104 Abs. 4 GG Rechnung tragen, für § 114 a StPO könne sie jedoch nicht maßgeblich sein, weil nach der Entstehungsgeschichte dieser Vorschrift die Berücksichtigung jedweden Widerspruchs eindeutig ausgeschlossen worden sei. Eine derartige Argumentation würde davon ausgehen, dass die Vorschrift des § 114 a Abs. 1 StPO den strafverfahrensrechtlichen Sonderfall der Verhaftung aufgrund eines richterlichen Haftbefehls, Art. 104 GG dagegen jegliche Freiheitsentziehung, z.B. auch die Anstaltsunterbringung von Kindern oder Geisteskranken regelt. Dem Einwand könnte jedoch nicht gefolgt werden, denn die Entstehungsgeschichte des § 114 a Abs. 1 StPO belegt klar, dass die Bestimmung ganz auf Art. 104 Abs. 4 GG zurückgeht, textlich dem GG angeglichen und mit anderen Worten nichts anderes als die Tochtervorschrift des Art. 104 Abs. 4 GG ist. Beide Bestimmungen sind also nach Wesensgehalt und Zweck untrennbar miteinander verbunden. Kann aber entgegen der Meinung der legislatorischen Väter des § 114 a Abs. 1 StPO die Ursprungsvorschrift des GG nicht anders ausgelegt werden als dargetan wurde, weil sonst der Grundrechtsteil der Verfassung seine Einheit verlieren und in sich widersprüchlich werden würde, so können diese Folgen der Interpretation des § 114 a Abs. 1 StPO nicht erspart bleiben. Auch der Richter muss selbstverständlich die Verfassung berücksichtigen, wie jede Rechtsprechung naturgemäß nur im Geiste der Verfassung ausgeübt werden kann (vgl. *Arndt,* NJW 1963, 465 [466]). Gebieten die Grundrechte die erwähnte Interessenabwägung, so muss dies auch bei der Anwendung des § 114 a Abs. 1 StPO vorgenommen werden. Dass Verwaltungsvorschriften für den Richter bei Ausübung der rechtsprechenden Gewalt nicht maßgeblich sein dürfen, hat bereits *Odersky* ausgeführt (aaO.).

3. Weit folgenschwerer ist die Beantwortung der Frage, ob aus Gründen des öffentlichen Interesses die Benachrichtigung zurückgestellt oder ganz unterbleiben darf. Während bei einem Widerspruch des Verhafteten in aller Regel nur private Interessen auf dem Spiele stehen, geht es hier um das Wohl der Allgemeinheit oder der Rechtspflege. In der bereits erwähnten Begründung zu dem amtlichen Entwurf des Vereinheitlichungsgesetzes (aaO.) heißt es nach den Ausführungen über die Zulässigkeit eines Widerspruchs des Verhafteten: „Weitere Ausnahmen zuzulassen, erachtet der Entwurf als unvereinbar mit dem GG. Namentlich darf die Benachrichtigung nicht deswegen unterbleiben, weil nach Auffassung des Beamten, der die Untersuchung führt, durch die Mitteilung der Zweck der Untersuchung vielleicht gefährdet erscheinen könnte. Eine solche Ausnahme würde den durch das GG aufgestellten Rechtsgrundsatz zu sehr aushöhlen; es würde in der praktischen Handhabung dann überwiegend auf das Ermessen des entscheidenden Beamten ankommen. Doch darf durch die Art und Weise, in der die Benachrichtigung im Einzelnen vorgenommen oder gestattet wird, auf den Zweck der Untersuchung Rücksicht genommen werden."

Dass die Rücksichtnahme auf den Untersuchungszweck die Benachrichtigung nicht ausschließen darf, ergibt sich auch aus einem Vergleich des Abs. 1 mit Abs. 2 in § 114 a StPO. Nach Abs. 2 darf nämlich der Verhaftete selbst die Benachrichtigung dann nicht vornehmen, wenn hierdurch der Untersuchungszweck gefährdet wird. Diese Einschränkung enthält Abs. 1 nicht, so dass die Rücksichtnahme auf den Untersuchungszweck die Benachrichtigung nicht hemmen oder verhindern darf. Das ist auch der Standpunkt der Erläuterungsbücher (*Maunz-Dürig,* Art 104 Rdn. 43 Nr. 2 b; *Löwe-Rosenberg,* aaO., Anm. I 5 a und II 3; *Schwarz-Kleinknecht,* aaO., Anm. 1 und 3; KM, aaO., Anm. 1 b und 2; *Eb. Schmidt,* aaO., Anm. II 2; *Peters,* „Strafprozess" 1952 S. 333).

Dagegen gibt es sehr beachtliche andere, nicht aus dem Verfahrensrecht, sondern aus dem Strafrecht zu entnehmende Gründe, die im Einzelfall der Benachrichtigungspflicht entgegenstehen können. Die drei bereits genannten Kritiker haben auf die Gefahren hingewiesen, die entstehen können, wenn die Benachrichtigung an Angehörige oder Vertrauenspersonen des Verhafteten erfolgen würde, die in der SBZ wohnen. Diese Gefahren können sowohl persönlicher wie politischer Art sein. War der Verhaftete aus der SBZ geflüchtet und hatte er mit seinen Angehörigen verabredet, dass diese ihm nach Erlangung einer Wohnung und eines Arbeitsplatzes in die Bundesrepublik folgen sollten, so kann die beabsichtigte Familienzusammenführung durch eine von den sowjetzonalen

Polizei- oder Nachrichtenorganen kontrollierte Benachrichtigung vereitelt werden. Darüber hinaus setzen sich diese Angehörigen der Gefahr aus, wegen Mithilfe bei Republikflucht bestraft zu werden. Ähnlich liegen die Fälle, in denen der Verhaftete und seine Familie in der SBZ bereits im Verdacht konspirativer, gegen die SBZ gerichteter Betätigung zugunsten der Bundesrepublik standen und der sowjetzonale Staatssicherheitsdienst in der Verhaftung – zumal im Fall der Selbstgestellung – nur eine Bestätigung des Verdachts sieht, die ihn zum Zugriff gegen die Angehörigen veranlasst. Würde der Richter in diesen Fällen, deren Beispiele aus der Praxis der Bundesanwaltschaft entnommen sind, in blinder Gesetzesgefolgschaft die Benachrichtigung vornehmen, so würde er einen Effekt erzielen, den ein Täter mit der Begehung des Delikts des § 241 a StGB [Politische Verdächtigung] oder unter Verstoß gegen das Berliner Freiheitsschutzgesetz erreicht. Die Erkenntnis dieser möglichen Folgen muss den Richter in eine äußerst bedrängende Konfliktslage bringen. Gesteigert wird das Dilemma dann, wenn nicht nur persönliche Belange, sondern die Staatssicherheit auf dem Spiele stehen, die insbesondere gebieten kann, die Inhaftnahme wenigstens vorerst nicht bekannt werden zu lassen. Das Bekanntwerden der Verhaftung eines Nachrichtenagenten kann nämlich den fremden Spionagedienst zu entscheidenden Maßnahmen veranlassen, die die eigene Spionageabwehr empfindlich benachteiligen oder schwächen. So kann die Erfüllung der Benachrichtigungspflicht das Staatswohl i.S. des § 99 Abs. 2 StGB gefährden, die Tatsache der Festnahme ein Staatsgeheimnis nach § 99 Abs. 1 StGB bedeuten. Nicht anders liegen die Dinge, wenn alsbald erkennbar wird, dass mit der Verhaftung eines Nachrichtenagenten der Schleier über ein ausgedehntes fremdes Spionagenetz gelüftet wird, dem noch zahlreiche weitere Agenten angehören, deren Erfassung durch die unverzügliche Erfüllung der Benachrichtigungspflicht aber vereitelt wird. Hier hat die Benachrichtigung zur Folge, dass die weiteren Angehörigen des Agentenringes entweder nicht unschädlich gemacht oder nicht erkannt werden, ihre Tätigkeit mithin in Zukunft weiter ausüben können. Dass hierdurch das Staatswohl erheblich gefährdet wird, kann nicht in Frage gestellt werden. In derartigen Fällen würde die Erfüllung der Benachrichtigungspflicht zur Freigabe eines Staatsgeheimnisses führen.

Staatsgeheimnisse aber sind, wie der grundlegende Beschluss des BGH vom 22.11.1955 (BGHSt 8, 194 = NJW 1957, 997 = JZ 1957, 720 mit zustimmender Anmerkung von *Eb. Schmidt*) ausführt, von jedermann, also auch von den Behörden und Gerichten zu wahren. So wenig wie in dem den Gegenstand des Beschlusses bildenden Fall der BGH in der Einschränkung des Rechts, sich einen Verteidiger frei wählen zu können, die Rechtsstaatlichkeit verletzt ansah, so wenig kann diese in Mitleidenschaft gezogen werden, wenn die Benachrichtigung in den angeführten Fällen unterlassen wird. Wie der Beschluss ausführt, äußert sich das rechtsstaatliche Prinzip vielgestaltig und es setzt „den Staat voraus, dessen Bestand und Sicherheit die Vorbedingung dafür ist, dass der Einzelne jenen Schutz vor Willkür und Gewalt findet, der das wesentlichste Anliegen der Rechtsstaatlichkeit bildet.

Daraus folgt, dass der Tragweite auch beherrschender Grundsätze Schranken gesetzt sind, wenn ihre ausnahmslose Durchführung andere lebenswichtige Grundsätze und Erfordernisse in Frage stellt". In den Fällen, in denen die Preisgabe eines Staatsgeheimnisses und die Gefährdung des Wohls der Bundesrepublik auf dem Spiel stehen, muss die Benachrichtigung unterbleiben, sofern sich nicht der Richter zum unfreiwilligen, aber deshalb nicht weniger willkommenen Mitarbeiter in dem fremden Nachrichtenapparat machen will. Nicht verkannt wird, dass es natürlich zahlreiche Staatsschutzsachen gibt, in denen solche Gefahren nicht bestehen und das Problem daher nicht relevant wird.

Daraus folgt, dass entsprechend der Auffassung von *Maunz-Dürig* Interessenabwägung nicht nur hinsichtlich der persönlichen Belange des Verhafteten, sondern auch im Hinblick auf die Staatssicherheit und das Staatswohl stattzufinden hat. Die Entscheidung wird im Einzelfall schwierig sein, sie mag auch begründeter Kritik unterliegen, von ihr darf jedoch nicht abgesehen werden.

4. Häufig wird der Richter den Konflikt durch eine flexible Handhabung der Benachrichtigungspflicht vermeiden können. Auf diese Möglichkeit haben die bereits zitierten Ausführungen des Berichterstatters des Bundestags verwiesen. In erster Linie kommt insoweit die Bestellung eines Verteidigers von Amts wegen in Betracht, dem die Verhaftungsnachricht zugestellt werden kann. Bei einem Rechtsanwalt, dem Angehörigen eines unter einem strengen Ehrenkodex stehenden, der Rechtspflege dienenden Standes kann die erforderliche Zuverlässigkeit vorausgesetzt werden; in Staatsschutzsachen kann zudem von den nach den §§ 77, 80 VS[Verschluss-Sache]-Anweisung [des BGH] möglichen Sicherungen Gebrauch gemacht werden. Tatsächlich haben BGH und Bundesanwaltschaft zuweilen diesen Ausweg beschritten, was allerdings bisher die Klärung der Streitfrage durch eine höchstrichterliche Entscheidung verhinderte. Dieser Ausweg wird jedoch nicht immer möglich sein, insbesondere dann nicht, wenn der Verhaftete bereits einen Verteidiger gewählt oder der Pflichtverteidiger gar nicht das Vertrauen des Verhafteten hat. Hier muss sich der Richter in anderer Weise zu helfen suchen, wobei er nach folgenden Gesichtspunkten verfahren darf:

   a) Der Angehörigenbegriff i.S. des Art. 104 Abs. 4 GG, § 114 a StPO ist nicht gleichbedeutend mit dem Angehörigenbegriff i.S. des § 52 Abs. 2 StGB (*Maunz-Dürig*, Art. 104 Rdn. 43 Nr. 4 a; *Schwarz-Kleinknecht* aaO., § 114 a Anm. 1; *Löwe-Rosenberg* aaO., Anm. I 3). Vielmehr ist der Kreis größer und umfasst auch die nur entfernter mit dem Verhafteten verwandten oder verschwägerten oder ihm nahestehende Personen. Wer Vertrauensperson ist, ist von dem subjektiven Standpunkt des Verhafteten aus zu bestimmen, doch steht dem Richter insoweit ein Prüfungsrecht zu, als er die Benachrichtigung eines ihm als Vertrauensperson bezeichneten Adressaten ablehnen darf, wenn es sich bei diesem in Wahrheit nicht um eine Vertrauensperson handelt. Umgekehrt ist der Richter allerdings nicht befugt, seinerseits zu bestimmen, wer Vertrauensperson ist und demgemäß zu benachrichtigen sei (*Maunz-Dürig*, Art. 104 Rdn. 43 Nr. 4 b; KM 4. Aufl. § 114 a Anm. 1 b; *Löwe-Rosenberg* aaO., Anm. I 50; *Eb. Schmidt* aaO., Anm. 8).

b) Weder der Verhaftete noch seine Angehörigen und Vertrauenspersonen haben ein Recht auf Benachrichtigung gerade eines bestimmten Adressaten, vielmehr hat der Richter nach pflichtgemäßem Ermessen unter mehreren ihm benannten oder bekannten Angehörigen oder Vertrauenspersonen eine Auswahl zu treffen (*Maunz-Dürig*, Art. 104 Rdn. 43 Nr. 3 b und c; KM § 114 a Anm. 1 b). Dass er hierbei verständigen und begründeten Wünschen des Verhafteten Folge leisten wird, sollte selbstverständlich sein. So hat in einem bei der Bundesanwaltschaft bearbeiteten Verfahren die aus der SBZ stammende Verhaftete, die Angehörige auch nur in der SBZ hatte, nach einigen Tagen Bedenkzeit die Anschrift eines befreundeten, unverdächtigen Ehepaares in der Bundesrepublik angegeben, das der Richter dann verständigte. Dadurch werden die Rechte des Verhafteten selbst aus § 114 a Abs. 2 StPO nicht verkürzt.

Insgesamt verbleibt dem Richter danach ein gewisser Spielraum, der es ihm gestattet, dem Gesetz einerseits und den Erfordernissen der Rechtspflege andererseits Rechnung zu tragen. Er wird daher auch in den problematischen Fällen nicht ohne weiteres zur Unterlassung der Benachrichtigung genötigt sein. Versagt jedoch dieses System der Aushilfen, so muss sich der Richter in den genannten Konfliktsfällen zur ultima ratio des Versagens durchringen. Dabei mag es ihn trösten, dass die Unterlassung der Benachrichtigung keinen Revisionsgrund abgibt, jedenfalls dann nicht, wenn sie nicht dem erkennenden Gericht zur Last fällt (aaO.). Dagegen ist die Entscheidung des Richters mit der Beschwerde anfechtbar (KM § 114 a Anm. 4, § 115 Anm. 1), und zwar sowohl seitens des Verhafteten bzw. seines Verteidigers wie auch seitens der Staatsanwaltschaft. Die Angehörigen und Vertrauenspersonen ihrerseits haben keine Beschwerdebefugnis, weil sie kein subjektives Recht auf Nachricht haben. Ihnen steht daher auch nicht die Verfassungsbeschwerde wegen Verletzung des Art. 104 Abs. 4 GG zu (*Maunz-Dürig*, Art. 104 Rdn. 43 Nr. 3 a).

5. Zum Schluss sei noch die Frage erörtert, wer die Benachrichtigung vorzunehmen hat. Insoweit besteht Einigkeit darüber, dass die Erfüllung dieser Pflicht in die richterliche Zuständigkeit fällt, nicht aber in die der Staatsanwaltschaft, der Polizei oder der Haftanstalt. Bestritten ist nur, ob derjenige Richter, der den Haftbefehl erlassen hat (§ 114 StPO), oder der Richter, dem der Häftling vorgeführt wird (§ 114 c StPO), die Benachrichtigung vorzunehmen hat. Man wird sich hier für die erstere Lösung entscheiden müssen (*Maunz-Dürig*, Art. 104 Rdn. 43 Nr. 6; KM § 114 a Anm. 1 d; offenbar auch *Eckels*, NJW 1959, 1610; anderer Ansicht *Löwe-Rosenberg* aaO., Anm. I 5 e; *Eb. Schmidt* aaO., Anm. 6; *Dalcke* aaO., § 114 a Anm. 3). Denn § 114 c StPO bezweckt im

Wesentlichen nur, den Häftling dann unverzüglich auf freien Fuß zu setzen, wenn der Haftbefehl inzwischen aufgehoben oder in Wirklichkeit gar nicht ergangen ist oder eine Personenverwechslung vorliegt (vgl. *Schwarz-Kleinknecht* aaO., § 114 c Anm. 2; KM aaO., § 114 c Anm. 5). Gewiss schreibt sowohl Art. 104 Abs. 4 GG wie auch § 114 a Abs. 1 StPO die unverzügliche Benachrichtigung vor. Die mit ihr verknüpften Fragen sind jedoch, wie darzulegen versucht wurde, häufig so verwickelt und folgenschwer, dass der durch eine Vorführung oft überraschte „nächste Amtsrichter" die Hintergründigkeit gar nicht erkennt und mit einer überstürzten Benachrichtigung beträchtlichen Schaden anrichten kann. Auch derjenige, der die Benachrichtigungspflicht nach § 114 c StPO geregelt sehen will, räumt dem Vorführungsrichter die Befugnis ein, in umgekehrten Fällen die Benachrichtigung dem Haftrichter zu überlassen. Zu dieser Fallkategorie sollten unter jedem Gesichtspunkt die Staatsschutzsachen gezählt werden. Als Mindestforderung sollte daher auch an den, der der zweiten Lösungsmöglichkeit zuneigt, das Verlangen gestellt werden, in Staatsschutzsachen die Benachrichtigung dem Haftrichter vorzubehalten, der die Dinge besser übersehen kann. Die Auslegung des Begriffs „unverzüglich" verträgt durchaus diesen – nur kurzen – Aufschub.

Polizei und Haftanstalt sollten – wiederum zumindest in Staatsschutzsachen – die Hände von der Benachrichtigung lassen. Sie sind in aller Regel mit der Schwierigkeit des Problems nicht vertraut, von den verfassungs- und verfahrensrechtlichen Vorschriften auch nicht angesprochen. Stellen sie die Unterlassung der Benachrichtigungspflicht fest, so sollten sie den Richter hierauf aufmerksam machen, nicht aber an seiner Statt die Benachrichtigung vornehmen, die der Richter möglicherweise wohlweislich unterlassen hat. Eher kann der Staatsanwalt diese Befugnis ausüben, wenn er dies auch nicht zu tun braucht (vgl. *Kohlhaas,* aaO.); hat die Staatsanwaltschaft bereits Nachricht gegeben, so braucht der Richter sich nicht nochmals seinerseits dieser Obliegenheit zu unterziehen. Dagegen dürfte der Richter nicht genötigt sein, vor der Erfüllung der Benachrichtigungspflicht die Staatsanwaltschaft anzuhören; diese Pflicht gehört nicht zu den Entscheidungen, die das Prinzip des rechtlichen Gehörs (Art. 103 Abs. 1 GG) oder § 33 StPO im Auge haben. Dagegen wird der vorsichtige Haftrichter in bedenklichen oder zweifelhaften Fällen durchaus Veranlassung nehmen können, die Ansicht der Staatsanwaltschaft einzuholen; diese erhält damit Gelegenheit, den Richter auf ihm vielleicht noch unbekannte Gesichtspunkte hinzuweisen, die etwa der Benachrichtigung überhaupt oder der Benachrichtigung eines bestimmten Adressaten im Wege stehen.

GStA Dr. Dünnebier referierte als Korreferent: Die Pflicht, einen Angehörigen oder Vertrauten des Untersuchungsgefangenen über die Anordnung der Untersuchungshaft und über Entscheidungen, die ihre Fortdauer betreffen, zu benachrichtigen, ist ein Verfassungsauftrag. Art. 104 Abs. 4 GG gilt unmittelbar. Er hat aber für den Strafprozess seine Ausformung in § 114 a Abs. 1 StPO gefunden. Von dieser Vorschrift hat die Auslegung auszugehen. Soweit es auf den Verfassungscharakter der Norm ankommt, ist auf Art. 104 Abs. 4 GG zurückzugreifen.

I. Als Fälle, bei denen es in Betracht kommen könnte, von der Benachrichtigung abzusehen, sind denkbar:

1. Der Gefangene benennt keine Angehörigen oder Vertrauten.
2. Der Gefangene verzichtet auf eine Benachrichtigung oder widerspricht ihr.
3. Angehörige oder Vertraute oder der Gefangene wird durch die Benachrichtigung gefährdet.
4. Die Sicherheit des Staates wird durch die Benachrichtigung gefährdet.

1. Benennt der Gefangene keinen Angehörigen oder Vertrauten, so wird damit der Gesetzesauftrag nicht hinfällig. Der Richter hat zumutbare Ermittlungen anzustellen. Bringen sie kein Ergebnis oder hat er keinen Anhaltspunkt für Rückfragen (Verhaftung eines Heimatlosen), dann kann er seiner Verpflichtung nicht nachkommen. Da sie auf einem Verfassungsauftrag beruht, wird er nicht leichthin verfahren dürfen; übermäßiger Ermittlungsaufwand ist aber nicht notwendig. Ergeben die zur Sache betriebenen weiteren Ermittlungen Anhaltspunkte, ist ihnen nachzugehen. Ermöglichen sie die Benachrichtigung, ist sie nachzuholen.

Das ist problemlos. Aber dass ein Gesetzesbefehl in einigen Fällen nicht durchgeführt werden kann, darf nicht – wie es oft geschieht (*Händel*, NJW 1959, 545; *Eckels*, NJW 1959, 1908) – zum Ausgangspunkt für die Beweisführung genommen werden, dass er auch in anderen Fällen nicht befolgt zu werden braucht. Wer es sich beim Leichten schwer macht, hat es dann beim Schweren leicht.

2. Die Probleme beginnen bei der Beurteilung des Verzichts und des Widerspruchs des Gefangenen gegen die Benachrichtigung. Die Benachrichtigung ergeht im öffentlichen Interesse; für dieses sind Verzicht und Widerspruch des Gefangenen bedeutungslos. Das öffentliche Interesse an der Benachrichtigung, das Verzicht und Widerspruch des Gefangenen ausschließt, ist nach der Entstehungsgeschichte zweifelsfrei. Der Regierungsentwurf (Anl. 3 zur BT-Drucks. 530) hatte die Benachrichtigung nur hilfsweise vorgesehen für den Fall, dass der Verhaftete sie nicht selbst vornahm, und nicht gegen seinen begründeten Widerspruch. Die gegenwärtige Fassung wurde vom Bundesrat vorgeschlagen (Anl. II zur BT-Drucks. 530) mit der Begründung, die Neufassung diene der Angleichung an Art. 104 GG, der gleicherweise dem öffentlichen Interesse und dem der Angehörigen diene. Die Bundesregierung stimmte der Änderung zu (Anl. III zur BT-Drucks. 530). Auch der Rechtsausschuss des Bundestags übernahm sie mit dem Hinweis auf das öffentliche Interesse (Vhdlg. des 23. Ausschusses, S. 56). Im Bundestag wurde die Vorschrift angenommen, nachdem der Berichterstatter

Greve erklärt hatte, „die Bedenken, dass möglicherweise die Verhaftung… unangenehme Folgen persönlicher, wirtschaftlicher und beruflicher Art mit sich bringen kann und aus diesem Grunde die Bekanntgabe der Verhaftung nicht tunlich sei", könnten nach dem GG nicht durchschlagen (BT-Prot. I 2881 D).

Der Wille des Gesetzgebers ist danach so klargestellt, wie es selten der Fall ist (LG Frankfurt a.M., NJW 1959, 61). Zusätzlich wird die Interpretation aus der Entstehungsgeschichte durch folgende systematischen Ergänzungen gestützt: § 114 a Abs. 1 StPO, der die Benachrichtigung von Amts wegen gebietet, wird ergänzt durch § 114 a Abs. 2 StPO. Nach dieser Vorschrift ist dem Gefangenen Gelegenheit zu geben, selbst einen Angehörigen oder eine Vertrauensperson von der Verhaftung zu benachrichtigen. Aus den Verschiedenheiten des Inhalts von Abs. 1 und Abs. 2 folgt, dass es im Rahmen von Abs. 1 nicht auf den Willen des Verhafteten ankommen kann. Denn Abs. 1 wäre in Bezug auf die Benachrichtigung von der Verhaftung überflüssig, wollte man auch bei ihm auf den Willen des Verhafteten abstellen (*Lorenzen,* SchlHA 1959, 166). Der Vergleich der beiden Absätze lässt auch erkennen, welche Bedeutung der Gesetzgeber der Amtsbenachrichtigung zuerkennt: Nach Abs. 2 erhält der Verhaftete die Gelegenheit zur eigenen Benachrichtigung nur, wenn durch sie der Zweck der Untersuchung nicht gefährdet wird; die Pflicht zur amtlichen Benachrichtigung nach Abs. 1 ist nicht in dieser Weise eingeschränkt. Das „lässt einen Schluss auf den sehr hohen Rang zu, den der Gesetzgeber der amtlichen Benachrichtigung beigemessen hat. Man kann nicht annehmen, dass eine Benachrichtigungspflicht, die sogar bei Gefährdung wichtiger öffentlicher Belange (der Strafverfolgung) besteht, zur Disposition des Gefangenen sollte gestellt sein" (*Lorenzen,* S. 166).

Widerspricht der Gefangene mit der Begründung, die Benachrichtigung gefährde ihn oder den Empfänger, dann kann, was noch zu erörtern sein wird, der Widerspruchsgrund Anlass bieten, die Nachricht zu unterlassen; auf den Widerspruch selbst kommt es nicht an.

Der Referent misst dem Widerspruch Bedeutung bei, wenn durch die Benachrichtigung die Würde des Gefangenen (Art. 1 Abs. 1 1 GG; *Händel,* NJW 1959, 544) oder durch Ausschaltung seines Willens die Entfaltung seiner Persönlichkeit (Art. 2 Abs. 1 GG; *Eckels,* NJW 1959, 1908) angetastet würde. Er folgert das aus der Annahme, bei Art. 104 Abs. 4 GG stehe im Vordergrund das Interesse des Gefangenen. Dieser von *Maunz-Dürig* (43 zu Art. 104) aufgestellten Ansicht steht die andere entgegen, dass Art. 104 Abs. 4 GG Schutzvorschrift zugunsten der Allgemeinheit sei. *Lorenzen* bezeichnet diese Ansicht – mit Nachweisen – als die herrschende (SchlHA 1959, 167), und ich stimme dieser Charakterisierung und der herrschenden Ansicht zu.

Zur Beurteilung der Streitfrage ist zu erforschen, welchem Zweck Art. 104 Abs. 4 GG gewidmet ist. Die Materialien geben, soweit ersichtlich, keinen Aufschluss. Allgemein und auch vom Referenten wird aber die Ansicht *von Mangoldts* (GG, 1. Aufl., Anm. 2 zu Art. 104) akzeptiert, durch die Benachrichtigung solle verhindert werden, dass die öffentliche Gewalt einen Staatsbürger spurlos verschwinden lassen könne. Der Sinn der Vorschrift ist daher in der Sicherung der Gewissheit für jedermann zu sehen, dass niemand ohne Wissen eines Angehörigen oder einer Vertrauensperson in Haft ist. Die Bestimmung dient, wie der Grundsatz der Öffentlichkeit, in deren Kreis sie gehört (*Lorenzen*, S. 167), dem Vertrauen in die Rechtspflege. Alsdann ist sie, wenn auch mit dem Ziel des Schutzes individueller Interessen, eine Schutzvorschrift zugunsten der Allgemeinheit (*Dallinger*, SJZ 1950, 738).

Hätte man nur auf § 114 a Abs. 1 StPO abzustellen, dann legte dessen ratio, die Tatsache der Verhaftung einer gewissen Öffentlichkeit zukommen zu lassen, eine Übertragung des Gedankens des § 172 GVG nahe: Die Öffentlichkeit der Verhandlung kann bedeutende Schäden für den Angeklagten, für Zeugen, aber auch für den Verletzten und den Staat (Verfahren wegen Beleidigung, Bestechlichkeit) mit sich bringen. Grundsätzlich müssen die Beteiligten sie hinnehmen. Nur besonders eingreifende Folgen (Gefährdung der öffentlichen Ordnung, namentlich der Staatssicherheit, der Sittlichkeit oder eines wichtigen Geschäfts- und Betriebsgeheimnisses) werden dadurch ausgeschlossen, dass auf die Öffentlichkeit der Verhandlung verzichtet wird.

Die Übernahme dieser Regeln auf § 114 a Abs. 1 StPO ist indessen grundsätzlich ausgeschlossen. Denn Art. 104 Abs. 4 GG schreibt die Nachricht von der Verhaftung mit Verfassungskraft vor, ohne Gesetzesvorbehalt und ohne Beschränkungen. Grundsätzlich ist daher eine einengende Auslegung des GG abzulehnen. Das „geltende Recht zu ändern ist… Sache des Gesetzgebers, und zwar des Verfassungsgesetzgebers" (*Lorenzen*, S. 168). Immerhin sind für Ausnahmefälle einengende Auslegungen nicht völlig undenkbar; sie sind aber von vornherein nur beschränkt möglich.

Ist ein Grundrecht mit einem Gesetzesvorbehalt ausgestattet, dann ist das Gesetz nicht als einseitige Beschränkung der Geltungskraft des Grundrechts aufzufassen. Vielmehr „findet eine Wechselwirkung in dem Sinne statt, dass die allgemeinen Gesetze zwar dem Wortlaute nach dem Grundrecht Schranken setzen, ihrerseits aber aus der Erkenntnis der wertsetzenden Bedeutung dieses Grundrechts ausgelegt und so in ihrer das Grundrecht begrenzenden Wirkung selbst wieder eingeschränkt werden müssen" (BVerfGE 7, 209). Daraus folgt, dass der Verfassungsbefehl soweit als möglich aufrecht zu erhalten ist. Muss man eine Einschränkung durch das vorbehaltene Gesetz zugestehen, dann ist im Einzelfall abzuwägen, wie weit die Einschränkung des Grundrechts gehen darf. Diese Grundsätze müssen erst recht gelten, wenn eine Verfassungsbestimmung, mag sie ein Grundrecht oder einen schlichten Verfassungsbefehl enthalten, keinen Gesetzesvorbehalt enthält, sondern aufgrund anderer Erwägungen einer Einschränkung unterworfen werden soll. Unter Beachtung dieser Schranken müssen freilich solche Einschränkungen von Art. 104 Abs. 4 anerkannt werden.

Die Frage, wie Möglichkeiten, die Verfassung einzuengen, juristisch konstruiert werden können, ist bei der Ausübung der Grundrechte mehrfach behandelt worden. Einmal wird folgender Weg beschritten: Man betrachtet die einzelnen Freiheitsrechte als Ausflüsse des allgemeinen Freiheitsrechts des Art. 2 Abs. 1 GG. Die durch die zuletzt genannte Grundrechtsbestimmung eingeräumte allgemeine Freiheitssphäre wird von vornherein eingeengt durch die Unverletzlichkeit der Rechte anderer. Soweit demnach die freie Betätigung diese verletzt oder ernsthaft bedroht, bewegt sich der Einzelne nicht mehr im Rahmen seines Rechtes.

Zum anderen wird die Lehre von den immanenten Schranken der Grundrechte vertreten. Sie findet sich nicht nur im Schrifttum, sondern hat auch in der Rechtsprechung Anerkennung erlangt (BGH DVBl. 1953, 471; BVerwG NJW 1954, 524). Diese Lehre leugnet den oben angenommenen juristischen Zusammenhang zwischen Art. 2 Abs. 1 GG und den einzelnen nachfolgenden Rechten. Dagegen soll jedes Grundrecht immanente ungeschriebene Schranken enthalten, die durch Gemeinschaftsbelange gezogen werden. Unterschiedlich sind allerdings die Auffassungen darüber, wie weit diese Schranken vorgeschoben werden können. Während der BGH im Ergebnis inhaltlich doch wieder auf die Grenzen des Art. 2 Abs. 1 kommt, wollen andere weitergehen. Das BVerwG hat wiederholt die Meinung geäußert (BVerwGE 1, 48; 2, 295; 5, 153), es gehöre zum Inbegriff aller Grundrechte, dass sie nicht in Anspruch genommen werden dürfen, wenn dadurch die für den Bestand der Gemeinschaft notwendigen Rechtsgüter gefährdet werden. Nach diesen mehr dogmatisch als praktisch gelungenen Lösungsversuchen, Verfassungsnormen ohne Gesetzesvorbehalt einzugrenzen, kommt es letztlich – ähnlich wie bei Grundrechten mit Gesetzesvorbehalt – auf eine Abwägung im Einzelfall an.

Man wird befugt sein, die für die Ausübung der Grundrechte gewonnenen Ergebnisse auf Art. 104 Abs. 4 GG anzuwenden. Dabei ist es gleichgültig, ob er, wie *Dürig* annimmt (43 zu Art. 104), ein subjektives Grundrecht enthält, oder ob er, wie *Lorenzen* (S. 166) meint, ein Verfassungsgebot an die rechtsprechende Gewalt darstellt. Denn dem Referenten ist darin zuzustimmen, dass dieses Gebot auf jeden Fall grundrechtsartigen Charakter hat. Allerdings wird man zugleich im Auge behalten müssen: Dem Verfassungsgesetzgeber ist nicht entgangen, dass die Publizität der Haft – ebenso wie die Öffentlichkeit der Verhandlung – höchst nachteilige Folgen haben kann. Das erweisen die zitierten Ausführungen Greves eindeutig. Gleichwohl hat er den Befehl des Art. 104 Abs. 4 GG ohne Einschränkung gegeben; er hat es verschmäht, die Einschränkungen des § 172 GVG zu übernehmen, obwohl sie als Erfahrungsschatz bereit lagen. Wenn man den Befehl des GG nicht verfälschen will, muss man es daher ablehnen, das GG aus Erwägungen einzuschränken, die dem Verfassungsgesetzgeber bekannt gewesen sind. Damit scheiden Rücksichten auf Ruf, Fortkommen, Familienwohl und ähnliches aus. Das hat die Konstituante selbst gewogen und zu leicht befunden.

3. Das Gleiche kann man indessen nicht von dem Fall sagen, dass der Mitteilungsempfänger durch die Benachrichtigung gefährdet wird. Die Gefährdung liegt nicht nahe, ist aber in einzelnen Fällen nicht auszuschließen. Hat der Gefangene „Republikflucht" aus der SBZ oder aus Ostberlin begangen, dann kann dieser Umstand dort bei einer Briefkontrolle bekannt werden, wenn durch sie die Benachrichtigung an einen Angehörigen in der SBZ oder in Ostberlin erfasst wird. Maßnahmen gegen die Angehörigen (Untersuchung wegen Beihilfe, verstärkte Briefkontrolle) können dann erwartet werden.

Es liegt auf der Hand, dass in einzelnen Fällen die Gefährdung durch Auswahl des Mitteilungsempfängers vermieden oder wenigstens vermindert werden kann. Darauf kann man aber nicht abstellen. Es ist vielmehr zu fragen, wie zu verfahren ist, wenn eine Gefährdung zu erwarten und auf keine andere Weise auszuschließen ist, als durch das Unterlassen der Benachrichtigung. Hierzu wird man feststellen dürfen, dass bei Erlass des GG nicht vorauszusehen war, ein Angehöriger könne in seiner Freiheit und Menschenwürde durch die Benachrichtigung gefährdet werden. Nach den oben entwickelten Grundsätzen ist daher, wenn durch die Benachrichtigung die ernstliche Gefährdung der Rechte anderer zu erwarten ist, im Einzelfall abzuwägen, ob die Benachrichtigung zur Vermeidung der Gefährdung zurückgestellt werden kann.

Dass der Gefangene selbst durch die Benachrichtigung gefährdet werden könnte, ist schwer vorstellbar. Zur Zeit der Benachrichtigung ist er in Haft. Stammt er aus Gebieten, wo er bei seiner Rückkehr wegen seines Aufenthalts in der Bundesrepublik eine ernstliche Gefährdung zu erwarten hat, dann mag er hier bleiben. Hat er eine Gefährdung in der Bundesrepublik zu befürchten (Agentenmord), dann gehört er zu so wichtigen Persönlichkeiten, dass das Verfahren selbst in dem anderen Gebiet nicht geheim bleiben kann. Alsdann tritt die Gefährdung nicht, wenigstens nicht maßgeblich, durch die Benachrichtigung ein. Wegen einer angeblichen Gefährdung des Angeklagten selbst wird daher grundsätzlich die Benachrichtigung nicht unterbleiben können, doch sind seltene Ausnahmefälle denkbar, die nach den soeben entwickelten Richtlinien zu behandeln sind.

4. Die bis hierher geführten Untersuchungen liefern auch die Antwort auf die Frage, ob von einer Benachrichtigung abgesehen werden kann, wenn zu befürchten ist, sie werde die Sicherheit des Staates gefährden. Dass die Staatssicherheit durch die Benachrichtigung, wenn sie in die Hand eines ausländischen Nachrichtendienstes fällt, gefährdet sein kann, wird – wenn auch nur für wenige Fälle – zu bejahen sein. Freilich muss man einen Irrtum vermeiden: Der Verlust von möglichen nachrichtendienstlichen Gewinnen, die einzuholen wären, wenn die Verhaftung unbekannt bliebe, ist keine Staatsgefährdung. Eine solche läge aber etwa vor, wenn mit der Verhaftung eigener Agenten zu rechnen ist, falls sie nicht zurückgerufen werden können, bevor die Verhaftung bekannt wird.

Für den Grundsatz ergibt sich die Antwort aus der schon oben verwendeten Erwägung: Der Verfassungsgesetzgeber hat das Gebot unbeschränkt aufgestellt. Mit Überlegungen, die er selbst anstellen konnte, kann man es alsdann nicht einengen. Mit Sicherheit aber hat der Parlamentarische Rat bei Schaffung des Art. 104 Abs. 4 GG auch an Personen gedacht, die als Agenten einer fremden Macht verhaftet werden; gleichwohl hat er das Gericht angewiesen zu benachrichtigen. Man wird sogar mit gutem Grund sagen können, dass er die Benachrichtigungspflicht gerade für den Fall eingeführt hat, dass Personen aus Interessen des Staatsschutzes festgenommen werden. Nach den traurigen und schmerzlichen Erfahrungen, die in der nationalsozialistischen Zeit gemacht worden sind, wollte man zusätzliche Sicherungen schaffen. Man hatte erlebt, dass der Staat gerade dann geneigt war, Personen spurlos aus der Öffentlichkeit verschwinden zu lassen, wenn es darum ging, mit dem politischen Gegner fertig zu werden (vgl. BVerfGE 6, 188). Wenn man daher aus Gründen der Staatssicherheit von einer Benachrichtigung absehen will, so kann man nicht wie bei der Frage der Gefährdung davon ausgehen, dass der Tatbestand für den Gesetzgeber nicht voraussehbar war. Wer Art. 104 Abs. 4 GG in Staatsschutzsachen einschränken will, muss vielmehr nachweisen, dass seit 1949 Möglichkeiten der Gefährdung erwachsen sind, die sich der Verfassungsgesetzgeber nicht vorstellen konnte. Wer das bejahen kann, darf für diese Fälle neuer Gefahren – und nur für diese – im einzelnen Fall abwägen, ob die Benachrichtigung zurückgestellt werden kann, um einer erheblichen konkreten durch die Benachrichtigung drohenden Gefahr entgegenzutreten.

Bei der Abwägung muss klar erkannt werden, dass die Benachrichtigung vornehmlich im Interesse der Allgemeinheit liegt. Es steht nicht ein Einzelinteresse dem Allgemeininteresse gegenüber; vielmehr ist zwischen zwei Grundsätzen abzuwägen, die gleicherweise im Interesse der Allgemeinheit liegen. Es ist ferner im Auge zu behalten, dass der Verfassungsgesetzgeber grundsätzlich die Abwägung selbst getroffen hat, indem er von einer Einschränkung oder von einem – an sich naheliegenden – Gesetzesvorbehalt abgesehen hat. Es bleibt daher allenfalls Raum für Fälle schwerster Schädigungen, die der Gesetzgeber nicht voraussehen konnte. Will man in Bezug auf diese für die Abwägung eine Anleitung suchen, so sollte man den Zweck des Staatsschutzes nicht vergessen:

Wir schützen den Staat, um unsere Freiheiten, unsere Rechte und unsere demokratische Grundordnung und damit auch Art. 104 Abs. 4 GG aufrechtzuerhalten. Wir sind nicht befugt, aus Übereifer das selbst preiszugeben, was Gegenstand unseres Schutzes ist. Nur äußerste Gefahr kann uns dazu zwingen. Droht die Gefahr in vielen Fällen, dann ist es unsere Pflicht, die Entscheidung des Gesetzgebers anzurufen. Wir haben ein arbeitsfähiges Parlament. Regierungsparteien und Opposition stimmen in vielen Fragen überein. Daher ist eine Grundgesetzänderung nicht nur verfassungsrechtlich, sondern auch tatsächlich möglich; eine etwaige Ablehnung wäre als wirkliche Willensentscheidung des Parlaments und nicht als bloßes Ergebnis einer Obstruktion anzusehen. Wehe uns, wenn es Richter und Staatsanwälte wären, die den Satz Carpzows in Deutschland wieder zur

Geltung brächten: In delictis atrocissimis propter criminis enormitatem jura transgredi licet (pars III, qu. 102 Nr. 66).

II. Zu der Frage, an wen sich der Befehl des GG und der StPO richtet, will ich wenig sagen, weil sie m.E. inzwischen entschieden ist.

Sowohl Art. 104 Abs. 4 GG als auch § 114 a Abs. 1 StPO nennt keinen Normadressaten. Man könnte daraus schließen, dass der Befehl an die Rechtspflege schlechthin geht. Daraus würde folgen, dass der Staatsanwalt benachrichtigen kann, wenn der Richter die Benachrichtigung vergisst, oder wenn er sie unterlässt, ohne ausdrücklich Entschließung zu fassen. Für den Fall einer (negativen) Anordnung dagegen käme die Beschwerde in Betracht.

Diese Auslegung erachte ich nicht mehr für zulässig. Denn im Entwurf der Strafprozessnovelle (BT-Drucks. § 114 b Abs. 1 Satz 2; [so auch die Novelle]) ist die Bestimmung vorgesehen, dass für die Anordnung der Richter zuständig ist. Dieser Satz verträgt keine andere Auslegung, als dass unter Anordnung nicht nur die zu verstehen ist, dass die Benachrichtigung ergehen solle, sondern auch die, dass sie zu unterbleiben habe. Die Vorschrift ist vom Bundesrat im ersten Durchgang, vom Rechtsausschuss des Bundestags (BT-Drucks. IV/1020) und in zweiter Lesung vom Bundestag selbst angenommen worden (BT-Prot. IV/3107 B). Für die dritte Lesung und für den zweiten Durchgang im Bundesrat ist keine Änderung zu erwarten. Man muss daher schon heute den Zusatz als authentische Interpretation ansehen. Alsdann wird die Folgerung geboten sein, dass keine andere Stelle als der Richter benachrichtigen darf, gleichviel ob der Richter die Benachrichtigung aus Lässigkeit, aus Versehen oder mit Absicht unterlassen hat, und gleichviel ob er das ausdrücklich beschlossen oder ob er nichts gesagt hat. Der Staatsanwalt ist auf den Weg der Beschwerde angewiesen. Entgegen der Ansicht des Referenten bin ich allerdings der Ansicht, dass das Gericht nach § 33 die Staatsanwaltschaft hören muss, wenn es von einer Benachrichtigung absehen will. Die Benachrichtigung ergeht im öffentlichen Interesse; das zu wahren sind wir da. Wir werden uns nicht damit trösten, dass die Unterlassung der Benachrichtigung in der Regel keinen Revisionsgrund abgibt. Vielmehr werden wir, gerade weil das so ist, unseren Einfluss auf den Richter zu nehmen suchen, der die Revision nicht zu fürchten braucht.

Die *GStA Dr. Bauer* und *Buchholz* stimmten der Auffassung von GStA Dr. Dünnebier zu. *GStA Dr. Bauer* führte aus, in Hessen werde die Benachrichtigung uneingeschränkt durchgeführt. In Staatsschutzsachen lägen allerdings noch keine praktischen Erfahrungen vor. Für den Fall, dass weder Angehörige noch Vertrauenspersonen vorhanden seien oder benannt würden, habe er den Richtern vorgeschlagen, auf den Verhafteten einzuwirken, dass er mit der Benachrichtigung eines Bewährungshelfers als Person seines Vertrauens einverstanden sei. Die Befürchtung, dass durch eine Benachrichtigung weitere Tatbeteiligte gewarnt und einer Bestrafung entzogen werden könnten, sei kein Grund, von dieser abzusehen.

GStA Dr. Kleinknecht vertrat die Auffassung, dass Rücksichten auf die persönlichen Belange des Festgenommenen die Benachrichtigungspflicht nicht aufheben könnten.

Diese Belange dürften nur bei der Auswahl des Adressaten der Benachrichtigung berücksichtigt werden. Hat der Verhaftete wichtige, anerkennenswerte Gründe dafür, dass keiner seiner Angehörigen und keine von den ihm sonst nahestehenden Personen benachrichtigt werden sollen, so kann im Einverständnis mit ihm eine sonstige Person als Empfänger der Benachrichtigung ausgesucht und gewissermaßen zur Person seines Vertrauens bestellt werden. Zum Beispiel ein Bewährungshelfer, der im Bereich des Wohnorts des Beschuldigten tätig ist. Es müsste nur darauf geachtet werden, dass die Benachrichtigung nicht zu einer bloßen Farce werde.

Wenn durch die Mitteilung – was zum Beispiel in Staatsschutzsachen denkbar sei – das Leben oder die Freiheit anderer gefährdet würde, also zwei verfassungsrechtliche Grundsätze miteinander in Widerspruch gerieten, dürfte es rechtlich zulässig sein, von der Benachrichtigung abzusehen, und zwar nach dem Grundgedanken des „Verbots des Übermaßes" im Bereich der prozessualen Maßnahmen, das vom BVerfG aus dem GG selbst abgeleitet worden sei.

Zum Punkt 5 der TO „Die Rechtsprechung des BGH zum Sachverständigenbeweis" sprach *BA Herlan* [weggelassen].

Eine Diskussion fand nicht statt, weil der Vortrag nach Gegenstand und Form – mit den zahlreichen Rechtsprechungszitaten – seinen hohen Wert vor allem in der schriftlichen Darstellung hat, die möglichst allen Staatsanwälten zur Verwertung in der Praxis zugänglich gemacht werden soll.

Zum Punkt 7 der TO, der im allgemeinen Einverständnis vorweg behandelt wurde, *„Konkrete oder abstrakte Rechtsmittelbelehrung bei Einstellungsbescheiden"* sprach *GStA Günther:* [...] Angesichts dieser notorischen Unergiebigkeit des Klageerzwingungsverfahrens lässt es sich schon aus rein prozessökonomischen Gründen kaum vertreten, an der konkreten Rechtsmittelbelehrung festzuhalten. Sie bürdet dem Dezernenten eine Mehrbelastung auf, die in keinem angemessenen Verhältnis zu den Bedürfnissen der Praxis steht. Ist es schon nicht möglich, ihn von der Belehrungspflicht zu entbinden, so sollte es ihm doch, *soweit* das im Rahmen des Gesetzes zulässig erscheint, erleichtert und jedenfalls nicht unnötig erschwert werden, ihr nachzukommen. Dem Anliegen des Referats, unsere Staatsanwälte auf diese Weise zu entlasten, wäre abgeholfen, wenn es künftig, meinem Vorschlag entsprechend, bei einer abstrakt gefassten Belehrung bewenden könnte.

Die *GStA Dr. Dünnebier* und *Woll* erklärten, in ihren OLG-Bezirken würden den Betroffenen konkrete Rechtsmittelbelehrungen erteilt. Der Staatsanwalt prüfe in jedem Einzelfall, ob dem Anzeiger ein Beschwerderecht nach § 172 StPO zustehe. In Zweifelsfällen erhalte der Anzeiger eine kurze Begründung, weshalb ihm nach Ansicht der

Staatsanwaltschaft kein formelles Beschwerderecht zustehe; fürsorglich werde jedoch auf § 172 Abs. 1 StPO hingewiesen.

Zum Punkt 9 der TO, der im allgemeinen Einverständnis vorweg behandelt wurde, *„Vergehen der Dienstflucht nach § 37 des Gesetzes über den zivilen Ersatzdienst – Behandlung im Strafverfahren und in der Vollstreckung"* sprach *GStA Dr. Nehm:* I. Art. 4 Abs. 3 Satz 1 GG bestimmt, dass niemand gegen sein Gewissen zum Kriegsdienst *mit der Waffe* gezwungen werden dürfe. – Noch vor der Verkündung des *Wehrpflichtgesetzes* vom 21.7.1956 – es gilt heute in der Fassung der Bekanntmachung vom 25.5.1962 (BGBl. I S. 349) – wurden durch das Gesetz zur Ergänzung des Grundgesetzes von 1956 (BGBl. I S. 111) dem Art. 12 Abs. 2 GG die folgenden drei Sätze hinzugefügt: „Wer aus Gewissensgründen den Kriegsdienst mit der Waffe verweigert, kann zu einem *Ersatzdienst* verpflichtet werden. Die Dauer des Ersatzdienstes darf die Dauer des Wehrdienstes nicht übersteigen. Das Nähere regelt ein Gesetz, das die Freiheit der Gewissensentscheidung nicht beeinträchtigen darf und auch eine Möglichkeit des Ersatzdienstes vorsehen muss, die in keinem Zusammenhang mit den Verbänden der Streitkräfte steht."

Das Gesetz, das sowohl im Sinne des Art. 4 Abs. 3 Satz 2 auch in dem des Art. 12 Abs. 2 Satz 4 GG die näheren Bestimmungen trifft, ist das bereits erwähnte Wehrpflichtgesetz. Es enthält in den §§ 25 bis 27 Vorschriften für Kriegsdienstverweigerer. Den für unser Thema besonders bedeutsamen § 25 darf ich im Wortlaut wiedergeben: „Wer sich aus Gewissensgründen der Beteiligung an jeder Waffenanwendung zwischen den Staaten widersetzt und deshalb den Kriegsdienst mit der Waffe verweigert, hat *statt* des Wehrdienstes *einen zivilen Ersatzdienst* außerhalb der Bundeswehr zu leisten. Er kann auf seinen Antrag zum waffenlosen Dienst in der Bundeswehr herangezogen werden." § 26 dieses Gesetzes enthält die Vorschriften über das Verfahren vor den Prüfungsausschüssen und –Kammern für Kriegsdienstverweigerer, die bei den Kreis- bzw. Bezirkswehrersatzämtern eingerichtet sind. Ob jemand berechtigt ist, den Kriegsdienst mit der Waffe zu verweigern, ob also seine Weigerung auf echten, anerkennenswerten Gewissensgründen beruht, haben die zuständigen Verwaltungsbehörden und Verwaltungsgerichte in dem Verfahren nach § 26 Wehrpflichtgesetz abschließend zu entscheiden.

Erhobene Bedenken gegen die Verfassungsmäßigkeit des § 25 Wehrpflichtgesetz, der die Pflicht zur Leistung des zivilen Ersatzdienstes ausspricht, sind gegenstandslos, nachdem das BVerfG im Beschluss vom 20.12.1960 (NJW 1961, 355) mit allgemein verbindlicher Wirkung ausgesprochen hat, dass § 25 Wehrpflichtgesetz mit dem Grundgesetz vereinbar sei (vgl. außerdem das Urteil des BVerwG vom 8.2.1962 in NJW 1963, 777). Es hat entschieden, dass § 25 Wehrpflichtgesetz das Grundrecht der Kriegsdienstverweigerung aus Art. 4 Abs. 3 GG auf denjenigen beschränkt wissen will, der sich aus Gewissensgründen der Beteiligung an jeder *Waffen*anwendung zwischen den Staaten widersetzt; der zivile Ersatzdienst könne dagegen nicht verweigert werden.

Einrichtung und Organisation des zivilen Ersatzdienstes sowie die Rechtsstellung der Ersatzdienstpflichtigen sind durch das *Gesetz über den zivilen Ersatzdienst vom 13.1.1960* (BGBl. I S. 10) geregelt worden. Es überträgt die Durchführung des zivilen Ersatzdienstes einschließlich der Entscheidung über die Heranziehung, Befreiung und Zurückstellung von Ersatzdienstpflichtigen dem Bundesminister für Arbeit und Sozialordnung (§§ 2, 4 und 9). Dieser entscheidet gemäß § 9 Abs. 3 des Ersatzdienstgesetzes, ob in der Person des Ersatzdienstpflichtigen Gründe vorliegen, die seine Befreiung (§ 11 Wehrpflichtgesetz) oder seine Zurückstellung (§ 12 Wehrpflichtgesetz) vom Ersatzdienst rechtfertigen. Gegen seine Entscheidungen sind die Rechtsmittel des Verwaltungsverfahrens gegeben (§ 40 Abs. 4 des Ersatzdienstgesetzes).

Auf diesen knappen Überblick über die gesetzlichen Grundlagen des zivilen Ersatzdienstes will ich mich beschränken. Die Zusammenfassung lässt zugleich erkennen, dass der Kriegsdienstverweigerer und Ersatzdienstpflichtige bereits einen langen Verwaltungsweg durchschritten hat bzw. durchschritten haben kann, ehe er mit der Strafjustiz in Berührung kommt.

Die Strafverfolgungsbehörden werden mit den Fragen des zivilen Ersatzdienstes erst dann befasst, wenn ein Ersatzdienstpflichtiger einem unanfechtbar gewordenen Einberufungsbescheid des Bundesministers für Arbeit und Sozialordnung keine Folge leistet und der Bundesminister unter Beifügung der Vorgänge um Einleitung eines Strafverfahrens bittet.

II. Und nun zu den Straftatbeständen: Das WStG vom 30.3.1957 (BGBl. I S. 298) enthält in seinem zweiten Teil die Tatbestände der sog. militärischen Straftaten. Drei dieser Tatbestände sind in das Gesetz über den zivilen Ersatzdienst weitgehend wörtlich übernommen worden. Der eigenmächtigen Abwesenheit von der Truppe (§ 15 WStG) entspricht die eigenmächtige Abwesenheit vom Ersatzdienst (§ 36), der Fahnenflucht (§ 16 WStG) die Dienstflucht (§ 37) und der Gehorsamsverweigerung (§ 20 WStG) die Weigerung, Anordnungen zu befolgen (§ 38). Die Tatbestände des § 36 (eigenmächtige Abwesenheit vom zivilen Ersatzdienst) und des § 38 (Weigerung) haben, soweit ich sehe, bislang keine praktische Bedeutung erlangt. Das Thema des Referates konnte daher von vornherein auf das Vergehen der Dienstflucht nach § 37 des Ersatzdienstgesetzes beschränkt bleiben. Auch bei diesem Tatbestand sind angesichts seiner weitgehenden Übereinstimmung mit dem der Fahnenflucht Erörterungen seiner einzelnen Merkmale entbehrlich. Es genügt, auf die Rechtsprechung und das Schrifttum zu § 16 WStG zu verweisen. Wenn das Vergehen der Dienstflucht gleichwohl zum Gegenstand eines Gedankenaustausches in diesem Kreise gemacht wird, so geschieht das aus einem anderen Grund: Die Täter des Vergehens der Dienstflucht, zu deren Verfolgung und Aburteilung Staatsanwaltschaften und Strafgerichte in zunehmendem Maße aufgerufen werden, gehören – von wenigen Ausnahmen abgesehen – einem durch eine gemeinsame Gesinnung verbundenen Personenkreis an, der es unter Berufung auf eine religiöse Überzeugung ablehnt, sowohl Kriegsdienst mit der Waffe als auch Ersatzdienst zu leisten, und der bei dieser Weigerung trotz Drohung mit empfindlicher Strafe beharrt. Der Strafjustiz stellt sich damit wieder einmal die Frage nach der angemessenen Behandlung des sog. Überzeugungstäters. Die dabei zutage tretenden verschiedenen Auffassungen wirken sich insbesondere auf das Strafmaß und die Frage der Strafaussetzung zur Bewährung aus, obwohl – wie zu zeigen sein wird – die Tatbestände überall im Wesentlichen gleichgelagert sind.

Der Personenkreis, um den es sich handelt, sind die Angehörigen der Gemeinschaft der „Zeugen Jehovas". Das Ihnen sicher bekannte Schreiben des Bundesministers für Arbeit und Sozialordnung an das Bayerische Staatsministerium der Justiz vom 27.12.1962 – II b 7 – 7760/7762 – enthält einige Zahlen, die ich in Ihre Erinnerung zurückrufen darf: Danach gehörten von den zu diesem Zeitpunkt fast 7000 anerkannten Kriegsdienstverweigerern etwa 1200 dieser Gemeinschaft an. (In Deutschland soll es 80.000 Zeugen Jehovas geben im Durchschnittsalter von ca. 30 Jahren) Von insgesamt 325 zum zivilen Ersatzdienst einberufenen Angehörigen der Zeugen Jehovas sind 60 der Einberufung gefolgt; in den übrigen 265 Fällen hat der Bundesminister für Arbeit und Sozialordnung Strafanzeige wegen Dienstflucht erstattet. In dem Schreiben heißt es ferner, dass gegen andere Ersatzdienstpflichtige bisher nur in zehn Fällen Strafanzeige erstattet worden sei. Schon diese Zahlen machen deutlich, dass die Angehörigen der Gemeinschaft der Zeugen Jehovas wenn auch nicht ausnahmslos, so doch in ihrer überwiegenden Zahl die Leistung des Ersatzdienstes ablehnen.

Geht man den Gründen nach, die diese Ablehnung eines für verfassungsgemäß erklärten gesetzlichen Gebotes rechtfertigen sollen, so sind es, befreit man sie von dem oft unverständlichen Wust biblischer Zitate, im Wesentlichen die folgenden vier:

1. Der zivile Ersatzdienst sei nach seinem Zweck, seiner Organisationsform und seinem äußeren Ablauf nur eine andere Form des Wehrdienstes; wer aus Gewissensgründen den Wehrdienst ablehne, müsse mithin auch den zivilen Ersatzdienst ablehnen. – Der Ausgangspunkt dieses Schlusses ist richtig. Schon die Kennzeichnung als Ersatzdienst spricht dafür. Außerdem bestimmt § 3 Abs. 1 Satz 1 Wehrpflichtgesetz: „Die Wehrpflicht wird durch den Wehrdienst oder im Falle des § 25 durch den zivilen Ersatzdienst erfüllt." Die Schlussfolgerung aber ist falsch. Hält man den Betroffenen vor, dass im Ersatzdienst von ihnen nur etwas verlangt werde, was ihrer religiösen Überzeugung eigentlich in besonderem Maße entsprechen sollte, nämlich Werke der tätigen Nächstenliebe, begegnet man in der Regel dem nächsten Einwand.
2. Die im Ersatzdienst verlangte Tätigkeit werde nicht als solche abgelehnt; abgelehnt werde lediglich der staatliche Zwang, der zu einer solchen Tätigkeit verpflichte; man werde auf diese Art gezwungen, die „christliche Neutralität" aufzugeben und an einem von dem Staat gelenkten Geschehen mitzuwirken. Diese Mitwirkung an einem System, das bei der nahe bevorstehenden Katastrophe zum Untergang verurteilt sei,

verhindere, dass man „lebend“ in die „neue Welt der Gerechtigkeit“ eingehe. Solche Aussicht bestehe nur für die Angehörigen der Organisation, die deren Lehren streng befolgen, während ihre Gegner im kommenden Gericht für immer den Tod finden.

In diese Argumentation vermag sich derjenige, der nicht auf dem Boden der Lehren der Zeugen Jehovas steht, kaum hineinzudenken. Die mir bisher zugänglich gewordenen Urteile lassen auch erkennen, dass keiner der Angeklagten in der Lage war, diese Beweisführung, sei es mit logischen, sei es mit ethischen Gründen, verständlich zu machen. So heißt es in dem Urteil einer Strafkammer sehr einprägsam: „Er, der Angeklagte, ist klug genug und auch bereit, einer grundsätzlichen Erörterung über die Notwendigkeit einer Staatsordnung überhaupt und die Unterordnungspflicht des Einzelnen zu folgen. Er verneint beispielsweise nicht die Pflicht des Steuerzahlens und die Unterordnung unter die Gesetze des Strafgesetzbuchs und die Ordnungsvorschriften beispielsweise für den Verkehr und das Personenstandswesen. Sowie jedoch in der Erörterung der logische Schritt zur Notwendigkeit des zivilen Ersatzdienste getan wird, verschließt sich der Angeklagte unvermittelt jeglicher bis dahin vernünftigen Einsicht und beruft sich auf die Bibel.“

Übrig bleibt daher die nicht weiter begründete Behauptung, die religiöse Überzeugung verbiete nun einmal auch die Leistung des zivilen Ersatzdienstes. Dass ein Angeklagter mit einer derartigen Begründung auch nicht unter Berufung auf das Grundrecht der Gewissensfreiheit (Art. 4 Abs. 1 GG) gehört werden kann, hat erst kürzlich das OLG Stuttgart in seinem Urteil vom 8.2.1963 (NJW 1963, 776) überzeugend dargelegt.

3. Weiter wird vorgebracht: Jeder Zeuge Jehovas sei ein Gesandter Gottes und er müsse daher wie ein weltlicher Gesandter eines fremden Staates vom Wehrdienst und Ersatzdienst befreit sein. Diese Argumentation spricht gegen sich selbst.
4. Schließlich hört man: Jeder Zeuge Jehovas sei nach Empfang der Taufe Prediger oder Verkünder der Gemeinschaft. Er müsse daher wie die ordinierten Geistlichen evangelischen Bekenntnisses oder die Geistlichen römisch-katholischen Bekenntnisses, welche die Subdiakonatsweihe empfangen haben, vom Wehrdienst befreit werden, da die Tätigkeit eines Predigers der Gemeinschaft der Zeugen Jehovas der der vorgenannten Geistlichen entspreche (§ 11 Abs. 1 Ziff. 3 Wehrpflichtgesetz). – Diesen Anspruch hat das BVerwG bereits in mehreren Entscheidungen zurückgewiesen. Ich verweise auf die Entscheidung vom 23.5.1958 (BVerwGE 7, 66) und auf das letzte mir bekannt gewordene Urteil vom 20.7.1962 (MDR 1962, 848), wo gleichzeitig entschieden ist, dass die Vorschrift des § 11 Abs. 1 Nr. 3 nicht gegen die Art. 3, 4, 140 GG verstößt.

Kennzeichnend bei allen vorgebrachten Gründen ist die auffallende Übereinstimmung der Argumentation sowie die Beobachtung, dass die Betroffenen die Frage, ob ihre Organisation ihnen die Verweigerung des Ersatzdienstes ausdrücklich verbiete, übereinstimmend verneinen und erklären, dies sei ihrer eigenen Gewissensentscheidung überlassen.

Betrachtet man schließlich die Menschen, die mit derartigen Gründen vor die Strafgerichte treten, so sieht man sich in der Regel Männern im Alter von 20 und 25 Jahren gegenüber, die einen guten Eindruck hinterlassen, nicht vorbestraft sind und erklären, dass es ihrer Lehre entspreche, ein sittlich anständiges und gesetzmäßiges Leben zu führen. Ungeachtet jeder Bestrafung würden sie auch in Zukunft die Leistung des Ersatzdienstes verweigern, jedoch der Ladung zum Strafantritt unverzüglich Folge leisten und sich während des Strafvollzuges ohne Beanstandungen führen.

III. Wie soll die Strafjustiz solche Menschen behandeln? Was zunächst das *Strafmaß* anbetrifft, so ist bisher in allen mir bekanntgewordenen Fällen die gesetzliche Mindeststrafe von einem Monat Gefängnis nicht unerheblich überschritten worden. In meinem Bereich schwankt die Strafe zwischen 3–7 Monaten; in letzter Zeit wird vielfach auf sechs Monate Gefängnis erkannt. Vergleicht man die Strafzumessungsgründe der verschiedenen Urteile, so wird allenthalben gerügt, dass sich eine kleine Gruppe von Staatsbürgern, denen die Gemeinschaft durch die Zuerkennung des Rechts der Kriegsdienstverweigerung ohnehin schon entgegengekommen ist, mit unverständlichen Gründen sogar weigert, zivilen Ersatzdienst zu leisten, und eine Bevorzugung beansprucht, die mit dem Grundrecht der Gleichheit aller Staatsbürger vor dem Gesetz (Art. 3 Abs. 1 und 3 GG) nicht zu vereinbaren wäre (OLG Stuttgart, aaO.). Gelegentlich klingt auch der Zweifel daran durch, ob solche Weigerung wirklich einem echten Gewissenskonflikt, oder nicht vielmehr lediglich dem Streben nach solidarischem Handeln innerhalb der Gemeinschaft entspringe. Diese Praxis der Strafzumessung, die sich umso mehr befestigen wird, je mehr einschlägige Urteile bekannt werden, wird man weder aus Rechtsgründen, noch aus sonstigen Erwägungen zu beanstanden haben. Nicht für richtig würde ich es halten, schon im ersten Falle eine Strafe in Höhe der möglichen Dauer des Ersatzdienstes zu verhängen. Diese Relation wäre rechtlich anfechtbar.

Den wegen Dienstflucht Verurteilten wird regelmäßig *keine Strafaussetzung zur Bewährung* bewilligt. Das entspricht dem Gesetz. Bei einem Angeklagten, der noch in der Hauptverhandlung beteuert, er werde ungeachtet aller Strafen auch in Zukunft nicht dem gesetzlichen Gebote folgen, ist nicht die Erwartung begründet, er werde allein unter dem Eindruck des Urteilsspruches ein gesetzmäßiges und geordnetes Leben führen (§ 23 Abs. 2 StGB). Da bei diesem Personenkreis, wie die Erfahrung lehrt, derartige Beteuerungen ernst zu nehmen sind, wäre es ein Verstoß gegen das Gesetz, wenn dem zu Freiheitsstrafe Verurteilten gleichwohl Strafaussetzung zur Bewährung bewilligt werden würde. Man kann dem auch nicht mit dem Hinweis auf die Rechtsprechung des BGH zur Strafaussetzung bei Überzeugungstätern entgegentreten. In seiner grundlegenden Entscheidung zu dieser Frage (BGHSt 7, 6 [8 ff.]) hat der BGH allerdings ausgesprochen, dass Strafaussetzung zur Bewährung nicht allein deswegen versagt werden dürfe, weil der Täter es ablehne, eine bestimmte (hier: politische) Anschauung zu ändern, da dies Art. 3 Abs. 3 GG widerstreiten würde. Es ist aber ein grundlegender Unterschied, ob jemand nur an einer bestimmten Auffassung festhält, oder ob er darüber hinaus gewillt ist, sie – wie der BGH es ausgedrückt hat – in strafbaren Handlungen zu bestätigen. Mit anderen Worten: Keinem Angehörigen der Gemeinschaft der Zeugen Jehovas könnte die Strafaussetzung zur Bewährung allein deswegen versagt werden, weil er sich weiter zu den Lehren dieser Gemeinschaft bekennt und für sie weiter tätig sein will; durch Art. 4 Abs. 2 GG ist diese ungestörte Religionsausübung gewährleistet. Kündigt er jedoch glaubhaft an, er werde aufgrund dieser von ihm festgehaltenen Überzeugung eine strafbare Handlung begehen, so ist für eine Strafaussetzung kein Raum. Aus denselben Gründen verbietet sich eine bedingte Entlassung gemäß § 26 StGB und ein Gnadenerweis.

IV. Was geschieht nun mit einem Verurteilten, *der seine Strafe verbüßt hat?* Auf die Ihnen bekannte Anfrage des Bayr. Staatsministeriums der Justiz vom 12.11.1962 – Nr. II – 6549/62 – hat der Bundesminister für Arbeit und Sozialordnung in dem von mir bereits erwähnten Schreiben vom 27.12.1962 mitgeteilt, er berufe derartige Ersatzdienstpflichtige grundsätzlich erneut zur Dienstleistung ein und erstatte wiederum Strafanzeige, wenn auch der neue Einberufungsbescheid unbeachtet bleibe. Nach einer Pressemeldung in der „Frankfurter Allgemeine“ vom 8.3.1963 ist in dem dort genannten Fall eines Hermann Christoph aus Arzberg bereits eine zweite Verurteilung wegen Dienstflucht erfolgt. Wiederholte Verurteilungen desselben Täters wegen Dienstflucht sind auch rechtlich möglich. Die Pflicht, der Einberufung zum Ersatzdienst Folge zu leisten, besteht solange, bis dieser Pflicht entweder genügt ist oder sie aus anderen Gründen – etwa wegen Überschreitung der Altersgrenze – nicht mehr besteht. Die jeweilige Verurteilung wegen Dienstflucht erfasst jeweils nur den Zeitraum, der vor dieser Verurteilung liegt. Die Verpflichtung, künftig Ersatzdienst zu leisten, wird dadurch nicht berührt; die erneute Weigerung, den Dienst zu leisten, erfüllt daher wiederum den Tatbestand der Dienstflucht.

Nach alledem sehen wir uns der – jedenfalls in meinen Augen – wenig erfreulichen Tatsache gegenüber, dass wir in wahrscheinlich zunehmendem Maße in unsere Gefängnisse Männer werden aufnehmen müssen, denen nicht ein im eigentlichen Sinne verbrecherischer Wille als vielmehr das sture Festhalten an einer von der Gemeinschaft nicht gebilligten und auch nicht zu billigenden Überzeugung zur Last fällt. Wir müssen damit rechnen, dass ein und derselbe Täter wiederholt verurteilt werden muss, was zu dem Ergebnis führen kann, dass der Ersatzdienst praktisch im Strafvollzug geleistet wird. So unerfreulich diese Entwicklung auch sein mag: Ich sehe keine Möglichkeit, ihr mit den Mitteln der Rechtsprechung zu begegnen. Auch eine Lösung über § 51 StGB ist nicht möglich. Ob eine staatliche Gemeinschaft es sich leisten kann, den unverständlichen Wünschen einer Minderheit Raum zu geben und über diesen Personenkreis zur Tagesordnung überzugehen, ist m.E. keine Frage der Gerechtigkeit als eine der politischen Zweckmäßigkeit, welche nur aufgrund der jeweiligen Situation beantwortet werden kann. In der gegenwärtigen Situation erscheint es mir zur Vermeidung von Ungleichheiten und fälschlichen Berufungen auf religiösen Gewissenszwang zwar notwendig zu sein, bei Verweigerung des Ersatzdienstes *einmal* eine empfindliche, aber sechs Monate möglichst nicht übersteigende Strafe verhängen und verbüßen zu lassen. Darüber hinaus aber weitere Strafverfahren durchführen und den Ersatzdienst praktisch in den ohnehin überfüllten Gefängnissen ableisten zu lassen, würde bedeuten, dass doch nicht zu beugende Märtyrer geschaffen würden, ohne dass dem Staat damit irgendein Dienst erwiesen wäre. Man könnte sehr wohl die Frage stellen, ob dem Staat nicht mehr gedient sei, wenn wirklich bereite Männer oder gar Frauen solche Dienste leisten würden. Vielleicht könnte auch durch individuelle Behandlung der eine oder andere Ersatzdienstpflichtige veranlasst werden, den Ersatzdienst „freiwillig" zu erfüllen.

Mein Vorschlag geht dahin, dass der Bundesminister für Arbeit und Sozialordnung – jeweils unter sorgfältiger Abwägung der Einzelumstände – zur Zeit darauf verzichten könnte, einen Ersatzdienstpflichtigen erneut einzuberufen, wenn dieser eine als ausreichend empfundene Strafe wegen Dienstflucht verbüßt hat (vgl. auch § 29 Abs. 4 Ziff. 2 Wehrpflichtgesetz und § 30 des Ersatzdienstpflichtgesetzes). – Es interessiert, ob Sie aufgrund Ihrer bisher gemachten Erfahrungen eine andere oder bessere Lösung haben. Wesentlich scheint mir zu sein, dass der Strafjustiz nicht erneut eine Aufgabe angelastet wird, welche sie mit Rechtsgründen vernünftig zu lösen nicht imstande ist. Wohl kann dies die Verwaltung im Rahmen des ihr gegebenen Ermessensspielraums.

GStA Dr. Bauer berichtete, er habe mit dem in Frankfurt/M. lebenden Oberhaupt der Zeugen Jehovas eine Besprechung wegen des Strafvollzugs bei Ersatzdienstverweigerern dieser Religionsgemeinschaft gehabt. – Dabei habe er zugesagt, sich für eine Begnadigung einzusetzen, sofern sich die Verurteilten bereit erklärten, während einer bestimmten Zeit Sozialarbeiten zu verrichten. Das Oberhaupt der Zeugen Jehovas habe diesen Vorschlag jedoch rundweg abgelehnt.

In der Frage der Strafaussetzung zur Bewährung stimmten die *GStA Dr. Dünnebier* und *Woll* dem Referenten zu. Zur Höhe des Strafmaßes bei Rückfalltätern erklärte GStA Woll, die Angelegenheit beginne dann kritisch zu werden, wenn die Gerichte in Zukunft Strafen verhängten, die der Dauer des Ersatzdienstes entsprächen. Diese Frage könne gegenwärtig noch nicht abschließend behandelt werden. Er rege an, diese Frage für die Tagesordnung der nächstjährigen Tagung vorzumerken.

Hinsichtlich der bereits verurteilten Ersatzdienstverweigerer schlug *GStA Woll* unter allseitiger Zustimmung vor, jeder GStA solle auf dem ihm zweckmäßig erscheinenden Weg den Bundesminister für Arbeit und Sozialordnung zu bewegen versuchen, einen Ersatzdienstpflichtigen nicht erneut einzuberufen, und seine Kollegen über das Ergebnis seiner Schritte unterrichten.

Zu Punkt 6 der TO: „Widersprechen Wortlaut und Sinn des § 193 StGB der Auffassung, das Vorhandensein einer Beleidigung setze eine hierauf gerichtete Absicht des Ehrverletzers voraus" (vgl. Punkt 10 der Tagung in Bad Harzburg) sprach *GStA Buchholz:* [...] Ich hatte auf unserer letzten Tagung geglaubt, darauf hinweisen zu sollen, dass der Schwarzsche Kommentar zum StGB in seiner damals neuesten 23. Auflage – abweichend von den früheren Auflagen, abweichend auch von der herrschenden Lehre und der bisher herrschenden Rechtsprechung – in der vorliegenden Frage eine neue Meinung vertrete, die Meinung nämlich, dass das Tatbestandsmerkmal des Vorhandenseins der Beleidigung in § 193 StGB *nicht* bedeute, dass der Ehrverletzer eine auf Beleidigung gerichtete Absicht gehabt haben müsse. Diese Schwenkung der Schwarzschen Kommentierung hatte ich dabei den Versuch einer Ehrenschutzreform sozusagen auf kaltem wege genannt. Diese, wie ich zugebe, etwa überpointiertere Kennzeichnung war es offenbar, die Herrn MinDgt. Dr. Dreher, den neuen Bearbeiter des Schwarz, den Urheber also dieser geänderten Kommentierung, dazu veranlasste, mir mit ausführlichen rechtlichen Darlegungen zu antworten – Darlegungen, die er allen Teilnehmern unserer Tagung zugehen ließ. Sie werden verstehen, dass ich Herrn Dr. Dreher auf diese Ihnen zugänglich gemachten Ausführungen in diesem Kreise antworten möchte.

Die grundlegende Divergenz zwischen Dr. Dreher und mir dürfte darauf zurückgehen, dass ich mehr als er von dem leitenden Gedanken ausgehe, dass der Begriff der Wahrnehmung berechtigter Interessen unter der Herrschaft des GG eine beträchtliche Ausdehnung erfahren hat. So hat das BVerfG unter anderem in seinem Beschluss vom 25.1.1961 (1 BvR 9/57) im Anschluss an das Urteil des Gerichts vom 15.1.1958 (BVerfGE 7, S. 198, insbes. 207 ff.) bei der Auslegung des § 193 StGB, Art. 5 Abs. 1 GG klargestellt, dass „die Meinungsfreiheit als unmittelbarer Ausdruck der Persönlichkeit in der Gesellschaft eines der vornehmsten Menschenrechte" sei. Das Verfassungsgericht hat besonders hervorgehoben, dass dieses Grundrecht „für die freiheitlich-demokratische Grundordnung schlechthin konstituierend" sei, indem „es den geistigen Kampf, die freie Auseinandersetzung der Ideen und Interessen gewährleistet, die für das Funktionieren dieser Staatsordnung lebensnotwendig ist…". Es hat betont, dass nur die freie öffentliche Diskussion über Gegenstände von allgemeiner Bedeutung die freie Bildung der öffentlichen Meinung sichere, „die sich im freiheitlich-demokratischen Staate notwendig ‚pluralistisch' im Widerstreit verschiedener und aus verschiedenen Motiven vertretener, aber jedenfalls in Freiheit vorgetragener Auffassung, vor allem in Rede und Gegenrede" vollziehe. Hierzu sei „die Presse… neben Rundfunk und Fernsehen das wichtigste Instrument der Bildung der öffentlichen Meinung." (vgl. auch *Dalcke-Fuhrmann-Schäfer,* 37. Aufl. 1961, § 193, S. 245, Anm. g; *Schönke-Schröder,* 9. Aufl. 1959, § 193, Anm. II 3 v; Leipziger Kommentar, 8. Aufl., II. Band, 1958 § 193, Anm. II B 2, insbes. S. 179).

Die in einem demokratischen Staatswesen notwendige und ihm adäquate Meinungs- und Pressefreiheit muss zur Folge haben, dass sich der Anwendungsbereich des § 193 StGB gegenüber vergangenen Zeiten erweitert hat. Berücksichtigt man, dass wie noch im Folgenden aufzuzeigen, die herrschende Auffassung seit Jahrzehnten dahin ging, ein strafbarer Exzess setze die Feststellung einer Beleidigungsabsicht voraus, so kann man sich des Eindrucks nicht erwehren, dass die Bestrebungen der Gegner der herrschenden Auffassung die Gefahr mit sich bringen, dass das Grundrecht der freien Meinungsäußerung zum Schaden demokratischer Lebensform ausgehöhlt wird. Denn sicher ist, dass sich die Diskussion um die Feststellung der Beleidigungsabsicht gerade im Zusammenhang mit der Statuierung der Meinungsfreiheit und der Erweiterung des Begriffs der Wahrnehmung berechtigter Interessen entzündet hat. Das aber zeigt, dass das Verlangen nach Aufgabe der Feststellung einer besonderen Beleidigungsabsicht den Bestrebungen entspringt, das Grundrecht der Meinungs- und Pressefreiheit durch eine Korrektur der Anforderungen zur subjektiven Tatseite wieder einzuschränken – eine Zielsetzung, die sich unter der Herrschaft des geltenden Rechts mit Grundsätzen, wie sie das BVerfG aufgestellt hat, schwerlich in Einklang bringen lässt.

Die Gegner der herrschenden Meinung – so auch Dreher – pflegen damit zu argumentieren, dass noch der 1. Entwurf zum StGB von 1871 die „Absicht einer Beleidigung" erforderte, die endgültige Fassung diese Formulierung jedoch durch die Fassung „das Vorhandensein einer Beleidigung" ersetzte. Daraus folgern sie, dass die Ungebühr von „Form und Umständen" lediglich als Tatbestandsmerkmal und nicht als ein Beweisgrund für eine Beleidigungsabsicht anzusehen sei.

Dieser Argumentation ist entgegenzuhalten, dass der Sprachgebrauch der geltenden Strafgesetze bei der Verwendung des Wortes „Absicht" unterschiedlich ist. Weisen doch z.B. *Schönke-Schröder* (aaO. § 59 Anm. IV 3) darauf hin, dass die Absicht vereinzelt nur dasselbe wie Vorsatz in allen seinen Erscheinungsformen bedeute, wie etwa im Falle des § 43 StGB. Sie legen unter Bezugnahme auf § 288 StGB, § 239 KO weiter dar, dass in verschiedenen Tatbeständen die Verwendung des Wortes „Absicht" lediglich das Erfordernis des direkten Vorsatzes im Gegensatz zum bedingten Vorsatz verdeutlichen solle. Dadurch wird offenbar, dass unter „Absicht" selbst in den geltenden Gesetzen nicht immer der unmittelbar auf den im Gesetz bezeichneten Erfolg gerichtete Wille des Täters zu verstehen ist. Angesichts dieses unterschiedlichen Sprachgebrauchs des StGB dürften sich wirklich entscheidende Folgerungen aus der Fassung des § 193 StGB nicht ziehen lassen, zumal die Verschuldensform als solche hier nicht ausdrücklich benannt wird.

So sah sich das ehemalige RG, dessen Entscheidungen in aller Regel dogmatische Gesichtspunkte besonders berücksichtigen, schon in seinem Urteil vom 16.3.1880 (RGSt 1, 317 ff.) veranlasst, klarzustellen, dass der § 193 nach der Systematik des Gesetzes nur den Schluss zulasse, dass „unter dem Vorhandensein der Beleidigung gerade die Absicht zu beleidigen" zu verstehen sei. Diese Ansicht aufzugeben, hielt das RG auch in der Folgezeit nicht für geboten, wie z.B. die weiteren Entscheidungen vom 5.12.1889 (Bd. 20, 100 f.) vom 15.10.1907 (Bd. 40, 318 f.), vom 5.5.1930 (Bd. 64, 155) oder vom 9.10.1942 (in DR 1943, S. 189) erweisen. Dabei darf sicher nicht verkannt werden, dass der von Dreher in der 23. Aufl. des Schwarzschen Kommentars zum StGB zitierte Beschluss des RG vom

30.6.*1944* die an sich gleichförmige Rechtsprechung des höchsten Gerichts durchbricht. Abgesehen davon aber, dass diese Entscheidung aus dem letzten Jahre der nationalsozialistischen Herrschaft die das Reichsgericht sonst auszeichnende Prägnanz rechtlicher Gedankenführung nicht erkennen lasst, ist auch hier bei der Frage einer bewussten Überschreitung der Interessenwahrnehmung doch wieder von der „Absicht der Beleidigung" die Rede. (Im Übrigen darf ich in Ihre Erinnerung zurückrufen, dass es sich bei dem dieser Entscheidung zugrunde liegenden Fall um einen solchen handelte, in dem nach dem Wortlaut des Beschlusses die Verletzte einen in damaliger Zeit „geachteten und verdienstvollen Mann" geheiratet hatte, ohne dass allerdings dessen soziale oder politische Stellung näher erläutert wurde.)

Auch in den Jahren nach dem Ende der nationalsozialistischen Diktatur sah sich die höchstrichterliche Rechtsprechung nicht etwa aus dogmatischen Gesichtspunkten veranlasst, von dem Erfordernis der Feststellung einer Beleidigungsabsicht abzugehen. Hierzu darf ich nur beispielsweise auf die Entscheidungen des Hanseatischen OLG in Hamburg vom 18.2.1953 (Ss 235/52), 17.2.1954 (Ss 207/53) und vom 27.4.1955 (Ss 12/55) sowie auf die Erkenntnisse des OLG Frankfurt vom 13.10.1947 (NJW 1947/48, S. 226) oder des OLG Braunschweig vom 23.1.1948 (SJZ 1948, S. 767) hinweisen, die ich in meinem letzten Referat im Einzelnen erwähnt habe. In diesen Entscheidungen wie auch in denjenigen des BGH vom 20.1.1959 (Bd. 12, S. 288 ff., insbes. S. 294) und vom 21.11.1961 (DRiZ 1962, S. 124) wird im Übrigen deutlich, dass der Nachweis der Beleidigungsabsicht in der höchstrichterlichen Rechtsprechung eine wirkliche Zweifelsfrage nicht mehr darstellt, sondern die besondere Problematik nur noch in der Abgrenzung des durch § 193 StGB erfassten objektiven Rahmens der Wahrnehmung berechtigter Interessen erblickt wurde.

Ebenso wenig sieht sich die Mehrzahl der Kommentatoren zum StGB oder zum Presserecht aus dogmatischen Gründen gehindert, die Ungebühr von „Form und Umständen" der Äußerung nur als einen Beweisgrund für eine Beleidigungsabsicht des Täters zu werten. So im Ergebnis *Schönke-Schröder,* aaO., § 193 Anm. IV 1; *Dalke-Fuhrmann-Schäfer,* aaO., § 193 Anm. 1 a; *Kohlrausch-Lange,* 42. Aufl., § 192 Anm. II, § 193 Anm. IX, wie im Übrigen auch Schwarz-*Dreher* noch in der 22. Aufl. in Anm. 8 A zu § 193 oder *Löffler,* 1959, § 193 Anm. IV a.E. i.V. mit § 192 Textziff. 6.

Die Gegner der herrschenden Auffassung wenden sich gegen diese nun mit dem weiteren Argument, das Anwendungsgebiet des § 193 StGB sei ausschließlich auf inhaltlich ehrverletzende Äußerungen beschränkt, woraus zugleich folge, dass die formale Beleidigung auch im Rahmen des § 193 StGB ohne weiteres die Strafbarkeit begründe. Die sog. Formalbeleidigung setze aber nicht die Feststellung einer Absicht, sondern nur die eines Vorsatzes voraus. Auch diese Argumentation geht, so meine ich, fehl. Zwar hat das Reichsgericht in einem Urteil vom 16.9.1926 (Bd. 60, S. 235 f.) in der Tat ausgesprochen, das Anwendungsgebiet des § 193 StGB beschränke sich auf inhaltlich ehrverletzende Äußerungen. Die dieser Entscheidung zugrunde liegende Tat erschöpfte sich aber in den

Worten: „Scheren Sie sich weg". Die Fälle ausschließlicher Formalbeleidigung sind aber schon von solchen zu unterscheiden, in denen formale Beleidigungen mit inhaltlich ehrverletzenden Äußerungen in Zusammenhang stehen. Das folgt bereits aus der Fassung des § 193 sowie aus seiner Stellung im System des Gesetzes. Nur in diesem Sinne kann also die vorgenannte Entscheidung des Reichsgerichts verstanden werden (vgl. hierzu auch *Frank,* 18. Aufl., 1931, § 193 Anm. II).

Das hat auch der BGH anerkannt. So in der Entscheidung des BGH vom 20.1.1959 (BGHSt Bd. 12, 288 ff., insbes. 293), die in ihrem hier interessierenden Teile lautet: „Das LG hätte also bei der rechtlichen Beurteilung des Sachverhalts, da es die behauptete Tatsache nicht für erweislich wahr, sondern nur für wahrscheinlich hielt, im Hinblick auf diesen Teil der Äußerung vom Tatbestand des § 186 StGB und nur im Übrigen („zwiespältiger Charakter") vom Tatbestand des § 185 StGB ausgehen müssen. Für das abschließende Ergebnis begründet dieser Rechtsfehler jedoch keinen Unterschied, da der Rechtfertigungsgrund des § 193 StGB… in jedem Falle durchgreift." Diese Sätze wie auch die sonstigen Ausführungen des BGH blieben unverständlich, wenn der Tatbestand der Beleidigung im Sinne des § 185 StGB *generell* die Anwendung des § 193 StGB ausschlösse.

So entspricht es auch sonst anerkannter Auffassung, dass die Rechtswidrigkeit einer Beleidigung nicht nur im Falle der üblen Nachrede, sondern auch in dem der sog. Formalbeleidigung des § 185 StGB durch § 193 StGB ausgeräumt werden könne. Dieser Hinweis findet sich unter anderem bei *Schönke-Schröder* (aaO. II sowie II a), wonach „Voraussetzung für § 193" sei, „dass der äußere und innere Tatbestand einer Beleidigung…" vorliege, wobei im nachfolgenden Satz ausdrücklich die Bestimmung des § 195 StGB erwähnt wird. Hiermit steht die von den Kommentatoren zum StGB übereinstimmend zitierte Entscheidung des BayrObstLG (Bd. 20, 113 ff., insbes. 115) in Einklang, in der es heißt: „Ist ein berechtigtes Interesse gegeben, so kann es auch durch eine an sich unter § 185 StGB fallende Äußerung wahrgenommen werden, wenngleich die Fälle, in denen der § 193 Verstöße gegen § 186 deckt, weitaus häufiger sind" (vgl. des weiteren *Dalke-Fuhrmann-Schäfer,* aaO., § 193, Anm. 1 b; *Löffler,* aaO., § 193, S. 568, Textziff. 4; Leipziger Kommentar, aaO. § 193, Anm. II; wie auch *Frank,* aaO., § 193, Anm. II, der seinerseits hervorhebt, dass das Anwendungsgebiet des § 193 StGB „nach der als richtig anzusehenden Lehre *alle* Arten der Beleidigung innerhalb des 14. Abschnitts" umfasse).

Berücksichtigt man noch einmal, dass nach der Systematik des Gesetzes zumindest eine mit inhaltlich herabsetzenden Äußerungen verbundene Formalbeleidigung noch durch § 193 StGB geschützt werden kann, so wird offenbar, dass die Voraussetzungen des inneren Tatbestandes ein Mehr erfordern als diejenigen einer rein formalen Beleidigung im engeren Sinne. Denn kommt doch die Rechtswohltat des § 193 StGB immer erst dann zum Tragen, wenn sowohl der objektive als auch der subjektive Tatbestand eines Beleidigungsdelikts erfüllt ist. Es ist daher nur eine logische Folgerung aus der Systematik des

Gesetzes, wenn das RG in seiner Entscheidung vom 5.12.1889 (Bd. 20, 100 f.) das Erfordernis der Beleidigungsabsicht erläutert.

Wenn schließlich das BVerfG in dem eingangs erwähnten Beschluss vom 25.1.1961 in der Sache gegen Richard Schmid (1 BvR 9/57) bei der Frage eines strafbaren Verhaltens des Ehrverletzers nicht nur auf die Schwere des vorausgegangenen Angriffs, sondern auch auf die Motive des Täters abstellt, die seiner Erwiderung zugrunde lagen, so führt auch das zwangsläufig zur Frage des inneren Vorstellungsbildes des Täters, mithin zu einer Auseinandersetzung mit der Zielrichtung seines Wollens, die nur aus der festzustellenden Absicht beantwortet werden kann. Damit knüpft, wie ich schon im vergangenen Jahre darlegte, auch das BVerfG im Ergebnis wieder an die Judikatur des RG an, wonach die von § 193 StGB erforderte Absicht der Beleidigung dann nicht mehr angenommen werden könne, wenn der Ehrverletzer die Vorwürfe in der gewählten Form in der Überzeugung erhoben hat, sie sei erforderlich, um das Ziel der Interessenwahrnehmung zu erreichen (vgl. z.B. RGSt Bd. 40, S. 318 ff.; RG in JW 1938, S. 1805).

Zuletzt weist Dreher als Vertreter der Gegenmeinung in seinem Schreiben an mich auf Seite 4 seiner Stellungnahme vom 11.1.1963 auf die Begründung zum Entwurf des StGB (E 1962, BT-Drucks. IV/650) hin, wonach man bestrebt sei, die bisher von der Rechtsprechung erforderte Beleidigungsabsicht für die Zukunft auszuschließen. Das aber besagt nichts für das geltende Recht. Außerdem zeigt dieses Argument, dass ich wohl doch so unrecht nicht hatte, als ich die Meinungsänderung in der 23. Aufl. von Schwarz-Dreher als den Versuch einer Ehrenschutzreform auf kaltem Wege kennzeichnen zu dürfen glaubte.

Sieht man sich nun den Entwurf 1962 an, so zeigt sich, dass die Fassung jener Bestimmung zur objektiven Tatseite *erheblich* geändert werden soll. Während nämlich der geltende § 192 StGB eine Bestrafung schon dann vorsieht, wenn sich das Vorhandensein einer Beleidigung aus Form oder Umständen ergibt, soll nach § 175 Abs. 3 des Entwurfes die Tat erst dann strafbar sein, wenn die inkriminierte Behauptung nach Form oder Umständen eine „Verunglimpfung" enthält. Der Begriff der Verunglimpfung ist aber nicht schon durch jede Beleidigung oder üble Nachrede erfüllt. Er setzt vielmehr eine darüber hinausgehende besonders schwere Ehrenkränkung unter besonders hässlichen Begleitumständen voraus (vgl. *Schönke-Schröder*, aaO., Anm. II 1; *Schwarz-Dreher*, 23. Aufl., Anm. 1 A; Leipziger Kommentar, 8. Aufl., Anm. II; *Dalcke-Fuhrmann-Schäfer*, aaO., Anm. 2 zu § 189). Diese beträchtliche Verschärfung der objektiven Erfordernisse gleicht aber im Ergebnis den Verzicht auf das subjektive Element der Absicht weitgehend aus. Jedenfalls ist auch angesichts der Fassung des § 175 Abs. 3 die Argumentation verfehlt, der Entwurf des neuen StGB spreche gegen eine Berücksichtigung der Beleidigungsabsicht im geltenden Recht. Im Übrigen – und das erscheint als besonders bemerkenswert – verzichtet auch die Begründung zum Entwurf des neuen StGB nicht völlig auf die Heranziehung der Absicht im herkömmlichen Sinne, wie aus S. 320, Sp. 2, Abs. 4 der Erläuterung zu entnehmen. Dort findet sich zu § 178 (193 StGB) folgende Wendung: „Nur wenn sich aus der Form der Äußerung oder den Umständen ergibt, dass sie eine beleidigende Kundgabe von Missachtung ist, wird die Grenze der Strafbarkeit erreicht. Das kann z.B. der Fall sein…, wenn sich aus den Umständen, etwa dem angesprochenen Personenkreis, ergibt, dass er ‚(d.h. der Kritiker)' eine Beleidigung *beabsichtigte*" (!)

Ersichtlich aus der Erkenntnis, dass nach geltendem Recht im Ergebnis auf die Absicht der Beleidigung in der Praxis nicht verzichtet werden könne, arbeitet *Oppe* in dem von Dreher zitierten Aufsatz (MDR 1962, S. 945 ff.) aus dogmatischen Erwägungen mit einem sog. „erweiterten Vorsatz". Er meint, man müsse sich darüber klar werden, dass in der Praxis die Unterschiede zwischen Absicht und erweitertem Vorsatz wenig oder gar nicht spürbar sein werden. Wenn der Richter feststelle, dass Form oder Umstände der Äußerung so gravierend seien, dass sie eine nicht gerechtfertigte und nicht mehr tragbare Verschärfung der Ehrverletzung darstellten, und wenn er weiter feststelle, dass der Täter sich dieser Verschärfung bewusst gewesen sei und sie trotzdem gewollt habe, so sei das ungefähr dasselbe, als wenn er aus Form oder Umständen eine Absicht zur Beleidigung folgere. *Oppe* kommt so zu dem Schluss, der erweiterte Vorsatz stelle in der Praxis an die Feststellungen in subjektiver Hinsicht ungefähr dieselben Anforderungen wie die Absicht. Danach kann aber Oppe, auf den sich Dreher ausdrücklich bezieht, im Ergebnis nicht mehr als wirklicher Gegner der herrschenden Auffassung angesehen werden. Überdies dürfte der Begriff des erweiterten Vorsatzes nur zu geeignet sein, Unklarheiten in die Begriffsbestimmungen hineinzutragen. Jedenfalls erscheint in der Praxis eine scharfe Abgrenzung zwischen den Begriffen des bedingten, des direkten und des erweiterten Vorsatzes schwerlich durchführbar.

Berücksichtigt man zusammenfassend, dass schon das geltende Recht den Begriff der Absicht im unterschiedlichen Sinne verwendet, die Systematik der Beleidigungstatbestände im Falle der Wahrnehmung berechtigter Interessen zwangsläufig ein Mehr zur subjektiven Tatseite erfordert, und die Meinungs- und Pressefreiheit ein integrierender Bestandteil demokratischer Grundordnung ist, und weiter, dass die Problematik der hier auftauchenden Fragen namentlich im politischen oder sonst öffentlichen Meinungsstreit akut wird, so meine ich, kann auf das Erfordernis einer selbständig festzustellenden Beleidigungsabsicht im Rahmen des § 193 StGB nach wie vor nicht verzichtet werden. Gegenteilige Bestrebungen gefährden nach meiner Überzeugung die freie Meinungsäußerung, die wir trotz aller Auswüchse im politischen Kampfe und in der Polemik der Presse in unserer Demokratie brauchen.

Damit komme ich zu folgendem Ergebnis: „Widersprechen Wortlaut und Sinn des § 193 StGB der Auffassung, das Vorhandensein einer Beleidigung setze eine hierauf gerichtete Absicht des Ehrverletzers voraus?" war die Frage, die ich gestellt hatte. Diese Frage ist zu verneinen. Aber noch eins: Bei der großen Neigung, die heute zu beobachten ist, Strafanträge wegen Beleidigung zu stellen, – allein schon wegen der Wirkung, die die Pressemitteilung hat, man habe Strafantrag gestellt -, würden Politiker und verantwortliche Redakteure Dauergäste auf unseren Anklagebänken sein, wenn man von dem Erfordernis der Absicht der Beleidigung in § 193 StGB absähe. Es ist doch heute so: Wenn ein Politiker oder eine Zeitung Missstände oder vermeintliche Missstände kritisiert und angreift und es unterlaufen dabei ehrenkränkende Unrichtigkeiten, so kann der Ehrverletzer, dem § 193 StGB zur Seite steht, dafür nur verantwortlich gemacht werden, 1. wenn er sich leichtfertig ungenügend informierte, also bei leichtfertiger Verletzung der Informationspflicht oder 2. wenn aus Form oder Umständen sich die Absicht der Beleidigung ergibt.

Wollen Sie, meine Herren, den Kritiker im Streite der Meinungen bestrafen, dem weder eine leichtfertige Verletzung der Informationspflicht noch die Absicht, zu beleidigen, nachzuweisen ist?

Anders formuliert: Sollen wir den bestrafen, der öffentlich Interessen wahrnahm und dem trotz Information und ohne Beleidigungsabsicht eine Ehrverletzung – meistens in Form ehrverletzender unrichtiger Tatsachenbehauptungen – unterlaufen ist?

Bei aller Anerkennung der Notwendigkeit, die Ehre des Bürgers soweit wie möglich zu schützen, möchte ich diese Frage nachdrücklich verneinen. Wie sagte das BVerfG? „Das Grundrecht der Meinungsfreiheit gewährleistet den geistigen Kampf, die freie Auseinandersetzung der Ideen und Interessen, die für das Funktionieren der freiheitlich demokratischen Grundordnung lebensnotwendig ist." Her darf man nicht abbauen.

Eine Diskussion fand nicht statt.

Zu Punkt 8 der TO: „Soll § 121 Abs. 2 GVG auch auf Beschlüsse der Oberlandesgerichte ausgedehnt werden?" sprach *GStA Dr. Münn:* Wertet man das Bisherige aus, so dürfte man zu folgenden Ergebnissen kommen:

1. Die Zahl derjenigen Rechtsfragen, deren Entscheidung dem BGH bisher verschlossen ist und die dem BGH durch eine Erweiterung der Vorlagevoraussetzungen neu zur Entscheidung zugeführt würden, ist begrenzt.
2. Der größte Teil der unbedeutenden Rechtsfragen hat in der täglichen Praxis keine große Bedeutung, ist noch seltener Gegenstand einer oberlandesgerichtlichen Entscheidung und würde nur vereinzelt Anlass zu einer Vorlage werden.
3. Diejenigen Fragen, mit denen sich die Praxis ständig auseinanderzusetzen hat, für die sich bisher noch keine herrschende oder überwiegende Meinung herausgebildet hat, bei deren Beantwortung sich die verschiedenen Standpunkte der OLG verhärtet haben und die demnach bei einer Änderung der Vorlagebestimmungen alsbald Anlass für eine Vorlage würden, sind an Zahl gering. Sie betreffen im Wesentlichen das Klageerzwingungsverfahren, das Wiederaufnahmeverfahren und Entscheidungen über die Zulässigkeit von Bewährungsauflagen. Sobald hier der BGH auf Vorlage entschieden hätte, würden sie für die Praxis ihre Erledigung gefunden haben.

4. Sicher werden neue Rechtsfragen auftauchen, so dass sich der Kreis der Fragen, die bei einer Gesetzesänderung neu vorlagepflichtig würden, nicht sicher begrenzen lässt. Gleichwohl kann man sagen, dass eine Vorlageflut ausbleiben wird. Einen sicheren Anhaltspunkt bietet hierfür die Erweiterung der Vorlagepflicht nach § 29 EGGVG und § 56 Abs. 5 OWiG. Eine irgendwie ins Gewicht fallende Vermehrung von Vorlagen ist dadurch nicht eingetreten. Erreicht wurde mit der Änderung des § 121 Abs. 2 GVG ohne wesentliche Mehrarbeit des BGH und der Senate der OLG eine weitere Verstärkung der Rechtseinheit und damit der Rechtssicherheit, so dass eine solche Abänderung geboten erscheint.

Die *GStA Dr. Bauer* und *Mützelburg* stimmten der Auffassung des Referenten zu.

GStA Dr. Kleinknecht teilte mit, das BJM habe bei der Erstellung des Entwurfs eines Gesetzes zur Änderung der StPO und des GVG (StPÄG) eine Erweiterung des § 121 GVG erwogen. Es habe sich aber letzten Endes doch nicht dazu entschließen können, in dem Entwurf einen entsprechenden Vorschlag zu machen. Die StPO-Novelle sei vor der 3. Lesung vom Plenum des Deutschen Bundestags an den Rechtsausschuss zurückverwiesen worden. Ob in diesem Stadium des Verfahrens eine etwaige Anregung eines Abgeordneten auf Erweiterung des § 121 GVG noch aufgegriffen würde, sei zweifelhaft.

GStA Woll erinnerte an seine ablehnende Stellungnahme auf der letzten Tagung. § 121 Abs. 2 GVG widerspreche der Unabhängigkeit und der Denkweise des Richters. Bei einer Ausdehnung dieser Bestimmung auf Beschlüsse müsse man zudem fragen, ob damit nicht eine Abwertung der OLG verbunden sei. Die Erörterung von Rechtsfragen durch verschiedene OLG sei zu begrüßen, widersprechende Entscheidungen brauchten durchaus kein Schaden zu sein, wie sich aus dem früheren Zustand ergeben, der wesentlich zur Klärung von Rechtsfragen beigetragen habe. Im Übrigen sei der BGH schon jetzt überlastet.

Bei dem vorliegenden Problem handle es sich auch um eine politische Frage, welche die Justizhoheit der Länder berühre. Eine Entschließung, dass die GStA in dieser Angelegenheit an den Gesetzgeber herantreten sollten, erscheine daher nicht angebracht.

GStA Dr. Dünnebier erwiderte, die Ausdehnung der Vorlagepflicht brauche nicht zu einer Erstarrung der Rechtsprechung zu führen, da ein OLG mit abweichender Rechtsauffassung immer wieder dem BGH vorlegen könne. Die durch Einführung der Vorlagepflicht erreichte Rechtsgleichheit und Rechtssicherheit sei ebenfalls ein erstrebenswertes Ziel, weil dadurch vermieden werde, dass Rechtsfragen auf dem Rücken der Beschuldigten ausgetragen würden. Aus diesen Gründen solle durch einen Beschluss der Wunsch der GStA nach einer Ausdehnung der Vorlagepflicht auf Beschlüsse zum Ausdruck gebracht werden.

GBA Martin erklärte, nach seinen Erfahrungen seien wiederholte Vorlagen in derselben Rechtsfrage an den BGH wenig aussichtsreich. Die Argumente bei den

Vorlagebeschlüssen seien regelmäßig so gut durchdacht, dass selten neue Gesichtspunkte auftauchten. Dagegen müsse er in diesem Zusammenhang erwähnen, dass der BGH in letzter Zeit bei zahlreichen Vorlagen habe darauf hinweisen müssen, dass die Frage der Abweichung von einer anderen Entscheidung nicht hinreichend geprüft worden sei.

Auf Anregung von *GStA Biermann* wurde davon abgesehen, durch Beschluss den Wunsch von Tagungsteilnehmern nach einer Ausdehnung des § 121 Abs. 2 GVG auf Beschlüsse der OLG zum Ausdruck zu bringen.

Zum Punkt 10 der TO: „Ist die Privatsphäre des Einzelnen bei der derzeitigen Praxis der Einsicht in Strafakten und deren Verwertung hinreichend geschützt? Bedarf es nicht der Beschränkung und der Kontrolle?" sprach *GStA Dr. Adams:* In Strafakten nimmt die Feststellung des gesetzlichen Tatbestandes meist nur den geringsten Raum ein. Dagegen werden im Rahmen der Aufklärung des Hintergrundes des Geschehens und der Schuld in weitem Umfange Erhebungen und Erörterungen angestellt über die Privatsphäre – oft auch die Intimsphäre – der Beschuldigten, Zeugen und anderer nur zufällig in das Verfahren einbezogener Personen. Oft sind die Informanten bösartige und rachsüchtige Menschen oder solche, die sich am Rande der Geisteskrankheit bewegen; oft liegen auch Irrtümer und Verwechslungen vor. Soweit Wohlmeinende und rechtlich Denkende befragt werden, geben sie Auskünfte meist nur im Vertrauen darauf, dass diese nur denjenigen bekannt werden, die eine Entscheidung zu treffen haben.

Derartige Erhebungen, Erörterungen und Vermutungen sind meist über den ganzen Aktenvorgang verstreut und lassen sich nur schwer aus ihm herausnehmen. Für ihre vertrauliche Behandlung bietet die Praxis der Akteneinsicht und der Aktenüberlassung heute keine Gewähr mehr. Erkenntnisse aus der Aktenverwertung durch den Verteidiger lassen dies immer mehr deutlich werden.

Die Ausnahme vom Grundsatz der Nr. 171 der Richtlinien für das Strafverfahren, dass Akten nur in den Diensträumen der Staatsanwaltschaft oder der Gerichte eingesehen werden sollen, ist Regel geworden. Strafakten werden in *jeder* Lage des Verfahrens Rechtsanwälten, ja auch Versicherungsgesellschaften mitgegeben, oft sogar ohne die Genehmigung oder Entscheidung gemäß Nr. 172 Abs. 3 der Richtlinien. Dadurch ist der Kreis der Personen, die Kenntnis von den in den Akten enthaltenen Vorgängen erhalten, gegenüber früher erheblich erweitert. Die Akten, die dem Verteidiger zur Mitnahme überlassen werden, werden in der Regel im Ganzen fotokopiert. Kenntnis vom Akteninhalt – dem Original oder der Fotokopie – bekommen demnach zunächst einmal der Verteidiger, seine Angestellten und die Angestellten der Fotokopieranstalt.

Dann aber auch der Mandant des Verteidigers, der Beschuldigte. Dem Mandanten werden in der Praxis die Fotokopien, also praktisch die Akten zum Studium mit nach Hause gegeben. Damit werden § 147 StPO und Nr. 175 der Richtlinien für das Strafverfahren, die eine Akteneinsicht durch ihn nicht zulassen, glatt umgangen. Dass gerade die

Mandanten als Verfahrensbeteiligte, von denen man keine Objektivität erwartet, sich auf die Akten stürzen und eifrig und sorgfältig alles notieren, was jetzt oder später gegen Zeugen, Sachverständige, Polizeibeamte, Staatsanwalt und Richter verwendet werden kann, ist menschlich verständlich. Niemand hindert sie daran, sich weitere Fotokopien fertigen zu lassen, wie dies schon öfter geschehen ist, um damit sofort die Zeugen zu überfallen und unter Druck zu setzen, also praktisch die Ermittlungen zu gefährden, oder um bei späterer passender Gelegenheit mit einer „Dokumentation" aufzuwarten.

Indiskretionen aus Strafverfahren hat es zwar immer gegeben. Soweit es sich nur um eine mündliche Weitergabe handelte, hatte dies keine schweren Folgen. Die Indiskretion konnte als „Geschwätz" abgetan werden und in Vergessenheit geraten. Das ist bei Vorliegen von Fotokopien nicht mehr möglich. Die Fotokopie hat den Anschein der Echtheit und Wahrheit für sich; den Einwand der Fälschung nimmt kaum jemand ernst.

Derartige dokumentarisch belegte Indiskretionen haben heutzutage auch einen gewissen Geschäftswert. Wirtschaftliche und gesellschaftliche Gruppen bedienen sich ihrer gern als Druckmittel, die von scheinbar wohlgemeinten Ratschlägen bis zur handfesten Erpressung reichen. Schwierigkeiten in der Beschaffung bestehen heute kaum noch. Nicht nur Beschuldigter und Verletzter, sondern auch der Angestellte des Rechtsanwalts und der Fotokopieranstalt werden leicht gewonnen werden können, fotokopiertes Material über Vorgänge aus der Privatsphäre des Einzelnen zu scheinbar unverdächtigen Zwecken, etwa an Kreditbüros, Detekteien oder Nachrichtenmagazine weiterzugeben. Etwaige Hemmungen werden vermindert durch das Bewusstsein, dass viele Personen Einsicht gehabt haben und deswegen die Quelle der Indiskretion kaum mehr feststellbar ist.

Während wir in der Justiz streng darauf achten, dass Verjährtes als nicht existent betrachtet wird, während wir die Originalakten und Strafvermerke vernichten, können die Fotokopien, die eine einseitige negative Auslese einzelner Vorgänge darstellen, unkontrolliert Jahre und Jahrzehnte aufbewahrt werden. Noch nach sehr langer Zeit kann den betreffenden Personen hieraus schwerer Schaden erwachsen. Die derzeit geübte Praxis der Einsicht in die Akten gefährdet daher in erheblichem Maße die Privatsphäre des Einzelnen.

Dem haben wir bisher nicht genügend Beachtung geschenkt. Es wird die Meinung vertreten, man müsse dies im Interesse der Freiheit der Verteidigung hinnehmen. Dem muss man aber entgegenhalten, dass wir verpflichtet sind, den Einzelnen gegen die Ausbreitung seiner persönlichen Angelegenheiten und gegen den Missbrauch der hierüber amtlich erlangten Kenntnis zu beschützen.

Lassen wir alles, wie es ist, wird es noch eine Zeitlang gut gehen. Denn noch hat die Allgemeinheit nicht erkannt, dass es keine Diskretion mehr gibt. Man muss aber damit rechnen, dass eines Tages eine Institution oder irgendwer sich dieser interessanten Sache annimmt und darüber aufklärt, in welcher Weise Angaben bei Polizei, Gericht und Behörden verwertet und auch unbefugten Personen und interessierten Kreisen zugänglich gemacht werden. Der Beschuldigte wird dann bei Vernehmungen nur noch seinen Namen und Geburtstag anzugeben und der Zeuge wird es vorziehen, bei der Polizei nicht zu erscheinen und vor Gericht sich an nichts zu erinnern. Die Schuld an diesen Zuständen wird man selbstverständlich der Justiz geben.

Was sollen wir tun? Bei der Erwägung hierüber gehe ich davon aus, dass es Aufgabe eines sog. fairen Verfahrens ist, sowohl dem Verteidiger wie auch dem Beschuldigten rechtzeitig die in den Akten enthaltenen Vorgänge und Vorwürfe bekannt zu geben, die in der Hauptverhandlung zur Sprache kommen werden. Man wird daher grundsätzlich nicht beanstanden dürfen, wenn der Verteidiger den Beschuldigten bei der Besprechung über die Verteidigung Mitteilungen aus den Akten macht oder in gewissen Fällen ihm auch Einblick in Abschriften oder Fotokopien der Akten gewährt. Verhütet werden soll ja lediglich der Missbrauch der Aktenkenntnis durch die Beteiligten und die Weitergabe der Kenntnis an Unbeteiligte.

Um dies zu erreichen, wäre

1. einmal notwendig, dass die Ermittlungsakten und später die gerichtlichen Strafakten ausnahmslos in der Verwahrung der aktenführenden Dienststelle bleiben. Die Einsicht in Originalakten durch den Verteidiger, Rechtsanwälte und Sachverständige darf nur auf der Geschäftsstelle erfolgen. So ist auch die französische Regelung, die eine Überlassung der Originalakten nicht gestattet, nicht einmal an interessierte Behörden.
2. Die Abschriften oder Fotokopien der Aktenteile, die der Verteidiger oder ein Rechtsanwalt als Vertreter eines Verletzten für seine Handakten benötigt, werden von der Geschäftsstelle selbst hergestellt, und zwar *in nur einem Stück* gegen Erstattung der Kosten.
3. Der Rechtsanwalt als Verteidiger des Beschuldigten oder als Vertreter des Verletzten muss verpflichtet werden, keine weiteren Abschriften oder Ablichtungen fertigen zu lassen und nur in seinem Büro und nur im Rahmen des Notwendigen dem Mandanten – nicht aber auch einer anderen Person – Einsicht in die Abschriften oder Ablichtungen zu gewähren.
4. Nach Abschluss des Verfahrens hat der Verteidiger oder ein sonst tätig gewordener Rechtsanwalt die Abschriften oder Ablichtungen zurückzugeben.

In reinen Unfall- und Schadenssachen könnten Rechtsanwälten, öffentlich-rechtlichen Körperschaften, evtl. auch Versicherungsgesellschaften, Ablichtungen *zum Verbleib* überlassen werden.

5. Akteneinsicht durch andere Behörden als Justizbehörden darf nur gewährt werden, wenn *wirklich* ein berechtigtes Interesse gegeben ist (Nr. 174 RiStV), und mit dem Verbot der Weitergabe und der Fertigung von Abschriften.

Eine solche Regelung wäre für alle Beteiligten, und zwar auch für die Rechtsanwälte, annehmbar. Die dadurch bedingte Mehrbelastung der Geschäftsstellen ließe sich durch Benutzung moderner Fotokopiergeräte weitgehend mindern.

Die vorgeschlagene Regelung setzt allerdings voraus: Eine entsprechende Änderung der Richtlinien für das Strafverfahren und der Richtlinien für die Ausübung des Anwaltsberufes; einer Streichung des Abs. 4 des § 147 der StPO bedarf es m.E. nicht.

Eine andere praktisch brauchbare Lösung des Problems sehe ich nicht.

Die *GStA Biermann* und *Hühnerschulte* stimmten den Ausführungen des Referenten zu, wobei sie jedoch bezweifelten, ob auf den Geschäftsstellen eine ausreichende Zahl von Kräften und Fotokopiergeräten für die Aktenvervielfältigung bereitgestellt werden könne.

GStA Biermann berichtete über ein Wiederaufnahmeverfahren, dessen Akten zuvor an mehrere Rechtsanwälte und sonstige Stellen versandt gewesen seien. Nach Rückkunft der Akten hätten wesentliche Teile gefehlt. Nachforschungen seien aussichtslos, weil die Akten mehreren Stellen vorgelegen hätten.

OStA Dr. Fleischmann erwähnte die Beschwerde eines Rechtsanwalts gegen den Leiter einer Amtsanwaltschaft, der angeordnet hatte, dem betreffenden Anwalt dürfe nur auf der Geschäftsstelle der Staatsanwaltschaft Akteneinsicht gewährt werden. Dem Leiter der Amtsanwaltschaft sei die Beschwerde eines Mandanten dieses Anwalts zugegangen, der sich darüber beklagt habe, ein Polizeibeamter habe über ihn als Beschuldigten in einem Ermittlungsverfahren einen ungünstigen Leumundsbericht geschrieben. Nach Sachlage habe der Beschuldigte nur durch seinen Anwalt Einsicht in die Ermittlungsakten nehmen können. Der Anwalt habe dies bestritten. Der Beschuldigte habe darauf erklärt, er habe auf dem Büro des Anwalts die Abwesenheit des Kanzleivorstehers ausgenutzt und sich selbst Einblick in die Akten verschafft.

Der zuständige OStA habe den Leiter der Amtsanwaltschaft auf die Beschwerde des Anwalts angewiesen, diesem wieder die Akten zur Einsichtnahme in seiner Kanzlei auszufolgen. Er (OStA Dr. Fleischmann) habe die Entscheidung des Leiters der Amtsanwaltschaft gebilligt, weil das Vertrauensverhältnis zu einem Anwalt auch dann gestört sei, wenn es infolge einer unzureichenden Kanzleiorganisation zu derartigen Vorfällen kommen könne.

GStA Schabel erwähnte ein Ehrengerichtsverfahren gegen einen Anwalt wegen Aushändigung von Akten an Mandanten. Das Urteil des Ehrengerichtshofs habe festgestellt, ein derartiges Verhalten stelle keine Verletzung der Standespflicht dar.

GStA Dr. Dünnebier wies darauf hin, dass dem Angeklagten an sich Akteneinsicht zustehe. Durch § 147 StPO sei dieses Recht jedoch lediglich in die Hand des Anwalts gelegt, um Eingriffe in die Akten zu verhüten. Unter diesem Gesichtspunkt bestünden keine Bedenken dagegen, dass sich dieser aus den Akten informiere.

GStA Woll regte anschließend an, die GStA sollten über Missbräuche anlässlich der Gewährung von Akteneinsicht Material sammeln und dieses zu gegebener Zeit ihren Ministerien vorlegen.

Zum Punkt 11 der TO: „Gewährung von Akteneinsicht zu Veröffentlichungszwecken an dritte Personen nach Verfahrensabschluss und allgemeines Persönlichkeitsrecht" sprach *GStA Woll:* Für die Gewährung von Akteneinsicht an Dritte sind sehr unterschiedliche Gesichtspunkte maßgebend. Aus dem großen Bereich der daraus folgenden Probleme soll hier nur die, wie mir scheint, bisher kaum erörterte Frage behandelt werden, wie sich das allgemeine Persönlichkeitsrecht der Personen, die Äußerungen zu den Akten gegeben haben, auf die Gewährung der Akteneinsicht nach rechtskräftiger Verurteilung an dritte Privatpersonen auswirkt. Eine weitere Beschränkung soll darin liegen, dass nur die Fälle bedacht werden, in denen die Einsicht zur Veröffentlichung für einen Artikel über einen einzelnen Fall oder Fallgruppen oder für eine Publikation verlangt wird, die der Rechtsfindung oder der Wissenschaft dienen soll; nicht behandelt wird also die für ein konkretes Rechtsverfahren begehrte Akteneinsicht.

Von einem historischen Rückblick, der sich im Landesrecht verlieren müsste, soll abgesehen werden, weil er der Lösung nicht näher bringen kann. Die derzeitigen Richtlinien für das Strafverfahren (Nr. 171 ff., Nr. 181) behandeln die Frage nicht, schließen sie aber auch nicht aus. Sie unterstellen die Gewährung der Akteneinsicht letzten Endes dem pflichtgemäßen Ermessen und erbringen damit, wie gezeigt werden soll, keine Lösung.

Das allgemeine Persönlichkeitsrecht, das in den Art. 1 und 2 GG verankert ist, wurde in der Strafrechtspflege zunächst besonders bekannt, als es in § 136 a StPO seinen Niederschlag fand und hier gewisse Vernehmungsmittel verboten wurden. Ein zweites Mal erlangte es in der Strafjustiz entscheidende Bedeutung, als es darum ging, die Berechtigung und die Verwertung von Tonaufnahmen abzugrenzen.

Einen in gleichem Maße richtungweisenden Einfluss hat es auf die hier zu behandelnde Frage. Sie soll zuerst insoweit besprochen werden, als sie die Veröffentlichung in Zeitungsartikeln betrifft.

Die Antwort erscheint mir eindeutig: Die allgemeine Gewährung von Akteneinsicht zur journalistischen Verwertung verletzt das allgemeine Persönlichkeitsrecht, soweit sie sich nicht auf amtliche Äußerungen bezieht. Die Akten enthalten Bekundungen der Beschuldigten, der Zeugen, der Sachverständigen sowie Äußerungen amtlicher Stellen. Die Erklärungen der Beschuldigten und der Zeugen sind Äußerungen, die mit ihrer Abgabe nicht für eine beliebige Verwertung freigegeben werden, vielmehr weiterhin in der Disposition des Rechtsträgers bleiben, soweit nicht das Gesetz ihre Benutzung für das Verfahren anordnet oder erlaubt. Sie sind als persönliche Kundgebung weiterhin dem allgemeinen Persönlichkeitsrecht unterstellt. Solche Äußerungen werden ausschließlich zur Durchführung des Strafverfahrens abgegeben. Sie werden – ferner – gegenüber amtlichen

Stellen und nicht gegenüber Dritten, gegenüber der Öffentlichkeit, abgegeben. Die Erklärenden räumen nicht die Befugnis ein, sie an nicht beamtete Dritte, erst recht nicht an die Presse weiterzuleiten. Die Äußerungen von Zeugen erfolgen oft nicht einmal freiwillig, sondern – nolens volens – nur in Erfüllung einer staatsbürgerlichen Gepflogenheit oder nur unter Zwang. Der Beschuldigte kann zwar zur Aussage nicht gezwungen werden. Aber wenn er aussagt, erklärt er sich unter dem Druck der Beschuldigung – zu seiner Verteidigung oder zu seiner inneren Entlastung -, also im eigentlichen Sinne nicht freiwillig und nicht gegenüber jedermann. Die Annahme, die Beteiligten wären allgemein mit einer Weitergabe des Erklärten stillschweigend einverstanden, würde jeder Erfahrung widersprechen. Es mag sein, dass sie, werden sie befragt, einwilligen, jedoch nur gelegentlich oder nur bei wenigen Arten von Aussagen oder wenigen Deliktsgruppen. Aber diese Einwilligung kann und darf nicht unterstellt werden, weil sie der freien Entschließung der Erklärenden vorbehalten ist, nicht auf rationalen Erwägungen beruhen muss, oft nicht beruht und deshalb der unterstellenden Beurteilung entzogen ist.

Darüber hinaus sind mit der Rechtskraft der abschließenden Entscheidung alle in den Akten niedergelegten Äußerungen gegenstandslos geworden. Was von ihnen für die Entscheidung bedeutsam ist, ist in die Entscheidung aufgenommen. Was nicht in die Entscheidung aufgenommen worden ist, ist für das Verfahren bedeutungslos. Mit der abschließenden Entscheidung ist von Amts wegen gesagt, dass das, was nicht in ihr enthalten ist und nach früherer Beurteilung einmal erheblich war oder hätte erheblich werden können, nunmehr für das konkrete amtliche Verfahren selbst, für die Rechtspflege, nicht mehr existent ist und als ausgelöscht gelten kann, vorbehaltlich der Bedeutung, die solchen Erklärungen für ein sonstiges konkretes Verfahren (Wiederaufnahmeverfahren, Verfahren wegen eines Aussagedeliktes, Zivilprozess) zukommen kann.

Das Persönlichkeitsrecht steht somit generell der Akteneinsicht an Privatpersonen entgegen. Hier kann nicht eingewandt werden, seine Verletzung entfalle, wenn mit der Gestattung zur Auflage gemacht werde, in der Veröffentlichung die Identitätsmerkmale fortzulassen. Denn schon durch die Bekanntgabe der Akten an die Privatperson, die veröffentlichen will, erfolgt die Verletzung des Persönlichkeitsrechts, weil sie die Äußerungen mit allen Namen und allen Geschehnissen zu lesen erhält. Gerade auf diesen Gesichtspunkt wird besonders zu achten sein.

Das Interesse der Öffentlichkeit führt zu keiner anderen Beurteilung. Ihm wird durch die Öffentlichkeit der Verhandlung entsprochen – und kraft Gesetzes nicht entsprochen, wenn die Öffentlichkeit nicht vorgesehen oder nicht zugelassen ist. Wer das öffentlich Verhandelte verwerten will, muss sich seine Kenntnis aus der öffentlichen Verhandlung oder aus Veröffentlichungen über die Verhandlung verschaffen. Das Verhandelte, nicht die Akten, sind öffentlich. Ein „allgemeines Interesse der Öffentlichkeit" ist übrigens kein Recht und kann deshalb nicht gegen ein Recht, das Persönlichkeitsrecht, gesetzt werden. Gegenüber dem Persönlichkeitsrecht wird m.E. kaum auf landesrechtliche

Auskunftspflichten der Behörden gegenüber der Presse abgehoben werden können. So bestimmt z.B. § 4 des württembergisch-badischen Pressegesetzes, dass die Presse „bei der Beschaffung und Veröffentlichung von Nachrichten von öffentlichem Interesse“ durch die Behörden zu unterstützen ist. Diese Auskunftspflicht ist nicht gegeben, weil die Gewährung von Akteneinsicht nach abgeschlossenem Strafverfahren weder eine Nachricht ist noch der Weitergabe von Nachrichten an die Öffentlichkeit dienen kann. Eine Erörterung weiterer Pressegesetze würde über den Rahmen des Vortrags hinausgehen. Ich darf aber andeuten, dass ihnen das grundgesetzliche Persönlichkeitsrecht wohl vorgehen wird.

Die Gewährung der Akteneinsicht kann sich auch nicht auf Gewohnheitsrecht stützen. Ein Gewohnheitsrecht kann nicht entstanden sein, weil es schon an einer allgemeinen Übung, die Akten für Zeitungsartikel zur Verfügung zu stellen, fehlt, weil ein Gewohnheitsrecht nicht entstehen kann, wenn der, dem gegenüber es gelten soll, von dem Eingriff in seine Rechtssphäre nichts weiß, und weil es bei dieser Sachlage gegenüber einem Grundrecht keinen Bestand haben kann. Dagegen bestehen unter dem Gesichtspunkt des Persönlichkeitsrechts gegen die Akteneinsicht keine Bedenken, wenn sämtliche Identitätsmerkmale entfernt sind. Das lässt sich aber praktisch nicht durchführen.

Für die Einsichtnahme in das schriftliche Urteil bedarf es gesonderter Überlegungen: Das schriftliche Urteil hält das in öffentlicher Verhandlung Erklärte fest. Ein essentieller Unterschied zwischen mündlichen und schriftlichen Urteilsgründen besteht an sich nicht. Es scheint also der Schluss nahe zu liegen, dass in diesem Umfang das Persönlichkeitsrecht durch ein anderes Gesetz ausgeräumt wird und deshalb das schriftliche Urteil überlassen werden kann. So einfach liegen die Dinge aber nicht. Da das Gesetz die Öffentlichkeit nur für die Verhandlung, nicht aber für das abgesetzte Urteil vorschreibt, folgt die Frage, ob – grob gesagt – der Schluss von der Öffentlichkeit der Verhandlung auf die Öffentlichkeit des schriftlichen Urteils so allgemein gezogen werden darf. Das Gesagte verhallt, das Geschriebene bleibt. Dieser bei Verwertung von Tonaufnahmen mit maßgebende Gedanke drängt sich auch hier auf. Für die Bejahung der aufgeworfenen Frage scheint zu sprechen: das öffentlich Verhandelte darf wörtlich gedruckt werden. Aber schon hier ist vorzubringen, dass auch wahrheitsgetreue Äußerungen den allgemeinen strafrechtlichen Grundsätzen unterliegen und strafbar sein können. (Wer z.B. ein volksverhetzendes Gedicht, das in der Hauptverhandlung verlesen wurde, in seinem Presseartikel wiedergibt, kann – bei Vorliegen der subjektiven Voraussetzungen – nach § 130 StGB bestraft werden, vgl. RGSt 62, 145.) Ohne eigene Stellungnahme sei angeführt, dass das RG den Zweck der öffentlichen Verhandlung – u.a. – in der Möglichkeit der Kenntnisnahme gesehen, aber es abgelehnt hat, ihm die „tunlichst weite Verbreitung in der gesamten Bevölkerung“ zuzuordnen (RGSt 1, 119). Andererseits ist zu bedenken, dass Urteile für die künftige Rechtsfindung und aus wissenschaftlichen Gründen laufend in Fachzeitschriften abgedruckt werden. Allerdings geben solche Veröffentlichungen den Tatbestand abstrahiert und identitätslos wieder – trotzdem ist in bekannten Kriminalfällen die Identifizierung unschwer möglich. Schließlich werden über die Hauptverhandlung und die Urteilsbegründung erlaubterweise Presseberichte unter weitgehender Namensnennung veröffentlicht.

Die Abwägung solcher und ähnlicher Gesichtspunkte wird kaum zu einer überzeugenden Lösung führen. Ich meine, dass eine dem Grunde nach andere Überlegung anzustellen ist und vielleicht zum Ziele führt: Das Persönlichkeitsrecht als solches kann sich nur auf die Äußerungen der Betroffenen, nicht aber auf das Urteil erstrecken. Das Urteil ist keine Äußerung jener Betroffenen, sondern des Richters. Er verwertet nur jene Äußerungen und formt sie zu einem eigenen Urteil. Das Urteil ist eine amtliche Verlautbarung. Seine Verwertung unterliegt anderen, eigenen Regeln. Jedenfalls wird es von dem Persönlichkeitsrecht nicht unmittelbar tangiert. Daraus folgt selbstverständlich nicht, dass das schriftliche Urteil zur freien Verfügung steht. Aber die verschiedenen Gründe, die im Einzelfall seiner beschränkten oder unbeschränkten Verwertung entgegenstehen (z.B. strafregisterliche Beschränkung oder Löschung, Beleidigung, Schädigung, Staatsschutz), kommen aus anderen Gebieten. Sie stehen allenfalls mittelbar mit dem hier allein zu erörternden Persönlichkeitsrecht in Zusammenhang und sollen, weil sie nicht im Rahmen dieses Vortrags liegen, nicht behandelt werden. Nur so viel sei gesagt, dass gegenüber Publikationen, die der Wissenschaft oder Rechtsfindung dienen sollen, aufgrund überkommener, ständiger Gewohnheit das Persönlichkeitsrecht, wenn es mittelbar in Erscheinung treten würde, zurückzustehen hat – mögen jene Publikationen unter anderen Gesichtspunkten durchaus nicht immer uneingeschränkt erlaubt sein -, und dass eine Überlassung des Urteils, wenn sie erlaubt ist, an Dritte, auch an wissenschaftliche Zeitungen zum Zwecke der Veröffentlichung nach erfolgter Bearbeitung, stets nur ohne Identitätsmerkmale erfolgen darf.

Die dargelegten Gedankengänge erheben nicht den Anspruch auf abschließende Gültigkeit; sie behandeln ein Gebiet, auf dem bislang die nicht näher belegbare Ermessensentschließung allein Geltung hatte; eine rechtliche Bearbeitung unterblieb. Wenn sie die Richtung zur Klärung der für die Praxis sehr bedeutsamen, durch das Grundgesetz bedingten Probleme aufzeigten, so glaube ich, ihnen mit meinen Ausführungen gedient zu haben.

GStA Schabel führte aus, in Bezug auf die Gewährung von Akteneinsicht an die Presse müsse zunächst untersucht werden, ob Journalisten überhaupt Privatpersonen im Sinne des vorliegenden Referats seien. Zweifellos habe der Journalist eine gewisse öffentliche Funktion. Aufgrund seiner Stellung habe er oft die Öffentlichkeit über aktuelle Fragen von allgemeiner Bedeutung zu unterrichten, zu deren Bearbeitung er konkrete Tatsachen aus Strafakten benötige. Es sei die Frage, ob diese Aufgabe der Presse nicht dem Persönlichkeitsrecht der Personen, die Äußerungen zu den Akten gegeben hätten, vorgehe.

Zum Zwecke historischer Forschungsarbeit müsse zweifellos Akteneinsicht gewährt werden.

GStA Dr. Bauer stimmte diesen Ausführungen zu und erklärte, es handle sich um ein Problem der Güterabwägung. Er wies darauf hin, dass für Personen der Zeitgeschichte das Recht am eigenen Bild nicht gelte. Dieser Grundsatz könne auch bei der Gewährung von Einsicht in Ermittlungsakten zeitgeschichtlichen Inhalts berücksichtigt werden.

GStA Dr. Dünnebier vertrat die Ansicht, für Studien über die Dauer von Strafverfahren, für kriminologische Studien und für Forschungen des Instituts für Zeitgeschichte sollte in jedem Falle Akteneinsicht gewährt werden.

Punkt 12 a der TO: „Probleme aus der Novelle zur StPO und zum GVG" blieb im allgemeinen Einverständnis im Hinblick auf den gegenwärtigen Stand der Beratungen des Bundestags unerörtert.

Zum Punkt 12 b der TO: „Sind in Revisionssachen Ort und Zeit der Hauptverhandlung dem Angeklagten und dem Verteidiger regelmäßig durch förmliche Zustellung bekanntzumachen?" führte *GStA Dr. Dünnebier* aus, nach seiner Ansicht genüge eine formlose Mitteilung. Beim OLG Bremen werde die Bekanntmachung dennoch förmlich zugestellt, weil der Strafsenat des OLG gegen die formlose Mitteilung Bedenken geäußert habe. Die Terminnachricht gehöre zur Frage des rechtlichen Gehörs, weil nie auszuschließen sei, dass der Angeklagte selbst im Termin erscheinen wolle.

GBA Martin und die *GStA Günther* und *Mützelburg* berichteten, auch beim BGH, dem KG und dem OLG Braunschweig werde die Terminnachricht zugestellt. – Bei den OLG Hamburg, Koblenz und Düsseldorf erfolgt nach den Angaben der zuständigen GStA keine förmliche Zustellung.

Verschiedenes:

GStA Mützelburg erkundigte sich, *bis zu welchem Dienstgrad hinunter ehemalige SS-Angehörige wegen der Beteiligung an Massenerschießungen anzuklagen seien.*

GStA Schabel erwiderte, das entscheidende Kriterium sei, ob der Täter Befehlsgewalt gehabt habe oder nur Befehlsempfänger gewesen sei. Bloße Befehlsempfänger könnten im Allgemeinen nicht angeklagt werden. Es müsse jedoch beachtet werden, dass nicht immer den gleichen Dienstgraden Befehlsgewalt zugestanden habe. Eine allgemeine Regel, dass z.B. vom SS-Scharführer an aufwärts angeklagt werden müsse, lasse sich daher nicht aufstellen.

GStA Buchholz berichtete, dass auch die Staatsanwaltschaft Hamburg nach diesen Gesichtspunkten verfahre und dass nach hamburgischen Ermittlungsergebnissen manchmal schon SS-Scharführer erhebliche Befehlsgewalt gehabt hätten.

GStA Günther teilte mit, bei der Staatsanwaltschaft Berlin hätten die *Vorermittlungen gegen die ehemaligen Beamten des RSHAmts* begonnen. Er befürchtete, der Umfang der zu sichtenden Akten und die zu erwartende Zahl der Beschuldigten werde die Leistungsfähigkeit seiner Dienststelle überfordern und bat zu erwägen, ob nicht an die

Justizministerien herangetreten werden solle, damit die Zuständigkeit der ZSt. Ludwigsburg auch auf innerhalb des ehemaligen Reichsgebiets begangene NS-Verbrechen ausgedehnt werde.

BA Dr. Wagner und *GStA Woll* bezweifelten den Erfolg einer derartigen Anregung und verwiesen auf die schon jetzt bestehenden Bestrebungen zur Auflösung der Zentralstelle.

GStA Schabel erklärte, die ZSt. werde ihre Arbeiten bis Mitte 1964 beendet haben. Eine Abwicklungsstelle müsse jedoch wegen etwaiger Rückfragen auf alle Fälle bestehen bleiben.

GStA Woll schloss die Tagung mit einem Dank an den GBA für seine persönliche Teilnahme und an alle Tagungsteilnehmer für ihre Mitarbeit.

(Schluss der Tagung: 17.5.1963, 13.00 Uhr)
gez. Woll, Generalstaatsanwalt gez. Ehret, Staatsanwalt

Personenregister

Sachregister

Quellennachweis

Niederschriften der Tagungen der Generalstaatsanwälte von 1948 bis 1963

1948	Landesarchiv NRW Abt. Westfalen Q 211/5643
1949, Febr.	Hess. StA Wiesbaden, 505/6442
1949, Sept.	Landesarchiv NRW Abt. Westfalen Q 211/5643
1950, Mai	Landesarchiv NRW Abt. Westfalen Q 211/5729
1950, Okt.	BA Koblenz, B 140/1891
1951, Nov.	BA Koblenz, B 140/1891
1952, Mai	Landesarchiv NRW Abt. Westfalen Q 211/5729
1954–1961	BA Koblenz, B 140/1891, 1892
1962–1963	BA Koblenz, B 140/29086, 29087

www.ingramcontent.com/pod-product-compliance
Ingram Content Group UK Ltd.
Pitfield, Milton Keynes, MK11 3LW, UK
UKHW021824290926
8980IPUK00004B/256

9 783631 846483